Kommentar
zum Schweizerischen Zivilgesetzbuch

unter Mitwirkung von

Dr. R. Bär
Professor an der Universität Bern

Dr. W. F. Bürgi
Professor an der Hochschule St. Gallen

Dr. A. Egger
Professor an der Universität Zürich

Dr. A. Escher
Professor an der Universität Zürich

Dr. A. Escher
Handelsgerichtsschreiber in Zürich

Dr. P. Gauch
Professor an der Universität Freiburg
(Schweiz)

Dr. M. Gutzwiller
Professor an der Universität Freiburg
(Schweiz)

Dr. R. Haab
Professor an der Universität Basel

Dr. A. Homberger
Professor an der Universität Bern

Dr. P. Jäggi
Professor an der Universität Freiburg
(Schweiz)

Dr. P. Liver
Professor an der Universität Bern

Dr. U. Nordmann-Zimmermann
Lausanne

Dr. K. Oftinger
Professor an der Universität Zürich

Dr. H. Oser
Bundesrichter in Lausanne

Dr. W. Scherrer
Professor an der Universität Basel

E. Schmid
Bundesrichter in Lausanne

Dr. W. Schönenberger
Bundesrichter in Lausanne

Dr. A. Siegwart
Professor an der Universität Freiburg
(Schweiz)

Dr. W. von Steiger
Professor an der Universität Bern

Dr. A. Simonius
Professor an der Universität Basel

Dr. A. Troller
Professor an der Universität Freiburg
(Schweiz)

Dr. D. Zobl
Rechtsanwalt in Zürich

IV. Band:

Das Sachenrecht

Abteilung 2/c

ZÜRICH 1981   SCHULTHESS POLYGRAPHISCHER VERLAG

Das Sachenrecht

Zweite Abteilung:

Die beschränkten dinglichen Rechte

Dreiundzwanzigster Titel:

Das Fahrnispfand

Art. 884—918, mit ergänzender Darstellung der im Gesetz nicht geordneten Arten dinglicher Sicherung mittels Fahrnis

Dritte, neubearbeitete Auflage

von

Dr. Karl Oftinger
(1909—1977)
Professor an der Universität Zürich

und

Dr. Rolf Bär
Professor an der Universität Bern

ZÜRICH 1981   SCHULTHESS POLYGRAPHISCHER VERLAG

© Copyright 1981 by Schulthess Polygraphischer Verlag AG, Zürich

ISBN 3 7255 2188 3

Printed in Switzerland

Buchdruckerei Schulthess AG, Zürich

Vorwort von Karl Oftinger zur Vorauflage von 1952

Obwohl das vorliegende Buch zur z w e i t e n A u f l a g e des Zürcher Kommentars zum Schweizerischen Zivilgesetzbuch gehört, bringt es doch nicht eine Überarbeitung der Ausführungen *Carl Wielands,* von dem die scharfsinnige Erläuterung des gesamten Sachenrechts in der ersten Auflage stammt. Die heutige Darstellung ist von diesem Werke völlig unabhängig, wie auch von demjenigen *Robert Haabs,* der für die zweite Auflage neben der Kommentierung des größeren Teils der Bestimmungen über das Eigentum eine Einleitung ins Sachenrecht geschrieben hat (S. 3—37 des fraglichen Bandes).

Den Verfasser mußte die unausweichliche Frage bewegen, ob er dem Fahrnispfandrecht, als einem Teilgebiet des Sachenrechts, allein einen vergleichsweise starken Band widmen dürfe. Er glaubt, die Frage guten Gewissens bejahen zu dürfen. Der Gründe sind viele. Die Fahrnisverpfändung ist ein für die Beteiligten stets einschneidender und überaus häufiger Vorgang. Ein Blick auf die Statistiken der Banken belegt sofort die zahlenmäßige Bedeutung. Die Durchsicht der Judikatur beweist die Vielfalt schwieriger Probleme und die Verbundenheit des Gebietes mit den mannigfaltigsten, scheinbar entfernten Bezirken des Rechts. Daran darf der Kommentator nicht vorbeigehen. Es mag auch daran erinnert werden, daß frühere Generationen, namentlich in der Zeit des Gemeinen Rechts des vergangenen Jahrhunderts, der Materie umfangreiche Monographien gewidmet haben. *Dernburgs* zweibändiges «Pfandrecht», das 1860 und 1864 erschienen und dessen erster Band 1859 in Zürich abgeschlossen worden ist, umfaßt über zwölfhundert Seiten. Und das, obwohl das Werk einer Zeit entstammt, da in der Schweiz der erheblichere Teil der heute tätigen großen und kleinen Kreditinstitute noch nicht oder erst seit kurzem bestand und einen geringen Geschäftsumfang besaß. Der Hypothekarkredit bewegte sich in verhältnismäßig bescheidenen Grenzen, und das moderne Versicherungswesen stand am Anfang seiner Entwicklung. Diese Sachverhalte (die statt zahlreicher weiterer Belege allein hervorgehoben seien) sind deshalb wesentlich, weil die Banken die weitaus häufigsten (wenn auch durchaus nicht die einzigen) Pfandgläubiger sind, die heute vom Fahrnispfandrecht in bedeutendem Umfange Gebrauch machen, und weil Grundpfandtitel und Versicherungsansprüche neben anderen Gegenständen beliebte Pfandobjekte darstellen.

Vor allem leitete den Verfasser bei der Gestaltung seines Buches die Überzeugung, daß in einer so komplexen Materie wie dem Fahrnispfandrecht, wo man sich auf Schritt und Tritt vor ganz erhebliche Schwierigkeiten und vor das anspruchsvolle Zusammenspiel verschiedenartiger Rechtsinstitute gestellt sieht, dem Leser mit der Aneinanderreihung aphoristischer Bemerkungen nicht gedient ist. Die Lösungen bedürfen vielmehr näherer Begründung, wollen sie überzeugen. Namentlich lassen sich der Überblick über den Stoff und das tiefere Verständnis, was beides allein das selbständige Weiterdenken einzuleiten vermag, nur gewinnen, wenn der Verfasser den Leser unermüdlich auf die Zusammenhänge hinweist. Auch legte der Autor Wert auf eine brauchbare Dokumentation. Die reiche Literatur wollte möglichst vollständig vermerkt und namentlich die seit Jahrzehnten angehäufte Judikatur ausgewertet werden. Der Kommentator hielt sich nicht für berechtigt, mit souveräner Geste von vornherein einen ansehnlichen Teil der Rechtsprechung beiseite zu schieben, etwa die aufschlußreichen Urteile zum alten Obligationenrecht oder die kantonale Judikatur. Gegenteils leitete ihn die Überzeugung, daß das ständige Zwiegespräch zwischen Rechtspraxis und Doktrin sowohl dem einzelnen Problem förderlich ist wie auch allein Gewähr bietet für eine sachgemäße Weiterbildung des Rechts. Es wurde versucht, neben dem geschriebenen und ungeschriebenen Recht die kaufmännische Praxis zu berücksichtigen, wie sie sich in den Allgemeinen Geschäftsbedingungen der interessierten Kreise kund tut. Der Leser wird einzuräumen bereit sein, daß diese verzweigten Vorhaben, ungeachtet des Strebens nach Gedrängtheit im einzelnen, Raum beanspruchen, zumal darnach getrachtet wurde, wo immer möglich eine in sich geschlossene Darstellung der Fragen zu geben, statt den Benützer auf oft heikle eigene Nachforschungen in angrenzenden Gebieten zu verweisen (etwa in Fragen des Besitzerwerbs, des gutgläubigen Rechtserwerbs oder des Wertpapierrechts). Ferner sei der Hinweis gestattet, daß das Buch nicht allein die im Gesetz geordneten Arten des Fahrnispfandrechts behandelt, sondern auch dessen verhältnismäßig zahlreichen Ausgestaltungen, die das ZGB ungeregelt gelassen hat (S. 51—92). Endlich ist in Erinnerung zu rufen, daß in der Schweiz seit geraumer Zeit die größeren Kommentare einen Teil der Aufgaben übernehmen müssen, die in anderen Ländern das Anliegen der umfassenden systematischen «Traités», «Handbücher» oder «Lehrbücher» ist, nämlich die begriffliche Klärung, die Sichtung der wissenschaftlichen Meinungen, die Weiterführung der Lehre und (wenn auch in kleinerem Umfange) die wissenschaftliche Diskussion.

Der Band zerfällt in zwei Hauptstücke, den eigentlichen Kommentar und den diesem vorangestellten «Systematischen Teil». Der letztere trägt seinen Titel nicht deshalb, weil er durch einen eindrucksvollen Aufbau ausgezeichnet wäre, sondern lediglich, um ihn von der dem Gesetzestext folgenden Kommentierung abzuheben. Er enthält neben der soeben erwähnten Behandlung der vom Gesetz nicht geregelten Arten des Fahrnispfandrechts die Erörterung einer Reihe von Themen, deren vorweg erfolgende Darstellung gleichzeitig der Ergänzung und der Entlastung des Kommentars dient. Das Inhaltsverzeichnis gibt hierüber nähere Auskunft.

Die bisherigen Bearbeiter des schweizerischen Fahrnispfandrechts alemannischer und welscher Zunge erwiesen sich als stark beeindruckt durch die Regelung, die das deutsche Bürgerliche Gesetzbuch dem Gebiet hat angedeihen lassen. Verständlicherweise: hat man doch eine überaus eingehende, wenn auch doktrinär gefärbte Ordnung vor sich. Die daherigen Einflüsse reichten bei einzelnen Autoren bis zu der (manchmal lediglich durch das Fehlen von Hinweisen verhüllten) Übernahme geschlossener Partien dieses ausländischen Gesetzes. Damit ging ein deutliches Überwiegen der deutschen Kommentare als literarischer Quellen Hand in Hand. Bei aller Anerkennung der ausgezeichneten Leistungen, die sich darunter finden und welche mit gelegentlichem Nutzen auch jetzt noch für das schweizerische Recht fruchtbar gemacht werden können, glaubte sich der heutige Bearbeiter verpflichtet, auch das französische, italienische und österreichische Gesetzbuch auf seinem Schreibtisch liegen zu haben: den vormals napoleonischen Code civil als ein Gesetz, welches auf das alte Obligationenrecht und damit auf die mobiliarsachenrechtlichen Bestimmungen des ZGB erheblichen Einfluß ausübte; das ausgezeichnete Allgemeine Bürgerliche Gesetzbuch Österreichs, weil es im Stil der Gesetzgebung, zusammen mit der französischen Kodifikation, in seiner Gedrängtheit dem ZGB nahesteht und zudem für dieses auf dem Wege über einzelne kantonale Rechte von Bedeutung war; den italienischen Codice civile von 1942 schließlich, als eines der modernsten privatrechtlichen Gesetzbücher. Er hält hinsichtlich der Detailliertheit die glückliche Mitte zwischen den im Gebiet des Fahrnispfandrechts zu knappen Regelungen nach der Art des schweizerischen ZGB (oder des französischen und österreichischen Gesetzbuches) und einer kasuistischen Ordnung vom Zuschnitt des BGB. Diese Kennzeichnung des italienischen Rechts trifft auch auf das Zivilgesetzbuch Griechenlands von 1940 und 1946 zu.

Vorwort zur vorliegenden Ausgabe

Am 8. Juli 1977 ist Professor Karl Oftinger verstorben, mitten aus der Arbeit zu diesem Band des Zürcher Kommentars*. In seinem Nachlaß fand sich das Manuskript der Überarbeitung bis und mit Artikel 901, in mehreren Mäppchen

* Vgl. die Würdigungen von Hans *Merz* (SAG 1977 158), Peter *Forstmoser* (SJZ 1977 229), Jürg *Rehberg* (Karl *Oftinger*, Ausgewählte Schriften, Zürich 1978; Vorwort).

geordnet, jedes mit dem Datum des Abschlusses versehen. Das letzte trägt das Datum des 29. Juni 1977.

Die Vollendung eines fremden Werkes ist stets eine wenig dankbare Aufgabe, doch hier erleichtert durch mehrere Umstände: Die zu revidierende Vorauflage ist eine im wesentlichen noch immer gültige, geschlossene Leistung. Dem Nachfolger blieben — dogmatisch gesehen — eher sekundäre Bestimmungen, und er brauchte sich nicht mit Fragmenten und Vorarbeiten herumzuschlagen, sondern er konnte auf gesicherter Grundlage schlicht weiterfahren.

In dieser Lage ließ sich der Unterzeichnete von Professor *Peter Liver* zur Fortsetzung gewinnen, obwohl nicht als Spezialist des Sachenrechts ausgewiesen, sondern Inhaber eines Lehrstuhls für Handelsrecht und Internationales Privatrecht, früher für Privatrecht, insbesondere Obligationen- und Erbrecht. Die verbleibenden Teile enthalten indessen mehrfach Themen des Handelsrechts (vor allem Aktien- und Wertpapierrecht) und für den Rest schien eine allgemein privatrechtliche Formation auszureichen.

Doch bedurfte es auch einer positiven Motivation: Einmal habe ich seit jeher den Kommentar Fahrnispfand bewundert. Er schien mir als spezifisch wissenschaftliche Leistung sogar Oftingers berühmteres «Haftpflichtrecht» noch etwas zu übertreffen. Nur als Beispiel: Geht man von der Literaturlage um 1950 zur Fiduzia aus, war 1952 die Darstellung der Sicherungsübereignung und -zession im Systematischen Teil schlechthin ein Wurf. — Dazu kam ein mehr persönlicher Grund. Als Anfänger des Rechts an der Universität Zürich nicht sehr angetan von Rechtsgeschichte und Staatsrecht, war ich just am «Umsatteln» auf Kunstwissenschaft, als mich im 3. Semester Professor Oftinger mit seiner klaren und bezugsreichen Vorlesung «Allgemeiner Teil des OR» völlig gefangen nahm. Bei der damals gefaßten Vorliebe für Privat- und Handelsrecht ist es dann in Bern unter *Peter Liver, Werner von Steiger* und *Hans Merz* geblieben. Doch dank Karl Oftinger habe ich mein Steckenpferd nicht zum Beruf gemacht, sondern es zur Ergänzung und Bereicherung aufgespart.

Mein Dank gilt auch meinen Mitarbeitern Dr. iur. *Katrin Schoop*, lic. iur. *Heinz Widmer*, Fürsprech *Rudolf Bindschedler* und cand. iur. *Julia Hauser*, welche sich den unscheinbaren, doch nicht weniger notwendigen Arbeiten getreu unterzogen haben (Register, Korrekturen; Herr Widmer auch der Auswertung des neuen Materials zum Versatzpfand), vor allem aber Herrn Fürsprech und Notar *Roland Haller*, der mir nicht nur mit Judikatur- und Doktrinsammeln, sondern auch mit mancher Anregung und klärenden Diskussion zur Seite gestanden ist.

Rolf Bär

VIII

Inhaltsverzeichnis

ERSTES HAUPTSTÜCK:

SYSTEMATISCHER TEIL

Berücksichtigung der Literatur
und Grundsätze des Zweitbearbeiters

A. Bis und mit Art. 901

1. Karl Oftinger hat gemäß den Daten auf den oben erwähnten Mäppchen die Überarbeitung abgeschlossen:

— Systematischer Teil   26. Oktober 1976
— Art. 884   4. Dezember 1976 / 14. Januar 1977
— Art. 885   24. Januar 1977
— Art. 886—894   14. Februar 1977
— Art. 895—898   14./18. März 1976
— Art. 899, 900   27. Mai 1977
— Art. 901   29. Juni 1977

2. Der Nachtrag der Literatur- und Judikaturzitate ist Anfang 1979 abgeschlossen worden.

3. Wo es der Zweitbearbeiter aus verschiedenen Gründen für nötig gehalten hat, noch etwas zum Inhalt beizutragen, ist dies ausschließlich in Fußnoten mit den Initialen R. B. geschehen. Der ganze übrige Text stammt somit von Karl Oftinger.

B. Ab Art. 902

1. Literatur- und Judikaturberücksichtigung: Abschluß Anfang 1981.

2. Der Zweitbearbeiter ist mit dem Text der Vorauflage möglichst schonend umgegangen. Wo er gleichwohl eine von der Vorauflage wesentlich abweichende Meinung vertritt, ist dies deutlich gemacht und wie eine a. M. in der Literatur behandelt worden. Da die Art. 902 ff. eher spezielle Fragen betreffen, läßt sich in der Neufassung bis Art. 901 kaum je ausmachen, ob Oftinger seine Meinung geändert hätte.

C. Für den ganzen Kommentar

Die Ziffern der Randnoten sind beibehalten, allenfalls durch Noten mit kleinen Buchstaben ergänzt worden. Zum Beispiel findet sich die in der Vorauflage (Art. 904 N 29) nur kurz erörterte Erstreckung der Pfandhaft auf Gratisaktien und Bezugsrechte nun in Art. 904 N 29 bis N 29 f. Auch ganz neue Themen sind an bestehenden Randziffern angeschlossen, stören also die nachfolgenden alten Randziffern nicht, z. B. in Art. 905 die Noten 14a bis 14e über Besonderheiten bei vinkulierten Namenaktien, wogegen N 14 und N 15 andere Gegenstände behandeln. M. a. W.: Wer in Literatur oder Judikatur auf ein Zitat aus der Vorauflage trifft, findet in der vorliegenden Auflage unter der selben Randziffer die selbe Materie, jedenfalls unter anderen. — Das gilt nicht für den neu gestalteten Art. 902 über die Verpfändung von Warenpapieren.

Diese Neugestaltung, zu welcher der Entschluß erst spät gefaßt worden ist, hat die Unebenheit zur Folge, daß überall, wo in der Kommentierung bis Art. 901 auf Art. 902 verwiesen ist (nur sehr selten), die Noten nicht zutreffen.

Abkürzungen und Zitierweise

I. Allgemeine Bezeichnungen, Gesetze, Sammlungen, Zeitschriften

Für die Auflösung hier nicht erwähnter, weil den meisten Lesern geläufiger Abkürzungen sei auf die Liste verwiesen, die in des Verfassers Büchlein *Vom Handwerkszeug des Juristen und von seiner Schriftstellerei* eingangs aufgeführt ist (5. A. Zürich 1974).

A.	=	Auflage
ABGB	=	österreichisches Allgemeines Bürgerliches Gesetzbuch vom 1. Juni 1811
aOR	—	altes Schweizerisches Obligationenrecht = BG über das Obligationenrecht vom 14. Brachmonat 1881
Arch	=	Archiv
AS	=	Eidgenössische Gesetzessammlung; seit 1948 betitelt: Sammlung der eidgenössischen Gesetze
BB	=	Bundesbeschluß
BBl	=	Bundesblatt
BG	=	Bundesgesetz
BGB	=	Bürgerliches Gesetzbuch für das Deutsche Reich vom 18. August 1896
BGE	=	Entscheidungen des Schweizerischen Bundesgerichtes. Amtliche Sammlung
BGr	=	Bundesgericht
BJM	=	Basler Juristische Mitteilungen (Basel)
BlZR	=	Blätter für Zürcherische Rechtsprechung (Zürich)
Botsch	=	Botschaft des Bundesrates an die Bundesversammlung zu einem Gesetzesentwurf enthaltend das Schweiz. Zivilgesetzbuch, vom 28. Mai 1904 (zitiert nach der Separatausgabe S. 84—87)
BRB	=	Bundesratsbeschluß
BS	=	Bereinigte Sammlung der Bundesgesetze und Verordnungen 1848—1947
CC fr	=	Code civil français von 1804
CC it	=	Codice civile italiano vom 16. März 1942
CCom fr	=	Code de commerce français von 1807
E	=	Entwurf zum ZGB, vorgelegt mit der Botschaft des Bundesrates vom 28. Mai 1904
EHG	=	BG betr. die Haftpflicht der Eisenbahn- und Dampfschiffunternehmungen ... vom 28. März 1905
EntschG	=	BG über die Entschuldung landwirtschaftlicher Heimwesen vom 12. Dezember 1940
Erl	=	Schweizerisches Zivilgesetzbuch. Erläuterungen zum Vorentwurf des Eidgenössischen Justiz- und Polizeidepartements [von Eugen Huber] II (2. A. Bern 1914) S. 322—343
FußN, FN	=	Fußnote

HE	=	Schweizer Blätter für handelsrechtliche Entscheidungen (Zürich)
HGB	=	Handelsgesetzbuch für das Deutsche Reich vom 10. Mai 1897, seit 1938 auch in Österreich in Kraft
JT	=	Journal des Tribunaux (Lausanne)
Komm.	=	Kommentar
KUVG	=	BG über die Kranken- und Unfallversicherung vom 13. Juni 1911
MaschSchr	=	in Maschinenschrift (von den derweise erschienenen Basler Dissertationen findet sich je ein Auszug im Jahrbuch der Basler Juristenfakultät)
MFG	=	BG über den Motorfahrzeug- und Fahrradverkehr vom 15. März 1932
MMG	=	BG betr. die gewerblichen Muster und Modelle vom 30. März 1900
MSchG	=	BG betr. den Schutz der Fabrik- und Handelsmarken ... vom 26. September 1890
N	=	Note (Fußnote oder Randnote)
OG	=	altes BG über die Organisation der Bundesrechtspflege vom 22. März 1893
OR	=	revidiertes Schweizerisches Obligationenrecht = BG über das Obligationenrecht vom 30. März 1911/18. Dezember 1936
PatG	=	BG betr. die Erfindungspatente vom 21. Juni 1907
Pra	=	Die Praxis des Schweizerischen Bundesgerichts (Basel)
Prot ExpKom	=	Protokoll der Expertenkommission für das ZGB, III. Session (3.—15. November 1902) S. 118—155; autographisch vervielfältigter Text
Rep	=	Repertorio di Giurisprudenza patria (Bellinzona)
revOG	=	revidiertes BG über die Organisation der Bundesrechtspflege vom 16. Dezember 1943
Revue	=	Revue der Gerichtspraxis im Gebiete des Bundeszivilrechts (Beilage zur Zeitschrift für Schweizerisches Recht Basel 1883—1911)
SAG	=	Die Schweizerische Aktiengesellschaft (Zürich; eine Zeitschrift)
SchKG	=	BG betr. Schuldbetreibung und Konkurs vom 11. April 1889 (revidiert namentlich 28. September 1949)
SchRG	=	BG über das Schiffsregister vom 28. September 1923
Semjud	=	La Semaine judiciaire (Genève)
SJZ	=	Schweizerische Juristen-Zeitung (Zürich)
Sp.	=	Spalte
SPR	=	Schweizerisches Privatrecht (Handbuchreihe; Basel)
StenBull NR	=	Amtliches Stenographisches Bulletin der Bundesversammlung, Nationalrat
StenBull StR	=	Amtliches Stenographisches Bulletin der Bundesversammlung, Ständerat
StGB	=	Schweizerisches Strafgesetzbuch vom 21. Dezember 1937
Syst. Teil	=	Systematischer Teil des vorliegenden Buches
URG	=	BG betr. das Urheberrecht an Werken der Literatur und Kunst vom 7. Dezember 1922
V	=	Verordnung
VAargR	=	Vierteljahrsschrift für Aargauische Rechtsprechung (Aarau)
VAS	=	Entscheidungen schweizerischer Gerichte in privaten Versicherungsstreitigkeiten (Bern)
VE	=	Vorentwurf zum ZGB, vorgelegt vom Eidgenössischen Justiz- und Polizeidepartement, vom 15. November 1900
VerwEntsch	=	Verwaltungsentscheide der Bundesbehörden (Bern)
VV	=	Vollziehungsverordnung
VVG	=	BG über den Versicherungsvertrag vom 2. April 1908

VZEG	=	BG über Verpfändung und Zwangsliquidation von Eisenbahn- und Schifffahrtsunternehmungen vom 25. September 1917
VZG	=	V über die Zwangsverwertung von Grundstücken vom 23. April 1920
ZBGR	=	Schweizerische Zeitschrift für Beurkundungs- und Grundbuchrecht (Wädenswil)
ZBJV	=	Zeitschrift des Bernischen Juristenvereins (Bern)
ZGB	=	Schweizerisches Zivilgesetzbuch vom 10. Dezember 1907
zit.	=	zitiert
ZPO	=	Zivilprozeßordnung
ZSR	=	Zeitschrift für Schweizerisches Recht (Basel)

II. Literatur

A. Schriften, die im ganzen Buch nur mit dem Verfassernamen zitiert werden

Albisetti E., *Bodmer* D., *Boemle* M., *Gsell* M., *Rutschi* E., Handbuch des Geld-, Bank- und Börsenwesens der Schweiz, 3. Auflage, Thun 1977

Albisetti E., *Gsell* M., Bankgeschäfte, Zürich 1979

Baerlocher R. J., Der Hinterlegungsvertrag, Schweiz. Privatrecht, Bd. VII/1, S. 647 ff., Basel 1977

Barz C. H., Großkommentar Aktiengesetz, 3. Auflage, Berlin 1973

Battifol H., *Lagarde* P., Droit international privé, 6. Auflage, Paris 1974/76

Baumbach A., *Hueck* A. und G., Kurz-Kommentar zum Aktiengesetz, 13. Auflage, München 1973

Baur F., Lehrbuch des Sachenrechts, 9. Auflage, München 1977

Becker H., Berner Kommentar zum Obligationenrecht, Allgemeine Bestimmungen, 2. Auflage, Bern 1941; Die einzelnen Vertragsverhältnisse, Bern 1934

Beeler G., Die Wertpapiere im schweizerischen Recht, Aarau 1937

Bolla P., La costituzione del pegno sui crediti nel codice civile svizzero, Diss. Lausanne 1921

Bucher E., Schweizerisches Obligationenrecht, Allgemeiner Teil, Zürich 1979

Curti E., Schweizerisches Zivilgesetzbuch mit Erläuterungen, Art. 884—918, Zürich 1911

Dernburg, Biermann, Pandekten (9 Auflagen; benützt wird mit Vorbedacht die 6., Berlin 1900), I 2, § 261—293

Düringer, Hachenburg, Breit, Hoeniger, Das Handelsgesetzbuch, IV, 3. Auflage, Mannheim/Berlin/Leipzig 1932, S. 963—1253

Enneccerus, Wolff, Lehrbuch des Bürgerlichen Rechts, III, 9. Auflage, Marburg 1932

Ferid M., Das Französische Zivilrecht, Bd. I/II, Frankfurt am Main 1971

Fichna G., *Zimmermann* R., Eigentumsvorbehalt und Sicherungsübertragung im Ausland, Recht der Mobiliarsicherheiten im Ausland, Hrsg. Stumpf H., 4., neubearbeitete Auflage, Heidelberg 1980

Forstmoser P., Berner Kommentar zum schweizerischen Privatrecht, Bd. VII/4, Die Genossenschaft, Lieferung 1 und 2, Bern 1972/74

Gauch P., Zürcher Kommentar zum Schweizerischen Zivilgesetzbuch, Bd. V/1b, Zürich 1980

Gautschi G., Berner Kommentar zum schweizerischen Privatrecht, Bd. VI/2, Der einfache Auftrag — Kreditbrief und Kreditauftrag, Agenturvertrag, 2 Bde., Bern 1964/71

von Gierke J., *Sandrock* O., Handels- und Wirtschaftsrecht, Bd. 1, Berlin, New York 1975

Gierke O., Deutsches Privatrecht, II, Leipzig 1905, § 169—172

Giger H., Berner Kommentar zum schweizerischen Privatrecht, Bd. VI/2, Kauf und Tausch — Die Schenkung, Bern 1979

Gorla G., Pegno-Ipoteca, in: Commentario del Codice civile, a cura di Antonio *Scialoja* e Giuseppe *Branca*, Libro sesto, Tutela dei diritti, von *Nicolò/Andrioli/Gorla*, Bologna/Roma 1945, S. 251 ff., Art. 2784—2807

Guhl Th., *Merz* H., *Kummer* M., Das Schweizerische Obligationenrecht, 6. Auflage, Zürich 1972

Gutzwiller M., Zürcher Kommentar zum Schweizerischen Zivilgesetzbuch, Bd. V/6, Genossenschaft, 2 Bde., Zürich 1972/74

Haab R., *Simonius* A., *Scherrer* W., *Zobl* D., Zürcher Kommentar zum schweizerischen Zivilgesetzbuch, Bd. IV/1, Das Sachenrecht, 2. Auflage, Zürich 1929 ff.

Haberstich J., Handbuch des Schweizerischen Obligationenrechts, I, Zürich 1884

Hadding W., *Schneider* U. H., Hrsg., Recht der Kreditsicherheiten in europäischen Ländern, Teil I: BRD, Teil II: Frankreich, Teil III: Belgien, Teil IV: England, Berlin 1976 ff.

Hafner H., Das Schweizerische Obligationenrecht, 2. Auflage, Zürich 1905, Art. 210—228

Haffter M., Das Fahrnispfandrecht und andere sachenrechtliche Sicherungsgeschäfte, Diss. Bern 1928

Hamel J., *Lagarde* G., Traité de droit commercial, Bd. I, Paris 1954

Hamel J., *Lagarde* G., *Jauffret* A., Traité de droit commercial, Bd. II, Paris 1966

Heck Ph., Grundriß des Sachenrechts, Tübingen 1930, § 76—78, 101—107, 120, 122

Hedemann W., Sachenrecht des Bürgerlichen Gesetzbuches, 2. Auflage, Berlin 1950, § 49—53

Helms J. G., Großkommentar HGB, Bd. V, Lieferung 4, Berlin, New York 1979

Hinderling H., Der Besitz, Schweiz. Privatrecht, Bd. V/1, S. 403 ff., Basel 1977

Homberger A., Zürcher Kommentar zum Schweizerischen Zivilgesetzbuch, Bd. IV/3, Besitz und Grundbuch, 2. Auflage, Zürich 1938

Hromadka W., Geschichtliche Beiträge zu Fragen des Faustpfandprinzips im schweizerischen Zivilgesetzbuch, ZSR 89 I (1970) S. 117 ff.

Jaeger C., Das Bundesgesetz betreffend Schuldbetreibung und Konkurs, I—II, 3. Auflage, Zürich 1911

Jaeger C., *Daeniker* M., Schuldbetreibungs- und Konkurspraxis der Jahre 1911—1945, I—II, Zürich 1947

Jäggi P., Zürcher Kommentar zum schweizerischen Zivilgesetzbuch, Bd. V/7a, Wertpapiere (Art. 965—989/1145—1155 OR), Zürich 1959

Kaderli R. J., Die Sicherung des Bankkredites, Diss. Bern 1938

Kegel G., Internationales Privatrecht, 4. Auflage, München 1977

Klang L., Kommentar zum Allgemeinen bürgerlichen Gesetzbuch, II, 2. Auflage, Wien 1948 ff., Art. 447—471

König W., Schweizerisches Privatversicherungsrecht, 3. Auflage, Bern 1967

König W., Der Versicherungsvertrag, Schweiz. Privatrecht, Bd. VII/2, S. 479 ff., Basel 1979

Leemann H., Berner Kommentar zum Schweizerischen Zivilgesetzbuch, Sachenrecht, I. Abteilung, 2. Auflage, Bern 1920; II. Abteilung, Bern 1925

Liver P., Das Eigentum, Schweiz. Privatrecht, Bd. V/1, S. 1 ff., Basel 1977

Maurer A., Einführung in das schweizerische Privatversicherungsrecht, Bern 1976

Meier-Hayoz A., Berner Kommentar zum Zivilgesetzbuch, Bd. IV/1, Das Sachenrecht, 4. Auflage, Bern 1966, nicht mehr berücksichtigt 5. Auflage, Bern 1981

Nicolò R., *Andrioli* V., *Gorla* G., Commentario del Codice Civile, Bologna, Roma 1945

Oser/Schönenberger, Zürcher Kommentar zum Schweizerischen Zivilgesetzbuch, Obligationenrecht, Allgemeiner Teil, 2. Auflage, Zürich 1929, Besonderer Teil, 2. Auflage, 2 Bände, Zürich 1936/1945

Ostertag F., Berner Kommentar zum Schweizerischen Zivilgesetzbuch, Sachenrecht, III. Abteilung, 2. Auflage, Bern 1917

Piotet P., Dienstbarkeiten und Grundlasten, Schweiz. Privatrecht, Bd. V/1, S. 519 ff., Basel 1977

Planck/Brodmann/Strecker, Kommentar zum Bürgerlichen Gesetzbuch, III 1, 5. Auflage, Berlin/Leipzig 1933

Planck/Flad, Kommentar zum Bürgerlichen Gesetzbuch, III 2, 5. Auflage, Berlin/Leipzig 1938, S. 1397 ff., § 1204—1296

Planiol M., *Ripert* G., *Becqué* E., Traité pratique de droit civil français, XII, 2. Auflage, Paris 1953, nos 1—278

Planiol M., *Ripert* G., *Boulanger* J., Traité de droit civil, Tome III, Paris 1958

Raape L., *Sturm* F., Internationales Privatrecht, Bd. I: Allgemeine Lehren, 6., neubearbeitete Auflage, München 1977

Rehfeldt B., *Zöllner* W., Wertpapierrecht, 12., neubearbeitete Auflage, München 1978

Ripert G., *Roblot* R., Traité élémentaire de droit commercial, 6. Auflage, Paris 1968/70

Rossel V., *Mentha* F. H., Manuel du droit civil suisse, III, 2. Auflage, Lausanne/Genève 1922, nos 1633—1701; Supplément 1931, S. 68 ff.

Sauveplanne J. G., Hrsg., Security over Corporeal Movables, Leiden 1974

Schlegelberger F., *Liesecke* R., Kommentar zum Seehandelsrecht, Berlin, Frankfurt 1959

Schmidt K., Handelsrecht, Köln et al. 1980

Schneider A., *Fick* H., Das Schweizerische Obligationenrecht, größere Ausgabe, I, 2. Auflage, Zürich 1896, Art. 210—228

Serik R., Eigentumsvorbehalt und Sicherungsübertragung, 5 Bde., Heidelberg 1963 ff.

Soergel-Augustin, Kohlhammer-Kommentar zum Bürgerlichen Gesetzbuch, Bd. 5, § 854—1296, 11. Auflage, Stuttgart et al. 1978

Soergel-Kegel, Kohlhammer-Kommentar zum Bürgerlichen Gesetzbuch, Bd. 7, Einführungsgesetz, 10. Auflage, Stuttgart et al. 1970

Soergel-Mühl, Kohlhammer-Kommentar zum Bürgerlichen Gesetzbuch, Bd. 4, Sachenrecht, § 854—1296, Stuttgart et al. 1968

Spiro K., Verpfändung und Begünstigung bei Lebensversicherungen, FS Max Gerwig, S. 147 ff., Basel 1960

Spiro K., Die Begrenzung privater Rechte durch Verjährungs-, Verwirkungs- und Fatalfristen, 2 Bde., Bern 1975

Stark E. W., Berner Kommentar zum schweizerischen Privatrecht, Bd. IV/3/1, Der Besitz, Bern 1976

Staudinger-Spreng, Kommentar zum Bürgerlichen Gesetzbuch III/2, §§ 1018—1296, 11. Auflage, Berlin 1963

Staudinger-Kober, Kommentar zum Bürgerlichen Gesetzbuch, III/1, 10. Auflage, München/Berlin/Leipzig 1935

Staudinger-Kober, Kommentar zum Bürgerlichen Gesetzbuch, III/2, 10. Auflage, München/Berlin/Leipzig 1936, S. 1446 ff., § 1204—1296

Staudinger-Wiegand, Kommentar zum Bürgerlichen Gesetzbuch, III, §§ 1204—1296, Pfandrecht an beweglichen Sachen und Rechten, 12. Auflage, Berlin 1981 (konnte nicht mehr berücksichtigt werden)

von Steiger W., Zürcher Kommentar zum Schweizerischen Zivilgesetzbuch, Bd. V/5c, Die Gesellschaft mit beschränkter Haftung, Zürich 1965

von Steiger W., Gesellschaftsrecht (Personengesellschaften), Schweiz. Privatrecht, Bd. VIII/1, S. 211 ff., Basel 1976

Stoll H., Internationales Sachenrecht, Berlin 1976, in: Beitzke et al., Internationales Privatrecht, Sonderausgabe aus Staudingers Kommentar zum Bürgerlichen Gesetzbuch, Bd. Ic, Lieferung 2, Berlin, im Erscheinen seit 1970

von Tuhr A., *Peter* H., *Escher* A., Allgemeiner Teil des Schweizerischen Obligationenrechts, 2 Bde., Zürich 1974/79

Tuor P., *Schnyder* B., Das Schweizerische Zivilgesetzbuch, 9. Auflage, Zürich 1975

Vischer F., Internationales Privatrecht, Schweiz. Privatrecht, Bd. I, S. 652 ff., Basel 1969

Wiegand W., Kreditsicherung und Rechtsdogmatik, Berner Festgabe zum schweizerischen Juristentag 1979, S. 283 ff., Bern 1979

Wiegand W., Fiduziarische Sicherungsgeschäfte, ZBJV 116, 1980, S. 537 ff.

Zobl D., Probleme bei der Verpfändung von Eigentümerschuldbriefen, ZBGR 59, 193 ff.

Zobl D., Die Rechtsstellung des Fahrnispfandgläubigers an einem Eigentümer-Wertpapier, insbesondere im Konkurs des Verpfänders, ZBGR 61, 129 ff.

Zöllner W., Kölner Kommentar zum Aktiengesetz, Bd. I, 5. Lieferung, Köln et al. 1973

B. Übrige Literatur

Weitere Zusammenstellungen von Literatur finden sich eingangs der Kommentierung der e i n z e l n e n A r t i k e l sowie zu Beginn sonstiger A b t e i l u n g e n des Textes. Die dort aufgeführten Schriften werden in der an die fragliche Literaturübersicht anschließenden Darstellung einzig mit dem V e r f a s s e r n a m e n zitiert.

In diesen Zusammenstellungen sind diejenigen S c h r i f t e n , d i e u n t e r m e h r e r e n d u r c h a u s i m V o r d e r g r u n d stehen, mit * angemerkt. Diese Bezeichnung erfolgt einzig vom Standpunkt des praktische Ziele verfolgenden Lesers aus, dem ein Hinweis gegeben werden soll, welche Abhandlungen unter vielleicht zahlreichen er in erster Linie beiziehen mag, um Information zu gewinnen.

C. Zitierweise

Den schon gemachten Angaben sei beigefügt, daß die ohne nähere Bezeichnung zitierten G e s e t z e s a r t i k e l solche des ZGB sind.

«V o r s t e h e n d N . . .» oder «n a c h s t e h e n d N . . .» verweist auf eine Stelle innerhalb der Kommentierung des g l e i c h e n Artikels, im Systematischen Teil des Buches auf eine Stelle i n n e r h a l b dieses Teils.

Was bei den eingangs der Kommentierungen angeführten M a t e r i a l i e n und a u s l ä n d i s c h e n G e s e t z e n die E i n k l a m m e r u n g einzelner Stellen bedeutet, ist in den *Fußnoten zu S. 93 und 94 erklärt.

Tabelle für die Konkordanz des alten Obligationenrechts und des Zivilgesetzbuches

Die Judikatur zu den auf das Fahrnispfandrecht bezüglichen Vorschriften des aOR von 1881 ist großenteils noch immer wertvoll und wird im vorliegenden Kommentar ausgiebig zitiert. Um ihre Verwendung zu erleichtern, gibt die anschließende Tabelle an, welche Artikel des aOR denjenigen des ZGB entsprechen und umgekehrt. Das Gleichheitszeichen bedeutet nicht Identität der Bestimmungen, sondern nur, daß sie sich auf den gleichen Gegenstand beziehen.

aOR			ZGB				ZGB			aOR		
210	I	=	ZGB	884	I, 901 I		884	I	=	aOR	210	I
	II	=		884	III			II	=		213	
	III	=		885				III	=		210	II
211		=		805			885		=		210	III
212	I	=		902	I		886		=		217	
	II	=		902	II		887		=		218	
213		=		884	II		888	I	=		—	
214		=		901	II			II	=		219	
215		=		901	I, II		889	I	=		—	
216	I, II	=		904	I			II	=		221	
	III	=		904	II		890	I	=		220	I
217		=		886, 903				II	=		220	II
218		=		887			891	I	=		223	
219		=		888	II			II	=		—	
220	I	=		890	I		892	I	=		—	
	II	=		890	II			II	=		—	
221		=		889	II			III	=		—	
222		=		894			893	I	=		—	
223		=		891	I			II	=		—	
224	I	=		895	I		894		=		222	
	II	=		895	II		895	I	=		224	I
225		=		896	II			II	=		224	II
226	I	=		897	I			III	=		227	
	II	=		897	II		896	I	=		—	
227		=		895	III			II	=		225	
228	I	=		898	I		897	I	=		226	I
	II	=		—				II	=		226	II
	III	=		—			898	I	=		228	I
								II	=		—	
							899	I	=		—	
								II	=		—	
							900	I, II	=		215	
								III	=		—	

ERSTES HAUPTSTÜCK

SYSTEMATISCHER TEIL

Übersicht: Vgl. das Inhaltsverzeichnis eingangs des Buches.

I. Materialien — Literatur — Rechtsvergleichung

Die **Materialien** sind je eingangs der kommentierten Artikel zusammen- **1**
gestellt, ferner zu Beginn der Vorbemerkungen zu dem 1., 2. und 3. Abschnitt des
23. Titels des Gesetzes (vor Art. 884, 899, 907) und zur Frage der Fahrnisverschreibung auch nachstehend N 65. Die von Eugen *Huber* verfaßten Erläuterungen zum Vorentwurf des ZGB werden nach der in zwei Bänden 1914 erschienenen
2. Auflage zitiert, die Botschaft des Bundesrates vom 28. Mai 1904 zum ZGB nach
der Separatausgabe.

Die Materialien zu aOR 210—28, die den Art. 884 ff. ZGB entsprechen, finden
sich angegeben bei *Schneider/Fick* I 355 ff.

Eine Liste allgemeiner **Literatur,** welche immer wieder zitiert wird, findet **2**
sich auf S. XIX—XXII. Weitere Bibliographien werden eingangs der kommentierten Artikel und am Kopfe sonstiger Gliederungen des Textes aufgeführt,
spezielle Angaben im Kontext. An weiteren a l l g e m e i n e n fahrnispfand-
rechtlichen Schriften oder an Hilfsmitteln seien erwähnt:

S c h w e i z : Max *Bueß,* Streitfragen des Fahrnispfandrechts (Diss. Basel **3**
1945. MaschSchr).

Die in der vorhergehenden Aufl. S. 3 N 4 angegebenen Werke zum aOR bieten **4**
kein aktuelles Interesse mehr.

A u s l a n d : Neben den vorstehend S. XIX—XXII verzeichneten Werken **5**
seien die folgenden angegeben: *Dernburg,* Das Pfandrecht nach den Grundsätzen
des heutigen römischen Rechts I—II (Leipzig 1860/64) — *Demelius,* Das Pfand-
recht an beweglichen Sachen nach österreichischem bürgerlichem Recht (Wien/
Leipzig 1897) — *von Schwind,* Wesen und Inhalt des Pfandrechtes (Jena 1899).
R e c h t d e r K r e d i t s i c h e r h e i t e n i n e u r o p ä i s c h e n L ä n -
d e r n . Teil 1: Bundesrepublik Deutschland. Hrsg. von Johannes Bärmann,
Berlin 1976. Teil 2: Frankreich. Hrsg. von Walther Hadding/Uwe H. Schneider,
Berlin 1979 (Untersuchungen über das Spar-, Giro- und Kreditwesen, Abt. B,
Bde 11 und 15).

Der **Rechtsvergleichung** dienen die Zitate von Parallelstellen auslän- **6**
discher Gesetzbücher eingangs der im vorliegenden Buch erläuterten Artikel, ferner kurze Hinweise im Kontext, meistens unter Ziff. I der Kommentierung einer
Gesetzesbestimmung. Als zusammenfassende Darstellung vergleiche man *Wahl/
Blomeyer,* Art. Pfandrecht an beweglichen Sachen und Rechten, in *Schlegelberger,* Rechtsvergl. Handwörterbuch V (Berlin 1936) 583 ff.; *Arminjon/Noldé/
Wolff,* Traité de droit comparé I ff. (Paris 1950 ff.); *Security over Corporeal
Movables,* hrsg. von *J.G.Sauveplanne* (Leiden 1974). Ob die im Entstehen be-
griffene *International Encyclopedia of Comparative Law* (Tübingen/The Hague
usw.) einschlägiges Material bringen wird, bleibt abzuwarten.

II. Inhalt des 23. Titels des ZGB – System und Bereich des Fahrnispfandrechts

7   Das Gesetz ordnet die folgenden A r t e n   d e s   F a h r n i s p f a n d r e c h t s :

1. **«Faustpfand»** (Art. 884—894) **«und Retentionsrecht»** (895—898) = *Erster Abschnitt.* Einbezogen ist die V i e h v e r p f ä n d u n g (Art. 885), die ein besitzloses (hypothekarisches) Pfandrecht begründet, während Faustpfand und Retentionsrecht Besitzpfandrechte sind.

2. **«Das Pfandrecht an Forderungen und andern Rechten»** (Art. 899 bis 906) = *Zweiter Abschnitt.*

3. **«Das Versatzpfand»** (Art. 907—915) = *Dritter Abschnitt.*

Der *Vierte Abschnitt*, **«Die Pfandbriefe»** (Art. 916—918), ist ersetzt durch das BG über die Ausgabe von Pfandbriefen vom 25. Juni 1930.

8   Das Gesetz reiht diese Arten von Pfandrechten kasuistisch aneinander. Anders als beim Grundpfandrecht (Art. 793—823), enthält es keinen eigenen Abschnitt mit «Allgemeinen Bestimmungen» (Erl II 322/23). Statt dessen gilt die O r d - n u n g   d e s   F a u s t p f a n d r e c h t s   als die a l l g e m e i n e   R e g e l u n g d e s   F a h r n i s p f a n d r e c h t s. Die Grundsätze des Faustpfandrechts sind folglich, s o w e i t   p a s s e n d, auf die übrigen Arten von Fahrnispfandrechten anzuwenden. Im Einklang damit wird für das Pfandrecht an Forderungen und andern Rechten ausdrücklich auf die Bestimmungen über das Faustpfandrecht verwiesen (Art. 899 II). Für die Viehverpfändung und das Retentionsrecht ergibt sich das gleiche schon aus dem Umstand, daß das Gesetz diese Pfandarten im selben Abschnitt wie das Faustpfand ordnet, und beim Versatzpfand (dem Pfand-recht der Pfandleihanstalten) daraus, daß es, wie das Faustpfand, ein Besitzpfand ist. Inwieweit im Einzelfall die Ordnung der übrigen Pfandrechtsarten aus dem Recht des Faustpfandes zu ergänzen ist, wird jeweils bei der Kommentierung zu prüfen sein.

9   Das Fahrnispfandrecht ordnet nicht nur die Verpfändung von F a h r n i s i m   e i g e n t l i c h e n   S i n n, d. h. «beweglicher körperlicher Sachen» (Art. 713), sondern auch von « F o r d e r u n g e n   u n d   a n d e r n   R e c h t e n ». Somit unterliegen der Regelung des 23. Titels des Gesetzes alle Gegenstände, die nicht Grundstücke darstellen, sofern sie überhaupt der Verpfändung zugänglich sind (über letzteres namentlich hinten Komm. Art. 884 N 15 ff., 895 N 24 ff.,

899 N 9 ff., 909 N 3). Was in der Terminologie des Gesetzes Grundstücke sind, ergibt sich aus Art. 655. Wenn das Grundpfandrecht das auf Grundstücke bezügliche Pfandrecht ist (Art. 796 I, 943), dann ist ein F a h r n i s p f a n d r e c h t im Sinne des ZGB j e d e s   n i c h t   a l s   G r u n d p f a n d   a n z u s p r e - c h e n d e   P f a n d r e c h t. Der Gegensatz von Grundpfand und Fahrnispfand fällt folglich nicht zusammen mit dem Gegensatz von Grundstück und Fahrnis, wie er bei der Einteilung der Sachen, namentlich im Hinblick auf das Eigentum, vorgenommen wird (Art. 655, 713). «Fahrnis» im Sinn des 23. Titels umfaßt einen weiteren Kreis als Fahrnis im Sinn von Art. 713 (und auch von Art. 884 I). — Über die Verpfändung von Naturkräften hinten Komm. Art. 884 N 17.

III. Terminologie

A. Deutschschweizerische Rechtssprache

Das   G e s e t z   versteht unter   P f a n d   je nach dem Zusammenhang das **10** Pfandrecht, also das subjektive   R e c h t   (z. B. in den Überschriften des 23. Titels und dessen 1. Abschnitts, im Marginale zu Art. 884, in Art. 886 a. A., 899 II a. E.) ; oder aber jenes Wort bedeutet ihm — im Einklang mit der Umgangssprache — die Pfandsache, als das   O b j e k t   des Pfandrechts (z. B. Art. 886 a. E., 888 II, 898 I). Das subjektive Recht wird aber auch mit dem Ausdruck P f a n d r e c h t   bezeichnet (z. B. Art. 884 II/III, 888 I, Überschrift des 2. Abschnittes vor Art. 899, OR 140), sein Objekt mit   P f a n d s a c h e   (z. B. Art. 884 I/II, 887, 888 I) oder mit   P f a n d g e g e n s t a n d   (Art. 909, 910 I). Die Bedeutung ergibt sich jeweils aus dem Zusammenhang. In diesem   K o m m e n t a r   wird gewöhnlich das subjektive Recht als «Pfandrecht» und sein Objekt als «Pfandsache» oder (wo ein allgemeinerer Ausdruck nötig ist) als «Pfandgegenstand» bezeichnet.

Neben dem subjektiven Pfandrecht kennt die wissenschaftliche Terminologie **11** das   P f a n d r e c h t   i m   o b j e k t i v e n   S i n n, d. h. die auf die Materie bezüglichen Vorschriften. « V e r p f ä n d u n g » bedeutet richtigerweise den g a n z e n   Vorgang der   E r r i c h t u n g   e i n e s   P f a n d r e c h t s. «Verpfändung» und «Errichtung eines Pfandrechts» umfassen also sowohl den Pfandvertrag wie auch den seiner Erfüllung dienenden Akt (wie die Besitzübertragung oder die Übergabe eines Schuldscheines; so Art. 900 I/III). Das Wort   P f a n d - b e s t e l l u n g   findet sich gelegentlich in dieser gleichen weiten Bedeutung, wird in der Literatur und Judikatur aber gewöhnlich nur für den der Erfüllung des Pfandvertrags dienenden Akt verwendet, vor allem für die Besitzübertragung (hinten Komm. Art. 884 N 94). Der Sprachgebrauch des Gesetzes ist nicht immer scharf, ohne daß Unzukömmlichkeiten zu entstehen brauchen (vgl. etwa Art. 900 II, 901 I, 902 I/II). In OR 135 Ziff. 1 bedeutet Pfandbestellung den Pfandvertrag (hinten Komm. Art. 884 N 146). Während soeben die Wendung «Errichtung eines Pfandrechts» als Bezeichnung für den ganzen Vorgang der Verpfändung aufgefaßt wurde, findet sie sich gelegentlich auch für die Besitzübertragung allein gebraucht.

12 Über die Ausdrücke P f a n d g l ä u b i g e r , S c h u l d n e r , V e r p f ä n - d e r vgl. hinten Komm. Art. 884 N 6 ff.

13 Im Einklang mit dem Gesetz sind scharf auseinanderzuhalten: F a h r n i s - p f a n d (-recht), als der den Gegensatz zum Grundpfand (-recht) darstellende O b e r begriff, der die verschiedenen im 23. Titel geordneten Pfandrechtsarten als Unterbegriffe umfaßt, und F a u s t p f a n d (-recht), was e i n e r dieser U n t e r begriffe ist (1. Abschnitt des 23. Titels, vorn N 7). Das S c h K G (Art. 37 II) besitzt eine eigene, noch dem aOR nahestehende Terminologie: «Faust- pfand» begreift auch die Viehverpfändung (ZGB 885), das Retentionsrecht (895 bis 898) und das Pfandrecht an Forderungen und andern Rechten (899—906).

14 Da das Fahrnispfand jede nicht zum Grundpfand gehörende Pfandrechtsart umfaßt (vorstehend N 9), gehören die — bestehenden oder künftigen — n i c h t v o m Z G B g e o r d n e t e n A r t e n v o n P f a n d r e c h t e n im Zweifel terminologisch zum Fahrnispfand, soweit sie sich nicht auf Grundstücke beziehen (nachstehend N 35 ff., 47 ff.). Über ihre rechtliche Behandlung ist damit nichts bestimmt. So zählt man z. B. die Schiffsverschreibung zum Fahrnispfand, obwohl sie den Regeln der Grundpfandverschreibung folgt (nachstehend N 75).

B. Französische Rechtssprache

15 In der französischen Fassung des Z G B ist das Fahrnispfandrecht mit gage mobilier bezeichnet (im Gegensatz zum gage immobilier, dem Grundpfand); das Faustpfandrecht heißt nantissement, das Pfandrecht an Forderungen und andern Rechten gage sur les créances et autres droits. Die abweichende, schil- **16** lernde Terminologie in F r a n k r e i c h ließe sich nur im Zusammenhang mit der Darstellung des dortigen Systems der Pfandrechte erläutern. Nantissement bedeutet gewöhnlich (als Oberbegriff, CC fr 2071/72) Besitzpfandrecht. Es kann sich auf unbewegliche Gegenstände beziehen (die nur mehr seltene antichrèse, ein Nutzungspfandrecht) oder vor allem auf bewegliche (gage). Gage ist also ein Unterbegriff von nantissement und besagt Besitzpfandrecht an Fahrnis, und zwar an Sachen (gage sur meubles corporels, Faustpfandrecht) und Forderungen (gage sur créances, Forderungspfandrecht). Gage und nantissement bedeuten aber auch Pfandsache und Pfandvertrag. Schließlich wird gage bei Gelegenheit auch ganz allgemein für Pfandrecht gebraucht, z. B. in CC fr 2093 oder in der Wendung gage sans déplacement, was ein besitzloses Pfandrecht ist. Gewöhnlich heißen indessen die besitzlosen Pfandrechte an beweglichen und unbeweglichen Gegenständen hypothèques. Für Fahrnis ist das Besitzpfandrecht die Regel, das besitzlose Pfandrecht (hypothèque mobilière) die Ausnahme. — Neben den Lehr-büchern des französischen Sachenrechts *Heinsheimer/Wolff* u. a., Die Zivilgesetze der Gegenwart I 2 (Mannheim/Berlin/Leipzig 1932) 680 ff.; *Piccard/Thilo/ Steiner*, Dictionnaire juridique, 1re partie (Zurich 1950), Stichworte gage, hypo-thèque, nantissement.

C. Italienische Rechtssprache

Die italienische Fassung des Z G B verwendet für Fahrnispfand den Aus- **17** druck pegno mobiliare, für Faustpfand pegno manuale, für Pfandrecht an Forde-rungen und andern Rechten diritto di pegno sui crediti e su altri diritti. Im i t a l i e n i s c h e n CC ist pegno das Fahrnispfandrecht (Art. 2784); es kann **18** sich auf Sachen (pegno dei beni mobili) und Rechte beziehen (pegno di crediti e di altri diritti) und ist, soweit Sachen betreffend, Besitzpfand (Art. 2786). Das besitzlose Pfandrecht heißt ipoteca und erfaßt regelmäßig die Grundstücke; für einige Fälle ist eine Mobiliarhypothek vorgesehen (ipoteca mobiliare, Art. 2810; nachstehend N 87).

D. Die Termini «hypothekarisches Pfandrecht» (Hypothek), «generelles Pfandrecht», «generelle Hypothek» (Generalhypothek)

Der terminologischen Klärung mögen weiter folgende Bemerkungen dienen: **19** Zur Bezeichnung des (nachstehend N 33 definierten) besitzlosen Pfandrechts wird in diesem Kommentar der Ausdruck h y p o t h e k a r i s c h e s P f a n d -r e c h t dem Terminus H y p o t h e k vorgezogen, um Verwechslungen mit dem Grundpfand zu vermeiden. Um ein Pfandrecht zu bezeichnen, das nicht dem für Grund- und Fahrnispfand geltenden Prinzip der Spezialität folgt, soll von g e -n e r e l l e m P f a n d r e c h t gesprochen werden, im besonderen von g e n e -r e l l e r H y p o t h e k. Darunter ist ein Pfandrecht zu verstehen, das sich nicht auf einzelne (wenn auch mehrere) i n d i v i d u a l i s i e r t e Gegenstände be-zieht, sondern auf eine G r u p p e von Gegenständen, die n i c h t e i n z e l n s p e z i f i z i e r t sind und in ihrer Anzahl und ihrem Bestand w e c h s e l n

7

können. Die verpfändeten Gegenstände sind also nur generell, nicht speziell bezeichnet. Erst im Augenblick der Geltendmachung des Pfandrechts zeigt sich, was schließlich der Pfandhaft unterliegt. Über solche, im Ausland mehr als bei uns geläufigen Pfandrechte vgl. neben dem schweizerischen Anwendungsfall, dem Eisenbahnpfandrecht — nachstehend N 36/37 — noch N 87 und *Oftinger*, Arch. für Luftrecht 8 (1938) 140 ff. — Abweichend die Terminologie der Bankpraxis: *Albisetti/Bodmer* u. a. 283, 618; hiezu hinten Komm. Art. 884 N 27 ff.

20   Generelle Hypotheken können an sich als Grund- und als Fahrnispfandrecht auftreten. Mit der vorgeschlagenen Ausdrucksweise läßt sich für das moderne Recht der Terminus G e n e r a l h y p o t h e k vermeiden, unter dem man in der Literatur vielfach ausschließlich ein Pfandrecht versteht, das sich auf das g a n z e gegenwärtige und künftige Vermögen des Schuldners erstreckt, wie im Römischen und Gemeinen Recht zulässig. Das moderne Recht lehnt meist diese extreme Art der Verpfändung ab, läßt aber doch Ausnahmen vom Grundsatz der Spezialität zu. Hierfür empfehlen sich die erwähnten Ausdrücke «generelles Pfandrecht» und «generelle Hypothek», und nicht «Generalhypothek», weil eben darunter oft das umfassendere Pfandrecht nach römischer Art verstanden wird und leicht Verwirrung entsteht. So ist das erwähnte Eisenbahnpfandrecht keine Generalhypothek im Sinne des Römischen Rechts, aber eine g e n e r e l l e Hypothek im Sinne des modernen Rechts (nachstehend N 37).

21   Wenn man, wie vorgeschlagen, das Wort «Generalhypothek» für die Verpfändung des g a n z e n gegenwärtigen und künftigen Vermögens reserviert, dann ist der Ausdruck «generelle Hypothek» der zugehörige Allgemeinbegriff.

IV. Begriff und Wesen des Fahrnispfandrechts

Lit.: *Haffter* 64 ff. — Negib *Giha*, Le pacte commissoire (Diss. Genf 1947) 46 ff. — *Windscheid* I § 224 — *Dernburg* I 2 § 261/62 — *Demelius*, Das Pfandrecht an beweglichen Sachen (Leipzig/Wien 1897) 55 ff. (Definition S. 78) — *Enneccerus* § 129—131, 159 — *Staudinger* N 1 vor § 1204 — *Klang* § 447 Ziff. II — *von Lübtow*, Die Struktur der Pfandrechte und Reallasten, Festschr. Heinrich Lehmann I (Berlin/Tübingen 1956) 328 ff. — *Soergel-Augustin* N 1 vor § 1204 — *Baur* § 55.

22   Das Fahrnispfand ist f o r m a l bereits dahin definiert worden, daß darunter jedes nicht als Grundpfand anzusprechende Pfandrecht fällt (vorn N 9). Es bedarf noch einer m a t e r i a l e n Umschreibung. Trotz vieler Kontroversen über Einzelpunkte, die eine umfangreiche Literatur der verschiedenen Länder beleben, besteht heute in den Hauptfragen Einigkeit; Abweichungen betreffen häufiger die Formulierung als den Sachverhalt. Indem man von einem (hier vorausgesetzten) Oberbegriff des Pfandrechts im allgemeinen ausgeht, kann das F a h r n i s - p f a n d r e c h t   b e z e i c h n e t   w e r d e n   als das beschränkte dingliche Recht, vermöge dessen eine fremde bewegliche Sache oder ein Recht in der Weise belastet ist, daß die Erfüllung einer Forderung durch die Befugnis des Gläubigers zur Verwertung der Sache oder des Rechts gesichert wird [a].

Die hervorstechendsten M e r k m a l e des Begriffs des Fahrnispfandrechts **23** sind: seine als Akzessorietät bezeichnete Abhängigkeit von der zu sichernden Forderung (Näheres hinten Komm. Art. 884 N 149 ff.); die Befugnis des Gläubigers, einen Zugriff auf den Gegenstand zwecks Verwertung auszuüben, um sich für seine ungetilgt gebliebene Forderung Deckung zu verschaffen (Art. 891 I, 910 I), wobei kraft dinglichen Rechts der verpfändete Gegenstand dem Pfandgläubiger vorbehalten ist und ihm dadurch eine Bevorzugung vor den übrigen (chirographarischen) Gläubigern verschafft: der Pfandgegenstand ist m. a. W. ein dem Pfandgläubiger vorbehaltenes Exekutionsobjekt. Soweit das Fahrnispfand nicht hypothekarisches Pfandrecht ist, charakterisiert es sich weiter durch die Befugnis des Pfandgläubigers zum Besitz des als Pfandgegenstand dienenden Objektes oder eines für dieses repräsentativen andern Gegenstandes (wie eines Schuldscheines. ZGB 884 I/III, 888, 895 I, 900 I, 901, 909).

Das aus diesen Merkmalen fließende W e s e n des Pfandrechts kann nur **24** durch den Beizug der Regeln über die Verwertung, namentlich in der Z w a n g s - v o l l s t r e c k u n g , erfaßt werden; nachstehend N 121 ff.

V. Prinzipien des Fahrnispfandrechts

Einzelne Monographien des deutschsprachigen Auslandes gliedern einen Teil **25** ihres Stoffes vermöge sog. pfandrechtlicher P r i n z i p i e n (vor allem *Deme-lius*, zit. vorstehend N 5, § 7—11). Schweizerische Autoren sind dem Vorbild gefolgt *(Tuor/Schnyder* § 109 II; *Haffter* § 3). Diese Prinzipien erscheinen im vorliegenden Buch in der Kommentierung der zugehörigen Gesetzesbestimmungen. Die Prinzipien gelten zunächst für das Faustpfand, dann aber sinngemäß und soweit passend auch für das Retentionsrecht, das Pfandrecht an Rechten (Art. 899 II) und das Versatzpfand. Es seien hier vor allem erwähnt:

[22a] Die Definition des O b e r b e g r i f f s des P f a n d r e c h t s im allgemeinen, von der stillschweigend ausgegangen wurde, müßte in der obigen Formel «Gegenstand» statt «bewegliche Sache oder Recht» sagen und andeuten, daß bei Schuldbrief und Gült die zu sichernde Forderung auf eine vom Gesetz näher geordnete Weise mit dem Pfandrecht verbunden ist.

26   1. Prinzip des numerus clausus: nachstehend N 31.

2. Prinzip der Spezialität
   a) bezüglich des Pfandgegenstandes: hinten Komm. Art. 884 N 18, 26 ff.;
   b) bezüglich der Forderung: Komm. Art. 884 N 138/39.

3. Prinzip der Akzessorietät: Komm. Art. 884 N 149.

4. Faustpfandprinzip: Komm. Art. 884 N 179.

5. Publizitätsprinzip: Komm. Art. 884 N 198.

6. Kausalprinzip (Kausalitätsprinzip): Komm. Art. 884 N 111.

7. Prinzip des öffentlichen Glaubens (Schutz des gutgläubigen Erwerbs): Komm. Art. 884 N 325.

8. Prinzip der Unteilbarkeit (Ungeteiltheit) der Pfandhaftung: Komm. Art. 889 N 20, Art. 892 N 3.

9. Prinzip der Subsidiarität: Komm. Art. 891 N 17.

10. Prinzip der Priorität: Komm. Art. 893 N 3.

Über die Tragweite solcher Prinzipien Komm. Art. 884 N 152; über allgemein-sachenrechtliche Prinzipien *Meier-Hayoz*, Syst. Teil N 21 ff.

VI. Verhältnis zur Regelung des Grundpfandrechts: Unterschied und Verwandtschaft – Übernahme von Vorschriften

27   Grundpfand und Fahrnispfand u n t e r s c h e i d e n sich vornehmlich durch ihr Objekt (vorstehend N 9) und durch das Mittel der Publizität, welche das moderne Recht für die dinglichen Rechte durchweg verlangt: beim Grundpfandrecht der Registereintrag (im Grundbuch), beim Fahrnispfandrecht, soweit es nicht hypothekarisches Pfandrecht ist, die Besitzübertragung.

28   Trotz des tiefgreifenden Unterschiedes sind e i n z e l n e V o r s c h r i f t e n d e s G r u n d p f a n d r e c h t s f ü r d a s F a h r n i s p f a n d r e c h t v e r w e n d b a r . Namentlich der im wesentlichen akzessorische Charakter der Grundpfandverschreibung (Art. 824 I) nähert diese dem Fahrnispfandrecht. Der s i n n g e m ä ß erfolgende Beizug grundpfandrechtlicher Vorschriften fällt prinzipiell dann in Betracht, wenn die Gleichheit der Interessenlage und die Ähnlichkeit der rechtlichen Struktur die vom Gesetz für das Grundpfandrecht getroffene Lösung als für das Fahrnispfandrecht angemessen erscheinen lassen. Das ist bei folgenden Fragen und Vorschriften der Fall:

29 1. Prinzip des numerus clausus, ZGB 793 II (nachstehend N 31).

2. Prinzip der Spezialität, ZGB 797 I (hinten Komm. Art. 884 N 18).

3. Verpfändung einer Mehrheit von Gegenständen, ZGB 798 (Komm. Art. 884 N 26).
4. Erstreckung der Pfandhaft auf die Bestandteile, ZGB 805 I (Komm. Art. 892 N 7).
5. Verpfändung für beliebige, auch zukünftige oder bloß mögliche Forderungen, ZGB 824 I (Komm. Art. 884 N 122).
6. Prinzip der Akzessorietät, ZGB 824 I (Komm. Art. 884 N 150).
7. Auseinanderfallen von Eigentum und Schuldnerschaft, ZGB 824 II, 845 I, 831, 832 I, 827 (Komm. Art. 884 N 387, 393, 395, 397).
8. Untergang der Pfandsache, ZGB 801 I/II (Komm. Art. 888 N 7, 8).
9. Wertverminderung durch den Pfandeigentümer (bei der Viehverpfändung), ZGB 808—810 (Komm. Art. 885 N 55).

Die Aufzählung ist nicht abschließend. Ihre p r a k t i s c h e B e d e u t u n g **30** darf nicht überschätzt werden, da die gleiche Lösung, wie durch die Übernahme grundpfandrechtlicher Vorschriften, regelmäßig auch mittels allgemeiner Überlegungen zu gewinnen ist. Was z. B. in Art. 805 I gesagt wird, ergibt sich ebensogut aus Art. 642.

VII. Arten der Fahrnispfandrechte

A. Einteilung des ZGB — Numerus clausus

Die g e s e t z l i c h e G l i e d e r u n g findet sich vorn N 7 wiedergegeben. **31** Die Viehverpfändung ist unter dem Faustpfand geregelt (Art. 885), obwohl sie eine der Ordnung des hypothekarischen Pfandrechts folgende Ausnahme vom Faustpfandprinzip ist (nachstehend N 70). Neben den vom ZGB aufgeführten Arten von Fahrnispfandrechten hat die Spezialgesetzgebung weitere geschaffen (nachstehend N 35 ff.). Gemäß dem das Sachenrecht beherrschenden Grundsatz des n u m e r u s c l a u s u s dürfen keine andern als die vom Gesetz (ZGB und Spezialgesetz) vorgesehenen Pfandrechtstypen verwendet werden (Art. 793 analog; SJZ 42, 57; *Meier-Hayoz*, Syst. Teil N 35 ff.). Die Vereinbarung der sog. Antichresis, einer Art des Nutzungspfandrechts, ist damit nicht ausgeschlossen, weil sie nicht eine b e s o n d e r e Pfandrechtsart darstellt, sondern die inhaltliche Ausgestaltung einer der gesetzlich vorgesehenen Arten (hinten Komm. Art. 890 N 17). Der numerus clausus schließt die Zulassung pfandrechtsähnlicher Gebilde nicht aus wie das irreguläre Pfandrecht, die Sicherungsübereignung, hinten N 182 ff.

B. Dogmatische Einteilungen

a) Faustpfandrecht und hypothekarisches Pfandrecht

32   Das Pfandrecht will dem Gläubiger eine von den Gesetzen näher bestimmte rechtliche Herrschaft über den Pfandgegenstand verleihen. Je nachdem, ob diese auf der Übergabe des Gegenstandes an den Gläubiger (oder einen für ihn auftretenden Dritten), unter gleichzeitigem Verlust der Gewalt über die Sache durch den Verpfänder, beruht oder nicht, hat man zwei völlig verschiedene Gestaltungen des Pfandrechts vor sich: Wo der Schuldner dem Gläubiger (oder einem für ihn auftretenden Dritten) den Besitz an der Pfandsache (die zur Sicherung der Forderung dient) verschafft, spricht man von F a u s t p f a n d ; es gilt das F a u s t p f a n d p r i n z i p. Die Sache unterliegt dem körperlichen Zugriff des Gläubigers; es entsteht ein sog. B e s i t z p f a n d. Näheres *Hromadka*, ZSR 89 I 117 ff.

33   Beim h y p o t h e k a r i s c h e n P f a n d r e c h t, nach dem h y p o t h e - k a r i s c h e n P r i n z i p, verbleibt dagegen der Schuldner im Besitz der Sache, bis der Gläubiger sie verwertet; daher sog. b e s i t z l o s e s P f a n d, bei Fahrnis als M o b i l i a r h y p o t h e k bezeichnet. Die Verpfändung beruht hier im Mindestfall allein auf dem Pfandvertrag, zu dem aber, je nach der Ausgestaltung in einem positiven Recht, zur Kennzeichnung des Vorganges eine symbolische Handlung kommen kann oder vor allem ein Registereintrag (bei Fahrnis sog. V e r s c h r e i b u n g, bei Grundstücken Grundbucheintrag). Diese beiden Typen sind durch die Universalrechtsgeschichte hindurch und in den geltenden Ordnungen der Länder für Fahrnis und für Grundstücke abgewandelt worden; vgl. die nachstehend N 88 zit. historischen Darstellungen.

34   Im Einklang mit den meisten modernen Rechten folgt das ZGB für Grundstücke dem hypothekarischen Prinzip, für Fahrnis dem Faustpfandprinzip: es gilt das sog. V e r b o t d e r M o b i l i a r h y p o t h e k (Art. 884 I/III; BGB 1205; ABGB 451; CC fr 2076; CC it 2786). Über die Motivierung des Faustpfandprinzips vgl. hinten Komm. Art. 884 N 197 ff.

35   Art. 884 I sieht indes als Ausnahme vom Faustpfandprinzip die Z u l a s s u n g v o n M o b i l i a r h y p o t h e k e n vor, doch nur in besonderen, gesetzlich angeordneten Fällen, die z. T. wenig auffallen:

1. Die Tatbestände der **Fahrnisverschreibung** (nachstehend N 70 ff.).

2. Die Verpfändung von **Grundstückszugehör** zusammen mit dem Grundstück (Art. 805; Zugehör ist Fahrnis, Art. 644 II).

36   3. Die Verpfändung des einer **Eisenbahn- oder Schiffahrtsunternehmung** gehörenden, zu Betrieb und Unterhalt dienenden beweglichen Materials, zusammen mit der Verpfändung der Grundstücke der Unternehmung, gemäß BG über Verpfändung und Zwangsliquidation von Eisenbahn- und Schiffahrtsunternehmungen vom 25. Sept. 1917 Art. 9, 10; die Vorschriften sind auch auf Trolleybus-unternehmungen anwendbar (BG über die Trolleybusunternehmungen vom 29. März 1950 Art. 3). Die vom Gesetz erfaßte Fahrnis besteht namentlich aus den der Unternehmung gehörenden Fahrzeugen. Die Verpfändung wird in Gestalt eines deklarativen Eintrags in ein eigenes Register, das Pfandbuch, aufgenommen (BG Art. 4, 5; V betr. Einrichtung und Führung des Pfandbuches über die Verpfändung von Eisenbahn- und Schiffahrtsunternehmungen vom 11. Jan. 1918).

Dieses sog. E i s e n b a h n p f a n d r e c h t ist eine der im schweizerischen **37** Recht sonst verpönten g e n e r e l l e n H y p o t h e k e n : der für Grundstücke (ZGB 797 I) und Fahrnis (hinten Komm. Art. 884 N 18) streng durchgeführte Grundsatz der Spezialität, wonach nur einzelne, individualisierte Gegenstände verpfändet werden können, ist ausgeschaltet: vorn N 19. — A. M. ist der nachstehend zit. *Keller* S. 59, der das verpfändete Bahnunternehmen als e i n e einheitliche Sache sui generis auffaßt. Die Frage, ob Fahrnis im Sinne des ZGB mitverpfändet sei und insofern eine Mobiliarhypothek entstehe, stellt sich dann gar nicht, und eine generelle Hypothek liegt nicht vor. Diese Ansicht widerspricht dem begrifflichen Instrumentarium des schweizerischen Privatrechts. Eine generelle Hypothek nimmt auch das Bundesgericht an, BGE 47 III 177/178; weitere Zitate *Keller* 52 N 3.

Lit.: *Fritz *Keller*, Das Eisenbahnpfandrecht (Diss. Bern 1941 und Schweiz. Beiträge zur Verkehrswiss. Nr. 6) — Wilh. *Vollenweider*, Die Zwangsliquidation der Eisenbahnen (Diss. Zürich 1901) 31 ff. — Leo *Pfenninger*, Die Behandlung der Eisenbahnliegenschaften (Diss. Basel 1934 MaschSchr) — Andrea *Engi*, Die Fahrnisverschreibung (Diss. Bern 1929) 93 ff. — *Oetiker*, Die Eisenbahngesetzgebung des Bundes I 623 ff., IV 370 ff., 402 ff. (Solothurn 1913/18) — *Heß*, Die neuere Eisenbahngesetzgebung des Bundes II 64 ff. (Solothurn 1945) — *Oftinger*, Arch für Luftrecht 8, 141 ff. — Über das anstelle des Pfandbuches in ZGB 944 III vorgesehene, aber nicht eingeführte Eisenbahngrundbuch *Homberger* Art. 944 N 21 ff., *Keller* a. a. O. 84 ff.

Über die Verpfändung von L u f t s e i l b a h n e n : VerwEntsch. 8 Nr. 46. **38**

4. **Das Retentionsrecht des Vermieters, Verpächters, Gast- und Stall- 39 wirts** (OR 272, 286 III, 491). Es setzt nicht den Besitz an den vom Retentionsrecht erfaßten Sachen des Mieters, Pächters, Gastes und Einstellers voraus. Komm. Art. 895 N 195/96.

5. Das besondere Pfandrecht zugunsten von **Pfandbriefforderungen** ge- **40** mäß BG über die Ausgabe von Pfandbriefen vom 25. Juni 1930 Art. 18 (früher ZGB 916, aufgehoben durch Art. 52 II des BG).

Lit.: *Brühlmann*, BG über die Ausgabe von Pfandbriefen usw. (Zürich 1931) Art. 16 N 2, Art. 18 N 1—4.

6. Das besondere Pfandrecht zugunsten von **Spareinlagen** gemäß BG über **41** die Banken und Sparkassen vom 8. Nov. 1934 Art. 16, Fassung von 1971 (früher SchlT ZGB 57, aufgehoben durch Art. 53 des BG, Fassung von 1971).

Lit.: *Brühlmann*, Komm. zum BG über die Banken und Sparkassen usw. (Weinfelden 1935) Art. 16 N 1, 2, 6 — *Bodmer/Kleiner/Lutz*, Komm. zum schweiz. Bankengesetz (Zürich 1976) zu Art. 16 — *Beck*, Komm. Einführungs- und Übergangsbestimmungen (Bern 1932) Art. 57 N 16.

42 7. Das Pfandrecht an den **Ersatzstücken,** die aus einer dem Pfandgläubiger verhafteten **Versicherungsleistung** angeschafft werden (VVG 57; Komm. Art. 892 N 17).

43 W e i t e r e F ä l l e , die z. T. bestritten sind und bei denen die Charakterisierung als Mobiliarhypothek ohne besondere praktische Folgerungen bleibt, erwähnt *Leemann* Art. 884 N 41. Die N a c h v e r p f ä n d u n g (Art. 886) fällt entgegen seiner Ansicht nicht unter die Mobiliarhypotheken, weil die Gewalt über die Sache dem Verpfänder entzogen wird und der vorgehende Pfandgläubiger gestützt auf eine Besitzanweisung (ZGB 924) den Besitz für den nachgehen-
44 den Pfandgläubiger ausübt (hinten Komm. Art. 886 N 3). — Das gilt im wesentlichen auch für das kraft Z e s s i o n schon vor der Besitzübertragung beste-
45 hende Pfandrecht (darüber hinten Komm. Art. 884 N 162, 165). — Durch die Verpfändung von W a r e n p a p i e r e n werden die zugehörigen Waren verpfändet, ohne daß man sie dem Gläubiger auszuhändigen braucht (Art. 902). Auch hier liegt entgegen *Leemann* keine Mobiliarhypothek vor, weil die Gewalt über die (bei einem Frachtführer oder in einem Lagerhaus befindlichen) Sachen dem Verpfänder entzogen und der Besitz für den Pfandgläubiger vom Frachtführer oder Lagerhalter ausgeübt wird (hinten Komm. Art. 902 N 25).

b) Vertragliches und gesetzliches Pfandrecht

Lit.: **Bolla* 134 ff. — Emil *Jenny*, Das gesetzliche Pfandrecht und seine Entwicklung in Basel (Diss. Basel 1926 MaschSchr) — *Enneccerus/Wolff* § 163 III — *Klang* § 450 Ziff. III — die Komm. zu BGB 1257 — Hartmut *Roeske*, Die gesetzlichen Sicherungsrechte an bestimmten beweglichen Sachen in Deutschland, Frankreich und der Schweiz (Diss. Freiburg im Br. 1970).

46 Das ZGB verwendet den B e g r i f f d e s g e s e t z l i c h e n P f a n d -
r e c h t s im Zusammenhang des Fahrnispfandes nicht, wohl aber beim Grundpfand (Art. 836 ff.) und früher in dem jetzt im Bankengesetz von 1934, Art. 16, aufgegangenen Art. 57 SchlT (vorstehend N 41). Das BGB § 1257 stellt dem «durch Rechtsgeschäft bestellten Pfandrecht» das «kraft Gesetzes entstandene» gegenüber. Der Begriff des gesetzlichen Pfandrechts wird in der Literatur meist nicht präzisiert. Im Bereich des Fahrnispfandes ist darunter jedes Pfandrecht zu verstehen, das a l l e i n auf Grund des Gesetzes entsteht, das somit nicht durch Rechtsgeschäft, nämlich durch Vertrag (im Sinn eines Rechtsgeschäfts unter Lebenden) oder durch Verfügung von Todeswegen und auch nicht durch richterliches Urteil begründet wird. Es entsteht statt dessen ipso iure mit dem Vorliegen des vom Gesetz umschriebenen Tatbestandes. Da die Verfügung von Todeswegen

(in Gestalt eines Vermächtnisses) als Entstehungsgrund des Pfandrechts in der Wirklichkeit keine Rolle spielt und das (konstitutive) richterliche Urteil in diesem Zusammenhang dem schweizerischen Recht fremd ist (hinten Komm. Art. 884 N 80 und auch nachstehend N 62), dürfen einander gegenübergestellt werden: das v e r t r a g l i c h e P f a n d r e c h t (pignus conventionale) und das g e s e t z l i c h e P f a n d r e c h t (pignus legale)[a]. Die Rechtsordnung will beim gesetzlichen Pfandrecht ausgewählte Forderungen durch die Überlassung eines Grund- oder Fahrnispfandes begünstigen; der Gläubiger soll in den Genuß dieser Sicherheiten kommen, ohne von der Zustimmung der Gegenpartei abzuhängen. Die **gesetzlichen Fahrnispfandrechte** sind so verschiedenartig, daß sich lediglich eine K a s u i s t i k nach äußerlichen Merkmalen empfiehlt. Dazu gehören insbesondere:

1. Das **Retentionsrecht** in seiner allgemeinen Gestalt nach ZGB 895—898 **47** und nach der z. T. abweichenden Ordnung in den einschlägigen besonderen Vorschriften des ZGB, OR und einzelner Spezialgesetze; Aufzählung hinten Komm. Art. 895 N 184 ff.

2. Die sog. **Privatpfändung** zur Sicherstellung von Haftpflichtforderungen: **48/** ZGB 700 II (Schaden durch Aufsuchen und Wegschaffung zugeführter Sachen **49** und dgl.), OR 57 (Pfändung eingedrungener Tiere). Die Privatpfändung ist ein altertümliches Rechtsinstitut, das im modernen Recht nur mehr wenige Anwendungsfälle kennt und (unter Vorbehalt der jeweiligen besonderen Regelung) der Ordnung des Retentionsrechts folgt (ZGB 895 ff.). Für das frühere Recht z. B. *Bluntschlis* zürcherisches Gesetzbuch § 870—873 («Selbstpfändung»).

Lit.: *Huber*, System und Geschichte des Schweiz. Privatrechts IV (Basel 1893) 827/28 — *Oftinger*, Schweiz. Haftpflichtrecht II/1 (2./3. A. Zürich 1960, 1970) 190/91 mit Judikatur.

3. Die gesetzlichen Pfandrechte an den dem SchRG unterstehenden **Schiffen** **50** (Art. 51, 53bis des Gesetzes); ihre Zahl ist für Meerschiffe erweitert durch das Int. Übereinkommen zur einheitlichen Feststellung einzelner Regeln über Privilegien und Hypotheken an Seeschiffen vom 10. April 1926 (AS 1954, 751) nachstehend N 73 ff. (1970 II 1242 ff.).

4. Die gesetzlichen Pfandrechte an **Luftfahrzeugen,** die dem BG über das **50 a** Luftfahrzeugbuch vom 7. Okt. 1959 unterstehen (Art. 39, 47; nachstehend N 79); dazu das in N 80 zit. int. Abkommen.

5. Das Pfandrecht des g e s c h ä d i g t e n D r i t t e n an der dem versicher- **51** ten Haftpflichtigen zustehenden Forderung auf die **Versicherungsleistung in der Haftpflichtversicherung** (VVG 60).

Lit.: *Jaeger*, Komm. VVG II (Bern 1932) Art. 60 N 15 — *Oftinger*, Schweiz. Haftpflichtrecht I (4. A. Zürich 1975) 454 ff.

[46a] Traditionelle Einteilung der Pfandrechte nach Entstehungsgründen: hinten Komm. Art. 884 N 83 anhand von ABGB 449.

52   6. Das Pfandrecht des P f a n d g l ä u b i g e r s an der Forderung auf die **Versicherungsleistung** und an den hieraus angeschafften **Ersatzstücken** (VVG 57; ZGB 822; hinten Komm. Art. 892 N 17).

53/   7. Das gesetzliche Forderungspfandrecht an den zusammen mit einem Grund-
54 stück verpfändeten **Miet- und Pachtzinsforderungen** (ZGB 806).

> Lit.: G. *Weiß*, Das Recht der Grundpfandgläubiger an den Erträgnissen des verpfändeten Grundstückes (St. Gallen 1936) 61.

55   8. Das Pfandrecht des **Pfandbriefgläubigers** gemäß BG über die Ausgabe von Pfandbriefen vom 25. Juni 1930 Art. 18 (früher ZGB 916).

> Lit.: *Brühlmann* (zit. vorstehend N 40) Art. 18 N 1—4.

56   9. Das Pfandrecht des **Spareinlagen-Gläubigers** gemäß den auf Art. 16 des BG über die Banken und Sparkassen vom 8. Nov. 1934 Art. 16, Fassung von 1971, gestützten kantonalen Erlassen (früher SchlT ZGB 57).

> Lit.: *Bodmer/Kleiner/Lutz* zu Art. 16 — *Brühlmann* Art. 16 N 1, 6 — *Beck* zu Art. 57: alle zit. vorn N 41 — *Brühlmann* SJZ 32, 1 ff. — *Albisetti/Bodmer* u. a. 543.

57   10. Pfandrechte zur Sicherung **öffentlichrechtlicher Forderungen** zugunsten des Staates und anderer Körperschaften oder von Anstalten des öffentlichen Rechts, gemäß eidgenössischem oder kantonalem Recht. Im Gegensatz zum Grundpfandrecht (ZGB 836) finden sich für das Fahrnispfandrecht die Anwendungsfälle selten. So (u. a.) das Zollpfandrecht (BG über das Zollwesen vom 1. Okt. 1925 Art. 120 ff.; VV vom 10. Juli 1926 Art. 138 ff. — diese Bestimmungen z. T. rev.). Das Zollpfandrecht dient auch der Sicherung der Umsatzsteuer auf der Wareneinfuhr (BRB über die Warenumsatzsteuer vom 29. Juli 1941 Art. 45).

58   Oft hat man das von der Steuerrechtslehre sog. S t e u e r p f a n d r e c h t vor sich. Das gesetzliche Pfandrecht zugunsten öffentlichrechtlicher Forderungen wird gewöhnlich den privaten beschränkten dinglichen Rechten an Sachen v o r -g e h e n und für die Entstehung nicht der Besitzübertragung bedürfen (Zollges. 120 III; BGE 79 I 197).

59   Über gesetzliche Pfandrechte an Vieh hinten Komm. Art. 885 N 77.

59a   Aus der J u d i k a t u r zum Zollpfandrecht: BGE 73 I 422; 68 III 24; 79 I 192; 82 I 211; ferner *Burckhardt*, Schweiz. Bundesrecht V (Frauenfeld 1931) Nr. 2611 II.

> Lit.: Bruno *Gusberti*, Das Steuerpfandrecht (Diss. Zürich 1944) 13, 35 ff., 65 ff. — *Blumenstein*, Grundzüge des schweiz. Zollrechts (Bern 1931) 46 ff. — *Blumenstein*, System des Steuerrechts (3. A. Zürich 1971) § 20 II, 37 IV 2.

60   Die R e g e l u n g d e r g e s e t z l i c h e n P f a n d r e c h t e ist verschieden. Einzelne bedürfen eines subjektiven Moments: so setzt das Retentionsrecht nach ZGB 895 den Willen zur Zurückbehaltung der Sache voraus. Andere entstehen allein auf Grund des Vorliegens eines objektiven Tatbestandes, z. B. das Pfandrecht des Pfandbriefgläubigers oder das Zollpfandrecht. Teilweise bestehen die gesetzlichen Pfandrechte unabhängig vom Besitz (z. B. das Pfandrecht des

Spareinlagen-Gläubigers, das Retentionsrecht des Vermieters und Verpächters, das Zollpfandrecht), teilweise sind es Besitzpfandrechte (so die meisten Retentionsrechte). Hievon abgesehen fehlen regelmäßig die vom ZGB verlangten Voraussetzungen für die Errichtung eines Pfandrechts, wie z. B., neben dem Pfandvertrag, die Übergabe der Sache, des Schuldscheins und des Wertpapiers, oder das Indossament (884 I, 900/01). Die nähere Regelung der gesetzlichen Pfandrechte ist aus den jeweiligen Vorschriften zu gewinnen; wo nötig muß geprüft werden, inwieweit ZGB 884 ff. anwendbar sind.

Es gilt im Bereich des Grund- und des Fahrnispfandrechts als Vorzug des **61** schweizerischen Rechts, in der Anordnung gesetzlicher Pfandrechte Z u r ü c k - h a l t u n g zu üben. Ihre Zahl scheint zwar nicht unbeachtlich. Doch betreffen sie meist abgegrenzte, überblickbare Verhältnisse, und der Fiskus ist an ihnen mäßig beteiligt, im Gegensatz zu andern Ländern, wo er sich zahlreiche P r i v i - l e g i e n sichert, die in der Wirkung den gesetzlichen Pfandrechten ähnlich sind (z. B. CC it 2752 ff.; *Gusberti* a. a. O. 28 ff.). Demgegenüber litt die Kreditordnung des Römischen und des Gemeinen Rechts unter der Unklarheit und Unbeschränktheit der gesetzlichen Pfandrechte. Auch im modernen Bereich müssen zahlreich auftretende pfandrechtliche Bevorzugungen, namentlich wenn wegen ihres «caractère occulte» mit ihnen nicht von vornherein zu rechnen ist, die Kurrentgläubiger schädigen; über die besonders ungünstigen Verhältnisse im französischen Recht *Marty / Raynaud* n°s 398 ss. Im schweizerischen Recht erscheinen zwar eine Reihe der anderswo (z. B. CC fr 2101/02, CC it 2751) materiellrechtlich aufgefaßten Vorzugsrechte im Vollstreckungsrecht, und die neuere Gesetzgebung hat eine beträchtliche Zahl von Konkursprivilegien geschaffen. Sie rangieren aber hinter den Pfändern (SchKG 219 I) und beeinträchtigen deshalb den Pfandkredit nicht.

C. Das sog. Pfändungspfandrecht

Nach deutschem Vorbild hatte ein Teil der schweizerischen Literatur ange- **62** nommen, die Pfändung, SchKG 88 ff., erzeuge ein (privates) Pfandrecht, das sog. Pfändungspfandrecht (s. a. aOR 886); so besonders *Jaeger* Art. 96 N 4; auch BlZR 48 Nr. 204 S. 368 ff. Diese Ansicht ist in Deutschland bestritten (*Staudinger* § 1204 N 19a; *Soergel-Augustin* N 9c vor § 1204; *Baur* § 55 D II) und in der Schweiz überwunden. Die Pfändung ist öffentlichrechtliche «amtliche Beschlagnahme von Gegenständen zu Vollstreckungszwecken»: *Blumenstein*, Handb. des Schweiz. Schuldbetreibungsrechtes (Bern 1911) 328 ff. Gl. M. Hans *Schoch*, Die juristische Natur der Pfändung . . . (Diss. Zürich 1940) 96/97, 103/04; *Haffter* 66 ff.; *Leemann* Art. 884 N 5; *Fritzsche* I 224; *von Tuhr / Peter* I

§ 28 bei N 50; Ulr. K. *Fehlmann*, Die Einflüsse des Sachenrechts auf Pfändung und Verwertung (Diss. Zürich 1976) 13 ff.

D. Gesamtpfandrecht

63 Statt allein eine einzelne Sache, kann das gleiche Pfandrecht, für dieselbe Forderung, m e h r e r e S a c h e n erfassen. Gleich wie beim Grundpfand, wird hier vom G e s a m t p f a n d r e c h t gesprochen. Näheres hinten Komm. Art. 884 N 33, Art. 889 N 21, Art. 891 N 22. Das Gegenstück heißt E i n z e l - p f a n d r e c h t.

VIII. Fahrnisverschreibung

(Registerpfandrecht)

64 **Lit.:** *Heinrich *Daeniker*, Die Mobiliarhypothek im modernen schweiz. und franz. Recht (Diss. Zürich 1908) — *Andrea *Engi*, Die Fahrnisverschreibung im schweiz. Recht (Diss. Bern 1929) — Fritz *Laager*, Eigentumsvorbehalt und Fahrnisverschreibung in der eidg. Gesetzgebung (Diss. Heidelberg 1909) — Alfr. *Martin*, Pactum reservati dominii et hypothèque mobilière (Genf 1903) 30 f. — H. *Pfister*, Die Fahrnisverschreibung im Entwurfe eines schweiz. ZGB, ZBJV 39 (1903) 249 ff., 321 ff. — *Oser*, Eigentumsvorbehalt und Abzahlungsgeschäft, ZSR 24 (1905) 461 ff. — Ernst *Pfister*, Das vertragliche Pfandrecht am Hotelmobiliar (Diss. Zürich 1906).

Wahl/Blomeyer (zit. vorn N 6) 617 ff.

G e s c h i c h t l i c h : *Rahn*, Die freiwillige Pfandverschreibung für Fahrhabe, ZSR 2 a. F. (1853) 3 ff. — E. *Huber*, System und Geschichte des Schweiz. Privatrechtes III (Basel 1889) 447 ff., IV (1893) 817 ff. — Emanuel *Gerster*, Die geschichtliche Entwicklung der Fahrnisverschreibung in der Schweiz (Diss. Bern 1970) — Gustav *Küry*, Geschichte der Mobiliarhypothek in Basel von 1719—1882... (Diss. Basel 1926 MaschSchr).

S p e z i a l l i t e r a t u r ist im folgenden Text und zu Art. 885 angegeben.

A. Neuere Entwicklung

65 **Materialien:** VE 884—889 — E 890—895 — Erl II 332—339 — Prot ExpKom 80/81, 130 bis 133, 138—145, 148—152 — Botsch 68—70, 85—86 — StenBull NR 1906, 565—571, 699—717; 1907, 318—320, 340, 342 — StenBull StR 1906, 1345—1352, 1424, 1428; 1907, 314.

Lit.: Die soeben zit. Schriften, besonders E. *Huber* a. a. O. — *Daeniker* 10 ff. — *Laager* 4 ff., 20 ff. — *Engi* 61 ff. — Pierre *Rhyner*, Das vertragliche Fahrnispfandrecht in den kantonalen Kodifikationen... (Diss. Basel 1957 MaschSchr).

Als auffälligster Tatbestand der Mobiliarhypothek (vorn N 33 ff.) bedarf die **66** Fahrnisverschreibung gesonderter Darlegung. Die schweizerische Rechtssprache versteht darunter im modernen Recht ein h y p o t h e k a r i s c h e s   F a h r - n i s p f a n d r e c h t an Sachen, das durch R e g i s t e r e i n t r a g entsteht. Dieser schafft die erforderliche Publizität, die beim Faustpfandrecht statt dessen durch die Übertragung des Besitzes gewonnen wird. Wie das Grundpfandrecht (Art. 799 I), ist die heutige Fahrnisverschreibung ein Registerpfandrecht (wofür «Verschreibung» ein überlieferter Ausdruck ist). Die Erstreckung des Grund- pfandes auf die Zugehör (Art. 805, vorn N 35) müßte auch unter die Definition der Fahrnisverschreibung fallen; doch ist es üblich, diesen Fall dem Grund- pfandrecht zuzuzählen.

Einige kantonale Rechte haben die schon im Mittelalter auftretende Fahrnis- **67** verschreibung «im Laufe der Jahrhunderte zu einem eigenartigen Institut ent- wickelt» (E. *Huber*). Sie wurde von dem auf dem Boden des Faustpfandprinzips stehenden aOR von 1881, welches das Fahrnispfandrecht einheitlich regelte, ver- drängt. Die Kantone waren einzig ermächtigt, die Viehverschreibung zuzulassen (aOR 210 III); aber schließlich machten nur fünf Kantone von ihr Gebrauch. Daneben hatte das kantonale Recht die Befugnis, in weitem Umfang die Zugehör der Grundstücksverpfändung zu unterwerfen (aOR 211). Die Entwürfe zum ZGB **68** erstrebten die Wiederbelebung des Instituts. VE Art. 884 ff. ließ die Fahrnis- verschreibung mittels konstitutiver Eintragung in ein «öffentliches Pfandprotokoll» in weitem Umfange zu: für «Vieh, bewegliche Betriebseinrichtungen, Vorräte und Warenlager, wenn diese Sachen ihrem Eigentümer zur Ausübung seines Be- rufes oder Gewerbes dienen» (Erl 332 ff.). E Art. 890 II fügte die Einschränkung bei, daß für Vieh, Vorräte und Warenlager die Verschreibung nur errichtet werden konnte für Forderungen von Geldinstituten und Genossenschaften, die hiezu ermächtigt waren (Botsch 85/86). Schon die Regelung im VE hatte Oppo- sition hervorgerufen; sie verstärkte sich nach dem Erscheinen des bundesrät- lichen Entwurfs. Interessierte Kreise aus Gewerbe, Industrie und Handel befürch- teten eine Aufblähung und Verschlechterung der Kreditverhältnisse. Statt der Fahrnisverschreibung befürworteten sie die Zulassung des Eigentumsvorbehaltes, der im aOR nicht vorgesehen, von der Gerichtspraxis jedoch anerkannt (z. B. BGE 14, 115/16; 20, 540), vom E in Art. 702 dann aber ausgeschlossen worden war, im Gegensatz zum VE, der ihn stillschweigend gestatten wollte. Die Ansicht hatte sich durchgesetzt, Fahrnisverschreibung und Eigentumsvorbehalt hätten nicht nebeneinander Platz. Nach lebhaften Debatten im Parlament, denen starke Meinungsverschiedenheiten in der Expertenkommission vorangegangen waren, wurde der Eigentumsvorbehalt im ZGB erlaubt, ausgenommen für Vieh (Art. 715/16; OR 162 II, 226/27), dagegen die Fahrnisverschreibung einzig für die Viehverpfändung zugelassen (Art. 885). Damit entsprach die Ordnung derjeni- gen des aOR. Die Frage war eine der umstrittensten des ganzen Gesetzbuches.

Systematischer Teil

69   Über den Ausbau der M o b i l i a r h y p o t h e k   i n   a n d e r e n   L ä n -
d e r n nachstehend N 87.

B. Heutiger Stand

70   Der Bereich der Fahrnisverschreibung hat sich seit dem Erlaß des ZGB wenig
ausgedehnt. Er umfaßt:

a) Viehverschreibung

Darüber hinten Komm. zu Art. 885.

b) Schiffsverschreibung
(Schiffspfandrecht, Schiffshypothek)

71   **Lit.:** *Engi* (zit. vorn N 64) 30 ff., 50 ff., 91 ff. — *Haab*, Schweiz. Seerecht, Festg. der
Basler Juristenfakultät / Schweiz. Juristentag (Basel 1942) 149 ff. — *Haab*, Die privatrecht-
lichen Rechtsgrundlagen einer schweiz. Großschiffahrt (Zürich 1922) 63 ff. (Schweiz. Vereini-
gung für internat. Recht, Druckschr. Nr. 16) — *His*, daselbst 43 ff. — *Haab* Komm. Art. 714
N 5 — *Kaderli* 203 ff. — *Albisetti/Bodmer* 528 f. — Markus *Burkhard*, Das Pfandrecht an
Luftfahrzeugen (Diss. Bern 1933) 32 ff. — *Oftinger*, Arch für Luftrecht 8, 142 ff. — A. *Wirth*,
Die Schiffshypothek, Schweiz. Blätter f. Handel u. Industrie 1924, 203 ff. — Walter *Müller*,
Die Haftung des Schiffseigentümers und ihre gesetzliche Beschränkung (Diss. Basel 1942
MaschSchr) 237 ff. — Beat *Dumont*, Ausgewählte Kapitel aus dem schweiz. Seeschiffahrts-
recht (Diss. Bern 1944) 5 ff. — Gaudenz v. *Salis*, Das schweiz. Seeschiffsregister (Diss. Basel
1945 MaschSchr) — Hans Lucas *Sarasin*, Die Schiffshypothek auf dem Rhein ... (Diss. Basel
1951 MaschSchr). *Enneccerus* § 184 — *Staudinger* III 2 (11. A.) S. 2101 ff. — *Stoll* bei
Staudinger (zit. hinten N 101) N 499 ff. — *Soergel-Abraham* S. 983 ff. — *Abraham*, Die
Schiffshypothek im deutschen und ausländischen Recht (Stuttgart/Köln 1950) — *Prause*, Das
Recht des Schiffskredits (2. A. Berlin 1968) — *du Pontavice*, Le statut des navires (Paris
1976) — *Sandiford*, Diritto marittimo (Milano 1960).

72   Die Errichtung eines Faustpfandrechts ist für den Schuldner dann untunlich,
wenn der Besitz an der Pfandsache für ihn unentbehrlich ist. Die F a h r n i s -
v e r s c h r e i b u n g , wie allgemein das hypothekarische Pfandrecht, ist geeignet, diese Schwierigkeit zu beheben. Demgemäß kennen seefahrende und die
Flußschiffahrt betreibende Länder, z.T. seit alters, ein hypothekarisches Pfandrecht an Schiffen (BBl 1922 III 1032).

73   Nach diesem Vorbild wurde auch in der Schweiz für die k o m m e r z i e l l e
S c h i f f a h r t ein besonderes h y p o t h e k a r i s c h e s P f a n d r e c h t geschaffen: die Schiffsverschreibung gemäß BG über das Schiffsregister vom
28. Sept. 1923 / 8. Okt. 1971 (abgekürzt SchRG), Art. 38 ff.; dazu VV vom

24. März 1924, mehrmals rev. Diese Mobiliarhypothek ist anwendbar auf die der B i n n e n s c h i f f a h r t dienenden Fahrzeuge von mindestens 15 Tonnen Trag-fähigkeit, die (obligatorischerweise) im Schiffsregister eingetragen sind. Auf Begehren des Eigentümers können auch Schiffe von zwei Tonnen an ins Register aufgenommen und damit verpfändbar werden (Art. 4, 5 SchRG). Neben den auf den Schweizer Seen verkehrenden Schiffen (Ledischiffe und dergl.) hat das Gesetz vor allem für die Rheinschiffahrt Bedeutung, um deren willen es erlassen wurde (BBl 1922 III 1027).

Das BG über die Seeschiffahrt unter der Schweizerflagge vom 23. Sept. 1953/ **74** 14. Dez. 1965/17. Dez. 1976, Art. 37 ff., erstreckt die Regelung des SchRG auf M e e r s c h i f f e (Seeschiffe). Das Int. Übereinkommen zur einheitlichen Fest-stellung einzelner Regeln über Privilegien und Hypotheken an Seeschiffen vom 10. April 1926 (AS 1954, 751) ergänzt das schweizerische Recht und sorgt für die Anerkennung der einheimischen Pfandrechte durch alle dem Übereinkom-men angeschlossenen Staaten. Eine revidierte Fassung des Übereinkommens, vom 27. Mai 1967, ist noch nicht in Kraft getreten.

Die Schiffsverschreibung ist d e r G r u n d p f a n d v e r s c h r e i b u n g **75** n a c h g e b i l d e t. Sie entsteht durch konstitutiven Eintrag in das die Rolle des Grundbuchs übernehmende Schiffsregister, das neben der negativen Rechtskraft die positive besitzt (SchRG 38, 41, 28). Faustpfand und Retentionsrecht sind aus-geschlossen (SchRG 53). Die Zwangsvollstreckung richtet sich nach derjenigen in Grundstücke (Art. 54), wie überhaupt das Schiff, im Einklang mit der üb-lichen Auffassung des Seerechts, weitgehend als Immobilie behandelt wird. Das zit. Internat. Übereinkommen (Art. 2 ff.) erweitert die im SchRG (Art. 51, 53bis) vorgesehenen gesetzlichen Pfandrechte um eine lange Reihe von sog. Privilegien; sie entsprechen den Gepflogenheiten des Seerechts, sind aber für den Kredit ge-fährlich. (BBl 1970 II 1236 ff.)

Ein Internationales Übereinkommen über die Eintragung von B i n n e n - **76** s c h i f f e n vom 25. Januar 1965 will die angeschlossenen Staaten verpflichten, Schiffsregister einzurichten, was die Schweiz mit dem SchRG bereits verwirklicht hat. Das zugehörige Protokoll Nr. 1 über die dinglichen Rechte an Binnenschif-fen garantiert die Anerkennung dieser Rechte, darunter der Schiffshypotheken, durch alle angeschlossenen Staaten (BBl 1970 II 1262 ff.). Abh. und Prot. sind noch nicht in Kraft getreten.

Den k o n z e s s i o n i e r t e n S c h i f f a h r t s u n t e r n e h m u n g e n **77** steht die Schiffsverschreibung gemäß SchRG nicht zur Verfügung (Art. 6 dieses Gesetzes), statt dessen das Eisenbahnpfandrecht gemäß BG vom 25. Sept. 1917 (vorstehend N 36 f.) und damit eine Mobiliarhypothek am Betriebsmaterial, d. h. insbesondere an den Schiffen. Dies betrifft Betriebe, die für ihre gewerbemäßige, regelmäßige Personenbeförderung einer Postkonzession bedürfen (Postverkehrs-gesetz vom 2. Okt. 1924 Art. 3 I; V über die konzessions- und bewilligungspflich-

tige Schiffahrt vom 9. Aug. 1972). — Paul *Wiesendanger*, Die Entwicklung des
Schiffahrtsrechts in der Schweiz (Diss. Zürich 1918, 46 ff.).

c) Luftfahrzeugverschreibung
(Luftfahrzeughypothek)

78   **Lit.:** *a) Vor dem Gesetz von 1959:* Markurs *Burkhard*, Das Pfandrecht an Luftfahrzeugen
(Diss. Bern 1933) — *Oftinger*, Über die Frage der Wünschbarkeit einer besondern Regelung
des Pfandrechts an Luftfahrzeugen, Arch f. Luftrecht 8 (1938) 113 ff. — Raphaël *Coquoz*, Le
droit privé international aérien (Diss. Freiburg 1938) 274 ff. — ders., L'Hypothèque aérienne,
ZSR 57 (1938) 100 — *Archinard*, Problèmes actuels de droit aérien, ZSR 65 (1946) 309a,
356a; *Lacour* und *Oppikofer* daselbst 350a/51a, 355a — *Guldimann*, ZSR 70 (1951), 19/20 —
Otto *Riese*, Luftrecht (Stuttgart 1949) § 30 — Mathis *Amstein*, Dingliche Rechte an Luftfahrzeugen (Diss. Basel 1949 MaschSchr) — Bernard *Hofstetter*, L'Hypothèque aérienne (Diss.
Lausanne 1950) — *Riese / Lacour*, Précis de droit aérien (Paris/Lausanne 1951) § 27 —
Schlegelberger, Rechtsvergl. Handwörterbuch V (Berlin 1936) 300 ff., von *Hirschberg*.

b) Im Hinblick auf das Gesetz von 1959: Arthur *Egli*, Die Luftfahrzeugverschreibung nach
dem Entwurf eines BG über das Luftfahrzeugbuch (Diss. Zürich 1958) — *Jäggi* in Studien-
tagung für Luftrecht (Zürich 1961) 63 ff. = *Jäggi*, Privatrecht und Staat, Gesammelte Aufsätze (Zürich 1976) 127 ff. (im folgenden nach ersterem Abdruck zit.) — *Guldimann*, SJZ 57,
181 ff. — Jean Pierre *Gross*, L'hypothèque aérienne suisse (Diss. Lausanne 1967) — *Staudinger*
N 9 vor § 1204 — *Stoll* bei *Staudinger* (zit. hinten N 101) N 511 ff. — Klaus *Groth*, Das
Registerpfandrecht nach dem Gesetz über Rechte an Luftfahrzeugen (Diss. Frankfurt a. M.
1965).

79   Die gleiche Überlegung, die für die Schiffsverschreibung gilt (vorstehend
N 72 ff.) hat, im Einklang mit der Regelung anderer Länder, einem h y p o t h e -
k a r i s c h e n P f a n d r e c h t a n L u f t f a h r z e u g e n gerufen: der
L u f t f a h r z e u g v e r s c h r e i b u n g gemäß BG über das Luftfahrzeugbuch
vom 7. Okt. 1959, Art. 26 ff., ergänzt durch VV vom 2. Sept. 1960; Botsch. BBl.
1959 I 452 ff. Dieses Pfandrecht ist der Grundpfandverschreibung nachgebildet.
Es entsteht durch konstitutiven Eintrag in das einschlägige Register: das Luftfahrzeugbuch, das positive und negative Rechtskraft hat (Ges. Art. 26, 28 I,
14 ff.). Die Zwangsvollstreckung ist jene für Grundstücke (Art. 52). Gesetzliche
Pfandrechte sind in geringer Zahl vorgesehen (Art. 39, 47). Das Luftfahrzeugbuch ist nicht zu verwechseln mit dem Luftfahrzeugregister gemäß Luftfahrtgesetz vom 21. Dez. 1948 / 17. Dez. 1971 Art. 52 ff., das öffentlichrechtliche Bedeutung hat.

80   Das für die Schweiz in Kraft stehende Abkommen über die i n t e r n a t i o -
n a l e A n e r k e n n u n g von Rechten an Luftfahrzeugen vom 19. Juni 1948
(AS 1960, 1267) soll garantieren, daß in der Schweiz gemäß BG vom 7. Okt.
1959 begründete hypothekarische Pfandrechte auch im Ausland wirksam sind.
In der Schaffung von Privilegien (gesetzlichen Pfandrechten) ist das Abkommen
zurückhaltend. — *Oppikofer*, Schweiz. Jahrb. f. internat. Recht IV, Zürich 1948,

293 ff.; *Guldimann*, SJZ 44, 372 ff.; *Riese*, Luftrecht § 31; *Hofstetter* 219 ff.; *Riese/Lacour* § 28; *Egli* 11 ff.; *Groß* 11 ff., 20 ff. (diese zit. N 78).

Über das R e t e n t i o n s r e c h t an Luftfahrzeugen hinten Komm. Art. 896 **81** N 32.

IX. Rechtspolitische Würdigung – Ausländische Lösungen in der Frage der hypothekarischen Pfandrechte

Materialien: Die vorstehend N 65 zitierten: darunter Erl II 332 ff.   **82**

Lit.: Von den N 64 zit. Schriften namentlich **Daeniker* 31 ff., 35 ff., 59 ff., 144 ff. — *Engi* 135 ff. — *Laager* 23 ff. — *Martin* 55 ff. — **Pfister*, ZBJV 39, 326 ff. — ferner *Haffter* 6 ff., 169 ff. — *Guhl*, Sicherungsübereignung und Eigentumsvorbehalt nach dem schweiz. ZGB, in der Ztsch. Recht und Wirtschaft (Berlin 1912) 1, 361 ff. (daselbst weitere Abh. zur Frage) — Markus *Burkhard* (zit. vorn N 78) 27 ff. — *Kaderli* 181 ff. — Hansjakob *Schmid*, Das Traditionsprinzip im neueren schweiz. Sachenrecht (Diss. Zürich 1945) 74 ff. — *Hromadka*, Geschichtliche Beiträge zu Fragen des Faustpfandprinzips im schweiz. ZGB, ZSR 89 I 117 ff. — *Grossen*, L'hypothèque mobilière dans quelques systèmes juridiques contemporains, ZBJV 94, 337 ff. — *Simitis*, Das besitzlose Pfandrecht. Eine rechtsvergl. Untersuchung, Arch civ Prax 171, 94 ff. — Serda *Kurtoglu*, Les sûretés mobilières conventionnelles sans dépossession du propriétaire en droit français et en droit turc (Diss. Lausanne 1957) — Malte *Ehrig*, Das Faustpfandprinzip und die dinglichen Sicherheiten an beweglichen Sachen im französischen Recht (Diss. Frankfurt a. M. 1969) — *Roblot*, Les sûretés mobilières sans déplacement, Mélanges Ripert II (Paris 1950) 362 ff. — *Cabrillac*, La protection du créancier dans les sûretés mobilières, conventionnelles sans dépossession (Paris 1954) — *Marty/Raymaud* nos 394 ss. — *Gierke*, Der Entwurf eines BGB ... (2. A. Leipzig 1889) 388 ff. — *Staudinger* N 6, 9 vor § 1204.

Speziell über den E i g e n t u m s v o r b e h a l t vgl. die Literatur zu ZGB 715, besonders F. A. *Staehelin*, Probleme aus dem Gebiete des Eigentumsvorbehaltes (Basel 1937) 79 ff.

Die Ordnung des Fahrnispfandrechts muß sich mit w i d e r s p r e c h e n - **83** d e n I n t e r e s s e n auseinandersetzen: dem Interesse des Gläubigers an Sicherheit (was der Übergabe des Pfandgegenstandes an ihn ruft) und dem Interesse des Verpfänders an der Beibehaltung ihm nützlicher, oft unentbehrlicher Sachen (was sein Streben nach Verzicht auf die Übergabe begründet). Mit dem F a u s t p f a n d p r i n z i p hat das ZGB dem Interesse des Gläubigers den Vorzug gegeben. Dem letzteren parallel läuft das Interesse Dritter, vor allem künftiger Gläubiger des Pfandschuldners, an der Klarheit und Korrektheit der dinglichen Verhältnisse und der Verschuldung, was wiederum die Übergabe legitimiert. Das zuletzt erwähnte Motiv ist dem Gesetz mit seinem Streben nach Publizität der dinglichen Rechte und Schutz des gutgläubigen Verkehrs besonders wichtig. Das F a u s t p f a n d p r i n z i p v e r u n m ö g l i c h t j e d o c h d i e

Systematischer Teil

Verpfändung von Sachen, die dem Verpfänder unentbehrlich sind.

84   Der von der juristischen Technik zur Verfügung gestellte Ausweg ist die Fahrnisverschreibung. Hievon Gebrauch machend, wollten der VE und der E für Gegenstände, bei denen ein hypothekarisches Pfandrecht dringlich erschien, die Fahrnisverschreibung zulassen (vorstehend N 68). Damit hätte sich eine bedeutende Milderung der Nachteile des Faustpfandprinzips erreichen lassen. Die sich hieran knüpfende Kontroverse zeigt drastisch die Problematik der Ordnung des Fahrnispfandrechts. Die Frage der Fahrnisverschreibung vermischte sich in den damaligen Diskussionen ohne Not mit derjenigen der Zulassung des Eigentumsvorbehalts (Prot ExpKom 80, 144, 150, 151; StenBull NR 1906, 567 ff., 703, 708). Dieser hat, ähnlich dem Pfandrecht — wirtschaftlich gesehen —, die Aufgabe der Kreditsicherung: der Veräußerer kann sich durch ein dingliches Recht (das vorbehaltene Eigentum) die Zahlung des Preises gewährleisten.

85   Seit dem Inkrafttreten des ZGB scheint die Frage der Ausgestaltung des Fahrnispfandrechts ihre Dringlichkeit verloren zu haben: Abgesehen von der Verschreibung der Schiffe und Luftfahrzeuge hat sich seither das Bedürfnis nach der Fahrnisverschreibung nicht so gebieterisch gemeldet, daß man ihre erweiterte Zulassung in nähere Erwägung gezogen hätte. Bei der Würdigung dieses Sachverhaltes ist freilich zu berücksichtigen, daß mit der Verpfändung der Grundstückszugehör wichtige Mobilien in den Bereich des hypothekarischen Pfandrechts gelangen (ZGB 805, vorn N 35). Zudem hat der Eigentumsvorbehalt, der einen Teil des Anwendungsgebietes der Fahrnisverschreibung zu übernehmen vermag, stärkste Verbreitung erlangt (dazu *Staehelin* 65 ff.; BBl 1960 I 533 ff.).

86   Das Fehlen der Fahrnisverschreibung ruft der Gefahr von Umgehungsgeschäften (nachstehend N 171 ff.). Sie können zu Auswüchsen führen. Wenn man auf die publizierte Gerichtspraxis abstellt, sind sie jedoch nicht beunruhigend. Demgegenüber bestand bei der Vorbereitung des ZGB Anlaß, gerade hierin einen Grund für den Ausbau der Fahrnisverschreibung zu sehen (Erl II 334; Prot ExpKom 132, 133, 140; Botsch 85; StenBull NR 700; *Pfister*, ZBJV 39, 257, 327—28). Wie weit ihre Streichung nachteilig gewesen, ist ohne genaue Erhebungen über die Praxis der Kreditgeschäfte nicht zuverlässig zu beurteilen. Immerhin darf man annehmen, daß die Fahrnisverschreibung das oft als unbefriedigend dargestellte Problem des kleinen gewerblichen Kredits gemildert hätte. Ihre Einführung hätte nicht die Beseitigung des Eigentumsvorbehaltes zu bewirken brauchen (vorn N 68). Auf eine Revisionsbedürftigkeit des geltenden Rechts kann jedoch, selbst wenn man die Streichung der in den Entwürfen umsichtig gefaßten Regelung der Fahrnisverschreibung bedauern sollte, nicht geschlossen werden. Nur augenscheinliche und verbreitete Mißstände vermöchten eine solche zu rechtfertigen. Im Jahre 1950 weigerte sich der Bundesrat, einem parlamentarischen Vorstoß auf Einführung der Fahrnisverschreibung für Motorfahrzeuge Folge zu geben (Neue Zürcher Zeitung Nr. 2580 vom 29. Nov. 1950), und 1960 lehnte er ein hypothekarisches Pfandrecht des Verkäufers dieser Fahrzeuge ab (BBl 1960 I 550). *Scherrer*, bei *Haab*, Komm. Art. 717 N 66, empfindet im Mobiliarkredit «gewisse Lücken»; gleiche Tendenz *Großen*, ZBJV 94, 353 ff.; *Tercier* in dem vorstehend N 6 zit. Sammelwerk *Security over Corporeal Movables* 241 f. Hinsichtlich des gewerblichen Kredits ist zu beachten, daß Bürgschaftsgenossenschaften in zahlreichen Fällen legitimen Kreditbedarfs eine Hilfe ermöglichen, die früher fehlte (BBl 1949 I 238 ff.).

Zusammenfassend ist zu sagen: Letztlich entscheidend für die Frage der Zulassung der Fahrnisverschreibung sind nicht rechtliche, sondern w i r t - s c h a f t l i c h e Ü b e r l e g u n g e n : wie weit man eine A u s d e h n u n g d e s K r e d i t s als angezeigt erachtet.

Die Entwicklung in der Schweiz steht in auffallendem Gegensatz zu der- **87** jenigen in bestimmten a n d e r n L ä n d e r n . Als Ausnahmen von dem im CC niedergelegten Faustpfandprinzip kennt namentlich F r a n k r e i c h zahlreiche hypothekarische Pfandrechte, so u. a. für die Verpfändung von Geschäftsbetrieben (nantissement de fonds de commerce), von See- und Flußschiffen (hypothèques maritime et fluviale), von Luftfahrzeugen, von Motorfahrzeugen (als Ersatz des Eigentumsvorbehalts); dazu die besonders ausgebildeten Pfandrechte «sans déplacement» an den (beim Schuldner verbleibenden) Gegenständen der verschiedenen «warrants», das sind Forderungs- und Pfandtitel wie: warrant agricole — für Agrarprodukte und Material —; warrant hôtelier — für Hotelinventar —; warrant pétrolier — für Benzinlager und dgl. —; warrants industriels — für Lager und gewisse Produkte (*Marty/Raynaud* nos 465 s.). Der neue i t a l i e n i s c h e CC ist zurückhaltend. Er kennt eine ipoteca mobiliare insbesondere an Schiffen, Luftfahrzeugen und Automobilen (Art. 2810 II). In D e u t s c h l a n d ist die Einführung bzw. gesetzliche Regelung eines allgemeinen hypothekarischen Pfandrechts oder von Ersatzinstituten öfters diskutiert worden; vgl. die Zusammenfassung der jahrzehntelangen Bestrebungen in der Denkschrift von Heinrich *Lehmann*, Reform der Kreditsicherung an Fahrnis und Forderungen (Stuttgart 1937); ferner *Planck* III 2 S. 1404 ff.; *Brandt*, Eigentumserwerb und Austauschgeschäft (Leipzig 1940) 203 ff.; neuerdings *Drobnig*, Empfehlen sich gesetzliche Maßnahmen zur Reform der Mobiliarsicherheiten? Verhandlungen des 51. Deutschen Juristentages (München 1976), dazu Sitzungsberichte, Bd. II S. F 1—F 90. Als Ersatzinstitut hat die Sicherungsübereignung ohne Besitzübertragung seit jeher größte Verbreitung. Ihre normative Grundlage ist das Gewohnheitsrecht.

X. Geschichte

88   Lit.: Für die *neuere Geschichte* des Fahrnispfandrechts in der *Schweiz* vgl. die Angaben vorn N 64/65 und nachstehend N 91, für die *ältere Geschichte* von den dort zit. Schriften besonders *Rahn* — *E. Huber* IV 816 ff. — *Gerster*, seither *Hromadka* (zit. vorstehend N 82) — Für die *allgemeine Rechtsgeschichte* wird auf die Lehr- und Handbücher verwiesen (Angaben bei *Hromadka* 124 ff.; Zusammenfassung *Enneccerus* § 129, *Wahl/Blomeyer*, zit. vorstehend N 6, 584 ff.).

89   Die Geschichte des im Rahmen des e i d g e n ö s s i s c h e n R e c h t s v e r - e i n h e i t l i c h t e n F a h r n i s p f a n d r e c h t s beginnt mit der Vorbereitung des aOR: des BG über das Obligationenrecht vom 14. Brachmonat 1881, in Kraft seit 1. Jan. 1883. Das Gesetz ordnete in dem 30 Artikel umfassenden 6. Titel das Mobiliarsachenrecht unter der Bezeichnung «Dingliche Rechte an beweglichen Sachen»: in Ziff. I den «Übergang des Eigentums an Mobilien» (Art. 199—209), in Ziff. II das Faustpfand und das Retentionsrecht (Art. 210— 228); hier war auch das Pfandrecht an Rechten eingereiht. Wie für die Eigentumsübertragung (Art. 199), so war für das Faustpfandrecht «an beweglichen Sachen oder an Inhaberpapieren» grundsätzlich die «Übergabe der Sache an den Pfandgläubiger oder an einen Stellvertreter» verlangt (Art. 210 I). Es galt also das Faustpfandprinzip.

90   Hierin wie überhaupt in den Hauptzügen seiner Ordnung des Fahrnispfandrechts folgte das ZGB dem aOR, so daß die Vorschriften sich im wesentlichen inhaltlich decken (Erl II 322; Botsch 84; StenBull NR 1906, 690, StR 1906, 1423). Die Regelung wurde indessen etwas ausführlicher gehalten, die Formulierung verbessert und die Anordnung des Stoffes übersichtlicher gestaltet. Neu aufgenommen sind: die vor dem ZGB dem kantonalen Recht unterstehende Viehverpfändung (aOR 210 III, ZGB 885), der Abschnitt über das vorher ebenfalls kantonal normierte Versatzpfand (ZGB 907—915) und derjenige über die Pfandbriefe (Art. 916—918). Die letzteren Bestimmungen sind durch das BG über die Ausgabe von Pfandbriefen vom 25. Juni 1930 aufgehoben und ersetzt. Über die in den Entwürfen des ZGB, nicht aber im Gesetz, vorgesehene Fahrnisverschreibung vorn N 68.

91   Darstellungen der Entstehungsgeschichte des aOR in der Botsch BBl 1880 I 151 ff.; bei *E. Huber*, System und Geschichte (zit. N 64) 202 ff.; *Schönenberger/Jäggi*, Bd. V 1a, Allg. Einleitung N 1 ff.; Richard *Eugster*, Die Entstehung des schweiz. OR vom Jahre 1883 (Diss. Zürich 1926). Die Materialien sind bei *Schneider/Fick* (größere Ausgabe in zwei Bänden, 2. A. Zürich 1896) Art. 210 ff. angegeben.

92   Für die ä l t e r e G e s c h i c h t e und die historische Herkunft der Pfandrechtsarten sei auf die Literatur verwiesen.

XI. Geltendes kantonales Recht

Lit.: Diejenige zu ZGB 5 I und 6.

Es bestehen wenige V e r w e i s u n g e n auf das kantonale Recht: Art. 885 **93** I/III, 907/08, 915. Am weitesten reicht die letzte Vorschrift: den Kantonen ist die Ordnung des Pfandleihgewerbes zur Ergänzung des ZGB überlassen.

Die Kantone können g e s e t z l i c h e P f a n d r e c h t e einführen (vorn **94/95** N 57). Diese dürfen nicht soweit gehen, durch ihre Zahl und Konsequenzen — namentlich den Vorrang vor den vertraglichen Pfandrechten — das Fahrnispfandrecht des ZGB ernstlich zu beeinträchtigen; zur eidgenössischen Ordnung des Pfandrechts gehört gerade das Bestreben, in der Schaffung von gesetzlichen Pfandrechten im Interesse der Kreditsicherheit Maß zu halten (vorn N 61).

XII. Übergangsrecht

Lit.: *Mutzner*, Komm. Schweiz. ZGB, Anwendungs- und Einführungsbestimmungen (2. A. **96** Bern 1926) — *Huber/Mutzner*, System und Geschichte des Schweiz. Privatrechts I, 3. Liefg. (2. A. Basel 1937) 336 N 331 — *Broggini* in Schweiz. Privatrecht, hrsg. von Gutzwiller und anderen, I (Basel/Stuttgart 1969) 355 ff. — *Haberstich* I 63 ff. — *Schneider/Fick* Art. 884—887.

Fahrnispfandrechte sind meist kurzlebig; die i n t e r t e m p o r a l e n V o r - **97** s c h r i f t e n des ZGB (SchlT 34—36) dürften deshalb heute s e l t e n A n - w e n d u n g finden. Dies gilt um so mehr, als SchlT 34 II eine Ausnahme von der Regel der Nichtrückwirkung des neuen Gesetzes (SchlT 1, 17 I) gemacht hat: ein Pfandrecht, dessen Errichtungsform dem neuen Recht nicht entsprach, erlosch, falls die zugehörige Forderung bei Inkrafttreten des ZGB fällig war, am 30. Juni 1912. Bei späterer Fälligkeit erlosch es sechs Monate nach deren Eintritt oder nach dem Zeitpunkt, auf den die Kündigung zulässig war. Das Übergangsrecht konnte auch deshalb keine große Rolle spielen, weil die Vorschriften des ZGB in der Hauptsache denjenigen des vorherigen Rechts, des aOR, entsprechen (vgl. z. B. BGE 38 II 158).

Einige Bedeutung besitzen noch die G r u n d p f a n d t i t e l des kantonalen **98** Rechts, die ungeachtet ihrer Herkunft aus dem früheren Recht der Verpfändung gemäß dem ZGB unterliegen (ZGB 901, 900), wenn der fragliche Kanton nach SchlT 33 vorgegangen ist: im kantonalen EG konnte bestimmt werden, daß ein solcher Titel dem Schuldbrief oder der Gült im Sinne des ZGB gleichgestellt wird (dazu BGE 42 III 272 E. 1, 295; 43 II 767; 44 III 48; 50 II 340; *Bühlmann* ZBJV 49, 272/73). Zu Art. 66 der Grundbuchverordnung von 1910 (Gläubigerregister): BGE 71 I 423.

99 Das Vorbild für die übergangsrechtlichen Vorschriften des ZGB ist z. T. in aOR 884—887 zu sehen. Dazu BGE 15, 138.

100 Für Einzelheiten vgl. neben den gesetzlichen Bestimmungen die zit. Literatur. — Über die V i e h v e r p f ä n d u n g : hinten Komm. Art. 885 N 90.

XIII. Internationales Privatrecht

101   **Lit.:** *Vischer* in Schweiz. Privatrecht, hrsg. von Gutzwiller I (Basel 1969) 652 ff. — *Schnitzer*, Handbuch des internationalen Privatrechts II (4. A. Basel 1958) 560 ff. — *Meier-Hayoz*, Syst. Teil N 277 ff. — *Niederer*, Einführung in die allgemeinen Lehren des internationalen Privatrechts (3. A. Zürich 1961) § 28 — *Keller/Schulze/Schütz*, Die Rechtsprechung des Bundesgerichts im Internationalen Privatrecht, Bd. I, Zürich 1976, 407 ff. — *Stoll*, Internationales Sachenrecht, bei *Staudinger*, Einführungsgesetz zum BGB, Teil 2, Liefg. 5 (ersch. 1976; die umfassendste unter den hier angeführten Darstellungen) — *Soergel/Kegel*, N 339 ff. vor Art. 7 EG BGB — *Enneccerus* § 178 — *Staudinger* N 15 vor § 1204 — *Kegel*, Internationales Privatrecht (4. A. München 1977) § 19 — *Nußbaum*, Deutsches internationales Privatrecht. Unter besonderer Berücksichtigung des österreichischen und schweizerischen Rechts (Tübingen 1932. Neudruck Aalen 1974) 302 ff. — *Gutzwiller*, Internationalprivatrecht, bei Stammler, Das gesamte deutsche Recht I (Berlin 1931, 1599 ff.) — *Batiffol/Lagarde*, Droit international privé II (6. A. Paris 1976) nos 503 ss.

Hinsichtlich der S c h i f f s v e r s c h r e i b u n g (Schiffspfandrecht) und der L u f t - f a h r z e u g v e r s c h r e i b u n g (Luftfahrzeughypothek) vgl. neben der soeben zit. internationalprivatrechtlichen die seerechtliche und luftrechtliche Literatur, vorn N 71, 78 — *Haab*, Die privatrechtlichen Rechtsgrundlagen (zit. vorn N 71) 74 ff. — ferner desselben Komm. Einleitung N 70 — *Stoll* bei *Staudinger* a.a.O. N 499 ff., 511 ff.

102   Nach allgemeiner Auffassung bildet für dingliche Rechte an Fahrnis die Anwendbarkeit des R e c h t s d e r g e l e g e n e n S a c h e die Regel (l e x r e i s i t a e ; BGE 74 II 228; 75 II 129; 84 III 153; 93 II 375; 96 II 150; 102 III 100 und frühere; VerwEntsch 9 Nr. 98 S. 109). Demnach beurteilt sich die E n t s t e h u n g e i n e s F a h r n i s p f a n d r e c h t s gemäß der Rechtsordnung des Landes, wo sich die Sache zur Zeit der Entstehung befunden hat; VerwEntsch 9 Nr. 98 S. 109 und im besondern für das Retentionsrecht BGE 38 II 166, namentlich 198; 40 II 208; SJZ 29, 81; BlZR 32 Nr. 191 S. 367; 33 Nr. 116 S. 261; *Jäggi*, Komm. OR V 7a (Zürich 1959) N 31 vor Art. 965. Eine nachherige Ortsveränderung ist für die Anerkennung der bereits erfolgten Entstehung belanglos (BGE 38 II 198), unter Vorbehalt der folgenden Regeln. — Über neuere Anzweifelungen der «starren Anknüpfung» an den Lageort *Heini*, ZSR 87 I 647 ff.; *Stoll* N 103 ff.

Der Prüfung bedarf die Frage, ob ein P f a n d r e c h t , das nach der Rechts- **103**
ordnung eines fremden Landes o h n e B e s i t z ü b e r t r a g u n g b e -
g r ü n d e t werden konnte, in der Schweiz b e s t e h e n bleibt, wenn man die
Sache hierher verbringt. Das schweizerische Recht steht kategorisch auf dem
Boden des Faustpfandprinzips (ZGB 884 III, 717); das Pfandrecht erlischt,
wenn der Gläubiger den Besitz verliert und ist unwirksam, so lange die Pfandsache sich mit Willen des Gläubigers beim Verpfänder befindet (Art. 888).
Daraus ist zu schließen, daß das nach dem hypothekarischen Prinzip im Ausland
gültig errichtete Pfandrecht in der Schweiz nicht anerkannt werden darf. Zustimmend SJZ 66, 78; *Meier-Hayoz,* Syst. Teil N 287; *Gutzwiller* 1601; *Nußbaum* 308; *Schnitzer* II 579; *Vischer* 656; *Grossen,* ZBJV 94, 339; im wesentlichen auch *Enneccerus* § 178. BGE 94 II 303 ff. steht dem nicht entgegen. —
Eingehend *Stoll* N 454 ff.; *Soergel-Kegel* N 351 vor Art. 7 EG BGB. Bei der
Rückkehr in das dem hypothekarischen Prinzip folgende Ausland lebt das
Pfandrecht wieder auf. Würde man entgegen dieser Meinung das hypothekarische Pfandrecht in der Schweiz anerkennen, so müßte der Pfandgläubiger die
Gefahr des Rechtserwerbs gutgläubiger Dritter in Kauf nehmen (ZGB 714 II,
884 II, 933 ff.). Die vorstehend vertretene Auffassung wird gestützt durch
BGE 42 III 174/75, wo hinsichtlich der Eigentumsübertragung kurz bemerkt
wird, die in ZGB 717 vorgesehene Unwirksamkeit des Besitzeskonstituts falle
unter die Klausel des ordre public. Die Ansicht steht ferner in Übereinstimmung
mit der Annahme, ein im Ausland vereinbarter Eigentumsvorbehalt müsse, um
wirksam zu sein, in der Schweiz ins Register eingetragen werden, wenn die Sache
hierher verbracht wird; BGE 93 III 101; ZBJV 50, 560 = SJZ 11, 188;
SJZ 66, 78 = BJM 1969, 251; s. a. V über Eintragung des Eigentumsvorbehalts vom 19. Dez. 1910 Art. 3 und BGE 96 II 161. — Ein im Ausland an **104**
V i e h begründetes hypothekarisches Pfandrecht untersteht der Vorschrift von
ZGB 885, wenn das Tier in die Schweiz gelangt. — Für S e e s c h i f f e , **105**
B i n n e n s c h i f f e und L u f t f a h r z e u g e schreiben die vorstehend N 74,
76 und 80 erwähnten internationalen Abkommen die Anerkennung der im
Ausland errichteten Registerpfandrechte durch die angeschlossenen Staaten vor.
Eine eigene international-privatrechtliche Vorschrift enthält das BG über das
Luftfahrzeugbuch vom 7. Okt. 1959 Art. 2; *Guldimann,* SJZ 57, 187; *Groß* 21 ff.
Vorstehend N 78, 79; *Stoll* N 499 ff., 511 ff.

Für p f a n d r e c h t s ä h n l i c h e S i c h e r u n g s g e s c h ä f t e , die **106**
dingliche Rechte entstehen lassen, gilt ebenfalls die lex rei sitae; so für die
Sicherungsübereignung BGE 94 II 303; *Stoll* N 439 ff. Über die nach aus-
ländischem Recht vorgenommene S i c h e r u n g s ü b e r e i g n u n g m i t
B e s i t z e s k o n s t i t u t Komm. Art. 884 N 277/78.

Auf die Frage, ob durch g u t g l ä u b i g e n E r w e r b ein Pfandrecht **107**
entstanden sei (ZGB 884 II, 933—935; Komm. N 323 ff. zu Art. 884), ist die

im Zeitpunkt des erstrebten Erwerbs maßgebliche lex rei sitae anwendbar (SJZ 68, 358). Wäre z. B. die Hingabe zu Pfand in einem Gebiet erfolgt, dem der Schutz des gutgläubigen Erwerbs unbekannt ist, so entstünde ein Pfandrecht auch dann nicht, wenn die Sache später in die Schweiz gelangt. Dazu und über die zu ZGB 935 auftauchenden Sonderfragen neben der allgemeinen Literatur des internationalen Privatrechts: *Homberger* Art. 933 N 42, Art. 934 N 36, Art. 935 N 7; *Stark* N 68 ff. vor Art. 930; Werner *Weisflog*, Der Schutz des Erwerbes beweglicher Sachen vom Nichteigentümer im IPR (Diss. Zürich 1930); Pierre *Karrer*, Der Fahrniserwerb kraft guten Glaubens im IPR (Diss. Zürich 1968); *Weiß* in Festschrift Guhl (Zürich 1950) 141 ff. Über die Stellung schweizerischer Gläubiger, die in gutem Glauben Inhaberpapiere zu Pfand erhalten haben, welche in Frankreich wegen Diebstahls gesperrt sind: VerwEntsch 9 Nr. 98 S. 109, wo ebenfalls grundsätzlich auf die lex rei sitae abgestellt wird, desgleichen sinngemäß in BGE 25 II 844—45 (zu aOR 208 Ziff. 2). — Über das sog. R a u b g u t Komm. Art. 884 N 382/83.

108 Das obligationenrechtliche K a u s a l g e s c h ä f t oder sonstige Grundverhältnis kann einer anderen Rechtsordnung unterstehen als das Pfandrecht BlZR 33 Nr. 116 S. 261: für das Retentionsrecht gilt schweizerisches Recht, für die Forderung schwedisches Recht). Vgl. auch BGE 19, 43; BlZR 25 Nr. 64 S. 101/02.

109 Aus der lex rei sitae fließt, daß I n h a l t und G e l t e n d m a c h u n g des Pfandrechts, also auch die Verwertung, sich nach schweizerischem Recht richten, wenn die Sache nach der Begründung eines Pfandrechts im Ausland nach der Schweiz gelangt. Eine im Ausland in zulässiger Weise vereinbarte Verfallsklausel verliert im Inland gestützt auf ZGB 894 ihre Gültigkeit. Das müßte selbst dann zutreffen, wenn im übrigen nicht Schweizer Recht gälte, weil der Verfallsvertrag dem einheimischen ordre public widerspricht; er steht im Gegensatz zu «gewissen sozialpolitischen und ethischen Anschauungen des Gesetzgebers» (hiezu BGE 64 II 97/98; vgl. auch SchlT ZGB 35 II).

110 Das P f a n d r e c h t a n R e c h t e n richtet sich nach der für das verpfändete Recht maßgebenden Rechtsordnung, ausgenommen für Wertpapiere, die pfandrechtlich in der Hauptsache den beweglichen Sachen gleich stehen, also der lex rei sitae folgen. Im letzteren Sinn BlZR 33 Nr. 116 S. 261. Vgl. im übrigen auch BGE 39 II 429; BlZR 13 Nr. 173 S. 324; ZBJV 73, 621 = SJZ 33, 299; VerwEntsch 9 Nr. 98 S. 109/10, Nr. 99 S. 113; SJZ 29, 332 und BlZR 11 Nr. 49 S. 89: Verpfändung eines ausländischen Patentes. Abweichend ohne nähere Begründung SJZ 33, 189: die lex rei sitae sei für das Pfandrecht an Forderungen anwendbar; BlZR 22 Nr. 73 S. 140: für das Pfandrecht an Forderungen sei das Recht maßgebend, das auf das zu sichernde Rechtsverhältnis anwendbar ist — *Troller*, Das internat. Privat- und Zivilprozeßrecht im gewerblichen Rechts-
111 schutz und Urheberrecht (Basel 1952). — Über die Frage, nach welchem Recht

sich beurteilt, ob dem Schuldner der verpfändeten Forderung die Verpfändung anzuzeigen sei: VerwEntsch 9 Nr. 99 S. 111 ff.

Über die Verpfändung von Ansprüchen aus P e r s o n e n v e r s i c h e - **112** r u n g : *Jaeger*, Komm. zum Schweiz. VVG. III (Bern 1933) Art. 73 N 128 ff.; Willy *Koenig*, Abtretung und Verpfändung von Personen-Versicherungsansprüchen (Diss. Bern 1924) 263 ff.

Die Parteien können v e r t r a g l i c h d a s a n w e n d b a r e R e c h t **113** b e s t i m m e n *. Die allgemeine Klausel des Pfandvertrags, daß schweizerisches Recht anwendbar sei, bezieht sich nicht nur auf das Pfandrecht als solches, sondern auch auf die zugehörige gesicherte Forderung. Das gleiche gilt für die Gerichtsstandsvereinbarung (BGE 48 I 87, 91 ff.).

Für weitere E i n z e l h e i t e n sei auf die Literatur verwiesen. **114**

XIV. Clearingrecht

(Gebundener Zahlungsverkehr)

Das Clearingrecht hat seine früher große Bedeutung eingebüßt. Statt der **115/19** neuerlichen Darstellung der einschlägigen pfandrechtlichen Probleme sei auf die vorhergehende Auflage verwiesen: Syst. Teil N 115—119. Ab 1. Jan. 1979 bleibt nur noch in Kraft: BB über außenwirtschaftliche Maßnahmen vom 28. Juni 1972 (AS 1972, 2422). Die jeweils geltenden Erlasse finden sich im Register der AS und in der SR insbesondere unter Ziff. 946.20; 946.240/241. — *Albisetti / Bodmer* 177, 630.

---

* Diese Aussage könnte zu Mißverständnissen Anlaß geben. Die sachenrechtlichen Verhältnisse (im Gegensatz zum obligatorischen Grundgeschäft z. B. der Mobiliarverpfändung, N 108) sind der Rechtswahl nicht zugänglich, sondern die lex rei sitae bestimmt Entstehung und Inhalt der dinglichen Rechte. Soweit sie allerdings der Privatautonomie bei der Ausgestaltung Raum läßt, könnte statt vertraglicher Formulierung von Klauseln auch auf eine andere Rechtsordnung verwiesen und damit etwa eine Koordination mit dem Grundgeschäft erreicht werden. Aber z. B. das Faustpfandprinzip oder die Entstehung des Eigentumsvorbehalts vermöchten derart so wenig umgangen zu werden wie z. B. im Immobiliarsachenrecht eine dem Lageort unbekannte dingliche Miete durch Verweisung auf eine Rechtsordnung erreicht werden könnte, welche dieses Institut kennt; vorbehalten die Umdeutung (Konversion) in eine vorgemerkte Miete. Konversion in eine dem Lagerecht bekannte Mobiliarpfandart bei Widerspruch von Vereinbarung und lex rei sitae ist ebenfalls zu erwägen. Grundsätzlich bleibt es aber bei denselben Überlegungen wie in N 103 zum nachträglichen Lageortwechsel, der den erwähnten Widerspruch oft erst schafft, weil Vereinbarung und ursprüngliches Lagerecht meist aufeinander abgestimmt sind. R. B.

XV. Fahrnispfandrecht in der Zwangsvollstreckung gemäß SchKG und besonderen Erlassen

120   Lit.: Die allgemeinen Werke über das SchKG, besonders *Blumenstein*, Handbuch des Schweiz. Schuldbetreibungsrechtes (Bern 1911) — *Jaeger* — *Jaeger/Daeniker* — *Fritzsche*, Schuldbetreibung und Konkurs I—II (2. A. Zürich 1967/68) — *Favre*, Droit des poursuites (3. A. Fribourg 1974) — ferner Bernhard *Krauß*, Die Pfandgläubiger in Konkurs und Nachlaßvertrag (Diss. Bern 1904).

A. Allgemeines

121   Die Darstellung der Rolle des Pfandrechts in der Zwangsvollstreckung ist Aufgabe der Literatur zum SchKG. Gleichwohl empfiehlt sich hier eine Zusammenfassung, zumal die einschlägigen Darlegungen in den erwähnten Werken zerstreut untergebracht sind und diese, dem Gesetzgeber folgend, das Grundpfandrecht in den Vordergrund stellen. Es werden ausgewählte Belege aus der n e u e r e n Judikatur zitiert. Die Betonung liegt auf der Frage nach der Stellung des Pfandgläubigers in der von einem Dritten anbegehrten Zwangsvollstreckung. Die herangezogenen Bestimmungen sind z. T. revidiert durch die Novelle zum SchKG lt. BG vom 28. Sept. 1949.

122   Richtschnur für die Ordnung des SchKG ist die im W e s e n d e s P f a n d - r e c h t s liegende B e v o r z u g u n g d e s P f a n d g l ä u b i g e r s vor den übrigen — den chirographarischen — Gläubigern: das Pfandrecht verschafft dem Pfandgläubiger einen Anspruch auf die v o r w e g erfolgende Befriedigung aus dem Erlös des verpfändeten Gegenstandes (BGE 74 III 69. Näheres hinten Komm. Art. 891 N 3). Die konkurrierenden chirographarischen Gläubiger können nur den allfälligen Überschuß erwarten.

122a   Über die in SchKG 37 II enthaltene T e r m i n o l o g i e dieses Gesetzes vorn N 13. — Der B e t r e i b u n g s o r t ist in SchKG 51 I geregelt. — Über die Behandlung verpfändeter G r u n d p f a n d t i t e l , namentlich Eigentümer-Schuldbriefe und -Gülten, wo mancherlei Besonderheiten bestehen, vgl. die Spezialliteratur; einige Angaben hinten Komm. Art. 901 N 126, 131/32, 141, 142/43.

B. Stellung des Pfandgläubigers bei Pfändung und Verwertung des Pfandgegenstandes zugunsten eines dritten Gläubigers

123   Die Pfändung bewirkt die D i s p o s i t i o n s u n f ä h i g k e i t des Schuldners. Er soll gepfändete Sachen nicht mehr verpfänden; gutgläubige dritte Erwerber eines solchen Pfandrechts sind aber geschützt (SchKG 96 I/II; hinten Komm. Art. 884 N 313, 345 ff.).

In der von einem Dritten angehobenen Betreibung werden auch die einem **124** anderen Gläubiger bereits v e r p f ä n d e t e n G e g e n s t ä n d e g e p f ä n - d e t (SchKG 91, Arg. aus 98 IV). Dem Schutz des Pfandgläubigers dient das W i d e r s p r u c h s v e r f a h r e n (SchKG 106—109), das allgemein der Abklärung dinglicher Rechte Dritter dient, hier aber nicht die Aufhebung der Pfändung bezweckt (wie wenn Eigentum behauptet wird), sondern die Berück- sichtigung des Pfandrechts bei der Verwertung (Hans *Leonhard*, Widerspruchs- verfahren und Widerspruchsklage, Diss. Bern 1945, 11, 62). Demnach wird die S a c h e u n g e a c h t e t e i n e s (wenn auch anerkannten) P f a n d - r e c h t s verwertet. Das gilt zunächst in der von einem Dritten angehobenen B e t r e i b u n g a u f P f ä n d u n g, in gleicher Weise aber auch in der B e t r e i b u n g a u f P f a n d v e r w e r t u n g, falls ein anderer Pfand- gläubiger die Verwertung verlangt. Der Pfandgläubiger wahrt seine Rechte auch im letzteren Fall mittels des Widerspruchsverfahrens (SchKG 155/56. BGE 65 III 54; 71 III 120/21; 81 III 8).

Bei der V e r w e r t u n g muß man einen Preis erzielen, der die (gegebenen- **125** falls nach SchKG 106 ff.) anerkannten Pfandforderungen übersteigt: D e c k u n g s p r i n z i p (Art. 126/27. BGE 52 III 185). Anders als bei den Grundstücken (Art. 135), ist die Überbindung der Pfandforderung auf den- jenigen, der die Pfandsache in der Verwertung erwirbt, ausgeschlossen, ebenso die Aufrechterhaltung des Pfandrechts o h n e Überbindung, wobei der alte Schuldner verpflichtet bliebe, aber die Sache beim Erwerber weiterhin mit dem Pfandrecht belastet wäre, wie es eigentlich den materiellrechtlichen Grund- sätzen entspräche (hinten Komm. Art. 884 N 399). Hievon hat sich das SchKG emanzipiert, um zu einer einfacheren Lösung zu gelangen: nach Art. 129 muß der Erwerber den ganzen Preis der Sache entrichten, ohne Abzug für das Pfand- recht, und der P f a n d g l ä u b i g e r w i r d a u s b e z a h l t, also das P f a n d r e c h t l i q u i d i e r t, auch wenn es n i c h t f ä l l i g ist, und dies selbst gegen den Willen des Pfandgläubigers (BGE 52 III 185 und beson- ders 64 III 193). Der Gläubiger kann für die in ZGB 891 II erwähnten Posten Deckung beanspruchen.

Läßt sich k e i n g e n ü g e n d e r P r e i s e r z i e l e n, so wird die Sache **126** aus der Pfändung entlassen (SchKG 126 II. BGE 64 III 195). Das Pfandrecht bleibt bestehen (BlZR 29 Nr. 114 S. 288); die Sache wird dem Pfandgläubiger zurückgegeben, was auch gilt, wenn sie sonst nicht verwertet wird (SchKG 98 IV).

Ist ein K o l l o k a t i o n s p l a n erforderlich, so rangieren die Pfand- **127** gläubiger voran (SchKG 146—148, 219 I). Der Streit um den R a n g des Pfandrechts (ZGB 893 und dort Komm. N 8 ff.) wird entweder im Widerspruchsverfahren oder im Kollokationsprozeß ausgefochten (BGE 65 III 54; 68 III 24), bei Anfechtung der Kollokation der eigenen Forderung durch Beschwerde (SchKG 17. BGE 64 III 135).

128 Man hat das Widerspruchsverfahren (SchKG 106—109) auch auf gepfändete F o r d e r u n g e n u n d a n d e r e R e c h t e, an denen ein Pfandrecht behauptet wird, angewendet (BGE 29 I 558 ff.; 67 III 51; 70 III 37. Ablehnend *Leuch*, ZBJV 76, 1 ff.).

C. Betreibung auf Pfandverwertung

129 Diese Betreibungsart dient der R e a l i s i e r u n g d e s P f a n d r e c h t s, die der Gläubiger «im Falle der Nichtbefriedigung» in die Wege leiten kann, um «sich aus dem Erlös des Pfandes bezahlt zu machen» (ZGB 891 I und dort Komm. N 17 ff.). Das Verfahren richtet sich nach SchKG 87 und besonders 151 ff. Zum Unterschied von der Betreibung auf Pfändung fällt das Pfändungsverfahren weg, weil in Gestalt des Pfandgegenstandes das Vollstreckungssubstrat bereits bestimmt ist. Der Schuldner hat grundsätzlich A n s p r u c h darauf, daß Betreibung auf P f a n d v e r w e r t u n g erfolgt, und nicht Betreibung auf Pfändung oder Konkurs, so daß die Vollstreckung sich zunächst auf den Pfandgegenstand beschränkt und nicht sofort sein übriges Vermögen ergreift (SchKG 41). Über dieses sog. beneficium excussionis realis und seine Ausnahmen folgt Näheres hinten Komm. Art. 891 N 38 ff. Die Betreibung auf Pfandverwertung fällt von vornherein außer Betracht, wenn der Schuldner sich bereits im Konkurs befindet (nachstehend N 134) oder wenn Wechselbetreibung eingeleitet wird (SchKG 177).

130 Verlangen von m e h r e r e n P f a n d g l ä u b i g e r n nur einzelne die Realisierung, so hindert dies die Verwertung nicht; es gelten die vorstehend N 124/25 dargestellten Grundsätze, also das Deckungsprinzip mit seinen Folgerungen (SchKG 155/56, 126/27, 129). Wie der S c h u l d n e r, so kann der von ihm verschiedene d r i t t e E i g e n t ü m e r der Pfandsache seine Rechte durch Rechtsvorschlag wahren und namentlich das Pfandrecht bestreiten (Art. 151 I, 153 II. Hinten Komm. Art. 884 N 395). Sind mehrere Pfandgläubiger vorhanden, so soll der nachgehende Gläubiger vom betreibenden Gläubiger von der Anhebung der Betreibung benachrichtigt werden (Art. 151 II; ZGB 886 und dort Komm. N 20).

131 Die Befriedigung der Pfandgläubiger erfolgt nach ihrem R a n g, gleichgültig, ob sie selber Betreibung angehoben haben oder nicht (SchKG 157 II/III; ZGB 893 und dort Komm. N 8 ff.). Für den ungedeckt gebliebenen Betrag erhält der betreibende Gläubiger einen P f a n d a u s f a l l s c h e i n (SchKG 158).

Die Verwertung läßt das Pfandrecht des betreibenden Gläubigers u n t e r -
g e h e n , gleichgültig, ob sie erfolgreich war oder die Forderung ganz oder zum
Teil ungedeckt blieb (BlZR 29 Nr. 114 S. 287; *Jaeger* Art. 127 N 5, Art. 142
N 8).

Für das V e r s a t z p f a n d tritt ein besonderer amtlicher Verkauf an die **132**
Stelle der Pfandverwertung (SchKG 45, ZGB 910 I).

D. Stellung des Pfandgläubigers im Konkurs

Mit der Konkurseröffnung wird der Gemeinschuldner d i s p o s i t i o n s - **133**
u n f ä h i g (SchKG 204 I); eine gleichwohl vorgenommene Verpfändung ist
gegenüber den Konkursgläubigern ungültig, auch wenn der dritte Erwerber gutgläubig ist (hinten Komm. Art. 884 N 313, 345).

Das Vorhandensein von Pfandrechten (im Sinn von SchKG 37) an **134**
Sachen des Gemeinschuldners hindert nicht, daß man diese zur K o n k u r s -
m a s s e zieht und mit dem übrigen Vermögen liquidiert, unter Wahrung des
«Vorzugsrechtes» der Pfandgläubiger (SchKG 198). Anders als bei Eigentums-
ansprachen Dritter (Art. 242), erfolgt demnach nicht die Aussonderung der
Pfandsache, sondern der Gläubiger ist vielmehr unter Androhung des Verlustes
seines Vorzugsrechtes verpflichtet, sie dem Konkursamt zur Verfügung zu
stellen, selbst wenn ihre private Verwertung vereinbart war (Art. 232 Ziff. 4.
BGE 44 III 49; 50 III 145; 71 III 87; 81 III 58 u. a. m.; hinten Komm. Art. 891
N 53). Dies gilt auch beim Pfandrecht an Forderungen und andern Rechten
(BGE 42 III 273/74; 45 III 4/5).

Die Pfandgläubiger erhalten nach der V e r w e r t u n g vorweg Bezahlung **135**
aus dem Erlös der Pfandgegenstände (Art. 219 I, 262 II), nachdem ihre Forderungen auf Grund des Art. 208 I von der allgemeinen, durch die Konkurseröffnung bewirkten Fälligkeit erfaßt worden sind. Die Zinsen laufen bis zur
Verwertung weiter (Art. 209). Der R a n g der Pfandgläubiger richtet sich nach
ZGB 893 (dort Komm. N 8 ff.). Der ungedeckte Betrag wird wie eine gewöhnliche, nicht pfandgesicherte Forderung in einer der hierfür bestehenden fünf
Klassen eingereiht und bei der Verteilung berücksichtigt (SchKG 219 IV). Die
Auszahlung der Pfandgläubiger erfolgt anhand des Kollokationsplanes, der
auch den Rang festlegt (Art. 247). Für die im übrigen gemeinsam mit den andern
Massegegenständen erfolgende Verwertung sieht Art. 256 II vor, daß der freihändige Verkauf «nur mit Zustimmung der Pfandgläubiger» an die Stelle der
öffentlichen Versteigerung treten darf. Für das Gesamtpfandrecht gilt die
besondere Vorschrift Art. 219 II (hinten Komm. Art. 889 N 21). Der Pfandgläubiger erhält für den endgültig ungedeckt bleibenden Betrag einen V e r -
l u s t s c h e i n (Art. 265).

136   Ist der Gemeinschuldner nicht auch Pfandeigentümer, sondern nur persönlicher Schuldner der Pfandforderung (die somit von einem Dritten sichergestellt ist), so wird das Pfand nicht im Konkurse liquidiert, sondern durch Betreibung auf Pfandverwertung (Art. 197. BlZR 27 Nr. 164 S. 329; *Jaeger* Art. 198 N 1). Die zum Konkurs führende Wechselbetreibung kann auch für pfandgesicherte Forderungen angehoben werden, entgegen der Regel von Art. 41 (dort Al. I; Art. 177).

E. Arrest

137   Die Forderung, für die ein Gläubiger Arrest nehmen will, darf nicht durch Pfand gedeckt sein (Art. 271 I SchKG. Näheres *Blumenstein* 829/30; *Jaeger* und *Jaeger/Daeniker* Art. 271 N 4).

F. Paulianische Anfechtungsklage

138   Über SchKG 287 Ziff. 1, 288 und 286 vgl. hinten Komm. Art. 884 N 107 und die einschlägige Literatur; eingehend Hans *Bergmaier*, Die Sicherungszession (Diss. Zürich 1945) 92 ff.

G. Stellung des Pfandgläubigers im Nachlaßvertrag (einschließlich des außerordentlichen Nachlaßvertragsrechts oder Sanierungsrechts) und in besonderen Verfahren

139   Die Pfandbestellung erreicht ihr Ziel — Sicherung des Gläubigers — nur, wenn dieser in der Zwangsvollstreckung möglichst günstig gestellt, sein Recht auf bevorzugte Befriedigung erhalten bleibt. Im Einklang damit berührt der Nachlaßvertrag gemäß SchKG die Pfandrechte, soweit sie gedeckt sind, nicht; der Pfandgläubiger kann vielmehr volle Befriedigung verlangen und fällt nur für den ungedeckten Betrag unter den Nachlaßvertrag: SchKG 311, 305 II, 316 o, besonders 316 k — die beiden letzteren Bestimmungen lt. BG vom 28. Sept. 1949; dazu BGE 34 II 783/84; BlZR 23 Nr. 159 S. 275.

140   Demgegenüber haben Erlasse des spezialgesetzlich entwickelten, außerordentlichen Nachlaßvertragsrechts (sog. Sanierungsr e c h t s) in die Rechte der Pfandgläubiger eingegriffen. Diese Erlasse haben innerhalb von Jahrzehnten gewechselt und nur ein Teil steht zur Zeit noch in Kraft. Hiezu: *Jaeger*, Subjekt und Objekt des Pfandnachlaßverfahrens, Festg. Fritz Goetzinger (Basel 1935) 157 ff.; *Oftinger*, Gesetzgeberische Eingriffe in das Zivilrecht, ZSR 57 (1938) 607a ff.; *Kaufmann*, Das neue ländliche Bodenrecht der Schweiz (St. Gallen 1946) 381; *Jost*, Handkommentar zum BG über die Erhaltung des bäuerlichen Grundbesitzes ... (Bern 1953) 122 ff.; *Fritzsche*, Schuldbetreibung, Konkurs und Sanierung II (Zürich 1955, Nachdruck 1975) 357 ff. In Einzelheiten ist diese Literatur überholt, im hier einschlägigen Grundsätzlichen zum Teil noch gültig. In der Hauptsache erfassen die gesetzlichen Vorschriften die Grundpfänder (so BG über die Erhaltung des bäuerlichen Grundbesitzes vom 12. Juni 1951 Art. 28 ff.), mögen sich aber auch auf Fahrnispfänder erstrecken. Es seien zitiert: Bankengesetz vom 8. Nov. 1934/11. März 1971 Art. 25 ff., 36 ff.; EntschG 13; BG über Schuldbetreibung gegen Gemeinden ... vom 14. Dez. 1947 Art. 13 lit. d; OR 1170 Ziff. 7 (Fassung von 1949); BG über die wirtschaftliche Kriegsvorsorge vom 30. Sept. 1955 Art. 11 II, 12 III und zugehörige V vom 26. April 1963.

141 Die M a ß n a h m e n , die das Sanierungsrecht gegenüber den Pfandgläubigern vorsieht, sind den einzelnen Erlassen zu entnehmen. Über die frühere Rechtslage vorhergehende Aufl. Syst. Teil N 140 f.; *Fritzsche* a.a.O.

142 Die mit der Nachlaßstundung verbundene D i s p o s i t i o n s u n f ä h i g - k e i t des Schuldners betrifft auch die Errichtung neuer Pfandrechte (SchKG 298 I). Hierüber und über die Regelung im außerordentlichen Nachlaßvertragsrecht hinten Komm. Art. 884 N 313, 345 ff., auch N 94.

XVI. Strafrecht

143/44 Die hohe Bewertung der dinglichen Rechte durch die Rechtsordnung zeigt sich in ihrem strafrechtlichen Schutz. Wie die Beeinträchtigung des Eigentums mit der Bestrafung der Eigentumsdelikte geahndet wird, so sieht das Strafrecht Bestrafung vor bei der z u m S c h a d e n d e s G l ä u b i g e r s erfolgenden B e e i n t r ä c h t i g u n g d e s P f a n d r e c h t s . StGB 147 umschreibt das Antragsdelikt der «Veruntreuung und Entziehung von Pfandsachen und Retentionsgegenständen» wie folgt: bestraft wird die Veräußerung, Beschädigung, Zerstörung, Entwertung oder Unbrauchbarmachung eines im B e s i t z d e s S c h u l d n e r s gelassenen Pfandgegenstandes. Die Vorschrift betrifft namentlich Fälle des hypothekarischen Pfandrechts (ZGB 885, 805 u. a. m., vorn N 35 ff.; hinten Komm. Art. 885 N 58). Bestraft wird ferner, falls der

G l ä u b i g e r   d e n   G e g e n s t a n d   b e s i t z t, dessen Entziehung, Beschädigung, Zerstörung, Entwertung oder Unbrauchbarmachung durch den Schuldner oder einen Dritten. — Aus der Judikatur: BGE 90 IV 196; BlZR 59 Nr. 49.

145   Eine eigene Bestimmung schützt die S c h i f f s v e r s c h r e i b u n g: bestraft wird die Bestellung eines Pfandrechts, einer Nutznießung oder die Vormerkung persönlicher Rechte im Ausland, wodurch die Stellung der im schweizerischen Schiffsregister eingetragenen Berechtigten beeinträchtigt wird (SchRG 63 II). Das BG über das Luftfahrzeugbuch vom 7. Okt. 1959 Art. 63 III droht Bestrafung jenem, der «die an einem verpfändeten Ersatzteillager angebrachte Aufschrift unbefugtermaßen unkenntlich macht, entfernt oder versetzt» (Art. 29). — Vorn N 73 ff., 79.

146   Eine weitere Sondervorschrift dient der Wahrung des zu den gesetzlichen Pfandrechten gehörenden Z o l l p f a n d r e c h t s (Zollpfandunterschlagung: ZG von 1925 Art. 79; vorn N 57).

147   Eignet sich der Pfandgläubiger den ihm übergebenen Pfandgegenstand an, so wird er wegen V e r u n t r e u u n g im Sinne von StGB 140 bestraft. Das gilt auch für einen jeden, der eine ihm anvertraute Sache in unerlaubter Weise verpfändet (ein Tatbestand bei *v. Rechenberg*, SJZ 45, 104; ferner BGE 72 II 246; 85 II 588; BlZR 50 N 246). Der Bankier z. B. darf die ihm ins Depot oder zu Pfand gegebenen Gegenstände nicht ohne Zustimmung des Eigentümers verpfänden (dazu hinten Komm. Art. 887 N 2). Eine einschlägige, ausdrückliche Strafbestimmung enthält das Militärstrafgesetz, Art. 73. Vgl. noch hinten N 251.

148   Es besteht kein strafrechtlicher Schutz von i m   G e s e t z   n i c h t   v o r g e s e h e n e n   M o b i l i a r h y p o t h e k e n (*Staub*, SJZ 46, 31/32).

149   In der Zusicherung oder der Errichtung des Pfandrechts an einem nicht bestehenden, wertlosen oder einem Dritten gehörenden Pfandgegenstand kann B e t r u g liegen (StGB 148), vor allem sog. Kreditbetrug (dazu *Ganz*, SJZ 45, 72).

XVII. Wirtschaftliche Seite des Fahrnispfandrechts — Banken als Pfandgläubiger — Lombardierung

A. Kredit gegen Fahrnispfand

150   Die Errichtung eines Faustpfandrechts (Art. 884 ff.) oder eines Pfandrechts an Forderungen und andern Rechten (Art. 899 ff.) ist einer der zahlreichen Wege zur S i c h e r u n g   e i n e s   K r e d i t e s. Ein dermaßen «gedeckter»

Kredit stellt — in der bankmäßigen Terminologie — als sog. M o b i l i a r -
k r e d i t einmal den Gegensatz dar zum («ungedeckten») Blankokredit, bei
dem auf besondere Sicherstellung verzichtet wird, dann zum Personalkredit, bei
dem nicht (wie beim Realkredit, wozu der mittels Pfand gesicherte gehört) eine
Sache oder ein Recht zur Sicherung verwendet wird, endlich zu dem auf das
Grundpfandrecht abstellenden Immobiliarkredit. Anders als der letztere, ist der
Kredit mit Fahrnispfandrecht mehr auf Kurzfristigkeit zugeschnitten. Er ver-
mischt sich mit dem Blankokredit (der a u c h als Personalkredit bezeichnet
wird) dort, wo für den Gläubiger neben dem Pfandgegenstand die persönliche
Kreditwürdigkeit des Schuldners stark ins Gewicht fällt (was beim Versatz-
pfand gegenstandslos ist, Art. 910 II).

Das Fahrnispfandrecht kann zur Sicherung j e g l i c h e r A r t v o n **151**
F o r d e r u n g dienen. Im Vordergrund stehen Kreditgeschäfte, darunter
namentlich das Darlehen. Jedermann kann als G l ä u b i g e r auftreten, einzig
die Viehverpfändung, das Versatzpfand und der Pfandbrief sind einer aus-
gewählten Gruppe von Gläubigern (bzw. von Schuldnern beim Pfandbrief) vorbehalten. Die weitaus häufigsten, die berufsmäßigen, Pfandgläubiger sind
B a n k e n.

Die p r a k t i s c h e B e d e u t u n g des Fahrnispfandrechts für die verschiedensten Bevölkerungsschichten, namentlich aber für zahlreiche Wirtschafts-
kreise, seine Rolle im Rahmen der Kreditwirtschaft, ist unübersehbar groß; das
beweisen sowohl die Bankenstastistiken wie die umfangreiche Judikatur. Die
Kreditierung gegen Fahrnispfandrecht gehört zu den verbreitetsten Bank-
geschäften.

Lit.: Näheres über die Kreditarten und ihre Funktion findet sich in den Lehr-, Hand- und **152**
Wörterbüchern des Bankwesens; so u. a. *Stauffer/Emch* (zit. nachstehend N 158) 124 ff. —
Albisetti/Bodmer u. a. Stichworte «Gedeckter Kredit», «Realkredit», «Blankokredit» usw.
Dazu aus der juristischen Literatur, unter Berücksichtigung der wirtschaftlichen Grund-
lagen: *H. Zimmermann*, SJZ 19, 193 ff., 210 ff. — *Baumann*, ZBGR 3, 65 ff. — *Kaderli* 3 ff.
— René *Trachsel*, Die Warenverpfändung zur Sicherung des Bankkredits (Diss. Bern 1949) 2 ff.

B. Art der verpfändeten Gegenstände

Die R e c h t s f r a g e der Zulassung eines Gegenstandes zur Verpfändung **153**
oder Retention wird im Kommentar je am gegebenen Ort behandelt: Art. 884
N 15 ff., Art. 885 N 24 ff., Art. 899 N 9 ff., Art. 901 N 8 ff., Art. 902 N 7 ff.,
Art. 909 N 3, Art. 895 N 24 ff. Hievon ist unabhängig das Problem der f a k -
t i s c h e n T a u g l i c h k e i t : auf welche Objekte der Gläubiger unter dem
Gesichtspunkt seines Sicherungsbedürfnisses Kredit zu gewähren bereit ist;
welche Gegenstände deswegen am ehesten verpfändet werden oder überhaupt

nicht vorkommen. Den Angaben der Fachleute in der Literatur ist zu entnehmen, daß im Bankgeschäft die W e r t p a p i e r e die häufigsten Pfandgegenstände sind, wobei gut bewertete und verkäufliche Obligationen und Aktien im Vordergrund stehen. Einen eigenen Zweig der Belehnung von Wertpapieren stellt das sog. indirekte Hypothekargeschäft dar, bei dem Schuldbriefe oder Gülten verpfändet werden (Art. 901 N 118 ff.). Gewöhnliche F o r d e r u n g e n werden häufiger einer Sicherungszession als einer Verpfändung unterworfen, ausgenommen die Ansprüche aus Sparheften und aus Lebensversicherung. «A n - d e r e R e c h t e» im Sinne von Art. 900 III treten selten auf (Erbanteile, Patente, Urheberrechte u. a. m.).

154   Bei den zu verpfändenden S a c h e n schaut der sachverständige Gläubiger gewöhnlich auf folgende Eigenschaften: daß sie sicher zu bewerten und wertbeständig sind, leicht und zu angemessenem Preis verwertbar, gut aufzubewahren und keiner Wartung bedürftig (letzteres deswegen, weil der Gläubiger die Gegenstände in Besitz nehmen muß, Art. 884 I, 909 I). Demgemäß ziehen schweizerische Handelsbanken marktgängige Rohstoffe, so Textilrohstoffe, dann Lebens- und Futtermittel vor (vgl. die auf eine Rundfrage gestützten Angaben bei *Oftinger*, ArchfLuftrecht 8, 127). Doch werden auch andere Güter belehnt: Chemikalien, Fertigfabrikate (Uhren, Maschinen und dergl.; *Albisetti / Bodmer* u. a.). Die Verpfändung von Warenpapieren, nämlich Konnossementen, erleichtert die Belehnung importierter Güter ungemein. Über das frühere kriegswirtschaftliche Regime der Pflichtlagerkredite *Sieben*, SJZ 46, 274 ff.; jetzt BG über die wirtschaftliche Kriegsvorsorge vom 30. Sept. 1955 Art. 12 III, *Albisetti / Bodmer* u. a. 493 f. Das Faustpfandprinzip, das den Verpfänder zur Übergabe der Pfandgegenstände zwingt, schließt manche Sachen von vornherein aus: im Gebrauch befindliche Maschinen, Werkzeuge, Geräte, Fahrzeuge u. a. m.

155   Der Gläubiger geht bei der Festsetzung des Kredites von einer von Gegenstand zu Gegenstand verschiedenen B e l e h n u n g s g r e n z e (bzw. Marge) aus. Sinkt der Wert des Pfandobjektes, so verlangt er eine Abzahlung des Kredites oder Nachdeckung (d. h. zusätzliche Sicherheiten; Komm. Art. 884 N 108) und schreitet bei deren Ausbleiben zur Realisierung des Pfandes (Art. 891 I).

156   Weitere Angaben über die Pfandgegenstände: Komm. Art. 885 N 24; Art. 899 N 29; Art. 900 N 109; Art. 901 N 17—20, 23 ff., 118; Art. 902 N 5; Art. 909 N 3; *Baumann* ZBGR 3, 75 ff., mit Angaben über das Vorgehen der Banken; *Trachsel* (zit. vorstehend N 152) 16 ff.; *Kaderli/Zimmermann* 207/08, 537 ff., 547 ff.; Ernst *Irmiger*, Lagerhausgeschäft und Warenbeleihung in der Schweiz (Diss. ök. Zürich 1929) 79 ff.; *Honegger*, Wertpapiere und Dokumente im Kreditverkehr (Zürich 1950) 63 ff.

C. Banken als Pfandgläubiger — Ihre Pfandverträge und -klauseln

Schon die bisherigen Darlegungen des Abschnittes Ziff. XVII betreffen vor- **157** wiegend die Verpfändung zugunsten von B a n k e n als den h ä u f i g s t e n P f a n d g l ä u b i g e r n. Es sind weitere Besonderheiten hervorzuheben. Die Banken benützen das Fahrnispfandrecht in Verbindung mit den verschiedensten K r e d i t g e s c h ä f t e n : feste Vorschüsse, Anleihen, Diskontkredit, Rembourskredit, Akzeptkredit, Kautionskredit, wobei das Pfandrecht teils als einzige, teils als zusätzliche Sicherung auftritt. Der geläufigste Vorgang ist der Kontokorrentkredit.

Lit.: Für nähere Unterrichtung über diese Geschäfte und die Rolle des Pfandrechts sei auf **158** die Spezialliteratur verwiesen; so u. a. H. *Zimmermann*, Einiges über die Kreditgewährung durch die Handelsbanken, SJZ 19, besonders 210 ff. — derselbe, Über die «Allgemeinen Kontokorrentbedingungen» der Banken, SJZ 17, 129 ff., 149 ff., 164 ff. — F. *Zimmermann-Locher*, SJZ 24, 59 ff. — *Baumann*, Das Vorschußgeschäft im Bankbetriebe, ZBGR 3, 65 ff. — *Albisetti/Bodmer* u. a. (die einschlägigen Artikel) — Otto *Aeschlimann*, Der Krediteröffnungsvertrag (Diss. Bern 1925) besonders 36 ff. — Ernst *Pfister*, Das Darlehensgeschäft (Diss. Zürich 1924) 16 ff. — Marcel *Gauchat*, Rechtliche Fragen zum Diskontgeschäft (Diss. Zürich 1936) besonders 108 ff. — Otto *Schläpfer*, Der Kontokorrentvertrag (Diss. Zürich 1943) besonders 134 ff. — Hans *Homberger*, Der Kontokorrent im Bankgeschäft (Diss. Zürich 1944) besonders 111 ff. — Hans *Ellenberger*, Das offene Bankdepot (Diss. Bern 1925) 91 ff. — René *de Preux*, Le contrat de dépôt ouvert de titres en banque (Diss. Freiburg 1946) 136 ff. — Paul-Arthur *Treyvaud*, Le contrat de dépôt bancaire (Diss. Lausanne 1972) 76 ff. — *Umbricht-Maurer*, Das Depotgeschäft (Zürich 1976) 73 ff.

Die Rolle des Pfandrechts im Bankengeschäft behandeln allgemein: Rudolph J. *Kaderli*, Die Sicherung des Bankkredites (Diss. Bern 1938) — René *Trachsel*, Die Warenverpfändung zur Sicherung des Bankkredits (Diss. Bern 1949) — Friedrich *Breitenstein*, Das Faustpfand im Bankverkehr (Diss. Basel 1942 MaschSchr) — *Stauffer/Emch*, Das schweiz. Bankgeschäft (2. A. Thun 1972) 172 ff.

Die Vereinbarung der Verpfändung zugunsten einer Bank findet sich ent- **159** weder in einem b e s o n d e r e n V e r t r a g oder in einzelnen K l a u s e l n eines vorwiegend dem Kreditgeschäft gewidmeten Vertrags, ferner in den Depotverträgen. Es sind als Formulare vorliegende Urkunden: A l l g e m e i n e G e s c h ä f t s b e d i n g u n g e n im Sinne der wissenschaftlichen Terminologie, die an der Problematik dieser Art von Vertragsinhalt teilhaben. Näheres Komm. Art. 884 N 102, 102a. Diese Ausgestaltung der Pfandverträge und -klauseln gewährleisten die Standardisierung des Vertragsinhalts und ermöglichen der Bank, diejenigen Bestimmungen durchzusetzen, die der Vereinfachung und Sicherheit des Pfandrechts dienen. Am bemerkenswertesten sind, neben den vorstehend N 155 erwähnten Pflichten zur Abzahlung und Nachdeckung: die Umschreibung des Kreises der durch das Pfandrecht gesicherten Forderungen (Komm. Art. 884 N 128); die Bestimmung, daß auch alle erst künftig in den Besitz der Bank gelangenden Gegenstände (Wertpapiere, Waren) verpfändet

41

sein sollen (Komm. Art. 884 N 35) ; die Einräumung des Rechts an den Pfandgläubiger zur privaten Verwertung des Pfandes (Komm. Art. 891 N 49) ; beim
Pfandrecht an Wertpapieren sowie an anderen Forderungen und Rechten die
der Realisierung dienende Befugnis des Gläubigers zur Einziehung des vom
dritten Schuldner zu leistenden Betrages (abweichend von Art. 906; dort
Komm. N 35).

160 Die im Bankgeschäft ü b l i c h e n K l a u s e l n werden im vorliegenden
Kommentar jeweils am gegebenen Ort besprochen. Abdrucke von solchen bei
Forstmoser in: Rechtsprobleme der Bankpraxis, Bankwirtschaftliche Forschun-
gen Bd. 36 (Bern / Stuttgart 1976) 32 ff. = Musterbedingungen der Schweiz.
Bankiervereinigung von 1966; *Albisetti / Bodmer* u. a. 31 ff.

161 Werden einer Bank W e r t p a p i e r e v e r p f ä n d e t, die bereits bei
ihr im offenen D e p o t liegen, so sind von da an für die Rechte und Pflichten
der Parteien insofern nicht mehr die Regeln über den bisherigen Depotvertrag,
der u. a. unter den Hinterlegungsvertrag fällt (OR 472 ff.), maßgebend, sondern
diejenigen über das Pfandrecht (besonders ZGB 889, 890). Dasselbe gilt um so
mehr, wenn ad hoc ein Depot errichtet wird, um den Inhalt zu verpfänden. In
beiden Fällen spricht die Geschäftspraxis zwar etwa, juristisch unverbindlich,
von Depot, Hinterlage, Effektendepot und dergl.; rechtlich hat man, was die Verpfändung anlangt, aber k e i n Depot vor sich. Wie hier: *Ellenberger* 97 ff.,
de Preux 137, *Treyvaud* 77 (zit. vorstehend N 158). — Hinten Komm. Art. 884
N 102 a.

162 Statt zum Pfandrecht, greifen die Banken häufig zu Ersatzgeschäften:
S i c h e r u n g s ü b e r e i g n u n g u n d - z e s s i o n (nachstehend N 234 ff.,
270 ff.).

163 Die Verpfändung wird in der G e s c h ä f t s s p r a c h e gerne durch umschreibende Ausdrücke wie Hinterlegung, Übergabe ins Depot, Deckungsdepot,
Effektendepot u. a. m. bezeichnet (Näheres Komm. Art. 884 N 92) ; man redet
vom «Belehnen» der Waren und Wertpapiere, von «Vorschüssen» auf solche,
von ihrer «Bevorschussung».

D. Lombardierung

164 Lit.: *Jakob *Hiestand*, Lombardgeschäft und Lombardierung... (Diss. Bern 1923) —
Friedrich *Aegerter*, Begriff und Wesen der Lombardierung (Diss. Basel 1945 MaschSchr) —
Viktor *Cloëtta*, Das Lombardgeschäft (Diss. Leipzig 1910).

165 Die Wörter Lombard, Lombardierung, Lombardgeschäft, Lombardkredit und
dergl. entstammen der Geschäftssprache der Banken und umschreiben w i r t -
s c h a f t l i c h e Vorgänge. Man verwendet sie so uneinheitlich, daß sie für

r e c h t l i c h e Erörterungen unbrauchbar sind. In der A u s d r u c k s w e i s e von Bankleuten und ihnen nahestehenden Juristen (auch BlZR 33 Nr. 37 S. 100) bedeutet Lombardierung, Lombardgeschäft usw. ein Synonym für Kredit-gewährung gegen Errichtung eines Fahrnispfandrechts an gewissen Objekten. Demgemäß ist der Warenlombard die Bevorschussung von Waren, d. h. die Kreditierung gegen ein Faustpfandrecht an den Waren, der Effektenlombard, als das Gegenstück, zielt auf die Verpfändung von Wertpapieren; aber auch gewöhn-liche Forderungen im Sinne von ZGB 900, besonders Versicherungsansprüche und Sparhefte, sind Gegenstand des Lombardgeschäftes. Stets handelt es sich um einen b a n k mäßigen Kredit und um ein damit verbundenes, nach den Bedürfnissen und Gepflogenheiten des Bankverkehrs ausgestaltetes Pfandrecht; letzteres in der Art, wie vorstehend unter lit. C beschrieben.

Ein e i g e n e s R e c h t s i n s t i t u t i s t d a r i n n i c h t z u s e h e n; **166** namentlich erzeugt die Gruppierung des Kreditgeschäfts (z. B. des Darlehens) zusammen mit dem Pfandrecht unter e i n e m Wort — der Lombardierung — keine neuartigen Rechtsfolgen. Vgl. die Definition von *Ohse* bei *Schlegelberger*, Rechtsvergl. Handwörterbuch V (Berlin 1936) 289 ff.; *Albisetti / Bodmer* u. a. 422; die Erörterungen von *Hiestand 17 ff.*, der die Besonderheiten des Lombard-geschäfts überschätzt; die von ihm aufgezeichneten Merkmale finden sich bei jedem bankmäßigen Kredit mit Fahrnispfandrecht.

Z u s a m m e n f a s s e n d läßt sich sagen, daß der Terminus Lombard- **167** geschäft oder dergl. gewöhnlich sowohl die (obligationenrechtliche) Kreditseite (z. B. das Darlehen) wie die sachenrechtliche Seite des Vorganges, also die Verpfändung, meint, im übrigen deskriptiver Natur ist, einen Bereich primär f a k t i s c h e r, nicht rechtlicher Vorgänge bezeichnet, überhaupt k e i n e n R e c h t s b e g r i f f darstellt und in der juristischen Diskussion besser ver-mieden wird. Vom p f a n d r e c h t l i c h e n G e s i c h t s p u n k t aus er-geben sich k e i n e a n d e r e n a l s t a t b e s t ä n d l i c h e B e s o n d e r -h e i t e n; man hat Fahrnispfandrechte vor sich, die der Regelung von ZGB 884, 886—894 und 899—906 unterstehen. Statt zur Verpfändung wird auch zur S i c h e r u n g s ü b e r e i g n u n g gegriffen.

Die pfandgesicherte Forderung mag bei der als Lombardierung bezeichneten **168** Verpfändung in einem Wechsel, dem sog. L o m b a r d w e c h s e l, ver-urkundet sein (*Hiestand* 90 ff.).

Über die R e p o r t i e r u n g (Reportgeschäft, Hingabe in Report) hinten **169** Komm. Art. 887 N 7, und über die Abgrenzung der Lombardierung von der Reportierung *Hiestand* 57 ff.

Der Lombardkredit ist ein Geschäftszweig der N a t i o n a l b a n k: BG über **170** die Schweiz. Nationalbank vom 23. Dez. 1953 Art. 14 Ziff. 4, 5.

XVIII. Im Gesetz nicht geordnete Arten dinglicher Sicherung mittels Fahrnis — Umgehungsgeschäfte

171   Die Geschäftspraxis kennt legale Wege, um den S i c h e r u n g s z w e c k, dem zu dienen das Fahrnispfandrecht berufen ist, anderweitig zu erreichen. Man kann diese Vorgänge als E r s a t z g e s c h ä f t e bezeichnen. Ihre Eigenart hängt teils mit dem zur Sicherung verwendeten Objekt zusammen (so das irreguläre Pfandrecht), teils mit dem Streben des Gläubigers nach einer stärkeren oder einfacher ausgestalteten Rechtsstellung, als sie das Pfandrecht bietet (Sicherungsübereignung, Sicherungszession); oder man hat einen traditionellen Vorgang vor sich, der für ausgewählte Fälle der Sicherstellung angemessener erscheint als die Verpfändung, und der dem Besteller der Sicherheit mehr Gewähr bietet für die Unversehrtheit des Sicherungsobjekts als das Pfandrecht (Hinterlegung Sicherheits halber). Während dies z u l ä s s i g e Geschäfte sind, verpönt das Gesetz sämtliche Sicherungsversuche, welche das F a u s t - p f a n d p r i n z i p v e r l e t z e n — oder, wie man sich gleichbedeutend ausdrückt: das Verbot der Mobiliarhypothek mißachten —, indem das Sicherungsobjekt entgegen den Vorschriften von ZGB 884 I/III (auch 909) in der ausschließlichen Gewalt des Bestellers der Sicherheit bleibt; so einzelne Tatbestände des Eigentumsvorbehalts, vor allem aber die Sicherungsübereignung mit Besitzeskonstitut (Art. 717). Sie können als U m g e h u n g s g e s c h ä f t e bezeichnet werden.

    Die Ersatz- und Umgehungsgeschäfte sind anschließend unter Ziff. XIX— XXIII (N 173—326) behandelt, die Sicherungsübereignung mit Besitzeskonstitut in Komm. Art. 884 N 273 ff.

172   Die Ersatzgeschäfte unterliegen in gleicher Weise der p a u l i a n i s c h e n A n f e c h t u n g gemäß SchKG 287 Ziff. 1 wie die eigentliche Begründung eines Pfandrechts (*Jaeger / Daeniker* Art. 287 N 6 mit Belegen). Auch Art. 286, 287 Ziff. 2 und 288 sind gegebenenfalls anwendbar (nachstehend N 280). — BGE 85 III 198.

XIX. Eigentumsvorbehalt als Ersatz- und als Umgehungsgeschäft

173   **Materialien:** Zu den Darlegungen N 174 vgl. die vorn N 65 verzeichneten Belege.
    Lit.: Von den vorn N 64 zit. Schriften besonders *Daeniker* 59 ff. — *Engi* 124 ff. — *Laager*

4 ff., 23 ff. — *Pfister* ZBJV 39, 251 ff. — *Oser* 458 ff. — ferner *Haffter* 116 ff. — Emile *Thilo*, Pactum reservati dominii ... (Diss. Lausanne 1906) 150 ff. — *Schenkel* SJZ 39, 208 — Hans *Vetterli*, Die rechtliche Behandlung des konsumtiven Kleinkredits in der Schweiz (Diss. Zürich 1948) 41 ff. — Die Lit. zu ZGB 715 f., so *Scherrer* bei *Haab* Art. 715/16 N 146 ff., 717 N 62a — *Liver*, Schweizerisches Privatrecht V/1, 1977, § 52.

In N 68 und 84—86 (vorstehend) ist festgehalten, bei der Vorbereitung des **174** ZGB habe man den Eigentumsvorbehalt gegen die in den Entwürfen vorgesehene Fahrnisverschreibung abgewogen, in der Meinung, daß nur eines dieser Institute im Gesetz Platz finden könne. Schließlich ist der Eigentumsvorbehalt berücksichtigt (ZGB 715), die Fahrnisverschreibung (ausgenommen Art. 885) gestrichen worden. Im aOR war der Eigentumsvorbehalt nicht erwähnt, die Gerichtspraxis hat ihn aber zugelassen (BGE 29 II 712; 32 II 167/168; 40 II 112). Der Eigentumsvorbehalt vermag insofern die Aufgabe der fehlenden Mobiliarhypothek zu übernehmen, als der Veräußerer von Waren sich für den k r e d i - t i e r t e n P r e i s d i n g l i c h s i c h e r n kann: bei Nichtbezahlung ist er befugt, vermöge des ihm vorbehaltenen Eigentums die Sache mittels Vindikation zurückzuverlangen (Art. 715/716, OR 226 a ff., BGE 29 II 715). Der Eigentumsvorbehalt ist ein v o m G e s e t z g e b e r g e w o l l t e r E r s a t z f ü r d i e M o b i l i a r h y p o t h e k . Er ist indessen auf Geschäfte beschränkt, mit denen man Eigentum erwerben will. Hauptanwendungsgebiet sind die Abzahlungskäufe. Demgegenüber ist typisches Ziel der Verpfändung, auch der Mobiliarhypothek: den Erhalt von Kredit in Gestalt eines Darlehens zu erleichtern und den Kredit zu sichern. Gemeinsam ist dem Pfandrecht und dem Eigentumsvorbehalt das Streben des Gesetzes nach Publizität; hiezu bedarf der letztere des (konstitutiven) Eintrags in ein öffentliches Register (Art. 715 I). Der Registereintrag soll den falschen Schein zerstören, daß die beim Schuldner befindlichen Sachen diesem vorbehaltlos gehören. Er hat die gleiche Publizitätsfunktion wie beim Faustpfandrecht die Übertragung des Besitzes auf den Gläubiger und beim Registerpfand der Registereintrag.

Daß der Eigentumsvorbehalt dingliches Sicherungsmittel ist, bietet Anlaß, **175** ihn zur U m g e h u n g d e s V e r b o t s d e r M o b i l i a r h y p o t h e k (Art. 884 I/III) zu mißbrauchen. Dies trifft vorab in folgenden Fällen zu:

1. Zur Sicherung einer Forderung (z. B. aus Darlehen) v e r k a u f t d e r **176** Schuldner seinem Gläubiger eine bereits in des Schuldners Besitz befindliche Sache u n d k a u f t sie s o f o r t unter einem zugunsten des Gläubigers e r r i c h t e t e n E i g e n t u m s v o r b e h a l t z u r ü c k . Die Sache bleibt nach wie vor in seinem Besitz. Materiell ist dies einem vom Gesetz verpönte Pfandbestellung ohne Besitzübertragung. So BlZR 15 Nr. 61 = SJZ 13, 199; BlZR 16 Nr. 107; SJZ 61, 80.

Fraglich ist die K o n s t r u k t i o n d e r U n g ü l t i g k e i t . Das Vor- **177** gehen fällt nicht unter ZGB 717, weil wegen Fehlens «eines besonderen Rechtsverhältnisses» im Sinne dieser Vorschrift und derjenigen von Art. 924 I gar kein Besitzeskonstitut besteht (dazu BlZR 15 Nr. 61; 16 Nr. 107 S. 178; hinten Komm. Art. 884 N 274) [a]. Man hat vielmehr eine G e s e t z e s u m g e h u n g i m a l l g e m e i n e n Sinn vor sich. Anwendbar ist dann die umgangene Vorschrift Art. 884 I/III, und gemäß dieser ergibt sich, daß ein genügendes Pfandrecht nicht besteht (hinten Komm. Art. 884 N 189). Sowohl der Verkauf wie der Rückkauf samt Eigentumsvorbehalt ist n i c h t i g . Simulation ist nicht ohne weiteres anzunehmen, weil die Parteien nicht intern ein anderes Geschäft beabsichtigen als sie extern vorgeben: sie w o l l e n ernstlich Eigentum übertragen und einen Eigentumsvorbehalt vereinbaren, aber eben entgegen der Bestimmung von Art. 884 I/III (BGE 14, 115. Anders auf Grund eines besonderen Tatbestandes BGE 37 II 551/552) und allgemein *Scherrer* bei *Haab* Art. 715/16 N 146, Art. 717 N 62.

178   2. Der Gesetzgeber hat den Eigentumsvorbehalt zugelassen zur Sicherung der unbezahlt gebliebenen Forderung auf den Gegenwert der gelieferten Waren, gewöhnlich des Kaufpreises. Wird der Eigentumsvorbehalt dazu benützt, a n d e r e F o r d e r u n g e n z u s i c h e r n (z. B. aus anderen Verträgen zwischen den gleichen Parteien), so hat man wiederum eine Umgehung des Verbots der Mobiliarhypothek vor sich: BGE 56 III 81; 102 III 152 f.; ZBJV 72, 502; F. A. *Staehelin*, Probleme aus dem Gebiete des Eigentumsvorbehalts (Basel

179 1937) 57. — Zulässig ist dagegen, bei der Veräußerung m e h r e r e r S a c h e n für alle zusammen einen einheitlichen Gegenwert zu vereinbaren, in der Meinung, der Eigentumsvorbehalt gelte bei jeder Sache für den ganzen Gegenwert; F. A. *Staehelin* a.a.O. 57 N 154, 122/23.

179a   Die Praxis sieht in der n a c h t r ä g l i c h e n V e r a b r e d u n g eines Eigentumsvorbehalts eine Umgehung des Faustpfandprinzips; BGE 35 II 46; 51 II 139 ff.; ZBJV 96, 250/51; SJZ 59, 360. Näheres *Scherrer* bei *Haab* Art. 715 N 50 ff.; 717 N 63, der anderer Ansicht ist.

180   Eine e r l a u b t e Verwendung des Eigentumsvorbehalts hat man bei dem häufigen Geschäft vor sich, wenn eine Bank sich vom Lieferanten einer Sache dessen Forderung gegen den Erwerber samt dem E i g e n t u m s - v o r b e h a l t a b t r e t e n läßt. Dies ist keine Umgehung der Vorschrift von Art. 884 I/III, auch wenn es materiell um die Erleichterung der Finanzierung des Erwerbs von Sachen geht. Über die Zulässigkeit der Abtretung des Eigentumsvorbehaltes an sich BGE 46 II 47/48; OR 226 m Abs. II; V betr. Eintragung der Eigentumsvorbehalte vom 19. Dez. 1910, Art. 4bis; vgl. *Liver* a.a.O. 339 f.

[177a] Die Zurückweisung des Besitzeskonstituts findet sich auch in BGE 77 II 131, wo im übrigen die mißbräuchliche Verwendung des Eigentumsvorbehalts zum Zweck der Kreditsicherung unter a n d e r e n Gesichtspunkten, als oben, geprüft und abgelehnt wird.

In einen anderen Zusammenhang, nämlich den der Vertrags a u s l e g u n g , **181**
gehört die in Semjud 1934, 538 getroffene Lösung: Wenn ein Eigentumsvorbehalt mangels Eintragung im Register wirkungslos ist, das Eigentum also
auf den Käufer übergeht, dieser aber die Sache dem Verkäufer übergibt, so kann
das die Meinung haben, daß die Parteien zur Sicherung der Kaufpreisrestanz
eine Verpfändung nach Art. 884 I wollen.

XX. Irreguläres Pfandrecht (pignus irregulare) – Barkaution

Lit.: *Bolla* 112 ff. — *Haffter* 154 ff. — *Baerlocher*, Schweiz. Privatrecht VII/1, Basel 1977, **182**
659 f. — *Staudinger* § 1204 N 23 — *Planck* § 1204 N 2a S. 1411 — *Soergel-Augustin* § 1204
N 28 ff. — *Klang* § 448 Ziff. II A 2b — *Novissimo Digesto Italiano* XII (Torino 1965), Stichwort Pegno irregolare, 798 ff.

A. Begriff und Wesen

Die Errichtung eines i r r e g u l ä r e n P f a n d r e c h t s besteht in der zu **183**
Sicherungszwecken erfolgenden Übergabe einer bestimmten Menge vertretbarer
Sachen an einen Gläubiger, mit der Maßgabe, daß dieser, wenn er anderweitig
befriedigt wird, nicht die identischen Sachen, sondern Sachen derselben Art wie
die ihm übergebenen zurückzuerstatten hat (BGE 19, 338/339; 23 I 699/700;
dazu ferner BlZR 25 Nr. 64 S. 101; BJM 1955, 269; Semjud 1960, 108 = SJZ
58, 11 Nr. 12).

Auch verbrauchbare Sachen fallen als O b j e k t e in Betracht. Neben **184**
Waren (BGE 41 III 450) und Inhaberpapieren[a] oder blanko indossierten Ordrepapieren (*Jäggi* Art. 967 N 97) ist G e l d der weitaus geläufigste Gegenstand
des irregulären Pfandrechts: in Gestalt einer B a r k a u t i o n erhält der
Gläubiger eine Geldsumme ausgehändigt, damit er — das bedeutet den Hauptfall — für eine künftige ungewisse Forderung Deckung besitzt (zustimmend
BJM 1970, 77/78). Namentlich die Sicherstellung von Schadenersatzforderungen
gegen öffentlich- oder privatrechtlich angestellte Arbeitnehmer wird häufig auf
diesem Wege gewährleistet (Dienst- und Amtskautionen), ferner die Kautionsstellung seitens eines Werkunternehmers, und endlich ein großer Teil der

[184a] darunter Aktien; hinten Komm. Art. 901 N 54, Art. 905 N 12 (mit näheren Angaben).

Kautionen, die in den verschiedenen Bereichen staatlicher Stellen zu erbringen sind. Hiezu die V über Sicherstellungen zugunsten der Eidgenossenschaft vom 21. Juni 1957. Vgl. auch nachstehend N 211.

185 Das irreguläre Pfandrecht hat gegenüber dem gewöhnlichen Pfandrecht den V o r z u g , daß von vornherein eine D e c k u n g i n G e l d besteht und man den Pfandgegenstand nicht erst auf dem Wege der Verwertung (Art. 891 I) versilbern muß. Wird Geld (seltenerweise) in einem v e r s c h l o s s e n e n B e h ä l t n i s als Sicherheit gegeben, so hat man nicht ein irreguläres, sondern ein g e w ö h n l i c h e s F a u s t p f a n d im Sinne des Art. 884 vor sich (hinten Komm. Art. 884 N 47) ; wenn das Geld statt dessen o f f e n übergeben wird, so ist ein irreguläres Pfandrecht anzunehmen (Analogie: OR 481 II).

186 Das e n t s c h e i d e n d e M e r k m a l des irregulären Pfandrechts besteht darin, daß der G l ä u b i g e r E i g e n t ü m e r d e s P f a n d g e g e n - s t a n d e s wird, und zwar im Zweifel sofort, mit der Übergabe des Geldes. Dies resultiert sowohl aus der Eigenart des Geschäfts wie auch aus der sachenrechtlichen Regel über den Erwerb des Eigentums an Geld mittels Vermischung (BJM 1955, 269)* und aus der Analogie zur Rechtslage bei der Nutznießung (ZGB 772 I). Der Gläubiger darf somit über die empfangenen Sachen verfügen (BGE 23 I 899), ohne eine Veruntreuung zu begehen oder nach Art. 887/890 II haftbar zu werden.

187 W i r t s c h a f t l i c h betrachtet kommt das irreguläre Pfandrecht auf eine antizipierte Zahlung des Verpfänders an den Gläubiger heraus, verbunden mit der eventuellen Pflicht zur Rückzahlung (zustimmend BlZR 69 Nr. 99 S. 257).

188 Die R e c h t s n a t u r ist in der Literatur umstritten; darüber *Haffter* 156 ff. und dortige Zitate; *Demelius*, Das Pfandrecht an beweglichen Sachen (Wien / Leipzig 1897) 225 ff.; *Staudinger* § 1204 N 23; *Klang* § 448 Ziff. II A 2 b. Die praktische Bedeutung der Kontroversen ist gering, da feste Richtlinien für die Handhabung des irregulären Pfandrechts zu gewinnen sind. — Es ist nicht zu übersehen, daß das pignus irregulare kein richtiges Pfandrecht ist, weil mit einem solchen der Eigentumserwerb durch den Gläubiger unvereinbar ist (BGE 19, 338; 23 I 698 ff.); insofern steht das irreguläre Pfandrecht der Sicherungsübereignung nahe. Dies hindert nicht, daß man angesichts des Zweckes des Geschäfts, der durchaus pfandrechtlich ist, die V o r s c h r i f t e n ü b e r d a s F a u s t p f a n d r e c h t a n w e n d e t , soweit sie passen; so der grundlegende Entscheid BGE 23 I 699/700; ferner BlZR 25 Nr. 64 S. 101; SJZ 14, 123 Nr. 94; 21, 65 = Semjud 1924, 377; Semjud 1925, 322; BJM 1970, 77. Das irreguläre Pfandrecht ist, so aufgefaßt, ein S a c h pfandrecht. Die Be-

---

* Dazu nun aber *Liver*, Schweiz. Privatrecht V/1, 1977, § 62, bes. IV. Danach wäre das Argument der Vermischung weniger stichhaltig. Das Ergebnis der N 186 läßt sich m. E. nur kraft der irregulären Pfandabrede halten. R. B.

zeichnung «irreguläres Pfandrecht» umschreibt, wie sich zusammenfassend sagen läßt, die Rechtslage knapp und zutreffend. Seine Z u l ä s s i g k e i t steht außer Zweifel (BGE 19, 338/339).

Das irreguläre Pfandrecht untersteht dem Privatrecht auch dann, wenn die **189** K a u t i o n s s t e l l u n g   f ü r   e i n e   ö f f e n t l i c h r e c h t l i c h e   F o r - d e r u n g   erfolgt (BGE 51 I 280 ff.; 56 III 243/244; SJZ 20, 213 Nr. 162; BlZR 61 Nr. 125). Soweit jedoch öffentlichrechtliche Vorschriften bestehen, gehen diese vor.

Die in der Geschäftspraxis oft, juristisch unverbindlich, als « H i n t e r - **190** l e g u n g », «Deponierung» und dergl. bezeichnete irreguläre Verpfändung hat keine Berührung mit dem Hinterlegungsvertrag im Sinne von OR 472 . — Über die Abgrenzung von der H i n t e r l e g u n g   S i c h e r h e i t s   h a l b e r , welcher in der Literatur irrtümlicherweise zahlreiche Fälle des irregulären Pfandrechts zugezählt werden (besonders, wenn der Staat als Gläubiger auf- tritt) : vgl. nachstehend N 207 und 211.

In Grenzfällen ist es eine Frage der A u s l e g u n g   (OR 18), ob jemand **191** Geld zu irregulärem Pfand übergibt oder ob z. B. ein Darlehen an den Gläubiger gewollt ist, das diesem (wirtschaftlich) eine Deckung verschaffen soll (*Stau-dinger* § 1204 N 23; *Planck* § 1204 S. 1411).

Als A n w e n d u n g s g e b i e t   des irregulären Pfandrechts stehen die **192** Kautionen (vorstehend N 184) durchaus im Vordergrund. Daneben seien noch erwähnt: die bankmäßige Sicherstellung von Krediten (von *Hiestand* [zit. vorn N 164] 39 ff. als «uneigentliches Lombardgeschäft» bezeichnet); die Sicher- stellung des Verträdlers durch vorzeitige Zahlung der Ware im Rahmen des Trödelvertrags (*Oftinger*, Der Trödelvertrag, Zürich 1937, 76). — Das i t a - l i e n i s c h e   R e c h t   (CC 1851) regelt das irreguläre Pfandrecht im Zu- sammenhang der bankmäßigen Kreditgeschäfte.

B. Einzelfragen

Es ist von Fall zu Fall zu prüfen, welche der f a u s t p f a n d r e c h t - **193** l i c h e n   Vorschriften anwendbar sind. Grundsätzlich (und mit s i n n - g e m ä ß e r   Übernahme) sind anwendbar die Art. 884, 886, 888, 889, 890 I (BlZR 25 Nr. 64 S. 101), 891, 893, ferner die Bestimmungen über die pauliani- sche Anfechtung (SchKG 287 Ziff. 1, 288. BGE 41 III 450). Der Schutz des guten Glaubens des Gläubigers ist wirksam (ZGB 884 II, 935). — Der Gläubi- **194** ger hat den empfangenen Geldbetrag zu v e r z i n s e n , wo dies üblich ist, also vor allem, wenn eine Bank Gläubigerin ist oder für den Gläubiger das Geld ver- wahrt (ähnlich OR 313 für das Darlehen). — Des Näheren gilt:

195   1. Der Gläubiger ist zur **Rückgabe** des, der verpfändeten Summe entsprechenden Betrags verpflichtet, wenn das Pfandrecht infolge Tilgung der gesicherten Forderung oder aus einem anderen Grunde untergegangen ist (Art. 889 und hinten Komm. Art. 888 N 4 ff.; OR 114 I. BGE 23 I 699/700). Dasselbe gilt, falls eine künftige Forderung sich nicht mehr verwirklichen kann, z. B. bei Kautionsstellung durch einen Arbeitnehmer, wenn das Arbeitsverhältnis aufgelöst wird, ohne daß eine Schadenersatzforderung des Gläubigers besteht oder noch zu befürchten ist (dazu BlZR 4 Nr. 81 S. 131).

196   Die Rückgabe muß erfolgen, selbst wenn dem Gläubiger noch a n d e r e F o r d e r u n g e n zustehen als diejenige, zu deren Sicherung die Verpfändung des Geldes erfolgt ist: das Pfandrecht bleibt an die von den Parteien vertraglich umschriebene Pfandforderung gebunden. Für andere Forderungen darf somit der Gläubiger weder ein Retentionsrecht ausüben, noch darf er mit solchen verrechnen (SJZ 14, 123 Nr. 94). Das R e t e n t i o n s r e c h t (Art. 895) scheitert am Umstand, daß der Gläubiger Eigentümer des Pfandgegenstandes ist (Komm. Art. 895 N 26, 39), zudem würde regelmäßig die Konnexität fehlen (Komm. Art. 889 N 16). Durch Vertrag kann jedoch dem Gläubiger das Recht eingeräumt werden, den Gegenstand bis zur Tilgung beliebiger Forderungen zurückzubehalten. Der V e r r e c h n u n g steht die auf die Sicherung einer b e s t i m m t e n Forderung gerichtete Absicht der Parteien entgegen (OR 126). Zustimmend BJM 1970, 77/78; a. M. SJZ 20, 213 Nr. 162: Zulassung der Verrechnung einer Forderung auf Rückgabe der Kaution eines Refraktärs mit einer Steuerforderung; *von Tuhr / Escher* § 78 N 67; *Klang* am eingangs zit. Ort.

197   Der Anspruch auf Rückgabe ist o b l i g a t o r i s c h e r Natur (und zedierbar, SJZ 20, 213 Nr. 162, sowie verpfändbar, VerwEntsch 17, Nr. 39). Der Verpfänder (sog. Kautionsgeber) hat weder ein dingliches Recht, noch in der von einem Dritten gegen den Pfandgläubiger (Kautionsempfänger) angehobenen Zwangsvollstreckung ein Recht auf Gutheißung der Widerspruchsklage oder auf Aussonderung (SchKG 106 ff., 242; anders BJM 1955, 267 ff.). Gerät der Kautionsempfänger in Konkurs, so hat der Kautionsgeber demgemäß nur die Stellung eines Kurrentgläubigers, es sei denn, er könne an Sachen des Pfandgläubigers ein Retentionsrecht ausüben (BGE 67 II 21/22; dazu Komm. Art. 895 N 95, a. A. und *Pfeiffer*, SJZ 37, 335/336). Dies bedeutet einen erheblichen Nachteil des irregulären Pfandrechts. OR 330 I/IV sowie revSchKG 219 IV (Erste Klasse; Fassung lt. Arbeitsgesetz von 1964 Art. 63) enthalten deshalb besondere Schutzvorschriften zugunsten des Arbeitnehmers als Kautionsgeber (BBl 1967 II 353 ff.).

198   2. Die **Verwertung** erfolgt in der Weise, daß dem Gläubiger, wenn die Voraussetzungen der Realisierung des Pfandes bestehen — also bei seiner Nichtbefriedigung (Art. 891 I) —, das Recht zuwächst, den bereits zu Eigentum empfangenen B e t r a g d e f i n i t i v z u b e h a l t e n (dazu BlZR 16

Nr. 105 S. 167/168; Semjud 1960, 108). Der Verpfänder verliert gleichzeitig den Anspruch auf Rückgabe (Art. 889). Der Vorgang bedeutet nicht eine Verrechnung (OR 120), weil die (Gegen-) Forderung des Verpfänders auf Rückgabe bereits erloschen ist. Die Verwertung setzt die Fälligkeit der gesicherten Forderung voraus, nicht auch den Verzug (hinten Komm. Art. 891 N 18 und 57. A. M. *Wieland* Art. 884 N 10 a. E.; *Haffter* 161). Eine besondere Erklärung des Gläubigers ist nicht erforderlich. Betreibung auf Pfandverwertung wäre nicht möglich (Semjud 1925, 322). Die Verwertung kann ungeachtet des mittlerweile über den Verpfänder ausgebrochenen Konkurses erfolgen (*Jaeger* Art. 198 N 3; *Blumenstein* in dem vorn N 120 zit. Hdb. 631 N 28. Anders die private Verwertung im Falle des r e g u l ä r e n Pfandrechts, Komm. Art. 891 N 53).

3. Wie sich aus der letzten Bemerkung ableitet, hat der Pfand g l ä u b i g e r **199** ein **Recht auf privilegierte Befriedigung** aus dem verpfändeten Geld, falls der Verfänder in K o n k u r s gerät; auch vor der seitens eines dritten Gläubigers des Verpfänders veranlaßten P f ä n d u n g ist er geschützt.

4. Der Pfandgläubiger hat den **Überschuß** über seine Forderung nach der **200** gemäß N 198 vollzogenen Verwertung dem Verpfänder herauszugeben (Komm. Art. 891 N 21. So ausdrücklich CC it 1851). Über die Frage, ob statt dessen der V e r f a l l des Überschusses vereinbart werden darf, Komm. Art. 894 N 18.

5. Kautionen werden häufig für den Kautionspflichtigen seitens eines **201** **Dritten** geleistet; dieser spielt in den pfandrechtlichen Beziehungen die Rolle des Verpfänders, sofern er als Partei des Pfandvertrags auftritt (BGE 51 I 282/283; hinten Komm. Art. 884 N 389 ff.). Die Kaution ist i h m zurückzugeben (Art. 889 und dort Komm. N 10).

XXI. Hinterlegung Sicherheits halber

Lit.: Paul *Portmann*, Die gerichtliche Hinterlegung (Diss. Zürich 1913) 36 ff. — *Ostertag*, **202** Die Hinterlegung zugunsten Dritter, SJZ 19, 353 ff., mit kurzer Anmerkung von *Leemann*, 358 — *Bader*, Die Hinterlegung als Sicherheitsleistung, ZBJV 61, 497 ff. — Carlo *Kockel*, Die Betreibung auf Sicherheitsleistung ... (Diss. Zürich 1931) 7 ff. — *von Tuhr/Peter* § 19 II 3 — Roland *Kettiger*, Die Hinterlegung Sicherheits halber (Diss. Basel 1947 MaschSchr) — *Georges *Bonnant*, La consignation en droit civil suisse (Diss. Genf 1950) 60 ff. — *Robert *Amsler*, Die Sicherheitshinterlegung im schweiz. Recht (Diss. Bern 1951) — *Baerlocher* 660 f.

Systematischer Teil

A. Begriff und Wesen

203 Der Ausdruck «Hinterlegung» wird, juristisch unverbindlich, für verschiedene Sicherungsvorgänge gebraucht: es kann damit ein Pfandrecht im Sinne von ZGB 884 ff., ein irreguläres Pfandrecht, eine Sicherungsübereignung u. a. m. gemeint sein. Unter H i n t e r l e g u n g S i c h e r h e i t s h a l b e r (oder als Sicherheitsleistung, als Kaution, französisch consignation à titre de sûreté) ist dagegen ein abgegrenztes, e i g e n e s R e c h t s i n s t i t u t zu verstehen: die zu Sicherungszwecken erfolgende Übergabe beweglicher Sachen (vor allem von Geld oder Wertpapieren) an einen D r i t t e n, mit der Maßgabe, daß der Dritte die hinterlegten Sachen als Deckung für die Schuld eines Andern im Interesse von dessen Gläubiger verwahrt und bei Fälligkeit der Schuld dem Gläubiger herausgibt oder zwecks sonstiger Verwertung zu seiner Verfügung hält, sofern der Gläubiger nicht anderweitig befriedigt wird. — BGE 102 Ia 236.

204 Die B e t e i l i g t e n sind: der Hinterleger (Deponent, französisch consignateur), das ist regelmäßig der die Sicherstellung bewirkende Schuldner; der Gläubiger als Destinatär der Sicherstellung; der Dritte, der als Hinterlegungsstelle amtet, und den man als Aufbewahrer (Depositar, consignataire) bezeichnen kann. Statt daß der Schuldner selber hinterlegt, kann es ein Anderer zu seinen Gunsten tun, so daß eine fremde Sache «verpfändet» und jener Andere Partei des Hinterlegungsverhältnisses ist. Die Bezeichnung der H i n t e r l e g u n g s - s t e l l e ist den Parteien überlassen, wo sie nicht durch das Gesetz bestimmt ist (z. B. OR 709 I; 451 I: «amtliche» Hinterlegung), oder durch den Richter (BlZR 12 Nr. 35) oder eine andere Amtsstelle (BGE 61 III 77: Betreibungsamt). Einzelne Kantone besitzen eine amtliche Hinterlegungsstelle (BGE 72 I 16; vgl. auch Luftfahrtges. vom 21. Dez. 1948 Art. 71 I), sei es, daß eine sog. Depositenanstalt besteht oder die Hinterlegung bei der Gerichtskasse erfolgen kann: das letztere ist ein Anwendungsfall des den verschiedensten Zwecken dienstbaren Instituts der gerichtlichen Hinterlegung, die je nach der Ordnung im Prozeßgesetz eine richterliche Bewilligung voraussetzt (so Zürich ZPO von 1976 § 220. Darüber eingehend *Portmann* passim; ferner Jakob R. *Biedermann*, Die Hinterlegung als Erfüllungssurrogat, Diss. Zürich 1944, 129 ff.). Gerichtliche Hinterlegung ist vorgesehen in OR 330 III.

205 Während das d e u t s c h e, f r a n z ö s i s c h e und i t a l i e n i s c h e Recht die Hinterlegung Sicherheits halber kurz, aber bezüglich der entscheidenden Fragen klar, regeln (BGB 232 a. A., 233; CC fr 2075-1 5. Juli 1972; CC it 1773), f e h l t d e m s c h w e i z e r i s c h e n R e c h t j e d e a l l - g e m e i n e V o r s c h r i f t, welche die Rechtsfolgen der Hinterlegung ordnet. Diese wird in der Gesetzgebung bloß an einzelnen Stellen erwähnt, indem sie als Mittel der Sicherstellung schlechthin vorgeschrieben oder neben andern Arten der Sicherheitsleistung zugelassen ist. Das Fehlen einer solchen allgemeinen

Vorschrift bewirkt, daß in der Handhabung des Instituts vielfach Unsicherheit herrscht. Die Judikatur ist z. T. unklar, und in der Doktrin herrscht mancherorts so sehr Wirrnis, daß man einzelne der eingangs aufgeführten Schriften nur mit Vorsicht heranziehen darf. — Für nachstehend nicht behandelte Einzelheiten sei auf die Ausführungen von *Bonnant* verwiesen.

Die e n t s c h e i d e n d e n M e r k m a l e der Hinterlegung Sicherheits **206** halber sind: 1. daß die Verwahrung durch einen D r i t t e n erfolgt, und zwar 2. im I n t e r e s s e d e s G l ä u b i g e r s , d e m S i c h e r h e i t geboten werden soll; letzteres ähnlich wie bei Sicherstellung mittels Pfandrecht. Durch diese Interessenlage und Zwecksetzung unterscheidet sich die Hinterlegung Sicherheits halber vom Hinterlegungsvertrag im Sinne von OR 472 ff., von der Sequestration (OR 480) und von der Hinterlegung im Sinn eines Erfüllungssurrogates (OR 92, 96, 168: Gläubigerverzug und andere Hinderung in der Erfüllung).

Werden Geld oder andere vertretbare Sachen hinterlegt, so beruht der **207** U n t e r s c h i e d z u m i r r e g u l ä r e n P f a n d r e c h t (vorstehend N 182 ff.) darauf, daß bei diesem die Übergabe der zur Sicherung dienenden Gegenstände an den G l ä u b i g e r s e l b e r erfolgt, bei der Hinterlegung Sicherheits halber jedoch an einen D r i t t e n . Eine Sicherstellung mittels Übergabe des Sicherungsmittels an den Gläubiger ist niemals eine Hinterlegung Sicherheits halber. Ein großer Teil der von den Gesetzen und in den Urteilen als «Hinterlegung» bezeichneten und in der Literatur fälschlicherweise als Hinterlegung Sicherheits halber aufgeführten Geldkautionen sind in Wirklichkeit irreguläre Pfandrechte, weil das der Sicherstellung dienende Geld dem Gläubiger ausgehändigt wird (zutreffend BGE 51 I 282; zustimmend BlZR 61 Nr. 125).

Dies ist vor allem bei Kautionsstellung an den S t a a t zu beachten: wo **208** immer eine staatliche Stelle für eine Forderung des Staates eine Kaution entgegen nimmt, hat man keine Hinterlegung Sicherheits halber vor sich, es sei denn, eine Anstalt oder Körperschaft des öffentlichen Rechts mit g e s o n d e r - t e r juristischer Persönlichkeit (z. B. eine Kantonalbank) figuriere von v o r n h e r e i n als Hinterlegungsstelle. Deshalb sind z. B. die bei der Gerichtskasse erlegten Prozeßkautionen keinesfalls Hinterlegungen Sicherheits halber, soweit sie die Gerichtskosten decken sollen, gleichgültig, welches im übrigen ihre rechtliche Struktur ist (nachstehend N 233). Dient eine dem Staat übergebene Geldkaution der Sicherung von Forderungen sowohl des Staates wie eines Dritten, so stellt sie im Verhältnis zum Staat ein irreguläres Pfandrecht dar, im Verhältnis zum Dritten eine Hinterlegung Sicherheits halber.

Es bedarf im übrigen der Prüfung im Einzelfall, welche Art der Sicherheit **209** unter einer als «Hinterlegung» bezeichneten Übergabe in Wirklichkeit zu verstehen ist, wenn sie keine Hinterlegung Sicherheits halber darstellt; darüber nachstehend N 334/335.

210   Die R e c h t s n a t u r der Hinterlegung Sicherheits halber ergibt sich aus der Bestimmung der Rechtsstellung des Gläubigers: nachstehend N 215.

211   Das A n w e n d u n g s g e b i e t des Instituts ist groß. Als Belege seien erwähnt: In den zahlreichen Fällen, da eine Vorschrift des öffentlichen oder privaten Rechts ohne Präzisierung eine Sicherheitsleistung anordnet, ist die Hinterlegung Sicherheits halber einer der dem Schuldner freigestellten Wege (Beispiele nachstehend N 327; *Ostertag* 354 Sp. I; *von Tuhr/Peter* § 19 I). Einzelne Bestimmungen sehen die Hinterlegung ausdrücklich vor (so OR 451 I, 453 II, 709, SchKG 277). Sie kann auch vertraglich begründet werden, vor allem, indem sie, als Kaution, der Sicherstellung für eine künftige, ungewisse Forderung dient (Sicherstellung für Schadenersatzforderungen gegen Arbeitnehmer; Kautionsstellung durch Werkunternehmer; Garantie für die Einhaltung eines Gesamtarbeitsvertrags usw.). Die Gerichtspraxis erlaubt die Freigabe der vom Vermieter-Retentionsrecht erfaßten Gegenstände gegen Hinterlegung des Forderungsbetrages, und die gleiche Wirkung ergibt sich für das gewöhnliche Retentionsrecht aus ZGB 898 I (dort Komm. N 8). Die Hinterlegung des Forderungsbetrages läßt die Eintragung des Bauhandwerker-Pfandrechtes vermeiden (Art. 839 III. BlZR 29 Nr. 127). Zahlreiche Vorschriften des Verwaltungsrechts sehen die Hinterlegung Sicherheits halber direkt vor oder verlangen allgemein eine Sicherstellung, womit auch die Hinterlegung zugelassen ist (z. B. Luftfahrtges. vom 21. Dez. 1948 Art. 71 und zugehörige VV vom 14. Nov. 1973 Art. 123 ff.). Wo immer jedoch der zur Sicherstellung dienende Gegenstand einer staatlichen Stelle übergeben wird und zur Deckung einer Forderung des gleichen Staates dient, ist gemäß den Bemerkungen vorstehend N 208 zu beachten, daß man nicht eine Hinterlegung Sicherheits halber vor sich hat, sondern eine andere Art der Sicherheitsleistung, meist ein irreguläres Pfandrecht oder eine gewöhnliche Verpfändung. Dies wird regelmäßig zutreffen für die Amtskautionen des öffentlichen Personals, für die Sicherstellung von Steuerschulden, für die Kautionen, die gemäß den Strafprozeßgesetzen einem Angeschuldigten als Garantie gegen seine Flucht auferlegt werden können, das gilt ferner für die «Barhinterlage» nach Art. 66 des Zollges. vom 1. Okt. 1925, und in vielen anderen Fällen. Die V über Sicherstellungen zugunsten der Eidgenossenschaft vom 21. Juni 1957 sieht denn auch die Hinterlegung Sicherheits halber nicht vor und schließt sie damit aus. — Über eine weitere Aufgabe, der im angelsächsischen Bereich der «trust» dient, *Gubler*, ZSR 73, 393a N 158.

212   Die kraft ö f f e n t l i c h e n R e c h t s begründete Hinterlegung Sicherheits halber untersteht dem Privatrecht, soweit nicht öffentlichrechtliche Vorschriften, die als solche vorgehen, eingreifen (nachstehend N 337 mit Belegen, besonders BGE 51 I 280 ff.). Es ändert daran nichts, wenn die Hinterlegungsstelle eine öffentliche Kasse ist; die einschlägigen öffentlichrechtlichen Vorschriften werden regelmäßig nur deren Verwaltung und die technische Abwicklung der Hinterlegung ordnen, nicht die (eben dem Privatrecht überlassene) rechtliche Ausgestaltung der Sicherheitsleistung (BGE 72 I 16). Die Hinterlegung Sicherheits halber ist ein Institut des Privatrechts auch dort, wo sie in Erfüllung einer öffentlichrechtlich vorgeschriebenen Pflicht erfolgt.

B. Rechtsstellung des Gläubigers

Die Hinterlegung Sicherheits halber erreicht das von den Parteien erstrebte **213** Ziel einer w i r k s a m e n   S i c h e r u n g des Gläubigers nur, wenn der Aufbewahrer den hinterlegten Gegenstand nicht gegen den Willen des Gläubigers herausgeben darf und wenn dem Gläubiger ein dingliches Recht an dem hinterlegten Gegenstand zugebilligt wird. Dies wird auf folgende Weise erreicht:

1. Mit der Entgegennahme des hinterlegten Gegenstandes ü b e r n i m m t **214** der   A u f b e w a h r e r   die   P f l i c h t ,   den   G e g e n s t a n d   n i c h t g e g e n den Willen des Gläubigers h e r a u s z u g e b e n , also vor allem ihn nicht dem Hinterleger zurückzuerstatten. Diese Pflicht fließt ohne weiteres aus der Funktion des Aufbewahrers als der Hinterlegungsstelle, liegt also im Wesen der Hinterlegung Sicherheits halber begründet. Die Doktrin behilft sich statt dessen gerne mit der Konstruktion des Vertrags zugunsten Dritter (*von Tuhr/ Peter* § 19 II 3 [s. aber N 12a, wo *Peter* sich der hier vertretenen Ansicht anschließt]; *Ostertag* 356; *Bonnant* 68 u. a. m.): Gemäß OR 112 III kann nämlich der Hinterleger das dem Gläubiger an dem hinterlegten Gegenstande eingeräumte Recht nicht mehr widerrufen, sobald der begünstigte Gläubiger erklärt hat, «von seinem Rechte Gebrauch machen zu wollen». Diese Konstruktion leidet an dem Mangel, daß die von OR 112 III vorausgesetzte Erklärung häufig fehlen wird; zudem ist nicht nur der Widerruf, sondern auch die aus anderen Gründen erfolgende Rückgabe zu berücksichtigen. Deshalb erscheint die soeben vorgeschlagene Lösung, eine die Herausgabe ausschließende besondere Pflicht des Verwahrers anzunehmen, angemessener. Auch *Baerlocher* 660 f. Im Einklang damit spricht BGE 67 III 77 von der Verantwortung des Verwahrers «für die bestimmungsgemäße Verwaltung der Hinterlage», was den einseitigen Widerruf durch den Hinterleger ausschließe.

2. D a s   R e c h t ,   das mittels der Hinterlegung   z u g u n s t e n   d e s **215** G l ä u b i g e r s   an dem deponierten Gegenstande begründet wird, ist als P f a n d r e c h t aufzufassen. Dessen Entstehung ist die sich ipso iure einstellende Wirkung des Vollzugs der Hinterlegung Sicherheits halber. Die gleiche Lösung ordnet BGB § 233 an; sie wird in der Literatur meistens vertreten[a] und

---

[215a] *von Tuhr/Peter* § 19 II 3; *Bonnant* 78; *Portmann* 38 ff.; *Kettiger* 108; *Leemann*

setzt sich in der Judikatur durch: so besonders BGE 59 III 131 (zurückhaltender BGE 61 III 76/77; 102 Ia 236; ferner BlZR 29 Nr. 127 und Nr. 128 S. 304—305; SJZ 2, 13 Nr. 103; 37, 316 [b].

216 Einzig die Annahme eines Pfandrechts vermag eine befriedigende Lösung zu gewährleisten, und dies nicht bloß bei Wertpapieren (und anderen Sachen), wie *von Tuhr* a.a.O. schreibt, sondern auch bei G e l d . Wird solches dem Aufbewahrer offen übergeben, so erwirbt er daran Eigentum, das er im Interesse des Gläubigers ausübt; es entsteht zugunsten des Gläubigers eine den Regeln über das irreguläre Pfandrecht (vorn N 182 ff.) unterstehende — wenn auch mit diesem nicht identische — Sicherstellung. Ein Teil der Autoren nimmt statt dessen ohne nähere Begründung an, das Pfandrecht erstrecke sich nunmehr auf die Forderung des Hinterlegers auf Rückerstattung des Geldes, es liege folglich ein Forderungspfandrecht im Sinne von Art. 900 vor; so u. a. *Wieland* Art. 884 N 10; *Leemann* Art. 898 N 13 im Gegensatz zu seiner Äußerung SJZ 19, 368; *Becker* Art. 451 N 6; *Amsler* 41 ff.; auch das Urteil SJZ 2, 13 Nr. 103. Offenbar wendet diese Meinung stillschweigend BGB § 233 (a. E.) an. Der von der gleichen Ansicht ausgehende Entscheid BGE 42 III 363/364 ist überholt durch die bereits angeführten Urteile BGE 59 III 131 und 61 III 76, die von einem Pfandrecht an der hinterlegten Geldsumme sprechen [a].

217 Was für das Geld gilt, trifft auch zu, wenn I n h a b e r p a p i e r e oder die dem irregulären Pfandrecht, gleich wie diese, zugänglichen, blanko indossierten, O r d r e p a p i e r e hinterlegt werden.

218 Ungeachtet der N 216 getroffenen Lösung bleibt es den Parteien unbenommen, eine Sicherstellung dadurch zu bewirken, daß ein Geldbetrag auf einer

Art. 898 N 13 und SJZ 19, 358; *Jaeger* Art. 183 N 5, Art. 219 N 1, a. A.; *Kockel* 8/9; André *Jacob,* Le droit de rétention, Diss. Genf 1933, 120; vgl. ferner *Haffter* 168. *Amsler* 37/38 nimmt ebenfalls Pfandrecht an, konstruiert aber (abweichend von der Auffassung oben im Kontext) den zugehörigen Pfandvertrag als Vertrag zugunsten Dritter dahin, daß die Hinterlegungsstelle als Pfandgläubiger auftritt (was der Interessenlage keinesfalls entspricht) und der sicherzustellende — eigentliche — Gläubiger als begünstigter Dritter dasteht. Das Pfandrecht lehnen ab *Ostertag* 354 und *Bader* 500/501.

[215b] Gl. M. weiters

a) die vier Urteile BlZR 15 Nr. 159 S. 272; 16 Nr. 85 S. 142 ff.; 30 Nr. 154 S. 213 und 31 Nr. 165 S. 320, alle betr. die Kautionen der Börsenagenten nach zürcher. Recht (in den vier Urteilen wird freilich nicht klargemacht, daß man Hinterlegung Sicherheits halber vor sich hat).

b) BlZR 19 Nr. 27.

c) BlZR 13 Nr. 42 S. 96 ff. (wird in der Betreibung auf Sicherstellung der mittels Verwertung gewonnene Betrag vom Betreibungsamt deponiert, so entsteht daran ein Pfandrecht zugunsten des Gläubigers); BlZR 13 Nr. 197.

[216a] Das von *Bonnant* 76 als die Konstruktion des Forderungspfandrechts ebenfalls verwendend angeführte Urteil BGE 72 III 17/18 gehört in einen a n d e r e n Zusammenhang: hinten Art. 906 N 62.

Bank oder anderen Stelle gemäß OR 481 hinterlegt und in der durch ZGB 900 vorgeschriebenen Form an der F o r d e r u n g des Hinterlegers auf R ü c k - e r s t a t t u n g d e s G e l d e s e i n P f a n d r e c h t errichtet wird. Diese Lösung hat BGE 23 I 700 ff. gewählt; sie dürfte aber eine seltene Ausnahme sein. Ein solches Vorgehen bedeutet jedoch keine Hinterlegung Sicherheits halber im Sinne wie im vorliegenden Abschnitt behandelt, sondern die Begründung eines gewöhnlichen Pfandrechts.

In einzelnen Fällen ordnet das G e s e t z a u s d r ü c k l i c h die Ent- **219** stehung eines Pfandrechts durch die Hinterlegung Sicherheits halber an: OR 710 II (auch 659 II Ziff. 5) bezüglich der Pflichtaktien der Mitglieder der Verwaltung einer AG, OR 451 II: der hinterlegte Betrag «tritt in bezug auf das Retentionsrecht des Frachtführers an die Stelle des Frachtgutes».

Steht dem Gläubiger ein Pfandrecht zu, so genießt er die daherrührende **220** Privilegierung in der gegen den Schuldner (Hinterleger) angehobenen Zwangsvollstreckung, namentlich fällt der Gegenstand nicht in dessen K o n k u r s - m a s s e (BGE 61 III 77).

Das durch die Hinterlegung Sicherheits halber begründete Pfandrecht ist **221** n i c h t e i n g e s e t z l i c h e s P f a n d r e c h t (im Sinne wie vorn N 46 umschrieben). Vielmehr beruht es auf Rechtsgeschäftslage: es bedarf des Konsenses über die Hinterlegung, dazu der Besitzübertragung auf die Hinterlegungsstelle. Was ipso iure eintritt, ist lediglich die Verknüpfung der dem Pfandrecht eigenen Wirkungen mit dem Tatbestand der Hinterlegung (ähnlich wohl *von Tuhr / Peter* § 19 S. 141).

C. Einzelfragen

Betrachtet man das dem Gläubiger zustehende Recht als ein Pfandrecht, so **222** sind, soweit im jeweiligen Falle passend, die f a h r n i s p f a n d r e c h t - l i c h e n Vorschriften anwendbar. Dies trifft (unter s i n n g e m ä ß e r Übernahme) zu für Art. 884, 886—891, 893, 894, 899, 901—906, ferner für SchKG 287 Ziff. 1, 288. Der gute Glaube des Gläubigers ist geschützt (Art. 884 II, 933 ff.). — Des Näheren ist zu erwähnen:

1. **Gegenstand** der Hinterlegung kann jede Sache sein, die verpfändbar ist **223** (hinten Komm. Art. 884 N 15 ff.); anders, wo spezialgesetzlich bestimmte Gegenstände vorgeschrieben sind. Geld kommt am ehesten vor, dann Wertpapiere. Der Wert der Gegenstände muß dem Sicherungszweck angemessen sein und unterliegt im Streitfall richterlicher Würdigung, besondere gesetzliche Vorschriften wiederum vorbehalten.

Unter den W e r t p a p i e r e n sind lediglich die Inhaberpapiere und die **224** ihnen gleichgestellten Ordrepapiere mit Blankoindossament sowie die Namenpapiere mit Blankozession oder Blankoindossament ohne weiteres zur Hinterlegung geeignet, weil nur bei diesen die bloße Besitzübertragung das mit der Hinterlegung zu begründende Pfandrecht entstehen läßt (Art. 901 Al. I im Gegensatz zu Al. II). Es steht jedoch nichts im Wege, die Hinterlegung in der Weise vorzunehmen, daß ein Ordre- oder Namenpapier auf die Hinterlegungsstelle indossiert bzw. ihr abgetreten wird, in der Meinung, daß sie daran für den Gläubiger ein Pfandrecht ausübt. — Über die Begriffe der Inhaber-, Ordre- und Namenpapiere vgl. Komm. Art. 901 N 41 ff., über das Blankoindossament dort N 85, 110. Vgl. auch BGB § 234 I.

225 2. Die **Rechtsstellung des Aufbewahrers** ist ähnlich derjenigen eines (gelegentlich als Pfandhalter bezeichneten) Dritten, der beim Faustpfandrecht den Besitz für den Gläubiger ausübt (Komm. Art. 884 N 229). Seine Rechte und Pflichten richten sich, soweit nicht die pfandrechtlichen Gesichtspunkte Abweichendes gebieten, nach den Regeln über den Hinterlegungsvertrag (namentlich OR 472—474, 481). A. M. *Baerlocher* 661. Besondere Aufmerksamkeit muß er der Legitimation desjenigen, der die Herausgabe der Gegenstände verlangt, widmen; er kann gemäß OR 97 I haftpflichtig werden.

226 3. Die **Kosten** der Aufbewahrung belasten den Hinterleger (OR 472 II, 473 I).

227 4. Der Aufbewahrer ist zur **Rückgabe** des hinterlegten Gegenstandes berechtigt und verpflichtet, sobald das durch die Hinterlegung begründete Pfandrecht infolge Tilgung der gesicherten Forderung oder aus einem anderen Grunde untergegangen ist (Art. 889 und hinten Komm. Art. 888 N 4 ff.; OR 114 I). Dasselbe trifft zu, sobald eine künftige Forderung sich nicht mehr verwirklichen kann; z. B., falls das Arbeitsverhältnis eines kautionspflichtigen Arbeitnehmers beendet ist, ohne daß eine Schadenersatzforderung des Gläubigers besteht oder zu befürchten ist. Entsprechendes gilt im Fall des Art. 710 III OR. Endlich soll die Rückgabe erfolgen, wenn die Hinterlegung nur für eine bestimmte Zeit angeordnet oder vereinbart und die Frist verstrichen ist (dazu BlZR 42 Nr. 7 S. 16). Der Aufbewahrer darf den Gegenstand nicht auf Begehren des Hinterlegers ohne Zustimmung des Gläubigers ausliefern, wenn nicht einer der eben aufgezählten Gründe vorliegt (dazu vorstehend N 214). Sind Hinterleger und Schuldner verschiedene Personen, so erfolgt die Rückgabe an den ersteren (hinten Komm. Art. 889 N 10). — Vgl. im übrigen auch vorn N 196.

228 5. Wird der G l ä u b i g e r n i c h t anderweitig b e f r i e d i g t, so hat er Anspruch auf Deckung aus dem hinterlegten Gegenstand (Art. 891 I). Die **Verwertung** erfolgt grundsätzlich nach den für das Pfandrecht maßgebenden Regeln (Art. 891 und die dortigen Ausführungen). Demgemäß wäre im Prinzip Betreibung auf Pfandverwertung einzuleiten, doch bestehen Ausnahmen: Ist G e l d hinterlegt, so wird, ähnlich dem Vorgehen beim irregulären Pfandrecht (vorn N 198), dem Gläubiger durch den Aufbewahrer soviel überwiesen, als er kraft seiner Forderung beanspruchen kann. Wo in einer Vereinbarung, gesetzlichen Vorschrift oder behördlichen Anordnung ausdrücklich bestimmt ist, daß l e i c h t   r e a l i s i e r b a r e   G e g e n s t ä n d e , vor allem solche W e r t - p a p i e r e , zu hinterlegen sind, kann schon deswegen die Meinung bestehen, daß dem Gläubiger die Befugnis zur privaten (freihändigen) Verwertung eingeräumt sein soll. Dies ist eine Frage der Auslegung (dazu hinten Komm. Art. 891 N 48 ff.). Der Aufbewahrer hat dann die Gegenstände dem Gläubiger auszuliefern, damit er selber die Verwertung vornehmen kann. Der Schuldner (Hinterleger) kann auch im Einverständnis mit dem Gläubiger dem A u f b e w a h r e r , wenn dieser eine Bank ist, den Auftrag zur Realisierung der Wertpapiere und zur Befriedigung des Gläubigers aus dem Erlös erteilen.

Wo immer die private Verwertung auf Schwierigkeiten stößt, muß man zur **229** B e t r e i b u n g   a u f   P f a n d v e r w e r t u n g greifen; so z. B., wenn der Aufbewahrer b e g r ü n d e t e Bedenken hat, den Gegenstand dem Gläubiger zwecks Verwertung auszuliefern. Bei den Hinterlegungen im Bereiche des SchKG wird in der Judikatur und der Literatur mehrfach die Betreibung auf Pfandverwertung verlangt: SJZ 2, 13 Nr. 103 betr. die Sicherheitsleistung des Arrestgläubigers (SchKG 273 I); BGE 59 III 131 betr. die das Vermieter-Retentionsrecht ersetzende Hinterlegung; vgl. ferner *Jaeger* Art. 183 N 5. — Es zeigt sich, daß die in der Literatur häufig anzutreffende Ansicht, der Aufbewahrer habe bei Nichtbefriedigung des Gläubigers diesem den Gegenstand o h n e   w e i t e r e s auszuhändigen, nicht richtig ist.

6. Der **Überschuß** ist dem Hinterleger herauszugeben (Art. 891 und dort **230** Komm. N 21; Art. 894).

7. Die Hinterlegung von **Aktien** durch die Mitglieder der **Verwaltung der 231 AG** ist in OR 709/710 (auch Art. 659 II Ziff. 5) von Gesetzes wegen als Verpfändung aufgefaßt; unter dem aOR (Art. 658) bestand darin Unsicherheit (BGE 24 II 364; 32 II 736; 52 III 184; SJZ 23, 236/237). — Über die Frage, wie dieses Pfandrecht in einer von einem dritten Gläubiger angehobenen Zwangsvollstreckung zu behandeln sei: hinten Komm. Art. 884 N 124 ff.; die dortige Lösung gilt auch für a n d e r e   F ä l l e   d e r   S i c h e r s t e l l u n g **künftiger Forderungen.** — Die hinterlegten Aktien können mittels Nachverpfändung gemäß ZGB 903 anderweitig verpfändet werden; erfolgt die Verpfändung bei der AG selber, so gelten die Schranken von OR 659 (ungeau *Lüthy*, SAG 23, 18 ff.).

8. Die **Hinterlegung eines streitigen Betrages** «auf Recht hin» («des **232** Rechtes») wird von der Praxis nicht als Hinterlegung Sicherheits halber, somit nicht als Verpfändung aufgefaßt. Der Vorgang ist folgender: Der eventuelle Schuldner deponiert den streitigen Betrag zwecks Auszahlung an den eventuellen Gläubiger, falls dieser im Prozeß obsiegt. Gemäß BGE 42 III 360 ff. (= JT 65

[1917] 354 ff. = Pra 5, 414) hat man eine b e d i n g t e a n t i z i p i e r t e Z a h l u n g vor sich. Der obsiegende Gläubiger kann ohne weiteres die Auszahlung des Betrages verlangen, eine Betreibung auf Pfandverwertung erübrigt sich, der Betrag fällt nicht in die Konkursmasse des Hinterlegers (das Bundesgericht gewährt vielmehr ein Aussonderungsrecht); «die streitige Schuld wird, für den Fall und unter der Bedingung, daß sie vom zuständigen Richter zugesprochen oder vom ‚Hinterlegenden‘ selber anerkannt werden sollte, schon im Momente der ‚Hinterlegung‘ g e t i l g t» (so das Bundesgericht a.a.O.). Die Hinterlegung «auf Recht hin» setzt die Zustimmung des eventuellen Gläubigers voraus. — Als Hinterlegung «auf Recht hin» gilt auch die Hinterlegung gemäß SchKG 182 Ziff. 4 (BGE 42 III 364; SJZ 2, 13 Nr. 103; *Jaeger* Art. 182 N 12, Art. 197 N 4 S. 10; a. M. A. *Staehelin*, BJM 1972, 225/26). — Vgl. ferner BGE 7, 493 ff.

233 9. Ob die **Prozeßkaution** (cautio iudicatum solvi; ein Beispiel BGE 83 I 22/23) als Hinterlegung Sicherheits halber oder als Fall der soeben behandelten Hinterlegung «auf Recht hin» anzusehen sei, ist anhand des konkreten Prozeßgesetzes zu beantworten; s. die Literatur zu den kantonalen Zivilprozeßordnungen. Vgl. aber auch vorstehend N 208. Die beiläufige Bemerkung BGE 86 II 296/97 reicht zum Präjudiz nicht aus. — Über die Prozeßkaution allgemein *Guldener*, Schweiz. Zivilprozeßrecht (2. A. Zürich 1958) 378/79; ders., Das internationale und interkantonale Zivilprozeßrecht der Schweiz (Zürich 1951) 15 f., Supplement (1959) 9.

XXII. Sicherungsübereignung

234 Lit.: *Jürg *Blaß*, Die Sicherungsübereignung im schweiz. Recht (Diss. Zürich 1953) — *Haffter* 148 ff. — Karl *Oftinger*, Von der Eigentumsübertragung an Fahrnis (Diss. Bern 1933) 70 ff. — *Kaderli* 76 ff. — *Reichwein*, Sicherungsübereignung und Faustpfand, SJZ 46, 321 ff. — Walther *Offinger*, Die Verwendung von Sicherungsübereignung und Eigentumsvorbehalt in der Schweiz (Diss. Freiburg i. Br. 1958) — *Klein*, Sicherungsübereignung und abstrakte bzw. kausale Gestaltung des dinglichen Übertragungsgeschäfts in der kontinentalen Judikatur und Rechtslehre, BJM 1958, 201 ff. — *Boehmer*, Grundlagen der bürgerlichen Rechtsordnung II 2 (Tübingen 1952) 141 ff. — *Baur* § 57 — *Enneccerus* § 179, 180 — *Staudinger* § 929 N 31 ff. — *Soergel-Mühl* § 930 N 21 ff. — *Klang* § 424 Ziff. III — *Schlegelberger*, Rechtsvergl. Handwörterbuch III (Berlin 1931) 368 ff., *von Klausing* — Rolf *Serik*, Eigentumsvorbehalt und Sicherungsübertragung, 5 Bde. (Heidelberg 1963 ff.).

Neuere Schriften über die f i d u z i a r i s c h e n R e c h t s g e s c h ä f t e im allgemeinen (sie berühren oft auch die Sicherungsübereignung und Sicherungszession und enthalten weitere Literaturangaben): *Pierre *Wälli*, Das reine fiduziarische Rechtsgeschäft (Diss. Zürich 1969) — *Rolf *Keller*, Das fiduziarische Rechtsgeschäft ... (Diss. Bern 1944) — Claude *Rey-*

mond, Essai sur la nature et les limites de l'acte fiduciaire (Diss. Lausanne 1948) — *Yung*, Simulation, fiducie et fraude à la loi, Mélanges Sauser-Hall (Genève 1952) 139 ss. = *Yung*, Etudes et articles (Genève 1971) 162 ff. (im folgenden zit. nach dieser Ausgabe) — Gaby *Nickel-Schweizer*, Rechtsvergleichender Beitrag zum fiduziarischen Eigentum in Deutschland und in der Schweiz (Basel 1977) — *Coing*, Die Treuhand kraft privaten Rechtsgeschäfts (rechtsvergleichend) (München 1973) — *Gubler*, Besteht in der Schweiz ein Bedürfnis nach Einführung des Instituts der angelsächsischen Treuhand (trust)?, ZSR 73 (1954) 246a ff. — *Fitting* ZSR 75, 364 ff. — *von Tuhr/Peter* § 26 IV — *Engel* 161 ff. — Aus der älteren Literatur *von Tuhr*, Der allg. Teil des Deutschen Bürgerlichen Rechts II 2 (Leipzig 1918) § 77 — *Schlegelberger* a.a.O. 368 ff., *von Klausing.*

A. Begriff und Wesen

Die S i c h e r u n g s ü b e r e i g n u n g ist ein Mittel zur dinglichen **235** Sicherstellung einer Forderung, bei welchem der Gläubiger einen Gegenstand fiduziarisch zu E i g e n t u m übertragen erhält, statt nur zu beschränktem dinglichem Recht wie bei der Verpfändung. Als fiducia cum creditore contracta war sie dem ältesten Recht geläufig. Sie ist eines der Fälle der f i d u z i a r i - s c h e n E i g e n t u m s ü b e r t r a g u n g , die ihrerseits unter den Ober- begriff des f i d u z i a r i s c h e n R e c h t s g e s c h ä f t s fällt; über letzteres allgemein die eingangs zitierte Literatur und aus der Judikatur BGE 71 II 100. Angesichts der erheblichen Ähnlichkeit gelten die für die Sicherungszession maßgeblichen Grundsätze häufig auch für die Sicherungsübereignung (nach- stehend N 270 ff.).

Die Sicherungsübereignung führt nur dann zum Ziel, wenn sie n i c h t **236** gegen das aus ZGB 884 III und 717 abzuleitende sog. V e r b o t d e r M o b i - l i a r h y p o t h e k verstößt. Dieses besagt, daß es verfehlt ist, eine dingliche Kreditsicherung mittels Fahrnis herbeiführen zu wollen, ohne deren Besitz auf den Gläubiger übergehen zu lassen. Denn das Gesetz erklärt jeden «Eigentums- übergang Dritten gegenüber» für «unwirksam, wenn damit ... eine Umgehung der Bestimmungen über das Faustpfand beabsichtigt worden ist» (Art. 717). Das letztere trifft zu, sobald eine Sicherungsübereignung mit einem B e s i t z e s - k o n s t i t u t verbunden wird, was bedeutet, daß nach der Meinung der Par- teien zwar das Eigentum (fiduziarisch) auf den Gläubiger übergehen soll, der Veräußerer aber die «ausschließliche Gewalt über die Sache behält» (Art. 884 III).

Darnach sind eine untaugliche und eine taugliche Ausgestaltung der Siche- **237** *rungsübereignung zu unterscheiden:*
1. **Untauglich als Mittel der Sicherstellung ist die Sicherungsüber- eignung mit Besitzeskonstitut, m. a. W. ohne Übergabe der Sache;** sie findet sich hinten Komm. Art. 884 N 273 ff. dargestellt.

2. **Tauglich ist die Sicherungsübereignung mit Übergabe der Sache, m. a. W. ohne Besitzeskonstitut;** sie ist nachstehend zu behandeln.
Was Tauglichkeit (Wirksamkeit gegen Dritte) und Untauglichkeit (keine solche Wirkung) näher bedeuten, ist Komm. Art. 884 N 290—93 zu entnehmen.

238   Die Beteiligten heißen in der für die fiduziarischen Rechtsgeschäfte üblichen Terminologie Fiduziant (das ist gewöhnlich der Schuldner, oder dann ein Dritter, der für ihn die Sicherheit leistet) und Fiduziar (der Gläubiger).

239   Das entscheidende Merkmal der Sicherungsübereignung ist die Übertragung des Eigentums auf den Gläubiger. Dieser erhält eine Rechtsstellung, die über den eigentlichen Zweck der Sicherstellung hinausgeht. Hierfür wäre an sich das Pfandrecht als beschränktes dingliches Recht ausreichend. Das Motiv der Parteien wird gewöhnlich im Wunsch des Gläubigers nach optimaler Sicherung begründet sein, oder auch in seinem Streben nach einer einfachen Rechtsstellung; oder dann stellen sich der Verpfändung faktische Schwierigkeiten entgegen, so daß die Sicherungsübereignung als gangbarerer Weg erscheint (nachstehend N 257). Das Geschäft dient nicht (oder nicht primär) dem Umsatz von Sachen, wie dies der Eigentumübertragung entsprechen würde, sondern eben der Sicherstellung. Seine Häufigkeit ist groß.

240   Während früher die Erfassung des Wesens der Sicherungsübereignung Schwierigkeiten bereitete, besteht heute in den Hauptpunkten Klarheit. Der Fiduziar ist alleiniger Eigentümer der ihm zu Sicherungszwecken übergebenen Sache, auch im Verhältnis zum Fiduzianten. Die Eigentumsübertragung hat volle dingliche Wirkung; dem Fiduzianten verbleibt nicht, wie von einer älteren Auffassung postuliert, ein «wirtschaftliches» Eigentum «nach innen», während der Fiduziar lediglich «nach außen» Eigentümer wäre: BGE 31 II 109 ff.; 39 II 810; 43 III 346; 78 II 451; 86 II 226/27; 91 III 107; 96 II 93. — Über die zustimmende herrschende Lehre *Meier-Hayoz* N 10 vor Art. 646—54; *Blaß* 94 ff.; *Gubler* 260 a.

241   Zur Eigentumsübertragung tritt aber hinzu die fiduziarische Vereinbarung (das pactum fiduciae), die zwischen den Parteien ein obligatorisches Rechtsverhältnis erzeugt. Darnach ist der Fiduziar verpflichtet, nur soweit von dem ihm übertragenen Rechte Gebrauch zu machen, als der Sicherungszweck des Geschäfts erfordert (BGE 31 II 110; 71 II 100/101; 78 II 451. Der Fiduziar kann zwar, soll aber nicht von seiner Stellung einen dem pactum fiduciae widersprechenden Gebrauch machen, wovon nachstehend N 250 näher zu sprechen ist; BGE 91 III 107. Es sind ein externes Verhältnis (die Einräumung des Eigentums) und ein internes (die fiduziarische Beschränkung der Rechtsstellung des Eigentümers) zu unterscheiden. Die fiduziarische Vereinbarung kann ausdrücklich oder konkludent abgeschlossen sein und fließt allein schon aus dem

Sicherungszweck der Eigentumsübertragung, über den sich die Parteien geeinigt haben.

Als K a u s a l g e s c h ä f t tritt häufig ein Kaufvertrag (sog. Sicherungs- **242** kauf) auf: dem Fiduziar wird der zur Sicherstellung dienende Gegenstand «pro forma» — eben fiduziarisch — verkauft, unter Einräumung des Rückkaufs-rechts zugunsten des Fiduzianten. In dieser Gestalt ist die Sicherungsübereignung den schweizerischen Gerichten oft entgegen getreten; z. B. BGE 36 II 8; 37 II 160; 41 III 446; 56 II 447; 78 II 416; 86 II 227; BlZR 21 Nr. 36 S. 78. Statt dessen kann ohne ein solches Kausalgeschäft direkt die Eigentumsübertragung vereinbart werden (sog. reine oder abstrakte Sicherungsübereignung), was der einfachere und empfehlenswertere Weg ist. Die causa der Eigentumsübertragung liegt dann in der Vereinbarung der Sicherstellung (BGE 72 II 240/241; 78 II 416; 86 II 227; BJM 1955, 69. Wo ein Sicherungskauf stipuliert ist, hat ge-wöhnlich der vom Fiduziar bezahlte Preis die Bedeutung der Hingabe einer Darlehenssumme an den Fiduzianten, oder der Preis wird mit einer schon bestehenden Schuld verrechnet (BGE 86 II 227). — Hiezu *Blaß* 122 ff.; *Klein,* BJM 1958, 257 ff.

Soweit die Praxis des Bundesgerichts. Die Frage nach dem R e c h t s g r u n d **242a** (causa) der fiduziarischen Zuwendung ist allgemeiner Natur: sie stellt sich für das fiduziarische Rechtsgeschäft überhaupt und ist hier insoweit nicht zu er-örtern. Darüber *Gubler* 254 a ff., *Wälli* 25 ff. Die heute wohl herrschende Mei-nung nimmt eine «causa sui generis» an, was bei der Sicherungsübereignung bedeutet, daß auch dort, wo ein Sicherungskauf auftritt, der Akzent auf dem fiduziarischen Charakter des auf die Eigentumsübertragung zielenden Geschäfts liegt; um so mehr bei der reinen Sicherungsübereignung. *Blaß* 136 bejaht die Konstruktion der «causa sui generis». Die Ansicht von *Gautschi,* jedes fiduziari-sche Verpflichtungsgeschäft sei ein Auftrag und dieser die causa (SJZ 54, 269 und Komm. OR [3. A. Bern 1971] Art. 396 N 42b) ruft der Gegenüberlegung, daß bei der Sicherungsübereignung der Fiduziant dem Fiduziar normalerweise keinen Auftrag erteilen will — diese Annahme ist eine unstatthafte Fiktion —, sondern daß der Fiduziant im Interesse des Fiduziars eine dingliche Sicherung vornimmt. Näher *Blaß* 67 ff.

Man kann die E i g e n t u m s ü b e r t r a g u n g auch r e s o l u t i v **243** b e d i n g t gestalten, so daß, wenn die gesicherte Forderung untergeht, der dem Fiduziar übertragene Gegenstand von selber ins Eigentum des Fiduzianten zu-rückfällt. Dies dürfte jedoch die Ausnahme sein, vielmehr in der Regel und ohne abweichende Stipulation aus der fiduziarischen Vereinbarung die obligatorische Pflicht zur Rückübertragung fließen. Eine S u s p e n s i v b e d i n g u n g ist ebenfalls denkbar, aber der Geschäftspraxis anscheinend nicht geläufig (dazu *Wieland* Art. 884 N 9).

Die Sicherungsübereignung ist k e i n e (eventuell aufschiebend oder auf- **244** lösend bedingte) L e i s t u n g a n E r f ü l l u n g s s t a t t, wie BlZR 21 Nr. 36 S. 78 und eine Reihe von Autoren annehmen, sondern eine Eigentumsübertragung mit obligatorischer Pflicht zur Rückübertragung oder eventuell verbunden mit den soeben erwähnten Bedingungen. Sie ist ein eigenes pfandrechtsähnliches Sicherungsmittel, und nicht, wie die Leistung an Erfüllungsstatt, ein Erfüllungssurrogat, zumal der Fiduziar den Überschuß herausgeben muß (nachstehend N 266; hinten Komm. Art. 894 N 22). Zweck und rechtliche Ausgestaltung der Sicherungsübereignung und der Leistung an Erfüllungsstatt sind verschieden.

245   Die Sicherungsübereignung ist in zahlreichen a u s l ä n d i s c h e n R e c h t e n anzutreffen. Eine überaus große Rolle spielt sie im deutschen Recht, weil sie dort sogar in Verbindung mit dem Besitzeskonstitut zugelassen ist und folglich die Funktion eines hypothekarischen Pfandrechts zu übernehmen vermag. Eine unübersehbare Literatur beschäftigt sich damit, wobei die Problematik des b e s i t z l o s e n Sicherungsgeschäftes im Vordergrund steht; deshalb lassen sich diese Schriften für das schweizerische Recht nur in geringem Umfange fruchtbar machen. Dies ist bei der Würdigung der eingangs angegebenen deutschen Literatur zu beachten. Das französische Recht steht selbst der Sicherungsübereignung m i t Übergabe skeptisch gegenüber, desgleichen das italienische. Für das österreichische Recht lehnt *Klang* § 424 Ziff. III S. 304 die Sicherungsübereignung mit Konstitut ab. Das englische Recht läßt sie zu. Ein nach englischem Recht beurteilter Fall findet sich BlZR 19 Nr. 75 S. 126.

B. Zulässigkeit der Sicherungsübereignung — Gesetzesumgehung und Simulation

246   Die Z u l ä s s i g k e i t der Sicherungsübereignung ist schon so lange immer wieder bejaht worden, daß sie als Satz des Gewohnheitsrechts gelten kann. Die Sicherungsübereignung ist e i n e s d e r v o n u n s e r e r R e c h t s o r d n u n g z u r V e r f ü g u n g g e s t e l l t e n M i t t e l d e r S i c h e r h e i t s l e i s t u n g und war «im schweizerischen Rechte von alters her anerkannt»; so faßt BGE 72 II 240 die ständige Praxis des Bundesgerichts und der kantonalen Instanzen zusammen. Seither etwa 86 II 226; 94 II 304. Vor dem Bestehen des Art. 717 ZGB wurde selbst die Sicherungsübereignung mit Besitzeskonstitut gestattet (hinten Komm. Art. 884 N 276). Die Gültigkeit der Sicherungsübereignung mit Übergabe des Gegenstandes läßt sich heute auch aus Art. 717 ableiten. Sie wird nicht durch die Überlegung erschüttert, daß die Eigentumsübertragung das Vorhandensein eines gültigen Rechtsgrundes voraussetzt (BGE 55 II 306; 85 II 99) ; denn die Vereinbarung der Sicherstellung bzw.

des fiduziarischen Charakters der Übereignung ist schon an sich ein genügendes Kausalgeschäft (BGE 72 II 240/241; 78 II 416; 86 II 227; vorstehend N 242, 242 a). Sogar die Sicherungsübereignung von Grundstücken wird geschützt (BGE 56 II 448/449).

Die Sicherungsübereignung untersteht den allgemeinen S c h r a n k e n der **247** Verträge, einschließlich der Übervorteilung (OR 19—21, ZGB 27) und den besonderen Schranken der Sicherungsgeschäfte, so der p a u l i a n i s c h e n Anfechtungsklage (SchKG 287 Ziff. 1, evtl. 287 Ziff. 2, 288, 286): BGE 38 II 728/729; 43 III 346/347; 49 III 27 ff.; 57 III 145. U n s i t t l i c h wegen Verletzung des Persönlichkeitsrechts ist die Sicherungsübereignung von soviel Gegenständen des Fiduzianten, daß dieser der künftigen Verdienstmöglichkeiten beraubt ist (entsprechend der Sachlage hinten Komm. Art. 884 N 37). Für die W i l l e n s m ä n g e l gelten die allgemeinen Regeln (OR 23 ff.).

Ist die Sicherungsübereignung grundsätzlich zulässig, so ist damit auch **248** gesagt, daß sie an sich keine G e s e t z e s u m g e h u n g darstellt (das ist: keine Umgehung der Vorschriften über das Pfandrecht), und ebensowenig beruht sie auf S i m u l a t i o n (OR 18. Darüber zahlreiche Urteile; aus der neueren Judikatur BGE 71 II 102/103; 72 II 238 ff.; 85 II 99 ff.; 86 II 227 f.). Denn e n t w e d e r beabsichtigen die Parteien die dingliche Sicherung mittels Eigentumsübertragung, dann ist die letztere ernstlich gewollt, und Simulation liegt von vornherein nicht vor, o d e r aber es fehlt dieser ernstliche Wille, dann hat man keine Sicherungsübereignung vor sich. Die S i c h e r u n g s ü b e r - e i g n u n g i s t n i c h t e i n e v e r s c h l e i e r t e V e r p f ä n d u n g , s o n d e r n e i n e i g e n e s S i c h e r u n g s g e s c h ä f t . Die (in der Judikatur oft vorgenommene) eingehende Prüfung der Simulationsfrage erübrigt sich somit regelmäßig. Sie ist nur dort angezeigt, wo fraglich ist, ob ü b e r h a u p t eine Sicherungsübereignung gewollt ist. — «Ein Rechtsgeschäft ist dann simuliert — wie in BGE 72 II 155 definiert und hier beigefügt sei —, wenn beide Parteien darüber einig sind, daß die Rechtswirkungen, die dem objektiven Sinn ihrer Erklärungen entsprechen, nicht eintreten sollen, wenn sie also nur den Schein eines Geschäftes begründen wollen.» Das simulierte Geschäft ist nichtig; ob das dissimulierte gültig sei, bedarf der Prüfung im Einzelfall. Tatbestände, in denen statt der angeblichen Sicherungsübereignung die Simulation bejaht wurde, finden sich BGE 37 II 160 ff. und SJZ 7, 209 Nr. 223; dazu hinten Komm. Art. 894 N 20. Vgl. ferner hinten Komm. Art. 884 N 294. — Über die Simulation in Betreff des fiduziarischen Rechtsgeschäfts im allgemeinen aus der neueren Literatur *Wälli* 31 ff. und *Yung* 162 ff., der für größere Strenge eintritt, aber nicht besonders auf die Sicherungsübereignung zielt.

C. Rechtsstellung des Gläubigers als Fiduziar, besonders in der gegen ihn angehobenen Zwangsvollstreckung

249   Da der Fiduziar alleiniger Eigentümer ist (vorstehend N 240), steht dem Fiduzianten keine Vindikation (Art. 641 II) zu, weder gegen den Fiduziar noch gegen Dritte; wohl aber kann der Fiduziar vindizieren, selbst gegenüber dem Fiduzianten. Die Sache fällt in den Nachlaß des Fiduziars, BGE 78 II 451.

250   Die Stellung des Fiduziars ist weiter dadurch gekennzeichnet, daß er vermöge der (obligatorischen) fiduziarischen Vereinbarung verpflichtet ist, von der einem Eigentümer sonst zustehenden Verfügungsmacht (Art. 641 I) nicht einen weiter reichenden Gebrauch zu machen, als dem Sicherungszweck des Geschäfts entspricht (vorstehend N 241). Weder darf er die empfangene Sache veräußern oder verpfänden, noch darf er sonst über sie verfügen (BlZR 12 Nr. 62 S. 75/76). Eine Zuwiderhandlung macht den Fiduziar schadenersatzpflichtig, aber nicht gestützt auf ZGB 890 (dort Komm. N 25), sondern wegen Vertragsverletzung (OR 97 I; BGE 91 III 107). Das gleiche gilt für eine Schädigung infolge Wertverminderung oder Untergang der Sache. Die im Urteil SJZ 35, 281 gemäß früherem kantonalem Strafrecht vertretene Auffassung, daß die Verfügung über fiduziarisches Eigentum keine Veruntreuung bedeute, ist nach schweiz. StGB 140 Ziff. 1 Al. II nicht mehr haltbar; gl. M. *Tercier*, zit. N 87, 230; vgl. noch: *Stratenwerth*, Schweiz. Strafrecht, Bes. Teil I (Bern 1973) S. 175 f.; *Schwander*, Schweiz. Strafrecht, 2. A., Nr. 558; BGE 103 IV 87 ff.

251   Aus der extern vollgültigen Rechtsstellung des Fiduziars als Eigentümer leitet die herrschende Meinung ab, daß von ihm auch ein bösgläubiger Dritter Eigentum und beschränkte dingliche Rechte zu erwerben vermöge, wenn ihm der Fiduziar solche pflichtwidrig überträgt; BGE 39 II 812 und von den Neueren *Blaß* 164, *Gubler* 265 a, *Wälli* 67, je mit Belegen, *Stark* Komm. Art. 9 N 60; *Hinderling* 483 N 58 (BGE 91 III 108 bezeichnet die Frage als kontrovers). Ungeachtet der formalen Logik, die zu diesem Ergebnis führt, sei hier an der Auffassung der vorhergehenden A. festgehalten, daß nur der gutgläubige Dritte jene Rechte erwirbt (ZGB 933). Die Sachlage ist von der Seite des bösgläubigen Erwerbers aus, der keinen Schutz verdient, und nicht von der Seite des Veräußerers aus zu beurteilen. Hiezu (ohne Bezug auf das vorliegende Problem) *Stark* Komm. Art. 933 N 44.

252   Da der Fiduziant das Eigentum zugunsten des Fiduziars aufgegeben hat, verweigert ihm das Bundesgericht die Aussonderung im Konkurse des Fiduziars (SchKG 242): BGE 39 II 810 ff. [BlZR 14 Nr. 13 S. 30—31]; 71 II 103; 72 II 363; auch 43 III 346/347; BlZR 53 Nr. 136 S. 290;

69 Nr. 22. Gegenteilig BlZR 5 Nr. 184 S. 274[a]. Demgemäß ist dem Fiduzianten auch die Gutheißung der W i d e r s p r u c h s k l a g e (SchKG 106/107) zu versagen. Diese für den Fiduzianten gefährlichen Lösungen sind die formal-logische Folge der sachenrechtlichen Situation; sie werden aber immer wieder als unbefriedigend empfunden. Keine Hilfe bietet Art. 401 III OR, der für den Auftrag ein eigenes Aussonderungsrecht vorsieht. Denn normalerweise ist bei der Sicherungsübereignung der Fiduziar nicht Beauftragter des Fiduzianten (vor-stehend N 242 a). Dies gegen *Gautschi*, SJZ 54, 271 f. und Komm. OR (3. A. Bern 1971) Art. 401 N 12. — Über die Aussonderung, insbesondere auch zur Frage der Anwendbarkeit von OR 401 auf die fiduziarischen Geschäfte ü b e r - h a u p t , von den Neueren *Blaß* 153 ff.; *Nickel* 109 ff.; *Bloch*, SJZ 51, 51 ff.; *Wolf*, Festg. Simonius (Basel 1955) 425 ff.; *Wälli* 93 ff.*

Die Aussonderung bzw. Vindikation im Widerspruchsverfahren ist dagegen **253** zu gewähren, wenn die Eigentumsübertragung auf den Fiduziar resolutiv bedingt erfolgt und die Bedingung eingetreten ist (zustimmend *Gubler* 263 a; dagegen *Wolf* a.a.O. 426). Ob das Rücknahmerecht gemäß SchKG 201 (Übergabe oder Indossierung eines Inhaber- oder Ordrepapiers an den Gemeinschuldner «als Deckung») zugunsten des Fiduzianten spielt, ist unklar; Belegstellen bei *Wälli* 100, *Nickel* 107 ff.

D. Einzelfragen

Weil die Sicherungsübereignung dem Gläubiger nicht ein beschränktes ding- **254** liches Recht, sondern Eigentum verschafft, sind p f a n d r e c h t l i c h e V o r s c h r i f t e n (Art. 884 ff.) nur a n a l o g anwendbar. Jedoch empfiehlt sich angesichts des Sicherungscharakters des Geschäfts eine möglichst weit-gehende A n n ä h e r u n g d e r S i c h e r u n g s ü b e r e i g n u n g a n d a s P f a n d r e c h t . Nur hierdurch kann man materiell befriedigende Lö-sungen erzielen. Gl. M. neuere Autoren: *Keller* 61; *Reymond* 44; *Kaderli* 83 N 1; *Reichwein* 325 und schon das Urteil BlZR 21 Nr. 36 S. 79. Der Sache nach auch *Blaß* 72, bei N 51.

[252a] Die in meiner eingangs zit. «Eigentumsübertragung» 72 ff. vertretene Auffassung, die Frage nach der Aussonderung hänge mit derjenigen nach der abstrakten oder kausalen Natur der Tradition zusammen, halte ich nicht aufrecht.

* Der Benützer könnte hier allenfalls weitere Belege vermissen, welche Oftinger indessen gemäß einer nachgelassenen Notiz darum nicht zitiert hat, weil sie sich a l l e i n auf Ge-schäftsbesorgungen beziehen: BGE 99 II 393; *Gautschi* SJZ 72, 317; *Merz*, Legalzession und Aussonderungsrecht gemäß Art. 401 OR, Festgabe für das Bundesgericht, Basel 1975, 451 ff. = Ausgewählte Abhandlungen, Bern 1977, 413 ff.; seither vgl. 102 II 103 ff., 299 ff. R. B.

255   1. Als **Gegenstand** der Sicherungsübereignung können die gleichen Objekte auftreten wie beim Faustpfand (hinten Komm. Art. 884 N 15 ff.); nach den dort N 26 ff. entwickelten Grundsätzen auch Sachgesamtheiten wie Warenlager, mit Einschluß von Sachen, die erst künftig existent oder selbständig werden oder in den Besitz des Fiduzianten gelangen (dort N 34 ff.). Es gilt jedoch das Prinzip der Spezialität (dort N 18): Bei der Besitzübertragung (Art. 714 I, 922 ff.) muß eine ausreichende Ausscheidung der Sachen erfolgen, sonst geht entweder schon das Eigentum nicht über oder verstößt man gegen das Verbot des Besitzeskonstituts (Art. 717).

256   Neben gewöhnlichen S a c h e n sind auch I n h a b e r p a p i e r e und O r d r e p a p i e r e der Sicherungsübereignung zugänglich (hinten Komm. Art. 901 N 45, 84, Art. 906 N 45; betr. das Stimmrecht bei Aktien Komm. Art. 905 N 13). Einige Einzelheiten bei *Beeler* 119 ff. Das Bezugsrecht für neue Aktien steht dem Fiduziar zu; er hat aber die Interessen des Fiduzianten zu wahren (*Staudinger* § 929 N 41). — Die fiduziarische Übertragung von Namenpapieren steht der Sicherungszession näher als der Sicherungsübereignung.

257   2. Wenn die zur Sicherstellung herangezogenen Waren sich in einem **Lagerhaus** befinden, dann wird, vor allem im Bankengeschäft, gerne nicht eine Verpfändung, sondern eine Sicherungsübereignung vorgenommen. Die Lagerscheine, die auf einfachem Wege die Errichtung eines Pfandrechts ermöglichen würden, sind nicht gebräuchlich (hinten Komm. Art. 902 N 5, 14), und die Lagerhäuser legen auch der Verpfändung gemäß Art. 884 Schwierigkeiten in den Weg (hinten Komm. Art. 884 N 231, 255 mit Belegen): sie wünschen nur einem Eigentümer, nicht einem Pfandgläubiger gegenüber zu stehen. Die deswegen vorgenommene Sicherungsübereignung erfolgt in der Geschäftspraxis gewöhnlich mittels einer Anzeige des Fiduzianten als bisherigen Einlagerers an den Lagerhalter, daß die Waren auf den Namen der gläubigerischen Bank (als Fiduziars) zu überschreiben seien. Darin liegt eine Eigentumsübertragung mittels Besitzanweisung (Art. 714 I/924). Der Lagerhalter darf die Waren nicht ohne Zustimmung des Fiduziars dem Fiduzianten aushändigen (BGE 43 II 645). — Einzelheiten über die Abwicklung dieses Geschäfts bei *Kaderli* 78 ff.; René *Trachsel*, Die Warenverpfändung zur Sicherung des Bankkredits (Diss. Bern 1949) 93 ff.; *Stauffer / Emch* (zit. vorn N 158) 184/85; *Boemle*, Wertpapiere (4. A. Zürich 1974) 57; *Albisetti / Bodmer* u. a. 607 f.

258   *Trachsel* a.a.O. 95 ff. nimmt im Gegensatz zu Obigem an, daß in den erwähnten Fällen nicht Sicherungsübereignung, sondern V e r p f ä n d u n g vorliege, was nicht zutrifft, weil der Gläubiger nach außen als Eigentümer auftritt und angesichts der geschilderten Haltung der Lagerhäuser auftreten muß. Auch wenn die Parteien (Schuldner und Bank) bei der Kreditierung von «Verpfändung» sprechen sollten, so läge doch darin lediglich die fiduziarische Vereinbarung, die den Sicherungscharakter der Eigentumsübertragung bestimmt (vorstehend N 241). Praktische Unterschiede ergeben sich aus der Kontroverse kaum.

3. Die (fiduziarische) Eigentumsübertragung setzt das Vorhandensein einer zu **259** s i c h e r n d e n   F o r d e r u n g   voraus, zu der sie als das Sicherungsmittel im Verhältnis der **Akzessorietät** steht. Die einschlägigen pfandrechtlichen Grundsätze und Darlegungen sind sinngemäß anwendbar (hinten Komm. Art. 884 N 115 ff.). Anstelle des aus der Akzessorietät fließenden Untergangs des gläubigerischen Rechts nach OR 114 I tritt jedoch die Rückgabe gemäß den Ausführungen nachstehend N 264. OR 140 ist auf die Sicherungsübereignung analog anwendbar, so daß die dingliche Sicherung trotz Verjährung der gesicherten Forderung bestehen bleibt; *von Tuhr/Escher* § 81 bei N 53; *Spiro*, Die Begrenzung privater Rechte durch Verjährungs-, Verwirkungs- und Fatalfristen I (Bern 1975) 534. Gemäß analoger Anwendung von OR 170 I gehen die Rechte aus Sicherungsübereignung bei Zession auf den Zessionar über (a. M. *von Tuhr/ Escher* § 95 bei N 22). *Staudinger* § 929 N 40 δ nimmt statt dessen eine vertragliche Pflicht des Zedenten zur Übertragung der Rechte aus Sicherungsübereignung auf den Zessionar an.

Neben der   S a c h h a f t u n g   mit dem übereigneten Gegenstand besteht **260** die gewöhnliche Haftung des Schuldners mit seinem   g a n z e n   V e r m ö g e n ; vgl. aber nachstehend N 268.

4. Die Sicherungsübereignung erfordert die **Übergabe der zu übereignen- 261 den Gegenstände** an den Fiduziar. Diese vollzieht sich nach den Regeln der B e s i t z ü b e r t r a g u n g   (ZGB 714 I/922—925). Neben der Tradition sind die Traditionssurrogate zugelassen, darunter die Besitzanweisung (Art. 924. BGE 72 II 241; BJM 1955, 69), nicht aber das Konstitut (Art. 924 I, 717).

Es liegt eine   a u s r e i c h e n d e   B e s i t z ü b e r t r a g u n g   vor, wenn der Fiduziant dem Fiduziar Mitbesitz einräumt,   s o f e r n   der Fiduziant nicht mehr allein über die Sache verfügen kann (gleich der Sache nach *Blaß* 105 ff., s. N 4 a. E.; auch *Gubler*, ZSR 239 a, 253 a N 18, 405 a ff.). Die Ausführungen hinten Komm. Art. 884 N 247 sind analog anwendbar. Mitverschluß durch Fiduzianten und Fiduziar genügt (d. h.: beide Beteiligte können nur   z u - s a m m e n   das Gelaß öffnen, in dem sich die übertragene Sache befindet). Ungenügend ist ein Vorgehen, bei dem sich der Fiduziant (z. B. mittels des e i n e n, ihm belassenen Schlüssels) allein Zugang zu den Sachen verschaffen kann. Dies ergibt sich aus sinngemäßer Anwendung von Art. 717 in Verbindung mit Art. 884 III. Allgemein gilt die Regel, daß die Sicherungsübereignung dort Dritten gegenüber nicht wirksam ist, wo die Verpfändung am   V e r b o t   d e r M o b i l i a r h y p o t h e k   scheitern müßte. Denn die Sicherungsübereignung ist nur zulässig, wo sie nicht auf die Wirkung eines Konstituts hinausläuft (vorstehend N 236).

5. Auf den Tatbestand des endgültigen oder vorübergehenden **Besitzes- 262**

verlustes seitens des Fiduziars ist nicht Art. 888 anwendbar, sondern die Vorschrift über das Besitzeskonstitut (Art. 717). Darnach ist zu prüfen, ob die Aushändigung der Sachen an den Fiduzianten nicht zur Umgehung der Vorschriften über das Faustpfand führt (in dieser Hinsicht ist die verfängliche Bemerkung BGE 72 II 240 Ziff. 2 a. E. zu ergänzen, wenn nicht zu berichtigen).

263   6. Der **gutgläubige Erwerb** durch den Fiduziar (Gläubiger) ist geschützt Art. 714 II, 933 ff.).

264   7. Die **Rückgabe** der übereigneten Sache ist dort, wo die Eigentumsübertragung resolutiv bedingt ist (vorstehend N 243), in der Weise zu bewirken, daß der Fiduziant gestützt auf sein wieder aufgelebtes Eigentum mittels Vindikation die Herausgabe der Sache verlangt, sobald sie ihm nicht freiwillig ausgehändigt wird. Von diesem Sonderfall abgesehen, hat der Fiduziant auf Grund der fiduziarischen Vereinbarung (vorstehend N 241, 243) lediglich einen o b l i - g a t o r i s c h e n   A n s p r u c h   auf Rückübertragung des Eigentums. Bei dessen Mißachtung kann er auf Erfüllung in natura klagen, bei deren Unmöglichkeit (OR 97 I) auf Schadenersatz. Die Rückgabe hat zu erfolgen, sobald die Sicherstellung «infolge Tilgung der Forderung oder aus einem anderen Grunde» gegenstandslos geworden ist (Art. 889 analog). Wo die Parteien zwecks Sicherungsübereignung einen Kauf abschließen (vorstehend N 242), können sie (müssen aber nicht) die Rückübertragung in einen Rückkauf kleiden.

265   Die Sache ist dem   F i d u z i a n t e n   zurückzugeben, auch wenn er nicht Schuldner ist.

266   8. Wird die Forderung des Fiduziars bei Fälligkeit nicht getilgt, so hat er Anspruch auf **Befriedigung** aus der Sache. Sie erfolgt in der Weise, daß die bis jetzt provisorische Übereignung zur definitiven wird. Statt die Sache zu behalten, kann sie der Fiduziar verwerten, aber nicht mittels Betreibung auf Pfandverwertung, sondern entsprechend den Regeln über die private (freihändige) Verwertung (hinten Komm. Art. 891 N 48 ff.); eine besondere Vereinbarung ist nicht erforderlich. Sowohl im Falle der Verwertung wie der Belassung der Sache in seinem Eigentum hat der Fiduziar den   Ü b e r s c h u ß   herauszugeben und darüber, gleich wie bei der privaten Verwertung, mit dem Fiduzianten abzurechnen. Bei der Berechnung des Überschusses kann der Fiduziar neben dem Kapitalbetrag seiner Forderung die Vertragszinse, Verzugszinse und Inkassospesen einschließlich allfälliger Verwertungskosten veranschlagen (Art. 891 II analog). — Diese Fragen sollten angesichts des Fehlens gesetzlicher Bestimmungen vertraglich geregelt werden (dazu BlZR 21 Nr. 36 S. 79).

267   Über das Problem des   V e r f a l l s v e r t r a g s   vgl. die Ausführungen hinten Komm. Art. 894 N 21 ff.; dort findet sich auch die Begründung für die soeben befürwortete Pflicht zur Herausgabe des Überschusses.

268   Kann der Fiduziar auch, statt sich aus der Sache zu befriedigen, gegen den Fiduzianten sofort seine   F o r d e r u n g   g e l t e n d   m a c h e n , also von

der Sachhaftung absehen? Das ist zu verneinen. In der Vereinbarung des Sicherungszweckes der Übereignung darf die Verpflichtung des Fiduziars gefunden werden, vorerst die Befriedigung aus der Sache zu versuchen, bevor er zur Vollstreckung seiner Forderung auf das ganze Vermögen des Schuldners greift. Das gleiche Ergebnis läßt sich aus ZGB 2 ableiten, gilt bei der Sicherungszession (nachstehend N 310) und ist für die Pfandverwertung in Gestalt des sog. beneficium excussionis realis maßgebend (vorn N 129).

9. Die Errichtung eines **nachgehenden Pfandrechts** (Art. 886, 903) **269** durch den Fiduzianten ist nicht möglich, weil ein vorgehendes Pfandrecht fehlt; an dessen Stelle ist die Sicherungsübereignung getreten. — Die Begründung mehrerer, im Rang einander folgender Sicherungsübereignungen ist ausgeschlossen, weil gleichzeitig nur e i n Alleineigentum bestehen kann. Wohl aber wäre denkbar, daß der Fiduziar die ihm übereignete Sache zugunsten eines anderen Gläubigers des Fiduzianten verpfändete, in der Meinung, daß dieser n a c h ihm Befriedigung suchen könnte (Art. 893 II analog).

10. Über die Sicherungsübereignung im I n t e r n a t i o n a l e n P r i v a t - **269 a** r e c h t vorstehend N 106.

XXIII. Sicherungszession

Lit.: *Hans *Bergmaier*, Die Sicherungszession (Diss. Zürich 1945) — Max *Wolff*, Wesen **270** und Voraussetzungen der Zession (Diss. Zürich 1917) 109 ff. — Hans Jakob *Meyer*, Die Verpfändung von Kundenguthaben (Diss. Zürich 1945) 106 ff. — Jakob *Vetsch*, Die Umgehung des Gesetzes (Diss. Zürich 1917) 92 ff. — Denis *Maday*, Die sog. Gesetzesumgehung (Diss. Bern 1941) 107 ff. — *Meister*, Verpfändung oder Abtretung von Forderungen, Korrespondenzblatt des Revisionsverbandes bernischer Banken und Sparkassen Bd. VI, 227 ff. — *von Tuhr/ Escher* § 93 VI.

Baur § 58 — *Staudinger*, Komm. (9. A. 1930) § 398 Ziff. II 3b, S. 797 ff., von *Werner* — *Soergel-Augustin* § 1279 N 7 — *Schlegelberger*, Komm. HGB III, Anhang zu § 368, von *Hefermehl*.

Schriften über die Sicherungszession von Buchforderungen im besonderen: *Max *Rohner*, Die Sicherungsabtretung von Buchforderungen (Diss. Bern 1937) — *Landmann*, Die Diskontierung offener Buchforderungen, ZSR 33 NF 221 ff. — *Vetsch* a.a.O. 95 ff. — *Heizmann- Hauser*, Der Buchdiskont, ZBJV 67, 97 ff. — Marcel *Gauchat*, Rechtliche Fragen zum Diskontgeschäft (Diss. Zürich 1936) 163 ff. — *Kaderli* 95 ff. — *Maday*, Der sog. Buchdiskont und die Verwendung der nicht akzeptablen Tratte mit Deckungsübergang, ZBJV 77, 289 ff. — *Albisetti/Bodmer* in 634 f. — *Stauffer/Emch* (zit. vorn N 158).

Schriften über die fiduziarischen Rechtsgeschäfte im allgemeinen: Angaben vorn N 234.

Systematischer Teil

A. Begriff und Wesen

271   Das Gesetz stellt den Parteien, die eine F o r d e r u n g zur dinglichen Sicherstellung einer anderen Forderung heranziehen wollen, die V e r p f ä n - d u n g nach Maßgabe des Art. 900 ZGB zur Verfügung. An ihrer Stelle greift die Geschäftspraxis jedoch gerne zur A b t r e t u n g (gemäß OR 164 ff.) der zur Sicherstellung dienenden Forderung: statt lediglich ein beschränktes ding- liches Recht eingeräumt zu erhalten, wird der G l ä u b i g e r a l s Z e s s i o - n a r z u m v o l l b e r e c h t i g t e n I n h a b e r d e r F o r d e r u n g gemacht. Dieser als S i c h e r u n g s z e s s i o n bezeichnete Vorgang ist einer der Tatbestände der f i d u z i a r i s c h e n Z e s s i o n , die ihrerseits zu den fiduziarischen Rechtsgeschäften gehört; über diese unterrichtet allgemein die vorn N 234 zitierte Literatur und aus der Judikatur BGE 71 II 100. Als ein auf fiduziarischem Rechtsgeschäft beruhendes Mittel der Sicherstellung — m. a. W. als Verpfändungsersatz — weist die Sicherungszession Ähnlichkeit auf mit der vorn N 234 ff. behandelten Sicherungsübereignung. Die für die eine entwickel- ten Regeln sind öfters auch für die andere verwendbar. Für die in den folgenden Ausführungen nicht behandelten Einzelheiten sei vorweg auf die eingehende Darstellung von *Bergmaier* verwiesen. In den anschließenden Betrachtungen stehen die mit dem Charakter der Sicherungszession als eines S i c h e r u n g s - geschäftes zusammenhängenden Probleme im Vordergrund; die rein z e s - s i o n s rechtlichen Fragen (OR 164—174) können der Literatur des Obliga- tionenrechts überlassen bleiben.

272   Die B e t e i l i g t e n sind der Zedent (in der Terminologie der fiduziari- schen Rechtsgeschäfte der Fiduziant), der Zessionar (Fiduziar) und der Dritt- schuldner (debitor cessus). Der Zedent (der ursprüngliche Gläubiger der zur Sicherstellung verwendeten Forderung) ist regelmäßig der Schuldner der ge- sicherten Forderung, ausnahmsweise ist er aber ein Dritter, der für den Schuld- ner Sicherheit leistet; der Zessionar ist der Gläubiger der gesicherten Forderung, der debitor cessus der Schuldner der abgetretenen, zur Sicherstellung dienenden Forderung.

273   Entscheidendes M e r k m a l der Sicherungszession ist die v o l l e Ü b e r - t r a g u n g des Sicherungsgegenstandes auf den sicherzustellenden Gläubiger, wodurch er eine über den eigentlichen Zweck der Sicherung hinausgehende Rechtsstellung erhält. Das M o t i v der Parteien wird namentlich die Verein- fachung der Rechtsstellung des Gläubigers sein, der sich leichter befriedigen kann, wenn er als Zessionar auftritt denn als Pfandgläubiger (Art. 891 I, 906); seine Stellung ist auch bedeutend stärker. Die Sicherungszession ist h ä u f i g : in der Geschäftspraxis, namentlich auch der Banken (sog. Zessionskredit), hat sie die Verpfändung gewöhnlicher Forderungen (Art. 900), namentlich solcher ohne Schuldschein, weithin verdrängt, ausgenommen einige Sonderfälle wie die Versicherungspolicen und Sparhefte.

Das W e s e n der Sicherungszession steht in Parallele zur Sachlage bei der **274** Sicherungsübereignung (vorn N 240/241 und dortige Zitate, bes. BGE 31 II 109 ff.). Die Abtretung besitzt v o l l e W i r k u n g im Sinne der Art. 164 ff. OR; der Z e s s i o n a r w i r d s c h l e c h t h i n G l ä u b i g e r der zedierten Forderung, ungeachtet, daß das Ziel des Geschäfts nicht (oder wenigstens nicht primär) der Umsatz eines Rechtes ist, sondern lediglich Sicherstellung. Die Zession wird jedoch ergänzt durch die f i d u z i a r i s c h e V e r e i n - b a r u n g (pactum fiduciae) mit der vorn N 241 erwähnten Wirkung, daß der Zessionar o b l i g a t o r i s c h verpflichtet ist, die ihm übertragene R e c h t s s t e l l u n g n u r s o w e i t a u s z u n ü t z e n, a l s d e r S i c h e r u n g s z w e c k d e s G e s c h ä f t s e r f o r d e r t. BGE 31 II 110; 38 II 530; 40 II 595; 54 II 41; BlZR 44 Nr. 173 S. 346/347, 348; SJZ 34, 201, Nr. 148. Auch ohne ausdrückliche Verabredung ist die fiduziarische Vereinbarung kraft konkludenter Äußerungen bereits mit der Einigung über den Sicherungszweck der Zession gegeben.

K a u s a l g e s c h ä f t der Sicherungszession ist regelmäßig die Verein- **275** barung der Sicherstellung bzw. des fiduziarischen Charakters der Zession. Ob die Zession an sich ein abstraktes oder kausales Rechtsgeschäft sei, ist nicht hier zu entscheiden (hiezu *Guhl/Merz/Kummer* § 34 I 3; *von Tuhr/Escher* § 93 II bei N 36 ff.; § 93 N 79. Die dort N 41 c zitierten neueren Ansichten neigen eher der kausalen Natur zu). Die Lösung gilt alsdann auch für die Sicherungszession (von der abstrakten Natur ausgehend BGE 26 II 544; die Parteien können diesfalls die Abhängigkeit vom Rechtsgrund vereinbaren, BGE 67 II 127 f.).

Die Sicherungszession kann r e s o l u t i v oder s u s p e n s i v b e d i n g t **276** vorgenommen werden. Keines von beiden scheint der schweizerischen Geschäfts- praxis geläufig zu sein. Bei Resolutivbedingung fällt die abgetretene Forderung von selber wieder an den Zedenten zurück, sobald die gesicherte Forderung unter- geht, statt daß — wie im gewöhnlichen Fall — eine Rückübertragung vom Zessionar auf den Zedenten erforderlich ist. Die Bedingung bedarf stets der Schriftlichkeit (OR 165 I).

Die Sicherungszession ist sowenig eine (evtl. aufschiebend oder auflösend **277** bedingte) L e i s t u n g a n E r f ü l l u n g s s t a t t wie die Sicherungsüber- eignung (vorn N 244). Im Einzelfall kann jedoch zweifelhaft sein, ob man eine Abtretung (Leistung) an Erfüllungsstatt vor sich hat (letzteres im wahren Sinn des Wortes: also Zession als Erfüllungssurrogat), oder aber eine Sicherungs- zession; dies ist dann eine Frage der Auslegung (nachstehend N 291 mit Belegen). Über die Beziehung zur A b t r e t u n g z a h l u n g s h a l b e r nachstehend N 312; *Bergmaier* 50 ff.; *Maday* 109 ff.

Die Sicherungszession ist auch a u s l ä n d i s c h e n Rechten geläufig. In **278**

Deutschland scheint sie in Gestalt der sog. stillen Zession (bei der auf die Anzeige an den Drittschuldner verzichtet wird) zu ähnlichen U n z u k ö m m l i c h - k e i t e n zu führen wie die Sicherungsübereignung mit Besitzeskonstitut: zur Täuschung über die Kreditwürdigkeit des Zedenten (darüber die vorn N 5 zit. Denkschrift von Heinrich *Lehmann*, bes. S. 9). In der schweizerischen Gerichtspraxis sind bis jetzt solche Mißstände nicht zutage getreten (vgl. indessen nachstehend N 281 a. E.).

B. Zulässigkeit der Sicherungszession — Gesetzesumgehung und Simulation

279   Die Gerichtspraxis hat die Z u l ä s s i g k e i t immer wieder ausdrücklich anerkannt oder als selbstverständlich vorausgesetzt; statt vieler BGE 26 II 544; 43 II 27; BlZR 18 Nr. 177 S. 356; 40 Nr. 34 S. 96; 44 Nr. 173. Es kann als Satz des Gewohnheitsrechts gelten, daß die Sicherungszession e i n e s d e r v o n d e r R e c h t s o r d n u n g z u r V e r f ü g u n g g e s t e l l t e n M i t t e l d e r S i c h e r h e i t s l e i s t u n g ist.

280   Die Sicherungszession unterliegt den allgemeinen S c h r a n k e n der Verträge, eingeschlossen die Übervorteilung (OR 19—21, ZGB 27), ferner den besonderen Schranken der Sicherungsgeschäfte, wie namentlich der p a u l i a n i - s c h e n Anfechtungsklage: SchKG 287 Ziff. 1, dann Art. 288; BGE 38 II 728/729; 57 III 145; 59 III 89. Auch Art. 287 Ziff. 2 kann in Betracht fallen: BGE 69 II 294; BlZR 12 Nr. 246. Über die Anwendbarkeit des Art. 286 — Schenkungspauliana — *Bergmaier* 94 ff. und dortige Zitate, der auch die übrigen Fälle der Anfechtung eingehend behandelt.

281   U n s i t t l i c h k e i t wegen Verletzung des Persönlichkeitsrechts (ZGB 27 bes. Al. II, OR 19 II/20) ist namentlich anzunehmen, wenn der Zedent so viele, vor allem k ü n f t i g e , F o r d e r u n g e n abtritt, daß er der weiteren Verdienstmöglichkeiten beraubt wird, seine wirtschaftliche Freiheit einbüßt (hinten Komm. Art. 899 N 72 und dortige Zitate; dazu BGE 67 II 124). Über die L o h n f o r d e r u n g e n , die zur Sicherstellung von Kleinkrediten häufig zediert werden, Komm. Art. 899 N 85 mit Belegen. Die Sicherungszession a l l e r gegenwärtigen und künftigen Forderungen aus einem Geschäftsbetrieb k a n n auch dort unsittlich sein, wo sie ihrer Unerkennbarkeit wegen zur krassen T ä u s c h u n g D r i t t e r über die Kreditwürdigkeit des Zedenten führt (*Bergmaier* 103/04 und *Maday*, ZBJV 77, 299 in Anlehnung an die für das deutsche Recht vertretenen Ansichten). Bei der Beurteilung ist auf die Sachlage im einzelnen abzustellen und mit der Nichtigerklärung Zurückhaltung zu üben, weil der Sicherungszession unverbriefter Forderungen schon an sich die sachenrechtliche Publizität fehlt.

Die W i l l e n s m ä n g e l unterstehen den Vorschriften OR 23 ff. Wenn **282** man die Zession als abstraktes Rechtsgeschäft auffaßt, lassen Willensmängel, welche allein das Kausalgeschäft betreffen, die Gültigkeit des Forderungsüberganges unberührt (BGE 50 II 393).

Erklärt man die Sicherungszession (richtigerweise) für grundsätzlich zulässig, **283** so schließt man damit aus, sie von v o r n h e r e i n als eine Umgehung der Vorschriften über das Forderungspfandrecht — als G e s e t z e s u m g e h u n g — zu betrachten. Ebensowenig darf man sie schlechthin als s i m u l i e r t e s Rechtsgeschäft auffassen (OR 18); statt vieler Urteile: BGE 31 II 109; 43 II 26; SJZ 24, 118 Nr. 112. Die Begründung ist die selbe wie bei der Sicherungsübereignung (vorn N 248). Sowenig wie diese stellt die Sicherungszession eine verschleierte Verpfändung dar; sie ist vielmehr ein e i g e n e s S i c h e r u n g s g e s c h ä f t. Simulation liegt nur dort vor, wo der Übergang der Forderung auf den Zessionar gar nicht gewollt, sondern vorgetäuscht wird. Daß nicht eine definitive Übertragung der Forderung, sondern lediglich deren Verwendung zu Sicherungszwecken beabsichtigt ist, schließt die Ernstlichkeit des Zessionswillens und damit die Ablehnung der Simulationseinrede nicht aus.

C. Abgrenzung von der Verpfändung und von gewissen Zessionsarten

Die Erklärungen der Parteien lassen häufig nicht deutlich erkennen, ob sie **284** V e r p f ä n d u n g o d e r S i c h e r u n g s z e s s i o n gewollt haben. Die Frage ist nach den allgemeinen Regeln der A u s l e g u n g zu lösen (OR 18 / ZGB 2. *Oftinger*, ZSR 58, 178 ff.): der abzuklärende Inhalt des Vertrags ist von objektivem Standpunkt aus dahin zu bestimmen, daß die streitigen Willensäußerungen den Sinn erhalten, den ihnen vernünftige und korrekte Leute unter den obwaltenden Umständen beigemessen haben würden.

Der S i c h e r u n g s z w e c k des Geschäfts ist nicht schlüssig, weil ihm **285** sowohl Verpfändung wie Sicherungszession dienen (BGE 26 II 146/147; 60 II 93; fragwürdig BGr in BlZR 16 Nr. 105 S. 169 Sp. I). Ebensowenig darf man ohne weiteres auf die A u s d r u c k s w e i s e der Parteien abstellen (OR 18), weil sie sehr wohl mit «Verpfändung» die Zession meinen können, oder umgekehrt: BGE 28 II 149; 38 II 317/318; BlZR 18 Nr. 177 S. 356[a]. Die Geschäftspraxis spricht bei Sicherstellungen gerne weder von Verpfändung noch

[285a] In BGE 69 II 290 ff. wird ein von den Parteien als Zession bezeichnetes Geschäft — vgl. S. 287 — ohne nähere Prüfung und offenbar zu Unrecht in eine Verpfändung umgedeutet.

Es widerspricht der im schweizerischen Recht maßgeblichen freien Auslegungspraxis, wenn *Bergmaier* 80/81 ein Geschäft, in dem versehentlich eine Sicherungszession als Verpfändung bezeichnet wird (oder umgekehrt), als ungültig betrachtet.

Zession, sondern braucht unverbindliche Wendungen wie in «Deckung» oder zur «Kaution», als «Sicherheit» geben u. a. m. (dazu hinten Komm. Art. 900 N 24).

286 Es wird die Meinung vertreten, eine Sicherungszession sei dort nicht zu v e r m u t e n, wo der Parteiwillen ohne Präzisierung auf Sicherstellung gerichtet ist (BGr in BlZR 18 Nr. 177 a. E., S. 359; gestützt hierauf *Bergmaier* 77/78 und *Leemann* Art. 900 N 56; *Wieland* Art. 900 N 5 nimmt sogar im Zweifel Verpfändung an). Wenn es richtig ist, daß in der Geschäftspraxis nicht die Forderungsverpfändung, sondern die Sicherungszession üblich ist (vorstehend N 273 und für das Bankgewerbe BlZR 44 Nr. 173 S. 347; vgl. auch BGE 43 II 28), dann muß umgekehrt eine f a k t i s c h e   V e r m u t u n g z u g u n s t e n   d e r   Z e s s i o n gelten. Ähnlich denn auch *Bergmaier* 84; gl. M. *Becker* Art. 164 N 12 und bezüglich der Sicherstellung mittels einer Lohnforderung *Bührle* (zit. Komm. Art. 899 N 72) 89 ff., 96. Die Vermutung darf aber nur an letzter Stelle eingesetzt werden: wenn keine anderen Auslegungsbehelfe zum Ziel führen.

287 Folgende A n h a l t s p u n k t e können bei der Auslegung des Nähern von Belang sein:

— bei geschäftsgewandten, wirklich sachkundigen Parteien, vor allem bei Banken, die Ausdrucksweise (BlZR 44 Nr. 173 S. 347);

— die bisherigen Gepflogenheiten der Parteien (BGE 46 II 47);

— die Art des Eintrags in ihren Büchern (BGE 26 II 147).

288 A u f   e i n e   S i c h e r u n g s z e s s i o n   l ä ß t   s i c h   s c h l i e ß e n, wenn der zu sichernde Gläubiger die Unkosten des Sicherungsgeschäfts trägt (so BGE 20, 1085 betr. Sicherungsübereignung) oder wenn die Veräußerung einer Forderung ohne Gegenleistung erfolgt und die Rückzession vorgesehen ist (dazu BGE 37 II 162). — G e g e n   e i n e   S i c h e r u n g s z e s s i o n   s p r i c h t, wenn sich ein effektiver Übergang der Forderung auf den sicherzustellenden Gläubiger gar nicht feststellen läßt, dieser sich nicht als Zessionar benimmt (BGE 25 II 331; 28 II 146—147; 38 II 530 und 317/318: der Gläubiger beansprucht keine Aussonderung). Dies gilt um so mehr, wo der Verpfänder nach wie vor die Rolle des Gläubigers der fraglichen Forderung spielt (BlZR 18 Nr. 177 S. 357), darüber Verfügungen trifft.

289 *Nicht ohne weiteres schlüssig ist:*

— die dem sicherzustellenden Gläubiger eingeräumte Befugnis zur Einziehung der Forderung. Diese Befugnis steht zwar dem Zessionar ohne weiteres zu, nicht aber dem Pfandgläubiger (Art. 906), kann jedoch auch dem letzteren vertraglich eingeräumt werden (BGE 38 II 530; hinten Komm. Art. 906 N 35). Entsprechendes gilt für die Berechtigung zum Bezug von Zinsen und Dividenden (dazu Art. 904);

— die Behandlung des Überschusses, den die zur Sicherstellung dienende Forderung gegenüber der sichergestellten Forderung abwirft, weil der Über-

schuß sowohl bei Verpfändung wie bei Sicherungszession abzuliefern ist
(Art. 894; nachstehend N 315; unzutreffend BlZR 18 Nr. 177 S. 357 Sp. I);
— ob dem Drittschuldner Anzeige erstattet wird, da diese weder für die Zession
noch für die Verpfändung vorgeschrieben ist (OR 167, ZGB 900 II).

Weitere Einzelheiten finden sich in BGE 26 II 147 ff. (z. T. überholt) und **290**
bei *Bergmaier* 81 ff., ferner hinten Komm. Art. 900 N 24. Die Verordnung über
Sicherstellungen zugunsten der Eidgenossenschaft vom 21. Juni 1957 Art. 9 I/IV
verlangt hinsichtlich der «Verpfändungsformalitäten», daß «Forderungen, die
nicht in Wertpapierform verbrieft sind», «unter Benützung des amtlichen Faust-
pfandvertrages mit Abtretungserklärung abgetreten werden» müssen; damit ist
offenbar ein Formular gemeint, das u. a. eine Sicherungszession vorsieht.

Statt von der Verpfändung, kann die Sicherungszession im Einzelfall von der **291**
Zession an Z a h l u n g s s t a t t oder Z a h l u n g s h a l b e r abzugrenzen
sein, wofür ebenfalls die allgemeinen Auslegungsregeln maßgebend sind (dazu
vorstehend N 277; BGE 26 II 544—545; 28 II 145 ff.). Es kann fraglich sein,
ob ü b e r h a u p t eine Sicherstellung beabsichtigt ist (hinten Komm. Art. 900
N 24).

D. Rechtsstellung des sichergestellten Gläubigers als Zessionars,
u. a. in der Zwangsvollstreckung —
Geltendmachung der abgetretenen Forderung

Der Zessionar ist a l l e i n i g e r G l ä u b i g e r der abgetretenen Forde- **292**
rung. Diese steht ihm zu vollem Rechte zu. Der Zedent kann über sie nicht mehr
verfügen (BGE 40 II 595). Im Streit mit Dritten, vor allem mit dem Drittschuldner, ist der Zessionar allein zum Vorgehen legitimiert. Er besorgt die
V e r w a l t u n g der Forderung (Kündigung und dergl.) und macht sie geltend: die sog. E i n z i e h u n g s b e f u g n i s, d. h. das Recht, vom Drittschuldner Zahlung zu verlangen und entgegen zu nehmen, steht ihm zu: BGE 25
II 331; 42 III 275; BlZR 44 Nr. 173 S. 347. Zugleich ist der Drittschuldner im
Rahmen von OR 167/68 verpflichtet, dem Zessionar zu leisten; ihm muß er
kündigen. Der Zessionar handelt in eigenem Namen, nicht als Bevollmächtigter
des Zedenten, seine Kompetenz ist nicht frei widerruflich (BGE 71 II 169).

Die V o r z u g s - u n d N e b e n r e c h t e im Sinn von OR 170 gehen auf **293**
den Zessionar über. Er zieht die Z i n s e n und dergl. Nebenleistungen ein
(OR 170 III und rechnet sie auf sein Guthaben an. Vereinbarungen, die den
Übergang der Nebenrechte ausschließen, sind zulässig.

Dem Drittschuldner stehen gemäß OR 169 die gleichen E i n r e d e n gegen **294**
den Zessionar zu, wie vorher gegen den Zedenten, was namentlich bezüglich der

V e r r e c h n u n g bedeutsam ist (OR 120 ff.; darüber neben der zessionsrechtlichen Literatur hinten Art. 906 N 32). Bei Annahme der Abstraktheit der Zession (vorstehend N 275) kann der Drittschuldner grundsätzlich keine Einreden aus dem Kausalverhältnis ableiten (BGE 50 II 393). Er vermag sich nicht zu wehren, wenn der Zessionar der fiduziarischen Vereinbarung zuwider handelt. Über die (selten begründete) Einrede der Simulation vorstehend N 283 und BGE 31 II 112; 50 II 154/155. Näheres bei *Guhl/Merz/Kummer* § 34 / I 3 b, IV b 3.

295   Die Geschäftspraxis kennt Sicherungszessionen, namentlich von Kundenguthaben (nachstehend N 322 ff.), bei denen die E i n z i e h u n g s b e f u g n i s d e m Z e d e n t e n z u s t e h t. Dieses Vorgehen soll der Vermeidung von Kreditschädigungen zum Nachteil des Zedenten dienen; denn auch die Anzeige an den Drittschuldner (OR 167) unterbleibt dann. Eine solche Vereinbarung ist zulässig, sofern nur der Zessionar nicht vorbehaltslos und dauernd von der Einziehung ausgeschlossen wird, weil diesfalls von einem ernstlich gewollten Forderungsübergang nicht die Rede, vielmehr Simulation anzunehmen wäre oder überhaupt keine Zession vorläge. Zulässigkeit der Vermeidung des Inkassos durch den Zessionar ist somit anzunehmen, wo dieser dem Zedenten einen — widerruflichen — Auftrag zur Einziehung erteilt (OR 394 ff.; sog. Inkassomandat). Statt dessen kann die Vereinbarung auch dahin gehen, daß der Zessionar erst dann die Anzeige an den Drittschuldner und die Einziehung vornimmt, wenn der Zedent sich nicht vertragsgemäß verhält oder wenn der vom Zessionar erteilte (und mit der abgetretenen Forderung sichergestellte) Kredit sonst gefährdet erscheint. Hier hat man eine bedingte Sicherungszession vor sich. — Weitere Einzelheiten gibt *Bergmaier* 128 ff., 164 ff., die eingangs zit. Literatur über die Sicherungszession von Kundenguthaben. Nicht näher beurteilte Tatbestände finden sich BGE 43 II 28; 53 II 115 ff.; 69 II 287/88. — Hinsichtlich Factoring mit Globalzession vgl. *Soergel-Mühl* § 929 N 60; R. *Erni*, Factoring nach schweiz. Recht, Diss. Zürich 1974.

296   Der Zessionar ist durch die von Treu und Glauben (ZGB 2) beherrschte f i d u z i a r i s c h e V e r e i n b a r u n g mit obligatorischer Wirkung verpflichtet, von seiner Gläubigerstellung keinen weiter reichenden Gebrauch zu machen, als dem Sicherungszweck der Abtretung entspricht (vorstehend N 274). Er soll alle hiegegen verstoßenden V e r f ü g u n g e n , wie die Weiterzession, die Verpfändung, den Schulderlaß, die Stundung u. a. m. unterlassen (BGE 38 II 530; BlZR 44 Nr. 173 S. 348; SJZ 24, 119 Nr. 112). Da der Zessionar als Inhaber der Forderung voll legitimiert ist, ist er freilich in der Lage, unerlaubte Verfügungen zu treffen, macht sich hierdurch aber schadenersatzpflichtig (OR 97 I). Er kann wegen V e r u n t r e u u n g strafrechtlich belangt werden (StGB 140 Ziff. 1 Al. II). Der b ö s e G l a u b e des beteiligten Dritten (Erwerbers, Pfandgläubigers, Drittschuldners usw.) schadet dessen Erwerb nicht:

das Kausalgeschäft und die damit verbundene fiduziarische Vereinbarung berühren diese Dritten nicht *.

Der Zedent besitzt im K o n k u r s d e s Z e s s i o n a r s kein Recht auf **297** Aussonderung der zedierten Forderung oder des durch den Zessionar beim Drittschuldner eingezogenen Betrags. Ebensowenig kann der Zedent mit Hilfe der W i d e r s p r u c h s k l a g e vindizieren. Die Begründung ist dieselbe wie bei der Sicherungsübereignung (vorstehend N 252). A. M. *Gautschi* SJZ 72, 317.

Im K o n k u r s d e s Z e d e n t e n wird die abgetretene Forderung als **298** zum Vermögen des Zessionars gehörig behandelt (BGE 55 III 85; 59 III 89). Sie darf nicht zur Konkursmasse gezogen werden. Das Entsprechende gilt bei P f ä n d u n g. Die (mittels der Zession gesicherte) Forderung des Zessionars gegen den Zedenten wird in dessen Konkurs im vollen Betrag zugelassen, aber erst honoriert, nachdem der Zessionar die Einziehung der abgetretenen Forderung gemäß OR 172 in die Wege geleitet hat und unverschuldetermaßen nicht voll gedeckt worden ist (SchKG 210): BGE 55 III 85; 59 III 90; SJZ 40, 123 Nr. 74 = Rep 75, 414). Der Überschuß fällt an die Konkursmasse. Für den Ausfall besteht Anspruch auf Konkursdividende. Näheres SJZ 53, 104 ff. mit Anmerkung.

E. Einzelfragen

Die Sicherungszession untersteht den Vorschriften über die A b t r e t u n g **299** (OR 164—174). Doch sind, weil sie ein verpfändungsähnliches Sicherungsgeschäft darstellt, auch p f a n d r e c h t l i c h e V o r s c h r i f t e n analog anwendbar, soweit sie passen, vor allem ZGB 899 II 887, 889, 891, 894. Dabei empfiehlt sich generell eine möglichst weitgehende A n n ä h e r u n g v o n S i c h e r u n g s z e s s i o n u n d P f a n d r e c h t. — Im einzelnen und ergänzend läßt sich sagen:

1. **Gegenstand** der Sicherungszession kann jede F o r d e r u n g sein, die **300** gemäß OR 164 I abtretbar ist. Es darf auf die Ausführungen zu ZGB 899 I verwiesen werden (dort Komm. N 9 ff., 70 ff.), weil die dort behandelte Verpfändbarkeit von Forderungen durch deren A b t r e t b a r k e i t präjudiziert ist: ZGB 899 I stellt auf OR 164 I ab. Gemäß letzterer Bestimmung sind grund-

---

* Es fällt auf, daß Oftinger diesen Satz weder zu N 251 (Beachtlichkeit der Treuabrede für den bösgläubigen Dritten; dies gegen die h. M.) noch zu N 275 (Anzweiflung der Abstraktheit der Zession; neuere Tendenz zu Kausalität und Gutglaubensschutz) in Beziehung setzt. Die möglichen Gründe, warum dies kein Versehen zu sein braucht, würden allzu tief in die Diskussion über die Abstraktheit und über die Tragweite der neuen Vorschläge führen, als daß sie hier erörtert zu werden vermöchten. R. B.

sätzlich alle Forderungen abtretbar, soweit nicht eine besondere Gesetzesvorschrift, eine dahinzielende Vereinbarung (pactum de non cedendo) oder die «Natur des Rechtsverhältnisses» entgegenstehen (hinten Komm. Art. 899 N 84 ff., 87 ff.). Dies gilt auch für Forderungen aus anderen Rechtsgebieten als dem OR. Über die Schranken der Abtretung k ü n f t i g e r F o r d e r u n g e n und von Globalzessionen Komm. Art. 899 N 72 ff. mit Belegen und vorstehend N 281.

301   Auch N a m e n p a p i e r e können Sicherungs halber zediert werden, während die entsprechende Übertragung von Inhaber- und Ordrepapieren unter die Sicherungsübereignung einzureihen ist (vorn N 256). — Über die Rechtsnatur von S p a r h e f t e n und dergl. und ihre Verwendung zur Sicherstellung hinten Komm. Art. 900 N 70 ff. sowie nachstehend N 332 des Syst. Teils dieses Kommentars. — Über die Sicherungsübertragung a n d e r e r R e c h t e als Forderungen: nachstehend N 326.

302   2. Bejaht man die Abstraktheit der Abtretung, so schließt dies auch aus, die Sicherungszession als **akzessorisch** im Verhältnis zu der mit ihr zu sichernden Forderung aufzufassen. Die für das Pfandrecht gültigen Folgerungen aus der Akzessorietät (hinten Komm. Art. 884 N 158 ff.) sind dann auf die Sicherungszession nicht anwendbar. Die Vorschrift OR 140 gilt analog: trotz V e r - j ä h r u n g der gesicherten Forderung bleibt die Sicherungszession aufrecht (zustimmend *Spiro* [zit. vorn N 259] 534). Ungeachtet der allfälligen Abstraktheit der Zession darf diese nicht zur Sicherung von S p i e l - u n d W e t t s c h u l d e n und anderen N a t u r a l o b l i g a t i o n e n , für die ein Pfandrecht nicht bestellt werden kann, mißbraucht werden (OR 513. *Maday* 113; *Bergmaier* 63; hinten Komm. Art. 884 N 159).

303   3. Der **Vollzug der Sicherungszession** richtet sich nach OR 165: die (als ein Vertrag aufzufassende) Abtretung bedarf der Schriftform. Parteien sind der Zedent und der Zessionar, wogegen der Drittschuldner am Vertragsschluß nicht mitwirkt. Die Unterschrift des Zedenten genügt, das Akzept durch den Zessionar erfolgt meist stillschweigend mittels der Entgegennahme der Zessionsurkunde (OR 1 II, 13 I). Das die Zession begründende Kausalgeschäft ist formfrei gültig (OR 165 II). Es muß die zu sichernde und die abzutretende Forderung angeben (entsprechend hinten Komm. Art. 900 N 23, 25); Bestimmbarkeit beider Arten von Forderungen genügt. Die Anzeige an den Drittschuldner ist nicht vorgeschrieben, aber im Interesse des Zessionars geboten (OR 167); die Banken sehen jedoch aus Gründen der Kulanz vielfach von der Anzeige ab («stille Zession»).

304   Gemäß OR 170 II wäre die Übergabe des allenfalls vorhandenen S c h u l d - s c h e i n s an den Zessionar nicht Gültigkeitsvoraussetzung der Zession, sondern eine dem Zedenten nachträglich erwachsende Pflicht. Mit *Bergmaier* 146 ff. und 157 ff. ist jedoch anzunehmen, daß die Vorschrift ZGB 900 I, welche die Übergabe des Schuldscheins als Gültigkeitsvoraussetzung der Verpfändung vorsieht, auch für die Sicherungszession gilt: Andernfalls würde die Sicherungszession auf eine Umgehung der erwähnten Bestimmung hinauslaufen; die ratio der Übergabe des Schuldscheins liegt nämlich in der Parallele zum Erfordernis der Besitzübertragung beim Faustpfand, somit in der Schaffung einer gewissen Publizität des Sicherungsgeschäfts und zugleich in der Sicherung des Gläubigers gegen Machenschaften des Verpfänders, so daß sich die analoge Anwendung von Art. 884 III, 717 aufdrängt. Über die geschilderte ratio, den Begriff des Schuldscheins und den Vollzug der Schuldscheinübergabe des Näheren hinten Komm. Art. 900 N 28 ff.: die Übergabe richtet sich nach Art. 884 I/III, auf den Besitzesverlust ist Art. 888 anwendbar.

305 Über die Sicherungszession von Ansprüchen aus Personenversicherung nachstehend N 321.

306 4. Ein **Schutz des gutgläubigen Erwerbs** des Zessionars besteht einzig in den seltenen Ausnahmefällen der Art. 18 II und 164 II OR; die Sachlage ist die selbe wie bei der Verpfändung von Forderungen (hinten Komm. Art. 900 N 103/104).

307 5. Wenn die Sicherstellung infolge der Tilgung der gesicherten Forderung «oder aus einem andern Grunde» gegenstandslos geworden ist, so hat analog Art. 889 ZGB die Rückgabe des Sicherungsgegenstandes zu erfolgen: mittels **Rückzession** der abgetretenen Forderung vom Zessionar auf den Zedenten; BGE 37 II 162; 59 III 89; BlZR 44 Nr. 173 S. 346/347, 348. Der Zedent hat hierauf vermöge der fiduziarischen Vereinbarung einen obligatorischen Anspruch (vorstehend N 274, 276). Die Rückzession bedarf gemäß OR 165 I der Schriftform (BGE 71 II 170). Keine Rückzession ist erforderlich, wo die Sicherungszession resolutiv bedingt vorgenommen wurde (vorstehend N 276).

308 6. Der Zessionar hat Anspruch auf **Befriedigung** aus der ihm Sicherungshalber abgetretenen Forderung, sofern seine eigene (sichergestellte) Forderung bei ihrer Fälligkeit nicht getilgt wird. Der Zedent verliert den Anspruch auf Rückzession (soeben N 307); die zedierte Forderung wächst dem Zessionar definitiv zu. Er kann sie entweder behalten oder nach den Grundsätzen über die private (freihändige) Verwertung veräußern (hinten Komm. Art. 891 N 48 ff.), ohne daß dies besonders vereinbart sein müßte.

309 Der normale Weg zur Befriedigung besteht indessen in der Einziehung der zedierten Forderung durch den Zessionar, m. a. W. in deren Geltendmachung gegenüber dem Drittschuldner. Die Einziehungsbefugnis ist eine der wichtigsten Seiten der Rechtsstellung des Zessionars (vorstehend N 292; vgl. auch die Parallele bei der Verpfändung: hinten Komm. Art. 906 N 35 ff.). Jede Zahlung des Drittschuldners führt zu einer entsprechenden Tilgung der gesicherten Forderung (SJZ 53, 106). Der Zessionar kann die abgetretene Forderung ganz einziehen, auch wenn die sichergestellte Forderung kleiner ist. Ohne anders lautende (fiduziarische) Vereinbarung darf der Zessionar schon vor der Fällig-keit der gesicherten Forderung zur Einziehung schreiten; die gegenteilige Auf-fassung (*Bergmaier* 189/190 und dort zit. Autoren scheint der Sachlage keines-wegs angemessen.

310 Die bundesgerichtliche Rechtsprechung und literarische Äußerungen v e r - w e i g e r n dem Zessionar das Recht, die g e s i c h e r t e F o r d e r u n g g e l t e n d z u m a c h e n, bevor er die Einziehung der abgetretenen Forde-rung versucht hat; die gesicherte Forderung erscheint nach dieser Maßgabe als suspensiv bedingt. So BGE 55 III 85[a]; *Bergmaier* 191 ff. mit Einzelheiten; *Oser/Schönenberger* Art. 172 N 9. Das Ergebnis dieser Lösung entspricht dem beneficium excussionis realis bei der Pfandverwertung (vorn N 129) und der vorstehend N 268 für die Sicherungsübereignung befürworteten Ordnung.

311 Der Zessionar ist zu s o r g f ä l t i g e m V o r g e h e n bei der Einziehung verpflichtet (HE 11, 297), was sich indirekt aus OR 172 ergibt: danach muß sich der Zessionar bei der Regulierung der Frage, wieweit er durch den ein-gezogenen Betrag befriedigt sei, nicht nur anrechnen lassen, was er vom Dritt-schuldner erhalten hat, sondern auch, was er «bei gehöriger Sorgfalt hätte erhalten können» (BGE 55 III 85). Die analoge Heranziehung der Vorschriften über den Auftrag (OR 394 ff.), wie sie im Anschluß an die deutsche Auffassung *Bergmaier* 194 empfiehlt, erübrigt sich folglich. Gegebenenfalls ist die Streit-verkündung an den Zedenten am Platz. Aus OR 172 (und 173 I) leitet sich gleichzeitig die G e w ä h r l e i s t u n g des Zedenten ab: er muß nach Maß-gabe dieser Vorschrift für den Bestand (OR 171 I) und die Eintreibbarkeit der Forderung einstehen, indem er, wie gezeigt, nur im Umfang des vom Zessionar unter Aufwendung der geschuldeten Sorgfalt eingezogenen Betrags von der gesicherten Forderung befreit wird (dazu BGE 63 II 322).

312 Die Anwendung von OR 172 setzt voraus, daß man die Sicherungszession wie eine A b t r e t u n g Z a h l u n g s h a l b e r behandelt. Sie ist zwar nicht von Anfang eine solche, weil sie nicht als Erfüllungssurrogat, sondern als Sicherungsgeschäft begründet wird, verwandelt sich aber in diese Rechtsfigur, sobald der Zessionar die Einziehung vornimmt oder vornehmen sollte. — SJZ 53, 106.

313 Der U m f a n g d e r S i c h e r u n g richtet sich nach ZGB 891 II (analog; dort Komm. N 64 ff.): die abgetretene Forderung deckt den Kapital-betrag der gesicherten Forderung, die Vertragszinse, Verzugszinse und Inkasso-spesen einschließlich allfälliger Verwertungskosten. Erst der das Total dieser Posten übersteigende Betrag ist der (N 315 zu erörternde) Überschuß.

[310a] Im scheinbar gegenteilig entschiedenen Fall BlZR 44 Nr. 173 S. 347 und 348 a. E. ist versäumt worden, durch Rechtsvorschlag die Geltendmachung der gesicherten Forderung zu hemmen. Das Urteil stellt deshalb kein Präjudiz dar.

Das e i n g e z o g e n e G e l d (oder die anderweitig vom Drittschuldner **314** geleistete Sache) fällt ins Eigentum des Zessionars, der aber, solange die gesicherte Forderung nicht fällig, kraft der fiduziarischen Vereinbarung verpflichtet ist, es wie einen zu irregulärem Pfandrecht übergegebenen Betrag zu behandeln (dazu hinten Komm. Art. 906 N 48).

Bei allen aufgezählten Arten der Befriedigung des Zessionars (vorstehend **315** N 308/309) hat dieser den Ü b e r s c h u ß über seine Ansprüche dem Zedenten herauszugeben und hierüber mit ihm abzurechnen (gleich wie bei der privaten Verwertung, hinten Komm. Art. 891 N 59). Ohne die Ablieferung des Überschusses träte unstatthafterweise eine dem V e r f a l l s v e r t r a g entsprechende Sachlage ein (Komm. Art. 894 N 20 ff.).

Den u n g e d e c k t g e b l i e b e n e n B e t r a g kann der Zessionar auf **316** Grund seiner (d. h. der vormals gesicherten) Forderung geltend machen (BGE 63 II 322). — Über die Behandlung im Konkurs des Zedenten vorstehend N 298.

Wegen des Fehlens einer einläßlichen gesetzlichen Ordnung empfiehlt sich, **317** die Modalitäten der Befriedigung des Zessionars v e r t r a g l i c h z u r e g e l n.

7. Ein schädigendes Verhalten des **Zessionars** kann aus verschiedenen **318** Gründen zu seiner **Haftung** führen: bei unsorgfältiger Verwaltung (Unterlassung der Kündigung, Verfallenlassen der Forderung u. a. m.), bei unerlaubten Verfügungen (vorstehend N 296). Es liegt näher, die Haftung auf Vertragsverletzung zu stützen (OR 97 I) als auf die Ausnahmevorschrift ZGB 890 (analog). Der Zessionar haftet für jede Fahrlässigkeit (OR 99 I). Eine besondere Regelung erfährt die Sorgfaltspflicht bei der Einziehung der abgetretenen Forderung: soeben N 311.

8. Die **Geltendmachung der gesicherten Forderung** durch den Zessio- **319** nar in seiner Eigenschaft als Gläubiger des (die Sicherstellung bewirkenden) Zedenten oder des allfällig vom letzteren verschiedenen Schuldners ist vorstehend N 310 und 316 dargestellt.

9. Eine **weitere Zession** der bereits abgetretenen Forderung oder die **320** Errichtung eines n a c h g e h e n d e n P f a n d r e c h t s (Art. 903) ist ausgeschlossen, weil der Zedent keine Verfügungsmacht mehr besitzt. Der spätere Zessionar erwirbt kein Recht, sein guter Glaube ist unbehelflich. Dagegen ist grundsätzlich zulässig und kommt in der Geschäftspraxis vor, m e h r e r e S i c h e r u n g s z e s s i o n e n j e f ü r T e i l b e t r ä g e vorzunehmen; der Rang richtet sich nach der zeitlichen Priorität oder der Vereinbarung (ZGB 893 II analog. A. M. *von Tuhr / Escher* § 95 bei N 4. Vgl. auch hinten Komm. Art. 899 N 10 und vorn N 269).

10. Auch Ansprüche aus **privater Versicherung** können Sicherheits halber **321** zediert werden (Pra 1 S. 12 = BlZR 11 Nr. 3 S. 10). Bei Personenversicherung

sind gemäß VVG 73 erforderlich: Schriftform der Zession, Übergabe der Police sowie schriftliche Anzeige an den Versicherer. Der Zessionar kann als Gläubiger des Versicherers von diesem den Rückkaufswert verlangen und einziehen (VVG 90 II). Für Einzelheiten vgl. die versicherungsrechtliche Literatur, namentlich Willy *Koenig*, Abtretung und Verpfändung von Personenversicherungsansprüchen ... (Diss. Bern 1924), bes. 39, 55/56, 201. Über den parallelen Vorgang der Verpfändung vgl. hinten Komm. Art. 900 N 76 ff. und Art. 906 N 54 ff.

F. Sicherungszession von Kundenguthaben (Buchforderungen)

322   Dieser früher als «D i s k o n t i e r u n g   v o n   B u c h f o r d e r u n g e n» bezeichnete, vor allem in der Geschäftspraxis der Banken anzutreffende Vorgang zieht die einem Geschäftsinhaber gegen seine Kunden zustehenden (meist aus Kauf- und Werkverträgen stammenden) Forderungen zur Sicherstellung eines ihm eingeräumten Kredites heran. Der Kreditnehmer kann dadurch seine «Außenstände» flüssig machen. Es sind F o r d e r u n g e n   o h n e   S c h u l d s c h e i n (OR 170 II), deren Bestand und Umfang durch die Einträge in den Büchern ihres Gläubigers und durch die von ihm seinen Schuldnern ausgestellten Rechnungen dokumentiert ist. Diese Art der Sicherstellung ist ein Anwendungsfall der S i c h e r u n g s z e s s i o n, deren Ordnung sie in allen Teilen untersteht. Der kreditnehmende Geschäftsinhaber ist der Zedent, seine Kunden die Drittschuldner, sein Kreditgeber (also meist eine Bank) der Zessionar, dem die Forderungen gegen die Kunden abgetreten werden.

323   Über die T e c h n i k des Näheren die vorn N 270 zitierte Literatur: Der Zessionar mag von der Anzeige an den Drittschuldner (OR 167) absehen, solange der von ihm gewährte Kredit nicht gefährdet erscheint. Werden künftige Forderungen abgetreten, so gelten die Bemerkungen vorstehend N 281. Auch die N 281 a. E. erwähnte besondere Möglichkeit der Unsittlichkeit ist zu beachten.

324   Statt Sicherheits halber zediert, können die Kundenguthaben auch gemäß ZGB 900 v e r p f ä n d e t werden (dort Komm. N 85 ff.). Ob im Einzelfall Zession oder Verpfändung vorliegt, ist, wo fraglich, nach den vorstehend N 284 ff. geschilderten Merkmalen zu entscheiden. Die Geschäftspraxis zieht die Sicherungszession der Verpfändung vor (BGr in BlZR 44 Nr. 173 S. 347; *Albisetti/Bodmer* u. a. 634 f.).

325   Aus der Judikatur sei folgende Auswahl zitiert: BGE 53 III 115 ff.; 59 III 90; 67 II 124; 69 II 286 ff. (indessen als Verpfändung beurteilt, vgl. dort S. 294); BlZR 43 Nr. 242; 44 Nr. 173; SJZ 40, 123/124 = Rep 75, 414; SJZ 53, 105 f.

G. Sicherungsübertragung anderer Rechte als Forderungen

Gleich wie die Forderungen im Sinne von OR 164, so können auch a n d e r e **326**
R e c h t e zu S i c h e r u n g s z w e c k e n f i d u z i a r i s c h e i n e m
G l ä u b i g e r ü b e r t r a g e n werden: die vermögensrechtliche Seite von
Mitgliedschaftsrechten, Erbanteile, persönliche Dienstbarkeiten, Personal-
grundlasten, Immaterialgüterrechte u. a. m. Die Regeln über die Sicherungs-
zession gelten sinngemäß. Auf die Frage der Form ist OR 165 nicht direkt an-
wendbar, sondern es ist zu prüfen, ob für die einzelnen Fälle b e s o n d e r e
Vorschriften bestehen oder ob allenfalls bei deren Fehlen die a n a l o g e
Übernahme der Schriftlichkeit aus OR 165 angezeigt ist. Für Einzelheiten vgl.
die Ausführungen zu ZGB 900 III über die Verpfändung solcher Rechte (dort
Komm. N 88 ff.); jene Darlegungen sind sinngemäß verwendbar, weil ZGB 900
III für die Begründung eines Pfandrechts die «Beobachtung der Form» vorschreibt, «die für die Übertragung vorgesehen ist». Voraussetzung ist stets, daß
die Rechte überhaupt als einzelne, selbständige Gegenstände übertragbar sind
und Geldwert besitzen; hierüber hinten Komm. Art. 899 N 9 ff. und die
Kasuistik dort N 29 ff. — Dazu Peter *Schenk*, Das Pfandrecht an Immaterialgütern (Diss. Zürich 1951) 36 ff.

XXIV. Sicherheitsleistungen — Kautionen

Lit.: *von Tuhr/Peter* § 19 — *Baerlocher* 659 f.

A. Grundsatz und Mittel der Sicherheitsleistung

Zahlreiche g e s e t z l i c h e V o r s c h r i f t e n des privaten und öffent- **327**
lichen Rechts[a] verpflichten jemanden zur Leistung von Sicherheit, sei es daß
diese Leistung in der Bestimmung unmittelbar angeordnet ist, sei es daß sie
nach behördlichem Ermessen oder auf Verlangen des Destinatärs der Sicherheit
— des Gläubigers — auferlegt wird: z. B. ZGB 205 II, 490 II, 760, 839 III,
898 I; OR 43 II, 175 III, 330, 506; SchKG 183 II, 196, 211 II. Man denke an
die Kautionen im Verwaltungsrecht (neben vielen andern die Amtskautionen),
die Prozeßkautionen usw. Zusammenstellungen lassen sich aus den Registern

---

[327a] Über das Verhältnis solcher Vorschriften zur Handels- und Gewerbefreiheit *Burckhardt,* Komm. der schweiz. BV (3. A. Bern 1931) 246; BGE 70 I 234.

der privaten Gesetzausgaben und der Gesetzessammlungen gewinnen; einzelne Zitate vorn N 211.

328 Neben die gesetzlich vorgesehenen Sicherheitsleistungen treten die r e c h t s - g e s c h ä f t l i c h, namentlich durch V e r t r a g begründeten. Der Pfand- vertrag ist einer der Hauptfälle. Die gemeinrechtliche Terminologie bezeichnete die rechtsgeschäftlich angeordnete Sicherstellung als cautio voluntaria, die übrigen Tatbestände als cautio necessaria. Die Sicherheitsleistung kann mit einer Gegenleistung im Austauschverhältnis stehen, so daß die Vorschriften über die s y n a l l a g m a t i s c h e n V e r t r ä g e anwendbar werden (OR 82, 107 ff., 119. Dazu BGE 67 II 125 ff.).

329 Das M i t t e l der Sicherheitsleistung ist bei rechtsgeschäftlicher Anord- nung meist und bei gesetzlicher Vorschrift häufig vorgeschrieben; z. B. in OR 709, SchKG 277, in zivilprozessualen Vorschriften über die Prozeßkautionen, in der V über Sicherstellungen zugunsten der Eidgenossenschaft vom 21. Juni 1957. Wo eine solche Bestimmung fehlt, bleibt die W a h l dem Schuldner der Sicherstellung überlassen. Die Leistung muß jedoch zu ihrem Zwecke tauglich sein, d. h. vor allem qualitativ und quantitativ genügend Sicherheit bieten und eine leichte Realisierung ermöglichen. In privatrechtlichen Verhältnissen hat hierüber bei Streit der Richter zu entscheiden.

330 An d i n g l i c h e n S i c h e r u n g e n, sog. R e a l s i c h e r h e i t e n, fallen aus dem Mobiliarsachenrecht in Betracht:

331 1. **Fahrnispfandrecht:** ZGB 884 ff., 899 ff. (dazu SJZ 20, 49 Sp. II). — Auch bei der durch Gesetzesbestimmung angeordneten Sicherheitsleistung hat man nicht ein gesetzliches Pfandrecht vor sich, sondern ein vertragliches (vorn N 46): es bedarf eines den Pfandvertrag erzeugenden Konsenses zwischen dem Gläubiger und dem Schuldner der Sicherheitsleistung, um das Pfandrecht zu begründen.

2. **Irreguläres Pfandrecht:** vorn N 182 ff.

3. **Hinterlegung Sicherheits halber:** vorn N 202 ff.

4. **Sicherungsübereignung:** vorn N 234 ff.

5. **Sicherungszession:** vorn N 270 ff.

332 6. Die Sicherheitsleistung durch **Übergabe eines Sparheftes** (oder De- positenheftes an den Gläubiger kann je nach Auslegung bedingte Sicherungs- zession, oder (und) bedingter Auftrag zum Inkasso, oder Verpfändung des Sparheftes sein (BlZR 16 Nr. 105 S. 166 ff. und hinten Komm. Art. 884 N 23 mit näheren Angaben. Vgl. auch SJZ 13, 79). Im ersten Fall ist eine schriftliche Abtretungserklärung erforderlich (OR 165 I), im letzten Fall ein schriftlicher Pfandvertrag, da Sparhefte nach gängiger Auffassung regelmäßig nicht Wert- papiere sind (ZGB 900 I; Einzelheiten dort Komm. N 70 ff.) *. Dazu kommt die

---

* An der angegebenen Stelle wird sich zeigen, daß diese Auffassung nicht mehr derart vor- herrscht. Hier bleibt bloß zu ergänzen: Sofern es sich um ein Wertpapier handeln sollte,

Übergabe des Sparheftes (ZGB 900 I, OR 170 II). Ein Inkassoauftrag allein (ohne Zession), der den Gläubiger ermächtigt, sich zur Realisierung der Sicherheit aus dem Sparguthaben bezahlt zu machen, bietet dem Gläubiger wegen der für ihn ungünstigen Widerruflichkeit keinen vollen Schutz; zudem ist die Bank, auf die das Sparheft lautet, berechtigt, vom Vorweiser des Heftes den Nachweis seines Rechts zu verlangen. Das Bundesgericht lehnt deshalb im Zweifel diese Konstruktion ab (BlZR 16 Nr. 105 S. 169). Sie wird sich aber doch öfters als einziger Weg aufdrängen, um einen unklaren Vorgang der Sicherheitsleistung aufzuhellen, zumal sie gegebenenfalls der Parteiabsicht entsprechen kann. Hinsichtlich der Verwertung ist sie der Hinterlegung Sicherheits halber von Geld ähnlich (vorn N 228).

7. **Weitere Wege der Sicherstellung** erwähnt *Klang* § 448 Ziff. II A 2 **333** lit. c—e, S. 399; sie scheinen in der schweizerischen Geschäftspraxis nicht gebräuchlich zu sein.

Das Mittel der Sicherheitsleistung wird in den Gesetzen und von den Parteien **334** häufig juristisch unverbindlich als H i n t e r l e g u n g bezeichnet. Es ist im Einzelfall zu prüfen, was darunter zu verstehen ist: ein gewöhnliches Pfandrecht (dazu SJZ 20, 49 Sp. II; VerwEntsch 17 Nr. 39), ein irreguläres Pfandrecht (BGE 51 I 282), eine Hinterlegung Sicherheits halber (vorn N 206), eine Sicherungsübereignung u. a. m. Keinesfalls liegt ein Hinterlegungsvertrag im Sinn von OR 472 vor. Bei diesem dient die Hinterlegung zur Verwahrung einer Sache im Interesse des Hinterlegers, während die Übergabe eines Gegenstandes zur Sicherheitsleistung im Interesse des Gläubigers erfolgt, eben mit dem Zweck seiner Sicherung (SJZ 13, 79 Ziff. 2).

Dem Gläubiger ist Aufmerksamkeit zu empfehlen. Wo immer eine V e r - **335** p f ä n d u n g erfolgt, soll er auf E i n h a l t u n g d e r j e w e i l i g e n V o r s c h r i f t e n achten (bes. ZGB 884 I/III, 900, 901 I/II). Überhaupt ist die richtig vollzogene Verpfändung neben dem irregulären Pfandrecht der sicherste Weg. Der Gläubiger, der sich nicht an die Vorschriften hält, läuft Gefahr, daß die «Hinterlegung» im Gegensatz zu seiner eigenen, von andern Konstruktionen ausgehenden Ansicht eben doch als die Begründung eines Pfandrechts aufgefaßt und bei Verletzung der fraglichen Bestimmungen als un-

---

stehen ZGB 900 und 901 zur Wahl; im Zweifel gehe man nach 900 vor (vgl. noch diese Fußnote a. E.). Sollte das Sparheft Wertpapier sein, ergibt sich zur vorher erwähnten Abtretungserklärung: Jenes ist nie Orderpapier, sondern allenfalls Namenpapier, hinkendes Inhaberpapier oder Inhaberpapier (vgl. Fußnote zu Art. 900 N 70). In den beiden ersten Fällen bleibt es bei der schriftlichen Abtretungserklärung (auf oder neben dem Papier) mit Papierübergabe (OR 967 I/II). Beim Inhaberpapier genügt formlose Einigung mit Papierübergabe, doch schadet eine zusätzliche Zession nicht. (Strittig ist bloß, ob sie der verkehrsfreundlichen Legitimations- und Einredenordnung schade; hinten Komm. Art. 901 N 53 mit Kontroverse *Oftinger — Jäggi*, wobei ich mich der Verneinung durch Jäggi anschließe.) R. B.

gültig beurteilt wird. Die V über Sicherstellungen zugunsten der Eidgenossenschaft vom 21. Juni 1957 schreibt (neben der Barkaution) für Kautionen mittels
Wertpapieren und gewöhnlichen Forderungen (bes. Sparheften und Lebens-
versicherungs-Ansprüchen) ausdrücklich die Formen der Verpfändung vor.

B. Gemeinsame Regeln

336 Anders als das ABGB (§ 1373/1374) und das BGB (§ 232—240), enthält
weder das ZGB noch das OR allgemeine Vorschriften über die Sicherheitsleistung. Regeln sind deshalb aus Z w e c k und E i g e n a r t der einzelnen
Mittel der Sicherheitsleistung zu gewinnen. Es sei auf die Darstellungen derselben je an ihrem Ort verwiesen (vorstehend N 331) und hier lediglich soviel
erwähnt:

337 1. Soweit nicht abweichende Bestimmungen des öffentlichen Rechts gelten,
untersteht eine Sicherstellung den einschlägigen p r i v a t r e c h t l i c h e n
Regeln auch dann, wenn für eine ö f f e n t l i c h r e c h t l i c h e F o r d e -
r u n g Sicherheit geleistet wird: BGE 43 I 64; 51 I 280 ff.; 56 III 243/244;
77 III 46; SJZ 13, 79 Ziff. 1; ferner BlZR 26 Nr. 28 S. 57, VerwEntsch 17
Nr. 39. Was vorn N 189 und 212 für das irreguläre Pfandrecht und die Hinterlegung Sicherheits halber erklärt ist, gilt allgemein.

338 Das eben Gesagte trifft auch dann zu, wenn Verfügungen der Verwaltung
über Leistung und Rückerstattung von Kautionen einem verwaltungsrechtlichen
Beschwerdeverfahren unterstehen. — Über die Kaution des Telephonabonnen-
ten neben BGE 56 III 238 ff.: *Buser*, ZBJV 67, 553 ff.

339 2. W e l c h e F o r d e r u n g e n des privaten oder öffentlichen Rechts
durch eine gesetzlich angeordnete Sicherheitsleistung zu garantieren sind, bedarf,
wenn die Vorschrift mehrdeutig ist, der Prüfung im Einzelfall; z. B. BGE 76
II 736; BlZR 15 Nr. 159; 16 Nr. 85; 30 Nr. 154 S. 311 ff.; 31 Nr. 165 S. 318 ff.;
37 Nr. 46 S. 90; VerwEntsch 14 Nr. 28.

340 3. Der Gläubiger kann N a c h d e c k u n g verlangen, sobald die Sicherheit durch Verminderung des Wertes der Deckung oder Erhöhung der gesicherten Forderung ungenügend wird. Hiefür gilt die Überlegung, daß der Schuldner
dauernd die Pflicht hat, g e n ü g e n d e Sicherheit zu leisten. Vgl. aber auch
hinten Komm. Art. 884 N 108.

341 4. Leistet ein D r i t t e r anstelle der kautionspflichtigen Person die
Sicherheit, so wird regelmäßig der Dritte Partei des die Sicherheit begründenden Verhältnisses sein (z. B. des Pfandvertrages). Die Sicherheit ist alsdann,
nach Wegfall der Sicherungspflicht, dem Dritten zurückzugeben (hinten Komm.
Art. 889 N 10; vgl. auch BGE 51 I 282/283). Anders, wenn der Verpfänder die

dem Dritten gehörende Sache in eigenem Namen verpfändet hat (hinten Komm. Art. 884 N 316). Das interne Verhältnis zwischen dem zur Sicherstellung Verpflichteten und dem Dritten ist nach den Umständen zu würdigen; das Urteil SJZ 13, 134 nimmt Gebrauchsleihe an. Vgl. auch hinten Komm. Art. 884 N 389 ff.

5. Die privatrechtliche Pflicht zur Sicherheitsleistung läßt sich mit den **342** Mitteln des Z i v i l p r o z e s s e s und der Z w a n g s v o l l s t r e c k u n g durchsetzen. Muß sie (oder kann sie nach Wahl des Schuldners) in Geld geleistet werden, so kann Betreibung auf Sicherheitsleistung erfolgen (SchKG 38). Darüber neben der allgemeinen Literatur des Betreibungsrechts die Schrift von *Kockel* (zit. vorn N 202) und aus der Judikatur BlZR 13 Nr. 42 S. 197; BGE 90 III 1; 93 III 79. Ein solches Vorgehen ist sehr selten.

C. Kautionen im besonderen

Die juristische Umgangssprache gebraucht den Ausdruck «Kaution» mit **343** s c h i l l e r n d e r B e d e u t u n g. In einem weiten Sinn ist er Synonym für Sicherheitsleistung (vorstehend lit. A). Gewöhnlich findet er sich in einem engeren Sinn verwendet und besagt: Sicherheitsleistung für künftige, ungewisse Forderungen, z. B. für Schadenersatzforderungen gegen öffentlich- oder privatrechtlich angestellte Arbeitnehmer[a], Notare, Werkunternehmer u. a. m. In noch engerer Bedeutung wird in den letzteren Fällen Kaution mit irregulärem Pfandrecht an Geld gleichgesetzt (sog. Barkaution, vorn N 184). Was jeweils gemeint ist, läßt sich nur dem konkreten Zusammenhang entnehmen.

Über M i t t e l der Kautionsstellung vorstehend N 331—333. Neben den **344** dinglichen Sicherungen finden sich Bürgschaften, Wechselverpflichtungen, Versicherungen (Kautionsversicherung) u. a. m.; näher V über Sicherstellungen zugunsten der Eidgenossenschaft vom 21. Juni 1957 (hiezu VerwEntsch 16 Nr. 74). Für die Bankgarantien sei auf die Spezialliteratur verwiesen; so *Kleiner*, Bankgarantie (2. A. Zürich 1974); *Albisetti / Bodmer* 370 f. Bankdepots werden auf verschiedenen Wegen zur Sicherstellung herangezogen, vor allem mittels Verpfändung oder Hinterlegung Sicherheits halber (sog. Sicherheits- und Kautionsdepots; dazu z. B. ZGB 760). Über die Geschäfspraxis *Umbricht-Maurer*, Das Depotgeschäft (Zürich 1976) 45 ff.

Für die als eine Sondermaterie aufzufassenden Sicherstellungen in der pri- **345** vaten V e r s i c h e r u n g gelten die Vorschriften der Versicherungsaufsichts-Gesetzgebung.

[343a] SJZ 57, 238 Nr. 95. — RevOR 330; SJZ 47, 216.

ZWEITES HAUPTSTÜCK

KOMMENTAR ZU ART. 884-918

Vierter Teil des Zivilgesetzbuches: Das Sachenrecht

Zweite Abteilung: Die beschränkten dinglichen Rechte

Dreiundzwanzigster Titel:

DAS FAHRNISPFAND

Erster Abschnitt:

Faustpfand und Retentionsrecht

Vorbemerkungen zum 1. Abschnitt, Art. 884–898

Materialien zu Art. 884—898 *: aOR 210, 213, 217—228 (211) — VE 865—877 (884, 886) **1** — E 870—883 (890, 892) — Erl II 322—328 (332—339) — Prot ExpKom III 118—122 (80/81, 130—133, 138—145, 148—152) — Botsch 84 (85/86) — StenBull NR 1906, 689—691 (698—717; 1907, 318—320, 323, 340, 342, 344) — StenBull StR 1906, 1422—1424 (1345—1352, 1355, 1424, 1428).

Die Materialien zum aOR sind angegeben bei *Schneider/Fick,* je zu den einzelnen Artikeln.

Der erste Abschnitt des 23. Titels des ZGB regelt unter lit. A das F a u s t - **2** p f a n d (Art. 884—894), dazu die Viehverpfändung (Art. 885), und unter B das R e t e n t i o n s r e c h t (Art. 895—898). Inwieweit die Vorschriften über das Faustpfand auch für das Retentionsrecht gelten, ist bei der Kommentierung von des letzteren Regelung zu zeigen. Art. 884—887 ordnen als Ziff. I die mit dem Marginale «Bestellung» bezeichnete E n t s t e h u n g des Faustpfand-rechts, Art. 888—890 als Ziff. II seinen U n t e r g a n g, Art. 891—894 die als

* Diejenigen Bestimmungen des aOR und der Entwürfe, die den fraglichen Bestimmungen des ZGB nicht im wesentlichen entsprechen, sind jeweils eingeklammert, desgleichen die hierauf bezüglichen Stellen der übrigen Materialien.

«Wirkung» benannten R e c h t s f o l g e n. Die «Voraussetzungen» des R e -
t e n t i o n s r e c h t s werden in Gestalt einer Regel (Art. 895), die durch die
Umschreibung von Ausnahmen (Art. 896) und eines Sonderfalls (Art. 897)
präzisiert ist, geordnet; daran schließt die «Wirkung» des Retentionsrechts an
(Art. 898).

3 Die Vorschriften der Art. 884—894 gelten teilweise auch für das P f a n d -
r e c h t a n R e c h t e n : Art. 899 II und dort N 107 ff. sowie Kommentar
zu Art. 900 und 901.

Art. 884

A. Faustpfand.
I. Bestellung.
1. Besitz des
Gläubigers

**Fahrnis kann, wo das Gesetz keine Ausnahme macht, nur dadurch
verpfändet werden, daß dem Pfandgläubiger der Besitz an der Pfandsache übertragen wird.**

**Der gutgläubige Empfänger der Pfandsache erhält das Pfandrecht,
soweit nicht Dritten Rechte aus früherem Besitze zustehen, auch dann,
wenn der Verpfänder nicht befugt war, über die Sache zu verfügen.**

**Das Pfandrecht ist nicht begründet, solange der Verpfänder die
ausschließliche Gewalt über die Sache behält.**

1 **Materialien:** aOR 210 I/II, 213 — VE 865 — E 870 — Erl II 323/324 — Prot ExpKom
III 119 — StenBull NR 1906, 690, 891 — StenBull StR 1906, 1424.

Ausländisches Recht*: CC fr 2076 (2071—2072, 2074, 2077) — CCom fr 92 — CC it
2786, 1153 III (2784/2785, 1994, 2006, 2789) — BGB 1205—1207 (1204, 1208, 1211, 1225,
1227) — HGB 366/367 — ABGB 451, 456 (447—450, 452, 1343, 1368—1371).

Lit.: Angaben zu den einzelnen Abschnitten des folgenden Textes, ferner im Syst. Teil
N 2 ff.

Übersicht

* Bestimmungen ausländischer Gesetze, die zwar Fragen betreffen, die im Kommentar
unter der jeweils behandelten Vorschrift des ZGB erörtert werden, aber in dieser Vorschrift
selber nicht geregelt sind, werden eingeklammert.

I. Errichtung des Faustpfandrechts
durch Besitzübertragung oder gutgläubigen Erwerb: Allgemeiner Inhalt und Geltungsbereich der Vorschrift

2   Art. 884 nennt in Al. I die wichtigste der Voraussetzungen für die Begründung des Faustpfandrechts: die Übertragung des Besitzes an der Pfandsache auf den Gläubiger. Das Recht wird dadurch zum B e s i t z p f a n d ; es gilt das F a u s t p f a n d p r i n z i p (Syst. Teil N 32; Einzelheiten nachstehend N 178 ff.). Al. III unterstreicht diesen Grundsatz mit der Vorschrift, das Pfandrecht sei nicht begründet, solange der Verpfänder die ausschließliche Gewalt über die Sache behält, womit das Gesetz insbesondere das Besitzeskonstitut ausschaltet (Einzelheiten nachstehend N 273 ff.). Man bezeichnet diese Regelung als V e r b o t   d e r   M o b i l i a r h y p o t h e k (Syst. Teil N 33). Als eine Sonderfrage ordnet Al. II den Pfandrechts e r w e r b   d e s   g u t g l ä u b i g e n D r i t t e n (nachstehend N 323 ff.).

3   Neben der in Art. 884 I genannten Voraussetzung für die Begründung des Faustpfandrechts bestehen weitere, v o m   G e s e t z   n i c h t   h e r v o r - g e h o b e n e   V o r a u s s e t z u n g e n, die der Erörterung bedürfen: N 84/85. Welche z u s ä t z l i c h e n   F r a g e n sich an die Untersuchung des Art. 884 knüpfen, zeigt die vorstehende Inhaltsübersicht.

4   Die Vorschriften über das Faustpfandrecht haben die Bedeutung einer allgemeinen Regelung des Fahrnispfandrechts (Syst. Teil N 8). Das in Art. 884 I/III enthaltene F a u s t p f a n d p r i n z i p   k a n n folglich überall dort G e l t u n g   b e a n s p r u c h e n, wo die Begründung eines Pfandrechts an die Übertragung des Besitzes an Sachen geknüpft ist. Dies trifft nicht nur für das Faustpfandrecht im genauen Sinne zu, sondern auch für das Retentionsrecht (Art. 895), das Pfandrecht an gewöhnlichen Forderungen (bezüglich der Übergabe des Schuldscheins, Art. 900) und an Wertpapieren (Art. 901), sowie für das Versatzpfand (Art. 909), alles nach Maßgabe der jeweiligen Besonderheiten dieser Pfandrechtsarten, worüber bei der Kommentierung der zitierten Artikel Näheres auszuführen ist. Dort und nachstehend N 323 ff. ist ferner zu zeigen, inwieweit auch Art. 884 II, über den Schutz des gutgläubigen Erwerbs, anwendbar ist. Eine Reihe weiterer Darlegungen, die im Zusammenhang des Art. 884 vorgebracht werden, beanspruchen ebenfalls Geltung über das Faustpfandrecht hinaus. Wo das zutrifft und in welchem Ausmaß, ergibt sich teils aus der Sache selber, teils — und das in den wichtigeren Fragen — aus den Angaben bei der Kommentierung der einschlägigen Artikel, namentlich 885, 895, 900, 901, 909. Ein die Anwendung faustpfandrechtlicher Grundsätze auf das Pfandrecht an

Forderungen und andern Rechten betreffender Überblick findet sich in N 107 ff.
zu Art. 899.

II. Begriff des Faustpfandrechts

Faustpfandrecht ist das auf Sachen bezügliche, als Besitzpfand ausgestaltete, **5**
rechtsgeschäftlich begründete Fahrnispfandrecht. Es stellt eine unter den verschiedenen Formen des Fahrnispfandrechts dar. Daß es sich auf S a c h e n
bezieht, unterscheidet das Faustpfandrecht vom Pfandrecht an Rechten
(Art. 899 ff.); daß es B e s i t z p f a n d ist, von den hypothekarischen Pfandrechten (z. B. Art. 885); daß es ein r e c h t s g e s c h ä f t l i c h begründetes
Pfandrecht ist, vom Retentionsrecht und andern gesetzlichen Pfandrechten. Vgl.
über die Terminologie: Syst. Teil N 13; über die Sachen als Gegenstand des
Pfandrechts: nachstehend N 16 ff.; über das Wesen des Besitzpfandes im Gegensatz zum hypothekarischen Pfandrecht: Syst. Teil N 32 ff.; über das rechtsgeschäftliche, besonders das vertragliche Pfandrecht, im Gegensatz zum gesetzlichen: dort N 46 ff. und nachstehend N 77 ff.; über den Oberbegriff des Fahrnispfandrechts: Syst. Teil N 9 und 22 ff.

III. Beteiligte Personen

Zunächst stehen sich Gläubiger und Schuldner gegenüber; neben dem **6**
letzteren kann mit verschiedener Rollenverteilung ein Dritter auftreten, vor
allem, wo ein solcher seine Sache zugunsten des Schuldners verpfändet hat.

A. Gläubiger (Pfandgläubiger)

Er ist Gläubiger in doppeltem Betracht: bezüglich der durch das Pfand ge- **7**
sicherten F o r d e r u n g (also in obligationenrechtlicher Hinsicht) und bezüglich des P f a n d r e c h t s (also in sachenrechtlicher Hinsicht). Beides ist
voneinander untrennbar. Die obligationenrechtliche Stellung des Gläubigers
wird durch den die Forderung begründenden Vertrag oder sonstigen Rechtsgrund
und das OR umschrieben, die sachenrechtliche durch den Pfandvertrag (nach-

stehend N 88 ff.) und namentlich durch die pfandrechtlichen Vorschriften des ZGB, Art. 884 ff.

Das Gesetz verwendet meist den T e r m i n u s «Gläubiger», gelegentlich «Pfandgläubiger» (Art. 884 I) ; beim Pfandrecht an Forderungen ist häufig der Ausdruck «Pfandgläubiger» angezeigt, um diesen vom Gläubiger der verpfände-ten Forderung zu unterscheiden (Art. 900 II, 901 I, 903, 905, 906 I).

8   Über die Frage, inwiefern ein Pfandrecht m e h r e r e n G l ä u b i g e r n zustehen kann: *Haab*, Vorbem. zu Art. 646—654 N 13; *von Tuhr*, Der Allg. Teil des Deutschen Bürg. Rechts I (Leipzig 1910) 90 ff.; *von Tuhr / Escher*, § 89 V; *Meier-Hayoz*, Vorbem. zu Art. 646—654 N 11 ff.

B. Schuldner (Pfandschuldner)

9   Vom («persönlichen») S c h u l d n e r spricht man bezüglich der durch das Pfand gesicherten F o r d e r u n g ; er ist also der in obligationenrechtlicher Hinsicht Verpflichtete, z. B. der Schuldner der Darlehensforderung, die pfand-rechtlich garantiert wird. Gewöhnlich setzt der Schuldner eine i h m zu Eigen-tum gehörende Sache zu Pfand. Dann ist er gleichzeitig Verpfänder und als solcher sachenrechtlich verpflichtet (z. B. zur Duldung der Verwertung). Der Schuldner ist jedoch nicht stets auch der Verpfänder (darüber nachstehend N 11), und nicht immer verpfändet er eine ihm zu Eigentum gehörende Sache (nachstehend N 12).

10   Die Ausdrücke Schuldner und P f a n d s c h u l d n e r werden in der Lite-ratur und Judikatur regelmäßig gleichbedeutend verwendet.

C. Dritter Eigentümer der Pfandsache

11   Die Rolle des Schuldners und diejenige des Pfandeigentümers fallen ins-besondere auseinander, wenn ein Dritter eine ihm zu Eigentum gehörende Sache zugunsten des Schuldners dem Gläubiger zu Pfand gibt. Dann steht der Dritte als Verpfänder da. In der Literatur wird er gelegentlich als Dritteigentümer, Dritt-verpfänder, bezeichnet. Eine ähnliche Lage tritt ein, falls eine dem Schuldner gehörende, von ihm selber verpfändete Sache nachträglich veräußert wird: das Eigentum des Erwerbers ist zugunsten des Schuldners und im Interesse des Gläubigers mit dem Pfandrecht belastet. Näheres nachstehend N 385 ff.

D. Befugter und unbefugter Verpfänder einer fremden Sache

Drei Beteiligte sind ferner vorhanden, wenn jemand die einem dritten Eigen- **12**
tümer gehörende Sache mit dessen Z u s t i m m u n g in eigenem Namen verpfändet, aber auch, wenn u n b e f u g t e r w e i s e eine fremde Sache verpfändet wird und der Gläubiger infolge seines guten Glaubens nach ZGB 884 II /
933 / 935 ein Pfandrecht erwirbt. Gewöhnlich wird hier der Schuldner der Verpfänder sein. Der Eigentümer der Pfandsache steht als Dritter da.

E. Die Termini «Verpfänder», «Realschuldner», «Personalschuldner»

Um sowohl die Fälle zu erfassen, in denen der Schuldner selber Pfandeigen- **13**
tümer ist wie diejenigen, wo die Pfandsache einem andern gehört, verwendet das
Gesetz den Ausdruck V e r p f ä n d e r (Art. 884 II/III, 887, 888 II; vgl. auch
900 II). Er ist derjenige, der das Pfand bestellt, die Verpfändung vornimmt, den
Pfandvertrag abschließt. Der Verpfänder ist eine sachenrechtlich verpflichtete
Partei, und zwar in dieser Hinsicht die Gegenpartei des Pfandgläubigers. I n
d e r g e w ö h n l i c h e n R o l l e n v e r t e i l u n g s i n d S c h u l d n e r ,
P f a n d e i g e n t ü m e r u n d V e r p f ä n d e r d i e g l e i c h e P e r -
s o n . Bei den gesetzlichen Pfandrechten fehlt ein Verpfänder. Der Verpfänder,
als sachenrechtlich verpflichtete Partei, besonders als dritter Eigentümer, wird
in der Literatur manchmal als R e a l s c h u l d n e r bezeichnet; P e r -
s o n a l s c h u l d n e r ist dann der obligationenrechtlich verpflichtete, «persönliche» Schuldner: der Schuldner schlechthin.

F. Beschränkungen bezüglich der Person des Verpfänders
und des Gläubigers

Die Verpfändung unterliegt nach S u b j e k t und O b j e k t gesetzlichen **14**
Beschränkungen. Im ersteren Fall handelt es sich um den Entzug oder die Beschränkung der Verfügungsbefugnis (nachstehend N 309 ff.). Damit berühren
sich die Beschränkungen bezüglich des Objekts: das ist die Frage der Unverpfändbarkeit bestimmter Gegenstände, nachstehend N 66 ff. Ob eine insofern
vorschriftswidrig erfolgende Verpfändung Bestand hat, hängt im wesentlichen
vom Schutz des guten Glaubens ab (Art. 884 II und nachstehend N 329, 345 ff.,
352).

Während die meisten subjektiven Beschränkungen den V e r p f ä n d e r betreffen, bezieht sich die Vorschrift OR 659 auf den G l ä u b i g e r : die AG darf (mit einigen Ausnahmen) nicht eigene Aktien zu Pfand nehmen.

IV. Pfandgegenstand

15   **Lit.:** Die Kommentare zu BGB 1204 und 1258, EG zum BGB 52 — ferner *Haffter* 50 ff., 69 ff. — *Enneccerus* § 161, §173 — *Klang* § 448 Ziff. I, II, IV, V.

A. Grundsätze — Besonders das Prinzip der Spezialität des Pfandgegenstandes

16   G e g e n s t a n d   d e s   F a u s t p f a n d r e c h t s [a] sind einzelne selbständige, verwertbare, bewegliche, körperliche Sachen, also F a h r n i s im Sinn von ZGB 713. Dazu BGE 19, 553; 27 II 530; über die Terminologie Syst. Teil N 9; über den Sachbegriff *Haab*, Einleitung N 19 ff.; *Meier-Hayoz*, Syst. Teil N 59 ff. Die Umschreibung des k o n k r e t e n Pfandgegenstandes gehört zum Inhalt des Pfandvertrags (nachstehend N 97/98).

17   Die Betrachtung der einzelnen Bestandteile der Definition ergibt:

1. Art. 884 erfaßt nur k ö r p e r l i c h e O b j e k t e : Rechte fallen als Pfandgegenstand unter Art. 899 ff. Die Frage, ob die von Art. 713 zur Fahrnis gezählten N a t u r k r ä f t e verpfändbar sind, entbehrt z. Zt. des praktischen Interesses. Sie wäre nur dann zu bejahen, wenn für die Naturkräfte eine Besitzübertragung, wie in Art. 884 verlangt, faktisch erreichbar wäre. Für die Elektrizität ist dies nicht denkbar (dazu BGE 53 II 237/238; *Haab* Einleitung N 45 und Art. 714 N 4; *Simonius* bei *Haab* Art. 714 N 4; *Homberger* Art. 919 N 17; *Meier-Hayoz* a.a.O. N 121 ff.; *Stark* N 80 vor Art. 919, Art. 933 N 8). Das Pfandrecht ergreift die S a c h e   a l s   G a n z e s ; der Alleineigentümer kann von ihr nicht einen ideellen Teil abspalten und verpfänden. Gl. M. *Leemann* Art. 884 N 16, Art. 800 N 6; *Haffter* 72; zustimmend *Meier-Hayoz* Art. 646 N 42; vgl. auch *Haab*, Einleitung N 61. A. M. *Staudinger* § 1204 N 2 S. 1893, § 1258 N 4; *Planck* S. 1409, 1538; *Enneccerus* § 173 II. Will ein Eigentümer den Wert seiner Sache nicht einem einzigen Gläubiger vorbehalten, so muß er nach schweizerischem Recht eine Nachverpfändung vornehmen (Art. 886). — Über die Verpfändung von Miteigentum nachstehend N 48.

18   2. Pfandgegenstand ist jeweils eine e i n z e l n e   S a c h e . Dies fließt aus

[16a] Pfandgegenstand, Pfandobjekt, Pfandsache, Pfand; Syst. Teil N 10.

dem pfandrechtlichen Prinzip der S p e z i a l i t ä t (Bestimmtheit, S p e z i - f i k a t i o n), das allgemein besagt, daß nur einzelne, individualisierte Gegenstände vom Pfandrecht erfaßt werden können. Die Regel ist für das Grundpfandrecht im Gesetz niedergelegt (Art. 797 I), beansprucht aber auch für das Fahrnispfand Geltung (BGE 27 II 556; 31 II 397/398; 35 II 628). Damit will das moderne Sachenrecht das generelle Pfandrecht vermeiden, wie es namentlich dem Römischen und dem Gemeinen Recht in Gestalt einer Hypothek geläufig war und dem schweizerischen Recht einzig im Sonderfall des Eisenbahnpfandrechts bekannt ist (Syst. Teil N 19, 37). Das Prinzip der Spezialität läßt sich für das Fahrnispfandrecht aus dem Erfordernis der Übertragung der Sachen und aus dem Erfordernis der für die Verpfändung von Rechten vorgeschriebenen Formen ableiten (Art. 884, 909; 900, 901); die genaue Erfüllung dieser Erfordernisse ist ohne Individualisierung des Pfandgegenstandes nicht denkbar (BGE 27 II 556; 71 III 89). Sie stellt die Parallele dar zur Individualisierung, die mittels des Grundbuchs erzielt wird (Art. 796 I). Übertragung gemäß Art. 884 I und Spezifikation gehen ineinander über. Für die Viehverpfändung (Art. 885) ist die genaue Bezeichnung jedes einzelnen Tieres in Art. 11 I der V betr. die Viehverpfändung vom 30. Okt. 1917 verlangt.

3. S e l b s t ä n d i g ist eine Sache dann, wenn sie ihr eigenes rechtliches **19** Schicksal haben kann. Nach diesem Merkmal beurteilt sich die Verpfändbarkeit von Bestandteilen, Früchten und Zugehör (nachstehend N 39—43).

4. Nur v e r w e r t b a r e Sachen sind verpfändbar. Dies ergibt sich aus der **20** dem Gläubiger zustehenden Befugnis, die Sache, wenn die Befriedigung ausbleibt, durch Veräußerung zu verwerten (Art. 891 I). Das Gesetz erwähnt die Verwertbarkeit allein beim Retentionsrecht (Art. 896 I), wo sie aktueller ist, doch besitzt sie allgemeine Bedeutung. Demnach fallen z. B. außer Betracht: Gegenstände, die das Verwaltungsrecht als unveräußerlich erklärt, wie Kunstaltertümer (ZGB 6 II; nachstehend N 66/67); Photographien mit bloßem Affektionswert (BlZR 13 Nr. 109); Geschäftsbücher und -korrespondenzen (BlZR 23 Nr. 70); schlichte Beweisurkunden (BGE 20, 376). Vgl. im übrigen die Kasuistik hinten Komm. Art. 896 N 4 ff.

Wenn in einer B e w e i s u r k u n d e ein Recht bescheinigt ist, so muß sich, **21** damit ein Pfandrecht entsteht, die Verpfändung auf das R e c h t beziehen und die hiefür geltende Form gewahrt werden (Art. 900; statt vieler BGE 27 II 530/531). Ist die Urkunde ein W e r t p a p i e r , dann ist Art. 901 (evtl. Art. 900) und nicht Art. 884 maßgebend, wobei freilich die Beurteilung der Besitzübertragung sich nach Art. 884 richtet und für die I n h a b e r p a p i e r e im besonderen gilt, daß sie den körperlichen Sachen gleich gestellt sind und damit dem Art. 884 auch unterstehen (Näheres hinten Komm. Art. 901 N 46). — Über die Abgrenzung von Beweisurkunden und Wertpapieren hinten Komm. Art. 901 N 12 ff.

22 Ist im Pfandvertrag nur von der U r k u n d e die Rede, so ist es eine A u s l e g u n g s f r a g e, ob die Verpfändung gleichwohl das zugehörige Recht erfaßt. Wo diese Frage bejaht werden kann, ist die Verpfändung aber nur dann wirksam, wenn hierfür die für das jeweilige Recht vorgeschriebene Form gewahrt ist (soeben N 21). Ergibt die Auslegung statt dessen, daß einzig die Urkunde gemeint ist, dann entsteht mangels eines tauglichen Pfandgegenstandes

23 kein Faustpfandrecht. — Die Auslegung kann ferner auch zeigen, daß gar nicht Verpfändung gewollt ist, sondern die auf bedingter Abtretung oder (und) bedingtem Auftrag beruhende E r m ä c h t i g u n g d e s G l ä u b i g e r s, durch I n k a s s o der verurkundeten Forderung Zahlung anzustreben, z. B. bei einem S p a r h e f t (*Staudinger* § 1204 N 6; *Planck* § 1204 S. 1410; *Leemann* Art. 884 N 17). Wo es um ein als K a u t i o n gegebenes Sparheft geht, steht dieser Auslegung freilich das Bedenken entgegen, daß ein Inkasso-auftrag jederzeit widerruflich ist, ferner ist die Bank befugt, vom Vorweiser des Sparhefts den Nachweis seiner Berechtigung zu verlangen, wie anhand des Urteils BlZR 16 Nr. 105 S. 169 bereits im Syst. Teil N 332 ausgeführt. Im zit. Fall faßte die kantonale Instanz die Hingabe des Sparhefts zwecks Leistung einer Kaution als bedingte Abtretung verbunden mit einer Ermächtigung zum Inkasso auf (S. 167/168), das Bundesgericht als Verpfändung im Sinne von ZGB 900 (S. 169). Nach beiden Konstruktionen war das Geschäft nichtig wegen Fehlens der schriftlichen Erklärung: sei es der Zession (OR 165 I), sei es des Pfand-vertrags (ZGB 900 I). Über die Verpfändung von Sparheften im übrigen hinten Komm. Art. 900 N 70 ff.; über die Kautionen: vorn Syst. Teil N 327 ff.

24 Die Verpfändung eines F i l m n e g a t i v s allein verleiht nicht die mit dem Film verbundenen urheberrechtlichen Befugnisse. Diese sind zudem nur verpfändet, wenn die für die Verpfändung des Urheberrechts erforderliche Form eingehalten ist: Art. 900 III und dort Komm. N 102; dazu Entsch. des Reichs-gerichts in Zivilsachen 145, 174; *Staudinger* § 1204 N 9a; *Schalcher*, SJZ 43, 236. Über die Verpfändung von I m m a t e r i a l g ü t e r n hinten Komm. Art. 899 N 94 ff. und Art. 900 N 102 sowie Peter *Schenk*, Das Pfandrecht an Immaterialgütern (Diss. Zürich 1951) bes. 47.

25 5. Das in der Definition vorstehend N 16 enthaltene Merkmal der B e w e g - l i c h k e i t der Sachen richtet sich nach den allgemeinen sachenrechtlichen Kriterien: bewegliche Sachen (Mobilien) sind — abgekürzt — alle Gegen-stände, die nicht unter die gesetzliche Umschreibung und Regelung der Grund-stücke fallen (ZGB 713, 655, 943. *Haab*, Einleitung N 26, 27, 40 ff.; derselbe, Vorbem. vor Art. 713 N 1; *Meier-Hayoz*, Syst. Teil N 93 ff.). Unter Art. 884 gehören somit auch Fahrnisbauten und Fahrnispflanzen (ZGB 677/678. BGE 10, 261—262, im Gegensatz zu BGE 12, 644 und BlZR 13 Nr. 120 S. 242).

B. Einzelfragen

1. Da eine **Sachgesamtheit** (Sachinbegriff, universitas rerum, z. B. ein **26** W a r e n l a g e r, eine Wohnungseinrichtung, eine Bibliothek) keine sachenrechtliche Einheit bildet, kann sie grundsätzlich nicht Gegenstand eines e i n - h e i t l i c h e n dinglichen Rechts sein (*Haab*, Einleitung N 38/39; *Meier-Hayoz*, Syst. Teil N 77). In der Literatur wird deshalb oft betont, sie könne nicht als s o l c h e verpfändet werden. Sicher darf man aber durch den g l e i c h e n Pfandvertrag und d i e s e l b e n Vollzugshandlungen (Übertragung der Sachen, Anzeige nach Art. 886 u. a. m.) eine M e h r h e i t v o n G e g e n - s t ä n d e n verpfänden; dies gilt für Grundstücke (Art. 798, 947) wie für Fahrnis. Nur muß für jeden einzelnen Gegenstand die Übertragung wirklich erfolgen, damit dem Prinzip der Spezialität nachgelebt ist (vorstehend N 18). Dann ist durch einen e i n h e i t l i c h e n V o r g a n g eine V i e l h e i t v o n P f a n d r e c h t e n begründet worden: ebensoviele, als die Sachgesamtheit (oder sonstige Vielheit von Sachen) einzelne Stücke enthält. So betrachtet, löst sich die Frage, *ob* Sachgesamtheiten verpfändet werden können, in derjenigen auf, *wie* eine Mehrheit von Sachen, vor allem ein Warenlager, zusammen zu verpfänden ist. Entscheidend ist auch nicht, ob der Pfand v e r t r a g eine unbestimmte Umschreibung der Mehrheit von Sachen enthält, sondern: ob die Ü b e r t r a g u n g richtig vollzogen und dadurch die Spezifikation erfolgt sei (unzutreffend BGE 31 II 397/398; zutreffend BlZR 21 Nr. 79 S. 198/199; SJZ 13, 381; ZBJV 92, 26). — Nachstehend N 98.

Deshalb steht nichts im Weg, daß mit Zustimmung des Gläubigers e i n - **27** z e l n e, z u r G e s a m t h e i t g e h ö r e n d e S a c h e n a u s d e r P f a n d h a f t e n t l a s s e n werden und a n d e r e n e u d a z u - k o m m e n, sofern man für sie die Übertragung vollzieht. Das Pfandrecht als Ganzes wird dadurch nach gemeinhin vertretener Ansicht nicht berührt: es geht nicht unter und verliert seinen Rang nicht. Der Pfandgläubiger ist zu einem solchen Entgegenkommen jedoch nicht verpflichtet (Art. 889 II), es sei denn, daß es im Vertrag in Gestalt einer sog. S u r r o g a t i o n s k l a u s e l zum voraus geregelt ist: BGE 22, 524; 55 II 300; BlZR 21 Nr. 79 S. 198/199; 23 Nr. 159 S. 274; 34 Nr. 71 S. 173; *Haffter* 52 ff., 72; zustimmend ZBJV 92, 29. Vgl. auch VE 889, E 895 und Erl II 339. — Die Rückgabe an den Gläubiger **28** bewirkt den U n t e r g a n g des Pfandrechts an der f r a g l i c h e n Sache (Art. 888 I), wenn nicht der Sondertatbestand des Al. II/888 vorliegt. — Daß bei der erstmaligen Verpfändung einer Mehrheit von später wechselnden **29** Sachen nicht in allen Teilen feststeht, welche Gegenstände schließlich der V e r w e r t u n g unterliegen werden, ist kein Hindernis. Es sind diejenigen Stücke, für die die Übertragung vollzogen ist und im Zeitpunkt der Verwertung noch besteht. — Es ist nicht zu übersehen, daß die Wirkung der Surrogationsklausel und entsprechender Austauschvorgänge doch derjenigen der Begründung eines e i n h e i t l i c h e n Pfandrechts an einer Mehrheit von Sachen nahe kommt.

30 Ein Sonderfall der Verpfändung eines Warenlagers mit Surrogationsklausel ist in BlZR 23 Nr. 159 S. 274/275 beurteilt: da nach der Gewährung der N a c h l a ß s t u n d u n g im Hinblick auf die Liquidation der Aktiven des Verpfänders der Ersatz der aus der Pfandhaft entlassenen Stücke nicht mehr möglich ist, ist der Ersatz in Geld zu leisten und dem Gläubiger auszuzahlen.

31 Auf eine veränderliche Vielheit von Gegenständen beziehen sich auch die gesetzlichen Pfandrechte zugunsten von S p a r k a s s e n - und von P f a n d - b r i e f f o r d e r u n g e n (Bankengesetz von 1934 Art. 16; Pfandbriefges. von 1930 Art. 18).

32 2. Für das (Aktiv-) **Vermögen** und das **Unternehmen** [a] gelten die gleichen Grundsätze wie für die Sachgesamtheiten. An solchen Komplexen von Sachen und Rechten kann man nach ZGB nur insofern ein Pfandrecht errichten, als für die einzelnen Teile je die Verpfändung vollzogen wird [b]. Auch eine E r b - s c h a f t ist nicht als solche verpfändbar, wohl aber ein Erbanteil, und zwar als ein Recht (hinten Komm. Art. 899 N 55). Nicht verpfändbar sind Werte wie die Kundschaft, besondere Geschäftspraktiken u. a. m. (hinten Komm. Art. 899 N 104). — Über das E i s e n b a h n pfandrecht, das sich auf die wesentlich- sten Teile der Unternehmen bezieht, N 36 ff. des Syst. Teils.

33 3. Daß die Verpfändung **mehrerer Sachen** für die g l e i c h e F o r d e - r u n g zulässig ist, ergibt sich aus den Ausführungen vorstehend N 26. Das hierdurch entstehende Pfandrecht kann als G e s a m t p f a n d r e c h t be- zeichnet werden. N 26 sind die Voraussetzungen der Verpfändung näher umschrieben: was für die dort besprochene Gesamtheit gilt, trifft um so mehr für die Verpfändung einer s o n s t i g e n Mehrheit von Gegenständen zu, z. B. einer Anzahl von W e r t p a p i e r e n. Es genügt, wenn sie im Pfandvertrag generell umschrieben sind (Einzelheiten nachstehend N 37 und 98 mit Belegen). Auch hier kann man zum voraus den Austausch der verpfändeten Sachen verein- baren (vorstehend N 27); dies ist regelmäßig der Fall, wenn eine Bank sich Wertschriften verpfänden läßt, z. B. die bei ihr im Depot liegenden (ZBJV 72, 139). — Zugehörige Sonderprobleme finden sich hinten Komm. Art. 889 N 21 und Art. 891 N 22 behandelt.

34 4. Über **Sachen, die künftig** e x i s t e n t oder s e l b s t ä n d i g wer-

---

[32a] Über diese Begriffe *Haab*, Einleitung N 49, 50; *Meier-Hayoz*, Syst. Teil N 35, 88 ff.; *Oppikofer* bei *Schlegelberger*, Rechtsvergl. Handwörterbuch VII, Art. «Das kaufmännische Unternehmen», 24 ff.

[32b] CC it 2784 II erwähnt die Verpfändung der «universalità di mobili», worunter Sach- gesamtheiten und auch Unternehmen verstanden werden, doch sind die für die einzelnen Stücke nötigen Verpfändungsakte erforderlich.

den oder in den B e s i t z d e s V e r p f ä n d e r s ge l a n g e n, kann ein Pfandvertrag abgeschlossen werden (dazu hinten Komm. Art. 892 N 7, 12). Das Pfandrecht entsteht erst, wenn die jeweils erforderliche Vollzugshandlung möglich und ausgeführt ist, also die Sache z. B. hergestellt, in den Besitz des Verpfänders gekommen und auf den G l ä u b i g e r ü b e r t r a g e n worden ist (BlZR 21 Nr. 79 S. 198). Der Pfandvertrag ist in diesem Sinne bedingt abgeschlossen (nachstehend N 99). Für den Rang mehrerer Pfandrechte gelten die gewöhnlichen Regeln: maßgebend ist grundsätzlich der Zeitpunkt der Besitzübertragung, nicht des Pfandvertrags (hinten Komm. Art. 893 N 12 ff., 24 ff.). Die vorstehend N 27—29 erwähnte Surrogationsklausel trifft einen der Fälle der künftig in den Besitz des Verpfänders gelangenden Sachen.

Auf Grund des Gesagten sind die verbreiteten Pfandklauseln von B a n k e n, **35** mit denen diese einen möglichst großen Kreis jetzt oder künftig in ihrem Besitz befindlicher Gegenstände erfassen wollen, zu würdigen: Sie sind zulässig und geeignet, eine Verpfändung herbeizuführen. So wird z. B. in Allgemeinen Geschäftsbedingungen[a], die für den Kontokorrentverkehr und für sonstige Kreditgeschäfte bestimmt sind, und auch in den besonderen Verträgen für die Verpfändung von Wertpapieren, ein Pfandrecht vorgesehen an schlechthin «allen Vermögenswerten», die die Bank «jeweils» auf Rechnung des Kunden bei sich selbst oder «anderswo» aufbewahrt[b]. Oder es werden der Bank alle Waren verpfändet, die sich gegenwärtig oder in Zukunft im unmittelbaren Besitze der Bank oder in ihrem mittelbaren Besitze in Lagerhäusern, bei Spediteuren, auf dem Transport oder sonstwo in Verwahrung oder Verarbeitung usw. befinden. Für die Zulässigkeit solcher Klauseln sprechen sich aus: SJZ 11, 335 Nr. 276 = ZBJV 51, 139; SJZ 13, 381 Nr. 313; *Wieland* Art. 884 N 3 S. 444, N 5 S. 447; *Leemann* Art. 884 N 38; *Kaderli*, Diss. 25/26. Ferner nachstehend N 98, 183. Bestimmtheit der Pfandsachen verlangt allgemein das französische Recht, CC fr 2074.

Über die Frage, ob die allgemeine Pfandklausel einer Bank auch den Inhalt **36** eines S c h r a n k f a c h e s erfaßt: *Lotz*, Der Schrankfachvertrag (Basel 1940) 70 ff.; *Kaderli*, Diss. 26. — Über die D i s k o n t i e r u n g nachstehend N 184.

Die g e n e r e l l e U m s c h r e i b u n g d e r P f a n d g e g e n s t ä n d e **37** im Pfandvertrag ist nach den gemachten Darlegungen ausreichend. Das Prinzip der Spezialität (vorstehend N 18) bleibt gewahrt, weil es nur besagt, daß das Pfandrecht erst mit der Individualisierung der Sachen entsteht; die Individuali-

---

[35a] Über die Eigenart der Allgemeinen Geschäftsbedingungen nachstehend N 102 f.

[35b] Die Bankpraxis spricht hier von «genereller Verpfändung» oder «Depotbevorschussung», während bei der «speziellen Verpfändung» die Pfandgegenstände im Vertrag e i n z e l n aufgeführt werden; *Albisetti/Bodmer* u. a. 283 f., 618.

sierung vollzieht sich mit der Besitzübertragung. Für die Umschreibung der Pfandgegenstände im Pfandvertrag wird somit Bestimmtheit nicht verlangt; B e s t i m m b a r k e i t genügt. (Die Waren mögen «durch besondere Korrespondenz» näher bezeichnet werden.) Jedoch darf daraus nicht eine so ü b e r - m ä ß i g e   B i n d u n g des Verpfänders und Einengung seiner Bewegungsfreiheit entstehen, daß sein Persönlichkeitsrecht als verletzt erscheint (ZGB 27, bes. II; OR 19 II/20). Es gelten sinngemäß die Überlegungen, die zur Frage der Spezialität der pfandrechtlich gesicherten Forderung anzustellen sind (nachstehend N 139). Vgl. dazu auch BGE 69 II 290 ff. und ZBJV 49, 644. Verletzung des Persönlichkeitsrechts wäre namentlich anzunehmen, wenn die Erstreckung des Pfandrechts auf künftig eingehende Sachen soweit ginge, den Verpfänder der für seine Tätigkeit erforderlichen Sachen zu berauben, so daß ihm die künftige Verdienstmöglichkeit genommen wäre. Dies ist im Einzelfall zu prüfen.

38 L i t e r a t u r über die Pfandklauseln der Banken im allgemeinen: vorn Syst. Teil N 159, nachstehend N 102, 102a, 128 ff.

39 5. Ein **Bestandteil** ist kein eigener Gegenstand dinglicher Rechte, weil er nicht eine selbständige Sache ist, sondern ein Stück der zugehörigen Hauptsache, deren Schicksal er ausnahmslos folgt (Art. 642). Deshalb kann er nicht für sich verpfändet werden, sondern die Verpfändung der Hauptsache erstreckt sich auf den Bestandteil. Näheres hinten Komm. Art. 892 N 7.

40 6. Natürliche **Früchte** bleiben, solange sie nicht von der Hauptsache getrennt sind, den Bestandteilen gleich gestellt (Art. 643 III, 892 III). Ohne gegenteilige Vereinbarung sind sie mit der Trennung ihrem Eigentümer herauszugeben (Art. 892 II). Einzelheiten hinten Komm. Art. 892 N 11.

41 7. **Zugehör** einer b e w e g l i c h e n   S a c h e wird im Zweifel vom Recht an der Hauptsache erfaßt (Art. 644 I, 892 I), kann aber auch davon ausgenommen oder ohne die Hauptsache verpfändet werden. Näheres hinten Komm. Art. 892 N 8 ff.

42 G r u n d s t ü c k s z u g e h ö r kann man unabhängig vom betreffenden Grundstück zu Faustpfand geben (Art. 884). Wird Grundstückszugehör, die bereits nach Art. 805 I von einem Grundpfandrecht erfaßt ist, ohne Zustimmung des Grundpfandgläubigers als Faustpfand verpfändet, dann entsteht bei gutem Glauben des Erwerbers ein Pfandrecht gemäß Art. 884 II (ZBJV 72, 672). Man nimmt an, die Anmerkung gemäß Art. 805 II zerstöre den guten Glauben nicht ohne weiteres, ungeachtet der Bestimmung des Art. 970 III, wonach die Berufung auf Unkenntnis des Grundbucheintrags ausgeschlossen ist; so *Haab* Art. 714 N 56, von *Simonius; Homberger* Art. 933 N 31, Art. 946 N 36; *Stark* Art. 933 N 10, 54; *Meier-Hayoz* Art. 644/645 N 42. Ein künftiger Faustpfandgläubiger ist demnach nicht gehalten, das Grundbuch hinsichtlich dort angemerkter Zugehör einzusehen; eine Auffassung, die von der Praxis im analogen Fall der unter Eigentumsvorbehalt veräußerten Sache vertreten wird: BGE 42 II 582;

56 II 186/187; 60 II 195/196; ZBJV 66, 20; Semjud 1916, 284 = SJZ 13, 18. — Weiter über den Vorrang des gutgläubigen Faustpfandgläubigers im allgemeinen und im Fall des Art. 805 im besonderen: VE 885 II und E 891 II; Erl II 68, 335/336; *Wieland* Art. 644/645 N 11, Art. 805 N 7; *Haab* Art. 644/645 N 19 und 25 a. E.; *Meier-Hayoz* Art. 644/645 N 42; *Liver* 41 f.; *Leemann* Art. 805 N 57, 85, 86; ferner auch *Haab* Art. 714 N 2 a. E.

Die Weggabe zu Faustpfand kann — unabhängig vom Fall **43** des Art. 884 II — ohne Zustimmung des Grundpfandgläubigers erfolgen (dazu BGE 49 II 341). Nur darf darin nicht eine Verminderung des Wertes der Pfandsache liegen, sonst kann sich der Gläubiger zur Wehr setzen (Art. 808 ff.). Vorübergehende Weggabe zerstört die Zugehöreigenschaft nicht (Art. 644 III). Ein mit oder ohne Zustimmung des Grundpfandgläubigers bestelltes Faustpfandrecht geht dem Grundpfand nach, gemäß dem allgemeinen Grundsatz, daß dingliche Rechte in der Regel den Rang nach ihrem Alter einnehmen (prior tempore, potior iure; so auch Art. 893 II und dort Komm. N 29). Das nach Art. 884 II gutgläubig erworbene Pfandrecht geht indessen jedem früheren vor; anders, wenn der gute Glaube fehlt, weil der Faustpfandgläubiger das Grundpfandrecht kannte oder hätte kennen sollen. — Daß (im Gegensatz zur soeben vertretenen Auffassung) das ältere Grundpfandrecht e r l i s c h t, wenn ein jüngeres gutgläubig erworbenes Faustpfandrecht entsteht, ist nicht anzunehmen, weil Art. 805 III Rechte Dritter nur v o r b e h ä l t, nicht aber ihren Untergang vorschreibt (a. M. oder wenigstens mißverständlich *Leemann* Art. 805 N 85). Es genügt zum Schutz des gutgläubigen Erwerbers, wenn sein Recht den Vorrang erhält. So schon aOR 211 II: «Ist eine Sache in dieser Weise verpfändet [sc. als Grundstückszugehör], zugleich aber auch für eine andere Forderung als Faustpfand bestellt, so geht das letztere vor, sofern nicht der Faustpfandgläubiger bei der Verpfändung das Immobiliarpfandrecht gekannt hat oder nach den Umständen hätte kennen sollen»; gleich entschieden VE 885 II und E 891 II. Die Lösung steht im Einklang mit derjenigen im Falle der Konkurrenz eines jüngeren gutgläubig erworbenen Faustpfandrechts mit einem älteren Faustpfandrecht oder einer Nutznießung (nachstehend N 363).

8. **Verbrauchbare** und **vertretbare Sachen**[a] können ohne weiteres ver- **44** pfändet werden. Die Verpfändung eines Warenlagers (vorstehend N 26) gehört u. a. in diesen Zusammenhang. Aus der in Art. 889 I geregelten Rückgabepflicht des Pfandgläubigers leitet sich ab, daß die Sachen in natura zurückzuerstatten sind. Soll demgegenüber der Gläubiger gemäß dem Vertrag die Befugnis haben, nur Sachen derselben A r t zurückzugeben, so liegt nicht ein eigentliches Pfandrecht vor, sondern das

[44a] konsumtible Sachen; fungible, generische, Gattungssachen; über die Begriffe *Haab*, Einleitung N 28 ff.; *Meier-Hayoz*, Syst. Teil N 100, 102.

45   9. **irreguläre Pfandrecht** (pignus irregulare). Es verschafft dem Gläubiger Eigentum an den Pfandsachen. Darüber eingehend vorn Syst. Teil N 182 ff. — Über das sog.

46   10. **Flaschenpfand** *Staudinger* § 1204 N 23 c.

47   11. **Geld** verpfändet man gewöhnlich mittels des i r r e g u l ä r e n P f a n d r e c h t s, in Gestalt der sog. Barkaution. Dies ist anzunehmen, wenn jemand Geld offen übergibt. Ein e i g e n t l i c h e s (r e g u l ä r e s, gewöhnliches P f a n d r e c h t liegt dagegen vor, wo Geld in einem verschlossenen Behältnis oder jedenfalls in der Meinung als Sicherheit gegeben wird, daß die g l e i c h e n S t ü c k e zurückzuerstatten seien: BGE 23 I 698/699; 72 III 16/17; SJZ 8, 190 = Semjud 1911, 700; SJZ 20, 323/324; 21, 65; Semjud 1924, 134 und 374; 1925, 322. Die Verwertung (Art. 891 I) vollzieht sich durch die Übernahme des Eigentums an den verpfändeten Stücken seitens des Gläubigers (*Enneccerus / Wolff* § 173 I; *Staudinger* § 1228 N 1; *Planck* S. 1410, 1468; *Soergel / Augustin* § 1228 N 3). Er hat einen allfälligen Überschuß herauszugeben. Ist der Schuldner der Pfandeigentümer, so handelt es sich gleichzeitig um Verrechnung (OR 120; *von Tuhr / Escher* § 78 N 67).

48   12. **Miteigentumsanteile** können von jedem Miteigentümer selbständig verpfändet werden (Art. 646 III). Da das Miteigentum ein Eigentum an einer S a c h e ist, erfolgt die Verpfändung nach den Regeln, die für die ganze Sache gelten, also für Mobilien gemäß Art. 884 (BlZR 16 Nr. 55 S. 72), für Grundstücke gemäß Art. 800 I ª, für Schiffe gemäß SchRG 41 II. Der Miteigentumsanteil wird somit nicht als Recht nach ZGB 900 ff. verpfändet. Die Besitzübertragung erfolgt mittels Tradition oder eines der Traditionssurrogate (nachstehend N 225 ff.) ᵇ. — Die Verpfändung von Miteigentumsanteilen ist bei Grundstücken häufiger als bei Fahrnis.

49   Ein Pfandrecht an Miteigentumsanteilen an Fahrnis läßt sich nicht nur v e r t r a g l i c h begründen, sondern kann auch v o n G e s e t z e s w e g e n entstehen, so wenn Verbindung oder Vermischung verpfändeter Sachen zu Miteigentum führt (ZGB 727 I. Ein etwas anders gelagerter Fall BlZR 36 Nr. 118: Sammeldepot von Wertpapieren). Zur Sammelverwahrung von vertretbaren Sachen, bes. von Wertpapieren, mit Miteigentum: *Baerlocher* 685 ff., *Etter* SJZ 74, 101 ff. Das Retentionsrecht, z. B. im Sinne von OR 272/286 III, führt zum Pfandrecht an einem Miteigentumsanteil dort, wo sich unter den Retentionsgegenständen (so den eingebrachten Sachen des Mieters oder Pächters) im Miteigentum stehende Sachen befinden.

---

⁴⁸ᵃ Dazu ZGB 648 III, GrundbuchV Art. 47 und BlZR 18 Nr. 183 S. 367: auch gesetzliche Pfandrechte sind zulässig.

⁴⁸ᵇ Im Tatbestand BlZR 16 Nr. 55 S. 72—73 handelt es sich um Besitzüberweisung (ZGB 924 I/III): die Sachen liegen bei einem Dritten (einer Bank), dem Anzeige zu erstatten ist.

Beim Alleineigentum ist es ausgeschlossen, statt der ganzen Sache einen **50** ideellen Bruchteil zu verpfänden; vielmehr muß das Pfandrecht die ganze Sache ergreifen (vorstehend N 17). Entsprechend ist anzunehmen, der Miteigentümer dürfe nicht, statt seines vollen Anteils, nur einen B r u c h t e i l davon verpfänden (*Leemann* Art. 800 N 6, 7; *Haffter* 72; zustimmend *Meier-Hayoz* Art. 646 N 42); denn das Gesetz behandelt den Miteigentumsanteil pfandrechtlich wie eine Sache: wenn für diese eine Teilverpfändung unmöglich ist, so muß dasselbe für den Miteigentumsanteil gelten.

Eine Einflußnahme des Gläubigers auf die V e r w a l t u n g der im Mit- **51** eigentum befindlichen Sache nach der Art von ZGB 906 oder 773 sieht das Gesetz nicht vor (anders BGB 1258). Aus dem neuen Art. 649 a läßt sich nichts anderes ableiten.

Die V e r w e r t u n g (Art. 891 I) erfaßt nur gerade den verpfändeten Mit- **52** eigentumsanteil. Auf das Verwertungsverfahren ist SchKG 132 anzuwenden. Ein Vorkaufsrecht zugunsten der Miteigentümer besteht nicht; die anders lautende Regelung von ZGB 682 gilt nur für Grundstücke. Wenn nicht nur der Miteigentumsanteil, sondern auch die Sache als Ganzes verpfändet ist, wird die Aufsichtsbehörde in Schuldbetreibungs- und Konkurssachen, die gemäß SchKG 132 das Verfahren zu bestimmen hat, analog der für verpfändete Grundstücke geltenden Ordnung (auch ähnlich BGB 1258 II Satz 2) vorgehen und die Auflösung des Miteigentumsverhältnisses herbeizuführen suchen: ZGB 650; VZG 73 lit. b; vgl. auch BGE 44 III 91 und die übrige die Grundstücke betreffende Praxis aus der Zeit vor Erlaß der VZG, angegeben bei *Jaeger* Art. 132 N 1 und in desselben Schuldbetreibungs- und Konkurs-Praxis I (Zürich 1915) Art. 132 N 1. Über die Ordnung bei Grundstücken gemäß VZG vgl. *Haab* Art. 646 N 15 ff.; *Meier-Hayoz* Art. 646 N 53 ff.

Für die Verpfändung der g a n z e n i m M i t e i g e n t u m s t e h e n - **53** d e n S a c h e gilt ZGB 648 II.

Über das Miteigentum allgemein: *Haab* Art. 646 ff. mit Vorbemerkungen; **54** *Meier-Hayoz* Art. 646 ff. mit Vorbemerkungen; René *La Roche*, Verpfändung und Pfändung von Miteigentumsanteilen an Grundstücken (Diss. Basel 1939 MaschSchr).

13. Beim **Gesamteigentum** bestehen keine, als s o l c h e verpfändbaren, **55** Anteile am E i g e n t u m (so für Grundstücke ZGB 800 II, für Schiffe SchRG 41 II). Vielmehr haben die Mitglieder der jeweiligen Gemeinschaft m i t e i n a n d e r die ganze Sache zu Eigentum, und es bestehen Anteile an den G e m e i n s c h a f t e n, denen die Sache gehört. Die Anteile können als R e c h t e gemäß ZGB 900 III in der Weise verpfändet werden — sofern eine Verpfändung nach den die Gemeinschaft beherrschenden Regeln überhaupt zulässig ist (Art. 653 I) —, daß das Pfandrecht die Forderung auf den künftigen Liquidationsanteil erfaßt. Dies trifft z. B. für den Erbanteil zu, oder für den

Liquidationsanteil an einer Kollektiv- und einer Kommanditgesellschaft; Näheres hinten Komm. Art. 899 N 45, 47/48, 49, 55; dazu E. *Huber*, Zum schweiz. Sachenrecht (Bern 1914) 54 N 1.

56   Die Verpfändung der g a n z e n S a c h e richtet sich nach Art. 653 II.

57   Über das Gesamteigentum allgemein: *Haab* Art. 652—654 mit Vorbemerkungen vor Art. 646, bes. Art. 652—654 N 21 und Vorbem. N 4 (S. 117); *Meier-Hayoz* Art. 652 ff.; *Leemann* Art. 800 N 18 ff.; Erl II 75—76.

58   14. **Surrogate** unterliegen dem Pfandrecht dann, wenn kraft Vertrags oder Gesetzes an die Stelle der ursprünglich verpfändeten Sache ein Ersatzgegenstand tritt. Auf Grund der sog. Surrogationsklausel dürfen Sachen, die zu einem verpfändeten W a r e n l a g e r oder zu anderen Mehrheiten von Sachen gehören, ausgewechselt werden (vorstehend N 27—29). Der gleiche Vorgang kommt bei W e r t p a p i e r e n (abgesehen von der erwähnten Klausel) dann vor, wenn die Titel von deren Aussteller eingezogen und umgetauscht werden (z. B. Interimsscheine in Aktien), und zwar bleibt das Pfandrecht auch ohne besondere Klausel erhalten. Eine Surrogation von Gesetzes wegen besteht hinsichtlich der Forderung auf die V e r s i c h e r u n g s leistung und die daraus angeschafften Ersatzstücke. Hierüber und über die Frage der Erstreckung des Pfandrechts auf die E n t s c h ä d i g u n g f ü r E n t e i g n u n g, B e s c h l a g n a h m e, R e q u i s i t i o n und dergl., sowie auf den S c h a d e n e r s a t z und die Ersatzstücke vgl. hinten Komm. Art. 892 N 16 ff.

59   15. Die Frage der Verpfändung einer bereits **mit einem andern beschränkten dinglichen Recht belasteten Sache** ist zunächst hinsichtlich der N u t z n i e ß u n g bedeutsam: die Verpfändung ist ohne Zustimmung des Nutznießers zulässig (BGE 35 II 629; bes. 49 II 340 ff.; *Leemann* Art. 774 N 43). Im Falle des Art. 775 ist dies freilich gegenstandslos. Die Nutznießung geht dem Pfandrecht vor; der Rang richtet sich nach dem Zeitpunkt der Entstehung. Bei der Verwertung der Sache wegen Geltendmachung des Pfandrechts wird die Sache — belastet mit der Nutznießung — veräußert. Die Bestellung des Pfandrechts folgt den gewöhnlichen Regeln (Art. 884 I und nachstehend Komm. N 257): dem die Sache unmittelbar besitzenden Nutznießer oder dem an seine Stelle getretenen und den Gegenstand verwahrenden Dritten (z. B. einer Bank) wird gemäß Art. 924 II Anzeige erstattet. Durch gutgläubigen Erwerb eines Faustpfandrechts gemäß Art. 884 II verliert die ältere Nutznießung ihren Vorrang vor dem jüngeren Pfandrecht, wenn der Pfandgläubiger auch hinsichtlich des Nichtbestandes der Nutznießung gutgläubig war (nachstehend N 363).

60   Weitere Fälle der Verpfändung einer bereits belasteten Sache sind die N a c h v e r p f ä n d u n g (Art. 886, 893, 903) und die Errichtung eines Faustpfandes an Z u g e h ö r, welche schon von einem G r u n d p f a n d r e c h t erfaßt ist (Art. 805; vorstehend N 42/43).

61   16. Der im Genuß eines **Eigentumsvorbehaltes** stehende V e r ä u ß e r e r

kann die Sache — da er immer noch Eigentümer ist[a] — verpfänden (zu-
stimmend *Scherrer* bei *Haab* Art. 715/16 N 88). Die zur Verpfändung erforder-
liche Besitzübertragung vollzieht sich in Gestalt der Besitzanweisung, Art. 924.
Dritter im Sinne dieser Vorschrift ist der Erwerber unter Eigentumsvorbehalt.
Gleichgültig, ob der Erwerber mit der Verpfändung einverstanden und ob dem
Pfandgläubiger die Veräußerung unter Eigentumsvorbehalt bekannt ist, geht das
Pfandrecht dem Rechte jenes Erwerbers vor, da dieser nach meist vertretener
Auffassung kein dingliches Recht hat; die Übertragung einer Sache unter Eigentumsvorbehalt wird als eine suspensiv bedingte angesehen: BGE 46 II 48; 58 II
354; *Staehelin* (zit. N 82 des Syst. Teils) 20/21[b]. Der Veräußerer besitzt immer
noch die Verfügungsbefugnis (nachstehend N 318). Fehlt die Zustimmung des
Erwerbers zu der Verpfändung, dann kann er den Veräußerer auf Schadenersatz
in Höhe des durch die Verpfändung entstandenen Minderwertes belangen, weil
der Veräußerer dem Erwerber laut Vertrag das Eigentum unbelastet verschaffen
sollte. Über solche Schadenersatzansprüche: *Hopp*, Eigentumsvorbehalt und
Eigentumsanwartschaftsrecht (Berlin 1938) 143 ff. Vgl. auch BGE 46 II 48:
Der Veräußerer kann das vorbehaltene Eigentum an einen Dritten abgeben.

62 Die unbefugte Verpfändung der unter Eigentumsvorbehalt stehenden Sache
durch deren E r w e r b e r führt bei gutem Glauben des Pfandgläubigers
gemäß Art. 884 II zu einem gültigen Pfandrecht (SJZ 13, 18 = Semjud 1916,
283). Der Eintrag im Eigentumsvorbehaltsregister zerstört den guten Glauben
nicht ohne weiteres: BGE 42 II 582; 56 II 186/187; 60 II 195/196; ZBJV 66, 20;
BlZR 67 Nr. 12 = SJZ 63, 376; AGVE 1956, 45 = SJZ 52, 113; *Staehelin*
(zit. N 82 des Syst. Teils) 90; *Stark* Art. 933 N 5; *Liver* SPR 336; hinten
Komm. N 359 zu Art. 884.

63 17. Eine **fremde Sache** kann als Pfandgegenstand auftreten: es handelt
sich um die vorstehend N 11/12 und bes. nachstehend N 385 ff. erwähnten Tatbestände.

64 18. Für die **Gegenstände der Mobiliarhypothek** (N 33 ff., 70 ff. des
Syst. Teils) gilt: An einem in das Schiffsregister aufgenommenen S c h i f f
kann kein Faustpfandrecht begründet werden (SchRG 53). Entsprechendes gilt
für Luftfahrzeuge, BG über das Luftfahrzeugbuch vom 7. Okt. 1959 Art. 51. Da

---

[61a] So der Sache nach regelmäßig das Bundesgericht: BGE 80 III 26/27; 82 IV 186; 90 II
292. Gleich *Scherrer* lt. Zitat im Kontext, N 88.

[61b] Die Auffassung ist freilich bestritten, *Neumayer*, SJZ 66, 352 ff. und dort Zitierte; *Liver*
§ 52 IV; ders. in Recueil des travaux de la 3e Semaine juridique turco-suisse (Ankara 1966)
301 ff.; ders. Schweiz. Privatrecht V/1, 340 ff.*.

* Die Auffassung *Livers* (resolutiv bedingtes Eigentum; Rücktrittsrecht des Verkäufers
nach OR 214 ff.) führt zur umgekehrten Priorität gegenüber dem Text von N 61. Vgl. *Liver*
SPR 339 f. Verpfändbar könnte demnach nur sein das Forderungsrecht des Verkäufers mit
dem Eigentumsvorbehalt als Nebenrecht. R. B.

die Eintragung in das Luftfahrzeugbuch fakultativ ist, steht für nicht eingetragene Luftfahrzeuge das Faustpfandrecht zur Verfügung; nur für eingetragene gilt dies nicht, *Jäggi* (zit. vorn Syst. Teil N 78) 67. Hinsichtlich der Schiffe s. neben Art. 53, Art. 4 und 5 SchRG. Eine gleiche Vorschrift fehlt hinsichtlich des V i e h s ; man darf solches folglich statt durch Viehverschreibung (Art. 885) gemäß Art. 884 I verpfänden (hinten Komm. Art. 885 N 5).

65 Das E i s e n b a h n pfandrecht erfaßt nach dem N 36 des Syst. Teils zit. BG von 1917, Art. 9 b und 10 b, das «gesamte zum Betrieb und Unterhalt der verpfändeten Linie gehörende Material», bei einer Schiffahrtunternehmung den «gesamten Schiffspark» mit Ausrüstung und weiterem Material. Ein Faustpfandrecht kann folglich an diesen Mobilien nicht errichtet werden; das Gesetz von 1917 beansprucht insoweit abschließende Geltung, womit im Einklang steht, daß die Schiffsverschreibung für die dem Gesetz von 1917 unterstehenden Schiffe nicht zulässig ist (SchRG 6; Syst. Teil N 77).

Über die Verpfändung von G r u n d s t ü c k s z u g e h ö r : vorstehend N 42/43.

66 19. Die **Unverpfändbarkeit** einer Reihe von Sachen ergibt sich direkt oder indirekt aus Vorschriften verschiedener Rechtsgebiete, namentlich des ö f f e n t l i c h e n R e c h t s . Gewöhnlich werden die Gesetze allgemein die V e r f ü g u n g e n über Sachen und andere Gegenstände oder deren V e r - ä u ß e r u n g beschränken; inwieweit die Verpfändung davon betroffen wird, ist anhand der jeweiligen Vorschriften und im Lichte der anschließenden Bemerkungen zu beurteilen. Das gleiche gilt für die Rechtsfolgen verbotswidriger Geschäfte. Sowohl Bestimmungen eidgenössischen wie kantonalen Rechts fallen in Betracht; letztere namentlich im Rahmen von ZGB 6 II.

67 Wo im besonderen das V e r w a l t u n g s r e c h t die Veräußerung von Gegenständen verbietet[a], ist auch die Verpfändung unzulässig, weil sie bei der Verwertung zur Veräußerung führt und nur verwertbare Sachen zu den Pfandgegenständen gehören (vorstehend N 20). Der BRB über die Abgabe von Dienstmotorfahrzeugen vom 29. Nov. 1949 Art. 8 II verbietet die Verpfändung ausdrücklich; die Rechtslage ist gleich wie bei den Dienstpferden: hinten Komm. Art. 885 N 24. Das BG über die Schuldbetreibung gegen Gemeinden und andere Körperschaften des kantonalen öffentlichen Rechts vom 4. Dez. 1947 erklärt im Art. 10, daß Vermögenswerte, die gemäß Art. 4—9 des gleichen Gesetzes nicht oder nur mit Zustimmung der Regierung pfändbar sind, nicht oder nur mit derselben Zustimmung v e r pfändet werden dürfen. Weitere Einzelheiten in Art. 11/12 des Gesetzes und dazu BBl 1939 II 13; *Blumenstein,* Der

---

[67a] diese also zu res extra commercium macht, z. B. Dienstpferd, Militärausrüstung; Militärorganisation Art. 80 I, 92. Eine die Verpfändung ausdrücklich erwähnende Strafbestimmung findet sich im Militärstrafgesetz Art. 73.

Gläubigerzugriff auf das Gemeindevermögen ..., in Festg. *Lotmar* (Bern 1920) 114 ff., bes. 119/120; *Fritzsche* II 388; *Liver*, Komm. Sachenrecht, Grunddienstbarkeiten (Zürich 1968), Einleitung N 26.

Im übrigen zieht die U n p f ä n d b a r k e i t gemäß SchKG 92 (vgl. auch **68** Art. 197 I) nicht die Un v e r pfändbarkeit nach sich, vielmehr können unpfändbare Gegenstände — sog. K o m p e t e n z s t ü c k e — verpfändbar sein: BGE 55 III 120 (auch 40 II 627; 78 III 5); *Leemann* Art. 884 N 18; *Haffter* 70/71; *Oser/Schönenberger* Art. 272 N 27; eingehend *Bolla* 99. Die Pfandbestellung an unpfändbaren Gegenständen ermöglicht somit zugunsten des Pfandgläubigers die Verwertung von Objekten, die sonst der Zwangsvollstreckung entzogen sind (BGE 55 III 120/121; *Jaeger* Art. 92 N 1 F S. 256).

Für U r k u n d e n des öffentlichen Rechts, wie Ausweisschriften, ergibt **69** sich die Unverpfändbarkeit schon aus der fehlenden Verwertbarkeit (vorstehend N 20).

Zu einem F a m i l i e n f i d e i k o m m i ß gehörende Gegenstände werden **70** gewöhnlich völlig oder teilweise unverpfändbar sein: BGE 67 III 14; 69 I 193; *Egger*, Komm. Familienrecht (Zürich 1943) Art. 335 N 22 ff. Über die Nutzungen BGE 42 III 257. Vgl. auch den (aufgehobenen) § 632 ABGB.

Über die Frage, ob der g u t e G l a u b e des Erwerbers ein Pfandrecht an **71** einer unverpfändbaren Sache entstehen läßt, nachstehend N 352/353; über die v e r k e h r s u n f ä h i g e n S a c h e n (res extra commercium) und die Verfügungsbeschränkungen im allgemeinen: *Haab*, Einleitung N 33 ff. und N 9/10 vor Art. 714; *Meier-Hayoz*, Syst. Teil N 110 ff.; *Egger*, Komm. Personenrecht (Zürich 1930) Art. 6 N 20; *Huber* in Komm. ZGB, Einleitung (Bern 1962) Art. 6 N 245 ff.

Auf anderem Boden als die besprochenen Beschränkungen, die an die Eigenart **72** der S a c h e n anknüpfen, stehen diejenigen, welche bestimmten P e r s o n e n die Kompetenz entziehen, ein Pfandrecht zu begründen: das ist die Frage der V e r f ü g u n g s b e f u g n i s, nachstehend N 303 ff.

20. Die **eigene Sache des Gläubigers** kann grundsätzlich n i c h t Gegen- **73** stand eines Faustpfandrechts — also eines E i g e n t ü m e r p f a n d r e c h t s — sein; BGE 23 I 698; 48 III 167 E. 2; *Tuor/Schnyder* § 95 I; *Staudinger* § 1204 N 7; *Enneccerus* § 160 V. — Dingliche Rechte an eigener Sache sind vom ZGB für die G r u n d s t ü c k e in Gestalt der Eigentümerdienstbarkeit (Art. 733) und des Eigentümerpfandrechts (bes. Art. 859 II) vorgesehen. Als Ausnahmen von dem Grundsatze, daß die beschränkten dingliche Rechte iura in re aliena sind, wollen sie gewissen praktischen Bedürfnissen entgegenkommen (Georg *Gautschi*, Beitrag zur Theorie des Eigentümergrundpfandes, Diss. Zürich 1928, 28 ff.). Ihre korrekte Handhabung wird durch das Grundbuch ermöglicht, das die dinglichen Rechte deutlich zur Darstellung bringt. Zudem knüpft das Gesetz die eigentlichen Eigentümerpfandrechte an die Existenz von Pfandtiteln

an, die das Pfandrecht verselbständigen (Eduard *Weber*, Das System der festen Pfandstelle, Diss. Bern 1929, 52 ff.). Diese Grundlagen fehlen dem F a h r n i s -pfandrecht. Dem Eigentümerpfandrecht würde hier die unerläßliche (Art. 884 III) Publizität abgehen, weil kein Gläubiger vorhanden wäre, in dessen Besitz die Sache überginge (Art. 884 I). Auch spricht der akzessorische Charakter des Fahrnispfandrechts gegen das Eigentümerpfandrecht, bei dem im typischen Fall überhaupt keine Forderung vorhanden ist (nachstehend N 149 ff.). Schließlich mangelt die praktische Notwendigkeit: künftigem Bedarf an Pfandrechten kann der Verpfänder entsprechen, indem er für eine künftige oder bedingte Forderung ein Pfandrecht bestellt und ihm damit den Rang sichert (nachstehend N 122/123).

74 Wenn Pfandrecht und Eigentum nachträglich in einer Hand vereinigt werden, erlischt das Pfandrecht durch K o n f u s i o n (hinten Komm. Art. 888 N 11; über Ausnahmen s. dort N 12).

75 21. Hinsichtlich der **Zahl** und **Bestimmtheit der Pfandgegenstände** zeigen die vorangegangenen Erörterungen, daß eine vielfache Abstufung besteht: — 1. ein einzelner Gegenstand ist Objekt des Pfandrechts (analog Art. 797 I), oder — 2. eine Mehrheit spezifizierter Gegenstände (Gesamtpfandrecht; analog Art. 798; vorstehend N 33); — 3. eine Mehrheit nach Anzahl und Bestand wechselnder Gegenstände, die aber durch die Besitzübertragung spezifiziert werden (z. B. Warenlager mit Surrogationsklausel, vorstehend N 27); — 4. eine Mehrheit nach Anzahl und Bestand wechselnder Gegenstände, die nicht im einzelnen spezifiziert sind (das als generelle Hypothek ausgestaltete Eisenbahnpfandrecht, vorstehend N 32; N 36/37 des Syst. Teils); — 5. dem geltenden Recht unbekannt ist dagegen die letzte Stufe: Verpfändung des ganzen gegenwärtigen und künftigen schuldnerischen Vermögens (so die römische und gemeinrechtliche Generalhypothek, die auch dem früheren kantonalen Recht geläufig war, wenn schon in modifizierter Gestalt: Zürch. Privatrechtl. Gesetzbuch § 889; Emanuel *Gerster*, Die geschichtliche Entwicklung der Fahrnisverschreibung in der Schweiz, Diss. Bern 1907, 3 ff.; N 19—21 des Syst. Teils).

C. Faktische Tauglichkeit des Pfandgegenstandes

76 Eine vom bisher (N 15—75) behandelten Problem völlig verschiedene Frage ist, welche von den als Pfandgegenstand r e c h t l i c h zulässigen Objekten in der W i r k l i c h k e i t verwendet werden. Dafür sind nicht juristische, sondern f a k t i s c h e Kriterien maßgebend. Hierüber vorn N 153 des Syst. Teils.

V. Entstehungsgründe des Pfandrechts

Das Faustpfandrecht wird vorstehend N 5 als ein rechtsgeschäftlich begründe- **77** tes Pfandrecht definiert. Entstehungsgrund ist folglich ein Rechtsgeschäft, und zwar regelmäßig ein V e r t r a g, und dies im Sinne eines Rechtsgeschäfts unter Lebenden: der Pfandvertrag (nachstehend N 93).

Theoretisch fällt auch ein durch V e r f ü g u n g   v o n   T o d e s   w e g e n **78** ausgesetztes Vermächtnis in Betracht (ZGB 484). — So ebenfalls *Bolla* 142 ff.; *Escher*, Komm. Erbrecht (3. A. Zürich 1959) Art. 484 N 4; *Tuor*, Komm. Erbrecht (2. A. Bern 1952) Art. 484 N 6. Dies wird dagegen abgelehnt vom italienischen Recht, CC 2821 II und ist umgekehrt vorgesehen in ABGB 449. — Ein Erblasser mag z. B. den Erben A anweisen, dem Gläubiger B eine zur Erbschaft gehörende Sache als Faustpfand auszuhändigen, damit der Schuldner C seine Schuld durch Pfand gesichert sieht. Bei Weigerung des A hat B als Vermächtnisnehmer gegen ihn einen obligatorischen Anspruch auf Übertragung der Sache (ZGB 562 I, 884 I); der Anspruch ist zwangsweise durchzusetzen wie ein vertraglicher Anspruch auf Übertragung der Pfandsache (nachstehend N 105). Der gleiche Anspruch darf auch dem Schuldner C zugebilligt werden, weil der Vorteil, seine Schuld durch Pfand gesichert zu erhalten, die Pfandbestellung als «Vermögensvorteil» im Sinn des Art. 484 I erscheinen läßt, so daß auch C als Vermächtnisnehmer dasteht. In der Wirklichkeit werden solche Tatbestände so selten vorkommen, daß sie hier nicht weiter zu verfolgen sind.

Das G e s e t z scheidet als Entstehungsgrund des Faustpfandrechts aus. **79** Denn: Wo das Gesetz als Entstehungsgrund eines Pfandrechts auftritt, hat man ein gesetzliches Pfandrecht vor sich; das Gegenstück des gesetzlichen Pfandrechts ist das rechtsgeschäftliche, und das Faustpfandrecht ist ein rechtsgeschäftliches Pfandrecht (vorstehend N 77). Folglich kann das Faustpfand niemals ein gesetzliches Pfandrecht sein. Dieses ist zwar im Gebiete des F a h r n i s pfandes häufig, aber das F a u s t pfand fällt außer seinen Bereich. Gesetzliche Pfandrechte sehen von den in Art. 884 geregelten (oder dort stillschweigend vorausgesetzten) Erfordernissen ab, namentlich von der Übergabe der Sache, was gerade das Merkmal des Faustpfandes ist. Über diese Zusammenhänge N 46 ff. und 60 des Syst. Teils.

Wie das Gesetz, so kommt das r i c h t e r l i c h e   U r t e i l von Begriffs **80** wegen nicht als Entstehungsgrund des Faustpfandrechts in Betracht. Es würde ebenfalls das Pfandrecht ohne Übergabe der Sache entstehen lassen. Das Urteil vermag indessen diese Rechtsfolge nicht zu erzeugen. Es könnte ein Pfandrecht nur dann unmittelbar begründen, wenn man ihm konstitutive Bedeutung beimessen dürfte. Eine solche besitzt es insbesondere beim Erwerb des Grundeigentums (Art. 656 II, 655 I/II) ; jedoch kennt das ZGB weder beim Erwerb des Fahrniseigentums (BGE 69 II 371) noch des Fahrnispfandrechts die gerichtliche Zusprechung des Rechts (was der Sinn der konstitutiven Bedeutung eines Urteils ist [Anders das Gemeine Recht: *Windscheid* I § 233]). Das Urteil wirkt vielmehr bloß deklarativ: es hat die Aufgabe, den Verpfänder, falls er sich weigert, die Pfandsache zu übergeben (Art. 884 I), zur Übertragung zu verhalten (nachstehend N 105). In dieser schwächeren Gestalt dient es der Durchsetzung des Pfandvertrags.

81 So wenig wie ein Urteil, kann eine sonstige b e h ö r d l i c h e V e r -
f ü g u n g ein Pfandrecht entstehen lassen, da das schweizerische Recht das sog. Pfändungspfandrecht nicht kennt (vorn Syst. Teil N 62).

82 Die E r s i t z u n g des Pfandrechts ist vom Gesetz nicht vorgesehen. *Spiro* (zit. vorn Syst. Teil N 259) 1445 f. und *Liver* § 64 V halten sie für zulässig. Dem ist beizustimmen.

83 Das österreichische Recht (ABGB 449) unterscheidet noch entsprechend einer für das schweizerische Recht nicht mehr gültigen t r a d i t i o n e l l e n E i n -
t e i l u n g einerseits das rechtsgeschäftliche Pfandrecht (pignus voluntarium), anderseits das «notwendige» Pfandrecht (pignus necessarium). Zum ersteren gehören das pignus conventionale und das pignus testamentarium, je nachdem das Pfandrecht auf Vertrag oder auf Verfügung von Todes wegen beruht; das pignus necessarium ist entweder richterliches (pignus iudiciale) oder gesetzliches Pfandrecht (pignus legale oder tacitum).

VI. Voraussetzungen der Verpfändung

A. Überblick — Zeitpunkt der Entstehung des Pfandrechts

84 Gemäß den Darlegungen vorstehend N 77 hat man im Faustpfand ein vertraglich begründetes Pfandrecht vor sich. Die Voraussetzungen seiner Errichtung sind, neben der Verwendung eines g e e i g n e t e n P f a n d g e g e n s t a n d e s
(vorstehend N 16 ff.) : — Abschluß eines P f a n d v e r t r a g e s (nachstehend N 88 ff.), welcher der für die Rechtsbeständigkeit der Verpfändung erforderliche R e c h t s g r u n d ist (N 111, 299) — Bestehen einer zu sichernden F o r d e r u n g (Pfandforderung, N 115 ff.) — Übertragung des
B e s i t z e s (Art. 884 I/III, N 178 ff.) — V e r f ü g u n g s b e f u g n i s
(Verfügungsmacht, N 303 ff.). — Ob die Übertragung des Besitzes von einem besonderen d i n g l i c h e n V e r t r a g begleitet wird, ist fraglich (N 300 ff.).

85 Von diesen Voraussetzungen nennt das G e s e t z nur die hervorstechendste

ausdrücklich: die Übertragung des Besitzes an der Pfandsache: Al. I/884. Ihre Tragweite ist in Al. III unterstrichen, wo das Gesetz erklärt, das Pfandrecht sei nicht begründet, solange der Verpfänder die ausschließliche Gewalt über die Sache behält.

Das Pfandrecht entsteht im Zeitpunkt des Vollzugs der Besitz- **86** übertragung oder der Umwandlung bereits bestehenden Besitzes in Pfandbesitz (BGE 38 II 174; nachstehend N 104, 185), sofern auch die übrigen Voraussetzungen erfüllt sind.

B. Pfandvertrag

Lit.: *Haffter* 75 ff. — René *Trachsel*, Die Warenverpfändung ... (Diss. Bern 1949) 22 ff. **87** — teilweise verwertbar die auf das Grundpfand bezüglichen Ausführungen von *Leemann* Art. 799 N 17—20, 32—40.

a) Begriff und Eigenart

Allgemein definiert ist der Pfandvertrag das Rechtsgeschäft, wodurch **88** der Verpfänder sich verpflichtet, mittels der vom Gesetz jeweils verlangten Vollzugshandlung das Pfandrecht zu konstituieren.

Konstitutive Vollzugshandlung ist beim Faustpfandrecht die Über- **89** tragung des Pfandbesitzes an einer hiezu geeigneten Sache (vorstehend N 16 ff.). Also verpflichtet sich der Verpfänder durch den Pfandvertrag im Rahmen des Art. 884, dem Gläubiger eine geeignete Sache mittels Besitzübertragung zu Pfand zu geben. Das Gesetz erwähnt den Pfandvertrag bei dem Pfandrecht an Rechten (Art. 900 I/III) und dem Grundpfand (Art. 799 II), nicht aber beim Faustpfand. Dieses ist seinem Begriff nach ein rechtsgeschäftlich begründetes Pfandrecht (vorstehend N 5); von den einschlägigen Rechtsgeschäften hat nur der Vertrag — eben der Pfandvertrag — praktische Bedeutung (vorstehend N 77/78). In diesem Sinne ist er eine der Voraussetzungen der Verpfändung, ein Element ihres juristischen Tatbestandes, als was ihn das Gesetz denn auch in den Fällen der Art. 900 und 799 betrachtet. Art. 901 I (bei Inhaberpapieren «genügt» die Übertragung der Urkunde) will nicht das Gegenteil besagen.

Die Gerichtspraxis geht ohne Erörterungen von dieser sich als selbstverständ- **90** lich aufdrängenden Rolle des Pfandvertrags aus[a]. Demgegenüber mißverstehen

---

[90a] So z. B. BGE 19, 567/568; 22, 523/524; 31 II 397/398; 41 II 46; 43 II 21; 50 III 144; 48 II 5; 51 II 281; 58 III 125; BlZR 21 Nr. 79 S. 198; SJZ 11, 335.

ihn verschiedene Autoren. So verwechseln oder vermischen ihn einzelne[b] offenbar mit dem dinglichen Vertrag[c] oder auch mit dem Vorvertrag des Pfandvertrags. Eine zutreffende Erfassung des Pfandvertrags findet sich bei *Haffter* 74 ff.; *Wieland* Art. 884 N 3 Ziff. 2; sachlich richtig, aber terminologisch mißverständlich BGE 27 II 531: «dinglicher Pfandvertrag».

91 Wo nicht ein gesetzliches Pfandrecht vorliegt (Syst. Teil N 46, vorstehend N 79), ist mithin der P f a n d v e r t r a g u n e r l ä ß l i c h; mißverständlich *Leemann* Art. 884 N 36. Wie käme sonst der Verpfänder dazu, eine Sache zu Pfand zu geben?

91a Von den a u s l ä n d i s c h e n R e c h t e n widmet ABGB § 1343 und 1368—1374 dem «Pfandvertrag» eine besondere Regelung, versteht darunter aber einen als dinglichen Vertrag aufgefaßten Realkontrakt, nämlich den Vertrag, der das Pfand «wirklich einräumt», wie § 1368 sich ausdrückt. Die hierauf bezüglichen Vorschriften treffen jedoch im wesentlichen auch auf das in der zugehörigen Literatur sog. Pfandversprechen oder den Verpfändungsvertrag zu, was dem Pfandvertrag im Sinne des schweizerischen Rechts entspricht, also erst die Verpflichtung zur Hingabe einer Sache zu Pfand schafft (dazu *Klang* § 1368 Ziff. I, II).

92 Die T e r m i n o l o g i e ist uneinheitlich und zum Teil unzweckmäßig. Das Gesetz spricht im aufgehobenen Art. 916 I von Verpfändungsvertrag, in Art. 900 I/III von Pfandvertrag. Die Judikatur verwendet neben dem letzteren Wort, auf das sie häufig greift, Ausdrücke wie Faustpfandvertrag, Faustpfandbestellungsvertrag, Faustpfandvereinbarung, Faustpfandverschreibung[a], Verpfändungsvertrag. «P f a n d v e r t r a g» i s t v o r z u z i e h e n. Die P a r t e i e n brauchen für die Verpfändung öfters umschreibende Ausdrücke wie Garantie, Sicherstellung, Hinterlegung, Übergabe zur Sicherheit oder Deckung, als Kaution, ins Depot. Dies ist bei der Würdigung der Bezeichnung konkreter Verträge zu berücksichtigen. Das wahre Wesen des Vertrags ist gemäß OR 18 I nicht anhand der Ausdrucksweise, sondern des objektiven Sinns des Vertrags zu bestimmen (statt vieler ZBJV 52, 129).

93 Wenn vom vertraglichen Pfandrecht im Gegensatz zum gesetzlichen gesprochen, d. h. der V e r t r a g als E n t s t e h u n g s g r u n d des Pfandrechts bezeichnet wird (vorstehend N 77 und N 46 des Syst. Teils), so ist der P f a n d v e r t r a g gemeint. Er wird durch die gemäß Art. 884 I/III erfolgende Übertragung des Pfandbesitzes erfüllt (nachstehend N 104/105). Der Gläubiger

---

[90]b *Staudinger*, N 5b vor § 1204 und § 1205 N 1; *Leemann* Art. 884 N 36, 38/39 und Art. 889 N 17.

[90]c Über diesen nachstehend N 300/301.

[92]a Der Ausdruck wird auch auf Bankformularen verwendet und ist verfehlt, weil «Verschreibung» der traditionelle Ausdruck für eine bestimmte Art des hypothekarischen Pfandrechts ist (Syst. Teil N 66).

hat hierauf Anspruch. Im Verhältnis zu dieser Übertragung stellt der Pfandvertrag das K a u s a l g e s c h ä f t dar (causa, Erwerbsgrund, Rechtsgrund,
Titulus). Gleich wie die Übertragung des Eigentums an Fahrnis (Art. 714 I),
zerfällt demnach die Verpfändung in zwei Vorgänge: den obligatorischen Akt
(Pfandvertrag) und den dinglichen Akt (dingliche Perfektion durch Besitzübertragung nach den nachstehend N 179 ff. dargestellten Regeln). Der dingliche Akt
dient dem Vollzug des obligatorischen Aktes; er läßt erst das Pfandrecht entstehen,
ist konstitutiv (vorstehend N 86). Hierin unterscheidet sich das moderne Recht von
Ordnungen nach Art des späteren römischen Rechts, welches das Pfandrecht
schon auf Grund des Vertrags entstehen ließ, ohne eine in der Besitzübertragung
oder einem Registereintrag bestehende Publizitätsform zu verlangen, wie dies
heute der Fall ist. — Über die Frage, ob die Übertragung des Pfandbesitzes im
Verhältnis zum Pfandvertrag abstrakt oder kausal ist, nachstehend N 110 ff.

Der häufig anzutreffende Ausdruck «P f a n d b e s t e l l u n g» meint ge- **94**
wöhnlich allein den dinglichen Akt, also die Besitzübertragung (z. B. BGE 22,
523/524; 51 II 278; 68 III 134). Ein abweichender Sprachgebrauch will damit
den ganzen Vorgang der Errichtung eines Pfandrechts treffen, also den Pfandvertrag mit erfassen (so SchKG 298 I, vgl. BGE 51 III 76). Hierfür wird jedoch
besser das Wort V e r p f ä n d u n g verwendet (Näheres N 11 des Syst. Teils).
Über OR 135 Ziff. 1 nachstehend N 146.

Dem Pfandvertrag mag ein V o r v e r t r a g vorangehen (OR 22), doch **95**
kann er keine große praktische Bedeutung haben[a]. Nicht er, sondern der Pfandvertrag selber ist in der modernen Konzeption das p a c t u m d e p i g n o -
r a n d o d a n d o : der Vertrag auf Einräumung eines Pfandrechts, der die
Verpfändung einleitet. Der Pfandvertrag ist, wie sich von selber ergibt, K o n -
s e n s u a l v e r t r a g und nicht Realvertrag wie das römische pignus. In der
obligationenrechtlichen Terminologie ist er ein u n v o l l k o m m e n z w e i -
s e i t i g e r V e r t r a g (contractus bilateralis inaequalis): er geht im wesentlichen auf Übertragung der Sache zu Pfand, woran sich die Pflicht des Gläubigers auf Rückgabe nach der Tilgung der Forderung knüpft, sofern nicht Verwertung einsetzt (Art. 889, 891 I). Der Pfandvertrag ist ferner in d e r Weise
unselbständig, als er der Schaffung eines a k z e s s o r i s c h e n Rechts dient
(nachstehend N 149).

Er untersteht den allgemeinen V o r s c h r i f t e n des O b l i g a t i o n e n - **96**
r e c h t s (ZGB 7), soweit nicht das Sachenrecht besondere Bestimmungen enthält, was im Bereich des Faustpfandrechts nur in geringem Ausmaß zutrifft (so
Art. 890, 894). Demnach sind namentlich anwendbar die Bestimmungen des OR
über Vertragsschluß, Form, Auslegung (BGE 69 II 114; BlZR 27 Nr. 164
S. 328 ff.; ZBJV 52, 129), Nichtigkeit, Willensmängel (BGE 50 III 144/145),

[95a] Nähere Angaben *Haffter* 76.

Stellvertretung, Vertrag zugunsten Dritter: OR 1 ff., 11 ff., 18, 20, 23 ff., 32 ff., 112; ferner über die Handlungsfähigkeit (ZGB 17 ff.). Der Vertrag ist f o r m - f r e i (BGE 50 III 144; 71 III 88/89; vgl. auch BGE 11, 382). Formbedürftig ist er dagegen im Fall des Art. 900 I/III, und ein besonderes zusätzliches Erfordernis ist in Art. 909 in Gestalt der Ausstellung eines Versatzscheines vorgeschrieben. Der Pfandvertrag wird häufig mit dem Geschäft v e r b u n d e n sein, das die zu sichernde Forderung begründet, so einem Darlehensvertrag (z. B. BGE 43 II 15; 48 II 3) [a], und teilt dann im wesentlichen dessen Schicksal, z. B. hinsichtlich des Abschlusses, der Willensmängel u. a. m. Statt dessen kann der Pfandvertrag jenem Geschäft nachfolgen, indem der Gläubiger sich später noch eine Pfandbestellung versprechen läßt. Umgekehrt ist der Pfandvertrag vorgängig denkbar, wo im Hinblick auf eine nachträglich zu begründende Forderung — bedingt oder vor allem unbedingt — eine Pfandbestellung versprochen wird (dazu nachstehend N 122). Bei Genehmigung des von einem v o l l m a c h t l o s e n Stellvertreter eingegangenen Pfandvertrags gilt der Vertrag als im Zeitpunkt seines Abschlusses entstanden (BGE 41 II 273; BGB 184 I).

b) Inhalt — Allgemeine Geschäftsbedingungen

97 Der I n h a l t des Pfandvertrags muß zum mindesten einen dreifachen Konsens aufweisen: bezüglich der Errichtung eines Pfandrechts mittels Besitzübertragung (nachstehend N 178 ff.) [a], bezüglich der zu sichernden Forderung (nachstehend N 116 ff.) und bezüglich des Pfandgegenstandes (vorstehend N 15 ff.).

98 Der P f a n d g e g e n s t a n d braucht nicht bestimmt zu sein; es genügt eine lose Bestimmbarkeit (SJZ 11, 335 = ZBJV 51, 138). Entscheidend ist nicht die Genauigkeit der vertraglichen Umschreibung des Pfandgegenstandes, sondern vielmehr, daß bei der Besitzübertragung die Spezifikation erfolgt, wodurch der Pfandgegenstand bestimmt wird (vorstehend N 18, 26 ff., nachstehend N 190. Vgl. indessen BGE 11, 382/383). Deshalb sind die im Bankverkehr üblichen Klauseln ausreichend: daß die sämtlichen, jetzt im Besitz der Bank befindlichen oder künftig («jeweils») in ihren Besitz gelangenden, im Vertrag generell bezeichneten Gegenstände verpfändet würden. Das Pfandrecht entsteht dann, wenn der Gläubiger den Besitz erlangt (vorstehend N 33 und besonders 35—38 mit

---

[96a] Beispiel für einen durch Auslegung gewonnenen, s t i l l s c h w e i g e n d abgeschlossenen Pfandvertrag: BlZR 10 Nr. 12 S. 26.

[97a] Ein — als solcher wirkungsloser — Vertrag auf Errichtung eines h y p o t h e k a - r i s c h e n Pfandrechts kann nicht ohne weiteres als Pfandvertrag im Sinne des Art. 884 aufgefaßt werden und Anspruch auf Besitzübertragung geben (BlZR 22 Nr. 17 S. 38).

Belegen, nachstehend N 183). Bezüglich der pfandgesicherten Forderung genügt ebenfalls Bestimmbarkeit (nachstehend N 138).

Die Verpflichtung zu einer Pfandbestellung darf unter einer B e f r i s t u n g **99** erfolgen, oder resolutiv und vor allem suspensiv b e d i n g t sein (OR 151 ff.). Dies kann neben anderen Möglichkeiten[a] z. B. damit zusammenhängen, daß eine erst später vom Verpfänder zu erwerbende Sache verpfändet werden soll (vorstehend N 34), oder daß die zu sichernde Forderung ihrerseits bedingt ist. Eine suspensiv bedingte oder künftig entstehende Forderung kann aber auch durch ein s o f o r t entstehendes und wirksames Pfandrecht gesichert werden, was besonders im Kontokorrentverkehr und für weitere Kreditgeschäfte der Banken bedeutsam ist (Näheres nachstehend N 123, 128 ff.). Somit sind auseinander zu halten: der bedingte Pfandvertrag (die Verpflichtung zur Pfandbestellung erfolgt bedingt), und die unbedingte Errichtung eines Pfandrechts für eine bedingte — oder künftige — Forderung (trotzdem die Forderung bedingt ist, wird der Pfandvertrag unbedingt abgeschlossen und der Besitz dem Gläubiger übertragen. — Während die K o n t o k o r r e n t - und sonstigen K r e - **100** d i t v e r t r ä g e der Banken oft unbedingte Pfandklauseln aufweisen, ist für die D e p o t v e r t r ä g e der Banken zu unterscheiden: diese enthalten gewöhnlich als Pfandklausel die Vereinbarung der Verpfändung der hinterlegten Werte (nachstehend N 102 a). Hier ist im Einzelfall zu prüfen, ob ein solcher Pfandvertrag durch die spätere Entstehung einer Forderung bedingt oder ob er unbedingt ist. Wenn das letztere zutrifft, entsteht das Pfandrecht, sobald die Bank die Gegenstände ins Depot erhält und damit den Besitz erlangt, also u. U. sofort. Der vermöge der Hinterlegung bestehende oder entstehende Besitz der Bank verwandelt sich mittels der vom Deponenten im Pfandvertrag erteilten Zustimmung im fraglichen Moment in Pfandbesitz (nachstehend N 183). — Daß für eine bedingte und künftige Forderung schon zum voraus, mit der Besitz- **101** übertragung, ein Pfandrecht zum Entstehen gebracht werden kann, ist namentlich wichtig für den R a n g der Pfandrechte (nachstehend N 123 und hinten Komm. Art. 893 N 13).

Pfandverträge zugunsten von Banken werden gewöhnlich anhand von **102** A l l g e m e i n e n G e s c h ä f t s b e d i n g u n g e n [a, b] geschlossen und

---

[99a] Vgl. etwa BlZR 13 Nr. 195 S. 373. Eine bedingte Pflicht zur Pfandbestellung bedeutet auch die in den Verträgen der Banken übliche Bestimmung, daß Nachdeckung zu leisten sei, wenn die bisherige Deckung sich als ungenügend erweist; nachstehend N 108.

[102a] Dieses Wort wird hier gemäß der w i s s e n s c h a f t l i c h e n Terminologie verwendet und bedeutet einen von der einen Partei (hier der Bank) vorweg geschaffenen standardisierten, formularmäßig fixierten künftigen Vertragsbestandteil. Demgegenüber bezeichnet (oder bezeichnete) die B a n k p r a x i s etwa solche Vertragsinhalte nur dann als A l l g e - m e i n e Geschäftsbedingungen, wenn sie einen größeren Ausschnitt der Bankentätigkeit betreffen, vor allem den Kontokorrentverkehr; im Gegensatz dazu heißen die auf einzelne Ge-

unterstehen dann den eigenen, von Literatur und Judikatur für diese typisierten Vertragsinhalte entwickelten Regeln; so hinsichtlich der Erhebung einer Klausel zum Vertragsbestandteil (vor allem die Frage der Bindung an nicht gelesene Formulare ist wichtig) und der Auslegung (Satz in dubio contra stipulatorem u. a. m.). Neben diesen traditionellen Gesichtspunkten befürwortet eine neuere Tendenz auch die in gewissem Ausmaß vorzunehmende Prüfung des Inhalts der Bedingungen auf ihre Angemessenheit hin («richterliche Inhaltskontrolle»). Über die sog. Ungewöhnlichkeitsregel N 102 a. — Es sei auf Literatur und Judikatur verwiesen sowie auf N 159 f. Syst. Teil.

Lit.: *a) allgemeine* (neuere, in Auswahl): Walter *Naegeli*, Allgemeine Geschäftsbedingungen (Diss. Zürich 1951) — Eugen *Auer*, Die richterliche Korrektur von Standardverträgen (Diss. Bern 1964) — *Merz* in Festgabe Schönenberger (Freiburg 1968) 137 ff. und in Semjud 1975, 193 ff. — *Gautschi* in Festgabe Oftinger (Zürich 1969) 47 ff. — *Neumayer* in Recueil de travaux suisses présentés au VIIIe Congrès international de droit comparé (Basel 1970) 153 ff. — Conrad H. *Stockar*, Zur Frage der richterlichen Korrektur von Standardverträgen ... (Basel/Stuttgart 1971) — *Schönenberger/Jäggi* (1973) Art. 1 N 427 ff. — *Oftinger* in Xenion, Festschrift Zepos II (Athen/Freiburg i. Br./Köln 1973) 546 ff. — Philippe *Nordmann*, Le contrat d'adhésion (Diss. Lausanne 1974) — *Bühler*, SJZ 72 (1976) 1 ff. — *Hausheer*, ZSR 117 II 278 ff. (1976) — *Bauer*, Der Schutz vor unbilligen Allgemeinen Geschäftsbedingungen (Diss. Zürich 1977) — zusammenfassend: *Forstmoser* in: Rechtsprobleme der Bankpraxis, Bankwirtschaftliche Forschungen Bd. 36 (Bern/Stuttgart 1976) 11 ff. — über ein wichtiges Sonderproblem: *Oftinger*, Die ungelesen unterzeichnete Urkunde ..., in Festgabe Simonius (Basel 1955) 263 ff., auch in Ausgewählte Schriften, 1978, 145 ff.

b) Die Banken im besonderen betreffend: Zimmermann, SJZ 17 (1920) 129 ff., 149 ff., 164 ff. — Otto *Wanner*, Rechtsnatur und Verbindlichkeit der Allgemeinen Geschäftsbedingungen der schweiz. Großbanken (Diss. Zürich 1938) — *Kaderli* (1938) 10 ff. — Philippe *Dudan*, Le principe de la spécialité de la créance garantie par gage (Diss. Lausanne 1948) 99 ff., 146 ff. — *Rusca*, Wirtschaft und Recht 9 (1957) 211 ff. — *Kleiner*, Die allgemeinen

schäftszweige bezüglichen Formulare S p e z i a l b e d i n g u n g e n oder -reglemente. Vgl. Otto *Wanner*, a.a.O. 21; *Zimmermann*, SJZ 17, 129 und 167. In der wissenschaftlichen Terminologie sind auch die erwähnten «Spezialbedingungen» Allgemeine Geschäftsbedingungen.

[102b] Die Schweiz. Bankiervereinigung hat am 19. Januar 1966 ein Muster für Allgemeine Geschäftsbedingungen herausgegeben, das von Banken unverändert oder verändert übernommen worden ist. Es will eine größere Anzahl a l l g e m e i n e r Fragen des Verhältnisses zwischen der Bank und ihrem Kunden erfassen. Die Pfandklausel lautet dort wie folgt (Art. 8): «Die Bank hat an allen Vermögenswerten, die sie jeweils für Rechnung des Kunden bei sich selbst oder anderswo aufbewahrt, ein Pfandrecht und bezüglich aller Forderungen ein Verrechnungsrecht für alle ihre jeweils bestehenden Ansprüche, ohne Rücksicht auf die Fälligkeit oder Währung. Dies gilt auch für Kredite und Darlehen mit speziellen oder ohne Sicherheiten. Soweit Wertpapiere nicht auf den Inhaber lauten, werden sie der Bank hiemit verpfändet. Die Bank ist nach ihrer Wahl zur zwangsrechtlichen oder freihändigen Verwertung der Pfänder berechtigt, sobald der Kunde mit seiner Leistung in Verzug ist.» — Ungeachtet dieser Klausel pflegen Banken noch e i g e n s Pfandverträge abzuschließen, wiederum auf Grund von Allgemeinen Geschäftsbedingungen. — Siehe *Albisetti/Bodmer* u. a. 31 ff.; *Umbricht-Maurer*, Das Depotgeschäft (Zürich 1976) 76 und 133a Formular Nr. 24.

Geschäftsbedingungen der Banken. Giro- und Kontokorrentvertrag (2. A. Zürich 1964) — *Treyvaud* (1972, zit. Syst. Teil N 158) 26 ff. — *Forstmoser* (1976, zit. vorstehend lit. a) — *Haupt*, Die allgemeinen Geschäftsbedingungen der deutschen Banken (Leipzig 1937) — *Canaris*, Bankvertragsrecht, in HGB-Großkommentar III (3. A., auch separat ersch. 1975) bes. 1214 ff.

An den Inhalt ungelesen unterzeichneter oder nicht verstandener Urkunden **102 a** ist man nach bekannter Maxime grundsätzlich gebunden. Die eben erwähnte U n g e w ö h n l i c h k e i t s r e g e l besagt indes, daß diese Folge je nach den Umständen nicht eintritt, wenn der Inhalt der Allgemeinen Geschäftsbedingungen — eine einzelne Klausel — «so aus dem zu erwartenden Rahmen» fällt, «daß der Erklärende nicht damit» hat «rechnen müssen, ohne vom Vertragspartner [der die Geschäftsbedingungen vorlegt] eigens darauf aufmerksam gemacht worden zu sein» (so sinngemäß die Formel von *Merz* in der zit. Festgabe Schönenberger 148). Dies trifft in der Regel zu für die P f a n d k l a u s e l n i n D e p o t - « R e g l e m e n t e n » von Banken, die etwa so lauten mögen: «Das Depot haftet als Faustpfand für alle bestehenden und künftigen Schulden des Deponenten gegenüber der Bank.» Gl. M. *Merz*, Komm. ZGB, Einleitung (Bern 1962) Art. 2 N 173; *Schönenberger / Jäggi* Art. 1 N 499; *Naegeli* a.a.O. 159. Der Deponent ist deshalb nicht gebunden, weil er mit dem Depotvertrag die Verwahrung und Verwaltung von Wertpapieren erreichen will, und nicht deren Verpfändung. Anders insbesondere, wenn er bewußt die Verpfändung in Kauf nimmt. Die Ungewöhnlichkeitsregel ist differenziert zu handhaben. — Näheres in der Literatur: neben den Zitierten *Auer* 15 f.; *Nordmann* 63 ff. (ablehnend); *Forstmoser* 20; *Hausheer* 286 (alle zit. N 102). — Die Banken werden, wenn sie ein Depot verpfändet haben wollen, dies ausdrücklich stipulieren müssen, oder sie müssen beim Abschluß des Depotvertrags auf die Pfandklausel aufmerksam machen. Dies als Regel, wobei immer die Umstände maßgebend sind; *Oftinger* (zit. N 102) 170.

c) Rechtsfolgen

Die Rechtsfolgen des Pfandvertrags bestehen in der Entstehung einer Reihe **103** von Rechten und Pflichten auf seiten beider Parteien. Sie werden im wesentlichen — soweit der Vertrag selber sie nicht regelt — vom S a c h e n r e c h t umschrieben (ZGB 886 ff.). So die Pflicht zur Übertragung des Pfandbesitzes (Art. 884 I/III), zum Belassen des Gegenstandes beim Gläubiger bis zum Untergang der Forderung (Art. 889 II); die nachherige Rückgabepflicht (Art. 889 I); die Sorgfaltspflicht des Gläubigers (Art. 890); das Recht zur Verwertung (Art. 891). Weitere Pflichten ergeben sich aus dem zwischen Gläubiger und Verpfänder bestehenden o b l i g a t o r i s c h e n Rechtsverhältnis (hinten Komm. Art. 890 N 4 ff.; Art. 891 N 8).

d) Erfüllung — Paulianische Anfechtung

104 Die der Erfüllung des Pfandvertrags dienende Besitzübertragung mag sofort mit dem Vertragsschluß erfolgen[a], z. B. Zug um Zug mit der Hingabe des Darlehensbetrags, dessen Rückzahlung das Pfandrecht sichern soll, oder aber schon vor dieser Hingabe, oder dann nachträglich. Der Verpfänder kann also zum voraus, und generell, seine Zustimmung zum später erfolgenden Besitzerwerb durch den Gläubiger erteilen (SJZ 11, 335 = ZBJV 51, 139). Der Vertrag kann auch vorsehen, daß die Übertragung des Pfandbesitzes erst auf ein besonderes Begehren des Gläubigers zu erfolgen hat (BGE 71 III 89; BlZR 22 Nr. 17 S. 38/39). Die Bedenken von *Wegmann* (ZBJV 88, 474/75), dieses Vorgehen könne zur Umgehung des Faustpfandprinzips führen, sind unbegründet. Mißbräuchen kann man mittels paulianischer Anfechtung begegnen (nachstehend N 107). Endlich ist denkbar, daß der Gläubiger schon vor dem Abschluß des Pfandvertrags die Pfandsache besitzt, z. B. als Aufbewahrer, und daß sein Besitz durch den Pfandvertrag mittels brevi manu traditio in Pfandbesitz umgewandelt wird (nachstehend N 251).

105 Abgesehen von solchen Sonderfällen gibt der Pfandvertrag, falls die Parteien wirklich ein taugliches Pfandrecht begründen wollen[a], dem Gläubiger einen obligatorischen Anspruch auf Einräumung des Pfandbesitzes, besonders durch Übergabe der Sache (nachstehend N 192). Der Anspruch läßt sich auf dem Wege des Zivilprozesses und der Zwangsvollstreckung durchsetzen, gegebenenfalls im summarischen Verfahren (so offenbar im Fall BlZR 22 Nr. 17 S. 38). Unmöglichkeit der Erfüllung führt gemäß OR 97 I zur Schadenersatzpflicht des Verpfänders (z. B. wenn er die Pfandsache v o r der Übergabe an den Gläubiger einem Dritten zu Eigentum übertragen hat). Die Schadenersatzpflicht entfällt bei unverschuldeter Unmöglichkeit (OR 119).

106 Bei der Verpfändung von Ordre- und Namenpapieren kommen zur Besitzübertragung (die bei Inhaberpapieren ausreicht, ZGB 901 I) noch die in Art. 901 II erwähnten Vollzugshandlungen; über die Rechtslage bei deren Verweigerung hinten Komm. Art. 901 N 103 und 111.

107 Der in N 104 erwähnte Tatbestand des zeitlichen Auseinanderfallens des Pfandvertrags und der Besitzübertragung ist bedeutsam hinsichtlich der Anfechtungsklage gemäß SchKG 287 Ziff. 1 (sog. ÜberschuldungsPauliana): unter den dort genannten Voraussetzungen ist die «Begründung eines Pfandrechtes» anfechtbar, sofern «der Schuldner nicht schon früher verpflichtet war», die Sicherstellung «bereits bestehender Verbindlichkeiten» vor-

---

[104a] So BGE 50 III 144. Näher nachstehend N 182/183.
[105a] Dazu BlZR 22 Nr. 17 S. 38/39; BGE 17, 689: nötig ist der «fortdauernde Traditionswillen des Verpfänders».

zunehmen. Die besondere, erleichterte Anfechtung gemäß dieser Vorschrift entfällt also, wenn «schon früher» ein Pfandvertrag bestanden hat, zu dessen Erfüllung die Hingabe des Pfandgegenstandes dient. Für die nicht von SchKG 287 Ziff. 1 erfaßten, weil bereits vorher versprochenen, Pfandrechte bleibt gegebenenfalls immer noch die Anfechtung nach SchKG 288 offen (sog. D e l i k t s - oder B e t r u g s - P a u l i a n a). Dazu aus der reichen Judikatur BGE 38 II 319/320; 47 III 101 ff.; 53 III 78—79; 56 III 125; 62 III 64—65; 71 III 88/89; 74 III 50 ff.; 83 III 82; 85 III 198; 99 III 89; BlZR 13 Nr. 195 S. 373 ff.; ZBJV 51, 142; ferner *Jaeger* Art. 287 N 6—8; *Jaeger / Daeniker* Art. 287 N 6—8 und Art. 288 N 3 A S. 490; *Blumenstein* (zit. N 120 des Syst. Teils) 880 ff.; *Fritzsche* II 280 f. (Literaturangabe 273); Hans *Bergmaier*, Die Sicherungszession (Diss. Zürich 1945) 92 ff.; *Fitting*, SJZ 49, 17 ff.; bes. Emil *Müller*, Anfechtungsklage nach Art. 288 SchKG und Kreditgeschäft, SJZ 47, 233 ff., 255 ff. — Auch SchKG 286 (sog. S c h e n k u n g s - P a u l i a n a) kann in Betracht fallen (BGE 49 III 27 ff.; 95 III 47; *Jaeger* Art. 286 N 3).

e) Pflicht zur Nachdeckung

Die Pfandverträge der Banken sehen gewöhnlich vor, daß der Verpfänder **108** insbesondere bei eingetretener oder drohender Wertverminderung des Pfandgegenstandes die «Sicherheit» «zu verbessern» oder Abzahlungen zu leisten habe (Beispiel BGE 62 III 63). Die Verbesserung der Sicherheit heißt N a c h - d e c k u n g. Die Klausel wird gewöhnlich den Sinn haben, daß die Pflicht dort, wo der Schuldner nicht zugleich der Verpfänder ist, nur den ersteren, nicht auch den zweiten trifft. Ohne Klausel besteht keine Pflicht zur Nachdeckung[a]; die entgegengesetzte Lösung müßte gesetzlich vorgesehen sein, wie in CC it 1844 II, 1850 und 2743. Die vertragliche Nachdeckungspflicht schließt die Anfechtung der zusätzlichen Verpfändung gemäß SchKG 287 Ziff. 1 aus, weil die Nachdeckungspflicht eine «frühere» Pflicht zur Sicherstellung im Sinne dieser Bestimmung bedeutet (vorstehend N 107; BGE 62 III 64).

Als S a n k t i o n für das Ausbleiben der Nachdeckung sehen die Pfand- **109** verträge der Banken gewöhnlich die sofortige Realisierung vor (hinten Komm. Art. 891 N 49). Statt dessen kann die Durchsetzung der Nachdeckungspflicht im Zivilprozeß erfolgen, oder gemäß SchKG 38 I, wenn die Voraussetzungen dieser Vorschrift erfüllt sind (N 342 des Syst. Teils).

[108a] Die abweichende Lösung N 340 des Syst. Teils betrifft einen andern Sachverhalt: nicht die Verpfändung eines v o n v o r n h e r e i n v e r t r a g l i c h u m s c h r i e b e n e n Gegenstandes (wie hier), sondern die a l l g e m e i n e Verpflichtung zur Bestellung einer g e - n ü g e n d e n Sicherheit. Da besteht eine Nachdeckungspflicht.

Art. 884

f) Pfandvertrag als Rechtsgrund: kausale Natur der Verpfändung

110   Der Pfandvertrag ist im Verhältnis zur Übertragung des Pfandbesitzes das Kausalgeschäft, der Rechtsgrund (vorstehend
N 89, 93). Diese Feststellung umschreibt lediglich eine logische Beziehung[a] und
läßt die Frage offen, ob die Besitzübertragung (also die Pfandbestellung im
engeren, eigentlichen Sinn) von dem Rechtsgrund in der Weise abhängig sei,
daß sie nur dann Bestand hat, wenn wirklich ein Rechtsgrund in Gestalt
eines gültigen Kausalgeschäfts — eben eines Pfandvertrags — vorhanden ist.
Bejaht man dies, dann mißt man der Besitzübertragung, und damit der Verpfändung überhaupt, eine kausale «Natur» bei; im anderen Fall wäre
sie abstrakt. Je nachdem ist das Kausalgeschäft — sein Vorhandensein
und seine Gültigkeit — Voraussetzung für die Rechtsbeständigkeit der Besitzübertragung, oder kürzer: Voraussetzung der Verpfändung.
Soweit die Besitzübertragung sich mittels Tradition vollzieht (hinten N 228 ff.),
geht die Frage im besonderen dahin, ob die Tradition kausal oder abstrakt
sei; je nachdem erfordert sie eine «iusta causa traditionis».

111/12   Das Problem hat in der pfandrechtlichen Literatur wenig zu reden gegeben.
Aktueller ist es bei der Eigentumsübertragung (ZGB 714). Hier hat sich das
Bundesgericht längst für die kausale Natur entschieden: grundlegend BGE 55 II
306 ff., seither viele Urteile, zuletzt 93 II 375/76; 96 II 150; dazu *Haab*
Art. 714 N 13, 16 ff., bes. 33; *Oftinger* in der N 110 FN[a] zit. Arbeit, 80 ff.;
Liver SPR V/1 320 ff. Diese Auffassung präjudiziert die Lösung für die
Verpfändung, weil die letztere ihrem juristischen Tatbestand nach in der
hier maßgeblichen Hinsicht der Übertragung des Eigentums an Fahrnis
gleichzusetzen ist (Art. 714 I/884 I). Die Verpfändung ist folglich
kausal; das Kausalprinzip gilt. Für die Begründung sei auf die zitierte
Judikatur und Literatur zur Eigentumsübertragung verwiesen. Man hat einen
Anwendungsfall des allgemeinen Problems der Kausalität oder Abstraktheit
der Verfügungen vor sich. Infolge der kausalen Natur der Verpfändung
ist mithin der (gültige) Pfandvertrag Gültigkeitsvoraussetzung
der Verpfändung. — Aus der Judikatur ist BGE 50 III 144/145 beachtlich,
wo ohne nähere Begründung offenbar davon ausgegangen wird, eine Verpfändung
wäre ungültig, wenn der Pfandvertrag wegen Drohung unverbindlich wäre
(OR 29), was die kausale Auffassung zur Voraussetzung hat; vgl. ferner BGE 48
II 5; 65 III 54/55.

113   Als Folge der kausalen Natur der Verpfändung ergibt sich, daß bei
Fehlen oder Ungültigkeit des Pfandvertrags die Besitzübertragung als ungerecht-

---

[110a] Karl *Oftinger*, Von der Eigentumsübertragung an Fahrnis (Diss. Bern 1933) 13 ff.,
26, 70. — Gegen den Begriff des Rechtsgrundes (causa) *Fitting*, ZSR 75, 349 ff.

fertigt dasteht (entsprechend ZGB 974 II) und rückgängig zu machen ist; so in den Fällen von OR 20, 18, 31, 21, ZGB 18, 19 u. a. m. Der Erwerber der Sache verliert die Rechtsstellung eines Pfandgläubigers, besonders das Recht auf Besitz. Dieser ist auf den Verpfänder zurück zu übertragen. In der Zwangsvollstreckung entfällt das Vorzugsrecht des Gläubigers (SchKG 106 ff., 219 I, 232 Ziff. 4 u. a. m.). Der Verpfänder wird die Rückübertragung gewöhnlich mit einer Vindikation anstreben (ZGB 641 II). Der gute Glaube der Parteien, namentlich des Pfandgläubigers, heilt den Mangel des Pfandvertrags nicht (nachstehend N 330, 354). Beruht die Ungültigkeit des Pfandvertrags auf einem Willensmangel oder auf Handlungsunfähigkeit, so kann man sich gegebenenfalls fragen, ob in der Besitzübertragung die Genehmigung des mangelhaften Geschäftes liegt (OR 31, ZGB 19 I, 410 I, 280 I).

Eine völlig andere Bedeutung als hier hat das Wort a b s t r a k t im Zu- **114** sammenhang der Frage der A k z e s s o r i e t ä t : nachstehend N 157.

C. Pfandforderung

Lit.: *Haffter* 19 ff. — *Bolla* 60 ff. — *Rothmann*, Die Sicherstellung und Abtretung künftiger **115** Forderungen und ihre Behandlung in Betreibung und Konkurs, SJZ 33, 166 ff. — **Philippe Dudan*, Le principe de spécialité de la créance garantie par gage (Diss. Lausanne 1948).

Enneccerus/Wolff § 162, 170 — *Soergel/Augustin* § 1204 N 19 ff. — *Planck* § 1204 N 2b, S. 1412 ff.

Das Wesen der pfandrechtlichen A k z e s s o r i e t ä t findet sich besonders in der Literatur über das G r u n d p f a n d r e c h t behandelt; erwähnt seien Erl II 186 ff., 201 ff., 269 (die Ausführungen lehnen sich stark an an Eugen *Huber*, Betrachtungen über die Vereinheitlichung und Reform des schweiz. Grundpfandrechtes, Basel 1898, 52 ff., 71 ff.) — Eugen *Huber*, Zum schweiz. Sachenrecht (Bern 1914) 76 — *Guhl*, SJZ 7, 290 ff.; derselbe, Die Verselbständigung der dinglichen Rechte ..., Festgabe Eugen *Huber* (Bern 1919) 61 ff. — *Leemann* Art. 793 N 3 ff., Art. 824 N 15 ff. — *Tuor/Schnyder* § 103 — Peter *Vieli*, Das Rechtsverhältnis bei der Grundpfandverschreibung (Diss. Bern 1916) 23 ff. — Georg *Gautschi*, Beitrag zur Theorie des Eigentümergrundpfandes (Diss. Zürich 1928) 20 ff. — Eduard *Weber*, Das System der festen Pfandstelle (Diss. Bern 1929) 7 ff., 66 — ferner Fritz *Keller*, Das Eisenbahnpfandrecht (Diss. Bern 1941) 7 ff.

B ü r g s c h a f t s r e c h t l i c h e Literatur ist angeführt nachstehend N 151.

a) Rolle der Pfandforderung

Das Fahrnispfandrecht dient zur Sicherung der Erfüllung einer Forderung. Es **116** erscheint deshalb als selbstverständlich, daß zu den V o r a u s s e t z u n g e n d e r   V e r p f ä n d u n g   d a s   V o r h a n d e n s e i n   e i n e r   z u s i c h e r n d e n   F o r d e r u n g — der Pfandforderung — gehört (BlZR 18 Nr. 177 S. 358). Das Verhältnis des Pfandrechts zur Forderung wird als

Akzessorietät bezeichnet. Bevor deren Bedeutung geprüft wird (nachstehend N 149 ff.), ist die Eigenart der Forderung zu behandeln (N 118 ff.).

117   Im Pfandvertrag muß umschrieben sein, auf welche Forderung sich das Pfandrecht beziehen soll (vorstehend N 97); der Grad der Bestimmtheit dieser Umschreibung ergibt sich aus den anschließenden Darlegungen. Für eine andere Forderung als im Pfandvertrag vorgesehen, kann man das Pfandrecht nicht geltend machen (Rep 1888, 384). Es müßte schon ein neuer Pfandvertrag abgeschlossen werden, damit für die andere Forderung ein (und zwar ein neu errichtetes) Pfandrecht bestehen könnte (BlZR 7 Nr. 129 S. 288 ff.). Ohne eine solche Neuverpfändung ist der Pfandgegenstand nach dem Erlöschen der ursprünglichen Pfandforderung zurückzugeben (Art. 889; vgl. auch dort Komm. N 16). Anders, wenn im Pfandvertrag von vornherein ein weiter Kreis von Forderungen umschrieben ist (BlZR 7 Nr. 129 S. 289), wie es den Gepflogenheiten der Geschäftspraxis entspricht (nachstehend N 128 ff.).

b) Eigenart der Pfandforderung

1. Forderung auf Geld- oder andere Leistungen

118   Die meisten durch Pfandrecht gesicherten Forderungen stammen aus Darlehen und gehen auf Geld; doch ist letzteres nicht notwendig. Auch andere Sachleistungen sind zugelassen, oder Leistungen, die in einem Tun bestehen, also vor allem Arbeitsleistungen oder die Herstellung von Werken, dann Forderungen auf eine Unterlassung, z. B. aus Kartellvertrag. Endlich ist die Sicherung eines dinglichen Anspruchs möglich, etwa einer Vindikation. Es mag u. U. empfehlenswert erscheinen, andere als Geldleistungen, statt sie direkt pfandrechtlich zu sichern, durch eine Konventionalstrafe zu verstärken (OR 160 ff.), die ihrerseits mit einem Pfandrecht ausgestattet wird. Denn Pfandrechte lassen sich, falls die Forderung nicht auf Geld lautet, erst durchsetzen, wenn diese Forderung durch eine Geldforderung ersetzt ist, sei es daß die Umwandlung vertraglich vorgesehen ist, sei es daß sie kraft Gesetzes eintritt (OR 97 ff. u. a. m.) [a]. Dies ergibt sich aus dem Wesen der Realisierung des Pfandrechts (Art. 891) und indirekt aus SchKG 67 Ziff. 3/151, wo für das Betreibungsbegehren auf Pfandverwertung die Angabe der «Forderungssumme» verlangt ist (dazu BGE 51 III 144).

119   Für das Fahrnispfandrecht besteht keine Vorschrift, dass der Betrag der

[118a] So ausdrücklich BGB 1228 II.

H a f t u n g bei der Verpfändung in Geld anzugeben ist, wie bei dem Grund-pfand, der Bürgschaft und der Grundlast (ZGB 794, OR 493 I, ZGB 783 II) [a].

Die Haftung des Pfandes kann auf einen T e i l b e t r a g der Forderung **120** begrenzt werden.

2. Rechtsgrund der Forderung

Eine Forderung b e l i e b i g e r H e r k u n f t kann gesichert werden: aus **121** Privatrecht (und zwar aus Vertrag, außervertraglicher Schädigung, Gesellschafts-recht, Familienrecht u. a. m.) oder aus öffentlichem Recht; letzteres freilich nur, wenn dort nicht eine eigene Regelung besteht (dazu BGE 51 I 280—281; N 337 des Syst. Teils). Inwieweit der Rechtsgrund zu präzisieren ist, ergibt sich aus den anschließenden Darlegungen.

3. Bedingte, befristete oder künftige Forderung

Die Grundpfandverschreibung kann sich auf eine «beliebige, gegenwärtige **122** oder zukünftige oder bloß mögliche Forderung» beziehen (Art. 824 I). Dies gilt auch für das Fahrnispfand. Die Forderung mag suspensiv oder resolutiv b e d i n g t sein (OR 151 ff.), oder b e f r i s t e t ; es genügt, daß mit ihrer k ü n f t i g e n E n t s t e h u n g gerechnet wird. So die ständige Praxis: BGE 34 II 777; 51 II 277; 71 II 264; SJZ 4, 71; Revue 22, 77; ZBJV 49, 642; ZBJV 51, 138 = SJZ 11, 335; Semjud 1920, 137; BlZR 18 Nr. 177 S. 358; 21 Nr. 79 S. 198; 27 Nr. 164 S. 328; vgl. *Zobl* ZBGR 59, 201. Die gleiche Lösung dekretiert ausdrücklich BGB 1204 II.

Von größter Bedeutung ist, daß das Pfandrecht für eine suspensiv b e - **123** d i n g t e oder künftige F o r d e r u n g nicht erst später, mit dem Ein-tritt der Bedingung oder der Begründung der Forderung, e n t s t e h t , sondern j e t z t , im Augenblick der Errichtung des Pfandrechts, d. h. beim Faustpfand im Augenblick der B e s i t z ü b e r t r a g u n g (Näheres hinten Art. 893 N 12 ff.). Der Pfandvertrag gibt also dem Gläubiger sofort Anspruch auf Ein-räumung des Besitzes; der Gläubiger ist «von Anfang an Besitzer zu eigenem, bereits präsentem dinglichem Recht» (BGE 51 II 278; gleich BJM 1970, 77). Diese Ausnahme vom Grundsatz der Akzessorietät nimmt man in Kauf (nach-stehend N 154). Es handelt sich nicht um ein «durch die Entstehung der For-

---

[119a] Auch bei diesen Instituten muß zwecks Realisierung eine Umwandlung in Geld erfol-gen. So schuldet der B ü r g e in Geld das Interesse an der Erfüllung einer nicht auf Geld lautenden Hauptschuld; dazu OR 499 II Ziff. 1; BGE 48 II 268; *Beck*, Das neue Bürgschafts-recht (Zürich 1942) Art. 492 N 108; *Guhl*, Das neue Bürgschaftsrecht der Schweiz (Zürich 1942) 27; *Lerch/Tuason*, Die Bürgschaft (Zürich 1936) 10; *Oftinger*, in Festgabe Fritz *Fleiner* (Zürich 1937) 178. Die für die Bürgschaft geltenden Grundsätze lassen sich sinngemäß auf das P f a n d r e c h t anwenden.

derung bedingtes Pfandrecht», wie *Leemann* Art. 884 N 24, *Rothmann* S. 168/169 und andere annehmen, sondern der Pfandvertrag wird unbedingt abgeschlossen, das Pfandrecht selber ist keineswegs bedingt. Freilich ist auch ein suspensiv bedingter Pfandvertrag denkbar, der aber erst bei Eintritt der Bedingung durch die Besitzübertragung erfüllt wird, also einen ganz anderen Sachverhalt betrifft (vorstehend N 99/100). Daß das Pfandrecht für eine bedingte oder künftige Forderung schon mit der Besitzübertragung entsteht, wirkt sich dort besonders aus, wo es auf das Datum des Pfandrechts ankommt: bei der Bestimmung des Ranges mehrerer Pfandrechte (maßgebend ist also die Zeit der Besitzübertragung, Art. 893 II, 886) [a], dann bei einigen Fragen der Zwangsvollstreckung nach SchKG u. a. m. — Die Parteien sind frei, laut Vertrag das Pfandrecht erst später, mit der Forderung, entstehen zu lassen.

124 Die R e a l i s i e r u n g des Pfandrechts durch den Gläubiger ist vor Eintritt der Bedingung oder Entstehung der Forderung ausgeschlossen. — Das Pfandrecht g e h t u n t e r, wenn gewiß ist, daß die Bedingung ausfällt (dazu BGE 72 II 36) oder die künftige Forderung nicht entstehen wird; der Gläubiger hat die Sache zurückzugeben (Art. 889 I und dort Komm. N 6).

125 Fraglich ist, wieweit das P f a n d r e c h t f ü r e i n e k ü n f t i g e F o r d e r u n g in der von einem dritten Gläubiger durchgeführten Z w a n g s - v o l l s t r e c k u n g z u b e r ü c k s i c h t i g e n ist (SchKG 126/127, 129; 198, 232 Ziff. 4, 219 I/IV; dazu N 121 ff. des Syst. Teils). Dies läßt sich nur unter Würdigung des Einzelfalls entscheiden. Hierbei ist einmal die Wahrscheinlichkeit maßgebend, daß eine Forderung überhaupt entsteht, dann die Abwägung der Interessen, namentlich die Untersuchung, ob der Pfandgläubiger ein legitimes Interesse an der Sicherstellung hat. Ein bloß spekulatives Beharren auf dem Pfandrecht für eine in weiter Ferne liegende Forderung ist nicht zu schützen. Die Wahrscheinlichkeit, daß künftige Forderungen entstehen, hängt namentlich davon ab, ob unter den Parteien bereits Beziehungen obwalten, die die Entstehung von Forderungen der vom Pfandvertrage erfaßten Art konkret erwarten lassen, so daß man vernünftigerweise annehmen darf, die Pfandhaftung solle sich so weit erstrecken. Vgl. auch die ähnlichen Überlegungen in anderem Zusammenhang: nachstehend N 129. Ein legitimes Interesse an der Sicherstellung muß grundsätzlich dort bejaht und das Pfandrecht anerkannt werden, wo das Gesetz selber die Sicherheitsleistung anordnet und diese in Gestalt einer Verpfändung erfolgt; gleich im Ergebnis BGE 52 III 184 ff. und SJZ 23, 236/237 bezüglich der «Hinterlegung» von Aktien durch die Mitglieder der Verwaltung

---

[123a] BGE 51 II 278. Die gleiche Lösung ist ausdrücklich in BGB 1209 enthalten. Vgl. ferner hinten Komm. Art. 893 N 13. — Für die Bürgschaft, die wie das Fahrnispfandrecht akzessorisch und deshalb mit ihm vergleichbar ist, sieht OR 492 II vor, daß sie «für eine künftige oder bedingte Schuld» eingegangen werden kann.

einer AG, OR 709/710 = aOR 658; weitere Fälle gesetzlich vorgeschriebener Sicherstellung sind erwähnt N 327 des Syst. Teils.

Die nähere b e t r e i b u n g s r e c h t l i c h e B e h a n d l u n g des Pfand- **126** rechts für eine künftige Forderung erheischt gemäß BGE 52 III 185 — und zwar in allen einschlägigen Fällen, wie beizufügen ist — die Angabe des Forderungsbetrages durch den Gläubiger. An die Stelle sofortiger Befriedigung des Gläubigers tritt die Hinterlegung des auf ihn künftig eventuell entfallenden Betrages. Dies ist in SchKG 210/264 III für «Forderungen unter aufschiebender Bedingung oder mit ungewisser Verfallzeit» vorgesehen, muß aber auch für pfandrechtlich gesicherte künftige Forderungen gelten.

Über das in Literatur und Judikatur wenig geklärte Problem *Leemann* Art. 815 N 9 und *Rothmann* SJZ 33, 169, die die Berücksichtigung des Pfandrechts für künftige Forderungen überhaupt ablehnen; a. M. *von Steiger*, SJZ 41, 132 ff. (hinsichtlich OR 709/710) und bes. *Dudan* 125 ff. mit weiteren Zitaten. Vgl. ferner *Jaeger* und *Jaeger / Daeniker* je Art. 210 N 2, 3; *Blumenstein* (in dem im Syst. Teil N 120 zit. Handbuch) 661; *Fritzsche* II 63 f.; *Klang* § 449 Ziff. III A 3, S. 418. In BGE 58 III 121 ff. wird der durch ein Pfandrecht sichergestellte künftige Regreß des Bürgen gegen den Hauptschuldner (OR 507 I) im Konkurs anerkannt. Abweichend das BGr in BlZR 26 Nr. 28 S. 57/58.

Zu den Anwendungsfällen des Pfandrechts für eine suspensiv bedingte For- **127** derung gehört die K o n v e n t i o n a l s t r a f e (OR 160 ff.; vorstehend N 118), zu den Anwendungsfällen der künftigen, «bloß möglichen» Forderung die K a u t i o n: die Sicherheitsleistung, die z. B. einem Arbeitnehmer für die Eventualität einer Schädigung zur Deckung des Ersatzanspruchs auferlegt ist und die u. a. mittels Fahrnispfandrechts, irregulären Pfandrechts oder Hinterlegung Sicherheits halber erbracht werden kann (N 327 ff. des Syst. Teils).

4. Künftige Forderungen in Pfandklauseln von Banken

Die Ausführungen N 128—133 sind im Lichte der Bemerkungen N 133 a zu **127 a** sehen.

In Pfandverträgen von Banken ist die Klausel verbreitet, daß das der Bank **128** eingeräumte P f a n d f ü r a l l e b e s t e h e n d e n o d e r e r s t e n t - s t e h e n d e n F o r d e r u n g e n der Bank haften solle, also für einen u n b e g r e n z t e n K r e i s k ü n f t i g e r F o r d e r u n g e n und eine u n b e s c h r ä n k t e D a u e r. Manchmal sind noch besonders die in Zukunft von Dritten erworbenen Forderungen eingeschlossen (sog. indirekte Forderungen) [a]. Entsprechende Klauseln werden in Deutschland verwendet und dort von

---

[128a] *Albisetti/Bodmer* 257, 618 f. B e i s p i e l e für solche Klauseln: BGE 50 III 85/86; ZBJV 49, 642; BlZR 12 Nr. 203 S. 327; SJZ 11, 335; *Wanner* (zit. vorstehend N 102) 28;

der Gerichtspraxis anerkannt, nicht aber in Frankreich[b]. Sie wollen dem Gläubiger nicht nur das Recht geben, die gewöhnlichen Vorteile eines Pfandrechts zu genießen — besonders die Pfandsachen zur Deckung eines weiten Kreises von Forderungen gegebenenfalls zu verwerten (Art. 891 I) —, sondern auch die Befugnis, die Rückgabe der Gegenstände jederzeit zu verweigern, solange der Gläubiger sich auf künftige Forderungen berufen kann (Art. 889 II und dort Komm. N 22).

129 Wörtlich genommen, auferlegen solche Klauseln dem Verpfänder eine unabsehbare, in alle Zukunft wirkende Belastung, von deren Tragweite er sich keine Vorstellung macht. Sie v e r l e t z e n deshalb, wie das grundlegende Urteil BGE 51 II 281/282 feststellt, das R e c h t d e r P e r s ö n l i c h k e i t (ZGB 27 bes. II, OR 19 II), weil sie eine übermäßige Bindung bewirken. Denn es würde dem Verpfänder «auch nach der Bezahlung der bestehenden Schulden gar nie mehr möglich sein, das Pfand zurückzuerlangen, weil die Beklagte [sc. die Bank] die Rückgabe stets unter Hinweis darauf verweigern könnte, daß, wenn die direkten geschäftlichen Beziehungen inzwischen auch abgebrochen worden sein mögen, doch nicht ausgeschlossen sei, daß ihr in Zukunft einmal zufolge Erwerbs von einem dritten Gläubiger wiederum eine Forderung an ihn zustehen werde» (BGE a.a.O.). Der Gläubiger wäre, wie sich zeigt, in der Lage, von Dritten vielleicht u n t e r dem Nennwert, ungesicherte Forderungen zu erwerben und das bestehende Pfandrecht auf sie zu erstrecken (BGE 51 II 282; BlZR 12 Nr. 203 S. 327). Das Bundesgericht betrachtet deshalb eine solche Klausel nur insoweit als gültig, als unter den künftigen Forderungen bloß diejenigen verstanden werden, «an deren Begründung in der Zukunft die Kontrahenten bei Abschluß des Pfandvertrages vernünftigerweise hatten denken können und müssen, m.a.W. solche Verbindlichkeiten, deren Eingehung in den Bereich der

---

Zimmermann, SJZ 17, 150 N 7; *Dudan* 99, 103/104, 105; BGE 51 II 274: alle «bestehenden und noch erlaufenden Verbindlichkeiten»; *Albisetti/Bodmer/Rutschi*, Handb. des Bank-, Geld- und Börsenwesens der Schweiz (Thun 1964) 33, 613: «Die verpfändeten Waren ... haften der Bank für alle gegenwärtig oder in Zukunft bestehenden Forderungen gegen den Schuldner oder den Verpfänder persönlich oder gegen Gesellschaften oder Dritte, für deren Verpflichtungen die Bank gegenüber der Schuldner oder der Verpfänder unbeschränkt oder anteilsmäßig haften, gleichgültig auf welchen Rechtsgeschäften diese Verpflichtungen beruhen.» Gewisse Pfandklauseln unterstreichen noch, es sei gleichgültig, aus welchem Rechtsgrund die Forderungen stammten.

Nicht nur die sog. Allgemeinen Bedingungen, die insbesondere den K o n t o k o r r e n t - v e r k e h r betreffen, und die weiteren mit Pfandklauseln versehenen K r e d i t v e r t r ä g e sowie die eigentlichen P f a n d v e r t r ä g e enthalten Pfandklauseln, die auf künftige Forderungen zugeschnitten sind, sondern sogar die D e p o t v e r t r ä g e; Beispiel vorstehend N 102a mit Bemerkungen.

[128b] Deutsche Pfandklausel, die schlechthin umfassend ist, abgedruckt bei *Canaris* (zit. vorstehend N 102) 1256 ff., der sie gutheißt. — *Dudan* 53, 69 ff., 80/81, 95.

bereits bestehenden oder doch in Aussicht genommenen geschäftlichen Beziehungen den Kontrahenten fielen». Insbesondere fällt eine Forderung, die der Gläubiger nachträglich v o n D r i t t e n e r w i r b t, außer Betracht, es sei denn — so ist beizufügen — das wäre die Meinung des Verpfänders gewesen.

Das Bundesgericht verwendet im zit. Urteil (sinngemäß) die Konstruktion der **130** t e i l w e i s e n N i c h t i g k e i t der fraglichen Pfandklauseln. Diese Lösung steht im Einklang mit einer neueren Tendenz, dergemäß eine Leistung, die das erlaubte Maß übersteigt, auf das zulässige Maß herabzusetzen ist, ohne daß man die subjektiven Voraussetzungen des Abs. II/Art. 20 OR ins Spiel bringt: BGE 93 II 106, 192, 300 f.; *Spiro*, ZBJV 88, 459; *Merz*, ZBJV 105, 22; *Guhl / Merz / Kummer* § 7 II 4 c; *von Tuhr / Peter* § 29 II; *Oftinger* in der N 102 zit. Festschrift Zepos 552 f. (abweichend in der Konstruktion, aber mit im wesentlichen gleichem Ergebnis die vorhergehende Aufl., an der gleichen Stelle). Als Inhalt der Pfandklausel bleibt dann soviel aufrecht, als erlaubt ist. Das Pfandrecht erstreckt sich mithin regelmäßig nur auf d i e Forderungen, die in den Bereich der vernünftig erwogenen, jetzigen oder zu erwartenden geschäftlichen Beziehungen der Parteien fallen (dazu BGE 51 II 282; ZBJV 49, 643). Dies ist eine Frage der Vertragsauslegung. Verträge sind allgemein von einem objektiven Standpunkt aus auszulegen (unter Vorbehalt erkannter oder erkennbarer subjektiver Gesichtspunkte): maßgebend ist, wie die Äußerungen vernünftiger- und korrekterweise zu verstehen waren. Ergibt sich z. B., daß nur künftige, nicht aber bestehende Forderungen gemeint sind, so sind nur die ersteren gedeckt; wenn ein bestimmter Vertrag visiert ist, dann sind Forderungen aus anderen Verträgen nicht gedeckt.

Die Gläubiger würden gut tun, die pfandrechtlich zu sichernden F o r d e - **131** r u n g e n m ö g l i c h s t g e n a u z u b e z e i c h n e n. Eine z e i t l i c h u n b e g r e n z t e Haftung ist im Zweifel ausgeschlossen; es würde sich empfehlen, vertraglich hierüber Bestimmungen zu treffen. Die hier vertretene Ansicht schließt nicht aus, daß das Pfandrecht z. B. alle künftigen Forderungen aus einem jetzt abgeschlossenen Krediteröffnungs-Vertrag deckt. Es können aber nicht beliebige Forderungen in einen Kontokorrent eingetragen werden, in der Meinung, das für diesen bestellte Pfandrecht decke dann auch jene Forderungen vorbehaltlos; sondern es kommt auf die erwähnten Gesichtspunkte an. Dazu *Dudan* 154 ff.; BlZR 12 Nr. 236 S. 373. Ferner Otto *Schläpfer*, Der Kontokorrentvertrag (Diss. Zürich 1943) 27.

In der J u d i k a t u r verneinen im Einklang mit den obigen Darlegungen **132** die schrankenlose Geltung der Pfandklauseln neben BGE 51 II 281/282: BlZR 12 Nr. 203 S. 327; 12 Nr. 236 S. 372 (betr. Grundpfand).

In der L i t e r a t u r vertreten die gleiche Richtung oder Auffassung namentlich *Dudan* 99 ff., bes. 148 f.; *Forstmoser* (zit. vorstehend N 102) 27. Weniger weit geht *Kaderli* 32/33. Für einschränkende Auslegung schon *Haupt*, Die Allg. Geschäftsbedingungen der deutschen Banken (Leipzig 1937) 169 ff. Als schlechthin gültig betrachten die Klauseln das Urteil SJZ 11, 335 = ZBJV 51, 139 sowie *Wieland* Art. 884 N 3a, 7a; anscheinend auch *Leemann* Art. 884 N 23. In der bankenrechtlichen Literatur wird die Pfandklausel gewöhnlich ohne Untersuchung als gültig vorausgesetzt; so u. a. *Zimmermann*, SJZ 17, 149 ff.; Marcel *Gauchat*, Rechtliche Fragen zum Diskontgeschäft (Diss. Zürich 1936) 143; *Wanner* (zit. vorstehend N 102) 31; Hans *Homberger*, Der Kontokorrent im Bankgeschäft (Diss. Zürich 1944) 146 ff.; Otto *Schläpfer*, Der Kontokorrentvertrag (Diss. Zürich 1943) 134 ff.; *Lotz*, Der Schrankfachvertrag (Basel 1940) 71; René *de Preux*, Le contrat de dépôt ouvert ... (Diss. Freiburg 1946) 136 ff.; Hans *Ellenberger*, Das offene Bankdepot (Diss. Bern 1925) 91 ff.; *Umbricht-Maurer*, Das Depotgeschäft (Zürich 1976) 76; Jakob *Hiestand*, Lombardgeschäft und Lombardierung (Diss. Bern 1923) 109*.

133 Die Frage der generellen Klauseln stellt sich auch für die G r u n d p f a n d - v e r s c h r e i b u n g und die von den Banken verwendeten B ü r g s c h a f t s - formulare; *Beck* (zit. vorstehend N 119 FN[a]) Art. 492 N 107 und bes. *Schönenberger* Art. 492 N 28/29, Art. 499 N 12, 45/46, der eine weitgehende Individualisierung der Forderungen verlangt.

133a Die vorstehend erörterten, zu allgemein gefaßten Pfandklauseln sind ungeachtet des aus dem Jahre 1951 stammenden Urteils BGE 51 II 273 und der bereits in der vorhergehenden Auflage dieses Kommentars enthaltenen Beanstandung weiterhin gebräuchlich. Eine andere Frage ist freilich, ob man diese Klauseln so rigoros anwendet wie sie lauten. Indessen bestehen jetzt auch Klauseln, die eine tunliche Beschränkung des Kreises der pfandgesicherten Forderungen enthalten und insofern vorwurfsfrei sind.

134 An E i n z e l f r a g e n seien noch erwähnt: Die üblichen Pfandklauseln der Banken decken nicht nur die W e c h s e l verpflichtung, sondern auch die «zivilrechtliche» Forderung aus der Diskontierung des Wechsels (BGr in Semjud 1920, 37). — Das für eine einzelne Forderung bestellte Pfandrecht wächst nicht ohne weiteres dem ganzen K o n t o k o r r e n t zu, wenn jene Forderung in diesem aufgeht (BGr in BlZR 7 Nr. 129 S. 290).

5. Person des Schuldners und des Gläubigers

135 Der S c h u l d n e r ist gewöhnlich mit dem Verpfänder identisch; anders namentlich, wo ein Dritter seine Sache zugunsten des Schuldners dem Gläubiger verpfändet (vorstehend N 9—11).

136 Der G l ä u b i g e r braucht nicht individuell bestimmt zu sein; seine Berechtigung kann sich z. B. aus einem auf den Inhaber oder an Ordre lautenden Wertpapier ergeben. Die Pfandsache muß hier einem Dritten übertragen werden, der als sog. T r e u h ä n d e r oder P f a n d h a l t e r den jeweiligen Gläubi-

---

* Die Neuauflage 1977 des Handbuchs *Albisetti/Bodmer* S. 619 verneint immerhin den Pfandrückbehalt für künftige indirekte Forderungen, wenn jedes Kreditverhältnis mit der Bank abgewickelt worden ist. R. B.

ger im Besitz vertritt (nachstehend N 216). Eine Obligationenanleihe läßt sich auf diese Weise sicherstellen; ein Grundpfandtitel oder anderer Gegenstand wird einem Treuhänder oder Pfandhalter zu Fahrnispfand übergeben: OR 1161; Botsch BBl 1928 I 347/348; *Leemann* N 16/17 vor Art. 875 und Art. 875 N 17/18; *Tuor/Schnyder* § 107 II.

Über die I d e n t i t ä t   d e s   G l ä u b i g e r s bei Fusion oder Übernahme **137** eines Geschäfts mit Aktiven und Passiven: BlZR 7 Nr. 129 S. 289.

6. Bestimmtheit der Forderung,
besonders bezüglich des Umfangs der Leistung — Prinzip der Spezialität

Die Ausführungen über die künftigen Forderungen und über die Person des **138** Gläubigers zeigen (N 122 ff., 136), daß ein nur geringer Grad von B e - s t i m m t h e i t der Merkmale der Forderung verlangt wird; lose Bestimmbar- keit genügt. Dies gilt besonders auch für den Umfang der Forderung (d. h. eigentlich: der sichergestellten Leistung). Ihr Betrag braucht nicht von Anfang an festzustehen, nicht einmal in Gestalt einer oberen Grenze: BGE 47 III 100; BlZR 21 Nr. 79 S. 198; 27 Nr. 164 S. 328; SJZ 13, 381; vgl. auch BGE 51 II 281. Dagegen muß der Betrag bei der Realisierung des Pfandrechts zahlenmäßig bestimmt sein, weil anders die Pfandverwertung undenkbar ist.

Das P r i n z i p   d e r   S p e z i a l i t ä t würde — richtig aufgefaßt — **139** bedeutet, daß die Forderung einigermaßen p r ä z i s i e r t sein müßte, namentlich hinsichtlich ihrer Herkunft (was als ihre causa bezeichnet werden kann). Eine entsprechende ausdrückliche Gesetzesbestimmung besteht jedoch weder für das Grund- noch für das Fahrnispfand[a]. Für das Grundpfand verlangt Art. 794 I lediglich die Angabe «eines bestimmten Betrags der Forderung», mindestens aber eines Maximalbetrags (Art. 794 II). Die Literatur sieht d a r i n das Spezialitätsprinzip. Indessen verlangt das Gesetz gar keine Präzi- sierung der Forderung, sondern lediglich die Angabe der Höhe der Haftung. Das Fahrnispfandrecht des ZGB kennt nicht einmal dieses Erfordernis. Beim Grund- wie beim Fahrnispfandrecht stellt sich deshalb die vorstehend N 129 ff. behandelte Frage, ob die Unbestimmtheit der garantierten Forderung zu einer Verletzung des Persönlichkeitsrechts führen könnte. Nur insoweit die aus den Vorschriften ZGB 27/OR 19 II/20 abzuleitenden Einschränkungen die Un- begrenztheit der zu sichernden Forderung ausschließen, besteht, wie für das Grundpfandrecht, so für das Fahrnispfandrecht, das Prinzip der Spezialität. Dazu *Dudan* 170, 172/173.

[139a] CC fr 2074 verlangt «la déclaration de la somme due»; ob eine ziffernmäßige Angabe nötig ist, ist kontrovers. CC it 2787 III schreibt vor die «sufficiente indicazione del credito e della cosa».

140   Über die V i e h v e r p f ä n d u n g vgl. hinten Art. 885 N 33. — Für das
Z o l l p f a n d r e c h t ist im Zollges. vom 1. Okt. 1925 Art. 120 II eine Spezi-
fizierung in der Weise enthalten, daß die zu sichernden Forderungen abschließend aufgezählt sind (*Blumenstein*, Grundzüge des schweiz. Zollrechts,
Bern 1931, 47; N 57 ff. des Syst. Teils dieses Komm.). Dagegen können die
Beträge dieser Forderungen nicht von vornherein bestimmt sein. — Für die
Verschreibung von Schiffen und Luftfahrzeugen ist, entsprechend ZGB 794,
mindestens ein Maximalbetrag anzugeben (SchRG 38, BG über das Luftfahrzeugbuch vom 7. Okt. 1959 Art. 26, vorne Syst. Teil N 73 f., 79 f.).

141   Da der Betrag der Forderung bei der Verpfändung nicht festzustehen braucht,
ist es zulässig, ihn im Pfandvertrag offen zu lassen, in der Meinung, daß ein
anderer als der Verpfänder dieses B l a n k e t t später ausfülle, z. B. der
Gläubiger oder der mit dem Verpfänder nicht identische Schuldner (BGE 35 II
624, 627. — Über die Tragweite der Blanko-Unterschrift im allgemeinen *Becker*
Art. 1 N 5, 21; *von Tuhr/Peter* § 21 bei N 29); *Schönenberger/Jäggi* Art. 13
N 41 f.

7. Forderung aus Solidarschuld und Bürgschaft

142   Es ist zulässig, bei einer S o l i d a r s c h u l d (OR 143 ff.) ein Pfandrecht
zur Sicherung der Schuld nur eines einzelnen Schuldners zu bestellen: BGE 28 I
411; 50 III 85; BlZR 17 Nr. 177 S. 320. Dies gilt auch für Solidarbürgen. Ob
das von einem B ü r g e n bestellte Pfand für seine eigene Schuld oder die
Hauptschuld haftet, ist anhand des Vertrags zu entscheiden (BlZR 17 Nr. 177
S. 320). Wenn ein Solidarbürge das Pfand gibt, um die Hauptschuld zu sichern,
wird im Zweifel angenommen, daß er auch seine eigene Schuld — also die
Bürgenschuld — decken will (BGE 50 III 85—86).

143   Von der Beantwortung der Frage, zugunsten w e s s e n S c h u l d das
Pfand haftet, hängt ab, ob ein Schuldner verlangen kann, mit der Betreibung auf
Pfandverwertung belangt zu werden, statt mit der ihm gefährlicheren gewöhn-
lichen Betreibung (SchKG 41. Vgl. die zit. Urteile und weitere Angaben bei
Jaeger/Daeniker I Art. 41 N 1 S. 46 sowie hinten Komm. Art. 891 N 38 ff.).

144   Auf die Pfandrechte zur Sicherung der H a u p t s c h u l d beziehen sich die
hier nicht weiter interessierenden b ü r g s c h a f t s rechtlichen Vorschriften
OR 495 II, 496 II und 501 II, die das Vorgehen gegen den Bürgen von der vorgängigen Verwertung der Pfänder abhängig machen, ferner OR 503 I/III/IV,
506 Ziff. 3, 507 II/IV, 511 I. Art. 497 II Satz 3 betrifft das Pfandrecht zur
Sicherung der B ü r g e n s c h u l d.

8. Forderung mit mehreren Pfändern

Für e i n e Forderung kann ein Pfandrecht an m e h r e r e n S a c h e n **145** errichtet werden. Hierüber vorstehend N 33 und bes. hinten Art. 889 N 21.

9. Verjährung der Forderung

Während der Bestand eines Grundpfandes die Verjährung der Forderung **146** ausschließt (Art. 807), erzeugt das Fahrnispfandrecht diese Wirkung nicht (OR 140). Vielmehr laufen die gewöhnlichen Verjährungsfristen (OR 127 ff.). Die «Pfandbestellung» unterbricht die Verjährung (OR 135 Ziff. 1). Unter Pfandbestellung ist hier im Gegensatz zum üblichen Sprachgebrauch (vorstehend N 94) der Abschluß des Pfandvertrages zu verstehen, denn schon hierin liegt die Anerkennung der Forderung, als welche die Pfandbestellung in OR 135 Ziff. 1 aufgefaßt ist. Zur Unterbrechung ist die Pfandbestellung aber nur tauglich, wenn die Verjährungsfrist noch nicht abgelaufen ist; i s t sie abgelaufen, so kann in der Pfandbestellung gegebenenfalls ein Verzicht auf die Verjährungseinrede gesehen werden (OR 141. ZBJV 74, 284; *von Tuhr/Escher* II § 81 bei N 38; *Becker* Art. 141 N 4).

T r o t z E i n t r i t t s d e r V e r j ä h r u n g darf noch die «G e l t e n d - **147** m a c h u n g d e s P f a n d r e c h t e s» erfolgen (OR 140), so daß der Gläubiger im wesentlichen doch Befriedigung erlangen soll (ZBJV 79, 225). Wird bei der Verwertung seine volle Deckung nicht erreicht, so hat er indessen für den Ausfall keine erzwingbare Forderung mehr. — Einzelheiten bei Otto *Müller*, ZBJV 73, 577 ff.; Peider *Mengiardi*, Der Ausschluß der Verjährung im Sachenrecht (Diss. Bern 1953) 128 ff.; *Spiro* (zit. Syst. Teil N 259) S. 528 ff.

10. «Persönliche Haftbarkeit des Schuldners» für die Forderung

Unabhängig von der mit dem Pfandrecht gegebenen Sachhaftung besteht die **148** gewöhnliche Haftung des Schuldners, der mit seinem g a n z e n V e r m ö g e n für die Erfüllung der Forderung aufzukommen hat, was insbesondere bedeutet, daß er für den bei der Pfandverwertung entstehenden Ausfall bis zur vollen Befriedigung des Gläubigers zu bezahlen hat (BGE 12, 548). Das Fahrnispfand-recht steht hierin der Grundpfandverschreibung und dem Schuldbrief gleich (Art. 824 I, 842), mit Ausnahme freilich des Versatzpfandes (Art. 910 II), das wie die Gült (Art. 847 III) nur eine Sachhaftung kennt. Der erwähnte (in Art. 847 III als «persönliche Haftbarkeit» bezeichnete) Sachverhalt der Haftung mit dem ganzen Vermögen hindert nicht, daß der Schuldner vom Gläubiger grundsätzlich verlangen kann, er müsse sich zuerst an das Pfand halten: bene-ficium excussionis realis, SchKG 41 I (Näheres N 129 des Syst. Teils und be-sonders hinten Komm. Art. 891 N 38 ff.).

c) Akzessorietät

1. Grundsatz

149   Das Fahrnispfand wird als a k z e s s o r i s c h e s   R e c h t aufgefaßt; es besitzt akzessorische « N a t u r» (in der deutschen Literatur heißt dies «angelehnt»); zwischen Pfandrecht und Forderung besteht das Verhältnis der A k z e s s o r i e t ä t — es gilt das P r i n z i p der Akzessorietät. Dieses bedeutet a l l g e m e i n Abhängigkeit von einem andern Vertrag, einer anderen Verpflichtung, einem anderen Recht, dem sog. Hauptrecht. Die Abhängigkeit bezieht sich namentlich auf den Bestand, den Umfang, das Schicksal; «accessio sequitur principale». Das Fahrnispfandrecht ist also abhängig von der Forderung, tritt zu ihr hinzu (= accedere), ist als ihr Akzessorium ein N e b e n r e c h t. Statt vieler Belege: Erl II 322/323; BGE 12, 548; 51 II 278; BlZR 18 Nr. 177 S. 359; *von Tuhr / Peter* § 2 X.

150   Die A k z e s s o r i e t ä t   d e s   F a h r n i s p f a n d r e c h t s ergibt sich positivrechtlich aus dessen vom Gesetz vorausgesetztem Begriff und seiner Funktion — es dient der Sicherung einer Forderung (so ausdrücklich ZGB 824 I) und muß deshalb von ihr abhängen —, dann aber auch aus einzelnen Vorschriften, wie besonders ZGB 889 I und OR 114 I (der Untergang der Forderung läßt das Pfandrecht erlöschen), ZGB 891 II (die Pfandhaftung richtet sich nach der Höhe der Forderung), OR 170 I (Übergang des Pfandrechts bei Zession). Ungeachtet der Akzessorietät ist jedoch das Pfandrecht insofern selbständig, als es auf einem eigenen Vertrag beruht, dem Pfandvertrag, der getrennte Gültigkeitsvoraussetzungen aufweist und einen besonderen, ihm angemessenen Inhalt, z. B. eigene Bedingungen und Befristungen.

151   A n d e r e   a k z e s s o r i s c h e   R e c h t e sind z. B. diejenigen auf Konventionalstrafe (OR 160 ff.) und namentlich aus B ü r g s c h a f t (OR 492 ff.); die für die letztere geltenden Regeln können angesichts der Gemeinsamkeit des Sicherungszweckes öfters mit Nutzen für das Pfandrecht beigezogen werden, zumal die Folgen der Akzessorietät dort viel eindringlicher bearbeitet sind als im Gebiet des Pfandrechts. Aus der zugehörigen Literatur u. a. *Beck* (zit. vorstehend N 119 FN[a]) Art. 492 N 88 ff., 107 ff.; *Schönenberger* Art. 492 N 21 ff.

152   Die A k z e s s o r i e t ä t gehört zu jenen von der Wissenschaft durch A b s t r a k t i o n   g e w o n n e n e n   G r u n d s ä t z e n, die die gemeinsamen Züge mehrerer Rechtsinstitute so deutlich zu zeigen vermögen, daß sie Evidenz und deshalb einen hohen Erkenntniswert besitzen und geeignet sind, für Gesetzgebung und Rechtsanwendung Richtlinien zu geben; das letztere nach dem Postulat, daß Gleiches gleich zu behandeln sei. Man faßt solche Grundsätze heute nicht mehr als bindendes Dogma auf, sondern der Gesetzgeber erachtet sich für

frei, von ihnen abzuweichen, wo entsprechende, legitime Bedürfnisse zu befriedigen sind; und der Richter geht zwar von ihnen aus, behält sich aber, wenn das
Gesetz ihn nicht von vornherein bindet, die kritische Wertung der durch sie zu
gewinnenden Ergebnisse vor, um, wo nötig, ebenfalls eine sich vom Grundsatz
entfernende und ihn damit einschränkende Lösung zu treffen. Dies läßt sich auch
für die Akzessorietät im Gebiete des Pfandrechts feststellen.

Die A u s n a h m e n im Bereich des G r u n d p f a n d e s sind bekannt. **153**
Vor allem schließen sich Schuldbrief und Gült nicht an eine Forderung an,
sondern sind mit ihr eins und insofern selbständig (Art. 842, 847 I/III, 855 I);
ihre Selbständigkeit (sog. Abstraktheit) ermöglicht die Figur des Eigentümerpfandrechts (Art. 859) und den Fortbestand des Pfandrechts trotz Untergangs
der Forderung oder Verzichts des Gläubigers auf das Pfandrecht (Art. 863, 873).
Das F a h r n i s p f a n d r e c h t bezeichnet man in der Literatur gelegentlich
mit einem ungenauen Ausdruck als «streng akzessorisch», womit betont werden
soll, daß das Prinzip reiner durchgeführt ist als beim Grundpfand, wo zwar die
Grundpfandverschreibung im wesentlichen akzessorisch ist (Art. 824 I), aber
doch den durch das Grundbuch vermittelten, bloß formellen Bestand des Pfandrechts kennt (Art. 799 I, 801 I, 813—815, 825, 826). Indessen weist auch das
Fahrnispfandrecht Ausnahmen von der Akzessorietät auf: Art. 891 II kennt eine
Erweiterung der Pfandhaftung über den Betrag der Forderung hinaus, für Betreibungskosten und Verzugszinse. OR 140 läßt die «Geltendmachung des Pfand-
rechts» zu, obwohl die Forderung verjährt ist, vorstehend N 147; *Müller* 585 ff.;
Mengiardi 129; *Spiro* 529 sieht demgegenüber keinen Widerspruch zum Grund-
satz der Akzessorietät (alle diese Autoren zit. N 147). Die Saldoziehung im
Kontokorrent läßt die Forderung durch Novation untergehen, die Pfandrechte
aber bleiben bestehen (OR 117). Besondere Fälle des Auseinandergehens der
Haftung für die Forderung und der pfandrechtlichen Sachhaftung kennt das
Erbrecht (ZGB 573, namentlich 590 III). Wichtiger ist die Zulässigkeit der Ver-
pfändung für suspensiv bedingte und künftige Forderungen, mit pfandrechtlicher
Wirkung von Anfang an, schon mit der Besitzübertragung (vorstehend N 123).

Es ist umstritten, ob man es in den letzteren Fällen wirklich mit einer Aus- **154**
nahme zu tun hat[a]. Obwohl die Frage angesichts des Umstandes, daß die Verpfändung für k ü n f t i g e F o r d e r u n g e n mit der erwähnten Wirkung
durchweg anerkannt ist, keine praktische Bedeutung besitzt, ist doch zu sagen:
beim Pfandrecht für eine künftige Forderung hat man keine e x i s t e n t e
Forderung, also schlechthin k e i n e Forderung vor sich; von Akzessorietät
kann hier im Ernste nicht die Rede sein, vielmehr besteht das Pfandrecht ohne

---

[154a] Hinsichtlich der künftigen Forderung *Haffter* 21 mit Zitaten. BGE 51 II 278 spricht
zutreffend von einem «Einbruch in den Grundsatz der Akzessorietät», und auch die Erl II 188
fassen den Sachverhalt als Ausnahme von der Akzessorietät auf.

Forderung *. Auch wenn es erst nach der Entstehung der Forderung realisierbar wird, so ist es doch vorher ebensogut vorhanden wie ein Grundpfand nach Tilgung der Forderung, solange es im Grundbuch eingetragen bleibt. Bei der s u s p e n s i v b e d i n g t e n Forderung würde die Akzessorietät verlangen, daß auch das Pfandrecht bedingt wäre; gerade darin, daß dies nicht zutrifft, sondern das Pfandrecht unbedingt errichtet wird, besteht die Ausnahme von der Azessorietät.

155   Die Loslösung vom Prinzip der Akzessorietät geht bei Fahrnis nicht so weit, ein E i g e n t ü m e r p f a n d r e c h t zuzulassen (vorstehend N 73).

156   In der Literatur ist der V o r s c h l a g zutage getreten, das Prinzip der Akzessorietät sei insoweit zu beseitigen, als auch für das Fahrnispfandrecht eine a b s t r a k t e Gestaltung zuzulassen sei, etwa nach dem Vorbild des Schuldbriefs und der Gült: «alleinstehendes Pfandrecht», «isolierte Pfandobligation» oder «Realobligation»; so u. a. *Heck* 323 ff., 415/416, 417, 428 Ziff. V; dagegen *Staudinger* N 1 vor § 1204. Solange nicht ein echtes Bedürfnis nach dieser Konstruktion bewiesen wird, ist sie als unnötig und wenig praktikabel abzulehnen. Es ist ferner zu erwägen, daß die vom Gesetz im Gebiet des Grundpfandrechts vorgenommene Loslösung von der Akzessorietät mit Hilfe des Grundbuchs als eines hiezu geeigneten technischen Mittels durchgeführt wird; ein solches fehlt dem Fahrnispfandrecht. Auch daran sei erinnert: Mit der Abwandlung immer neuer, spekulativ gewonnener Spielarten von Rechtsinstituten, mit der Verallgemeinerung ausgesprochener Sonderfälle, macht die Wissenschaft die Rechtsordnung wohl breiter, aber nicht besser.

157   In t e r m i n o l o g i s c h e r Hinsicht ist darauf hinzuweisen, daß A b - s t r a k t h e i t im vorliegenden Zusammenhang das Gegenteil von Akzessorietät bedeutet; im gleichen Sinn wird für «abstrakt» auch das Wort «selbständig» verwendet. Eine völlig andere Bedeutung hat «abstrakt» als Gegenteil von «kausal» bezüglich der Frage von der «kausalen Natur der Verpfändung» (vorstehend N 110 ff.): dort geht es darum, ob die Besitzübertragung von dem als Rechtsgrund aufzufassenden Pfandvertrag abhänge. Entsprechend kann im Bereich des Grundpfandes der Gegensatz abstrakt—kausal die Abhängigkeit des Grundbucheintrages vom Rechtsgrund betreffen (ZGB 974/975). Meist bezieht sich jedoch im Grundpfandrecht das Wort abstrakt im eingangs umschriebenen Sinn auf die Frage der Akzessorietät: abstrakt (selbständig) sind dann Schuldbrief und Gült im Gegensatz zur (akzessorischen) Grundpfandverschreibung, und zwar mit der in N 153 gekennzeichneten Tragweite; etwas spezieller, aber in der gleichen Richtung, wird das Wort «abstrakt» verwendet, um die durch Novation (ZGB 855) erzielte Unabhängigkeit der in Schuldbrief und Gült verkörperten

---

* Gleichwohl ist es k a u s a l, d. h. abhängig von einem Pfandvertrag. Vgl. vorne N 110 ff., hinten N 157. R. B.

Forderung von der früheren Forderung (z. B. aus Darlehen) zu unterstreichen. Bezeichnet man das Gegenstück zur Abstraktheit — diese im soeben erörterten Sinn genommen — mit «k a u s a l», so ist dieses vieldeutige Wort synonym mit «a k z e s s o r i s c h». Auf einen weiteren Sachverhalt, der von allem Besprochenen völlig verschieden ist, bezieht sich der Gegensatz abstrakt—kausal endlich, wenn man feststellt, die Grundpfandverschreibung könne sich auf eine abstrakte Schuld (OR 17) beziehen, was übrigens auch für das Fahrnispfandrecht zutrifft, zumal es für weitgehend unbestimmte Forderungen, besonders für «beliebige» künftige, errichtet werden darf (indessen stehen dem Pfandrecht die Einreden entgegen, die gegen die Forderung erhoben werden können, nachstehend N 161 und dazu BGE 65 II 84).

2. *Folgerungen*

Aus dem P r i n z i p d e r A k z e s s o r i e t ä t lassen sich als Folgerungen ableiten:

— 1. Das Pfandrecht setzt den **Bestand einer Forderung** voraus (über **158** bedingte und künftige Forderungen vorstehend N 153/154), und zwar muß

— 2. die **Forderung gültig** sein. F e h l t die Forderung[a] oder leidet **159** sie an einem Mangel wie N i c h t i g k e i t oder e i n s e i t i g e U n v e r - b i n d l i c h k e i t, so kann das Pfandrecht nicht bestehen (Semjud 1952, 138/39 = SJZ 48, 362). Bei den N a t u r a l o b l i g a t i o n e n (unvollkommenen Obligationen), die die Unklagbarkeit der Forderung bewirken, ist zu unterscheiden: Forderungen aus Spiel und Wette (OR 513) können nicht durch Pfandrecht gesichert werden[b], desgleichen Forderungen aus Heiratsvermittlung (OR 416); beides ergibt sich aus ihrer Einschätzung durch die Rechtsordnung, wofür die Belege der Literatur über die Naturalobligationen zu entnehmen sind. Dazu *Schönenberger* Art. 492 N 33/34; *Beck* (zit. vorstehend N 119 FN[a]) Art. 492 N 119. Einer moralischen Pflicht kann man kein Pfandrecht angliedern, da sie im wesentlichen außerhalb der Rechtsordnung steht (trotz OR 63 II; vgl. auch OR 239 III); die Realisierung des Pfandrechts würde gerade den verpönten rechtlichen Zwang herbeiführen (gleich im Ergebnis *Planck* § 1204 S. 1412; a. M. *Leemann* Art. 884 N 27). Die Begründung eines Pfandrechts für eine verjährte Forderung ist zulässig; die Rechtsordnung verpönt verjährte Forderungen nicht (OR 63 II, 140; vorstehend N 147), weshalb die Verjährung nicht von Amtes wegen zu berücksichtigen ist (OR 142). Auch die Verbürgung ist hier zulässig(OR 492 III).

[159a] Der zugehörige Vertrag ist z. B. wegen Fehlens des Konsenses gar nicht zustande gekommen.

[159b] Anders für die Bürgschaft OR 502 IV.

160   Wird der Vertrag, auf den die ungültige Forderung zurückgeht, liquidiert und entstehen dabei die besonderen Ansprüche auf B e r e i c h e r u n g oder V i n d i k a t i o n, so deckt das — wie sich gezeigt hat ungültig gewordene — Pfandrecht nicht etwa nunmehr diese bei der Liquidation erwachsenden Ansprüche, es sei denn, dies ginge von Anfang an aus dem Pfandvertrag hervor. Das Retentionsrecht fällt wegen mangelnder Konnexität außer Betracht (hinten Komm. Art. 895 N 99).

161   — 3. Die **Einreden,** die der Geltendmachung der Forderung entgegenstehen, können auch gegenüber dem Pfandrecht erhoben werden. Dies ergibt sich schon aus den Ausführungen in N 159, gilt aber auch für die Berufung auf mangelnde Fälligkeit, Stundung, Untergang der Forderung, Bedingung und Befristung der Forderung u. a. m. Die Erstreckung der Einreden auf das Pfandrecht ist vor allem bedeutsam, wenn nicht der Schuldner, sondern ein Dritter der Pfandeigentümer ist (vorstehend N 11, nachstehend N 396); so auch BGB 1211. Die Parallele zur Bürgschaft ist offensichtlich: OR 502.

162   — 4. Die **Zession** der Forderung läßt das Pfandrecht auf den Zessionar übergehen: OR 170 I; dazu *von Tuhr/Escher* § 95 II und die Komm. zu OR 170; BGE 45 II 671 und BlZR 24 Nr. 109 S. 237 bzgl. der Grundpfandverschreibung (ZGB 835). Ist zwar der Pfandvertrag geschlossen, aber die Besitzübertragung noch nicht erfolgt, so gehen doch die Rechte aus dem Pfandvertrag über (*Wieland* Art. 884 N 3 S. 444). Hievon abgesehen soll der Zedent die in seinem Besitz befindliche Pfandsache dem Zessionar übergeben (analog OR 503 III), in Nachachtung des Art. 884 I ZGB; beim Pfandrecht an Rechten sind die entsprechenden Übertragungshandlungen vorzunehmen (Art. 900, 901). Jedoch erfolgt nach einer allgemein vertretenen Auffassung der Erwerb des Pfandrechts durch den Zessionar schon vor diesen Handlungen und vor der Übergabe, nämlich im Augenblick der Zession, und zwar von Gesetzes wegen. — So ausdrücklich BGB 1250 I (§ 1251 I erwähnt den Anspruchs des Zessionars auf «Herausgabe des Pfandes»). Gl. M. BGE 80 II 114; *Hinderling* § 75 N 42; *Leemann* Art. 884 N 31; *Becker* Art. 170 N 10; *von Tuhr*, ZSR 42, 112; *Roos* (zit. nachstehend N 166) 99; *Staudinger* § 1250 N 1. — Der Übergang des Pfandrechts folgt m. a. W. den Regeln der cessio legis. Der Zedent, oder ein für ihn besitzender Dritter, übt demnach den Besitz vom Zeitpunkt der Zession an für den Zessionar aus (Pra 1, 42), wenn auch unter Umständen wider Willen. Der Zessionar kann seinen Anspruch auf Übergabe der Sache auf Grund seiner bereits erworbenen dinglichen Rechtsstellung durchsetzen, wie jeder Pfandgläubiger, dem der Besitz vorenthalten wird (nachstehend N 405 ff.). Er hat daran ein Interesse, um unerlaubte Verfügungen des Zedenten auszuschließen. Die Parteien können auch von vornherein vereinbaren, daß der Zedent den Besitz für den Zessionar ausübt, als sein Vertreter (nachstehend N 212).

163   Würde der Übergang des Pfandrechts ungeachtet der Zession v e r t r a gl i c h a u s g e s c h l o s s e n , so müßte es untergehen, weil ein Pfandrecht ohne Forderung nicht zu bestehen vermag (so ausdrücklich BGB 1250). Daß umgekehrt das P f a n d r e c h t n i c h t o h n e F o r d e r u n g übergehen kann, z. B. auf einen Chirographargläubiger des gleichen Schuldners, ergibt sich von selber (BGE 44 III 153).

Mit der Zession wird dem Verpfänder o h n e seine Z u s t i m m u n g eine **164** andere Gegenpartei aufgezwungen, was für ihn nicht ohne Gefahr ist, weil die Pfandsache in andere Hände gerät; über die Folgen hinten Komm. Art. 890 N 31 und Art. 889 N 19.

Der vertraglich begründeten Zession (OR 164) steht gleich der Ü b e r g a n g **165** einer Forderung a u f G r u n d d e s G e s e t z e s allein (c e s s i o l e g i s , Legalzession) oder gestützt auf r i c h t e r l i c h e s U r t e i l (OR 166) oder Zuteilung gemäß S c h K G (Art. 122 ff., 131). Als cessio legis wird insbesondere die S u b r o g a t i o n aufgefaßt: der Eintritt eines die Leistung anstelle des Schuldners vornehmenden Dritten in die Rechtsstellung des durch ihn befriedigten und deshalb ausscheidenden Gläubigers (so die Fälle OR 110, 149 I, 401 I, 507; 50, 51, VVG 72 I, KUVG 100 u. a. m.). Auf den Dritten als neuen Gläubiger gehen demgemäß mit den übrigen Rechten des ausscheidenden alten Gläubigers auch die Pfandrechte über (BGE 15, 424), und zwar d u r c h die Subrogation, also schon vor der Übertragungshandlung. Es gelten die bereits hinsichtlich der eigentlichen Zession besprochenen Regeln (soeben N 162), stellt doch der Tatbestand des Art. 170 I OR einen Fall von cessio legis dar. Das gilt namentlich für die Pfänder, die den R e g r e ß d e s B ü r g e n sichern sollen (OR 507; BGE 45 II 671/672). Dies mit der Besonderheit freilich, daß die Sanktion beim Widerstand des früheren Pfandgläubigers gegen die Übertragung nicht in der zwangsweisen Durchsetzung des Anspruchs besteht; vielmehr wird der Bürge von seiner Haftung befreit (OR 503 III/IV). Beachtlich ist ferner die Vorschrift OR 507 IV über die Konkurrenz zwischen dem Regreß des Pfandeigentümers und dem des Bürgen, wie sie sich aus der Anwendung der Bestimmungen von OR 507 I einerseits und 110 anderseits ergibt; dann ist weiter auf Art. 507 II Satz 2 über die Konkurrenz des regressierenden Bürgen mit dem Gläubiger hinzuweisen. Diese Probleme sind von der Seite des Bürgschaftsrechts her aufzurollen und hier nicht weiter zu verfolgen.

Aus der weitverzweigten L i t e r a t u r über Fragen der Subrogation die Komm. des OR, **166** bes. zu Art. 110, dazu *Schönenberger* Art. 503 N 32, Art. 507 N 18, 32 ff.; *Beck* (zit. vorstehend N 119 FN a) Art. 507 N 10, 27, 35 ff.; die allgemeinen Lehrbücher wie *von Tuhr/Escher* § 59 III; *Guhl/Merz/Kummer* § 34 VI; *Engel* no 164 D; dann Gottfried *Roos*, Über die Subrogation (Diss. Bern 1928) 93, 99; *Oftinger*, Schweiz. Haftpflichtrecht I (4. A. Zürich 1975) § 11 II A, IV A; *Schärer*, ZBJV 77, 214 ff.

— 5. Bei der **Schuldübernahme** bleiben die Pfandrechte dem Gläubiger **167** erhalten (OR 178 I). Indessen muß, wenn weder der alte Schuldner noch der

Übernehmer, sondern ein Dritter der Pfandeigentümer ist, dieser der Schuldübernahme zustimmen (OR 178 II; nachstehend N 394).

168   — 6. Der **Umfang** der Haftung richtet sich nach der Höhe der Forderung (ZGB 891 II), sofern er nicht vertraglich auf einen Teil davon beschränkt ist. Es besteht kein Zwang, wie ihn das Grundpfand- und das Bürgschaftsrecht kennen (ZGB 794, OR 493 I), von vornherein die Begrenzung der Haftung auf eine feste Summe zu vereinbaren (vorstehend N 138 und bes. BGE 47 III 100). Veränderungen der Forderung nach oben oder unten wirken sich von selber auf die Haftung aus. Einzelheiten hinten Komm. Art. 891 N 64 ff.

169   — 7. In **zeitlicher** Hinsicht wirkt sich die Akzessorietät dahin aus, daß die R e a l i s i e r u n g des Pfandrechts (Art. 891 I) vor der Fälligkeit der Forderung ausgeschlossen ist. Die vorzeitige Befriedigung des Pfandgläubigers ist auf anderem Boden jedoch dann möglich, wenn ein a n d e r e r Gläubiger den Pfandgegenstand verwerten läßt (N 125 des Syst. Teils).

170   — 8. Der **Untergang der Forderung** läßt das Pfandrecht erlöschen (OR 114 I, ZGB 889 I), ausgenommen bei Verjährung (OR 140 und vorstehend N 147, 153). Einzelheiten hinten Komm. Art. 888 N 4, Art. 889 N 6.

171   — 9. Das **Wiederaufleben einer untergegangenen Forderung** zieht das Wiederaufleben des Pfandrechts mit sich, weil akzessorische Rechte — «Nebenrechte» in der Ausdrucksweise des OR — das Schicksal der Forderung teilen (BGE 64 III 150; BlZR 38 Nr. 99 S. 218). Diese Folgerung wird ausdrücklich gezogen in OR 180 I (Dahinfallen des Schuldübernahmevertrages), ist aber auch in Fällen des Wiederauflebens einer Forderung anzunehmen, wo das Gesetz die Nebenrechte nicht erwähnt: so in OR 118 II (die Vereinigung — Konfusion — wird rückgängig gemacht) und SchKG 291 II (paulianische Anfechtung; vgl. neben der zit. Stelle BGE 64 III 150: bes. BlZR 38 Nr. 99 S. 218/219; ferner BGE 64 III 156, wo anscheinend ein Retentionsrecht als wieder aufgelebt behandelt ist).

172   Die mittlerweile entstandenen Rechte g u t g l ä u b i g e r D r i t t e r bleiben vorbehalten (so ausdrücklich OR 180 I und SchKG 290 a. E.).

173   Das Wiederaufleben des Pfandrechts steht immer unter dem V o r b e h a l t, daß die Sache sich noch im B e s i t z e d e s G l ä u b i g e r s befindet; sonst ist das Pfandrecht — und das wird meistens zutreffen — gestützt auf den besonderen Untergangsgrund des Art. 888 I ZGB erloschen; das Wiederaufleben der Forderung gibt dem Gläubiger dann einzig den im Pfandvertrag begründeten Anspruch auf neuerliche Übertragung des Besitzes.

174   Da es das frühere Pfandrecht ist, das neu ersteht, muß es auch den früheren R a n g erhalten, gleichgültig, ob es ohne weiteres wieder aufleben kann oder erst mittels neuerlicher Besitzübertragung; denn das Wiederaufleben des Pfandrechts hat das Ziel einer restitutio in integrum. Die praktische Bedeutung dieser Feststellung ist aber gering, weil der Vorbehalt der Rechte gutgläubiger Dritter auch hier gilt: mittlerweile nach ZGB 884 II errichtete Pfandrechte gehen vor, wenn sich der gute Glaube auch auf das Nichtvorhandensein eines älteren Pfandrechts erstreckt (nachstehend N 363).

Der erwähnte Umstand, daß nach dem Untergang der Forderung das Pfand- **175** recht bereits gemäß ZGB 888 I erloschen sein kann, hat zu der besonderen Vorschrift OR 94 I geführt: zwar ist ein Schuldner, der wegen G l ä u b i g e r -
v e r z u g s die geschuldete Sache hinterlegt hat, berechtigt, diese wieder zurückzunehmen, und damit die «Forderung mit allen Nebenrechten wieder in Kraft» treten zu lassen (Art. 94 II); diese Berechtigung fehlt aber gerade dann, wenn «infolge der Hinterlegung ein Pfandrecht aufgehoben worden ist».

Aus der L i t e r a t u r : *Oser/Schönenberger* Art. 94 N 2b und N 3, Art. 118 N 8, Art. 180 **176**
N 5; *Becker* Art. 94 N 19, 118 N 10, 180 N 3; *von Tuhr/Escher* § 66 I 6, 7, § 77 III, § 99 VI;
Jakob R. *Biedermann,* Die Hinterlegung ... (Diss. Zürich 1944) 206. — Über die (hier nicht weiter zu verfolgende) Kontroverse zu SchKG 291 II u. a. *Jaeger* und *Jaeger/Däniker* I je Art. 291 N 5 mit näheren Angaben; *Blumenstein* in dem in N 120 des Syst. Teils zit. Handbuch, 874; *Brand,* ZSR 62, 237/238; *Goettisheim* in Festgabe Fritz *Goetzinger* (Basel 1935) 120
122; vor allem die bereits zit. BGE 64 III 150 und BlZR 38 Nr. 99 S. 217 ff. (a. M. als diese beiden Urteile und als die Auffassung im Kontext entscheidet SJZ 32, 139). — Die Frage des Wiederauflebens stellt sich, wie für das Pfandrecht, so auch für die Bürgschaft, weshalb einige einschlägige Lit. angeführt sein mag: *Beck* (zit. vorstehend N 119 FN a) Art. 509 N 10 ff.;
Schönenberger Art. 509 N 18 ff.; *Giovanoli,* Komm. zum Bürgschaftsrecht (Bern 1978) Art. 509
N 12, 16; *Guhl,* Das neue Bürgschaftsrecht der Schweiz (Zürich 1942) 118—119.

— 10. In **international-privatrechtlicher** Hinsicht hat BGE 48 I 91 ff. **177**
aus der Akzessorietät abgeleitet, daß die Klausel des Pfandvertrags, welche das Schweizer Recht für durchweg anwendbar erklärt, nicht nur für das Pfandrecht als solches gelten wolle, sondern auch für die Pfandforderung (N 113 des Syst. Teils).

D. Übertragung des Besitzes (Al. I/Art. 884)

Lit.: *Bolla* 168 ff. — *Haffter* 34 ff. — *Kaderli* 83 ff. — Emil *Wieland,* Der Schuldschein **178**
und seine Bedeutung beim Forderungspfandrecht (Diss. Basel 1930 MaschSchr) 80 ff. — Hansjakob *Schmid,* Das Traditionsprinzip im neueren schweiz. Sachenrecht (Diss. Zürich 1945)
57 ff. — René *Trachsel,* Die Warenverpfändung zur Sicherung des Bankkredits (Diss. Bern 1949) 33 ff., 101 ff. — *Jäggi,* Komm. OR, Die Wertpapiere (Zürich 1959) Art. 967 N 58 ff.
Schmidt, Der Pfandbesitz, Arch f. d. civilist. Praxis 134, 1 ff., 129 ff. — *Enneccerus* § 163 I.
Dazu die Lit. zu ZGB 922—924 über den B e s i t z e r w e r b, so der Komm. von *Homberger* und jener von *Stark* — Karl *Oftinger,* Von der Eigentumsübertragung an Fahrnis (Diss. Bern 1933) — *Hinderling,* Die Bedeutung der Besitzübertragung für den Rechtserwerb im Mobiliarsachenrecht, ZSR 89 I 159 ff.
Über das B e s i t z e s k o n s t i t u t : Angaben nachstehend N 273.

a) Faustpfandprinzip (Al. I und III/Art. 884) — Eigenart des Pfandbesitzes und seiner Übertragung

179 Al. I/Art. 884 stellt den Grundsatz auf, daß für die Verpfändung von Fahrnis die Ü b e r t r a g u n g d e s B e s i t z e s an der Pfandsache vom Verpfänder auf den Pfandgläubiger erforderlich ist. In Al. III wird diese Vorschrift unterstrichen und präzisiert: das Pfandrecht ist nicht entstanden, solange die ausschließliche Gewalt beim Verpfänder bleibt, was insbesondere das Besitzeskonstitut unzulässig macht. Damit stellt sich das ZGB auf den Boden des F a u s t p f a n d p r i n z i p s (Syst. Teil N 32), das ein Anwendungsfall des mobiliarsachenrechtlichen Traditionsprinzips (ZGB 714 I, 746) ist. Als Folge läßt der Verlust des Besitzes das Faustpfandrecht untergehen oder doch unwirksam werden (Art. 888). Das Faustpfandprinzip beherrscht nicht nur die Regelung des Faustpfandrechts, sondern hat auch Bedeutung für die übrigen Arten des Fahrnispfandrechts: Die Verpfändung von Wertpapieren bedarf der Übergabe der Urkunde, was bei den Inhaberpapieren — gleich wie bei den Sachen — das einzige vom Gesetz erwähnte Erfordernis ist (Art. 901) und sogar bei der Verpfändung gewöhnlicher Forderungen nachwirkt, wo die Übergabe des Schuldscheins vorgeschrieben ist (Art. 900 I); das Versatzpfandrecht verlangt die Übergabe des Gegenstandes (Art. 909) und das Retentionsrecht den schon vorher dem Gläubiger eingeräumten Besitz (Art. 895 I).

180 Der G e l t u n g s b e r e i c h der Regeln über den P f a n d b e s i t z reicht somit über das Faustpfandrecht hinaus. Abgesehen vom Versatzpfand ist er am aktuellsten bei den W e r t p a p i e r e n und hier bei den I n h a b e r - p a p i e r e n, die wie körperliche Sachen verpfändet werden (hinten Komm. Art. 901 N 34, 46); aOR 210 I unterstellte denn auch ausdrücklich die Inhaberpapiere der gleichen Vorschrift wie die Sachen. Die Übertragung eines W a r e n - p a p i e r s zu Pfand ersetzt die «Übertragung der Ware selbst» (Art. 902, 925, I).

181 Das Faustpfandprinzip gilt jedoch nicht uneingeschränkt. Vielmehr weist Al. I/884 einen V o r b e h a l t auf («... wo das Gesetz keine Ausnahme macht...»): die Regel tritt in den nicht zahlreichen Fällen zurück, wo das h y p o t h e k a r i s c h e Prinzip angewendet, also von einem Gesetz (dem ZGB oder einem Spezialgesetz) ein Fall der Mobiliarhypothek vorgesehen ist (Syst. Teil N 33 ff., 70 ff.).

182 Ein Pfandrecht entsteht nur, wenn der Besitz dem Gläubiger wirklich z w e c k s V e r p f ä n d u n g[a] u n d m i t W i l l e n d e s V e r p f ä n d e r s e i n g e r ä u m t oder (wo vorher bereits Besitz des Gläubigers vorhanden ist[b])

[182a] Semjud 1899, 713/714.
[182b] nachstehend N 254.

b e l a s s e n wird[c]. Es muß sich somit um die E r f ü l l u n g d e s P f a n d -
v e r t r a g s, um P f a n d b e s i t z handeln (vorstehend N 104/105; ZBJV
51, 139 = SJZ 11, 335). Aus anderen Gründen entstehender oder bestehender
Besitz ist untauglich, z. B. wenn der Gläubiger die Sache eigenmächtig an sich
genommen oder sich von einem Dritten ohne Willen des Verpfänders hat geben
lassen (BGE 50 III 144). Der Besitz begründet keine Vermutung, daß Pfandbesitz vorliege und ein Pfandrecht bestehe (Semjud 1899, 713/714).

Im B a n k e n verkehr wird die Zustimmung des Verpfänders zur Ein- **183**
räumung des Pfandbesitzes zulässigerweise häufig im voraus und generell erteilt,
indem der Gläubiger — die Bank — sich ein Pfandrecht einräumen läßt an
allen jetzt oder künftig in ihren Besitz gelangenden und an den schon in ihrem
Besitz befindlichen Gegenständen, auch an den bei ihr im Depot liegenden Wertpapieren. Über diese Pfandklauseln vorstehend N 33, 98, 102a, bes. 35 ff.; Einzelheiten bei *Rospatt*, Bankarchiv (Berlin) 32, 487 ff.; *Haupt* (zit. vorstehend
N 132) 161 ff. Der Pfandbesitz wird auch erworben, wo die Sachen von einem
Dritten für Rechnung des Verpfänders direkt der gläubigerischen Bank oder ihrem
Stellvertreter im Besitz (z. B. einem Lagerhalter) übergeben werden, selbst wenn
der Verpfänder von ihrem Eingang noch keine Kenntnis hat, sofern nur der
Pfandvertrag den Vorgang deckt. — Die Bank kann kein Pfandrecht an einem **184**
ihr zur D i s k o n t i e r u n g eingereichten Papier beanspruchen, wenn sie die
Diskontierung ablehnt: Marcel *Gauchat*, Rechtliche Fragen zum Diskontgeschäft
(Diss. Zürich 1936) 143 ff.; *Ulmer*, Das Recht der Wertpapiere (Stuttgart/
Berlin 1938) 226; *Staudinger* § 1292 N 5; *Haupt* a.a.O. 175.

Wie N 93 erwähnt, ist die Übertragung des Pfandbesitzes der d i n g l i c h e **185**
A k t im Rahmen d e r V e r p f ä n d u n g, der dem Vollzug des obligatorischen Aktes, des Pfandvertrages, dient und erst das Pfandrecht e n t s t e h e n
läßt. Vorher besteht allein die Pflicht zur Errichtung des Pfandrechts.

Über den d i n g l i c h e n V e r t r a g : nachstehend N 300 ff. **186**

Das Gesetz regelt das W e s e n d e s B e s i t z e s und seine Ü b e r - **187**
t r a g u n g a l l g e m e i n in Art. 919—925. Diese Vorschriften (samt zugehöriger Judikatur) beanspruchen Geltung für das ganze Sachenrecht und
somit auch für den Bereich der Art. 884 ff., soweit dort nicht Abweichungen
enthalten sind. Aus dem Gesetz läßt sich jedoch nicht ein e i n h e i t l i c h e s
Kriterium dafür ableiten, wann Besitz erworben und vorhanden sei. Sondern
schon die Mehrdeutigkeit des Besitzbegriffes (selbständiger — unselbständiger,
mittelbarer — unmittelbarer Besitz) zwingt zu differenziertem Vorgehen. Man
muß die Besitzfrage je im Hinblick auf die R e c h t s f o l g e n, welche an den
jeweils zur Diskussion stehenden Besitz geknüpft werden sollen, prüfen. Aus
dieser differenzierten Auffassung ergibt sich, daß sich die Frage, w a n n

[182]c dazu BlZR 12 Nr. 204 S. 331.

Besitz übertragen sei, nicht ein für allemal durch Verweisung auf die Art. 922 ff. beantworten läßt. Diese Vorschriften regeln die Übertragung des Besitzes zunächst nur im Hinblick auf das Problem, wann jemand soweit Besitzer geworden sei, daß die Rechtsfolgen des Besitzes gemäß Art. 926—941 eintreten können. Wo das Gesetz an anderen Stellen die Übertragung des Besitzes verlangt, ist somit jeweils genau zu prüfen, was an Übertragungshandlungen nötig sei, um d a s Verhältnis zur Sache zu erzielen, an welches an eben d i e s e n Stellen das Gesetz Rechtsfolgen knüpft. Dies gilt einmal für Art. 714: der Besitz ist dann übertragen, wenn die vom ZGB für den E i g e n t u m s w e c h s e l verlangte Änderung in der Beherrschung der Sache erreicht ist. Entsprechendes gilt für Art. 884: der Besitz ist dann übertragen, wenn dem Gläubiger die für die V e r - p f ä n d u n g geforderte Gewalt über die Pfandsache verschafft ist.

188 Diese Auffassung bedeutet keineswegs, daß die Art. 922 ff. auf die Frage der Übertragung des Besitzes zwecks Verpfändung (Art. 884 I) unanwendbar seien. Im Gegenteil: die Übertragung des Besitzes richtet sich nach jenen Vorschriften, aber es muß genau geprüft werden, w i e i n t e n s i v die dort umschriebenen Übertragungsakte beschaffen sein müssen, um den für eine Verpfändung ausreichenden Besitz zu erzeugen. Der für die Verpfändung taugliche Besitz ist eben n i c h t B e s i t z s c h l e c h t h i n, im Sinne der Art. 919/920, s o n d e r n ein q u a l i f i z i e r t e r B e s i t z: der P f a n d b e s i t z (zustimmend BGE 89 II 200). Er bedeutet ein e f f e k t i v e s Gewaltverhältnis, das zudem den Verpfänder (obwohl er nach wie vor «Besitzer» im Sinne des Art. 920 ist) weitgehend von der Ausübung eigener Gewalt ausschließt (Al. III/884). In den Materialien des ZGB und in der Literatur (wo diese Unterschiede sonst wenig geklärt bleiben) wird deshalb mit Fug betont, die Anforderungen an die Besitzübertragung seien in Art. 884 strenger als in Art. 714 (Erl II 324). Dies zeigt sich namentlich darin, daß das B e s i t z e s k o n s t i t u t (Art. 924) zwar für Art. 714 zulässig, für Art. 884 aber untauglich ist (Art. 717, 884 III; nachstehend N 274).

189 Solange die Ü b e r t r a g u n g z u P f a n d b e s i t z n i c h t e r f o l g t i s t, b e s t e h t k e i n P f a n d r e c h t. Haben die Parteien zwar eine Verpfändung vereinbart, aber deren Vollzug durch B e s i t z ü b e r t r a g u n g w e g b e d u n g e n, so entfaltet das Geschäft a u c h u n t e r i h n e n keine pfandrechtliche Wirkungen. — So die einhellige Auffassung im schweizerischen Recht: BGE 61 II 332; *Horber* 71/72; *Bolla* 148ª; a. M. für das deutsche Recht *Schmidt* 158. — Der Gläubiger kann demgemäß nicht die nachträgliche Übertragung der Sache zu Pfand verlangen (BlZR 22 Nr. 17 S. 38/39). Er hat vor allem keine Befugnis, sich aus der Sache zu befriedigen. Anders ist die Rechtslage kraft positiver Vorschrift dort, wo eine Sicherungsübereignung mit Besitzes-

---

[189a] *von Tuhr/Peter* § 28 bei N 47: Ablehnung der sog. Duplizität des Rechts.

konstitut vereinbart worden ist: Art. 717 und nachstehend N 293; hier besteht trotz externer Unwirksamkeit intern Wirksamkeit des Geschäfts.

Die Parteien können mithin das Erfordernis der Besitzübertragung durch **190** keine Vereinbarung mit Wirkung gegenüber Dritten ausschalten. Die Erklärung, der V e r t r a g   a l l e i n   (eine «Pfandverschreibung»)ᵃ, wenn auch verbunden mit s y m b o l i s c h e n   H a n d l u n g e n, wie dem Berühren oder Verrücken der Pfandsachen durch den Gläubiger, genügt nie: BGE 15, 329/330; 55 II 302; vgl. auch BGE 13, 224; 14, 653; 41 III 446/447; 56 III 124/125; BlZR 22 Nr. 17 S. 38. Vielmehr ist ein — näher zu umschreibender — Akt der Besitzübertragung erforderlichᵇ, der s o   i n t e n s i v   sein muß, d a ß   e r   d e r   r a t i o   l e g i s   g e n ü g t   (nachstehend N 197 ff.). Dieser Akt fällt praktisch häufig zusammen mit den der S p e z i f i k a t i o n   dienenden Vorkehrungen, durch welche dem pfandrechtlichen Grundsatz der Spezialität Genüge getan wird. Hierüber vorstehend N 18, 26; über den mit Zustimmung des Gläubigers zulässigen A u s t a u s c h   d e r   P f a n d s a c h e n   N 27, 33, und über die Verpfändung k ü n f t i g   existent oder selbständig werdender oder in den Besitz des Verpfänders gelangender Sachen N 34 ff.: in allen diesen Fällen entsteht das Pfandrecht erst mit der Besitzübertragung auf den Gläubiger.

Mit dem zwingenden Charakter des Art. 884 I hängt zusammen, daß eine **191** Partei, die sich auf das Fehlen der Besitzübertragung beruft, nicht gegen T r e u   u n d   G l a u b e n   verstößt (ZGB 2; BGE 43 II 24/25). Ebensowenig hilft dem Gläubiger, wenn er über die Erfordernisse der Verpfändung i r r t, wenn sein Stellvertreter, auf den er sich beim Vollzug der Besitzübertragung verläßt, oder der Verpfänder, ihn über die Einhaltung der gesetzlichen Vorschrift t ä u s c h t   (BGE 58 III 125). Die ungenügende Verpfändung kann gegebenenfalls den Verpfänder wegen Verletzung des Pfandvertrags gemäß OR 97 s c h a d e n e r s a t z p f l i c h t i g   machen. Außerhalb des Bereichs der vertraglichen Schadenersatzpflicht, besonders wenn ein Dritter das Verschulden für die verfehlte Verpfändung trägt, mag Haftung nach OR 41 in Betracht fallen (vgl. auch BGE 49 II 64 und nachstehend N 220).

Der Pfandbesitz des Gläubigers ist u n s e l b s t ä n d i g e r   B e s i t z   im **192** Sinne des Art. 920 und meistens gleichzeitig u n m i t t e l b a r e r   B e s i t z. Der Verpfänder ist selbständiger und mittelbarer Besitzer. Beiden Besitzern, dem selbständigen wie vor allem dem unselbständigen, stehen gegenüber Dritten die gewöhnlichen Rechtsbehelfe zum Schutz, zur Verteidigung und Rückgewinnung des Besitzes zur Verfügung (Art. 926—936). Der Pfandvertrag gibt, wenn die Parteien wirklich eine gemäß Art. 884 genügende Verpfändung begründen

---

¹⁹⁰ᵃ «Der bloße Vertrag für sich allein erzeugt kein Pfandrecht an beweglichen Sachen», erklärte § 854 des zürch. Sachenrechts von 1854.

¹⁹⁰ᵇ Dazu BGE 22, 237; 37 II 551/552, 528.

wollen, dem Pfandgläubiger einen obligatorischen A n s p r u c h   a u f   Ein-räumung des B e s i t z e s (vorstehend N 105), und das solange, als die Über-gabe nicht vollzogen ist. Ist der Besitz übertragen, so hat der Gläubiger Anspruch auf seinen F o r t b e s t a n d. Erst nachdem er voll befriedigt worden ist, braucht er die Sache zurückzugeben (Art. 889). Der eigenmächtigen Entziehung oder Störung des Besitzes durch den Verpfänder kann sich der Gläubiger gemäß Art. 926—929 und 934/936 widersetzen; Einzelheiten nachstehend N 405 ff.

193 Besitz ist nicht identisch mit dem b e t r e i b u n g s r e c h t l i c h e n Begriff des G e w a h r s a m s im Sinne der Art. 106—109 SchKG, die sich auf die Verteilung der Parteirollen im Widerspruchsprozeß beziehen: *Homberger* Art. 919 N 9; *Stark* Art. 919 N 31 mit Belegen. Folglich sind für die Frage, ob Pfandbesitz entstanden, andere Grundsätze maßgebend als für die Frage, ob der Gewahrsam verschafft worden ist. Dagegen präjudiziert die Verpfändung einer Sache die Frage des Gewahrsams insofern, als der im Besitz der Sache befindliche Pfandgläubiger den Gewahrsam h a t : BGE 33 I 422; 60 III 30; BlZR 31 Nr. 157 S. 308. Die Frage, ob der Verpfänder den Gewahrsam mit der Ver-pfändung verliert oder, neben dem Gläubiger, a u c h noch hat, ist bestritten und hier als speziell betreibungsrechtlichen Charakters nicht zu verfolgen (vgl. einerseits *Jaeger* Art. 106 N 1 S. 327/328, andererseits BlZR 31 Nr. 157 S. 308).

194 Sowenig der Gewahrsam im Sinne des SchKG für die Frage nach der Besitz-übertragung ausschlaggebend sein kann, sowenig ist bei der Verpfändung eines M o t o r f a h r z e u g s schon die Feststellung entscheidend, daß der Pfand-gläubiger im polizei- oder haftpflichtrechtlichen Sinn Halter des Fahrzeugs ist (SVG 58 I; BlZR 41 Nr. 83 S. 196). Das gleiche gilt für den T i e r h a l t e r und den Halter eines L u f t f a h r z e u g s (OR 56; Luftfahrtges. von 1948 Art. 64; über die Halterbegriffe *Oftinger*, Schweiz. Haftpflichtrecht II/1, II/2 (2./3. A. Zürich 1960/70/62/72) 193 ff., 480 ff.).

195 Die erwähnten Umstände — Gewahrsam im Sinne des SchKG und Halter-schaft — können indessen als A n h a l t s p u n k t e dafür dienen, wieweit die Sache im Hinblick auf ZGB 884 in die Gewalt des Gläubigers gelangt ist.

196 Die R e c h t s v e r g l e i c h u n g zeigt, daß in den meisten Ländern das Faustpfandprinzip die Regel ist; z. B. nach CC fr 2076, CC it 2786, BGB 1205, ABGB 451 I, dann auch im anglo-amerikanischen Rechtskreis (Einzelheiten bei *Schlegelberger*, Rechtsvergl. Handwörterb. V 595 ff., zit. N 6 des Syst. Teils). Über die Durchbrechung des Prinzips durch die in einzelnen Ländern zahlreichen Mobiliarhypotheken dort N 87. Die romanischen Länder handhaben das Faust-pfandprinzip in mancher Frage strenger als die schweizerische Praxis, obwohl sie in der verwandten Frage der Übertragung des Fahrniseigentums nicht wie das schweizerische (römische, deutsche, österreichische) Recht dem die Besitzüber-tragung erheischenden Traditionsprinzip folgen. Vielmehr verschafft schon der Vertrag das Eigentum; es gilt das Vertragsprinzip, das auch dem englischen

Recht geläufig ist (*Haab* Art. 714 N 15; *Oftinger* in der vorstehend N 178 zit. Abhdlg.; *Kohler*, Vertrag und Übergabe, Arch. f. bürg. Recht 18 [1900] 1 ff., 59 ff.). Das ABGB kennt neben der von der Gerichtspraxis schon weitherzig gehandhabten Tradition noch die Verpfändung «durch symbolische Übergabe» (§ 452), was z. B. die Verpfändung eines Automobils durch Übergabe einer (nicht ein Warenpapier darstellenden) Urkunde zu ermöglichen scheint (*Klang* § 452 Ziff. I, 1).

b) Übertragung des Pfandbesitzes (Al. I/Art. 884): Ausgangspunkt und Grundsätze

1. Ratio legis

Gemäß den Ausführungen vorstehend N 190 ist für die Beantwortung der **197** das Faustpfandrecht beherrschenden Frage, wann eine zur Verpfändung genügende Besitzübertragung vorliege, von der r a t i o   l e g i s dieses gesetzlichen Erfordernisses auszugehen. Eine d o p p e l t e ratio läßt sich feststellen (näher *Hromadka*, ZSR 89 I 118 ff.):

Das ZGB verwirklicht in zahlreichen Instituten und Vorschriften das (von **198** ihm zwar nirgends als solches formulierte) sachenrechtliche P u b l i z i t ä t s - p r i n z i p : das ist das Streben nach äußerer Erkennbarkeit der dinglichen Rechte und, teilweise, auch der Vorgänge, die zu ihrem Erwerb führen (Erl II 19 ff., 372; Botsch 61; *Haab* Einleitung N 62 ff.; *Meier-Hayoz*, Syst. Teil N 22 ff. Ablehnend Darius *Weber*, Das Publizitätsprinzip im schweiz. Recht der beweglichen Sachen (Diss. Basel 1959, ersch. Winterthur 1963). Die Besitzübertragung gemäß Art. 884 I dient dieser Publizität. Es soll (in einem später, N 204, präzisierten Ausmaß) erkennbar sein, wenn ein Eigentümer Teile seines beweglichen Vermögens verpfändet hat, so daß sie, wirtschaftlich betrachtet, ihm nicht mehr voll gehören, sondern einem Gläubiger verhaftet sind. Im Wirtschaftsleben mag man denn auch vom Besitz an Sachen auf die K r e d i t w ü r d i g - k e i t schließen, hinter dem Besitz das Eigentum vermuten und dieses als dem Zugriff der Kreditgeber offenstehend annehmen, auf den Fall hin, daß Schulden unbezahlt bleiben. Das Ziel des Pfandrechts ist aber gerade, den Pfandgegenstand dem Pfandgläubiger vorzubehalten, so daß die übrigen Gläubiger zur Deckung ihrer Forderungen hierauf nicht rechnen können [a]. Hierin ist nach der Konzeption des Gesetzes der Hauptgrund für das Faustpfandprinzip zu sehen. So die meisten

---

[198a] Die zur Gültigkeit der Verpfändung erforderliche «Übertragung des Besitzes soll verhindern, daß derjenige, der seine fahrende Habe verpfändet, sich auch nachher noch damit umgebe und den Schein einer kreditwürdigen Person errege», schreibt das Bundesgericht BGE 43 II 22. Ähnlich schon die Materialien zu aOR 210, zit. bei *Schneider/Fick* Art. 210 N 2.

Autoren und zahlreiche Urteile: neben BGE 43 II 22/23: 42 II 25; 55 II 302; BlZR 21 Nr. 79 S. 199; 22 Nr. 17 S. 39; 28 Nr. 57 S. 106; 34 Nr. 71 S. 173/174; 41 Nr. 83 S. 196; SJZ 14, 131. Ablehnend *Weber* a.a.O. 30 ff. Der fehlenden Publizität wegen hat denn auch das Gesetz das Besitzeskonstitut für die Verpfändung als untauglich erklärt (Art. 884 III, 717), und um der Publizität willen wird in den typischen Fällen der Mobiliarhypothek und für den Eigentumsvorbehalt ein Registereintrag verlangt[b].

199   Neben der Publizität ist als ratio das Bestreben maßgebend, dem G l ä u b i g e r   S i c h e r h e i t   z u   v e r s c h a f f e n , da ja durch die Besitzübertragung der Pfandgegenstand dem Verpfänder entzogen wird. — Gl. M. BlZR 22 Nr. 17 S. 39; 41 Nr. 83 S. 196; *Wieland* Art. 884 N 1, 5; *Leemann* Art. 884 N 42/43; *Haffter* 37, 40; *Schmid* Diss. 62. *Wieland* Diss. 93 und *Hinderling* § 74 N 10 sehen hier die maßgebende ratio, *Weber* a.a.O. 30 ff. die einzige. — Der Gläubiger verhindert mit der Inbesitznahme den nachteiligen Zugriff des Verpfänders, der sonst über den Pfandgegenstand faktisch (z. B. durch Verbrauch der Sache) oder rechtsgeschäftlich verfügen könnte. Dies zu verhüten ist deshalb dringlich, weil der Schutz des gutgläubigen dritten Erwerbers (Art. 714 II, 746 II, 884 II, 933, 935) gegebenenfalls eine das Pfandrecht zum Erlöschen bringende Veräußerung oder eine dem bestehenden Pfandrecht vorgehende anderweitige Verpfändung der Sache oder Errichtung einer Nutznießung wirksam werden läßt (nachstehend N 363). Die Sicherung des Gläubigers als zweite ratio des Faustpfandprinzips erklärt, daß die Gerichte vorschreiben, in dem nachstehend N 236/237 geschilderten Sachverhalt sei für genügenden Abschluß des Pfandgegenstandes zu sorgen, und daß sie verlangen, der Gläubiger müsse in der Lage sein, eigenmächtige Eingriffe des Verpfänders zurückzuweisen (N 206). Jedoch steht das Ziel der Gläubigersicherung als ratio legis dem Publizitätsprinzip an Bedeutung nach, weil sonst die für den Gläubiger nicht ungefährlichen Einrichtungen der Mobiliarhypotheken und des Eigentumsvorbehalts unerklärlich wären. Immerhin trifft der Gesetzgeber vor allem bei der Viehverschreibung ausgeklügelte Schutzmaßnahmen gegen unerlaubte Verfügungen (hinten Komm. Art. 885 N 59 ff.).

2. Problematik

200   Aus der Motivierung des Faustpfandprinzips (soeben N 197 ff.) fließt für die Handhabung der pfandrechtlichen Vorschriften die vom Gesetz gewollte T e n d e n z , es mit den Anforderungen an die Besitzübertragung genau zu nehmen. Demgegenüber ist aber auch das I n t e r e s s e   d e s   V e r p f ä n -

---

[198b] «Die bona fides im Verkehrsleben erfordert es, daß sich niemand mit Sachen Kredit verschaffen soll, die ihm nicht gehören» (*Hoffmann*, StenBull StR 1906, 1349).

d e r s daran zu berücksichtigen, daß die Besitzübertragung sich ohne allzu große Umstände und Kosten bewerkstelligen läßt und daß er, wenn die Verhältnisse es erfordern, die Pfandsachen unterhalten (z. B. Pflege des Weines) oder austauschen kann (etwa bei Verpfändung eines Warenlagers). Endlich kann sich für Verpfänder u n d Gläubiger das Problem stellen, wie die Besitzübertragung t e c h n i s c h zu bewältigen ist; wie z. B. die Sachen zweckmäßig untergebracht werden. Die Interessen der Parteien und diejenigen des gutgläubigen Verkehrs (d. h. der Dritten, namentlich künftiger Gläubiger des Verpfänders) gehen somit auseinander. Zwar sind diejenigen des Verpfänders beachtlich; doch gilt als Richtschnur, daß keinesfalls sie im Vordergrund stehen, weil das Gesetz mit dem Faustpfandprinzip den Verpfänder hintanstellt, indem es ihm grundsätzlich den Entzug des unmittelbaren Besitzes zumutet, wodurch er die freie tatsächliche und rechtliche Verfügung über die Sache weitgehend verliert. Dies ist die beabsichtigte Folge der Verpfändung.

3. Hauptregeln

Die geschilderte doppelte ratio legis und die daraus gezogenen Folgerungen **201** sind der A u s g a n g s p u n k t für die Gewinnung der G r u n d s ä t z e der Übertragung zu Pfandbesitz. Bei ihrer Würdigung ist zu beachten, daß die allgemeinen Regeln durch die Darstellung der einzelnen Tatbestände der Besitzübertragung und die zugehörige Kasuistik ergänzt und präzisiert werden (bes. N 228 ff.).

Die Übertragung des Pfandbesitzes erfordert eine «Ä n d e r u n g d e s **202** p h y s i s c h e n G e w a h r s a m s» der Sache (BGE 27 II 557). Der Gewahrsam verschafft das faktische «Vermögen, über eine Sache mit Ausschließung Anderer zu verfügen» (BGE 22, 526), beruht also in der räumlichen Innehabung, welche die Möglichkeit gibt, Gewalt auszuüben; siehe die Wortlaute von aOR 210 II und ZGB 884 III ª. Die Sache muß entweder s e l b e r eine Verschiebung erleiden — einen «transfert effectif de la maîtrise de la chose» (BGE 55 II 301) —, was sie dem alleinigen Machtbereich des Verpfänders entzieht und in den Machtbereich des Gläubigers bringt; oder dann muß doch die Herrschaft über das B e h ä l t n i s, worin sie sich befindet, auf den Gläubiger übergehen. Was der Gläubiger an Sachherrschaft gewinnt, verliert der Verpfänder. Wenn die Sache sich in einem Raum befindet, den der Gläubiger dem Verpfänder vermietet hat, dann verschafft dieses Verhältnis dem Gläubiger den Besitz a l l e i n noch nicht; es braucht vielmehr eine Übertragungshandlung, z. B. die Übergabe der Schlüssel: BGE 31 II 398/399; 89 II 319; HE 14, 246;

[202a] Von «reellem Besitz» sprachen § 856/857 von *Bluntschlis* Zürcher. Gesetzbuch; das wäre im heutigen Sprachgebrauch «realer» Besitz.

BlZR 21 Nr. 79 S. 199; Semjud 1898, 704; nachstehend N 234. Keinesfalls darf der bisherige Zustand im wesentlichen unverändert bleiben (BGE 31 II 399).

203   Ein die Sache (direkt oder indirekt) p h y s i s c h   e r g r e i f e n d e r Akt ist nötig (BGE 55 II 301, 302); die bloß äußerliche, f o r m a l e Kennzeichnung der Verpfändung, statt der Verschaffung effektiver Gewalt, ist ungenügend: so das Anbringen von P f a n d z e i c h e n , d. h. einer auf der Sache angebrachten Markierung, welche die Verpfändung kundtun soll, ohne daß der Gegenstand dem Gläubiger ernstlich ausgehändigt wird. Ein Beispiel BGE 17, 681, 689/690: auf den «verpfändeten» Sachen, die nach wie vor an ihrem Ort im Betriebe des Verpfänders bleiben, werden Zettel mit dem Namen des Gläubigers angebracht, ohne daß dieser die Gegenstände ausscheidet und abschließt (dazu nachstehend N 267/269).

204   Durch die vom Gesetz verlangten, die Besitzübertragung bewirkenden Vorgänge entsteht (und m u ß entstehen) der Eindruck einer V e r ä n d e r u n g   d e r   G e w a l t v e r h ä l t n i s s e : daß die Sache nicht mehr vorbehaltlos dem Verpfänder zusteht, sondern — in noch genauer zu umschreibendem Umfang — dem Gläubiger unterworfen ist (grundlegend BGE 43 II 22 und 55 II 301—302; dann BlZR 41 Nr. 83 S. 196/197; 21 Nr. 79 S. 199). Jedoch ist dies nicht dahin aufzufassen, es sei erforderlich, daß j e d e r Dritte o h n e   w e i t e r e s die Verhältnisse erkennt: BGE 55 II 301—302; BlZR 34 Nr. 71 S. 173/174. Es genügt, daß sie ein i n t e r e s s i e r t e r Dritter, namentlich ein späterer Kreditgeber, erkennen k a n n , falls es ihm hierauf ankommt. Weiter zu gehen wäre ungerechtfertigt, weil die Besitz- und Kreditverhältnisse auch sonst meist erst bei näherem Zusehen einigermaßen erfaßbar werden. Daß der konkrete Prozeßgegner des Pfandgläubigers selber die Verhältnisse nicht erkannt hat, ist nicht entscheidend (BGE 55 II 302), weil auf einen objektiven Standpunkt abzustellen ist.

205   Als Folge der richtig vollzogenen Besitzübertragung ergibt sich für den V e r p f ä n d e r (und m u ß sich ergeben) eine B e s c h r ä n k u n g   d e r   M ö g l i c h k e i t   f a k t i s c h e r   V e r f ü g u n g (BGE 27 II 557; BlZR 16 Nr. 55 S. 73; 41 Nr. 83 S. 197); er soll, in näher festzulegendem Ausmaß, v o n   d e r   S a c h e   a u s g e s c h l o s s e n sein. So BGE 58 III 124/125; 89 II 319; BGE 19, 567/568 und 285: «exclusion du débiteur de la disposition de fait sur la chose». Wenn der Gläubiger dem Verpfänder die ständige Benützung der Sache zusichert, ist ein genügender Ausschluß nicht denkbar (Semjud 1892, 346). Auf Grund des aOR (Art. 200 Ziff. 2) wurde gelegentlich erwähnt, der G l ä u b i g e r müsse in den Genuß «a u s s c h l i e ß l i c h e r Verfügung» gelangen (BGE 27 II 557/558). Demgegenüber begnügt sich das ZGB damit, daß nicht der V e r p f ä n d e r die ausschließliche Gewalt über die Sache b e h ä l t (Art. 884 III). Zu weit geht deshalb BlZR 41 Nr. 83 S. 196: der Gläubiger übe die «tatsächliche Gewalt in jeder Beziehung»; zutreffend dagegen BlZR 21

Nr. 79 S. 199. Aus der Formulierung des Art. 884 III ergibt sich insbesondere, daß man den Mitbesitz des Verpfänders duldet (näher nachstehend N 247).

Der Gläubiger muß in die Lage versetzt werden, der E i g e n m a c h t d e s **206** V e r p f ä n d e r s z u w e h r e n, wenn dieser sich ohne seine Zustimmung an der Sache zu schaffen macht (BGE 17, 690). Jedoch brauchen die Vorkehrungen nicht soweit zu reichen, physisch zu verhüten, daß der Verpfänder gewaltsam oder heimlich Zugang zu den Sachen gewinnt (dazu BGE 22, 526; BlZR 21 Nr. 79 S. 199; 59 Nr. 49). Es genügt, wenn die Sachen offensichtlich i n d e n v o m B e r e i c h d e s V e r p f ä n d e r s g e s c h i e d e n e n B e r e i c h d e s G l ä u b i g e r s g e l a n g e n, ohne daß sie geradezu eingeschlossen zu werden brauchen, obwohl dies freilich der sicherste Weg zur Verpfändung ist (nachstehend N 270). Bedeutend strenger ist es dagegen zu halten, wenn die Sachen in einem dem Verpfänder gehörenden Raum verbleiben, was an sich nicht unzulässig ist (nachstehend N 236/237, 270). G e w a l t - s a m e oder h e i m l i c h e A n n ä h e r u n g an die Sachen läßt das (bereits gültig entstandene) Pfandrecht weder vorübergehend unwirksam werden noch untergehen (hinten Komm. Art. 888 N 34, 37; zustimmend ZBJV 92, 26). Unerlaubte Wegnahme der Pfandsache macht strafbar (StGB 147; Syst. Teil N 144).

4. Zutritt des Verpfänders zu den Pfandsachen

Es schadet dem Pfandrecht nicht, wenn der Verpfänder (unter sofort zu **207** erwähnenden Kautelen) mit Erlaubnis des Gläubigers[a] den R a u m m i t d e n v e r p f ä n d e t e n S a c h e n b e t r i t t, namentlich um Waren auszutauschen oder für ihren Unterhalt zu sorgen. Solche Tatbestände z. B. BGE 22, 524; 31 II 399; 80 II 238: Pflege des Weins; ferner BlZR 21 Nr. 79 S. 199; 34 Nr. 71 S. 173.

Ist es auch zulässig, daß der Verpfänder ohne Mitwirkung des Gläubiger, **208** wenn auch mit seiner Zustimmung, sich an den Sachen zu schaffen macht, namentlich, wo ihm einfach der Schlüssel zum Lagerraum überlassen wird? Solch u n k o n t r o l l i e r t e r, u n b e g l e i t e t e r Z u t r i t t des Verpfänders zu den Pfandsachen ist dahin zu würdigen, daß das Pfandrecht im Sinne von Art. 888 II «keine Wirkung» hat, solange die Sachen auf die geschilderte Weise dem Verpfänder offen stehen. Nach dem Weggang des Verpfänders (der Rückgabe des Schlüssels) lebt das Pfandrecht wieder auf (zustimmend ZBJV 92, 28). Die vorübergehende Unwirksamkeit des Pfandrechts wird freilich meist ohne praktische Bedeutung sein; anders jedoch bei längerer Dauer dieses Zustandes (z. B. BlZR 34 Nr. 71 S. 173: ungefähr vierzehn Tage; im übrigen hinten

[207a] Über die e i g e n m ä c h t i g e Annäherung vorstehend N 206.

Komm. Art. 888 N 30, 36 ff.). Die Häufigkeit und Dauer der Unterbrüche in der Wirksamkeit des Pfandrechts kann schließlich dazu führen, daß der Zweck der Besitzübertragung nicht mehr erfüllt ist: es fehlen die Publizität des Pfandrechts und die Sicherheit des Gläubigers (vorstehend N 198/199). Dann besteht kein Pfandbesitz mehr; die Gewalt des Gläubigers über die Sache ist so sehr verflüchtigt, daß sie zur hohlen Form geworden ist. Das Pfandrecht erlischt (Art. 888 I; zustimmend ZBJV 92, 28); die Berufung auf einen solchen Schein-Pfandbesitz wäre Rechtsmißbrauch (Art. 2).

209 Unter den A u t o r e n verficht die gleiche Tendenz, wie soeben, der das deutsche Recht behandelnde *Schmidt* 33 ff., bes. 36/37 und 43, wobei zu berücksichtigen ist, daß eine dem Art. 888 II entsprechende Vorschrift dem BGB (§ 1253) fehlt. Zu wenig streng urteilen *Wieland* Art. 888 N 2 c und *Leemann* Art. 884 N 54/55; keine Differenzierung bei *Haffter* 42. Die ä l t e r e P r a x i s ist nicht durchwegs zu billigen. BlZR 28 Nr. 57 S. 106 betrachtet zutreffenderweise das Pfandrecht als unwirksam geworden, wenn dem Verpfänder oder seinem Personal die Möglichkeit gewährt ist, das Lager «ohne Mitwirkung des Pfandgläubigers oder seines Vertreters zu betreten». Richtig, die Auffassung von N 208 übernehmend, das verhältnismäßig neue Urteil ZBJV 92, 25, 28, b: Einige Male über Nacht und einmal über das Wochenende die Schlüssel dem Verpfänder überlassen. BlZR 21 Nr. 79 S. 199/200 und 34 Nr. 71 S. 173 dagegen erwägen bloß die Möglichkeit der vorübergehenden Unwirksamkeit, ohne zu prüfen, ob ein ständiger Verkehr des Verpfänders im Lager, wo sich die verpfändeten Sachen befinden, nicht das Pfandrecht zum Erlöschen bringe. Unhaltbar ist BGE 31 II 399, wo sogar als zulässig angenommen wird, daß der Verpfänder, um jederzeit Zugang zu haben, einen zweiten Schlüssel in Händen behält, wobei der Gläubiger ermächtigt ist, das Lager mit Hilfe seines eigenen Schlüssels jederzeit zu kontrollieren. Das Problem liegt gerade umgekehrt: fraglich ist in solchen Fällen, wieweit dem Verpfänder der im Gewahrsam des Gläubigers befindliche Schlüssel überlassen werden dürfe; daß der Verpfänder von vornherein einen zweiten Schlüssel besitzt, ist unzulässig. Hiezu und allgemein zur Frage der Verpfändung durch Übergabe der Schlüssel nachstehend N 234 ff. Im Tatbestand BlZR 23 Nr. 159 S. 273 wird der Schlüssel zum Lager mit Pfandsachen im Wert von gegen Fr. 250 000.— vom Verpfänder «jeweilen» am Morgen geholt und am Abend zurückgebracht; nach der N 208 entwickelten Auffassung besteht hier kein Pfandbesitz. BGE 80 II 238/39 sieht das Pfandrecht ungeachtet des (vom Gläubiger erlaubten und unter Kautelen erfolgenden) Zutritts des Verpfänders als wirksam an, weil der Verpfänder jeweilen Besitzdiener des Gläubigers sei. Dies ist angesichts Art. 888 II abzulehnen (dem zustimmend *Stark* Art. 919 N 44).

210 Dem Pfandgläubiger ist zu raten, dem Verpfänder den Zutritt zur verpfändeten Ware n u r in seiner oder seines Vertreters A n w e s e n h e i t zu gestatten oder wenigstens in der Häufigkeit der Erlaubnis des unbegleiteten Zutritts s t a r k Maß zu halten. Daß der k o n t r o l l i e r t e , in Anwesenheit des Gläubigers oder seines Vertreters stattfindende Zutritt das Pfandrecht nicht beeinträchtigt, auch wenn er regelmäßig erfolgt, ergibt sich aus dem Gesagten.

5. Stellvertretung im Besitz:
Allgemeines — Besitz der juristischen Person

Einzelne Autoren verneinen die Möglichkeit des Erwerbs des Besitzes und **211** seiner Ausübung mittels Stellvertretung (*Homberger* Art. 923 N 3 und *Stark* Art. 923 N 7, je mit Zitaten; bes. *von Tuhr*, Der Allg. Teil des Deutschen Bürgerl. R., München/Leipzig 1918, 372). Wie immer man sich dazu stellt, so steht fest, daß sowohl Erwerb wie Ausübung des Besitzes durch einen M i t t e l s m a n n erfolgen können. Dieser ist, mit der wissenschaftlichen Sprache genauer gekennzeichnet (soweit hier interessierend) entweder Besitzdiener oder unselbständiger Besitzer im Sinne von Art. 920. Der B e s i t z d i e n e r erwirbt oder übt den Besitz für einen Anderen nur f a k t i s c h aus, ohne ein eigenes dingliches oder obligatorisches Recht auf die Sache zu haben und dadurch selber auch Besitzer zu werden. Dies trifft z. B. für den einfachen Angestellten des Gläubigers zu, dem der Verpfänder die Pfandsache zuhanden des Gläubigers übergibt. Dem u n s e l b s t ä n d i g e n B e s i t z e r wird demgegenüber die Sache kraft dinglichen oder obligatorischen Rechts überlassen, wodurch er selber Besitz erhält; hierher gehört z. B. der Inhaber eines Lagerraumes, der auf Grund eines Hinterlegungsvertrags die Sache für den Gläubiger in Gewahrsam nimmt. Über diese Fragen näher *Homberger* Art. 919 N 10—11, Art. 920 N 14, Art. 923 N 9—10, 14 ff.; *Stark* Art. 919 N 34 ff., Art. 923 N 8 ff.; *Hinderling* § 71 I; BGE 67 II 20.

Es steht nichts im Wege, einen solchen Mittelsmann S t e l l v e r t r e t e r **212** zu nennen, zumal das Gesetz selber in Art. 923 (entsprechend aOR 203, vgl. aber bes. auch aOR 210 I) vom Besitzerwerb mittels Stellvertretung handelt. Die Gerichtspraxis bezeichnet einen Mittelsmann des Pfandgläubigers denn auch oft als seinen Stellvertreter oder Vertreter — représentant —: z. B. BGE 21, 1099; 22, 524; 43 II 21; 58 III 125; BlZR 15 Nr. 63 S. 111. Ähnlich wie hier äußern sich im wesentlichen *Rossel / Mentha* no 1635; *Tuor / Schnyder* § 81 I b; *Hinderling* § 76; *Enneccerus* § 13, 14 III; *Heck* § 11; *Staudinger* § 1205 N 3 *a*.

Die Differenzierung in B e s i t z d i e n e r des Pfandgläubigers und u n - **213** s e l b s t ä n d i g e n B e s i t z e r erübrigt sich regelmäßig, weil für die Frage der Übertragung des Pfandbesitzes weniger auf die interne Organisation der Besitzverhältnisse auf seiten des Erwerbers als darauf zu schauen ist, daß die Sache die Gewalt des Verpfänders verläßt und in den Gewaltbereich des Gläubigers gelangt (Art. 884 I, III). Dabei ist unerheblich, ob die Sache an den Gläubiger selber geht oder an einen für ihn handelnden Vertreter (im obigen Sinn): mit der Übergabe an diesen ist dem Faustpfandprinzip Genüge getan (nachstehend N 229). — Zustimmend BGE 93 II 87; s. auch dort 88 Erw. 6.

214 Bei Mitwirkung eines Vertreters ist die Besitzübertragung z e i t l i c h in ZGB 923 dahin bestimmt, daß der Erwerb des Besitzes mit der Übergabe an den Vertreter des Pfandgläubigers vollzogen ist, gleichgültig, ob die Übergabe vom Verpfänder selber oder d e s s e n Vertreter vorgenommen wird. «Der Frachtführer und der Bote» gelten im Zweifel als Vertreter desjenigen, «der ihnen den Auftrag gegeben hat» (E Art. 961 II; *Homberger* Art. 923 N 2, 16; dagegen *Stark* Art. 923 N 6). Dies darf auch für andere Mittelsmänner gelten.

215 Ist der G l ä u b i g e r ein A n g e s t e l l t e r des V e r p f ä n d e r s, so übt er an den ihm «verpfändeten», unabgesondert im Betrieb des Verpfänders verbleibenden Sachen den Besitz nach wie vor als Vertreter des Verpfänders aus; Besitzübertragung an ihn als Gläubiger hat keineswegs stattgefunden, Pfandbesitz besteht nicht (BGE 17, 689/690).

216 Tritt ein von den Parteien — zu Recht oder Unrecht — als T r e u h ä n d e r bezeichneter Mittelsmann auf, so mag es sich um einen schlichten Vertreter des Gläubigers handeln oder aber um einen D r i t t e n, der eigens mit der Aufgabe betraut ist (sei es vom Gläubiger allein oder auch vom Verpfänder), gerade im fraglichen Fall für den Gläubiger die Gewalt auszuüben (vgl. die Tatbestände BGE 47 III 98/99; 89 II 200 f.; BlZR 28 Nr. 57 S. 105/106, aber auch 23 Nr. 159 S. 273). Unabhängig davon, welches das interne Verhältnis zwischen dem Treuhänder und den Parteien und was seine Rolle sei, kommt es für die Gültigkeit der Verpfändung darauf an, ob die Sache ihm mit Wirkung für den Gläubiger in genügender Weise übergeben und der ausschließlichen Gewalt und Verfügung des Verpfänders entzogen worden (nachstehend N 229; BGE 89 II 319 f.; 102 I a 235; SJZ 42, 57) und ob der Treuhänder gegenüber dem Verpfänder ausreichend selbständig ist. Welches r i c h t i g e r w e i s e die Funktion eines Treuhänders ist, kann hier dahingestellt bleiben; die Terminologie ist ungefestigt. In der Literatur wird in Anlehnung an BGB 1206 von einem Treuhänder, oder gleichbedeutend P f a n d h a l t e r, besonders dort gesprochen, wo der Dritte verpflichtet wird, die Sache für den Gläubiger und den Verpfänder g e m e i n s a m zu besitzen und nur an beide zusammen herauszugeben: nachstehend N 229/230, 247, 262; *Leemann* Art. 884 N 68; *Enneccerus* § 163 I 1c; *Staudinger* § 1206 N 3; *Planck* § 1206 S. 1424. Vgl. auch BGE 47 III 98/99, 89 II 319 und vorstehend N 136.

217 Hat ein Mittelsmann o h n e A u f t r a g oder V o l l m a c h t die Sache für den Gläubiger entgegengenommen, so gilt bei nachträglicher Genehmigung durch den Gläubiger das Pfandrecht als zur Zeit der Übergabe an den Mittelsmann — den Vertreter — entstanden: OR Art. 424 und bes. Art. 38 analog;

BGE 41 II 273; 93 II 87; *Leemann* Art. 884 N 60; gleich mit allgemeiner Tragweite BGB 184 I.

V e r t r e t u n g des Gläubigers d u r c h d e n V e r p f ä n d e r ist aus- **218** geschlossen, weil dies den Tatbestand eines Besitzeskonstituts erfüllt (Art. 884 III, 717).

Die j u r i s t i s c h e P e r s o n überträgt, erwirbt oder übt den Pfand- **218a** besitz aus durch ihre Organe, für welche Vertreter handeln mögen. — BGE 81 II 343; *Stark* Art. 919 N 47.

6. *Angestellter, Organ, Gesellschafter oder Verwandter des Verpfänders als Stellverteter des Gläubigers*

Die Parteien lösen die technische Schwierigkeit, die Verpfändung zu voll- **219** ziehen, ohne dem Verpfänder zu große Unzukömmlichkeiten zuzufügen, häufig in der Weise, daß sie die Sache in einem dem Verpfänder gehörenden Lokal belassen und einschließen. Dies kann zur Besitzübertragung genügen (Näheres hinten N 234). Die Gerichtspraxis läßt — wenigstens theoretisch — zu, daß alsdann ein A n g e s t e l l t e r d e s V e r p f ä n d e r s, sogar ein Prokurist, als Vertreter des Gläubigers hinsichtlich der Übertragung und Ausübung des Pfandbesitzes amtet: bes. BGE 43 II 21 f.; ferner 58 III 122, 125; zweifelnd BGE 22, 525 und wiederum (akzentuiert) 89 II 317 ff. Gl. M. *Leemann* Art. 884 N 57; *Haffter* 39; ausführlich *Schmidt* 44 ff. Ablehnend VerwEntsch 19/20 Nr. 96. — Das Vorgehen ist jedoch nur dann ausreichend, wenn der Vertreter eine effektive Gewalt über die wirksam eingeschlossenen Sachen ausübt und wenn er nicht mehr Besitzdiener des Verpfänders ist (BGE 43 II 23/24) [a]. Er muß somit willens und in der Lage sein, den Verpfänder am unkontrollierten Zutritt zu den Pfandsachen zu hindern (vorstehend N 208). An ihn und den von ihm betreuten Pfandbesitz sind die gleichen Ansprüche zu stellen, wie wenn der Gläubiger selber den Pfandbesitz erwirbt und ausübt.

Die eben genannten Voraussetzungen, mit denen es streng zu nehmen ist, legen **220** den Schluß nahe, daß die Doppelrolle als Untergebener des Verpfänders und als Vertreter des Gläubigers in concreto leicht einen genügenden P f a n d b e s i t z a u s s c h l i e ß e n wird: BGE 43 II 23/24 [a]; 58 III 125; 89 II 316 ff.; in all diesen Fällen ist die Pfandbestellung mißlungen. Dies schließt nicht aus, daß das Vorgehen zulässig sein k a n n. Es geht um eine Tatfrage. Die G e f a h r f ü r d e n G l ä u b i g e r ist aber so groß, daß er gut tun wird, von dieser Art der Verpfändung abzusehen. Gewährt der Vertreter dem Verpfänder den unkontrollierten Zutritt zu den Pfandsachen, so ergeben sich die in N 208

[219a] Eingehend *Obstfelder*, Zeitschr. f. d. ges. Handelsrecht 1905, 126 ff.
[220a] Hiezu BGE 55 II 301/302.

erwähnten Folgen. Aber schon der ständige, wenn auch kontrollierte Zutritt kann hier den Pfandbesitz als einen bloß fiktiven erscheinen lassen. Wenn der Vertreter mit seinem Entgegenkommen gegenüber dem Verpfänder den Anweisungen des Gläubigers zuwiderhandelt oder wenn er ihn gar täuscht, so rettet dies das Pfandrecht nicht (BGE 58 III 125; vorstehend N 191); der Gläubiger erhält statt dessen gegebenenfalls einen Schadenersatzanspruch gegen den Vertreter aus Vertragsverletzung.

221   Ein O r g a n des Verpfänders (ZGB 55) ist von vornherein untauglich zum Vertreter des Gläubigers. Denn das Organ ist Teil der juristischen Person selber, also des Verpfänders, was ausschließt, daß es die Interessen des Gläubigers wahrt. Es fehlt die personelle Scheidung zwischen dem Verpfänder und demjenigen, der die Gewalt des Gläubigers über die Sache tatsächlich ausübt.

222   Das gleiche gilt für K o l l e k t i v - und für K o m m a n d i t g e s e l l s c h a f t e r.

223   Ein in enger Berührung mit dem Verpfänder lebender F a m i l i e n g e n o s s e desselben, z. B. seine Ehefrau, ist wegen fehlender Unabhängigkeit — was einen effektiven Ausschluß des Verpfänders von der Gewalt über die Sache verunmöglichen wird — als Vertreter regelmäßig ungeeignet.

224   Die Fragwürdigkeit der Vertretung durch Familiengenossen und auch durch Angestellte gilt in besonderem Maße, wo der Pfandbesitz nur als M i t b e s i t z bestellt wird (nachstehend N 247).

c) Übertragung des Pfandbesitzes (Al. I/Art. 884): Der Vorgang im einzelnen

1. Überblick

225   Die Besitzübertragung richtet sich nach den allgemeinen V o r s c h r i f t e n d e r A r t. 922—925, mit der Einschränkung, daß durch Art. 884 III/717 das Besitzeskonstitut (Art. 924 I) ausgeschlossen und im übrigen die E i g e n a r t d e s P f a n d b e s i t z e s zu berücksichtigen ist (vorstehend N 188). Über Art. 923 vorstehend N 214.

226   Gemäß Art. 922 I bedarf es zur Besitzübertragung der Übergabe der P f a n d s a c h e s e l b s t oder «der M i t t e l, die dem Empfänger die Gewalt über die Sache verschaffen». Im ersten Fall liegt eine e i g e n t l i c h e T r a d i t i o n vor (nachstehend N 228 ff.), im zweiten eine u n e i g e n t l i c h e (N 234 ff.), indem hier die Tradition der Sache selber durch die Tradition eines die Sachherrschaft ermöglichenden Gegenstandes ersetzt wird, z. B. des Schlüssels zum Gelaß, worin die Sache verwahrt ist. Art. 884 III läßt auch die Verpfändung durch Einräumung des M i t b e s i t z e s zu (N 247).

227   Unter den Ausnahmen von dem in Art. 922 I geregelten Traditionsprinzip,

den sog. T r a d i t i o n s s u r r o g a t e n, wo auf die Übergabe verzichtet wird (vgl. das Marginale zu Art. 924), kommen für die Verpfändung in Betracht: die b r e v i m a n u t r a d i t i o (nachstehend N 251) und die B e s i t z - a n w e i s u n g (die letztere in Art. 924 geordnet; N 254). Die Besitzüber- tragung durch W a r e n p a p i e r e (Art. 925) gehört in den Zusammenhang des Pfandrechts an Rechten (Art. 902). Von den Sonderfällen der brevi manu traditio und der Besitzanweisung abgesehen, genügt die b l o ß e V e r e i n - b a r u n g der Parteien, daß der Besitz übergehen solle, für die Verpfändung nicht, auch wenn der Gläubiger sich in der sog. B e s i t z l a g e im Sinne von Art. 922 II befindet (N 267).

2. Eigentliche Tradition («Übergabe der Sache selbst», Art. 922 I erster Halbsatz)

Die Übertragung folgt den vorstehend N 197 ff., bes. 201—206 mitgeteilten **228** Regeln und ist dann ausreichend v o l l z o g e n, wenn der V e r p f ä n d e r n i c h t m e h r «d i e a u s s c h l i e ß l i c h e G e w a l t über die Sache» hat (Art. 884 III). Der Gläubiger (oder der für ihn den Pfandbesitz ausübende Dritte) braucht die ihm übergebene Sache n i c h t e i n z u s c h l i e ß e n, sondern darf sie z. B. auf seinem Grundstück ohne besondere Verwahrung lagern, sofern sie nur vom Bereich des Verpfänders gebührend getrennt ist. Dem Traditionserfordernis ist damit Genüge getan (vorstehend N 206, nachstehend N 270 a. E.).

Statt die Sache s e l b e r i n G e w a h r s a m zu nehmen, werden die Ver- **229** hältnisse den Gläubiger häufig veranlassen, sie einem D r i t t e n a n z u v e r - t r a u e n oder direkt durch den Verpfänder aushändigen zu lassen, z. B. dem Inhaber eines Lagerraumes, eines Weinkellers (BGE 19, 285; 21, 1100). Dies ist zulässig (so ausdrücklich CC fr 2076, CC it 2786 II). Die Übergabe an einen Dritten hat den Vorteil, den Verpfänder vor einer unerlaubten Verfügung des Gläubigers zu bewahren. Der Dritte erwirbt und übt den Besitz für den Gläubiger aus, als sein V e r t r e t e r (vorstehend N 212/213). Er mag sich seinerseits eines Besitzdieners oder anderen Vertreters bedienen (dazu BGE 21, 1099/1100). Die Übergabe an den Dritten und die Verwahrung durch ihn kann vom Gläubiger a l l e i n oder von ihm und dem Verpfänder z u s a m m e n veranlaßt sein, was in dem mit dem Dritten abgeschlossenen Vertrag seinen Ausdruck finden wird (BGE 19, 285). Es muß nur Klarheit herrschen, daß der Dritte den Gläubiger im Besitz vertritt, und der Verpfänder darf nicht allein das Verfügungs- recht über die Sache haben. Ein Beispiel BGE 47 III 99; vgl. ferner BGE 72 II 354/355; 102 Ia 235; ZBJV 58, 435/436 = SJZ 18, 245 = SJZ 19, 137: es genügt, wenn die Sachen zwar auf den Namen des Gläubigers hinterlegt sind, aber nur mit Zustimmung des Verpfänders zurückgenommen werden dürfen; entscheidend ist, daß der Verpfänder nicht ohne Zutun des Gläubigers über die Sache verfügen kann. Man hat hier Mitbesitz vor sich, nachstehend N 247.

230 Über den T r e u h ä n d e r (P f a n d h a l t e r) im übrigen vorstehend N 136 und 216.

231/32 Die gewerbsmäßigen L a g e r h ä u s e r sind geeignet, für die Gläubiger Pfandsachen zu verwahren. Doch scheinen oder schienen sie sich zum Teil zu weigern, dahin zielende Verträge einzugehen. Dann mögen die Parteien eine Sicherungsübereignung vornehmen; *Kaderli* 77 N 1; *Trachsel* 93; *Stauffer / Emch* (zit. vorn Syst. Teil N 158) 184 f.; *Albisetti / Bodmer* u. a. 607; Syst. Teil N 234 ff. Fälle der Verpfändung in Lagerhäusern: BGE 47 III 98/99; 89 II 192/93.

Kasuistik

233 Die Judikatur enthält wenig Beispiele für den T a t b e s t a n d d e r e i g e n t l i c h e n T r a d i t i o n , weil die Gerichte gewöhnlich die anderen, komplizierteren Vorgänge der Besitzübertragung zu beurteilen haben. Vgl. indessen neben dem N 229 zit. Fall ZBJV 58, 435/436 die nachstehend N 268 ff. zu Art. 922 II angeführten Urteile. Folgender Sachverhalt sei als illustrativ angeführt:

— Verpfändung eines Automobils, das zur Hauptsache im Geschäftsbetrieb des Gläubigers verwendet wird, indem der als Fahrer amtende Verpfänder damit Produkte des Gläubigers vertreibt, zum Teil gegen feste Entschädigung, zum Teil auf eigene Rechnung. Der Gläubiger hatte das Fahrzeug auf seine Kosten mit einem Holzkohlengenerator und andern Vorrichtungen ausstatten lassen und «sorgte auch für die Haftpflichtversicherung und die Verkehrsbewilligung». Das Automobil wird nach seinen Fahrten stets auf dem Grundstück des Gläubigers garagiert. — Der Verpfänder ist gleichwohl nicht genügend von der faktischen Verfügung ausgeschlossen: er benützt das Fahrzeug u. a. für eigene Zwecke, wie er auch — wenn schon für den Gläubiger — damit (wenigstens zum Teil) auf eigene Rechnung arbeitet und die Unterhaltskosten bestreitet. Deshalb ist kein Pfandrecht entstanden. Anders wäre das Ergebnis, wenn der Verpfänder lediglich nach den Weisungen des Gläubigers als dessen Angestellter das Automobil führte (BlZR 41 Nr. 83 S. 196/197).

3. Uneigentliche Tradition, besonders Verschaffung des sog. Raumgewahrsams durch Übergabe der Schlüssel («Übergabe» «der Mittel», Art. 922 I zweiter Halbsatz)

234 Statt daß die Sache s e l b e r , im Sinne der eigentlichen Tradition, übergeben wird (vorstehend N 228 ff.), kann man dem Gläubiger die Herrschaft über das G e l a ß , in dem sich die Sache befindet, vermitteln. Dadurch entsteht der sog. R a u m g e w a h r s a m , der zur Verpfändung ausreicht, wenn nach den allgemeinen Regeln (vorstehend N 202 ff.) dem Verpfänder die ausschließliche Gewalt entzogen ist (Art. 884 III): BlZR 28 Nr. 57 S. 106; 34 Nr. 71 S. 173. Hiezu sind die der Sachlage angemessenen faktischen Vorkehrungen nötig, regelmäßig die Ü b e r g a b e d e r S c h l ü s s e l zum Raum. Sie stellen die «Mittel» dar, die gemäß Art. 922 I, zweitem Halbsatz, dem Gläubiger «die Gewalt über die Sache verschaffen» (BGE 13, 224; 80 II 237; 89 II 319; ZBJV 92, 26; BlZR 18 Nr. 155 S. 299). Die Aushändigung der Schlüssel, die damit erzielte Verhinderung der freien Verfügung des Verpfänders, bewirkt die für die Verpfändung geforderte Publizität (vorstehend N 198); so ausdrücklich ABGB 452 und 427. Gleichzeitig aber ist sie der Weg, um dem Gläubiger die zu seiner Sicherheit erforderliche Beherrschung der Sache zu verschaffen (vorstehend N 199). Der Raum kann sich an einem dritten Ort befinden (wo ihn z. B. der Verpfänder gemietet hat, BlZR 28 Nr. 57 S. 104), aber auch ein am G e - s c h ä f t s - o d e r W o h n s i t z d e s V e r p f ä n d e r s b e f i n d l i c h e s oder ihm sonst eigenes Lokal kann tauglich sein: BGE 43 II 20; 80 II 237 Erw 2; 89 II 317/18 (der Sache nach); ZBJV 92, 26. Die Parteien greifen gerne zu diesem von der Gerichtspraxis grundsätzlich zugelassenen Verfahren, weil es Umtriebe vermeidet, Transport- und Lagerkosten spart und weil die Orts-veränderung heikler Gegenstände unterbleiben kann. Indes sind die anschließend mitgeteilten Kautelen zu beachten. Ausreichend ist auch die Übergabe eines Automobils samt dem einzigen Z ü n d s c h l ü s s e l , wobei der Gläubiger das Fahrzeug vor seinem Hause parkiert, BlZR 59 Nr. 49 (s. a. das. Nr. 123 S. 300). *Albisetti / Bodmer* u. a. 608; 80 II 238 sind genaue Vorsichtsmaßnahmen des Gläubigers beschrieben, die nicht hinderten, daß der Verpfänder ihn hinterging: er vertauschte heimlich die richtigen Schlüssel mit falschen, und benützte die richtigen, um die eingelagerten Sachen hinter dem Rücken des Gläubigers neuer-lich zu verpfänden. Dem neuen Gläubiger verheimlichte er das frühere Pfand-recht.

Kasuistik

Es seien einige Beispiele von Sachverhalten der V e r s c h a f f u n g d e s R a u m g e - **235** w a h r s a m s wiedergegeben. In diesem Zusammenhang ist belanglos, daß in einzelnen der angeführten Fälle das Pfandrecht aus später zu erörternden Gründen sich als ungültig erwies (N 246).

— Vorräte einer Schokoladefabrik, in besonderen, abgeschlossenen Lokalen des eigenen Ge-bäudes aufbewahrt (BGE 43 II 20).
— Vorräte eines Möbelgeschäfts, in mehreren Lagerräumen untergebracht (BlZR 34 Nr. 71 S. 173).
— Holzvorräte, in den Lagerräumen einer Säge- und Hobelwerkstätte (BGE 58 III 122).
— Holzvorräte, auf dem von einem Dritten vermieteten Lagerplatz liegend (BlZR 28 Nr. 57 S. 104).
— Vorräte und Werkzeuge, in einer Tenne befindlich, die der Verpfänder vom Gläubiger ge-mietet hat (BlZR 21 Nr. 79 S. 199).
— Vorräte an Seide und Rohseide, in einem auf dem Korridor des Geschäftsgebäudes des Ver-pfänders festgemachten Schrank eingeschlossen (BGE 22, 524 ff.).
— Rohmaterialien, halbfertige und fertige Fabrikate in den Räumen des Verpfänders gelagert (BGE 89 II 314).

— Weine, im Keller des Verpfänders gelagert (BGE 31 II 397 ff.; 80 II 235 ff.; ZBJV 92, 24 ff.).

— Über die Geschäftspraxis und über die Verpfändung eines Schrankfachinhaltes nachstehend N 250.

236 Folgende R e g e l n sind i m e i n z e l n e n für die Handhabung des Raumgewahrsams maßgebend:

Da die verpfändeten Gegenstände in einem Lokal des Verpfänders verbleiben dürfen, ist es um so weniger schädlich, wenn zwar das Lokal dem Gläubiger gehört, der Verpfänder aber den Mietzins oder die Löhne der dort tätigen Angestellten bezahlt (BGE 55 II 300). Wie das N 235 skizzierte Beispiel BGE 22, 524 ff. zeigt, kann auch genügen, daß am Geschäftssitz des Verpfänders für den Gläubiger ein dort befindlicher Schrank oder ein anderes Behältnis abgeschlossen wird. Es muß jedoch so stark befestigt sein, daß man es nur mit Gewalt entfernen könnte (BGE 22, 527; a. M. *Schmidt* 29). Ohne diese Maßnahme ist die Ausschließung des Verpfänders von der Herrschaft über die Sache nicht erreicht (Art. 884 III); denn in der (bei schwacher Befestigung leicht möglichen) Entfernung des Behältnisses wäre die faktische Verfügung über die Sache selber zu sehen. Das die verpfändete Sache enthaltende Behältnis muß effektiv abgeschlossen, der ungehinderte Zugriff des Verpfänders verhütet sein[a].

237 Auch bei der Überlassung eines ganzen Lokals kann die Aushändigung der Schlüssel zur Verpfändung nur ausreichen, sofern sie w i r k l i c h zum V e r s c h l u ß der verpfändeten Sachen führt (BGE 41 III 446/447, 448; 43 II 20; ZBJV 92, 26 f.). Daran fehlt es, wo die Türe des Lokals nicht richtig verschließbar ist oder man den Raum mühelos durch andere Öffnungen betreten kann (BGE 58 III 125). Der Gläubiger darf dem heimlichen Eindringen in das Lokal nicht Vorschub leisten, indem er z. B. Nebentüren oder ein leicht zugängliches Fenster offen läßt, sonst mangelt der Ausschluß des Verpfänders, und das Pfandrecht entsteht nicht (vgl. den in N 236 FN[a] erwähnten Fall). Dagegen braucht der Verschluß nicht einer eigentlichen Gewaltanwendung zu widerstehen (vorstehend N 206; ähnlich für das mit Zündschlüssel übergebene Automobil, BlZR 59 Nr. 49). Das Pfandrecht wird nicht beeinträchtigt, wenn im abgeschlossenen Lokal auch Sachen liegen, die getrennt aufbewahrt und nicht verpfändet sind (*Planck* § 1206 S. 1423).

238 In der Regel sind a l l e S c h l ü s s e l auszuhändigen (BGE 89 II 319). Verwahren sowohl der V e r p f ä n d e r wie der G l ä u b i g e r je einen

---

[236a] Im Urteil ZBJV 60, 279 = SJZ 21, 125 hat das Gericht demgegenüber als genügend erachtet, daß ein Faß im Keller mit einem einfachen Holzverschlag umgeben wurde. Mit Hilfe einer Leiter und eines Schlauches konnte man von oben, wo der Verschlag nicht geschlossen war, Wein entnehmen. Der Entscheid kann nicht richtig sein. Vielmehr wäre die Übergabe des Schlüssels zum ganzen Kellerraum zum Gelingen der Verpfändung nötig gewesen; gl. M. die redaktionelle Notiz a.a.O. — Gegenbeispiel ZBJV 92, 26 f.

S c h l ü s s e l , die nur z u s a m m e n die Öffnung des Lokals oder Behältnisses ermöglichen — sog. M i t v e r s c h l u ß —, dann ist eine genügende
Besitzübertragung erfolgt, weil das Gesetz nicht die ausschließliche Gewalt des
Gläubigers verlangt, sondern nur, daß nicht «der Verpfänder die ausschließliche
Gewalt über die Sache behält» (Art. 884 III; BGE 89 II 319; BlZR 21 Nr. 79
S. 199; nachstehend N 247). Sind es jedoch zwei g l e i c h e Schlüssel, deren
einen man dem Verpfänder belassen hat, so daß er von sich aus in der Lage ist,
den Raum zu öffnen, dann wird die Verpfändung keineswegs erreicht; denn hier
ist der Verpfänder überhaupt nicht von der Sache ausgeschlossen: BGE 80 II
236/37; ZBJV 92, 26; BlZR 28 Nr. 57 S. 106. BGE 22, 525/526 wird wenigstens
betont, daß es sich um den einzigen Schlüssel handle; unhaltbar dagegen
BGE 31 II 399, wo das Gericht annimmt, der Verpfänder dürfe einen Schlüssel
zurückbehalten (vgl. vorstehend N 209). Gegenbeispiel ZBJV 92, 26 f.: Gelaß
mit zwei Türen; der Schlüssel der einen Tür blieb immer innen umgedreht
strecken, so daß man nicht von außen öffnen konnte; die zwei Schlüssel der
anderen Türe wurden dem Gläubiger übergeben.

Die Frage, ob das Pfandrecht gleichwohl entsteht, wenn der Verpfänder **239**
h e i m l i c h e i n e n S c h l ü s s e l zu dem in seinem Bereich befindlichen
Raum z u r ü c k b e h ä l t , wird verschieden beantwortet. Sie ist zu verneinen.
— Gl. M. *Schmidt* 20 ff., bes. 24; anscheinend ZBJV 92, 26 f.; a. M. *Wieland*
Art. 884 N 5 a/aa; *Leemann* Art. 884 N 53; *Enneccerus* § 163 N 17; *Staudinger*
§ 1206 N 2 aγ; *Planck* § 1205 N 1 b S. 1416 u. a. m. — Der Ausschluß des
Pfandrechts ergibt sich aus der gleichen Überlegung, die es ablehnt, daß der
Berufung auf die fehlende Besitzübertragung das Prinzip von Treu und Glauben
entgegengehalten werden kann: Die Besitzübertragung ist schlechthin Gültigkeitserfordernis für die Entstehung des Faustpfandrechts (BGE 43 II 24; vorstehend
N 191). Aus demselben Grund sieht man den Irrtum über den Vollzug der
Besitzübertragung als unbehelflich an (BGE 58 III 125; vorstehend N 191).
Dies erlaubt den Schluß auf die Rechtsfolge der heimlichen Zurückbehaltung
eines Schlüssels. Das Pfandrecht ist nicht entstanden, weil der Verpfänder nicht
von der Gewalt über die Sache ausgeschlossen ist. Wer in solchen Einzelfällen
die Auswirkungen des mit der Publizität und der Sicherung des Gläubigers
motivierten Faustpfandprinzips (vorstehend N 198/199) als zu weitgehend
erachtet, kann damit nicht die Anwendung des Art. 884 beeinflussen, sondern
stellt rechtspolitische Überlegungen an. Der Gläubiger muß sich auch sagen
lassen, daß ihn eine einfache Vorkehrung vor Nachteil bewahren kann: das
Anlegen eines anderen oder zusätzlichen Verschlusses, etwa eines Vorlegeschlosses. Es spricht nicht gegen die befürwortete Lösung, wenn in anderem
Zusammenhang erklärt wird, daß eine gewaltsame oder heimliche Annäherung
des Verpfänders an die Pfandsache dem Pfandrecht nicht schadet (vorstehend
N 206). Denn hier ist das Pfandrecht vorher bereits entstanden; es kann nicht

durch ein deliktisches Vorgehen des Verpfänders gegen den Willen des Gläubigers zum Erlöschen gebracht oder unwirksam gemacht werden (hinten Komm. Art. 888 N 32, 34, 37).

240 Deshalb geht das Pfandrecht auch nicht unter, wenn der Verpfänder sich nachträglich einen zweiten Schlüssel unerlaubterweise beschafft oder einen solchen findet. Zustimmend ZBJV 92, 26, 28; gleich BlZR 59 Nr. 49 und im Ergebnis BGE 80 II 238/39.

241 Ein versehentlich, ohne Wissen des Verpfänders, bei diesem verbliebener Schlüssel hindert die Entstehung des Pfandrechts nicht. Die nachträgliche Entdeckung eines solchen Schlüssels steht dem Fall des soeben erwähnten Findens gleich.

242 Gelegentlich mietet der Gläubiger das Lokal vom Verpfänder, um die Übergabe des Raumes deutlicher zu machen (BGE 43 II 16). Nötig ist dies nicht. — Wo in einem konkreten Fall der Vollzug des Raumgewahrsams schon an und für sich fragwürdig erscheint, läßt sich im fiktiven Charakter des Mietzinses ein Indiz für das Fehlen einer genügenden Besitzübertragung erkennen (BGE 41 III 448).

243 Ein mit dem Geschäftsbetrieb des Verpfänders räumlich verbundener Lagerplatz wird regelmäßig für die Verpfändung mittels Schlüsselübergabe untauglich sein, weil man ihn nicht genügend absperren kann (vorstehend N 237). Anders, wenn der Platz sich an einem dritten Ort befindet; dann kann er mittels Schlüsselübergabe in die Herrschaft des Gläubigers übergehen und als dessen Platz erscheinen, was für die Verpfändung genügt. Noch eindeutiger wird der Pfandbesitz, wenn der Gläubiger den Platz mietet oder eine dort befindliche Person (z. B. den Vermieter) zum Vertreter bestimmt (so im Fall BlZR 28 Nr. 57 S. 104.[a]).

244 Da nach den geschilderten Grundsätzen die Übergabe der Sache selber durch die Übergabe der Schlüssel ersetzt werden darf, hat man den Gewahrsam an der Sache mittels eines genügenden Gewahrsams am Schlüssel zu gewährleisten. Die Regeln für die Übergabe und Verwahrung der Sache selber gelten hierfür sinngemäß. Die Judikatur zeigt, daß hier (neben dem wirksamen Ausschluß des Verpfänders von der Sache) eine Hauptschwierigkeit liegt. Der Verpfänder wünscht oft den Zutritt zu den Sachen, wofür er den Schlüssel benötigt; der Zutritt wird eigens erleichtert, indem der Gläubiger zu seinem Vertreter einen Angestellten des Verpfänders wählt und ihm den Schlüssel überläßt. Der Zutritt des Verpfänders zu den Pfandsachen ist nicht grundsätzlich unzulässig, ebensowenig die Vertretung des Gläubigers durch einen Angestellten des Verpfänders; aber

---

[243a] Die Verpfändung ist hier zwar gescheitert; doch hängt dies mit anderen Umständen zusammen, nämlich der Zurückbehaltung eines Schlüssels durch den Verpfänder, a.a.O. S. 106.

beides ist an die vorstehend N 207 ff. und 219 ff. erwähnten Voraussetzungen gebunden. Der Gläubiger muß demnach auf einen richtigen Gewahrsam am Schlüssel dringen (s. das Vorgehen BGE 80 II 238). Letzterer darf z. B. nicht im Geschäftsbetrieb des Verpfänders offen hängen, so daß er dem dortigen Personal ohne weiteres erreichbar ist. Sonst entsteht das Pfandrecht je nach Sachlage überhaupt nicht, oder es wird gemäß Art. 888 II unwirksam, wenn es nicht gar erlischt, falls der Pfandbesitz sich so sehr verflüchtigt, daß er zu einem nur mehr fiktiven wird (Art. 888 I). Man hat es demnach mit den vorstehend N 208 ff. und 219 ff. behandelten Schranken genau zu nehmen, weil nicht zu übersehen ist, daß der Schlüsselbesitz schon für sich genommen ein verdünnter Pfandbesitz ist. Wegen seiner offensichtlichen Gefahren wird er denn auch im französischen Recht im Grundsatz abgelehnt: *Marty / Raynaud* no 73; mehr entgegenkommend ist man dagegen im deutschen Recht (*Schmidt* 11 ff. und Kommentare zu § 1206 BGB).

245 Ein nach den gleichen Regeln genügender Gewahrsam muß auch dort bestehen, wo der Schlüssel einem als T r e u h ä n d e r o d e r P f a n d h a l t e r bezeichneten Dritten übergeben wird. Dieser soll in der Lage sein, den Besitz als Vertreter des Gläubigers effektiv auszuüben und den Verpfänder von der Sache fernzuhalten (Art. 884 III; vorstehend N 216; ein Beispiel in BGE 47 III 98/99).

Kasuistik

246 Anhand der (vorstehend N 235 bereits zu anderen Zwecken angeführten) Judikatur lassen sich für die mit der S c h l ü s s e l ü b e r g a b e zusammenhängenden Fragen folgende Beispiele gewinnen für:

a) U n g e n ü g e n d e V e r p f ä n d u n g

— Der Gläubiger überläßt dem Verpfänder eine Garnitur Schlüssel zu freiem Gebrauch (BGE 80 II 236 Erw. 1).

— Angestellte des Verpfänders sind als «Treuhänder» des Gläubigers eingesetzt, verwalten das Lager aber auch für den Verpfänder und sind Inhaber des Schlüssels. Sie ordnen laufend Ein- und Auslagerungen an. Keine jeweiligen vorgängigen Bewilligungen des Gläubigers für Entnahmen von Waren (BGE 89 II 316 f.).

— Die Schlüssel werden einem als Vertreter des Gläubigers bezeichneten Angestellten des Verpfänders belassen, der sie schon vorher besaß und nach wie vor in seinem Büro verwahrt, wo sie nach Bedarf vom Magaziner des Verpfänders geholt werden (BGE 43 II 23).

— Der als Vertreter des Gläubigers bezeichnete Angestellte des Verpfänders, der die Schlüssel verwahren sollte, nimmt sie nicht eigentlich in Gewahrsam, sondern hängt sie offen in seinem Büro auf, von wo er «jeweilen» während des halben Tages abwesend ist. Das Personal des Verpfänders kann die Schlüssel beliebig holen, gleichgültig, ob deren Verwahrer an- oder abwesend ist. Der Lagerraum bleibt manchmal längere Zeit unverschlossen (BGE 58 III 123, 124).

— Der Vermieter des Lagerplatzes, wo sich das verpfändete Holz befindet, verwahrt als «Treuhänder» einen Schlüssel. Die Verpfändung kommt nicht zustande, weil auch dem Verpfänder ein Schlüssel gelassen wird und er «ungehindert über die Lagerbestände verfügen» und Holz ohne Wissen des Treuhänders verkaufen kann (BlZR 28 Nr. 57 S. 106).

— Die Verpfändung des im Keller des Verpfänders lagernden Weines kommt bei richtiger

Beurteilung nicht zustande, wenn der Gläubiger zwar den alleinigen Schlüssel zum Gartentor der Liegenschaft besitzt, dieses aber nicht abgeschlossen und dem Verpfänder einen Schlüssel zum Lagerraum gelassen hat (BGE 31 II 397 ff. mit entgegengesetztem, aber unzutreffendem Ergebnis; vorstehend N 209, 238).

b) Genügende Verpfändung
— Die Schlüssel zu dem auf dem Korridor des Geschäftsgebäudes des Verpfänders festgemachten Schrank, der die Pfandsachen enthält, werden dem Gläubiger übergeben. Es ist unschädlich, daß nicht allein der Vertreter des Gläubigers, sondern auch der Verpfänder Schlüssel zum Korridor besitzt (BGE 22, 524 ff.).
— ZBJV 92, 26 f.; s. vorstehend N 238 a. E.

c) In den folgenden Fällen ist das Pfandrecht zwar richtig entstanden, müßte aber gemäß den N 208/09 gemachten Ausführungen für so lange als unwirksam gelten, als der Schlüssel dem Verpfänder ausgehändigt wird:
— Der Gläubiger erhält alle Schlüssel zu einem Weinlager und überläßt diese jeweils unter genauen Kautelen dem Verpfänder, der das Lager unbegleitet betritt; so zum Aufheizen des Raumes oder zur Entnahme eines Musters oder einer Anzahl Flaschen (BGE 80 II 235 ff., bes. 238).
— Die Lagerräume sind nur mittels einer Serie von Schlüsseln zugänglich, die im Geschäftsbetrieb des Gläubigers verwahrt werden; dort holt sie der Verpfänder, dem der Zutritt zum Lager gestattet ist, jeweils ab (BlZR 43 Nr. 71 S. 173).
— Der Schlüssel zu der vom Gläubiger dem Verpfänder vermieteten Tenne, in der sich die Pfandsachen befinden, wird in der Stube des — offenbar in der gleichen Gebäudegruppe wohnenden — Gläubigers verwahrt und dort jeweils von einem Angestellten des Verpfänders geholt, damit dieser (mit Erlaubnis des Gläubigers) die Tenne betreten kann (BlZR 21 Nr. 79 S. 199).

4. Einräumung des Mitbesitzes (Gesamtbesitzes, Al. III/Art. 884)

247   Aus Art. 884 III[a] läßt sich schließen, daß es ausreichen kann, wenn der Verpfänder dem Gläubiger Mitbesitz einräumt. Denn das Gesetz verlangt nicht eine ausschließliche Gewalt des Gläubigers, also dessen Alleinbesitz, sondern nur, daß die ausschließliche Gewalt nicht beim Verpfänder bleibe: Erl II 324, 383; BGE 55 II 300; 89 II 319; ZBJV 75, 51. Gleich entscheiden ausdrücklich CC it 2786 II und BGB 1206. Aus Art. 884 II ergibt sich dann aber, daß dem Verpfänder die faktische Möglichkeit genommen sein muß, allein über die Pfandsache zu verfügen. Diese Voraussetzung ist insbesondere bei Einrichtung des Mitverschlusses des Gegenstandes erfüllt (vorstehend N 238), aber auch dort, wo ein Dritter den Gegenstand für den Gläubiger mit der Maßgabe verwahrt, daß er nur an den Gläubiger und den Verpfänder gemeinsam herausgegeben werden darf, oder — was die gleiche Wirkung hat — an den Verpfänder nur mit Zustimmung des Gläubigers. So ausdrücklich BGB 1206; ferner vorstehend N 216 und 229; BGE 57 II 516; 102 Ia 235; ZBJV 58, 435/436 = SJZ 18, 245 und 19, 137: verpfändete Bilder sind auf einer Bank auf den

[247a] auch aus Art. 888 II, dort Komm. N 41.

Namen des Gläubigers deponiert, in der Meinung, sie dürften nur mit der Zustimmung des Verpfänders zurückgezogen werden.

Die Besitzlehre spricht in diesen Fällen von G e s a m t b e s i t z als einer **248** Unterart des Mitbesitzes (BGE 57 II 516; *Wieland* Art. 920 N 3; *Homberger* Art. 919 N 12; *Stark* Art. 919 N 53; *Hinderling* § 70 III).

Ungenügend ist die Übergabe an einen g e m e i n s a m e n B e s i t z - **249** d i e n e r, der nur den «vereinigten Weisungen» beider Parteien folgen dürfte (gl. M. *Schmidt* 154 und *Planck* § 1206 S. 1423); a. M. *Enneccerus* § 163 N 15.

Die Besitzverhältnisse am Inhalt des bei einer Bank gemieteten S c h r a n k - **250** f a c h e s (Tresorfach, Bankfach, Safe) werden in der Literatur uneinheitlich beurteilt: für Alleinbesitz des Mieters (Bankkunden) entscheiden sich u. a. *Planck* § 1206 S. 1423; *Soergel-Augustin* § 1206 N 10; *Schmidt* 29 N 45; *Enneccerus* § 9 N 4, § 163 N 15; *Haupt* (zit. vorstehend N 132) 165 ff.; *Albisetti/ Bodmer* u. a. 530; *Hinderling* § 70 III; bes. *Lotz*, Der Schrankfachvertrag (Basel 1940) 19 ff. — für Mitbesitz (im Sinne des Gesamtbesitzes) des Mieters und der Bank *Wieland* Art. 920 N 3; *Stark* Art. 919 N 60 (N 53); anscheinend auch BGE 57 II 516; widerspruchsvoll *Homberger* Art. 919 N 12 f. — Für das Pfandrecht gilt unabhängig davon: Ist ein D r i t t e r der Gläubiger, dann erfolgt die Verpfändung durch die Übergabe aller dem Mieter (Verpfänder) überlassenen Schlüssel und der den Zutritt ermöglichenden Vollmacht. Doch genügt auch die Schlüsselübergabe ohne Vollmacht oder ein Mitverschluß des Mieters und des Dritten (vorstehend N 238); hier entsteht Mitbesitz (Gesamtbesitz). Ist die B a n k selber Pfandgläubigerin, so brauchen ihr nicht alle dem Mieter überlassenen Schlüssel ausgehändigt zu werden; der bereits bestehende Mitverschluß der Bank und des Mieters genügt. Die vorstehend N 202—204 als erforderlich bezeichnete Änderung des bisherigen Zustandes liegt darin, daß die Bank nunmehr kraft des auf dem Pfandvertrag beruhenden Mitbesitzes (Gesamtbesitzes) den Mieter hindern kann, über den Inhalt des Faches zu verfügen. Die Bankpraxis verlangt statt dessen die Übergabe des Fachinhalts zwecks Verwahrung durch die Bank.

5. Besitzübertragung «ohne Übergabe»: brevi manu traditio

Die b r e v i m a n u t r a d i t i o (sog. Übergabe kurzer Hand, Besitz- **251** wandlung) wird vom Gesetz nicht erwähnt, sondern als selbstverständlich vorausgesetzt (Erl II 387): Der Erwerber hat die Sache bereits in seiner Gewalt; man braucht sie nicht mehr in seinen Bereich zu verbringen, die Übergabe ist gegenstandslos. Ohne äußern Vorgang verwandelt sich auf Grund des Pfandvertrags z. B. der bisherige Besitz des Mieters in Pfandbesitz; das Mietverhältnis kann aber auch neben dem Pfandverhältnis bestehen bleiben. Die brevi manu traditio ist auch dort anzutreffen, wo einer Bank die bei ihr im offenen Depot liegenden Wertpapiere verpfändet werden.

252 Diese Art der Begründung des Pfandbesitzes gilt allgemein als z u l ä s s i g : BlZR 41 Nr. 83 S. 196; ZBJV 72, 150; *Leemann* Art. 884 N 62; *Haffter* 38/39; *Homberger* Art. 924 N 22; *Stark* Art. 924 N 80; *Zobl* ZBGR 59, 204; *Schmidt* 57/58, 145. BGB 1205 I Satz 2 erwähnt sie ausdrücklich. Die brevi manu traditio scheint die Publizität insofern nicht zu wahren, als keinerlei erkennbarer Vorgang die B e g r ü n d u n g des Pfandrechts begleitet. Doch ist nicht dies entscheidend, sondern der Umstand, daß während der D a u e r des Pfandrechts der Verpfänder der ausschließlichen Gewalt beraubt ist, was hier zutrifft, sofern die vom Gläubiger ausgeübte Gewalt eine effektive ist (vorstehend N 202 ff.).

253 Bei der brevi manu traditio ist die Übergabe durch die E i n i g u n g ersetzt, daß der bestehende Besitz künftig als Pfandbesitz zu gelten habe.

6. Besitzübertragung «ohne Übergabe»: Besitzanweisung (Art. 924) — Vindikationszession

254 Das Gesetz ermöglicht in Art. 924 I die Übertragung des Besitzes «ohne Übergabe» — also ohne Tradition der «Sache selbst oder der Mittel, die dem Empfänger die Gewalt über die Sache verschaffen», Art. 922 I —, sofern ein D r i t t e r «i m B e s i t z d e r S a c h e v e r b l e i b t». Diese als B e - s i t z a n w e i s u n g bezeichnete Übertragungsart will der Vereinfachung dienen, indem sie dem Anweisenden erspart, die Sache zurückzunehmen, um sie dem Erwerber zu übergeben, mit der Maßgabe, daß dieser sie sogleich wieder dem Dritten, wo sie nach wie vor bleiben soll, aushändigt (BlZR 38 Nr. 113 S. 273). Das Gesetz begnügt sich mit einem Traditions s u r r o g a t, einer «tradition fictive» (BGE 35 II 629). Die Besitzanweisung wurde und wird sowohl auf Grund des aOR (Art. 201) wie des ZGB auch für die Begründung des P f a n d b e s i t z e s als genügend erachtet: BGE 21, 1101; 35 II 629; 49 II 341; 57 II 516; 89 II 200; BlZR 16 Nr. 55 S. 73; Semjud 1886, 634/635; SJZ 26, 141; *Homberger* Art. 924 N 9; *Stark* Art. 924 N 32 ff.; *Hinderling* § 75 IV; *Zobl* ZBGR 59, 204. — Sie beruht auf dem Tatbestand des mittelbaren Besitzes des Verpfänders, der einem Dritten den unmittelbaren Besitz überlassen hat und dem Pfandgläubiger zusichert, daß der Dritte den Besitz nunmehr für den Gläubiger ausübt, so daß dieser (auch) mittelbaren Besitz erhält (dazu BGE 21, 1101; 35 II 629). Die Besitzanweisung erleichtert die Verpfändung ungemein: die z. B. auf einer Bank deponierten Titel[a] oder der in einem fremden Keller lagernde Wein[b] lassen sich ohne lästige Umtriebe verpfänden.

[254a] BGE 35 II 629; BlZR 16 Nr. 55 S. 73.
[254b] BGE 21, 1101; 33 II 346.

Die gewerbsmäßigen L a g e r h ä u s e r versuchen oder versuchten an- **255**
scheinend, der Verpfändung der bei ihnen hinterlegten Waren Schwierigkeiten
in den Weg zu legen, indem sie ein durch Besitzanweisung entstehendes Pfandrecht nicht «anerkennen» (*Kaderli* 77 N 1; *Kaderli / Zimmermann* 538, auch
207; *Trachsel* 93; vgl. aber BlZR 21 Nr. 52 S. 129; BGE 89 II 192/93. Vgl. auch
Stauffer / Emch [zit. Syst. Teil N 158] 184 f.). Diese Stellungnahme kann indessen die Verpfändung nicht hindern, weil die letztere nicht von der Zustimmung
des Dritten abhängt (nachstehend N 261).

Verpfändet ein M i t e i g e n t ü m e r seinen Anteil, so kann ein anderer, **256**
die Sache effektiv besitzender Miteigentümer angewiesen werden, gemäß Art. 924
für den Gläubiger den Pfandbesitz auszuüben (BlZR 16 Nr. 55 S. 73; vorstehend
N 48).

Voraussetzungen der Verpfändung sind:

— 1. Bereits bestehender unmittelbarer B e s i t z d e s D r i t t e n , der **257**
weiter andauert, und zwar «auf Grund eines besonderen Rechtsverhältnisses»
(Al. I/924), wie Miete, Hinterlegung, Gebrauchsleihe, Nutznießung, Miteigentum (vorstehend N 59, 48 und soeben 256; BGE 44 II 403; 49 II 341; BlZR 16
Nr. 55 S. 73; 38 Nr. 113 S. 273/274). Der B e s i t z ist im Sinne des Art. 919
zu verstehen; aOR 201 sprach von Gewahrsam, ohne daß sich in der praktischen
Handhabung Unterschiede zur heutigen Rechtslage ergeben haben. Der Besitzdiener einer der Parteien ist nicht D r i t t e r nach Maßgabe des Art. 924.
Würde der Besitzdiener auf seiten des Verpfänders auftreten, so entstünde ein
unzulässiges Besitzeskonstitut, falls er die Sache trotz der Verpfändung behielte;
und wäre er ein Vertreter des Gläubigers, so hätte man eine brevi manu traditio'
vor sich (vorstehend N 251). Schließt ein Vertreter für den Verpfänder den
Pfandvertrag ab, so kann nicht der Verpfänder als Dritter betrachtet werden,
sonst hat man wiederum ein Konstitut vor sich (dazu BlZR 9 Nr. 39 S. 63). Das
Auftreten eines Besitzdieners auf seiten des Dritten (so im Fall BGE 21, 100/101)
ändert an der Handhabung des Art. 924 nichts.

Erhält der Dritte erst a n l ä ß l i c h d e r V e r p f ä n d u n g B e s i t z , **258**
indem die Sache statt dem Gläubiger ihm übergeben wird, so handelt es sich nicht
um Besitzanweisung, sondern um Tradition, wobei der Dritte den Pfandbesitz als
Vertreter des Gläubigers für diesen erwirbt (vorstehend N 229).

— 2. T a u g l i c h k e i t des Besitzes des Dritten zum P f a n d b e s i t z . **259**
D. h. insbesondere, daß gemäß Art. 884 III der Verpfänder genügend von der
Sache ausgeschlossen ist (vorstehend N 205; BGE 89 II 200; 33 II 347: ist der
verpfändete Wein bei einem Dritten eingelagert, so soll der Verpfänder keinen
Schlüssel zum Lagerraum besitzen). Die Sachen müssen spezifiziert sein (vor-
stehend N 190). Will man einen Teil einer Sachgesamtheit, z. B. eines Waren-

lagers, verpfänden, so hat die Spezifikation der verpfändeten Stücke durch deren Ausscheidung zu erfolgen (vorstehend N 26).

260 — 3. V e r e i n b a r u n g z w i s c h e n V e r p f ä n d e r u n d G l ä u -
b i g e r. Dadurch wird der bereits bestehende Besitz des Dritten in Pfandbesitz umgewandelt (Einzelheiten *Homberger* Art. 924 N 5; *Stark* N 15 ff.). Die Vereinbarung wird oft schon im Pfandvertrag enthalten sein[a], kann aber auch nachher erfolgen. Sie ist formfrei gültig (BGE 46 II 49).

261 — 4. A n z e i g e a n d e n D r i t t e n von dem Besitzerwerb des Gläubigers. Sie ist erforderlich, um den Verpfänder in die Möglichkeit tatsächlicher Verfügung zu beschränken und der «ausschließlichen Gewalt über die Sache» zu entkleiden: Art. 884 III; vorstehend N 205; BlZR 16 Nr. 55 S. 73; VerwEntsch 9, 114; ausdrücklich BGB 1205 II (s. auch BGE 49 II 341); zustimmend *Stark* Art. 924 N 32; *Jäggi* Art. 967 N 62; gl. M. *Hinderling* § 75 IV. Ohne Anzeige wäre der Dritte befugt und in der Lage, die Sache dem Verpfänder herauszugeben, was mit der Effektivität des Pfandbesitzes unvereinbar ist (BGE 46 II 49; JT 1884, 316). Die Anzeige bedeutet die Anweisung an den Dritten, den unmittelbaren Besitz fortan für den Gläubiger auszuüben (aOR 201), ohne daß der Dritte zu erfahren braucht, eine Verpfändung sei im Wurfe. Zustimmung des Dritten ist nicht erforderlich: BGE 21, 1101; 35 II 631; BlZR 15 Nr. 63 S. 111. — Über einen Sonderfall BGE 89 II 200/01.

262 Demgemäß ist die W e i g e r u n g d e s D r i t t e n, künftig den Besitz für den Gläubiger als Pfandbesitz auszuüben, unschädlich: BlZR 5 Nr. 180 S. 262/263; *Schmid* (zit. N 178) 67; *Staudinger* § 870 N 3 a; a. M. *Stark* Art. 924 N 33; *Hinderling* § 75 N 47; *Planck* (5. A.) § 870 N 8, von *Brodmann / Strecker*, vgl. aber *Planck* § 1206 S. 1424, von *Flad*). Es hängt vielmehr allein vom Verpfänder und vom Gläubiger ab, den bisherigen, gewöhnlichen, unselbständigen Besitz des Dritten in Pfandbesitz zu verwandeln. Zieht der Dritte aus seiner Weigerung die Konsequenz, die Sache dem Verpfänder zurückzugeben, so geht das Pfandrecht nach Art. 888 I unter (dort Komm. N 27, 35). Gemäß dem Pfandvertrag hat der Gläubiger dann Anspruch auf Wiederherstellung eines tauglichen Pfandbesitzes. Erklärt sich demgegenüber der Dritte bereit, die Sache später beiden Beteiligten — Verpfänder und Gläubiger — nur z u s a m m e n zurückzugeben, in der Meinung, daß er jetzt für beide Besitz ausübe, so spielt er die Rolle eines sog. Pfandhalters (vorstehend N 216[a]).

263 Des N ä h e r e n gilt: Die Anzeige an den Dritten kann ausdrücklich[a] oder

---

[260a] Beispiel: BGE 35 II 624, 630.

[262a] Der Dritte bei der Besitzanweisung ist also nicht *ipso facto* Pfandhalter, wie *Wieland* Art. 884 N 5 S. 447, *Rossel/Mentha* n° 1636 und *Homberger* Art. 924 N 9 annehmen.

[263a] z. B. BGE 33 II 347: «Verpfändungsanzeige».

in Gestalt einer konkludenten Äußerung erfolgen[b]; sie kann statt vom Verpfänder vom Gläubiger ausgehen, indem dieser, besonders kraft Ermächtigung im Pfandvertrag, als Stellvertreter des Verpfänders handelt: BGE 21, 1101; 35 II 630; vgl. ferner BGE 66 II 24/25; BlZR 12 Nr. 238 S. 376. Damit hängt zusammen, daß die Anzeige auch in einem Vertrag zwischen dem Gläubiger und dem Dritten liegen kann, wonach der Dritte sich bereit erklärt, den Besitz für den Gläubiger auszuüben (BlZR 5 Nr. 180 S. 263; 14 Nr. 31 S. 78); der Vertrag setzt die Zustimmung des Verpfänders voraus, die in der in N 260 erwähnten Einigung enthalten ist.

A u ß e r h a l b der Verpfändung verlangt das ZGB die Anzeige an den **264** Dritten n i c h t als Voraussetzung des Besitzübergangs; sondern von der Anzeige hängt dort allein ab, ob der Besitzübergang «gegenüber dem Dritten» «wirksam» ist. Dies im Gegensatz zu aOR 201, wo die Anzeige in jedem Fall unerläßlich war (BGE 46 II 49; BlZR 14 Nr. 31 S. 78; 15 Nr. 63 S. 109).

Über die Konkurrenz des nach Art. 924 erworbenen Pfandrechts mit dem **265** R e t e n t i o n s r e c h t des unmittelbaren Besitzers vgl. Art. 924 III und hinten Komm. Art. 895 N 144; dazu *Homberger* Art. 924 N 10/11; *Stark* N 37 ff. Über die Frage der vermeintlichen Verpfändung von V e r s a t z s c h e i n e n hinten Komm. Art. 909 N 17 und *Staudinger* § 1205 N 5 b β.

Von der Besitzanweisung ist zu unterscheiden die V i n d i k a t i o n s - **266** z e s s i o n (cessio vindicationis, Abtretung des dinglichen Herausgabeanspruchs, Zession der rei vindicatio): mit ihr wird nicht, wie nach Art. 924, sofort der Besitz übertragen, sondern die aus Art. 641 II abgeleitete Befugnis abgetreten, die Sache (z. B. von einem die Rückgabe verweigernden Besitzer) herauszuverlangen. Während der Veräußerer im Fall des Art. 924 Besitzer ist, besteht die Eigenart der Vindikationszession darin, daß der Veräußerer dem Erwerber den (mittels Vindikation erst noch zu erlangenden) Besitz zuhalten will, ohne selbst Besitzer zu sein. Die im Gesetz nicht vorgesehene Vindikationszession wird a n e r k a n n t von *Haab* Art. 641 N 37 und der dort zit. schweizerischen Literatur; *Homberger* Art. 924 N 4; seither *Haab* Art. 714 N 64, von *Simonius*; *Meier-Hayoz* Art. 641 N 49 (mit Vorbehalt); von *Tuhr / Peter* § 15 VI; aus der deutschen Literatur Schriften zu BGB 931, so *Heck* 493 ff., *Soergel-Mühl*. G e g e n die Zulässigkeit kurz *Piotet*, ZSR 81 I 158/59 und *Guhl / Merz / Kummer* § 34 II 1; eingehend Felicitas *Einsele-Wili*, Die Vindikationszession (Diss. Zürich 1975) 80 ff. (dort weitere Angaben pro und contra). — Die Frage darf hier unentschieden bleiben, zumal ihre praktische Bedeutung gering wenn nicht gar fehlend ist und insbesondere folgendes gilt: Zur Verpfändung einer Sache kann die Vindikationszession nur insofern führen, als mittels ihrer der

---

[263b] BGE 13, 313; BlZR 15 Nr. 63 S. 111 mit weiteren Zitaten; auch BlZR 12 Nr. 238 S. 376 a. E.

Verpfänder als Zedent dem Pfandgläubiger die Befugnis gibt, sich in den Besitz der Pfandsache zu setzen; das Pfandrecht entsteht erst, wenn der Gläubiger den B e s i t z erlangt (Max *Wolff*, Wesen und Voraussetzung der Zession, Diss. Zürich 1917, 198; *Jäggi* Art. 967 N 83). — Hievon ist verschieden die Verpfändung des vindikatorischen Anspruchs als eines R e c h t s : sie erfolgt gemäß Art. 899/900 (hinten Komm. Art. 899 N 69).

7. Ungenügend: alleinige Einräumung der Besitzlage (Art. 922 II)

267 Hinsichtlich der Übertragung des Besitzes a n s i c h oder zwecks E i g e n - t u m s übertragung (Art. 714 I) wird gestützt auf Art. 922 II angenommen, die Verschaffung des Besitzes könne auch ohne äußeren, räumlichen Vorgang vollzogen werden, also allein mittels Vertrags. Es reicht hier aus, daß man dem Erwerber die sog. B e s i t z l a g e verschafft, was bedeutet, daß er sich «mit Willen des bisherigen Besitzers in der Lage befindet, die Gewalt über die Sache auszuüben». Statt eine effektive Besitz e r g r e i f u n g zu verlangen, begnügt sich das Gesetz mit deren M ö g l i c h k e i t. Gleichgültig, wie weit man damit im einzelnen gehen will[a] und wie man die Funktion des Al. II/Art. 922 im allgemeinen sieht[b], so steht fest, daß eine solche nicht erkennbare und dem Gläubiger keine Sicherheit bietende Besitzübertragung für die V e r p f ä n d u n g k e i n e s f a l l s ausreicht. Durch Vertrag allein läßt sich — abgesehen von der brevi manu traditio und der Besitzanweisung — kein Pfandbesitz begründen; deshalb genügen auch bloße Markierungen wie Pfandzeichen nicht. Vielmehr ist die Ausscheidung der Sachen aus der ausschließlichen Gewalt des Verpfänders und die Errichtung des effektiven Gewahrsams des Gläubigers erforderlich: vorstehend N 190, 202 ff. Zustimmend *Stark* Art. 922 N 41; *Hinderling* 432 und ZSR 89 I 162.

Kasuistik

268 Beispiele für f e h l e n d e Ü b e r t r a g u n g zu Pfandbesitz:

— Holz, auf dem Lagerplatz des Verpfänders liegend, soll der Frau des Geschäftsführers des Verpfänders verpfändet werden. Es erfolgt keine Übertragungshandlung zugunsten der Gläubigerin oder ihres Ehemannes als ihres Vertreters. Vielmehr entnimmt der Verpfänder wiederholt dem Vorrat einzelne Partien (BGE 12, 644). — Wo, wie hier, ein Angestellter des Verpfänders als Vertreter des G l ä u b i g e r s auftritt, kann die Verpfändung schon daran scheitern, daß die letztere Funktion mit derjenigen des gleichen Angestellten als eines Besitzvertreters (besonders Besitzdieners) des V e r p f ä n d e r s kollidiert (vorstehend N 219/220). Das Entsprechende gilt gemäß den Ausführungen in N 215 im folgenden Fall:

[267a] vgl. etwa BlZR 38 Nr. 118 S. 272/273.
[267b] entgegengesetzte Auffassungen *Homberger* Art. 922 N 10 nebst anderen Autoren und *Oftinger* (zit. N 178) 32, 35 ff. — Eingehend *Stark* Art. 922 N 31 ff.

— Das Inventar einer Kuranstalt ist deren Direktor verpfändet, wird aber nicht getrennt oder **269** gar abgeschlossen gehalten, sondern wie bisher im Betrieb verwendet; die Verpfändung der Sachen will man durch aufgeklebte Zettel erreichen. Der Gläubiger ist hier nach wie vor der Besitzvertreter des V e r p f ä n d e r s (BGE 17, 681, 689/690; vorstehend N 203).

— Holz, das teils auf einem allgemein zugänglichen, nicht eingezäunten Platz, teils daselbst **270** in einem offenen Schuppen lagert, soll verpfändet werden. Platz und Schuppen gehören dem Verpfänder und liegen vor seiner Fabrik. Er hat sie ad hoc dem Gläubiger vermietet, benützt sie aber weiterhin. Die zur Verpfändung erforderliche «Änderung des physischen Gewahrsams» fehlt hier völlig, obwohl der Gläubiger behauptet, den Bestand des Lagers täglich genau überwacht zu haben (BGE 27 II 555, 557; vorstehend N 202). — Selbst wenn die, in Wirklichkeit ebenfalls mangelnde, Spezifikation des Holzes erfolgt wäre (vorstehend N 190), so würde es am Pfandbesitz fehlen; desgleichen, wenn das auf dem Platz des Verpfänders gesondert gelagerte Holz mit Pfandzeichen versehen worden wäre [a] (vorstehend N 203, 267). — Beigefügt sei, daß es nicht genügt, Holz und ähnliche Waren auf dem Lagerplatz des V e r p f ä n d e r s einzuzäunen und den Schlüssel dem Gläubiger zu übergeben; die Pfandsachen wären für den Verpfänder zu leicht erreichbar, so daß ein ausreichender Gewahrsam des Gläubigers nicht entsteht (vorstehend N 236/237). Dagegen genügt die Lagerung der Pfandsachen im Bereich des G l ä u b i g e r s (oder im Bereich eines für ihn den Besitz ausübenden Dritten), also z. B. auf s e i n e m Lagerplatz, und zwar o h n e Abschluß (vorstehend N 206).

— Als Indiz für das Fehlen des Pfandbesitzes an Holz, das auf einem angeblich durch den **271** Gläubiger gemieteten Platz gelagert wird oder für das wenigstens die Lagerung auf seinen Namen erfolgt, gilt, daß die Ware beim Bahntransport zum Lagerort nicht an die Adresse des Gläubigers gesandt wurde (BGE 48 III 168 bezüglich des Retentionsrechts).

— Vgl. ferner BGE 44 II 402/403 (gelagertes Holz), BlZR 18 Nr. 155 S. 299 (Balken) und **272** BlZR 12 Nr. 273 S. 374/375 (Kies): die in diesen Entscheidungen für den E i g e n t u m s erwerb getroffenen Feststellungen des Ungenügens der jeweiligen Übertragung gelten um so mehr für die V e r p f ä n d u n g.

d) Ungenügen des Besitzeskonstituts, besonders des mit der Sicherungsübereignung verbundenen (Al. III/Art. 884; Art. 717; Al. I/Art. 924)

Lit.: Fritz *Hirzel,* Das constitutum possessorium (Diss. Zürich 1893), bes. 117 ff. — *Aeby,* **273** L'acte fiduciaire, ZSR 31, 178 ff. — Jakob *Vetsch,* Die Umgehung des Gesetzes (Diss. Zürich 1917) 49 ff. — *Haffter* 137 ff. — *Karl *Helbling,* Die Lehre von der sog. Gesetzesumgehung... (Diss. Freiburg 1929) 13 ff., 92 ff. — Joseph *Enderle,* Das Besitzeskonstitut nach Art. 717... (Diss. Basel 1941 MaschSchr) bes. 96 ff. — *à Wengen,* ZGB Art. 717, SJZ 39, 89 ff. — Die Kommentare zu ZGB 717 und 924 sowie OR 18 (betr. die Simulation), so *Haab* Art. 717 bes. N 60 ff., von *Scherrer — Stark* Art. 924 N 44 ff., bes. N 73 ff.

Kurze Bemerkungen bei *Oftinger* (zit. N 178) 74 ff. — *Siegwart,* Die zweckwidrige Verwendung von Rechtsinstituten (Freiburg 1936) 18 — Denis *Maday,* Die sog. Gesetzesumgehung... (Diss. Bern 1941) 86/87 — *Kaderli* 71 f. — Hansjakob *Schmid* (zit. N 178) 68 ff.

[270a] Das ist ein in der Literatur häufig erwähnter Fall.

1. Grundsätze

274 Gemäß Art. 924 I (aOR 202) kann der Besitz a n s i c h, und vor allem im Hinblick auf den E i g e n t u m s erwerb (Art. 714 I), durch B e s i t z e s - k o n s t i t u t erworben werden (constitutum possessorium, Konstitut, Besitzauftrag; BGE 35 II 48/49; BlZR 38 Nr. 113 S. 273/274; 75 Nr. 20 S. 66/67). Die Sache verbleibt «auf Grund eines besonderen Rechtsverhältnisses» b e i m V e r ä u ß e r e r; dieser hat sie mithin nach wie vor in seiner Gewalt, aber nunmehr als Vertreter und Besitzmittler des Erwerbers, z. B. als Aufbewahrer eines Gegenstandes, den der neue Eigentümer von ihm erworben, jedoch noch nicht bezogen hat. Der bisherige selbständige Besitzer wird zum unselbständigen im Verhältnis zum Erwerber, auf den der selbständige Besitz übergegangen ist. Dieser Tatbestand ist die genaue Negation des Traditionsprinzips und vor allem des Faustpfandprinzips (vorstehend N 179). Schon aus Art. 884 I ist deshalb abzuleiten, daß das K o n s t i t u t z u r V e r p f ä n d u n g u n t a u g l i c h ist: BGE 19, 896; 31 II 441; BlZR 22 Nr. 17 S. 39; SJZ 19, 14 Nr. 4 a. E.; 42, 57. Al. III/Art. 884 unterstreicht diese Folgerung mit der Vorschrift, das Pfandrecht sei «nicht begründet, solange der Verpfänder die ausschließliche Gewalt über die Sache behält» (BGE 55 II 301). Darin liegt das sog. V e r b o t d e r M o b i l i a r h y p o t h e k (N 34 des Syst. Teils[a]; über die Rechtsfolgen vorstehend N 189).

275 Das Gesetz will aber nicht nur die e i g e n t l i c h e V e r p f ä n d u n g ohne Besitzübertragung für die Regel ausschließen, sondern auch den A u s - w e g, deren wirtschaftlichen Erfolg in der Weise zu erreichen, daß der Verpfänder dem Pfandgläubiger die Sache formell zu Eigentum überträgt, dann aber gestützt auf Art. 924 I in der Gewalt behält, was bedeutet, daß er eine S i c h e - r u n g s ü b e r e i g n u n g v e r b u n d e n m i t e i n e m K o n s t i t u t vornimmt, um das Faustpfandprinzip zu umgehen. Zu diesem Vorgehen greifen die Parteien namentlich dann, wenn die Pfandgegenstände für den Verpfänder unentbehrlich sind (SJZ 14, 131; 55, 194). Die Sicherungsübereignung anstelle der Verpfändung ist z u l ä s s i g, wenn die Ü b e r g a b e der Sache erfolgt (N 234 ff. des Syst. Teils); u n z u l ä s s i g — dies im Sinne des folgenden — ist sie aber kraft der besonderen Vorschrift von Art. 717, wo sie sich mit einem Konstitut verknüpft: «Bleibt die Sache infolge eines besonderen Rechtsverhältnisses beim Veräußerer, so ist der Eigentumsübergang Dritten gegenüber unwirksam, wenn damit ... eine U m g e h u n g d e r B e s t i m m u n g e n ü b e r d a s F a u s t p f a n d beabsichtigt worden ist.»

274a Eine besonders geartete Verletzung dieses Verbots wird in dem zum voraus erklärten V e r z i c h t auf die K o m p e t e n z q u a l i t ä t (Unpfändbarkeit) von Sachen im Sinn von SchKG 92 gesehen; der Verzicht ist deshalb «unwirksam» (BGE 55 III 120/121).

Dem a O R fehlte eine solch kategorische Bestimmung; die maßgebliche **276** Gerichtspraxis ließ deshalb die zwecks Vermeidung des Faustpfandes erfolgende Sicherungsübereignung mit Konstitut grundsätzlich zu. Sie prüfte, wenn Einreden erhoben wurden, vor allem, ob Simulation vorliege. Dabei galt das Geschäft nicht schon deshalb als simuliert, weil es statt der gewöhnlichen Ziele einer Eigentumsübertragung, wie sie z. B. einem Kauf zugrunde liegen, den ungewöhnlichen Zweck der Sicherstellung einer Forderung erstrebte. Das Vorliegen einer Umgehung des Gesetzes (in fraudem legis agere) wurde verneint. Grundlegend BGE 19, 347—348. Das Z G B mit seinem betonten Streben nach Publizität des Pfandrechts hat der geschilderten Rechtsprechung den Boden entzogen: die nicht erkennbaren dinglichen Sicherheiten sollten verschwinden (Botsch 85). Es unterliegt daher keinem Zweifel, daß Art. 717 die Sicherungsübereignung mit Konstitut als Ersatz für das Pfandrecht ein für allemal ausgeschaltet hat. Grundlegend BGE 42 II 24 ff. Daß die Gerichtspraxis seit dem Erlaß des ZGB spärlich ist, zeigt, wie sich der Verkehr mit dieser Sachlage abgefunden hat (N 86 des Syst. Teils). — Einzelheiten und Dokumentation in der vorhergehenden Auflage an gleicher Stelle.

Die a u s l ä n d i s c h e n R e c h t e stellen sich verschieden ein. Im deut- **277** schen Recht ist die Sicherungsübereignung mit Konstitut zugelassen und besitzt größte praktische Bedeutung als Ersatz der Verpfändung; statt vieler *Enneccerus* § 179 f.; *Baur* § 57; *Soergel-Mühl* § 930 N 24, 26 ff.; vorne N 245 des Syst. Teils (dort über weitere Rechte). Das Vermögen des Schuldners vermindert sich hierdurch zum Nachteil anderer Gläubiger, ohne daß sie es erkennen können. Dies sind die bekannten Nachteile der besitzlosen, «okkulten» Pfandrechte (*Drobnig* 35; *Boehmer* 144 f. — beide zit. Syst. Teil N 87, 234). Die gleiche Auffassung wie im deutschen herrscht im englischen Recht, wo hiefür typische Ausgestaltungen bestehen (besonders «bills of sale»), wogegen solches Vorgehen in den romanischen Rechten verpönt erscheint (*Schlegelberger*, Rechtsvergl. Handwörterb. III, Berlin 1931, 380 ff., 388 ff.).

I n t e r n a t i o n a l p r i v a t r e c h t l i c h gilt für die Sicherungsübereignung die lex rei sitae, vorn Syst. Teil N 102, 106. Mithin ist angesichts von ZGB 717 eine nach deutschem Recht in Deutschland mit Besitzeskonstitut gültig begründete Sicherungsübereignung, bei der die Sache auch später im Besitz des Veräußerers (Schuldners) verbleibt, in der Schweiz dritten Gläubigern gegenüber unwirksam, wenn die Sache in die Schweiz gelangt, SJZ 66, 78 = BJM 1969, 251 ff.; dazu *Stoll* (zit. vorn Syst. Teil N 101) N 440, 454 ff. Nachstehende N 292 ist zu beachten. BGE 94 II 297 ff., 303 ff. widerspricht dem nicht. Hier wurde eine nach deutschem Recht in Deutschland mittels Konstituts gültig begründete Sicherungsübereignung anerkannt. Doch hatte der damalige Erwerber, (Gläubiger) die zunächst ohne Besitzübertragung übereigneten Gegenstände nachträglich in Verwahrung genommen, und zwar, bevor sie in die Schweiz

verbracht wurden. Der Kläger, der die Unwirksamkeit der Sicherungsübereignung gemäß ZGB 717, ihm als Drittem gegenüber, behauptete, war überdies
nicht ein dritter G l ä u b i g e r (nachstehend N 292).

278 Der Versuch, den Art. 717 ZGB zu umgehen, indem man eine in der
S c h w e i z getätigte Sicherungsübereignung mit Konstitut ad hoc dem
d e u t s c h e n   R e c h t   u n t e r s t e l l t, ist unbehelflich. Art. 717 fällt unter
die Klausel des ordre public*. BGE 42 III 174/175; N 103 des Syst. Teils;
gl. M. Andrea *Engi*, Die Fahrnisverschreibung ... (Diss. Bern 1929) 132 ff.;
Kaderli 71 N 2; *Scherrer* bei Haab Art. 717 N 95.

279 Art. 717 ist hier soweit zu erörtern, als die zusammenhängende Darstellung
des Faustpfandprinzips erfordert.

*2. Merkmale und Voraussetzungen
der von Art. 717 erfaßten Sicherungsübereignung*

280 Die J u d i k a t u r zu aOR 202/210 weist aufschlußreiche Sachverhalte auf,
die zwar unter dem Gesichtspunkt der Simulation (aOR 16; vorstehend N 276)

---

* Diese bereits in der Vorauflage enthaltene N 278 wäre neben der neugestalteten N 277
und der Verweisung auf Syst. Teil N 101 ff. entbehrlich gewesen und könnte in einer Hinsicht
zu allzu weit gehenden Schlüssen verleiten. Die Präjudizien (BGE 42 III 175 und — unter Verweisung auf diese N 278 — BGE 94 II 304) besagen, ZGB 717 sei «um der öffentlichen Ordnung willen aufgestellt». Soweit damit mehr ausgedrückt werden wollte, als daß die Bestimmung im schweizerischen Recht zwingend sei (sog. ordre public interne), war die Bemerkung
beidemal überflüssig, denn es handelte sich nicht um die ausnahmsweise Durchsetzung des
Rechtsgedankens legis fori aus ZGB 717 gegen das an sich anwendbare ausländische Recht
(sog. ordre public international, d. h. o. p. im Sinne des IPR), wie N 278 glauben machen
könnte. Im älteren Urteil lag die Sache in der Schweiz, also kam die lex rei sitae ZGB 717
direkt in Betracht, obwohl der Kaufvertrag deutschem Recht unterstand; im neueren Urteil
(vgl. N 277) blieb ZGB 717 für so lange irrelevant, als die Sache in Deutschland lag, und bei
Grenzübertritt in die Schweiz war die Besitzlosigkeit längst behoben. Es handelte sich somit
um Anwendungen der Normalregel, daß ein obligationen- und sachenrechtlicher Vereinba-
rungskomplex (Verpfändung, Sicherungsübereignung, Kauf mit Eigentumsvorbehalt) verschiedenen Anknüpfungen folgt und das Sachstatut (lex rei sitae) durch keine Rechtswahl beein-
flußt werden kann (vgl. meine Fußnote zu Syst. Teil N 113). Es ist also nicht nötig, den Re-
gelungsgehalt der lex rei sitae über die Vorbehaltsklausel des ordre public gegen das Vertrags-
statut durchzusetzen. — Wenn dies beachtet wird, gibt es m. E. keinen Fall, in welchem das
Faustpfandprinzip die Vorbehaltsklausel mobilisieren würde. So stark uns auch sein rechts-
politischer Gehalt erscheint, muß er sich nur als Publizität im Lagestaat Schweiz verwirklichen
und desinteressiert sich an Fällen mit ausländischer Lage. Er wäre nicht einmal umgangen,
wenn eine Sicherungsübereignung mit Konstitut dem schweizerischen Recht unterstellt würde,
die Sache aber im Ausland bliebe. Im Gegensatz zu andern materiellen Normen legis fori mit
starkem rechtspolitischem Gehalt, wird das Faustpfandprinzip nie über die Vorbehaltsklausel
quasi «exportiert», wenn (Ausgangssachverhalt für den ordre public) an sich ausländisches
Recht anwendbar ist und die nötige sog. Binnenbeziehung des Falls zum Forumstaat, z. B. Domizil einer Partei — hier nicht aber Lageort der Sache! —, besteht (vgl. BGE 94 II 304). R. B.

beurteilt wurden, heute aber unter ZGB 717 fallen müßten und für die Auslegung dieser Vorschrift verwertbar sind. Sie seien für die anschließenden Ausführungen herangezogen. Diese Urteile sind mit * bezeichnet. Besonders illustrativ sind: BGE 24 II 576*; 29 II 518*; 30 II 550*; 31 II 434*; ZBJV 45, 556*; zu ZGB 717: BGE 39 II 691; 41 III 446 ff.; 42 II 17; 78 II 412 ff.; ZBJV 59, 34.

a) **Abschluß eines Geschäfts zwecks Eigentumsübertragung ohne 281 Besitzübertragung.** — Die Parteien gehen ein Geschäft ein, das bei normalem Ablauf zum E i g e n t u m s e r w e r b des Gläubigers führen müßte; gewöhnlich ist es ein Kauf (sog. Sicherungskauf). Dazu kommt ein weiteres Geschäft, das dem Veräußerer (z. B. dem Darlehensschuldner) mit Einwilligung des Erwerbers (z. B. des Darlehensgläubigers) die B e i b e h a l t u n g d e s B e - s i t z e s erlaubt; hierin liegt das «besondere Rechtsverhältnis» im Sinne von Art. 924 I. Dies führt in der Regel zur Verbindung von Kauf und Miete[a] oder Kauf und Gebrauchsleihe[b]. Der Käufer vermietet die erworbene Sache sofort dem Veräußerer oder leiht sie ihm, so daß sie verbleibt, wo sie ist. Die Parteien werden die Abmachung auf Belassung der Sache beim Veräußerer nicht immer näher spezifizieren (z. B. SJZ 33, 379); dann kann sogar fraglich erscheinen, ob nicht wegen Fehlens eines «besonderen Rechtsverhältnisses» im Sinne des Art. 924 I, das den Verbleib der Sache beim Veräußerer motivieren sollte, überhaupt kein Konstitut besteht und deshalb schon gar kein Eigentumsübergang erfolgt ist (BlZR 12 Nr. 237 S. 375). — Statt daß ausdrücklich ein Kauf vorgesehen wird, mag ohne nähere Kennzeichnung einfach der Eigentumsübergang vereinbart sein. — Das Geschäft wird in allen diesen Fällen in der Meinung geschlossen, bei Zahlung der mit der Eigentumsübertragung gesicherten Schuld des Veräußerers falle das Eigentum an diesen zurück; häufig ist sogar ausdrücklich der Rückkauf vorgesehen: z. B. BGE 30 II 552, 556*; 39 II 693 a. E.; 78 II 208, 413; SJZ 19, 13; Semjud 1920, 134.

Auch der E i g e n t u m s v o r b e h a l t dient als Umgehungsgeschäft; doch 282 liegt dies außerhalb des Bereichs des Art. 717 (N 175 ff. des Syst. Teils).

β) **Sicherungszweck statt Güteraustausch.** — Die entscheidende Vor- 283 aussetzung für die Unterstellung eines Geschäfts unter Art. 717 liegt in dessen w i r t s c h a f t l i c h e m Z w e c k : daß die S i c h e r u n g e i n e r S c h u l d , die aus irgendeiner Kreditierung stammen kann, beabsichtigt ist, und nicht ein Güteraustausch, wie er einer normalen Eigentumsübertragung und einem normalen Kauf entsprechen würde: BGE 39 II 693; 42 II 25/26; 78 II 212 ff. (im Ergebnis nicht überzeugend); 80 II 80; ZBJV 59, 35; 72, 655; SJZ

[281a] BGE 24 II 577*; 29 II 519*; 30 II 552*; 31 II 434/435, 438/439*; 42 II 26; 78 II 212; 88 II 80; BlZR 15 Nr. 7 S. 6; ZBJV 45, 557*; 59, 34/35; SJZ 14, 131.
[281b] BGE 39 II 692; 78 II 412 ff.; ZBJV 72, 653/654; SJZ 55, 193 f.

19, 13; 33, 379; 55, 194; vgl. auch BGE 41 III 446 und BlZR 12 Nr. 237 S. 375.
— Diese Zwecksetzung ist anhand der Umstände des einzelnen Falles zu prüfen.
Dabei ist maßgebend, ob die getroffenen Vereinbarungen, der ganze Sachverhalt,
so geartet sind, daß die Rolle des Veräußerers materiell als diejenige eines Verpfänders erscheint, die Rolle des Erwerbers als diejenige eines Pfandgläubigers.
Dann hat man in Wirklichkeit nicht die Übertragung der vollen Sachherrschaft
des Eigentümers vor sich, sondern die Einräumung der viel beschränkteren,
anders gearteten Stellung, die das Pfandrecht verschafft (freilich unter Ausschluß des Besitzes).

Aus der Judikatur lassen sich folgende, als Beispiele zu verstehende A n -
h a l t s p u n k t e für das Vorliegen des Sicherungszweckes gewinnen (N 284—
287):

284 Wo überhaupt von einem Kaufpreis die Rede ist, stellt er nicht wirklich den
Gegenwert für eine Ware gemäß OR 184 dar, sondern den Betrag der vorher
oder gleichzeitig erfolgten Kreditierung, z. B. eines Darlehens[a] oder eines Guthabens aus früherem Geschäftsverkehr[b]. Dabei wird gegebenenfalls die Preis-
forderung mit der Schuld des Veräußerers verrechnet. Es ist beachtlich, wenn
der Veräußerer selber die Zahlung als «Vorschuß» bucht (BGE 30 II 558*;
Semjud 1920, 130). Der Preis entspricht häufig dem Wert der Sache keineswegs,
ist vielmehr viel zu niedrig[c] oder auch zu hoch[d]. Es kann für den Darlehens-
charakter des Geschäfts sprechen, wenn der Erwerber den Liquidationswert der
Waren schätzen läßt und seinen Kredit danach bemißt (ZBJV 59, 36).

285 Besonders auffällig ist die Vereinbarung des Rechts zum Rückkauf, d. h. daß
der Veräußerer die Sache gegen Zahlung des Kreditbetrags zurückerhalten soll[a].
Hier zeigt sich deutlich die bloße Sicherungsfunktion der Übereignung, was
noch unterstrichen wird, wenn der Erwerber vertraglich die Befugnis erhalten
hat — parallel zu Art. 891 I — den Gegenstand zu verwerten, sogar mittels
einer Versteigerung (BlZR 15 Nr. 7 S. 6/7 = SJZ 13, 161). Weitere Momente
nennt hypothetisch für die Kombination von Kauf samt vorgesehenem Rückkauf
mit Miete BGE 78 II 212 ff. (wiederholt 88 II 80): so vorab die zeitliche Übereinstimmung von Miete und Recht auf Rückkauf.

286 Die in Aussicht genommene Rückgabe (aber auch die eventuelle Weiter-

---

[284a] BGE 24 II 580*; 29 II 523/524*; 30 II 556*; 39 II 693; ZBJV 59, 35/36; 72, 655; SJZ
19, 13; 33, 378. — Dieses Moment eliminiert BGE 78 II 212, 214/15.
[284b] BGE 31 II 436*; 42 II 18, 26; BlZR 12 Nr. 237 S. 373/374; ZBJV 45, 558*: Deckung
für das Risiko des Bürgens.
[284c] BGE 24 II 581*; 30 II 558*; 31 II 438*; 36 II 8*; Semjud 1920, 131.
[284d] BlZR 15 Nr. 7 S. 6 = SJZ 13, 161: der Veräußerer ist deshalb zur Nachzahlung im
Fall des Mindererlöses der Sache verpflichtet.
[285a] BGE 30 II 556*; 31 II 439*; 39 II 693 a. E.; 78 II 413; BlZR 15 Nr. 7 S. 6/7; SJZ 19,
13; Semjud 1920, 134 ff. — Dieses Moment eliminiert BGE 78 II 208, 212 ff.

veräußerung) zeigt das fehlende Interesse des Erwerbers an der für das Eigentum typischen Innehabung der Sache (BGE 31 II 439*). Wenn vielmehr dieses Interesse nach wie vor auf seiten des Veräußerers eindeutig besteht, so daß er den Besitz allein für sich selber ausübt, statt gemäß Art. 924 I für den Erwerber, hat man ein weiteres Indiz vor sich. Der letztere Sachverhalt trifft z. B. zu, wo der Veräußerer die Sachen gar nicht entbehren kann[a], für ihren Unterhalt und die Versicherung sorgt[b], wenn er entgegen OR 185 die Gefahr trägt[c] und deshalb untergegangene oder beschädigte Sachen unabhängig vom Verschulden ersetzen oder reparieren muß[d]. Das gleiche gilt, falls der Veräußerer die Versicherungsleistung bezieht (BGE 31 II 439*) oder endlich sich sogar zur Wehr setzt, wenn der Erwerber die Sache an sich nehmen will (BGE 31 II 400*). Die Sachlage kann es auch von vornherein ausschließen, daß der Erwerber die Gegenstände je an sich ziehen wird, namentlich, wenn sie für ihn unbrauchbar sind, ihm nichts daran liegt[e]. Das einzige Interesse des Erwerbers ist in solchen Fällen das an der Sicherstellung. Ein allfällig vereinbarter Mietzins wird dann auch fiktiv gemeint sein[f].

Den unwirklichen Charakter des Geschäfts zeigt ferner der Umstand, daß in **287** Höhe der angeblich den Kaufpreis darstellenden Beträge — d. h. richtigerweise für ihre Rückzahlung — Wechsel unterzeichnet werden[a]. Es ist verdächtig, verbrauchbare Sachen zum Gegenstand eines Kaufs mit gleichzeitiger Vermietung an den Veräußerer zu machen (ZBJV 45, 557*). Ein allgemeines Indiz ist der dringende Finanzbedarf, die schlechte Lage des Veräußerers, seine Unfähigkeit, andere Sicherheiten zu leisten[b].

γ) **Umgehungsabsicht.** — Ein Geschäft wird von Art. 717 erfaßt, wenn **288** die Parteien beabsichtigen, damit das F a u s t p f a n d p r i n z i p zu u m - g e h e n («éluder les règles concernant le gage mobilier», laut französischem Gesetzestext). Die Umgehungsabsicht liegt ipso facto vor, wenn ein Sicherungsgeschäft mit einem Konstitut verbunden wird; denn dieses Geschäft wird eben vom Willen veranlaßt, die Wirkung der Verpfändung zu erreichen, ohne daß der

286a BGE 24 II 581*; 29 II 523*; 30 II 557*; 42 II 26; ZBJV 45, 557*; 59, 36; 72, 655; SJZ 55, 194.

286b BGE 29 II 525*; 30 II 558*; 31 II 439*; 37 II 320*; ZBJV 59, 36; SJZ 33, 379.

286c BGE 30 II 557*; 42 II 26/27; ZBJV 45, 557*.

286d BGE 30 II 552, 557/558*; 31 II 437*; ZBJV 59, 36.

286e BGE 42 II 26; 78 II 212; SJZ 33, 379; 55, 194; ZBJV 45, 557*; 59, 36; BGE 30 II 551/552, 556*: Erwerb von Vieh, landwirtschaftlichem und gewerblichem Betriebsmaterial durch einen Arzt; BGE 39 II 693: Der Erwerber überläßt den gekauften Hausrat der Familie des Veräußerers.

286f BGE 24 II 583*; 29 II 523, 525*.

287a BGE 29 II 524*; 31 II 437*; 37 II 321*; SJZ 19, 13.

287b Dazu BGE 30 II 557*; 42 II 26; ZBJV 45, 557*; 59, 36; 72, 653/654; SJZ 14, 131.

Verpfänder den Besitz aufgibt. Hierin liegt das in Art. 717 enthaltene subjektive Moment. Die Rechtslage braucht den Parteien nicht in ihrer technischen Bedeutung klar zu sein. Gleich im Ergebnis BGE 42 II 25/26; ZBJV 72, 655; SJZ 33, 379; 55, 194; *von Tuhr/Peter* § 31 N 43; *Leemann* Art. 717 N 26; *Scherrer* bei *Haab* Art. 717 N 61; *Stark* Art. 924 N 77 a; *à Wengen* 92; *Helbling* 93; *Enderle* 114 (an diesen Stellen ist freilich z. T. — wenigstens der Ausdrucksweise nach, aber ungenau — von einem «objektiven Gesichtspunkt» die Rede); vgl. ferner SJZ 14, 131. Das Gericht mag auf die Umgehungsabsicht aus den Umständen schließen, BGE 78 II 211; Näheres 88 II 78 f.

289   Bei Würdigung der Ausführungen N 283—288 ist zu beachten, daß der S i c h e r u n g s z w e c k und die Absicht, das F a u s t p f a n d z u v e r - m e i d e n,   a l l e i n   nicht genügen, um das Geschäft als unzulässig zu beurteilen. Auch die Sicherungsübereignung m i t Übergabe der Sache weist diese beiden Merkmale auf. Beachtlich sind sie nur bei der Sicherungsübereignung o h n e Übergabe, also in Verbindung mit dem Konstitut; nur hier greift Art. 717 ein.

3. Rechtsfolgen

290   Sie sind e x t e r n und i n t e r n v e r s c h i e d e n.

291   *a) Extern.* — Der mittels Konstituts erstrebte Eigentumsübergang ist gemäß Art. 717 I «D r i t t e n   g e g e n ü b e r   u n w i r k s a m». D. h.: für Dritte gilt das Eigentum als nicht übergangen — folglich als noch beim Veräußerer (= «Verpfänder») befindlich — so daß sie in der Zwangsvollstreckung darauf greifen können (BGE 70 II 204). Dies wirkt sich insbesondere bei Konkurs oder Pfändung auf seiten des Veräußerers, und zwar dahin aus, daß der Erwerber weder die Aussonderung nach SchKG 242 verlangen noch mit der Widerspruchsklage gemäß SchKG 106 ff. durchdringen kann (ZBJV 72, 654; SJZ 14, 131; Semjud 1920, 135 u. a. m.). Damit fällt die vom Erwerber (= Gläubiger) angestrebte dingliche Sicherung im entscheidenden Augenblick dahin. — Einzelheiten über die Geltendmachung der Unwirksamkeit *Scherrer* bei *Haab* Art. 717 N 69 ff.

292   D r i t t e r im Sinne der Vorschrift ist nicht jeder am Geschäft Unbeteiligte, sondern nur ein Gläubiger des Veräußerers, der als solcher ein Interesse daran hat, daß der Gegenstand als im Eigentum des Veräußerers verblieben betrachtet wird (illustrativ SJZ 33, 379; gl. M. *Wieland* Art. 717 N 4 c; *Scherrer* a.a.O. N 69; *von Tuhr/Peter* § 25 IV; *Stark* Art. 924 N 75; *Enderle* 80, 116/117). Denn Art. 717 dient der Wahrung des Faustpfandprinzips und dieses dient vor allem dem Schutz der späteren Kreditgeber des Verpfänders, deren Vertrauen darin, daß die im Besitz des Verpfänders befindlichen Sachen ihrem Zugriff offen stehen, geschützt werden soll (vorstehend N 198). Ihre Benachteiligung

durch das Konstitut soll vermieden werden, wie schon aOR 202 II auf anderem
Boden vorsah. Nur der gutgläubige Dritte ist geschützt. — Hiezu noch vorstehend N 277 und BGE 94 II 304.

β) **Intern.** — Art. 717 dekretiert k e i n e N i c h t i g k e i t, schließt **293**
also nicht aus, daß der Eigentumsübergang u n t e r d e n P a r t e i e n
«w i r k s a m» ist. Folglich kommt trotz Konstituts ein Eigentumserwerb zustande (Art. 714 I, 924 I; BGE 70 II 204; 78 II 415; 94 II 304; BJM 1955, 69;
SJZ 19, 13 Ziff. 1; 33, 379). Die Parteien bleiben gebunden. Eine Klage des
Erwerbers gegen den Veräußerer auf Herausgabe der Sache wird deshalb durchdringen (BGE 78 II 418), es sei denn, die Auslieferung der Sache wäre in dem
zwischen den Parteien bestehenden Vertrag schlechthin ausgeschlossen oder die
Klage falle in den Bereich der Zwangsvollstreckung (vorstehend N 291). —
Über die Auswirkung eines Nachlaßvertrags BGE 78 II 417 f.

Ist ein Geschäft gemäß Art. 717 unter den Parteien wirksam, so bleibt noch **294**
die Frage offen, ob es nicht von vornherein wegen S i m u l a t i o n nichtig sei
(OR 18; BGE 78 II 415; SJZ 19, 13/14). Dabei ist die N 248 des Syst. Teils
und vorstehend N 276 erwähnte Praxis zu berücksichtigen, daß Simulation nicht
bereits darin liegt, für die Sicherstellung einer Forderung statt der Verpfändung
zur Sicherungsübereignung zu greifen; maßgeblich ist vielmehr, ob ein ernst-
licher, auf Eigentumsübertragung gerichteter Wille feststellbar ist. Dies ist
anhand der näheren Umstände des Falles zu beurteilen. Die N 283—287 aufgezählten Gesichtspunkte sind analog verwendbar. Das simulierte, auf Eigentumsübertragung gehende Geschäft ist gemäß OR 18 nichtig, also unter den
Parteien wirkungslos. Das dahinterstehende, dissimulierte Geschäft — die Verpfändung — ist mangels Besitzübertragung gemäß Art. 884 III ungültig; ein
Pfandrecht besteht nicht (SJZ 19, 14 Ziff. 4).

4. Richterliches Ermessen

Gemäß Art. 717 II beurteilt der Richter das Vorliegen einer Umgehung der **295**
Vorschriften über das Faustpfand «nach seinem Ermessen». Dies hat vor allem
die Bedeutung, daß er differenzierend den U m s t ä n d e n des Falles Rech-
nung tragen soll (BGE 78 II 211; 88 II 78, 80/81). Der strikte Charakter des
Faustpfandprinzips und die zahlreichen, von Judikatur und Doktrin gelieferten
Anhaltspunkte zu Art. 717 I engen freilich den Spielraum der richterlichen
Rechtsschöpfung ein. Vgl. im übrigen die Literatur zu ZGB Art. 4.

5. Simulation — Gesetzesumgehung

Erweist sich eine Eigentumsübertragung nach Art. 717 als unwirksam, so **296**
erübrigt sich die Prüfung, ob S i m u l a t i o n vorliegt. Die Eigentümlichkeit

der Vorschrift liegt gerade darin, daß Simulation nicht erforderlich ist, damit ein Geschäft zu Fall kommt: BGE 42 II 25 a. E.; ZBJV 59; 35; 72, 654; *Leemann* Art. 717 N 6—8 stellt statt dessen unzutreffenderweise die Simulation in den Vordergrund. Die Gerichte untersuchen denn auch gewöhnlich von vornherein nur, ob die Voraussetzungen des Art. 717 I gegeben sind; so ausdrücklich BlZR 12 Nr. 237 S. 375; 15 Nr. 7 S. 6; anders BGE 41 III 446/447; 78 II 210 Erw. 1; Semjud 1920, 134. Demgegenüber prüfte die Praxis zum aOR, wo eine die Umgehung des Faustpfandprinzips ausdrücklich treffende Vorschrift fehlte (vgl. aOR 202), die Gültigkeit des Geschäfts angebrachtermaßen unter dem Gesichtspunkt der Simulation (vorstehend N 276). Dies wäre nach heutigem Recht zwar ebenfalls zulässig, ist aber u n n ö t i g [a]. Dagegen ist das Aufrollen der Simulationsfrage dort sinnvoll, wo die Gültigkeit der Eigentumsübertragung u n t e r   d e n   P a r t e i e n   zur Diskussion steht (vorstehend N 294).

297   Auch die — unter der Herrschaft des aOR von der Bundesgerichtspraxis vernachlässigte — Frage der G e s e t z e s u m g e h u n g (in fraudem legis agere) im allgemeinen Sinn ist heute gegenstandslos, weil die Sondernorm Art. 717 die Lösung auf anderem Boden trifft: mittels der Unterscheidung von externer Unwirksamkeit und interner Wirksamkeit des Geschäfts [a]. Für das interne Verhältnis gilt insbesondere: Eine gemäß Art. 717 unter den Parteien wirksame, nicht simulierte Eigentumsübertragung darf man nicht als Gesetzesumgehung bezeichnen. Denn wenn das Gesetz in Art. 717 zu verstehen gibt, daß unter den Parteien die Sicherungsübereignung mit Konstitut zulässig ist, kann sie nicht eine verpönte Gesetzesumgehung darstellen (BGE 56 II 451). Die Frage, ob eine simulierte Eigentumsübertragung d a z u noch eine Gesetzesumgehung darstelle (so SJZ 19, 14 Ziff. 4), erübrigt sich, weil sowohl nach den Regeln über die Simulation wie gemäß denen über die Gesetzesumgehung das Geschäft nach der von den Parteien ausgeschalteten Vorschrift Art. 884 III zu beurteilen ist: eine genügende Verpfändung fehlt.

6. Benachteiligung Dritter

298   Art. 717 erklärt eine Eigentumsübertragung auch dann für unwirksam Dritten gegenüber, wenn deren Benachteiligung beabsichtigt worden ist. Dieser Tatbestand kann sich im Einzelfall mit demjenigen der Umgehung der Bestimmungen über das Faustpfand kreuzen (z. B. ZBJV 72, 655/656; vgl. auch BGE 39 II 692/693; SJZ 14, 131). Für die Frage der Benachteiligung sei im übrigen auf Kommentare zu Art. 717 verwiesen.

[296a] Das dissimulierte Geschäft, die Verpfändung, wäre dann nach Art. 884 III zu beurteilen: ein Pfandrecht besteht nicht (BGE 41 III 448).

[297a] Hinsichtlich des f r ü h e r e n Rechts BGE 19, 348 und 593/594; 20, 1086; 30 II 554; *Hirzel* 117 ff.; *Vetsch* 60 ff.; *Enderle* 104 ff.

E. Gültiger Rechtsgrund

Die Verpfändung — oder genauer: die Übertragung des Besitzes **299** zwecks Verpfändung — ist kausal gestaltet. Zu den Voraussetzungen der Verpfändung gehört somit das Vorhandensein eines gültigen Rechtsgrundes (causa). Rechtsgrund oder Kausalgeschäft ist der Pfandvertrag. Die Frage ist des näheren vorstehend N 110 ff. behandelt.

F. Frage des dinglichen Vertrags

Das Problem, ob die Begründung oder Übertragung eines dinglichen Rechts **300** neben der im Kausalgeschäft liegenden Einigung noch eine weitere, als dinglicher Vertrag bezeichnete Einigung der Parteien erfordere, findet sich in der Literatur vorwiegend für die Eigentumsübertragung erörtert. Die Frage stellt sich zwar auch für die Verpfändung, fällt aber hier wenig auf und wird von den Autoren deshalb entweder übergangen oder nur gestreift; eine schweizerische Gerichtspraxis besteht nicht. Es ist angezeigt, die Lösung vorweg für die Eigentumsübertragung zu treffen, wo sie ihre Hauptbedeutung besitzt; dies in der Meinung, daß die sich hier durchsetzende Auffassung auch für das Fahrnispfandrecht maßgeblich sein soll. Deshalb sei ohne eigene Stellungnahme auf die Bemerkung von *Haab* Art. 714 N 34 und die eingehende Darstellung von *Simonius* dort N 35 ff. verwiesen, sowie auf die von ihnen zitierte Literatur, namentlich Martin *Howald*, Der dingliche Vertrag (Diss. Zürich 1946) und *Brandt*, Eigentumserwerb und Austauschgeschäft (Leipzig 1940) 155 ff. Die drei zuletzt genannten Autoren lehnen die Figur des dinglichen Vertrags ab: *Simonius* bes. N 36 S. 658/659, N 40, 43; *Howald* bes. 55 ff., 99, 132; *Brandt* a.a.O.; desgleichen *Scherrer* bei *Haab* Art. 717 N 44; *Blaß* (zit. vorn Syst.Teil N 234) 121; *Fitting*, ZSR 75, 360. Kein selbständiges Rechtsgeschäft ist der dingliche Vertrag nach *Liver* 319*. Bedenken bezüglich

---

* Da diese Zitierung *Livers* wie überhaupt die N 300 den täuschenden Eindruck großer Kontroversen erwecken könnte, sei erläutert: Daß die Tradition eine Einigung darüber erfordert, es werde die Sache übergeben in Erfüllung des Grundgeschäftes, dass die Tradition also ein zweiseitiges Rechtsgeschäft = Vertrag mit integriertem Realakt der Übergabe sei, ist der Sache nach nicht mehr bestritten (*Oftinger* vorne N 182; *Liver* 318 ff.; *Hinderling* 429, obwohl er die Willenseinigung Realakt mit «natürlichem Willen», nicht Vertrag nennt, jedoch wie *Liver* Handlungsfähigkeit verlangt). Der dingliche Vertrag wird somit nicht der Sache nach abgelehnt — nur als drittes Erfordernis neben Grundgeschäft und Tradition —, sondern zum Bestandteil der Tradition erklärt. Im übrigen ist anerkannt, daß die Willenseinigung meist nicht separat in Erscheinung tritt, vielmehr von der Verpflichtung auf den Sinn als Erfüllung geschlossen werden darf, wenn nichts dagegen spricht (*Liver* 319, aber auch *Soergel/Mühl*

der überwiegend vertretenen Ablehnung hat *Neumeyer*, SJZ 66, 353. Differenziert urteilen *Hinderling* § 80 II sowie ZSR 89 I 160 ff. und *Stark* Art. 922 N 16 (mit Zitaten), 923 N 9. Mit der ablehnenden Auffassung deckt sich sachlich jene von *Wieland* Art. 884 N 3 Ziff. 1, der den dinglichen Vertrag zwar erwähnt, aber als Bestandteil des Pfandvertrags ansieht. A. M., ohne Begründung, ist *Leemann* Art. 884 N 36, im Einklang mit der herrschenden Ansicht im deutschen Recht, wo sowohl für die Eigentumsübertragung (BGB § 929) wie für die Verpfändung (§ 1205 I) ein dinglicher Vertrag — die «dingliche Einigung» — verlangt wird: *Planck* § 1205 S. 1414/15, 1417/18; *Staudinger* § 929 N 21, Einleitung zu Bd. III 1 N 21, § 1205 N 2; *Enneccerus* § 163 I 1.

301   Wer den dinglichen Vertrag bejaht, darf ihn zwar nicht mit dem P f a n d - v e r t r a g verwechseln, wie in der Literatur gelegentlich geschehen (vorstehend N 90), hat aber zu bedenken, daß die «dingliche Einigung» über die Verschaffung des Pfandrechts sich f a k t i s c h regelmäßig im Pfandvertrag finden wird (entsprechend der Lage bei der Eigentumsübertragung, BGE 28 II 76/77; 43 II 622; *Simonius* a.a.O. N 35). Dies nähert die beiden Auffassungen — Bejahung oder Verneinung des dinglichen Vertrags — einander so stark, daß im praktischen Bereich ein Unterschied kaum besteht und erklärt auch, weshalb die Frage des dinglichen Vertrags beim Pfandrecht die Judikatur überhaupt nicht beschäftigt hat.

302   Über die im Pfandvertrag z u m   v o r a u s   e r t e i l t e   Z u s t i m m u n g d e s   V e r p f ä n d e r s zur Inbesitznahme von Sachen zu Pfand vorstehend N 183.

G. Verfügungsbefugnis (Verfügungsmacht)

303   Lit.: *von Tuhr/Peter* § 28 — *Haab*, Einleitung vor Art. 641 N 35 und Art. 714 N 45 ff., 69, 70, von *Simonius* — Willy *Koenig*, Abtretung und Verpfändung von Personen-Versicherungsansprüchen ... (Diss. Bern 1924) 125 ff.

von Tuhr, Der Allgemeine Teil des Deutschen Bürgerl. Rechts II 1 (München/Berlin 1914) § 60 — *Enneccerus/Nipperdey*, Lehrbuch des Bürgerl. Rechts I 2 (15. A. Tübingen 1960) § 144.

§ 329 N 10 ff., obwohl am dinglichen Vertrag festgehalten wird). Nur in komplexen Verhältnissen unter den selben Parteien oder wenn sich am gleichen Ort mehrere mögliche Empfänger befinden, kann die Zweifelsfrage auftauchen, welches der Sinn des bewirkten Realakts sei. Ferner vermag die überhaupt nicht rechtsgeschäftliche Besitzentstehung das geschuldete dingliche Recht nicht zu begründen (*Oftinger* vorne N 182). Was also in allen Normalfällen als akademische Spielerei anmutet, enthält eine grundsätzlich relevante Fragestellung, wie das auch bei Besitzessurogaten der Fall ist, besonders, wenn der Gläubiger die Sache aus anderem Titel schon besitzt und sich die Frage stellt, ob und wann brevi manu traditio erfolgt sei (vorne N 253, 182). R. B.

a) Grundsatz

Die Verfügungsbefugnis (häufiger als Verfügungsmacht bezeich- **304** net, früher als Dispositionsfähigkeit, Verfügungsfähigkeit) fließt, soweit die private Sachherrschaft in Frage steht, aus dem Eigentum (Art. 641 I). Zu den dem Eigentümer anheimgestellten Verfügungen gehören die Veräußerung der Sache und ihre Belastung durch Pfandrecht, die ebenfalls zur Veräußerung führen kann. Statt die Verfügungsbefugnis s e l b e r auszuüben, kann sie der Eigentümer einem A n d e r e n übertragen, der somit über eine f r e m d e Sache zu verfügen vermag; die letztere Kompetenz wird in einigen Fällen direkt vom Gesetz verliehen. So erklärt sich z. B. die Verfügungsbefugnis des rechts-geschäftlich bevollmächtigten Vertreters (BGE 25 II 332) und diejenige des gesetzlichen Vertreters, aber auch die Vorschrift von ZGB 887, die vorsieht, daß der Gläubiger die Pfandsache «mit Zustimmung des Verpfänders weiter verpfänden kann». Die Verfügungsbefugnis stellt sich somit allgemein dar als die Befugnis einer Person, über ein ihr oder einem Dritten zustehendes Recht zu verfügen.

Zwar gehört die Verfügungsbefugnis zu den V o r a u s s e t z u n g e n d e r **305** V e r p f ä n d u n g (vorstehend N 84). Jedoch erhält in zahlreichen Fällen fehlender oder beschränkter Verfügungsbefugnis der Gläubiger gleichwohl ein Pfandrecht: kraft g u t g l ä u b i g e n E r w e r b s (Art. 884 II). Dadurch entsteht nicht ein ihm übertragenes, sondern ein von ihm originär erworbenes, ihm also von Gesetzes wegen zuerkanntes Pfandrecht. Einzelheiten nachstehend N 323 ff.

Die G r u n d s ä t z e der Verfügungsbefugnis sind im wesentlichen die **306** gleichen für die Eigentumsübertragung wie die Verpfändung. Somit kann auf die Ausführungen bei *Haab* Art. 714 N 45 ff. (von *Simonius*) verwiesen werden, ferner auf *von Tuhr / Peter* § 28. In der Literatur zu den Bestimmungen, die den Entzug und die Beschränkung der Verfügungsbefugnis vorsehen oder umgekehrt eine gesetzliche Verfügungsbefugnis erteilen, ist vielfach auch die Verpfändung behandelt; vgl. z. B. die Kommentare und weiteren Schriften zu ZGB 203, 491, SchKG 96, 204, 298; ZGB 202, 217. Es erübrigt sich, hier durchwegs darauf einzugehen.

Über die Verpfändung von K i n d e s v e r m ö g e n durch den gesetzlichen **307** Vertreter VerwEntsch 8 Nr. 41.

Nicht auf die Verfügungsbefugnis, sondern auf die H a n d l u n g s f ä h i g - **308** k e i t d e r E h e f r a u bezieht sich ZGB 177 III; die dort erwähnte Zu-stimmung der Vormundschaftsbehörde wird nach der Praxis für eine von der Frau zugunsten des Mannes vorgenommene Verpfändung nicht verlangt: BGE 49 II 43 ff.; 51 II 30; 59 II 9; 63 II 230 u. a. m.; *Lemp*, Komm. Familienrecht (3. A. Bern 1963) Art. 177 N 55; Kritik bei *Egger*, Komm. Familienrecht

(2. A. Zürich 1936 Art. 177 N 21). Anders ist die Lösung für die Verpfändung eines Eigentümerschuldbriefes: hinten Komm. Art. 901 N 139.

Hervorgehoben seien folgende

b) Einzelfragen

309 1. Der Entzug der Verfügungsbefugnis beruht entweder unmittelbar auf Gesetz oder dann auf behördlicher Anordnung. Hierher gehören z. B. einerseits die Vorschriften ZGB 202/203 und SchKG 204 (gesetzlicher Entzug zu Lasten der Ehefrau und des Konkursiten), anderseits SchKG 96 (Pfändung) und der Sachverhalt des Erlasses eines richterlichen Verbotes. Vollständigere Aufzählungen bei *Haab / Simonius* Art. 714 N 46 und *von Tuhr / Peter* § 28 II.

310 Statt schlechthin entzogen, kann die Verfügungsbefugnis in dem Sinne beschränkt sein, daß der Verfügende einer Zustimmung oder Bewilligung bedarf: so z. B. nach ZGB 202 I und 217 I, dann im Fall der Ehefrau hinsichtlich deren eingebrachten Gutes (Argument aus Art. 202/203), ferner bei den Gesamthandschaften, etwa in den Tatbeständen der Art. 653 II oder 602; vgl. auch die anschließend N 313 erwähnten Sachverhalte.

311 Ist in einer Vorschrift von dem Entzug oder der Beschränkung der Befugnis zur Veräußerung die Rede (statt allgemein von der Verfügungsbefugnis), so ist immer auch die Befugnis zur Verpfändung miterfaßt, weil die Verpfändung bei der Verwertung zur Veräußerung führt.

312 Einzelheiten über die Verpfändung seitens der Ehefrau hinten Komm. Art. 909 N 12.

313 2. Das Zwangsvollstreckungsrecht kennt die Dispositionsunfähigkeit des Schuldners infolge Pfändung, Konkurs und Nachlaßvertrag (SchKG 96, 204 I, 298 I, 316 d). Während das ordentliche Nachlaßvertragsrecht die Errichtung neuer Pfandrechte schlechthin untersagt (SchKG 298 I) [a], erlauben sie einige Erlasse des außerordentlichen Nachlaßvertragsrechts, behördliche Bewilligung vorausgesetzt: z. B. EntschG 45 II, 69 III und V über die Entschuldung landwirtschaftlicher Heimwesen vom 16. Nov. 1945 Art. 73 II; Bankengesetz von 1934 Art. 32 III. Dazu die nachstehend N 347 zit. Literatur und über das sog. Sanierungsrecht im übrigen vorn N 140 ff. des Syst. Teils.

314 Ein der betreibungsrechtlichen Dispositionsunfähigkeit ähnlicher Sachverhalt liegt virtuell in den die Verpfändung erfassenden Tatbeständen der paulia-

---

[313a] Unhaltbar der gegenteilige Entscheid BGE 77 III 46 ff., der ungeachtet des eindeutigen Textes des Art. 298 I Verpfändungen zulassen will. Das Urteil beruht auf dem unangängigen Schluß, daß der billigenswerte Zweck das verbotene Mittel zu einem erlaubten mache.

n i s c h e n A n f e c h t u n g s k l a g e gemäß SchKG 287 Ziff. 1 und 288 (evtl. 286).

3. Die illegitime Verpfändung durch einen Unbefugten erlangt n a c h - **315** t r ä g l i c h W i r k s a m k e i t, wenn der Eigentümer der mißbrauchten Sache die Verpfändung g e n e h m i g t (auch im Fall des Art. 887). Das gleiche trifft beim Tatbestand der sog. K o n v a l e s z e n z zu, die namentlich dort eintritt, wo der unbefugte Verpfänder hinterher Pfandeigentümer oder sonst am Pfandgegenstand Berechtigter wird (BGE 41 II 47 ff.). Die nachträgliche Wirksamkeit ist jedoch gegenstandslos, wenn der Erwerber des Pfandrechts bereits auf Grund seines guten Glaubens in den Genuß seines Rechts gelangt ist (Art. 884 II. Vgl. auch ZBJV 72, 151 und nachstehend N 381).

4. Die Befugnis, über eine f r e m d e S a c h e oder ein f r e m d e s **316** R e c h t z u v e r f ü g e n, sei es kraft Gesetzes oder rechtsgeschäftlich erteilter Vollmacht (vorstehend N 304), wird gewöhnlich die Bedeutung haben, daß die Verfügung im Namen des Berechtigten vorzunehmen ist. Dies trifft z. B. bei direkter Stellvertretung zu (OR 32 I). Unter den Parteien kann indes auch die Meinung bestehen, daß dem Verfügenden ein Handeln im eigenen Namen gestattet ist (*von Tuhr/Peter* § 28 III; *Haab/Simonius* Art. 714 N 47, 48). Dies gilt für die Verpfändung ebenfalls: BGE 36 II 555/556; BlZR 9 Nr. 138 S. 250 ff.; ZBJV 52, 130.

Die zur K a u t i o n verwendeten Sachen gehören häufig Dritten (z. B. **317** SJZ 13, 134; dazu N 341 des Syst. Teils).

5. Die v e r t r a g l i c h e V e r p f l i c h t u n g, künftig auf die Ver- **318** p f ä n d u n g z u v e r z i c h t e n, kommt als sog. negative Verpfändungsklausel z. B. in der Geschäftspraxis der Banken vor. Sie ist im Rahmen von ZGB 27 / OR 19 und 20 gültig[a], begründet aber nicht den Entzug der Verfügungsbefugnis. Eine Verpfändung ist gleichwohl möglich, so gut wie der vertragswidrige Verkauf einer bereits veräußerten, aber noch nicht tradierten Sache an einen Dritten. Die Wirkung einer solchen Klausel ist nur eine obligatorische; ihre Verletzung zieht eine Schadenersatzpflicht nach sich (OR 97 I). Der böse Glaube des dritten Erwerbers ist belanglos.

Der vertraglichen Verpflichtung ist die durch V e r f ü g u n g v o n **319** T o d e s w e g e n begründete Verpflichtung, keine Verpfändung vorzunehmen, gleichzustellen.

In beiden Fällen hat die selbe Bedeutung wie die Verpflichtung, auf die Ver- **320** pfändung zu verzichten, auch die Verpflichtung, keine V e r ä u ß e r u n g vorzunehmen. Denn die Verpfändung führt bei der Verwertung zur Veräußerung.

Über rechtsgeschäftliche Veräußerungsverbote und -beschränkungen im **321**

[318a] Abweichend für das Grundpfandrecht ZGB 812 I.

a l l g e m e i n e n *Haab*, Einleitung vor Art. 641 N 35; *Engel* 112 f.; *von Tuhr/* *Peter* § 28 II; *Reichel*, SJZ 11, 236; Hans Heinrich *Schneebeli*, Der Ausschluß der Übertragbarkeit und Pfändbarkeit bei unentgeltlichen Vermögenszuwendungen ... (Diss. Zürich 1953) 47 ff.; bes. *Martin*, ZSR 42 n. F. 1 ff., der aber S. 14 ff. die erwähnten, von ZGB 27 / OR 19 und 20 gezogenen Schranken zu eng auffaßt; BGE 63 III 13 ff.; 72 III 77/78. — Vgl. auch vorstehend N 43, 61.

322 6. Von der fehlenden Verfügungsbefugnis eines Verpfänders ist zu unterscheiden die U n v e r p f ä n d b a r k e i t einer Sache: vorstehend N 66 ff.

VII. Gutgläubiger Erwerb des Pfandrechts und seine Schranken (Al. II/Art. 884)

323 Lit.: Die Kommentare zu ZGB 933—36, 938—40 von *Homberger* und *Stark* — *Hinderling* § 81—86 — *Liver* § 51 — *Haab* Art. 714 N 49—62, 65, 68—70, von *Simonius* — In diesen Werken Angaben von Monographien; neuere: Hans *Ribi*, Von der Übertragung der Wertpapiere (Diss. Zürich 1958) 178 ff. — Darius *Weber*, Das Publizitätsprinzip im schweiz. Recht der beweglichen Sachen (Diss. Basel 1959, ersch. Winterthur 1963) — Hans Rudolf *Pfister*, Der Schutz des öffentlichen Glaubens im schweiz. Sachenrecht (Diss. Zürich 1969) — François *Guisan*, La protection de l'acquéreur de bonne foi en matière mobilière (Diss. Lausanne 1970).

Speziell das Pfandrecht betreffend: *Kaderli* 23 ff. — Eugen *Bircher*, Gutgläubiger Erwerb des Forderungspfandrechtes (Diss. Bern 1946).

Über den guten Glauben im allgemeinen: Die Werke über ZGB 3, bes. *Jäggi* im Komm. ZGB, Einleitungsartikel (Bern 1962) — *Deschenaux* in Schweiz. Privatrecht II (Basel/Stuttgart 1967) 207 ff. — *Staudinger* § 1207/08 — *Planck* § 1207/08 — *Soergel/Augustin* § 1207/08.

A. Allgemeine Bedeutung des Al. II/Art. 884

a) Überblick und Zusammenhänge

324 Der gutgläubige Erwerb im Mobiliarsachenrecht ist in dieser Kommentarreihe zusammenhängend von *Homberger* (zu Art. 933—936) behandelt, dann von *Simonius* (bei *Haab*). Der Kommentar zu Art. 884 darf sich auf Darlegungen beschränken, die für das Verständnis der Vorschriften nötig oder durch die Besonderheiten des Pfandrechtserwerbs gefordert sind. Weiteres jeweils bei *Stark* und *Hinderling*.

325 Eine der Voraussetzungen der Verpfändung ist die V e r f ü g u n g s - b e f u g n i s (vorstehend N 304/305). Man sollte deshalb annehmen, das

Fehlen der Verfügungsbefugnis müßte die Verpfändung scheitern lassen. Statt dessen anerkennt das Gesetz gegebenenfalls die trotz des Mangels der Verfügungsbefugnis vorgenommene Verpfändung: das Pfandrecht des «gutgläubigen Empfängers der Pfandsache» hat «auch dann» Bestand, «wenn der Verpfänder nicht befugt war, über die Sache zu verfügen» (Art. 884 II, entsprechend aOR 213). Wenn z. B. ein Mieter, um sich Geld zu beschaffen, den Mietgegenstand ohne Wissen des Vermieters verpfändet, so erhält der Gläubiger ein Pfandrecht, sofern er in gutem Glauben war. Der Tatsache des g u t g l ä u b i - g e n E r w e r b s wird von der Rechtsordnung die Bedeutung beigemessen, ein R e c h t o r i g i n ä r e n t s t e h e n z u l a s s e n, was gleichzeitig besagt, daß der Pfandeigentümer dulden muß, mit einem von ihm nicht gewollten dinglichen Recht belastet zu werden. Die Vorschrift Art. 884 II ist im wesentlichen ein A n w e n d u n g s f a l l d e s a l l g e m e i n e n P r i n z i p s d e s A r t. 933, wonach derjenige, der «eine bewegliche Sache in gutem Glauben zu Eigentum oder zu einem beschränkten dinglichen Recht übertragen erhält», «in seinem Erwerbe auch dann zu schützen» ist, «wenn sie dem Veräußerer ohne jede Ermächtigung zur Übertragung anvertraut worden war». Über den Ursprung und die Rechtfertigung dieser den modernen kontinentaleuropäischen Rechten eigentümlichen Regelung, die man als «Translativwirkung des Besitzes» (oder als Prinzip des «öffentlichen Glaubens») bezeichnet, orientiert die allgemeine Literatur. Ist der «Empfänger der Pfandsache» n i c h t g u t g l ä u b i g, so entsteht, wie sich aus Art. 884 II schließen läßt, kein Pfandrecht; der «frühere Besitzer», also vor allem der Eigentümer, kann statt dessen «jederzeit auf Herausgabe» der Sache klagen (Art. 936). Der S c h u t z d e s g u t e n G l a u b e n s v e r s a g t, wenn die Sache dem Erwerber nicht, wie in Art. 933 vorausgesetzt, «anvertraut» worden war, sondern dem ursprünglichen Besitzer «wider seinen Willen a b h a n d e n» g e k o m m e n, namentlich gestohlen worden oder verloren gegangen ist; sie kann diesfalls «während fünf Jahren jedem Empfänger» abgefordert werden (Art. 934). Auf diese Schranke des gutgläubigen Erwerbs deuten in Art. 884 II die Worte «... soweit nicht Dritten Rechte aus früherem Besitze zustehen», wie sich bestimmter aus aOR 213 Satz 2 ergibt. Der in Art. 934 und 936 umschriebene Sachverhalt wird als «Offensivwirkung des Besitzes» bezeichnet, der Rechtsbehelf des ursprünglichen Besitzers als Besitzesrechts- oder Fahrnisklage. Bei gutgläubigem Erwerb von G e l d u n d I n h a b e r p a p i e r e n ist die Besitzesrechtsklage von vornherein ausgeschlossen (Art. 935); wie das Eigentum (Art. 714 II), so bleibt auch das Pfandrecht in seinem solchen Fall erhalten. In dieser Einschränkung der Besitzesrechtsklage liegt eine Erweiterung des Schutzes des gutgläubigen Erwerbs, wie er sich sonst aus den Art. 933 und 934 ergäbe.

Z u s a m m e n g e f a ß t läßt sich sagen, daß das Prinzip des gutgläubigen **326** Erwerbs auch beim Pfandrecht vorbehaltlos für Geld- und Inhaberpapiere gilt, sonst aber seine Schranke darin findet, daß es die abhanden gekommenen Sachen nicht erfaßt, sondern bloß die anvertrauten. — Näheres folgt in den späteren Darlegungen.

327 Für die theoretische Begründung und die Problematik ist noch immer unentbehrlich: *Zycha*, ZSR 22 n. F. 74; aus der neueren Literatur *Stark* und *Hinderling* und dort Zitierte; darunter kritische Stimmen.

b) Vorgehen des Klägers

328 Aus dem Gesagten ergibt sich für das V o r g e h e n d e s E i g e n - t ü m e r s oder sonstigen Besitzers, dem seine Sache durch die unbefugte Verpfändung entzogen worden ist und der sie h e r a u s v e r l a n g e n («vindizieren») will, im allgemeinen soviel: Er muß dartun, daß der Pfandgläubiger bösgläubig erworben hat (Art. 884 II, 933, 935, bes. 936), oder daß ihm — dem Kläger — die Sache abhanden gekommen ist (Art. 934. Dazu BGE 38 II 189). Handelt es sich um Geld oder Inhaberpapiere, so ist der Beweis des Abhandenkommens gegenstandslos, und nur die Bösgläubigkeit des Erwerbers kann dem Kläger zu seiner Sache verhelfen (Art. 935, 936). Im Fall des Art. 934 bewirkt zwar (ausgenommen bei Geld und Inhaberpapieren) der Beweis des Abhandenkommens schon bei Gutgläubigkeit die Pficht zur Herausgabe, so daß der böse Glaube nicht bewiesen zu werden braucht; die Bösgläubigkeit des Erwerbers erspart dem Kläger jedoch die in Al. II / Art. 934 vorgesehene Vergütung. Es ist dem klagenden Eigentümer unbenommen, statt nach Art. 934 vorzugehen, die Vindikation im Sinne des Art. 641 II anzustrengen; das ist von vornherein der alleinige Weg, um die Sache herauszuverlangen, wenn der Kläger die Gültigkeit des Pfandrechts wegen eines Mangels im Kausalgeschäft bestreitet (vorstehend N 113).

c) Anwendungsbereich der Vorschrift

329 Die Frage des Schutzes des guten Glaubens stellt sich beim Pfandrecht nicht nur bezüglich der a n v e r t r a u t e n und a b h a n d e n g e k o m m e n e n S a c h e n (vorstehend N 325 ff.), sondern ebenfalls dort, wo durch besondere g e s e t z l i c h e V o r s c h r i f t oder b e h ö r d l i c h e A n o r d n u n g einem Verpfänder die V e r f ü g u n g s b e f u g n i s a b e r k a n n t (vorstehend N 309 ff.) oder einer Sache die V e r p f ä n d b a r k e i t g e n o m - m e n ist (vorstehend N 66 ff.). Auch hier frägt sich, ob durch eine Verfügung (des näheren durch eine Verpfändung), welche die betreffenden Vorschriften oder behördlichen Anordnungen verletzt, gleichwohl ein Pfandrecht entstehen könne. Art. 884 II erfaßt auch diese Fälle, Art. 933—935 dagegen nur diejenigen

der anvertrauten und abhanden gekommenen Sachen. Hiezu nachstehend
N 345 ff., 352 f.

Der gute Glaube vermag zwar einen Mangel an der Verfügungsbefugnis zu **330**
heilen, n i c h t aber einen Mangel am K a u s a l g e s c h ä f t, also am
Pfandvertrag. Dies gilt sowohl dort, wo die Verpfändung von einem hiezu Befugten vorgenommen wird, z. B. vom Eigentümer (nachstehend N 354), wie auch
da, wo dem Verpfänder zudem noch die Verfügungsbefugnis fehlt (nachstehend
N 341; gleich ausdrücklich CC it 1153 I/III).

Neben dem F a u s t p f a n d r e c h t (Art. 884 II) ist das gutgläubig **331**
erworbene R e t e n t i o n s r e c h t geschützt (Art. 895 III und dort Komm.
N 126 ff.; OR 273). Art. 884 II ist mit Einschluß der Ordnung von Art. 934/935
auf das V e r s a t z p f a n d anwendbar (hinten Komm. Art. 909 N 9 ff.).
Über die Sachlage beim P f a n d r e c h t a n R e c h t e n: nachstehend
N 333.

B. Voraussetzungen des gutgläubigen Erwerbs

A u s g a n g s p u n k t und damit Voraussetzung dafür, daß die F r a g e **332**
des gutgläubigen Erwerbs sich überhaupt stellt, ist die f e h l e n d e V e r -
f ü g u n g s b e f u g n i s oder V e r p f ä n d b a r k e i t (vorstehend N 304/
305, 325, 329). Der gutgläubige E r w e r b s e l b e r untersteht den nachstehend lit. a) bis f) aufgezählten V o r a u s s e t z u n g e n. — Diese sind
nachstehend in der Reihenfolge aufgeführt, die der Kommentar *Homberger*
einhält.

a) Bewegliche Sachen und ihnen gleichgestellte Wertpapiere

Der gutgläubige Erwerb muß sich auf bewegliche Sachen und auf ihnen **333**
gleichgestellte Wertpapiere beziehen. Über die verpfändbaren S a c h e n vorstehend N 15 ff. Unter den Wertpapieren sind es die I n h a b e r p a p i e r e,
die auch im Hinblick auf den gutgläubigen Erwerb wie Sachen behandelt
werden (aOR 213; BGE 35 II 586/587; 70 II 106; 81 II 342; ZBJV 72, 149).
Art. 935 gewährt bezüglich der Inhaberpapiere dem gutgläubigen Pfandgläubiger einen, verglichen mit andern Pfandgegenständen, erhöhten Schutz
(vorstehend N 325 a. E.). Aus dem Wertpapierrecht fließt zusätzlich eine besondere Einredebeschränkung (OR 979; hinten Komm. Art. 901 N 149). Bei
den O r d r e p a p i e r e n ergibt sich der durch eine charakteristische Einredebeschränkung ergänzte Schutz des guten Glaubens lediglich aus den Vorschriften
des Wertpapierrechts (Komm. Art. 901 N 151). Die N a m e n p a p i e r e

kennen den gutgläubigen Erwerb des Pfandrechts im wesentlichen nicht (OR 974 ff., bes. 975; Komm. Art. 901 N 153), ebensowenig die L e g i t i m a -
t i o n s p a p i e r e (Komm. Art. 901 N 14/15) und die g e w ö h n l i c h e n
F o r d e r u n g e n, die gemäß Art. 900 (dort Komm. N 103) verpfändet werden. Denn die Verpfändung stellt in diesen letzteren Fällen nicht auf den Besitz
ab, der für den mobiliar-sachenrechtlichen Schutz des guten Glaubens allgemein
der Anknüpfungspunkt ist. — Zum ganzen Problemkreis *Bircher* 36 ff.; *Stark*
Art. 933 N 8 ff. — Hinsichtlich der Warenpapiere im besonderen gilt ZGB 925
II (hinten Komm. Art. 902 N 32).

b) Erwerb zu Pfandrecht

334   Die Besitzübertragung, auf die sich der Schutz des guten Glaubens stützt, muß
zwecks V e r p f ä n d u n g, im Rahmen der Erfüllung des zugehörigen
P f a n d v e r t r a g s, erfolgen (vorstehend N 182).

c) Anvertrauter Besitz des Verpfänders

335   Der gutgläubige Erwerb ist vor allem dann geschützt, wenn die fraglichen
Gegenstände dem unbefugten Veräußerer «a n v e r t r a u t» worden waren
(Art. 933). Das bedeutet, daß sie mit Willen des an ihnen Berechtigten in den
Besitz des Verpfänders gelangt, ihm freiwillig übergeben worden sind. Im Besitz
anvertrauter Sachen befinden sich z. B. der Mieter, Entlehner, Aufbewahrer,
Kommissionär, Trödler (BGE 69 II 116; 70 II 106), der Käufer bezüglich der
Ware, die ihm auf Grund eines mangelhaften Kausalgeschäfts übertragen
worden ist, ferner der Erwerber unter Eigentumsvorbehalt (BGE 85 II 588;
BlZR 13 Nr. 155 S. 298), dann der Pfandgläubiger, auf den Art. 884 II an-
wendbar wird, wenn er unbefugterweise eine Weiterverpfändung vornimmt
(Art. 887). «Anvertraute» Sachen stellen den Gegensatz dar zu den «abhanden
gekommenen», für die der Schutz des guten Glaubens entfällt (Art. 934), es sei
denn, es handle sich um Geld oder Inhaberpapiere, bei denen der gutgläubige
Erwerb nicht das Anvertrauen des Besitzes voraussetzt (Art. 935; nachstehend
N 367).

336   Der unbefugte Verpfänder muß B e s i t z e r sein, nicht bloß Besitzdiener;
im letzteren Fall, z. B. beim gewöhnlichen Angestellten oder beim Dienstboten,
trifft Art. 934 und nicht Art. 933 zu, und die Verpfändung scheitert. — Siehe
auch BGE 80 II 239 und über das Organ einer juristischen Person 81 II 343/44.

337   Wer eine ihm anvertraute Sache verpfändet, begeht eine V e r u n t r e u u n g
im Sinne von StGB 140 (N 147 des Syst. Teils). Die Durchsicht der Judikatur
zeigt, daß die zur Veruntreuung entschlossenen Täter auffallend häufig nicht

den Verkauf der ihnen anvertrauten Sachen vornehmen, sondern die Verpfändung.

Auf a n d e r e a l s a n v e r t r a u t e S a c h e n bezieht sich der Schutz **338** des guten Glaubens in den nachstehend N 345 ff. und 352 erwähnten Fällen; auf sie trifft nicht Art. 933, wohl aber Art. 884 II zu, was in der Literatur nicht selten übersehen wird.

d) Übertragung des Pfandbesitzes

Der Pfandgegenstand muß dem Gläubiger gemäß den Erfordernissen von **339** Art. 884 I/III ü b e r t r a g e n worden sein (BGE 17, 284); der Besitz muß zum P f a n d b e s i t z taugen. Fehlt es daran, so hilft kein guter Glaube (BGE 58 III 125; 81 II 343; vorstehend N 189 a. A.). Jeder der vorstehend N 178 ff. behandelten Vorgänge der Besitzübertragung eignet sich, auch die Einräumung des Mitbesitzes (Gesamtbesitzes), die brevi manu traditio (ZBJV 72, 150) und die Besitzanweisung. Somit ist nicht ein qualifizierter Besitz erforderlich; das zeigt schon der Zusammenhang der Al. I und II / Art. 884. Der Erwerb mittelbaren Besitzes genügt demnach, jedoch wird hier die Bejahung des guten Glaubens u. U. schwerer fallen, dem Gläubiger deshalb eine erhöhte Erkundigungspflicht obliegen, um den Vorwurf zu vermeiden, bei größerer Aufmerksamkeit wäre die verdächtige Herkunft der Sachen erkennbar gewesen (ZGB 3 II).

Über die Konkurrenz eines R e t e n t i o n s r e c h t s und eines gutgläubig **340** durch Besitzanweisung (Art. 924) erworbenen Pfandrechts vgl. hinten Komm. Art. 895 N 144.

e) Kausalgeschäft

Die Verpfändung setzt auf Grund ihrer kausalen Natur einen gültigen Pfand- **341** vertrag als Kausalgeschäft voraus (vorstehend N 110 ff.). Wie der gute Glaube des Erwerbers gegen einen Mangel im Kausalgeschäft nicht aufkommen kann, wenn der Verpfänder die Verfügungsbefugnis b e s i t z t (vorstehend N 330), so kann der gute Glaube auch bei f e h l e n d e r Verfügungsbefugnis einen solchen Mangel nicht heilen (BGE 48 II 5; 65 II 65). Zu den Mängeln des Kausalgeschäfts, die die Verpfändung ungeachtet des guten Glaubens scheitern lassen, gehört die Handlungsunfähigkeit (ZGB 18, 19); zustimmend *Jäggi*, Allg. Wertpapierrecht, Basel 1977, S. 61 N 34.

f) Guter Glaube des Pfandgläubigers

Darüber nachstehend lit. C und D, bes. N 355 ff.   **342**

C. Gegenstand des guten Glaubens

343   Der gute Glaube bezieht sich entweder auf ein subjektives Moment, die
V e r f ü g u n g s b e f u g n i s des Verpfänders, oder auf ein objektives
Moment, die V e r p f ä n d b a r k e i t der Sache. Im einzelnen kann demnach
der gute Glaube, der zum Rechtserwerb führen soll, zum Gegenstand haben:

a) Vermeintliches Eigentum des Verpfänders

344   Dies dürfte der häufigste Fall sein: Der Pfandgläubiger hält den Verpfänder
für den Eigentümer der Pfandsache. Aus dem Eigentum fließt grundsätzlich die
Befugnis zur Verpfändung (Art. 641 I; vorstehend N 304). Der Gläubiger kann
die an den Besitz des Verpfänders geknüpfte Vermutung an dessen Eigentum
(Art. 930) zur Begründung seines guten Glaubens anrufen (BGE 70 II 106).

b) Vermeintliche Verfügungsbefugnis des verpfändenden Eigentümers

345   Der Verpfänder ist bei diesem Sachverhalt zwar Eigentümer, jedoch ist ihm
die Verfügungsbefugnis ohne Wissen oder Wissenmüssen des Gläubigers entzogen, oder sie ist beschränkt; beides kann unmittelbar auf Gesetz beruhen oder
auf behördlicher Anordnung. In diesen vorstehend N 309—313 erwähnten
Fällen vermag der gute Glaube r e g e l m ä ß i g zum E r w e r b d e s
P f a n d r e c h t s zu führen: so z. B. im Rahmen von ZGB 491 und SchKG 96
(Dispositionsunfähigkeit des Vorerben und des Pfändungsschuldners); die
gleiche Lösung gilt hinsichtlich des richterlichen Verbots der Verfügung über
eine Sache. Dagegen sind kraft besonderer Vorschrift die Verfügungen des
Konkursiten «den Konkursgläubigern gegenüber» s c h l e c h t h i n « u n -
g ü l t i g», also auch im Hinblick auf gutgläubige Dritte (SchKG 204 I).
Dasselbe trifft zu für Verfügungen des Schuldners im Nachlaßvertrag gemäß
SchKG 298 I und 316 d.

346   Vgl. auch ZBJV 72, 150 und im übrigen die L i t e r a t u r zu den ein-
schlägigen Vorschriften: Zitate und Einzelheiten bei *Stark* Art. 933 N 57 ff. und
Hinderling 481 ff.; ferner *Jaeger* Art. 96 N 7, Art. 204 N 7, Art. 298 N 3; *Haab /
Simonius* Art. 714 N 70; *Martin*, ZSR 42 N.F. Aus der J u d i k a t u r zu
SchKG 204 I vgl. als Belege BGE 53 III 106; 59 III 101; zu der einen Sonder-
fall des Schutzes des guten Glaubens betreffenden Vorschrift SchKG 203 II:
BGE 59, III 101/102.

347   Für die Frage, ob der Schutz des guten Glaubens nach dem Vorbild der Ordnung in SchKG 298 I auch in den Fällen des a u ß e r o r d e n t l i c h e n
N a c h l a ß v e r t r a g s r e c h t s (vorstehend N 313) versagt, sei im einzelnen

auf die einschlägigen Vorschriften verwiesen. G r u n d s ä t z l i c h ist die Gleichstellung mit SchKG 298 I anzunehmen. Zudem sind die jeweils erforderlichen Publikationen der fraglichen, die Dispositionsunfähigkeit nach sich ziehenden sanierungsrechtlichen Maßnahmen geeignet, den guten Glauben zu zerstören. Aus der Spezialliteratur: Erwin *Gersbach*, Der Nachlaßvertrag ... nach dem ... BG über die Banken und Sparkassen (Diss. Zürich 1937) 43 ff.; *Bodmer / Kleiner / Lutz*, Komm. schweiz. Bankengesetz (Zürich 1976) Art. 29—35 N 11; Hans *Bachmann*, Fälligkeitsaufschub und Stundung im schweiz. Bankrecht (Diss. Zürich 1941) 82; Kaspar *König*, Die Entschuldung der schweiz. Hotellerie nach dem BG vom 28. Sept. 1944 (Diss. Zürich 1946) 130; Othmar *Hüssy*, Der Nachlaßvertrag und die Stundung ... (Diss. Zürich 1944) 97 ff.; *Oftinger*, ZSR 57, 604 a ff.; O. K. *Kaufmann*, Das neue ländliche Bodenrecht der Schweiz (St. Gallen 1946) 278/279. Daß ein Teil der von diesen Schriften behandelten Erlasse nicht mehr in Kraft steht, ist in diesem Zusammenhang gleichgültig (Syst. Teil N 140 f.).

348 Die eigenmächtige Verpfändung durch ein Mitglied einer G e s a m t - h a n d s c h a f t , bei der zu Verfügungen die Zustimmung der übrigen Mitglieder erforderlich ist (z. B. ZGB 653 II, 602), wird durch den guten Glauben geschützt: ZBJV 72, 149; zustimmend *Meier-Hayoz* Art. 653 N 4; Einzelheiten bei *Haab* Art. 652—654 N 18. Über die «altbernische» — sog. unabgeteilte — Witwe ZBJV 72, 150—151.

349 In den in N 345 erwähnten Fällen wird die Begründung dafür, daß der gute Glaube den Mangel der Verfügungsbefugnis heilt, etwa darin gesehen, daß die fraglichen Vorschriften bloß dem «Schutze bestimmter Personen» dienen (*Homberger* Art. 933 N 27 und andere, in Anlehnung an BGB 135). Ihnen stünden Vorschriften gegenüber, die im öffentlichen Interesse die Veräußerlichkeit, oder im besonderen die Verpfändbarkeit, von Sachen s c h l e c h t h i n beseitigen, um der «Eigenschaften der Sache willen» (*Homberger* Art. 933 N 27; *Haab* Einleitung vor Art. 641 N 35 und andere). Hier handelt es sich indessen nach der in der schweizerischen Literatur gewöhnlich eingehaltenen Einteilung nicht um Beschränkungen der V e r f ü g u n g s b e f u g n i s , die als solche das S u b j e k t betreffen, wie in den vorhin erwähnten Fällen, sondern um die Frage der Unveräußerlichkeit bzw. der U n v e r p f ä n d b a r k e i t , die sich auf das O b j e k t bezieht (vorstehend N 14, 71) und die getrennt zu halten ist: nachstehend N 352.

c) Vermeintliche Verfügungsbefugnis des verpfändenden Nichteigentümers (Vertreters usw.)

350 Nicht nur der Eigentümer vermag legitimerweise über s e i n e Sache zu verfügen, sondern ein Nichteigentümer kann gegebenenfalls legitimerweise über

eine f r e m d e Sache verfügen (vorstehend N 304, 316): als direkter Vertreter (kraft Vollmacht, OR 32 I), als indirekter Vertreter, oder wo immer ein
Nichteigentümer sonst im eigenen Namen handeln darf, und endlich, wo ein
Nichteigentümer kraft Gesetzes zu Verfügungen befugt ist, z. B. als Vormund.
Die Erörterung der umstrittenen Frage, ob der gute Glaube hilft, wenn die
erforderliche V e r t r e t u n g s m a c h t und damit die Verfügungsbefugnis
des handelnden Mittelsmannes f e h l t, der Pfandgläubiger sie aber gutgläubig
annimmt, ist allgemeiner Art und würde hier zu weit führen. Es sei verwiesen
auf die gegensätzlichen Darlegungen von *Homberger* Art. 933 N 25 und *Stark*
Art. 933 N 64 ff.; ferner *Haab / Simonius* Art. 714 N 55, 57; *Jäggi* Art. 967
N 180; *Liver* 326; *Hinderling* 484 ff. Es bestehen gute Gründe für die Annahme,
daß der gute Glaube an die Vertretungsmacht zu schützen ist; dazu BGE 78 II
277; 85 II 590/91. Mithin entsteht das Pfandrecht. Das gilt namentlich auch
beim Fehlen der Vollmacht des direkten Vertreters (der die Sache im Besitz
hat), ein Pfandrecht an einer fremden Sache zu begründen. Gl. M. BGE 43 II
616/17; BlZR 32 Nr. 191 S. 369; *Wieland* Art. 714 N 3 lit. f, Art. 933 N 2 lit. a;
von Tuhr / Peter § 28 IV; *Bircher* 33; *Gubler*, ZSR 73, 375a/76a; *Hinderling*
478 N 30; *Weber* (zit. vorstehend N 323) 52; gleich entscheidet HGB 366 I
(*Düringer / Hachenburg*, Komm. HGB (3. A. 1932) 1010.

351   Die Lösung gilt in gleicher Weise für die Verpfändung gemäß Art. 884 II wie
für den sonstigen Bereich des Art. 933. Stützt sich der Veräußerer auf ein
o b l i g a t o r i s c h e s R e c h t, so spielt die V e r m u t u n g nach ZGB
931 II.

d) Vermeintliche Verpfändbarkeit der Sache

352   Vorstehend N 66—71 ist auf Vorschriften hingewiesen, die die V e r -
p f ä n d b a r k e i t von Sachen b e s e i t i g e n, meist um öffentlicher
Interessen willen. Die falsche Annahme der Verpfändbarkeit hilft dem Pfandgläubiger nicht, wenn der Zweck der Vorschrift den Schutz des guten Glaubens
ausschließt. Für die sich an jedermann richtenden, in der Literatur als « a b -
s o l u t e Veräußerungsverbote» bezeichneten Vorschriften trifft dies regelmäßig zu, nicht aber für die zu einem Familienfideikommiß gehörenden Gegenstände. Daß in einem V e r ä u ß e r u n g s v e r b o t auch das Verbot der
V e r p f ä n d u n g liegen kann, wird vorstehend N 66/67 erklärt.

353   Bei der Beurteilung der Frage, ob der Z w e c k einer Vorschrift den guten
Glauben ausschließt, ist zu beachten, daß man einerseits das für das schweizerische Recht grundlegende Prinzip des Schutzes des guten Glaubens nicht
leichthin ausschalten darf — gegenteilige Vorschriften wie SchKG 204 I und
298 I (vorstehend N 345) sind Ausnahmen — und daß anderseits eine Verbots-
vorschrift der erwähnten Art schon die Nichtigkeit des Kausalgeschäfts bewirken

kann (OR 20), was den Schutz des guten Glaubens von vornherein ausschließt (vorstehend N 341). Über das vorstehend N 67 aufgeführte BG vom 4. Dez. 1947 vgl. die dortigen Zitate, bes. die Schrift von *Blumenstein*.

e) Außer Betracht fallend: Vermeintliche Gültigkeit des Kausalgeschäfts

Die Verpfändung ist im Verhältnis zwischen Verpfänder und Pfandgläubiger **354** nicht zu retten, wenn der Pfandgläubiger den als Kausalgeschäft auftretenden Pfandvertrag zu Unrecht als gültig ansieht. Denn der Grundsatz der kausalen Natur der Verpfändung (vorstehend N 111) läßt die Verpfändung unabhängig vom guten oder bösen Glauben der Parteien scheitern, sobald der Pfandvertrag Mängel aufweist oder gar fehlt, gleichgültig, ob der Verpfänder zur Verpfändung befugt war (vorstehend N 113; dazu BGE 48 II 5; *Haab / Simonius* Art. 714 N 57). Ist z. B. der vom Pfandeigentümer abgeschlossene Pfandvertrag wegen eines Irrtums anfechtbar (23 OR), so muß sich der Gläubiger die Aufhebung des Vertrags und die Zurücknahme der Pfandsache gefallen lassen, auch wenn er den Willensmangel nicht erkennen konnte und auf den Bestand des Pfandrechts vertraute. Das gilt u. a. auch für die fehlende Handlungsfähigkeit (BGE 57 II 390).

D. Erfordernisse des guten Glaubens

Ob der gute Glaube hinsichtlich der Rechtmäßigkeit einer Verpfändung **355** gegeben sei, beurteilt sich nach den a l l g e m e i n e n   R e g e l n, wie sie auf Grund von ZGB 3 II im Mobiliarsachenrecht durchweg angewendet werden, d. h. neben Art. 884 II namentlich im Bereich der Art. 933, 935 und 714 II. Darnach ist der P f a n d g l ä u b i g e r   dann   i m   g u t e n   G l a u b e n, wenn er den V e r p f ä n d e r   f ü r   b e f u g t   h ä l t, die Verpfändung vorzunehmen, und k e i n e r l e i   U m s t ä n d e   vorliegen, die bei Anwendung der A u f m e r k s a m k e i t, die von ihm v e r l a n g t   w e r d e n d a r f, diese A n n a h m e   a u s g e s c h l o s s e n   h ä t t e n. Aus der Judikatur: BGE 36 II 356/357; 38 II 190; 70 II 106; 72 II 250; 83 II 126 ff.; BlZR 41 Nr. 85 S. 201; 69 Nr. 95; SJZ 13, 18ª. Der leitende Gedanke läßt sich auch dahin umschreiben, daß der Gutgläubige nicht weiß und dem obwaltenden Sachverhalt nach nicht zu wissen braucht, daß er an der Verletzung des Rechts

[355a] Es sei auch die Formel in ZGB 974 I in Erinnerung gerufen, wonach der gute Glaube fehlt, wenn man den Mangel der Berechtigung «kennt oder kennen sollte».

eines Dritten mitwirkt (BGE 14, 100; dazu CC it 1147 I). — Auf die etwas abweichende, von BGE 99 II 147 und den dort Zitierten vertretene Auffassung kann hier nicht eingegangen werden; sie ändert am folgenden nichts.

356 Die «nach den Umständen» erforderliche «Aufmerksam - keit» (ZGB 3) wird gemäß einem objektiven Maßstab beurteilt. Da der gute Glaube nicht nur fehlt, wo der Gläubiger den Mangel an Berechtigung des Verpfänders wirklich k e n n t, sondern auch, wo er ihn kennen s o l l t e, kommt es im Einzelfall vor allem darauf an, ob V e r d a c h t s g r ü n d e bestehen, die den Gläubiger hätten veranlassen müssen, der Frage der vom Verpfänder unterstellten Befugnis zur Verpfändung nachzugehen: BGE 38 II 191/192; 70 II 106, 109; 72 II 252; 83 II 135 ff.; BlZR 3 Nr. 154 S. 246; 32 Nr. 191 S. 369 ff.; BlZR 69 Nr. 95; dazu die Kasuistik nachstehend N 361. Die Lage des Gläubigers ist dadurch erleichtert, daß sowohl sein guter Glaube v e r - m u t e t wird (Art. 3 I), wie auch die Befugnis des Verpfänders insofern, als sich an dessen Besitz gemäß Art. 930/931 die Vermutung des zugrunde liegenden dinglichen oder obligatorischen Rechts knüpft. Darauf darf sich der Gläubiger verlassen (BGE 38 II 190, 191; 70 II 106, 109; 83 II 138; 100 II 14 f.). So wird dem Gläubiger, namentlich auch einer Bank, die Inhaberpapiere zu Pfand nimmt, zugebilligt, daß sie ohne besondere Verdachtsgründe nicht verpflichtet ist, sich über die Herkunft der Titel und die Verfügungsbefugnis des Verpfänders zu vergewissern: BGE bes. 38 II 190 ff.; 83 II 133, 138; Semjud 1956, 511 f.; ferner 35 II 587; 38 II 468/469; 70 II 106, 109; vgl. auch BlZR 32 Nr. 191 S. 370. (Herkunft einer Sache von unbekannter Seite: einerseits BGE 80 II 242/43, andererseits 83 II 134 ff.; s. auch ZBJV 91, 240 ff.) Indessen haben die Banken die Aufgebote hinsichtlich der Kraftloserklärungen (Amortisationen) von Wertpapieren, die polizeilichen Meldungen von Diebstählen und die sonstigen Sperrlisten und Verlustmeldungen zu beachten: BGE 25 II 847; BlZR 37 Nr. 94 S. 197; ZBJV 83, 81 (das gleiche bestimmt ausdrücklich HGB 367; zur Frage noch *Albisetti/Bodmer* u. a. 313 f.; BGE 83 II 130). Zur Sorgfalts-pflicht des Gläubigers gehört weiters, daß er, wenn für ihn erkennbar ist, daß er eine Ehefrau vor sich hat, nicht ohne weiteres ihre Verfügungsbefugnis voraus-setzt (dazu ZGB 178, 192, 200, 202/203, 217, 242, 248; auch BGE 58 II 321—322). — Zusammengefaßt: Eine a l l g e m e i n e Pflicht, sich zu er-kundigen, besteht nicht (*Jäggi*, Komm. ZGB Art. 3 N 128; Einzelheiten BGE 100 II 14 f.). Die U m s t ä n d e können dies jedoch nahelegen.

357 Da der gute Glaube vermutet wird (ZGB 3 I), muß der gegen den Pfand-gläubiger auftretende K l ä g e r die für dessen Bösgläubigkeit sprechenden V e r d a c h t s g r ü n d e d a r t u n. Der Richter hat nach seinem Ermessen zu entscheiden, ob sie ausreichen, um den guten Glauben auszuschließen (Art. 3 II und 4). In diesen und den folgenden Fragen sei für hier nicht behandelte E i n z e l h e i t e n auf die Darlegungen bei *Stark* Art. 933

N 43 ff., 74 ff.; *Hinderling* 477 ff. und *Haab/Simonius* Art. 714 N 49, 52—55,
58 f., 61 verwiesen. Aus des letzteren Bemerkungen (N 52) ist zu entnehmen,
daß der gute Glaube nicht nur abzulehnen ist, wenn der Gläubiger Tatsachen,
die sein Vertrauen in die Befugnis des Verpfänders «erschüttern mußten», übersehen hat, sondern auch dann, wenn sie «zwar entdeckt, jedoch nicht mit der
erforderlichen Sorgfalt gewürdigt wurden».

Der gute Glaube muß im Z e i t p u n k t der Erlangung des Pfandbesitzes **358**
bestehen[a], handle es sich um eine eigentliche Tradition der Sache, um sonstige
Übertragung des Besitzes oder die Umwandlung bestehenden Besitzes in Pfandbesitz. Hinterher eintretende Bösgläubigkeit ist unschädlich. Somit ist der Rechtsnachfolger trotz seines bösen Glaubens geschützt, wenn der Vorgänger im
Zeitpunkt der Erlangung des Pfandbesitzes gutgläubig war. Das gilt auch für
denjenigen, der gemäß OR 110 kraft Subrogation zum Pfandgläubiger wird: das
Pfandrecht b e s t e h t eben zur Zeit des Überganges auf den neuen Gläubiger
bereits (in BGE 72 II 253 offengelassene Frage). Umgekehrt ist der gute Glaube
des Rechtsnachfolgers belanglos, wenn der Vorgänger im maßgeblichen Zeitpunkt bösgläubig war.

Einträge in R e g i s t e r n mit sog. «reiner» oder «positiver» Publizitäts- **359**
wirkung zerstören den guten Glauben[a]. Diese Wirkung fehlt dem Register der
Eigentumsvorbehalte[b], dem Viehverschreibungsprotokoll[c] und der Anmerkung
einer Sache als Zugehör im Grundbuch[d]. Auf den zuletzt erwähnten Vorgang
wird somit ZGB 970 III nicht angewendet, wo sonst jede Berufung auf Unkenntnis einer «Grundbucheintragung» «ausgeschlossen» wird; es ist diese Vorschrift, die dem Grundbuch prinzipiell die Kraft verleiht, den guten Glauben
zu zerstören. Auch wo einzelne der Register den guten Glauben nicht ausschließen und folglich keine Pflicht besteht, Eintragungen zu kennen, fehlt der
gute Glaube gleichwohl, wenn Verdachtsgründe für das Vorhandensein von
Einträgen sprechen. Eine nuancierte Würdigung ist erforderlich (einerseits
AGVE 1956, 45 ff. = SJZ 52, 113, anderseits BlZR 67 Nr. 12 = SJZ 63, 376).
— Über die Publizitätswirkung der Register im a l l g e m e i n e n vgl. neben
den Kommentaren zu den einschlägigen Vorschriften (namentlich *His*, Komm.
OR, Bern 1940, Art. 933 N 1 ff.): Eugen *Huber*, Zum schweiz. Sachenrecht
(Bern 1914) 83/84, 97, 111/112, 116; *Jäggi*, Komm. ZGB Art. 3 N 144 f.; auch
das Urteil ZBJV 72, 150 und 151; namentlich Gerhard *Brüderlin*, Die Rechts-
wirkungen, insbes. die Publizitätswirkungen der … öffentl. Register … (Diss.

[358a] BGE 72 II 251; 83 II 138; SJZ 53, 41; BlZR 3 Nr. 154 S. 246; CC it 1153 I.

[359a] BGE 42 II 581 und bes. 58 II 321 betr. Güterrechtsregister, ZGB 248; dazu auch Erl I
187; OR 932/933 und BGE 42 II 581 betr. Handelsregister.

[359b] ZGB 715; Belege vorstehend N 62.

[359c] ZGB 885 und dort Komm. N 36.

[359d] ZGB 805 II/III; Einzelheiten und Belege vorstehend N 42.

Basel 1933 MaschSchr). Die in der Literatur verwendete Terminologie ist verwirrt.

360 In der von *Homberger* Art. 933 N 35 ff., *Haab / Simonius* Art. 714 N 58, *Stark* Art. 933 N 74 ff. und *Hinderling* 486 besprochenen Frage des guten Glaubens bei S t e l l v e r t r e t u n g, sowie im Falle der j u r i s t i s c h e n P e r s o n e n und der G e s a m t h a n d s c h a f t e n bestehen keine Besonderheiten für das Pfandrecht. Grundsätzlich hindert der böse Glaube sowohl des Vertreters wie des Vertretenen den Rechtserwerb, namentlich bei direkter Stellvertretung (dazu BGE 70 II 107: Prokurist; BlZR 69 Nr. 95 S. 242). Daß bei den Gesamthandschaften (namentlich der Kollektivgesellschaft, und bei der Kommanditgesellschaft bezüglich der Komplementäre) der böse Glaube e i n e s Mitgliedes oder Gesellschafters den Rechtserwerb ausschließt, ergibt sich aus dem Wesen dieser Gemeinschaften und wird von der Praxis ausdrücklich (so ZBJV 66, 21/22) oder stillschweigend (z. B. BGE 36 II 357) anerkannt. Für die juristischen Personen wird zwar etwa der Grundsatz aufgestellt, daß der böse Glaube schon eines einzigen Mitgliedes des zuständigen Organes zur Verhinderung des Erwerbes ausreicht (BGE 56 II 187/188; *Reichel*, SJZ 16, 39; 17, 245/246; *Leemann* Art. 884 N 78). Jedoch kann dies nicht für Mitglieder gelten, die von der fraglichen Verpfändung weder etwas zu wissen noch sich damit zu befassen haben. Der in ZGB Art. 3 II und 4 vorgesehenen Würdigung des Einzelfalles ist auch hier Raum zu lassen, wie z. B. in dem Sonderfall, daß das Mitglied eines Organs nicht in d i e s e r Eigenschaft auftritt, sondern bei seiner juristischen Person wie ein D r i t t e r eine Verpfändung vornimmt, also als ihr Gegenkontrahent handelt. So denn auch BlZR 20 Nr. 27 S. 51 ff.; darüber (referierend) *Schultz*, SJZ 17, 119; für eine beweglichere Auffassung treten ebenfalls ein: *Bader*, SJZ 17, 245; *Eger*, ZSR 36 N. F. 479; *Stark* Art. 933 N 78. — Gegen obige Auffassung zum Teil *Jäggi* Komm. ZGB Art. 3 N 141. Eindeutig ist der Tatbestand BlZR 30 Nr. 55 S. 104.

Kasuistik

361 Die T o l e r a n z g r e n z e für die Beurteilung der V e r d a c h t s g r ü n d e, deren Vorhandensein den guten Glauben gemäß ZGB 3 II ausschließt, muß im wesentlichen aus der J u d i k a t u r gewonnen werden. Hierfür ist neben der Praxis zu Art. 884 II diejenige zu Art. 933, 935 und 714 II heranzuziehen. Aus der Judikatur über die V e r p f ä n d u n g lassen sich folgende Beispiele gewinnen (die Angaben sind lediglich als Hinweise auf die Ausführungen in den Urteilen selber gedacht):

1. G u t e r G l a u b e b e j a h t:

— Die Bösgläubigkeit wird nicht schon dadurch begründet, daß der Gläubiger weiß, der Verpfänder sei nicht der Eigentümer der verpfändeten Gegenstände; denn auch der Nichteigentümer kann gegebenenfalls zur Verpfändung befugt sein, sei es in eigenem, sei es in fremdem Namen (BGE 38 II 190/191 und vorstehend N 350. Vgl. auch BGE 43 II 616/617).

— Das dem Gläubiger vorgeschlagene Geschäft und die verpfändeten Titel erscheinen völlig normal (BGE 35 II 588; 83 II 139 f.; vgl. auch BGE 27 II 153; 38 II 192/193).

— Der Umstand, daß der Verpfänder anscheinend spekuliert und die als Deckung gegebenen Wertpapiere mehrmals umtauscht, stellt keinen genügenden Verdachtsgrund dar (BlZR 3 Nr. 154 S. 246).

— Seine Vermögens- und Einkommensverhältnisse sowie seine berufliche Stellung lassen den Verpfänder als zur Verpfändung befugt erscheinen (BGE 27 II 153; 38 II 192—193), zumal der Gläubiger von seinem zum Teil weit zurückliegenden verbrecherischen Vorleben nichts wissen kann. Er braucht ohne ungünstige Anhaltspunkte keine Informationen über den Verpfänder einzuziehen (BGE 35 II 587/588).

— Der bisherige Geschäftsverkehr mit dem Gläubiger hat sich korrekt abgewickelt. Es bedeutet keinen Verdachtsgrund, daß der Gläubiger sich veranlaßt sieht, für einen dem Verpfänder erteilten Kredit Nachdeckung zu verlangen (BGE 72 II 252).

— Die finanzielle Lage des Verpfänders mag zwar undurchsichtig erscheinen, und dem Gläubiger ist bekannt, daß er den Schmuck seiner Frau versetzt hat; indessen hat sich der bisherige umfangreiche Kreditverkehr korrekt abgewickelt. Es vermag den guten Glauben nicht zu erschüttern, wenn die vom Verpfänder verwendeten Wechsel die Unterschriften «notorisch finanzschwacher Personen» tragen (BGE 70 II 107 ff.).

— Die schlechte finanzielle Lage des Verpfänders stellt allein nicht einen Verdachtsgrund dar, zumal in casu der Gläubiger sich auf die Rechtmäßigkeit des zunächst von einer bekannten Bank entgegengenommenen und nachträglich auf ihn übergegangenen, also bereits vorher begründeten, Pfandrechts verlassen durfte (BGE 72 II 254).

— Obwohl eine Bank weiß, daß die Verpfänderin Witwe ist, braucht sie nicht zu erkunden, ob die verpfändeten Sachen vielleicht einer unverteilten Erbschaft zugehören (ZGB 602) und ob die Verpfänderin eine zu Verfügungen nicht berechtigte «altbernische» («unabgeteilte») Witwe ist (bernisches EG zum ZGB 148; ZBJV 72, 150—151; vorstehend N 348).

— Zwar sollte eine Bank, bei der ein Angestellter einer anderen Bank ein pfandrechtlich gesichertes Darlehen von einer gewissen Bedeutung aufnimmt, besondere Vorsicht walten lassen, sofern sie über die Vermögensverhältnisse des Verpfänders nicht näher unterrichtet ist; wenn sie aber günstige Auskünfte besitzt (die freilich den Tatsachen nicht entsprechen), so entfällt der Anlaß, Verdacht zu haben (BGE 38 II 191 ff.; vgl. auch BGE 38 II 469).

— Es ist unschädlich, daß der Kreditsuchende der Bank unbekannt ist, den Zweck des Kredits von Fr. 100 000.— nicht detailliert usw. (BGE 83 II 134 ff.).

— Die Bank kontrahiert an einem großen Fremdenort mit einem ihr unbekannten Ausländer, der indes von einer vertrauenswürdigen, dem Bankverwalter bekannten Person eingeführt wird. Das Geschäft erscheint als normal (ZBJV 91, 240 ff.).

2. Guter Glaube verneint:

— Dem Gläubiger sind von früher her die Unzuverlässigkeit und die großen finanziellen Verluste des Verpfänders bekannt; auch hätte ihm auffallen müssen, daß er zur Verpfändung statt zum Verkauf von Titeln schreitet, um sich Geld für Spekulationen zu verschaffen (BGE 36 II 357).

— Die Unzuverlässigkeit des Verpfänders ist dem Gläubiger aus dem bisherigen Geschäftsverkehr geläufig, und seine Geldnot konnte ihm nicht entgehen (BGE 70 II 109).

— Eine Börsenfirma nimmt zu Unrecht daran keinen Anstoß, daß ein kaum zwanzigjähriger, ihr unbekannter, untergeordneter Bankangestellter sehr bedeutende und gewagte Spekulationen auf Termin ausführen läßt und dafür Wertpapiere in ansehnlichem Betrag als Pfand gibt; die Gläubigerin begnügt sich mit unglaubwürdigen Erklärungen des Verpfänders (BGE 38 II 469; vgl. auch BGE 38 II 191/192).

— Der Filialleiter eines Fabrikunternehmens darf nicht ohne weiteres als befugt angesehen

werden, eine dem Unternehmen gehörende Registrierkasse zu Geschäftszwecken zu verpfänden (BlZR 8 Nr. 1 S. 1—2; vgl. auch SJZ 13, 248 Nr. 211).

— Bei Verpfändung eines vom Kreditsuchenden gemieteten Automobils als eigenes prüft der
Vertreter des Gläubigers die Fahrzeugpapiere nicht gründlich und würdigt den Geldbedarf
des Kreditsuchenden nicht angemessen (BlZR 69 Nr. 95 S. 242 ff.; vgl. auch BGE 79 II
63 ff.; SJZ 60, 143).

E. Rechtsfolgen des gutgläubigen Erwerbs

362 Der Eigentümer der Pfandsache, zu dessen Nachteil der
Verpfänder unbefugterweise ein Pfandrecht zugunsten des gutgläubigen Gläubigers errichtet hat, verliert nicht sein Eigentum (ZGB 729); wohl aber muß er
die Belastung durch das von ihm nicht gewollte Pfandrecht dulden
(Art. 884 II). Dieses entsteht im Zeitpunkt der Besitzübertragung (BGE 38 II
174; vorstehend N 86) und ist einem gewöhnlichen Pfandrecht
gleich zu achten; es entfaltet die selben Rechtsfolgen, inbegriffen die Befugnis
zur Verwertung (Art. 887—894). Dem Pfandgläubiger verschafft es gegenüber
der Vindikation des Eigentümers (Art. 641 II) eine den Besitzentzug ausschließende Einrede. Der Pfandgläubiger braucht sich eine vorzeitige Ablösung
des Pfandrechts nicht gefallen zu lassen.

363 Im Zeitpunkt des gutgläubigen Erwerbs kann die Sache bereits mit einer
Nutznießung oder einem Fahrnispfandrecht belastet sein.
Nahm der gemäß Art. 884 II erwerbende Pfandgläubiger gutgläubig ihr Nichtvorhandensein an — was gewöhnlich zutreffen wird —, so geht sein Pfandrecht jenen früheren Rechten vor (dazu BGE 49 II 340); denn er erhält sein
Pfandrecht so, wie es seiner gutgläubig gebildeten Vorstellung entspricht. Das
ältere dingliche Recht geht also nicht ohne weiteres unter, sondern tritt im Rang
hinter das gutgläubig erworbene Pfandrecht zurück[a]. Hält der Gläubiger zwar
die Verpfändung als solche im Sinne von Art. 884 II für legitim, so daß er
insofern gutgläubig erwirbt, kennt er aber den Bestand eines älteren beschränkten dinglichen Rechtes (oder sollte er ihn kennen), dann ist er in dieser Hinsicht
nicht gutgläubig, und das ältere Recht geht seinem (an sich gutgläubig
erworbenen) Pfandrecht vor (so ausdrücklich BGB 1208; vgl. auch CC it 1153
II/III). Dies kann nicht nur eine ältere Nutznießung betreffen, sondern auch
ein Pfandrecht, z. B. in den Fällen von Art. 887 oder der Besitzanweisung, ferner

---

[363a] Ein älteres Retentionsrecht kann jedoch wegen Besitzverlustes erlöschen
(Art. 895 I). Zudem ist Art. 924 III zu beachten, wonach ein Retentionsrecht trotz des guten
Glaubens desjenigen, der die Sache zu Eigentum erworben hat, bestehen bleibt (hinten Komm.
Art. 895 N 144).

in dem vorstehend N 43 behandelten Tatbestand der Verpfändung einer bereits als Grundstückszugehör von einem Grundpfandrecht erfaßten Sache (Art. 805): ob das gutgläubig erworbene Faustpfand dem Grundpfand vorgeht, hängt davon ab, ob der gute Glaube sich auch auf das Nichtvorhandensein des älteren Grundpfandes erstreckt oder nicht.

Ist der ältere Berechtigte unmittelbarer Besitzer und **364** erhält der nach Art. 884 II erwerbende Pfandgläubiger infolgedessen bloß mittelbaren Besitz, so gilt entgegen der soeben N 363 wiedergegebenen Regel die Meinung, daß der Pfandgläubiger dem älteren Berechtigten nicht vorgehe, auch wenn er gutgläubig das Nichtvorhandensein des fraglichen Rechtes angenommen hat. Das kann bei gutgläubigem Erwerb des Pfandrechts mittels Besitzanweisung aktuell werden. Diese von Kommentatoren des Art. 933 ohne nähere Begründung[a] auf allgemeinem Boden vertretene und offenbar aus BGB 936 III übernommene Ansicht soll hier unerörtert bleiben. Dazu *Homberger* Art. 933 N 39; *Ostertag* N 37; *Haab/Simonius* Art. 714 N 60; *Stark* Art. 933 N 89; *Staudinger* § 1208 N 2b γ.

Der mit dem gutgläubig erworbenen Pfandrecht ohne seinen Willen belastete **365** Eigentümer hat zum Ausgleich für den ihm erwachsenen Nachteil gegen den unbefugten Verpfänder einen Anspruch aus ungerechtfertigter Bereicherung (OR 62 ff.) und, konkurrierend, auf Schadenersatz, sofern in der Verpfändung eine unerlaubte Handlung oder eine Vertragsverletzung liegt (OR 41, 97 I). Der Schadenersatzanspruch wird gewöhnlich der praktischere Weg sein. Über die Handhabung des Anspruchs aus ungerechtfertigter Bereicherung vgl. die einschlägige Literatur, die freilich nur den Fall der Verschaffung von gutgläubig erworbenem Eigentum zu erwähnen pflegt: *von Tuhr/Peter* § 52 bei N 130, N 143 und § 54 S. 433/434; *Becker* Art. 62 N 20; die Schriften zu BGB 816. — Hat die unbefugte Verpfändung jedoch ein Faustpfandgläubiger vorgenommen (als sog. Weiterverpfändung, Art. 887), so ist Art. 890 II anzuwenden; vgl. die dortigen Darlegungen, aus denen hervorgeht, daß die Praxis auch einen Anspruch aus Geschäftsführung ohne Auftrag kennt (hinten Komm. Art. 890 N 29).

Die geschilderten Rechtsfolgen des gutgläubigen Erwerbs bleiben aus, sobald **366** der Tatbestand des Art. 934 vorliegt: wenn der Pfandgegenstand eine abhanden gekommene Sache darstellt, die noch vindizierbar ist, es sei denn, es handle sich um Geld oder Inhaberpapiere (Art. 935; nachstehend N 367 ff.).

[364a] Sie wäre in ZGB 924 III zu suchen.

F. Kein gutgläubiger Erwerb des Pfandrechts an abhanden gekommenen, noch «vindizierbaren» Sachen

367 N 325 ist vorweg angemerkt, daß der g u t g l ä u b i g e E r w e r b e r dann n i c h t ohne weiteres g e s c h ü t z t ist, wenn die verpfändeten Sachen dem Verpfänder n i c h t a n v e r t r a u t worden waren, wie in Art. 933 vorausgesetzt, sondern dem ursprünglichen Besitzer a b h a n d e n g e k o m - m e n sind: Art. 934. Ein Pfandrecht entsteht nicht, solange der in dieser Vorschrift geregelte Anspruch auf Rückgabe geltend gemacht werden kann, die Sachen in diesem Sinne «vindizierbar» sind. Für Geld und Inhaberpapiere jedoch gilt eine abweichende Ordnung: Hier schadet der unfreiwillige Besitzes- verlust durch Abhandenkommen nicht, vielmehr ist der Erwerber schlechthin geschützt, das Pfandrecht wird anerkannt: Art. 935ᵃ. Die Anwendbarkeit des Art. 934 auf die Verpfändung ist, wie ebenfalls N 325 erwähnt, im mittleren Satzteil von Art. 884 II angeordnet. — Einzelheiten der Art. 934 ff. behandeln die Kommentare *Homberger* und *Stark*, sowie *Hinderling* 474 ff., 490 ff. Hier sei, teils zusammenfassend, teils ergänzend, folgendes erwähnt:

a) Abhandenkommen der Pfandsachen als Voraussetzung des fehlenden Schutzes des gutgläubigen Erwerbs

368 «Abhanden gekommen» sind Sachen, deren Besitz der Berechtigte u n - f r e i w i l l i g verloren hat; das sind besonders — nicht ausschließlich — gestohlene und verlorene Gegenstände. Sie stellen den G e g e n s a t z dar zu den «a n v e r t r a u t e n» S a c h e n, die gemäß Art. 933 dem gutgläubigen Erwerber, anders als die abhanden gekommen, das erstrebte Recht zu ver- schaffen vermögen (grundlegend BGE 19, 311; ferner 27 II 154/155, 157; 36 II 347; vorstehend N 335). Die strafgerichtliche Qualifikation des Entzugs der Sachen seitens des unbefugten Verpfänders ist zwar für den Zivilrichter nicht verbindlich (BGE 19, 310; 27 II 154); jedoch läßt sich sagen, daß die Ver- untreuung (früher gewöhnlich Unterschlagung genannt) im Sinne des StGB gewöhnlich unter ZGB 933 fällt, der Diebstahl unter ZGB 934. Die unbefugte Verpfändung durch den Besitzdiener (Angestellten, Dienstboten und dergl.) wird von Art. 934 erfaßt (BGE 27 II 155 ff.; 36 II 341/342; *Homberger* Art. 934 N 5; *Stark* Art. 933 N 36 f.; *Ganz*, SJZ 45, 72/73.) — Ein Anwendungsfall BGE 80 II 235 ff.: ein Verpfänder vertauscht heimlich die ihm vorübergehend überlassenen Schlüssel des Gelasses, in dem die verpfändeten Sachen eingelagert sind; dazu vorstehend N 240 und *Stark* Art. 933 N 29 f., 37.

368a Ein P f a n d g l ä u b i g e r, dem der Verpfänder unbefugterweise die Sache

³⁶⁷ᵃ Für O r d r e papiere gelten OR 1006 II, 1112, 1152 II; darüber hinten Komm. Art. 901 N 61, 79.

weggenommen hat, z.B. um sie anderweitig zu veräußern oder verpfänden, kann sich gemäß Art. 934 zur Wehr setzen (nachstehend N 406; hinten Komm. Art. 888 N 32; vgl. auch Semjud 1915, 222). Zustimmend *Stark* Art. 934 N 20 f.

b) Geltendmachung der Besitzesrechtsklage (Fahrnisklage) oder eines allfälligen Ersatzanspruchs

Eine a b h a n d e n g e k o m m e n e S a c h e, die jemand gutgläubig zu **369** Pfand genommen hat, i s t d e m f r ü h e r e n B e s i t z e r z u r ü c k - z u e r s t a t t e n, sofern dieser sie binnen fünf Jahren herausverlangt (Art. 934 I; BGE 27 II 154). I r g e n d ein Besitzer kann gegen den Pfandgläubiger vorgehen, nicht nur der Eigentümer, denn primäres Beweisthema ist neben dem Abhandenkommen der Sachen der frühere B e s i t z des Klägers an diesen. Eine Vergütung kann der beklagte Pfandgläubiger nicht verlangen, es sei denn, daß Al. II / Art. 934 zutrifft. Dies gilt auch für die Pfandleihanstalten (Semjud 1893, 107). Sämtliche Empfänger unterliegen nacheinander diesem Verfolgungsrecht, das als B e s i t z e s r e c h t s k l a g e oder F a h r n i s k l a g e (traditionellerweise als «V i n d i k a t i o n») bezeichnet wird. Der Anspruch richtet sich jeweils gegen den j e t z i g e n Besitzer (BGE 71 II 93/94): «ubi rem meam invenio, ibi vindico» gilt hier.

Nicht nur der unmittelbare, unselbständige Besitzer, sondern auch der mittel- **370** bare, selbständige Besitzer wird als passiv legitimiert betrachtet. Jedoch ist nicht zu übersehen, daß das Vorgehen gegen den mittelbaren, selbständigen Besitzer nicht stets geeignet ist, dem Kläger die Sache sofort einzubringen, weil sie eben an einen unmittelbaren, unselbständigen Besitzer übergeben sein kann, z.B. an einen Pfandgläubiger, von wo sie erst noch beigebracht werden muß[a]. Die Besitzesrechtsklage will den «Z u g r i f f a u f d i e S a c h e» s e l b e r verschaffen, wie das Bundesgericht sich ausdrückt. Folglich empfiehlt sich die Einklagung des jeweiligen unmittelbaren Besitzers (allein oder zusammen mit dem mittelbaren). Zeigt sich, daß der beklagte Empfänger sich an der Sache bereits endgültig entäußert hat (z.B. als Pfandgläubiger auf dem Wege der Pfandverwertung), so führt die Klage nicht zum Ziel. Er kann diesfalls nach der neuesten Gerichtspraxis auch nicht (als sog. gutgläubiger Zwischenbesitzer) auf den Erlös oder eine andere E r s a t z l e i s t u n g belangt werden[b]. Ein

[370a] Deshalb ist das Vorgehen des Klägers im Fall BlZR 12 Nr. 108 S. 173 = BGE 38 II 468 zwar zulässig, aber unpraktisch: die abhanden gekommenen Sachen sind von einem ersten Pfandgläubiger einem zweiten verpfändet worden; da der Kläger den ersten eingeklagt hat, muß er abwarten, daß der erste Pfandgläubiger die Sachen vom zweiten beschafft. Zweckmäßiger wäre die Einklagung b e i d e r Pfandgläubiger gewesen. — *Hinderling* 503.

[370b] Ausführlich begründet in BGE 71 II 93 ff. und BlZR 44 Nr. 105 S. 227 ff.; 811 II 378; *Stark* Art. 938 N 8, 18. Anders *Simonius*, Festschrift Guhl (Zürich 1950) 57 ff.; *Hinderling* 512.

Schadenersatzanspruch besteht dagegen gemäß Art. 940 I, wenn der Empfänger die Sache zwar gutgläubig erworben, dann aber ungeachtet des später eingetretenen Wissens, daß es sich um eine abhanden gekommene Sache handelt — also bösgläubig — weiter veräußert hat[c]. Abgesehen von einem solchen Fall des nachträglich eintretenden bösen Glaubens (sog. mala fides superveniens) richtet sich, wie in Art. 934 III erwähnt, die Verantwortlichkeit des gutgläubigen Empfängers nach Art. 938: grundsätzlich trifft ihn keine Haftung. Die Regelung bezüglich der Verwendungen des Besitzers ist Art. 939 zu entnehmen.

371   Die Besitzesrechtsklage steht gegen einen g u t g l ä u b i g e n E m p f ä n - g e r f ü n f J a h r e lang offen (Art. 934 I). Während dieser Zeit entsteht bei dem Empfänger, dem die abhanden gekommene Sache zu Pfand gegeben worden ist, k e i n P f a n d r e c h t (BGE 36 II 360); wohl aber wächst es ihm n a c h Verlauf dieser Frist zu, was freilich, da Fahrnispfandrechte meist auf kürzere Zeit angelegt sind, selten aktuell werden wird. Ungeachtet dieses nachträglichen Wirksamwerdens des Pfandrechts bleibt dem ursprünglich Berechtigten die Sache nicht dauernd entzogen, sondern nach dem Untergang des Pfandrechts (Art. 888, 889) kann er sie herausverlangen, wozu dem Eigentümer die Vindikation dient (Art. 641 II; 729). — Keiner zeitlichen Beschränkung unterliegt die Besitzesrechtsklage gegenüber dem b ö s g l ä u b i g e n Empfänger; für ihn ist der Schutz des erstrebten Pfandrechts von vornherein ausgeschlossen (Art. 936; nachstehend N 378).

c) Sonderfall der öffentlich versteigerten, der auf dem Markt und der durch einen Kaufmann übertragenen Sachen

372   Ist die Pfandsache «öffentlich versteigert oder auf dem Markt oder durch einen Kaufmann, der mit Waren der gleichen Art handelt, übertragen worden», so besteht zwar der Anspruch auf Rückgabe ebenfalls, jedoch gegenüber dem gutgläubigen Erwerber nur «gegen Vergütung des von ihm bezahlten Preises» (Art. 934 II). Das als Lösungsanspruch bezeichnete R e c h t a u f V e r - g ü t u n g steht «dem ersten» sowie «jedem späteren» «Empfänger» zu, also auch dem Pfandgläubiger (BGE 36 II 351). Ist eine abhanden gekommene Sache zunächst z. B. versteigert und dann vom Erwerber verpfändet worden, so besteht ein Anspruch auf die Vergütung. Als «Kaufmann» im Sinne der Vorschrift gelten bei Wertpapieren namentlich eine Bank, ein Börsengeschäft (BGE 36 II 358), nicht aber ein in eigenem Namen auftretender Angestellter eines solchen Unternehmens (BGE 36 II 352) oder ein nicht gewerbsmäßig, sondern nur

---

[370c] Dazu BGE 36 II 360, wo gemäß aOR noch ein Verschulden verlangt wird, im Gegensatz zur Rechtslage nach ZGB 940 (BGE 45 II 265; BlZR 44 Nr. 105 S. 227/228); *Stark* Art. 940 N 2, 7.

gelegentlich mit Wertpapieren handelnder Geschäftsmann (BlZR 12 Nr. 82 S. 111).

Die V e r g ü t u n g ist dem beklagten Pfandgläubiger zu leisten, wenn und **373** insoweit als die Rückgabe der Sache ihn benachteiligt. Sie kann den Betrag der Pfandforderung erreichen (so BGE 36 II 351, 352/353, 359, 361; auch Art. 7 II des dahingefallenen BRB betr. die Klagen auf Rückgabe der in kriegsbesetzten Gebieten weggenommenen Vermögenswerte vom 10. Dez. 1945, BS 10, 776, vorhergehende Aufl. Art. 934 N 382; VerwEntsch 9 Nr. 98 S. 109). Ist der Wert der Pfandsache jedoch kleiner als die Pfandforderung, dann ist von diesem geringeren Wert auszugehen. Bis zur Zahlung der Vergütung hat der Beklagte an der Sache ein Retentionsrecht (Art. 895; BGE 71 II 93). Die von *Homberger* Art. 934 N 32/33 vorgeschlagene Lösung, auf den Preis abzustellen, den der Verpfänder für die Sache bezahlt hat, sofern auch er sich schon auf Art. 934 II berufen kann, ist nur dann zutreffend, wenn die Klage sich gegen den Verpfänder richtet. Die Ansicht, das Pfandrecht erstrecke sich dann von selber auf die Vergütung, findet im Gesetz keine Stütze; vielmehr bezweckt dieses die Rückgabe der abhanden gekommenen Sache, indem es das Pfandrecht scheitern läßt. Es ist dem beklagten Verpfänder überlassen, sich intern mit dem Pfandgläubiger auseinanderzusetzen (vgl. den vorstehend N 370 FußN ª erwähnten Tatbestand BGE 38 II 468). Wird ein Verpfänder eingeklagt, der selber nicht unter Art. 934 II fällt, sondern erst der Pfandgläubiger, dann erhält der Beklagte selbstverständlich keine Vergütung, aber auch der Pfandgläubiger nicht, weil nicht er belangt wird; er muß sich an den Verpfänder halten.

Rechtsvergleichend *Stark*, Vorbem. N 12 ff. vor Art. 930, Art. 934 N 47; **374** Helga *Günther*, Die rechtspolitischen Grundlagen des gutgläubigen Fahrniserwerbs im deutschen, schweiz., französ. und österreich. Recht (Diss. Freiburg i. Br. 1937).

d) Rechtsstellung des Pfandgläubigers

Sie ergibt sich aus den bisherigen Ausführungen, besonders N 371/372 und **375** besteht im wesentlichen darin, daß der gutgläubige Empfänger der Pfandsache k e i n P f a n d r e c h t erwirbt (ausgenommen bei Geld und Inhaberpapieren, Art. 935), also gar nicht Pfandgläubiger wird, solange die Besitzesrechtsklage angestrengt werden kann. Im Fall des Al. II / Art. 934 muß er sich die Rückforderung nur gefallen lassen, wenn man ihn durch eine V e r g ü t u n g schadlos hält.

G. Gutgläubiger Erwerb des Pfandrechts an Geld und Inhaberpapieren im besonderen

376/77 Der im guten Glauben befindliche P f a n d g l ä u b i g e r ist o h n e E i n s c h r ä n k u n g g e s c h ü t z t, wenn der Pfandgegenstand aus G e l d oder aus I n h a b e r p a p i e r e n besteht (Art. 935). Das Pfandrecht an Inhaberpapieren ist der ungleich wichtigere Fall; über das Pfandrecht an Geld im allgemeinen vgl. vorstehend N 47. Ob die Sachen gemäß Art. 933 «anvertraut» worden oder im Sinne des Art. 934 «abhanden gekommen» sind, ist unerheblich (BGE 65 II 65; 83 II 132/33). Nur böser Glaube führt zur Herausgabe (Art. 936). Das aOR (Art. 208) hatte den Schutz des guten Glaubens noch nicht so weit durchgeführt. Wenn man den Art. 934 als Ausnahme vom Grundsatz des Art. 933 ansieht, so stellt der Art. 935 wiederum eine Ausnahme von jener Ausnahme dar. Hinsichtlich der E r f o r d e r n i s s e d e s g u t e n G l a u b e n s, namentlich der den Gläubiger zur Aufmerksamkeit nötigenden Verdachtsgründe, gelten die Ausführungen vorstehend N 355 ff.

H. Kein Pfandrecht bei bösem Glauben des Gläubigers

378 Ist der Pfandgläubiger in b ö s e m G l a u b e n, so e n t s t e h t k e i n P f a n d r e c h t, gleichgültig, ob der Tatbestand der «anvertrauten» (Art. 933) oder der «abhanden gekommenen» Sachen (Art. 934) vorliege oder es sich um Geld und Inhaberpapiere handle (Art. 935). Dies ergibt sich neben den zit. Vorschriften und Art. 936 aus Art. 884 II. Die besonderen Voraussetzungen der Art. 933, 934 und 935 brauchen nicht geprüft zu werden (BGE 38 II 189, 467; BlZR 3 Nr. 154 S. 246). Die Sache kann dem bösgläubigen Pfandgläubiger j e d e r z e i t abgenommen werden (Art. 936 I); im Falle des Art. 934 II besteht kein Anspruch auf Vergütung. — Der böse Glaube läßt das Pfandrecht auch dort scheitern, wo nicht die Tatbestände der Art. 933—935 in Frage stehen, sondern kraft besonderer gesetzlicher Vorschrift oder behördlicher Anordnung die Verfügungsbefugnis fehlt oder eine Sache für unverpfändbar erklärt ist (vorstehend N 329, 345, 349, 352). Ist der böse Glaube in einem konkreten Fall dieser Art zu bejahen, so kann die öfters heikle Frage ungeprüft bleiben, ob der gute Glaube überhaupt die Wirkung hätte, das Pfandrecht entstehen zu lassen.

379 Die B e u r t e i l u n g d e r B ö s g l ä u b i g k e i t richtet sich nach den vorstehend in N 355 ff. erwähnten Grundsätzen.

380 Führt der Herausgabe-Anspruch gemäß Art. 936 nicht zum Ziel, weil der beklagte Pfandgläubiger die Sache bereits weiter veräußert oder verpfändet hat, so entsteht ein Anspruch auf S c h a d e n e r s a t z, wie sich deutlicher aus aOR 207 als aus ZGB 940 I ergibt: BGE 45 II 265 und bes. 36 II 356, 358; 38 II 468; 72 II 250, 253; 79 II 61; 84 II 260; ferner BlZR 41 Nr. 85 S. 204 Ziff. 2. Auch sonst hat der bösgläubige Erwerber «für allen durch die Vorenthaltung verursachten Schaden» aufzukommen (Art. 940 I), und zwar in sämtlichen erwähnten Fällen grundsätzlich ohne Verschulden (Arg. aus Art. 940 III). Der Schadenersatz kann wegen Selbstverschuldens wegfallen oder ermäßigt werden (OR 43 I, 44 I; BGE 38 II 470; 83 II 140/41; 84 II 264, 380). Die Gegenforderung auf Ersatz der Verwendungen ist in ZGB 940 II geregelt.

Trotz bösen Glaubens kann ein Pfandrecht nachträglich Wirk- **381** samkeit erlangen durch Genehmigung seitens des Berechtigten oder durch Konvaleszenz (vorstehend N 315).

I. Sogenanntes Raubgut und konfisziertes Gut

Über das sog. Raubgut — in kriegführenden Ländern geraubte, mittels **382** Erpressung, Beschlagnahme usw. abgenommene Gegenstände — vgl. vorhergehende Aufl. N 382. Die vorübergehend durch spezielle Erlasse geregelte Materie ist nicht mehr aktuell.

Abgesehen von Sondererlassen, wie soeben visiert, ist das aus politischen **383** Gründen entschädigungslos konfiszierte Gut als abhanden gekommen im Sinne von Art. 934/935 zu betrachten (*Sieben* SJZ 46, 133 ff.).

K. Internationales Privatrecht   **384**

Darüber Syst. Teil N 107.

VIII. Auseinanderfallen des Eigentums an der Pfandsache und der Schuldnerschaft; besonders Verpfändung für fremde Schuld

385 Lit.: *Haffter* 25 ff., 102 ff. — Vgl. auch die Schriften zu ZGB 824 II und 827. *Staudinger* und *Planck* je § 1211.

A. Tatbestände

386 Gewöhnlich ist der S c h u l d n e r (d. h. der zur Erfüllung der pfand-rechtlich gesicherten F o r d e r u n g — der Pfandforderung — Verpflich-tete) auch Eigentümer der Pfandsache und Verpfänder (über die Terminologie vorstehend N 7 ff.). Statt dessen kann die Pfandsache im E i g e n t u m e i n e s D r i t t e n stehen. Dies trifft namentlich zu, wenn

1. der Dritte als Verpfänder auftritt, indem er mit dem Gläubiger den Pfand-vertrag abschließt (vorstehend N 88), eine ihm gehörende Sache zugunsten des Schuldners dem Gläubiger zu Pfand gibt und dadurch eine Art der Inter-zession vornimmt, also eine fremde Schuld sichert;

2. die dem Schuldner gehörende, von ihm selber verpfändete Sache nach-träglich veräußert wird, ohne daß der Erwerber die Schuld unter Befreiung des Veräußerers übernimmt, was zur Folge hat, daß das Eigentum des Erwerbers zugunsten des Schuldners und im Interesse des Gläubigers mit dem Pfandrecht belastet bleibt (nachstehend N 399).

Gibt der Schuldner selber die dem Dritten gehörende Sache mit dessen Zu-stimmung dem Gläubiger zu Pfand, so handelt er als Vertreter des Eigentümers, und es liegt im wesentlichen Fall 1 vor.

387 Das in den erwähnten Tatbeständen liegende A u s e i n a n d e r f a l l e n des Eigentums und der («persönlichen») Schuldnerschaft, das zu einer H a f t u n g f ü r f r e m d e S c h u l d führt, ist z u l ä s s i g (so aus-drücklich CC fr 2077, CC it 2784 I; dann BGB 1210 I, 1211, 1225; ABGB 450). Die Zulässigkeit ergibt sich nicht nur aus der Analogie zum Grundpfandrecht (ZGB 824 II, 845 I), sondern auch aus einigen außerhalb des Fahrnispfand-rechts zu findenden Vorschriften, die diesen Sachverhalt voraussetzen: SchKG 153 II, OR 110 Ziff. 1 und 178 II, 1161 II. Eine besondere Regelung wie für das Grundpfandrecht (ZGB 827—832, 834) fehlt. Namentlich verzichtet das Gesetz beim Fahrnispfand auf die für das Grundpfand vorgesehenen Maß-nahmen, die bei der Veräußerung des verpfändeten Grundstücks erstreben, daß der Erwerber — alleiniger — Schuldner wird. Dagegen tendiert das Erbrecht mit der auch das Fahrnispfand erfassenden Vorschrift Art. 615 in dieser Richtung.

K a u t i o n e n werden häufig in Gestalt der Verpfändung durch einen **388** Dritten geleistet (Syst. Teil N 327 ff.). — Über die Interzession der E h e f r a u gemäß ZGB 177 III vorstehend N 308.

B. Stellung des dritten Eigentümers

a) Allgemein

Die Stellung des Dritten regelt sich nach dem zwischen ihm und dem Gläubi- **389** ger abgeschlossenen P f a n d v e r t r a g und ist im übrigen diejenige eines Verpfänders, wie sie sich aus den pfandrechtlichen Vorschriften des G e s e t z e s ergibt (Art. 886 ff.). Namentlich muß der Dritte, obwohl er nicht persönlich haftet, die Verwertung seiner Sache dulden, falls der Gläubiger nicht befriedigt wird (Art. 891 I). Der Dritte kann vom Gläubiger nicht eine besondere Rück- sichtnahme verlangen. Über die Einreden nachstehend N 396. Der Gläubiger darf das Pfand verwerten, ohne sich vorher an den Schuldner halten zu müssen (BGr in Semjud 1920, 39; hinten Komm. Art. 891 N 38, a. E.). Zur Befriedigung des Gläubigers ist aber nicht der Dritte, sondern der Schuldner verpflichtet. Der Dritte haftet nicht für den Ausfall bei der Verwertung. Über seine B e r e c h t i - g u n g zur Leistung nachstehend N 397.

Der Pfandvertrag kann, verglichen mit der Pfandforderung, E i n s c h r ä n - **390** k u n g e n der Haftung enthalten, etwa hinsichtlich des zu sichernden Betrags, oder indem die Sache nur subsidiär haftet (BGE 68 III 133; BGr in Semjud 1920, 37; BlZR 13 Nr. 36 S. 91). Es können Befristungen und Bedingungen vorgesehen sein (BGE 68 III 135; Semjud 1937, 358; vorstehend N 99). Sonst ist für den U m f a n g   d e r   H a f t u n g Art. 891 II maßgebend (dort Komm. N 65). Die nachträgliche Erweiterung der Haftung über den vom Pfand- vertrag und von Art. 891 II gezogenen Rahmen hinaus bedarf der Zustimmung des Verpfänders, sonst ist sie diesem gegenüber unwirksam.

Die Interzession des Dritten beruht auf einem zwischen ihm und dem **391** Schuldner bestehenden G r u n d v e r h ä l t n i s , das die Beziehungen zwischen ihnen ordnet, z. B. auf einem Auftrag. Danach beurteilt sich insbesondere, ob und inwieweit dem Dritten ein R e g r e ß gegen den Schuldner zusteht, falls es zur Verwertung kommt (Art. 891 I). Der Regreß entfällt z. B., wenn die Interzession Schenkungscharakter hat. Sonst ist der Regreß dem Dritten im Zweifel analog dem für das Grundpfand und für die Bürgschaft geltenden

Grundsatz zu gewähren (ZGB 827 II, OR 507 I/III und die zugehörige Literatur): die Forderung geht kraft Subrogation in gleicher Weise auf den Dritten über, wie in dem (hier nicht zutreffenden) Fall des Art. 110 OR (nachstehend N 397). Ist der dem Dritten durch den Entzug der Sache erwachsene Schaden größer als der Forderungsbetrag, so ist anhand des Grundverhältnisses zu prüfen, ob der Dritte hierfür vom Schuldner Ersatz verlangen kann, z. B. gemäß OR 402, 422.

392   Die Verwandtschaft zwischen der Verpfändung durch einen dritten Eigentümer und der B ü r g s c h a f t ist nicht zu übersehen. Bei Einzelproblemen kann sich deshalb die Frage stellen, ob die Lösung durch analoge Anwendung der bürgschaftsrechtlichen Vorschriften zu gewinnen sei[a]. Die allfällige Übernahme muß grundsätzlich vorsichtig geschehen, weil sich zahlreiche Bestimmungen des Bürgschaftsrechts u. a. durch die erhebliche Gefahr erklären, die der Bürge auf sich nimmt, indem er sich der Haftung mit seinem g a n z e n Vermögen aussetzt. Demgegenüber ist die Haftung des dritten Verpfänders auf die Pfandsache beschränkt.

393   Die für das G r u n d p f a n d r e c h t geltenden Vorschriften sind vorweg nicht anwendbar (Art. 827—832, 834). Ausgenommen ist Art. 831, wonach die K ü n d i g u n g der Forderung durch den Gläubiger auch «gegenüber» dem dritten Eigentümer zu erfolgen hat; die analoge Anwendung drängt sich auf, zumal das Bürgschaftsrecht eine entsprechende Vorschrift kennt (OR 501 III). Der in ZGB 832 I enthaltene Grundsatz der Weiterhaftung der veräußerten Pfandsache und des bisherigen Schuldners trifft auch für das Fahrnispfandrecht zu, gleichgültig, ob man ihn durch Analogie oder aus allgemeinen Überlegungen gewinnt. Anstelle des Art. 827 gilt im wesentlichen OR 110 (nachstehend N 397).

394   Eine Schutzvorschrift zugunsten des Dritten enthält OR 178 II: bei der S c h u l d ü b e r n a h m e muß er dem Schuldnerwechsel zustimmen, wenn die Pfandsache weiter haften soll.

b) Betreibungsverfahren

395   Im Betreibungsbegehren, das die Pfandverwertung einleitet, ist der dritte Eigentümer der Pfandsache anzugeben (SchKG 151 I). Ihm wird, gleich wie dem Schuldner, ein Zahlungsbefehl zugestellt (Art. 153 II), und er kann Rechtsvorschlag erheben. Dadurch wird ihm ermöglicht, «den Bestand oder die Fälligkeit der Forderung oder den Bestand des Pfandrechtes seinerseits ... zu bestreiten», wie die VZG in Art. 88 I hinsichtlich des Grundpfandrechtes erklärt; dies gilt auch für das Fahrnispfandrecht (*Jaeger/Daeniker* I Art. 153 N 1—3; BGE 42 III 318; 48 III 38; 52 III 115; 62 III 10; 73 III 98; SJZ 45, 173).

[392a] In Semjud 1920, 39 sieht das BGr die analoge Anwendung bürgschaftsrechtlicher Vorschriften auf das Verhältnis zwischen drittem Verpfänder und Schuldner als möglich an.

c) Einreden

Der Dritte kann gegenüber dem das Pfand realisierenden Gläubiger die **396** gleichen Einreden erheben wie der Verpfänder, der zugleich Schuldner ist (hinten Komm. Art. 891 N 24). Die für den Bürgen geltenden besonderen Einreden stehen ihm nicht zur Verfügung. Zunächst fallen die Einreden in Betracht, die der Geltendmachung der Pfand f o r d e r u n g entgegenstehen. Dies ergibt sich aus dem Prinzip der Akzessorietät, so daß, anders als nach BGB 1211, die analoge Anwendung der entsprechenden bürgschaftsrechtlichen Vorschrift OR 502 oder derjenigen von ZGB 845 II sich erübrigt; vorstehend N 161 mit näheren Angaben sowie N 159. Weitere Einreden beziehen sich auf den Bestand des P f a n d r e c h t s an sich (BGE 70 II 228), fließen aus dem mit dem Gläubiger abgeschlossenen P f a n d v e r t r a g oder sonst aus den B e - z i e h u n g e n z w i s c h e n d e m D r i t t e n u n d d e m G l ä u b i g e r . Die B e r u f u n g a u f d i e E i n r e d e n erfolgt je nach dem konkreten Vorgehen im Verfahren zur Beseitigung des Rechtsvorschlags (vorstehend N 395; SchKG 79 ff.), also besonders im Rechtsöffnungsverfahren, oder dann im Aberkennungsprozeß (SchKG 83 II; *Panchaud / Caprez*, La mainlevée d'opposition, Zürich / Lausanne 1939, § 53; *Jaeger / Daeniker* I Art. 153 N 3). Der Dritte kann zur Wahrung seiner Rechte auch mit einer gewöhnlichen Feststellungsklage vorgehen. — Über die Verjährung vorstehend N 146/147.

d) Ablösung des Pfandrechts (OR 110 Ziff. 1)

Statt es auf die Pfandverwertung ankommen zu lassen, kann der dritte Eigen- **397** tümer gestützt auf das sog. ius offerendi gemäß OR 110 Ziff. 1 seine Pfandsache einlösen, indem er den G l ä u b i g e r b e f r i e d i g t und damit das Pfandrecht zum Erlöschen bringt (BGE 72 II 72; BlZR 39 Nr. 2 S. 3; SJZ 8, 190 Nr. 173). Den gleichen Grundsatz kennt das Grundpfandrecht in ZGB 827. Die Pfandforderung geht kraft S u b r o g a t i o n auf den Dritten über, der nunmehr anstelle des Gläubigers in gleicher Weise wie dieser gegenüber dem Schuldner — regreßweise — berechtigt ist. Der Gläubiger ist zur Rückgabe der Sache nur verpflichtet, wenn seine Forderung ganz getilgt wird (Art. 889 II). Die Frage, ob der Gläubiger eine vorzeitige Erfüllung anzunehmen hat, beantwortet sich nach OR 81. Über die Konkurrenz mit dem Bürgen vgl. OR 507 IV. Für Einzelheiten sei auf die Literatur zu OR 110 verwiesen, darunter *Roos* (zit. vorstehend N 166) 54 ff.; vgl. auch hinten Komm. Art. 893 N 23.

IX. Rechtsstellung des Pfandgläubigers in dinglicher und obligatorischer Hinsicht; sein Schutz

398   **A. Allgemein.** — Die Rechtsstellung des Pfandgläubigers ergibt sich aus der Gesamtheit der Rechtsverhältnisse, in denen er sich befindet, m. a. W. der ihm zustehenden R e c h t e und der ihn treffenden P f l i c h t e n. Sie beruhen teils auf der d i n g l i c h e n Natur des Pfandrechts, haben aber teils o b l i g a t o r i s c h e n Charakter (hinten Komm. Art. 890 N 6, Art. 891 N 8 ff., auch vorstehend N 103). Die Regelung findet sich im wesentlichen in den Vorschriften der Art. 886 ff., jedoch, soweit sie n i c h t e i g e n t l i c h p f a n d r e c h t l i c h ist, in den passenden Bestimmungen des weiteren Sachenrechts und des Obligationenrechts, wie sich näher zeigen wird. Hier seien Folgerungen erwähnt, die sich aus dem Bestand des dem Pfandgläubiger eingeräumten b e s c h r ä n k t e n d i n g l i c h e n R e c h t s a n s i c h und aus dem ihm zustehenden (unselbständigen) B e s i t z ableiten lassen (vorstehend N 192). Der Besitz gewährleistet dem Gläubiger die Abwicklung der Verwertung (Art. 891). Übt ein Dritter für den Gläubiger den unmittelbaren Besitz aus, so hat. wenn das diesen Besitz legitimierende Verhältnis erledigt ist, der Gläubiger selber Anspruch auf den unmittelbaren Besitz (*Gierke* II 982).

399   **B. Veräußerung und zusätzliche Belastung der Pfandsache.** — Der Pfandgläubiger muß dulden, daß der Pfandeigentümer ungeachtet des Pfandrechts die Sache v e r ä u ß e r t und das Eigentum einem Dritten überträgt (zustimmend BGE 102 Ia 233). Wenn der Veräußerer nicht zugleich von der Schuld befreit wird, haftet die Sache zu Lasten des Erwerbers nunmehr für eine fremde Schuld, und es liegt der vorstehend N 386 erwähnte Tatbestand vor. In gleicher Weise muß ein nachgehender Pfandgläubiger dulden, daß der vorgehende die Sache zwecks Verwertung veräußert (hinten Komm. Art. 893 N 10). Die Übertragung des Eigentums an der belasteten Sache wird, da der Pfandgläubiger (oder für diesen ein Stellvertreter) im unmittelbaren Besitz der Sache ist und bleibt, gewöhnlich durch Besitzanweisung vollzogen werden (Art. 924; *Hinderling* 440); doch ist auch brevi manu traditio denkbar. Das Pfandrecht beschwert die Sache nach der Veräußerung weiter, was sich sowohl aus dem Wesen des dinglichen Rechts wie durch analoge Anwendung von ZGB 832 I ergibt; bei Besitzanweisung kann sich der Pfandgläubiger auf Art. 924 III berufen und damit den Pfandbesitz aufrechterhalten. Der Erwerber kann die Aushändigung der Sache nur verlangen, wenn er vorher den Gläubiger befriedigt (Art. 889).

400   Die z u s ä t z l i c h e B e l a s t u n g durch Nachverpfändung ist in

Art. 886 geregelt (für Wertpapiere in Art. 903). Auch die Errichtung einer nachgehenden Nutznießung ist zulässig (über den umgekehrten Tatbestand vorstehend N 59). Der Rang verschiedener beschränkter dinglicher Rechte richtet sich gemäß allgemeiner Regel nach der Alterspriorität (Art. 893 II analog).

In allen aufgezählten Fällen kann jedoch der g u t g l ä u b i g e E r w e r b **401** e i n e s D r i t t e n zum Untergang oder zur Hintanstellung des vorhandenen Pfandrechts führen (Art. 714 II, 746 II, 884 II, 933, 935; vorstehend N 363; hinten Komm. Art. 888 N 9; *Homberger* Art. 933 N 39; *Stark* Art. 933 N 89; *Leemann* Art. 746 N 7).

C. Veräußerung der Pfandforderung; Übertragung des Pfand- 402 rechts. — Dieser, das Gegenstück zum Sachverhalt N 399 darstellende Tatbestand ist vom Grundsatz der A k z e s s o r i e t ä t beherrscht und vorstehend N 162 ff. behandelt: Mit der Forderung geht das Pfandrecht auf den Rechtsnachfolger über. Die Übertragung des Pfandrechts allein ist ausgeschlossen.

D. Vermutung aus dem Besitz. — Dem Pfandgläubiger steht die in **403** Art. 931 II/932 geordnete, auf seinen Besitz gestützte Vermutung seines Rechts zur Verfügung. Einzelheiten bei *Homberger* und *Stark* in ihren Komm. zu diesen Bestimmungen; *Hinderling* § 79.

E. Schutz des gutgläubigen Erwerbs. — Über den auf der Stellung des **404** Gläubigers als B e s i t z e r beruhenden Schutz des gutgläubig erworbenen Pfandrechts (Art. 884 II, 933 ff.) vorstehend N 323 ff.

F. Schutz des Pfandgläubigers **405**

a) Besitzesschutz. — Als Besitzer der Pfandsache kann sich der Gläubiger gemäß ZGB 926—929 gegen E n t z i e h u n g der Sache und S t ö r u n g des Besitzes zur Wehr setzen, auch gegenüber dem Verpfänder (vgl. bes. Art. 927).

b) Besitzesrechtsklage (Fahrnisklage). — Dem Pfandgläubiger steht die in **406** Art. 934 und 936 geregelte Klage gegen einen Jeden zu, der die ihm a b - h a n d e n g e k o m m e n e P f a n d s a c h e gut- oder bösgläubig empfangen hat (Semjud 1915, 222). Er kann sogar gegen den Verpfänder vorgehen, wenn dieser ihm die Sache wider seinen Willen weggenommen hat (vorstehend N 368a). Der beklagte Verpfänder kann indessen die Einrede erheben, das Pfandrecht sei bereits (abgesehen von der Wegnahme des Besitzes) erloschen, und damit sein besseres Recht auf die Sache behaupten (*Ostertag* Art. 934 N 23; zustimmend *Stark* Art. 934 N 20). Über die Bedeutung der Besitzesrechtsklage im Zusammenhang mit der Frage des Untergangs des Pfandrechts vgl. hinten Komm. Art. 888 N 32.

407   *c) Obligatorische Ansprüche.* — Der P f a n d v e r t r a g gibt dem Gläubiger den Anspruch auf Verschaffung des P f a n d b e s i t z e s und auf Belassung der Sache in seinem Besitz, bis die in Art. 889 geordneten Voraussetzungen der Rückgabepflicht erfüllt sind (vorstehend N 88, 105). Bei vorzeitiger Wegnahme durch den Verpfänder hat der Gläubiger einen obligatorischen Anspruch auf Rückerstattung der Sache, der gewöhnlich mit einer Besitzesrechtsklage konkurrieren wird (soeben N 406; hinten Komm. Art. 888 N 32).

408   *d) Vindikatorischer und negatorischer Anspruch; polizei- und strafrechtlicher Schutz.* — Um Lücken auszufüllen, welche allenfalls von den N 405—407 erwähnten Rechtsbehelfen offen gelassen werden, ist dem Gläubiger analog zu der für den Eigentümer geltenden Regelung ein v i n d i k a t o r i s c h e r Anspruch auf Herausgabe der Sache und ein n e g a t o r i s c h e r gegen Störung im Recht zu gewähren (Art. 641 II; so ausdrücklich BGB 1227). Sie werden selten aktuell. Der vindikatorische Anspruch entspricht der actio pignoraticia in rem des römischen Rechts. Über die Rechtslage und Handhabung beim Eigentum *Haab* Art. 641 N 31 ff., bes. N 41; *Meier-Hayoz* Art. 641 N 39 ff., 60. Auch ZGB 700 ist zugunsten des Pfandgläubigers anwendbar. Neben den privatrechtlichen Schutz tritt wie beim Eigentum der p o l i z e i - und s t r a f r e c h t l i c h e (*Haab* Art. 641 N 56, 57; StGB 147 und N 144 ff. des Syst. Teils des vorliegenden Komm.).

409   *e) Feststellungsklage.* — Sie fällt in Betracht, wo ein Interesse an der bloßen Feststellung des Pfandrechts besteht. Näheres hinsichtlich des Eigentums *Haab* Art. 641 N 45; *Meier-Hayoz* Art. 641 N 87 ff.

410   *f) Anspruch auf Schadenersatz und Genugtuung.* — Führt die Beschaffenheit der Pfandsache zu einer Schädigung des Gläubigers, so kann er gegen den V e r p f ä n d e r unter den Voraussetzungen des Art. 97 I OR (und analog des Art. 473 II) einen Anspruch auf S c h a d e n e r s a t z erheben, z. B. wenn die eigenen Sachen des Gläubigers Nachteile erlitten haben (durch chemische Zersetzung, Explosion, Ansteckung und dergl.). Neben S a c h s c h a d e n ist P e r s o n e n s c h a d e n denkbar, und im letzteren Fall kann G e n u g t u u n g in Betracht fallen (OR 47). Liegen die Voraussetzungen der Anspruchskonkurrenz vor, so kann der Schadenersatzanspruch sowohl auf V e r t r a g s v e r l e t z u n g (OR 97 I) wie auf a u ß e r v e r t r a g l i c h e S c h ä d i g u n g (OR 41 I) gestützt und diesfalls auch gegen den vom Verpfänder verschiedenen Eigentümer der Pfandsache erhoben werden: *Oftinger*, Schweiz. Haftpflichtrecht I (4. A. Zürich 1975) § 13 IV B; dort passim Ausführungen über weitere schadenersatzrechtliche Fragen; ferner *Oser / Schönenberger* Art. 473 N 5. — Für seinen Schadenersatz und die Genugtuung kann der Gläubiger ein R e t e n t i o n s r e c h t geltend machen und die Sache ungeachtet der in ZGB 889 vorgesehenen Rückgabepflicht zurückbehalten (hinten Komm. Art. 889 N 16, Art. 895 N 90/91). — Über den Zusammenhang mit dem o b l i g a t o r i s c h e n R e c h t s v e r h ä l t n i s zwischen Gläubiger und Verpfänder hinten Komm. Art. 891 N 8, 13.

Bei S c h ä d i g u n g d u r c h e i n e n D r i t t e n haben, soweit als **411** ihnen je ein selbständiges Interesse verletzt ist, sowohl der Eigentümer der Pfandsache als auch der Gläubiger einen — eigenen — Schadenersatzanspruch; *Oftinger* a.a.O. § 6 V B/8 mit Belegen. Vgl. auch BlZR 40 Nr. 25 S. 65/66; *Planck* § 1212 Ziff. 2.

X. Weitere Fragen

Weitere Fragen von allgemeiner Bedeutung sind im Syst. Teil dieses Komm. **412** behandelt; vgl. das Inhaltsverzeichnis.

Art. 885

Zur Sicherung von Forderungen von Geldinstituten und Genossenschaften, die von der zuständigen Behörde ihres Wohnsitzkantons
ermächtigt sind, solche Geschäfte abzuschließen, kann ein Pfandrecht
an Vieh ohne Übertragung des Besitzes bestellt werden durch Eintragung in ein Verschreibungsprotokoll und Anzeige an das Betreibungsamt.

Über die Führung des Protokolls sowie über die Gebühren wird
eine Verordnung des Bundesrates das Nähere bestimmen.

Die Kantone bezeichnen die Kreise, in denen die Protokolle geführt werden, und die Beamten, die mit deren Führung betraut sind.

1 **Ergänzender Erlaß:** Verordnung betr. die Viehverpfändung vom 30. Oktober 1917, nachstehend mit «Verordnung» abgekürzt. Ihrer Erläuterung dient das Kreisschreiben des Bundesrates vom 30. Oktober 1917, BBl 1917 IV 391 ff.

Materialien: aOR 210 III — VE 884—889 — E 890—895 — Erl II 332—339 — Die übrigen Materialien beziehen sich vornehmlich auf die, schließlich verneinte, Frage, ob die Fahrnisverschreibung, wie in den Entwürfen vorgesehen, als a l l g e m e i n e s Institut einzuführen
sei. Die einschlägigen Zitate finden sich N 65 des Syst. Teils dieses Komm. Die Viehverpfändung im b e s o n d e r e n beschlagen namentlich: Prot ExpKom III 131, 139 und StenBull
NR 1906, 701 (Ermächtigung der gläubigerischen Institute) — StenBull StR 1906, 1350, 1352,
1424 und StenBull NR 1907, 340, 342 (Beschränkung der Fahrnisverschreibung auf die Viehverpfändung).

Ausländisches Recht: Syst. Teil des Komm. N 87. CC fr, CC it, BGB, ABGB enthalten
keine entsprechende Bestimmung.

Lit.: *Fritz *Egger*, Die Viehverpfändung (Diss. Bern o. J., offenbar 1922) — Andrea *Engi*,
Die Fahrnisverschreibung im schweiz. Recht (Diss. Bern 1929) 74 ff — *Kaderli* 181 ff. —
Burckhardt, Schweiz. Bundesrecht III (Frauenfeld 1930) Nr. 1309—1318 — Mitteilungen des
Schweiz. Bauernsekretariates Nr. 76, Die Viehverpfändung, Bericht über eine Umfrage (von
Howald; Brugg 1924) — Ferner die Lit. über die F a h r n i s v e r s c h r e i b u n g im allge-
meinen, die Geschichte der Viehverpfändung, sowie ihre Regelung im kantonalen Recht:
Syst. Teil dieses Komm. N 64, bes. Heinrich *Daeniker*, Die Mobiliarhypothek im modernen
schweiz. und franz. Recht (Diss. Zürich 1908): 13 ff. über die Viehverpfändung, 42 ff. (Darstellung der Fahrnisverschreibung gemäß dem E).

Übersicht

I. Viehverpfändung: Allgemeiner Inhalt und Entstehung der Vorschrift — Zugehörige Verordnung

Dem in Art. 884 der Ordnung des Fahrnispfandrechts programmatisch vor- **2** angestellten Faustpfandprinzip setzt das Gesetz in Art. 885 den auffälligsten der von ihm selber geregelten Fälle der M o b i l i a r h y p o t h e k gegenüber (Syst. Teil N 32 ff.). Die Viehverpfändung ist eine der in Art. 884 I vor-

behaltenen Ausnahmen vom Erfordernis der Besitzübertragung. Sie ist als
F a h r n i s v e r s c h r e i b u n g ausgestaltet (über diese: Syst. Teil N 64 ff.);
d. h. für die Verpfändung ist ein konstitutiver R e g i s t e r e i n t r a g erforderlich: die «Eintragung in ein Verschreibungsprotokoll» (Al. I / Art. 885).
An die Stelle des natürlichen Vorganges der Besitzübertragung tritt das Kunst-
mittel des Registers, um die vom modernen Recht als unerläßlich betrachtete
P u b l i z i t ä t des dinglichen Rechts zu gewährleisten (vorn Komm. Art. 884
N 197 ff.). VE 884—889 und E 890—895 wollten in einem eigenen Abschnitt
die Fahrnisverschreibung auf breitem Plan vorsehen, stießen damit aber auf
so lebhaften Widerstand, daß ihre Einführung als eines a l l g e m e i n e n
Institutes des Fahrnispfandrechts fallen gelassen und auf die Verpfändung von
V i e h beschränkt wurde. In diesem Umfang hatte sie schon aOR 210 III,
allerdings als Einrichtung des kantonalen Rechts, zugelassen (betr. das tessini-
sche Recht Rep 1903, 867). An Stelle der allgemeinen Fahrnisverschreibung
trat in den parlamentarischen Beratungen des ZGB der Eigentumsvorbehalt
(Art. 715/716), ausgenommen für Vieh (Art. 715 II). Näheres zur ganzen
Frage: Syst. Teil N 66—68; über die r e c h t s p o l i t i s c h e Seite N 82 ff.

3 Gemäß *Al. I* / Art. 885 ist die Viehverpfändung nur zugunsten von hiezu
«e r m ä c h t i g t e n» G l ä u b i g e r n zulässig, als welche einzig «G e l d -
i n s t i t u t e u n d G e n o s s e n s c h a f t e n» in Betracht fallen. — Das
k a n t o n a l e R e c h t hat entsprechend der in ähnlichen Fällen geltenden
Gepflogenheit des ZGB (z. B. Art. 953) die «Kreise, in denen die Protokolle
geführt werden», zu organisieren und die mit ihrer Führung betrauten Beamten
zu bezeichnen (*Al. III* / Art. 885, SchlT 52, 54). — Im übrigen ist die t e c h -
n i s c h e A u s g e s t a l t u n g der Viehverpfändung in *Al. II* / Art. 885 der
V e r o r d n u n g von 1917 überlassen. Sie ersetzt eine Verordnung vom
25. April 1911, die zu Kritik Anlaß gegeben hatte (Kreisschr. von 1917, 391;
Burckhardt III Nr. 1310). Die geltende Verordnung hat sich in einzelnen Bestimmungen von der Regelung der Fahrnisverschreibung im VE und E, aber
auch vom früheren kantonalen Recht, leiten lassen (vgl. dessen Darstellung bei
Daeniker 13 ff.). Für einige Einzelfragen, die weniger für die rechtliche Erfassung als für die verwaltungsmäßige Routine bedeutsam sind, wird im Folgenden auf die Verordnung verwiesen werden.

II. Viehverpfändung als Fahrnisverschreibung – Anwendung faustpfandrechtlicher Vorschriften – Zweck und praktische Bedeutung

Als Verschreibung untersteht die Viehverpfändung den Prinzipien **4** einer vom Registersystem beherrschten M o b i l i a r h y p o t h e k , was vor allem für Entstehung und Untergang des Pfandrechts bedeutsam ist. Die auf den Pfandbesitz des Gläubigers zugeschnittenen Vorschriften über das F a u s t - p f a n d sind deshalb unanwendbar: Art. 884 I/III (Bestellung), 884 II (gutgläubiger Erwerb), 886 (Nachverpfändung durch Besitzvermittlung seitens des vorgehenden Gläubigers), 887 und 890 II (Weiterverpfändung durch den besitzenden Gläubiger), 888 (Untergang oder Unwirksamkeit durch Besitzverlust), 889 (Rückgabepflicht), 890 (Haftung des Gläubigers aus Pfandbesitz). Dagegen gelten die nicht auf den Pfandbesitz zugeschnittenen Vorschriften Art. 891—894 auch für die Viehverpfändung (Verwertung, Umfang der Sicherung, Umfang der Pfandhaft, Rang, Verfallsvertrag).

Statt mittels Mobiliarhypothek, kann Vieh auch mittels Faustpfandrechts, **5** also durch B e s i t z ü b e r t r a g u n g gemäß Art. 884, verpfändet werden (vorn Komm. Art. 884 N 64; E. *Huber*, Zum schweiz. Sachenrecht, Bern 1914, 108 N 1). Eine dieses Vorgehen ausschließende Vorschrift besteht nicht. Für Tiere, die nicht zum «Vieh» im Sinne des Art. 885 und der Verordnung gehören (nachstehend N 24), ist nur die Verpfändung gemäß Art. 884 zulässig. Soweit nicht eine Viehverschreibung erfolgt, fallen für die Verpfändung von Tieren alle in Art. 885 und der Verordnung enthaltenen Sonderregeln weg, namentlich die Beschränkung auf die ermächtigten Institute. Über die Konkurrenz eines nachträglichen gutgläubig erworbenen Faustpfandrechts mit einer Viehverschreibung nachstehend N 78.

Der Z w e c k der Viehverschreibung beruht, wie der jeder modernen **6** Mobiliarhypothek, im Entgegenkommen an den Verpfänder, dem man die Aufnahme von Kredit gegen Pfand ermöglichen will, ohne daß er die für sein Gewerbe unentbehrliche Pfandsache wegzugeben braucht (Syst. Teil N 83). Dies ist bei Vieh als der wertvollsten Fahrnis des Bauern besonders naheliegend (Erl II 334; Botsch 85; StenBull NR 1906, 713 u. a. m.). Zudem ist die Verwahrung von Tieren für den Gläubiger untunlich. Die früher vom kantonalen Recht da und dort ermöglichte hypothekarische Verpfändung von Vieh als Grundstückszugehör hat das ZGB ausgeschlossen (aOR 211; ZGB 644/645; SJZ 15, 49 Ziff. 5 = *Burckhardt* Nr. 1312 Ziff. 5; Nr. 1316 I). Endlich ist daran zu erinnern, daß man in den Beratungen des ZGB den Eigentumsvorbehalt und die Fahrnisverschreibung gegeneinander abwog; der Ausschluß des ersteren für das Vieh ließ die hypothekarische Viehverpfändung als wünschbar erscheinen (ZGB 715 II; Syst. Teil N 68, 84).

7 Die p r a k t i s c h e B e d e u t u n g der Viehverschreibung ist bescheiden. Aus dem Statistischen Jahrbuch der Schweiz ergibt sich eine stetige Abnahme. Die Anzahl in den einzelnen Kantonen ist sehr gering. 1975 betrug das Total der Verschreibungen in der ganzen Schweiz 1574. Noch 1932 weigerte sich Nidwalden, und 1938 Schwyz, Viehverpfändungen zu ermöglichen (BGE 58 I 212; VerwEntsch 1938 Nr. 41). Die Zahl der behördlich zugelassenen Institute ist zwar beträchtlich, doch sagt sie nichts über den Geschäftsumfang aus, und auf der Liste der Institute in BBl 1946 II 287 ff. fehlen völlig Nidwalden, Glarus, Appenzell I.-Rh., Wallis, Schwyz (obwohl letzterer Kanton die Viehverschreibung seit Jahrhunderten kennt, *Marty*, SJZ 2, 161). Über das (seither verminderte) Bedürfnis nach der Viehverpfändung und die weiteren wirtschaftlichen Fragen *Egger* 18 ff.; *Kaderli* 184; bes. die eingangs zit. Mitteilungen des Schweiz. Bauernsekretariats Nr. 76. Die Gefahr, daß das Pfandrecht an Vieh durch gutgläubigen Eigentumserwerb eines Dritten erlischt, mache die Banken zurückhaltend (*Albisetti / Bodmer* u. a. 591; nachstehend N 83).

III. Behördenorganisation – Rechtsmittel – Kantonales Recht

8 Das für die Führung des Verschreibungsprotokolls zuständige V e r s c h r e i b u n g s a m t wird in territorialer und personeller Hinsicht vom Kanton organisiert (Art. 885 III, Verordnung 4 I). Meist ist es das Betreibungsamt. Die Kantone bezeichnen eine oder zwei Instanzen als A u f s i c h t s b e h ö r d e n über die Verschreibungsämter und die Viehinspektoren (Verordnung 4 II, 32; vgl. auch 26 IV). Im ähnlichen Fall des Handelsregisters will das Bundesgericht freilich nur e i n e kantonale Instanz zulassen (BGE 100 Ib 456/57). Die Aufsichtsbehörden erstatten dem E i d g. J u s t i z - u n d P o l i z e i d e p a r t e m e n t jährlich Bericht. Die Oberaufsicht liegt beim B u n d e s r a t (Verordnung 4 II/III). Zur Z u l a s s u n g der die Viehverpfändung betreibenden Institute (Art. 885 I, Verordnung 2 I) ist eine vom Kanton bezeichnete Behörde zuständig, meist der Regierungsrat. Den B e t r e i b u n g s ä m t e r n als solchen fallen die in Verordnung 23—27 umschriebenen Aufgaben zu. Eine wichtige Rolle spielen die von den Kantonen zu bestellenden V i e h i n s p e k t o r e n (Verordnung 10 II, 15, 28—31), als welche wenn möglich Tierärzte zu wählen sind und deren Hauptfunktionen auf dem Gebiete der Seuchenpolizei liegen (BG über die Bekämpfung von Tierseuchen vom 1. Juli 1966 Art. 4, zugehörige V vom 15. Dez. 1967 Art. 5) : die Verordnung betr. die Viehverpfändung setzt die Viehinspektoren als Sachkundige ein und stellt sie in den Dienst der Verhütung unerlaubter Verfügungen über verpfändetes Vieh (Näheres nachstehend N 44a, 62/63). Die G e r i c h t e sind für die zivil- und betreibungsrechtlichen Streitigkeiten zuständig (vgl. auch Verordnung 22).

Hinsichtlich der R e c h t s m i t t e l gilt: Gegen eine Verfügung des Ver- **9** schreibungsamtes kann innert 10 Tagen Beschwerde an die kantonale Aufsichtsbehörde gerichtet und deren Entscheid innert 30 Tagen durch Verwaltungsgerichtsbeschwerde an das Bundesgericht weitergezogen werden: Verordnung Art. 5, revOG 97 ff. (bes. 98 lit. g). Gegen die Entscheide der Behörden, welche für die Zulassung der die Viehverpfändung betreibenden Institute zuständig sind, ist innerhalb 30 Tagen Beschwerde an den Bundesrat zulässig, was auch hinsichtlich des Entzugs der Ermächtigung gilt: Verordnung Art. 2 IV; Verw-Entsch 1932 Nr. 30 S. 39, Nr. 65 S. 89.

Das k a n t o n a l e R e c h t ordnet die erwähnten organisatorischen **10** Fragen. Verschiedene Kantone haben eine eigene Verordnung erlassen. Im übrigen sind die kantonalen EG zum ZGB einzusehen. Unterlagen nach damaligem Stand bei *Schönenberger,* Die kant. Erlasse zum ZGB und OR I—III (Zürich 1939/1941). Die H a f t p f l i c h t der kantonalen Funktionäre oder der Kantone für diese ist eine Frage des kantonalen Rechts (*Burckhardt* Nr. 1317 III; auch Botsch 86) ; eine primäre Haftung der Kantone besteht, im Gegensatz zur Ordnung im Grundbuchrecht (ZGB 955), von Bundesrechts wegen nicht. Vgl. im übrigen OR 61 und dazu *Oftinger,* Schweiz. Haftpflichtrecht II/1 (2./3. A. Zürich 1960/70) 115 ff., 127 ff.

IV. Beteiligte Personen

A. Gläubiger

a) Bewilligungspflicht

Als Gläubiger sind e i n z i g «Geldinstitute und Genossenschaften» zu- **11** gelassen, «die von der zuständigen Behörde ihres Wohnsitzkantons e r m ä c h -t i g t sind», Viehverpfändungen im Sinne des Art. 885 entgegenzunehmen (Al. I, Verordnung 2 I). Sie werden nachstehend als «I n s t i t u t e» bezeichnet, in der Literatur gelegentlich als «Viehleihkassen». Mit der Zulassung nur einer ausgewählter Gläubigerschaft will man eine Garantie schaffen für sachkundige und zuverlässige Geschäftsführung und vor allem gegen die Ausbeutung der Verpfänder, wie sie im ähnlichen Fall des Eigentumsvorbehalts bei Kreditierung namentlich durch die Viehhändler unter dem aOR beobachtet wurde (*Laur* in Prot ExpKom III 131; BGE 38 I 409; 41 II 347; VerwEntsch 1937 Nr. 57). Deshalb ist in Verordnung 2 II verlangt, daß die Institute «v e r t r a u e n s w ü r d i g» sind und ihnen in Al. III der E n t z u g der Ermächtigung angedroht, wenn sie zu «Aussetzungen Anlaß geben», namentlich «offenbar unbillige Ansprüche an die Schuldner» stellen.

12   Die erwähnten Zwecke der gesetzlichen Ordnung liefern das K r i t e r i u m für die Zulassung von Instituten (BGE 38 I 409 ff.; VerwEntsch 1932 Nr. 65 S. 89; 1937 Nr. 57). Es bietet Raum für die Würdigung gemäß behördlichem Ermessen, das aber an die gesetzlich umschriebenen Voraussetzungen gebunden ist. Deshalb ist die Beschränkung der Ermächtigung auf staatliche Institute (BGE 38 I 409 ff.) oder das Abstellen auf das Bedürfnis unangängig (Verw-Entsch 1932 Nr. 65 S. 89; 1944/45 Nr. 71); die freie Konkurrenz der Institute soll nicht verhindert werden. Ein Kanton darf nicht überhaupt darauf verzichten, Ermächtigungen zu erteilen (BGE 58 I 212; VerwEntsch 1938 N. 41). Die Abweisung eines Instituts wegen Ungenügens seiner flüssigen Mittel ist erlaubt (VerwEntsch 1937 Nr. 57). Die Verwaltungspraxis läßt zu, daß das kantonale Recht «weitere Erfordernisse» im Rahmen des Art. 885 aufstellt (VerwEntsch 1935 Nr. 66); doch bleibt wenig Raum, es handle sich denn um technische Vorschriften: z. B. die Bestimmung, daß der Regierungsrat die Reglemente der Institute zu genehmigen hat. Die Auffassung von *Kaderli* 186, daß nur Banken im Sinne des Bankengesetzes vom 8. Nov. 1934 zuzulassen seien, findet im Gesetz keine Stütze. Es sind immer auch andere Institute ermächtigt worden, z. B. in Schaffhausen eine Gemeindegutsverwaltung (*Egger* 36). Umgekehrt genügt die Unterstellung unter das Bankengesetz nicht für die Zulassung (VerwEntsch 1937 Nr. 57).

13   Die Ermächtigung ist in der verwaltungsrechtlichen Terminologie eine P o l i z e i e r l a u b n i s, des näheren eine gewerbepolizeiliche Bewilligung, keine Konzession (*Fleiner*, Institutionen des Deutschen Verwaltungsrechts, 8. A., Neudruck Zürich 1939, § 25). Über die dem kantonalen Recht überlassene s a c h l i c h e Z u s t ä n d i g k e i t zur Ermächtigung vorstehend N 8 (Art. 885 I, Verordnung 2 I). Die ö r t l i c h e Z u s t ä n d i g k e i t ist bundesrechtlich (Art. 885 I) dahin umschrieben, daß die Ermächtigung im «Wohnsitzkanton» des Instituts zu erfolgen hat; maßgebend ist also die geschäftliche Niederlassung (ZGB 23 III, 56), auch die einer Filiale (OR 934/935). Ein ausländisches Institut, das in der Schweiz eine Filiale besitzt oder wenigstens ein Domizil nimmt, wird nicht ausgeschlossen (*Burckhardt* Nr. 1313 I). Die im einen Kanton erteilte Ermächtigung gilt für die ganze Schweiz: SJZ 9, 47 und 192; ZBJV 48, 685; *Burckhardt* Nr. 1313 II; VerwEntsch 1933 Nr. 58. Die einer Hauptniederlassung erteilte Ermächtigung erfaßt, wenn aus der Bewilli-

gung nicht das Gegenteil hervorgeht, die Filialen nicht, dagegen erstreckt sich die einem Institut erteilte Ermächtigung auf seine unselbständigen Agenturen (BlZR 33 Nr. 115 S. 259). Eine außerkantonale Filiale bedarf einer eigenen Ermächtigung (gl. M. offenbar *Wieland* Art. 885 N 2; a. M. *Kaderli* 187). Daß die einer Filiale erteilte Ermächtigung weder für andere Filialen noch für den Hauptsitz gilt, ist selbstverständlich.

Das Eidg. Justiz- und Polizeidepartement führt ein R e g i s t e r   d e r **14** I n s t i t u t e (Verordnung 3), letztmals publiziert BBl 1946 II 287 ff., seither Nachträge.

Das Verschreibungsamt darf Verpfändungen zugunsten n i c h t   e r - **15** m ä c h t i g t e r   G l ä u b i g e r nicht eintragen. Erfolgt gleichwohl ein Eintrag, so entsteht kein gültiges Pfandrecht. Denn gemäß dem Sinn des Art. 885 I, wie er deutlicher aus Art. 2 I der Verordnung hervorgeht («Pfandgläubiger sind nur ...»), kann ein hypothekarisches Pfandrecht an Vieh bloß entstehen und bestehen, wenn der Gläubiger die Ermächtigung besitzt (gl. M. geht aus BlZR 33 Nr. 115 S. 259 hervor, ferner aus einem in anderem Zusammenhang erstatteten Gutachten von E. *Huber* vom 17. Jan. 1917, zit. bei *Egger* 33; vgl. auch BlZR 13 Nr. 192 S. 370) [a]. Geht die zugunsten eines ermächtigten Instituts mit einer Viehverschreibung gesicherte Forderung auf einen Dritten über, der selber keine Ermächtigung besitzt, so erlischt nach dem Gesagten das Pfandrecht (unzutreffend BGr in BlZR 33 Nr. 115 S. 259/260; VAargR 37, 106). Konsequenterweise müßte das Pfandrecht auch untergehen, wenn einem Institut die Ermächtigung entzogen wird; doch erscheint es richtig, statt dessen das Pfandrecht weiterbestehen zu lassen, dem nunmehrigen Fehlen der Ermächtigung damit die Rückwirkung versagend (*Burckhardt* Nr. 1312 Ziff. 4 = SJZ 15, 49 Ziff. 4).

b) Verzicht auf zusätzliche Sicherheiten

1. **Allgemeines.** Die Verordnung von 1917 hat die Neuerung gebracht, daß **16** die gläubigerischen Institute vorgängig ihrer Zulassung sich v e r p f l i c h t e n müssen, «k e i n e   B ü r g s c h a f t e n ,   S o l i d a r v e r b i n d l i c h k e i t e n u n d   ä h n l i c h e n   S i c h e r h e i t e n neben dem Pfandrecht anzunehmen» (Art. 2 II). Darin liegt das indirekte Verbot, Verträge einzugehen, die solche

---

[15a] Die befürwortete Lösung ist kraft gesetzlicher Vorschrift u m g e k e h r t als in ähnlichen o b l i g a t i o n e n rechtlichen Fällen, z. B. bei Versicherung durch eine nicht konzessionierte Gesellschaft: BlZR 23 Nr. 3 S. 3/4; VAargR 1935, 46; *Jaeger*, Komm. zum Schweiz. BG über den Versicherungsvertrag IV (Bern 1933) S. 108 N 65; *Keller*, Komm. zum gleichen Gesetz I (Bern 1968) 27/28; ferner bei Börsengeschäft oder Liegenschaftenvermittlung durch eine hiezu nicht zugelassene Person: BGE 34 II 686; ZBJV 84, 46. Darüber allgemein: BGE 62 II 111. Gleich 74 II 26/27; 80 II 48.

Sicherheiten begründen; über die zugehörige Sanktion nachstehend N 21. Das
M o t i v dieser Regelung liegt in der unter der Herrschaft der Verordnung von
1911 gemachten Erfahrung, daß die Institute «das Vieh nur selten unmittelbar
belehnten. Meistens versprach der Viehkäufer im Schuldscheine, für den Kaufpreis zugunsten einer konzessionierten Kasse eine Viehverschreibung zu errichten. Dieser Schuldschein wurde dann vom Viehhändler, unter Übernahme
von Bürg- und Selbstzahlerschaft, an die Kasse abgetreten, die das Pfandrecht
für sich eintragen ließ» (*Burckhardt* Nr. 1310 I gestützt auf das Kreisschr. vom
30. Okt. 1917, 392; Mitteilungen des Bauernsekretariats Nr. 76 S. 8, 20, 52/53).
Diese Praktiken schienen unerwünscht, namentlich die Beteiligung der Viehhändler, die, wenn sie als Bürgen vom Institut belangt wurden, kraft Regresses
neuerdings eine Forderung gegen den früheren Viehkäufer, den schuldnerischen
Bauern, erhielten (OR 507). Die hierdurch entstehende Abhängigkeit wollte
man vermeiden. Der Z w e c k der Vorschrift liegt somit wiederum im Schutz
vor der Ausbeutung des Verpfänders (vorstehend N 11; *Burckhardt* Nr. 1315
III a. E.). Die VerwEntsch 1931 Nr. 57 vertretene Auffassung, eine zusätzliche
Sicherheit sei zulässig, um die Gefahr auszugleichen, die ein Gläubiger infolge
der Sömmerung des verpfändeten Viehs im Ausland läuft, steht mit dem Wortlaut und Zweck der Verordnung im Widerspruch.

17   Die Vorschrift Art. 2 II der Verordnung stellt materiell eine Änderung des
Zivilrechts dar, für die in ZGB 885 II keine D e l e g a t i o n enthalten ist: sie
greift in die Gestaltung der einschlägigen Verträge ein (OR 19). Es ist deshalb
fraglich, ob sie staatsrechtlich haltbar ist, was eine nähere Prüfung auf ver-
fassungsrechtlichem Boden erforderte (*Fleiner/Giacometti*, Schweiz. Bundes-
staatsrecht, Zürich 1949, § 94). Sie mag hier angesichts des Umstandes, daß
entgegenstehende Verträge für gültig gelten, die Frage also im zivilrechtlichen
Bereich nicht aktuell wird, dem Staatsrecht überlassen bleiben (vgl. auch
Burckhardt Nr. 1315 III). — Geht man von der Annahme der Verbindlichkeit
der Bestimmung aus, so ergibt sich weiter:

18   2. **Art der betroffenen Sicherheiten.** Die Verordnung nennt neben den
B ü r g s c h a f t e n (OR 492) die «S o l i d a r v e r b i n d l i c h k e i t e n»,
d. h. die Vereinbarung der Solidarität eines zusätzlichen Schuldners mit dem
Schuldner der pfandrechtlich gesicherten Forderung (OR 143 I). Hierher gehört
auch die kumulative Schuldübernahme, die eine Solidarität entstehen läßt und
faktisch, wenn auch nicht rechtlich, der Bürgschaft ähnlich ist (darüber allgemein *Guhl/Merz/Kummer* § 35 IV). Was «ä h n l i c h e S i c h e r -
h e i t e n» im Sinn von Art. 2 II der Verordnung sind, ergibt sich aus dem
Zweck: man will eine direkte oder indirekte Haftung D r i t t e r (namentlich
der Viehhändler) für die durch Viehverschreibung gesicherte Forderung und
damit die U m g e h u n g des Ausschlusses der Bürgschaft und der Solidar-
verbindlichkeiten verhindern. Somit fallen darunter alle Verpflichtungen und

Verfügungen Dritter, die diesen einen R e g r e ß auf den Schuldner verschaffen können, wie er namentlich bei der Bürgschaft entsteht (vorstehend
N 16). Das wurde freilich von der Praxis nie deutlich gemacht. Sie steht jedoch
dem Ergebnis nach im Einklang mit dieser Umschreibung und hat demgemäß
für u n z u l ä s s i g e r k l ä r t : Errichtung eines Grund- oder Fahrnis- **19**
pfandes durch einen Dritten (z. B. Verpfändung eines auf den Namen eines
Dritten lautenden Sparheft-Guthabens); Übernahme der Gewährleistung für die
Einbringlichkeit der dem Institut abgetretenen, nachher durch Viehverpfändung
gesicherten Forderung (OR 171). Praxis bei *Burckhardt* Nr. 1312 Ziff. 3,
Nr. 1315 I/III; VerwEntsch 1935 Nr. 68; 1936 Nr. 68 II; z. T. wiedergegeben
SJZ 15, 49 Ziff. 3; 16, 9ᵃ. Dagegen ist die Errichtung eines Grund- oder
Fahrnispfandrechts durch den Schuldner selber, an einer ihm gehörenden Sache,
zulässig, desgleichen die solidarische Verpflichtung zweier Schuldner, die zu-
sammen das ihnen gehörende Vieh verpfänden (*Burckhardt* Nr. 1312 Ziff. 3,
Nr. 1315 I = SJZ 15, 49 Ziff. 3 und SJZ 16, 9; VerwEntsch 1935 Nr. 68, 70).
Für «krasse Fälle» wird VerwEntsch 1935 Nr. 70 in Aussicht genommen, die vom
Schuldner selber bestellte zusätzliche Sicherheit als «offenbar unbilligen An-
spruch» im Sinne von Art. 2 III der Verordnung zu bezeichnen.

Der G a r a n t i e v e r t r a g ist unzulässig; zwar verschafft er dem Ga- **20**
ranten nicht von Gesetzes wegen einen Regreß gegen den Schuldner, aber der
Regreß kann durch Zession der Rechte des Gläubigers an den Garanten herbeigeführt werden (dazu *allgemein* Edwin *Guggenbühl*, Der Garantievertrag, Diss.
Zürich 1917, 88 ff.; Sam. *Reußer*, Der Garantievertrag, Diss. Bern 1938, 79 ff.).

3. **Sanktionen.** V e r w a l t u n g s r e c h t l i c h ist den Instituten in **21**
Art. 2 III der Verordnung der Entzug der Ermächtigung angedroht, falls sie,
entgegen dem Verbot, zusätzliche Sicherheiten annehmen; über die Weiter-
ziehung des Entscheids der kantonalen Behörde vgl. Verordnung Art. 2 IV und
vorstehend N 9. Die Verletzung des Verbots bewirkt hingegen nach durchweg
vertretener Auffassung in z i v i l r e c h t l i c h e r Hinsicht nicht die Nichtigkeit der auf Einräumung der fraglichen Sicherheiten gehenden Rechtsgeschäfte
und der Viehverpfändung: *Burckhardt* Nr. 1312 Ziff. 4 = SJZ 15, 49 Ziff. 2;
VerwEntsch 1935 Nr. 67; *Leemann* Art. 885 N 16; *Kaderli* 187/188ᵃ. Über
die zugrunde liegende obligationenrechtliche Anschauung, die hier nicht diskutiert werden soll, statt vieler *Oser / Schönenberger* Art. 20 N 21; Rud. *Aeschlimann*, Nichtigkeit wegen Widerrechtlichkeit ... (Diss. Zürich 1949) 15 ff.,
20 ff.; *Oftinger* ZSR 57, 551a/552a.

[19a] Unrichtig *Kaderli* 188 bezüglich der «Drittpfänder».

[21a] In VAargR 37, 106 wird, im Einklang damit, ohne nähere Begründung, eine Bürgschaft
als gültig behandelt, aber übersehen, daß die Rechte aus der Viehverschreibung nicht auf den
Bürgen übergehen können: Pfandgläubiger kann grundsätzlich *nur* ein ermächtigtes Institut
sein (vorstehend N 15; Kreisschr. von 1917, 392).

B. Verpfänder

22   Gewöhnlich ist der S c h u l d n e r   s e l b e r   Verpfänder und verpfändet in seinem Eigentum stehende Tiere. Doch kann ein D r i t t e r   f ü r   f r e m d e S c h u l d   seine Tiere verpfänden; Eigentum und Schuldnerschaft fallen dann auseinander. Es gilt sinngemäß dasselbe wie für das Faustpfand: vorn Komm. Art. 884 N 386 ff.; dazu VerwEntsch 1932 Nr. 64; 1936 Nr. 68 I. In VerwEntsch 1932 Nr. 64 S. 88 wird auf registermäßige Schwierigkeiten hingewiesen, die entstehen, wenn der Schuldner mit der Zustimmung eines dritten Eigentümers dessen Vieh verpfändet, also V e r p f ä n d e r   u n d   E i g e n t ü m e r   v e r - s c h i e d e n e   P e r s o n e n   sind; denn das Registersystem der Verordnung geht von der Identität von Verpfänder und Eigentümer aus. Dies ändert nichts daran, daß dieses Vorgehen ebensogut wie beim Faustpfand zulässig ist (vorn Komm. Art. 884 N 304, 316; gl. M., wenn auch widerspruchsvoll, *Leemann* Art. 885 N 27). Der Gläubiger wird sich eine Zustimmungserklärung des Eigentümers geben lassen. Im Verschreibungsprotokoll sollte ein Hinweis auf die Verschiedenheit der Person des Verpfänders und des Eigentümers angebracht werden, und aus den ergänzenden Verzeichnissen müßte hervorgehen, welches Eigentümers Tiere verpfändet sind (dazu Verordnung Art. 9 I; 6 III, 26 III, 30 III; auch Art. 27).

23   Der Verpfänder braucht nicht B a u e r   zu sein. — Über den E n t z u g oder die B e s c h r ä n k u n g   d e r   V e r f ü g u n g s b e f u g n i s, bes. auf Grund des SchKG und des Sanierungsrechts, vorn Komm. Art. 884 N 309 ff.

V. Pfandgegenstand

24   Was unter «V i e h» zu verstehen ist, interpretiert das Gesetz an anderer Stelle, OR 198, im Zusammenhang der Ordnung des Viehhandels: nicht nur Rindvieh, sondern auch Pferde (*Burckhardt* Nr. 1316 II), Esel, Maultiere, Schafe, Ziegen und Schweine. Sie sind die P f a n d g e g e n s t ä n d e   im Sinne des Art. 885. Dies ergibt sich indirekt aus der in der Verordnung vorgesehenen Tätigkeit des Viehinspektors, der allgemeine für die Kontrolle von Tieren «der Pferde-, Rinder-, Schaf-, Ziegen- und Schweinegattung eingesetzt ist (BG über die Bekämpfung von Tierseuchen vom 1. Juli 1966 Art. 13 ff.; BGE 56 III 206/207). Für die gleichen Tiere ist der Eigentumsvorbehalt ausgeschlossen (Art. 715 II); beide Maßnahmen, der Ausschluß des Eigentumsvorbehalts und die Viehverpfändung, stehen im Zusammenhang (vorstehend N 6). Auch zum Vergnügen gehaltene Tiere, z. B. Reitpferde, fallen unter

Art. 885 (anders VE 884, E 890 I). Praktisch kommt vor allem Großvieh in Betracht, dann auch Pferde, Esel, Maultiere *(Albisetti/Bodmer* u. a. 591). Andere als die aufgezählten Tiere, wie Silberfüchse (BGE 56 III 206), Hunde oder Geflügel, können nur durch Besitzübertragung verpfändet werden (Art. 884). Dienstpferde sind während der Dienstzeit unveräußerlich und damit unverpfändbar, nachher wird die Verpfändung zulässig (Militärorganisation Art. 80; vorn Komm. Art. 884 N 67 FN ᵃ; Einzelheiten *Jaeger* Art. 92 N 14). Über die U n v e r p f ä n d b a r k e i t im allgemeinen (auch die Frage der Kompetenzstücke vorn Komm. Art. 884 N 66 ff.

Wie für das Faustpfand, so gilt auch hier der Grundsatz der S p e z i a l i t ä t **25** (vorn Komm. Art. 884 N 18, 26 ff.): man kann nur einzelne, individualisierte Tiere verpfänden. Sie sind nach Verordnung Art. 11 I genau zu bezeichnen. Damit ist die generelle Verpfändung einer Mehrheit von Tieren und diejenige von Sachgesamtheiten (Herden) als solchen ausgeschlossen (vgl. auch Verordnung 14 II). Gesamtpfandrecht ist zulässig; jedes einzelne Stück haftet für die ganze Forderung (vorn Komm. Art. 884 N 33, hinten Art. 889 N 21, Art. 891 N 22). Einzelne Stücke können ausgetauscht werden, so daß eine Surrogation eintritt, ohne daß das Pfandrecht als Ganzes davon berührt wird: weder geht es unter, noch verliert es den Rang (vorn Komm. Art. 884 N 27; dazu Verordnung 14 II; Zürcher. Privatrechtl. Gesetzb. von 1887 § 408). Die Zustimmung des Gläubigers ergibt sich aus dem Anmeldeschein (Verordnung 15 I).

Dazu im übrigen die z. T. sinngemäß geltenden Ausführungen über den **26** Gegenstand des F a u s t p f a n d e s : vorn Komm. Art. 884 bes. N 34 ff., 59.

VI. Voraussetzungen der Verpfändung

Von den vorn Komm. Art. 884 N 84 aufgezählten Voraussetzungen sind hier **27** nur diejenigen zu behandeln, die dessen besonders bedürfen.

A. Pfandvertrag

Der Pfandvertrag (vorn Komm. Art. 884 N 87 ff.) gibt dem Gläubiger einen **28** obligatorischen Anspruch auf Eintragung des Pfandrechts. Eine Formvorschrift besteht nicht. Doch ergibt sich die Beurkundung wesentlicher Punkte des Vertragsinhalts mit der Ausfüllung des Anmeldescheins gemäß Verordnung 10 I. Die Banken verwenden für den Pfandvertrag Formulare (Beispiel: Sammelwerk der Zürcher. Gesetzgebung I, Zürich 1913, 915 ff.).

B. Pfandforderung

29   Es sei allgemein auf Komm. Art. 884 N 115 ff. verwiesen. Auch für die Viehverpfändung trifft der Grundsatz der A k z e s s o r i e t ä t zu, auch hier kann man u. a. b e d i n g t e und k ü n f t i g e F o r d e r u n g e n sichern. Im besonderen gilt:

30   1. Nur Forderungen der in Art. 885 I erwähnten, zum Geschäftsabschluß e r m ä c h t i g t e n I n s t i t u t e können durch Viehverpfändung gesichert werden (vorstehend N 11 ff.).

2. Die Institute können d u r c h Z e s s i o n eine bereits bestehende Forderung, z. B. die Kaufpreisforderung eines Viehhändlers, e r w e r b e n und dafür ein Pfandrecht eintragen lassen. Gegenteilige Bestrebungen, wonach die Institute nur «primäre», d. h. von ihnen selber begründete Forderungen nach Art. 885 sichern könnten, haben in Gesetz und Verordnung keinen Ausdruck gefunden, zumal dies den Erwerb von Vieh auf Kredit erschweren würde: BGE 41 II 346; Kreisschr. von 1917, 393; *Burckhardt* Nr. 1314, 1315 II; *Egger* 21/22, 34, 45 ff. Durch Verordnung 2 III sollen jedoch die Institute vom Erwerb solcher Forderungen abgehalten werden, wenn sie «offenbar unbillige Ansprüche an den Schuldner» enthalten (Kreisschr. von 1917, 393 = *Burckhardt* Nr. 1310 I).

31   Bei Z e s s i o n d e r F o r d e r u n g e i n e s I n s t i t u t s geht das Pfandrecht kraft Akzessorietät über — ohne daß ein entsprechender Eintrag im Protokoll nötig wäre (OR 170 I, ZGB 835 analog) —, s o f e r n auch der Zessionar eine Ermächtigung im Sinne des Art. 885 I besitzt. Andernfalls erlischt das Pfandrecht, weil nur ermächtigte Institute als Pfandgläubiger auftreten können, und dies selbst in der Rolle des Zessionars (vorstehend N 15). Das gleiche gilt bei Subrogation. Der neue (im Besitz der Ermächtigung befindliche) Gläubiger wird zweckmäßigerweise seine Gläubigerschaft eintragen lassen.

32   3. Die Verstärkung der Forderung durch z u s ä t z l i c h e S i c h e r - h e i t e n Dritter ist unzulässig (Verordnung 2 II, vorstehend N 16 ff.).

33   4. Der B e t r a g d e r F o r d e r u n g braucht bei der Verpfändung nicht festzustehen und im Verschreibungsprotokoll nicht eingetragen zu werden, obwohl dort eine entsprechende Rubrik vorgesehen ist (BGE 59 II 148; BlZR 33 Nr. 115 S. 259, entgegen *Burckhardt* Nr. 1318 II; SJZ 30, 48). Es gilt im Ergebnis dasselbe wie beim Faustpfandrecht (Komm. Art. 884 N 138 ff.).

34   5. Über die S t u n d u n g von «Viehpfandschulden» im Entschuldungsverfahren vgl. EntschG 27.

C. Registereintrag

a) Allgemeine Bedeutung — Rechtskraft und sonstige Wirkungen des Registers

Der Eintrag in das als V e r s c h r e i b u n g s p r o t o k o l l bezeichnete **35** R e g i s t e r ersetzt als Publizitätsform die Besitzübertragung (ZGB 885 I und Verordnung Art. 1 im Gegensatz zu ZGB 884 I). Der Eintrag hat gemäß dem registerrechtlichen (absoluten) E i n t r a g u n g s p r i n z i p k o n s t i t u - t i v e B e d e u t u n g. Das Verschreibungsprotokoll besitzt m. a. W. n e g a - t i v e R e c h t s k r a f t, wie sie auch das Grundbuch im wesentlichen und das Register der Eigentumsvorbehalte aufweisen (Art. 971 I, 715 I): Ohne Eintrag entsteht (und besteht) kein Pfandrecht; Dritte können folglich darauf vertrauen, daß an nicht eingetragenem Vieh kein hypothekarisches Pfandrecht besteht: E. *Huber*, Zum schweiz. Sachenrecht (Bern 1914) 107/108, 123; Oskar *Leumann*, Rechtsschein und Offenkundigkeitsgedanke (Diss. Bern 1933) 71; Gerhard *Brüderlin*, Die Rechtswirkungen, insbes. die Publizitätswirkungen der ... öff. Register (Diss. Basel 1933 MaschSchr) 59 ff.

Dagegen fehlt die, namentlich im Schutz des guten Glaubens beruhende, **36** p o s i t i v e R e c h t s k r a f t (darüber nachstehend N 49). Auch vollzieht sich der Untergang des Pfandrechts oder eine Veränderung, wie z. B. eine Zession, unabhängig vom Eintrag. Insoweit mangelt dem Register auch die als «f o r m e l l e» bezeichnete, gesteigerte positive Rechtskraft. Desgleichen gebricht es an der[a] bald als «r e i n e», bald als «p o s i t i v e» bezeich- neten P u b l i z i t ä t s w i r k u n g, die z. B. dem Grundbuch eigen ist (Art. 970 III) und welche die Offenkundigkeit von Tatsachen erzeugt, also in der Zerstörung des guten Glaubens Dritter besteht: BGE 42 II 581, 583; *Hom- berger* Art. 933 N 31; *Haab* Art. 714 N 52 (von *Simonius*); vorn Komm. Art. 884 N 359. Ein gutgläubiger Dritter erwirbt demnach ungeachtet des Eintrags im Verschreibungsprotokoll ein unbelastetes Eigentum oder ein vor- gehendes Faustpfandrecht an dem nach Art. 885 verpfändeten Vieh (nachstehend N 78, 83). Er braucht (mit einer sofort zu erwähnenden Einschränkung) das Verschreibungsprotokoll nicht einzusehen; dessen Kenntnis wird nicht fingiert und damit bei jedermann als vorhanden vorausgesetzt, wie eben z. B. beim Grundbuch (Art. 970 III). Folglich gelten hinsichtlich des gutgläubigen Er- werbs die gewöhnlichen Regeln: Das Vorhandensein des guten Glaubens wird vermutet und ist im übrigen nach den Umständen zu beurteilen (ZGB 3); nur bei Vorliegen von Verdachtsgründen ist der dritte Erwerber zur Erkundigung über Einträge im Verschreibungsprotokoll verpflichtet, was der benachteiligte

[36a] von der positiven Rechtskraft zu unterscheidenden

eingetragene Pfandgläubiger zu beweisen hat (Erl II 338; BGE 42 II 583).
Über die Erfordernisse des guten Glaubens im allgemeinen vorn Komm.
Art. 884 N 355 ff.; dort N 359 a. E. Zitate zum Problem der Publizitätswirkung
der Register überhaupt.

37 Das Protokoll ist ein p r i v i l e g i e r t e s B e w e i s m i t t e l gemäß
ZGB 9. Die Beweiskraft der öffentlichen Register ist dort dahin bestimmt, daß
ihr Inhalt bis zum Beweis des Gegenteils als wahr gilt (*Egger*, Komm. Ein-
leitung/Personenrecht, 2. A. Zürich 1930, Art. 9 N 13; *Kummer*, Komm. ZGB,
Einleitung (Bern 1962) Art. 9 N 38).

38 Hinsichtlich der Ö f f e n t l i c h k e i t des Verschreibungsprotokolls bestimmt Verordnung 7, daß die Kenntnisnahme von Einträgen ein Interesse
daran voraussetzt.

39 Obwohl in Art. 885 I erklärt ist, das Pfandrecht werde bestellt «durch»
Registereintrag *und* «A n z e i g e a n d a s B e t r e i b u n g s a m t», ist
diese Anzeige nicht ein Konstitutiverfordernis, sondern eine interne Maßnahme
des Verschreibungsamtes (Verordnung 24; nachstehend N 61. A. M. *Rossel/
Mentha* no 1640). Deutlicher ist darin der italienische Text des Gesetzes.

40 Das Pfandrecht entsteht unter dem D a t u m des Eintrags und erhält demgemäß seinen Rand (entsprechend: Art. 972). Folglich ist weder das Datum
des Pfandvertrags noch des Anmeldescheines oder dessen Eintreffen auf dem
Verschreibungsamt maßgebend. Die Verzögerung der Eintragung durch den
Verschreibungsbeamten kann diesen haftpflichtig machen. Ein Tagebuch, wie
für das Grundbuch (Art. 948, 972 II), ist nicht vorgesehen.

41 Entsprechend dem im Grundbuchrecht geltenden Grundsatz ist anzunehmen,
daß aus Gründen der Klarheit der Rechtslage weder die Anmeldung eines
Pfandrechts noch der Eintrag im Verschreibungsprotokoll eine S u s p e n s i v -
b e d i n g u n g enthalten kann (GrundbuchV von 1910 Art. 12; dazu BGE
85 II 615/16; *Homberger* Art. 958 N 6, 10). Resolutivbedingungen und Befristungen erscheinen als zulässig; s. indes den eben zit. BGE. Von der Bedingung des Pfandrechts (worauf sich diese Ausführungen beziehen) ist die
Bedingung der Forderung zu unterscheiden, die ohne weiteres zulässig ist (vorstehend N 29). Zur Frage der Bedingungsfeindlichkeit allgemein: *von Tuhr/
Escher* § 84 VI.

b) Formalien der Eintragung

42 Sie sind in der V e r o r d n u n g, Art. 6, bes. 9—12, dann 13—21 und
37—44 (Kosten und Gebühren), eingehend geregelt; Einzelheiten bei *Egger*
47 ff.

43 1. **Einrichtung des Verschreibungsprotokolls:** die Ordnung der Einträge ist chronologisch; ein alphabetisches Verzeichnis der Verpfänder und
Gläubiger erschließt die Einträge (Art. 6).

2. **Örtliche Zuständigkeit für die Eintragung** (Art. 9): kompetent ist **44** das Verschreibungsamt des Kreises, wo das verpfändete «Vieh seinen o r d e n t - l i c h e n S t a n d o r t hat»; dies ist sein dauernder Aufenthaltsort nach dem Willen des Eigentümers, im Zweifel dessen Wohnsitz (ZGB 23 ff., 56; Erl II 337). Ordentlicher Standort ist somit der Ort, wo oder von wo aus das Vieh bestimmungsgemäß mit Willen des Eigentümers gehalten wird. Liegt der «Wohnort des Verpfänders» in einem anderen Verschreibungskreis als der ordentliche Standort des Viehs, oder wird er dorthin verlegt, so erfolgt ein Eintrag (im Sinne einer Abschrift des ursprünglichen, beim ordentlichen Standort erfolgten Eintrags) a u c h in dem für den Wohnsitz des Verpfänders zuständigen Protokoll (Verordnung 18—21). Bei Verlegung des ordentlichen Standorts des Viehs außerhalb des bisherigen Verschreibungskreises erfolgt auf Mitteilung des Verpfänders hin eine Eintragung am neuen Ort, und der bisherige Eintrag wird gelöscht (Verordnung 12), in der Meinung, daß der neue Eintrag ihn ersetzt, unter Beibehaltung der Wirkungen des bisherigen Eintrags, namentlich des Ranges (Erl II 338). Solange nicht der neue Eintrag erfolgt ist, bleibt der alte in Kraft (vgl. auch VE 888 III, E 894 III). Vorübergehender Aufenthaltswechsel des Viehs, z. B. zur Sömmerung auf der Alp, begründet keinen neuen ordentlichen Standort (Verordnung 9 II: «... dauernd ...») ; er zieht deshalb keine neue Eintragung (Art. 12 I) nach sich.

3. **Prozedur der Eintragung; Individualisierung der Pfandgegen-** **44 a** **stände** (Art. 10/11): der Eintrag stützt sich auf einen vom Pfandgläubiger, Verpfänder und Viehinspektor unterschriebenen «Anmeldeschein». Der Viehinspektor (vorstehend N 8) identifiziert und schätzt vorher die Tiere (Verw-Entsch 1930 Nr. 55), deren jedes einzelne gemäß dem Grundsatz der Spezialität (vorstehend N 25) im Protokoll zu individualisieren ist: nach Art, Geschlecht und besonderen Merkmalen wie Rasse, Alter, Farbe, Schatzung u. a. m.

4. **Eintrag von Änderungen:** Art. 14/15. **45**

5. **Neueintrag im Protokoll-Bereinigungsverfahren:** Art. 13 (36 II) **46** und nachstehend N 87 ff.

6. **Löschungseintrag:** Art. 16/17 (13 III, 36 II; 22/23) und nachstehend **47** N 86.

D. Gültiger Rechtsgrund

Im Einklang mit der für die anderen sachenrechtlichen Verfügungen, **48** namentlich für die Errichtung des Faustpfandes (ZGB 884) und für die Verfügungen im Grundbuch (Art. 974/975) bestehenden Ordnung gilt für die Viehverpfändung das K a u s a l p r i n z i p : Der Eintrag im Verschreibungsprotokoll und damit das Pfandrecht hat nur dann Bestand, ist nur dann gültig, wenn ein gültiges Kausalgeschäft vorhanden ist. Auch diese Art der Verpfändung ist also kausal; Kausalgeschäft (Rechtsgrund) ist der Pfandvertrag. Einzelheiten vorn Komm. Art. 884 N 110 ff. Bei Fehlen oder Ungültigkeit des Pfandvertrags besteht demnach kein Pfandrecht, ungeachtet des Eintrags im Verschreibungsprotokoll; dieser ist vielmehr ungerechtfertigt (Art. 974 II). Eine eigene Klage auf Berichtigung des Registers, nach Art der Grundbuchberichtigungsklage (Art. 975), erübrigt sich, weil kein gutgläubiger Erwerb Dritter möglich ist (nachstehend N 49).

VII. Kein gutgläubiger Erwerb des Pfandrechts

49   Die stärkste der Wirkungen, die einem Register allenfalls zuerkannt ist, fehlt dem Verschreibungsprotokoll: die als p o s i t i v e R e c h t s k r a f t oder ö f f e n t l i c h e r G l a u b e bezeichnete Macht, einem gutgläubigen dritten Erwerber das erhoffte Recht zu verschaffen. Anders als kraft des Grundbuchs (Art. 973) und bei den durch Besitzübertragung erworbenen Rechten (Art. 933, 935) — namentlich dem Faustpfandrecht (Art. 884 I) — besteht im Bereich des Art. 885 k e i n S c h u t z d e s g u t g l ä u b i g e n D r i t t e n. Dies ergibt sich aus dem Fehlen einer dahin zielenden Vorschrift. Das Verschreibungsprotokoll ist technisch zu wenig genau ausgestaltet, um den gutgläubigen Erwerb zu ermöglichen, und der Besitz des Gläubigers, an den sich der Schutz des guten Glaubens beim Faustpfandrecht knüpft, fehlt bei der Viehverpfändung.

50   Die f e h l e n d e V e r f ü g u n g s b e f u g n i s des Verpfänders (vorn Komm. Art. 884 N 303 ff.) wird somit durch den guten Glauben nicht ersetzt. Der Eigentümer, zu dessen Lasten in u n g e r e c h t f e r t i g t e r W e i s e ein P f a n d r e c h t e i n g e t r a g e n worden ist, braucht dieses nicht anzuerkennen und kann die Löschung des Eintrags verlangen. Bietet der zu Unrecht eingetragene Gläubiger dazu nicht Hand, so muß der Eigentümer klagen (Verordnung 16, 22). Der gute Glaube hinsichtlich des Erwerbs der F o r d e r u n g durch den Dritten ändert an der Rechtslage nichts; denn auch bei der Zession als solcher wird der gute Glaube nicht geschützt (von Tuhr/Escher § 93 II bei N 22). Der enttäuschte Dritte ist auf Schadenersatz gegen den unbefugten Verpfänder angewiesen. Eine allfällige Zwangsvollstreckung gegen den Eigentümer nimmt auf das vermeintliche Recht des gutgläubigen Dritten keine Rücksicht (SchKG 96 II).

51   Die g e g e n t e i l i g e L ö s u n g, der Schutz des guten Glaubens, könnte nur auf einer ausdrücklichen Vorschrift beruhen und würde eine andere Organisation des Verschreibungsprotokolls voraussetzen (vgl. hinsichtlich des Grundbuchs SchlT 48 III im Gegensatz zu ZGB 973); unhaltbar *Kaderli* 195, der durch Ausfüllung einer «Lücke» zum Schutz des guten Glaubens kommen will: eine Lücke besteht nicht, sondern im Fehlen der fraglichen Vorschrift liegt der n e g a t i v e Entscheid des Gesetzes. In der Ablehnung des gutgläubigen Erwerbs besteht denn auch sonst Einhelligkeit: SJZ 26, 140; E. *Huber*, Zum schweiz. Sachenrecht (Bern 1914) 122/123; *Leemann* Art. 885 N 28, 57; *Egger* 37, 69; *Haffter* 79/80; *Engi* 85; *Leumann* (zit. vorstehend N 35) 71.

VIII. Rechtsstellung des Pfandgläubigers in obligatorischer und dinglicher Hinsicht; sein Schutz

Von den Ausführungen zum F a u s t p f a n d r e c h t, die diesen Fragen **52** gewidmet sind (vorn Komm. Art. 884 N 398 ff.), fallen von vornherein diejenigen weg, die sich auf den Pfand b e s i t z stützen. So steht dem Gläubiger keine besondere Vermutung zur Verteidigung seines Rechtes zur Verfügung (anders ZGB 931 II/932 und für das Grundbuch Art. 937 I).

A. Obligatorisches Rechtsverhältnis zwischen Gläubiger und Verpfänder

Wie beim Faustpfandrecht, so besteht bei der Viehverschreibung ein o b l i - **53** g a t o r i s c h e s Rechtsverhältnis v e r t r a g l i c h e r Natur, gleichgültig, ob die entsprechenden Rechte und Pflichten im Pfandvertrag selber enthalten sind oder durch Heranziehung passender gesetzlicher Vorschriften gefunden werden müssen (hinten Komm. Art. 890 N 6). Dieses Rechtsverhältnis ist von T r e u u n d G l a u b e n beherrscht (ZGB 2).

Dem Verpfänder obliegt auf Grund des erwähnten Rechtsverhältnisses die **54** G e w ä h r l e i s t u n g des Rechts und jene wegen Mängel der verpfändeten Tiere (analog OR 192 ff., 197 ff.; hinten Komm. Art. 891 N 10). Die den Viehhandel erfassende Vorschrift OR 198 ist anwendbar, nicht aber Art. 202, der (mitsamt der ergänzenden Verordnung betr. das Verfahren bei der Gewährleistung im Viehhandel vom 14. Nov. 1911) wegen seines Zuschnittes gerade nur auf den Kauf die Analogie verbietet. Dagegen gilt, im Einklang mit den soeben zitierten Bestimmungen, die Pflicht zu rascher Prüfung und Erhebung der Mängelrüge (OR 201).

55   Der Verpfänder ist verpflichtet, W e r t v e r m i n d e r u n g e n zu unterlassen, die z. B. durch übermäßige Ausnützung der Tiere entstehen können. Die analoge Anwendung der für das Grundpfand geltenden Vorschriften ZGB 808—810 (welche auch im SchRG, Art. 46, vorgesehen ist) drängt sich auf, soweit sie dem Einzelfall angemessen ist[a]: Richterliches Verbot schädlicher Einwirkung; Eingreifen des Gläubigers selber unter Ersatzpflicht des Verpfänders (Art. 808); dagegen fehlt für das in Al. III/Art. 808 vorgesehene gesetzliche Pfandrecht die Grundlage. Aus Art. 809 ergibt sich bei verschuldeter Wertverminderung ein Anspruch auf Sicherstellung, Wiederherstellung oder Abzahlung. Art. 810 wird in den E i n z e l h e i t e n weniger aktuell werden. Doch ist der in dieser Vorschrift enthaltene G r u n d g e d a n k e auf die Viehverschreibung anwendbar (wie auch auf das Faustpfandrecht, hinten Komm. Art. 891 N 15/16): daß der Gläubiger aus unverschuldeter Wertverminderung keine Ansprüche ableiten darf. Das Sinken der Viehpreise z. B. gibt ihm kein Recht auf Abzahlungen. Er kann sich jedoch vertraglich Nachdeckung oder Abzahlung ausbedingen (vorn Komm. Art. 884 N 108). Insbesondere begründet die normale Nutzung der Tiere keine Ansprüche des Gläubigers, gegenteilige vertragliche Abmachungen vorbehalten. Der Gläubiger kann sich zu seinem Schutz z. B. auch die periodische Kontrolle der Tiere ausbedingen (*Kaderli* 199/200).

B. Veräußerung und zusätzliche Belastung der Pfandsache — Strafrechtlicher Schutz

56   M i t   Z u s t i m m u n g   d e s   P f a n d g l ä u b i g e r s darf der Verpfänder das verschriebene Vieh veräußern. Wenn in der Zustimmung nicht ein Verzicht auf das Pfandrecht liegt, so belastet dieses nach der Veräußerung die Sache weiter, es sei denn, weder der Gläubiger noch der Verpfänder habe den Erwerber von dem Pfandrecht unterrichtet, und der Erwerber sei hinsichtlich des von ihm vorausgesetzten Nichtbestandes des Pfandrechts auch sonst gutgläubig gewesen: dann erwirbt er die Sache unbelastet. Das gleiche gilt für eine zusätzliche Belastung durch Faustpfand oder Nutznießung. Nur im Fall   g u t - g l ä u b i g e n   Erwerbs eines späteren Faustpfandrechts geht ein solches der Viehverschreibung vor (nachstehend N 78). Die Errichtung eines der Viehverschreibung nachgehenden Faustpfandes ist zulässig. Gewöhnlich wird indessen eine Nachverpfändung wiederum durch Verschreibung erfolgen (nachstehend N 72).

[55a] Gleich im Grundsatz *Leemann* Art. 885 N 69; *Egger* 73; *Haffter* 98; *Engi* 88; *Kaderli* 199.

Ohne Zustimmung des Pfandgläubigers darf der Ver- **57**
pfänder das Vieh weder veräußern noch zusätzlich belasten, es sei denn, er sorge
dafür, daß das Recht des Pfandgläubigers dadurch nicht beeinträchtigt werde.
Die Unerlaubtheit widersprechender Verfügungen ergibt sich
daraus, daß der gutgläubige Eigentumserwerb Dritter (Art. 714 II, 933, 935)
zum Untergang der Fahrnisverschreibung führt; und im Fall der Errichtung
eines Faustpfandes zugunsten eines gutgläubigen Dritten geht dieser dem Vieh-
pfand-Gläubiger vor (Art. 884 II; nachstehend N 83, 78). Auch tatsächliche Verfügungen zum Nachteil des Gläubigers sind unerlaubt:
Verbrauch, Zerstörung, Wertverminderung der Pfandsache. Dies fließt aus dem
zwischen Gläubiger und Verpfänder bestehenden obligatorischen Rechtsverhältnis (vorstehend N 53).

Unerlaubte rechtliche und tatsächliche Verfügungen sind strafbar **58**
(StGB 147 I; Syst. Teil dieses Komm. N 144). Eine besondere Sanktion enthält
das BG über die Erhaltung des bäuerlichen Grundbesitzes vom
12. Juni 1951 Art. 32 I lit. d.

Maßnahmen zum Schutz vor unerlaubten Verfügungen sind in **59**
der Verordnung in Gestalt eines ganzen Systems von administrativen Vorkehrungen enthalten: nachstehend N 60 ff. Daneben wurde, um den guten
Glauben dritter Erwerber zu zerstören, die Kennzeichnung der verpfändeten
Tiere durch ins Horn eingebrannte Zeichen, Ohrmarken und dergl. verlangt,
aber nicht in die Verordnung aufgenommen: Kreisschr. von 1917, 394; *Burckhardt* Nr. 1310 I; Mitteilungen des Schweiz. Bauernsekretariats Nr. 76 S. 53;
Egger 48; *Kaderli* 197.

C. System der «Mitteilungen» zum Schutz des Pfandgläubigers

Um Maßnahmen Dritter oder des Verpfänders, die dem hypothekarischen **60**
Pfandrecht des Gläubigers abträglich sind, tunlichst zu verhüten, verpflichtet
die Verordnung das Verschreibungsamt zu einer Reihe von «Mitteilungen», d. h. zur Anzeige der erfolgten Errichtung, Neueintragung, Änderung
oder Löschung der Viehverschreibung, und zwar:

1. an das **Betreibungsamt** (Verordnung 24—27). Dieses stellt bei einer **61**
Pfändung fest, ob eine Viehverschreibung besteht und vermerkt eine solche in
der Pfändungsurkunde. «Im übrigen» geht das Betreibungsamt gemäß
SchKG 106/107 vor (Verordnung 27). Dies gilt auch, wo das Verschreibungsamt
gleichzeitig Betreibungsamt ist (vorstehend N 8), obwohl hier die Mitteilung
unterbleibt. — Die Mitteilung an das Betreibungsamt ist schon in ZGB 885 I
vorgesehen, besitzt aber ungeachtet des gesetzlichen Wortlauts nicht konstitutive
Bedeutung (vorstehend N 39).

62 2. an den **Viehinspektor** (Verordnung 28—32); über dessen sonstige Funktionen Art. 10, 15 und vorstehend N 8). Gemäß BG über die Bekämpfung von Tierseuchen vom 1. Juli 1966 Art. 14 ff. bedarf es aus seuchenpolizeilichen Gründen eines vom Viehinspektor auszustellenden «Verkehrsscheines» (nach früherem Gesetz vom 13. Juni 1917 Art. 55 ff. «Gesundheitsscheines»), um Vieh außerhalb des «Viehinspektionskreises» zu verbringen, auf dem Markt aufzuführen usw. Für Pferde hat man auf den Verkehrsschein verzichtet: Art. 14 I des Gesetzes vom 1. Juli 1966, Fassung vom 19. Dez. 1975, entgegen Fassung vom 1. Juli 1966; BBl 1975 II 113 (Einzelheiten V zum zit. BG vom 15. Dez. 1967, Art. 11 ff.). Diesen seuchenpolizeilichen Mechanismus stellt die Verordnung (Art. 31) in den Dienst der Verhütung unbefugter Verfügungen über verpfändete Tiere: Wird vom Viehinspektor die Ausstellung eines Verkehrsscheines (Gesundheitsscheines) verlangt, so vergewissert er sich, ob das Tier durch Verschreibung verpfändet ist und stellt den Schein diesfalls nur aus, wenn der Pfandgläubiger zustimmt. Auf den Scheinen für die Sömmerung oder Winterung merkt er vor, welche Tiere verpfändet sind; die Zustimmung des Gläubigers ist hier nicht erforderlich: Kreisschr. vom 24. April 1914, BBl 1914 II 859 = SJZ 10, 383; VerwEntsch 1930 Nr. 54.

63 Die geschilderten Maßnahmen sind geeignet, ohne Wissen des Pfandgläubigers erfolgende V e r f ü g u n g e n ü b e r d a s v e r p f ä n d e t e V i e h z u v e r h ü t e n, sofern hiefür eine Ortsveränderung eintritt — also vor allem bei Veräußerung und Hingabe zu Faustpfand —; es sei denn, daß von vornherein gegen die Vorschriften des Tierseuchengesetzes verstoßen wird. Die Schutzvorkehrungen der Verordnung versagen jedoch insbesondere, wenn das Vieh den Inspektionskreis nicht verläßt, weil dann grundsätzlich kein Gesundheitsschein auszustellen ist (Tierseuchenges. Art. 14). Dies wird als Mangel empfunden: Mitteilungen des Schweiz. Bauernsekretariats Nr. 76 S. 46, 53; *Egger* 64. — Die genannten Grundsätze gelten, gleichgültig ob der Viehinspektor auch Verschreibungsbeamter ist (vorstehend N 8); im letzteren Fall unterbleibt die dem Viehinspektor sonst zu machende Mitteilung von der Verpfändung (Verordnung 28 I).

64 Die Vorschriften erlauben nicht, die Sömmerung schweizerischen, verpfändeten Viehs im A u s l a n d zu verhindern (VerwEntsch 1930 Nr. 54). Hiezu die zit. VO vom 15. Dez. 1967 Art. 16 ff.

65 3. an die **Viehversicherungskasse**, falls das verpfändete Tier versichert ist (Verordnung 33—34). Der Versicherer übermittelt diesfalls eine allfällige «Schadensvergütung» dem Verschreibungsamt, das sie dem Verpfänder o d e r dem Pfandgläubiger auszahlt, «soweit diese nach dem zugrunde liegenden Rechtsverhältnis sich als berechtigt ausweisen» (Art. 34 II).

66 Die Viehversicherung untersteht gewöhnlich nicht dem V V G (vgl. dessen Art. 101). Wo dies im Einzelfall jedoch z u t r i f f t, ergibt sich für die in

Verordnung 34 II offen gelassene Frage der Berechtigung an der Versicherungsleistung soviel: Das Pfandrecht des Gläubigers erstreckt sich nach dem Grundsatz der dinglichen Surrogation auf den Versicherungsanspruch und die Versicherungsleistung; die letztere soll also nicht dem Verpfänder ausbezahlt
werden (VVG 57 I; hinten Komm. Art. 892 N 16 ff.). In der «Mitteilung» gemäß Art. 33 der Verordnung liegt zudem die Anmeldung des Pfandrechts beim
Versicherer, wie sie in VVG 57 II vorgesehen ist mit der Wirkung, daß die Versicherungsleistung ohne Zustimmung des Pfandgläubigers oder dessen Sicherstellung dem Versicherten nicht ausbezahlt werden darf.

Ist dagegen eine Viehversicherungskasse dem V V G n i c h t u n t e r - **67**
s t e l l t, so ist Art. 34 II der Verordnung im Lichte des gleichwohl (analog)
anwendbaren Leitgedankens von VVG 57 dahin zu verstehen, daß die Versicherungsleistung dem Gläubiger auszuzahlen ist, sofern sein Pfandrecht noch
besteht und gültig, und nicht z. B. wegen Untergangs der Forderung erloschen
ist, und sofern nicht andere Gründe dagegen sprechen, wie etwa die Einwilligung
des Gläubigers in die Auszahlung an den Verpfänder. Ein gesetzliches Pfandrecht nach der Weise des Art. 57 VVG ist nicht vorgesehen. — Für die dem
VVG nicht unterstellten Viehversicherungskassen sind im übrigen maßgebend
die einschlägigen kantonalen Vorschriften, dann die Statuten, Reglemente und
dergl. der Kassen.

Die gemäß Verordnung 34 I beim Verschreibungsamt liegende Versicherungs- **68**
leistung kann laut BGE 71 III 122 Gegenstand eines betreibungsrechtlichen
W i d e r s p r u c h s v e r f a h r e n s werden (SchKG 107 IV).

4. an die **Beteiligten.** Dem V e r p f ä n d e r wird der die Viehverschrei- **69**
bung errichtende Eintrag mitgeteilt (Verordnung 35). Auf dem amtlichen
Formular (Nr. 47) ist der Vermerk enthalten, es sei dem Verpfänder verboten,
«über die Pfandsache durch Verbrauch, Veräußerung, Faustpfandbestellung
usw. ohne Zustimmung des Pfandgläubigers zu verfügen»; ferner: «Der Verpfänder hat das Verschreibungsamt des ordentlichen Standorts der Pfandsache
von den eingetretenen Änderungen, insbesondere von der Verlegung des ordentlichen Standorts der Pfandsache zu benachrichtigen» (dazu Verordnung 12, 15).

Ü b e r w e i t e r e oder b e s o n d e r e F ä l l e von Mitteilungen vgl. **70**
Verordnung 36, ferner 24 II/III und 28 II/III zu Art. 12 und 18.

A n d e r e n Z w e c k e n dienen die in Verordnung 22/23 vorgesehenen **71**
Mitteilungen der Gerichte, Betreibungs- und Konkursämter. — Über die F o r m
der Mitteilungen Verordnung 8.

IX. Nachverpfändung

72 Ein nachgehendes Pfandrecht (darüber im allgemeinen: hinten Komm. Art. 886) wird durch Eintrag im Verschreibungsprotokoll errichtet. Dieses enthält eine Rubrik für die Angabe der vorgehenden Pfandrechte. Die in Art. 886 vorgeschriebene Anzeige an den vorgehenden Pfandgläubiger erübrigt sich, weil sie der Besitzanweisung dient, und Besitz des Gläubigers fehlt hier. Man kann auch ein der Verschreibung nachgehendes Faustpfandrecht errichten (vorstehend N 56).

X. Verwertung

73 Art. 891 I und die zugehörigen Ausführungen dieses Komm. gelten. Private Verwertung wäre zulässig, scheint aber nicht üblich zu sein. Die Betreibung auf Pfandverwertung untersteht den gewöhnlichen Vorschriften: SchKG 37 II, 41 I, 151 ff.; Syst. Teil des Komm. N 129 ff.; hinten Komm. Art. 891 N 37 ff. — Über eine Sonderfrage BGE 71 III 119 ff.: keine Fortsetzung der Betreibung, wenn das Vieh vorher vom Verpfänder veräußert wurde; kein Widerspruchsverfahren.

XI. Umfang der Sicherung

74 Darüber Art. 891 II und die Ausführungen dort Komm. N 64 ff. Die vom Gläubiger getragenen Portoauslagen und Gebühren des Verschreibungsamtes (Verordnung 37 IV, 43 III) sind vom Pfand nicht gedeckt, auch wenn der Gläubiger vom Verpfänder ihre Rückerstattung fordern kann und will. Zu den laut Art. 891 II gedeckten Betreibungskosten gehören dagegen die in Verordnung 43 I (40 II, 23) erwähnten Gebühren.

XII. Umfang der Pfandhaft

75 Art. 892 ist anzuwenden. Zugehör spielt bei Tieren keine Rolle; Geschirr gehört regelmäßig nicht dazu. Losgetrennte Früchte — das sind die geworfenen Tierjungen — fallen nicht unter die Pfandhaft; eine gegenteilige Verabredung kann im Pfandvertrag getroffen werden, wird aber erst mit dem Eintrag der Jungen im Verschreibungsprotokoll wirksam, und der Eintrag ist erst nach der Geburt möglich, weil die Tiere vorher nicht spezifiziert werden können (Verordnung 11 I; vorstehend N 25). Als «F r ü c h t e, die zur Zeit der Pfandverwertung Bestandteil der Pfandsache sind» und die der Pfandhaft unterliegen (Art. 892 III) kommt Schafwolle und dergl. in Betracht (*Egger* 76).

Kraft dinglicher Surrogation erfaßt die Pfandhaft je nach Sachverhalt die **76** Forderung auf V e r s i c h e r u n g s l e i s t u n g, dann diese Leistung selber, oder die daraus angeschafften Ersatzstücke; Einzelheiten vorstehend N 65 ff. (zu Verordnung 34) und hinten Komm. Art. 892 N 16 ff. (zu VVG 57). Über weitere angebliche Fälle der d i n g l i c h e n S u r r o g a t i o n Komm. Art. 892 N 21 ff.: Gemäß der dort vertretenen Auffassung erstreckt sich die Pfandhaft nicht auf Schadensbeiträge für Tiere, die wegen seuchenpolizeilicher Maßnahmen umkommen (a. M. *Egger* 65 N 1). Ohne dem Grundsatz der dinglichen Surrogation Zwang anzutun, kann man auch nicht annehmen, daß der Kadaver eines verpfändeten Tieres der Pfandhaft unterliegt (a. M. *Kaderli* 191); wie käme der Gläubiger überdies rechtzeitig zur Verwertung (SchKG 152, 154)? Jedoch geht BGE 71 III 122 zu weit mit der Behauptung, Gegenstand des als Viehverschreibung begründeten Pfandrechts könne niemals Geld sein; Verordnung 34 und VVG 57 beweisen das Gegenteil.

XIII. Rang der Pfandrechte – Konkurrenz mit einem gutgläubig erworbenen Faustpfandrecht und mit einem Retentionsrecht

Die B e f r i e d i g u n g (Art. 891 I) mehrerer Gläubiger, die an der glei- **77** chen Sache Pfandrechte besitzen, erfolgt nach ihrem Rang (Art. 893 I); der R a n g richtet sich nach der Zeit der Errichtung der Pfandrechte (Art. 893 II), wofür es auf das Datum des Eintrags im Verschreibungsprotokoll ankommt (Art. 885 I). Es besteht kein Pfandstellensystem wie für das Grundpfand (Art. 813 ff.). Erlischt ein vorgehendes Pfandrecht, so rückt das nachgehende von selber nach. Es ist dem kantonalen Recht überlassen, g e s e t z l i c h e P f a n d r e c h t e mit Vorrang vor den Viehverschreibungen zu schaffen, z. B. für Prämienforderungen aus Viehversicherung. Einzelheiten über die Bedeutung und Bestimmung des Ranges finden sich im Komm. zu Art. 893. — Vgl. weiter BlZR 29 Nr. 71 S. 177 zu VerwEntsch 1933 Nr. 59; Syst. Teil dieses Komm. N 57 ff.

Ist an der gleichen Sache, die bereits mittels Verschreibung belastet ist, durch **78** g u t g l ä u b i g e n E r w e r b ein F a u s t p f a n d r e c h t entstanden, so geht dieses der Verschreibung ohne Rücksicht auf das Alter vor (Erl II 335/336). Dies ergibt sich aus dem Prinzip des Schutzes des guten Glaubens: Der gute Glaube bezieht sich auf das Nichtbestehen eines anderen Pfandrechts, so daß dieses zwar nicht erlischt, aber zurücktreten muß. Über die Maßnahmen zur Verhütung einer unbefugten Faustverpfändung vorstehend N 57 ff., 62/63; über die Erfordernisse des guten Glaubens des Dritten: Komm. Art. 884 N 355 ff. und im besondern hinsichtlich des Eintrags im Verschreibungsprotokoll vorstehend N 36: Der Eintrag zerstört an sich den guten Glauben nicht, und es besteht nicht ohne weiteres die Pflicht, sich über allfällige Einträge zu unterrichten.

79 Auch das gutgläubig erworbene R e t e n t i o n s r e c h t des Vermieters und Verpächters geht der Verschreibung vor (OR 272/273 I, 286 III; BlZR 8 Nr. 131); vgl. dazu *Schmid*, Komm. OR 272—274 N 2 ff., N 40. Die Erfordernisse des guten Glaubens sind die selben wie soeben erwähnt; a. M. sind *Oser / Schönenberger* Art. 273 N 4 und *Egger* 78/79, die dem Vermieter die Einsichtnahme ins Verschreibungsprotokoll zumuten. Der Gläubiger wird zweckmäßigerweise dem Vermieter oder Verpächter die Verschreibung mitteilen, um deren guten Glauben zu zerstören. Böser Glaube schließt die Entstehung des Retentionsrechts nicht aus, sondern läßt es der Verschreibung nachgehen. Die analoge Anwendung von OR 273 II ergibt, daß der Vermieter oder Verpächter, der nach Beginn der Miete oder Pacht von der Verschreibung Kenntnis erhält, seinen vorgehenden Rang verliert, sofern er nicht den Vertrag «auf das nächste offene Ziel kündigt». Unterbleibt die Kündigung, so geht nunmehr die Verschreibung vor; jedoch auch ohne Kündigung gilt der Vorrang des Retentionsrechts für die Zinsforderung bis zum nächsten offenen Ziel (dazu BGE 42 II 585/586; *Oser / Schönenberger* Art. 273 N 9). Deshalb suchen die Gläubiger vielfach vom Vermieter oder Verpächter den Verzicht auf den Vorrang des Retentionsrechts zu erwirken (ZGB 896 II). Das SchRG vermeidet ähnliche Schwierigkeiten durch den Ausschluß des Retentionsrechts (Art. 53). — Die Retentionsrechte gemäß OR 57 und ZGB 700 II gehen ohne Rücksicht auf den guten oder bösen Glauben der Verschreibung vor, das Retentionsrecht im Sinn von Art. 895 nur bei gutem Glauben (Art. 895 III).

80 Vieh kann nach heutigem Recht nicht als G r u n d s t ü c k s z u g e h ö r verpfändet werden (Art. 805, 644/645; SJZ 17, 360 Nr. 271; vorstehend N 6). Eine Konkurrenz zwischen einem solchen Pfandrecht und der Verschreibung kann deshalb nicht eintreten.

XIV. Verfallsvertrag

81 Vgl. Art. 894 und die zugehörigen Bemerkungen.

XV. Untergang des Pfandrechts –
Protokollbereinigungs-Verfahren

A. Materielle Seite. — Für den U n t e r g a n g des Pfandrechts sind **82** in erster Linie m a t e r i e l l e U n t e r g a n g s g r ü n d e bestimmend. Die Verschreibung erlischt namentlich wegen:

1. U n t e r g a n g s d e r F o r d e r u n g oder der P f a n d s a c h e (vorbehältlich der dinglichen Surrogation, vor allem in die Versicherungsleistung, vorstehend N 65 ff., 76);

2. g u t g l ä u b i g e n E i g e n t u m s e r w e r b s durch einen Dritten, **83** der die Sache für unbelastet hält (Art. 714 II, 933, 935), wobei hinsichtlich der Erfordernisse des guten Glaubens die bereits erörterten Grundsätze gelten: Der Eintrag im Verschreibungsprotokoll zerstört an sich den guten Glauben nicht, und es besteht nicht ohne weiteres die Pflicht, sich über allfällige Einträge zu unterrichten (vorstehend N 36, 78 und allgemein Komm. Art. 884 N 355 ff.). Über die Maßnahmen zur Verhütung einer unbefugten Weiterveräußerung vorstehend N 57 ff., 62/63.

Für Einzelheiten und für w e i t e r e U n t e r g a n g s g r ü n d e hinten **84** Komm. Art. 888 N 4 ff. und vorstehend N 15: Geht die mit einer Verschreibung gesicherte Forderung auf einen nicht zu den ermächtigten Instituten gehörenden Gläubiger über, so erlischt das Pfandrecht.

In den aufgezählten Fällen geht das Pfandrecht unter, auch wenn der **85** E i n t r a g n o c h b e s t e h e n b l e i b t ; der Eintrag entfaltet keine das Pfandrecht von der materiellen Rechtslage lösende formelle Rechtskraft.

B. Formelle Seite. — Mit der L ö s c h u n g d e s E i n t r a g s , **86** gleichgültig weshalb sie erfolgt, geht das Pfandrecht unter, weil es kraft des Grundsatzes der negativen Rechtskraft ohne Eintrag nicht bestehen kann (vorstehend N 35). Über die Prozedur der Löschung und deren Gründe vgl. Verordnung 16/17, 22/23: Die Löschung erfolgt insbesondere, wenn der Pfandgläubiger schriftlich die Ermächtigung dazu erteilt hat. Dies fällt vor allem dann in Betracht, wenn das Pfandrecht wegen Untergangs der Forderung, z. B. infolge Erfüllung, erloschen ist (analog Art. 826 und SchRG 42 I).

Das in Verordnung 13 (dazu auch Art. 36 II) geregelte P r o t o k o l l - **87** b e r e i n i g u n g s - V e r f a h r e n kann auf formeller Grundlage zum Untergang eines noch in Kraft befindlichen Pfandrechts infolge Z e i t a b l a u f s führen. Das Verschreibungsamt «teilt jeweilen im November den Pfandgläubigern, deren Pfandrecht im zweitvorhergehenden Kalenderjahr eingetragen worden war, mit, daß auf den 31. Dezember der Eintrag gelöscht wird, wenn nicht bis zu diesem Tage die Erneuerung des Eintrags verlangt wird». Ohne einen Erneuerungsantrag des Gläubigers e r l i s c h t somit das P f a n d -

r e c h t (Verordnung 13 III, 16). Der Erneuerungsantrag dagegen zieht die N e u e i n t r a g u n g des Pfandrechts nach sich (Art. 13 II). Der neue Eintrag ersetzt schlechthin den bisherigen (Art. 17), ohne daß der Vorgang materiellrechtliche Wirkungen zeitigt; es tritt keine Novation ein (OR 116), der bisherige Rang bleibt erhalten: VE 888 II, E 894 II; Kreisschr. von 1917, 398; *Burckhardt* Nr. 1312 Ziff. 4 = SJZ 15, 49 Ziff. 4; VerwEntsch 1935 Nr. 69. Versäumt der Gläubiger die Erneuerung, so berührt die Löschung des Eintrags den Bestand der Forderung nicht. — Über einzelne Formalien des Verfahrens VerwEntsch 1927 Nr. 32; 1941 Nr. 15.

88   Z w e c k des Bereinigungsverfahrens ist vornehmlich die Entlastung des Verschreibungsprotokolls von gegenstandslos gewordenen Einträgen und die Berichtigung von Einträgen; auch kann sich die Einsichtnahme ins Protokoll seitens eines Interessenten auf die Einträge des laufenden Jahres und der zwei vorhergehenden beschränken (Kreisschr. von 1917, 398). Die zweijährige Erneuerung war schon in VE 888 und E 894 vorgesehen.

89   Die f r e i w i l l i g e, zwischen den Parteien vereinbarte jährliche Erneuerung wird als zulässig betrachtet (VerEntsch 1935 Nr. 69).

XVI. Weitere Fragen

90   Vgl. den Syst. Teil dieses Komm., bes. über: E r s a t z - u n d U m - g e h u n g s g e s c h ä f t e (dort N 171 ff.; auch *Egger* 83/84); das i n t e r - n a t i o n a l e P r i v a t r e c h t (N 104); die Z w a n g s v o l l s t r e c k u n g (N 120 ff.). Aus der seinerzeitigen Praxis zum Ü b e r g a n g s r e c h t (N 96 ff.) BlZR 12 Nr. 232 S. 366—367; SJZ 15, 49 Ziff. 5 = *Burckhardt* Nr. 1312 Ziff. 5, Nr. 1316 I.

Art. 886

3. Nach-
verpfändung
Ein nachgehendes Faustpfand wird dadurch bestellt, daß der Faustpfandgläubiger schriftlich von der Nachverpfändung benachrichtigt und angewiesen wird, nach seiner Befriedigung das Pfand an den nachfolgenden Gläubiger herauszugeben.

1   Materialien: aOR 217 — VE 866 — E 871 — Erl II 324.

Ausländisches Recht: CC fr, CC it, BGB, ABGB enthalten keine entsprechenden Bestimmung.

Lit.: *Haffter* 44 ff., 91 ff. — *Bolla* 229 — *Rossel/Mentha* n° 1641.

Übersicht

I. Nachverpfändung: Ihr Wesen

Mittels der Nachverpfändung läßt sich der gleiche Gegenstand mit m e h - **1a** r e r e n g l e i c h z e i t i g b e s t e h e n d e n P f a n d r e c h t e n belasten. Diese werden als v o r g e h e n d e s und n a c h g e h e n d e s P f a n d - r e c h t bezeichnet, und entsprechend heißen die beteiligten Gläubiger; den nachstehenden Gläubiger nennt das Gesetz indessen den «nachfolgenden». Die Nachverpfändung erlaubt die allenfalls wünschbare Ausschöpfung des Wertes der Sache zu Kreditzwecken. Während bei den Grundstücken die mehrfache Verpfändung geläufig ist (Art. 812 ff.), ist sie bei der Fahrnis die Ausnahme, die zudem nur bei besonders wertvollen Sachen angezeigt ist. Man kann eine oder mehrere Nachverpfändungen vornehmen.

Das aOR enthielt eine entsprechende Vorschrift, die zugleich für die Ver- **2** pfändung von Forderungen galt (Art. 217). Die a u s l ä n d i s c h e n Gesetze verzichten auf eine eigene Regelung. Im französischen Recht macht man das Zustandekommen der Nachverpfändung im Gegensatz zum ZGB von der Zustimmung des vorgehenden Gläubigers abhängig; sonst gilt «nantissement sur nantissement ne vaut». Im italienischen Recht erfolgt die Besitzübertragung statt an den vorgehenden Gläubiger an einen Dritten, oder an die verschiedenen Gläubiger gemeinsam. Für das österreichische Recht übernimmt *Klang* § 451 Ziff. I 3 die Ordnung von ZGB 886. Dem BGB fehlt ebenfalls ein besonderes Institut, so daß für das nachgehende Pfandrecht die gewöhnlichen Formen der Verpfändung einzuhalten sind, soweit sie die Ausübung des Pfandbesitzes mittels eines Dritten erlauben, namentlich nach Art der Besitzanweisung im Sinne des ZGB (BGB § 1205, II, 1206).

Der nachgehende Pfandgläubiger erhält k e i n e n u n m i t t e l b a r e n **3** B e s i t z, da die Sache beim vorgehenden Gläubiger bleibt. Gleichwohl hat man nicht eine Mobiliarhypothek vor sich, wie *Leemann* N 1—3 annimmt (Syst.

Teil N 43), sondern eine Verpfändung durch B e s i t z a n w e i s u n g gemäß ZGB 924: der vorgehende Gläubiger übt den (unmittelbaren) Besitz für den nachgehenden Gläubiger aus, der dadurch mittelbaren Besitz erlangt, was zur Begründung von Pfandbesitz ausreicht: Komm. Art. 884 N 254; BlZR 19 Nr. 104 S. 195; *Wieland* Art. 886 N 1; *Homberger* Art. 924 N 9; *Stark* Art. 924 N 34; *Haffter* 45 ff.; für das einer Nutznießung nachgehende Pfandrecht nimmt BGE 49 II 341 die gleiche Konstruktion vor. Zustimmend jetzt BGE 81 II 342; 89 II 199 f.

4   Der nachgehende Gläubiger hat mittelbaren G e w a h r s a m im Sinn von SchKG 106 ff. (ZBJV 75, 194/195).

5   Abgesehen von der in Art. 886 geregelten Besonderheit in der Errichtung, ist das nachgehende Pfandrecht ein g e w ö h n l i c h e s   P f a n d r e c h t, das der allgemeinen Ordnung der Art. 884 und 888 ff. untersteht, jedoch in seinen Wirkungen stets von dem vorgehenden Pfand eingeschränkt ist (namentlich Art. 893).

6   Art. 886 erlaubt die Nachverpfändung der bei einer P f a n d l e i h - a n s t a l t versetzten Sachen (Näheres Komm. Art. 909 N 22).

7   Für die V i e h v e r p f ä n d u n g gilt Art. 885 (dort Komm. N 72), und für das P f a n d r e c h t   a n   R e c h t e n, auch an I n h a b e r p a p i e r e n, ist die Nachverpfändung abschließend in Art. 903 geregelt (BGE 66 II 23/24 = BlZR 39 Nr. 83 S. 170/171; BGE 72 II 353/354).

II. Voraussetzungen der Nachverpfändung

8   **A. Allgemein.** Es bestehen die g e w ö h n l i c h e n Voraussetzungen (vorn Komm. Art. 884 N 84). Der Verpfänder muß wirklich — mittelbarer — Besitzer sein (dies fehlt, wenn der vorgehende Gläubiger eine AG ist und deren einziger Verwaltungsrat die Nachverpfändung für sich selber vornehmen will, BGE 81 II 343 ff.). Der Pfandvertrag wird präzisieren, daß ein nachgehendes Pfandrecht beabsichtigt ist. Dieses kann mit der Maßgabe des Vorganges eines erst noch zu errichtenden Pfandrechts begründet werden (SJZ 18, 214 = ZBJV 58, 127/128; Näheres hinten Komm. Art. 893 N 25—27). Ist zunächst ein Pfandrecht für eine künftige oder bedingte Forderung errichtet worden und diese bei der Begründung eines späteren Pfandrechts noch nicht entstanden, so darf das spätere Pfandrecht gleichwohl nur als ein nachgehendes errichtet werden; denn weil das Pfandrecht für eine künftige oder bedingte Forderung mit der Besitzübertragung entstanden ist, so hat es ipso facto den Vorrang (Komm. Art. 884 N 123).

9   G u t g l ä u b i g e r Erwerb des nachgehenden Pfandrechts ist möglich;

Art. 884 II und dort Komm. N 339; BGE 81 II 342; auch Komm. Art. 884 N 363: Zurücksetzung des ältern Pfandrechts durch das gutgläubig erworbene jüngere. Böser Glaube des vorgehenden Gläubigers (der, seitdem er selber ein Pfandrecht erworben, von der fehlenden Berechtigung des Verpfänders Kenntnis erhalten hat), hindert bei gutem Glauben des nachgehenden Gläubigers die Entstehung von dessen Pfandrecht nicht. Denn nicht der gute oder böse Glaube des Besitzmittlers ist entscheidend, sondern der gute Glaube an die Verfügungsbefugnis des (mittelbar besitzenden) Verpfänders (a. M. HE 16, 277 Ziff. 4).

Der zum voraus erklärte V e r z i c h t auf Nachverpfändung ist gültig im **10** Rahmen von ZGB 27/OR 19 und 20 (Komm. Art. 884 N 318). Art. 812 I ist als Ausnahmebestimmung nicht analog anwendbar (dazu BGE 43 II 349; a. M. *Wieland* Art. 884 N 3 Ziff. 2 e; *Rossel/Mentha* n° 1636).

B. Anzeige. Art. 886 verlangt, daß der vorgehende, im Besitz befindliche **11** Gläubiger «schriftlich von der Nachverpfändung benachrichtigt und angewiesen wird, nach seiner Befriedigung das Pfand an den nachfolgenden Gläubiger herauszugeben». Diese A n z e i g e d e r N a c h v e r p f ä n d u n g ist u n - e r l ä ß l i c h (BlZR 22 Nr. 18 S. 39; *von Tuhr/Peter* § 23 bei N 43; vgl. auch Art. 903). Sie stellt eine sog. empfangsbedürftige Erklärung dar (*von Tuhr/Peter* § 22 V). Befindet sich die Sache im unmittelbaren Besitz eines Dritten: eines Pfandhalters im Sinn wie vorn Komm. Art. 884 N 216/17 beschrieben, so ist die Anzeige diesem zu erstatten, BGE 89 II 200/01; das. 202/03 über die Regelung bei «Besitzesstellvertretung».

Die A n w e i s u n g, nach der Befriedigung die Sache an den nachfolgen- **12** den Gläubiger h e r a u s z u g e b e n, braucht ungeachtet des Wortlauts von Art. 886 nicht ausdrücklich in der Anzeige zu stehen. Sie liegt sinngemäß schon in der Mitteilung der Nachverpfändung, denn die Pflicht des vorgehenden Gläubigers, die Sache nicht dem Verpfänder, sondern dem nachgehenden Gläubiger auszuhändigen, ergibt sich ohnehin aus dem G e s e t z : indem der Gläubiger die Sache gemäß Art. 889 I dem «Berechtigten» herauszugeben hat; Berechtigter ist bei der Nachverpfändung von Begriffs wegen der nachgehende Gläubiger, sobald nur der vorgehende Gläubiger von der Nachverpfändung benachrichtigt ist (a. M. BlZR 39 Nr. 83 S. 169/170). Ein Argument fließt auch daraus, daß für die von Art. 903 erfaßte Nachverpfändung von Inhaberpapieren diese zusätzliche Anweisung nicht verlangt wird (BGE 66 II 25/26 = BlZR 39 Nr. 83 S. 171/172, entgegen dem Zürcher Obergericht, dort S. 169/170). Zudem können die beiden Gläubiger vereinbaren, daß der vorgehende nach seiner Befriedigung weiterhin für den nachgehenden als sein Vertreter den Besitz behält (Komm. Art. 884 N 229); dann fällt die Anweisung zur Herausgabe von vornherein außer Betracht. — Gleichwohl empfiehlt sich, der Deutlichkeit halber in die Anzeige den vollen, in Art. 886 erwähnten Inhalt aufzunehmen.

13 Die S c h r i f t f o r m ist Gültigkeitserfordernis und richtet sich nach OR 11 ff. Sie war weder in aOR 217 noch ist sie in ZGB 924 II für die Besitzanweisung verlangt; jedenfalls dient sie der größeren Klarheit. Näher BGE 72 II 355/356.

14 Die Anzeige ist es, die dem nachgehenden Gläubiger den (mittelbaren) Pfandbesitz verschafft. Sie muß deshalb v o m V e r p f ä n d e r a u s g e h e n: BlZR 9 Nr. 7 S. 9, 10; SJZ 7, 345 Nr. 345 = ZBJV 46, 621; franz. Text «propriétaire», VE und E «Eigentümer». Dabei kann der nachgehende Pfandgläubiger als Stellvertreter des Verpfänders wirken; die Vollmacht wird leicht als im Pfandvertrag enthalten zu betrachten sein; dazu BGE 35 II 630; 66 II 24/25 = BlZR 39 Nr. 83 S. 171; vorn Komm. Art. 884 N 263. Nach allgemeiner Regel bedarf die Vollmacht der in Art. 886 geforderten Schriftlichkeit nicht (*Oser / Schönenberger* Art. 11 N 14, Art. 32 N 25; a. M. BlZR 39 Nr. 83 S. 169).

15 Bei m e h r f a c h e r N a c h v e r p f ä n d u n g muß die Anzeige an den jeweils unmittelbar vorgehenden Gläubiger erfolgen, wird aber praktischerweise stets an a l l e gerichtet.

16 Der vorgehende Gläubiger braucht als Adressat der Anzeige n i c h t z u z u s t i m m e n (HE 16, 277).

III. Stellung des vor- und des nachgehenden Pfandgläubigers

17 Der nachgehende Pfandgläubiger hat gegen den vorgehenden A n s p r u c h a u f H e r a u s g a b e der Pfandsache, sobald der vorgehende Gläubiger befriedigt ist (Art. 889 I; BGE 72 II 353—354). Gibt der vorgehende Pfandgläubiger statt dessen die Sache dem Verpfänder zurück, so erlischt das nachgehende Pfandrecht (Art. 888 I); ist dies jedoch keine endgültig gemeinte Rückgabe, so gilt Art. 888 II (dort Komm. N 27, 38). Gestützt auf den Pfandvertrag kann der nachgehende Gläubiger die neuerliche Einräumung des Pfandbesitzes verlangen (Komm. Art. 884 N 88). Der vorgehende Pfandgläubiger kann bei Verletzung des Anspruchs auf Herausgabe schadenersatzpflichtig werden, und zwar gestützt auf OR 97 I; denn der Anspruch auf Herausgabe nach Art. 889 I ist ein vertraglicher, der zunächst dem Verpfänder zusteht, durch die Nachverpfändung aber auf den nachgehenden Gläubiger übertragen wird (dazu hinten Komm. Art. 889 N 17).

18 Der R a n g der verschiedenen Pfandrechte richtet sich nach der Zeit ihrer Errichtung, wofür beim ersten Pfandrecht regelmäßig die Besitzübertragung und bei den nachgehenden das Eintreffen der Anzeige entscheidend ist (Art. 893 II und dort N 12). Der Rang ist bei der V e r w e r t u n g (Art. 891) für die Befriedigung der Gläubiger bestimmend (Art. 893 I; Einzelheiten dort Komm. N 8 ff.). Darnach fällt der bei der Verwertung vom vorgehenden Gläubiger nicht beanspruchte Teil des Erlöses an den nachgehenden; vgl. aber die Ausführungen Komm. Art. 893 N 10. Über Vereinbarungen hinsichtlich des Ranges dort N 25 ff. Erlischt ein vorgehendes Pfandrecht, so rückt das nachgehende nach; vgl. jedoch Komm. Art. 888 N 12.

Um die Pfandverwertung zu vermeiden oder sonst seine Stellung zu ver- **19** bessern, kann der nachgehende Gläubiger den vorgehenden oder auch der vorgehende den nachgehenden befriedigen und dadurch das andere Pfandrecht gemäß OR 110 Ziff. 1 durch A b l ö s u n g zum Erlöschen bringen: sog. ius offerendi; BGE 37 II 534; ausdrücklich aOR 126 Ziff. 2; dazu Komm. Art. 884 N 397; *von Tuhr / Siegwart* § 59 bei N 48 a. Befriedigt der nachgehende Gläubiger den vorgehenden, so erhält e r den Anspruch auf Herausgabe (Art. 889).

Der die B e t r e i b u n g auf Pfandverwertung einleitende vorgehende **20** Gläubiger soll den nachgehenden von der Anhebung der Betreibung benachrichtigen (SchKG 151 II; *Haffter* 91/92).

Die n a c h t r ä g l i c h v o r g e n o m m e n e E r h ö h u n g d e r **21** H a f t u n g zugunsten des vorgehenden Gläubigers (Kapital und Vertragszinse der Pfandforderung) bedarf der Zustimmung des nachgehenden Pfandgläubigers, sonst ist sie diesem gegenüber unwirksam (Art. 891 II und dort Komm. N 65).

IV. Andere Arten mehrfacher Verpfändung

Neben der Nachverpfändung im Sinn von Art. 886 mit Rangfolge gemäß **22** Art. 893 II läßt sich die Errichtung mehrerer, dieselbe Sache gleichzeitig belastender Pfandrechte auch auf anderem Wege erzielen; so:

1. durch Mitbesitz der verschiedenen Gläubiger, namentlich indem die Sache **23** einem Dritten in Gewahrsam gegeben wird (Komm. Art. 884 N 229; vgl. auch BGE 21, 1101). Ist der Dritte bei Errichtung der Pfandrechte schon im Besitz der Sache, dann hat man gleichzeitig Besitzanweisung vor sich (Art. 924; Komm. Art. 884 N 254 ff.).

2. Im vorhergehenden Fall oder auch bei andern Sachlagen wird für **24** mehrere Gläubiger der gleiche Rang vorgesehen (BGE 72 II 354).

25 3. Statt des vorgehenden Gläubigers hat der nachgehende die Sache im Besitz (BGE 72 II 354).

26 4. Der frühere Gläubiger überläßt dem späteren seinen vorgehenden Rang unter Aushändigung der Pfandsache. Für diese Vereinbarung wird in BGE 72 II 356 die Schriftform nach Art. 886 (und 903) nicht verlangt. Vereinbarungen über den Rang sind überhaupt zulässig; im einzelnen vorstehend N 8 und Komm. Art. 893 N 25—27.

27 Art. 886 ist sinngemäß anwendbar, wenn man eine r e t i n i e r t e Sache verpfändet (Art. 895 und dort Komm. N 145).

Art. 887

4. Verpfändung
durch den
Pfandgläubiger **Der Gläubiger kann die Pfandsache nur mit Zustimmung des Verpfänders weiter verpfänden.**

1 **Materialien:** aOR 218 — VE 867 — E 872 — Erl II 324.
Ausländisches Recht: CC fr — — CC it 2792 I — BGB — — ABGB 454, 455 (460).

Übersicht

2 **I. Weiterverpfändung durch den Pfandgläubiger: Allgemeine Bedeutung der Vorschrift.** Wie jeder Nichteigentümer, so kann auch der Pfandgläubiger m i t Z u s t i m m u n g des Verpfänders, als des Eigentümers, die Pfandsache einem Dritten verpfänden, und zwar in eigenem Namen (Komm. Art. 884 N 304, 316; BlZR 10 Nr. 12 S. 26 Spalte II). Der Vorgang heißt W e i t e r v e r p f ä n d u n g. O h n e d i e s e Z u s t i m m u n g ist die Weiterverpfändung als eigenmächtige Verfügung über eine fremde Sache u n e r l a u b t (BGE 51 II 582). Dies ergibt sich unabhängig von Art. 887 schon aus allgemeinen Überlegungen. Die Weiterverpfändung bedeutet dann eine Veruntreuung (StGB 140; Syst. Teil N 147; Komm. Art. 884 N 337). Spätere Genehmigung durch den Eigentümer verleiht der unerlaubten Weiterverpfändung nachträglich Wirksamkeit (Komm. Art. 884 N 315). G u t e r G l a u b e verschafft dem Dritten trotz der unerlaubten Weiterverpfändung das

Pfandrecht (Art. 884 II; dort N 323 ff.). Der G l ä u b i g e r h a f t e t gemäß Art. 890 II «für allen» aus der unerlaubten Weiterverpfändung «entstandenen Schaden» (hinten Komm. Art. 890 N 39 ff.).

Die Z u s t i m m u n g kann im voraus a b s t r a k t gegeben werden, **3** namentlich im Pfandvertrag. Der zweite Gläubiger kann das ihm vom (weiterverpfändenden) ersten Gläubiger eingeräumte Pfandrecht r e a l i s i e r e n, ungeachtet, ob die Forderung des ersten Gläubigers gegen dessen Schuldner bereits fällig ist. Das Pfandrecht des zweiten Gläubigers bezieht sich auf die S a c h e und nicht die dem ersten Gläubiger zustehenden Rechte, ist also nicht das S u b p i g n u s (Afterpfand) des Gemeinen Rechts, wie dieses gewöhnlich aufgefaßt wird (BGE 51 II 582; unzutreffend noch *Schneider / Fick* Art. 218 N 1). Die Zustimmung wird gewöhnlich so gemeint sein, daß sie nur bis zu dem Zeitpunkt gilt, wo die Sache dem ursprünglichen Verpfänder zurückzugeben ist (Art. 889 I. Vgl. auch die nachstehend N 6 zit. V vom 17. Mai 1972 Art. 33 I Satz 2).

Die Weiterverpfändung ist stets ein u n g e w ö h n l i c h e r, für den Eigen- **4** tümer gefährlicher Vorgang. ABGB 454 erlaubt gleichwohl die Weiterverpfändung ohne Zustimmung mittels «Afterpfands»; wie weit es sich hier um das Subpignus des Gemeinen Rechts handelt, ist bestritten.

Das i r r e g u l ä r e P f a n d r e c h t, das dem Gläubiger mit dem Eigen- **5** tum an der Pfandsache auch die freie Verfügung über diese verschafft, fällt nicht unter Art. 887 (Syst. Teil N 186).

II. Weiterverpfändung durch Banken insbesondere. Die N 3 und 4 **6** erwähnten Umstände haben im Bankgewerbe zu besonderen Schutzvorschriften zugunsten der Verpfänder geführt: Nach Art. 17 I des Bankenges. vom 8. Nov. 1934 muß die Z u s t i m m u n g zur Weiterverpfändung «in einer b e s o n d e r e n U r k u n d e» gegeben werden; eine entsprechende Klausel im Pfandvertrag, in allgemeinen Geschäftsbedingungen, genügt nicht. Die Pfandsache darf n i c h t für einen h ö h e r e n B e t r a g weiterverpfändet werden, als die Bank selbst von ihrem Schuldner «zu fordern berechtigt ist. Sie hat dafür zu sorgen, daß auch sonst k e i n e R e c h t e D r i t t e r» — d. h. besonders Retentionsrechte — «für einen höheren Betrag an dem Faustpfand begründet werden» (solche Rechte soll die Bank wegbedingen); es gilt das Verbot, verschiedene Faustpfanddepots insgesamt weiterzuverpfänden: Art. 17 II des Bankengesetzes und Art. 33 der zugehörigen V vom 17. Mai 1972; dort weitere Schutzvorschriften. Dazu ferner Bankenges. Art. 46 I lit. k und V Art. 44 lit. q.

Lit.: *Brühlmann; Bodmer/Kleiner/Lutz* (beide zit. Syst.Teil N 41) je zu Art. 17; *Albisetti/ Bodmer* u. a. 614; Marcel *Gauchat,* Rechtliche Fragen zum Diskontgeschäft (Diss. Zürich 1936) 111 ff.; *Kaderli* 47 ff.; *Kurz/Bachmann,* Die schweiz. Großbanken (Zürich/Leipzig 1928) 66/67. Überholt *Egger* in Ausgewählte Schriften und Abhandlungen II (Zürich 1957) 221 ff.

7 Den gleichen Vorschriften untersteht die Bank, wenn sie die Pfandsache zur «Hingabe in R e p o r t» verwenden will. Darunter wird gewöhnlich der Verkauf (hier der Pfandsache durch den Pfandgläubiger, die Bank) mit gleichzeitigem Rückkauf auf einen späteren Termin verstanden: BGE 18, 545/546; 19, 337 ff.; BlZR 33 Nr. 37 S. 100; *Brühlmann* a.a.O. N 4; *Bodmer / Kleiner / Lutz* a.a.O. N 3; *Bolla* 158/159; Jakob *Hiestand*, Lombardgeschäft und Lombardierung (Diss. Bern 1923) 60 ff. mit weiteren Zitaten.

8 Weiterverpfändung und Report durch Banken scheint nur mehr vereinzelt vorzukommen und wird in der neueren Literatur zum Teil verpönt.

9 **III. Verpfändung der pfandrechtlich gesicherten Forderung durch den Pfandgläubiger.** Dieses Geschäft fällt nicht unter Art. 887 und die in N 6 erwähnten bankenrechtlichen Vorschriften, ist deshalb ohne Zustimmung des Schuldners zulässig und wird von Art. 899 ff. erfaßt. Der dritte Gläubiger erhält mit dem Pfandrecht an der Forderung auch das für die letztere bestellte Pfandrecht, wiederum ohne Zustimmung (hinten Komm. Art. 904 N 23). Das gleiche gilt für die fiduziarische Abtretung der pfandrechtlich gesicherten Forderung durch den Pfandgläubiger (OR 170 I; vorn Komm. Art. 884 N 162).

Art. 888

II. Untergang.
1. Besitzesverlust

Das Faustpfand geht unter, sobald der Gläubiger die Pfandsache nicht mehr besitzt und auch von dritten Besitzern nicht zurückverlangen kann.

Es hat keine Wirkung, solange sich das Pfand mit Willen des Gläubigers in der ausschließlichen Gewalt des Verpfänders befindet.

1 **Materialien:** aOR 219 — VE 868 — E 873 — Erl II 324/325 — Prot ExpKom III 120. **Ausländisches Recht:** CC fr 2076 — CC it 2787 II — BGB 1253 (1252, 1255/1256) — ABGB 467 (468).

Übersicht

I. Untergang des Pfandrechts durch Besitzesverlust: Allgemeiner Inhalt der Vorschrift – Tragweite des Untergangs

Der in Art. 884—887 unter Marginale Ziff. I geordneten «B e s t e l l u n g» **2** des Faustpfandrechts stellt das die Art. 888—890 zusammenfassende Marginale Ziff. II den «U n t e r g a n g» gegenüber. Die Untergangs g r ü n d e setzt das Gesetz, besonders in Art. 889 I, im wesentlichen voraus. Art. 888 ordnet einen der hervorstechendsten: den des B e s i t z e s v e r l u s t e s (Marginale Ziff. 1). Jedoch führt dieser nur zum Untergang des Pfandrechts, wenn er e n d g ü l t i g ist: A l. I / Art. 888; ist er im Sinne des A l. II nur v o r - l ä u f i g, so hat das Pfandrecht zwar «keine Wirkung», ist aber nicht unter- gegangen. Die schon in aOR 219 enthaltene Vorschrift Al. II ist eine Eigen- tümlichkeit des schweizerischen Rechts. A u s l ä n d i s c h e Gesetzgebungen kennen bei Besitzesverlust nur den Untergang (nachstehend N 22 a. E.).

Der Untergang des Pfandrechts hat nicht die T r a g w e i t e, daß gleich- **3** zeitig die F o r d e r u n g untergeht; diese kann vielmehr, wenn sie nicht ohnehin erloschen ist, weiterhin geltend gemacht werden (ausdrücklich ABGB 467).

II. Untergangsgründe überhaupt

Neben dem endgültigen Besitzesverlust (Art. 888 I) fallen als U n t e r - **4** g a n g s g r ü n d e besonders in Betracht:

1. Untergang der Forderung (Art. 889 I) aus einem der Gründe, die namentlich das OR vorsieht (Art. 114 ff., 68 ff.) und die gemäß dem Prinzip der A k z e s s o r i e t ä t zum Erlöschen des Pfandrechts führen (OR 114 I; vorn Komm. Art. 884 N 170): Erfüllung, Übereinkunft, Neuerung (Novation), Vereinigung (Konfusion), Unmöglichkeit, Verrechnung. Im einzelnen gilt dazu:

Wenn durch N o v a t i o n die Forderung samt dem Pfandrecht erloschen **5** ist (OR 116, 114 I), dann aber für die neue Forderung wieder ein Pfandrecht begründet wird, so erhält dieses nicht den früheren Rang, sondern denjenigen gemäß dem Zeitpunkt der Neuerrichtung (Art. 893 II). Gl. M. Philippe *Dudan,* Le Principe de spécialité ... (Diss. Lausanne 1948) 164; gegenteilig *Haffter* 28/29; ähnlich wie dieser *Demelius* (zit. Syst. Teil N 5) 128/129 und das Ge- meine Recht gemäß dem heute als solcher nicht mehr geltenden Grundsatz der hypothekarischen Sukzession (*Windscheid* I § 233 b). Die Auffassung der letzteren Autoren — Wiederaufleben des früheren Ranges — findet im Gesetz keine Stütze, gegenteils deutet die Vorschrift OR 117 III, wonach im K o n t o - k o r r e n t v e r h ä l t n i s trotz Untergang der Forderung infolge Novation (OR 117 II) die Pfandrechte erhalten bleiben, darauf hin, daß die Pfandrechte bei der g e w ö h n l i c h e n Novation s c h l e c h t h i n untergehen, also als völlig neue wiederum begründet werden müssen, was die Beibehaltung des früheren Ranges ausschließt. Die erwähnte Vorschrift OR 117 III bedeutet eine Ausnahme vom Prinzip der Akzessorietät (Komm. Art. 884 N 153); dazu Otto *Schläpfer*, Der Kontokorrentvertrag (Diss. Zürich 1943) 134 ff.; Hans *Homberger*, Der Kontokorrent im Bankgeschäft (Diss. Zürich 1944) 117 ff.

6   Über die V e r j ä h r u n g Komm. Art. 884 N 146/147; über die e r b - r e c h t l i c h e Vorschrift ZGB 590 III: Komm. Art. 884 N 153; über die Nichtverwirklichung einer b e d i n g t e n oder k ü n f t i g e n F o r d e - r u n g dort N 124; über die Ablösung des Pfandrechts durch Erfüllung seitens des d r i t t e n E i g e n t ü m e r s (OR 110 Ziff. 1) dort N 397; über den Einfluß des C l e a r i n g r e c h t s Syst. Teil N 116—117.

7   **2. Untergang der Pfandsache** (Art. 801 I analog). Über die Surrogation: hinten Komm. Art. 892 N 16 ff. Dem Untergang ist es gleichzusetzen, wenn die Sache dauernd und unzweifelhaft w e r t l o s wird und dadurch die Verwert- barkeit verliert (Art. 891 I; vorn Komm. Art. 884 N 20), oder wenn sie im Sinn von ZGB 727 II durch V e r b i n d u n g oder V e r m i s c h u n g mit einer Hauptsache die selbständige Existenz einbüßt. (Im Fall des Art. 727 I dagegen — Verbindung oder Vermischung verpfändeter Sachen — entsteht ein Pfand- recht am Miteigentumsanteil; vorn Komm. Art. 884 N 49.)

8   **3. Enteignung** (Art. 801 II analog). Es gelten die fraglichen Vorschriften des öffentlichen Rechts. Die Enteignung von Fahrnis findet sich namentlich im Militärrecht in Gestalt der Requisition, im Straf- und Polizeirecht in Gestalt der Konfiskation, und im seinerzeitigen Kriegswirtschaftsrecht. Dazu vorhergehende Aufl. gleiche Stelle; *Liver* 400 f.

9   **4. Gutgläubiger Eigentumserwerb** durch einen Dritten, der die Sache für unbelastet hält: Art. 714 II, 933, aOR 205; *Haab* Art. 714 N 60 (von *Simonius*); *Homberger* Art. 933 N 39; *Stark* Art. 933 N 89; ZBJV 97, 233/34. Dagegen läßt der gutgläubige Erwerb eines Pfandrechts (Art. 884 II) ein früheres Pfandrecht nicht erlöschen, sondern gegebenenfalls dem gutgläubig erworbenen Pfandrecht nur nachgehen (Art. 884 N 363).

10   **5. Verzicht,** den der Gläubiger gegenüber dem Verpfänder oder dem allenfalls von ihm verschiedenen (dritten) Eigentümer äußern kann (ZBJV 97, 233). Der Verzicht gegenüber dem dritten Eigentümer fällt in Betracht, weil d e s s e n dingliches Recht durch das Pfandrecht belastet ist (Komm. Art. 884 N 316). Während für den Erlaß einer Forderung ein Vertrag verlangt wird (OR 115), genügt bei dinglichen Rechten eine einseitige Erklärung (BGE 59 III 18; *von Tuhr / Escher* § 75 I; gleich BGB 1255 I). Sie gibt dem «Berechtig-

ten» Anspruch auf Herausgabe der Pfandsache (Art. 889 I; BGE 59 III 18). In der Regel wird in der endgültig gemeinten Rückgabe der Pfandsache ein Verzicht liegen (nachstehend N 24).

6. Konfusion, d. h. nachträgliches Zusammenfallen der Eigenschaften des **11** Eigentümers der Pfandsache und des Gläubigers (oder m. a. W. des Eigentums und des Pfandrechts) in der gleichen Person. Als Recht an fremder Sache kann das Pfandrecht bei solchem Zusammenfallen nicht weiter bestehen (Komm. Art. 884 N 73/74). Konfusion wird bewirkt z. B. durch Erbgang oder durch Ablösung des Pfandrechts seitens eines Eigentümers, der nicht zugleich Schuldner ist (OR 110 Ziff. 1; Komm. Art. 884 N 397).

Vom Untergang des Pfandrechts wird jedoch eine A u s n a h m e gemacht, **12** «wo ein rechtliches Interesse an der Aufrechterhaltung des Pfandrechts besteht»: BlZR 39 Nr. 2 S. 3, im Einklang mit BGB 1256 II; gl. M. *Leemann* Art. 889 N 12 ff.; *Wieland* Art. 889 N 3 e. Dies trifft z. B. zu, «wo es den Übergang der Pfandsicherheit mit der Forderung auf einen Nachfolger in dieselbe zu ermöglichen gilt», wie im Fall BlZR 39 Nr. 2: das von einem Bürgen für die Hauptschuld bestellte Pfandrecht bleibt bestehen, obwohl die Pfandsache dem Bürgen zurückgegeben worden ist, nachdem er den Gläubiger befriedigt hat und deshalb hinsichtlich des Regresses kraft Subrogation Gläubiger der pfandgesicherten Forderung geworden ist; statt zu erlöschen, geht das Pfandrecht auf den regreßweise belangten Mitbürgen über (zur bürgschaftsrechtlichen Seite *Oser / Schönenberger* Art. 497 N 57, Art. 507 N 55 ff.; *Giovanoli* Art. 497 N 24, Art. 507 N 4 ff.). — Ein anderes, schon im Gemeinen Recht angeführtes Beispiel ist die Befriedigung des Gläubigers durch den Pfandeigentümer, der nicht zugleich Schuldner ist, wenn an der Sache ein nachgehendes Pfandrecht besteht: Zweck des Fortbestandes des vorgehenden Pfandrechts trotz Konfusion ist, eine Begünstigung des nachgehenden Gläubigers zu verhüten, der sonst in den vorderen Rang rücken würde; hierauf hat er keinen Anspruch. Der Eigentümer kann nach verbreiteter Auffassung die Forderung mit dem erhalten gebliebenen vorgehenden Pfandrecht veräußern; bei der Verwertung des Pfandes zugunsten des nachgehenden Gläubigers hat der Eigentümer vorweg Anspruch auf den Erlös: vorstehend Komm. Art. 886 N 18; *Wieland* Art. 889 N 3 e; *Leemann* Art. 889 N 12, 13; *Staudinger* § 1256 N 2 b; *Planck* § 1256 N 3; vgl. auch *Dernburg*, Pand. § 291 Ziff. 3.

7. Vertraglicher Ausschluß des Übergangs des Pfandrechts bei der 13 Zession der Forderung (Komm. Art. 884 N 163).

8. Fehlende Zustimmung des dritten Verpfänders zur Schuld- 14 übernahme (OR 178 II; Komm. Art. 884 N 167, 394).

9. Zeitablauf, wenn das Pfandrecht befristet ist, und Eintritt einer **15 Resolutivbedingung** (OR 154; Komm. Art. 884 N 99, 390; Befristung: Semjud 1937, 358).

16 **10. Verwertung des Pfandes** (Art. 891 I; Syst. Teil N 125/126, 131; BlZR 29 Nr. 114 S. 287).

17 **11. Sanierungsrecht.** Im Syst. Teil N 140/141 signalisierte Erlasse mögen als Sanierungsmaßnahme die Beseitigung von Pfandrechten vorsehen. Demgegenüber läßt das ordentliche Nachlaßvertragsrecht die Pfandrechte im wesentlichen unangetastet (a.a.O. N 139).

18 **12. Verwirkung** des Pfandrechts. Sie kann vom Gesetz als S a n k t i o n vorgesehen sein; so SchKG 232 Ziff. 4.

19 **13. Pflichtlager.** Die hinten Komm. Art. 893 N 33 erwähnte Ordnung läßt die Pfandrechte zwar nicht schlechthin untergehen, kann sie aber illusorisch machen.

20 Die S u s p e n s i o n d e s P f a n d r e c h t s (n i c h t sein Untergang) ergibt sich kraft Akzessorietät nach den besonderen Verhältnissen des Versicherungsrechts, wenn ein verpfändeter Versicherungsanspruch suspendiert wird (bes. VVG 20 III; Willy *Koenig*, Abtretung und Verpfändung von Personen-Versicherungsansprüchen, Diss. Bern 1924, 256/257).

III. Untergang des Pfandrechts infolge endgültigen Besitzesverlustes (Al. I)

21 Aus dem F a u s t p f a n d p r i n z i p leitet sich nicht nur ab, daß für die Errichtung des Pfandrechts die Übertragung des Besitzes an der Pfandsache erforderlich ist (Art. 884 I und dort Komm. N 179), sondern als Gegenstück auch die in Art. 888 I gezogene Folgerung: der U n t e r g a n g d e s P f a n d -r e c h t s, «sobald der Gläubiger die Pfandsache nicht mehr besitzt», also durch B e s i t z e s v e r l u s t. Die für die Errichtung maßgebliche, Komm. Art. 884 N 197 ff. behandelte, doppelte ratio legis ist auch hier gültig: einerseits das Publizitätsprinzip, anderseits die Sicherung des Gläubigers. Das Pfandrecht kann nur so lange in Kraft stehen, als der Pfandbesitz dauert, sonst e r l i s c h t es; im Ausnahmefall des Al. II wird es wenigstens unwirksam.

22 Der U n t e r g a n g des Pfandrechts durch Besitzesverlust ist so n o t -w e n d i g die Folgerung aus dem Faustpfandprinzip — welches gerade im schweizerischen Recht besonders streng gewahrt wird (Art. 884 III und 717) —, und der Untergang wird so deutlich in Al. 1 / Art. 888 angeordnet, daß schwer verständlich ist, wie in der L i t e r a t u r eine andere Ansicht herrschen kann. Die Regelung des Art. 888 wird dargestellt, als ob gegenteils die Rückgabe der Sache an den Verpfänder — der auffälligste Tatbestand des Besitzesverlustes — n o r m a l e r w e i s e n i c h t den Untergang des Pfand-

rechts, sondern nur seine U n w i r k s a m k e i t im Sinne des Al. II herbei-
führe; Al. I wäre anscheinend bloß anwendbar, wenn ein gutgläubiger Dritter
die Sache zu unbelastetem Eigentum erwirbt: *Wieland* bes. Art. 888 N 1, 2,
a. A., und c; *Leemann* bes. N 2, 6, 17 und Art. 900 N 35; *Rossel / Mentha*
n° 1644; *Beeler* 133; *Tuor / Schnyder* § 109 IIa 2; *Haffter* 42. Demgegenüber
gehen BGE 72 II 354/355 und BlZR 39 Nr. 2 S. 3 Spalte I a. E. offenbar von
der hier vertretenen Auffassung aus, die sich eigentlich von selber ergibt. Zustimmend BGE 99 II 36 f.; *Hromadka* ZSR 89 I 122, 156 f.; *Liver* ZBJV 111,
75 ff. Desgleichen zieht in ausländischen Gesetzen der Besitzesverlust grundsätzlich den Untergang des Pfandrechts nach sich: CC fr 2076; ABGB 467;
BGB 1253, wo der Besitzesverlust als präsumtive Rückgabe behandelt wird.

Wie sich aus dem Gesagten ergibt und nachstehend N 42 zu bestätigen ist, **23**
kann sich A l. I I nur auf eine v o r ü b e r g e h e n d e Rückgabe beziehen,
erfaßt also nur Sondertatbestände, und ist der A u s n a h m e f a l l. Die
R e g e l enthält A l. I: daß Besitzesverlust, gleichgültig an wen, g r u n d -
s ä t z l i c h den U n t e r g a n g des Pfandrechts bewirkt. Dieses Verhältnis
von Ausnahme und Regel findet sich ziemlich klar auch in den Erl II 324 ausgedrückt. Demgemäß ist Al. II eng auszulegen (BGE 99 II 38).

Demnach ist **Besitzesverlust mit der Folge des Untergangs des** **24**
Pfandrechts (Al. I) besonders in folgenden Fällen gegeben:

1. Als e n d g ü l t i g g e m e i n t e R ü c k g a b e d e r S a c h e, aus
was immer für Gründen sie eintritt, wenn sie nur einer dauernden Aufgabe des
Pfandbesitzes gleichkommt. Regelmäßig wird in der Rückgabe der Verzicht auf
das Pfandrecht liegen und es schon deshalb erlöschen (vorstehend N 10. BGE 99
II 38).

Es ist unerheblich, ob die Rückgabe an der V e r p f ä n d e r oder an den **25**
E i g e n t ü m e r erfolgt, wenn dieser eine vom Verpfänder verschiedene Person
ist. — Werden aus einer Mehrheit verpfändeter Sachen, z. B. einem Warenlager, mit Zustimmung des Gläubigers einzelne ausgetauscht, so fallen die
zurückgenommenen Gegenstände gemäß Al. I / Art. 888 aus der Pfandhaft, ohne
daß das Pfandrecht als Ganzes untergeht. Im Rahmen dieser S u r r o g a t i o n
gelangen die neuen Sachen mit der Besitzübertragung unter das in Kraft gebliebene Pfandrecht (vorn Komm. Art. 884 N 27—29).

Ob die Rückgabe ein Rechtsgeschäft bzw. eine Rechtshandlung oder aber **26**
eine Tathandlung (Realakt) ist, wird umstritten; darüber *Staudinger* § 1253
N 5; *Planck* § 1253 N 1b; eingehend *Schmidt*, Der Pfandbesitz, Arch civ.
Pr. 134, 61 ff. Die ratio des Faustpfandprinzips würde dafür sprechen, daß
schon objektiver Besitzesverlust, unabhängig von subjektiven Umständen, den
Untergang bewirkt (so *von Tuhr / Peter* § 23 N 14). In Al. II / Art. 888 stellt
aber das Gesetz auf den «W i l l e n d e s G l ä u b i g e r s» ab (vgl. auch
HE 14, 335). Wenn dies für die mildere Folge des Besitzesverlustes, die Un-

wirksamkeit des Pfandrechts, zutrifft, so muß es auch für die strengere Form, den Untergang gelten. Zwar wäre das Abstellen auf den objektiven Besitzesverlust richtiger — aber der klare, gegenteilige Gesetzeswortlaut geht vor. Demnach tritt der Untergang nicht ein, wenn dem die Rückgabe vollziehenden Gläubiger die Handlungsfähigkeit fehlt; die Vorschriften über Stellvertretung, Willensmangel u. a. m. sind anwendbar.

27   Die R ü c k g a b e   d u r c h   einen   D r i t t e n , der für den Gläubiger den Pfandbesitz ausübt (Komm. Art. 884 N 212, 229), führt unter den gleichen Umständen zum Untergang, wie die Rückgabe durch den Gläubiger selber. Dies gilt auch für die Rückgabe durch den vorgehenden Gläubiger zum Nachteil des nachgehenden (Komm. Art. 886 N 17; unzutreffend *Leemann* Art. 886 N 9 und Art. 888 N 18, der in jedem Fall Al. II / Art. 888 anwendet). Falls der Dritte ohne Wissen des Gläubigers die Sache zurückgibt, treten die Folgen von Al. I / Art. 888 dann ein, wenn sich der Gläubiger das Verhalten des Dritten als seines Vertreters im Besitz (Komm. Art. 884 N 212) anrechnen lassen muß; das übersieht der in N 20 zu Art. 888 das gegenteilige Ergebnis vertretene *Leemann*. Weiß der Dritte gar nicht, daß er für den Gläubiger den Besitz ausübt (z. B. ein Handwerker, der die Sache zur Reparatur erhält), dann ist die Rückgabe an den Verpfänder nicht mit «Willen des Gläubigers» erfolgt, und das Pfandrecht besteht weiter. Das gleiche gilt bei der Rückgabe durch den Besitzdiener, der gar keinen selbständigen, den Gläubiger belastenden Willen zu bilden vermag.

28   Der   V o r b e h a l t , das Pfandrecht solle trotz Rückgabe bestehen bleiben, ist nichtig, weil er zu einer Mobiliarhypothek führen würde. Statt dessen kann der Vorbehalt den Sinn haben, daß eine bloß vorläufige Rückgabe gewollt und Al. II / Art. 888 anwendbar ist.

29   Ist die Rückgabe nicht   e n d g ü l t i g   g e m e i n t , so fällt sie unter Al. II (nachstehend N 43).

30   2. U n k o n t r o l l i e r t e r ,   u n b e g l e i t e t e r   Z u t r i t t   d e s   V e r - p f ä n d e r s   z u   d e n   P f a n d s a c h e n . Je nach den Umständen führt er aber lediglich zur Unwirksamkeit (Al. II), statt zum Untergang des Pfandrechts (Al. I). Näheres Komm. Art. 884 N 208/209.

31   3. E r w e r b   d e r   S a c h e   d u r c h   e i n e n   g u t g l ä u b i g e n   D r i t t e n   z u   u n b e l a s t e t e m   E i g e n t u m (Art. 714 II). Der Untergang des Pfandrechts würde hier auch unabhängig vom Besitzesverlust eintreten (vorstehend N 9).

32   Voraussetzung für den Untergang des Pfandrechts ist gemäß Al. I / Art. 888 der **Besitzesverlust.** Dieser liegt **nicht** (bzw. im Fall 1 nicht definitiv) vor,

1. w e n n   d e m   G l ä u b i g e r   d i e   S a c h e   a b h a n d e n   g e - k o m m e n   i s t , sofern er sie noch «von dritten Besitzern» «zurückverlangen kann», wie das Gesetz in Al. I a. E. erklärt. Es weist damit auf die B e s i t z e s - r e c h t s k l a g e (Fahrnisklage), die dem Gläubiger erlaubt, die abhanden

gekommene Pfandsache während fünf Jahren «jedem Empfänger» abzufordern, trotz dessen guten Glaubens (Art. 934; Erl II 325). Solange b l e i b t   d a s P f a n d r e c h t   e r h a l t e n   u n d   w i r k s a m, obwohl die Sache dem Gläubiger entzogen ist; ausgenommen bei Geld und Inhaberpapieren (Art. 935). (Den Präzisierungen von *Hinderling*, Der Anwendungsbereich der Besitzrechtsklage, Basel/Stuttgart 1966, 33 N 81 und im Schweiz. Privatrecht V/1 414 N 10 ist oben Rechnung getragen.)

Dem bösgläubigen Empfänger kann die Sache ohne zeitliche Grenze abverlangt werden, und das Pfandrecht dauert demgemäß fort (Art. 936). Die Ansprüche aus Art. 934 und 936 bestehen auch gegenüber dem Verpfänder, der dem Gläubiger unbefugterweise die Sache weggenommen hat oder zu dem ein verpfändetes Tier selbständig zurückgekehrt ist (Komm. Art. 884 N 368 a, 406). Der Gläubiger kann die Rückerstattung vom Verpfänder daneben gestützt auf den Pfandvertrag verlangen (Komm. Art. 884 N 407). Ein gutgläubiger Dritter, der vom Verpfänder ein Pfandrecht erwirbt, solange die Sache sich illegitimerweise beim letzteren befindet, untersteht ebenfalls der Vorschrift des Art. 934; er muß folglich die Sache dem ersten Gläubiger herausgeben, und sein Pfandrecht hat zwar Bestand, geht aber dem älteren, gemäß Art. 888 I weiter dauernden, nach.

33 Während nach dem Gesagten gestützt auf Al. I / Art. 888 das Pfandrecht bestehen und wirksam bleibt, solange die Sache dem Gläubiger abhanden gekommen ist, war in dem nicht wörtlich ins Gesetz aufgenommenen Al. III / Art. 868 des VE eine abweichende Lösung vorgesehen: der Gläubiger vermochte sein Pfandrecht «wieder herzustellen»; also war es unwirksam, solange die Sache dem Gläubiger abhanden gekommen war (Erl II 325).

34 2. w e n n   d e r   V e r p f ä n d e r   s i c h   g e w a l t s a m   o d e r   h e i m l i c h   d e r   S a c h e   n ä h e r t, z. B. sich nachträglich einen zweiten Schlüssel zu dem Gelaß, in dem die Pfandsachen liegen, beschafft oder einen solchen findet: Komm. Art. 884 N 206, 239; zustimmend ZBJV 92, 28; gl. M. offenbar BGE 58 III 126 und ausdrücklich *Leemann* Art. 888 N 20; *Schmidt* (zit. vorstehend N 26) 25/26; *Jäggi* OR 971/72 N 66. Diese Lösung fließt aus den gleichen Überlegungen, wie die unter Ziff. 1 soeben behandelte: gewaltsame, heimliche oder sonst zu unfreiwilligem Entzug der Sache führende Vorgänge berühren das Pfandrecht grundsätzlich nicht. Für dessen Untergang und Unwirksamwerden ist in der Regel vielmehr der Wille des Gläubigers nötig (Argument aus Al. II / Art. 888).

35 3. s o l a n g e   n u r   i m m e r   d e m   G l ä u b i g e r   e i n e   z u m P f a n d b e s i t z   t a u g l i c h e   A r t   d e s   B e s i t z e s   b l e i b t. Dies trifft z. B. zu, wenn der Gläubiger die Sache einem für ihn den unmittelbaren Besitz ausübenden Dritten übergibt (Komm. Art. 884 N 229; zustimmend ZBJV 97, 233). Der Pfandbesitz geht nicht verloren, wenn ein solcher Dritter sich weigert, ihn weiter für den Gläubiger auszuüben; anders u.U., wenn die Sache dem Verpfänder zurückgegeben wird (vorstehend N 27). Das gilt auch für die Besitzanweisung (Art. 924; Komm. Art. 884 N 262). Erbenbesitz genügt (*Homberger* Art. 919 N 37), desgleichen Mitbesitz des Verpfänders und des Gläubigers (Argument aus Art. 884 III und Art. 888 II, nachstehend N 41). Die Aushändigung der Sache an das Betreibungs- oder das Konkursamt oder (an und für sich) an die Polizei berührt das Pfandrecht nicht (SchKG 98, 198, 232 Ziff. 4), wohl aber die Übergabe an einen Vertreter des Verpfänders. — Komm. Art. 895 N 178.

IV. Unwirksamkeit des Pfandrechts infolge vorläufigen Besitzesverlustes (Al. II)

36   Die eigenartige, schon in aOR 219 enthaltene Vorschrift Al. II / Art. 888 bewahrt das Pfandrecht vor dem Untergang und läßt es nur u n w i r k s a m werden, «solange sich das Pfand mit Willen des Gläubigers in der ausschließlichen Gewalt des Verpfänders befindet». Die

Voraussetzungen sind:

37   1. V e r l u s t   d e s   B e s i t z e s   a n   d e n   V e r p f ä n d e r , so daß letzterer sich in der Gewalt über die Sache befindet, und zwar m i t   W i l l e n d e s   G l ä u b i g e r s . Daran fehlt es einerseits, wenn die Sache dem Gläubiger a b h a n d e n   g e k o m m e n   ist, anderseits, wenn der Verpfänder sich g e w a l t s a m   o d e r   h e i m l i c h   d e r   S a c h e   n ä h e r t . Es gelten auch für Al. II / Art. 888 die vorstehend N 32, 34 gemachten Darlegungen. Also steht dem Gläubiger namentlich die Besitzesrechtsklage offen. Desgleichen sind die Ausführungen N 35 maßgebend. Sobald die gerade besprochenen Sachlagen in Frage stehen, braucht demnach überhaupt nicht geprüft zu werden, ob man sich auf Al. I oder II des Artikels zu stützen hat; das Ergebnis ist dasselbe.

38   Die als vorläufig gemeinte R ü c k g a b e   d e r   S a c h e führt nur zur Unwirksamkeit, wenn der Gläubiger handlungsfähig ist. Dieser Grundsatz sowie die Vorschriften über Stellvertretung, Willensmängel u.a.m. sind, wie N 26 dargetan, anwendbar, weil Al. II auf den «Willen des Gläubigers» abstellt.

39   Für die R ü c k g a b e   d u r c h   e i n e n   D r i t t e n gelten die N 27 hinsichtlich des Al. I gemachten Ausführungen sinngemäß.

40   Der u n k o n t r o l l i e r t e ,   u n b e g l e i t e t e   Z u t r i t t   d e s   V e r p f ä n d e r s zu den Pfandsachen führt je nachdem zur Unwirksamkeit oder zum Untergang des Pfandrechts (vorstehend N 30). Näheres Komm. Art. 884 N 208/209.

2. A u s s c h l i e ß l i c h e G e w a l t d e s V e r p f ä n d e r s . Mit dieser **41** Voraussetzung präzisiert das Gesetz das Wesen des Besitzesverlustes, wie er hier gemeint ist. Solange der Verpfänder nicht die ausschließliche Gewalt hat, bleibt dem Gläubiger ein zum Pfandbesitz ausreichender Besitz, und die Unwirksamkeit fällt von vornherein nicht in Betracht. Diese Ordnung steht im Einklang mit Art. 884 III, wo indirekt erklärt wird, daß der Pfandbesitz selbst dann begründet ist, wenn der Gläubiger eine nicht «ausschließliche Gewalt» über die Sache erhalten hat. Somit genügt für das Wirksambleiben des Pfandrechts der M i t - b e s i t z des Verpfänders, soweit er für die Verpfändung überhaupt ausreicht (Komm. Art. 884 N 247). Vgl. *Zobl* ZBGR 59, 206; BGE 99 II 34.

3. V o r l ä u f i g e r B e s i t z e s v e r l u s t . Das Gesetz erwähnt diese **42** Voraussetzung nicht ausdrücklich; sie ergibt sich aber, wie vorstehend N 21—23 gezeigt, aus dem Wesen des Faustpfandprinzips und aus der Gegenüberstellung der beiden Absätze des Art. 888, was beides diese Vorschrift aufzuhellen erlaubt. Es ist im Lichte dieser Anschauung selbstverständlich, daß das Pfandrecht bei vorläufigem Besitzesverlust nicht schlechthin wirksam bleiben kann (a. M. *Wieland* Art. 888 N 2 c; *Rossel/Mentha* nº 1645). — Kein vorläufiger Besitzesverlust tritt ein, wenn die Sache vorübergehend einer Amtsstelle übergeben oder konfisziert wird und dergl. (BGE 52 II 52; 93 II 88). Betreffend die Übergabe eines verpfändeten Eigentümerschuldbriefes an das Grundbuchamt vgl. *Zobl*, ZBGR 59, 206.

Nach den U m s t ä n d e n ist zu beurteilen, wann der Besitzesverlust ein **43** vorläufiger oder endgültiger ist und die Unwirksamkeit (Al. II) oder den Untergang (Al. I) des Pfandrechts herbeiführt; vgl. z. B. den bereits erwähnten, Komm. zu Art. 884 N 208/209 behandelten Fall des unkontrollierten, unbegleiteten Zutritts des Verpfänders zu den Pfandsachen. Diese Würdigung des einzelnen Tatbestandes gilt namentlich auch für den Vorgang der Rückgabe der Pfandsache durch den Gläubiger (vorstehend N 24, 38). Erfolgt sie z. B., um dem Verpfänder die Vornahme von Unterhaltsarbeiten zu ermöglichen, so gilt Al. II / Art. 888; erhält der Verpfänder die Sache zurück, um sie zu verkaufen, so ist Al. I anzuwenden (entgegen dem Urteil SJZ 37, 251, das von der in der Literatur üblichen, vorstehend N 22 angefochtenen Auffassung des Art. 888 ausgeht; wie hier BGE 99 II 37 f.). Die Rückgabe zum Zweck des Verkaufs bewirkt den Untergang des Pfandrechts so gut, wie die Rücknahme von Sachen aus einem verpfändeten Warenlager das Pfandrecht an den fraglichen Gegenständen erlöschen läßt: vorstehend N 25 (die Frage offen gelassen BGE 47 III 103, undeutlich 99 II 37; ähnlich, wie soeben befürwortet, entscheidet *Klang* § 1371 Ziff. III A). — Im Lichte der gerade vertretenen Auffassung steht außer Zweifel, daß die Rückgabe von Aktien zwecks Ausübung des Stimmrechts oder eines Bezugsrechts durch den Aktionär das Pfandrecht unwirksam macht (a. M. *Beeler* 134). Will der Gläubiger diese Rechtsfolge vermeiden, so muß er die Aktien z. B. an dritter Stelle hinterlegen. — Die Anwendung des Al. II setzt voraus die «bedingungslose Verpflichtung, die Sache innert kurzer Frist wieder zurückzugeben» (BGE 99 II 37). — Zu der abzulehnenden Konstruktion in BGE 80 II 238/39: vorn Komm. Art. 884 N 209 a. E.

44   Die **Folge** des vorläufigen Besitzesverlustes besteht darin, daß das Pfandrecht «k e i n e   W i r k u n g» entfaltet, «solange» dieser Zustand dauert; es «verliert seine Wirksamkeit» (aOR 219), «non ha effetto alcuno», «les effets … sont suspendus», wie die romanischen Texte des ZGB sagen. Das bedeutet im V e r h ä l t n i s   z u   D r i t t e n, daß Gut- wie Bösgläubige an der Sache Rechte erwerben können (zustimmend BGE 80 II 238); in der Zwangsvollstreckung gegen den Verpfänder verleiht es dem Gläubiger keine Rechte. Das Pfandrecht gilt insoweit als nicht vorhanden. Z w i s c h e n   d e n   P a r t e i e n bestehen aber Nachwirkungen, indem bei der Rückerstattung der Sache an den Gläubiger das Pfandrecht auf Grund des vorherigen Pfandvertrags wieder in Kraft tritt (BGE 47 III 103; auch ZBJV 28, 538/539), mit dem früheren Rang, falls nicht mittlerweile ein vorgehendes dingliches Recht begründet wurde. Der Pfandvertrag gibt dem Gläubiger Anspruch auf die Wiederverschaffung des Pfandbesitzes. — Über die Veruntreuung StGB 140 und zum früheren zürcher. Strafrecht SJZ 37, 251.

45   Kann man das unwirksame Pfandrecht ü b e r h a u p t   n o c h   als P f a n d r e c h t ansprechen? Die Frage zu bejahen, scheint dem den Untergang und die Unwirksamkeit scharf trennenden Art. 888 zu entsprechen, denn ein nicht untergegangenes Pfandrecht besteht eben weiter. Die Frage ist jedoch ohne praktische Bedeutung, da die Rechtsfolgen im Gesetz festgelegt sind. A n   s i c h fehlt einem gegen Dritte völlig wirkungslosen «Pfandrecht» gewiß ein wesentliches Merkmal des Pfandrechts, also besteht kein solches mehr. Dies zeigt, daß die gesetzliche Ordnung widerspruchsvoll ist (was im Urteil SJZ 37, 251/252 nicht völlig erkannt wird).

46   Die Unwirksamkeit tritt auch ein, wenn die Parteien sie durch einen gegenteiligen V o r b e h a l t ausschließen wollen (vorstehend N 28).

V. Rechtslage beim nicht untergegangenen und nicht unwirksamen Pfandrecht

47   Ein Pfandrecht entfaltet die gewöhnlichen Wirkungen, soweit es gemäß Art. 888 weder untergegangen (Al. I) noch unwirksam geworden ist (Al. II),

auch wenn die Sache dem Gläubiger entzogen oder der Pfandbesitz sonst beeinträchtigt ist; so z.B., wenn die Sache abhanden gekommen (Art. 934) oder durch einen handlungsunfähigen Gläubiger zurückgegeben worden ist (vorstehend N 26, 32, 34, 37, 38). Demnach kann der Gläubiger das Pfandrecht gegenüber dem Verpfänder geltend machen (Art. 891) und sich der von Dritten gegen den Verpfänder angehobenen Zwangsvollstreckung auf sein Recht berufen, ungeachtet des fehlenden effektiven Gewahrsams. Er kann die Sache zurückfordern, soweit nicht ein Dritter gutgläubig Rechte erworben hat (vorn Komm. Art. 884 N 405—408).

Art. 889

Ist das Pfandrecht infolge der Tilgung der Forderung oder aus anderem Grunde untergegangen, so hat der Gläubiger die Pfandsache an den Berechtigten herauszugeben.

Vor seiner vollen Befriedigung ist er nicht verpflichtet, das Pfand ganz oder zum Teil herauszugeben.

2. Rückgabepflicht

Materialien: aOR 221 — VE 869 — E 874 — Erl II 325.

Ausländisches Recht: CC fr 2082, 2083 — CC it 2794, 2799 — BGB 1222, 1223 (1252, 1254) — ABGB 471, 1369.

Lit.: *Haffter* 55 ff. — *von Tuhr/Peter* § 18.

1

Übersicht

I. Rückgabepflicht des Gläubigers: Allgemeiner Inhalt der Vorschrift

2   Al. I der Bestimmung knüpft an den U n t e r g a n g d e s P f a n d - r e c h t s, der am häufigsten infolge «Tilgung der Forderung» eintritt, die P f l i c h t d e s G l ä u b i g e r s z u r R ü c k g a b e der Pfandsache (s. das Marginale). Al. II präzisiert, daß erst die v o l l e B e f r i e d i g u n g ihn zur Rückgabe verpflichtet; vorher kann selbst eine partielle Rückgabe nicht verlangt werden, wie sich aus dem sog. Grundsatz der U n t e i l b a r k e i t d e r P f a n d h a f t u n g ergibt.

3   Über die — in Art. 889, abgesehen von der Tilgung der Forderung, vorausgesetzten — G r ü n d e f ü r d e n U n t e r g a n g d e s P f a n d r e c h t s Darlegungen vorn Komm. Art. 888 N 4—20.

4   aOR 211 begnügte sich mit einer dem Al. II / Art. 889 entsprechenden Vorschrift, den Inhalt des Al. I / Art. 889 damit indirekt aussprechend.

II. Rückgabepflicht nach dem Untergang des Pfandrechts (Al. I)

5   **A. Natur der Rückgabepflicht.** Die Rückgabepflicht des Pfandgläubigers kann in der gleichen Weise auf V e r t r a g (dem Pfandvertrag) oder auf G e s e t z (Art. 889 I) beruhen, wie die zahlreichen, im Besonderen Teil des OR erwähnten Pflichten von Sachempfängern, welche die ihnen überantworteten Gegenstände zurückzuerstatten haben (z. B. die Rückgabepflicht des Mieters, OR 271 I): Wo nicht der Vertrag eine solche Pflicht vorsieht, tritt das Gesetz mit einer ergänzenden Vorschrift in die Lücke. Es ist durchaus üblich, auch in den letzteren Fällen von v e r t r a g l i c h e n P f l i c h t e n zu reden. Der Rückgabepflicht entspricht ein o b l i g a t o r i s c h e r (sog. persönlicher) A n s p r u c h auf Herausgabe, nicht ein dinglicher (ZBJV 86, 238). Ein solcher erwächst dem Pfandeigentümer dagegen in Gestalt der V i n d i k a t i o n (ZGB 641 II), die konkurrierend mit dem obligatorischen Anspruch geltend gemacht werden kann. Sie ist unverjährbar, während für den auf Vertrag gestützten, obligatorischen Anspruch die zehnjährige Frist gilt (OR 127). Der Anspruch aus Art. 889 ist die actio pignoraticia directa des Gemeinen Rechts.

B. Voraussetzung der Rückgabepflicht ist der U n t e r g a n g d e s **6** P f a n d r e c h t s (BGE 96 II 382). Der vom Gesetz hervorgehobene Hauptfall ist die «Tilgung der Forderung», und zwar infolge Erfüllung[a]; dazu kommen aber die übrigen, Komm. zu Art. 888 N 4—5 erwähnten Tatbestände des U n t e r g a n g s d e r F o r d e r u n g , ferner die Hinterlegung gemäß OR 92 (*von Tuhr / Escher* § 66 N 29). Von den w e i t e r e n G r ü n d e n für den U n t e r g a n g d e s P f a n d r e c h t s (Komm. Art. 888 N 7 ff.) fallen für die Rückgabepflicht diejenigen von vornherein weg, bei denen die Herausgabe der Sache gegenstandslos ist: Untergang der Pfandsache, Enteignung, gutgläubiger Eigentumserwerb, Konfusion, Verwertung.

Erst die « v o l l e B e f r i e d i g u n g » des Gläubigers begründet die **7** Rückgabepflicht (Al. II / Art. 889); neben dem K a p i t a l betrag der Forderung müssen die in Art. 891 II erwähnten N e b e n p o s t e n bezahlt sein. Im übrigen nachstehend N 20 ff.

Der Verpfänder kann nicht verlangen, daß ihm die Sache Z u g u m Z u g **8** gegen die Erfüllung der Pfandforderung herausgegeben werde; OR 82 ist nicht anwandbar. Vielmehr erfolgt die Rückgabe gemäß ZGB 889 n a c h d e r Tilgung der Forderung; vgl. im italienischen Text des Al. II: «... *se prima* non è ... soddisfatto»; Semjud 1956, 240. (Anders entscheiden BGB 1223 II und ABGB 469.)

Ist der P f a n d v e r t r a g oder die F o r d e r u n g u n g ü l t i g , so **9** kommt das Pfandrecht gar nicht gültig zustande und braucht nicht erst unterzugehen (vorn Komm. Art. 884 N 113, 158—160 mit Einzelheiten). Art. 889 ist daher auf die mit der Ungültigkeit begründete Rückforderung der Pfandsache nicht direkt anwendbar, wohl aber, soweit passend, a n a l o g . — Über die analoge Anwendung des Art. 889 auf den T r ö d e l v e r t r a g BGE 55 II 49 und *Oftinger*, Der Trödelvertrag (Zürich 1937) 76/77. — Eine besondere, von Art. 889 unabhängige Herausgabepflicht besteht in der Z w a n g s v o l l - s t r e c k u n g nach SchKG 98, 198, 232 Ziff. 4.

C. Erfüllung der Rückgabepflicht

a) Person des Anspruchsberechtigten. Der Gläubiger hat die Sache dem **10** «Berechtigten» zu erstatten. Dies ist, weil man einen vertraglichen Anspruch vor sich hat, der V e r p f ä n d e r (BlZR 3 Nr. 85 S. 147/148), auch wenn

---

[a] Der französische Text spricht von «paiement», der italienische von «estinzione».

die Sache, seltenerweise, einem nicht mit ihm identischen, anderen Eigentümer gehört (analog OR 479; BlZR 10 Nr. 12 S. 26 Spalte II). Auf die Person des Berechtigten ist besonders zu achten, wenn der Schuldner nicht auch Eigentümer der Pfandsache und Verpfänder ist und gleichwohl die Herausgabe verlangt (BlZR 3 Nr. 85 S. 148). Bei N a c h v e r p f ä n d u n g ist die Sache, wenn der Gläubiger von dem nachgehenden Pfandrecht benachrichtigt worden ist, dem «nachfolgenden Gläubiger herauszugeben» (Art. 886 und dort Komm. N 11/12, 17). Erst der letzte Gläubiger muß die Sache dem Verpfänder zurückgeben. Entsprechendes gilt für die anderen, Komm. Art. 886 N 22 ff. erwähnten Arten mehrfacher Verpfändung, wenn je derjenige von mehreren Gläubigern, der die Sache im Besitz hat, befriedigt ist (dazu BGE 72 II 354).

11 *b) Gegenstand der Rückgabe.* Die g l e i c h e S a c h e ist zurückzugeben, die der Gläubiger zu Pfand erhalten hat, auch wenn es Inhaberpapiere sind; Art. 889 begründet eine Speziesschuld, ausgenommen beim irregulären Pfandrecht (Syst. Teil N 182 ff.).

12 F r ü c h t e unterliegen nach der Trennung der Pfandhaft nicht und sind deshalb, unabhängig von der Pflicht zur Rückgabe der Hauptsache, gestützt auf Art. 892 II/III herauszugeben (dort Komm. N 11); auf den Anspruch auf Herausgabe ist Art. 889 jedoch sinngemäß anwendbar.

13 *c) Vollzug der Rückgabe.* Der Gläubiger hat die M a ß n a h m e n rückgängig zu machen, die dem Vollzug der V e r pfändung gedient haben: Übergabe der Sache selber oder der Schlüssel zum Gelaß, in dem die Sache sich befindet, Aufhebung des Mitverschlusses, Anweisung an den Dritten, der den unmittelbaren Besitz für den Gläubiger ausübt, u. a. m. (Komm. Art. 884 N 228 ff.). Der E r f ü l l u n g s o r t bestimmt sich nach OR 74 bes. Ziff. 2 (anders OR 477), die E r f ü l l u n g s z e i t nach OR 75: Die Rückgabe soll sogleich erfolgen, auch im Fall der Weiterverpfändung durch den Gläubiger gemäß ZGB 887 (so bezüglich der Banken die V zum BG über die Banken und Sparkassen vom 17. Mai 1972 Art. 33 I Satz 2; der Grundsatz gilt aber allgemein). Die vorn Komm. Art. 887 N 6 erwähnten Maßnahmen zum Schutz des ersten Verpfänders bei Weiterverpfändung durch Banken dienen überhaupt der Sicherung der Rückgabepflicht.

14 Nach dem Untergang eines gemäß Art. 900 errichteten P f a n d r e c h t s a n R e c h t e n soll der Gläubiger die zu seiner Sicherung geschaffenen Garantien aufheben: Rückgabe des Schuldscheins, Aufhebung der allenfalls erfolgten Anzeige an den Drittschuldner (hinten Komm. Art. 900 N 49, 66; BGE 23 I 698). Gemäß Art. 901 II verpfändete O r d r e - oder N a m e n - p a p i e r e müssen in geeigneter Form zurückübertragen werden: durch Indossament, «Abtretungserklärung», Streichung des Indossaments, das zur Verpfändung gedient hat. Bei Blankoindossament im Sinne von OR 1004 Ziff. 3 (hinten Komm. Art. 901 N 85) genügt die Rückgabe, desgleichen, wenn die

Verpfändung gemäß Art. 900 (ohne Vermerk auf dem Wertpapier) vorgenommen wurde[a]. — Über die Bedeutung der Indossamente, der «Abtretungserklärung» und des Vorgehens nach Art. 900 bei Wertpapieren hinten Komm. Art. 901 N 60 ff., 88 ff., 112 ff., 146. — In allen Fällen ist die Urkunde zurückzuerstatten, was bei den gemäß Art. 901 I verpfändeten Inhaberpapieren die einzige Rückgabehandlung ist, da diese Wertpapiere gleich wie die Sachen behandelt werden.

Ist der Pfandgegenstand nach dem Untergang des Pfandrechts in die Konkursmasse des Pfandgläubigers geraten, so kann der Verpfänder A u s s o n d e - r u n g verlangen; wird der Gegenstand beim Pfandgläubiger gepfändet, so kann er W i d e r s p r u c h s k l a g e erheben (SchKG 242, 106 ff.; *Jaeger* Art. 197 N 4 S. 9). **15**

d) Retentionsrecht des Gläubigers. Ein solches kann für die hinten Komm. Art. 890 N 15 und vorn Art. 884 N 410 behandelten Ansprüche auf E r s a t z v o n V e r w e n d u n g e n und S c h a d e n sowie für die G e n u g - t u u n g geltend gemacht, und die Rückgabe des Pfandgegenstandes darf infolgedessen verweigert werden (Art. 895 und dort Komm. N 87, 90, 91). Sonst kann man nach der Tilgung der Forderung nur ausnahmsweise ein Retentionsrecht für eine a n d e r e , c h i r o g r a p h a r i s c h e , F o r d e - r u n g ausüben; Näheres hinten Komm. Art. 895 N 105 ff., 121, auch 99. **16**

D. Verletzung der Rückgabepflicht. Diese ist als Verletzung einer pfandvertraglichen Pflicht eine V e r t r a g s v e r l e t z u n g im Sinne des OR, und als solche zieht sie, abgesehen von der Erfüllungsklage, die Sanktion des Schadenersatzes nach sich (OR 97 I), sei es, daß die Rückgabe durch Verschulden unmöglich geworden ist, oder daß sie nicht gehörig erfolgt: Ablieferung des falschen oder nicht des ganzen Pfandgegenstandes, am unrichtigen Ort, verspätet, an einen Unberechtigten (BlZR 3 Nr. 85 S. 147/148). Unverschuldete Unmöglichkeit fällt unter OR 119, Verzug unter 102 ff. Die Voraussetzungen und die Folgen der Haftpflicht sind die allgemeinen nach OR (Art. 97 I, 99; 42—44); neben der Verletzung der Rückgabepflicht müssen vorliegen: ein Schaden, der Kausalzusammenhang zwischen schädigendem Verhalten und Schaden (BlZR 3 Nr. 85 S. 149; 3 Nr. 171 S. 276) und ein — präsumiertes — Verschulden (s. die gerade zit. Urteile). **17**

Neben die auf Art. 889 gestützte und von OR 97 ff. getroffene Schadenersatzregelung wegen Verletzung der Rückgabepflicht tritt diejenige nach *ZGB* 890, die weitere Tatbestände der Haftpflicht des Gläubigers ordnet. So ist dort in Al. II die Unmöglichkeit der Rückgabe wegen eigenmächtiger Veräußerung **18**

[14a] Diesfalls sind aber die eingangs der vorliegenden Note bezüglich der Verpfändung nach Art. 900 erwähnten Maßnahmen erforderlich: Rückgabe der Urkunde, Aufhebung der eventuellen Anzeige an den Drittschuldner.

oder Weiterverpfändung geregelt. Im übrigen namentlich hinten Komm. Art. 890
N 27/28 und 38.

19   Im Fall der Z e s s i o n gilt die in N 31 zu Art. 890 geschilderte Lösung.

III. Grundsatz der Unteilbarkeit der Pfandhaftung (Al. II)

20   **A. Allgemeine Bedeutung.** Das seit jeher dem Fahrnispfandrecht eigene
Prinzip der Unteilbarkeit oder Ungeteiltheit der Pfandhaftung ist in Al. II dahin
umschrieben, daß k e i n e R ü c k g a b e p f l i c h t besteht, weder für den
ganzen Pfandgegenstand noch für einen Teil, solange der G l ä u b i g e r
n i c h t v o l l b e f r i e d i g t ist: Pignoris causa indivisa est; «le gage est
indivisible», wie CC fr 2083 I erklärt (gleich CC it 2799) [a]. Der Verpfänder
kann somit keine Verminderung der Pfandhaftung verlangen, wenn er Abzahlungen vornimmt, es sei denn, eine entsprechende Vereinbarung bestehe.
Auch wenn der Gläubiger für einen Teil seiner Forderung auf das Pfandrecht
verzichtet, so kann er die Sache für die restliche Forderung gemäß Al. II/
Art. 889 zurückbehalten. (Ein Sondertatbestand BGE 52 II 346/347: kein Anspruch auf Herabsetzung des verpfändeten Eigentümerschuldbriefs gemäß
Art. 874).

A n w e n d u n g s f ä l l e des Grundsatzes ergeben sich in den folgenden
Tatbeständen:

21   **B. Mehrheit von Pfandsachen.** Art. 889 II zielt weniger auf den Ausschluß der partiellen Rückgabe einer teilbaren e i n z e l n e n P f a n d -
s a c h e — wie der Wortlaut zu sagen scheint, wo aber der Grundsatz selbstverständlich ist — als auf das P f a n d r e c h t a n m e h r e r e n
S a c h e n, die für die g l e i c h e F o r d e r u n g verpfändet sind, was als
G e s a m t p f a n d r e c h t bezeichnet wird (vorn Komm. Art. 884 N 33). Von
den mehreren Sachen haftet demnach jede für die ganze Forderung (so ausdrücklich BGB 1222). Trotz deren partieller Tilgung besteht keine Rückgabepflicht für einzelne Stücke: BGE 21, 771/772; 46 II 388; BGr in Semjud 1916,
88; BlZR 23 Nr. 159 S. 274; vgl. auch BGE 55 II 49. Damit wird eine größere
Sicherheit des Gläubigers erzielt. — Über die betreibungsrechtliche Behandlung SchKG 219 II (dazu *Blumenstein* in dem in N 120 des Syst. Teils dieses
Komm. zit. Hdb., 679).

[20a] Über eine andere Bedeutung des gleichen Prinzips hinten Komm. Art. 892 N 3.

C. Mehrheit von Forderungen — Künftige Forderungen. Ist die **22**
Sache (oder eine Mehrheit von solchen) für m e h r e r e F o r d e r u n g e n
des gleichen Schuldners verpfändet, so besteht gemäß Al. II / Art. 889 keine
Rückgabepflicht nach der Tilgung e i n z e l n e r der Forderungen (BlZR 25
Nr. 138 S. 208; vgl. auch 30 Nr. 168 S. 343—344). Erst nach der v o l l e n
Befriedigung — durch Tilgung a l l e r Forderungen — erlischt die Pfandhaft. Dies ist besonders wichtig für B a n k e n, zumal ein Teil von ihnen in
ihren Pfandklauseln sich ein Pfandrecht für einen unbegrenzten Kreis
k ü n f t i g e r F o r d e r u n g e n und für unbegrenzte Dauer einräumen
lassen. Daraus kann jedoch nicht abgeleitet werden, daß die Bank die Rückgabe
der Pfandsachen im Hinblick auf allfällige künftige Forderungen immerfort
verweigern dürfe, auch wenn zur Zeit keine Forderung besteht. Sondern das ist
nur zulässig, soweit die erwähnte Pfandklausel nach den vorn Komm. Art. 884
N 128 ff. gemachten Ausführungen überhaupt wirksam ist. Dies ist z. B. der
Fall, solange ein bestehender Kreditvertrag läuft (vgl. CC it 1844 I).

Die A u s l e g u n g des Pfandvertrags kann, a b w e i c h e n d vom bisher **23**
Gesagten, angesichts der Umstände ausnahmsweise dazu führen, daß der
Gläubiger bei Tilgung einzelner Forderungen einzelne Sachen herauszugeben
hat (so im Grundsatz CC it 1849). — Über das R e t e n t i o n s r e c h t
hinten Komm. Art. 895 N 108.

Für a n d e r e a l s i m P f a n d v e r t r a g v o r g e s e h e n e F o r - **24**
d e r u n g e n kann der Gläubiger die Sache nicht zurückbehalten, es sei denn
auf Grund eines Retentionsrechts (vorstehend N 16; anders CC fr 2082 II,
CC it 2794 II).

D. Subrogation. Gehen bei Subrogation die Rechte des Gläubigers nur **25**
zum Teil auf einen ihn nur teilweise befriedigenden Dritten über (OR 110,
149 I, 507 I Satz 1 u. a. m.), so kann der Gläubiger die Pfandsache, die seine
Forderung sichert, zurückbehalten, bis diese v ö l l i g getilgt wird. Erst hernach braucht er sie dem subrogierenden Dritten herauszugeben, der jedoch
bereits vorher von Gesetzes wegen ein (nachgehendes) Pfand r e c h t erhält
(vorn Komm. Art. 884 N 165). Diese aus ZGB 889 II fließende Folgerung
deckt sich mit der Maxime «nemo subrogat contra se»: die Subrogation soll dem
Gläubiger nicht schaden, sein Interesse geht vor. Dies wird für die Bürgschaft
in OR 507 II Satz 2 bestätigt, indem dort dem Gläubiger vor dem subrogierenden Bürgen der Vorrang eingeräumt ist (vgl. auch OR 503 III und die vorn
Komm. Art. 884 N 166 zit. Lit., bes. *Beck* Art. 503 N 49).

Art. 890

3. Haftung des Gläubigers

Der Gläubiger haftet für den aus der Wertverminderung oder aus dem Untergang der verpfändeten Sache entstandenen Schaden, sofern er nicht nachweist, daß dieser ohne sein Verschulden eingetreten ist.

Hat der Gläubiger das Pfand eigenmächtig veräußert oder weiter verpfändet, so haftet er für allen hieraus entstandenen Schaden.

1 Materialien: aOR 220 — VE 870 — E 875 — Erl II 326.
Ausländisches Recht: CC fr 2079, 2080 (1137, 1302) — CC it 2790—2793 (1846—1848) — BGB 1215 (1213—1214, 1216—1218, 1226) — ABGB 459, 460 (471, 1369, 1372).
Lit.: Jakob *Hiestand*, Lombardgeschäft und Lombardierung (Diss. Bern 1923) 110 ff.

Übersicht

I. Haftung des Gläubigers: Allgemeiner Inhalt der Vorschrift

2 Al. I/Art. 890 auferlegt dem Pfandgläubiger eine Haftung, falls die Pfandsache eine Wertverminderung erlitten hat oder unter-

gegangen ist. Hat er sie «e i g e n m ä c h t i g   v e r ä u ß e r t   oder
w e i t e r   v e r p f ä n d e t», so haftet er nach Al. II «für allen» Schaden. Darin
liegt eine Verschärfung gegenüber Al. I, wo die Exkulpation zugelassen ist, denn
Al. II sieht eine Kausalhaftung vor. Al. II ergänzt den auf die Weiterverpfändung bezüglichen Art. 887. Der Art. 890 ist durch das Marginale Ziff. II zur
Ordnung des «U n t e r g a n g s» des Pfandrechts geschlagen, vermutlich
weil die Haftung des Gläubigers meist erst nach Eintritt der Pflicht zur Rückgabe der Sache geltend gemacht wird. Hievon abgesehen betrifft der Artikel
eher eine der W i r k u n g e n des Pfandrechts (Marginale Ziff. III).

Der Anwendung des Art. 890 auf das Pfandrecht an Rechten, namentlich auf **3**
die W e r t p a p i e r e, steht nichts im Weg (Art. 899 II); nachstehend
N 20—22.

II. Obligatorisches Rechtsverhältnis zwischen Gläubiger und Verpfänder überhaupt

Art. 890 überbindet dem G l ä u b i g e r indirekt P f l i c h t e n zur **4**
Vermeidung von Schaden: mittels der nötigen Sorgfalt in der Ausübung des
Pfandbesitzes und durch Unterlassung schädigender Handlungen. Diesen
Pflichten entsprechen R e c h t e   d e s   V e r p f ä n d e r s. Damit rückt die
Vorschrift in den größeren Z u s a m m e n h a n g der mit dem Erwerb des
Pfandbesitzes entstehenden R e c h t s v e r h ä l t n i s s e zwischen dem
Gläubiger und den anderen Beteiligten, namentlich dem Verpfänder. Nicht alle
zugehörigen Rechte und Pflichten sind im Gesetz ausdrücklich geordnet. Sie
hängen zumeist mit dem F a u s t p f a n d prinzip und der d i n g l i c h e n
Natur des Pfandrechts zusammen: letzteres verschafft dem Gläubiger ein Recht
auf Besitz, auf Verwertung u. a. m. (Komm. Art. 884 N 192, 398 ff.; ZGB 891).
Hier besteht Wirkung gegen Dritte. Daneben bestehen aber (sog. persönliche)
o b l i g a t o r i s c h e   R e c h t e   u n d   P f l i c h t e n: zu ihnen gehört die
Rückgabepflicht des Gläubigers gemäß Art. 889 (dort Komm. N 5), dann die erwähnten, in Art. 890 dem Gläubiger indirekt auferlegten Pflichten. Diese
ergeben sich im einzelnen aus der Behandlung der Schädigungstatbestände des
Art. 890. Den obligatorischen Pflichten des G l ä u b i g e r s stehen obligatorische Pflichten des V e r p f ä n d e r s gegenüber, die im Gesetz weder
direkt noch indirekt erwähnt sind, z. B. die Pflicht zum Ersatz von Verwendungen
(nachstehend N 15); weitere Fälle sind erwähnt hinten Komm. Art. 891 N 9 ff.
Neben den vorhin berührten d i n g l i c h e n Rechten des Gläubigers, an die
man bei der Betrachtung des Pfandrechts vorweg denkt, bestehen demnach auch
o b l i g a t o r i s c h e   R e c h t e.

5 Das obligatorische Rechtsverhältnis ist vom Prinzip von T r e u u n d
G l a u b e n beherrscht (ZGB 2).

6 Die obligatorischen Rechte und Pflichten, m. a. W. das o b l i g a t o r i s c h e
R e c h t s v e r h ä l t n i s zwischen Gläubiger und Verpfänder, sind nach der
gebräuchlichen Terminologie v e r t r a g l i c h e r N a t u r ; vgl. CC fr
2080 I; vorn Komm. Art. 889 N 5; BGr in BlZR 25 Nr. 64 S. 101: «Vertrags-
pflichten der Pfandgläubiger»; auch BGE 51 II 582. Die Rechte und Pflichten
können im P f a n d v e r t r a g selber geregelt sein (dem Gläubiger werden
z. B. bestimmte Sorgfaltsmaßnahmen überbunden). Wo nicht, tritt das G e s e t z
ergänzend in die Lücke, indem es direkt oder indirekt die fraglichen Pflichten
auferlegt (z. B. eben in Art. 889 und 890). Das ist der gleiche Sachverhalt, den
man im Vertragsrecht durchweg, und namentlich gerade dort antrifft, wo
jemand eine fremde, ihm überantwortete Sache besitzt, etwa als Mieter, Arbeitnehmer oder Aufbewahrer (OR 261, 328/338, 474). Von einem b e s o n d e -
r e n , dem Pfandrecht eigenen «gesetzlichen Schuldverhältnis» braucht man
nicht zu sprechen, wie in der Literatur etwa (z. B. *Enneccerus* § 159 II). Vielmehr hat man, wie erwähnt, eine im Vertragsrecht durchaus gebräuchliche
Ordnung vor sich.

III. Tatbestände der Haftung des Gläubigers

7 Ein besonderer Schädigungstatbestand ergibt sich aus Art. 889: Verletzung
der R ü c k g a b e p f l i c h t (dort Komm. N 17). — Die in Art. 890 vorgesehene Haftung knüpft an folgende T a t b e s t ä n d e an:

A. Wertverminderung oder Untergang der Pfandsache (Al. I)

8 Dem U n t e r g a n g steht der V e r l u s t gleich (franz. Text: «perte»).
Die Vorschrift erfaßt indes j e d e A r t v o n S a c h s c h a d e n . Dieser
kann verursacht sein durch die N 9—19 geschilderten Vorgänge, nämlich:

a) Unsorgfalt in der Aufbewahrung

1. Allgemeine Ordnung

9 Aus dem Pfandvertrag erwächst dem Gläubiger die in Al. I / Art. 890 indirekt
aufgestellte Neben p f l i c h t z u s o r g f ä l t i g e r A u f b e w a h r u n g
der Sache (CC it 2790 I, BGB 1215), ausgenommen, wo die Sache nicht im

unmittelbaren Besitz des Gläubigers steht, sondern sich mit Willen des Verpfänders bei einem Dritten befindet (vorn Komm. Art. 884 N 229 u. a. m.). Wo der Gläubiger nicht den Alleinbesitz hat (Komm. Art. 884 N 238, 247) oder seine Einwirkungsmöglichkeiten sonst beschränkt sind, vor allem, weil sich die Sache in einem dem Verpfänder gehörenden Raum befindet (Komm. Art. 884 N 234), vermindert sich seine Sorgfaltspflicht und Haftung dementsprechend. Diese entfallen aber nicht von vornherein, weil der Gläubiger auch unter solchen Umständen die Sache, z. B. durch üble Behandlung, zu schädigen vermag. Für Schaden, den der Verpfänder oder sein Angestellter verursacht, haftet der Gläubiger nicht (dazu Komm. Art. 884 N 207, 219).

Die Aufbewahrung durch den Gläubiger weist Ähnlichkeit auf mit derjenigen **10** durch den Depositar im Rahmen des H i n t e r l e g u n g s v e r t r a g s (OR 472; BGE 23 I 705). Allenfalls rechtfertigt sich die Prüfung, ob dort geltende Grundsätze a n a l o g anwendbar sind. Die Übernahme muß behutsam geschehen, weil die Interessenlagen sich nicht decken: die Verwahrung der hinterlegten Sache erfolgt im typischen Fall Gefälligkeits halber, also im Interesse des Hinterlegers; beim Pfand dagegen ist die Aufbewahrung die Folge der mit der Verpfändung zugunsten des Gläubigers vollzogenen Besitzübertragung (gl. M. u. a. *Baerlocher* 659; *Oser / Schönenberger* Art. 472 N 5, 15, 20). In anderem Zusammenhang sind Vorschriften über die Nutznießung anwendbar (nachstehend N 33). — Über die S a n k t i o n im Fall der Unsorgfalt: nachstehend N 26 ff.

2. *Maßnahmen des Gläubigers*

Die vom Gläubiger verlangten M a ß n a h m e n hängen von der Sachlage **11** ab: z. B. sichere (OR 472 I) und trockene Lagerung, Füttern (BGE 21 771) und Bewegen eines Tieres, Einfetten einer Maschine, Pflege des Weines. Der Gläubiger ist entlastet, wenn sich — zweckmäßigerweise — der Verpfänder ausbedingt, die letzteren Handlungen selber vorzunehmen oder er vertraglich dazu verpflichtet ist (Komm. Art. 884 N 207). Der Gläubiger wird nach dem Vorbild der Banken gerne die «Gefahr» der Lagerung und des Transports auf den Verpfänder abwälzen und ihn zur Versicherung verpflichten. Die Pflicht zum Unterhalt geht angesichts der verschiedenen Interessenlage nicht so weit wie die des Nutznießers. So fehlt die Pflicht zur Vornahme von «Ausbesserungen und Erneuerungen» (ZGB 764 I), aber auch die V e r s i c h e r u n g s - p f l i c h t (Art. 767); eine solche besteht durchweg nur gemäß ausdrücklicher Vorschrift, die hier fehlt[a], oder dann gestützt auf eine entsprechende Usance, die auch für verpfändete Sachen denkbar, aber jeweils nachzuweisen wäre.

[11a] A. M. *Rossel/Mentha* no 1647. — CC it 1847 verpflichtet die Banken zur Versicherung «per conto del contraente».

12   Im Einzelfall können die Umstände auf Grund des Prinzips von T r e u   u n d
G l a u b e n (ZGB 2) ein Mehreres gebieten. So ist hieraus die Pflicht abzuleiten, den Verpfänder von drohendem Schaden zu b e n a c h r i c h t i g e n
(OR 483 II analog; ausdrücklich BGB 1218 II); anders, wo der Verpfänder
sich selbst unterrichten kann, wie z. B. vom Rückgang der Preise und Kurse
(vgl. bes. noch nachstehend N 20—22 betr. Wertpapiere). Die Abwägung der
Interessen kann auch dazu führen, dem Verpfänder das Recht einzuräumen, die
von erheblichem Schaden oder starker Wertverminderung bedrohte S a c h e
d u r c h   e i n e   a n d e r e , für den Gläubiger gleichwertige, z u   e r -
s e t z e n , unter Wahrung des Ranges des bestehen bleibenden Pfandrechts
(ähnlich BGB 1218 I). Dies ist angezeigt, sobald der Nachteil für den Verpfänder
ungleich größer wäre als für den Gläubiger. Fehlen dem Verpfänder Ersatzstücke, so liegt nahe, ihm zuzubilligen, daß er vom Gläubiger die v o r z e i t i g e
V e r w e r t u n g verlangt, damit der Verpfänder entlastet wird: *Staudinger*
§ 1218 N 4; *Leemann* Art. 890 N 28; einschränkend *Kaderli* 46; vgl. auch
Art. 906 I. Die Pflicht des Gläubigers geht aber n i c h t so weit, im Interesse
des Verpfänders bei drohendem Schaden die Sache v o n   s i c h   a u s   v o r -
z e i t i g   z u   v e r w e r t e n (nachstehend N 22). Der Gläubiger wird dem
Verpfänder unter Umständen auch den Z u t r i t t   z u   d e n   S a c h e n gewähren müssen, damit er z. B. selber den Wein pflegen kann, wo dies nicht
ohnehin vertraglich vorgesehen ist (Komm. Art. 884 N 207 ff.; OR 483 III
analog). — Bei Weigerung wird der Gläubiger in allen solchen Fällen haftpflichtig. Die vorgeschlagenen Lösungen liegen durchaus in der Linie der
heutigen Handhabung des Prinzips des Art. 2 ZGB, die — wenn auch nur in
Extremfällen — eine Rücksichtnahme der Vertragsparteien aufeinander verlangt und das offenbare Mißverhältnis ihrer Interessenwahrung als rechtsmiß-
bräuchlich verpönt.

13   Es zeigt sich in diesen Ausführungen, daß Art. 890 n i c h t   a l l e i n die
der Sache selber zugefügten, k ö r p e r l i c h e n   S c h ä d i g u n g e n erfaßt.
Dies entgegen BlZR 25 Nr. 64 S. 101; SJZ 20, 49; *Zimmermann-Locher*
SJZ 24, 59. Haftung für andere als körperliche Schädigung nimmt auch schon
BGE 23 I 706 an.

14   Dem Gläubiger bleibt überlassen, die zur sachgemäßen Aufbewahrung dien-
lichen Maßnahmen zu bestimmen; folglich darf er den Pfandgegenstand auch
e i n e m   D r i t t e n   z u r   A u f b e w a h r u n g geben. Gl. M. *Wieland*
Art. 890 N 2; *Leemann* N 5; *Staudinger* § 1215 N 2c; a. M. ein Teil der deutschen Literatur, so *Planck* § 1215 Ziff. 2, a. A. Dieses Vorgehen wird vielfach
sogar unerläßlich sein, z. B. die Hinterlegung von Wertsachen auf einer Bank,
die Weggabe zur Reparatur. Gegebenenfalls obliegt dem Gläubiger die Pflicht
zur Kontrolle der Aufbewahrung beim Dritten (*Klang* § 459 Ziff. 3).

3. Ersatz der Verwendungen

Die vom Gläubiger gemäß den Ausführungen N 11 verlangten Maßnahmen **15** können ihm Auslagen verursachen. Ausländische Gesetze ordnen die Pflicht des Verpfänders zum E r s a t z solcher V e r w e n d u n g e n an: CC fr 2080 II, CC it 2790 II, BGB 1216; im Gemeinen Recht diente dazu die actio pignoraticia contraria. Für das schweizerische Recht ergibt sich das selbe Ergebnis aus der Analogie zu OR 473 I / 485 I sowie ZGB 753 und findet seine Grundlage samt näherer Regelung in OR 422: Geschäftsführung ohne Auftrag. Danach besteht Ersatzpflicht für notwendige und nützliche Verwendungen, und für andere Verwendungen besteht das Recht zur Wegnahme (Einzelheiten in der Lit. zu OR 422 und bei *von Tuhr / Peter* § 17. Neben dem Verpfänder ist der von ihm verschiedene Eigentümer ersatzpflichtig, wenn die Sache an ihn zurück gelangt (analog ZGB 939). Zu den Verwendungen gehören unter Umständen die Versicherungsprämien, zu deren Bezahlung der Gläubiger zwar nicht verpflichtet, aber oft faktisch genötigt ist (für das Grundpfandrecht gilt Art. 819, eine Vorschrift, die nicht analog anwendbar ist). Zur Sicherung seiner Ersatzforderung kann der Gläubiger die Sache unter Berufung auf ein Retentionsrecht zurückbehalten (Art. 895; gleich OR 485 III; vorn Komm. Art. 889 N 16; ABGB 471).

b) Unerlaubter Gebrauch und Nutzung

Dem Gläubiger steht ohne gegenteilige Vereinbarung kein Recht auf G e - **16** b r a u c h der Sache zu (gleich: OR 474 I, CC it 2792 I, ABGB 459). Er darf sie auch Anderen nicht zum Gebrauch überlassen. Daß er, wie vorstehend N 11 erwähnt, z. B. ein verpfändetes Tier bewegen soll, bedeutet nicht eine Ausnahme, sondern ergibt sich aus seiner Sorgfaltspflicht.

Auch das Recht auf N u t z u n g fehlt dem Gläubiger, sei es, daß er diese **17** selber vornimmt, oder Dritten überläßt (CC it 2792 I). Demgemäß verpflichtet ihn Art. 892 II zur Herausgabe der natürlichen Früchte (BGE 41 III 457). Die gegenteilige Vereinbarung, das N u t z u n g s p f a n d r e c h t , ist in ausländischen Gesetzen teils geregelt (CC it 2791, BGB 1213/1214), teils verboten (ABGB 1372). Das ZGB erwähnt es nicht. Wie sich aus Art. 892 II ergibt, ist das Nutzungspfandrecht zulässig; aber es ist ohne praktische Bedeutung. Beides gilt auch für die A n t i c h r e s i s : das Nutzungspfandrecht, bei dem die Nutzungen an die Stelle der dem Pfandgläubiger geschuldeten Zinse treten. Erl II 322 sprechen sich demgegenüber anscheinend für die Unzulässigkeit aus (anders aber 327); ein ausdrückliches gesetzliches Verbot wie für die Grundstücke (Art. 793 / SchlT 45) fehlt indessen bei der Fahrnis (vgl. auch Syst. Teil dieses Komm. N 31). Ein g e w ö h n l i c h e s Nutzungspfandrecht würde man je nach den Umständen, ohne daß aber eine faktische Vermutung besteht, auch ohne ausdrückliche Vereinbarung dort annehmen, wo z. B. eine Milchkuh nach Art. 884 zu unmittelbarem Alleinbesitz verpfändet wird: der Gläubiger müßte über den bezogenen Nutzen Rechnung führen; der Reinertrag würde auf den geschuldeten Zins und das Kapital angerechnet (Art. 891 II).

18 Über das Nutzungspfandrecht neben der eingangs zit. L i t e r a t u r zu Art. 890 und BGB 1213/1214: Gottfried *Weiß*, Das Recht der Grundpfandgläubiger an den Erträgnissen des verpfändeten Grundstücks (St. Gallen 1936) 3 ff.; *Schlegelberger*, Rechtsvergl. Hdwb. II 232, von *Rohlfing* (Berlin 1929). — Die Regelung für das P f a n d r e c h t a n R e c h t e n findet sich in Art. 904.

19 Über die S a n k t i o n im Fall unerlaubten Gebrauchs oder der Nutzung: nachstehend N 26 ff.

c) Keine Haftung für die Wertbeständigkeit verpfändeter Gegenstände, besonders Wertpapiere; Maßnahmen des Gläubigers

20 Es ist im Lichte des Art. 890 selbstverständlich, daß der Gläubiger keine Garantie für die Wertbeständigkeit der Pfandgegenstände zu erbringen hat. Somit kann der Verpfänder keine S c h a d e n e r s a t z a n s p r ü c h e stellen, wenn ohne Verschulden des Gläubigers ein W e r t v e r l u s t eingetreten ist. Dies wurde von den Gerichten besonders hinsichtlich der Kurseinbußen von Wertpapieren, aber auch der Entwertung verpfändeter Forderungen, festgestellt: BGE 23 I 706; SJZ 20, 49; BlZR 25 Nr. 64 S. 101 ff.; Semjud 1974, 427/28. Anders verhielte es sich, wenn der Gläubiger auf die Wertverminderung s c h u l d h a f t direkt oder indirekt eingewirkt hätte. Der Gläubiger ist auch nicht verpflichtet, bei beginnenden Kurseinbußen oder sonst drohendem Schaden von sich aus sofort das Pfand zu v e r w e r t e n , um dem Verpfänder Verluste zu ersparen; *Reichel* SJZ 24, 1 ff. und das dort 3 ff. wiedergegebene, auf Schweizer Recht bezügliche Urteil des Kammergerichts Berlin (ferner SJZ 22, 349; *Klang* § 459 Ziff. 3).

21 Die vorstehend N 12 erwähnte, aus dem Prinzip von Treu und Glauben abzuleitende Pflicht des Gläubigers, den Verpfänder vom drohenden Schaden zu b e n a c h r i c h t i g e n , gilt grundsätzlich auch hier, jedoch wiederum mit der wesentlichen Einschränkung, daß diese Pflicht entfällt, wenn der Verpfänder sich selber zu unterrichten vermag, was bei Wertpapieren gewöhnlich zutreffen wird. Der Verpfänder hat also in erster Linie s e l b e r für die Vermeidung von Verlusten zu sorgen (BlZR 25 Nr. 64 S. 101 Spalte I; a. M. *Planck* § 1215 Ziff. 2 S. 1447), was im Einklang mit der Regelung des Art. 906 steht, wonach die Verwaltung eines verpfändeten Rechts dem Verpfänder überlassen bleibt. Darüber eingehend *Zimmermann-Locher* SJZ 24, 59 ff., der jedoch zu Unrecht unterstellt, Art. 890 erfasse nur den der Sache selber zugefügten, k ö r p e r - l i c h e n Schaden (vorstehend N 13) und schon deshalb jede Pflicht des Gläubigers zur Benachrichtigung des Verpfänders ablehnt; wie *Zimmermann* auch *Kaderli* 45 N 4.

Gemäß den Darlegungen vorstehend N 12 kann der Verpfänder die v o r - **22** z e i t i g e V e r w e r t u n g v e r l a n g e n , aber nur unter den dort erwähnten Umständen. Auf die Lage n a c h Eintritt der F ä l l i g k e i t , wenn der Gläubiger zur Verwertung berechtigt ist, sie aber nicht vornimmt, sind diese Überlegungen sinngemäß anwendbar, wie hinten Komm. Art. 891 N 27 näher gezeigt wird.

B. Eigenmächtige Veräußerung oder Weiterverpfändung (Al. II)

Die eigenmächtige V e r ä u ß e r u n g der Pfandsache durch den Gläubiger **23** bedeutet eine Veruntreuung (StGB 140; Syst. Teil N 147), desgleichen die W e i t e r v e r p f ä n d u n g , die ohne die in Art. 887 als nötig bezeichnete Zustimmung erfolgt (dort N 2). Art. 890 II enthält die Sanktion zur Vorschrift des Art. 887. Auch das Versetzen bei einer Pfandleihanstalt stellt eine Weiterverpfändung dar. Die vom Gläubiger ohne Zustimmung des Verpfänders vorgenommene private Verwertung fällt ebenfalls unter Art. 890 II (hinten Komm. Art. 891 N 50); jedoch wird häufig die Haftung mangels eines Schadens zu verneinen sein. Das letztere gilt auch von der Weiterverpfändung, wenn die Sache rechtzeitig zurückgegeben wird.

Hievon abgesehen entsteht Schaden deswegen, weil ein D r i t t e r infolge **24** seines g u t e n G l a u b e n s die ihm vom eigenmächtig vorgehenden Gläubiger zugedachten Rechte erwirbt: er wird Eigentümer oder Pfandgläubiger (Art. 714 II, 933 ff., 884 II mit den dortigen Darlegungen des Komm., N 323 ff., bes. N 365).

Wer die in Art. 890 erwähnten Handlungen nicht als Pfandgläubiger, sondern **25** als f i d u z i a r i s c h e r Eigentümer vorgenommen hat, kann nicht nach dieser Vorschrift belangt werden, sondern nur wegen Vertragsverletzung (nicht näher entschieden BGE 71 III 86/87, 91). N i c h t unter A l . II , sondern Al. I fallen Handlungen des Gläubigers wie Gebrauch, Weitergabe zum Gebrauch, Nutzung, obwohl er sich hier w i e ein Eigentümer benimmt; vielmehr muß Veräußerung im eigentlichen Sinne vorliegen, also Übereignung an einen Dritten mittels Verkaufs, Tausch, Schenkung u. a. m. Wegen der, in Al. II / Art. 890 verglichen mit Al. I verschärften, S a n k t i o n (hierüber nachstehend N 39 ff.) dürfen die Begriffe Veräußerung und Weiterverpfändung nicht ausdehnend gehandhabt werden.

IV. Durchführung der Haftung (Al. I und II)

A. Für Al. I und II gemeinsame Bemerkungen

a) Die Haftung als solche

26   Die in Art. 890 vorgesehenen Schädigungstatbestände sind in N 7—25 behandelt; auch die Verletzung der N 12 und 21 erwähnten, aus dem Prinzip von Treu und Glauben abgeleiteten Pflichten führt zur Haftung. Die Haftung selber ist für die beiden Absätze der Vorschrift insofern verschieden, als in Al. I eine Exkulpation zugelassen ist, nicht aber in Al. II (nachstehend N 38, 39 ff.). Im übrigen gelten die gleichen Regeln:

27   Man hat eine in der Verletzung des Pfandvertrags beruhende Vertragsverletzung im Sinne von OR 97 I vor sich, die als Sanktion eine Schadenersatzpflicht nach sich zieht. Hierfür gelten die allgemeinen, aus OR 97 ableitbaren Voraussetzungen: neben der in den Tatbeständen der Al. I und II / Art. 890 (vorstehend N 7—25) liegenden Vertragsverletzung müssen vorhanden sein: ein Schaden (BGE 51 II 582), der Kausalzusammenhang zwischen dem schädigenden Verhalten und dem Schaden, und bei Anwendung des Al. I ein — präsumiertes — Verschulden. Der Gläubiger haftet für jede Fahrlässigkeit (OR 99 I). Wegbedingung der Haftung ist im Rahmen von OR 100/101 zulässig. Die Berechnung des Schadens und die Bemessung des Schadenersatzes (z. B. Berücksichtigung des Selbstverschuldens) folgen den gewöhnlichen Regeln (OR 99 III, 42—44). Der Gläubiger haftet für seine Hilfspersonen (OR 101 I).

28   Mit der vertraglichen Haftung (ZGB 890 / OR 97 I) konkurriert sowohl im Fall des Al. I / Art. 890 wie des Al. II nach allgemeinem Grundsatz die außervertragliche (OR 41), sobald deren besondere Voraussetzungen gegeben sind (gl. M. bezüglich Al. II BGE 51 II 582; a. M. *Wieland* Art. 890 N 1). Über diese Konkurrenz allgemein: *Oftinger*, Schweiz. Haftpflichtrecht I (4. A. Zürich 1975) § 13 IV.

29   Ferner läßt die Doktrin einen Anspruch aus ungerechtfertigter Bereicherung zu (vorn Komm. Art. 884 N 365), und die Praxis bejaht die Anwendung von OR 423 I, indem sie den Gläubiger als sog. unechten Geschäftsführer ohne Auftrag behandelt und ihn zur Ablieferung der mit der Veräußerung oder Verpfändung der Sache erzielten Vorteile verpflichtet: BGE 51 II 583; Einzelheiten in der Lit. zu OR 423, bes. Rud. *Moser*, Die Herausgabe des widerrechtlich erzielten Gewinnes (Diss. Zürich 1940). Art. 423 I OR ist auch anwendbar auf die Vorteile, die dem Gläubiger aus unerlaubtem Gebrauch und Nutzung erwachsen.

A k t i v   l e g i t i m i e r t   für die vertragliche Schadenersatzforderung aus **30** ZGB 890/OR 97 I ist der Verpfänder als Vertragspartei. Macht er auch den Schaden geltend, der dem von ihm verschiedenen Eigentümer erwachsen ist, so wird er Leistung des entsprechenden Ersatzbetrags an diesen verlangen. Die außervertragliche Klage kann jeder anheben, dem ein Schaden entstanden ist, namentlich der Eigentümer (Einzelheiten *Oftinger* a.a.O. § 6 V B Ziff. 8; *von Tuhr/Siegwart* § 48 Ziff. I/2; vgl. auch BlZR 40 Nr. 25 S. 65/66). Die analoge Lösung gilt für OR 423 I. Der nachgehende Pfandgläubiger wird mangels eines Vertrags zwischen ihm und dem für den Schaden verantwortlichen vorgehenden Gläubiger gegen diesen gewöhnlich keine vertragliche Klage anheben können, so daß er auf das erwähnte außervertragliche Vorgehen beschränkt ist. Der Eigentümer, gleichgültig, ob er auch Verpfänder sei, ist außerdem als solcher legitimiert zum negatorischen Anspruch gemäß ZGB 641 II.

Die   P a s s i v l e g i t i m a t i o n   ist insbesondere bei der   Ü b e r - **31** t r a g u n g   d e r   F o r d e r u n g   (die das Pfandrecht mit übergehen läßt, vorn Komm. Art. 884 N 162) beachtlich: der frühere und der jetzige Gläubiger haften, jeder für den zur Zeit   s e i n e s   Besitzes verursachten Schaden. Jedoch muß hinsichtlich der vertraglichen Ersatzpflicht für den vom Zessionar verursachten Schaden auch der   Z e d e n t   als haftbar erklärt werden, und zwar s o l i d a r i s c h.   Die Zession und damit der Übergang des Pfandrechts bedürfen freilich der Zustimmung des Schuldners oder des Verpfänders nicht (OR 164 I, 170 I). Jedoch gehen mit dem Pfand r e c h t   auch die aus ZGB 890 fließenden   P f l i c h t e n   über; Pflichten aber können nach allgemeiner Regel nicht ohne weiteres von einem Anderen übernommen werden unter B e f r e i u n g   des früheren Schuldners. Deshalb verlangt denn auch OR 176 I für die Schuldübernahme die Zustimmung des Gläubigers. Da diese Vorschrift angesichts der erwähnten zessionsrechtlichen Bestimmung (OR 170 I), die den Übergang des Pfandrechts ipso iure mit dem Übergang der Forderung eintreten läßt, nicht anwendbar ist, empfiehlt sich die vorgeschlagene solidarische Haftung des Zedenten (ähnlich BGB 1251 II und das zürcher. Gesetzbuch von *Bluntschli* § 867). Sie beruht auf einer der kumulativen Schuldübernahme und der Vertragsübertragung (-übernahme) ähnlichen Sachlage.

Der Verpfänder wird seine Schadenersatzforderung vielfach mit seiner **32** Schuld auf Tilgung der Pfandforderung   v e r r e c h n e n.

b) Schutzmaßnahmen des Verpfänders

Bei drohender oder schon begonnener Verletzung der aus Art. 890 abgeleite- **33** ten Pflichten des Gläubigers (er trifft z. B. Anstalten zum unerlaubten Verkauf, oder er gebraucht die Sache) drängt sich die analoge Anwendung der für die Nutznießung vorgesehenen   S c h u t z m a ß n a h m e n   auf (Art. 759, 760 I,

762): Der Verpfänder kann, sobald er die Gefährdung seines Rechts nachweist, Sicherheitsleistung verlangen. Bleibt diese aus, so soll der Richter dem Gläubiger den Besitz der Sache entziehen und deren Hinterlegung an geeigneter Stelle anordnen. Die letztere Maßnahme ist angesichts der Lage anstelle der in Art. 762 vorgesehenen Anordnung der Beistandschaft angezeigt. Sie kann entsprechend Art. 762 auch schon bei Fruchtlosigkeit des Einspruchs, mit dem der Verpfänder sich beim Gläubiger gegen den «widerrechtlichen Gebrauch der Sache» verwahrt, getroffen werden. — Die gerichtlich angeordnete Hinterlegung ist eine dem Privatrecht durchaus geläufige Maßnahme: z.B. OR 92, 453 I; darüber allgemein Jakob R. *Biedermann*, Die Hinterlegung als Erfüllungssurrogat (Diss. Zürich 1944). Gl. M. sind *Klang* § 459 Ziff. 6 und bes. BGE 37 I 560 (betr. Retentionsrecht des Vermieters). Für analoge Anwendung von Vorschriften über die Nutznießung sind auch *Wieland* Art. 890 N 2, a. E., und *Leemann* N 21, der indessen z. T. BGB 1217 I übernimmt, was unangängig ist, solange im schweizerischen Recht Lösungen zu finden sind.

34   Der Verpfänder kann im s u m m a r i s c h e n   V e r f a h r e n   vorgehen, wenn das kantonale Prozeßgesetz dies gestattet; ob ZGB 928 anwendbar ist, kann hier nicht näher erörtert werden.

35   Der Verpfänder wird angesichts der Unsorgfalt des Gläubigers oder des Mißbrauchs der Sache gegebenenfalls versucht sein, die   v o r z e i t i g e   R ü c k g a b e   der Sache anzustreben. Wenn er sie nicht gütlich erreicht, so fehlt die gesetzliche Handhabe, den Gläubiger dazu zu zwingen. Ein solcher Anspruch besteht dagegen nach BGB 1217 II und wird auch im französischen Recht bejaht. Nach CC it 2793 kann der das Pfandrecht bestehen lassende «sequestro» verlangt werden.

36   Der Eigentümer der Pfandsache, der gewöhnlich auch der Verpfänder ist, besitzt unabhängig von den besprochenen Maßnahmen den bereits erwähnten n e g a t o r i s c h e n   A n s p r u c h   gemäß ZGB 641 II.

37   Die Anwendung der   s t r a f r e c h t l i c h e n   Vorschrift StGB 143 wegen Gebrauchsanmaßung (furtum usus) bedürfte näherer Prüfung.

B. Haftung nach Al. I insbesondere (Zulässigkeit der Exkulpation)

38   Nach Al. I/Art. 890 ist der Gläubiger haftbar, wenn er «nicht nachweist», daß der Schaden «ohne sein   V e r s c h u l d e n   eingetreten ist». Der dem Gläubiger damit eröffnete Exkulpationsbeweis (diesen im genauen Sinne des Ausdrucks genommen) entspricht der nach OR 97 I für die Vertragsverletzungen allgemein geltenden Ordnung. Es widerspricht dem Gesetz, statt dessen mit *Leemann* N 19 (auch *Haffter* 94 und Silvio *Giovanoli*, Force majeure et cas

fortuit [Diss. Genf 1933] 205/206) die in Al. II enthaltene Haftung für Zufall auf Al. I auszudehnen und damit eine Kausalhaftung einzuführen. In Al. I ist so klar die Exkulpation zugelassen und der Gegensatz zu Al. II ist so deutlich, daß die analoge Anwendung der abweichenden Vorschrift OR 474 II unzulässig ist. — Eine anders geartete Haftung für Zufall tritt dagegen ein, wenn der Gläubiger mit der Rückgabe der Sache im Verzug ist (ZGB 889 I, OR 103).

C. Haftung nach Al. II insbesondere (Unzulässigkeit der Exkulpation)

Die Tragweite des Al. II / Art. 890 läßt sich dem Wortlaut nicht ohne weiteres **39** entnehmen. Für sich genommen besagt sie nur, daß bei e i g e n m ä c h t i g e r V e r ä u ß e r u n g oder W e i t e r v e r p f ä n d u n g «für allen» Schaden gehaftet werde («réparation intégrale du dommage», responsabilità «di tutti i danni» im franz. und ital. Text). Das allein kann aber nicht der Sinn sein. Denn sowohl im vertraglichen wie im außervertraglichen Schadenersatzrecht wird ohne gegenteilige Vorschrift stets für den ganzen Schaden gehaftet, also auch im Fall des Al. I / Art. 890. Da Al. II für die eigenmächtige Veräußerung und Weiterverpfändung, welche besonders schwere Vertragsverletzungen darstellen, eine eigene Schadenersatznorm schafft, muß ein Unterschied zu Al. I bestehen. Dieser kann, da in Al. II die in Al. I enthaltene Erwähnung des Exkulpationsbeweises fehlt, nur darin bestehen, daß letzterer ausgeschlossen, also eine H a f t u n g a u c h o h n e V e r s c h u l d e n gegeben sein soll, m. a. W. eine K a u s a l h a f t u n g, und damit zugleich — wie in der Vertragslehre gewöhnlich gesagt wird — eine H a f t u n g f ü r Z u f a l l. Neben diesen Überlegungen ergibt sich die Lösung auch aus einem Vergleich mit der Formulierung der auf Kausalhaftungen bezüglichen Vorschriften OR 447 I, 448 I und 487 I, ferner aus OR 474 II: wenn beim Hinterlegungsvertrag, im Gegensatz zu ZGB 890 I, schon für den eigenmächtigen G e - b r a u c h eine Haftung «auch für den Zufall» vorgesehen wird, dann ist dies um so mehr für die schwereren Vertragsverletzungen der eigenmächtigen V e r ä u ß e r u n g und V e r p f ä n d u n g angezeigt.

Gleich im Ergebnis entscheidet *Leemann* N 19/20, der aber zu Unrecht die **40** Kausalhaftung auf Al. I ausdehnt (vorstehend N 38). ABGB 460 kennt die Haftung für Zufall, obwohl die Weiterverpfändung schlechthin zulässig ist (§ 454). Das aOR sprach in Art. 220 II von einer Haftung «für den vollen Wert» der Sache «und für allfälligen weiteren Schaden», was *Rossel / Mentha* n° 1647 als ebenfalls für das ZGB gültig erachten. Damit ist nichts ausgesagt über den auch im aOR nicht erwähnten Exkulpationsbeweis; und für den g a n z e n Schaden wird im heutigen Recht ohnehin gehaftet. Die Vorschrift aOR 220 II erklärt sich damit, daß nach aOR 116 bei Vertragsverletzungen in der Regel n u r für den u n mittelbaren Schaden Ersatz zu leisten war; als Ausnahme sollte bei eigenmächtiger Veräußerung und Weiterverpfändung eine weitergehende Ersatzpflicht eintreten. Das geltende OR hat demgegenüber bei Vertragsverletzungen nach OR 97 ff. die Beschränkung der Ersatzpflicht auf unmittelbaren Schaden fallen gelassen. Dies wurde offenbar bei der wenig glücklichen Formulierung des Al. II / Art. 890 nicht genügend beachtet. — Wenn auch die Auffassung des Al. II / Art. 890 als Kausalhaftung unabweislich ist, so ist doch die praktische Bedeutung des Unterschiedes zur Verschuldenshaftung gering, weil in der eigenmächtigen Veräußerung und Verpfändung gewöhnlich ohnehin ein Verschulden liegt.

41 Das Gesetz sieht zugunsten des Gläubigers keinen b e s o n d e r e n B e - f r e i u n g s b e w e i s vor (wie z. B. in OR 474 II oder 490 I). Nach allgemeiner Regel tritt aber eine E n t l a s t u n g ein beim Nachweis, daß die Schadensursache in höherer Gewalt, Selbst- oder Drittverschulden liegt; *Oftinger* (zit. vorstehend N 28) § 3 V C.

42 Unter dem Gesichtspunkt der Vertragslehre betrachtet, begründet die eigenmächtige Veräußerung oder Weiterverpfändung gewöhnlich eine U n m ö g - l i c h k e i t d e r E r f ü l l u-n g der in Art. 889 vorgesehenen Rückgabepflicht (dort Komm. N 17, vorstehend N 24; a. M. BGE 23 I 705).

V. Haftung und obligatorische Pflichten des Verpfänders

43 Diese fallen nicht unter Art. 890, sind im Gesetz überhaupt nicht erwähnt, aber aus allgemeinen Überlegungen ableitbar. Darüber anschließend Komm. Art. 891 N 9 ff.

Art. 891

III. Wirkung. 1. Rechte des Gläubigers

Der Gläubiger hat im Falle der Nichtbefriedigung ein Recht darauf, sich aus dem Erlös des Pfandes bezahlt zu machen.

Das Pfandrecht bietet ihm Sicherheit für die Forderung mit Einschluß der Vertragszinse, der Betreibungskosten und der Verzugszinse.

Materialien: (aOR 223) — VE 871 — E 876 — Erl II 326/327 — Prot ExpKom III 120 **1**
— StenBull NR 1906, 690, 691 — StenBull StR 1906, 1424.

Ausländisches Recht: CC fr 2073, 2078 — CCom fr 93 — CC it 2787 I, 2788, 2796 (2795, 2797, 2798, 2804) — BGB 1210, 1228 (1224, 1230—1249, 1219—1019) — (HGB 368) — ABGB 461 (447, 462—466, 1371).

Lit.:
— *zu Al. I:*
Edouard *Dessauges,* De la réalisation privée du gage (Diss. Lausanne 1934) — Jakob *Hiestand,* Lombardgeschäft und Lombardierung (Diss. Bern 1923) 121 ff. — *Haffter* 81 ff. — *Kaderli* 37 ff. — Negib *Giha,* Le pacte commissoire (Diss. Genf 1947) 108 ff., 141 ff. — *Zimmermann* SJZ 17, 151 ff. — *Böckli* SJZ 20, 301 ff. — Schriften zu ZGB 816 und den einschlägigen Bestimmungen des SchKG;
— *zu Al. II:*
Bolla 81 ff. — *Haffter* 23 ff. — Schriften zu ZGB 818.

Übersicht

I. Recht des Gläubigers auf Pfandverwertung — Umfang der Sicherung: Allgemeiner Inhalt der Vorschrift

Al. I der Bestimmung umschreibt die einschneidendste der Befugnisse des **2** Gläubigers: sich durch P f a n d v e r w e r t u n g «aus dem Erlös» «bezahlt zu machen», sofern er n i c h t b e f r i e d i g t worden ist. Diese Befugnis — das ius vendendi — ist das zentrale Begriffsmerkmal des Pfandrechts. Denn die mit der Verpfändung geschaffene Sicherheit besteht vor allem darin, daß dem Gläubiger der in Art. 891 vorgesehene Zugriff auf die Sache gestattet wird. Diesen Zugriff erleichtert der dem Gläubiger auf Grund des Faustpfandprinzips eingeräumte Besitz (Art. 884 I/III). An der begrifflichen Bedeutung der Befugnis zur Verwertung ändert die Feststellung nichts, daß die ganz überwiegende Zahl der Pfandrechte nicht zur Verwertung führt, weil der Gläubiger vorher befriedigt wird. Die A r t   d e r   P f a n d v e r w e r t u n g läßt das Gesetz offen. Statt der Zwangsvollstreckung gemäß SchKG kann die private Verwertung vereinbart werden.

3   Bei der Pfandverwertung offenbart sich die im Pfandrecht liegende B e - v o r z u g u n g   d e s   P f a n d g l ä u b i g e r s vor den chirographarischen Gläubigern (Syst. Teil N 122): Der Pfandgegenstand dient vorweg   s e i n e r Befriedigung; das Pfandrecht verschafft ihm un droit de préférence[a], un diritto di prelazione[b], und wird deshalb im französischen Recht als privilège aufgefaßt[c]. Die Privilegierung stellt eine Ausnahme dar von dem — freilich auch sonst stark eingeschränkten — Grundsatz der Gleichberechtigung der Gläubiger in der Zwangsvollstreckung. Darnach müßte das ganze Vermögen des Schuldners allen Gläubigern gleichmäßig haften. Der Grundsatz und die im Pfandrecht liegende Ausnahme sind im französischen und italienischen Gesetzbuch besonders hervorgehoben[d], gelten aber in der selben Weise im schweizerischen Recht. Wenn auch das Pfandrecht im Interesse des   G l ä u b i g e r s geschaffen ist, so begründet es doch gleichzeitig   f ü r   d e n   S c h u l d n e r einen wichtigen V o r t e i l , das nachstehend N 38 behandelte b e n e f i c i u m   e x c u s s i o n i s   r e a l i s : daß der Gläubiger genötigt ist, seine Befriedigung zunächst im Pfand zu suchen, statt sofort auf das ganze Vermögen des Schuldners zu greifen.

4   Ohne eigenes Vorgehen des Gläubigers kommt es zur Pfandliquidation dort, wo ein D r i t t e r den verpfändeten G e g e n s t a n d   v e r w e r t e n läßt. Der Pfandgläubiger wird diesfalls ohne sein Zutun, auch wenn seine Forderung an sich nicht fällig ist, ausbezahlt (Syst. Teil N 125, 135).

5   Al. II / Art. 891 bestimmt den U m f a n g   d e r   S i c h e r u n g : der Gläubiger kann bei der Verwertung für die vom Gesetz aufgezählten Posten Deckung beanspruchen.

6   Den V o l l z u g   d e r   P f a n d v e r w e r t u n g ordnet das ZGB nicht. Soweit der Gläubiger den Weg der Zwangsvollstreckung beschreitet, finden sich die Regeln im SchKG, was das Sachenrecht entlastet. Unter den a u s l ä n d i -

---

[3a] CC fr 2093—2095, 2073.
[3b] CC it 2741, 2787 I.
[3c] 2073, 2095.
[3d] CC fr 2092—2095, 2102 Ziff. 2; CC it 2740/2741, 2787 I.

s c h e n Gesetzen folgt der CC fr dem gleichen System. CC it (2797/2798, 2804) enthält im Gegensatz zum ZGB selber einige Vorschriften, desgleichen das ABGB (462—466), das aber im übrigen auf ein Exekutionsgesetz verweist, während das BGB eine ungemein detaillierte Ordnung trifft (§ 1228—1249). CC fr 2078 II untersagt die Vereinbarung privater Verwertung («clause de voie parée»). Dagegen kann der Gläubiger nach französischem Recht das Pfand, statt es, was der normale Weg ist, gestützt auf eine gerichtliche Bewilligung versteigern zu lassen, vom Gericht zugesprochen erhalten (Art. 2078 I); das letztere gilt auch im italienischen Recht (CC it Art. 2798, 2804). Die «valeurs de bourse» werden in Frankreich, statt versteigert, an der Börse verkauft, aber mit gerichtlicher Bewilligung. Im italienischen Recht ist bestritten, ob die private Verwertung zulässig sei (CC it 2797 IV). Die amtliche Verwertung ähnelt im übrigen derjenigen nach SchKG. Beide romanischen Rechte betonen zum Schutz des Verpfänders stark die amtliche Mitwirkung bei der Verwertung.

Das aOR enthielt keine dem Art. 891 ZGB entsprechende Vorschrift, sondern **7** verwies für die Realisierung auf «die Gesetze des Ortes, wo die Sache sich befindet», eine interkantonalrechtliche Regel, die nur vor dem Inkrafttreten des SchKG Bedeutung besaß.

II. Wirkungen des Pfandrechts überhaupt

Als «W i r k u n g» d e s P f a n d r e c h t s erfaßt das neben Art. 891 **8** angebrachte Marginale Ziff. III einzig das Recht des Gläubigers auf Pfandverwertung; die Art. 892—894 präzisieren dieses Recht mit zusätzlichen Vorschriften über den «Umfang der Pfandhaft», den «Rang» mehrerer Pfandrechte und die Ungültigerklärung des «Verfallvertrags». Weitere Wirkungen ergeben sich aber, auch wenn das Gesetz sie nicht hervorhebt, aus der d i n g l i c h e n Natur des Pfandrechts an sich und aus dem Pfand b e s i t z des Gläubigers (vorn Komm. Art. 884 N 398), ferner aus dem zwischen Gläubiger und Verpfänder bestehenden o b l i g a t o r i s c h e n R e c h t s v e r h ä l t n i s (vorn Komm. Art. 890 N 4 ff.). Eine Folgerung des letzteren und damit bereits eine Wirkung des Pfandrechts ist die in Art. 890 geordnete H a f t u n g d e s G l ä u b i g e r s (dort N 2 a. E.). Weder in Art. 890 noch in 891—894 geregelt sind eine Reihe von o b l i g a t o r i s c h e n P f l i c h t e n des V e r p f ä n d e r s , die anschließend zu erwähnen sind. Eine weitere Wirkung erzeugt das Pfandrecht hinsichtlich der V e r j ä h r u n g (vorn Komm. Art. 884 N 146/147).

III. Obligatorische Pflichten des Verpfänders als vom Gesetz nicht geregelte Wirkungen des Pfandrechts

Es sind zu nennen:

9 **1. Ersatz der Verwendungen,** die der Gläubiger bei der Durchführung der gemäß Art. 890 von ihm verlangten Maßnahmen getroffen hat; vorn Komm. Art. 890 N 15.

10 **2. Gewährleistung.** Die Doktrin befürwortet die analoge Anwendung der kaufsrechtlichen Vorschriften über die Gewährleistung wegen Mängel im Recht und bezüglich der Eigenschaften des Gegenstandes (OR 192, 197 ff.). Abgesehen von der Analogie zum Kauf besteht auch eine solche zur Zession und Miete, wo ebenfalls eine Gewährleistung vorgesehen ist (OR 171, 254 ff., 258). Eine Gerichtspraxis fehlt. Die Gewährleistung des R e c h t s kann bei abhanden gekommenen Sachen aktuell werden (ZGB 934), wird aber sonst durch den Schutz des guten Glaubens großenteils gegenstandslos gemacht (ZGB 884 II, 933, 935). Bei der S a c h gewährleistung (OR 197 ff.) gilt die Pflicht zur raschen Prüfung und Erhebung der Mängelrüge (OR 201). Statt der als solche nicht durchführbaren Minderung wird dem Gläubiger ein Anspruch auf Ergänzung der Sicherheit, im Umfang des Minderwertes, zugestanden (analog OR 206). Wandelung bedeutet beim Pfandrecht Ersatz der Sache durch eine mängelfreie (so ABGB 458). Die Gewährleistung spielt nur, wenn dies dem Sinn des Pfandvertrags entspricht. Diesem wird indessen regelmäßig die Pflicht des Verpfänders zu entnehmen sein, dem Gläubiger eine zu seiner Sicherung t a u g l i c h e Sache zu verschaffen, woraus sich die Pflicht zur Gewährleistung ableiten läßt. Zur ganzen Frage *Wieland* Art. 890 N 3; *Rossel/Mentha* n° 1648; *Hiestand* 73 ff.; *Becker* N 5 vor Art. 197; die Lit. zu BGB 445 und 493, wo der Gegenstand geregelt ist.

11 Im Bankenverkehr erübrigt sich die Berufung auf Gewährleistung wegen der durchweg vorgesehenen vertraglichen Pflicht zur N a c h d e c k u n g oder A b z a h l u n g.

12 Auf die Verpfändung von F o r d e r u n g e n und W e r t p a p i e r e n (Art. 900/901) läßt sich der Grundsatz von OR 171 I/II analog anwenden (dazu SJZ 37, 186). Auch hier ist jedoch vor allem anhand des Pfandvertrags zu entscheiden, ob nicht eine Pflicht zur Ergänzung der Sicherheit besteht; die analoge Anwendung von OR 173 I wird dadurch gegenstandslos. Mangelhaft sind z. B. amortisierte Wertpapiere oder illegitim verpfändete Namenpapiere.

13 **3. Haftung für Schadenersatz und Genugtuung.** Darüber vorn Komm. Art. 884 N 410.

14 **4. Pflicht zur Nachdeckung.** Darüber vorn Komm. Art. 884 N 108/109.

5. Negativ: Keine besonderen Pflichten des Verpfänders bei Min- **15**
derwert oder Untergang der Pfandsache. Leidet der Wert der Sache, oder
geht sie unter, sei es durch Einwirkung des Verpfänders, sei es aus anderen Gründen, oder erweist der Wert sich sonst als zu gering, so bestehen keine
a n d e r e n Pflichten des Verpfänders (und d a m i t k e i n e w e i t e r e n
R e c h t e d e s G l ä u b i g e r s) a l s d i e b e r e i t s a u f g e z ä h l -
t e n [a]. Vorbehalten bleiben die a l l g e m e i n e pfandvertragliche Pflicht
zur Verschaffung einer Pfandsache (woraus gegebenenfalls die Pflicht zur
Leistung einer E r s a t z s a c h e ableitbar ist, was eine Frage der Vertragsauslegung ist), und die Berufung auf I r r t u m (OR 23 ff.). Eine Korrektur
der soeben geschilderten Sachlage liegt in der Erstreckung der Pfandhaft auf
die Versicherungsleistung und auf die Ersatzstücke (hinten Komm. Art. 892
N 16 ff.).

Das eingangs der N 15 Gesagte gilt namentlich in folgender Hinsicht:

Für den Fall « d r o h e n d e n V e r d e r b s » der Pfandsache oder einer **16**
« w e s e n t l i c h e n M i n d e r u n g d e s W e r t e s », die die Sicherheit
des Gläubigers gefährden, schlägt *Leemann* Art. 890 N 25—26[a] unter Berufung
auf ZGB 2 als «am besten» passend die genaue Übernahme der in BGB 1219—
1221 geordneten Maßnahmen vor. Darnach könnte der G l ä u b i g e r zu
seinem Schutz vorzeitig die Versteigerung der Sache oder unter Umständen den
freihändigen Verkauf vornehmen; im Falle der Minderung des Wertes wäre
vorgängig die Ansetzung einer Frist zur Leistung anderer Sicherheit erforderlich. Es widerspricht indessen dem Wesen des Prinzips von Treu und Glauben,
durch die in Bausch und Bogen erfolgende Übernahme der eingehenden Regeln
eines fremden Gesetzes die Lösung eines Problems des schweizerischen Rechts
von vornherein in a l l e n E i n z e l h e i t e n festzulegen. Vielmehr ist im
konkreten Fall unter Wertung der jeweiligen Interessenlage zu prüfen, welche
Maßnahmen sich nach Treu und Glauben aufdrängen. Darnach wird man z.B.
dem Verpfänder eine exceptio doli entgegenhalten können, wenn er den Gläubiger haftbar machen will, weil dieser analog OR 93 eine «dem Verderben aus-
gesetzte» Sache «nach vorgängiger Androhung» vorzeitig und raschestens veräußert, sofern der Gläubiger das ihm Zumutbare zur Wahrung der Interessen
des Verpfänders getan hat[b]. Hinsichtlich der Wertverminderung durch Kurseinbußen und dergl. muß sich der Gläubiger aber sagen lassen, daß er sich
durch die vertragliche Pflicht zur N a c h d e c k u n g hätte sichern können
und deshalb keine besonderen Rechte beanspruchen darf (Näheres vorn
Komm. Art. 884 N 108/109).

[15a] Anders z. B. CC it 2743 und ABGB 458.

[16a] auch *Rossel/Mentha* no 1648 a. E.

[16b] Ähnlich CC it 2795: vendita anticipata; auch VV zum Zollges. vom 10. Juli 1926
Art. 139 I.

IV. Pfandverwertung (Al. I)

A. Allgemeine Bemerkungen und besondere Fälle

17   Die Befugnis des Gläubigers zur Pfandverwertung (sog. R e a l i s i e r u n g des Pfandes) setzt voraus, daß er n i c h t b e f r i e d i g t worden ist (Al. I), was man in der Literatur gelegentlich als Prinzip der Subsidiarität des Pfandrechts bezeichnet (*Haffter* 31 ff. mit Zitaten). Die ohne Realisierung erfolgende Befriedigung des Gläubigers führt statt dessen vorweg zum Untergang der Forderung und des Pfandrechts; über die Fälle vorn Komm. Art. 888 N 4—5 und Art. 889 N 6—7.

18   Die Forderung muß f ä l l i g sein (vorn Komm. Art. 884 N 169; OR 75 ff., 318). Verzug verlangt das Gesetz nicht (Näheres nachstehend N 57). In Pfandverträgen von Banken ist jedoch vorgesehen, daß bei Ausbleiben der wegen Wertverminderung des Pfandgegenstandes verlangten Nachdeckung oder Abzahlung die Verwertung einsetzen könne, auch wenn die Forderung n i c h t f ä l l i g ist. Dies ist zulässig, weil damit eine besondere vertragliche Sanktion geschaffen wird. Die Wertverminderung muß diesfalls beweisbar sein (BlZR 20 Nr. 105 S. 204). Die Gerichtspraxis behandelt denn auch solche Klauseln als gültig: BGE 49 III 188; 58 III 55; BlZR 20 Nr. 105 S. 203/04. Die im Urteil Semjud 1974, 428 geäußerten Zweifel sind unbegründet. — Als S a n k t i o n ist die Pfandverwertung gelegentlich ferner angedroht für den Fall, daß der Verpfänder die verpfändeten Waren nicht sorgfältig unterhält, sie nicht versichert, u. a. m. Auch das ist zulässig. — Wird eine Forderung zu v e r - s c h i e d e n e n T e r m i n e n f ä l l i g, so darf nach Eintritt des ersten Fälligkeitstermins verwertet werden (*Windscheid* I § 237 N 3).

19   Eine nicht auf G e l d lautende Forderung bedarf der Umwandlung in eine Geldforderung (vorn Komm. Art. 884 N 118).

20   Das Gesetz nimmt an, daß der Anstoß zur Verwertung vom Gläubiger ausgeht, in seltenen Lagen erfolgt sie aber auf V e r l a n g e n d e s V e r - p f ä n d e r s, und zwar gegebenenfalls vor der Fälligkeit (darüber vorn Komm. Art. 890 N 12, 22). Ein weiterer Tatbestand v o r z e i t i g e r V e r - w e r t u n g ist vorstehend N 16 erwähnt.

21   Der Gläubiger hat die Befugnis, sich «aus dem E r l ö s des Pfandes bezahlt zu machen». Es muß also eine Veräußerung der Sache erfolgen; darin liegt bereits das in Art. 894 in aller Form wiederholte Verbot des V e r f a l l s - v e r t r a g s (lex commissoria). Hieraus ergibt sich insbesondere, daß der bei der Verwertung erzielte Ü b e r s c h u ß (Hyperocha) über den Betrag der Forderung und die vom Pfand zusätzlich gedeckten Nebenposten (Al. II /

Art. 891) dem Verpfänder herauszugeben[a], und bei Vorhandensein eines nachgehenden Pfandgläubigers letzterem abzuliefern ist (Art. 886 und dort Komm. N 18; Art. 893; vgl. aber dort Komm. N 10).

Bestehen **m e h r e r e P f a n d g e g e n s t ä n d e**, so hat der Gläubiger **22** die Wahl. Treu und Glauben (ZGB 2) verlangen, daß er nicht mehr als nötig verwertet: Art. 816 III und SchKG 119 II analog; gleich CC it 2797 III und BGB 1230; vgl. auch VZG 107; vorn Komm. Art. 884 N 33.

Der **B ü r g e**, der für eine pfandgesicherte Forderung haftet, darf gegebenenfalls die vorgängige Pfandverwertung verlangen: OR 495 II, 496 II, **23** 501 II; vgl. ferner OR 497 II Satz 3.

Die Beteiligten (Verpfänder, Schuldner, dritter Eigentümer der Pfandsache) **24** können sich gegen die Verwertung mit **E i n r e d e n** wehren, die sie namentlich an den Pfandvertrag, an die Forderung oder an den Bestand des Pfandrechts als solchen anknüpfen werden: vorn Komm. Art. 884 N 113, 158/159, 161, 395/396; Art. 888 N 4 ff.; Art. 889 N 6. Die Geltendmachung der Einreden erfolgt bei Betreibung auf Pfandverwertung mittels Rechtsvorschlags (der auch dem dritten Eigentümer der Pfandsache zusteht), und im Konkurs im Zusammenhang mit der Kollokation (SchKG 219 I—III, 244 ff.). Bei privater Verwertung muß man, wenn der Gläubiger über die Einsprache der Gegenseite hinweggeht, zum gewöhnlichen Zivilprozeß greifen, indem eine Feststellungsklage oder gegebenenfalls eine Klage auf Rückgabe der Sache (Art. 889) oder auf Unterlassung der Verwertung erhoben und vorweg, wo möglich, im summarischen Verfahren das Verbot der Veräußerung erwirkt wird.

Die Verwertung läßt sich vermeiden, wenn ein **D r i t t e r** durch Befriedi- **25** gung des Gläubigers die **S a c h e e i n l ö s t**, namentlich der vom Schuldner verschiedene Eigentümer, oder ein vor- oder nachgehender Pfandgläubiger: OR 110 Ziff. 1; vorn Komm. Art. 884 N 397; Art. 886 N 19 (sog. ius offerendi). Dagegen braucht sich der Gläubiger den Ersatz seines Pfandrechts durch eine **a n d e r e** Art der **S i c h e r s t e l l u n g** zwecks Vermeidung der Verwertung nicht gefallen zu lassen (BlZR 13 Nr. 108 S. 229/230 betr. Grundpfand; abweichend für das Retentionsrecht Art. 898 I). — Die Maßnahmen des **S a n i e r u n g s r e c h t s** dienen u. a. der Vermeidung der Pfandverwertung (Syst. Teil N 140/141). — Über den Einfluß des **C l e a r i n g r e c h t s** Syst. Teil N 117.

Wird der Gläubiger bei der Pfandverwertung **v o l l g e d e c k t**, so er- **26** lischt die Forderung durch Erfüllung (OR 114 I). Entsteht dagegen infolge ungenügenden Erlöses ein **A u s f a l l**, so bleibt die Forderung insoweit bestehen, und der Schuldner haftet hierfür bis zur vollen Befriedigung des Gläubigers auf Grund seiner **p e r s ö n l i c h e n H a f t b a r k e i t** mit

[21a] So ZGB 911 mit allgemeiner Bedeutung.

seinem ganzen Vermögen, ausgenommen beim Versatzpfand: vorn Komm.
Art. 884 N 148; ZGB 910 II; ausdrücklich ABGB 464. Für den Ausfall unterliegt der Schuldner der Betreibung auf Pfändung oder Konkurs, und dies, wenn
eine gegen ihn angehobene Zwangsvollstreckung vorangegangen ist, anhand des
Pfandausfallscheines (SchKG 158; BGE 58 III 56; 68 III 133). Die Haftung
für den Ausfall besteht selbst dann, wenn der Gläubiger den Pfandgegenstand
bei der Verwertung erworben und mit einem den Ausfall übertreffenden Gewinn
veräußert hat. Vertragliche Beseitigung der Haftung für den Ausfall ist zulässig.
Das Pfandrecht des die Verwertung verlangenden Gläubigers erlischt mit der
Verwertung (Syst. Teil N 131; Komm. Art. 888 N 16) und erstreckt sich nicht
auf den Erlös; dieser fällt vielmehr ins Eigentum des Gläubigers.

27   Art. 891 I verleiht dem Gläubiger das R e c h t , n i c h t   d i e   P f l i c h t
z u r   V e r w e r t u n g . Selbst drohender oder schon im Gang befindlicher
W e r t v e r l u s t zwingt den Gläubiger keineswegs, von sich aus die Verwertung anzuheben; dies gilt, wenn die Forderung fällig ist, und um so mehr
vor der Fälligkeit (vorn Art. 890 N 12, 20, mit Belegen). Ist die Forderung
fällig, also die Lage des Art. 891 gegeben, so muß jedoch dem Verpfänder unter
den soeben erwähnten Umständen nach Treu und Glauben (ZGB 2) eingeräumt
werden, daß er vom Gläubiger die Verwertung v e r l a n g e n darf. Weigert
der Gläubiger sich und geht er (wo dies zulässig ist, nachstehend N 39—42)
auch nicht auf andere Weise gegen den Schuldner vor, so wird er haftpflichtig
(Art. 890, wobei diese Vorschrift entsprechend den Ausführungen dort N 12
und 20—22 angewandt wird). Gleichzeitig tritt ein dem Gläubigerverzug ähnlicher Sachverhalt ein (OR 91); der Zinsenlauf hört auf (OR 92 I analog, in
Anwendung von ZGB 2).

28   Über die Erstreckung der Verwertung auf Z u g e h ö r , F r ü c h t e ,
S u r r o g a t e u. a. m. vgl. Art. 892 und die dortigen Darlegungen. Der
R a n g der Pfandrechte bei der Verteilung des Erlöses, der durch die Ver-
wertung erzielt wird, regelt sich nach Art. 893.

29   Die **Art der Pfandverwertung** ist in Art. 891 nicht festgelegt. Die Parteien
sind in ihrer Gestaltung im Rahmen der gesetzlichen Schranken frei (Art. 894,
OR 19 II/20; nachstehend N 48). Die beiden Hauptwege sind die Realisation
des Pfandes durch Z w a n g s v o l l s t r e c k u n g   n a c h   S c h K G (nachstehend N 37 ff.) und durch p r i v a t e   V e r w e r t u n g (N 48 ff.). Daneben sind, als **besondere Fälle,** zu nennen:

30   1. Verwertung des Z o l l p f a n d e s durch öffentliche Versteigerung:
Zollges. vom 1. Okt. 1925 Art. 122 (Al. II rev. 22. März 1974, AS 1974, 1906);
zugehörige V vom 10. Juli 1926 Art. 138 ff. (Art. 138 rev. 25. Nov. 1974,
AS 1974, 1951).

31   2. Amtlicher Verkauf des V e r s a t z p f a n d e s : Art. 910 I, SchKG 45.

3. V e r r e c h n u n g : Wenn zwei fällige, an sich verrechenbare Forde- **32**
rungen vorliegen und deren eine, gegen den Pfandgläubiger lautende, zur
Sicherung der anderen verpfändet ist, kann jede Partei verlangen, daß die Verrechnung (selbst im Konkurs) an die Stelle der Pfandverwertung trete. So
BGE 42 III 454: dem in Konkurs geratenen Pfandgläubiger, einer B a n k , hat
ihr Darlehensschuldner O b l i g a t i o n e n der gleichen Bank verpfändet;
er verrechnet die Forderung aus den Bankobligationen (Kassenobligationen)
mit seiner Darlehensschuld (vgl. ferner SJZ 33, 189). Den gleichen Grundsatz
kennt das Versicherungsrecht beim P o l i c e n d a r l e h e n (VVG 95; BGr
in VAS 3, 512 ff.), und er ist bei der B e l e h n u n g e i g e n e r S p a r -
h e f t e durch eine Bank aktuell (hinten Komm. Art. 900 N 73). Durch die
Verrechnung wird die Befriedigung des Gläubigers erreicht, so daß die Pfandverwertung von vornherein gegenstandslos wird (Art. 891: Verwertung setzt
Nichtbefriedigung voraus). — Vgl. weiter: hinten Komm. Art. 899 N 16 und
Art. 906 N 49.

4. Verwertung v e r p f ä n d e t e n G e l d e s : vorn Komm. Art. 884 **33**
N 47 und Syst. Teil N 198.

5. Verwertung eines M i t e i g e n t u m s a n t e i l s : vorn Komm. Art. 884 **34**
N 52.

6. Verwertung gestützt auf R e t e n t i o n s r e c h t : Art. 898 verweist auf **35**
Art. 891.

7. Verwertung eines verpfändeten Anspruchs aus L e b e n s v e r s i c h e - **36**
r u n g : V betr. die Pfändung, Arrestierung und Verwertung von Versicherungs-
ansprüchen ... vom 10. Mai 1910 Art. 15 ff.; *Jaeger*, Komm. zum Schweiz.
VVG III (Bern 1933) Art. 73 N 104 ff.; Willy *Koenig*, Abtretung und Verpfändung von Personen-Versicherungsansprüchen (Diss. Bern 1924) 245 ff.

B. Zwangsvollstreckung

Die Behandlung des Fahrnispfandrechts in der Z w a n g s v o l l s t r e k - **37**
k u n g ü b e r h a u p t , gemäß SchKG, ist im Syst. Teil des Komm., in
N 120 ff., zusammenhängend dargestellt. Hinsichtlich der R e a l i s i e r u n g
d e s P f a n d e s durch den nicht befriedigten Gläubiger (Art. 891) ist hier
vorweg soviel hervorzuheben: Die einschlägigen Bestimmungen des SchKG
e r f a s s e n j e d e A r t v o n F a h r n i s p f a n d , ausgenommen das Versatzpfand (SchKG 37 II/III, 45; ZGB 910 I). Für das V e r f a h r e n ist zu
unterscheiden, ob sich der Schuldner bereits im Konkurs befindet (nachstehend
N 45) oder nicht (N 38 ff.).

a) Betreibung auf Pfandverwertung

38 Diese Art der Betreibung ist zwecks Realisierung des Pfandes anzuheben, wenn immer über den Schuldner nicht schon der Konkurs ausgebrochen ist, gleichgültig, ob er an sich der Betreibung auf Pfändung oder der Konkursbetreibung unterliegen würde (SchKG 41), es sei denn, es werde die Wechselbetreibung eingeleitet (SchKG 87, 151 ff., 177). Gemäß der, kraft ihrer Wirkungen eigentlich zivilrechtlichen, Vorschrift SchKG 41 m u ß der Gläubiger im Interesse des Schuldners mit der Betreibung auf Pfandverwertung vorgehen, sobald die Forderung pfandgesichert ist (BGE 58 III 56). Der Gläubiger ist dadurch gezwungen, auf das Pfand zu greifen, statt daß er mit der Betreibung auf Pfändung oder Konkurs sofort Befriedigung im ganzen schuldnerischen Vermögen sucht; ein Sachverhalt, den man als b e n e f i c i u m e x c u s s i o - n i s r e a l i s bezeichnet. Der Schuldner kann sich mittels Beschwerde einer anderen Betreibungsart widersetzen: SchKG 17; BGE 50 III 84/85; 58 III 59; 93 III 15; 104 III 8; BlZR 44 Nr. 173 S. 347 u. a. m. Gemäß BGE 49 III 189 und 58 III 55 gilt der Zwang zur Betreibung auf Pfandverwertung auch dann, wenn eine Bank gestützt auf die Klausel, daß bei Wertverminderung entweder Nachdeckung oder Abzahlung zu leisten sei, die letztere in Betreibung setzt (Kritik *Guisan* JT, Abtl. Poursuite, 80, 106 ff.). Der Schuldner kann sich selbst dort auf SchKG 41 berufen, wo ein Dritter das Pfand bestellt hat (vorn Komm. Art. 884 N 389), und nach der Praxis auch dann, wenn der Schuldner zwar das Pfandrecht bestreitet, aber zugleich dartut, daß der Gläubiger ein solches beansprucht (BGE 77 III 102—103; 93 III 15). Auch ein gesetzliches Pfandrecht fällt unter Art. 41 (BGE 86 III 43/44).

39 Der Z w a n g z u r B e t r e i b u n g a u f P f a n d v e r w e r t u n g besteht dann n i c h t,

1. wenn das Vorgehen gemäß SchKG durch die Vereinbarung der p r i - v a t e n V e r w e r t u n g von vornherein ausgeschaltet ist: BGE 58 III 56/57; 73 III 15; BGr in BlZR 44 Nr. 173 S. 347/348 (vgl. aber nachstehend N 54);

40 2. wenn der S c h u l d n e r m i t d e r g e w ö h n l i c h e n B e - t r e i b u n g auf Pfändung oder Konkurs e i n v e r s t a n d e n ist. SchKG 41 enthält dispositives Recht (BGE 97 III 50/51). Die Zustimmung des Schuldners kann daraus hervorgehen, daß er nach der Zustellung des auf gewöhnliche Betreibung lautenden Zahlungsbefehls unterläßt, sich dem durch Beschwerde zu widersetzen; oder er verzichtet sonst ad hoc oder sogar zum voraus, z. B. im Pfandvertrag (so mit einer Bank), ausdrücklich auf das Beneficium des Art. 41 SchKG: BGE 58 III 59; 68 III 133; 72 II 74; 73 III 15; 77 III 3 (mit sehr weit gehender Auslegung der fraglichen Klausel); 97 III 50/51. Der Schuldner kann auch von vornherein dem Gläubiger die Wahl zwischen der gewöhnlichen Betreibung und derjenigen auf Pfandverwertung einräumen (BGE 58 III 57/58), oder die Wahl zwischen diesem Vorgehen und der privaten Verwertung. Wird die gewöhnliche Betreibung durchgeführt, so bleibt das Pfandrecht bestehen;

3. wenn das Pfand im Pfandvertrag oder in einer zusätzlichen Vereinbarung **41** als eine bloß s u b s i d i ä r e S i c h e r h e i t bezeichnet ist, was namentlich vorkommen wird, wo der Eigentümer nicht zugleich Schuldner ist: BGE 68 III 133; 73 III 16; 77 III 3; BlZR 13 Nr. 36 S. 91;

4. wenn der Gläubiger zu dem Zweck, die ordentliche Betreibung anheben zu **42** können, auf das P f a n d r e c h t v e r z i c h t e t, was als zulässig gilt: BGE 59 III 16; 68 III 135; 72 II 74; 84 III 69; 93 III 15; BlZR 25 Nr. 138 S. 208; vgl. auch SJZ 4, 99 Nr. 304.

Zur ganzen Frage äußern sich allgemein: BGE 68 III 133 ff.; 77 III 100 ff.; **43** *Guisan* (zit. vorstehend N 38 a. E.) 103 ff.; *Haffter* 99 ff.; *Jaeger / Daeniker* Art. 41 N 1, 2, S. 46, 47; *Fritsche* I 329 ff.; weiter: vorn Komm. Art. 884 N 143, 147 und vorstehend N 23 betr. den Bürgen.

Über die Besonderheiten der Betreibung, wenn der Pfandgegenstand einem **44** d r i t t e n E i g e n t ü m e r gehört, vorn Komm. Art. 884 N 395.

b) Realisierung des Pfandes nach Eröffnung des Konkurses

Hier fällt die Betreibung auf Pfandverwertung außer Betracht. Vielmehr **45** wird der Pfandgegenstand von der K o n k u r s m a s s e erfaßt; der Gläubiger hat ihn der Konkursverwaltung zur Verfügung zu stellen (SchKG 198, 232 Ziff. 4). Das Vorzugsrecht des Pfandgläubigers wirkt sich dahin aus, daß er bei der im Rahmen der allgemeinen konkursrechtlichen Liquidation erfolgenden Verwertung der Pfänder v o r w e g b e z a h l t wird (Art. 219 I). Einzelheiten N 133 ff. des Syst. Teils.

c) Besondere Fälle

Gemeinden und andere K ö r p e r s c h a f t e n d e s k a n t o n a l e n **46** ö f f e n t l i c h e n R e c h t s können allein auf Pfändung oder Pfandverwertung betrieben werden. Neben dem SchKG gilt das BG über die Schuldbetreibung gegen Gemeinden … vom 4. Dez. 1947; Zitate vorn Komm. Art. 884 N 67.

W e i t e r e besondere Fälle vorstehend N 30—36.

d) Vorgehen bei der Verwertung

SchKG 87 und 151 ff., bes. 156, sind anzuwenden; darüber Syst. Teil **47** N 129 ff. Beim Pfandrecht an F o r d e r u n g e n ist die Forderungsüberweisung nach SchKG 131 zulässig (hinten Komm. Art. 906 N 46). Nach der

Verwertung von O r d r e - oder N a m e n p a p i e r e n durch Versteigerung oder freihändigen Verkauf hat der Vollstreckungsbeamte die Legitimation des Erwerbers mittels eines Indossaments bzw. einer Abtretungserklärung zu schaffen (*Jaeger* Art. 130 N 4; *Beeler* 136; *Jäggi* OR 967 N 205). Das gleiche ist für das Retentionsrecht in Art. 898 II vorgesehen. Besteht schon ein Blankoindossament (bei Namenpapieren auch eine Blankozession), so sind keine besonderen Vorkehrungen nötig.

C. Private Verwertung

a) Grundsätze

48 Das Gesetz stellt dem Gläubiger im SchKG das amtliche Verfahren der Zwangsvollstreckung zur Verfügung, zwingt ihn aber nicht, es durchzuführen. Vielmehr können die Parteien die p r i v a t e V e r w e r t u n g v e r e i n - b a r e n *. Ihre Zulässigkeit wird von den Gerichten seit jeher anerkannt[a],

---

* *Oftinger* äußert sich nicht dazu (auch nicht in N 35 zu Art. 906 in seiner Fassung gemäß Vorauflage), ob die Vereinbarung ausdrücklich sein müsse oder auch bloss konkludent sein könne. Es läßt sich indessen aus N 77 zu Art. 901 schließen, daß er ersterer Auffassung ist: Wenn ein Ordrepapier statt — wie normal — mit offenem Pfandindossament verpfändet wird (OR 1009; woraus nur die Legitimation zur Einziehung, nicht zur Weiterübertragung folgt), sondern mittels Vollindossament, wäre diese Besonderheit ein Umstand, der sich ausnehmend anböte, als konkludente Ermächtigung zur Privatverwertung zu gelten (also nicht nur zum Einzug bei Fälligkeit), denn erst das Vollindossament würde die Verwertung mittels Veräußerung wertpapierrechtlich ermöglichen. An der erwähnten Stelle gibt *Oftinger* aber nur das Recht zum Einzug, wobei nicht hier, wohl aber in N 44 zu Art. 906 (seine Fassung der Vorauflage) ganz deutlich wird, daß dafür nicht eine Vereinbarung, sondern die Analogie zu OR 1009 maßgebend ist (dazu N 66 zu Art. 901, wo deutlich diese Vorschrift nicht intern noch durch Vereinbarung ergänzt werden muß). Dann aber scheint mit offensichtlich zu sein, daß *Oftinger* nur eine gesetzliche oder eine ausdrücklich erteilte Privatverwertungsbefugnis anerkennt. (In N 61 f. ist nur die Legitimation bei vorausgesetzter Verwertungsermächtigung besprochen, ebenso in N 73 zu Art. 901.) — Ohne die Möglichkeit einer bloß konkludenten Vereinbarung völlig auszuschließen, bin ich der Meinung, der Verzicht auf die betreibungsamtliche Pfandverwertung unter Inkaufnahme der Gefahren gemäß N 56 ff. müsse deutlich sein, in aller Regel ausdrücklich. Restlose Klarheit, also Fehlen von Auslegungsproblemen, kann allerdings nicht verlangt werden, und bei der Auslegung müssen Begleitumstände und von den Parteien (vor allem vom Verpfänder) gesetzte faktische Indizien mitberücksichtigt werden. Insbesondere, wo im Zweifel auch eine andere vernünftige, weniger weitgehende Deutung möglich ist, muß sie maßgebend sein. Bei den Privatverwertungsklauseln der Banken führt die sogenannte Unklarheitsregel aus der Lehre von den Allgemeinen Geschäftsbedingungen (in dubio contra stipulatorem, nämlich gegen die Bank; vgl. Art. 884 N 102) zu entsprechenden Ergebnissen.   R. B.

[48a] Aus der Judikatur: BGE 24 II 445 (grundlegender Entscheid); 36 I 339; 38 II 530/531,

neuerdings auch von der Gesetzgebung[b]. Damit ist gleichzeitig gesagt, daß die private Verwertung an sich n i c h t gegen das Verbot des V e r f a l l s v e r - t r a g s verstößt (Art. 894 und dort Komm. N 9)[c]. Überhaupt sind die Parteien frei, den Weg zu bestimmen, durch den die Befriedigung des Gläubigers erzielt wird, sofern nur das Verbot des Verfallsvertrags gemäß Art. 894 respektiert (BGE 64 II 418) und die Vereinbarung nicht unsittlich ist (OR 19 II / 20). — Man hat hier den, vom rechtstheoretischen Standpunkt aus gesehen erstaunlichen, Fall einer privaten, ohne jede amtliche Kontrolle ablaufenden Exekution vor sich, die als solche problematisch ist (ungeachtet praktischer Vorzüge), zumal die Rechtsordnung für die Vollstreckung pfandgesicherter Forderungen eigens den Weg der Pfandverwertung außer oder im Konkurs geschaffen und mit zahlreichen Garantien zum Schutz des Schuldners und Verpfänders ausgestattet hat.

In den Pfandverträgen der B a n k e n findet sich regelmäßig eine die **49** private Verwertung gestattende Klausel: Sie dient nicht nur den Interessen des Gläubigers und der Vereinfachung der Realisierung des Pfandes, sondern auch den Interessen des Schuldners, indem bei Kursrückgang oder sonstiger Wertverminderung die baldige Veräußerung ermöglicht wird. Diese Klauseln sprechen entweder schlechthin von der Befugnis, die Pfänder «freihändig zu verwerten», oder erwähnen z. B. diese Befugnis alternativ mit dem Vorgehen nach SchKG für den Fall, daß bei Wertverminderung des Pfandgegenstandes, handle es sich um Wertpapiere oder Waren, weder die verlangte Nachdeckung noch Abzahlung geleistet wird[a]. — Nicht immer ziehen die Banken die private Verwertung der Zwangsvollstreckung vor.

Ohne die vertraglich erteilte Z u s t i m m u n g d e s V e r p f ä n d e r s **50** würde das Vorgehen des Gläubigers eine eigenmächtige Veräußerung im Sinn des Art. 890 II ZGB darstellen[a]. Da die Einwilligung in die private Verwertung nicht einen dem Gläubiger erteilten Auftrag darstellt, ist die Zustimmung nicht widerruflich.

Die vertraglich eingeräumte B e f u g n i s des Gläubigers, privat zu ver- **51** werten, läßt diesem immer noch das Recht, nach SchKG vorzugehen. Dies gilt

---

728; 64 II 418; BlZR 20 Nr. 105 S. 204; 28 Nr. 92 S. 180; 36 Nr. 45 S. 95; SJZ 16, 87 = Semjud 1919, 396; Semjud 1910, 294. Literaturzusammenstellung bei *Zobl* ZBGR 59, 212.

[48b] SchKG 316 k.

[48c] BGE 24 II 445; HE 17, 52; BlZR 20 Nr. 105 S. 204; SJZ 16, 87; Semjud 1910, 294.

[49a] Beispiele BGE 49 III 188; 58 III 55; BlZR 20 Nr. 105 S. 203/204; *Albisetti/Bodmer* u. a. 32 Ziff. 8; das. 619. Aus der Lit. *Zimmermann* SJZ 17, 151 ff. und 19, 215 ff.; *Dessauges* 9 ff.; *Kaderli* 33 ff.; *Baumann* ZBGR 3, 67.

[50a] Vorn Komm. Art. 890 N 23. Dazu BGE 50 III 152; BlZR 12 Nr. 62 S. 75/76. A. M. *Kaderli* 39, der zu Unrecht ein den Banken die Befugnis zur privaten Verwertung einräumendes Gewohnheitsrecht oder eine Usance unterstellt.

dann nicht, wenn die Vereinbarung den gegenteiligen Sinn hat; die daraus abgeleitete Einrede muß der Betriebene durch Rechtsvorschlag geltend machen (BGE 54 III 245; BlZR 28 Nr. 92 S. 180). Zum Unterschied vom Verfahren nach SchKG erfordert die private Verwertung keinen zur Vollstreckung legitimierenden T i t e l , wie der Gläubiger ihn benötigt, um gegen einen Rechtsvorschlag aufzukommen (SchKG 79 ff.).

52 Die private Verwertung ist auch beim P f a n d r e c h t a n R e c h t e n zulässig (Art. 899 II) und für die Verpfändung von W e r t p a p i e r e n bei Banken besonders aktuell (vorstehend N 49). Sie wird durch die Vinkulierung von Namenaktien nicht ausgeschlossen (dazu hinten Komm. Art. 899 N 33 ff. und die dort zit. Diss. *Pestalozzi* 157 N 131 und *Schweri* 131). Namentlich bei verpfändeten Forderungen und Wertpapieren kann der Gläubiger im Vertrag, statt bloß zur Veräußerung, auch zur E i n z i e h u n g der Forderung oder des Wertpapiers befugt sein. Der eingezogene Betrag dient zu seiner Befriedigung. Einzelheiten hinten Komm. Art. 906 N 35 ff., Art. 901 N 77, 66. Im übrigen gelten die vorliegenden Ausführungen.

53 Der Grundsatz der sog. Admassierung des Pfandgegenstandes (SchKG 198, 232 Ziff. 4, vorstehend N 45) bewirkt, daß die private Verwertung ausgeschlossen wird, sobald über den Schuldner der K o n k u r s eröffnet ist: BGE 44 III 49; 81 III 57 ff. Die selbe Folge trifft nach letzterem Urteil zu bei P f ä n - d u n g und A r r e s t i e r u n g durch einen Dritten. Eine Ausnahme besteht nach SchKG 316k für den N a c h l a ß v e r t r a g mit Vermögensabtretung[a], was nach BGE 81 III 59 f. eine vereinzelte Ausnahme sei. Diese letzte Aussage als richtig vorausgesetzt, gälte dann, daß, wo es um einen ordentlichen Nachlaß- vertrag geht, die private Verwertung unzulässig wäre. (Keinen Schluß läßt BlZR 23 Nr. 159 S. 274 f. zu.) Die Frage sei hier nicht weiter verfolgt; die vorhergehende Schlußfolgerung erscheint indes der Überprüfung bedürftig.

54 Die vorstehend N 39 erwähnte Ausschaltung des b e n e f i c i u m e x c u s - s i o n i s r e a l i s steht unter dem Vorbehalt, daß die Umgehung der Pfand- verwertung durch den Gläubiger nicht gegen Treu und Glauben verstößt (ZGB 2)[a]. Das wäre z. B. der Fall, wenn der Gläubiger, trotzdem das Pfand genügend Deckung bietet, aus Schikane den Schuldner in Konkurs treiben möchte. Im Einklang mit dieser Auffassung stellt BGE 73 III 15/16 für die Frage, ob nicht auch bei privater Verwertung ein Zwang zur vorgängigen Ver- wertung des Pfandes bestehe, auf Treu und Glauben ab, aber auch auf die Aus- legung der fraglichen Vereinbarung (OR 18). Hat der Gläubiger ordentliche

---

[53a] Gleich V betr. das Nachlaßverfahren von Banken und Sparkassen vom 11. April 1935 Art. 36.

[54a] Gl. M. (bezügl. SchKG 41) BGE 68 III 134 und *Guisan* (zit. vorstehend N 38 a. E.) 115/116.

Betreibung angehoben, so muß der Schuldner, der die vorgängige Verwertung des Pfandes anstrebt, nicht Beschwerde (SchKG 17), sondern Rechtsvorschlag erheben, um die Abklärung der Sachlage zu veranlassen (BGE 73 III 16; 77 III 2).

Da die private Verwertung schlechthin an die Stelle derjenigen nach SchKG **55** tritt, ist sie nicht dadurch ausgeschlossen, daß dem verwertenden G l ä u b i g e r ein a n d e r e r v o r - oder n a c h g e h t (offen gelassen in BGE 24 II 445/446). Der nachgehende Pfandgläubiger kann freilich die Befugnis zur privaten Verwertung faktisch nicht durchsetzen, da er nicht gegen den auf seinem Recht zum Besitz (Komm. Art. 884 N 192) beharrenden vorgehenden Gläubiger aufkommen kann. Überhaupt läßt sich die Verwertung nur dann ohne weiteres durchführen, wenn der G l ä u b i g e r den a l l e i n i g e n u n m i t t e l b a r e n B e s i t z hat oder sich ihn leicht beschaffen kann (dazu BGE 54 III 245; vgl. auch BGB 1231/1232). Über das Verhältnis der vor- und nachgehenden Gläubiger im übrigen Art. 893, und hinsichtlich der Lage, wenn die Forderungen der verschiedenen Gläubiger nicht sämtliche fällig sind, dort N 10.

b) Vorgehen des Gläubigers im einzelnen

Die Befugnis zur privaten Verwertung verschafft dem Gläubiger eine erheb- **56** liche Machtfülle, die in den Pfandverträgen manchmal noch unterstrichen wird, indem ein Handeln nach «freiem Ermessen» ausbedungen ist. Die Maßnahmen des Gläubigers unterstehen dem Gebot von T r e u u n d G l a u b e n (ZGB 2), wovon ihn keine, ihm noch so weite Freiheit sichernde Klausel entbindet. Daraus ergeben sich zwanglos die meisten der nachstehend aufgeführten Grundsätze, die indessen nicht strikte Regeln, sondern auf den Durchschnitt passende Anhaltspunkte bedeuten wollen. Dem Ermessen des Gläubigers bleibt Spielraum gewahrt. Der leitende Gedanke geht dahin, daß der Gläubiger gehalten ist, dem Verpfänder v e r m e i d b a r e n S c h a d e n zu e r s p a r e n, soweit mit seinen eigenen, in erster Linie zu berücksichtigenden Interessen (BGE 38 III 531) vereinbar. So soll er n i c h t m e h r Gegenstände a l s n ö t i g veräußern (vorstehend N 22). Wird nicht eine öffentliche Versteigerung veranstaltet — wozu im Zweifel keine Pflicht besteht (Semjud 1919, 400) —, so ist der Verkauf auf dem g e e i g n e t e n M a r k t zu veranlassen, am besten an der Börse. Auch wenn freihändiger Verkauf vereinbart ist, kann der Gläubiger zu einer ö f f e n t l i c h e n V e r s t e i g e r u n g schreiten, weil sie gewöhnlich dem Verpfänder günstiger ist (BlZR 20 Nr. 105 S. 205/206). Für die öffentliche Steigerung gelten OR 229 ff.

Das Gesetz verlangt nirgends die Inverzugsetzung des Schuldners vor der **57** Verwertung (vorstehend N 18). Dies ist beim Vorgehen nach SchKG unschädlich, weil die Beteiligten durch den Zahlungsbefehl unterrichtet werden (SchKG 152, 153 II; vgl. auch 151 II). Dagegen muß bei der privaten Verwertung in einem der Stadien der gläubigerischen Maßnahmen eine rechtzeitig an den Verpfänder zu richtende A n d r o h u n g d e r V e r ä u ß e r u n g erfolgen. In den Pfandverträgen der Banken ist sie regelmäßig vorgesehen, indem in der Aufforderung zur Abzahlung oder Nachdeckung die Androhung der bei Nichtbefolgung dann ohne weiteres erfolgenden Verwertung enthalten ist. Die Androhung wird, wenn Schuldner und Eigentümer verschiedene Personen sind, zweckmäßigerweise beiden zugestellt, und auch dem nachgehenden Pfandgläubiger (entsprechend SchKG 153 II, 151 II); eine Pflicht des Gläubigers zu dieser mehrfachen Androhung besteht aber nicht (anders CC it 2797 I, BGB 1234, 1237). Über die Art der Verwertung braucht der Verpfänder nicht unterrichtet zu werden, wenn auch die Kulanz nahelegen würde, namentlich den allfälligen dritten Eigentümer von der in Aussicht genommenen Versteigerung zu benachrichtigen.

58   Verstöße des Gläubigers gegen seine Pflichten bei der Verwertung machen ihn s c h a d e n e r s a t z p f l i c h t i g. Seine Haftpflicht ist eine vertragliche, letztlich in ZGB 2 gegründete. Sie kann insbesondere aktuell werden, wenn durch Verschulden des Gläubigers ein völlig ungenügender Erlös resultiert hat (Semjud 1919, 400). Zur Haftbarkeit reicht der Umstand nicht aus, daß die vom Gläubiger veräußerten Wertpapiere nachher wieder im Wert gestiegen sind, zumal der Gläubiger grundsätzlich zum Verkauf berechtigt ist, so lange immer er in guten Treuen handelt (dazu *Zimmermann* SJZ 17, 151 und 19, 216; *Reichel* SJZ 24, 3 Ziff. 8). Jedoch soll der Verkauf möglichst günstig erfolgen. — Über die Haftung wegen Verletzung einer eventuellen Pflicht zur Verwertung vorstehend N 27.

59   Der Gläubiger muß dem Verpfänder und dem allenfalls vor- oder nachgehenden Gläubiger eine A b r e c h n u n g über das Ergebnis der Verwertung zustellen und den Ü b e r s c h u ß herausgeben, sonst tritt eine der Wirkung des Verfallsvertrags entsprechende Lage ein (vgl. die Wendung in Art. 891 I: «... aus dem Erlös ...», sowie Art. 894). Auch verstößt das gegenteilige Vorgehen des Gläubigers gegen die guten Sitten (OR 20).

60   Die G e w ä h r l e i s t u n g des Gläubigers gegenüber dem den Pfandgegenstand erwerbenden Dritten richtet sich nach Gesetz, sofern nicht vertraglich oder durch die Steigerungsbedingungen eine Änderung erfolgt ist (OR 192 ff., 197 ff., 234 III). Das V e r h ä l t n i s z u m d r i t t e n E r w e r b e r wird im übrigen von dem mit ihm abgeschlossenen Vertrag, gewöhnlich einem Kauf (OR 184 ff.), beherrscht. Der Gläubiger ist durch den Pfandvertrag zur Übertragung fremden Eigentums in eigenem Namen befugt. Sollte die Befugnis in einem Einzelfall fehlen, so wäre der gutgläubige Erwerber im Rahmen der gewöhnlichen Regeln geschützt (Art. 714 II, 933—936). Der

Gläubiger trägt die Gefahr des A u s b l e i b e n s   d e r   P r e i s z a h l u n g. Geht die Zahlung nicht ein, so muß er, im Rahmen seines Rechtsverhältnisses zum Schuldner der Pfandforderung, den Erlös gleichwohl als von ihm bezogen betrachten und auf die Pfandforderung anrechnen (vgl. auch OR 233); ist der Preis höher als die Forderung, so hat der Verpfänder auch hier Anspruch auf den Überschuß.

Bei der Verwertung von O r d r e p a p i e r e n verschafft das zwecks Ver- **61** pfändung verwendete Voll- oder Blankoindossament dem Pfandgläubiger die erforderliche Legitimation zur Veräußerung an einen Dritten. Für das Pfandindossament gilt OR 1009 I. Vgl. des näheren über die Verpfändung durch Indossament: Art. 901 II und dort Komm. N 64 ff.; über die Verwertung im Falle der Verpfändung gemäß Art. 900: Komm. Art. 901 N 103. — Bei den N a m e n p a p i e r e n zeitigen das Blankoindossament bzw. die Blankozession die gleiche Wirkung wie gerade für die Ordrepapiere erwähnt. — Über die W a r e n p a p i e r e Komm. Art. 902 N 24.

Der   S e l b s t e i n t r i t t   d e s   P f a n d g l ä u b i g e r s   ist zulässig. **62** Obwohl die Sache ins Eigentum des Gläubigers gelangt, hat man keine dem Verfallsvertrag (Art. 894) gleichzusetzende Lage vor sich: Der Gläubiger hat abzurechnen, den Preis von seiner Forderung abzuziehen und den Überschuß herauszugeben, gleich wie beim Verkauf an einen Dritten. Auch untersteht er bei Verstoß gegen seine Pflichten der gleichen Schadenersatzpflicht. Er darf dem Verpfänder keinen völlig ungenügenden Preis veranschlagen (vorstehend N 58). Der Gläubiger geht am sichersten, wenn er den Markt- oder Börsenpreis anrechnet (ähnlich OR 215 II). Eine öffentliche Versteigerung ist keineswegs erforderlich. Der Begründung der Zulässigkeit des Selbsteintritts dienen folgende Überlegungen: Der Gläubiger handelt zwar nicht als Vertreter des Verpfänders, sondern macht sein besonderes Recht auf private Verwertung geltend; gleichwohl zeigt der Umstand, daß der Selbsteintritt des Kommissionärs bzw. das Selbstkontrahieren des Vertreters gestattet ist, sofern keine Gefahr der Übervorteilung besteht[a], auf Grund der Ähnlichkeit der Interessenlage, daß auch der Selbsteintritt des Pfandgläubigers erlaubt werden muß. Gleich im Ergebnis äußern sich: *Böckli* SJZ 20, 301 ff. (mit eingehender Darstellung); *Leemann* Art. 891 N 5, Art. 894 N 9; *Haffter* 88; *Dessauges* 45/46; *Kaderli* 39—40; *Albisetti/ Bodmer* u. a. 619; *Zobl* ZBGR 59, 212; vgl. ferner OR 659 Ziff. 2.

Es ergibt sich von selber, daß der Pfandgläubiger oder der dritte Eigentümer **63** an einer öffentlichen   S t e i g e r u n g   b i e t e n   können.

[62a] OR 436. BGE 39 II 568; 63 II 174; 89 II 326.

V. Umfang der Sicherung (Al. II)

64   Wie für das Grundpfand (Art. 818/819), so bestimmt das Gesetz in Al. II / Art. 891 für das Fahrnispfand, welche N e b e n p o s t e n , zu der P f a n d - f o r d e r u n g hinzu, d u r c h das P f a n d r e c h t g e d e c k t werden: Vertragszinse, Betreibungskosten, Verzugszinse[a]. Die Sicherung ist damit abschließend umgrenzt, es sei denn, daß weitere Posten vertraglich vorgesehen sind (nachstehend N 72/73).

65   Die Vorschrift ist nämlich dispositiven Rechts. Statt einer E r w e i t e r u n g des Sicherungsumfangs (oder m. a. W. der Haftung) kann auch eine B e - s c h r ä n k u n g vereinbart sein, z. B. auf einen Höchstbetrag, was sich ein d r i t t e r E i g e n t ü m e r gerne ausbedingen wird. Ihm gegenüber ist eine vom Schuldner ohne seine Zustimmung nachträglich vorgenommene Erweiterung der Haftung unwirksam, weil seine Verpflichtung sich auf den Pfandvertrag und den diesen ergänzenden Art. 891 II stützt und er durch ein Rechtsgeschäft, dessen Partei er nicht ist, nicht einseitig belastet werden kann (vorn Komm. Art. 884 N 390). Das gleiche gilt zugunsten des n a c h g e h e n d e n P f a n d - g l ä u b i g e r s , wenn der vorgehende ohne seine Zustimmung nachträglich die Haftung über den ursprünglichen Umfang hinaus erweitert (Erl 327; vorn Komm. Art. 886 N 21; vgl. auch Art. 818 II). Dagegen müssen dritter Eigentümer und nachgehender Gläubiger in Kauf nehmen, daß sich die Haftung durch vertragswidriges Verhalten des Schuldners im Rahmen der von Art. 891 II erfaßten Posten erhöht, also auf den die Erfüllung ersetzenden Schadenersatz und den Verzugszins (nachstehend N 68).

66   Al. II / Art. 891 hat neben der Verwertung auch Bedeutung im Rahmen von Art. 889 II: Die Pflicht des Gläubigers zur R ü c k g a b e d e r S a c h e besteht erst, wenn die Forderung samt Nebenposten getilgt ist (vorn Komm. Art. 889 N 7).

67   Gemäß Art. 898 ist Al. II / Art. 891 auf das R e t e n t i o n s r e c h t anwendbar, auch auf dasjenige des Vermieters und des Verpächters (BGE 63 II 382). Die Vorschrift gilt ferner, wenn der Pfandgegenstand für einen D r i t t e n v e r w e r t e t und der Pfandgläubiger ausbezahlt wird (Syst. Teil N 125).

[64a] In VE 871 und E 876 war die Vorschrift dem Wortlaut nach weiter gefaßt, indem die Nebenposten, abgesehen von den Vertragszinsen, global mit dem Ausdruck «gesetzliche Folgen des Rechtsverhältnisses» umschrieben waren. Jedoch wollte man sowohl mit diesem Text wie mit dem als gleichbedeutend gedachten des heutigen Art. 891 II, der von der nationalrätlichen Kommission stammt, die selbe Aufzählung der Nebenposten geben wie in ZGB 818 (*Huber*, StenBull NR 1906, 690).

Im einzelnen ergibt sich zu den in Al. II / Art. 891 aufgezählten **Posten:**

1. F o r d e r u n g : Das ist der vertraglich vorgesehene K a p i t a l - **68** b e t r a g in seinem jeweiligen Bestand (vorn Komm. Art. 884 N 168) oder, bei einer ursprünglich nicht auf Geld lautenden Forderung, der an ihre Stelle getretene Geldbetrag (vorstehend N 19; Komm. Art. 884 N 118). Meist handelt es sich diesfalls um S c h a d e n e r s a t z im Sinn von OR 97 I, der als solcher gedeckt ist. Hat eine K o n v e n t i o n a l s t r a f e wirklich Schadenersatz- funktion, so wird auch sie gedeckt (OR 160 ff.; vgl. ferner Erl II 326/327). Die von den Parteien als pfandgesichert in Aussicht genommene Forderung muß bei U n d e u t l i c h k e i t des Vertrags durch Auslegung bestimmt werden (BlZR 27 Nr. 164 S. 328, 331). Sind m e h r e r e pfandgesicherte F o r d e - r u n g e n f ä l l i g , so ist es Sache des Gläubigers zu erklären, auf welche der Erlös aus der Verwertung anzurechnen sei (OR 86/87 sind nicht direkt anwend- bar). Ob die Deckung sich auf die nachträgliche Ä n d e r u n g oder E r - w e i t e r u n g der Forderung erstreckt, hängt vom Pfandvertrag ab. Durch Novation der Forderung geht das Pfandrecht unter (OR 116, 114 I, 117 III; vorn Komm. Art. 888 N 5).

2. V e r t r a g s z i n s e : Sie sind sämtliche bis zum Zeitpunkt der Ver- **69** wertung gedeckt, ohne die für das Grundpfand geltende zeitliche Grenze (Art. 818 Ziff. 3; Erl II 326; BGE 102 III 93/94), selbst wenn sie verjährt sind: vorn Komm. Art. 884 N 147; vgl. auch SchKG 209 und dazu *Jaeger* N 5; CC it 2788 i. f. Der Erlös wird vorweg auf die Zinse, erst dann auf das Kapital an- gerechnet: OR 85 I analog; BlZR 12 Nr. 187 S. 304 betr. das Grundpfand.

3. B e t r e i b u n g s k o s t e n : Ihre Regelung als solche findet sich be- **70** sonders in SchKG 68, 69 Ziff. 2, 152, 156, 157 II, 208 I, und zu ihnen werden auch die Kosten der Rechtsöffnung geschlagen: BGE 71 III 145; 80 III 83/84; BlZR 14 Nr. 180 S. 375; 44 Nr. 89 S. 195 = SJZ 40, 332. Da die private Pfandverwertung schlechthin den Ersatz der Zwangsvollstreckung darstellt, dürfen ihre Kosten hierher gerechnet werden. Das ist in praxi freilich oft gegenstandslos, weil die Banken, die die private Verwertung vornehmlich üben, laut Pfandvertrag ohnehin für a l l e ihre Forderungen durch das Pfand gedeckt sind (nachstehend N 73). Ohne solche vertragliche Klausel ist die Pro- vision für die Bemühungen des privat verwertenden Gläubigers nicht gedeckt (a. M. *Leemann* Art. 891 N 11). Beim Retentionsrecht des Vermieters und des Verpächters gelten die Retentionskosten als Betreibungskosten: BGE 63 II 382/383; BlZR 14 Nr. 180 S. 375. Für die Viehverpfändung sei auf Komm. Art. 885 N 74 verwiesen.

4. V e r z u g s z i n s e (OR 104): Während diese gedeckt sind, gilt das **71** gleiche nicht für den zusätzlichen Schadenersatz gemäß OR 106; SJZ 33, 189/190; *Leemann* Art. 818 N 5, 7.

W e i t e r e P o s t e n sind ohne eine sie einschließende vertragliche Be- **72** stimmung n i c h t gedeckt: so Prozeßkosten und -entschädigung (BlZR 44 Nr. 89 S. 195 = SJZ 40, 332) — Ersatz von Verwendungen (vorstehend Komm. Art. 890 N 15; anders ZGB 819) — letztere einschließlich der Versicherungsprämien (*Koenig* [zit. vorstehend N 36] 223 ff.) — Konventionalstrafen (vorbehältlich des Falles vorstehend N 68) — beim Retentionsrecht die Lagerkosten (a. M. ohne Begründung *Leemann* Art. 898 N 24).

73 Die Pfandverträge der B a n k e n sehen dagegen oft die Deckung vor für alle irgendwie beschaffenen, selbst künftigen, Forderungen (Komm. Art. 884 N 128). Darunter fallen auch die soeben N 72 aufgezählten Posten, sofern sie nicht noch ausdrücklich erwähnt sind; das selbe gilt für die Kosten der Lagerung, des Transports, der Versicherung u. a. m.

Art. 892

2. Umfang der Pfandhaft **Das Pfandrecht belastet die Pfandsache mit Einschluß der Zugehör.**
Die natürlichen Früchte der Pfandsache hat der Gläubiger, wenn es nicht anders verabredet ist, an den Eigentümer herauszugeben, sobald sie aufhören, Bestandteil der Sache zu sein.
Früchte, die zur Zeit der Pfandverwertung Bestandteil der Pfandsache sind, unterliegen der Pfandhaft.

1 Materialien: (aOR —) VE — — E 877 — Erl II 327 — StenBull NR 1906, 690, 691 — StenBull StR 1906, 1424.

Ausländisches Recht: CC fr — — CC it 2791 (2742) — BGB 1212 (1213 II, 314) — ABGB 457.

Literatur zur Frage der Erstreckung der Pfandhaft gemäß Versicherungsrecht: *Jaeger*, Komm. zum Schweiz. BG über den Versicherungsvertrag II (Bern 1932) und *Ostertag/Hiestand*, Das BG über den Versicherungsvertrag (2. A. Zürich/Leipzig 1928), beide zu Art. 57 und 58 — *Koenig*, Schweiz. Privatversicherungsrecht (3. A. Bern 1967) § 25 I — *Maurer*, Einführung in das schweiz. Privatversicherungsrecht (Bern 1976) § 26 II — G. *Weiß*, Das Recht der Grundpfandgläubiger an den Erträgnissen des verpfändeten Grundstückes (St. Gallen 1936) 138 ff. — Lambert *de Vries* de Heckelingen, Du droit du créancier gagiste et de l'usufruitier au montant de l'assurance (Diss. Bern 1938) 57 ff. — Hans *Flückiger*, Die Stellung Dritter zum Versicherungsverhältnis im Privatversicherungsrecht (Diss. Bern 1948) 58 ff. — Otmar *Schmidlin*, Die Sicherung der Rechte des Pfandgläubigers und Nutznießers an der versicherten Sache (Diss. Bern 1954).

Übersicht

I. Umfang der Pfandhaft:
Allgemeiner Inhalt der Vorschrift —
Ergänzende Bestimmungen

Als Gegenstück zu dem auf das Grundpfand bezüglichen Art. 805 umschreibt **2**
Art. 892 den P f a n d g e g e n s t a n d mittels der Aufzählung, was an körper-
lichem Substrat vom d i n g l i c h e n R e c h t d e s G l ä u b i g e r s e r -
f a ß t wird und damit der V e r w e r t u n g unterliegt (Art. 891 I). Jedoch
ist die Vorschrift nicht allein für die letztere bedeutsam, sondern auch für die
übrigen W i r k u n g e n d e s P f a n d r e c h t s , z.B. das Recht des Gläubigers auf Besitz (vorn Komm. Art. 891 N 8). « U m f a n g d e r P f a n d -
h a f t », wie das Marginale zu Art. 892 lautet, ist der « o b j e k t i v e Umfang
des Pfandrechtes» in der Ausdrucksweise des Marginales zu ABGB 457. Al. I/
Art. 892 erstreckt die Pfandhaft auf die Z u g e h ö r. Daß das gleiche für die
B e s t a n d t e i l e gilt, betrachtet das Gesetz anscheinend als selbstverständlich. Eigene Erwähnung erfährt in Al. II und III das Schicksal der natürlichen
F r ü c h t e.

Die Ausdehnung der Pfandhaft auf Bestandteile und Zugehör wird in der **3**
Literatur, zusammen mit der vorn Komm. Art. 889 N 20 erwähnten Regel, als
P r i n z i p d e r U n t e i l b a r k e i t d e r P f a n d h a f t u n g bezeichnet,
in der Meinung, daß das Pfandrecht ungeachtet der allfälligen Zerlegung der
Sache an deren Teilen weiter bestehe (Näheres nachstehend N 7).

Art. 892 spricht sich nicht darüber aus, ob kraft d i n g l i c h e r S u r r o - **4**
g a t i o n Ersatzgegenstände an die Stelle der Pfandsache treten können. Für

die Versicherungsleistung und die daraus angeschafften Sachen ergibt sich diese Wirkung aus VVG 57; über diesen und die weiteren Fälle nachstehend N 16 ff.

5 Für das Pfandrecht an Rechten ist der «Umfang der Pfandhaft» in Art. 904 getrennt geregelt. — Über die Frage nach dem Pfandgegenstand im allgemeinen vorn Komm. Art. 884 N 15 ff.

6 Das aOR und der VE enthielten keine dem Art. 892 gleiche Vorschrift; diese erscheint erst im E (Art. 887). Dort wird statt von «natürlichen» Früchten schlechthin von «Früchten» gesprochen (wie in E 637 = ZGB 643), ohne daß darin ein Unterschied zum heutigen Wortlaut liegt. Unter den in diesem Kommentar berücksichtigten ausländischen Gesetzen weist einzig das ABGB, § 457, eine entsprechende Bestimmung auf; CC it 2791 und BGB 1212 regeln allein die Frage der Früchte.

II. Pfandhaft an der Sache selbst und an ihren Bestandteilen (Al. I)

7 Mit der Sache selber sind alle ihre Bestandteile verpfändet (so für das Grundpfand Art. 805 I), weil diese nach allgemeiner Regel ohne weiteres das rechtliche Schicksal der Hauptsache teilen (Art. 642). Über den Begriff des Bestandteils Art. 642 II und die zugehörigen Kommentare. Der Bestandteil kann nicht für sich allein verpfändet werden (vorn Komm. Art. 884 N 39). Trennt man ihn von der verpfändeten Hauptsache, so bleibt er gleichwohl in der Pfandhaft, solange er sich noch im Besitz des Gläubigers befindet. Verliert der Gläubiger den Besitz, so geht das Pfandrecht unter oder wird unwirksam gemäß Art. 888. Das gleiche gilt, wo von einer Sache Stücke gelöst werden. Nachträglich der Hauptsache angefügte Bestandteile gelangen in die Pfandhaft, auch im Fall des Art. 727 II, wo das Alleineigentum des Eigentümers der Hauptsache bei deren Verbindung und Vermischung mit einer Nebensache angeordnet ist; die Pfandhaft erfaßt auch die letztere. Der Gläubiger muß die Wegnahme des nachträglich hinzugekommenen Bestandteils dulden, weil er keinen Anspruch auf Wertvermehrung der Pfandsache erheben kann (*Haab* Art. 642 N 23; *Meier-Hayoz* Art. 642 N 37); vgl. auch das auf das Grundpfand bezügliche Urteil BlZR 2 Nr. 2 S. 3). Eine Ausnahme besteht dort, wo die Hauptsache durch die Wegnahme beschädigt würde. Gemäß der Bemerkung N 34 zu Art. 884 kann im Hinblick auf die Trennung zum voraus die künftige, selbständige Verpfändung des jetzigen Bestandteils vereinbart werden.

III. Pfandhaft an Zugehör (Al. I)

Das Pfandrecht an der Hauptsache erstreckt sich, wenn nicht das Gegenteil **8** vereinbart wird, auf die Z u g e h ö r , z. B. Akzessorien einer Maschine. Über den Zugehörbegriff Art. 644/45 und die zugehörigen Kommentare. Al. I/Art. 892 stellt einen Anwendungsfall des in Art. 644 I ausgesprochenen Grundsatzes dar, wonach «die Verfügung über eine Sache», «wenn keine Ausnahme gemacht wird», sich «auch auf ihre Zugehör» bezieht. Die Zugehör ist jedoch erst mitverpfändet, wenn auch an ihr der B e s i t z nach den Regeln des Art. 884 I übertragen worden ist; dies steht angesichts des Al. III dieser Vorschrift außer Zweifel (vereinzelte gegenteilige Ansicht *Wieland* Art. 892 N 1).

Die im P f a n d v e r t r a g enthaltene Pflicht zur Übertragung des Besitzes **9** an einer Sache umfaßt von selber auch die Pflicht zur Übertragung ihrer Zugehör. Diese kann indessen von der Verpfändung der Hauptsache ausgenommen, oder, ohne die letztere, als gesonderter Gegenstand verpfändet werden: Erl II 68; *Wieland* Art. 644/45 N 11; *Haab* Art. 644/45 N 19; *Meier-Hayoz* Art. 644/45 N 52; BlZR 26 Nr. 128 S. 261 betr. Grundpfand. Im Zweifel erfaßt die Pfandhaft auch eine n a c h t r ä g l i c h der bereits verpfändeten Hauptsache beigefügte Zugehör; denn damit die Sache Zugehör wird, muß sie in eine gewisse räumliche Beziehung zur Hauptsache gebracht werden (Art. 644 II), was regelmäßig ihre Verbringung in den Besitz des Gläubigers, der bereits den Pfandbesitz an der Hauptsache ausübt (Art. 884 I), erfordern wird. Damit ist die Verpfändung vollzogen, sofern nicht der Verpfänder einen gegenteiligen Vorbehalt macht; nur dann hat man eine «Ausnahme» im Sinne des Art. 644 I vor sich. Gleich wie beim Bestandteil (soeben N 7), muß der Gläubiger die Wegnahme der nachträglich beigefügten Zugehör dulden (BlZR 18 Nr. 56 S. 109 betr. Grundpfand).

In einem anderen Zusammenhang gehört die Frage der Errichtung eines **10** Faustpfandes an G r u n d s t ü c k s z u g e h ö r : vorn Komm. Art. 884 N 42/43.

IV. Pfandhaft an Früchten

A. Natürliche Früchte (Al. II/III). Nur von ihnen, nicht von den zivilen **11** Früchten, spricht das Gesetz. Für den Begriff Art. 643 II und die zugehörigen Kommentare. Anwendungsfall sind namentlich Tierjunge, sofern die Verpfändung des Muttertieres sich nach Art. 884 statt Art. 885 vollzogen hat. Solange die Früchte nicht von der Hauptsache getrennt sind, stellen sie B e s t a n d -

teile dar (Art. 643 III) und befinden sich als solche ohne weiteres in der Pfandhaft (vorstehend N 7). Sie unterliegen der Verwertung (Art. 891 I), wenn sie in deren Zeitpunkt noch nicht getrennt sind (Al. III / Art. 892). Da die Früchte mit der Trennung aufhören, Bestandteile zu sein, so muß sie der Gläubiger, wie Al. II / Art. 892 folgerichtig vorschreibt, auf Grund eines dinglichen Anspruchs (Art. 641 II) dem Eigentümer herausgeben, falls die Trennung vor der Verwertung erfolgt. Auf die Herausgabe sind die Regeln des Art. 889 sinngemäß anwendbar (dort N 12; Erl II 325). Die Erklärung für die Befreiung der abgetrennten Früchte von der Pfandhaft liegt darin, daß das Pfandrecht grundsätzlich kein Nutzungspfandrecht ist (BGE 41 III 457).

12 Jedoch kann im Pfandvertrag gegenteils verabredet werden, daß die Früchte weiter der Pfandhaft unterliegen oder ins Eigentum des Gläubigers fallen, was namentlich beim gerade erwähnten Nutzungspfandrecht, besonders der Antichresis, zutrifft (vorn Komm. Art. 890 N 17). Die dermaßen verabredete Erstreckung der Pfandhaft auf die losgetrennten Früchte besteht nur solange, als der Besitz des Gläubigers an den Früchten andauert (Art. 888 und vorstehend N 7). Wird jene Abrede zum voraus getroffen, so hat man einen Fall der vorn Komm. Art. 884 N 34 besprochenen Verpfändung eine künftig selbständig werdenden Sache vor sich. Der Gläubiger erwirbt mit der Trennung an der neuen, selbständigen Sache den Pfandbesitz, den er in anderer Weise schon vorher gehabt hat, nämlich an der noch ungeteilten Sache. Er ist gegen den Entzug der Sache nach den gleichen Regeln geschützt, die allgemein dem Schutz des Pfandbesitzes dienen (vorn Komm. Art. 884 N 405 ff.; andere Begründung *Leemann* Art. 884 N 9).

13 Die Viehverpfändung erfaßt die Jungen lediglich, wenn sie nach der Geburt im Verschreibungsprotokoll besonders eingetragen werden (Art. 885 N 75).

14 Während die Zwangsvollstreckung bezüglich der Früchte verpfändeter Fahrnis sich nach der besprochenen Regelung des Al. III / Art. 892 richtet, besteht für die Grundstücke eine eigene, im SchKG enthaltene Ordnung (Art. 94, 102, 103, 122 II).

15 **B. Zivile Früchte.** Der Gläubiger darf die Sache nicht eigenmächtig einem Dritten zu Gebrauch oder Nutzung geben (vorn Komm. Art. 890 N 16/17). Daher rührende zivile Früchte (Miet- oder Pachtzinse und dergl.) gebühren nicht ihm (Komm. Art. 890 N 29 a. E.), ebensowenig aber, wenn die Hingabe an den Dritten vom Verpfänder ausging. Auch dies ergibt sich aus dem Grundsatz, daß der Gläubiger vor der Verwertung im wesentlichen keine über den Besitz hinausgehenden Rechte hat. Abweichend von der Ordnung für das Grundpfand (Art. 806), fallen somit zivile Früchte der genannten Art auch nach Beginn der Zwangsvollstreckung nicht unter die Pfandhaft; doch

kann dies besonders verabredet werden. Entgegen einer früheren Auffassung
(BGE 41 III 234 ff. und verschiedene Autoren) lehnt es das Bundesgericht
grundsätzlich ab, die Vorschrift Art. 806 dem Fahrnispfandgläubiger, dem ein
E i g e n t ü m e r - P f a n d t i t e l verpfändet worden ist, zugute kommen zu
lassen: BGE 57 III 121; Näheres hinten Komm. Art. 901 N 140. — Für das
P f a n d r e c h t a n R e c h t e n gilt im übrigen Art. 904.

V. Pfandhaft an der Forderung auf Versicherungs-
leistung und an Ersatzstücken —
Weitere Fälle dinglicher Surrogation

A. Versicherung. Dem Grundpfandgläubiger räumt Art. 822 Rechte an **16**
der Versicherungsleistung ein. Die Vorschrift wird durch die genauere und
weiter reichende des Art. 57 und diejenige des Art. 58 VVG ergänzt. Für das
Fahrnispfandrecht gilt VVG 57 ebenfalls; Art. 58 hat lediglich für das Grundpfand Bedeutung. Für die Einzelheiten der Erläuterung von VVG 57 sei auf die
vorstehend N 1 zit. v e r s i c h e r u n g s r e c h t l i c h e L i t e r a t u r verwiesen; überaus eingehend *Jaeger* a.a.O. Hier sei zusammenfassend erwähnt:
VVG 57 bezieht sich auf die vom V e r p f ä n d e r , oder für ihn von einem **17**
Dritten, vor oder seit der Verpfändung, genommene Versicherung. Die Vorschrift erfaßt neben dem Faustpfand[a] das Retentionsrecht, die Verpfändung
von Waren gemäß ZGB 902, die Viehverpfändung u. a. m. (*Jaeger* II Art. 57
N 10). Wird nach Eintritt eines Versicherungsfalles als Versicherungsleistung
eine «Entschädigung» geschuldet, so «erstreckt sich» nach Al. I/VVG 57 «das
Pfandrecht des Gläubigers ... auf den V e r s i c h e r u n g s a n s p r u c h des
Verpfänders». Damit entsteht (ipso iure) ein Forderungspfandrecht im Sinne
von ZGB 899 ff., das an keinerlei Form gebunden, sondern ein Fall des gesetzlichen Pfandrechts ist. Das gleiche gilt für die aus der «Entschädigung angeschafften E r s a t z s t ü c k e », hinsichtlich derer zugleich eine Mobiliarhypothek entsteht, falls sie in den Besitz des Verpfänders gelangen (Syst. Teil
dieses Komm. N 52, 42). Wegen dieses seines besonderen Charakters ist das
Pfandrecht entgegen Art. 888 II ZGB auch nicht unwirksam, solange die Ersatzstücke sich in der Gewalt des Verpfänders befinden. Der Pfandvertrag gibt dem
Gläubiger jedoch Anspruch auf Übertragung der Ersatzstücke (vorn Komm.
Art. 884 N 105); das Pfandrecht daran besteht indessen bereits vorher, und
zwar im gleichen Rang wie an der früheren Sache; gutgläubig erworbene Rechte

[17a] Hinsichtlich des Faustpfands an Eigentümerschuldbriefen *Zobl* ZBGR 59, 227 f.

Dritter bleiben aber vorbehalten (Art. 714 II, 884 II, 933 ff.). VVG 57 I begründet einen Fall der **d i n g l i c h e n S u r r o g a t i o n.** Anders als nach der allgemeinen Regel (Komm. Art. 888 N 7), läßt der Untergang der Sache das Pfandrecht hier nicht erlöschen. Sowohl der Versicherungsanspruch wie die Ersatzstücke unterliegen der Pfandverwertung nach den gewöhnlichen Vorschriften (Art. 891—894).

18   Zur weiteren Sicherung des Gläubigers sieht Al. II / Art. 57 VVG vor, daß der **V e r s i c h e r e r**, bei dem das **P f a n d r e c h t** «a n g e m e l d e t» worden ist, «nur mit Zustimmung des Pfandgläubigers oder gegen Sicherstellung desselben» die Versicherungsleistung dem Versicherten ausrichten darf (ähnlich Art. 906 ZGB). Schon vor der Anmeldung wirkt das Pfandrecht aber gegenüber dem Verpfänder und Dritten kraft seiner Entstehung von Gesetzes wegen. Die Vorschrift ermächtigt den Gläubiger nicht, die Versicherungsleistung selbständig einzuziehen, sondern er hat daran lediglich ein Pfandrecht, das er, wenn keine gütliche Erledigung erfolgt, realisieren muß, um zu seinem Guthaben zu kommen (Art. 891 I, 894, 906). — Hinsichtlich der **V i e h v e r p f ä n d u n g** vorn Komm. Art. 885 N 65 ff.

19   Das Pfandrecht des Gläubigers ist davon abhängig, daß der **V e r s i c h e - r u n g s v e r t r a g   i n   K r a f t** bleibt und dem Versicherungsanspruch keine **v e r s i c h e r u n g s r e c h t l i c h e n   E i n r e d e n** entgegenstehen (VVG 4 ff., 14, 20 III, 28 ff., 33, 38 ff. u. a. m.). Die Versicherungspraxis hat einen Weg gefunden, den Gläubiger zu schützen: Allgemeine Versicherungsbedingungen von Sachversicherern gewähren den Pfandgläubigern, «die für ihre Forderungen aus dem Vermögen des Schuldners nicht gedeckt werden», die Haftung der Versicherungsleistung selbst dann, «wenn der Anspruchsberechtigte des Entschädigungsanspruches ganz oder teilweise verlustig geht», sofern die Pfandgläubiger ihr Pfandrecht dem Versicherer schriftlich gemeldet haben (*Suter* SJZ 37, 357 ff.; *Jaeger* II Art. 58 N 20 ff.; *Maurer* § 26 II).

20   VVG 57 gilt nicht, wenn der **G l ä u b i g e r   s e l b e r   die Sache ver - s i c h e r t**, also als Versicherungsnehmer auftritt; hiezu vorn Komm. Art. 890 N 11. Um in den Genuß der von der Vorschrift gewährten Vorteile zu gelangen, **v e r p f l i c h t e n   die   B a n k e n   die   V e r p f ä n d e r** in ihren Pfandverträgen gerne zur Versicherung, manchmal unter Androhung der vorzeitigen Verwertung im Unterlassungsfalle (Komm. Art. 891 N 18).

21   **B. Weitere Fälle dinglicher Surrogation.** Wie BGE 71 II 94 in anderem Zusammenhange bemerkt, kennt das ZGB **k e i n   a l l g e m e i n e s** Prinzip der dinglichen Surrogation (gleich *Meier-Hayoz* Syst. Teil N 50; Andreas *Girsberger*, Die dingliche Surrogation, Diss. Zürich 1956, passim, bes. 144). Deshalb **f e h l t**, wo nicht, wie in VVG 57, eine **b e s o n d e r e** gesetzliche Vorschrift besteht, die ipso iure erfolgende **E r s t r e c k u n g   d e r   P f a n d - h a f t** auf andere Arten von **E n t s c h ä d i g u n g e n** für Sachen und auf

E r s a t z s t ü c k e : so bei vertraglicher und außervertraglicher Schädigung — bei Enteignung einschließlich Requisition und Konfiskation (Fälle erwähnt Komm. Art. 888 N 8) — bei sonst im öffentlichen Recht vorgesehenen Schadensbeiträgen (z. B. nach BG über die Bekämpfung von Tierseuchen vom 1. Juli 1966 Art. 31 ff.). Die analoge Anwendung der Vorschrift ZGB 750, welche für die Nutznießung in solchen Fällen die Surrogation anordnet, ist angesichts ihres heute noch als singulär aufgefaßten Charakters nicht zulässig. Der Pfandgläubiger sollte sich vorher vertraglich sichern, was in Pfandverträgen von Banken geschieht.

Die A b l e h n u n g der dinglichen Surrogation vertreten ebenfalls *Wieland* **22** Art. 892 N 3; *Leemann* N 6 und Art. 822 N 24; *Girsberger* a.a.O. 140, 142 f.; *Soergel-Augustin* § 1212 N 5; *Planck* § 1212 Ziff. 2; *Staudinger* § 1212 N 2; vgl. auch Erl II 267 (bezüglich Grundpfand). G e g e n t e i l i g entscheiden CC it 2742 III; hinsichtlich des Schadenersatzes *von Tuhr/Peter* § 48 bei N 14, *Oser/Schönenberger* Art. 41 N 53 und *Becker* Art. 41 N 116 (hingegen *Oftinger* [zit. vorn Komm. Art. 890 N 28] I § 6 V B Ziff. 8); hinsichtlich der Schadensbeiträge nach Tierseuchenges. *Egger* (zit. Komm. Art. 885 N 1) 65 N 1; als Ausnahmebestimmung der aufgehobene BRB über Beschlagnahme, Enteignung und Lieferungszwang vom 25. Okt. 1940 (AS 56, 1683) Art. 16 lit. c. — Für die G r u n d s t ü c k e gilt dingliche Surrogation hinsichtlich der Enteignungsentschädigung: Enteignungsges. von 1930 Art. 24 I; BGE 53 II 457; *Leemann* Art. 801 N 17 und SJZ 24, 369; *Girsberger* a.a.O. 132 ff.; eingehend *Weiß* (zit. vorstehend N 1) 113 ff. Die einschlägigen Argumente treffen für das Fahrnispfandrecht jedoch nicht zu. — Siehe Komm. Art. 893 N 33.

Da der Gläubiger nach der in N 21 geäußerten Auffassung kein Pfandrecht **23** hat an der Schadenersatzforderung des Eigentümers der Pfandsache gegen einen dritten Schädiger, der für die Zerstörung, den Verlust oder die Beschädigung der Sache verantwortlich ist, so frägt sich, ob ihm eine s e l b s t ä n d i g e S c h a d e n e r s a t z f o r d e r u n g gegen den Dritten zusteht. Die Antwort ist umstritten, lautet aber bejahend: vorn Komm. Art. 884 N 411.

Über die S u r r o g a t i o n s k l a u s e l bei der Verpfändung von Waren- **24** lagern vorn Komm. Art. 884 N 27—29; betreffs der V i e h v e r p f ä n d u n g : Art. 885 N 76.

Art. 893

Haften mehrere Pfandrechte auf der gleichen Sache, so werden die Gläubiger nach ihrem Range befriedigt.

Der Rang der Pfandrechte wird durch die Zeit ihrer Errichtung bestimmt.

1 **Materialien:** aOR — — VE 872 — E 878 — Erl II 326 — StenBull NR 1906, 690, 691 — StenBull StR 1906, 1424.

Ausländisches Recht: CC fr — —CC it — — BGB 1209 — ABGB —.

Lit.: *Klang*, Zusatz zu § 464, S. 494, 502 ff. — *Enneccerus* § 172.

Übersicht

I. Rang der Pfandrechte: Allgemeiner Inhalt der Vorschrift

2 Art. 893 ordnet die V e r t e i l u n g des bei der Pfandverwertung gewonnenen E r l ö s e s (Art. 891 I) auf eine M e h r h e i t v o n G l ä u b i g e r n, die an der g l e i c h e n S a c h e P f a n d r e c h t e besitzen, und regelt damit einen Tatbestand der K o n k u r r e n z d i n g l i c h B e r e c h t i g t e r. Neben dem Auftreten mehrerer Faustpfandgläubiger ist u. a. an die Konkurrenz des Faustpfandrechts mit der Nutznießung oder dem Retentionsrecht zu denken. Art. 893 setzt eine m e h r f a c h e V e r p f ä n d u n g voraus, deren typischer, aber nicht einziger Tatbestand die N a c h v e r p f ä n d u n g im Sinne der Art. 886 und 903 ist (vorn Komm. Art. 886 N 18, 22 ff. und nachstehend N 18 ff., 25 ff.); Al. I/Art. 893 spricht denn auch mit einer allgemeinen Wendung von «mehreren» auf der gleichen Sache haftenden Pfandrechten. Mehrfache Verpfändung stellt bei Fahrnis die Ausnahme dar (vorn Komm. Art. 886 N 1 a).

3 Al. II der Vorschrift weist den einzelnen Pfandrechten ihren R a n g nach der «Zeit ihrer Errichtung» zu, was als das pfandrechtliche P r i n z i p d e r P r i o r i t ä t bezeichnet wird. Al. I nimmt die daraus fließende Folgerung vorweg, daß für die B e f r i e d i g u n g der verschiedenen Gläubiger ihr Rang maßgebend ist. Die in Art. 893 vorgesehene Reihenfolge der Gläubiger-befriedigung heißt eine **R a n g o r d n u n g**, der dem einzelnen Gläubiger darin zukommende Platz ist sein **R a n g**.

Dem aOR fehlte eine entsprechende Vorschrift. Von den **a u s l ä n d i -** **4** **s c h e n** Gesetzen weist allein BGB 1209 eine solche auf. Im französischen und österreichischen und im wesentlichen auch im italienischen Recht wird gleich wie in ZGB 893 II auf die Alterspriorität abgestellt.

Art. 893 ergänzt die der **V e r w e r t u n g** gewidmete Vorschrift 891 I. — **5** Über die im Wesen des Pfandrechts begründete, in Art. 893 als gegeben voraus-gesetzte **B e v o r z u g u n g   d e r   P f a n d g l ä u b i g e r   v o r   d e n** **c h i r o g r a p h a r i s c h e n   G l ä u b i g e r n** Syst. Teil N 122 und Komm. Art. 891 N 3.

Bevor der bei der Verwertung gewonnene Erlös gemäß Art. 893 verteilt wird, **6** werden vorweg die **K o s t e n   d e r   V e r w e r t u n g** abgezogen, gleich-gültig, ob Zwangsvollstreckung oder private Verwertung erfolgt sei (SchKG 144 III, 157 I, 262 II; vorstehend Komm. Art. 891 N 70). Erst die **V e r t e i l u n g** des hernach übrig bleibenden Betrags erfolgt gemäß dem nach Art. 893 fest-zusetzenden Rang, wie anschließend näher zu zeigen ist (SchKG 146 II, 157 III, 219 I, 247, 261). Ganz oder teilweise ungedeckt gebliebene Gläubiger erhalten je nach ihrem betreibungsrechtlichen Vorgehen einen **P f a n d a u s f a l l -** **s c h e i n** oder einen **V e r l u s t s c h e i n** (SchKG 158, 265).

Über **b ü r g s c h a f t s r e c h t l i c h e** Verhältnisse OR 503 III Satz 3 und **7** 507 II Satz 2, sowie zu letzterer Bestimmung nachstehend N 30.

II. Befriedigung nach dem Range (Al. I)

Das Gesetz regelt mit Al. I / Art. 893 die **K o n k u r r e n z   d e r** an der **8** selben Sache berechtigten **P f a n d g l ä u b i g e r** : Der **E r l ö s** aus der Verwertung wird, wie Art. 817 I für das Grundpfand (aber mit allgemeiner Bedeutung) präzisiert, auf sie «**n a c h   i h r e m   R a n g e   v e r t e i l t**». Die Einreihung der Gläubiger gemäß ihrem Rang ist namentlich dort aktuell, wo der Erlös des Pfandes (Art. 891 I) nicht für die gänzliche Befriedigung (Art. 891 II) aller ausreicht. Die Rangordnung kann **k e i n e   l e e r e n** **P f a n d s t e l l e n** aufweisen wie beim Grundpfand (Art. 814); denn geht ein vorgehendes Pfandrecht unter, so tritt das nachgehende von selber an seinen Platz. — (Vgl. aber vorn Komm. Art. 888 N 12: Aufrechterhaltung eines Pfandrechts trotz Konfusion.)

Die Befriedigung nach dem Rang beherrscht sowohl die **Z w a n g s v o l l -** **9** s t r e c k u n g wie die p r i v a t e V e r w e r t u n g (vorn Komm. Art. 891 N 37 ff., 48 ff.). Bei der ersteren ist unerheblich, ob ein Pfandgläubiger selber auf Pfandverwertung betrieben hat, oder ob die Liquidation des Pfandes auf Grund einer von einem Dritten angehobenen Betreibung erfolgt, sei es einer solchen auf Pfändung, Pfandverwertung oder Konkurs. Die Festsetzung des Ranges erfolgt gegebenenfalls im Kollokationsplan. Über diese Fragen und die Durchführung des Streites um den Rang: Syst. Teil N 120 ff., bes. N 127, 131, 135 zu SchKG 146—148, 157 II/III, 219 I, 247—250. Einzelheiten in der Literatur zu diesen Bestimmungen.

10   Der vom v o r g e h e n d e n G l ä u b i g e r nicht beanspruchte Teil des Erlöses fällt bei der Verwertung an den n a c h g e h e n d e n (vorn Komm. Art. 886 N 18, Art. 891 N 21). Dies gilt schlechthin beim Vorgehen nach S c h K G , indem nach erfolgreicher Verwertung, im Verlauf einer Betreibung auf Pfändung oder auf Pfandverwertung, alle Pfandgläubiger ohne Rücksicht auf die Fälligkeit ihrer Forderungen ausbezahlt werden; bei Konkurs werden ohnehin alle Forderungen fällig (Syst. Teil N 125, 130, 135). Dagegen besteht keine Vorschrift, die im Falle der p r i v a t e n V e r w e r t u n g , wenn der eine Gläubiger (sei es ein vor- oder nachgehender) die Verwertung durchführt, erlaubt, die nicht fällige Forderung des anderen Gläubigers auszuzahlen. Sondern eine solche Forderung bleibt, und zwar gegenüber dem bisherigen Schuldner, bestehen, und das zugehörige Pfandrecht belastet nunmehr den Erwerber der Sache, an den das Eigentum bei der zwecks Verwertung erfolgenden Veräußerung übergegangen ist (dazu vorn Komm. Art. 884 N 399). Die Lösung deckt sich im Ergebnis mit derjenigen, die dort gilt, wo die mit einer N u t z n i e ß u n g belastete Sache nachträglich verpfändet und dann vom Pfandgläubiger im Rahmen der Verwertung veräußert wird: Der Erwerber erhält das Eigentum an der Sache, belastet mit der Nutznießung (BGE 49 II 340/341; Näheres vorn Komm. Art. 884 N 59). Gemäß Art. 886 (dort Komm. N 12, 17) und Art. 889 I (dort N 10) hat der vorgehende Pfandgläubiger die Sache nach seiner Befriedigung dem nachgehenden Pfandgläubiger herauszugeben. Dies gilt auch bei Befriedigung im Rahmen der privaten Verwertung: trotz der bei der Verwertung erfolgenden Veräußerung an einen Dritten wird die Sache nicht diesem ausgehändigt, sondern dem nachgehenden Pfandgläubiger, dessen beschränktes dingliches Recht samt dem Pfandbesitz dem Eigentum des dritten Erwerbers vorgeht (vorn Komm. Art. 884 N 399). — Es bleibt dem nicht verwertenden Pfandgläubiger unbenommen, statt, wie geschildert, die Forderung und das Pfandrecht bestehen zu lassen, freiwillig die Auszahlung anzunehmen und dadurch die Lage zu vereinfachen, was vielfach der Ausweg sein wird, wenn er nicht gemäß OR 110 Ziff. 1 den anderen Gläubiger befriedigen und das Pfandrecht ablösen will, um die Verwertung zu vermeiden (Komm. Art. 886 N 19).

III. Bestimmung des Ranges (Al. II)

A. Nach der allgemeinen Regel

Während das Gesetz für die Regelung der Konkurrenz mehrerer Grundpfand- **11** gläubiger die kunstvolle Ordnung der Pfandstellen geschaffen hat (Art. 813 ff.), kann es sich für die einfacheren Verhältnisse des Fahrnispfandrechts mit dem primitiveren Grundsatz der A l t e r s p r i o r i t ä t begnügen, wonach der Rang durch die Z e i t d e r E r r i c h t u n g der Pfandrechte bestimmt wird (Al. II/Art. 893). Die dieses Prinzip formulierende Regel «prior tempore potior iure» wird durch ihre Evidenz motiviert: man kann als Verpfänder nicht mehr Rechte einräumen, als man selber noch hat. Der Grundsatz der Alterspriorität ist überhaupt für die Konkurrenz dinglicher Rechte überall dort bestimmend (z. B. in ZGB 972 I), wo nicht gesetzlich oder vertraglich Ausnahmen von seiner Geltung gemacht worden sind.

Art. 893 II stellt für die Priorität der Pfandrechte des näheren auf «die **12** Z e i t i h r e r E r r i c h t u n g» ab, worunter der Augenblick zu verstehen ist, wo a l l e Voraussetzungen der Verpfändung erfüllt sind. Maßgebend ist demnach für das Faustpfand und die Inhaberpapiere (Art. 901 I) gewöhnlich die Besitzübertragung, für die andern Pfandrechte an Rechten die Vornahme der jeweils letzten Formalität: nämlich die schriftliche Abfassung des Pfandvertrags, wo diese genügt, o d e r gegebenenfalls die Übergabe des Schuldscheins (beides im Fall des Al. I/Art. 900), oder dann die jeweilige Übertragungshandlung im Fall des Art. 900 III. Für Art. 901 II ist die Errichtung des Indossaments oder der «Abtretungserklärung» entscheidend, es sei denn, die Übertragung des Besitzes an der Urkunde erfolge nachher (dazu BGE 61 II 332). Bei der Nachverpfändung ist es regelmäßig das Eintreffen der in Art. 886 und 903 verlangten Anzeige (dazu *von Tuhr/Peter* § 22 V). Dies gilt auch bezüglich der für die Verpfändung mittels Besitzanweisung erforderlichen Anzeige (vorn Komm. Art. 884 N 261): derjenige Gläubiger hat den Vorrang, dessen Pfandrecht durch das Eintreffen der Anzeige zuerst entstanden ist. Beim Retentionsrecht müssen die in Art. 895 I/II erwähnten Voraussetzungen erfüllt, insbesondere die zu sichernde Forderung fällig sein (hinten Komm. Art. 895 N 36; BGE 21, 1104). Bei der Viehverpfändung ist auf das Datum des Eintrags im Verschreibungsprotokoll abzustellen (Art. 885 I und dort Komm. N 77).

Die in Al. II/Art. 893 enthaltene und soeben besprochene allgemeine Regel für die Bestimmung des Ranges erlaubt, eine Reihe von **Einzelfragen** zu beantworten:

1. Der Zeitpunkt der «Errichtung» der Pfandrechte ist auch maßgebend, **13** wenn eine b e d i n g t e, b e f r i s t e t e oder k ü n f t i g e F o r d e r u n g

gesichert wird. Das Pfandrecht tritt in Kraft und erhält seinen Rang bereits im Augenblick seiner «Errichtung», beim Faustpfand der Verschaffung des Pfandbesitzes, und nicht erst mit dem Eintritt der Suspensivbedingung oder der späteren Entstehung der Forderung, was namentlich für den Bankverkehr bedeutsam ist (Einzelheiten Komm. Art. 884 N 122 ff.; grundlegend der dort ausgewertete BGE 51 II 278). Bezieht sich eine Suspensivbedingung oder Befristung dagegen auf die E r r i c h t u n g des Pfandrechts — d. h.: ist schon der Pfandvertrag bedingt (Komm. Art. 884 N 99) —, so ist für den Rang des Pfandrechts nicht das Datum des Abschlusses des Pfandvertrags entscheidend[a]; denn der Rang richtet sich beim Faustpfand nach dem Zeitpunkt der Besitzübertragung (das ist: der Übertragung zu Pfandbesitz), und diese ist eben durch die Bedingung oder Befristung hinausgeschoben (OR 151 II entgegen OR 75). Jedoch ist aus OR 152 III zu schließen, daß bei bedingter Errichtung des Pfandrechts ein bösgläubiger späterer Pfandgläubiger im Rang nachgeht; ein gutgläubiger aber geht vor (*Oser / Schönenberger* Art. 152 N 8). Ist demgegenüber die Besitzübertragung schon erfolgt, dann handelt es sich[b] gar nicht um eine bedingte oder befristete Errichtung des Pfandrechts, sondern um eine unbedingte und sofortige, und dann bestimmt sich der Rang nach dem Zeitpunkt der Besitzübertragung.

14   2. Über den Rang des Pfandrechts bei W i e d e r a u f l e b e n   e i n e r u n t e r g e g a n g e n e n   Forderung vorn Komm. Art. 884 N 174 — bei

15   3. Errichtung eines P f a n d r e c h t s   f ü r   d i e   n o v i e r t e   F o rd e r u n g: Komm. Art. 888 N 5 — und

16   4. bei neuerlichem W i r k s a m w e r d e n   d e s   P f a n d r e c h t s   im Rahmen von Art. 888 II: dort Komm. N 44.

17   5. Werden einzelne, zu einer verpfändeten G e s a m t h e i t, z. B. einem W a r e n l a g e r, gehörende Sachen a u s g e t a u s c h t, so bleibt das Pfandrecht als Ganzes von diesem Wechsel unberührt und der Rang ihm gewahrt (vorn Komm. Art. 884 N 27, Art. 888 N 25).

18   6. G l e i c h z e i t i g   e r r i c h t e t e   P f a n d r e c h t e   stehen im Zweifel im selben Rang (so für das Grundpfand Art. 817 II). Reicht der Erlös nicht für alle Gläubiger aus, dann wird er unter sie im nämlichen Verhältnis verteilt, in dem ihre pfandgesicherten Forderungen zueinander stehen. Dies gilt auch, wenn s o n s t mehrere Pfandrechte den gleichen Rang haben (nachstehend N 27). Beispiel: Der Erlös beträgt 60, die Forderung des A 200, jene des B 100. Nach deren Verhältnis ($\frac{2}{3}$ zu $\frac{1}{3}$) wird der Erlös von 60 verteilt, so daß A hievon 40 erhält und B 20.

[13a] Darauf läuft die von der soeben vertretenen Meinung abweichende Ansicht von *Staudinger* § 1209 N 1a, a. E., *Planck* § 1209 Ziff. 3 und Anderen, denen *Leemann* Art. 893 N 2, a. E. folgt, hinaus.

[13b] Was die soeben in FN [13a] erwähnten Autoren anscheinend übersehen.

7. Auch für die Konkurrenz zwischen R e t e n t i o n s r e c h t und Faust- **19** pfandrecht gilt der Grundsatz der Alterspriorität (*Planck* § 1209 N 4; *Klang* § 464 Ziff. I B S. 502/503). Dies ist aktuell, wo ein Dritter für den Pfand- gläubiger die verpfändete Sache in unmittelbarem Besitz hat und sie retinieren will (BGE 21, 1103/1104; BlZR 21 Nr. 52 S. 130). Die Entstehung des Retentionsrechts ist dabei von vornherein ausgeschlossen, bevor die zugehörige Forderung fällig ist, auch wenn der Besitz des Retentionsgläubigers schon vorher besteht (Art. 895 I). Ein gutgläubig erworbenes jüngeres Retentions- recht muß jedoch dem älteren Faustpfandrecht vorgehen (Art. 895 III)[a], nicht aber das gutgläubig erworbene jüngere Faustpfandrecht dem Retentions- recht des unmittelbaren Besitzers; vielmehr hat bei Verpfändung mittels Besitzanweisung (Art. 884 I / 924) das Retentionsrecht des angewiesenen Dritten den Vorrang (Art. 924 III und hinten Komm. Art. 895 N 144 mit Belegen). — In BGE 21, 1104 wird dem Retentionsrecht für den Ersatz von Verwendungen der Vorrang zugesprochen, auch wenn es später als das Faustpfandrecht entsteht. Nach dem oben Gesagten kann das nur unter der Voraussetzung zutreffen, daß entweder das Retentionsrecht gemäß Art. 895 III gutgläubig erworben worden ist oder der soeben erwähnte Fall des Art. 924 III vorliegt.

Für das Verhältnis mehrerer R e t e n t i o n s r e c h t e u n t e r s i c h **20** — ein Sachverhalt von geringer praktischer Bedeutung — gilt ebenfalls der Grundsatz der Alterspriorität, es sei denn, das jüngere Recht gehe kraft gut- gläubigen Erwerbs vor (Art. 895 III; *Staudinger* § 1257 N 6).

Für das Retentionsrecht des V e r m i e t e r s und des V e r p ä c h t e r s **21** gelten OR 272/273 und 286 III, bes. 273 II: das gutgläubig erworbene Reten- tionsrecht geht dem Recht des Faustpfandgläubigers, der die Pfandsache im gemieteten oder gepachteten Lokal hält, grundsätzlich vor, wie es ja auch dem Eigentum des Dritten, dem die vom Mieter eingebrachten Sachen gehören, vor- geht. Vgl. *Schmid* Komm. OR 272/74 N 7 ff. Hinsichtlich der Viehverpfän- dung vorn Komm. Art. 885 N 79.

8. Bei der V i e h v e r p f ä n d u n g entscheidet im Einklang mit Art. 893 **22** II die Alterspriorität (Komm. Art. 885 N 77).

9. Anhangsweise sei bemerkt: Der Grundsatz der h y p o t h e k a r i s c h e n **23** S u k z e s s i o n im Sinne des Gemeinen Rechts, wonach ein Pfandrecht von einer untergehenden ursprünglichen Forderung sich auf eine neue überträgt, unter Wahrung des bisherigen Ranges, ist im modernen Recht durch eine Reihe besonderer Vorschriften ersetzt; so hinsichtlich der bereits vorstehend N 15 erwähnten Errichtung eines Pfandrechts für die novierte Forderung (vorn Komm. Art. 888 N 5), oder hinsichtlich des ius offerendi des dritten Eigentümers der Pfandsache und des vor- oder nachgehenden Pfandgläubigers (vorn

[19a] Dazu Revue 3 Nr. 48 S. 48.

Komm. Art. 884 N 397, Art. 886 N 19). — Über jene nicht mehr aktuelle Frage *Windscheid* I § 233 a, 233 b, § 247 mit weiteren Zitaten; *Dernburg* Pand. I 2 § 289; *Planck* § 1209 Ziff. 5. Vgl. auch vorn Komm. Art. 888 N 12: Aufrechterhaltung des Pfandrechts trotz Konfusion; Art. 884 N 163; grundsätzlich kein Übergang des Pfandrechts ohne zugehörige Forderung.

B. Nach anderer Maßgabe

24 Al. II / Art. 893 ist n i c h t   z w i n g e n d e s   R e c h t, kann somit durch die Parteien ausgeschaltet werden. Daneben bestehen b e s o n d e r e   V o r - s c h r i f t e n oder auf solche gestützt Grundsätze, welche auf die Rangfolge der Pfandrechte einwirken.

25 1. Durch V e r t r a g läßt sich der Rang beliebig gestalten. Die Gläubiger können mittels einer Vereinbarung, die sie unter sich und mit dem Verpfänder treffen, den Rang a u s t a u s c h e n, so daß das jüngere Pfandrecht vor dem älteren zu stehen kommt. Das ältere Pfandrecht wird nicht etwa aufgehoben und mit anderem Rang neu begründet. Wäre die zurückgesetzte Forderung zugunsten eines Dritten belastet, so müßte dieser zustimmen (*Leemann* Art. 893 N 4), was praktisch gegenstandslos ist. Das geschilderte Vorgehen hat, wie in BGE 72 II 356/357 hervorgehoben, «dingliche Wirkung», was bedeutet, daß der durch die Vereinbarung bestimmte Rang von Dritten zu beachten ist, also namentlich bei der Verwertung (a. M. offenbar *Wieland* Art. 886 N 3). — Bestehen drei Pfandrechte zugunsten der Gläubiger A, B und C, und tritt C statt A in den ersten Rang, so braucht sich B dieses Vorgehen nur insoweit gefallen zu lassen, als die Forderung des C nicht größer ist als die Forderung des A; m. a. W.: der Betrag des Vorganges vor B bleibt sich ungeachtet des Austausches der Ränge von A und C gleich. B kann sich aber nicht dagegen wehren, daß seine Chance des Nachrückens verschlechtert wird, für den Fall nämlich, daß das jetzt nach ihm rangierende Pfandrecht des A wegfällt.

26 Es kann auch dem zuerst begründeten Pfandrecht der zweite oder ein späterer Rang zugewiesen, bei der Verpfändung somit ein R a n g v o r b e h a l t zugunsten eines hernach zu errichtenden Pfandrechts gemacht werden (parallel Art. 813 II): SJZ 18, 214 = ZBJV 58, 127/128; zurückhaltend, ohne abzulehnen, BGr in VAS 4, 431/432. Die von *Leemann* Art. 893 N 5 verneinte Frage, ob ein Rangvorbehalt «dingliche Wirkung» besitze, beantwortet sich dahin, daß die Zuweisung eines Ranges gleich wie im vorhergehenden Fall von Dritten zu beachten ist, namentlich bei der Verwertung, aber nur, wenn dannzumal das vorbehaltene Pfandrecht bereits besteht. Sonst ist der Vorbehalt gegenstandslos (parallel Art. 815).

Endlich mag man mehreren Pfandrechten den g l e i c h e n R a n g zu- **27** weisen (BGE 72 II 354 oben). Die Beteiligung am Erlös richtet sich nach der vorstehend N 18 erwähnten Regel. Im übrigen vorn Komm. Art. 886 N 22 ff.

2. Ein gemäß Art. 884 II (Näheres dort N 363) vom Nichtberechtigten **28** g u t g l ä u b i g e r w o r b e n e s P f a n d r e c h t kann jedem früheren Pfandrecht vorgehen: dann nämlich, wenn der fragliche Pfandgläubiger das Nichtvorhandensein des in Wirklichkeit bestehenden Pfandrechts annehmen durfte. Unter der entsprechenden Voraussetzung geht ein gutgläubig erworbenes Faustpfandrecht einer Nutznießung an der gleichen Sache oder einem Grundpfandrecht an Zugehör (Art. 805) vor: vorn Komm. Art. 884 N 59, 42/43, 363. Ein gutgläubig erworbenes Faustpfandrecht hat schließlich den Vorrang vor dem älteren, nach Art. 885 begründeten Vieh-Pfandrecht (Komm. Art. 885 N 78). Trotz gutem Glauben entsteht dagegen überhaupt kein Pfandrecht an abhanden gekommenen, noch vindizierbaren Sachen, ausgenommen Geld und Inhaberpapiere (Art. 934/935; Näheres vorn Komm. Art. 884 N 367 ff.). Über die Verhältnisse bei Warenpapieren Art. 925 II und hinten Komm. Art. 902 N 32. — K e i n e Priorität des gutgläubig erworbenen jüngeren Faustpfandrechts besteht gegenüber dem älteren Retentionsrecht des unmittelbaren Besitzers im Fall des Art. 924 III: vorstehend N 19.

3. Für die Konkurrenz zwischen P f a n d r e c h t u n d N u t z n i e ß u n g **29** gilt, abgesehen vom soeben N 28 behandelten Schutz des guten Glaubens, der Grundsatz der Alterspriorität: das spätere Recht erfaßt den Gegenstand, wie er sich — einschließlich der bestehenden Belastungen — im Augenblick der Errichtung des späteren Rechts darstellt (BGE 49 II 340; vorn Komm. Art. 884 N 59). Das selbe trifft zu für die Konkurrenz mit einer bereits gemäß Art. 805 von einem G r u n d p f a n d recht erfaßten Z u g e h ö r: vorn Komm. Art. 884 N 43. Über die Verpfändung der mit einem E i g e n t u m s v o r - b e h a l t belasteten Sache Komm. Art. 884 N 61.

4. Befriedigt zwar ein Dritter den Gläubiger, jedoch nur teilweise, dann tritt **30** die S u b r o g a t i o n in die Rechte des Gläubigers (OR 110 u. a. m.) auch bloß zum Teil ein (vorn Komm. Art. 889 N 25). Der Gläubiger kann nicht nur die Sache zurückbehalten, sondern sein Pfandrecht für die restliche Forderung geht nach der Regel «nemo subrogat contra se» dem Pfandrecht des Dritten vor: so mit allgemeiner Bedeutung OR 507 II Satz 2; *Becker* Komm. Art. 110 N 9, a. E.; *Beck*, Das neue Bürgschaftsrecht, Komm. (Zürich 1942) Art. 503 N 49.

5. Erlasse des S a n i e r u n g s r e c h t s kennen die Einräumung von **31** «Vorgangspfandrechten», wodurch die bisherige Rangordnung der Pfandrechte geändert wird: Syst. Teil N 140/141 und bes. OR 1170 Ziff. 7 und 1174 II; BG über die Schuldbetreibung gegen Gemeinden ... vom 4. Dez. 1947 Art. 13 lit. d, 25 II.

6. Die g e s e t z l i c h e n P f a n d r e c h t e unterstehen den gewöhnlichen **32**

Regeln (z. B. das Retentionsrecht: vorstehend N 19), wenn nicht der sie einführende Erlaß ihnen einen Vorrang verschafft; vgl. Fälle Syst. Teil N 57 ff. Eigentliche P r i v i l e g i e n und ähnliche Vorzugsrecht nach Art ausländischer Gesetze und des Gemeinen Rechts kennt das Fahrnispfandrecht des ZGB nicht (Syst. Teil N 61).

33   7. Eine Sonderregelung, die die Hintansetzung von Pfandrechten bewirkt, enthält das BG über die wirtschaftliche Kriegsvorsorge vom 30. Sept. 1955, ergänzt durch V vom 26. April 1963: Wenn der Bund an der Finanzierung von P f l i c h t l a g e r n beteiligt ist, hat er im Konkurs und Nachlaßvertrag ein Recht auf «Aussonderung». Gegenüber diesem Recht «sind alle vertraglichen und gesetzlichen Pfand- und Retentionsrechte unwirksam mit Ausnahme des Retentionsrechtes der Besitzer von Lagerräumen» gemäß OR 485 I (BG Art. 11 f.; BBl 1955 I 832 ff.; *Albisetti / Bodmer* u. a. 493 f.). Über die frühere Regelung, die der heutigen ähnlich war, und zugehörige Literatur: vorhergehende Aufl. an gleicher Stelle. — Art. 12 III, letzter Satz, des BG vom 30. Sept. 1955 enthält einen besonderen Fall gesetzlich angeordneter dinglicher Surrogation (dies zu Komm. Art. 892 N 21).

Art. 894

4. Verfalls-
vertrag

Jede Abrede, wonach die Pfandsache dem Gläubiger, wenn er nicht befriedigt wird, als Eigentum zufallen soll, ist ungültig.

1   **Materialien:** aOR 222 — VE 873 — E 879 — Erl II 326.
Ausländisches Recht: CC fr 2078 II — CC it 2744 — BGB 1229 — ABGB 1371 (464).
Lit.: Jakob *Vetsch*, Die Umgehung des Gesetzes (Diss. Zürich 1917) 82 ff. — *Haffter* 84 ff., 150 ff., 163 ff. — Ed. *Dessauges*, De la réalisation privée du gage (Diss. Lausanne 1934) 41 ff. — Negib *Giha*, Le pacte commissoire (Diss. Genf 1947).
Leo *Raape*, Die Verfallsklausel bei Pfand- und Sicherungsübereignung (Berlin 1913) — *Gaul*, Lex commissoria und Sicherungsübereignung, Arch civ Pr 168, 351 ff. — *Klang* § 1371 Ziff. II A. — *Soergel-Augustin* zu § 1229.

Übersicht

I. Verfallsvertrag: Allgemeiner Inhalt der Vorschrift

Im Einklang mit einer seit dem späteren römischen Recht gültigen An- **2** schauung erklärt Art. 894 «jede Abrede», daß der P f a n d g e g e n s t a n d dem G l ä u b i g e r , wenn seine B e f r i e d i g u n g a u s g e b l i e b e n ist, «als E i g e n t u m zufallen soll», für «u n g ü l t i g ». Art. 816 II enthält für das Grundpfandrecht die gleiche Vorschrift. Die «Abrede» wird herkömmlicherweise als l e x c o m m i s s o r i a oder als V e r f a l l s v e r t r a g (so das Marginale) bezeichnet, stellt aber gewöhnlich eine einzelne K l a u s e l des Pfandvertrags dar. Man spricht üblicherweise vom « V e r b o t » des Verfallsvertrags, obwohl das Gesetz, der zivilrechtlichen Technik entsprechend, nur die Sanktion für die verpönte Abrede nennt; damit ist das Verbot indirekt ausgesprochen.

Die Vorschrift gehört in den Zusammenhang der V e r w e r t u n g : statt **3** daß bei Nichtbefriedigung des Gläubigers die Realisierung des Pfandes erfolgt, soll dessen Verfall nach der Absicht der Parteien den Gläubiger schadlos halten. Das Verbot des Verfallsvertrags ist denn auch bereits in Art. 891 I enthalten, wo dem Gläubiger für den Fall seiner Nichtbefriedigung das Recht verliehen wird, sich «aus dem Erlös» der Sache «bezahlt zu machen». Daraus ergibt sich einerseits, daß der Pfandgegenstand zu veräußern und nicht einfach dem Gläubiger zu überlassen ist, und anderseits, daß der Ü b e r s c h u ß (Hyperocha) über den Betrag der Forderung samt deren zusätzlichen Nebenposten Art. 891 II) nicht dem Gläubiger gebührt (vorn Komm. Art. 891 N 21). Bei Pfandverwertung im Wege der Zwangsvollstreckung ergibt sich die Ablieferung des Überschusses an den Verpfänder oder an andere Berechtigte von selber im Verlauf der Abwicklung des amtlichen Verfahrens.

Z w e c k der Vorschrift ist der Schutz des Verpfänders, den man sich zu- **4** gleich als Schuldner denkt: er mag geneigt sein, um Kredit zu erhalten, eine noch so ungünstige Klausel einzugehen, in der Annahme, daß er den Gläubiger rechtzeitig zu befriedigen vermöge und sich der Verfallsvertrag dann nicht verwirkliche. Gewöhnlich wird der Wert der Pfandsache die Höhe der Forderung übersteigen, so daß der Verfallsvertrag wucherischen Charakter aufweist, was zu verhindern das Hauptmotiv für Art. 894 ist. (*Bluntschlis* Zürcherisches Gesetzb. § 869 bezeichnet den Verfallsvertrag «als ein wucherisches Geschäft».) Der Gläubiger soll davon abgehalten werden, die Not oder Unerfahrenheit des Verpfänders auszunützen. Dazu BGE 56 II 449/450; BlZR 20 Nr. 105 S. 204; *Schneider / Fick* Art. 222 N 1; *Rossel / Mentha* n° 1655; *Vetsch* 84; *Giha* 78 ff.; *Raape* 10, 33; *Gaul* 372.

5   aOR 222 enthielt in wenig abweichender Formulierung die gleiche Bestimmung, und die a u s l ä n d i s c h e n G e s e t z e kennen sie mehr oder weniger scharf ausgesprochen. Das französische und italienische Recht weisen zudem das besondere Institut der gerichtlichen Zusprechung des Eigentums auf (CC fr 2078 I, CC it 2798, 2804).

II. Voraussetzungen

6   Art. 894 nennt k e i n e s u b j e k t i v e n V o r a u s s e t z u n g e n wie die Wucherbestimmung Art. 21 OR: Ausbeutung von Notlage, Unerfahrenheit oder Leichtsinn. Deren Vorhandensein stellt zwar ein gesetzgeberisches Motiv des Art. 894 dar, gehört aber nicht zum juristischen Tatbestand. Andere o b - j e k t i v e V o r a u s s e t z u n g e n , als in der Vorschrift genannt, bestehen nicht: Mißverhältnis zwischen der Begünstigung des Gläubigers durch die Verfallsklausel und den dem Verpfänder eingeräumten Vorteilen, wie es wiederum dem Art. 21 OR entspräche. Selbst der Verfall des Pfandgegenstandes unter Anrechnung eines angemessenen Preises wird somit von Art. 894 erfaßt. — Das Gesetz stellt einzig auf folgende Tatsachen ab:

A. Vereinbarung des Überganges der Pfandsache ins Eigentum des Gläubigers im Falle seiner Nichtbefriedigung

7   Die lex commissoria soll nach der Meinung der Parteien dem Gläubiger für den Fall, daß seine Forderung bei ihrer Fälligkeit nicht getilgt wird, das Recht verschaffen, die Pfandsache, s t a t t sie zu v e r w e r t e n (Art. 891 I), zu E i g e n t u m zu erhalten und zu behalten: «s'approprier le gage», «appropriarsi il pegno», wie die romanischen Texte sagen (dazu BGE 37 II 162/163). Der Vorgang dient der B e f r i e d i g u n g des Gläubigers; die Überlassung der Pfandsache tritt an die Stelle der Erfüllung der Forderung, die nunmehr

erlischt. Gewöhnlich wird die Verfallsklausel den Sinn haben, daß die Sache
ohne Rücksicht auf ihren Wert verfallen sei, folglich ohne Pflicht des Gläubigers
zur Herausgabe des Überschusses, aber auch ohne Anspruch des Gläubigers,
vom Schuldner die Deckung des Ausfalles zu verlangen. Die Überlassung des
Eigentums ist b e d i n g t durch das Ausbleiben der auf Grund der Pfandforderung geschuldeten L e i s t u n g ; schon deren Verspätung würde nach
der Absicht der Parteien genügen, um den Verfall eintreten zu lassen, wie
BGB 1229 präzisiert. — A n d e r e T a t b e s t ä n d e eines bedingten oder
unbedingten Eigentumserwerbs durch den Gläubiger erfaßt Art. 894 nicht; so
wenn der Verpfänder dem Gläubiger die Sache vor oder nach der Fälligkeit der
Pfandforderung verkauft und den Preis mit der Forderung verrechnet.

Ihrer t e c h n i s c h e n A u s g e s t a l t u n g nach enthält die Verfalls- **8**
klausel eine suspensiv bedingte causa der Eigentumsübertragung; diese selber
vollzieht sich, wenn die Bedingung eintritt, durch brevi manu traditio — die
von den Parteien unterstellte, vom Gesetz aber verweigerte Wirksamkeit des
Vorganges voraussetzt.

Die p r i v a t e V e r w e r t u n g fällt nicht als solche unter Art. 894, weil **9**
sie keineswegs zum Verfall des Pfandes führt. Dies gilt auch für den f r e i -
h ä n d i g e n Verkauf und den S e l b s t e i n t r i t t d e s G l ä u b i g e r s
(Näheres vorn Komm. Art. 891 N 48 und 62 mit Belegen).

B. Vereinbarung vor der Fälligkeit

Nach allgemeiner Auffassung ist die Abrede des Verfalls nur unzulässig, **10**
wenn die Parteien sie v o r d e r F ä l l i g k e i t der Pfandforderung treffen.
— Es macht für die Ungültigkeit keinen Unterschied, ob die Verfallsklausel im
P f a n d v e r t r a g steht oder n a c h h e r v e r e i n b a r t wird, selbst
nach der Errichtung des Pfandrechts[a]. Die Klausel fällt unter Art. 894 auch
dort, wo ein bestimmter P r e i s , zu dem die Sache angerechnet werden soll,
vereinbart ist, oder der Markt- und Börsenpreis, oder endlich ein zu bestimmen-
der Schätzungswert, immer in der Meinung, daß der Überschuß herauszugeben
sei (*Raape* 16 ff.). Denn auch in diesen Tatbeständen ist der Verfall zu Eigentum
vereinbart; die Frage der Angemessenheit des Preises ist für die Anwendung
des Art. 894 unbeachtlich (vorstehend N 6 a. E.). Zulässig ist diese Preis-
anrechnung jedoch dann, wenn der Gläubiger im Rahmen der privaten V e r -

---

[10a] Sog. pactum ex intervallo. Gl. M. u. a. *Leemann* N 3; *Raape* 36; *Giha* 139; ausdrücklich CC it 2744. A. M. die herrschende Auffassung im französischen Recht, die die nachträgliche Vereinbarung zuläßt: *Giha* 98 ff.; *Marty/Raynaud* III 1 no 102.

w e r t u n g nach den vorn Komm. Art. 891 N 56 ff., bes. N 62 erwähnten, für seinen Selbsteintritt geltenden Regeln vorgeht, namentlich die Verwertung androht, abrechnet und den Überschuß herausgibt (Semjud 1974, 428). Ungültig ist ferner, wie BGB 1229 hervorhebt, die Abmachung, daß das Eigentum zwar nicht ohne weiteres mit dem Ausbleiben der Befriedigung auf den Gläubiger übergehe — wie es dem gewöhnlichen Verfallsvertrag entspräche —, sondern erst noch durch einen zusätzlichen Akt a u f d e n G l ä u b i g e r z u ü b e r t r a g e n sei: also kraft einer bedingten Forderung auf Eigentumsübertragung (so anscheinend der Tatbestand ZBJV 52, 325). Art. 894 ist endlich anwendbar, wenn der Gläubiger w ä h l e n kann, ob er die Sache zu Eigentum nehmen oder sie verwerten will, das Pfand also nicht ipso facto mit dem Ausbleiben der Befriedigung verfällt, sondern erst nach einer dahin zielenden Willensäußerung des Gläubigers. Denn auch hier ist zum voraus der Verfall verabredet.

11   Die n a c h E i n t r i t t d e r F ä l l i g k e i t getroffene Vereinbarung, daß die Sache infolge des Ausbleibens der Befriedigung ins Eigentum des Gläubigers falle, ist nach einhelliger Auffassung z u l ä s s i g, obwohl sie — abgesehen vom Zeitpunkt der Abrede — dem Verfallsvertrag gleichsieht: BGE 41 III 451; BlZR 27 Nr. 164 S. 329 und BGr dort 331; aus der Lit. u. a. *Wieland* Art. 894; *Leemann* N 7; *Rossel/Mentha* n° 1655; *Haffter* 87; *Giha* 139; gleiche Lösung in BGB 1229. Der Grund wird darin gesehen, daß die Schutzbedürftigkeit des Verpfänders jetzt geringer ist als vor der Fälligkeit, weil er den Verzicht auf das Eigentum in voller Kenntnis der Sachlage ausspricht. Man hat eine Hingabe an Zahlungs Statt vor sich (datio in solutum), die rechtlich nicht mit dem Pfandvertrag im Zusammenhang steht, wie es für die ungültige Verfallsklausel zutrifft. Teilweise eingetretene Fälligkeit genügt (*Raape* 37 ff.; *Planck* § 1229 Ziff. 2 a), weil sie den Gläubiger zur Verwertung berechtigt und dies der Augenblick ist, wo der Verpfänder legitimerweise in den Verfall des Pfandes einwilligen kann.

12   Im G e s e t z hat die Unterscheidung in eine vor der Fälligkeit vereinbarte ungültige und eine nach der Fälligkeit vereinbarte gültige Verfallsklausel keinen Ausdruck gefunden, doch sind Zweifel nicht am Platz.

13   Wenn auch gemäß Art. 894 nicht ungültig, so untersteht die n a c h d e r Fälligkeit getroffene Vereinbarung doch den allgemeinen S c h r a n k e n d e s V e r t r a g s i n h a l t e s (OR 19—21) und kann namentlich wegen Übervorteilung oder auch wegen W i l l e n s m a n g e l s (OR 23 ff.) anfechtbar, ferner der p a u l i a n i s c h e n Anfechtungsklage ausgesetzt sein (SchKG 287 Ziff. 2; BGE 41 III 451/452). Dagegen steht dem Verpfänder k e i n e K l a g e aus u n g e r e c h t f e r t i g t e r B e r e i c h e r u n g zu (OR 62 ff.), wenn der Wert der zu Eigentum überlassenen Sache die Pfandforderung übertrifft (a. M. BGr in BlZR 27 Nr. 164 S. 333). Denn «Verfall»

des Pfandes bedeutet, ob vor oder nach der Fälligkeit vereinbart, im Zweifel die «à forfait» vollzogene Überlassung der Sache, und in dieser Abrede liegt ein genügender «Grund» der Zuwendung im Sinne von OR 62, so daß eine Kondiktion von vornherein gegenstandslos ist, weil die Bereicherung nicht eine «ungerechtfertigte» ist.

III. Sanktion

Die von Art. 894 erfaßte Abrede ist «u n g ü l t i g». Sie ist damit als wider- **14** rechtlich im Sinn von OR 19 II/20 erklärt und infolgedessen n i c h t i g. Ob solche T e i l n i c h t i g k e i t eintritt, also der Pfandvertrag ohne die Verfalls- klausel aufrecht bleibt — die letztere m. a. W. gestrichen wird —, ist nach dem Merkmale des Al. II/OR 20 zu entscheiden. Darnach wird gewöhnlich Teilnichtigkeit zutreffen (SJZ 7, 209 Nr. 223 a. E.; *von Tuhr/Peter* § 29 N 11 und bei N 33). Doch ist denkbar, für den Gläubiger sei die Klausel so wichtig, daß er ohne sie den Pfandvertrag nicht abgeschlossen hätte; ist die Klausel jedoch nachträglich vereinbart worden, so gilt das Gegenteil.

Die F o l g e d e r N i c h t i g k e i t ist die gewöhnliche: der Gläubiger **15** vermag nicht Eigentum zu erwerben. Die in der obligationenrechtlichen Lehre nicht völlig geklärte Frage, inwiefern sich an die Nichtigkeit infolge Widerrecht- lichkeit die Schadenersatzpflicht einer der Parteien knüpfen könne, ist hier nicht näher zu verfolgen. Sie wird von einigen Autoren[a] für den Fall bejaht, daß der Pfandgläubiger auf Grund der nichtigen Verfallsklausel über die Sache verfügt hat[b].

In i n t e r t e m p o r a l r e c h t l i c h e r Hinsicht erklärt SchlT 35 II, **16** daß ein vor dem Inkrafttreten des ZGB (1. Jan. 1912) geschlossener Verfalls- vertrag «mit diesem Zeitpunkt seine Gültigkeit» verliert.

[15a] *Schneider/Fick* Art. 222 N 3; *Rossel/Mentha* no 1655; *Leemann* Art. 894 N 13; *Haffter* 86/87. Sie geben keine nähere Begründung und schließen sich z. T. an das Urteil Revue 5 Nr. 72 S. 101 an.

[15b] Zum a l l g e m e i n e n Problem dieser Schadenersatzpflicht *Becker* Art. 20 N 14; *Oser/Schönenberger* Art. 20 N 60; Max *Keller*, Das negative Interesse ... (Diss. Zürich 1949) 127 ff.; *von Tuhr/Peter* § 31 VII.

IV. Besondere Fälle

A. Pfandrecht an Rechten

17 Auch hier gilt a l l g e m e i n das Verbot des Verfallsvertrags (Art. 899 II).
Wenn verpfändete F o r d e r u n g e n dem Gläubiger zur Einziehung überlassen sind, ist der Überschuß gemäß dem Grundsatz des Art. 894 herauszugeben (Näheres hinten Komm. Art. 906 N 39).

B. Irreguläres Pfandrecht — Sonstiges Pfandrecht an Geld

18 Das i r r e g u l ä r e P f a n d r e c h t (pignus irregulare), das vor allem
der Stellung einer Barkaution dient, verschafft dem Gläubiger von vornherein
Eigentum an den Sachen. Die Anwendung des Art. 894 ist insoweit gegenstandslos; anders müßte das pignus irregulare schlechthin verboten sein. Fraglich
bleibt nur, ob man den Verfall einer die Forderung übersteigenden Kaution
vereinbaren dürfe. Dies ist zu verneinen: eine sinngemäße Auslegung des
Art. 894 zwingt zum Schluß, daß der Gläubiger den Überschuß herauszugeben
hat, gleichgültig, ob dessen Verfall vereinbart sei oder nicht. Die Begründung ist
die selbe, wie nachstehend N 22 für die Sicherungsübereignung gegeben. Anders
verhält es sich jedoch, wenn die Auslegung des Vertrags ergibt, daß der Verfall
als Konventionalstrafe gemeint ist (OR 160 ff.). — Wie hier entscheiden *Raape*
66 ff.; *Klang* § 1371 S. 257; a. M. *Haffter* 163/164. — Über das irreguläre
Pfandrecht im übrigen N 182 ff. des Syst. Teils.

19 Wird G e l d in der Absicht verpfändet, daß nach der vertragsgemäßen
Befriedigung des Gläubigers die g l e i c h e n Stücke zurückzugeben seien
(Art. 889) — z. B. Verpfändung in einem verschlossenen Behältnis —, dann
liegt nicht ein irreguläres Pfandrecht vor. Die Verwertung vollzieht sich durch
die Übernahme des Eigentums an den verpfändeten Geldstücken oder Bank-
noten. Aus Art. 891 I/894 ist die Pflicht zur Herausgabe des Überschusses
abzuleiten (Näheres vorn Komm. Art. 884 N 47).

C. Ersatz- und Umgehungsgeschäfte — Besondere Sicherungs-übereignung und Sicherungszession

20 Die Gefahr liegt nahe, daß die Parteien den Art. 894 auszuschalten trachten,
indem sie statt der Verpfändung ein Ersatz- oder Umgehungsgeschäft wählen.
Ist dieses s i m u l i e r t , so ist das vorgetäuschte Geschäft nichtig (OR 18 I),

und auf das dissimulierte Geschäft ist Art. 894 anzuwenden. Damit wird der hinter dem simulierten Geschäft versteckte Pfandvertrag maßgebend und die mit ihm verbundene Verfallsklausel ungültig (SJZ 7 209 Nr. 223; BGE 37 II 160 ff.; beide Urteile betreffen den gleichen Tatbestand). Jedoch ist Simulation selten. Denn nach langjähriger Gerichtspraxis ist auch dort, wo der wirtschaftliche Zweck eines Geschäfts unverkennbar in der Sicherstellung einer Forderung besteht, wo aber statt Verpfändung ein anderer Vorgang gewählt wurde, deswegen nicht schon auf Simulation zu schließen, sondern kann ein ernstliches und insoweit gültiges Geschäft vorliegen (Syst. Teil N 248 und aus der Judikatur BGE 56 II 447—448).

Das gilt namentlich für die S i c h e r u n g s ü b e r e i g n u n g (über sie **21** allgemein: Syst. Teil N 234 ff.). Die Frage der Anwendbarkeit des Art. 894 auf dieses Sicherstellungsgeschäft geht des näheren nicht dahin, ob die Sicherungsübereignung ü b e r h a u p t durch die Vorschrift ausgeschlossen werde, sondern: ob eine Sicherungsübereignung mit d e r Klausel oder mit d e r Maßgabe zulässig sei, daß der Gläubiger den Ü b e r s c h u ß b e h a l t e n dürfe[a]. Denn es ergibt sich von selber, daß Art. 894 nicht die Tragweite haben kann, die Sicherungsübereignung von vornherein zu verbieten, sofern man diese als eine grundsätzlich zulässige Art der Sicherstellung anerkennt, wie es dem geltenden Recht entspricht; sie gilt nämlich als ein erlaubtes Geschäft, solange sie nicht mit einem Besitzeskonstitut, sondern mit der Übergabe der Sache verbunden ist (Syst. Teil N 246). Mit der Zulassung der Sicherungsübereignung ist Art. 894 folglich insofern ipso facto ausgeschaltet, also dort dem Gläubiger in bestimmter Hinsicht verboten wird, die der Sicherstellung dienende Sache in sein E i g e n t u m übergehen zu lassen. Denn das Wesen der Sicherungsübereignung b e s t e h t gerade darin, dem Gläubiger Eigentum zu verschaffen.

Aus Art. 894 ist dagegen abzuleiten, daß der G l ä u b i g e r d e m Ü b e r - **22** e i g n e r d e r S a c h e d e n Ü b e r s c h u ß über seine Forderung h e r a u s z u g e b e n hat[a], gleichgültig, ob die Parteien dessen Verfall ausdrücklich vereinbart haben oder nicht, gleichgültig auch, ob der in Aussicht genommene Verfall ein Motiv dafür war, daß die Parteien die Sicherungsübereignung statt des Pfandrechts wählten, in der Absicht, den Art. 894 zu umgehen[b]. Dieser Schluß geht zwar aus dem Gesetz nicht unmittelbar hervor,

---

[21]a Das wird in Literatur und Judikatur nicht stets genügend klar gesehen, namentlich nicht in BGE 56 II 447 ff.

[22]a Näheres über das Vorgehen des Gläubigers: Syst. Teil N 266.

[22]b Die in der Literatur häufig (und auch in BGE 56 II 447 ff.) in den Vordergrund gestellte U m g e h u n g s a b s i c h t ist also nicht entscheidend (unzutreffend z. B. *Vetsch* 83, 84, 87, 91/92; *Leemann* Art. 894 N 11; *Haffter* 151/152, 153). Sondern die Anwendung des Art. 894 bedeutet kurzweg, daß das p r i m ä r e Z i e l dieser Vorschrift verwirklicht werden soll: den Fiduziar zur Herausgabe des Überschusses anzuhalten (vorstehend N 3).

drängt sich aber auf, will man nicht die Sicherungsübereignung zu einem rechtsmißbräuchlichen Institut ausgestalten. Statt dessen will das Urteil BGE 56 II 451/452 dem Fiduzianten nur die Anfechtung wegen Übervorteilung (OR 21) zugestehen, eine Folgerung, die auf die vorstehend N 21 hervorgehobene unrichtige Fragestellung zurückgeht. Die Autoren b e f ü r w o r t e n überwiegend die Anwendbarkeit von Art. 894 c: *Vetsch* 82 ff. (namentlich 87, 91/92) und dort zit. Autoren; *Haffter* 151 ff.; *Dessauges* 50/51; Hans *Bergmaier*, Die Sicherungszession (Diss. Zürich 1945) 144; *Giha* 149; Cl. *Reymond*, Essai sur ... l'acte fiduciaire (Diss. Lausanne 1948) 45 ff.; *Reichwein* SJZ 46, 323; *Blaß* (zit. vorn Syst. Teil N 234) 78 ff.; *Tuor / Schnyder* § 102 I c; *Leemann* Art. 894 N 11; *Rossel / Mentha* n° 1655; aus der deutschen und österreichischen Literatur *Raape* 52/53, 71; *Gaul* 380; *Heck* § 107 Ziff. 7; *Klang* § 424 S. 304. D e m g e g e n ü b e r sehen den Art. 894 als unanwendbar an: *Aeby* ZSR 31 NF 185/186; *Oftinger*, Von der Eigentumsübertragung an Fahrnis (Diss. Bern 1933) 78 d; *Staudinger* § 1229 N 6; *Planck* § 1229 Ziff. 4 e.

23   Die Geschäftspraxis der Banken betrachtet die H e r a u s g a b e   d e s Ü b e r s c h u s s e s als selbstverständlich. Sie wird in der Literatur am deutlichsten befürwortet von *Vetsch* 83 und 87; *Leemann* N 11; *Haffter* 152; *Beeler* 120; *Reymond* a.a.O.; *Reichwein* SJZ 46, 323 und 325; *Blaß* 82, 86. Die Pflicht zur Herausgabe des Überschusses läßt sich abgesehen von Art. 894 schon aus der der Sicherungsübereignung zugrunde liegenden fiduziarischen Vereinbarung ableiten: Zweck der Übereignung ist nicht die vorbehaltlose Hingabe der Sache an Erfüllungs Statt, sondern die Hingabe zur Sicherung einer Forderung, was implicite bedeutet, daß der Gläubiger auf nicht mehr als die Befriedigung seines Guthabens Anspruch hat.

24   Statt der Pflicht zur Herausgabe des Überschusses, die die gewöhnliche Folge der Befriedigung des Gläubigers bei der Sicherungsübereignung ist, tritt die N i c h t i g k e i t des ganzen Geschäfts dann ein, wenn die vorstehend N 14 genannten Voraussetzungen erfüllt sind.

25   Neben Art. 894 untersteht die Sicherungsübereignung den allgemeinen S c h r a n k e n   d e r   V e r t r ä g e , den Vorschriften über die p a u l i a n i s c h e Anfechtungsklage und denjenigen über die W i l l e n s m ä n g e l : Syst. Teil N 247.

26   Auf die S i c h e r u n g s z e s s i o n ist Art. 894 in gleicher Weise anwend-

---

22c wenngleich mit Unterschieden in den Einzelheiten, die vor allem ebenfalls darauf zurückgehen, daß die Frage der grundsätzlichen Zulässigkeit der Sicherungsübereignung und die Frage der Herausgabe des Überschusses nicht überall auseinander gehalten werden.

22d wo aber bereits Bedenken angemeldet werden.

22e *Wieland* Art. 894 behandelt die Frage offenbar nicht, sondern scheint lediglich sagen zu wollen, die Sicherungsübereignung werde nicht von v o r n h e r e i n durch die Vorschrift ausgeschlossen, was zutreffend ist.

bar wie auf die Sicherungsübereignung: auch hier ist der Überschuß heraus-
zugeben. Gl. M. sind BlZR 44 Nr. 173 S. 347 Spalte I; *Bergmaier* 138 ff.,
Wolff 115, H. J. *Meyer* 114, *Maday* Diss. 110, 112 (sämtliche vier zit. Syst. Teil
N 270); *von Tuhr / Escher* § 93 bei N 85; *Leemann* Art. 835 N 15 u. a. m.
Vgl. auch BGE 37 II 162 ff. — Über die Sicherungszession im übrigen: Syst.
Teil N 270 ff.

Art. 895

Bewegliche Sachen und Wertpapiere, die sich mit Willen des B. Retentionsrecht.
Schuldners im Besitze des Gläubigers befinden, kann dieser bis zur I. Voraussetzungen
Befriedigung für seine Forderung zurückbehalten, wenn die Forde-
rung fällig ist und ihrer Natur nach mit dem Gegenstande der
Retention in Zusammenhang steht.

Unter Kaufleuten besteht dieser Zusammenhang, sobald der Besitz
sowohl als die Forderung aus ihrem geschäftlichen Verkehr her-
rühren.

Der Gläubiger hat das Retentionsrecht, soweit nicht Dritten Rechte
aus früherem Besitze zustehen, auch dann, wenn die Sache, die er in
gutem Glauben empfangen hat, nicht dem Schuldner gehört.

Materialien: aOR 224, 227 — VE 874 — E 880 — Erl II 327—328 — Prot ExpKom III **1**
120—121 — Botsch 84 — StenBull NR 1906, 690, 691 — StenBull StR 1906, 1424.

Ausländisches Recht: CC fr (867, 1612/1613, 1673, 1749, 1948) — CCom (95) — BGB
(273, 559, 585, 647, 704, 1257) — HGB (369, 397, 410, 421, 440, 623) — ABGB (334, 471).

Lit.: Hans *Sträuli*, Das Retentionsrecht ... (Diss. Zürich 1885) — Auguste *Durand*, Du
droit de rétention (Diss. Lausanne 1886) — *König*, Beitrag zur Lehre vom Retentionsrechte
nach Art. 224 ff. OR, ZBJV 27 (1891) 516 ff. — Hans *Geiger*, Begriff und Arten der Konnexität im Retentionsrecht ... (Diss. Bern 1920) — *André *Jacob*, Le droit de rétention (Diss.
Genf 1933) — *Oskar *Brander*, Das Retentionsrecht ... (Diss. Zürich 1933) — Younis *Al
Chiekh Radhi*, Le droit de rétention d'après les législations française et suisse (Diss. Lausanne
1957) — *Beeler* 136 ff. — ältere Schriften zit. bei *Schneider/Fick* vor Art. 224.

Lit. zu BGB 273 und HGB 369.

Übersicht

I. Errichtung des Retentionsrechts: Allgemeiner Inhalt der Vorschrift – Rechtsvergleichung

Der Regelung des Faustpfandrechts (Art. 884—894), Marginale A neben Art. 884) schließt das Gesetz im 1. Abschnitt des 23. Titels über das Fahrnispfand das Retentionsrecht an (Art. 895—898, Marginale B neben Art. 895). Die beiden Pfandrechtarten sind durch diese Anordnung koordiniert: vgl. die Überschrift des 1. Abschnittes. Art. 895 enthält vor allem die Voraussetzungen des Retentionsrechts (so das Marginale). Die Aufzählung wird in Art. 896 durch einige Ausnahmen und in Art. 897 durch den Sonderfall der erleichterten Geltendmachung des Retentionsrechts bei Zahlungsunfähigkeit des Schuldners präzisiert. Art. 898 erteilt dem Gläubiger als «Wirkung» des Retentionsrechts die Befugnis zur Verwertung. **2**

Al. I / Art. 895 nennt zunächst den Gegenstand des Retentionsrechts, nämlich bewegliche Sachen und Wertpapiere, dann eine Reihe von Voraussetzungen seiner Geltendmachung: Besitz des Gläubigers mit Willen des Schuldners, Fälligkeit der zu sichernden Forderung, dann deren Zusammenhang mit dem Gegenstand der Retention, d. h. die sog. Konnexität. Für die letztere gilt gemäß Al. II des Artikels eine Erleichterung unter Kaufleuten: die Konnexität ist gegeben, wenn immer sowohl der Besitz als auch die Forderung «aus ihrem geschäftlichen Verkehr herrühren» (sog. kaufmännisches Retentionsrecht). Al. I nennt ferner die primäre Wirkung des Retentionsrechts: die Zurückbehaltung der Sache bis zur Befriedigung des Gläubigers. Al. III begründet den Schutz des gutgläubigen Gläubigers, der fremde Sachen retiniert. **3**

Das frühere Recht regelte das Retentionsrecht innerhalb des Fahr- **4** nispfandrechts in einer eigenen Abteilung, aOR 224—228. Das ZGB hat diese Vorschriften materiell übernommen, aber formell stark verbessert und in einigen Nebenpunkten genauer gefaßt. Die Entwürfe entsprechen dem heutigen Art. 895.

5 Der Gedanke der Retention von Sachen des Schuldners, die sich im Besitz des Gläubigers befinden, durch diesen, zwecks Sicherung der Erfüllung seiner Forderung, ist — wie die Rechtsvergleichung zeigt — universell, die Durchführung in den verschiedenen Rechtsordnungen aber stark abweichend. Ein Blick hierauf dient dem Verständnis des Instituts.

6 Das klassische römische Recht begnügte sich, vereinfacht dargelegt, mit einer Einrede, der exceptio doli, die namentlich die Bezahlung von Verwendungen auf die retinierte Sache gewährleisten sollte und die der Klage des die Sache herausverlangenden Eigentümers entgegengehalten wurde. Dem retinierenden Gläubiger erwuchs kein dingliches Recht. *Kaser*, Das römische Privatrecht I (2. A. München 1971) § 121; *Dernburg* Pand. I § 138 bei N 15. — Das Gemeine Recht folgte im wesentlichen dem römischen.

7 Im französischen Recht besteht kein einheitliches Rechtsinstitut von der Art des Retentionsrechts gemäß ZGB 895. Sondern das Recht des Gläubigers, eine dem Schuldner gehörende Sache zurückzuhalten bis er bezahlt ist — droit de rétention —, wird im CC nur in verschiedenartigen Einzelfällen vorgesehen, z. B. um die Vergütung von Verwendungen auf die Sache zu garantieren. Auch das Recht des Fahrnispfandgläubigers auf Besitz, das im ZGB aus Art. 889 II abzuleiten ist, wird als droit de rétention bezeichnet. Die Einrede des nichterfüllten Vertrages (exceptio non adimpleti contractus, im schweiz. Recht OR 82), welche die Zurückbehaltung der Leistungen innerhalb des synallagmatischen Vertrags erlaubt, stellt sich einem Teil der französischen Auffassungen — abweichend von der schweizerischen — als Retentionsrecht dar. Die rechtliche Natur und der Anwendungsbereich des droit de rétention sind in der Doktrin nicht einheitlich umschrieben. Gewöhnlich faßt man es nicht als dingliches Recht auf; einzelne Autoren bezeichnen es als eine besonders geartete, auch gegen Dritte wirkende Einrede. Näheres bei *Marty / Raynaud* III 1 no 16 ss.

8 Das deutsche bürgerliche Recht trennt (wie das schweizerische) die Einrede des nichterfüllten Vertrags (BGB 320) von dem als «Zurückbehaltungsrecht» benannten Retentionsrecht (§ 273/274); jene Einrede gilt aber als Anwendungsfall des Zurückbehaltungsrechts. Das in § 273/274 geordnete Zurückbehaltungsrecht gibt jedem Schuldner das Recht, seine Leistung zu verweigern, wenn er gegen den ihn belangenden Gläubiger aus dem gleichen rechtlichen Verhältnis ebenfalls einen fälligen Anspruch besitzt, und das so lange, bis er befriedigt ist. Das Zurückbehaltungsrecht gilt für beliebige Leistungen, also entgegen dem Retentionsrecht des ZGB nicht allein für die

Rückgabe einer Sache oder eines Wertpapiers, und stellt nicht ein dingliches Recht dar, sondern allein ein Einrede. Diese verfolgt den Zweck, zugunsten des sie erhebenden Schuldners einen Druck zur Erfüllung der Gegenleistung auszuüben. Näheres bieten neben den Kommentaren zu BGB 273/274 *Enneccerus / Lehmann*, Lehrb. des Bürg. R. II (15. A. Tübingen 1958) § 25.

Im Gegensatz zur Ordnung des BGB und des CC fr steht das kaufmännische **9** Retentionsrecht gemäß dem deutschen H G B (§ 369—372) dem schweizerischen Recht sehr nahe. Es bezieht sich auf bewegliche Sachen und Wertpapiere, die mit Willen des Schuldners in den Besitz des Gläubigers gelangt sind und gibt diesem das Recht, sich aus den Retentionsgegenständen «nach den für das Pfandrecht geltenden Vorschriften» zu befriedigen. Die schon im HGB von 1861 (§ 313—315) enthaltenen Bestimmungen dienten dem aOR und damit dem ZGB als Vorbild (Botsch zum aOR, BBl 1880 I 207). — Neben den geschilderten Instituten kennt das deutsche Recht dem schweizerischen Retentionsrecht ähnliche gesetzliche Pfandrechte zugunsten des Werkunternehmers, Vermieters, Verpächters, Gastwirts, Kommissionärs, Spediteurs, Lagerhalters, Frachtführers, Verfrachters (BGB 647, 559, 585, 704; HGB 397, 410, 421, 440, 623).

Das ö s t e r r e i c h i s c h e Recht (ABGB 471) statuiert ein «Zurück- **10** behaltungsrecht» an Sachen zur Sicherung der Forderungen wegen Verwendungen auf die Sachen oder wegen des durch sie verursachten Schadens. Das Zurückbehaltungsrecht begründet nur eine Einrede (*Klang* § 471 Ziff. IV, 1).

Auch dem i t a l i e n i s c h e n Recht fehlt ein allgemeines Retentionsrecht **11** nach der Weise des schweizerischen. Es kennt ähnlich dem französischen einzelne Fälle der Zurückbehaltung (so CC it 1152, 2794 II) [a].

Die Ordnung des s c h w e i z e r i s c h e n ZGB ist insofern ohne Parallele **12** im ausländischen Recht, als es dem Gläubiger durch die Einräumung eines d i n g l i c h e n Rechts eine viel stärkere Stellung verleiht als die den andern Gesetzbüchern bekannten E i n r e d e n (z. B. nach französischem Recht oder BGB 273). Während das HGB dieses umfassendere Recht zwar im wesentlichen auch kennt, aber nur für Kaufleute, enthält es das ZGB als Institut des allgemeinen, b ü r g e r l i c h e n Rechts, und stellt es, im Gegensatz zu den b e s o n d e r e n Retentionsrechten etwa des CC fr oder BGB, j e d e m G l ä u b i g e r, im Rahmen b e l i e b i g e r Tatbestände, zur Verfügung, sobald nur die gesetzlichen Voraussetzungen erfüllt sind. Mit der Einführung dieses Retentionsrechts betrat das aOR sowohl gegenüber dem ausländischen Recht wie gegenüber den früheren kantonalen Gesetzen Neuland. Die Handhabung bereitete denn auch, wie die Judikatur aus den ersten Jahren des aOR zeigt, zunächst Schwierigkeiten (darüber *König* ZBJV 27, 516ff.). Die

[11a] Zur Rechtsvergleichung ferner: Georges-Jorgu D. *Popesco*, Le droit de rétention en droit anglais («lien»), ... français ..., allemand ..., suisse (Diss. Paris 1930).

vorzügliche Monographie *Sträulis* (1885) half sie vermindern und übte einen starken Einfluß aus auf die Rechtsprechung bis zum Bundesgericht und auf die gesamte spätere Literatur. Die damals häufige und übertriebene Kritik der gesetzlichen Regelung (z. B. *Stöcklin*, Revue judiciaire, JT 1884, 57 ff.; *Haberstich* I 320 ff.) ist längst verstummt: mit Recht.

II. Begriff und Eigenart des Retentionsrechts

13   Das ZGB faßt das Retentionsrecht als eine der Arten des Fahrnispfandrechts auf. Sein B e g r i f f läßt sich dahin umschreiben, daß es ein Recht darstellt, das unter den im Gesetz näher genannten Voraussetzungen dem Gläubiger die Befugnis gibt, eine fremde, in seinem Besitz befindliche Sache, die er sonst zurückgeben müßte, zur Sicherung für eine Forderung bis zu deren Tilgung zurückzuhalten und gegebenenfalls zu verwerten.

14   Ist das Retentionsrecht nach der Absicht des Gesetzes (auch des SchKG, Art. 37 II) ein Pfandrecht, so stellt es ein beschränktes d i n g l i c h e s R e c h t dar. Demgegenüber hegt ein Teil der Doktrin seit jeher Bedenken, ihm schlechthin den dinglichen Charakter beizumessen. Die neueren Schriften folgen darin im wesentlichen E. *Huber*, Zum schweiz. Sachenrecht (Bern 1914) 71 und dort N 2, der seinerseits von deutschen literarischen Ansichten ausgeht, von denen bereits ältere schweizerische Autoren, wie *Sträuli* 9 ff., sich beeinflussen ließen[a]; so *Leemann* Art. 895 N 1; *Jacob* 31 ff.; *Brander* 6 ff; *Al Chiekh Radhi* 71 ff.: Aus dem Fehlen einer dinglichen Klage des Retentionsgläubigers gegen Dritte schließt man, der Berechtigte habe «eine dingliche Verfügungsmacht, also dingliches Recht, ohne dieses selbst zu besitzen» (*Huber* a.a.O.). Diese Aussage hebt sich durch ihren Widerspruch selber auf. Wer das Wesen des dinglichen Rechts nicht allein, aber betont in seiner Eigentümlichkeit, ein absolutes Recht zu sein, sieht, und als Merkmal des absoluten Rechts dessen Wirkung Dritten gegenüber auffaßt, muß das Retentionsrecht schlechthin als dingliches Recht bezeichnen[*]. Denn die Wirkung gegen Dritte zeigt sich entscheidend darin, daß der Berechtigte, gleich wie der Pfandgläubiger, in der Zwangsvollstreckung den Kurrentgläubigern des Schuldners vorgeht (Art. 898 I, SchKG 219 I u. a. m.), im Gegensatz zu einem bloß obligatorisch Berechtigten

---

[14a] Die herrschende deutsche Meinung betrachtet das Retentionsrecht nach HGB 369 ff. als obligatorisches Recht, aber mit Wirkungen nach Art des Pfandrechts.

[*] aber auch, wer — wie *Liver* 9 f. — das Wesen des dinglichen Rechts in der Unmittelbarkeit der Sachherrschaft sieht, die Absolutheit des Rechts nur als deren Folge.   R. B.

(so auch BGE 15, 330; 17, 378). Der Sachverhalt ist hierin gleich wie bei den hypothekarischen Pfandrechten, bei denen ebenfalls keine dingliche Klage des Gläubigers auf Herausgabe der Sache bestehen kann. — Für dinglichen Charakter entscheiden sich auch *Haberstich* I 321; *Durand* 142; *Wieland* N 1 b; *Rossel* no 1656; *Bucher*, Das subjektive Recht als Normsetzungsbefugnis (Tübingen 1965) 182.

Das Retentionsrecht gehört zu den g e s e t z l i c h e n P f a n d r e c h t e n, **15** weil es auf Grund eines gesetzlich umschriebenen Tatbestandes entsteht (Syst. Teil N 46 ff.; dazu u. a. BGE 38 II 198/199; SJZ 27, 120). Es kann n i c h t v e r t r a g l i c h b e g r ü n d e t werden, sondern erwächst unabhängig vom Willen des Schuldners, einzig kraft des auf Zurückbehaltung gerichteten Willens des Gläubigers, sobald die g e s e t z l i c h e n V o r a u s s e t z u n g e n erfüllt sind: Prot ExpKom III 121; BGE 15, 330; 20, 928/929; HE 18, 314; BlZR 21 Nr. 52 S. 131; SJZ 34, 297 = Rep 70, 507; Semjud 1963, 399; 1964, 190; 1965, 349. Vgl. hinten N 108. Die Parteien können nicht vertraglich diese Voraussetzungen ausschalten. Wenn sie z. B. die in Art. 896 I erwähnte Voraussetzung der Verwertbarkeit der retinierbaren Sachen beseitigen, hat man nicht mehr ein Retentionsrecht vor sich (nachstehend N 199). Der gesetzliche Charakter des Retentionsrechts wird auch durch den Art. 897 II unterstrichen: tritt Zahlungsunfähigkeit ein, so werden die von den Parteien vorgesehenen Ausschlüsse des Retentionsrechts aufgehoben.

Das Retentionsrecht gehört zu den a k z e s s o r i s c h e n R e c h t e n **16** (BGE 29 II 80; darüber allgemein: vorn Komm. Art. 884 N 149 ff.).

Im Gegensatz zur Ordnung in HGB 369 ist das Retentionsrecht nicht auf **17** k a u f m ä n n i s c h e Verhältnisse beschränkt, sondern für solche nur insoweit anders geregelt, als die in Al. II / Art. 895 enthaltene Erleichterung gilt.

Die W i r k u n g des Retentionsrechts besteht vor allem darin, daß der **18** Gläubiger den retinierten Gegenstand bis zu seiner Befriedigung z u r ü c k - b e h a l t e n, gegebenenfalls v e r w e r t e n und sich aus dem Erlös bezahlt machen kann (Art. 895 I, 898 I, 891 I). Einzelheiten in den Bemerkungen zu Art. 898. — In der Z w a n g s v o l l s t r e c k u n g steht das Retentionsrecht dem Faustpfandrecht gleich (SchKG 37 II).

Die P a r t e i e n werden vom Gesetz als Gläubiger (das ist der Retentor) **19** und Schuldner bezeichnet; der letztere ist regelmäßig der Eigentümer der zurückbehaltenen Sache (anders insbesondere im Fall des Al. III / Art. 895). Vgl. auch vorn Komm. Art. 884 N 7—10.

Der G r u n d g e d a n k e des Instituts liegt einerseits in dem naheliegen- **20** den Wunsch des Gläubigers, durch die Zurückbehaltung einer Sache des Schuldners eine Pression auf diesen auszuüben, anderseits in dem das Privatrecht beherrschenden Prinzip von Treu und Glauben (ZGB 2), das es als stoßend erscheinen läßt, wenn der Schuldner vom (Retentions-) Gläubiger die Erfüllung eines auf Rückgabe seiner Sache gerichteten Anspruchs verlangt, ohne selber eine Gegenforderung des Gläubigers zu erfüllen. Daraus ergibt sich der ideelle Zusammenhang mit der römisch-rechtlichen Auffassung des Retentionsrechts als einer exceptio doli (BGE 61 II 264; ZBJV 40, 510) und zur Einrede des nicht-erfüllten Vertrags (OR 82) — eine Beziehung, die namentlich im französischen und deutschen Recht unterstrichen wird (vorstehend N 7 ff.). Die Überlegung zeigt aber auch, daß die Retention auf eine Kompensation ungleichartiger Leistungen herauskommt (*Rossel* n⁰ 1656). Der Charakter einer E i n r e d e ist dem Retentionsrecht somit ungeachtet seiner dinglichen Natur geblieben: als exceptio gibt es dem Gläubiger die Befugnis, dem Herausgabeanspruch des Schuldners sein in Art. 895/897 verankertes Recht auf Verweigerung der sonst geschuldeten Leistung entgegenzuhalten (*von Tuhr/Peter* § 3 IV nach N 34, *von Tuhr/Escher* § 79 N 11). Die Retention bewirkt nicht den Verzug des Gläubigers mit der Rückgabe der Sache.

21 Das Retentionsrecht enthält auch ein Element der erlaubten S e l b s t h i l f e (man vgl. OR 52 III mit ZGB 895 I und OR 57 I; im letzteren, zu einem Retentionsrecht führenden Tatbestand zeigt sich das Moment der Selbsthilfe besonders deutlich). Doch gilt diese Beziehung nur dem ideellen Zusammenhang nach, nicht rechtstechnisch.

22 Über die Zurückbehaltung durch den g u t g l ä u b i g e n B e s i t z e r (Art. 939 I) nachstehend N 198.

23 Von ihrer (N 20 erwähnten) ideellen Beziehung abgesehen, sind die E i n - r e d e d e s n i c h t e r f ü l l t e n V e r t r a g s (OR 82) und das Reten-tionsrecht (ZGB 895) scharf zu trennen. Das letztere betrifft die Zurück-behaltung f r e m d e r Sachen und verschafft dem Gläubiger ein dingliches Recht sowie die Befugnis zur Verwertung der Sachen. OR 82 dagegen regelt die Zurückbehaltung b e l i e b i g e r L e i s t u n g e n, nicht allein von Sach-leistungen, und erschöpft sich in einer (obligatorischen) Einrede (deutlicher als OR 82 ist BGB 320); wo die Leistung von Sachen in Frage steht, sind es nicht fremde, sondern die e i g e n e n S a c h e n des Zurückbehaltenden, z. B. des Verkäufers, der die Übertragung des Kaufgegenstandes hintan halten will, bis er den Preis Zug um Zug erhält (OR 184 II) ᵃ. In der Literatur wird der Rechtsbehelf des Art. 82 OR gelegentlich, gleich wie in der deutschen Rechtssprache das Retentionsrecht, als Z u r ü c k b e h a l t u n g s r e c h t be-zeichnet und damit eine gewisse Verwandtschaft mit ZGB 895 unterstrichen *.

---

²³ᵃ Zutreffend ZBJV 36, 599/600, unzutreffend SJZ 22, 377 Nr. 323 = Semjud 1926, 232; *Schneider/Fick* Art. 224 N 28. Näheres nachstehend N 39.

* Vgl. noch das vertragliche Zurückbehaltungsrecht und das obligatorische Retentions-recht, hinten N 199 ff., 202, welche n e b e n OR 82 stehen. R. B.

III. Gegenstand des Retentionsrechts (Al. I/Art. 895)

Dem Retentionsrecht unterstehen b e w e g l i c h e   S a c h e n   und **24**
W e r t p a p i e r e (Al. I/Art. 895).

A. Bewegliche Sachen

Retentionsgegenstände sind einzelne selbständige, verwertbare, bewegliche, **25**
körperliche Sachen, F a h r n i s im Sinne des Art. 713 ZGB. Es sei auf die
sinngemäß verwendbaren Ausführungen zum Faustpfandrecht verwiesen
(Komm. Art. 884 N 15 ff.).

Daraus läßt sich u. a. entnehmen, daß S a c h g e s a m t h e i t e n (z. B. **26**
eine Bibliothek) nicht als s o l c h e retinierbar sind, wohl aber die sämtlichen
einzelnen Sachen, aus denen sie bestehen (Komm. Art. 884 N 26). — Z u -
g e h ö r einer beweglichen oder unbeweglichen Sache ist retinierbar
(Art. 644 II), desgleichen v e r b r a u c h b a r e und v e r t r e t b a r e
Sachen, einschließlich G e l d , und zwar letzteres unter der gleichen Voraussetzung, die für seine eigentliche Verpfändung maßgebend ist (Komm. Art. 884
N 47): daß es dem Gläubiger in einem verschlossenen Behältnis, oder jedenfalls in der Meinung übergeben wurde, daß die gleichen Stücke zu erstatten
seien, also das Geld im Eigentum des Retentionsschuldners blieb. Wer außerhalb
dieses Sachverhaltes seine Geldleistung zurückbehalten will, dem steht das
Retentionsrecht nicht zur Verfügung, sondern er muß je nach den Umständen
eine entsprechende Einrede erheben, wie die des nichterfüllten Vertrags
(OR 82), des obligatorischen Retentionsrechts (nachstehend N 202), der Verrechnung (OR 120; Semjud 1890, 155/156; 1891, 24), der Stundung u. a. m. —
F a h r n i s b a u t e n sind retinierbar (Art. 677 I). — Eine im M i t -
e i g e n t u m (Art. 646) stehende Sache (und zwar die ganze Sache) kann
für die Schuld eines einzelnen Miteigentümers retiniert werden, wie sie auch
verpfändbar ist (Komm. Art. 884 N 48 mit näheren Angaben), nicht aber eine
im G e s a m t e i g e n t u m (Art. 652/653) befindliche, weil hier der Einzelne nicht einen S a c h anteil besitzt; deshalb ist da auch kein Sachpfandrecht
(Art. 884) möglich, sondern nur ein Pfandrecht an einem Recht (Art. 900 III,
Komm. Art. 884 N 55), wofür beim Retentionsrecht die Parallele fehlt. Über
die Frage der Retention d u r c h einen Mit- oder Gesamteigentümer zu
Lasten seiner Genossen nachstehend N 70/71.

Über die Retention von Sachen, die die körperliche Grundlage von **26 a**

Immaterialgüterrechten darstellen, vgl. im einzelnen Peter *Schenk*, Das Pfandrecht in Immaterialgütern (Diss. Zürich 1951) 44 ff. In der Regel erstreckt sich das durch die Retention geschaffene Recht des Gläubigers nicht auf das Immaterialgüterrecht.

27 Das schon für das Faustpfandrecht gültige Merkmal der V e r w e r t b a r - k e i t des retinierten Gegenstandes hebt das Gesetz in Al. I / Art. 896 hervor, wo das Retentionsrecht an Sachen, «deren Natur eine Verwertung nicht zuläßt», ausgeschlossen wird; Näheres dort N 4 ff.

28 An G r u n d s t ü c k e n besteht kein Retentionsrecht (BGE 12, 644); die Frage der Zurückbehaltung einer hierauf bezüglichen Leistung löst sich auf dem Boden der Einrede des nichterfüllten Vertrags (OR 82) und allenfalls des sog. obligatorischen Retentionsrechts (*Rossel / Mentha* no 1658; nachstehend N 202). Über ZGB 939 I vgl. *Homberger* dort N 17; *Jacob* 140 ff.

B. Wertpapiere

29 A b g r e n z u n g und G l i e d e r u n g der vom OR (Art. 965 ff.) in I n h a b e r - , O r d r e - und N a m e n p a p i e r e eingeteilten Wertpapiere werden hinten im Komm. zu Art. 901 (N 8—29) behandelt; diese Ausführungen sind auf das Retentionsrecht anwendbar. — Wie dort gezeigt wird, sind k e i n e Wertpapiere die («schlichten») B e w e i s u r k u n d e n , wie Schuldscheine, Anteilscheine einer GmbH oder Genossenschaft (Komm. Art. 901 N 12 ff.; BGE 29 I 77/78; BlZR 18 Nr. 177 S. 359). Sie sind auch nicht als S a c h e n verwertbar und folglich nicht retinierbar (Art. 896 I): BGE 20, 376; 25 II 335; VAS III Nr. 230; ZBJV 49, 518 = SJZ 10, 34. — Gleiches gilt für die («gewöhnlichen», «einfachen», «bloßen») L e g i t i m a t i o n s p a p i e r e ; zu ihnen gehören nach gängiger, nun auch bestrittener Auffassung die meisten S p a r h e f t e und die L e b e n s v e r s i c h e r u n g s p o l i c e n mit In-haberklausel[a]; beide sind diesfalls gleichzeitig («schlichte») Beweisurkunden. Die Judikatur war denn auch immer wieder genötigt, ihre Retinierbarkeit zu verneinen[b]. Ein Sparheft ist also nur retinierbar, wenn es ein Wertpapier ist,

---

[29]a Komm. Art. 901 N 14 und bes. Art. 900 N 70 ff., 76 ff.; dort Ausführungen auch über a n d e r e Policen. Eine neuere Auffassung zieht den Kreis der als Wertpapiere retinierbaren Sparhefte weiter, Komm. Art. 900 N 70.

[29]b S p a r h e f t e : statt vieler BGE 25 II 334/335; SJZ 37, 233; BlZR 16 Nr. 105 S. 169/170; unzutreffend SJZ 9, 77.

L e b e n s v e r s i c h e r u n g s p o l i c e n : statt vieler BGE 41 II 44; VAS III Nr. 230; VII Nr. 286; SJZ 4, 70; 58, 9. Weitere Zitate bei Willy *Koenig*, Abtretung und Verpfändung von Personen-Versicherungsansprüchen (Diss. Bern 1924) 31 N 3 und in der VAS, bes. in den ersten Bänden. Unzutreffend SJZ 24, 105/106. — Näher *Gaugler*, SVZ 30, 357 ff.

was im Einzelfall zu prüfen bleibt *; das selbe trifft für die Versicherungspolice zu. — Der T a l o n (sog. Bezugsschein, OR 981, oder Erneuerungsschein) stellt keinen eigenen Retentionsgegenstand dar (*Beeler* 137, 286). — Ein als h i n k e n d e s   I n h a b e r p a p i e r im Sinn von OR 976 ausgestaltetes Namenpapier ist ein Wertpapier (Komm. Art. 901 N 15), nicht aber das («gewöhnliche») P r ä s e n t a t i o n s p a p i e r, als das wiederum die meisten Sparhefte oder auch Versicherungspolicen auftreten (Komm. Art. 901 N 16).

Unter den im Komm. zu Art. 901 N 23 ff. aufgezählten Erscheinungsformen **30** der Wertpapiere seien hervorgehoben die A k t i e n (BGE 24 II 364), K a s s e n - und A n l e i h e n s o b l i g a t i o n e n, D i v i d e n d e n - und Z i n s c o u p o n s, S c h u l d b r i e f e und G ü l t e n (BGE 43 II 767 und hinten Komm. Art. 901 N 118), die W a r e n p a p i e r e (Komm. zu Art. 902).

Die V i n k u l i e r u n g von Aktien hindert die Retention nicht, gleich- **31** gültig, ob die Aktien schlechthin unübertragbar oder beschränkt übertragbar sind (insbesondere durch das Erfordernis der Genehmigung der Übertragung). Der Ausschluß oder die Beschränkung der Übertragbarkeit wirkt sich erst bei der Verwertung aus, indem die Eintragung ins Aktienbuch auf Schwierigkeiten stößt (hinten Komm. Art. 899 N 34).

Wertpapiere können auch durch den T i t e l s c h u l d n e r   r e t i n i e r t **32** werden (z. B. Kassenobligationen durch die Bank, die sie ausgegeben hat). — Die Retinierbarkeit der N a m e n p a p i e r e steht außer Zweifel, nicht nur anerkennt sie das OR als Wertpapiere, sie werden auch im ZGB 898 II besonders erwähnt (BGE 43 II 767). — Dagegen ist eine gewöhnliche F o r d e r u n g nie retinierbar (BGE 24 II 366/367), ebensowenig eine G r u n d p f a n d v e r s c h r e i b u n g (Art. 825 II; ZBJV 57, 31; dazu hinten Komm. Art. 901 N 127).

Der G r u n d für die Retinierbarkeit der Wertpapiere liegt darin, daß bei **33** ihnen auf spezifische Weise das verurkundete Recht und der Besitz an der Urkunde verbunden sind (OR 965 ff.), folglich der Retentionsschuldner an der Geltendmachung des ihm zustehenden Rechts verhindert und der Retentionsgläubiger anhand des Besitzes an der Urkunde in der Lage ist, durch Verwertung Befriedigung zu erlangen (Art. 898; BGE 43 II 769). Abweichend *Jäggi* Art. 965 N 320 **.

---

* Vgl. noch Fußnote zu Syst. Teil N 332.   R. B.
** Die Abweichung ist bloß theoretischer Natur.   R. B.

C. Gemeinsame Bemerkungen

34 Das Retentionsrecht bezieht sich auf (vom Gläubiger aus betrachtet) f r e m d e S a c h e n und W e r t p a p i e r e, d. h. (unter Vorbehalt des Al. III / Art. 895) auf dem S c h u l d n e r zu E i g e n t u m gehörende Gegenstände; Näheres nachstehend N 38 ff. — Über das F e h l e n d e r R e t i n i e r b a r k e i t wegen einer entgegenstehenden Verpflichtung des Gläubigers, einer «Vorschrift» des Schuldners oder Bestimmung des öffentlichen Rechts vgl. Art. 896 II und dort Komm. N 12 ff.

35 Der Gläubiger braucht sich einen A u s t a u s c h der retinierten Gegenstände nicht gefallen zu lassen (Art. 889 II), kann ihn aber bewilligen; das Retentionsrecht als solches bleibt dann erhalten (entsprechend den Darlegungen vorn Komm. Art. 884 N 27, 58 und hinten Art. 901 N 38). Über die F r e i g a b e d e r G e g e n s t ä n d e g e g e n S i c h e r s t e l l u n g vgl. Art. 898 I und dort Komm. N 8 ff. Bei K u r s v e r l u s t und anderen Fällen eines den retinierten Gegenständen d r o h e n d e n S c h a d e n s gelten die gleichen Lösungen wie für das Faustpfand: vorn Komm. Art. 890 N 12 (ein Austausch fällt hier gegebenenfalls, abweichend von der soeben genannten Regel, in Betracht); Art. 890 N 22; Art. 891 N 16, 27. — Nachstehend N 141.

IV. Voraussetzungen des Retentionsrechts (Al. I / Art. 895)

A. Aufzählung

36 Das Gesetz nennt als V o r a u s s e t z u n g e n in Al. I / Art. 895: daß sich die zurückbehaltenen Sachen und Wertpapiere mit W i l l e n d e s S c h u l d - n e r s (nachstehend N 56 ff.) im B e s i t z e d e s G l ä u b i g e r s befunden haben (N 45 ff.) — daß die F o r d e r u n g, die mit dem Retentionsrecht gesichert werden soll, f ä l l i g ist (N 77 ff.) —, daß sie «mit dem Gegenstande der Retention im Z u s a m m e n h a n g steht» (sog. K o n n e x i t ä t, N 81 ff.); damit ist auch gesagt, daß überhaupt eine solche F o r d e r u n g b e s t e h e n muß (N 74). Dazu kommt, daß der G e g e n s t a n d im E i g e n t u m d e s S c h u l d n e r s (nachstehend N 38 ff. mit Ausnahmen) und zur R e t e n t i o n g e e i g n e t sein muß (vorstehend N 24 ff.; Art. 896 I) und daß n i c h t einer der in Art. 896 II erwähnten A u s - s c h l u ß g r ü n d e vorliegt. Ferner bedarf es einer W i l l e n s ä u ß e r u n g des G l ä u b i g e r s, an dem in seinem Besitz befindlichen Gegenstande das

Retentionsrecht auszuüben, ihn zu diesem Zweck zurückzubehalten: das ist die Erhebung der E i n r e d e , die das Retentionsrecht charakterisiert und die dem Herausgabeanspruch des Schuldners entgegengehalten wird (vorstehend N 20 a. E.). Doch ist das Retentionsrecht gegenüber Dritten, vor allem konkurrierenden Gläubigern, schon vorher wirksam: sobald alle übrigen gesetzlichen Voraussetzungen erfüllt sind, vor allem die Erlangung des Besitzes mit Willen des Schuldners und die Fälligkeit einer konnexen Forderung (dazu BGE 21, 1104; BlZR 21 Nr. 52 S. 130 Ziff. 2). Dies ist der Z e i t p u n k t d e r E n t s t e h u n g des Retentionsrechts.

Die Aufnahme einer R e t e n t i o n s u r k u n d e durch das Betreibungs- **37** amt (SchKG 283 III) ist beim Retentionsrecht im Sinne von ZGB 895 weder nötig noch zulässig: BGE 45 III 31; 51 III 151; BlZR 17 Nr. 192 S. 349 = SJZ 15, 349; VAargR 30, 57.

B. Eigentum des Schuldners an den Retentionsgegenständen

Die retinierte Sache muß grundsätzlich E i g e n t u m d e s S c h u l d - **38** n e r s sein (so deutlich der französische Text der Al. I und III / Art. 895). Daraus folgt zweierlei:

1. Eine im E i g e n t u m d e s G l ä u b i g e r s stehende Sache ist **39** n i c h t r e t i n i e r b a r , sondern nur eine f r e m d e S a c h e (BGE 48 III 167 E. 2; ZBJV 81, 269/270). Der Gläubiger kann folglich nicht gestützt auf Art. 895 s e i n e einem Dritten zu liefernde Sache wegen einer Gegenforderung zurückbehalten, z. B. als Verkäufer den dem Käufer noch nicht tradierten und deshalb noch in seinem Eigentum befindlichen Gegenstand. Hier fällt gegebenenfalls die Einrede gemäß OR 82 in Betracht (HE 15, 243/244, 245; vorstehend N 23, nachstehend N 98). Vertretbare Sachen, die gemäß OR 481 ins irreguläre Depot gegeben und ins Eigentum des Aufbewahrers gelangt sind (ZGB 727), können nicht retiniert werden; Verrechnung ist durch OR 125 Ziff. 1 ausgeschlossen, so daß sich der Aufbewahrer mit einem obligatorischen Retentionsrecht begnügen muß (nachstehend N 202). Anders beim Kauf auf Probe oder auf Besicht: der Käufer darf die nicht genehmigte und von ihm zurückzugebende Waren retinieren, weil sie Eigentum des Verkäufers geblieben ist (OR 223 II).

Dem schweizerischen Recht fehlt eine Bestimmung wie HGB 369 I Satz 2, **40** wonach in gewissen Fällen der Gläubiger eine i h m zu Eigentum gehörende Sache, die «aber auf den Schuldner zurückzuübertragen ist», retinieren kann. Eine solche Lösung ist, weil der Struktur des Retentionsrechts im Sinne des ZGB fremd, auch nicht mittels Interpretation zu gewinnen. Der Ansicht *Leemanns* (N 22), daß bei f i d u z i a r i s c h e r E i g e n t u m s ü b e r -

t r a g u n g eines Gegenstandes auf den Gläubiger (als den Fiduziar), dieser angesichts seiner Pflicht zur Rückübertragung auf den Schuldner (als den Fiduzianten) ein Retentionsrecht ausüben könne, fehlt die gesetzliche Grundlage (gl. M. *Jacob* 100—101).

41 2. Eine im E i g e n t u m e i n e s D r i t t e n stehende Sache ist nicht retinierbar (es sei denn, es trete der Fall des Al. III / Art. 895 ein: wenn der gute Glaube des Gläubigers geschützt wird; hierüber Näheres nachstehend N 126 ff.). Behauptet ein Dritter Eigentum, so ist gegebenenfalls die Eigentumsfrage vorgängig abzuklären[a]. Wenn ein Dritter erst verpflichtet ist, dem Schuldner das Eigentum an Sachen zu übertragen, können diese nicht schon zu Lasten des letzteren retiniert werden. Durch Sicherungsübereignung ins Eigentum des Schuldners gelangte Sachen sind zu Lasten des letzteren retinierbar.

42 Die Retention von S a c h e n e i n e s D r i t t e n ist indessen z u - l ä s s i g, wenn dieser der Besitzübertragung durch den Schuldner auf den Gläubiger vor- oder nachher zugestimmt hat, selbst wenn der Gläubiger weiß, daß die Sache nicht dem Schuldner gehört (nachstehend N 136). — Das Retentionsrecht, das die Gläubiger des E h e m a n n e s an Sachen der Ehefrau ausüben wollen, wird geschützt, wenn die Voraussetzungen des Art. 202 II ZGB erfüllt sind: die Gläubiger dürfen die Einwilligung der Frau zur Besitzübertragung seitens des Ehemannes als vorhanden betrachten, «sofern sie nicht wissen oder wissen sollten, daß sie mangelt, oder sofern die Vermögenswerte nicht für jedermann als der Ehefrau gehörig erkennbar sind». Entsprechendes gilt nach ZGB 217 II. Somit ist verhältnismäßig leicht möglich, daß die Gläubiger des Mannes Sachen der Frau ohne deren ausdrückliche Einwilligung berechtigtermaßen retinieren. Das Retentionsrecht ist ohne weiteres gültig, wenn die Frau zugestimmt hat (Art. 202 I, 217 I). — Verschieden von den soeben besprochenen Tatbeständen der Retention von Sachen der Ehefrau für Schulden des Mannes ist die nachstehend N 56 FN[e] behandelte Lage: Besitzübertragung durch den Ehemann von Sachen der Frau und Retention für d e r e n Schulden.

43 Der Übergang des Eigentums vom Schuldner auf einen Dritten n a c h Begründung des Retentionsrechts schadet diesem nicht (nachstehend N 144).

44 Die Rolle des Eigentums des Schuldners als Voraussetzung des Retentionsrechts entspricht derjenigen der V e r f ü g u n g s b e f u g n i s beim Faustpfandrecht (vorn Komm. Art. 884 N 304); hier wie dort wird das Fehlen der Voraussetzung durch den guten Glauben des Gläubigers ausgeglichen (Art. 884 II, 895 III).

[41a] Z. B. BGE 40 II 207: der frühere Verkäufer A einer von B im Auftrag des Käufers C in Besitz genommenen und durch B für eine Forderung gegen C retinierten Sache bestritt, daß bereits die Eigentumsübertragung auf den Retentionsschuldner C stattgefunden habe. Ferner BlZR 17 Nr. 192 S. 348 ff.

C. Mit Willen des Schuldners entstandener Besitz des Gläubigers

a) Besitz: Erwerb und Eigenart

Die Bindung an den Besitz (Art. 895 I) macht das Retentionsrecht zum **45** B e s i t z p f a n d r e c h t und insofern zu einem vom Faustpfandprinzip beherrschten Pfandrecht[a] (Syst. Teil N 32; BlZR 21 Nr. 52 S. 131): Nur wenn und so lange ein tauglicher Besitz besteht, hat das Retentionsrecht Bestand.

Statt von B e s i t z sprach aOR 224 I von «Verfügungsgewalt». Gleichgültig, ob diese Voraussetzung (wie gelegentlich behauptet) von der damaligen Praxis leichter angenommen wurde als dies für den Besitz im Sinne des ZGB zutreffen könnte, so daß auch Detention und Besitzdienerschaft ausreichend gewesen wären (was aber zu bezweifeln ist), so gilt doch heute soviel: auf Grund des gesetzlichen Wortlautes ist B e s i t z im Sinn von ZGB 919 ff. erforderlich (gl. M. ZBJV 85, 510; *Homberger* Art. 919 N 8). Demgegenüber erwägt BGE 67 II 19 die Möglichkeit, daß, gleich wie im aOR, die (wie das Gericht annimmt, ein geringeres Erfordernis darstellende) Verfügungsgewalt ausreiche, weil der Gesetzgeber beim Erlaß des Art. 895 ZGB die Voraussetzungen des Retentionsrechts ohne Absicht von Veränderungen aus dem aOR übernommen habe. Das Argument ist nicht beweiskräftig. Denn einmal ist, wie erwähnt, zweifelhaft, ob wirklich nach dem aOR leichter Verfügungsgewalt angenommen wurde als gemäß dem ZGB Besitz; dann ist für die Auslegung des Art. 895 I der heutige W o r t l a u t maßgebend, und dieser spricht ohne jede Deutungsmöglichkeit von «Besitz»; endlich erklären die Materialien des Fahrnispfandrechts an manchen Stellen, man habe sich an das aOR gehalten, was nicht hinderte, daß zahlreiche Präzisierungen und Ergänzungen vorgenommen wurden[b].

Es empfiehlt sich, zu unterscheiden zwischen der Phase v o r und n a c h **46** dem Zeitpunkt, da der Gläubiger sich auf das Retentionsrecht beruft.

1. Vor diesem Augenblick muß der Gläubiger Besitz im Sinne der **47** Art. 919—921 ZGB erlangt haben, gemäß den Regeln des B e s i t z e r w e r b s , Art. 922—925, ohne daß schon retentionsrechtliche Besonderheiten bestehen

---

[45a] Dagegen ist verwirrlich, das Retentionsrecht (wie in der Literatur häufig geschieht) kurzweg als Faustpfandrecht zu bezeichnen. Das Gesetz k o o r d i n i e r t Faustpfand- und Retentionsrecht (vorstehend N 2); es subordiniert n i c h t das zweite dem ersten.

[45b] So schreiben z. B. die Erl II 324 bezügl. ZGB 884, die neue Bestimmung fordere, «wie das geltende Recht» [d. h. das aOR], die «Übertragung der Sache». In Wirklichkeit verlangt ZGB 884 den B e s i t z des Pfandgläubigers, aOR 210 die « Ü b e r g a b e der Sache», was nicht gleichbedeutend ist. Ferner: ZGB 897 (Abstellen auf die Zahlungsunfähigkeit) weicht merklich von aOR 226 ab (Abstellen auf Konkursausbruch oder Zahlungseinstellung). Die Belege ließen sich vermehren.

(ZBJV 96, 153 f.). Man hat (grundsätzlich) unselbständigen Besitz gemäß Art. 920 vor sich[a], den der Schuldner dem Gläubiger überträgt. Der Gläubiger erlangt solchen Besitz z. B. als: Mieter (OR 253, 271) — Pächter (OR 275, 298) — Entlehner (OR 305) — Beauftragter (OR 394, 401 III; BGE 40 II 208/209) — Geschäftsführer ohne Auftrag (OR 422, 423 II) — Kommissionär (OR 434; BGE 15, 376 lit. b) — Agent (OR 418o) — Frachtführer (OR 451)[b] — Spediteur (OR 439/434) — Aufbewahrer (OR 472, 473 I, 475; BGE 67 II 21) — Gastwirt (OR 491; für deponierte Gegenstände, andernfalls siehe N 64 und 195) — Lagerhalter (OR 486 I, 485 III; BGE 67 II 21; BlZR 21 Nr. 52 S. 130) — Werkunternehmer (OR 365 II; BlZR 17 Nr. 192 S. 349; ZBJV 39, 177; z. B. zur Reparatur übergebene Sache) — Pfandgläubiger (ZGB 889 I und dort Komm. N 16) — Nutznießer (ZGB 751)[c] — Willensvollstrecker (BGE 86 II 359).

Der Arbeitnehmer dagegen ist gewöhnlich nicht Besitzer der ihm übergebenen Werkzeuge und Materialien (OR 327), sondern Besitzdiener (nachstehend N 49)[d]. Dem Handelsreisenden ist in OR 349e ein Retentionsrecht zugesprochen.

48 In den aufgezählten Fällen dient das Retentionsrecht gewöhnlich der Sicherung von F o r d e r u n g e n a u f E n t g e l t , V e r w e n d u n g s - e r s a t z , S c h a d e n e r s a t z .

49 Die Innehabung einer Sache durch den B e s i t z d i e n e r (einfacher Angestellter, Handlanger, Dienstbote, Viehhüter u. a. m.) * kann diesem kein Retentionsrecht verschaffen, weil er nicht über die relative Selbständigkeit verfügt, die zum (wenn auch «unselbständigen») Besitz erforderlich ist und sich aus dem dem unselbständigen Besitzer eingeräumten beschränkten dinglichen oder obligatorischen Recht an der Sache ergibt (ZGB 920)[a]. Es ist dieses eigene Recht auf die Sache, das der unselbständige Besitzer im Gegensatz zum Besitzdiener dem Eigentümer entgegenhalten kann und das ihn zur Zurückbehaltung gemäß Art. 895 I legitimiert. Für Grenzfälle zwischen Besitz und Besitzdienerschaft empfiehlt BGE 67 II 20 (Retentionsrecht eines Angestellten bei beson-

---

[47a] «possession dérivée», BGE 67 II 19; 40 II 208/209.

[47b] Der Frachtführer (auch der Spediteur) übt den Besitz im Zweifel für seinen A u f t r a g g e b e r aus (Belege bei *Homberger* Art. 923 N 16). Ist letzterer der Käufer einer Ware, so erwirbt der Frachtführer fgl. Besitz für den Käufer; damit erhält er selber (unselbständigen) Besitz und kann zu Lasten seines Auftraggebers retinieren (BGE 38 II 199). — Zum Teil abweichend *Stark* Art. 923 N 6, 32.

[47c] Einzelheiten über die aufgezählten Fälle bei *Brander* 53 ff.; *Geiger* 4 ff.; *Jacob* 52 ff.

[47d] Anders kraft besonderer Umstände im Tatbestand BGE 67 II 20 ff. der «gérant» einer Filiale; vgl. auch BlZR 2 Nr. 192 S. 231 (gemäß aOR), ferner ZBJV 69, 280/281 = SJZ 29, 10.

[49a] Zustimmend BlZR 55 Nr. 158; *Stark* Art. 919 N 41. Gleich, wenn auch mit anderer Begründung, ZBJV 67, 164 = SJZ 28, 11.

* Über die Lage der Organpersonen juristischer Personen: BGE 81 II 343 und *Hinderling* 423 f., dessen differenzierender Vorschlag zu diskutieren wäre.   R. B.

deren Umständen), in der Annahme eines Rechtes, das auf unselbständigen Besitz schließen läßt (Art. 920 I), entgegenkommend zu sein. (Über den Besitzdiener allgemein: *Homberger* Art. 919 N 10, 11; Art. 923 N 9, 15; *Stark* Art. 919 N 34; *Hinderling* 421 ff.; Besprechung *Liver* ZBJV 112, 81 f., zu BGE 100 II 9.)

Eine nur a u g e n b l i c k l i c h e r ä u m l i c h e B e z i e h u n g zur **50** Sache, eine äußerliche Berührung der Gewaltsphäre des Gläubigers durch die Sache, verschafft dem letzteren k e i n e n B e s i t z. Beispiele: keinen Besitz erwirbt der Kunde, der im Laden Ware in die Hand nimmt; die Person, die das von einem Andern unbeabsichtigt fallen gelassene Objekt aufhebt; der Leser eines Buches im Lesesaal der Bibliothek; der Garagist, bei dem ein Automobilist vorfährt, um Benzin zu fassen, einen Gegenstand abzuholen, eine kleine Reparatur vornehmen zu lassen, wobei er beim Wagen bleibt (ZBJV 72, 252 ff. = SJZ 33, 49; ZBJV 96, 154).

Der Besitzerwerb kann v o r o d e r n a c h der Entstehung und Fälligkeit **51** der zu sichernden Forderung erfolgen (BlZR 16 Nr. 177 S. 297).

Damit der retinierende Gläubiger (derivativen) Besitz zu erwerben vermag, **52** muß, wie sich von selber ergibt, der den Besitz übertragende S c h u l d n e r s e l b e r B e s i t z e r sein, was gegebenenfalls nach den Regeln der Art. 919— 925 abzuklären ist. Hat der Schuldner seinerzeit seinen Besitz unter Abwesenden erworben, so ist Art. 923 maßgebend; über die Frage, wie es sich beim Erwerb mit Hilfe eines Frachtführers verhalte, vorstehend N 47 FN[b].

Grundsätzlich können lediglich Sachen retiniert werden, die der S c h u l d - **53** n e r dem Gläubiger zu Besitz übertragen hat (BGr in BlZR 21 Nr. 52 S. 132; VAargR 22, 27).

2. Von dem Zeitpunkt an, da der Gläubiger sich auf das Retentionsrecht **54** beruft, muß der Besitz zusätzlich der E i g e n a r t und den E r f o r d e r - n i s s e n d e s P f a n d b e s i t z e s im Sinne des Art. 884 I/III entsprechen: vgl. die sinngemäß verwendbaren Ausführungen vom Komm. Art. 884 N 188 ff., bes. N 201—206. Das heißt der Schuldner muß so w i r k s a m v o n d e m G e g e n s t a n d a u s g e s c h l o s s e n sein, daß dem Gläubiger eine e f f e k t i v e Z u r ü c k h a l t u n g m ö g l i c h wird: BGE 11, 78/79; 12, 645; 17, 689—690; 48 III 167/168; ZBJV 36, 602/603; 67, 164 = SJZ 36, 602/603; ZBJV 96, 154. Die ratio legis liegt auch hier einerseits im Publizitätsprinzip, anderseits in der Sicherung des Gläubigers (Komm. Art. 884 N 197 ff.). Während beim Faustpfandrecht der Pfandbesitz meist a d h o c geschaffen wird und es sich frägt, ob die Art der Übertragung den Ansprüchen des Art. 884 genüge, geht beim Art. 895 die Frage regelmäßig dahin, ob der v o r h e r erworbene Besitz als Grundlage für das Retentionsrecht tauglich sei. Ein großer Teil der Probleme des Pfandbesitzes im Sinne des Art. 884 stellen sich für das Retentionsrecht praktisch nicht (wenn sie auch theoretisch denkbar sind), weil der Gläubiger, falls er schon das Retentionsrecht ausüben will, von sich aus für

eine genaue Trennung der beiden Besitzessphären sorgen wird: seiner und der des Schuldners. Der für das Faustpfandrecht im Pfandvertrag gerne angestrebte Ausgleich zwischen dem Interesse des Pfandgläubigers am ausschließlichen Besitz und dem des Verpfänders an der Wahrung einzelner Besitzerfunktionen[a], fällt beim Retentionsrecht meist weg, wäre aber im gleichen Rahmen wie beim Faustpfandrecht zulässig (vgl. z.B. BGE 11, 79; auch SJZ 28, 10).

55 Der Retentionsbesitz beruht, wie vorstehend N 47 erwähnt, auf einem vorher erworbenen, (grundsätzlich) u n s e l b s t ä n d i g e n Besitz (Art. 920). Meist ist er u n m i t t e l b a r e r Besitz, doch genügt ein m i t t e l b a r e r[a], sofern der Schuldner wirksam ausgeschlossen ist, z.B. mittels Hinterlegung der Sache durch den Gläubiger bei einem Dritten (Komm. Art. 884 N 229; BGE 12, 645); diesem gegenüber darf nicht der Schuldner allein das Verfügungsrecht über die Sache besitzen, der Dritte darf nicht zur Rückgabe allein an den Schuldner berechtigt sein (dazu BGE 19, 285). S t e l l v e r t r e t u n g im Besitz des Retentionsgläubigers ist zulässig (Komm. Art. 884 N 211 ff.; BGE 19, 285). Darnach bleibt das Retentionsrecht erhalten, wenn der Gläubiger den Gegenstand einem Dritten verpfändet oder ein Dritter seinerseits ein Retentionsrecht ausübt. M i t b e s i t z reicht aus, sofern dem Schuldner die faktische Möglichkeit, allein über den Gegenstand zu verfügen, genommen ist: Komm. Art. 884 N 247; gl.M. Semjud 1952, 55; *Leemann* Art. 895 N 31; *Brander* 18; *Jacob* 41/42; a.M. *Wieland* Art. 895 N 3c. Ungenügend ist der durch K o n - s t i t u t errichtete Besitz (Komm. Art. 884 N 274).

b) Besitz des Gläubigers mit Willen des Schuldners

56 Der Retentionsgegenstand muß sich mit Willen des S c h u l d n e r s — was im wesentlichen besagt: n i c h t g e g e n d e s s e n W i l l e n — im Besitze des Gläubigers befinden (Al. I / Art. 895; franz. Text: consentement; ZBJV 24, 163). In den vorstehend N 47 aufgezählten Fällen trifft diese Voraussetzung ohne weiteres zu. Anders, wenn der Gläubiger die Gegenstände e i g e n - m ä c h t i g an sich genommen[a], i r r t ü m l i c h oder durch Z w a n g erlangt oder behalten[b], mittels einer L i s t[c] oder z u f ä l l i g, oder von einem hiezu n i c h t e r m ä c h t i g t e n D r i t t e n erhalten hat[d]. Wenn

---

[54a] Z. B. Gewährung des Zutritts des Verpfänders zu der Pfandsache oder Raumgewahrsam durch Übergabe der Schlüssel; Komm. Art. 884 N 200, 207, 234.

[55a] BlZR 19 Nr. 104 S. 196; Semjud 1888, 667/668.

[56a] ZBJV 67, 164 = SJZ 28, 11; SJZ 15, 8/9.

[56b] ZBJV 72, 253; SJZ 12, 53.

[56c] ZBJV 74, 155/156.

[56d] BGr in BlZR 12 Nr. 204 S. 332—333: Übergabe von Gegenständen durch einen hiezu nicht befugten Funktionär einer AG.

eine Vollmacht die Besitzübertragung auf den Gläubiger deckt (OR 32 ff., 37), so muß der Schuldner die letztere anerkennen, selbst wenn er sie nicht direkt gewollt hat oder später den Besitz des Gläubigers nicht mehr billigt. Gleiches gilt für die gesetzliche Vertretungsmacht und Verwaltungsbefugnis[e].

Das Retentionsrecht kommt grundsätzlich nicht zustande, wenn dem Schuld- **57** ner die V e r f ü g u n g s b e f u g n i s hinsichtlich des zu Besitz übertragenen Gegenstandes fehlt[a]. Namentlich kann der Gläubiger an Sachen, die nach der Konkurseröffnung über den Schuldner oder nach der Nachlaßstundung (mit oder ohne jetzt erfolgendes Hinzutun des Schuldners) in seinen Besitz gelangen, kein Retentionsrecht ausüben, was auch für neu ins Vermögen des Schuldners tretende Gegenstände gilt[b]. Der gute Glaube des Gläubigers heilt einen solchen Mangel an Verfügungsbefugnis nicht[c]. Die Frage, ob nach der Pfändung einer Liegenschaft die darauf lastenden Grundpfandtitel noch retiniert werden können, wird in BGE 65 II 152 affen gelassen. Sie ist zu verneinen; doch heilt guter Glaube den Mangel (Art. 895 III). Das gleiche gilt für irgendwelche gepfände- ten Gegenstände (SchKG 96; nachstehend N 133).

Der von Al. I / Art. 895 verlangte Wille des Schuldners ist gewöhnlich nicht **58** ausdrücklich, sondern k o n k l u d e n t geäußert (OR 1 II analog).

H a n d l u n g s u n f ä h i g k e i t bei der Besitzübertragung und W i l - **59** l e n s m a n g e l machen den Besitz zur Retention untauglich (ZGB 17—19, OR 23ff.); der Tatbestand ist insoweit ähnlich demjenigen des Art. 888 II[a]. Es muß aber entsprechend OR 31 Anfechtung erfolgen[b], was einfach durch Anbringen eines Protests gegen die Retention oder durch Rückforderung der Sache geschehen wird[c].

Der Gläubiger trägt die B e w e i s l a s t für den auf seinen Besitz ge- **60** richteten Willen des Schuldners (ZGB 8; zustimmend ZBJV 93, 189). — Nicht eine Frage des g u t e n G l a u b e n s ist es, ob der Gläubiger den Besitz korrekt — also nicht eigenmächtig usw., vorstehend N 56 — erlangt habe (ZBJV 93, 189; mißverständlich 74, 155/56). Die Frage des guten Glaubens stellt sich statt dessen zu Al. III / Art. 895.

Al. I / Art. 895 fordert, daß die Gegenstände sich mit Willen des Schuldners **61** im Besitz des Gläubigers b e f i n d e n müssen, nicht, daß sie mit seinem

---

[56e] Ehemann, ZGB 202, 217: Retention der von ihm dem Gläubiger übergebenen Sachen der Ehefrau für d e r e n Schulden; *Wieland* Art. 895 N 3d.

[57a] BGE 31 II 271 betr. Ehefrau. — Aufzählung von Fällen entzogener oder beschränkter Verfügungsbefugnis in anderem Zusammenhang: Komm. Art. 884 N 309 ff.

[57b] SchKG 204 I, 298 I; BGE 48 III 168; 59 III 102; bes. BlZR 6 Nr. 85 S. 139 ff.

[57c] BGE 59 III 101; nachstehend N 133; vorn Komm. Art. 884 N 345.

[59a] Komm. Art. 888 N 26. Vgl. auch BGE 31 II 271: «consentement ... vicié».

[59b] Gl. M. *Leemann* Art. 895 N 36; *Jacob* 44; a. M. ZBJV 72, 254.

[59c] ZBJV 72, 254/255.

Willen in des letzteren Besitz g e l a n g t sind (wie nach HGB 369 I). Nachträgliche Zustimmung des Schuldners heilt somit einen zunächst fehlerhaften Besitzerwerb.

62 Wo schon der B e s i t z d e s G l ä u b i g e r s f e h l t ᵃ, stellt sich die Frage nach dem Willen des Schuldners gar nicht. Jedoch kann die vorweg erfolgende negative Beantwortung der letzteren Frage die Abklärung des gelegentlich heiklen Problems der Besitzübertragung erleichtern ᵇ.

63 Z u s t i m m u n g des Schuldners zur Ausübung des Retentionsrechts ist selbstverständlich nicht nötig.

64 Das Erfordernis des Besitzes des Gläubigers mit W i l l e n d e s S c h u l d n e r s gilt n i c h t in den Fällen der Art. 700 II ZGB, 57 OR und namentlich, wo die Retention überhaupt nicht den Besitz des Gläubigers voraussetzt: OR 272, 286 III, 491, ZGB 712 k. Eigene Verhältnisse liegen beim Finder vor (ZGB 722 II; *Jacob* 46). Auch beim Geschäftsführer ohne Auftrag (OR 422, 423 II) kann Besitz ohne Willen, aber, gleich wie beim Finder, trotzdem ein Retentionsrecht entstehen.

c) Besondere Anwendungsfälle

65 Die Retention von O r d r e - und N a m e n p a p i e r e n setzt keinerlei Legitimation des Gläubigers durch Indossament oder Zession voraus (BGE 43 II 768/769; vgl. hinten Komm. Art. 898 N 27). Durch Besitz an einem W a r e n - p a p i e r ᵃ und Retention des Papiers entstehen der Besitz und das Retentionsrecht an der durch das Papier vertretenen Ware (ZGB 925 I, entsprechend 902, I; dazu BGE 12, 645). Bei der Verwertung (Art. 898) erhält der Erwerber des Papiers die Verfügung über die Ware (Art. 925 I / 714 I); Art. 925 II ist zu beachten. Auch bei den Warenpapieren ist für die Ausübung des Retentionsrechts keine Legitimation durch Indossament oder Zession nötig (*Wieland* Art. 895 N 3 c). Wohl aber ist sie bei der Verwertung erforderlich.

66 Dem F i n d e r steht ein Retentionsrecht zu, obschon niemand ihm Besitz mit Willen übertragen hat: *Jacob* 46; *Leemann* Art. 895 N 30, 39; *Haab* Art. 720—722 N 61, von *Scherrer*; ZGB 722 II; vgl. auch BGE 27 II 660.

67 Die Bank hat mangels Besitzes kein Retentionsrecht im Sinne des Art. 895 am Inhalt des einem Kunden vermieteten S c h r a n k f a c h e s (Tresorfach, Bankfach, Safe), dagegen das (freilich belanglose) Retentionsrecht des Vermieters gemäß OR 272. Gl. M. ist namentlich — mit eingehender Darstellung

---

⁶²ᵃ So richtigerweise im Fall ZBJV 72, 254. Zutreffend ZBJV 96, 153 f.

⁶²ᵇ Z. B. im Fall BlZR 9 Nr. 8: kein Retentionsrecht des Grundeigentümers an Baumaterial und Werkzeug, das ein Baumeister auf des ersteren Liegenschaft niedergelegt hat; es fehlt der Wille des Schuldners, aber auch schon der Besitz des Gläubigers.

⁶⁵ᵃ Begriff und Arten: hinten Komm. Art. 902 N 7 ff.

— *Lotz*, Der Schrankfachvertrag ... (Basel 1940) 47 ff.; gleich im Ergebnis *Homberger* Art. 919 N 13; a. M. *Tobler* SJZ 8, 19; dazu vorn Komm. Art. 884 N 250. Die Frage ist, wie *Lotz* nachweist, ohne große praktische Bedeutung. — Über den Schrankfachvertrag als Miete auch *Baerlocher* 659, 721; BGE 95 II 544.

Der E h e m a n n (oder sein Erbe) kann gegenüber der Ehefrau ein Reten- **68** tionsrecht ausüben, sofern sein Besitz die Frau genügend vom fraglichen Gegenstand ausschließt (ZGB 195 I, 200 I, 201 I; vorstehend N 54).

Beim Retentionsrecht des V o r m u n d e s an Sachen des Mündels ersetzt **69** der Wille der Vormundschaftsbehörde bei der Besitzüberlassung den Willen des Mündels (ZGB 416; ZBJV 39, 568).

Ein M i t e i g e n t ü m e r kann die gemeinschaftliche Sache für Forderun- **70** gen, die mit der Sache konnex sind (z. B. Forderungen aus der Liquidation des Miteigentumsverhältnisses) retinieren; gl. M. *Jacob* 101; a. M. *Wieland* Art. 895 N 3 c; *Geiger* 16/17. Voraussetzung ist, daß die anderen Miteigentümer effektiv und mit ihrem Willen von der Sache ausgeschlossen sind; hierauf und nicht auf die Frage des Allein- oder Mitbesitzes (wie *Wieland* annimmt) kommt es an. Retiniert sind dann eigentlich die Eigentumsanteile der anderen Miteigentümer, und diese werden verwertet (Art. 898; Parallele: Verpfändung von Miteigentumsanteilen, vorn Komm. Art. 884 N 48).

Für das G e s a m t e i g e n t u m gilt die entgegengesetzte Lösung; gl. M. **71** *Geiger* 16/17; *Wieland* N 3 c mit anderer Begründung; a. M. *Jacob* 101. Hier gehört die Sache ohne Ausscheidung von Anteilen allen Gesamteigentümern zusammen, ist also für den einzelnen von ihnen nicht eine fremde Sache, wie beim Retentionsrecht vorausgesetzt. Parallel dem Vorgang bei der Verpfändung (Komm. Art. 884 N 55) könnte nur ein R e c h t der anderen Gesamteigentümer mit Beschlag belegt werden, und das ist in Gestalt der Retention nicht möglich, weil sie nur Sachen und Wertpapiere erfassen kann. Vgl. im übrigen vorstehend N 26 a. E.

Das Retentionsrecht des V e r m i e t e r s gemäß OR 272 beruht abweichend **72** von ZGB 895 nicht auf dem Besitz (nachstehend N 195). Hat der Vermieter versäumt, ein solches Recht geltend zu machen, so kann er nicht mittels zwangsweiser Zurückbehaltung der Sachen des Mieters das Retentionsrecht nach ZGB 895 begründen, weil Besitz mit Willen des Mieters fehlt (SJZ 12, 53). Ebensowenig entsteht mangels Besitzes nach Beendigung der Mietzeit ohne weiteres Hinzutun der Parteien ein Retentionsrecht im Sinn des Art. 895 (BGE 11, 79; HE 7, 90 ff.) [a].

[72]a Vgl. auch BlZR 13 Nr. 111 S. 231: Der für seine Mietzinsforderung befriedigte Vermieter retiniert für eine Schadenersatzforderung; es fehlt nicht nur der auf Besitzverschaffung gerichtete Wille des Mieters — worauf das Gericht abstellt —, sondern schon der Besitz des Vermieters.

d) Besitzesverlust

73 Er führt zum U n t e r g a n g des Retentionsrechts. Näheres nachstehend N 176 ff.

D. Bestand (sowie Eigenart) und Fälligkeit der zu sichernden Forderung

a) Bestand und Eigenart der Forderung

74 Die Begründung eines Retentionsrechts setzt gemäß Al. I / Art. 895 die F ä l l i g k e i t der Forderung des Retentionsgläubigers gegen den Schuldner voraus. Damit wird auch schon der B e s t a n d einer solchen Forderung vorausgesetzt; m. a. W.: daß überhaupt eine Forderung vorhanden ist. Nach ZBJV 90, 95 ist ein für die Beurteilung der Forderung zuständiges S c h i e d s - g e r i c h t auch für die Beurteilung des Retentionsrechts zuständig. Zur Kennzeichnung von deren E i g e n a r t lassen sich verschiedene der Bemerkungen über die Pfandforderung im Sinne des Art. 884 (dort Komm. N 115 ff.) beiziehen. Im einzelnen gilt:

75 Die Forderung kann auf G e l d - oder a n d e r e L e i s t u n g e n gehen (z. B. Anspruch auf ein Tun), und auch als dinglicher Anspruch auftreten. Die Verwertung erfordert aber die Umwandlung in eine Geldforderung (Art. 898/891 I; Komm. Art. 884 N 118). Der R e c h t s g r u n d kann ein beliebiger sein; das Nähere ergibt sich aus der Betrachtung der Konnexität (nachstehend N 81 ff.). Auch ö f f e n t l i c h r e c h t l i c h e Forderungen fallen in Betracht, so gut wie beim Faustpfandrecht: Komm. Art. 884 N 121 (richtig im Ergebnis, nicht aber in der Begründung SJZ 14, 378; a. M. BGE 20, 376 E. 8). L i q u i d i t ä t der Forderung ist nicht notwendig, was bedeutet, daß die Forderung nicht unbestritten zu sein braucht (entsprechend: OR 120 II; ZBJV 69, 281). Ebensowenig muß sie der Höhe nach bereits b e s t i m m t sein; die Verwertung erheischt jedoch die nachträgliche Bestimmung des Betrages (Komm. Art. 884 N 138). Für eine über die Forderung h i n a u s - g e h e n d e L e i s t u n g darf man nicht retinieren (SJZ 72, 359 Nr. 106: Unterzeichnung einer Erklärung zwecks Enthaftung; Retention nur für den Werklohn). Die V e r j ä h r u n g der Forderung bereits im Zeitpunkt des Besitzerwerbs durch den Gläubiger schließt das Retentionsrecht aus. Die Frage, ob ein bereits entstandenes Retentionsrecht die Verjährung der Forderung ausschließe, beantwortet sich gemäß OR 140. Die Verjährung tritt ein, aber der Gläubiger kann sich durch Verwertung bezahlt machen: Komm. Art. 884

N 146/147; BGE 86 II 358 f.; SJZ 37, 11/12; gl. M. *Leemann* Art. 895 N 29; *von Tuhr / Escher* § 81 bei N 51; *Becker* Art. 140 N 3; *Spiro* (zit. Syst. Teil N 259) I 536; *Jacob* 125/126; a. M. *Oser / Schönenberger* Art. 140 N 3. Über das Retentionsrecht bei B e s i t z a n w e i s u n g (ZGB 924 III) *Stark* Art. 924 N 37 ff.; *Hinderling* 440.

Da das Retentionsrecht a k z e s s o r i s c h ist, ist es nur zur Sicherung **76** noch bestehender, g ü l t i g e r F o r d e r u n g e n tauglich; also kann es weder für nichtige oder einseitig unverbindliche Forderungen, noch für Naturalobligationen aus Spiel und Wette (OR 513) und aus Heiratsvermittlung (OR 416) oder für moralische Pflichten (dazu Komm. Art. 884 N 159) begründet werden. Der Ausschluß verjährter Forderungen ist bereits in N 75 berührt worden. Jedoch braucht, wie erwähnt, die Frage der Gültigkeit nicht liquid zu sein. Das Vorhandensein von E i n r e d e n gegen den B e s t a n d der Forderung hindert die Geltendmachung des Retentionsrechts; so neben den Einreden aus der Ungültigkeit solche bezüglich des Untergangs der Forderung (Erfüllung, Verrechnung, Erlaß, Unmöglichkeit u. a. m., auch die Verjährung würde wiederum hierher gehören). Einreden, mit denen eine Bedingung, Befristung oder Stundung geltend gemacht wird, bedeuten dagegen die Berufung auf die fehlende F ä l l i g k e i t (darüber nachstehend).

b) Fälligkeit der Forderung

Das Retentionsrecht ist allein zur Sicherung f ä l l i g e r Forderungen zu- **77** gelassen, um auf den Schuldner einen Zwang zu deren Erfüllung auszuüben (franz. Text des Gesetzes: créance ... exigible). Die Fälligkeit richtet sich nach Vertrag oder Gesetz oder wird durch Kündigung herbeigeführt (OR 75 ff., SchKG 208 u. a. m.). Sie bedeutet, daß der Gläubiger die Befugnis besitzt, die geschuldete Leistung zu verlangen und daß der Schuldner zu ihrer Erbringung verpflichtet ist. Die Fälligkeit fehlt, wenn der Schuldner eine entsprechende Einrede zur Verfügung hat (Stundung, Befristung, aufschiebende Bedingung u. a. m.); sie ist gegenstandslos, wo überhaupt keine gültige Forderung (mehr) besteht: so in den vorstehend N 76 erwähnten Fällen der Berufung auf Verjährung, Ungültigkeit und Untergang der Forderung. Die Fälligkeit muß dann eingetreten sein, wenn der Gläubiger sich auf das Retentionsrecht beruft, d. h. die Rückgabe der Sache verweigert, nicht schon im Zeitpunkt des Besitzerwerbs: vielmehr kann das Retentionsrecht für vor oder nach dem Besitzerwerb entstandene und fällig gewordene Forderungen ausgeübt werden (BGE 59 III 102; BlZR 16 Nr. 177 S. 297). Die Retention ist auch zulässig, wenn die Forderung erst im Augenblick fällig wird, da der Gläubiger seinerseits gegenüber dem Schuldner zur Erfüllung bereit ist; z. B. darf der Handwerker eine ihm zur Reparatur übergebene Sache für die Forderung auf Bezahlung der gleichen

Reparatur retinieren, obwohl sein Anspruch erst zur Zeit der Ablieferung der ausgebesserten Sache fällig wird (wohl gl. M. *Pedrazzini*, Schweiz. PR VII/1 535).

78   V e r z u g   ist nicht erforderlich. Das Retentionsrecht ist unabhängig davon, ob die Forderung   g e f ä h r d e t   ist. Ist sie es, dann wird die Entstehung des Retentionsrechts vom Gesetz insofern erleichtert, als man bei   Z a h l u n g s - u n f ä h i g k e i t   des Schuldners auch für eine   n i c h t   f ä l l i g e   Forderung retinieren darf (Art. 897 I).

79   Gemäß den vorstehend N 15 angestellten Überlegungen kann nicht durch V e r t r a g   zum voraus das Erfordernis der Fälligkeit ausgeschaltet werden.

80   Der allfällige   V e r z u g   d e s   G l ä u b i g e r s   mit der Rückgabe der Sache wird beseitigt, wenn er nachträglich in die Lage kommt, ein Retentionsrecht auszuüben (gegenteilig *Schneider/Fick* Art. 224 N 2; *Rossel/Mentha* n⁰ 1663 Ziff. 2 b). Doch bewirkt die Retention an sich noch keinen Verzug.

E. Zusammenhang zwischen Retentionsgegenstand und Forderung: sogenannte Konnexität

81   Zu den Voraussetzungen des Retentionsrechts gehört der Zusammenhang — die   K o n n e x i t ä t   — zwischen der zu sichernden Forderung und dem Gegenstande der Retention (Al. I a. E./Art. 895). Dieser Zusammenhang wird vom Gesetz leichter angenommen «unter Kaufleuten» (Al. II) — sog.   k a u f - m ä n n i s c h e s   Retentionsrecht (nachstehend N 113 ff.) — als in den übrigen Fällen: beim   g e w ö h n l i c h e n , sog.   b ü r g e r l i c h e n   Retentionsrecht (Al. I /Art. 895, nachstehend N 83 ff.), wo der Zusammenhang ein engerer sein muß (BGE 24 II 364). Al. I spricht von Zusammenhang mit dem Gegenstand. Je nachdem liegt indes der Schwerpunkt auf dem Zusammenhang mit dem Besitz am Gegenstand, s. Al. II/Art. 895 und das folgende sowie SJZ 60, 340 ff.

82   Da das schweizerische Privatrecht die Kaufleute und Nichtkaufleute mit seltenen Ausnahmen gleich behandelt, fällt der aus dem aOR übernommene und von HGB 369 beeinflußte Unterschied zwischen bürgerlichem und kaufmännischem Retentionsrecht auf. Gerichtspraxis und Doktrin legen denn auch großenteils das Erfordernis der Konnexität im Sinne des Al. I eher dem Gläubiger entgegenkommend aus, so daß sich eine gewisse   A n g l e i c h u n g   des bürgerlichen ans kaufmännische Retentionsrecht vollzogen hat. Hiezu BGE 86 II 364 und näher nachstehend N 103 ff.

a) Gewöhnliche Regelung:
sogenanntes bürgerliches Retentionsrecht
(Al. I a. E. / Art. 895)

1. Grundsatz

Die durch das Retentionsrecht zu sichernde Forderung muß «i h r e r **83**
N a t u r nach mit dem Gegenstande der Retention im Z u s a m m e n h a n g»
stehen. Darin verwirklicht sich der vorstehend N 20 hervorgehobene Grund-
gedanke des Retentionsrechts: die Zurückbehaltung ist deshalb, aber auch nur
d a n n statthaft, (weil und) w e n n es T r e u u n d G l a u b e n (ZGB 2)
widersprechen würde, den Gläubiger zur Rückgabe der Sache an deren Eigentümer zu verpflichten, wo er eine mit der gleichen Sache im Zusammenhange
stehende Gegenforderung hat (BGE 20, 929; dazu auch BGE 71 II 88; 86 II
363/64; HE 15, 110). Das Wesen der Konnexität widerstrebt, wie jede mit dem
Blankett von Treu und Glauben oder der «Natur» der Sache arbeitende Formel,
einer scharfen Abgrenzung. Deutlicher als die deutsche und italienische Fassung
(«ihrer Natur nach», «secondo la sua natura») ist die französische: «rapport
naturel de connexité». Darin liegt, daß nicht abschließend zu nennende juristische Kriterien maßgebend sind, sondern der «n a t ü r l i c h e i n n e r e
Z u s a m m e n h a n g» (BGE 71 II 88), der enge wirtschaftliche Zusammenhang; es genügt ein «innerlich zusammenhängendes Lebensverhältnis» (*Ennec-
cerus/Lehmann* II [zit. vorstehend N 8] § 25). Nicht ein einziges, ein einheitliches, Rechtsverhältnis ist vorausgesetzt (BGE 86 II 361/62). Das ist die Anschauung, die sowohl die schweizerische, wie die (hier beiziehbare, zu BGB 273
entwickelte) deutsche Judikatur und Literatur beherrscht.

Diese Auffassung will auch ausschließen, daß v e r t r a g l i c h die Re- **84**
tention gestattet wird, wo die Konnexität im Sinne des Gesetzes fehlt (BGE 20,
928/929; Prot ExpKom III 121; vorstehend N 15).

In der schweizerischen Literatur hat sich eine G l i e d e r u n g d e r **85**
t y p i s c h e n K o n n e x i t ä t s f ä l l e eingebürgert, die bereits im Gemeinen Recht verwendet wurde, im wesentlichen in BGB 273 und namentlich
in der zugehörigen Literatur und Judikatur zu finden ist und auch in der
schweizerischen Rechtsprechung erscheint (BGE 24 II 365; 71 II 88). Sie wird
für die folgende Darstellung herangezogen, bedeutet aber k e i n e a b -
s c h l i e ß e n d e Aufzählung; sondern l e t z t l i c h ist der obige Grundsatz des A b s t e l l e n s a u f T r e u u n d G l a u b e n m a ß g e b e n d.

Überblicke über zahlreiche Einzelfälle bieten *Geiger* 4 ff.; *Brander* 53 ff.; **86**
Jacob 51 ff.

2. Forderung auf Ersatz von Verwendungen auf die Sache

87 Die V e r w e n d u n g e n (Aufwendungen, Auslagen, Aufwand, Impensen) — der nächstliegende Sachverhalt der Konnexität — sind Leistungen, die der Gläubiger für die Sache oder bei Besorgungen im Zusammenhang mit ihrer Betreuung und der zugehörigen Geschäftsabwicklung vorgenommen hat und für welche er Ersatz verlangt (über Wesen und Regelung im allgemeinen: *von Tuhr / Peter* § 17). Sie sind bei zahlreichen Verträgen und Verhältnissen denkbar und häufig gesetzlich vorgesehen. So Verwendungen seitens des Mieters — Entlehners (OR 307 II) — Arbeitnehmers (ZBJV 69, 281; OR 327 a, 327 b, 339 a III, 349 d, 349 e) — Beauftragten (OR 402 I, 401 III; BGE 65 II 153) — Geschäftsführers ohne Auftrag (OR 422, 423 II) — Kommissionärs (OR 431, 434; u. a. Auslagen für Fracht, Zoll, Versicherung) — Agenten (OR 418 o lt. BG vom 4. Febr. 1949) — Frachtführers (OR 451; u. a. Auslagen für Zoll, Versicherung, Lagerung, bessere Verpackung) — Aufbewahrers (OR 473 I, 475 II) — Lagerhalters (OR 485) — Werkunternehmers (u. a. OR 378 I) — Pfandgläubigers (vorn Komm. Art. 889 N 16, Art. 890 N 15) — Nutznießers (ZGB 753 I) — Finders (ZGB 722 II) — Vormundes (ZGB 416).

88 Der ungerechtfertigt Bereicherte kann für den Ersatz seiner Verwendungen (OR 65) in der Regel kein Retentionsrecht im Sinne von ZGB 895 an der zurückzuerstattenden Sache (OR 64) ausüben, weil er deren Eigentümer ist (*Brander* 154; a. M. anscheinend *Becker* und *Oser / Schönenberger* je Art. 65 N 7; *von Tuhr / Peter* § 4 Ziff. V, *von Tuhr / Siegwart* § 53 II a. E.; *Jacob* 52/53). Der Bereicherte kann statt dessen gegebenenfalls ZGB 939 I heranziehen.

89 Ob und inwieweit Verwendungen ü b e r h a u p t zu e r s e t z e n sind, ist im Einzelfall zu prüfen; Näheres in den Kommentaren der zitierten Vorschriften und bei *von Tuhr / Peter* § 17; ferner bei *Geiger* 4 ff.; *Brander* 53 ff.; *Jacob* 51 ff. — Ist das Vorhandensein einer Forderung auf Verwendungsersatz zu bejahen, so ist gemäß Art. 895 ipso facto auch die K o n n e x i t ä t gegeben (BGE 20, 929; 24 II 365; 65 II 153).

3. Forderung auf Ersatz von Schaden, der durch die Sache verursacht worden ist, und auf Genugtuung

90 Die Konnexität wurde im in- und ausländischen Recht stets bejaht, wenn die Forderung auf Ersatz des Schadens lautet, den der R e t e n t i o n s g e g e n - s t a n d selber herbeigeführt hat, die Sache also «die Urheberin der Forderung» ist (BGE 24 II 365; 65 II 153). Ob und inwieweit eine E r s a t z f o r d e r u n g b e s t e h t, ist nach den fraglichen Bestimmungen zu beurteilen. Außervertraglicher (OR 41 ff. u. a. m.) wie vertraglicher Schadenersatz (OR 97) fällt in Betracht. Beispiele: Schädigung durch ein entlehntes Tier (OR 56) oder Motorfahrzeug (SVG 58 ff.) — Schädigung des Mieters, Beauftragten, Geschäftsführers ohne Auftrag, Kommissionärs, Frachtführers, Aufbewahrers, Faustpfandgläubigers durch eine ihnen übergebene Sache (OR 254/255, 402 II, 422 I, 434, 442 I, 451, 473 II; vorn Komm. Art. 884 N 410 mit Belegen über die Grundlage solcher Haftpflicht überhaupt). — OR 57 regelt ein b e - s o n d e r e s Retentionsrecht für Schaden durch Tiere. — Über Schaden durch zugeführte und eingedrungene fremde Sachen (ZGB 700) nachstehend N 187.

Dem Schadenersatz ist die G e n u g t u u n g gleichzuachten (OR 47 **91** u. a. m.).

4. Forderung aus dem gleichen Rechtsverhältnis oder faktischen Verhältnis, auf das der Besitz zurückgeht

Es lassen sich zwei G r u p p e n von Fällen unterscheiden: einerseits **92** Rechtsverhältnisse aus R e c h t s g e s c h ä f t und anderseits aus a n d e r e n juristischen Tatbeständen, denen f a k t i s c h e Verhältnisse anzugliedern sind.

1. Obwohl der Wortlaut des Al. I / Art. 895 (Zusammenhang zwischen For- **93** derung und G e g e n s t a n d der Retention) nur die Fälle N 87—91 genau deckt, haben Judikatur und Doktrin nicht gezögert, die Konnexität auch zu bejahen, wenn die Forderung aus dem gleichen R e c h t s g e s c h ä f t stammt, kraft dessen der Gegenstand (Sache oder Wertpapier) in den B e s i t z d e s G l ä u b i g e r s gelangt ist. So im Ergebnis BGE 24 II 365; 71 II 88; ZBJV 39, 179; BlZR 53 Nr. 152 S. 329; gl. M. schon *Sträuli* 62; dann *Wieland* Art. 895 N 3 b/bb; *Leemann* N 43; *Geiger* 21 ff.; *Brander* 28; *Jacob* 69 ff. (zu eng BGE 65 II 153). — Demnach kann z. B. der Handwerker die zur Ausbesserung erhaltene Sache retinieren, wenn der Kunde ihn nicht Zug um Zug bezahlt. — Über die Retention für frühere, unbezahlt gebliebene Rechnungen nachstehend N 104 a.

Konnexität in diesem Sinn liegt vor bei den F o r d e r u n g e n a u f **94** E n t g e l t u. a. des

— Arbeitnehmers: OR 327, 327b, 339a III, 349e; BlZR 12 Nr. 140 S. 248 (Musterkoffer des Handelsreisenden). Eventuell stellt sich die Frage des Ausschlusses der Retention nach Art. 896, vgl. die dortigen Ausführungen sowie OR 349e II. Meist scheitert das Retentionsrecht des Arbeitnehmers von vornherein am Fehlen des Besitzes, vorstehend N 47 a. E.

— Werkunternehmers: zur Reparatur übergebene Sache, zur Verfügung gestelltes Material, OR 365; ZBJV 39, 179; 68, 390; SJZ 57, 291 f. (Näher nachstehend N 104a); 72, 359 Nr. 106; BlZR 55 Nr. 56 S. 99. Vgl. auch BGB 647. Über nicht abgeholte reparierte Gegenstände *Haab* Art. 725 N 35, von *Scherrer*.

— Bevollmächtigten, namentlich

— Beauftragten: OR 401 III. Z. B. Anwalt, Notar oder Inkassobeauftragter retiniert das ihm vom Klienten übergebene Wertpapier, SJZ 6, 320; BGE 65 II 153; 86 II 361 ff.; ZBJV 49, 517/518 = SJZ 10, 34; HE 5, 143/144. Vgl. aber hinten Komm. Art. 896 N 9 ff.

— Verwalters.

— Kommissionärs: OR 434. Über Banken Hans *Ellenberger*, Das offene Bankdepot (Diss. Bern 1925) 81, 89; nachstehend N 107 ff.

— Agenten: OR 418 o.

— Frachtführers: OR 451.

— Spediteurs: OR 439.

— Aufbewahrers: OR 472 II. Hierher gehören die Depotgebühren der Banken.

— Lagerhalters: OR 485.

— Finders: ZGB 722 II; vorstehend N 66.

95 K o n n e x i t ä t ist f e r n e r zwischen folgenden Forderungen und Retentionsgegenständen vorhanden[a]:

— Forderung auf Rückerstattung der Abzahlungen, die für einen unter Eigentumsvorbehalt gekauften Gegenstand geleistet worden sind; Retention dieses Gegenstandes durch den Käufer, wenn der Verkäufer ihn zurücknehmen will (ZGB 716, OR 226i; BGE 48 III 67; 65 II 153; 77 II 133/134; ZBJV 69, 172; SJZ 49, 128 = ZBJV 90, 41 ff., mit Angaben über das Vorgehen; *Haab* Art. 715/16 N 115 von *Scherrer*).

— Forderung auf Rückzahlung der von einem «gérant» seinem Dienstherrn erbrachten Kaution; Retention der Warenvorräte des vom «gérant» geleiteten Betriebs (gerade im Hinblick auf diese Vorräte war die Kaution verlangt worden, BGE 67 II 22).

— Forderung des Arbeitgebers aus Arbeitsvertrag gegen den Direktor einer AG; Retention der vom letzteren kraft Arbeitsvertrags (und OR 709) hinterlegten Aktien (BGE 24 II 365).

— Forderung eines Hoteldirektors auf Schadloshaltung für die von ihm für seinen Betrieb angeschafften Waren; Retention derselben (BGE 29 II 80).

— Forderung einer Pensionshalterin; Retention der vom Pensionär eingebrachten, während seiner Ferienabwesenheit zurückgelassenen Sachen (SJZ 18, 141). Ähnlich Semjud 1957, 95 für rückständigen Mietzins.

— Schadenersatzforderung des Mieters einer beweglichen Sache wegen Störung der vertragsgemäßen Benützung; Retention dieser Sache (OR 253—256, 258—259; *Geiger* 44/45; *Brander* 77 ff.; *von Tuhr/Escher* § 64 N 45). Entsprechendes gilt für den Pächter (OR 275 I, 277—281, 291 III, 299 III, 301 II; *Brander* 80 ff.).

96 — Die Konnexität ist zu bejahen, wenn ein V e r t r a g u n g ü l t i g ist und bei der Rückerstattung der bereits erfolgten Leistungen eine Partei retiniert (vgl. auch nachstehend N 102); anders, wenn Handlungsunfähigkeit oder Willensmangel in Frage stehen und diese auch die Besitzübertragung ergreifen, so daß der retinierende Gläubiger nicht «mit Willen des Schuldners» besitzt (vorstehend N 59; *Jacob* 72/73). Es ist zu beachten, daß die Eigentumsübertragung (ZGB 714 I) kausal (BGE 55 II 306 usw.), also der Erwerber mangels einer gültigen causa nicht Eigentümer geworden ist, fgl. eine fremde Sache besitzt, die der Veräußerer vindiziert (Art. 641 II), so daß insoweit die Voraussetzung für die Retention durch den Erwerber erfüllt ist. — BGE 83 II 24 ff. will demgegenüber das

---

[95a] In diesen großenteils der G e r i c h t s p r a x i s entnommenen Beispielen bleibt unerörtert, ob jeweils die ü b r i g e n Voraussetzungen des Retentionsrechts ebenfalls zu bejahen sind.

Retentionsrecht ausschließen und die Lösung in der Verpflichtung zur Rückgabe Zug um Zug finden.

— Forderung auf rückständigen Mietzins und aus der Miete resultierende Schadenersatzforderung (BlZR 53 Nr. 152). — Gegenteilige Urteile, die aber auf andern Tatbeständen beruhen, sind anschließend mitgeteilt.

Die Konnexität fehlt in folgenden Verhältnissen: **97**

— Schadenersatzforderung des Vermieters; Retention der vom ausziehenden Mieter noch nicht weggebrachten Sachen: Der Besitz geht nicht, wie die Forderung, auf den Mietvertrag zurück, sondern auf die kraft besonderer Umstände erfolgte Zurücklassung der Gegenstände (BlZR 13 Nr. 111 S. 231/232; vgl. auch SJZ 7, 46 Nr. 39).

— Forderung einer Bank aus unerlaubter Handlung und aus Bereicherung; Retention der ihr kraft Depotvertrags übergebenen Wertpapiere (BGE 48 II 5/6; vgl. auch nachstehend N 122).

— Forderung einer Bank auf Schadenersatz gegen ein Mitglied des Verwaltungsrats (OR 754); Retention der ihr kraft Depotvertrags übergebenen Wertpapiere (BGE 91 III 108).

— Forderung auf Arbeitslohn gegen den Vater der früheren Braut des Gläubigers; Retention von Sachen, die zur Aussteuer der letzteren gehören (Revue 4 Nr. 22 S. 20).

— Forderung der Erben einer Ehefrau auf Ersatz für das eingebrachte Gut; Retention von Sachen, die sich kraft Testamentes in der Nutznießung der Ehefrau befanden (ZGB 751, BGr in Semjud 1935, 23).

— Der Ehemann kann nicht der Ehefrau von einem Dritten übergebene (z. B. ihr geliehene), dann in des Ehemannes Besitz gelangte Sachen für eigene Forderungen gegen den Eigentümer der Sache — d. h. den erwähnten Dritten — retinieren (*Wieland* Art. 895 N 3 b/bb).

— Die Ausübung eines kaufmännischen Retentionsrechts zur Sicherung einer durch Zession erlangten Forderung ist unzulässig (nachstehend N 124); dies gilt um so mehr für das bürgerliche Retentionsrecht.

— Vgl. ferner BlZR 27 Nr. 184 S. 357 a. E.

— In der Literatur findet sich die Meinung, daß der Käufer die Sache, die er infolge **98** Wandelung (OR 208) zurückzugeben hat, retinieren könne. Dies geht fehl: der Käufer ist vor der Durchführung der Wandelung Eigentümer, und an eigener Sache kann kein Retentionsrecht ausgeübt werden (vorstehend N 39) *. Die Zurückbehaltung der Sache durch den Käufer bis zur Rückzahlung des Kaufpreises muß sich auf OR 82 stützen (SJZ 47, 161/162; zustimmend 55, 141 ff.). Hinsichtlich der vom Käufer gemachten Verwendungen (OR 65, 208 II) vorstehend N 88 und *Oser/Schönenberger* Art. 208 N 4: hier gilt OR 82 als anwendbar, daneben ZGB 939. Unzutreffend ZBJV 20, 440; Revue 3 Nr. 122 S. 151; *Schneider/Fick* Art. 224 N 26.

Bedeutsam ist die Ablehnung der Konnexität bei einem **99** ungültigen Pfandrecht (z. B. Verstoß gegen die Vorschriften von

---

* a. M. *Giger*, Komm. OR 208 N 8 ff., bes. 11, weil er das Kausalverhältnis bereits als dahingefallen betrachtet, weshalb der Käufer nicht Eigentümer wäre. — Diese Meinungsverschiedenheit reicht tief in die Dogmatik und kann nicht in einer Fußnote entwickelt werden. Doch neige ich zu *Gigers* Auffassung. R. B.

ZGB 901 II oder ungültiger Pfandvertrag): der Pfandgläubiger darf sich nicht durch Retention des Pfandgegenstandes eine subsidiäre dingliche Sicherung verschaffen. Sie käme auch auf ein verpöntes vertraglich umschriebenes Retentionsrecht (vorstehend N 84) und die Ausschaltung der Gültigkeitsvorschriften des Pfandrechts hinaus: BGE 20, 929; 51 II 283; HE 18, 314; SJZ 5, 294 Nr. 445 = Rep 1909, 51; ZBJV 21, 212; Revue 12 Nr. 133 [a b c].

100 Die Retention eines P f a n d g e g e n s t a n d e s kann dagegen zulässig sein, wenn ein Komplex von Rechtsverhältnissen vorliegt: nachstehend N 105.

101 2. Neben den Rechtsgeschäften (vorstehend N 93) können a n d e r e T a t - b e s t ä n d e das Rechtsverhältnis, auf das sich die Konnexität stützt, hervorrufen, solange nur immer gemäß dem N 83 hervorgehobenen Kriterium von Treu und Glauben der Zusammenhang gegeben ist. Dies gilt für eine u n - e r l a u b t e H a n d l u n g (OR 41), z. B. im Tatbestand BGE 71 II 88: durch eine Täuschung veranlaßter Erwerb einer Sache; Retention derselben durch den Getäuschten zur Sicherung seiner Schadenersatzforderung. Wie im Sachverhalt vorstehend N 93 der Besitz des Retentionsgläubigers von dem Rechtsgeschäft herrührt, aus dem seine zu sichernde Forderung stammt, so geht der Besitz hier auf den gleichen Tatbestand einer unerlaubten Handlung zurück, aus dem sich die Schadenersatzforderung herleitet. — Der B e s i t z e r a b h a n d e n g e k o m m e n e r S a c h e n hat für seinen Anspruch auf Vergütung (Art. 934 II) ein Retentionsrecht (BGE 71 II 93), desgleichen der V o r m u n d (ZGB 416; ZBJV 39, 566 ff.); anderes Beispiel: Forderung aus V e r l ö b n i s b r u c h; Retention von Aussteuergegenständen des schuldnerischen Verlobten (Revue 4 Nr. 22 S. 20 a. E.; vgl. ferner *Jacob* 79—80).

102 Auch f a k t i s c h e V e r h ä l t n i s s e können genügen; hievon ausgehend, dürfte man den vorstehend N 96 behandelten Sachverhalt des ungültigen Vertrags auch hier eingliedern, weil sich ungültige Rechtsgeschäfte im wesentlichen auf faktische Verhältnisse reduzieren.

[99a] Weitere ältere Urteile bei *Schneider/Fick* Art. 224 N 22/23. Die gleiche Meinung vertreten: Prot ExpKom III 126; *Wieland* Art. 895 N 3 b/bb; *Leemann* N 48; *Geiger* 24; *Jacob* 67; *Rossel/Mentha* n⁰ 1656/1659.

[99b] Die von *Leemann* Art. 895 N 49 in Aussicht genommene K o n v e r s i o n des ungültigen Pfandrechts in ein «nur persönlich wirksames Zurückbehaltungsrecht» wird praktisch kaum je in Betracht fallen, weil die Voraussetzungen der Konversion fehlen werden.

[99c] Das von *Müller* SAG 15, 160/161 befürwortete, auf die Allgemeinen Geschäftsbedingungen der Banken gestützte «gewillkürte Zurückbehaltungsrecht» widerspricht dem vorstehend N 15 und 84 erwähnten Ausschluß vertraglich umschriebener Retentionsrechte. Dagegen kann in einer solchen Vereinbarung die Schaffung einer nur obligatorisch wirkenden E i n r e d e gesehen werden, die der Bank die Zurückbehaltung ohne die dingliche Wirkung des Retentionsrechts (Art. 898) erlaubt, wie nachstehend N 199 ff. näher zu zeigen.

5. *Forderung aus dem gleichen Komplex von Rechtsverhältnissen oder faktischen Verhältnissen, auf den der Besitz zurückgeht*

Die Doktrin sieht durchweg die Konnexität nicht nur als vorhanden an, wenn **103** Forderung und Besitz auf das gleiche Rechtsverhältnis, namentlich Rechtsgeschäft, zurückgehen (vorstehend N 92 ff.), sondern auch, wo Forderung und Besitz von einem K o m p l e x v o n R e c h t s g e s c h ä f t e n herrühren, die unter sich zusammenhängen: *Wieland* Art. 895 N 3 b/bb; *Leemann* N 47; *Geiger* 47; *Brander* 28; *Jacob* 73 ff. (mit Vorbehalten). Das Bundesgericht teilt BGE 71 II 88 und 86 II 363 diese Auffassung, nachdem es sie anläßlich eines besonders gelagerten Falles in BGE 65 II 153 abgelehnt hat; ähnlich wie im letzteren Entscheid urteilte es Semjud 1931, 337 (Retention deponierter Titel durch eine Bank, für Forderungen aus einer Reihe von Bank- und Börsenoperationen: Konnexität verneint).

Nach der eingangs N 103 erwähnten Ansicht ist mit Recht K o n n e x i t ä t **104** b e j a h t worden, als der Verkäufer einer in defektem Zustand veräußerten Schreibmaschine dem Käufer eine Ersatzmaschine lieh und der Käufer diese für seine Forderung auf Rückerstattung des Kaufpreises der ersten Maschine retinierte (Semjud 1949, 607/608). Hier stammen Forderung und Besitz zwar aus zwei verschiedenen Verträgen, nämlich Kauf und Leihe, bilden aber einen Komplex. Konnexität liegt ferner vor, wenn Geschäftsleute (zwei Nichtkaufleute oder ein Kaufmann und ein Nichtkaufmann) «in eine auf die Dauer berechnete Geschäftsverbindung miteinander treten» (HE 15, 109) und innerhalb dieses Komplexes der Besitz am Retentionsgegenstand auf ein anderes Rechtsgeschäft zurückgeht als die zu sichernde Forderung. Gleiche Auffassung BGE 86 II 361 ff.: Retention von Wertpapieren durch Anwalt, für Honorare aus Willensvollstreckung und anschließender dauernder Rechtsberatung eines Erben. Es ist nicht zu übersehen, daß damit eine gewisse Angleichung an das kaufmännische Retentionsrecht (Al. II / Art. 895) vollzogen wird; doch ist dies nur zulässig, wo die Retention von dem das Problem der Konnexität beherrschenden Grundsatz von T r e u u n d G l a u b e n gefordert wird (vorstehend N 83; BGE 86 II 364; ablehnend Revue 8 Nr. 106 S. 155). Zu eng SJZ 58, 9.

Die Konnexität f e h l t mangels der Voraussetzungen laut N 104, wenn ein **104a** Gläubiger, dessen Reparaturrechnung (o. ä.) unbezahlt geblieben ist und der gleichwohl den Gegenstand zurückgegeben hat, diesen, wenn er ihn zu neuer Reparatur erhält, auch für die früheren Rechnung(en) retinieren will. So bezüglich des Garagisten und des je gleichen Autos: Semjud 1963, 400 f.; 1965, 351; ZBJV 96, 154; BJM 1956, 157. Gleich SJZ 60, 340 f.: frühere restliche Kaufpreisforderung, Forderungen für Aufbewahrungen und Änderung eines Pelzmantels, zum Teil mehrere Jahre zurückliegend. Gegenteilig (Konnexität bejaht) SJZ 57, 291 f. = BlZR 60 Nr. 127: Erstreckung des neu begründeten Retentionsrechts auf die früheren Forderungen.

Die neue Inbesitznahme des Gegenstandes läßt mithin das Retentionsrecht nur für die neue Forderung, nicht auch für die früheren Forderungen entstehen. Die auf diese bezüglichen Retentionsrechte sind mit der seinerzeitigen Rückgabe des Gegenstandes erloschen (nachstehend N 176, 179). Die gegenteilige Auffassung führt zu einer zu großen Bevorzugung des Retentionsgläubigers vor andern Gläubigern.

105   Im Rahmen einer Geschäftsverbindung wie N 104 erwähnt kann ein verpfändeter Gegenstand nach dem wegen der Tilgung der Forderung erfolgten Untergang des P f a n d r e c h t s für eine a n d e r e Forderung retiniert werden, statt daß ihn der Gläubiger gemäß Art. 889 I zurückgibt: BlZR 16 Nr. 177 S. 296 (gegen einen abweichenden Minderheitsantrag); dazu auch ZBJV 86, 396.

106   Von solchen Ausnahmefällen einer in den besonderen Verhältnissen begründeten Konnexität abgesehen, ist das p i g n u s   G o r d i a n u m unzulässig. Diese dem Römischen und Gemeinen Recht bekannte Rechtsfigur erlaubte dem Pfandgläubiger, nach dem U n t e r g a n g   d e s   P f a n d r e c h t s den Pfandgegenstand für a n d e r e, chirographarische, Forderungen zu retinieren, und zwar ohne die Voraussetzung der Konnexität (*Dernburg* Pand. I § 279; BGE 65 II 154; Semjud 1920, 139; ZBJV 21, 282). — Abweichend vom schweizerischen, kennen das französische und italienische Recht ein solches Zurückbehaltungsrecht des Pfandgläubigers für einen Spezialfall (CC fr 2082 II, CC it 2794 II).

107   Im B a n k verkehr finden sich Klauseln, wonach die Bank für i r g e n d w e l c h e Ansprüche gegenüber ihrem Kunden das Retentionsrecht an den bei ihr deponierten Wertpapieren sich zusichern läßt. Diese Vereinbarungen sind grundsätzlich unbehelflich, weil nicht vertraglich ein von vornherein vom gesetzlichen Erfordernis der Konnexität absehendes Retentionsrecht geschaffen werden kann (vorstehend N 15, 84). Nur wo Konnexität gemäß Art. 895 vorliegen sollte, wäre ein Retentionsrecht zulässig, aber nicht gestützt auf die erwähnte Klausel, sondern auf die gesetzliche Vorschrift. In der Klausel kann man dagegen die Schaffung einer lediglich obligatorischen Einrede sehen, die der Bank die Zurückbehaltung ohne die dinglichen Wirkungen des Retentionsrechts (Art. 898) erlaubt; darüber Näheres nachstehend N 199 ff.

108   Das Retentionsrecht ist im Bankverkehr von geringer praktischer Bedeutung, weil sich die Banken oft in ihren Pfandverträgen und Allgemeinen Geschäftsbedingungen die Verpfändung aller in ihrem Besitz befindlichen oder dahin gelangenden Wertpapiere ihrer Schuldner für einen unbegrenzten Kreis von Forderungen versprechen lassen (vorn Komm. Art. 884 N 183, 128) und deshalb des Retentionsrechts gar nicht bedürfen. Die von *Wieland* Art. 895 N 7 und nach ihm von Hans *Ellenberger*, Das offene Bankdepot (Diss. Bern 1925) 90/91, *Beeler* 136 N 25 und *Kaderli* 18/19 vorgeschlagene Umdeutung der geschilderten, auf ein Retentionsrecht lautenden Klausel in eine Pfandklausel ist deshalb insofern gegenstandslos. Sie wäre zudem unzulässig, weil OR 18 nicht die Befugnis erteilt, durch Auslegung den Inhalt eines Vertrags zu verändern *. Auch die auf einen u n b e g r e n z t e n Kreis von Forderungen lautenden P f a n d klauseln sind in diesem Ausmaß nicht haltbar, wie vorn Komm. Art. 884 N 129 gezeigt. Sie können nicht etwa — wie beigefügt sei — auf ein Retentionsrecht um-interpretiert werden: zunächst würde die Konnexität wiederum fehlen[a], und dann mangelt die rechtliche Handhabe, ein ausdrücklich als Verpfändung stipuliertes Rechtsgeschäft als Vereinbarung eines Retentionsrechtes aufzufassen.

Zusammengefaßt läßt sich auf Grund der bisherigen Betrachtungen sagen, **109** daß die Retention (im Sinne des Art. 895) der bei einer Bank d e p o n i e r t e n W e r t p a p i e r e gewöhnlich ausgeschlossen ist[a], es sei denn, die Konnexität sei auf Grund eines Komplexes von Rechts- oder faktischen Verhältnissen wirklich zu bejahen[b], oder die Bank retiniere für ihre Depotgebühren und für die mit dem Depot zusammenhängenden Verwendungen, oder dann insbesondere als Kommissionär gemäß OR 434[c].

Bei Retention eines S c h u l d b r i e f e s ist die Konnexität abzulehnen für **110** Forderungen, die von der Erhaltung und Mehrung des Wertes des G r u n d - s t ü c k e s herrühren (BGE 65 II 153/154)[a].

---

* M. E. ist die K o n v e r s i o n keineswegs auszuschliessen: Umdeutung eines am Gesetz scheiternden Rechtsgeschäfts in ein die visierten Ziele wenigstens partiell verwirklichendes, erlaubtes Geschäft, dessen gesetzliche Erfordernisse alle erfüllt wären, und sofern nach hypothetischem Parteiwillen die Parteien das Surrogat gewählt haben müßten, wenn sie sich über die Unzulässigkeit des vereinbarten Weges Rechenschaft gegeben hätten (also ähnlich OR 20 II). Es handelt sich um ein anerkanntes Institut, das sich an OR 18 nicht stößt. Vgl. mit vielen Nachweisen *von Tuhr/Peter* § 29 II, S. 228. Die Umdeutung eines rechtlich nicht möglichen vertraglichen Retentionsrechts (vorne N 15) in eine Faustpfandbestellung (deren Erfordernisse natürlich alle erfüllt sein müßten; Kommentierung von Art. 884) scheint mir nahe zu liegen. Das erreichbare Ziel ist im wesentlichen dasselbe (dingliche Sicherung), weshalb die Konversion unter dem Gesichtspunkt des hypothetischen Parteiwillens jedenfalls dann keine besonderen Schwierigkeiten bieten dürfte, wenn die gesicherte Forderung bzw. der Kreis der gesicherten Forderungen aus der Vereinbarung hervorgeht. R. B.

[108a] Dies zur Bemerkung von *Jäggi*, ZSR 68, 263/264; vgl. BGE 51 II 283.

[109a] Vgl. neben den soeben angestellten Überlegungen auch vorstehend N 97 zu BGE 48 II 5/6 und nachstehend N 122.

[109b] Dazu aber das vorstehend N 103 zit. Urteil Semjud 1931, 337.

[109c] Vorstehend N 94, 87 und nachstehend N 189.

[110a] Dem Urteil ist dagegen nicht zuzustimmen, soweit es die Berücksichtigung eines Komplexes von Rechtsgeschäften — der hier ohnehin nicht ausreichend vorliegt — s c h l e c h t - h i n zurückweist.

111 Statt aus einem Komplex von R e c h t s g e s c h ä f t e n , kann sich die Konnexität — parallel vorstehend N 101 — auch aus einem K o m p l e x a n d e r e r z u s a m m e n h ä n g e n d e r T a t b e s t ä n d e ergeben, namentlich u n e r l a u b t e r H a n d l u n g e n . So BGE 71 II 88: man kann Sachen für Forderungen retinieren, die auf andere Delikte zurückgehen als der Besitz an jenen Sachen, sofern die verschiedenen Delikte unter sich tatbeständlich zusammenhängen (in casu betrügerischer Verkauf von Bildern in zwei getrennten Geschäftsabschlüssen; Retention durch den betrogenen Käufer) [a].

112 Das Entsprechende kann für einen Komplex f a k t i s c h e r V e r h ä l t - n i s s e gelten.

b) Kaufmännisches Retentionsrecht (Al. II/Art. 895)

1. Grundsatz

113 «U n t e r K a u f l e u t e n » gilt für den als Konnexität bezeichneten Zusammenhang zwischen der zu sichernden Forderung des Retentionsgläubigers und dem Retentionsgegenstand bzw. dem Besitz an diesem eine e r l e i c h - t e r n d e Umschreibung: die Konnexität ist schon vorhanden, «sobald der Besitz sowohl als die Forderung aus» dem «g e s c h ä f t l i c h e n V e r - k e h r » der Parteien «herrühren». Der Sachverhalt des Al. II wird als k a u f - m ä n n i s c h e s R e t e n t i o n s r e c h t bezeichnet. Unter Kaufleuten ist es demnach im Grundsatz belanglos, ob Besitz und Forderung auf den gleichen Vertrag zurückgehen oder auf verschiedene Verträge, solange diese nur dem geschäftlichen Verkehr zwischen den Parteien entstammen. Der Gläubiger erlangt den Besitz z. B. heute als Aufbewahrer (OR 472 I) und retiniert für eine früher entstandene, auf Zahlung eines Kaufpreises lautende, von dem jetzigen Hinterlegungsvertrag völlig unabhängige Forderung gegen den gleichen Schuldner. Dazu ZBJV 24, 163/164; 31, 165; 40, 152; BGE 74 II 142.

114 Das M o t i v für diese leichtere Zulassung des Retentionsrechts ist in der Überlegung zu suchen, daß unter Kaufleuten die Geschäfte gewöhnlich nicht vereinzelt bleiben, sondern im Rahmen einer mehr als augenblicklichen Verbindung abgewickelt werden. Dies rechtfertigt, daß der Gläubiger zu seiner Sicherung für noch unerfüllt gebliebene Forderungen benützen darf, was immer er an Gegenständen des Schuldners im Besitz hat (BGE 40 II 209), sofern nur die nachstehend zu erwähnenden Voraussetzungen erfüllt sind.

115 Die Konnexitäts-T a t b e s t ä n d e des b ü r g e r l i c h e n Retentions-

---

[111a] Das Gericht spricht irrtümlich von Konnexität unter F o r d e r u n g e n , während richtigerweise die Konnexität im Sinn des Art. 895 I sich auf den Zusammenhang von Forderung und Retentions g e g e n s t a n d bzw. B e s i t z bezieht, vorstehend N 101.

rechts (vorstehend N 87 ff.) k ö n n e n auch beim kaufmännischen vorliegen, m ü s s e n es aber n i c h t. Auch hier darf folglich retiniert werden für Forderungen auf Ersatz von Verwendungen oder von Schaden, der von der Sache verursacht worden ist, für Entgeltsforderungen u. a. m. Das kaufmännische Retentionsrecht gilt nicht nur in Verbindung mit V e r t r ä g e n, sondern auch mit e i n s e i t i g e n R e c h t s g e s c h ä f t e n (z. B. Realofferte durch Zusendung von Waren), oder mit a n d e r n T a t b e s t ä n d e n als Rechtsgeschäften, wie u n e r l a u b t e n H a n d l u n g e n, u n g e r e c h t f e r t i g t e r B e r e i c h e r u n g (BGE 48 II 6), oder f a k t i s c h e n V e r h ä l t n i s s e n (vorstehend N 102, 112). Die fraglichen Rechtsgeschäfte und Verhältnisse können, müssen aber nicht, als Komplexe (im Sinn wie vorstehend N 103 umschrieben) auftreten; stets genügt aber die Zugehörigkeit zum geschäftlichen Verkehr. Hierin ruht die Konnexität.

2. Voraussetzungen

1. B e i d e Parteien müssen K a u f l e u t e sein. Die Kaufmannseigen- **116** schaft bestimmt sich nach der Pflicht zur Eintragung ins Handelsregister (OR 934 I und HandelsregisterV von 1937 Art. 52 ff.): HE 15, 109; BlZR 16 Nr. 177 S. 296; 27 Nr. 184 S. 357. Auch wer nicht eingetragen ist, aber eingetragen werden sollte, untersteht dem Al. II / Art. 895 (BGE 78 II 142; BlZR 16 Nr. 177 S. 296). Zur Eintragungs p f l i c h t muß noch die t a t s ä c h l i c h e, erkennbare Ausübung eines nach kaufmännischer Art geführten Gewerbes kommen (BGE 48 II 5/6; BlZR 13 Nr. 195 S. 375). Die letztere Voraussetzung gilt auch bei freiwilliger Eintragung (OR 934 II), die dann ebenfalls zur Anwendbarkeit von ZGB 895 II führt. — Der Direktor einer Bank, eines Hotels, einer AG usw. ist als solcher nicht Kaufmann (BGE 11, 384; 24 II 364; 29 II 80). Das gleiche gilt für andere kaufmännische Angestellte (dazu BGr Semjud 1931, 341), für den Verwaltungsrat einer AG usw. (BGE 91 III 108). — Zur Frage *Wieland*, Handelsrecht I (München / Leipzig 1921) 444 N 28; Bernh. *Rüfenacht*, Die Begriffe «Kaufmann, Handelsverkehr ...» (Diss. Bern 1926) 71.

2. Besitz und Forderung müssen gemäß Al. II / Art. 895 aus dem «g e - **117** s c h ä f t l i c h e n V e r k e h r» der Parteien «herrühren», somit aus ihrer geschäftlichen Beziehung stammen und beidseitig mit der Eigenart des Geschäftsbetriebs zusammenhängen (franz. und ital. Text: r é s u l t e n t de leurs relations d'affaires, derivano dalle loro relazioni d'affari). — Beispiele aus der Gerichtspraxis: Das Vorhandensein der soeben erwähnten Voraussetzung wurde bejaht bezüglich der aus einem Gefälligkeitswechsel stammenden Forderung (BGE 15, 376). Ein typischer «geschäftlicher Verkehr» ist der mit einem Kontokorrentverhältnis verbundene (BGE 43 II 766). Dagegen verläßt ein

Kolonialwarenhändler, der einem Baugeschäft ein einmaliges Darlehen gibt, den Bereich seines «geschäftlichen Verkehrs» und kann kein Retentionsrecht beanspruchen (dazu BlZR 16 Nr. 177 S. 299/300). Das gleiche gilt für einen Metzger, der die Wagen eines Hotels in seiner Remise aufnimmt und für seine Forderungen aus Fleischlieferung retinieren will (SJZ 4, 98/99). Die Geschäfte eines im Handelsregister eingetragenen Angestellten mit seiner Firma gehören nicht zu seinem «geschäftlichen Verkehr» (Semjud 1931, 341), desgleichen die Überlassung von Wertpapieren aus Gefälligkeit, um dem Empfänger die Sicherung eines Kredits bei seiner Bank zu ermöglichen, so daß der Empfänger kein Retentionsrecht ausüben darf (Semjud 1926, 267). Vgl. ferner Semjud 1889, 218; SJZ 60, 340 Erw. 1.

118 Das Gesetz verlangt nicht eine d a u e r n d e Beziehung zwischen Retentionsgläubiger und Schuldner.

119 Der Zusammenhang mit dem geschäftlichen Verkehr bedeutet eine beachtliche E i n e n g u n g des Bereiches des kaufmännischen Retentionsrechts.

3. Einzelne Fälle

120 Die Kaufmannseigenschaft, der Besitz und die Forderung müssen im Z e i t - p u n k t vorhanden oder erworben sein, da der «geschäftliche Verkehr» bestand. Verlust der Kaufmannseigenschaft oder Dahinfallen des Geschäftsverkehrs nach der Begründung des Retentionsrechts beeinträchtigen dieses nicht; gl. M. *Leemann* Art. 895 N 59; *Jacob* 82; a. M. *Geiger* 68; *Brander* 34. — Al. II / Art. 895 ist anwendbar auf den Saldo aus einem Kontokorrentverhältnis, obwohl der Gläubiger den Retentionsgegenstand erst nach Aufhören des Verhältnisses und damit des geschäftlichen Verkehrs erlangt hat (BGE 10, 275/276).

121 Herrühren aus dem «geschäftlichen Verkehr» vorausgesetzt, kann bei Ungültigkeit eines P f a n d r e c h t s oder nach dem Untergang eines solchen (namentlich wegen Tilgung der pfandgesicherten Forderung, Art. 889 I) der Pfandgegenstand vom Pfandgläubiger retiniert werden, im zweiten Fall somit für eine andere als die ursprünglich pfandgesicherte Forderung, so daß die Wirkung des pignus Gordianum sich hier verwirklicht. Beides gilt abweichend von der Regelung für das bürgerliche Retentionsrecht (vorstehend N 99, 106): BGE 65 II 154; BlZR 16 Nr. 177 S. 296, 299/300; ZBJV 86, 397.

122 Einer B a n k ins D e p o t gegebene Wertpapiere unterliegen dem Retentionsrecht nicht für beliebige Forderungen der Bank, auch wenn der Deponent ein Kaufmann ist, weil die Hinterlegung sehr wohl außerhalb des zwischen den Parteien herrschenden Geschäftsverkehrs erfolgt sein kann (dazu BGE 43 II 766). Anders, wenn die Wertpapiere u. a. im Hinblick auf Kredite der Bank ins Depot gegeben wurden: Hans *Ellenberger* (zit. vorstehend N 108) 90; zutreffend im Ergebnis BGr in Semjud 1913, 344/345; auch SJZ 9, 341 =

Semjud 1913, 245[a]. — Das von einer Bank bei einer anderen Bank errichtete Depot fällt unter Art. 895 II (BlZR 32 Nr. 191 S. 368).

Da auch für Forderungen aus anderen Tatbeständen als Rechtsgeschäften **123** retiniert werden darf (vorstehend N 115), erfaßt Al. II/Art. 895 den Anspruch für Ersatz von K o s t e n aus einem mit dem «geschäftlichen Verkehr» zusammenhängenden P r o z e ß.

Hat der Gläubiger durch Z e s s i o n eine Forderung erworben, nachdem **124** er bereits Sachen des debitor cessus im Besitz hatte, so ist deren Retention mangels Konnexität ausgeschlossen: die Forderung stammt nicht, wie Art. 895 II voraussetzt[a], aus dem Geschäftsverkehr des Gläubigers mit dem debitor cessus (als dem Schuldner im Sinne der Al. I/II/Art. 895 und Eigentümer der retinierten Sache), sondern aus dem Geschäftsverkehr des debitor cessus mit dem Zedenten: so *Sträuli* 65; *Geiger* 61 ff.; *Brander* 16/17; *Jacob* 134; *Leemann* Art. 895 N 57; offenbar auch *Wieland* N 4. Zustimmend SJZ 53 Nr. 121 S. 274. Das Retentionsrecht hat jedoch Bestand, wenn es der Sicherung von Wertpapierforderungen dient (vgl. die obigen Zitate von *Geiger* und *Wieland*; *Brander* 33/34; *Jacob* 135; *Leemann* N 58. — Über die in der Literatur früher viel diskutierte Frage noch *König*, ZBJV 27, 528.

Gemäß OR 434 (auch 439), 451, 485, 418o, 349e, 401 bezieht sich das **125** Retentionsrecht des K o m m i s s i o n ä r s (auch des S p e d i t e u r s), des F r a c h t f ü h r e r s , L a g e r h a l t e r s , A g e n t e n , H a n d e l s - r e i s e n d e n und B e a u f t r a g t e n in erster Linie auf Forderungen und Gegenstände aus dem j e w e i l i g e n Vertrag. Sind indessen die Voraussetzungen des Art. 895 Al. II erfüllt, so kann unter Berufung auf d i e s e Vorschrift für Forderungen aus a n d e r n Verträgen zwischen den gleichen Parteien und können andere Gegenstände des Schuldners retiniert werden[a]. Obwohl dies als durchaus selbstverständlich erscheint, ist die Frage in der Literatur kontrovers, wofür neben den Kommentaren zu den zit. Artikeln des OR verwiesen sei auf *Geiger* 50 ff.; *Brander* 57 ff.; 65 ff., 75 ff.; *Jacob* 84/85. Wie hier entscheidet SJZ 47, 378 Nr. 147, a. E.

[122a] Die Frage ist unerörtert geblieben BGE 47 II 537, 539, 549 lit. c. — Vgl. auch vorstehend N 109.

[124a] Man beachte den Ausdruck «. . . herrühren . . .».

[125a] Dazu BGE 40 II 209 und vor allem 38 II 173/174; 46 II 381 ff.: Retention von Vanille für den Frachtlohn aus einem früheren, den Transport von Feigen betreffenden Vertrag. — Unzutreffend BlZR 11 Nr. 84 S. 132, sofern in casu beide Parteien Kaufleute sind, was aus dem Urteil nicht hervorgeht; zutreffend BlZR 21 Nr. 52 S. 130 Ziff. 2 zu OR 485; SJZ 29, 81.

V. Gutgläubiger Erwerb des Retentionsrechts und seine Schranken (Al. III/Art. 895)

A. Grundsatz und Rechtsfolgen

126   Gegenstand des Retentionsrechts sind Sachen und Wertpapiere, die im E i g e n t u m   d e s   S c h u l d n e r s   stehen (vorstehend N 38 ff.). Gemäß Al. III/Art. 895 kann indessen der Gläubiger, sofern er   g u t g l ä u b i g   ist, auch Gegenstände retinieren, die einem   D r i t t e n   g e h ö r e n.   Die Vorschrift stellt die Parallele dar zur Bestimmung des Art. 884 II über den gutgläubigen Erwerb des Faustpfandrechts und ist ein Anwendungsfall des allgemeinen Prinzips von Art. 933, dessen Wortlaut freilich am Tatbestand des Retentionsrechts vorbeigeht, weil er allein von der Übertragung einer Sache «zu Eigentum oder zu einem beschränkten dinglichen Recht» spricht. Beim Retentionsrecht wird die Sache jedoch nur zu Besitz übertragen, und die Schaffung des dinglichen Rechts — des Retentionsrechts nach Al. I oder III/ Art. 895 — ist eine bei der Besitzübertragung nicht beabsichtigte sekundäre Folge der Besitzübertragung. Entscheidend ist aber nicht dieser Unterschied, sondern das den Art. 933 und 895 III Gemeinsame: daß das Gesetz das Vertrauen in die   L e g i t i m a t i o n   d u r c h   d e n   B e s i t z   schützt (dazu BGE 38 II 199). Der Besitz legitimiert im Falle des Art. 884 den unbefugten Verpfänder, im Falle des Retentionsrechts den Schuldner als denjenigen, der dem Gläubiger (und zwar kraft dieser Legitimation mit dem Anschein der Berechtigung) eine Sache zu Besitz überträgt (Al. I/Art. 895). Es ist der Eigentümer der Sache, der diesen Anschein schafft, indem er sie seinem Partner anvertraut. Der die Sache von diesem Partner — dem Schuldner im Sinne des Art. 895 — zu Besitz erhaltende Retentionsgläubiger kann an der Sache, wenn er den Schuldner für den Eigentümer hält, sein Retentionsrecht ausüben, und der wirkliche Eigentümer muß dies, weil er den erwähnten Anschein erzeugt hat, dulden.

127   Das letztere ist die   R e c h t s f o l g e   d e s   g u t g l ä u b i g e n   E r w e r b s :   Die Sache eines unbeteiligten Dritten wird durch das Retentionsrecht belastet, kann nötigenfalls zum Nachteil ihres dem Retentionsgläubiger nichts schuldenden Eigentümers verwertet werden (Art. 898; vorn Komm. Art. 884 N 362). Bei   b ö s e m   G l a u b e n   des Retentionsgläubigers kann dagegen der Eigentümer die Sache vindizieren (Art. 936; Komm. Art. 884 N 378).

128   Über die   K o n k u r r e n z   eines gutgläubig erworbenen Retentionsrechts mit einem Faustpfandrecht oder einem anderen Retentionsrecht vorn Komm. Art. 893 N 19—21 und die sinngemäß gültigen Ausführungen Komm. Art. 884 N 363, Art. 893 N 28.

Die Probleme sind vielfach die selben wie hinsichtlich des F a u s t p f a n d - **129**
r e c h t s (Art. 884 II und dort Komm. N 323 ff.), so daß für nachstehend
nicht behandelte Einzelheiten vorweg auf die frühere Darstellung v e r w i e s e n
sei. Die Sachlage ist freilich beim Retentionsrecht meist wesentlich einfacher.

Auch der V e r m i e t e r und der V e r p ä c h t e r können gutgläubig **130**
ein Retentionsrecht erwerben (OR 273, 286 III).

B. Gegenstand des guten Glaubens

Es sind folgende T a t b e s t ä n d e auseinander zu halten: **131**

1. Der Wortlaut des Al. III / Art. 895 weist darauf hin, daß der gute Glaube **132**
vor allem das v e r m e i n t l i c h e E i g e n t u m d e s R e t e n t i o n s -
s c h u l d n e r s erfaßt: das Retentionsrecht kann auch dort entstehen, wo der
Retentionsgläubiger — wenn auch fälschlicherweise — annimmt und annehmen darf, daß die Sache dem Schuldner gehört (so aOR 227; BGE 38 II 199;
40 II 210 Ziff. 5; ZBJV 72, 255). Diese Annahme des Gläubigers wird regelmäßig darauf zurückgehen, daß der Schuldner sich «als Eigentümer geriert»
(BGE 38 II 202) und stellt den praktischen Hauptfall dar. Aus Art. 930 I fließt,
daß der Gläubiger den Schuldner kraft dessen Besitzes als Eigentümer vermuten
darf (BlZR 32 Nr. 191 S. 369).

2. Der Komm. zu Art. 884, N 345, erwähnte Tatbestand der v e r m e i n t - **133**
l i c h e n V e r f ü g u n g s b e f u g n i s d e s S c h u l d n e r s, der
E i g e n t ü m e r ist, ist auch beim Retentionsrecht denkbar (z. B. Entzug der
Verfügungsbefugnis gemäß SchKG 96; SJZ 30, 49 Nr. 48). Je nach den Komm.
zu Art. 884, N 345 ff., mitgeteilten Lösungen kann das Retentionsrecht gutgläubig erworben werden oder nicht; das Fehlen des Erwerbes trifft vor allem
zu für Sachen, die nach der Konkurseröffnung über den Schuldner oder nach
der Nachlaßstundung (mit oder ohne jetzt erfolgendes Hinzutun des Schuldners)
in den Besitz des Gläubigers gelangen: vorstehend N 57 (mit Belegen).
BGE 59 III 102 wird die Anwendung des Art. 203 II SchKG (gutgläubiger
Erwerb eines Pfandrechts mit Hilfe eines Warenpapiers) n a c h der Konkurseröffnung (aber vor der Konkurspublikation) auf das Retentionsrecht abgelehnt
(gegenteilig BGE 38 II 203; 40 II 210).

3. Der gute Glaube kann sich weiter beziehen auf die v e r m e i n t l i c h e **134**
V e r f ü g u n g s b e f u g n i s d e s S c h u l d n e r s, wenn der Gläubiger
weiß (oder wissen sollte), daß die Sache einem D r i t t e n gehört: der
Gläubiger nimmt an und darf annehmen, daß der Schuldner berechtigt sei, im
fremden oder eigenen Interesse über die Sache zu verfügen, sie in seinen Besitz
zu übertragen (dazu BlZR 32 Nr. 191 S. 369; *Wieland* N 5 c; bes. ZBJV 70,

435) ª. So denn auch, wenn der Gläubiger weiß, daß ein Eigentumsvorbehalt besteht, aber annehmen darf, der Schuldner sei befugt, ihm den Besitz (z. B. zwecks Reparatur der Sache) zu verschaffen: BGE 85 II 590 f.

135   Auf die Frage, ob der Gläubiger des Ehemannes S a c h e n   d e r   E h e - f r a u , die der Ehemann in den Besitz des Gläubigers übertragen hat, retinieren könne, ist ZGB 202 II anzuwenden; darüber und über den parallelen Fall bei der Gütergemeinschaft (Art. 217 II) vorstehend N 42.

136   Aus den obigen Feststellungen ergibt sich ferner: Hat der dritte Eigentümer der Besitzübertragung durch den Schuldner auf den Gläubiger zum voraus oder nachträglich z u g e s t i m m t , so ist das Retentionsrecht geschützt, auch wenn der Gläubiger weiß, daß die Sache nicht dem Schuldner gehört (dazu BGE 38 II 203; BJM 1956, 155).

137   4. Für die Frage, ob Sachen, welche kraft ö f f e n t l i c h e n   R e c h t s nicht retiniert werden d ü r f e n (hinten Komm. Art. 896 N 33), gleichwohl gutgläubig retiniert werden k ö n n e n , sind die vorn Komm. Art. 884 N 252/253 angestellten Überlegungen maßgebend.

C. Erfordernisse des guten Glaubens

138   Ob guter Glaube bestehe, ist nach den für das F a u s t p f a n d r e c h t dargestellten, hier sinngemäß anzuwendenden Regeln zu beurteilen: vorn Komm. Art. 884 N 355 ff. Auch beim Retentionsrecht wird der gute Glaube v e r - m u t e t (ZGB 3 I; BlZR 32 Nr. 191 S. 370; ZBJV 39, 177/178; 55, 487). Er muß im Z e i t p u n k t des Erwerbs des Besitzes durch den Gläubiger vorhanden sein; nachherige Kenntnis vom Mangel der Berechtigung des Schuldners ist unerheblich (BGE 38 II 174; ZBJV 55, 487; BlZR 51 Nr. 181 S. 334). Anders, wenn der Gläubiger die Forderung ungeachtet dieser nachherigen Kenntnis erst entstehen läßt, z. B. die Reparatur der Sache erst an die Hand nimmt, nachdem er erfahren hat, daß sie einem Dritten gehört (ZBJV 52, 376). — Der Eintrag im R e g i s t e r der Eigentumsvorbehalte zerstört den guten Glauben nicht (Semjud 1917, 493).

139   Über die Sonderfrage, unter welchen Voraussetzungen der gute Glaube einer B a n k zu bejahen sei, bei der eine andere Bank Wertpapiere ihrer Kunden deponiert hat, BlZR 32 Nr. 191 S. 369 ff. und 367/368: es gelten keine anderen

---

134a Dieser Gedanke liegt auch schon in der BGE 38 II 202/203 gebrauchten Wendung, der gute Glaube decke das Verfügungsrecht, und das Retentionsrecht entstehe, «sobald der Gläubiger nicht weiß oder nicht wissen sollte, daß der Schuldner ihm die Sache nicht überlassen darf».

als die gewöhnlichen Regeln über die Gutgläubigkeit; dem Gläubiger anscheinend entgegenkommende Usancen ändern daran nichts, weil sie unmöglich die Rechtslage des dritten Eigentümers der retinierten Sachen zu verschlechtern vermögen.

D. Abhanden gekommene Sachen

Mit der Wendung «... soweit nicht Dritten Rechte aus früherem Besitze zu- **140** stehen ...» will Al. III / Art. 895 (gleich wie Art. 884 II) ausdrücken, daß der g u t g l ä u b i g e   E r w e r b   versagt, wenn a b h a n d e n   g e k o m - m e n e   S a c h e n in Frage stehen, die gemäß Art. 934 vindizierbar sind, was während fünf Jahren der Fall ist. Es gelten die gleichen Regeln wie für das Faustpfandrecht (Komm. Art. 884 N 325 und 367 ff.). Die Vergütung gemäß Art. 934 II bemißt sich nach der Forderung des Retentionsgläubigers; ist der Wert der Sache kleiner, dann ist dieser maßgebend. Abhanden gekommenes Geld und vor allem I n h a b e r p a p i e r e unterstehen der Vorschrift des Art. 934 nicht, so daß an ihnen kraft guten Glaubens ein Retentionsrecht entstehen kann (Art. 935 und Komm. Art. 884 N 325 und 376 ff.).

VI. Quantitative Begrenzung des Retentionsrechts

Aus dem das Retentionsrecht beherrschenden Prinzip von Treu und Glauben **141** fließt, daß der Gläubiger n u r   s o   v i e l e   G e g e n s t ä n d e   z u r ü c k - b e h a l t e n und verwerten darf, als zu seiner Sicherstellung und Befriedigung n ö t i g. Er hat die Auswahl. Das Mehr an Gegenständen kann der Schuldner ohne Sicherheitsleistung (Art. 898 I) herausverlangen: BGE 46 II 388/389; 78 II 144; BlZR 5 Nr. 145 S. 170; Semjud 1957, 96 und schon BGE 21, 771/772. Dies trifft auch zu, wenn sich die Forderung während der Dauer der Retention verkleinert. Der für das Faustpfandrecht in Art. 889 II aufgestellte Grundsatz der Unteilbarkeit der Pfandhaftung gilt folglich beim Retentionsrecht nur für unteilbare Sachen. Übermäßige Retention macht den Gläubiger schadenersatzpflichtig (nachstehend N 164).

Entsprechendes ist für das Retentionsrecht des V e r m i e t e r s in OR 274 I **142** vorgesehen.

VII. Rechtsstellung des Retentionsgläubigers in dinglicher und obligatorischer Hinsicht – Sein Schutz und seine Haftung

143   **A. Allgemein.** Die Rechtsstellung des Retentionsgläubigers kennzeichnet sich durch die Gesamtheit der ihm zustehenden R e c h t e und der ihm obliegenden P f l i c h t e n. Diese ergeben sich teils unmittelbar aus dem Gesetz (Art. 895—898), teils aus zusätzlichen Überlegungen (z. B. vorstehend N 141, nachstehend N 144 ff.) oder aus weiteren sachen- und obligationenrechtlichen Bestimmungen (hierüber ebenfalls nachstehend). Über die W i r k u n g e n insbesondere vgl. die Darlegungen zu Art. 898: der Gläubiger kann namentlich den retinierten Gegenstand bis zu seiner Befriedigung zurückbehalten (Art. 895 I) und sich gegebenenfalls aus dem Erlöse bezahlt machen (Art. 898 I / 891 I). Neben den aus der d i n g l i c h e n N a t u r des Retentionsrechts fließenden Folgerungen bestehen o b l i g a t o r i s c h e Rechte und Pflichten. Eine Reihe von Konsequenzen ergeben sich aus der Stellung des Gläubigers als B e s i t z e r s.

144   **B. Veräußerung und zusätzliche Belastung des Retentionsgegenstandes.** Der Eigentümer der retinierten Sache vermag diese zu v e r ä u ß e r n (entsprechend der Lage beim Faustpfandrecht, vorn Komm. Art. 884 N 399). Der Erwerber erhält das Eigentum belastet mit dem Retentionsrecht (ZBJV 86, 397). Der Gläubiger kann die Auslieferung der Sache an den Erwerber mittels der Berufung auf sein Retentionsrecht verweigern. Der gute Glaube des Erwerbers, der die Sache bei der Eigentumsübertragung (Art. 714 I / 924) für unbelastet hält, hindert den Gläubiger nicht, gegenüber dem Erwerber die Einrede der Retention zu erheben (gl. M. Erl II 387 Ziff. 3, a. E.; *Homberger* Art. 924 N 11; *Stark* Art. 924 N 38). Dies gilt unabhängig davon, ob der Gläubiger schon vor der Eigentumsübertragung gegenüber dem Veräußerer die Ausübung des Retentionsrechts erklärt hat oder sich erst nachher darauf beruft. Diese Lösung fließt sowohl aus Art. 924 III — die Eigentumsübertragung wird durch Besitzanweisung vollzogen — wie aus dem Wesen des Retentionsrechts, das bei gegenteiliger Entscheidung ohne weiteres illusorisch gemacht werden könnte. Gleiches trifft zu bei V e r p f ä n d u n g des retinierten Gegenstandes mittels Besitzanweisung (Art. 884 I / 924).

145   Am retinierten Gegenstand kann ein (nachgehendes) P f a n d r e c h t errichtet werden. Die Art. 886 und 903 sind sinngemäß anwendbar: das Retentionsrecht ist als vorgehendes Pfandrecht aufzufassen. Auch eine nachgehende N u t z n i e ß u n g ist denkbar.

C. Veräußerung der gesicherten Forderung; Übertragung des Re- 146
tentionsrechts. Darüber nachstehend N 167 ff.

D. Vermutung aus dem Besitz. Der Retentionsgläubiger kann die in 147
Art. 931 I/II geordnete, auf seinen Besitz gestützte Vermutung geltend machen.

E. Schutz des gutgläubigen Erwerbes. Der Schutz knüpft an den 148
B e s i t z an; darüber Art. 895 III, 933 ff. und vorstehend N 126 ff.

F. Schutz des Retentionsgläubigers. Der Gläubiger darf die Sache bis 149
zu seiner Befriedigung z u r ü c k b e h a l t e n (Art. 895 I); so lange ist er
in den nachstehend aufgezählten Richtungen geschützt.

a) Besitzesschutz. Die Vorschriften Art. 926—929 sind anwendbar, auch 150
gegenüber dem Eigentümer der retinierten Sache (vgl. bes. Art. 927; dazu
BlZR 12 Nr. 163; 17 Nr. 192 S. 349).

b) Besitzesrechtsklage (Fahrnisklage). Der Retentionsgläubiger kann auf 151
Grund der Art. 934 und 936 die ihm a b h a n d e n g e k o m m e n e Sache
herausverlangen, auch vom Eigentümer, der sie ihm wider seinen Willen weggenommen hat. Für Ordrepapiere gelten OR 1006 II, 1112, 1152 II, für Inhaberpapiere ZGB 935.

c) Kein vindikatorischer und negatorischer Anspruch. Anders als dem Faust- 152
pfandgläubiger (vorn Komm. Art. 884 N 408), steht dem Retentionsgläubiger
kein auf sein R e c h t gestützter (v i n d i k a t o r i s c h e r) Anspruch auf
Herausgabe der Sache zu; gl. M. Erl II 326; *Wieland* Art. 895 N 2 a; *Leemann*
N 7; *von Tuhr / Peter* § 3 nach N 41; *Jacob* 34/35. — Es fehlt das dem Besitz
zugrunde liegende Recht, das dem Eigentümer und Pfandgläubiger die Vindikation ermöglicht; vielmehr ist das Recht des Retentionsgläubigers die Folge des
Besitzes und der Konnexität zwischen diesem bzw. der Sache und der Forderung.

Der V e r m i e t e r und der V e r p ä c h t e r verfügen über den beson- 153
deren Rechtsbehelf des Art. 284 SchKG, der für den Retentionsgläubiger im
Sinne des Art. 895 nicht gilt (BGE 51 III 151 ff.).

Was für den vindikatorischen, trifft auch für den n e g a t o r i s c h e n 154
Anspruch zu (Art. 884 N 408; zustimmend *Meier-Hayoz* Art. 641 N 60).

d) Feststellungsklage. Sie fällt in Betracht nach der Komm. Art. 884 N 409 155
erwähnten Maßgabe.

e) Anspruch auf Schadenersatz und Genugtuung. Entsprechend den vorn 156
Komm. Art. 884 N 410/411 hinsichtlich des Faustpfandrechts gemachten Darlegungen erwachsen dem Gläubiger Ansprüche infolge Schädigung durch die
retinierte Sache. Auch entgangener Gewinn, Verwendungen (Kosten) können
zum Schaden gehören (ZBJV 91, 491). So darf ein Garagist den Betrag verlangen, den er sonst für das Einstellen des Fahrzeugs fordern dürfte (ZBJV 98,

201 f. = SJZ 60, 61, betr. Boot). Solche Ansprüche können sich nicht auf die Verletzung des V e r t r a g s stützen, kraft dessen der Gläubiger die Sache seinerzeit zu Besitz erhalten, da er die Sache nunmehr außerhalb dieses Vertrags kraft Retentionsrechts innehat. Dagegen ist mittels A n a l o g i e die vertragliche Haftung anzuwenden (OR 97 I, 473 II). So gut im Rahmen der culpa in contrahendo für vorvertragliche Schädigungen die vertragliche Haftpflicht übernommen wird (BGE 68 II 303 und zahlreiche Autoren; z. B. *Schönenberger / Jäggi* OR 1 N 593 ff.), kann dies hier für nachvertragliche Schädigungen gelten. Der Schadenersatz ist vom Retentionsrecht gedeckt.

157 Wo die Voraussetzungen der Anspruchskonkurrenz erfüllt sind, kann man auch die Grundsätze der a u ß e r v e r t r a g l i c h e n S c h ä d i g u n g heranziehen (OR 41 I; Komm. Art. 884 N 410).

158 **G. Haftung des Gläubigers.** Es sind z w e i F ä l l e auseinander zu halten.

159 1. Zunächst ist *Art. 890* anwendbar, und damit die dortigen Ausführungen des Kommentars, bes. N 7 ff. (zustimmend Semjud 1957, 96). Darnach haftet der Gläubiger sowohl für den Schaden infolge W e r t v e r m i n d e r u n g oder U n t e r g a n g e s des retinierten Gegenstandes, wie für den durch e i g e n m ä c h t i g e V e r ä u ß e r u n g oder V e r p f ä n d u n g bewirkten. Gleich wie im Fall des Art. 890 (dort N 27), gelten die Regeln der v e r t r a g l i c h e n H a f t u n g. Zwar hat man, wie soeben N 156 gezeigt, nicht eigentlich eine Verletzung des Vertrags (OR 97 I), gestützt auf den der Gläubiger den Gegenstand zu Besitz erhalten hat, vor sich; doch sind mittels Analogie die Grundsätze der vertraglichen Haftung beizuziehen. Damit löst sich die Kontroverse zwischen *Wieland* Art. 895 N 2 d und *Leemann* N 71, von denen der erstere für die Anwendung der Regeln des Vertrags, kraft dessen der Gläubiger den Gegenstand erhalten hat, eintritt, der zweite für den Beizug des Art. 890. Bei den Tatbeständen des Al. I / Art. 890 ist die E x k u l p a t i o n zulässig, nicht aber im Falle des Al. II / Art. 890 (dort N 38, 39). Mit der vertraglichen kann eine a u ß e r v e r t r a g l i c h e H a f t u n g konkurrieren (OR 41; dazu Komm. Art. 890 N 28).

160 Der Gläubiger ist allgemein zu einem Verhalten nach T r e u u n d G l a u b e n verpflichtet.

161 Über die S c h u t z m a ß n a h m e n des Eigentümers der Sache Komm. Art. 890 N 33 ff. Die dort empfohlene Hinterlegung der gefährdeten Sache an einem dritten Ort wird in BGE 37 I 560 für das Retentionsrecht des Vermieters zugelassen und ist auch beim Retentionsrecht nach Art. 895 angezeigt. Für das Vermieter-Retentionsrecht billigt BGE 37 I 556 ff. dem Schuldner das Recht zu, vom Betreibungsamt zu verlangen, daß es die vom Vermieter in der Wohnung zurückbehaltenen Sachen wegen Gefahr der Verderbnis in amtliche

Verwahrung nehme. Beim Retentionsrecht im Sinne des Art. 895 kann dies erst in Betracht fallen, nachdem der Gläubiger Betreibung auf Pfandverwertung angehoben hat (analog SchKG 124/156).

Über die Lage bei K u r s v e r l u s t und anderen Fällen d r o h e n d e n **162** S c h a d e n s vgl. im übrigen Komm. Art. 890 N 12, 20 ff.; Art. 891 N 16, 27.

2. Der Gläubiger wird, abgesehen von Art. 890, auch haftbar, wenn er **163** u n b e r e c h t i g t e r w e i s e — d. h. ohne daß die Voraussetzungen gemäß Art. 895—897 erfüllt sind — ein R e t e n t i o n s r e c h t b e a n s p r u c h t und die Herausgabe der Gegenstände verweigert: BlZR 11 Nr. 84 S. 132; 37 Nr. 55 (f) S. 109/110; 55 Nr. 158. Es ist eine v e r t r a g l i c h e Haftung (OR 97 I), indem die (durch die unberechtigte Retention verletzte) Pflicht des Gläubigers zur Rückgabe sich auf den Vertrag stützt, kraft dessen der Gläubiger die Sache erhalten hat. Denn unberechtigte Retention besagt, daß die Einrede, die dem Gläubiger bei berechtigter Retention die Verweigerung der sonst (vertraglich) geschuldeten Rückgabe erlaubt, zurückzuweisen ist, also die Pflicht zur Rückgabe besteht. Sobald Verzug eingetreten, kommt zum Schadenersatz die Haftung für Zufall (OR 103). Ist n i c h t ein Vertrag die Grundlage des Besitzes des Gläubigers, sondern ein anderer Umstand, so stützt sich die Haftung statt auf Vertrag auf die einschlägigen Bestimmungen (z. B. auf OR 419 ff., ZGB 751; vorstehend N 47).

Die gleiche Haftung besteht, wenn der Gläubiger trotz genügender **164** S i c h e r s t e l l u n g (Art. 898 I) den Gegenstand nicht zurückgibt, und ferner bei ü b e r m ä ß i g e r R e t e n t i o n (vorstehend N 141; BGE 46 II 389/390).

Die S c h a d e n s b e r e c h n u n g erfaßt den vollen Schaden, einschließ- **165** lich des entgangenen Gewinnes (BGE 46 II 390). Bei der S c h a d e n e r s a t z - b e m e s s u n g ist für die Beurteilung des Verschuldens — und überhaupt gemäß OR 43 I — zu berücksichtigen, daß die Rechtslage für den Gläubiger nicht stets klar liegt. Da das Retentionsrecht ein im Interesse des Gläubigers geschaffenes Institut ist und Liquidität der zu sichernden Forderung ohnehin nicht verlangt wird (vorstehend N 75), ist i m Z w e i f e l die Schadenersatzpflicht zu verneinen, sowohl wenn die Berechtigung der Retention an sich zur Diskussion steht, wie auch, wo übermäßige Retention behauptet wird. Der Gläubiger kann z. B. die Höhe einer Schadenersatzforderung, für die er ein Retentionsrecht ausübt, gewöhnlich nicht genau bemessen (BlZR 5 Nr. 145 S. 170), ebensowenig häufig den Wert der retinierten Sachen. Er darf genug retinieren, um auf alle Fälle gedeckt zu sein (BGE 46 II 390). Dem Schadenersatz verlangenden Schuldner kann ein Selbstverschulden zur Last fallen (OR 44 I), z. B. wenn er den Gläubiger angesichts des diesem nicht bekannten hohen Wertes der retinierten Sache nicht auf das Übermaß der Retention aufmerksam macht (BGE 46 II 390).

166   H. Rang des Retentionsrechts. Über die Konkurrenz des Retentionsrechts mit dem F a u s t p f a n d r e c h t und die Konkurrenz von R e t e n t i o n s - r e c h t e n u n t e r s i c h : Komm. Art. 893 N 19—21.

VIII. Zession des Retentionsrechts – Schuldübernahme

167   Vorstehend N 124 ist die Frage behandelt, ob der Zessionar für seine durch Zession erworbene Forderung ein Retentionsrecht ausüben könne an einem schon vorher in seinem Besitz befindlichen Gegenstand des debitor cessus. Davon verschieden ist die kontroverse Frage, ob das R e t e n t i o n s r e c h t b e i Z e s s i o n der von ihm gesicherten Forderung mit ü b e r g e h e. Dies ist auf Grund des Art. 170 I im Prinzip sowohl für das bürgerliche wie das kauf-männische Retentionsrecht zu bejahen, ist doch das Retentionsrecht ein — ak-zessorisches — Nebenrecht im Sinne dieser Vorschrift. *Gl. M.* für das bürger-liche Retentionsrecht grundsätzlich BGE 80 II 109 ff., offengelassen für das kaufmännische. Gleich wie oben *Leemann* Art. 895 N 69. Einzelne Autoren be-jahen für das bürgerliche, nicht aber für das kaufmännische; ohne auf Varianten einzugehen, seien zit. *Becker* Art. 170 N 2, 5; *Rossel / Mentha* n° 1657; *Merz / Guhl / Kummer* § 34 III; *Brander* 14 ff., 32/33; *Jacob* 133; *Al Chiekh Radhi* 113 ff. G e g e n Abtretbarkeit, zum Teil mit Varianten, *Wieland* Art. 895 N 2 c; *Oser / Schönenberger* Art. 170 N 4, 8; *von Tuhr / Escher* § 95 II bei N 16; *Sträuli* 66/67; *König* ZBJV 27, 528; *Geiger* 58 ff.; das Urteil ZBJV 40, 510. Das Problem hat die Judikatur wenig beschäftigt, abgesehen vom Vermieter-Retentionsrecht, das hier ausgeklammert sei.

168   Für die oben empfohlene L ö s u n g ist entscheidend, ob die gesetzlichen Voraussetzungen des Retentionsrechts bei dessen E n t s t e h u n g in der Person des Zedenten vorhanden waren, und nicht, ob sie auch noch in der Person des Zessionars gegeben sind. Wird im Einklang mit der hier befür-worteten Ansicht die Abtretbarkeit bejaht, so gilt: Der Übergang des Retentions-rechts erfolgt schon vor der Übergabe des Retentionsgegenstandes an den Zessionar (entsprechend der Regelung für das Faustpfandrecht, Komm. Art. 884 N 162; zustimmend BGE 80 II 114).

169   Über die s o l i d a r i s c h e H a f t u n g des Zedenten und des Zessionars für die Rückgabe des Retentionsgegenstandes an dessen Eigentümer Komm. Art. 890 N 31.

170   Das Retentionsrecht kann n i c h t o h n e die z u g e h ö r i g e F o r d e - r u n g übergehen: Komm. Art. 884 N 163.

171   Für die S c h u l d ü b e r n a h m e gilt OR 178 I; Al. II dieser Vorschrift ist gegenstandslos (*von Tuhr / Escher* § 99 bei N 100).

IX. Untergang des Retentionsrechts

Das Retentionsrecht hat den größeren Teil der **Untergangsgründe** mit dem 172
Faustpfandrecht gemeinsam; ein anderer Teil ist allein ihm typisch. Die Gründe
sind von ganz verschiedener praktischer Bedeutung und lassen sich wie folgt
gruppieren:

1. Von den für das F a u s t p f a n d r e c h t zusammengestellten Unter- 173
gangsgründen (Komm. Art. 888 N 4—20) fallen in Betracht: Untergang der
gesicherten Forderung (Art. 889 I, OR 114 I) — Untergang der Pfandsache —
Enteignung — Verzicht (BlZR 21 Nr. 52 S. 130—131) — Konfusion —
vertraglicher Ausschluß des Überganges des Retentionsrechts bei Zession —
Zeitablauf und Resolutivbedingung — Verwertung (Art. 898 I / 891 I; BlZR 29
Nr. 114 S. 287) — Sanierungsrecht (soweit die Erlasse auch das Retentionsrecht erfassen) — Verwirkung.

Der gutgläubige Eigentumserwerb bewirkt gemäß Art. 924 III nicht den 174
Untergang des Retentionsrechts (vorstehend N 144).

Nach dem Untergang der gesicherten Forderung kann der Gläubiger 175
den Gegenstand, statt ihn zurückzugeben (Art. 889), dann w e i t e r h i n
r e t i n i e r e n, wenn er eine inzwischen fällig gewordene, konnexe Forderung
besitzt.

2. B e s i t z e s v e r l u s t läßt das Retentionsrecht gemäß Art. 888 I (dort 176
N 21 ff.) untergehen: BGE 85 II 586; BJM 1956, 155; Semjud 1956, 478; 1963,
401. Die Ausnahmebestimmung des Al. II / Art. 888, wonach ein bloß v o r -
l ä u f i g e r Besitzesverlust nicht zum Untergang, sondern lediglich zur Unwirksamkeit des Faustpfandrechts führt, ist unanwendbar, weil sie nur bei einem
vertraglichen Pfandrecht (wo eine vertragliche Pflicht zur Wiederaushändigung
der Sache durch den Verpfänder besteht) sinnvoll ist. Also bewirkt auch vorläufiger Besitzesverlust den Untergang des Retentionsrechts. Es gibt keine Klage
auf Erstattung einer freiwillig zurückgegebenen Sache (Semjud 1965, 350).

Wie Komm. Art. 888 N 32 ff. dargetan, geht das Pfandrecht n i c h t ver- 177
loren, wenn dem Gläubiger die Sache a b h a n d e n g e k o m m e n ist und
er sie «von dritten Besitzern» noch «zurückverlangen kann» (Art. 888 I, 934,
936), ausgenommen bei Geld und Inhaberpapieren (Art. 935). Dies gilt auch
für das Retentionsrecht (zustimmend *Stark* Art. 939 N 32). Gegenteil entscheiden *Wieland* Art. 895 N 2 a und ihm wörtlich folgend *Leemann* N 6, ferner
Schneider / Fick Art. 224 N 19; *Brander* 49; *Jacob* 126/127 u. a. m. Sie alle
verkennen, daß Art. 888 I auf das Retentionsrecht genau so gut anwendbar (und
sinnvoll) ist, wie auf das Faustpfandrecht — es besteht auch keine gesetzliche
Grundlage, diese Vorschrift auszuschalten — und daß das Abhandenkommen
von Sachen in der Konzeption des Art. 888 I nicht zum Untergang des Rechts

führt, handle es sich um Faustpfand- oder Retentionsrecht. In Erl II 326 wird zudem übersehen, daß dem Gläubiger auf a l l e Fälle die Klagen gemäß Art. 927 und 934/936 zustehen, gleichgültig, wie man die Frage des Besitzesverlustes sonst beurteilt. — Unentschieden BGE 85 II 586 und *Tuor/Schnyder* § 110 I d. Für Untergang offenbar Semjud 1963, 399; 1965, 349/50. — Deutsche, auf HGB 369 bezügliche, Meinungen zur Frage sind unbehelflich, weil das in dieser Bestimmung vorgesehene Retentionsrecht kein dingliches Recht sei, und weil eine auf das Retentionsrecht anwendbare Bestimmung wie ZGB 888 I fehlt.

178 Auch die vorn Komm. Art. 888 N 34 erwähnte g e w a l t s a m e oder h e i m l i c h e   A n n ä h e r u n g des Schuldners an die retinierte Sache bewirkt nicht den Untergang des Retentionsrechts, ebensowenig die Aushändigung der Sache an das B e t r e i b u n g s -   u n d   K o n k u r s a m t (SchKG 98, 198, 232 Ziff. 4; Komm. Art. 888 N 35; BGE 48 III 147 entgegen BlZR 23 Nr. 38) oder an die P o l i z e i (BlZR 55 Nr. 56 S. 99).

179 Erlangt der Gläubiger, nachdem er den Besitz wirklich verloren hat, die Sache wieder, so entsteht ein n e u e s   R e t e n t i o n s r e c h t, sofern die Voraussetzungen des Art. 895 erfüllt sind; zustimmend BGE 85 II 586; Semjud 1965, 350. — Gegen die Erstreckung des neuen Retentionsrechts auf frühere Forderungen, deren Retentionsrecht der Gläubiger aufgegeben hat, vorstehend N 104 a.

180 3. S i c h e r s t e l l u n g   d e s   G l ä u b i g e r s : darüber Art. 898 I und dort Komm. N 8.

X. Anwendbarkeit der Bestimmungen über das Faustpfandrecht

181 Das Retentionsrecht ist kein Faustpfandrecht, sondern diesem koordiniert, wie die Anordnung der Art. 884—898 zeigt (vgl. die Marginalien A und B neben Art. 884 und 895). Aus dieser Gruppierung läßt sich gleichwohl schließen, daß die faustpfandrechtlichen Vorschriften, soweit sie nicht mit dem Wesen des Retentionsrechts im Widerspruch stehen, beizuziehen sind. Demnach sind **anwendbar** die Artikel

— *884 I/III*: Regeln über die Tauglichkeit des Pfandbesitzes (vorstehend N 54 ff.).

— *886* (auch *903*): Nachverpfändung (anwendbar, wo ein nachgehendes Pfandrecht am retinierten Gegenstand errichtet wird, vorstehend N 145).

— *887 (890 II):* eigenmächtige Weiterverpfändung durch den Retentions-gläubiger ist unzulässig (vorstehend N 159).

— *888 I:* Untergang des Retentionsrechts infolge Besitzesverlusts (vorstehend N 176; wie dort erwähnt, ist dagegen Al. II / Art. 888 unanwendbar).

— *889 I:* Rückgabepflicht nach Untergang des Retentionsrechts (vorstehend N 172 ff.; Al. II / Art. 889 ist dagegen nicht schlechthin anwendbar, vorstehend N 141).

— *890:* Haftung des Gläubigers (vorstehend N 159 ff.).

— *891 I:* Verwertung (vgl. Art. 898).

— *891 II:* Umfang der Sicherung. Über dem Gläubiger erwachsene Kosten vorstehend N 156.

— *892:* Umfang der Pfandhaft. — Die in VVG 57 vorgesehene Erstreckung der Pfandhaft auf die Versicherungsleistung und auf Ersatzstücke gilt sinn-gemäß auch für das Retentionsrecht (Komm. Art. 892 N 16 ff.: *Jaeger* II [zit. dort N 1] Art. 57 N 10; a. M. *Jacob* 128). Sonst besteht, wie beim Faustpfandrecht, grundsätzlich keine dingliche Surrogation.

— *893:* Rang (vorstehend N 166).

— *894:* Ungültigkeit des Verfallsvertrages.

XI. Weitere Fragen – Vorgehen im Prozeß

Die f e r n e r e R e g e l u n g des Retentionsrechts findet sich in **182** Art. 896—898. Vgl. auch die Darlegungen im Syst. Teil des Kommentars; über die i n t e r n a t i o n a l p r i v a t r e c h t l i c h e Frage Syst. Teil N 101 ff.: auch für das Retentionsrecht gilt die lex rei sitae. Über die p a u l i a n i s c h e A n f e c h t u n g SchKG 287 Ziff. 1 und 288 (dazu BGE 55 III 86 ff.). Über die B e t r e i b u n g auf Pfandverwertung hinten Art. 898 N 20 ff.

Die Abklärung der Gültigkeit eines Retentionsrechts kann je nach der **183** p r o z e s s u a l e n Lage in ganz verschiedenen Zusammenhängen erfolgen. So ist z. B. naheliegend, daß der Eigentümer einer retinierten Sache zwecks Vindikation klagt und der Beklagte sich einredeweise auf ein Retentionsrecht beruft (z. B. ZBJV 52, 374); auch das Vorgehen im summarischen Besitzes-schutzverfahren kann auf Grund des kantonalen Prozeßrechts angezeigt sein (z. B. ZBJV 70, 434). Negative Feststellungsklagen der Eigentümer finden sich in der Judikatur öfters (z. B. BGE 38 II 169), ferner Kollokationsprozesse (so BGE 43 II 756), Widerspruchsklagen (SJZ 53, 273) u. a. m. Vorgehen beider Parteien: BGE 86 II 356/57. Rechtsvorschlag zur Bestreitung des Retentions-rechts: hinten Art. 898 N 20.

XII. Die besonderen Retentionsrechte des ZGB, des OR und der Spezialgesetze

184 Privatrechtliche Gesetze erwähnen öfters, daß einem bestimmten Gläubiger ein Retentionsrecht zustehe. Mit nachher zu nennenden Ausnahmen visieren sie damit das R e t e n t i o n s r e c h t i m S i n n e d e s Art. 895 Z G B, wobei sie aber öfters e i n z e l n e unter dessen V o r a u s s e t z u n g e n abändern. Hievon abgesehen sind die V o r s c h r i f t e n A r t. 895—898 a n w e n d b a r (dazu BGE 51 III 150/151 und vorstehend N 125). Für die nähere Erläuterung der außerhalb der Art. 895—898 zu findenden Bestimmungen sei auf die einschlägige Literatur v e r w i e s e n, zunächst auf die Kommentare und Lehrbücher. Eine zusammenhängende Darstellung gibt *Brander* 53 ff.

185 aOR 224 I enthielt einen eigenen Hinweis auf die «im Gesetze besonders vorgesehenen Fälle». Hier seien diese **Fälle** aufgezählt und einige kurze Bemerkungen angebracht. — Solche Retentionsrechte sind in der Gesetzgebung erwähnt für den:

186 **1. Grundeigentümer** bezüglich zugeführter Sachen (ZGB 700 II) und den G r u n d s t ü c k s b e s i t z e r bezüglich eingedrungener Tiere (OR 57). Der Besitz am Retentionsgegenstand ist in beiden Sachverhalten abweichend von Art. 895 I ohne Willen des Schuldners entstanden. Dazu ferner Syst. Teil N 48. *Hinderling* 424 N 24 nimmt statt Besitz Gewahrsam an.

187 OR 57 kann nicht analog auf die einem Grundeigentümer erwünscht scheinende Zurückbehaltung von Tennisbällen und dergl., die auf sein Grundstück geflogen sind, angewendet werden, um ein Retentionsrecht zu legitimieren (so *Mantel* SJZ 13, 348 entgegen dem dort abgedruckten Urteil; *Becker* Art. 57 N 6). Auch Art. 895 ist unanwendbar, weil der Gläubiger nicht mit Willen des Schuldners besitzt; zudem fehlt in solchen Fällen meist schon der Besitz des Gläubigers (vorstehend N 50). Die gleiche Lösung gilt in ähnlichen Fällen z u g e f ü h r t e r u n d e i n g e d r u n g e n e r f r e m d e r S a c h e n. Statt OR 57 und ZGB 895 ist Art. 700 II anwendbar. Zwar sind von einem Spieler ungeschickt weggeschlagene Bälle meist nicht durch «zufällige Ereignisse» auf das Grundstück geraten, wie dort in Al. I vorausgesetzt, sondern durch Fahrlässigkeit; aber das Retentionsrecht nach Art. 700 II ist hier a fortiori zu gewähren, und zwar nicht nur für Schaden, der durch die «Aufsuchung und Wegschaffung» der Sache entstanden ist, sondern auch durch die Einwirkung der eingedrungenen Sache selber. Die zu eng gefaßte Vorschrift bedarf dieser Ausdehnung und erlaubt sie (gleich im Ergebnis *Brander* 145, 147; z. T. *Geiger* 20).

2. Frachtführer (OR 451), **Spediteur** (OR 439/434), **Lagerhalter** **188** (OR 485 III). Über die Konkurrenz zwischen diesen Retentionsrechten und den Rechten an Warenpapieren: René *Trachsel,* Die Warenverpfändung ... (Diss. Bern 1949) 79 N 1, 91 N 2; *Kaderli* 91 N 1. — Die Allgemeinen Geschäftsbedingungen der Spediteure sehen ein vertragliches Faustpfandrecht vor; Jean-Pierre *Tschudi,* Die Verträge des Speditionsgeschäfts (Diss. Zürich 1975) 102.

3. Kommissionär (OR 434). Die Bestimmung, wonach er «an dem Kom- **189** missionsgute sowie an dem Verkaufserlöse ein Retentionsrecht» habe, bedarf der Differenzierung: nur, wenn die fraglichen Sachen oder Wertpapiere n i c h t in sein Eigentum übergegangen sind, hat man ein Retentionsrecht im Sinne des Art. 895 ZGB vor sich, weil dieses allein an f r e m d e r Sache möglich ist. Mithin kann der Verkaufskommissionär nicht den vereinnahmten Verkaufserlös retinieren, wohl aber die ihm zum Verkauf übergebenen, dem Kommittenten gehörenden Sachen. Hier ist Art. 895 anwendbar. Wo letzteres nicht zutrifft, steht gegebenenfalls die Einrede des nichterfüllten Vertrags offen (OR 82). Der Einkaufskommissionär hat ein Retentionsrecht gemäß Art. 895 an der eingekauften Ware, es sei denn, er wäre deren Eigentümer geworden, was im Einzelfall zu prüfen bleibt.

Über die — wie sich gezeigt hat präjudiziellen — Eigentumsfragen ein- **190** gehend *Lemp* ZSR 61, 281 ff., ferner *von Tuhr / Peter* § 44 bei N 20. — Abweichend von der soeben N 189 vertretenen Lösung *Wieland* Art. 895 N 8, *Becker* Art. 434 N 3, *Gautschi* Komm. OR (Bern 1962) Art. 434 N 8 c, *Jacob* 58—59, die ein Retentionsrecht an e i g e n e r Sache bejahen.

Der Kommissionär kann den vereinnahmten Verkaufserlös vorab mit seiner **191** Forderung v e r r e c h n e n.

4. Beauftragten (OR 401 III). Wie Art. 434 (bezüglich des Kommissio- **192** närs), so betrifft diese Vorschrift nur dann ein Retentionsrecht im Sinne von ZGB 895, wenn eine f r e m d e Sache zurückbehalten wird. Sonst hat man die Einrede gemäß OR 82 vor sich, gegebenenfalls ein obligatorisches Retentionsrecht (nachstehend N 202; *Oser / Schönenberger* Art. 401 N 16). Anders *Gautschi* Komm. OR (3. A. Bern 1971) Art. 400 N 18 a, 19 c. — Verrechnung steht offen.

5. Arbeitgeber, Arbeitnehmer (OR 339 a III). **192a**
6. Agenten, Handelsreisenden (OR 418 o, 349 e / 350 a II). Beide **193** Gruppen von Vermittlern können nicht im voraus auf ihr Retentionsrecht verzichten. Für das in diesen Bestimmungen vorgesehene Retentionsrecht «an den kraft [auf Grund] einer Inkassovollmacht entgegengenommenen Zahlungen» Dritter gilt, was für den vom Kommissionär vereinnahmten Verkaufserlös in N 189 gesagt ist: das ist nicht ein Retentionsrecht gemäß ZGB 895, soweit das Geld — wie regelmäßig der Fall — ins Eigentum des Agenten oder Handelsreisenden übergegangen ist. Agent und Handelsreisender werden verrechnen. Die Konnexi-

tät ist in den Bestimmungen dahin umschrieben, daß die Forderungen aus dem Agentur- bzw. Arbeitsverhältnis stammen sollen; OR 418o erwähnt zudem, daß die Gegenstände auf Grund des Agenturverhältnisses in den Besitz des Gläubigers gelangt sein müssen. Dies sind Präzisierungen, nicht Einengungen des gemäß ZGB 895 geltenden Erfordernisses der Konnexität, so daß sich z.B. nicht nur die Provisionsansprüche durch das Retentionsrecht sichern lassen, sondern u.a. auch die Ansprüche auf Ersatz von Verwendungen oder Schaden (vorstehend N 87 ff.). Unter Kaufleuten kann die Konnexität zudem anhand des Al. II/Art. 895 beurteilt werden (vorstehend N 125).

194   Belege: Ältere Angaben in der vorhergehenden Auflage, gleiche Stelle; die Kommentare usw., so *Gautschi*, Komm. OR (Bern 1964) Art. 418o.

195   7. Das Retentionsrecht des **Vermieters,** das auch dem **Verpächter** zugestanden wird (OR 272—274, 286 III), stellt n i c h t auf den B e s i t z des Gläubigers (= Vermieters, Verpächters) ab. Es ist deshalb kein Retentionsrecht im Sinne des Art. 895 ZGB, sondern ein b e s o n d e r e s gesetzliches Pfandrecht (dazu BGE 51 III 150; 61 II 264 ff.; 74 III 12). Vgl. den Kommentar *Schmid* zu Miete und Pacht. Vgl. ferner Syst. Teil N 39. Dieses Institut ist übernommen für das **Stockwerkeigentum** (ZGB 712k).

196   8. Das Retentionsrecht des **Gastwirts** und des **Stallwirts** (OR 491) steht dem des Vermieters gleich.

197   9. Eigens geordnete sog. Retentionsrechte bestehen zugunsten von **Transportbetrieben,** besonders **Eisenbahnen** (*Gautschi* Komm. OR, Bern 1962, Art. 451 N 2a). Darauf ist hier nicht einzugehen. Beispiel: Eisenbahntransportgesetz von 1948 Art. 47, Transportreglement von 1967 Art. 173; dieses Recht gilt als b e s o n d e r e s gesetzliches Pfandrecht. Einige Angaben vorhergehende Aufl., gleiche Stelle.

198   10. Die Zurückbehaltung durch den **gutgläubigen Besitzer** (ZGB 939 I) begründet nicht ein Retentionsrecht nach Art. 895, vor allem weil die Befugnis zur Verwertung fehlt (entgegen Art. 898/891 I). Dazu *Homberger* Art. 939 N 15 ff.; *Stark* Art. 939 N 26 ff.; *Hinderling* 514; *Brander* 148 ff.; *Jacob* 140 ff.; *von Tuhr/Peter* § 4 bei N 18; *Leemann* Art. 895 N 63—65.

XIII. Vertraglich statuiertes Zurückbehaltungsrecht

199   Das (d i n g l i c h e) Retentionsrecht im Sinne des Art. 895 kann nicht vertraglich begründet, seine gesetzlichen Voraussetzungen nicht abgeändert werden (vorstehend N 15). Dagegen ist zulässig, die Zurückbehaltung eines Gegenstandes bis zur Tilgung einer Forderung in der Weise v e r t r a g l i c h vorzusehen, daß dem Gläubiger eine n u r o b l i g a t o r i s c h w i r k e n d e E i n r e d e gegenüber der ihn sonst treffenden Pflicht zur Rückgabe eingeräumt wird. Hierfür sei die Bezeichnung «vertraglich statuiertes Zurückbehaltungsrecht» vorgeschlagen. Die für das dinglich wirkende Retentionsrecht bestehenden Voraussetzungen der Fälligkeit der gesicherten Forderung, der Konnexität (beides Al. I/II Art. 895) und der Verwertbarkeit des Gegenstandes (Art. 896 I) lassen sich dadurch ausschalten. Dagegen liegt das Erfordernis des Besitzes des Gläubigers mit Willen des Schuldners in der Sachlage selber begründet. Ein Schutz des gutgläubigen Erwerbes besteht nicht (entgegen Al. III / Art. 895), und der zurückbehaltene Gegenstand darf nicht verwertet werden (entgegen Art. 898).

A n w e n d u n g s f ä l l e dieses Zurückbehaltungsrechts sind z. B. die vor- **200** stehend N 99 FN^c und N 107 erwähnten Retentionsklauseln in Geschäftsbedingungen von Banken, sowie das von Anwälten u. a. ausbedungene Retentionsrecht an Akten oder weiteren unverwertbaren Gegenständen (Komm. Art. 896 FN 7, 9 ff.). — Die Rechtsfigur ist übernommen von *Gaugler* SVZ 30, 369 f. Zustimmend *Jäggi* Art. 965 N 322.

Das soeben geschilderte vertraglich statuierte Zurückbehaltungsrecht ist **201** v e r s c h i e d e n von dem nachstehend N 202 erwähnten o b l i g a t o r i - s c h e n R e t e n t i o n s r e c h t, das unabhängig vom Willen des Schuldners, ohne sein dem Gläubiger vertraglich erteiltes Einverständnis, entsteht; dadurch unterscheidet es sich auch von dem in BGB 273 geregelten gesetzlichen Zurückbehaltungsrecht, mit dem es aber, gleich wie mit dem obligatorischen Retentionsrecht, den Charakter einer obligatorischen Einrede gemeinsam hat.

XIV. Obligatorisches Retentionsrecht

Von dem in Art. 895—898 geordneten (dinglichen) Retentionsrecht ist das **202** sog. o b l i g a t o r i s c h e R e t e n t i o n s r e c h t zu unterscheiden, das namentlich *von Tuhr / Escher* § 64 VIII für das schweizerische Recht nach dem Vorbild des deutschen befürworten. Es erlaubt (entsprechend BGB § 273) u. a. dem Hinterleger, Leiher oder Auftraggeber, die Zahlung von Verwendungen (OR 475 II, 307, 402 I) zu verweigern, also die e i g e n e L e i s t u n g z u r ü c k z u h a l t e n, wenn er nicht seine der Gegenpartei überlassene Sache ausgehändigt erhält. ZGB 895 ist in den erwähnten Sachverhalten nicht anwendbar, weil nicht eine f r e m d e Sache zurückbehalten wird, ebensowenig die Einrede des nichterfüllten Vertrags (OR 82), wenn man sie der herrschenden Auffassung nach nur auf die im (synallagmatischen) Austauschverhältnis stehenden Leistungen anwendet, und um solche handelt es sich in den aufgezählten Fällen nicht[a]. Das allein in einer (obligatorischen) E i n r e d e bestehende obligatorische Retentionsrecht soll für die unwesentlich zweiseitigen Verträge, wie die Hinterlegung, die Leihe, den Auftrag, die Lücke schließen[*]. — Darüber neben der zit. Stelle bei *von Tuhr/Escher* noch dort S. 63 N 42; *Brander* 162 ff.; *Oser/Schönenberger* Art. 401 N 16, Art. 475 N 7; *Jäggi* Art. 965 N 322; Daniel *Schmidt*, Die Verurteilung zur Leistung Zug um Zug ... (Diss. Zürich 1963) 29 f. Urteile: BGE 78 II 378; 94 II 267 f.; ZBJV 75, 43 ff.; 81, 270/71.

Art. 896

II. Ausnahmen

An Sachen, deren Natur eine Verwertung nicht zuläßt, kann das Retentionsrecht nicht ausgeübt werden.

Ebenso ist die Retention ausgeschlossen, wenn ihr eine vom Gläubiger übernommene Verpflichtung, oder eine vom Schuldner vor oder bei der Übergabe der Sache erteilte Vorschrift oder die öffentliche Ordnung entgegensteht.

1　**Materialien:** aOR 225 — VE 875 — E 881 — Erl II 328 — Prot ExpKom III 121/122 — Botsch 84 — StenBull NR 1906, 890, 691 — StenBull StR 1906, 1424.
　Ausländisches Recht: HGB 369 III.
　Lit.: Von den vorn Komm. Art. 895 N 1 zit. Schriften *Sträuli* 67 ff. — *Durand* 67 ff. — *Jacob* 101 ff., 111 ff. — *Brander* 34 ff.

Übersicht

[202a] Deshalb kann sich ein Aufbewahrer usw. auch nicht auf OR 82 berufen, wenn er die ihm übergebene Sache zurückbehalten möchte, um die Bezahlung der ihm geschuldeten Vergütung (OR 472 II usw.) zu erzwingen. Dagegen ist h i e r ZGB 895 anwendbar, also das in der Literatur auch für diesen Fall empfohlene obligatorische Retentionsrecht durchaus überflüssig. Auch *Baerlocher* 716.

[*] Ferner, wo es in komplexen Vertragsverhältnissen stoßend wäre, wenn der eine Schuldner (selbst bei Vorleistungspflicht mit d i e s e r Leistung) nicht geltend machen könnte, der Gläubiger und andere Schuldner sei mit einer andern, nicht in d i e s e m Synallagma stehenden Verpflichtung im Rückstand. Auch hier würde der eng verstandene Art. 82 versagen. Vgl. *von Büren*, Allg. Teil OR, Zürich 1964, 466 ff.; *Giger* Komm. OR 184 N 194 (obwohl hier offenbar an OR 82 gedacht ist). R. B.

I. Ausnahmen vom Retentionsrecht: Allgemeiner Inhalt der Vorschrift

Das Retentionsrecht gibt dem Gläubiger nach der Art der Pfandrechte die **2** Befugnis zur Verwertung des zurückbehaltenen Gegenstandes (Art. 898/891 I). Deshalb gehört die V e r w e r t b a r k e i t zu den notwendigen Eigenschaften des Retentionsgegenstandes und damit zu den Voraussetzungen für die Begründung eines Retentionsrechts (vorn Komm. Art. 895 N 25, 36). Al. I / Art. 896 hebt diesen Sachverhalt in negativer Form hervor: Das Fehlen der Verwertbarkeit ist ein A u s s c h l u ß g r u n d des Retentionsrechts (so das Marginale zu VE 875). Die selbe Bedeutung haben die in Al. II / Art. 896 aufgezählten Umstände: eine das Retentionsrecht verhütende Verpflichtung des Gläubigers, «Vorschrift» des Schuldners oder Bestimmung zwingenden Rechts. — Die Vorschrift läßt die Frage offen, welche Wirkungen die der Geschäftspraxis geläufige vertraglich statuierte Zurückbehaltung unverwertbarer Sachen zeitige; darüber nachstehend N 7. Art. 896 spricht nur von S a c h e n ; für W e r t p a p i e r e (Art. 895 I und dort Komm. N 29 ff.) ergibt sich die Verwertbarkeit von selber.

Das f r ü h e r e R e c h t enthielt nur eine dem Al. II / Art. 896 ent- **3** sprechende Vorschrift (aOR 225). Al. I / Art. 896 sollte aufgetretene Zweifel beseitigen. Die E n t w ü r f e decken sich materiell mit der heutigen Bestimmung. Aus dem a u s l ä n d i s c h e n R e c h t ist einzig eine für das schweizerische Recht vorbildlich gewesene Vorschrift des deutschen Handelsrechts zu nennen: § 313 II des HGB von 1861 = § 369 III des geltenden HGB = aOR 225 = ZGB 896 II.

II. Verwertbarkeit des Retentionsgegenstandes (Al. I)

A. Grundsätze und Einzelfälle

4   V e r w e r t b a r ist, was Vermögenswert hat und dadurch der Realisierung zugänglich ist (Art. 898/891 I; franz. Text: choses ... réalisables, ital.: cose che ... possono essere realizzate). Ein geringer Wert genügt (BlZR 29 Nr. 120 S. 294/295). Wenn das öffentliche Recht eine Sache für u n v e r ä u ß e r l i c h erklärt, so fehlt ihr die Verwertbarkeit (nachstehend N 33). U r k u n d e n   o h n e   W e r t p a p i e r c h a r a k t e r sind an sich zwar Sachen, aber als solche nicht verwertbar (zustimmend *Jaeggi*, Allg. Wertpapierrecht, Basel 1977, 52 N 14); so Beweisurkunden wie Schuldscheine, Quittungen, Vertragsurkunden (ZBJV 49, 518 = SJZ 10, 34), die meisten Sparhefte und Versicherungspolicen (vorn Komm. Art. 895 N 29 mit Belegen; vgl. ferner ZBJV 75, 42—43).

5   Die Judikatur weist zahlreiche E i n z e l f ä l l e auf. N i c h t   r e t i n i e r - b a r sind z. B.

— Persönliche Dokumente wie Korrespondenzen einschließlich Geschäftsbriefe (BlZR 23 Nr. 70), Tagebücher.

— Literarische, wissenschaftliche, künstlerische Manuskripte (SJZ 40, 332; unzutreffend *Sträuli* 30 ff.); anders Autographen mit Vermögenswert (Verkäuflichkeit).

— Personenphotographien (BlZR 13 Nr. 109); anders, wenn sie der künstlerischen oder inhaltlichen Bedeutung oder des Dargestellten wegen Vermögenswert haben.

— Technische Zeichnungen, Architekturpläne und dergl. (BlZR 42 Nr. 1 S. 2; ZBJV 81, 270).

— Geschäftsbücher (BlZR 23 Nr. 70; ZBJV 69, 280 = SJZ 29, 10; vgl. auch BlZR 38 Nr. 87 S. 195 ff. betr. Zurückbehaltung nach OR 82).

— Akten und ähnliche Unterlagen verschiedener Art (ZBJV 68, 39; 81, 268; 75, 42—43); über die Anwaltsakten nachstehend N 9 ff.; OR 349e II.

— Vollmachtsurkunden (OR 36 I).

— Billette, Generalabonnemente und dergl. der Transportanstalten (BlZR 9 Nr. 157; 25 Nr. 127; 37 Nr. 55 (f) S. 109 = SJZ 35, 314; OR 349e II.

— Theaterbillette, Garderobenmarken und dergl.

— Ausweise und Zeugnisse aller Art, wie Pässe, andere polizeiliche Ausweisschriften, AHV-Ausweise, Diplome, Bescheinigungen. Je nach der Herkunft dieser Urkunden steht auch das öffentliche Recht der Retention entgegen (Al. II/Art. 896).

— Musterkollektionen, Modelle, soweit sie nicht Vermögenswert haben (Botsch Handelsreisendengesetz, BBl 1940, 1346; BlZR 29 Nr. 120 S. 294/295; retinierbar ist dagegen ein Musterkoffer (BlZR 12 Nr. 140).

— Preistarife und Kundenverzeichnisse der Handelsreisenden, Agenten u. a. m. (OR 349e II, 418 o II), desgleichen Propagandadrucksachen, Bestellbücher, Formulare für Verträge, für Allgemeine Geschäftsbedingungen und dergl.

6   Der Gesetzesredaktor hatte in einem ursprünglichen E n t w u r f die Retention unverwertbarer Gegenstände zulassen wollen; im Verlauf der Beratungen kam man auf die heutige gegenteilige Bestimmung (Erl II 328; Prot ExpKom III 121).

B. Zurückbehaltung unverwertbarer Sachen

Es ist z u l ä s s i g , daß sich der Gläubiger mittels V e r t r a g s die Be- **7** rechtigung zur Retention unverwertbarer Sachen einräumen läßt. Dadurch entsteht nicht ein Retentionsrecht im Sinne des Art. 895, noch weniger ein «irgendwie modifiziertes Pfandrecht» (Erl II 328), sondern eine obligatorisch wirkende Einrede im Sinne, wie vorn Komm. Art. 895 N 199/200 dargetan: ein v e r - t r a g l i c h s t a t u i e r t e s Z u r ü c k b e h a l t u n g s r e c h t. Es fällt nicht mit dem obligatorischen Retentionsrecht zusammen (Komm. Art. 895 N 201/202)ᵃ. Ebensowenig ist die Einrede des nichterfüllten Vertrags (OR 82) heranzuziehen, wenn sie mit der herrschenden Meinung nur auf die im (synallagmatischen) Austauschverhältnis stehenden vertraglichen Leistungen angewandt wird; die Rückgabe z. B. von Akten an den Klienten des Rechtsanwalts oder Notars ist nicht die von OR 82 erfaßte Gegenleistung für die Honorarzahlung, deren Entrichtung durch die Zurückbehaltung der Akten erzwungen werden sollᵇ. Die Unanwendbarkeit des Art. 82 OR gilt — selbstverständlich — ebenfalls, wenn die Zurückbehaltung o h n e deren vertragliche Einräumung, allein auf Grund der Einrede des nichterfüllten Vertrags, angestrebt wird; als Beispiel dienen wiederum die dem Anwalt von seinem Klienten übergebenen Akten. — Gegen die vorstehende Auffassung *Schmid* SJZ 51, 292 ff.

Die Vorschriften des ö f f e n t l i c h e n R e c h t s , die die Retention ge- **8** wisser Gegenstände ausschließen (z. B. von Pässen, vorstehend N 5 und nachstehend N 33), verhindern die Entstehung auch des vertraglich statuierten Zurückbehaltungsrechts. Ferner ist seine Ausübung an die Schranke von T r e u u n d G l a u b e n gebunden (ZGB 2) und darf seine Statuierung nicht gegen die g u t e n S i t t e n verstoßen (OR 19/20; SJZ 27, 120; vgl. auch SJZ 43, 378).

---

⁷ᵃ Verwirrlich ist die Ausdrucksweise von *Leemann* Art. 896 N 3 und Anderen, die das vertraglich statuierte Zurückbehaltungsrecht als obligatorisches Zurückbehaltungsrecht bezeichnen.

⁷ᵇ Gegenteilig ZBJV 49, 518/519 = SJZ 10, 33 = SJZ 10, 156; BlZR 14 Nr. 25 S. 68/69 = SJZ 10, 180. Zutreffend BlZR 38 Nr. 87 S. 195/196.

C. Akten von Rechtsanwälten, Notaren u. a. m.

9   Das häufig in den Vollmachtsformularen der Anwälte vorgesehene Recht, die vom Klienten empfangenen A k t e n   b i s   z u r   B e z a h l u n g   d e s H o n o r a r s   u n d   d e r   A u s l a g e n   z u r ü c k z u b e h a l t e n, fällt unter das soeben N 7 erwähnte Institut des vertraglich statuierten Zurückbehaltungsrechts. Die umfangreiche und uneinheitliche frühere z ü r c h e r i s c h e Gerichtspraxis über die Zulässigkeit einer solchen Vereinbarung ist gegenstandslos gemacht worden durch § 12 III des zürcherischen Gesetzes über den Rechtsanwaltsberuf vom 3. Juli 1938, wo der Anwalt durch zwingende Vorschrift zur Herausgabe der Akten auf erstes Verlangen verpflichtet wird, gleichgültig, ob er für seine Ansprüche gedeckt ist (BlZR 45 Nr. 113 S. 195/196; vgl. auch den bei *Usteri* SJZ 38, 312 Sp. I zit. Entscheid) ᵃ ᵇ. — Im Gegensatz zu solcher gesetzgeberischer Auffassung räumen verschiedene kantonale Notariatsgesetze dem N o t a r ausdrücklich ein Retentionsrecht an den Akten ein: *Carlen*, Notariatsrecht der Schweiz (Zürich 1976) 175; *Blumenstein* in Monatsschr. f. Bern. Verwaltungsrecht u. Notariatswesen 13, 513 ff.; ZBJV 49, 516 = SJZ 10, 33 und 156; ZBJV 76, 395.

10   Zusammengefaßt gilt: Wo   k e i n e   g e g e n t e i l i g e   z w i n g e n d e Vorschrift besteht, kann den Anwälten, Notaren, Geschäftsagenten, Inkassobüros, Buchhaltungsbüros u. a. m. das vertraglich ausbedungene Zurückbehaltungsrecht an Akten nicht bestritten werden. Desgleichen können sie das Retentionsrecht im Sinne des Art. 895 ZGB an den ihnen überlassenen Wertpapieren und verwertbaren Sachen ausüben. § 12 I des zürcher. Anwaltsgesetzes und Art. 24 des bern. Notariatsgesetzes von 1909 z. B. enthalten denn auch eine die Wertpapiere und verwertbaren Sachen erfassende Verweisung auf das «gesetzliche» Retentionsrecht. Art. 896 II — Ausschlußgrund der gegenteiligen Verpflichtung des Retentionsgläubigers oder Vorschrift des Schuldners — spricht nicht dagegen (nachstehend N 24). Gleicher Auffassung ist die Note zum gegenteiligen Urteil SJZ 6, 320; wie hier im Ergebnis BGE 65 II 153; HE 5, 143/144; ZBJV 49, 518/519 = SJZ 10, 34.

---

⁹ᵃ Frühere Judikatur: Zulässigkeit bejaht HE 16, 183; BlZR 14 Nr. 25 S. 68/69 (Kassationsgericht) = SJZ 10, 180; verneint BlZR 18 Nr. 32 S. 55, 56; 28 Nr. 79; vgl. ferner BlZR 29 Nr. 119; SJZ 27, 120.

Zur Frage, auch außerhalb des zürcherischen Bereichs, noch: *Joos* SJZ 6, 81 ff. (mit verfehlter Argumentation: aOR 95 = OR 82 sei anwendbar); weitere Äußerungen SJZ 6, 83 ff., 100, 136; *Meyer-Wild* SJZ 16, 35 ff.; E. *Huber*, StenBull NR 1906, 690; *Jacob* 102 ff.; *Schmid* SJZ 51, 292 ff.; eingehend Karl *Möth*, Das Honorar des Anwaltes … (Diss. Zürich 1937) 72 ff.

⁹ᵇ Ablehnend die t e s s i n i s c h e Praxis SJZ 44, 72 = Rep 79, 366, differenziert die b a s e l s t ä d t i s c h e SJZ 43, 378: die Vereinbarung sei nicht grundsätzlich unzulässig.

Die vorstehend N 8 (mit Belegen) aufgezählten S c h r a n k e n gelten auch **11**
hier. Die Statuierung eines Zurückbehaltungsrechts im Vollmachtsformular
eines Anwaltes ist keinesfalls schon *an sich* unsittlich (entgegen BlZR 18 Nr. 32
S. 55/56 und *Schmid* SJZ 51, 295; zutreffend *Meyer-Wild* SJZ 16, 36/37).
Vgl. noch *Hinderling* 423 N 14.

III. Die Ausschließungsgründe des Al. II

A. Gemeinsame Bemerkungen

Al. II / Art. 896 zählt d r e i G r ü n d e auf, aus denen das Retentionsrecht **12**
ausgeschlossen ist: 1. eine dahin zielende Verpflichtung des Gläubigers oder —
2. «Vorschrift» des Schuldners, — 3. eine zwingende, besonders öffentlichrechtliche, Vorschrift. — Eine ungeachtet dieser Ausschlußgründe vorgenommene Retention ist unzulässig und begründet die vorn Komm. Art. 895
N 163 besprochene H a f t u n g des Gläubigers; vgl. auch das nachstehend
N 32 zit. Luftfahrtgesetz von 1948 Art. 84 und Römer Abkommen Art. 6.

B. Verpflichtung des Gläubigers und Vorschrift des Schuldners

a) Grundsätze

Die Retention ist «ausgeschlossen, wenn ihr eine vom Gläubiger über- **13**
nommene V e r p f l i c h t u n g» «entgegensteht»; d. h. wenn sich aus
seinem mit dem Schuldner abgeschlossenen V e r t r a g ergibt, daß er auf die
Retention verzichtet hat oder daß sie sonst mit den vertraglichen Pflichten
durchaus unvereinbar ist. Die gleiche Wirkung hat eine « V o r s c h r i f t»,
m. a. W. eine entsprechende e i n s e i t i g e A n o r d n u n g d e s S c h u l d -
n e r s. Sie muß « v o r oder b e i der Übergabe der Sache» an den
Gläubiger erteilt worden sein, wogegen die vertragliche Verpflichtung des
Gläubigers auch nachträglich übernommen sein kann (BlZR 21 Nr. 52 S. 131).
Eine n a c h der Besitzübertragung erteilte «Vorschrift» ist begreiflicherweise
unbeachtlich. Hievon abgesehen, brauchen «Verpflichtung» und «Vorschrift»
nicht auseinander gehalten zu werden. Beide können ausdrücklich statuiert sein
oder sich konkludent, aus den Umständen, ergeben (OR 1 II). In der Annahme
nicht ausdrücklich statuierter Ausschlüsse ist freilich Z u r ü c k h a l t u n g
angezeigt, wie sich aus den späteren Darlegungen ergibt.

14 Sowohl die «Verpflichtung» wie die «Vorschrift» werden bei Z a h l u n g s - u n f ä h i g k e i t des Schuldners unter den in Art. 897 II genannten Voraussetzungen wirkungslos (BGE 40 II 209).

15 Die in Al. II / Art. 896 eröffnete Möglichkeit, das Retentionsrecht zu beseitigen, zeigt, daß dessen Zubilligung an den Gläubiger nicht auf z w i n g e n d e m R e c h t beruht. Anders die Retentionsrechte des Agenten und des Handelsreisenden, auf die nicht zum voraus verzichtet werden kann bzw. die eigens für zwingend erklärt sind (OR 418 o, 349 e).

16 Die wenig klar formulierten, aus dem HGB übernommenen Ausschlußgründe der «Verpflichtung» und «Vorschrift» sind e i n s c h r ä n k e n d a u s z u - l e g e n : ZBJV 84, 239; SJZ 47, 378 Nr. 147; gleich im Ergebnis *Sträuli* 72; *Geiger* 8/9; *Brander* 36 ff., 73/74, 104 (alle zit. Komm. Art. 895 N 1). Denn eine a l l g e m e i n e Verpflichtung zur Herausgabe des Retentionsgegenstandes besteht ja stets (BlZR 12 Nr. 140 = SJZ 11, 22 Nr. 18) ; ohne sie erwüchse gar kein — eben dieser Herausgabepflicht entgegen gehaltenes — Retentionsrecht. Nicht d i e s e Verpflichtung kann in Al. II / Art. 896 visiert sein, sondern z u s ä t z l i c h e W i l l e n s e r k l ä r u n g e n oder U m - s t ä n d e , m i t d e n e n d i e R e t e n t i o n d u r c h a u s n i c h t v e r e i n b a r ist. Art. 897 II spricht denn auch mit allgemeiner Bedeutung von « b e s o n d e r e r Vorschrift» des Schuldners (ital. Text «particolare disposizione»), aOR 225 von der «Verpflichtung, in einer b e s t i m m t e n Weise mit den Gegenständen zu verfahren», eine Wendung, die im französischen Text des Art. 897 II wiederkehrt («obligation ... de faire de la chose un usage d é t e r m i n é »). Es ist auch zu bedenken, daß das Retentionsrecht ein im Interesse des G l ä u b i g e r s geschaffenes Institut ist, so daß die Interessenabwägung im Zweifel auf Grund dieses generellen Argumentes zur Ablehnung des Ausschlusses der Retention führt.

17 Darnach kann, solange die erwähnten z u s ä t z l i c h e n Erklärungen oder Umstände nicht beweisbar sind, ungeachtet seiner allgemeinen Rückgabepflicht retinieren, wer z. B. eine Sache geliehen erhält, als Werkunternehmer repariert, wer sie auf Probe kauft (OR 223), sie bestellt oder unbestellt zugesandt erhält. A. M. ist zu Unrecht *Leemann* Art. 896 N 13 für die Muster zur Ansicht: es fehlt die b e s o n d e r e Vorschrift des Absenders. Auch die Beispiele bei *Wieland* Art. 896 N 2 b sind offenbar dahin zu verstehen, daß nur eine besondere Anordnung des Schuldners die Retention in Fällen wie den aufgezählten ausschließt. Das gilt ferner für den von *Beeler* 138 erwähnten (aber von ihm gegenteilig beurteilten) Sachverhalt der Zusendung eines Wertpapiers zwecks Kaufsangebots.

18 Je a u s d r ü c k l i c h e r vereinbart die «Verpflichtung» des Gläubigers auf anstandslose Herausgabe, je k l a r e r die «Vorschrift» des Schuldners, desto eher kann ihnen die Wirkung des Al. II / Art. 896 beigemessen werden.

Es genügt nicht, wenn in einer Äußerung des Gläubigers oder des Schuldners nur die ohnehin bestehende Herausgabepflicht erwähnt ist, ohne daß sich daraus die z u s ä t z l i c h e , e f f e k t i v e Beseitigung des Retentionsrechts entnehmen läßt[a].

Die Frage des Ausschlusses ist, wie das Retentionsrecht überhaupt, vom **19** Prinzip von T r e u u n d G l a u b e n beherrscht (ZGB 2). Nur dessen Beizug erlaubt die Lösung gewisser Grenzfälle. Denn es ist nicht zu übersehen, daß die sowohl von der herrschenden Meinung wie in den vorstehenden Ausführungen befürwortete Zulassung auch eines aus den U m s t ä n d e n abgeleiteten Ausschlusses der Retention widerspruchsvoll erscheinen kann; das Kriterium des Art. 2 ZGB vermag einen Ausweg zu bieten.

b) Einzelfälle

Die vorstehenden grundsätzlichen Betrachtungen lassen einerseits erwarten, **20** daß man nicht oft den Ausschluß des Retentionsrechts bejahen kann, anderseits aber auch, daß leicht Zweifelsfälle auftreten. Angesichts der auffallend spärlichen Judikatur fehlt vielfach noch die sichere Basis. — K a s u i s t i k e n finden sich neben der folgenden bei *Wieland* Art. 895 N 2, 3; *Leemann* N 9 ff.; *Jacob* 113 ff.

Wer von einem Anderen (dem Eigentümer) aus G e f ä l l i g k e i t Wert- **21** papiere zur Verfügung gestellt erhält, damit er sie in seinem eigenen Interesse einem Dritten verpfände, hat kein Retentionsrecht zur Sicherung einer nachträglich gegen den Eigentümer der Wertpapiere entstandenen Forderung (Semjud 1926, 264 = SJZ 22, 377 Nr. 324). Der Ausschluß des Retentionsrechts ergibt sich aus den Umständen, und die gegenteilige Lösung verstieße gegen Treu und Glauben.

An Waren oder Mustern, die einem A g e n t e n , K o m m i s s i o n ä r , **22** H a n d e l s r e i s e n d e n und dergl. für seine Tätigkeit überlassen werden, ist nach durchweg vertretener Auffassung die Retention für so lange ausgeschlossen, als der fragliche Auftrag läuft. Nachher, oder wenn das Geschäft mit dem dritten Abnehmer scheitert, wenn der Vertrag mit dem Agenten usw. beendet ist, wird die Retention zulässig. Die Botschaft zum Agenturvertragsgesetz (BBl 1947 III 681) scheint dagegen dem Agenten das in OR 418o eingeräumte Retentionsrecht ohne jede Einschränkung durch Art. 896 II ZGB zusprechen zu wollen, doch zu Unrecht: auch auf das Retentionsrecht des

---

[18a] Ungenügend ist z. B. die schlichte Aufforderung oder Zusicherung, einen dem Gläubiger überlassenen Gegenstand zur Verfügung zu halten oder zurückzugeben; dazu ZBJV 84, 239; 73, 506 = SJZ 33, 141; SJZ 47, 378 Nr. 104. — Zu entgegenkommend in der Annahme des Ausschlusses des Retentionsrechts sind BlZR 21 Nr. 52 S. 131 und 132; *Leemann* Art. 896 N 15; *Wieland* N 3.

Agenten ist Art. 896 II nach der obigen Maßgabe anwendbar. Das gleiche gilt für das Retentionsrecht des Handelsreisenden (OR 349 e). Das frühere Handelsreisendengesetz vom 13. Juni 1941 Art. 15 hat denn auch ausdrücklich auf ZGB 895—898 verwiesen. Es ändert an dieser Auffassung nichts, daß die Vorschriften über das Retentionsrecht des Agenten und des Handelsreisenden zwingend sind; denn in den erwähnten Fällen liegt nicht ein — in der Tat unzulässiger — Verzicht auf das Retentionsrecht vor, sondern es geht darum, ob das Retentionsrecht mit den a l l g e m e i n e n vertraglichen Pflichten des Agenten oder Handelsreisenden vereinbar ist. — Den Agenten, Handelsreisenden usw. überlassene Fahrzeuge und andere Gebrauchsgegenstände unterliegen der Einschränkung, die soeben für die zur Vermittlung bestimmten Waren und Muster aufgestellt worden ist, nicht.

23 Für die F r a c h t f ü h r e r und S p e d i t e u r e gilt sinngemäß das gleiche, was N 22 für die Agenten usw. bezüglich der ihnen überlassenen Waren erklärt ist; dies wiederum nach allgemein vertretener Auffassung: ZBJV 84, 239; SJZ 47, 378 Nr. 147; neben anderen Autoren *Schönenberger* Art. 451 N 1, 11; vgl. auch BGE 38 II 204; 46 II 388. — Der Transport darf folglich nicht unter Berufung auf das Retentionsrecht unterlassen werden. Nach der Durchführung des Transportes, nach der Nichtabnahme der Sachen durch den dritten Adressaten, kann man retinieren, und zwar, wenn die Voraussetzungen des Art. 895 II vorliegen, auch für Forderungen aus einem a n d e r e n Vertrag (im Ergebnis gl. M. BGE 46 II 381 ff.; ZBJV 84, 239; SJZ 47, 378 Nr. 147; a. M. BlZR 11 Nr. 84 S. 132; *Wieland* Art. 896 N 2 a).

24 Auch für den B e a u f t r a g t e n (OR 401 III) treffen sinngemäß die für den Agenten, Kommissionär usw. gemachten Ausführungen zu (vorstehend N 22). Die aus dem Auftrag fließenden Pflichten schließen nicht von vornherein die Retention aus (unzutreffend oder wenigstens mißverständlich *Fick*, Das schweiz. OR, Zürich 1911, Art. 401 N 21). Über das Retentionsrecht der Rechtsanwälte, Notare u. a. m. vorstehend N 9 ff.; ferner vorn Komm. Art. 895 N 94 (richtig die Kritik SJZ 6, 320 Nr. 368 des dort abgedruckten, viel zu weit gehenden Urteils). Einer Bank zum I n k a s s o übergebene Wertpapiere können nicht ohne weiteres retiniert werden, weil sich aus den Umständen eine gegenteilige «Vorschrift» ableiten läßt; anders, wenn die Durchführung des Inkassos scheitert.

25 Dem Retentionsrecht des A r b e i t n e h m e r s oder W e r k u n t e r - n e h m e r s an den ihnen überlassenen Werkzeugen, Materialien und sonstigen Gegenständen (OR 327, 327 b, 339 a, 349 e) steht ZGB 896 II an sich nicht entgegen. Vgl. dazu aber auch vorn Komm. Art. 895 N 47 a. E., N 49, vorstehend N 22. Der im Arbeitsverhältnis stehende «gérant» einer Filiale kann Waren retinieren, ungeachtet seiner Pflicht, diese jeweils in das übliche Inventar aufzunehmen (BGE 67 II 21/22).

Die verschiedentlich vertretene Auffassung, das aus dem H i n t e r -   **26**
l e g u n g s v e r t r a g fließende Recht des Hinterlegers, jederzeit die Rückgabe zu verlangen (OR 475 I), schließe s c h l e c h t h i n die Retention aus,
ist nicht haltbar (unzutreffend *Wieland* Art. 896 N 3; *von Tuhr/Escher* § 78
N 66; *Al Chiekh Radhi* 98; Semjud 1886, 716; Revue 5 Nr. 36). Zum Aus-
schluß des Retentionsrechts bedarf es vielmehr, wie stets, z u s ä t z l i c h e r
Willenserklärungen oder Umstände. Die herrschende Meinung befürwortet denn
auch die grundsätzliche Zulässigkeit der Retention; so u. a. BlZR 51 Nr. 181
S. 333; *Baerlocher* 716; *Leemann* Art. 896 N 16; *Schönenberger* Art. 475 N 8;
Sträuli 63; *Brander* 104; *Geiger* (zit. Komm. Art. 895 N 1) 13; für beschränkte
Zulässigkeit treten ein *Becker* Art. 473 N 7; *Rossel/Mentha* n° 1663 Ziff. 2 b
S. 250. — Somit steht Art. 896 II dem Retentionsrecht einer B a n k an den
ihr ins D e p o t gegebenen Wertpapieren nicht von vornherein entgegen (dazu
vorn Komm. Art. 895 N 109; gegenteilig anscheinend *Rossel/Mentha* n° 1663
Ziff. 2 b S. 249 unten; die Frage ist offen gelassen vom BGr in Semjud 1913,
346). — Dem L a g e r h a l t e r ist in OR 485 III ausdrücklich das Retentionsrecht zugesprochen (eine gegenteilige Verpflichtung wird in BlZR 21
Nr. 52 S. 131 und 132 [BGr] zu leicht angenommen).

Einem Mittelsmann zwecks Z a h l u n g a n e i n e n D r i t t e n über-   **27**
gebene Gelder, Checks und dergl. kann man nicht retinieren, weil hier anhand
der Umstände eine entgegenstehende «Vorschrift» des Schuldners anzunehmen
ist.

Das gleiche gilt für einen zur D i s k o n t i e r u n g eingereichten Wechsel   **28**
(parallel lautet die Lösung beim Faustpfandrecht, vorn Komm. Art. 884 N 184).
In beiden Fällen, N 27 und 28, ist die Retention zulässig, nachdem der fragliche
Auftrag dahingefallen ist.

In den Ausnahmefällen, da ein P f a n d g e g e n s t a n d nach dem   **29**
Untergang des Pfandrechts an und für sich retiniert werden könnte (vorn
Komm. Art. 895 N 105, 121), ist das Retentionsrecht ausgeschlossen, wenn ein
nachgehendes Pfandrecht besteht (Art. 886, 903; *Schneider/Fick* Art. 225 N 1).

C. Öffentliche Ordnung

Darunter sind z w i n g e n d e B e s t i m m u n g e n zu verstehen, die   **30**
direkt oder indirekt das Retentionsrecht ausschließen, gleichgültig, ob sie im
Privatrecht oder öffentlichen Recht enthalten sind.

So kann gemäß SchRG von 1923 Art. 53 kein Retentionsrecht an einem ins   **31**
S c h i f f s r e g i s t e r aufgenommenen S c h i f f geltend gemacht werden.

Das gleiche gilt gemäß BG über das Luftfahrzeugbuch vom 7. Okt. 1959   **32**

Art. 51 für ein im L u f t f a h r z e u g b u c h eingetragenes L u f t f a h r -
z e u g und für Ersatzteillager (Art. 29 ff. des Gesetzes; vorn Syst. Teil N 79,
Komm. Art. 884 N 64). Für nicht eingetragene Luftfahrzeuge ist das Retentions-
recht zulässig. — Das BG über die L u f t f a h r t vom 21. Dezember 1948
Art. 80—87 schließt für bestimmte Gruppen von Luftfahrzeugen, insbesondere
Verkehrsflugzeuge, und für bestimmte Fälle die «Sicherungsbeschlagnahme»
aus. Es ist nicht von vornherein klar, ob unter diesem dem schweizerischen
Recht nicht geläufigen Terminus u. a. das Retentionsrecht zu verstehen ist. Der
maßgebliche Autor des Gebiets (*Riese*, Luftrecht, Stuttgart 1949, § 32
S. 318/319) nimmt auf Grund der Herkunft der Bestimmungen aus dem nachstehend erwähnten Römer Abkommen an, daß nur diejenigen Retentionsrechte
als Sicherungsbeschlagnahme zu verstehen seien, bei denen der Gläubiger nicht
im Sinne des Art. 895 I mit Willen des Schuldners in den Besitz des Gegenstandes gelangt ist. Gleich *Jäggi* (zit. Syst. Teil N 78) 63 ff. Somit wäre insbesondere ausgeschlossen das Retentionsrecht des Vermieters (OR 272) und dasjenige gemäß ZGB 700 II (vorn Komm. Art. 895 N 195, 186/187). Erlaubt wäre
das Retentionsrecht gemäß ZGB 895/897 samt seinen Anwendungsfällen in
OR 451, 439/434, 485 III, 434, 401 III, 339 a, 418 o, 349 e u. a. m. (Komm.
Art. 895 N 184 ff.). — Die gleiche Regelung wie im Luftfahrtgesetz besteht
auf internationalem Boden im Römer Abkommen für die Vereinheitlichung
gewisser Regeln über die Sicherungsbeschlagnahme von Luftfahrzeugen vom
29. Mai 1933, das die Schweiz ratifiziert hat (BBl 1949 I 609; AS 1949, 1651).
Darüber neben dem zit. Buch von *Riese* noch: *Riese / Lacour*, Précis de droit
aérien (Paris / Lausanne 1951) § 29. Das Abkommen diente den Art. 80—87 des
Luftfahrtgesetzes als Vorbild.

33   Gegenstände, die nach öffentlichem Recht u n v e r ä u ß e r l i c h sind
oder über die allgemein n i c h t v e r f ü g t werden darf, sind regelmäßig
auch nicht retinierbar, gleich wie sie nicht verpfändbar sind (über letzteres vorn
Komm. Art. 884 N 66 ff. mit Belegen). Das betrifft z. B. unveräußerliche Alter-
tümer (ZGB 6 II), die Militärausrüstung, Dienstpferde und -Motorfahrzeuge
(dazu SJZ II, 351, Nr. 296). Bei polizeilichen Ausweisschriften steht der Retention neben der «öffentlichen Ordnung» auch die mangelnde Verwertbarkeit
entgegen (vorstehend N 5). Unpfändbare Sachen (sog. Kompetenzstücke,
SchKG 92) sind nicht retinierbar; gl. M. Semjud 1897, 365; *Jacob* 115; ohne
Begründung auch *Leemann* Art. 896 N 18; *Brander* 41; a. M. SJZ 8, 190
Nr. 175; offen gelassen BGE 45 III 32; 83 III 33, 34 ff. — Die gleiche Lösung
findet sich OR 272 III für das Retentionsrecht des Vermieters; sie weicht ab
von der hinsichtlich der Verpfändung gültigen Auffassung (vorn Komm.
Art. 884 N 68): un*pfänd*bare Gegenstände sind *verpfändbar*, weil mit der Verpfändung ihre Entbehrlichkeit dargetan wird (BGE 55 III 120), ein Motiv, das
im Falle der Art. 895/896 und OR 272 III fehlt. Wenn ein Gegenstand in einem

Gesetz ausdrücklich für unverpfändbar erklärt wird (Belege Komm. Art. 884 N 67), so ist im Einzelfall nach der ratio legis zu prüfen, ob er auch nicht retinierbar ist; gewöhnlich wird die Retinierbarkeit fehlen.

Für die Frage, ob der Mangel an Retinierbarkeit durch den g u t e n **34** G l a u b e n geheilt wird, Komm. Art. 884 N 352/353.

Gemäß VerwEntsch 8 Nr. 7 ist die Ausübung des Retentionsrechts zu Lasten **35** eines Mitgliedes des d i p l o m a t i s c h e n K o r p s ausgeschlossen.

Art. 897

Bei Zahlungsunfähigkeit des Schuldners hat der Gläubiger das   I. Bei Zah-
Retentionsrecht auch dann, wenn seine Forderung nicht fällig ist.   lungs-
Ist die Zahlungsunfähigkeit erst nach der Übergabe der Sache ein-   unfähigkeit
getreten oder dem Gläubiger bekannt geworden, so kann dieser die
Retention auch dann ausüben, wenn ihr eine von ihm vorher über-
nommene Verpflichtung oder eine besondere Vorschrift des Schuld-
ners entgegensteht.

Materialien: aOR 226 — VE 876 — E 882 — Erl II 327 — Prot ExpKom III 122.   **1**
Ausländisches Recht: HGB 370.
Lit.: Von den vorn Komm. Art. 895 N 1 zit. Schriften *Sträuli* 77 ff. — *Durand* 78 ff. —
Jacob 115 ff. — *Brander* 11, 41 ff.

Übersicht

I. Retentionsrecht bei Zahlungsunfähigkeit des Schuldners: All- **2**
gemeiner Inhalt der Vorschrift. Ist der Schuldner zahlungsunfähig geworden, so gelten nicht mehr sämtliche der in Art. 895 und 896 aufgezählten
positiven und negativen Voraussetzungen des Retentionsrechts, sondern E r -
l e i c h t e r u n g e n treten in Kraft: die zu sichernde F o r d e r u n g braucht
n i c h t f ä l l i g zu sein (Al. I/Art. 897), und A u s s c h l u ß g r ü n d e
des Al. II/Art. 896, nämlich die das Retentionsrecht verhütende Verpflichtung

des Gläubigers oder Vorschrift des Schuldners, werden nach der in Al. II/ Art. 897 näher umschriebenen Maßgabe unbeachtlich. Das Absehen von der Fälligkeit ist OR 349 e und 418 o hinsichtlich des Retentionsrechts des Handelsreisenden und Agenten wiederholt.

3   Das von Art. 897 geregelte, in der deutschen Literatur sog. Notzurückbehaltungsrecht r e c h t f e r t i g t   s i c h mit der durch die Zahlungsunfähigkeit offenbar gewordenen Kreditunwürdigkeit des Schuldners. Ihr soll der Gläubiger mit der erleichterten Retention begegnen können. Im Widerstreit des Interesses des Schuldners an dem mittels einer entsprechenden Verpflichtung des Gläubigers oder Vorschrift des Schuldners herbeigeführten Ausschluß des Retentionsrechts (Art. 896 II) und des Interesses des Gläubigers an seiner Sicherstellung wird bei Zahlungsunfähigkeit des Schuldners der Gläubiger bevorzugt. Man will ihm ferner nicht mehr zumuten, auf die Fälligkeit der Forderung zu warten, um retinieren zu können. Diese Begünstigung des gläubigerischen Interesses liegt in der Linie des Instituts des Retentionsrechts, das allgemein dem Schutz des Gläubigers dient. — Art. 897 I besitzt eine gewisse Parallele in OR 83: dort wird bei einem zweiseitigen Vertrag nach Eintritt der Zahlungsunfähigkeit des einen Schuldners der andere für berechtigt erklärt, ungeachtet seiner vertraglichen Vorleistungspflicht die eigene Leistung zurückzuhalten und Sicherstellung zu verlangen; m. a. W. ist die Geltendmachung der Einrede des nichterfüllten Vertrags erleichtert (BGE 49 II 462/463).

4   Statt wie ZGB 897 auf die Zahlungsunfähigkeit schlechthin, stellte das f r ü h e r e   R e c h t auf den Ausbruch des Konkurses oder die Zahlungseinstellung ab (aOR 226). Gegenüber den E n t w ü r f e n weist die heutige Fassung formelle Verbesserungen auf. aOR 226 geht auf § 314 des d e u t s c h e n HGB von 1861 = § 370 des geltenden HGB zurück.

5   **II. Zahlungsunfähigkeit.** Die in Art. 897 I/II vorgesehenen Erleichterungen s e t z e n   d i e   Z a h l u n g s u n f ä h i g k e i t   d e s   S c h u l d n e r s v o r a u s. Der Begriff der Zahlungsunfähigkeit wird im ZGB und OR an manchen Stellen verwendet: z. B. ZGB 77, 445 I, 497, 604 III, OR 83, 316, 337 a; romanische Texte des Art. 897: insolvabilité, insolvenza. Sie ist dann anzunehmen, wenn das Verhalten des Schuldners oder andere Umstände seine auf Mangel an Geld zurückzuführende Unfähigkeit dartun, die fälligen Schulden zu erfüllen. Ihr Vorhandensein läßt sich zunächst ohne weiteres anhand allenfalls bestehender f o r m a l e r   M e r k m a l e feststellen: Konkurseröffnung, Ausstellung eines provisorischen oder definitiven Verlustscheins (SchKG 115, 149), Nachlaßstundung (ZBJV 31, 163). Demgemäß verlangte aOR 226 u. a. den Ausbruch des Konkurses. Statt dessen genügen nach ZGB 897 auch m a t e r i e l l e   A n h a l t s p u n k t e : glaubhafte Erklärung des Schuldners, Begehren um Einleitung eines gerichtlichen oder außergerichtlichen Nachlaß-

vertrags-Verfahrens (BlZR 46 Nr. 2 S. 10), oder schon die Erklärung, ein solches einleiten zu wollen (Pra 2 Nr. 106 S. 201), mehrfache Wechselproteste oder Zahlungsverweigerungen (SJZ 5, 358 Nr. 548) u. a. m. Alle diese Vorgänge sind auch maßgebend, wenn sie sich im Ausland ereignet haben. Bloße Zweifel an der Zahlungsfähigkeit reichen nicht aus (BGr in SJZ 11, 103). Einzelheiten bei *Becker* Art. 83 N 1—3; ferner *Oser / Schönenberger* Art. 83 N 5—8; *Jaeger* und *Jaeger / Däniker* Art. 190 N 11.

6 V o r Eintritt der Zahlungsunfähigkeit gelten die in Art. 897 vorgesehenen Erleichterungen des Retentionsrechts nicht. Eine gleichwohl vorgenommene Retention ist unberechtigt und macht den Gläubiger haftpflichtig, wenn immer die Fälligkeit fehlt oder ein Ausschlußgrund gemäß Art. 896 II vorliegt (Komm. Art. 895 N 163). Jedoch wird das Retentionsrecht mit dem Augenblick der nachträglich, aber vor der Rückgabe des Gegenstandes, eintretenden Zahlungsunfähigkeit rechtmäßig (Art. 897) und bleibt dem Gläubiger erhalten (BGE 38 II 203/204). Das w ä h r e n d der Zahlungsunfähigkeit begründete Retentionsrecht bleibt bestehen, wenn die Zahlungsunfähigkeit aufhört, es sei denn, nach Treu und Glauben dränge sich die gegenteilige Lösung auf.

7 Die Retentionsgegenstände fallen bei Konkursausbruch in die K o n k u r s - m a s s e und sind vom Gläubiger dem Konkursamt abzuliefern (SchKG 37 II, 198, 232 Ziff. 4; vorn Syst. Teil N 134).

8 Art. 897 verlangt nicht neben der Zahlungsunfähigkeit zusätzlich den Beweis der G e f ä h r d u n g der Forderung.

9 **III. Retention ungeachtet mangelnder Fälligkeit (Al. I).** Besteht Zahlungsunfähigkeit des Schuldners, dann braucht die Forderung, deren Sicherung der Gläubiger anstrebt, entgegen Art. 895 I (dort Komm. N 77 ff.) n i c h t f ä l l i g zu sein. Da die Konkurseröffnung allgemein die Fälligkeit der Schulden des Gemeinschuldners herbeiführt (SchKG 208), ist Al. I / Art. 897 insofern gegenstandslos und könnte das Retentionsrecht schon nach Art. 895 begründet werden.

10 Die übrigen, neben der Fälligkeit in Art. 895 aufgezählten V o r a u s - s e t z u n g e n des Retentionsrechts bleiben auch bei Zahlungsunfähigkeit bestehen.

11 **IV. Retention ungeachtet der Ausschließungsgründe der Verpflichtung des Gläubigers oder der Vorschrift des Schuldners (Al. II).** Gemäß Art. 896 II (dort Komm. N 13 ff.) ist die Retention unzulässig, «wenn ihr eine vom Gläubiger übernommene Verpflichtung oder eine vom Schuldner vor oder bei der Übergabe erteilte Vorschrift ... entgegensteht». Diese Ausschließungsgründe werden unbeachtlich, sofern die «Zahlungsunfähigkeit erst nach der Übergabe» des Retentionsgegenstandes «eingetreten oder [wenigstens] dem Gläubiger bekannt geworden» ist (dazu BGE 40 II 209/210). Der Gläubiger kann das Retentionsrecht somit ausüben, obwohl es seiner gegenteiligen Verpflichtung oder der gegenteiligen Vorschrift des Schuldners widerspricht. V o r a u s s e t z u n g ist, daß dem Gläubiger die Zahlungunfähigkeit im Augenblick der Übergabe des Retentionsgegenstandes noch nicht bekannt war. Kannte er sie, so ist seine das Retentionsrecht beseitigende Verpflichtung oder die entsprechende Vorschrift des Schuldners bindend, weil er Gelegenheit gehabt hätte, die fragliche Verpflichtung oder Vorschrift zurückzuweisen. Hat er das nicht getan, so hat er damit in Kauf genommen, daß das Retentionsrecht trotz der Zahlungsunfähigkeit ausgeschlossen bleibt. Man behaftet ihn m. a. W. dabei, daß er in Kenntnis der Zahlungsunfähigkeit die Verpflichtung erst übernahm oder die Vorschrift widerspruchslos ergehen ließ (dazu aOR 226 II und *Schneider / Fick* hiezu N 3).

Art. 898

IV. Wirkung

Kommt der Schuldner seiner Verpflichtung nicht nach, so kann der Gläubiger, wenn er nicht hinreichend sichergestellt wird, die zurückbehaltene Sache nach vorgängiger Benachrichtigung des Schuldners wie ein Faustpfand verwerten.

Zur Verwertung zurückbehaltener Namenpapiere hat in Vertretung des Schuldners der Betreibungs- oder der Konkursbeamte das Erforderliche vorzunehmen.

1   **Materialien:** aOR 228 — VE 877 — E 833 — Erl II 328 — Prot ExpKom III 122 — Botsch 84 — StenBull NR 1906, 690, 691; 1907, 341, 342 — StenBull StR 1906, 1424.
Ausländisches Recht: HGB 369 IV, 371 (372).
Lit.: Von den vorn Komm. Art. 895 N 1 zit. Schriften *Sträuli* 117 ff. — *Durand* 122 ff. — *Jacob* 118 ff. — *Brander* 43 ff. — *Beeler* 140—141.

Übersicht

I. Befugnis des Retentionsgläubigers zur Verwertung: Allgemeiner Inhalt der Vorschrift

Al. I / Art. 898 gibt dem Gläubiger das Recht, den Retentionsgegenstand zu **2** v e r w e r t e n. Er erhält damit die wichtigste Befugnis des F a u s t p f a n d - g l ä u b i g e r s (worauf in Al. I a. E. ausdrücklich hingewiesen wird): «im Falle der Nichtbefriedigung» der durch das Retentionsrecht gesicherten Forderung «sich aus dem Erlös des Pfandes bezahlt zu machen» (Art. 891 I). Die Verwertung setzt die vorgängige B e n a c h r i c h t i g u n g d e s S c h u l d - n e r s voraus. Der letztere kann die Ausübung des Retentionsrechts mittels S i c h e r s t e l l u n g des Gläubigers abwenden (Al. I / Art. 898). In Al. II findet sich eine ergänzende Vorschrift über das Vorgehen des Betreibungs- oder Konkursbeamten bei der Verwertung eines «N a m e n p a p i e r s», worunter auch das O r d r e p a p i e r zu verstehen ist.

Im f r ü h e r e n R e c h t entspricht aOR 228 I dem Al. I / Art. 898 ZGB. **3** Das Gegenstück zu Al. II / Art. 898 fehlte. Umgekehrt hat das ZGB die Al. II und III / aOR 228 als überflüssig weggelassen: die Benachrichtigung des Schuldners sollte auch noch zulässig sein, nachdem er in Konkurs geraten war, und die Anmeldung des Retentionsrechts im Konkurs galt als genügende Benachrichtigung. Die E n t w ü r f e decken sich materiell mit dem heutigen Wortlaut. Das für das aOR vorbildlich gewesene d e u t s c h e R e c h t sieht HGB 371 die Befriedigung des Gläubigers nach den für das Pfandrecht geltenden Vorschriften des BGB vor, während die Abwendung der Retention und der Verwertung mittels Sicherstellung HGB 369 IV (= § 315 des HGB von 1861) geregelt ist.

II. Wirkungen des Retentionsrechts überhaupt

4   Das Recht zur Verwertung wird im Marginale zu Art. 898 als «Wirkung» des Retentionsrechts bezeichnet. W e i t e r e W i r k u n g e n sind:

5   1. die aus Art. 895 I fließende Befugnis des Gläubigers, die Sache, ohne zur Verwertung zu schreiten, z u r ü c k z u b e h a l t e n , bis er befriedigt oder (gemäß Al. I / Art. 898) sichergestellt wird (BGE 40 II 208). Die Funktion des Retentionsrechts beschränkt sich hier auf diejenige eines Pressionsmittels. Die Liquidation des Verhältnisses ist diesfalls in der Weise denkbar, daß der Schuldner verurteilt wird zur Zahlung Zug um Zug gegen Rückgabe des Retentionsgegenstandes; so BGE 71 II 87 (Obergericht) und 88 oben; Daniel *Schmidt*, Die Verurteilung Zug um Zug ... (Diss. Zürich 1963) 27; BGB 274 I bezügl. des Zurückbehaltungsrechts im Sinne des § 273. Statt dessen kann der Gläubiger auch die Klage des Schuldners auf Herausgabe des Gegenstandes abwarten und ihr die Einrede der Retention entgegenhalten (vorn Komm. Art. 895 N 20). Das Gesetz begründet k e i n e n Z w a n g d e s G l ä u b i - g e r s z u r R e a l i s i e r u n g des Retentionsrechts, sei es überhaupt, sei es innert einer bestimmten Frist, wie dies für den Sonderfall des Vermieter-Retentionsrechts in SchKG 283 III und im zugehörigen Kreisschreiben des BGr vom 12. Juli 1909 vorgesehen ist; ebensowenig braucht auf gerichtliche Anerkennung des Retentionsrechts oder der mit ihm gesicherten Forderung geklagt zu werden (BGE 51 III 147 ff.).

6   Über die S c h u t z m a ß n a h m e n des Eigentümers der Sache vorn Komm. Art. 895 N 161, über die Lage bei K u r s v e r l u s t und anderen Fällen d r o h e n d e n S c h a d e n s Komm. Art. 890 N 12, 20 ff. und Art. 891 N 16, 27: wie an letzterer Stelle gezeigt, kann der Schuldner vom Gläubiger bei drohendem oder schon im Gang befindlichem Wertverlust nach Treu und Glauben (ZGB 2) die V e r w e r t u n g v e r l a n g e n ; insofern besteht eine Ausnahme von der soeben mitgeteilten Regel, daß kein Zwang zur Realisierung des Retentionsrechts bestehe.

7   2. die in Komm. Art. 895 N 143 ff. aufgezählten Folgerungen aus der R e c h t s s t e l l u n g d e s G l ä u b i g e r s . Eine weitere Wirkung zeitigt das Retentionsrecht hinsichtlich der V e r j ä h r u n g (OR 140; Komm. Art. 895 N 75 a. E.). Vgl. ferner die parallelen Ausführungen zum Faustpfandrecht: Komm. Art. 891 N 8. — Über die Haftung des Retentionsgegenstandes für L a g e r k o s t e n und dergl. Komm. Art. 895 N 156.

III. Sicherstellung des Gläubigers (Al. I)

A. Zweck und Rechtsfolge

Der Schuldner kann die A u s ü b u n g d e s R e t e n t i o n s r e c h t s **8** durch eine Sicherheitsleistung a b w e n d e n ; so umschreibt HGB 369 IV den Sachverhalt deutlicher als das ZGB. Damit wird nicht nur die V e r w e r t u n g v e r m i e d e n , sondern der Gläubiger ist zur unbeschwerten H e r a u s - g a b e des Retentionsgegenstandes verpflichtet: BGE 46 II 388; 78 II 143; SJZ 49, 128 f. = ZBJV 90, 43 f. (Abzahlungsgeschäft, Retention für Forderung des Käufers); ZBJV 69, 172, 281; 100, 129; unzutreffend die gegenteilige Entscheidung Semjud 1948, 255, richtig 1958, 133 ff. Das Retentionsrecht geht unter. Die Freigabe ist namentlich bedeutsam, wo die Sache dem Schuldner unentbehrlich, oder wo der Wert der Sache wesentlich größer als die Forderung, oder wo die letztere illiquid ist (Komm. Art. 895 N 75).

Die Praxis hat die Möglichkeit der Sicherstellung für das Retentionsrecht des **9** V e r m i e t e r s und Verpächters übernommen (OR 272, 286 III; BGE 59 III 128; 61 III 76; 90 III 53 ff.). Beim Retentionsrecht des F r a c h t f ü h r e r s verlangt das Gesetz die «amtliche» Hinterlegung des streitigen Betrags (OR 451 und Kommentare dazu; *Brander* 60 ff.).

Das vorn Komm. Art. 896 N 32 zit. Luftfahrtgesetz von 1948 Art. 82 und **10** das dort ebenfalls erwähnte Römer Abkommen von 1933 Art. 4 sehen die Abwendung der Sicherungsbeschlagnahme von L u f t f a h r z e u g e n gegen ausreichende Sicherheitsleistung vor.

Erfolgt die Sicherstellung durch H i n t e r l e g u n g einer anderen S a c h e **11** oder — namentlich — von G e l d , so hat man H i n t e r l e g u n g S i c h e r h e i t s h a l b e r vor sich; darüber vorn Syst. Teil N 202 ff., bes. 207. Zustimmend ZBJV 100, 129.

Der Gläubiger wird h a f t p f l i c h t i g , wenn er trotz genügender Sicher- **12** stellung den Gegenstand nicht zurückgibt (Komm. Art. 895 N 164; vgl. auch BGE 46 II 388; 78 II 141 lit. E.

B. Art, Umfang, Vollzug und Zeitpunkt der Sicherstellung

Das Gesetz schreibt die A r t der Sicherstellung nicht vor. Sie kann z. B. **13** bestehen in der Errichtung eines Pfandrechts (auch an der retinierten Sache selber), eines irregulären Pfandrechts (Syst. Teil N 182 ff.), in der Hinterlegung Sicherheits halber eines geeigneten Gegenstandes, namentlich von Geld[a], in einer Bürgschaft, einer Garantieerklärung im Sinne von OR 111[b]. Dazu allgemein: vorn Syst. Teil N 327 ff. und *von Tuhr / Peter* § 19 II. OR 451 I verlangt «amtliche» Hinterlegung des streitigen Betrags.

14 Die Sicherstellung muß nach Art und Umfang «h i n r e i c h e n d» sein, was im Streitfall der Richter prüft (ZBJV 69, 281; 100, 129; Semjud 1958, 136 f.). Es ist nicht zu übersehen, daß jede Sicherstellung, die nicht zu einer d i n g l i c h e n Sicherung des Gläubigers führt, diesen schlechter stellt als das Retentionsrecht. Dem ist bei der richterlichen Beurteilung Rechnung zu tragen. ZBJV 100, 129 f. verlangt Hinterlegung am Ort, wo sich der Retentionsgegenstand befindet. Ist die Forderung größer als der Wert des Retentionsgegenstandes, so ist der letztere Wert maßgebend (umgekehrt die Praxis zum Vermieter-Retentionsrecht, BGE 61 III 76; 66 III 84; ZBJV 69, 177 — dazu weiter BGE 90 III 57). Ist die Forderung kleiner als der Wert des Retentionsgegenstandes, so ist der Betrag der Forderung maßgebend, und der Gläubiger kann sich nicht gegen die Verminderung seiner Deckung zur Wehr setzen. Beim Retentionsrecht des Frachtführers ist in allen Fällen die Hinterlegung des streitigen Betrags erforderlich (OR 451). — Vgl. auch das Luftfahrtgesetz Art. 82 II und das Römer Abkommen Art. 4 II (beide zit. Komm. Art. 896 N 32).

15 Nicht das Angebot, erst der V o l l z u g der Sicherstellung ist beachtlich (BGE 46 II 388). Die Sicherstellung ist bis zum Z e i t p u n k t der Verwertung zulässig (BGE 46 II 388; *Wieland* Art. 898 N 1 a, b). Erfolgt die Verwertung jedoch auf dem Wege der Zwangsvollstreckung (nachstehend N 20), so muß die Sicherstellung spätestens bis zum Ablauf der Frist für den Rechtsvorschlag erfolgen (insoweit zutreffend *Leemann* N 12; gl. M. *Becker* Art. 272 N 14; *Jacob 121*; a. M. *Schönenberger* Art. 272 N 14). Der Rechtsvorschlag ist das Mittel, um die Berücksichtigung der Sicherstellung zu erwirken (*Becker* Art. 272 N 14). — Ist über die Sicherheitsleistung eine Vereinbarung getroffen worden, so richtet sich die D u r c h s e t z u n g nach den vorn Syst. Teil N 342 mitgeteilten Regeln.

C. Gerichtsstand

16 Darüber SJZ 8, 308 Nr. 318; 11, 299 Nr. 77; BlZR 18 Nr. 47.

[13a] BGE 46 II 388; 78 II 141, 143; SJZ 49, 129 = ZBJV 90, 44; ZBJV 100, 129; vorn Syst. Teil N 207. Unzutreffend Semjud 1948, 255/256, wo die Hinterlegung von Geld als unbehelflich bezeichnet wird.

[13b] Semjud 1919, 349.

IV. Verwertung

A. Voraussetzungen, insbesondere Benachrichtigung des Schuldners (Al. I) — Allgemeine Bemerkungen

Die Vornahme der Verwertung durch den Gläubiger s e t z t v o r a u s: **17**
1. das Ausbleiben der Befriedigung des Gläubigers; — 2. das Ausbleiben einer hinreichenden Sicherstellung; — 3. die vorgängige **Benachrichtigung des Schuldners.** Die letztere bezweckt, dem Schuldner Gelegenheit zu geben, die Verwertung mittels Sicherstellung zu verhüten (und zugleich die Freigabe des Retentionsgegenstandes zu erwirken). Weder eine Form der Benachrichtigung noch eine Fristansetzung ist vorgeschrieben, doch muß der Schuldner genügend Zeit haben, die Sicherstellung vorzunehmen. Der Zahlungsbefehl (SchKG 151) enthält eine ausreichende Benachrichtigung. Erfolgt die Verwertung auf Betreiben anderer Gläubiger, wobei der Retentionsgläubiger sein im Retentionsrecht begründetes Vorzugsrecht geltend macht (vorn Syst. Teil N 124 ff., 134 ff.), so ist eine diesen Sachverhalt klarstellende Benachrichtigung des Schuldners erforderlich. Anmeldung des Retentionsrechts im Konkurs genügt (so aOR 228 II/III, was auch gemäß ZGB zutreffend bleibt). Desgleichen ist beim Vermieter-Retentionsrecht die Aufnahme der Retentionsurkunde (SchKG 283 III) ausreichend. Die Verwertung bleibt trotz der Unterlassung der Benachrichtigung gültig, doch wird der Gläubiger schadenersatzpflichtig.

Für den U m f a n g d e r S i c h e r u n g ist Art. 891 II maßgebend, für **18** den U m f a n g d e r P f a n d h a f t Art. 892 und VVG 57, für den R a n g Art. 893. Über die K o n k u r r e n z des Retentionsrechts mit dem F a u s t - p f a n d r e c h t und die Konkurrenz von R e t e n t i o n s r e c h t e n unter sich Komm. Art. 893 N 19—21; über den für den Rang maßgeblichen Zeitpunkt der E n t s t e h u n g des Retentionsrechts: Komm. Art. 895 N 36 a. E. Des weiteren gilt das Verbot des V e r f a l l s v e r t r a g s (Art. 894). Dazu auch Komm. Art. 895 N 181.

B. Art der Verwertung

Das Gesetz schreibt weder in Art. 898 noch 891 I die Art der Verwertung **19** vor. Es fallen in Betracht (Komm. Art. 891 N 17 ff.):

a) Zwangsvollstreckung

Darüber Komm. Art. 891 N 37—47. Das Retentionsrecht wird wie ein Faust- **20** pfand behandelt (SchKG 37 II). Demnach ist, wenn sich der Schuldner nicht im

Konkurs befindet, regelmäßig B e t r e i b u n g a u f P f a n d v e r w e r - t u n g anzuheben (SchKG 41, 151 ff.). Die Aufnahme einer R e t e n t i o n s - u r k u n d e ist beim Retentionsrecht im Sinne von ZGB 895 weder erforder- lich noch zulässig (Komm. Art. 895 N 37 mit Belegen); anders beim Vermieter- Retentionsrecht (SchKG 283 III). Der R e c h t s v o r s c h l a g dient der Bestreitung der Forderung, aber auch des Retentionsrechts, wenn eine der Vor- aussetzungen des letzteren fehlt oder ein Ausschlußgrund vorhanden (Art. 895— 897) [a] oder gemäß Al. I / Art. 898 Sicherstellung geleistet worden ist. Im Konkurs erfolgt die Geltendmachung von Einreden gegen das Retentionsrecht im Zusammenhang mit der K o l l o k a t i o n (SchKG 219 I—III, 244 ff.).

21 Der d r i t t e E i g e n t ü m e r des Retentionsgegenstandes wird gleich behandelt wie der dritte Eigentümer einer Pfandsache (Komm. Art. 884 N 395/ 396): auch er kann seine Rechte durch Rechtsvorschlag wahren (SchKG 151 I, 153 II): BGE 73 III 97 ff., und schon BlZR 17 Nr. 192 S. 349 = SJZ 15, 349. Die von dem Entscheid BGE 44 III 109, aus dem sich die gegenteilige Auf- fassung ableiten ließ, hervorgerufenen (an sich zutreffenden) literarischen Äußerungen sind damit überholt: *Held* SJZ 19, 37/38; *Leemann* Art. 898 N 19. Vgl. auch BGE 70 II 226. Der dritte Eigentümer kann ferner auf gerichtliche Feststellung seines Eigentums klagen (Komm. Art. 884 N 396; dazu auch BlZR 6 Nr. 103 S. 168; SJZ 13, 201 Nr. 174 betr. Vermieter-Retentionsrecht).

22 Über die a m t l i c h e V e r w a h r u n g retinierter Sachen: Komm. Art. 895 N 161. Über die Geltendmachung des Retentionsrechts bei Z w a n g s - v o l l s t r e c k u n g z u g u n s t e n e i n e s d r i t t e n G l ä u b i g e r s vorn Syst. Teil N 124 ff. und 134 ff.; BlZR 31 Nr. 158 S. 309 ff. mit weiteren Zitaten. Die Existenz eines Retentionsrechts hindert die Verwertung durch dritte Gläubiger keineswegs (BGE 43 III 217/218).

23 Der Gläubiger kann schon in seinem Besitz befindliche Gegenstände nicht mit A r r e s t belegen; hier ist Retention mit Verwertung gemäß Art. 895 ff. / 898 am Platz (Revue 23 Nr. 46).

23a Der Schuldner kann mittels Beschwerde gegen die gewöhnliche Betreibung die Vorausverwertung verlangen (beneficium excussionis realis), wie vorne Art. 891 N 38 besprochen. BGE 104 III 9.

b) Private Verwertung

24 Sie ist, gleich wie beim Faustpfandrecht, zulässig, aber **nur,** wenn die Par- teien ein entsprechendes Vorgehen des Gläubigers v e r e i n b a r t haben: vorn Komm. Art. 891 N 48—63. Während eine solche Vereinbarung beim

---

[20a] Vgl. besonders auch Komm. Art. 896 N 33: Unzulässigkeit der Retention unpfändbarer Sachen. — BGE 83 III 35 ff.

Faustpfandrecht in Gestalt einer auf «freihändige» Verwertung lautenden Klausel des Pfandvertrags häufig ist, wird sie beim Retentionsrecht selten vorkommen, weil die Parteien nur in besonderen Verhältnissen zum voraus ein eventuelles Retentionsrecht in Aussicht nehmen.

c) Verrechnung

Vorn Komm. Art. 891 N 32. **25**

V. Namenpapiere und Ordrepapiere im besonderen (Al. II)

Das Gesetz spricht in Al. II / Art. 898 allein von N a m e n p a p i e r e n **26** (OR 974 ff.), doch sind auch die O r d r e p a p i e r e (OR 990 ff., 1100 ff., 1145 ff.) gemeint (BGE 43 II 769/770; *Jäggi*, Allg. Wertpapierrecht 52 N 15). Die Zusammenfassung von Ordre- und Namenpapieren in dem Ausdruck «Namenpapiere» ist ein terminologischer Mißgriff. Über die Begriffe und Erscheinungsformen dieser Wertpapierarten hinten Komm. Art. 901 N 55/56, 104/105.

Der Retentionsgläubiger, der ein Namen- oder Ordrepapier retiniert, wird **27** regelmäßig nicht auch als Wertpapiergläubiger ausgewiesen sein (BGE 43 II 769). Soll das Papier bei der Verwertung auf einen Erwerber übergehen, muß dessen Legitimation hergestellt werden. Al. II / Art. 898 sieht die geeignete Maßnahme vor: es ist der bei der Verwertung mitwirkende B e t r e i b u n g s - oder K o n k u r s b e a m t e , der sowohl bei Versteigerung wie bei (betreibungsrechtlichem) freihändigem Verkauf die Legitimation bewirkt: er errichtet ein Indossament (bei Ordrepapieren) oder eine Abtretungserklärung (bei Namenpapieren, wobei die Übertragung direkt vom bisher Legitimierten, also namentlich dem Retentionsschuldner, auf den Erwerber erfolgen kann. Gleiches gilt schon für das Faustpfandrecht (Komm. Art. 891 N 47), ohne eine dem Al. II / Art. 898 entsprechende Vorschrift, die eigentlich unnötig ist (StenBull NR 1906, 690: «selbstverständliche Ergänzung»). Das Eingreifen des Vollstreckungsbeamten erübrigt sich, wenn der Schuldner selber die Legitimation herstellt. Die Entwürfe hatten denn auch primär die Schaffung der Legitimation durch den Schuldner vorgesehen und nur «in seiner Vertretung», also falls der Schuldner sich weigern sollte, durch den Betreibungs- oder Konkursbeamten (StenBull StR 1906, 1424). — Vgl. im übrigen SchKG 156 und vorn Syst. Teil N 129 ff.

Bei p r i v a t e r V e r w e r t u n g läßt sich aus der diese Verwertungsart **28** vorsehenden Vereinbarung die Pflicht des Schuldners ableiten, die Legitimation herzustellen. Weigert er sich, so gelten die hinten Komm. Art. 901 N 103 in anderem Zusammenhang angestellten Überlegungen.

29   Wo schon ein B l a n k o i n d o s s a m e n t besteht (oder auch eine Blankozession bei Namenpapieren), sind weder bei betreibungsrechtlicher noch privater Verwertung besondere Vorkehrungen nötig, ebensowenig für die Verwertung von I n h a b e r p a p i e r e n. Hinsichtlich der Warenpapiere hinten Komm. Art. 902 N 24 und vorn Art. 895 N 65.

Das Pfandrecht an Forderungen und andern Rechten

Vorbemerkungen zum 2. Abschnitt, Art. 899—906

Materialien zu Art. 899—906*: aOR 210 I, 212—217 — VE 878—883 — E 884 — 889 — **1**
Erl II 329—332 — Prot ExpKom III 123—130, 138 — Botsch 84/85 — StenBull NR 1906,
692—897; 1907, 341, 342/343 — StenBull StR 1906, 1424—1428.
Die Materialien zum aOR sind angegeben bei *Schneider/Fick,* je zu den einzelnen Artikeln.

Der zweite Abschnitt des 23. Titels des ZGB regelt im Anschluß an das **2**
Faustpfandrecht (Art. 884—894) und an das diesem angegliederte Retentionsrecht (Art. 895—898) das P f a n d r e c h t a n R e c h t e n, als dessen
Hauptfall das Pfandrecht an Forderungen gilt, wie die Überschrift des 2. Abschnittes zeigt. Zunächst stellt das Gesetz unter A) zwei a l l g e m e i n e
Grundsätze auf, einmal daß Rechte überhaupt verpfändbar sind und inwieweit,
und ferner, daß das Pfandrecht an Rechten, wo nichts anderes angeordnet ist,
den Vorschriften über das Faustpfand untersteht (Art. 899). Unter B) regelt
das Gesetz die « E r r i c h t u n g », abgestuft nach verschiedenen Arten von
Rechten (Art. 900—902), unter C) die als « W i r k u n g » bezeichneten
Rechtsfolgen (Art. 904—906); dies, soweit eigene Vorschriften neben denen
über das Faustpfandrecht erforderlich erscheinen. Unter «Errichtung» versteht
das Gesetz die im Marginale zu Art. 884 ff. als «Bestellung» bezeichnete Entstehung des Pfandrechts. Ein eigener Tatbestand der Errichtung ist die Nachverpfändung (Art. 903). Art. 903—906 gelten gemeinsam für die in Art. 900—
902 hinsichtlich der Errichtung unterschiedenen Arten verpfändeter Rechte.

Über die Anordnung des Stoffes in a u s l ä n d i s c h e n G e s e t z e n **3**
nachstehend Art. 899 N 4.

* Diejenigen Bestimmungen des aOR und der Entwürfe, die den fraglichen Bestimmungen
des ZGB nicht im wesentlichen entsprechen, werden jeweils eingeklammert, desgleichen die
hierauf bezüglichen Stellen der übrigen Materialien.

Art. 899

Im allgemeinen **Forderungen und andere Rechte können verpfändet werden, wenn sie übertragbar sind.**

Das Pfandrecht an ihnen steht, wo es nicht anders geordnet ist, unter den Bestimmungen über das Faustpfand.

1 **Materialien:** aOR — VE 878 — VE 884 — Erl II 329 — Prot ExpKom III 123 — Botsch 84 — StenBull NR 1906, 693, 695 — StenBull StR 1906, 1427.

Ausländisches Recht*: CC fr (2075) — CC it 2784 II, 2807 — BGB 1273, 1274 II (1278) — ABGB (448).

Lit. (sämtliche sind Schriften zu Al. I/Art. 899, Pfandgegenstand): C. *Horber*, Das Forderungspfandrecht (Diss. Zürich 1905) 73 ff. — *Plinio Bolla, La costituzione del pegno sui crediti ... (Diss. Lausanne 1921) 86 ff. — *Kaderli 57 ff. — Eugen *Bircher*, Gutgläubiger Erwerb des Forderungspfandrechtes (Diss. Bern 1946) 3 ff. — Peter *Schenk*, Das Pfandrecht an Immaterialgütern (Diss. Zürich 1951) bes. 31 ff. — von *Tuhr/Escher* § 94 V, 98 II Ziff. 2. — Weitere allgemeine Angaben nachstehend N 30.

Übersicht

* Diejenigen Bestimmungen ausländischer Gesetze, die zwar Fragen betreffen, die im Kommentar unter der jeweils behandelten Vorschrift des ZGB erörtert werden, aber in dieser Vorschrift selber nicht geregelt sind, werden eingeklammert.

I. Verpfändbarkeit von Rechten und grundsätzliche Ordnung des Pfandrechts an Rechten: Allgemeiner Inhalt der Vorschrift

Die Ordnung des Fahrnispfandrechts ist zunächst auf S a c h e n zu- **2** geschnitten; sein Haupttypus ist das Faustpfandrecht (vgl. bes. Art. 884, 888). Diesem stellt das Gesetz in Al. I / Art. 899 das Pfandrecht an R e c h t e n gegenüber, von denen es die F o r d e r u n g e n als den Hauptfall auffaßt. Unter ihnen stehen die durch Wertpapiere verkörperten Forderungen und andern Rechte ihrer faktischen Bedeutung nach im Vordergrund (Art. 901); sie stellen den wichtigsten Gegenstand der Vorschriften Art. 899—906 dar. Das Pfandrecht an Rechten ist der O b e r b e g r i f f, das Pfandrecht an Forderungen einer der U n t e r b e g r i f f e. Es ist unangängig, das Pfandrecht an Rechten schlechthin mit dem Pfandrecht an Forderungen zu identifizieren, wie in der Literatur häufig geschieht; ungenau ist auch das Marginale zu Art. 900, wo nur von den Forderungen die Rede ist, obwohl in Al. III der Bestimmung die «andern Rechte» behandelt werden.

Al. I / Art. 899 läßt die V e r p f ä n d b a r k e i t der Rechte von ihrer **3** Übertragbarkeit abhängen. In Al. II findet sich die beherrschende Vorschrift, daß das Pfandrecht an Rechten «unter den B e s t i m m u n g e n ü b e r d a s F a u s t p f a n d» steht, soweit nicht in den folgenden Artikeln (900—906) eine eigene, abweichende Ordnung enthalten ist.

Das aOR enthielt keinen eigenen Abschnitt über das Pfandrecht an Rechten, **4** sondern regelte dieses im Zusammenhang des Faustpfandrechts. Inhaberpapiere, Warenpapiere, Wechsel, andere indossable Papiere und gewöhnliche Forderungen waren erwähnt (Art. 210 I, 212, 214, 215); doch war ihre Verpfändbarkeit nicht in einer eigenen Vorschrift festgelegt. Die Praxis ließ die Verpfändung auch anderer als der aufgezählten Rechte zu. Unter den a u s l ä n d i s c h e n Gesetzen enthalten das BGB (1273—1296) und das CC it (2800—2807) besondere Abteilungen für das Pfandrecht an Rechten. Die Ordnung des CC it gleicht auffallend derjenigen des ZGB. CC fr (2073—2084) und ABGB (447—471) regeln unter «gage» und «Pfandrecht» das Pfandrecht an körperlichen Sachen und an Rechten miteinander; ABGB trennt nicht einmal das Pfandrecht an beweglichen und unbeweglichen Sachen. Der CC fr erwähnt das Pfandrecht an Rechten nur bei Spezialfragen (Art. 2075, 2081), das ABGB überhaupt nicht, was bei beiden Gesetzen darin begründet ist, daß sie von vornherein nicht nur körperliche Sachen als Gegenstände der dinglichen Rechte ansehen, sondern auch unkörperliche (meubles incorporels, CC fr 527, 529, 2075; ABGB 292, 447/448).

II. Eigenart und Problematik des Pfandrechts an Rechten

5   Mit der E i g e n a r t, sich auf unkörperliche Gegenstände zu beziehen, hängt die P r o b l e m a t i k des Pfandrechts an Rechten zusammen. Von einer solchen mag deshalb gesprochen werden, weil der Doktrin des Gemeinen Rechts überaus zweifelhaft erschien, ob «Rechte an Rechten» — vor allem also ein Pfandrecht an Rechten (pignus nominis) — «konstruierbar» seien. Meist hat man dies verneint. Nur körperliche Sachen seien als Gegenstände dinglicher Rechte zugelassen. Das Pfandrecht an Rechten faßte man deshalb gewöhnlich als eine Zession auf, oder doch als einen der Zession «nahestehenden Vorgang». So *von Tuhr / Escher* § 98, a. A., obwohl das Gesetz, wie ZGB 906 zeigt (dort Komm. N 35), dem Pfandgläubiger gar kein Recht zum selbständigen Vorgehen gegen den Schuldner aus der verpfändeten Forderung gibt (sog. ius exigendi), was bei Annahme einer Zession der Fall sein müßte[a]. Schon hierin zeigt sich für das schweizerische Recht die Unrichtigkeit dieser Ansicht. Die aus dogmatischen Gründen erfolgende Ablehnung des «Rechts an Rechten» wurde vor allem unhaltbar, sobald das p o s i t i v e R e c h t unverkennbar Rechte als Gegenstände des Pfandrechts bezeichnete, was schon das aOR tat und auf allgemeinerem Plan das ZGB: für es ist überhaupt nicht allein die (körperliche) Sache Gegenstand der dinglichen Rechte, sondern es behandelt ausgewählte Rechte und andere Objekte gleich, w i e die Sachen (Art. 655 Ziff. 2, 745 I, 899 I, 919 II; 713). Das dingliche Recht ist für das ZGB nicht allein ein absolutes Recht an einer Sache — die gegenteilige Behauptung stellt eine petitio principii dar —, sondern ein absolutes Recht an einer Sache o d e r einem andern, w i e eine Sache behandelten Gegenstande. Die schweizerische Doktrin hat großenteils in dieser Kontroverse einzig die deutsche Literatur

[5a] Die Konstruktion als Zession wird bereits in BGE 19, 551/552 abgelehnt.

beachtet. Ein Blick etwa auf das französische Recht hätte ihr gezeigt, wie hier gar kein Problem entstanden ist, weil man dem Gesetzgeber die selbstverständliche Kompetenz zugebilligt hat, die Objekte dinglicher Rechte zu bestimmen: er kann den «meubles par leur nature» die «meubles par la détermination le la loi» beigesellen (CC fr 527, 529); er kann die Regeln für die res corporales in von ihm zu bestimmendem Umfang auf die res incorporales ausdehnen [b], gleich wie er z.B. Sachen, die von Natur aus beweglich sind, wie unbewegliche behandeln mag, etwa Grundstückszugehör oder Schiffe (ZGB 805, ABGB 293, SchRG 26 ff.).

Das **P f a n d r e c h t   a n   R e c h t e n** ist demnach ein **d i n g l i c h e s 6** und folglich ein **a b s o l u t e s   R e c h t** (so schon BlZR 3 Nr. 187 S. 321). Es ist ein sachenrechtliches Institut. Bei den Wertpapieren ist der sachenrechtliche Charakter des Pfandrechts dadurch noch augenscheinlicher gemacht, daß zur Verpfändung die Übertragung des Besitzes an der Urkunde erforderlich ist (ZGB 901, OR 967 I). Das Pfandrecht an Inhaberpapieren ist von vornherein im wesentlichen Faustpfandrecht. Der absolute Charakter des Pfandrechts sowohl an Sachen wie an Rechten wirkt sich namentlich in der Zwangsvollstreckung aus: in der Bevorzugung des Pfandgläubigers vor den chirographarischen Gläubigern (vorn Syst. Teil N 122). Die Anerkennung des Pfandrechts an Rechten als eines **e i g e n t l i c h e n** Pfandrechts schließt nicht aus, daß gegebenenfalls auf Grund tatbeständlicher Analogie **e i n z e l n e   R e g e l n   ü b e r   d i e   Z e s s i o n   b e i g e z o g e n** werden, wie schon das Gesetz selber hierauf verweist (Art. 899 I, 901 II; BGE 63 II 237). Doch bleibt der **U n t e r s c h i e d** bestehen: die Zession als solche macht den Erwerber kraft des Überganges der Forderung zum neuen, selbständigen Inhaber des Rechts; der Pfandgläubiger dagegen erhält nur beschränkte Befugnisse, im wesentlichen den Anspruch auf Deckung aus dem Verwertungserlös, während die Substanz des verpfändeten Rechts bis zur Verwertung dem Verpfänder oder sonstigen Berechtigten verbleibt (dazu BGE 26 II 147; 42 III 273; 68 II 90; BlZR 18 Nr. 177 S. 356).

Die «**P r o b l e m a t i k**» des Pfandrechts an Rechten ist somit lediglich **7** eine **s c h e i n b a r e**. Wie hier entscheiden im Ergebnis *Haab*, Einleitung N 41, 43, a. A., mit Zitaten; *Meier-Hayoz*, Syst. Teil N 126; ähnlich *Liver*, Schweiz. Privatrecht V/I § 2, V/2; dagegen *Piotet* das. § 88 II. Schon *Horber* (4—18, 33—45, mit reichen Belegen) kommt in seiner 1905 erschienenen Schrift aus, ohne sich für einen der zahlreichen Erklärungsversuche zu entscheiden. Die Frage der Konstruktion ist heute ohne praktische Bedeutung. — Zum Problem weiter Karl *Egger*, Theoretische Streitfragen über die juristische Konstruktion des Forderungspfandrechtes (Diss. Leipzig 1907); *Bolla* 10 ff.; *Bircher* 8 ff.; als Repräsentant der gemeinrechtlichen Literatur *Dernburg* I § 292.

[5b] CC fr 2075, CC it 813, ABGB 292, 447/448, Erl II 329.

8   Die Ausdehnung auf Rechte erschließt dem Pfandrecht einen weiten, zusätzlichen Bereich von G e g e n s t ä n d e n , unter denen namentlich einzelne Gruppen von Wertpapieren und die Lebensversicherungspolicen von größter praktischer Bedeutung sind (Syst. Teil N 153).

8a   Über die Abgrenzung zur S i c h e r u n g s z e s s i o n : Syst. Teil N 284 ff.

III. Pfandgegenstand (Al. I)

A. Grundsätze und zugehörige Einzelfragen

9   P f a n d g e g e n s t ä n d e , m. a. W. v e r p f ä n d b a r , sind einzelne, selbständige und verwertbare Rechte, soweit sie übertragbar sind. Nur die Übertragbarkeit wird in Art. 899 I erwähnt; die anderen Voraussetzungen sind aus allgemeinen Überlegungen abzuleiten (vorn Komm. Art. 884 N 16 ff.). Das Gesetz geht von der grundsätzlichen Zulässigkeit der Verpfändung von Rechten aus. Es besteht denn auch keinerlei Anlaß, ohne zwingende Gründe die Auswertung von Rechten zu Kreditzwecken zu verhindern.

10   Pfandgegenstand ist gemäß der obigen Umschreibung jeweils ein e i n z e l n e s Recht; es gilt das Prinzip der S p e z i a l i t ä t (vorn Komm. Art. 884 N 18). Doch kann zur Sicherung der gleichen Forderung eine Mehrheit von Rechten verpfändet, also ein Gesamtpfandrecht errichtet werden (Komm. Art. 884 N 26—33). Die Verpfändung kann einen T e i l d e s R e c h t s erfassen, wenn dieses teilbar ist und die Übertragbarkeit eines Teiles bejaht werden darf, was von der Art des Rechts und dem Grad der Teilung abhängt. Der Vorgang ist z. B. zulässig bei der Verpfändung von Sparheften (dazu BGE 67 II 32/33) oder Versicherungsansprüchen (BGE 77 II 165); s. a. BlZR 58 Nr. 3 S. 8. Das zu verpfändende Recht muß soweit s e l b s t ä n d i g sein, daß es für sich allein übertragbar ist, und es muß v e r w e r t b a r sein, somit einen Vermögenswert besitzen, der sich in Geld umwandeln läßt (Komm. Art. 884 N 20).

11   Die Ü b e r t r a g b a r k e i t hängt teils von der Selbständigkeit ab[a], teils und namentlich aber davon, ob nicht eine besondere Vorschrift oder die Natur des Rechtsverhältnisses oder ein dahin zielendes Rechtsgeschäft die Übertragung ausschließt (so mit allgemeiner Bedeutung OR 164 I). Darnach sind insbesondere die höchstpersönlichen Rechte unverpfändbar: sie sind so eng an ein bestimmtes Subjekt gebunden, daß sie ohne Verlust ihrer Eigenart nicht auf

---

[11a] Eine Grunddienstbarkeit z. B. kann nicht ohne das zugehörige, berechtigte Grundstück übertragen werden.

jemand Anderen übergehen können; der Übergang wäre mit ihrem Zweck unvereinbar[b][c]. Die Übertragbarkeit ist deshalb das wichtigste Kriterium der
Verpfändbarkeit, weil die virtuell mit der Verpfändung verknüpfte Verwertung
zur Veräußerung des Rechts führt (Art. 891 I); die Verwertbarkeit fällt deshalb
im wesentlichen mit der Übertragbarkeit zusammen. Wo Zweifel bestehen, muß
die Übertragbarkeit anhand der angeführten Merkmale unter Würdigung der
Besonderheiten des Einzelfalles geprüft werden. Die in der Judikatur und der
Literatur niedergelegten Anschauungen sind in einigen Fällen uneinheitlich oder
wandelbar. Statt «Übertragbarkeit» drängt sich anhand der gesetzlichen und
literarischen Terminologie häufig der Terminus «A b t r e t b a r k e i t» auf
(z. B. OR 164 I, 791, 849); die romanischen Texte des Art. 899 I sprechen von
diritti «cedibili», «droits aliénables».

Als zugehörige E i n z e l f r a g e n seien erwähnt:

1. Das verpfändete Recht (namentlich auch eine Forderung) braucht nicht **12**
auf eine **Geldleistung** zu gehen, wenn es auch einen Geldwert besitzen muß.

2. Ein **Vermögen** oder **Unternehmen** läßt sich nicht als Ganzes ver- **13**
pfänden. Vielmehr muß für die einzelnen zugehörigen Rechte und Sachen je die
Verpfändung vollzogen werden (vorn Komm. Art. 884 N 32).

3. Der Pfandvertrag kann sich auf ein erst **künftig entstehendes Recht 14**
beziehen. Die Gerichtspraxis wendet die für die Zession künftiger Rechte gültige
Regel an: BGE 61 II 331 (betr. Aktien) und der dort herangezogene Fall
BGE 57 II 539; hinsichtlich der Forderungen insbesondere nachstehend N 72
mit Belegen. — Der Pfandvertrag ist bedingt durch die künftige Entstehung
des verpfändeten Rechts. Dieses muß beim Vertragsschluß bestimmt oder
wenigstens bestimmbar sein (vorn Komm. Art. 884 N 98), so daß bei seiner
späteren Entstehung klargelegt, welches Recht verpfändet ist; doch braucht nach
der heute von der Praxis vertretenen Auffassung noch kein Rechtsverhältnis
vorhanden zu sein, aus dem später das Recht erwächst. Das Pfandrecht entsteht
erst, wenn das verpfändete Recht seinerseits entstanden und die gemäß Art. 900
oder 901 erforderliche Vollzugshandlung ausgeführt ist. — Vgl. auch Komm.
Art. 884 N 34 ff.

4. Ein **bedingtes Recht** ist nach der gleichen Maßgabe verpfändbar wie **15**
ein künftiges (betr. die Forderungen im besonderen nachstehend N 75).

[11b] Über die nicht durchweg einheitlich verwendeten Begriffe der übertragbaren und der
höchstpersönlichen Rechte im allgemeinen *von Tuhr*, Der Allg. Teil des deutschen Bürgerlichen Rechts I (Leipzig 1910) § 12; *Egger*, Komm. Personenrecht (2. A. Zürich 1930) Art. 19
N 8; *Bucher*, Komm. Personenrecht (Bern 1976) Art. 19 N 214 f.; BGE 63 II 158.

[11c] Die rechtsgeschäftlich begründete Unübertragbarkeit kann nicht nur vertraglich und
nicht allein bei Forderungen (OR 164 I) geschaffen werden, sondern kommt z. B. mittels der
Vinkulierung von Namenaktien zustande (nachstehend N 33 ff.) und ist u. a. vorgesehen in
ZGB 779 II, 780 II.

16   5. Als Pfandgegenstände sind auch R e c h t e zugelassen, die dem Verpfänder g e g e n d e n P f a n d g l ä u b i g e r zustehen, oder R e c h t e
z u L a s t e n d e s V e r p f ä n d e r s. Der erste Fall trifft zu bei der Verpfändung einer Forderung, deren **Schuldner der Pfandgläubiger** selber ist
(sog. Pfandrecht an eigener Schuld), was vor allem bei Kassenobligationen
(Bankobligationen) vorkommt[a], dann bei der Verpfändung von Sparheften
oder beim Policendarlehen (VVG 95). Diese Art der Verpfändung wird von der
Gerichtspraxis gestattet: BGE 36 II 555; 42 III 453; BlZR 9 Nr. 138 S. 249;
SJZ 19, 311 Nr. 263; 33, 189. Die Zulässigkeit ergibt sich auch indirekt aus
OR 1167 III. Über die eventuell an Stelle der Verwertung tretende Verrechnung:
vorn Komm. Art. 891 N 32; im übrigen vgl. hinten Komm. Art. 906 N 49.

17   Ein ähnlicher Vorgang ist die E n t g e g e n n a h m e e i g e n e r
A k t i e n durch den Pfandgläubiger (OR 659; nachstehend N 36).

18   6. Die — scheinbar paradoxe — Verpfändung eines Rechts, das weder
einen Dritten noch den Pfandgläubiger, sondern den Verpfänder belastet, hat
man vor sich bei der Verpfändung einer Forderung, deren **Schuldner der
Verpfänder** ist. Sie ist im Fall der als Inhaberpapiere ausgestalteten (Kassen-
oder Bank-) O b l i g a t i o n e n ebenfalls als zulässig erachtet worden: Der
Verpfänder (z. B. eine Bank) gibt seine eigenen Obligationen zu Pfand, sei es,
daß er sie vorher noch gar nicht begeben hat, sei es, daß sie bereits zirkuliert
haben, aber wieder in sein Eigentum gelangt sind: BGE 38 II 160 ff.; 41 III
237; 93 II 85/86; Pra 1, 602; BlZR 2 Nr. 62 S. 67; vgl. auch BGE 47 III
174/175; 52 III 159; ZBJV 73, 483 und OR 1167 II Satz 2; gegenteilig *Wieland*
Art. 901 N 7. — Die konstruktiven Schwierigkeiten — man kann nicht sein
eigener Schuldner sein — werden durch die Eigenart des Wertpapiers über-
brückt (OR 118 III). Zur Frage *Bolla* 130 ff.; *Aman-Volkart* SJZ 10, 153 ff.;
nicht haltbar *von Tuhr / Peter* § 28 N 33. — Der Pfandgläubiger kann somit
die Obligationen, wenn er nicht gedeckt wird, verwerten; Einzelheiten *Aman-
Volkart* a.a.O. Über die Frage der paulianischen Anfechtung gemäß SchKG 287
Ziff. 1 und 288: BGE 38 II 162/163; vorn Komm. Art. 884 N 107.

19   Diese Art der Verpfändung ist auch für andere I n h a b e r p a p i e r e zulässig, ferner für W e c h s e l und entsprechende andere O r d r e p a p i e r e.

20   7. Eine analoge Sachlage besteht bei der Verpfändung eines **Eigentümer-
Grundpfandtitels** (hinten Komm. Art. 901 N 133 f.; BGE 93 II 85/86; *Zobl*,
Probleme bei der Verpfändung von Eigentümerschuldbriefen, ZBGR 59, 193 ff.),
ferner bei der Verpfändung eigener **Aktien des Verpfänders** (nachstehend
N 37).

21   8. Über die Verpfändung eines bereits mit **einem anderen beschränkten**

[16a] wenn sie der gleichen Bank verpfändet werden, die sie ausgegeben hat, also m. a. W.
die Bank die eigenen Obligationen belehnt.

dinglichen Recht belasteten Rechts: vorn Komm. Art. 884 N 59 (die dort zit. BGE 35 II 629 und 49 II 340 ff. betreffen Pfandrechte an Rechten).

9. Ein fremdes Recht, z. B. die einem Dritten zustehende Forderung, kann **22** mit Zustimmung des Dritten ebensogut verpfändet werden wie eine fremde Sache: BGE 36 II 555/556; BlZR 9 Nr. 138 S. 250 ff.; vorn Komm. Art. 884 N 316. Fehlt die Zustimmung, so erhebt sich die Frage des Schutzes des guten Glaubens (nachstehend N 109 ff. Das wird in BlZR 44 Nr. 21 S. 78/79 übersehen).

Hievon verschieden ist der Tatbestand, wonach der Verpfänder sein Recht **23** f ü r eine f r e m d e S c h u l d verpfändet (nachstehend N 133; vorn Komm. Art. 884 N 385 ff.).

10. Die Ausführungen vorn Komm. Art. 884 N 66 ff. über die U n v e r - **24** p f ä n d b a r k e i t von Sachen auf Grund von V o r s c h r i f t e n namentlich des **öffentlichen Rechts,** die die Verfügungen oder Veräußerungen hinsichtlich bestimmter Gegenstände beschränken, gelten sinngemäß für die Rechte. Auch hier trifft zu, daß die Un p f ä n d barkeit gemäß SchKG 92 grundsätzlich nicht die Un v e r pfändbarkeit nach sich zieht, weil die Frage der Unpfändbarkeit nicht die Frage der rechtsgeschäftlichen und dinglichen Verfügung über den fraglichen Gegenstand präjudiziert: BGE 40 II 627; 63 II 158 (41 II 338/339 besagt nicht das Gegenteil); ausführlich *Bolla* 98 ff. Über die bei Lohn- und ähnlichen Forderungen auftretenden Sonderfragen nachstehend N 85.

Umgekehrt setzt die P f ä n d u n g eines Rechts in der Regel dessen Über- **25** tragbarkeit voraus (BGE 56 III 194; 64 III 3, 9). Die Praxis in der Frage der Pfändbarkeit erlaubt deshalb Schlüsse auf die Übertragbarkeit und damit die Verpfändbarkeit von Rechten.

11. Die **Verpfändung eines unverpfändbaren Rechts** ist w i r - **26** k u n g s l o s. Es entsteht kein Pfandrecht, weil kein tauglicher Pfandgegenstand vorhanden ist. Der Pfandvertrag ist nichtig gemäß OR 20. Einzig, wo die Verpfändbarkeit durch Rechtsgeschäft ausgeschlossen wird, läßt der g u t e G l a u b e des Pfandgläubigers gleichwohl ein Pfandrecht entstehen, sofern das verpfändete Recht in einer Urkunde bescheinigt ist, diese «ein Verbot der Abtretung nicht enthält» und der Pfandgläubiger hierauf vertraut hat (OR 164 II, verallgemeinert). Hievon abgesehen ist der gute Glaube unbehelflich. Dies ist neben den Forderungen namentlich für Aktien und Genossenschaftsanteile, die in den Statuten für unverpfändbar erklärt sind, beachtlich (nachstehend N 33, 43).

12. Über das (in einen anderen Zusammenhange gehörende) Problem des **27** Fehlens der **Verfügungsbefugnis,** wodurch der Verpfänder gehindert werden soll, ein Pfandrecht zu begründen (z. B. SchKG 96, 204 I, 298 I): vorn Komm. Art. 884 N 303 ff., 345 ff.; *Becker* Art. 164 N 29. Der in SchKG 96 II vorgesehene Schutz des gutgläubigen Dritten fehlt, soweit er sich nicht auf den erworbenen Besitz stützen kann; vgl. aber auch *Jaeger* Art. 96 N 7, a. E. und Art. 99 N 5, a. A.; ferner *von Tuhr / Peter* § 28 nach N 50; vor allem hinten Komm. Art. 900 N 64.

28   **13.** Für die **internationalprivatrechtliche** Frage vgl. BGE 39 II 429; ZBJV 73, 621 (und allgemein: vorn Syst. Teil N 119): die Verpfändbarkeit beurteilt sich nach der Gesetzgebung, der das verpfändete Recht untersteht.

B. Kasuistik verpfändbarer und unverpfändbarer Rechte

29   Die Anwendung der vorstehend N 9 ff. mitgeteilten Kriterien führt zu der anschließenden, nach äußerlichen Merkmalen eingeteilten K a s u i s t i k , für die keine Vollständigkeit erstrebt wird. Erhebliche p r a k t i s c h e B e d e u - t u n g besitzt nur ein kleiner Teil der aufgezählten Rechte: gewöhnliche Forderungen auf Geld (soweit nicht, wie meistens geschieht, statt zur Verpfändung zur Sicherungszession gegriffen wird), Forderungen aus Lebensversicherung, aus Sparheften, dann vor allem Wertpapiere, und zwar vorwiegend Inhaberpapiere.

30   Vgl. auch neben den vorstehend N 1 zit. Schriften die Kasuistiken bei *Klang* § 448 Ziff. III; diejenigen in der Literatur und den Judikatursammlungen zu OR 164 (nachstehend N 70); ferner *Jaeger* und *Jaeger / Daeniker* Art. 92 N 1 A und bes. B (unter dem vorstehend N 25 erwähnten Gesichtspunkt).

a) Personen- und Gesellschaftsrecht: besonders Mitgliedschaftsrechte

31   **1.** Die persönliche Seite der Mitgliedschaft in einem **Verein** ist unverpfändbar (ZGB 70 III). Dagegen können vermögensrechtliche Ansprüche des Mitgliedes (z. B. auf Anteil am Jahresgewinn) je nach den Statuten übertragbar und damit verpfändbar sein.

32   **2. Aktien** sind häufige Pfandgegenstände. Nicht das persönliche Mitgliedschaftsrecht wird verpfändet (ZGB 905, OR 689 V, 646 III), sondern der vermögensrechtliche Teil der Rechte des Aktionärs (OR 646 III, 660, 676, 652, 745). Mit der Verwertung tritt der Erwerber der Aktie jedoch in die volle Mitgliedschaft ein. Neben den Aktien sind, wo keine Aktienurkunden bestehen, die entsprechenden u n v e r b r i e f t e n A k t i e n r e c h t e verpfändbar, ferner I n t e r i m s s c h e i n e , G e n u ß - und P a r t i z i p a t i o n s - s c h e i n e , G r ü n d e r a n t e i l s c h e i n e und sonstige G r ü n d e r - v o r t e i l e (OR 688, 657; 627 Ziff. 9, 628 III u. a. m.). Auch einzelne Ansprüche des Aktionärs können verpfändet werden, z. B. diejenigen auf B a u - z i n s e (OR 676). — Siehe auch hinten Komm. Art. 901 N 23.

Durch V i n k u l i e r u n g kann die Übertragung von Namenaktien aus- **33** geschlossen oder beschränkt werden, besonders indem sie an die Genehmigung durch die AG geknüpft wird (OR 627 Ziff. 8, 684 I, 686). Der s c h l e c h t h i n ausgesprochene Ausschluß der Übertragung gilt auch für die Verpfändung (ZGB 899 I); diese ist wirkungslos, jedoch heilt der gute Glaube des Pfand- gläubigers, der die Vinkulierung dem Aktientitel nicht entnehmen konnte, den Mangel (analog OR 164 II; Näheres vorstehend N 26). Indessen wird häufig der gute Glaube abzulehnen sein, weil dem Gläubiger das Nachlesen der Statuten zuzumuten ist. Vikulierte Aktien sind Ordrepapiere, es sei denn, ihre Über- tragung durch Indossament wäre in den Statuten ausgeschlossen (BGE 83 II 304; 92 III 25).

Die alleinige B e s c h r ä n k u n g der Übertragung, also namentlich das **34** Erfordernis der erwähnten Genehmigung, zieht dagegen nicht von selber die Unverpfändbarkeit oder die Notwendigkeit der Genehmigung der Verpfändung durch die AG nach sich. Denn die Genehmigung der Übertragung der Aktien will im Zweifel nur das persönliche Mitgliedschaftsrecht treffen, nicht die von der Mitgliedschaft abgeleiteten einzelnen Forderungen des Aktionärs, auf die allein sich die Verpfändung erstreckt; so jene auf Dividenden, auf einen Liqui- dationsanteil usw. Die Beschränkung der Übertragung wirkt sich deshalb erst bei der Verwertung aus: erfolgt diese privat (vorn Komm. Art. 891 N 48 ff.), so kann die AG die Annahme des Erwerbers der verpfändeten Aktien als Aktionärs verweigern; bei Zwangsvollstreckung gilt OR 686 IV (dazu BGE 60 III 54; 78 II 276). Aus OR 967 III fließt nicht das Gegenteil. Diese Auslegung erlaubt, den Zweck der Vinkulierung zu erreichen: der Gesellschaft mißliebige Personen von der Mitgliedschaft fernzuhalten. Sie vermeidet eine unnötige Erschwerung der Verpfändung: diese erfaßt eben gar nicht das persönliche Mitgliedschaftsrecht des Aktionärs, sondern nur Vermögensrechte; und wie sich gezeigt hat, nötigt nicht einmal die Verwertung der Gesellschaft ohne weiteres einen Aktionär auf. — Die gegenteilige Lösung gilt, wenn die Statuten die Vinkulierung ausdrücklich auf die Verpfändung erstrecken, was zulässig ist. — Über die Geschäftspraxis *Albisetti / Bodmer* u. a. 620.

Diese (bereits in der vorhergehenden Aufl. vertretene) Meinung steht im **35** Einklang mit der vom Bundesgericht befürworteten Lösung der sog. Spaltung der Aktienrechte, die zwar von einem Teil der Autoren angefochten, aber in der Geschäftspraxis verankert ist: BGE 83 II 302 ff.; 90 II 239 ff.; 92 III 25; 100 IV 32; besonders 78 II 276.

Näheres in der aktienrechtlichen **Literatur.** Aus den neueren Schriften: *Bürgi*, Komm. Aktiengesellschaft (Zürich 1957) Art. 686 N 92 ff.; *Jäggi* Art. 967 N 150; Oskar *Glettig*, Die dinglichen Rechte an Aktien (Diss. St. Gallen 1953) 146 ff.; *Wieland* SJZ 50, 124 ff.; Jean

Sautaux, L'engagement de l'action nominative liée (Diss. Freiburg 1958); Hans *Ribi*, Von der Übertragung der Wertpapiere (Diss. Zürich 1958) 263 ff. (mit Übersicht über die literarischen Ansichten); *Jäggi* SAG 33, 65 ff. = Privatrecht und Staat (Zürich 1976) 456 ff.; Erika *Salzgeber-Dürig*, Das Vorkaufsrecht und verwandte Rechte an Aktien (Diss. Zürich 1970) 189 ff.; René *Schweri*, Die Verpfändung von Namenaktien (Diss. Zürich 1973) passim, bes. 76 ff.*.

36   Die Verpfändung von A k t i e n der als P f a n d g l ä u b i g e r auftretenden Gesellschaft (m. a. W. die Belehnung eigener Aktien) ist nur in den Ausnahmefällen des Art. 659 OR zulässig. Darnach dürfen insbesondere Banken die von ihnen ausgegebenen Aktien zu Pfand nehmen (OR 659 Ziff. 4). Eine unzulässige Verpfändung ist jedoch nach der heute gewöhnlich vertretenen Auffassung nicht ungültig, sondern löst gegebenenfalls die Verantwortlichkeit der Verwaltung aus: *Siegwart*, Komm. Aktiengesellschaft (Zürich 1945) Art. 659 N 21/22, 50; *Schucany*, Komm. z. Schweiz. Aktienrecht (2. A. Zürich 1960) Art. 659 N 2; *Funk*, Komm. des OR (Aarau 1951) Art. 659 N 1; *Guhl / Merz / Kummer* § 66 II; *Bodmer / Kleiner / Lutz* 9. Abschn. N 108; Bernh. *Greuter*, Das Problem des Erwerbs eigener Aktien (Diss. Zürich 1948) 37. Das Retentionsrecht wird von OR 659 nicht verboten, ebensowenig die Entgegennahme eigener Aktien zwecks Kaution (vgl. Art. 659 Ziff. 5).

37   Die Verpfändung e i g e n e r A k t i e n d e s V e r p f ä n d e r s ist zunächst zulässig, wo eine AG überhaupt Eigentümerin eigener Aktien sein darf (OR 659), oder wo sie die eigenen, aber einem Dritten gehörenden, Aktien verpfändet. Aber auch, wenn eine AG vorschriftswidrig (OR 659) eigene Aktien erwirbt oder behält und diese hernach verpfändet, ist die Verpfändung mangels gegenteiliger Bestimmung als zulässig zu betrachten, wenn auch praktisch wenig sinnvoll.

38   Kraft gesetzlicher Vorschrift n i c h t i g e A k t i e n oder Interimsscheine können nicht verpfändet werden (OR 644, 653, 683, 688).

39   Sind k e i n e A k t i e n u r k u n d e n a u s g e g e b e n w o r d e n, so erfolgt die Verpfändung der fraglichen Rechte des Aktionärs nach ZGB 900 III statt nach Art. 901.

40   Über die Verpfändung k ü n f t i g e r A k t i e n : vorstehend N 14; BGE 61 II 331.

41   **3. Anteile an einer GmbH** (OR 777 Ziff. 7, 789 II, 791) und Teile von solchen (OR 795) sind unverpfändbar, wenn ihre Abtretung durch die Statuten ausgeschlossen wird. Die sonst für die Abtretung erforderliche Zustimmung der

---

* Der Unterzeichnete darf noch auf seine ausführliche Stellungnahme zum Problem der Vinkulierung und insbesondere der Spaltung hinweisen (S. 342—399 in: Aktuelle Fragen des Aktienrechts, ZSR 1966 II 321 ff.), woraus sich einige Bemerkungen zu den vorstehenden Noten 33—35 ergäben, welche indessen in einer Fußnote nicht Platz fänden. Was davon für die Verpfändung relevant ist, wird in die Überarbeitung der Erläuterungen zu Art. 905 einbezogen.   R. B.

anderen Gesellschafter (OR 791 II/III) ist für die Verpfändung nicht nötig (anders für das deutsche Recht BlZR 13 Nr. 173 S. 325 = BGE 39 II 428). Es gilt im wesentlichen die gleiche Lösung wie für die vinkulierten Namenaktien: vorstehend N 33 ff.; gl. M. *Janggen/Becker,* Komm. Gesellsch. mit beschr. Haftung (Bern 1939) Art. 789 N 6. Näher *von Steiger,* Komm. Gesellsch. mit beschr. Haftung (Zürich 1965) Art. 791, bes. N 31 ff. — Die Verpfändung erfaßt nur den vermögensrechtlichen Teil der Rechte des Gesellschafters (OR 777 Ziff. 8, 804, 823). Die Zwangsvollstreckung richtet sich nach OR 793. Die Anteilscheine sind nicht Wertpapiere (OR 789 III). Über die Verpfändung von Anteilen bei der GmbH selber vgl. OR 807 (zu OR 659 vorstehend N 36).

Über das Wesen des Mitgliedschaftsrechts a l l g e m e i n Rob. *Schwarzen-* **42** *bach,* Die Mitgliedschaft bei der schweiz. GmbH (Diss. Zürich 1949); Rud. *Gamma,* Die persönlichen Mitgliedschaftsrechte in der GmbH (Diss. Bern 1944), über die Verpfändung dort 28 ff. — unzutreffend die Ansicht 28/29, die Verpfändung sei auch dann zulässig, wenn die Abtretung des Anteils in den Statuten schlechthin ausgeschlossen ist. Weitere Angaben in den Kommentaren und bei *Jäggi* Art. 965 N 283.

4. Die Verpfändung von **Genossenschaftsanteilen** erfaßt nicht das per- **43** sönliche Mitgliedschaftsrecht, sondern nur dessen vermögensrechtliche Seite: OR 833 Ziff. 1 und 8, 845, 858/859, 864/865, 913; BGE 27 II 531. Weder die Verpfändung noch die Verwertung eines Anteiles führt somit ohne weiteres zur Übertragung des persönlichen Mitgliedschaftsrechts oder eines Teiles davon. Der Erwerb des persönlichen Mitgliedschaftsrechts bedarf vielmehr der gesetzlich und statutarisch vorgesehenen Maßnahmen (OR 849, 839/840; BGE 27 II 530). Wenn die Abtretung eines Anteils statutarisch schlechthin ausgeschlossen ist, so ist es ebenfalls die Verpfändung. Diese kann auch direkt untersagt sein. Die Verpfändung braucht, abweichende ausdrückliche statutarische Vorschrift vorbehalten, im Zweifel so wenig die Zustimmung der Genossenschaft wie die Verpfändung der vinkulierten Namenaktien, selbst wenn der Eintritt in die Genossenschaft oder die Abtretung des Anteils durch die Statuten erschwert ist (OR 833 Ziff. 4, 839/840; vorstehend N 34) [a]. Die Anteilscheine (OR 852/853) sind nicht Wertpapiere (OR 853 III; BGE 27 II 530).

Über das Wesen des Mitgliedschaftsrechts und den Genossenschaftsanteil **44** a l l g e m e i n Carl-Egon *Stiehle,* Der Eintritt in die Genossenschaft ... (Diss. Bern 1947) bes. 6—7; Walter *Vogel,* Die Genossenschaft als Rechtsform für Bankunternehmen (Diss. Zürich 1940) 75 ff.; Walter *Hensel,* Der Genossenschaftsanteil ... (Diss. Zürich 1947) 33 ff., über die Verpfändung 201 ff.;

[43a] Vgl. auch BGE 27 II 531, wo die Verpfändbarkeit sogar im Falle eines statutarisch als unübertragbar bezeichneten Anteiles bejaht wird, freilich zu Unrecht, wie sich aus den soeben gemachten Bemerkungen ergibt.

Capitaine ZSR 53, 324 ff., über die Verpfändung 386 ff., 400; weitere Angaben bei *Jäggi* Art. 965 N 284; näher *Gutzwiller*, Komm. Genossenschaft (Zürich 1972), zu den einschlägigen Vorschriften, wie Art. 849 (bes. N 1), 853; *Forstmoser*, Komm. Genossenschaft (Zürich 1972 ff.), Art. 849 N 49 ff., vgl. Art. 845 N 6 ff. — *Hensel* a.a.O. 201 leitet im Gegensatz zu der soeben vertretenen Auffassung aus der Genehmigungsbedürftigkeit der Abtretung des Anteils die Genehmigungsbedürftigkeit der Verpfändung ab. Gegenteilig *Capitaine* 387, der jedoch 386—387 zu Unrecht (im Einklang mit BGE 27 II 531) annimmt, die Verpfändung sei auch dann zulässig, wenn die Statuten die Abtretung schlechthin ausschließen; zutreffend hier *Hensel* 188, 201. Zusammenfassend ist zu sagen, daß bei Zweifeln über die Tragweite der statutarischen Beschränkung in der Übertragbarkeit von Rechten des Mitgliedes die für die Freiheit in der Verfügung sprechende Lösung angezeigt ist.

45 **5.** Die Mitgliedschaft in einer **einfachen Gesellschaft,** einer **Kollektiv-** oder **Kommanditgesellschaft** ist nicht als solche verpfändbar (OR 542 II), wohl aber sind es die Forderungen eines Gesellschafters auf Gewinnanteil, Zinse, Honorare, Ersatz von Verwendungen, Deckung erlittener Verluste, Rückzahlung von Vorschüssen, Liquidationsanteil, Abfindung. Das gilt grundsätzlich auch für den Kommanditär. Dazu OR 533, 537, 548/549; 558/559, 572 II, 580, 588; 601, 611, 613 II; BGE 25 II 322; *Hartmann*, Komm. Kollektiv- und Kommanditgesellsch. (Bern 1943) Art. 563 N 29, 30; E. *Huber*, Zum schweiz. Sachenrecht (Bern 1914) 53/54; *Meier-Hayoz* Art. 653 N 9. — Das Pfandrecht erfaßt nach dem Gesagten niemals einzelne, der Gesellschaft gehörende Gegenstände.

46 Die Feststellung, daß die Mitgliedschaft nicht als solche verpfändbar ist, wird nicht durch den Umstand entkräftet, daß sie gegebenenfalls übertragbar ist. Denn bei dieser Übertragung handelt es sich um die Verschaffung einer Rechtsstellung, die sowohl Rechte wie Pflichten umfaßt, und neben den Rechten mit Vermögenswert auch solche ohne Vermögenswert. Folglich bleibt es dabei, daß die Verpfändbarkeit sich auf die oben erwähnten Forderungen beschränkt. Über das Wesen des Mitgliedschaftsrechts allgemein neben den einschlägigen Kommentaren (z.B. zu OR 642) *Thoma* ZSR 66, 315 ff.

47 **6. Andere Gemeinschaften zur gesamten Hand:** über die Familiengemeinderschaft nachstehend N 53, über den Erbanteil N 55.

48 Die bei der Behandlung einzelner Gemeinschaften jeweils getroffene Feststellung, das Pfandrecht beziehe sich u.a. auf die Forderung auf den L i q u i - d a t i o n s a n t e i l , nicht aber auf die Mitgliedschaft und nicht eigentlich auf die jetzige Beteiligung an der Gemeinschaft, läßt sich erhärten durch Art. 1 der V über die Pfändung und Verwertung von Anteilen an Gemeinschaftsvermögen vom 17. Jan. 1923: die Pfändung des Anteils erstreckt sich «nur auf den» Schuldner «bei der Liquidation der Gemeinschaft zufallenden Liquidationsanteil»; entsprechend lauten OR 572 II und 613 II. SchKG 132 I spricht von Anteilen an gemeinschaftlichem Vermögen.

7. Für die **Kommanditaktiengesellschaft** gelten die Regeln über die **49** Verpfändbarkeit der Aktien (OR 764, vorstehend N 32 ff.), und hinsichtlich der Rechte der unbeschränkt haftenden Mitglieder sind die Grundsätze über die Kollektivgesellschaft sinngemäß beizuziehen (OR 765, vorstehend N 45).

8. Weitere verpfändbare Rechte: erwähnenswert sind noch im Personen- **50** oder Gesellschaftsrecht begründete Forderungen auf Honorare, Tantièmen und dergl., soweit nicht schon aufgezählt (z. B. OR 627 Ziff. 2, 677); über Forderungen auf Schadenersatz und Genugtuung: nachstehend N 77.

b) Familienrecht

Die zahlreichen U n t e r h a l t s - und N u t z u n g s r e c h t e sind als **51** Ganzes, weil höchstpersönlich, unverpfändbar; vgl. ZGB 160 II, 192 I, 201, 246, rev. 276, 279, 285 usw.; dazu BGE 39 I 261; 43 III 179; 46 III 3; 51 III 221; SJZ 22, 120 Nr. 97. Das gleiche gilt für die durch E h e s c h e i d u n g begründeten künftigen Forderungen nach Art. 152, während jene nach Art. 151 I/II übertragbar und damit verpfändbar sind. In den erwähnten Fällen der Unverpfändbarkeit von Unterhaltsrechten als Ganzem sind indessen einzelne, fällig gewordene und quantitativ feststehende Forderungen verpfändbar (dazu *Jaeger /Daeniker* Art. 93 N 3; BGE 40 III 457 ff.). Die erwähnte Übertragbarkeit der auf Art. 151 I gestützten Forderungen ist mangels eines zureichenden Gegengrundes (OR 164 I) und angesichts ihres Schadenersatzcharakters zu bejahen, obwohl sie sich nach der Praxis auf den Verlust des ehelichen Unterhaltes beziehen können (BGE 60 II 392 ff.; 71 II 11). Über die Natur des Anspruchs aus Art. 152 vgl. BGE 67 II 4. Unverpfändbar ist der Anspruch aus ZGB 328 (*Egger*, Komm. Familienrecht [Zürich 1943] Art. 328 N 54).

Die Abtretbarkeit der F r a u e n g u t s f o r d e r u n g (Art. 209 ff.) samt **52** Privileg wird in BGE 57 II 14 bejaht.

Von den Rechten aus F a m i l i e n g e m e i n d e r s c h a f t sind im **53** wesentlichen — ähnlich wie bei der einfachen Gesellschaft — die Forderungen auf Gewinnanteil und auf Liquidationsanteil verpfändbar (ZGB 339 III, 342 I, 346 I, 347; vorstehend N 45—48).

Über die Nutzungen aus einem F a m i l i e n f i d e i k o m m i ß : BGE 42 **54** III 257 (vgl. auch vorn Komm. Art. 884 N 70).

c) Erbrecht

Ein a n g e f a l l e n e r E r b a n t e i l — m. a. W. der Anteil an einer **55** unverteilten Erbschaft — kann vor der Teilung verpfändet werden (ZBJV 34,

103; 87 II 218 ff. mit Einzelheiten). Das Pfandrecht erfaßt nicht einzelne Gegenstände der Erbschaft, sondern, ähnlich der Lage bei den übrigen Gemeinschaften zur gesamten Hand, die Forderung auf den Liquidationsanteil, d. h. das Recht auf die dem Erben künftig, bei der Erbteilung, zufallenden Gegenstände (ZGB 635 II, 609 I; vorn Komm. Art. 884 N 55 ff. mit Belegen; vorstehend N 48). Durch Interpretation des Vertrags ist gegebenenfalls zu bestimmen, ob die Parteien eine Verpfändung oder eine fiduziarische Veräußerung des Anteils wollen; mit dem Ausdruck «Zession» z. B. kann je nach Umständen das eine oder andere gemeint sein.

56 Die Verpfändung des Erbanteils bedeutet an sich nicht den Abschluß eines Pfandvertrags in der Meinung, Pfandgegenstand seien die k ü n f t i g z u - g e t e i l t e n einzelnen Erbschafts g e g e n s t ä n d e s e l b e r , wie *Escher*, Komm. Erbrecht II (3. A. Zürich 1960) Art. 635 N 32 und *Tuor / Picenoni* Komm. Erbrecht II (2. A. Bern 1960) Art. 635 N 7 annehmen. Sondern die Verpfändung des Erbanteils ist Verpfändung eines R e c h t e s im Sinne des Art. 899 ZGB; die Errichtung des Pfandrechts erfolgt gemäß Art. 900 III. Jedoch k a n n der Pfandvertrag die Bedeutung haben, neben der Verpfändung des Erbanteils (also der Verpfändung eines Rechts) a u c h die obligatorische Verpflichtung des verpfändenden Erben zu begründen, die ihm bei der Erbteilung zufallenden G e g e n s t ä n d e d a n n z u m a l auf den Gläubiger zu übertragen; diese Übertragung erfolgt gemäß Art. 884, 900, 901. Über die schwache Stellung des Abtretungs- bzw. Pfandgläubigers des Erben BGE 87 II 223 ff.: Die Anwendung von ZGB 906 II lehnt das BGr im Gegensatz zu der vorhergehenden Aufl. ab, S. 228 f. Der Pfandvertrag gebe dem Gläubiger «nur einen persönlichen Anspruch gegen den Verpfänder auf Bestellung eines Pfandrechts an diesen Gegenständen», d. h. an den dem Verpfänder bei der Erbteilung zugeteilten Objekten. Der Gläubiger mag im Einverständnis mit dem Verpfänder versuchen, die Miterben und sonstigen Beteiligten vertraglich zu verpflichten, die dem Verpfänder zugeteilten Erbschaftssachen direkt dem Gläubiger auszuhändigen.

57 Es macht für die Verpfändung — anders als für die Veräußerung, Art. 635 — keinen Unterschied aus, ob der G l ä u b i g e r ein M i t e r b e oder ein D r i t t e r ist.

58 Wie sich aus den vorhergehenden Bemerkungen ergibt, kann das nach einem Erbfall vereinbarte P f a n d r e c h t in d r e i f a c h e r G e s t a l t auftreten: 1. als Pfandrecht am Erbanteil als an einem R e c h t , was den soeben näher behandelten Fall der Art. 899/900 III/635 darstellt; — 2. als Pfandrecht an den künftig dem Erben zuzuteilenden Erbschafts g e g e n s t ä n d e n , d. h. daß der Pfandvertrag den Erben verpflichtet, die ihm bei der Teilung zufallenden Gegenstände dannzumal auf den Gläubiger zu übertragen (dazu vorn Komm. Art. 884 N 34); — 3. als K o m b i n a t i o n dieser beiden

Fälle, indem der Pfandvertrag sich zunächst auf die Verpfändung des Erbanteils als eines Rechts bezieht, aber zugleich den Sinn hat, den Erben zu verpflichten, die ihm zufallenden Gegenstände später auf den Gläubiger zu übertragen (vorstehend N 56).

Hinsichtlich der Fälle 1 und 2 ist zu erwähnen: ist sowohl ein Pfandrecht **59** am Erbanteil errichtet wie ein Pfandrecht an den künftig zuzuteilenden Erbschaftsgegenständen vereinbart worden, und zwar zugunsten verschiedener Gläubiger, so geht das erstere ohne Rücksicht auf den Zeitpunkt des Pfandvertrags vor (über die für den Rang maßgebliche «Zeit der Errichtung»: vorn Komm. Art. 893 N 12 und Art. 884 N 34).

Für die Fälle 2 und 3 gilt: gehören zu den Gegenständen G r u n d s t ü c k e, **60** dann reicht die in Art. 635 vorgesehene Schriftform für den Pfandvertrag nicht aus, sondern öffentliche Beurkundung ist erforderlich (gl. M. *Escher* a.a.O. Art. 635 N 33; *Tuor/Picenoni* Art. 635 N 7; offen gelassen BGE 87 II 230). Denn man hat hier nicht mehr die Verpfändung des Erbanteils als eines Rechts allein, gemäß Art. 899/900 III/635, vor sich, sondern die Verpfändung einer S a c h e, und zwar eben eines Grundstücks (Art. 799 II). Demgegenüber genügt gemäß Art. 900 III/635 die Schriftform, wenn ein Erbanteil als R e c h t verpfändet wird, selbst dort, wo zur Erbschaft ein Grundstück gehört, weil hier k e i n Pfandrecht an einer Sache begründet wird.

Ein n o c h n i c h t a n g e f a l l e n e r E r b a n t e i l ist kraft positiver **61** Vorschrift, wenn auch nur unter «Mitwirkung und Zustimmung des Erblassers», verpfändbar (Art. 636), obwohl der Pfandgegenstand nicht eigentlich ein Recht, sondern eine Anwartschaft ist; gl. M. *Escher* a.a.O. Art. 636 N 16; *Bolla* 92; zweifelnd VerwEntsch 6 Nr. 63 S. 87 = SJZ 33, 279 [a]. Wenn auch zulässig, so ist eine solche Verpfändung doch nicht empfehlenswert, weil der Pfandgegenstand zu labil ist. Das gilt auch für die Anwartschaft des N a c h e r b e n. Wird, wie in dem in FN [a] zit. Urteil, die Pfandverwertung im Vollstreckungsverfahren verweigert, so ist die Verpfändung weitgehend illusorisch gemacht. Die Forderung des V e r m ä c h t n i s n e h m e r s (Art. 562) ist verpfändbar, sogar vor dem Erbfall (BlZR 2 Nr. 271 S. 342).

Über die Natur des L i d l o h n e s (rev. Art. 334, 334 [bis], früher 633): **62** ZBJV 67, 149 und die Literatur.

Eine E r b s c h a f t als Ganzes kann nicht verpfändet werden (vorn **63** Komm. Art. 884 N 32).

[61a] In BGE 73 III 151 wird die Durchführung der Zwangsvollstreckung verweigert. — *Tuor/Picenoni* Art. 636 N 18a.

d) Sachenrecht

64 Grund d i e n s t b a r k e i t e n und R e a l g r u n d l a s t e n (ZGB 730 I, 782 II) sind als subjektiv-dingliche Rechte unverpfändbar, weil sie keine selbständigen Rechtsobjekte darstellen (vorstehend N 10). Verpfändbar sind die Personalgrundlasten (Art. 782 I) und von den persönlichen Dienstbarkeiten die in Art. 781 genannten, falls ihre Übertragbarkeit vereinbart worden ist, dann auch das Baurecht (Art. 779; SJZ 27, 28) und das Quellenrecht (Art. 780); die beiden letzteren nur, sofern sie nicht als selbständige und dauernde Rechte zu Grundstücken erklärt worden sind (Art. 779 III, 780 III, 655 und 943 je Ziff. 2). Das Wohnrecht (Art. 776; BGE 67 III 53; ZBJV 75, 206), und die Nutznießung als Ganzes, sind unverpfändbar, dagegen ist die letztere der Ausübung nach übertragbar (Art. 758 I), so daß z.B. die Forderungen auf die dem Nutznießer zustehenden Erträgnisse (Art. 755 I, 757, 773 I) verpfändbar sind (dazu BGE 43 III 181; 51 III 221; 94 III 11/12). Einzelheiten in den Kommentaren zu den zit. Vorschriften.

65 S e l b s t ä n d i g e und d a u e r n d e R e c h t e im Sinne von Art. 655 und 943 je Ziff. 2 sind nicht gemäß Art. 899/900, sondern nach den Regeln des Grundpfandrechtes zu verpfänden, desgleichen die gestützt auf Art. 796 II vom k a n t o n a l e n R e c h t als Grundstücke behandelten Nutzungsrechte; *Leemann* Art. 796 N 25 ff.

66 Der M i t e i g e n t u m s a n t e i l wird wie eine Sache verpfändet (ZGB 646 III; vorn Komm. Art. 884 N 48). Beim G e s a m t e i g e n t u m geht die Frage dahin, ob die Anteile an den jeweiligen G e m e i n s c h a f t e n, und zwar als Rechte, verpfändbar sind (Art. 653 I; vorn Komm. Art. 884 N 55; vorstehend N 45, 47/48, 53, 55).

67 Das S u b p i g n u s (pignus pignoris, Afterpfand) ist das Pfandrecht an einem Pfand r e c h t, fällt somit unter Art. 899 ff.: BGE 51 II 582; *Wieland* Art. 899 N 3; *Rossel / Mentha* n° 1670; *Bolla* 101/102; *Dernburg* Pand. § 292; *Klang* § 454, a. A. — Es führt als eigene Rechtsfigur heute ein vorwiegend literarisches Dasein. Seine Eigenart ist umstritten. Vielfach wird sie in der Verpfändung der mit dem Pfandrecht gesicherten Forderung erblickt, wobei sich das Pfandrecht an der letzteren von selber auf das zugehörige Pfandrecht erstreckt. Die Verpfändung des Pfandrechts allein, ohne die zugehörige Forderung, ist durchweg ausgeschlossen. Eine moderne Ausgestaltung des im Subpignus steckenden Gedankens ist die Verpfändung von G r u n d p f a n d t i t e l n (Schuldbriefen und Gülten), einschließlich der Eigentümer-Grundpfandtitel (hinten Komm. Art. 901 N 118 ff., 131 ff.). Auch wo eine durch G r u n d p f a n d v e r s c h r e i b u n g gesicherte Forderung verpfändet wird, erstreckt sich das Forderungspfandrecht gleich wie bei Schuldbrief und Gült auf das Grundpfandrecht. Ein V e r s a t z s c h e i n als solcher kann, weil kein

Wertpapier, nicht verpfändet werden, sondern erforderlich ist die Nach-
verpfändung des bei der Pfandleihanstalt versetzten Gegenstandes gemäß
Art. 886 oder 903 (Näheres hinten Komm. Art. 909 N 22). — Zur Frage der
Abtretbarkeit von Schuldbriefrechten vor Titelausstellung: Erich Alfred *Fischer*,
Interimsurkunden im Grundpfandrecht, Basel 1977, 76 f.

Das dem Veräußerer aus dem E i g e n t u m s v o r b e h a l t erwachsende **68**
Recht ist im Einklang mit BGE 46 II 47/48 und 77 II 133 als abtretbar zu
betrachten (gleich SJZ 13, 365; 16, 294 = Semjud 1920, 58 ff.; Semjud 1917,
298). Damit ist die in BGE 41 III 207 offen gelassene Frage, ob dieses Recht
verpfändbar sei, zustimmend beantwortet, zumal Art. 4 ^{bis} der V über die
Eigentumsvorbehalte vom 19. Dez. 1910 die Abtretung der garantierten Forderung vorsieht. Die Verpfändung ist im Register der Eigentumsvorbehalte nicht
vorzumerken (Belege hinten Komm. Art. 900 N 101). Gegen Zulässigkeit der
Verpfändung, nicht überzeugend, *Scherrer* bei *Haab* Art. 715/16 N 85; *Liver*
340 N 49 *.

Der v i n d i k a t o r i s c h e A n s p r u c h auf Herausgabe einer Sache **69**
(Art. 641 II) ist verpfändbar, sofern er sich gegen eine bestimmte Person richtet
(gl. M. *Staudinger* § 1274 N 13. Indessen dürfte die praktische Bedeutung
solcher Pfandrechte gering sein. — Verschieden hievon ist die vorn Komm.
Art. 884 N 266 erwähnte Vindikationszession, die zur Verpfändung einer
S a c h e führen kann. Wer die Vindikationszession als unzulässig ansieht (was
hier dahingestellt bleibe), muß auch die Verpfändbarkeit des vindikatorischen
Anspruchs ablehnen.

e) Obligationenrecht: Forderungen

Die A b t r e t b a r k e i t der Forderungen wird in OR 164 I g r u n d - **70**
s ä t z l i c h b e j a h t ; sie f e h l t jedoch, wo «Gesetz, Vereinbarung oder
Natur des Rechtsverhältnisses entgegenstehen». Diese Vorschrift erfaßt nicht
allein Forderungen aus Obligationenrecht, sondern auch aus anderen Rechtsgebieten, z. B. dem Personen-, Familien- oder Erbrecht (ZGB 7); von ihnen ist
vorstehend N 31 ff. die Rede. Der Grundsatz des Art. 164 I OR gilt aber auch
für andere Rechte als Forderungen (vorstehend N 11). Er ist gemäß ZGB 899 I
präjudiziell für die Frage der Verpfändbarkeit von Forderungen. — Für nachstehend nicht berührte Einzelheiten in der Beurteilung der Abtretbarkeit kann
auf die zugehörigen Lehrbücher, Kommentare und sonstigen Hilfsmittel des OR
verwiesen werden. Vgl. namentlich auch die allgemeinen Ausführungen vorstehend N 9 ff.

---

* Es ist zweifelhaft, ob hier aus der Auffassung *Livers* der richtige Schluß gezogen ist.
Vgl. vorne N 61 zu Art. 884 mit Fußnote. R. B.

71   Abtretbar und damit verpfändbar ist die einzelne Forderung, n i c h t das zugehörige Rechtsverhältnis als Ganzes; bei einem Mietvertrag z. B. kann eine Mietzinsforderung (BlZR 8 Nr. 47 S. 100/101), nicht die Rechtsstellung des Vermieters verpfändet werden. Forderungen aus gewöhnlichen synallagmatischen Verträgen sind verpfändbar (BGE 52 II 436).

72   Im Einklang mit der vorstehend N 14 erwähnten Regel, daß Rechte, die erst künftig entstehen, verpfändet werden dürfen, sind, unter den dort geschilderten Voraussetzungen, auch künftige Forderungen verpfändbar. Die Praxis bejaht die Abtretbarkeit und Verpfändbarkeit auch dort, wo noch kein Rechtsverhältnis besteht, aus dem später das Recht erwächst: BGE 57 II 539; 61 II 331; 69 II 291; 84 II 366/67; 94 II 280; *Rothmann* SJZ 33, 184. Die Forderung muß hinsichtlich der Person des debitor cessus, des Rechtsgrundes und der Höhe hinreichend bestimmt oder bestimmbar sein (BGE 84 II 366). — Selbst die Verpfändung einer unbegrenzten Zahl, sogar aller künftigen, Guthaben aus einem bestimmten Geschäftsbetriebe gilt als zulässig, solange sie nicht zu einer übermäßigen Bindung des Verpfänders und Einengung seiner Bewegungsfreiheit führt, so daß sein Persönlichkeitsrecht verletzt wird (ZGB 27, bes. II, OR 19 II/20): BGE 69 II 290 ff.; 84 II 366/67; 85 I 30/31; BlZR 40 Nr. 34 S. 96; 43 Nr. 242 S. 358; ZBJV 49, 644. — Eine solche Verletzung tritt ein, wenn der Verpfänder seiner künftigen Betriebsmittel, aller Verdienstmöglichkeiten, beraubt wird, was im Einzelfall zu prüfen ist. Die erwähnten Grundsätze gelten u. a. für Lohnforderungen; siehe weiter nachstehend N 85, ferner zur Sicherungszession Syst. Teil N 281.

Die Frage der künftigen Forderungen findet sich in der **Literatur** vor allem hinsichtlich der Abtretbarkeit behandelt; u. a. *Fromer* ZSR 57, 273 ff.; Hans Jakob *Meyer*, Die Verpfändung von Kundenguthaben (Diss. Zürich 1945) 37 ff.; *von Tuhr/Escher* § 94 IV; Hans *Bergmaier*, Die Sicherungszession (Diss. Zürich 1945) 105 ff.; Dietrich *Bührle*, Die Lohnzession im schweiz. Recht (Diss. Zürich 1952); *Fitting* ZSR 74, 3 ff.; *Studer*, Blätter Schuldbetr. u. Konk. 19, 129 ff.; *Staehelin*, Probleme aus dem Grenzbereich zwischen Privat- und Zwangsvollstreckungsrecht (Basel 1968) 97 ff.; *Bernasconi* Rep. 1972, 1 ff. = Studi in onore di P. Liver; *Walder*, Lohnabtretung und Zwangsvollstreckung (Zürich 1975).

73   Die künftige Forderung vermag dem Pfandgläubiger im Konkurs des Verpfänders keinen Vorzug zu verschaffen (*Meyer* a.a.O. 66).

74   Aus dem N 72 Gesagten ergibt sich, daß allgemein die Höhe der verpfändeten Forderung nicht bestimmt zu sein braucht (BGE 28 II 149; ZBJV 49, 641).

75   Den künftigen sind die bedingten Forderungen gleich zu stellen (Abtretbarkeit bejaht BGE 27 II 66; 41 II 135).

76   Über die Verpfändung von Forderungen gegen den Pfandgläubiger selber: vorstehend N 16; von Forderungen gegen den Verpfänder: N 18.

Forderungen auf S c h a d e n e r s a t z und G e n u g t u u n g , gleich- **77**
gültig, auf welche Tatbestände sie sich stützen und in welchen Gesetzen sie
geordnet sind (z. B. ZGB 29 II, 151 II, 318), sind verpfändbar; auch solche aus
Versorgerschaden und Körperverletzung (OR 45—47, 49 u. a. m.; BGE 63 II
158 ff.; *Oftinger*, Schweiz. Haftpflichtrecht I [4. A. Zürich 1975] 190, 231,
239). Ausgenommen ist die Genugtuungsforderung gemäß ZGB 93. Der in der
Literatur immer wieder zit. Art. 15 EHG, der Ansprüche des Personals einer
Eisenbahnunternehmung aus Körperverletzung oder Tötung als unübertragbar
bezeichnet, ist seit dem Inkrafttreten des KUVG gegenstandslos (*Oftinger*
a.a.O. 427).

Forderungen aus V e r s i c h e r u n g s vertrag, auch aus Personenversiche- **78**
rung, sind verpfändbar(VVG 73 I; BGE 40 II 627).

Über die Forderungen aus S p a r h e f t e n : hinten Komm. Art. 900 **79**
N 70 ff.

Im K o n t o k o r r e n t verhältnis sind die in die Rechnung einzusetzenden **80**
einzelnen Forderungen unverpfändbar; verpfändbar ist dagegen die Saldoforderung: BGE 50 II 156/157; Otto *Schläpfer*, Der Kontokorrentvertrag (Diss.
Zürich 1943) 122 ff.; vgl. auch CC it 1830 betr. Pfändung. Die generelle Verpflichtung des Kontokorrentschuldners, einen allfälligen Schuldbetrag zurückzuzahlen, ist verpfändbar, wenn damit die Saldoforderung gemeint ist (gleich
im Ergebnis, aber auf Grund anderer Überlegungen, HE 11, 107).

Die Geschäfte des P o s t c h e c k verkehrs unterstehen grundsätzlich dem **81**
Privatrecht (BGE 69 IV 66/67). Die Verpfändung eines Postcheckguthabens ist
jedoch ausgeschlossen, weil die in Art. 121 IV V (1) zum Postverkehrsgesetz
vom 1. Sept. 1967 enthaltene Aufzählung der zulässigen Verfügungen als abschließend zu verstehen ist: die Abtretung und die Verpfändung sind nicht vorgesehen. Umgehungsgeschäfte (der Kontoinhaber erklärt einen Dritten als allein
zeichnungsberechtigt) werden von der Postverwaltung nicht anerkannt (*Rychner*
SJZ 47, 154 ff.).

Die Verpfändung von S c h u l d b u c h forderungen ist zulässig und wird **82**
im eidgenössischen Schuldbuch eingetragen: BG über das eidg. Schuldbuch vom
21. Sept. 1939 Art. 6, 7; VV vom 28. Dez. 1939, namentlich Art. 21, 35; Botschaft BBl 1938 I 502; *Albisetti/Bodmer* u. a. 531 f. — Die Verpfändung bei
der Nationalbank ist besonders vorgesehen (Art. 14 Ziff. 4 Nationalbankges.
vom 23. Dez. 1953).

Über die Verpfändung von Guthaben in f r e m d e r W ä h r u n g *Zim-* **83**
mermann SJZ 17, 150; *Kaderli* 144 ff.

Einzelne Forderungen sind durch eigene g e s e t z l i c h e V o r s c h r i f - **84**
t e n für unabtretbar erklärt und damit u n v e r p f ä n d b a r gemacht; so
OR 529 I: Forderung des Pfründers (anders OR 519 I, Leibrente); künftige
Forderungen gegen Personal-Fürsorgeeinrichtungen (OR 331 c II) — fällige

Forderungen sind im Rahmen des folgenden verpfändbar. Ein ausländisches c l e a r i n g r e c h t l i c h e s Abtretungsverbot ist unbeachtlich, wenn es dem schweizerischen ordre public widerspricht (BGE 61 II 247; 62 II 110/111). Über die Verpfändbarkeit clearingpflichtiger Forderungen im übrigen vorn Syst. Teil N 119; über ö f f e n t l i c h r e c h t l i c h e Forderungen nachstehend N 87 ff.

85 Vorstehend N 24 ist erwähnt, daß die U n v e r p f ä n d b a r k e i t eines Rechts nicht ohne weiteres durch dessen Un v e r pfändbarkeit nach sich zieht. Demnach würde sich die Beschränkung der Pfändbarkeit (SchKG 93) nicht auf die Verpfändbarkeit auswirken. Demgegenüber beschränkt die Vorschrift OR 226 e für den Bereich des Abzahlungs- und Vorauszahlungsvertrags und dergl. (Art. 226 a ff., 228) die Abtretung und Verpfändung künftiger L o h n - f o r d e r u n g e n usw. auf den nach SchKG 93 zulässigen Umfang (und auf die Dauer von zwei Jahren). BGE 95 III 39 ff. hat die Anwendbarkeit dieser Bestimmung über den erwähnten Bereich hinaus erstreckt. OR 325 (Fassung 1971) enthält jetzt das gleiche Prinzip für künftige Lohnforderungen allgemein (Ausnahme Abs. II). Damit soll das E x i s t e n z m i n i m u m gewahrt werden. Pfandvertrag und Pfandrecht bleiben im erlaubten Umfang gültig; darüber hinaus sind sie nichtig (OR 325 I). Diese gesetzlichen Lösungen verwirklichen den vorstehend N 72 erwähnten Schutz des Persönlichkeitsrechts (BGE 85 I 30/31; 95 III 41). Daraus läßt sich ableiten, daß die gleichen Lösungen grundsätzlich auch auf andere, dem Lebensunterhalt dienende Forderungen anwendbar sind. Über die Frage der Dauer der Abtretung oder Verpfändung neben OR 226 e: BGE 75 III 114 f.; 84 II 366/67; *Walder* 20 ff. — Aus der Literatur bes. die vorstehend N 72 zit. *Bührle* und *Walder; Jeanprêtre* SJZ 63, 17 ff.

86 Art. 164 I OR läßt zu, daß die Parteien des Schuldverhältnisses durch V e r e i n b a r u n g — pactum de non cedendo — die A b t r e t b a r k e i t a u s s c h l i e ß e n ; folglich haben sie es in der Hand, eine Forderung willkürlich aus der Zahl der Pfandgegenstände zu eliminieren, ganz oder unter von ihnen bestimmten Voraussetzungen. Der gutgläubige Pfandgläubiger ist nur in dem in OR 164 II gezogenen Rahmen geschützt (vorstehend N 26; dazu VerwEntsch 14 Nr. 18). Als «Vereinbarung» im Sinne des Art. 164 I darf auch angesehen werden die S t a t u t e n b e s t i m m u n g e i n e r j u r i s t i - s c h e n P e r s o n , durch die z. B. eine private Pensionskasse ihre Leistungen für unabtretbar oder (und) unverpfändbar erklärt: über die Schranke von Art. 331 c II hinaus, vorstehend N 84.

f) Forderungen aus öffentlichem Recht

Die für die Verpfändbarkeit präjudizielle Frage der Abtretbarkeit öffentlich- **87** rechtlicher Forderungen des Rechtsgenossen gegen den Staat, gegen seine Korporationen, Anstalten und Stiftungen wird gewöhnlich nach OR 164 beurteilt, so daß die Abtretbarkeit zu bejahen ist, falls nicht die dort erwähnten Ausschluß- gründe bestehen (vorstehend N 70; VerwEntsch 29 Nr. 102 S. 183). So ist z. B. die Lohnforderung des Beamten ohne gegenteilige Vorschrift verpfändbar. Art. 10 BG über die Schuldbetreibung gegen Gemeinden ... vom 2. Dez. 1947 bezeichnet unpfändbare Vermögenswerte als unverpfändbar, solange die öffent- lichen Zwecken dienen. Gegebenenfalls ist die Zustimmung der Kantonsregierung erforderlich. Für gewisse Forderungen ist die Abtretbarkeit und oft ausdrück- lich auch die V e r p f ä n d b a r k e i t   d u r c h   e i g e n e   V o r s c h r i f - **88** t e n   b e s e i t i g t. So z. B. bezüglich Forderungen aus öffentlichem Dienst- verhältnis und Pensionierung; AHV (BG über die Alters- und Hinterlassenen- versicherung vom 20. Dez. 1946 Art. 20 I, 78 III) ; IV (BG über die Invaliden- versicherung vom 19. Juni 1959 Art. 50) ; KUVG 96 I; BG über die Militär- versicherung vom 20. Sept. 1949 Art. 47 I; BG über die Erwerbsausfallentschä- digungen an Wehrpflichtige vom 25. Sept. 1952 Art. 2 I; Entwurf BG über die berufliche Alters-, Hinterlassenen- und Invalidenvorsorge Art. 40 (BBl 1976 I 288).

Für öffentlichrechtliche Lohn-, Pensions- und ähnliche Forderungen gelten **89** sinngemäß die vorstehend N 85 gemachten Ausführungen über den Schutz des E x i s t e n z m i n i m u m s.

Soweit das   k a n t o n a l e   R e c h t,   auch dasjenige der Gemeinden, für **90** eine Materie zuständig ist, kann es die Unabtretbarkeit oder Unverpfändbarkeit anordnen; so namentlich für Rechte aus öffentlichem Dienstverhältnis und Pensionierung (OR 342 I lit. a, Fassung 1971; BGE 56 III 195; 64 III 2/3; 85 I 30/31).

Ansprüche auf   E x p r o p r i a t i o n s e n t s c h ä d i g u n g   sind ver- **91** pfändbar.

g) Wertpapiere

Sie verkörpern auf eine ihnen eigentümliche Weise   F o r d e r u n g e n, **92** M i t g l i e d s c h a f t s r e c h t e   oder   d i n g l i c h e   R e c h t e   und stellen im Rahmen der Verbindung des Rechts — hier des Pfandrechts — an der Urkunde mit dem Recht an dem in der Urkunde verbrieften Rechte einen b e s o n d e r e n   P f a n d g e g e n s t a n d   dar (OR 965, 967 I; ZGB 901, 902). Über die Abgrenzung der Wertpapiere und über ihre Verpfändung vgl. die Ausführungen zu Art. 901; über die Eigentümer-Grundpfandtitel im besonderen vorstehend N 20 und namentlich hinten Komm. Art. 901 N 131 ff.; über die Verpfändbarkeit der Aktien vorstehend N 32 ff.

93 Durch die Verpfändung von W a r e n p a p i e r e n wird die Verpfändung der Waren selber erzielt (Art. 902, 925).

h) Immaterialgüterrecht und verwandte Gebiete

94 Die Nutzungs- und Monopolrechte an I m m a t e r i a l g ü t e r n sind, mit den anschließend zu erwähnenden Ausnahmen, ü b e r t r a g b a r und damit v e r p f ä n d b a r. Darüber allgemein *Troller*, Immaterialgüterrecht I (2. A. Basel 1968) § 34 VI, II (1971) § 44; Peter *Schenk* (zit. vorstehend N 1); *Staudinger* § 1274 N 16; *Soergel-Augustin* § 1274 N 21. Die im folgenden angeführte Judikatur entstammt überwiegend der Praxis zur Frage der Pfändbarkeit (vorstehend N 25); vgl. auch SchKG 132 II. Näheres in der immaterialgüterrechtlichen Literatur.

Verpfändbarkeit besteht im einzelnen für:

95/96 **1. Patente** (Patentgesetz vom 25. Juni 1954 Art. 33; BGE 60 III 15; BlZR 11 Nr. 49 S. 89). Auch angemeldete, aber noch nicht erteilte Patente sind verpfändbar (BGE 75 III 6, 91; ZBJV 76, 364). — *Blum / Pedrazzini*, Das schweiz. Patentrecht II (2. A., Bern 1975) Art. 33 Anm. 10; *Troller*, Immaterialgüterrecht II (2. A., Basel 1971) 883, vgl. 998 f.

97 Über die Verpfändung von **Lizenzrechten** (Patentgesetz Art. 34) vgl. die einschlägige Literatur.

98 **2. Muster- und Modellrechte** (Muster- und Modellgesetz vom 30. März 1900 Art. 4 I).

99 **3. Urheberrechte** (Urheberrechtsgesetz vom 7. Dez. 1922 Art. 9 I; Richard *Allemann*, Begründung und Übertragung von Rechten an Werken der Literatur und Kunst [Diss. Zürich 1954] 91 f.). — Über die Verpfändung eines F i l m - n e g a t i v s vorn Komm. Art. 884 N 24.

100 **4.** In BlZR 28 Nr. 3 S. 5 werden die «Eigentums-, Druck- und **Herausgaberechte**» für eine Z e i t u n g als abtretbar behandelt, in BlZR 3 Nr. 14 S. 23 das Recht auf einen Z e i t u n g s t i t e l als unverpfändbar. Nicht präjudiziell ist BGE 81 III 122.

101 Die durch Verlagsvertrag (OR 380 ff.) eingeräumten **Verlagsrechte** sind ihrer Natur nach (OR 164 I) ohne Zustimmung des Verlaggebers nicht abtretbar und damit nicht verpfändbar: *Becker* Art. 380 N 11; *Schenk* 20, 34; *Riezler* in *Ehrenbergs* Hdb. des ges. Handelsrechts V 2 (Leipzig 1915) § 15, bes. 71 ff.; *Staudinger* § 1274 N 16 (mit Besonderheiten des deutschen Rechts); wohl auch *Troller*, Komm. OR, Verlagsvertrag (Liefg. 1 1976) Art. 381 N 4; a. M. *Wieland* Art. 899 N 3.

5. Die aus einem verpfändeten Recht an einem Immaterialgut fließenden **102** **Erträgnisse** sind nur dann mitverpfändet, wenn dies aus dem Pfandvertrag hervorgeht.

Verpfändbarkeit fehlt für:

1. Markenrechte, weil die Marke nur zusammen mit dem Geschäftsbetrieb **103** übertragen werden kann, «dessen Erzeugnissen sie zur Unterscheidung dient»: Markenschutzgesetz vom 26. Sept. 1890 Art. 11 I (Fassung 1939); dazu BGE 45 III 57/58; 58 II 178; BlZR 38 Nr. 126 S. 300. Da ein Geschäftsbetrieb als solcher nicht verpfändbar ist (vorn Komm. Art. 884 N 32), fehlt jede Möglichkeit der Verpfändung einer Marke (*Matter*, Komm. zum BG betr. den Schutz der Fabrik- und Handelsmarken ..., Zürich 1939, 161). Vgl. *David*, Komm. Markenschutzgesetz (3. Aufl., Basel 1974), zu Art. 11.

2. Das Recht auf **Kundschaft** (BlZR 3 Nr. 14 S. 23), g o o d w i l l , das **104** Recht auf **Geschäftspraktiken** (dazu *Wieland* Art. 884 N 6 e), G e - s c h ä f t s g e h e i m n i s s e , «k n o w h o w» (*Troller* in Recueil de tra- vaux suisses / VIIIe Congrès internat. droit comparé (Basel 1970) 223; ders. (zit. N 95/96) 988 f.

3. Das Recht am **Namen** (ZGB 29), an der **Firma** (OR 944 ff., 956), an **105** einem Z e i t u n g s t i t e l (BlZR 3 Nr. 14 S. 23; *Staudinger* § 1274 N 16 g). — Nicht präjudiziell ist BGE 81 II 122.

4. Das **Unternehmen als Ganzes** (vorn Komm. Art. 884 N 32). **106**

IV. Anwendbarkeit der Bestimmungen über das Faustpfandrecht (Al. II)

A. Die Art. 884—894 als solche

Al. II / Art. 899 v e r w e i s t für die Regelung des Pfandrechts an Rechten **107** grundsätzlich auf die Bestimmungen über das F a u s t p f a n d r e c h t (Art. 884—894), es sei denn, die Art. 900—906 enthielten eine eigene, a b - w e i c h e n d e O r d n u n g . Eine solche kann sich auch ohne ausdrückliche Vorschrift aus der Eigenart der Verhältnisse ergeben; so sind z. B. die auf den Besitz zugeschnittenen Grundsätze vielfach gegenstandslos. — Im einzelnen läßt sich feststellen:

Art. 884 I/III — Bestellung des Pfandrechts mittels des **Faustpfand- 108** **prinzips:** Die Vorschriften sind nur soweit anwendbar, als der B e s i t z an einer das verpfändete Recht verbriefenden U r k u n d e , sei es ein Schuld- schein oder ein Wertpapier, eine Rolle spielt: Art. 900 I, 901, 902, OR 967 I.

Dies trifft am ausgeprägtesten für Inhaberpapiere zu; sie werden schlechthin gemäß Faustpfandprinzip verpfändet: Art. 901 I; ausdrücklich aOR 210 I, CC it 2786, BGB 1293. Demgegenüber sind für die übrigen Arten von Wertpapieren (Art. 901 II) und im Falle des Art. 900 I zur Errichtung des Pfandrechts neben der Übergabe der Urkunde zusätzliche Maßnahmen erforderlich. Besitz am verpfändeten Recht selber ist ausgeschlossen, so daß die auf den Besitz bezüglichen Vorschriften der Art. 884 I/III, 884 II, 888, 889 in d i e s e r Hinsicht entfallen. — Für Einzelheiten vor allem hinten Komm. Art. 900 N 47 ff., Art. 901 N 33 ff.

109 *Art. 884 II* — **gutgläubiger Erwerb des Pfandrechts** vom Nichtberechtigten: Der s a c h e n r e c h t l i c h e Schutz des guten Glaubens stützt sich auf den Besitz (Art. 933—936). Deshalb besteht im Bereich des Pfandrechts an Rechten der Schutz des gutgläubigen Erwerbs zwar für die den Sachen gleichgestellten Inhaberpapiere (Art. 901 I, 884), nicht aber für gewöhnliche Forderungen und «andere Rechte» im Sinne des Art. 900, ebensowenig in diesem Sinn für Namenpapiere. Ausnahmsweise ist bei den gewöhnlichen Forderungen bzw. den «anderen Rechten» der gutgläubige Pfandgläubiger geschützt durch die o b l i g a t i o n e n r e c h t l i c h e n Vorschriften OR 18 II (simulierte Forderungen) und 164 II (Ausschluß der Verpfändbarkeit durch Rechtsgeschäft, wobei jedoch die das Recht bescheinigende Urkunde über den Ausschluß nichts aussagt, vorstehend N 26). Bei Ordrepapieren besteht ein Schutz des guten Glaubens, ist aber ebenfalls nicht vom Sachenrecht, sondern vom W e r t p a p i e r - r e c h t gewährleistet. Einzelheiten hinten Komm. Art. 900 N 103 ff., Art. 901 N 148 ff., Art. 902 N 32 ff.

110 Der auf das G r u n d b u c h gegründete Schutz des guten Glaubens (Art. 973) kann sich zugunsten des Pfandgläubigers auswirken: hinsichtlich des Bestandes oder Umfanges eines im Grundbuch eingetragenen, gemäß Art. 899 ff. verpfändeten Rechts (Aufzählung solcher Rechte vorstehend N 64, z. B. persönliche Dienstbarkeiten oder eine Grundpfandverschreibung, die zusammen mit der gesicherten Forderung verpfändet ist). Hinsichtlich Schuldbrief und Gült hinten Komm. Art. 901 N 154.

111 Über den gutgläubigen Erwerb des Pfandrechts an einem g e p f ä n d e t e n R e c h t (SchKG 96 II): vorstehend N 27.

112 Wo der S c h u t z des guten Glaubens f e h l t , kann der Verpfänder nur soviel an Rechten verpfänden, als er selber hat oder zu deren Verpfändung er befugt ist. Bezieht sich der gute Glaube auf das Nichtvorhandensein eines in Wirklichkeit bereits den gleichen Pfandgegenstand belastenden Rechts, z. B. eines älteren Pfandrechts, so bewirkt der gute Glaube keinerlei Rangverschiebung: das spätere Pfandrecht geht dem früheren Recht nach (Art. 893 II). Dies entgegen der Sachlage beim gutgläubig erworbenen Faustpfandrecht: vorn Komm. Art. 884 N 363, Art. 893 N 28.

Art. 885 — **Viehverpfändung:** Gegenstandslos. **113**

Art. 886 — **Nachverpfändung:** Statt dieser Vorschrift gilt Art. 903. **114**

Art. 887 — **Weiterverpfändung durch den Gläubiger:** Diese durch **115** Art. 890 II ergänzte Bestimmung ist anwendbar. Die unerlaubte Weiterverpfändung vermag dem dritten Gläubiger trotz guten Glaubens dort kein Pfandrecht zu verschaffen, wo der Schutz des guten Glaubens fehlt (vorstehend N 109, 112; BGE 41 II 46—47; ZBJV 44, 292).

Art. 888 — **Untergang** oder **Unwirksamkeit** des Pfandrechts **durch 116 Besitzesverlust:** Auf Inhaberpapiere ist diese Bestimmung ohne weiteres anwendbar (Art. 901 I), sie gilt aber auch für die anderen Wertpapiere (Art. 901 II sowie dort Komm. N 37) und die Schuldscheine (Art. 900 I und dort Komm. N 50/51 mit Angabe gegenteiliger Ansichten).

Art. 889 — **Rückgabepflicht des Gläubigers:** Die Vorschrift ist anwend- **117** bar auf die dem Gläubiger übergebenen Schuldscheine und Wertpapiere (Art. 900, 901/902). Auch der Grundsatz der Unteilbarkeit der Pfandhaftung gilt (Art. 889 II und dort Komm. N 20).

Art. 890 — **Haftung des Gläubigers:** Die in dieser — anwendbaren — **118** Vorschrift vorgesehene Schadenersatzpflicht kann sich gründen auf den Untergang oder Verlust des Schuldscheins oder verpfändeten Wertpapiers (Art. 900— 902), dann auf die eigenmächtige Veräußerung oder Weiterverpfändung (Art. 890 II/887) des Pfandgegenstandes, soweit dieser zu solchem Vorgehen tauglich ist. Praktisch bedeutsam ist die Frage der Haftung für die Wertbeständigkeit verpfändeter Wertpapiere und anderer Rechte: vorn Komm. Art. 890 N 20 ff.; bezüglich Verwendungen dort N 15.

Art. 891 I — **Pfandverwertung:** Die Vorschrift ist anwendbar. Wie beim **119** Faustpfand, so tritt auch hier die private Verwertung neben die Zwangsvollstreckung; hinsichtlich dieser vgl. insbesondere SchKG 37 II, 122 I/131 (156), 256, 260 und die Darstellung vorn Syst. Teil N 120 ff. Über besondere Fälle der Verwertung: Komm. Art. 891 N 30 ff. und Art. 906 N 36.

Art. 892 — **Umfang der Sicherung:** Die Bestimmung ist anwendbar. **120**

Art. 892 — **Umfang der Pfandhaft:** Die Vorschrift ist auf körperliche **121** Akzessorien einer Sache zugeschnitten und deshalb nicht anwendbar. Hinsichtlich der zivilen Früchte vorn Komm. Art. 892 N 15; im übrigen gilt Art. 904.

Art. 893 — **Rang der Pfandrechte:** Die Vorschrift ist anwendbar. Über **122** die Frage im besondern, welches beim Pfandrecht an Rechten der für den Rang maßgebliche Zeitpunkt der Errichtung des Pfandrechts sei: vorn Komm. Art. 893 N 12.

Art. 894 — **Ungültigkeit des Verfallsvertrags:** Die Bestimmung ist **123** anwendbar.

B. Weitere Grundsätze

124 Das Faustpfandrecht richtet sich neben den Art. 884—894 nach einer Reihe w e i t e r e r G r u n d s ä t z e , die nicht in den gerade zitierten Vorschriften enthalten, aber bei deren Kommentierung behandelt worden sind. Auch sie sind großenteils auf das Pfandrecht an Rechten a n w e n d b a r . Hier seien im einzelnen folgende Fragen erwähnt:

a) Beteiligte Personen

125 Darüber vorn Komm. Art. 884 N 6 ff. — Entsprechend der Lage beim Faustpfand, ist der Schuldner (der gesicherten Forderung) zwar meist, nicht aber stets, auch der Verpfänder. Insbesondere ist zulässig, daß der Verpfänder eine f r e m d e S c h u l d sichert (vgl. z.B. Semjud 1937, 358 betr. Verpfändung gemäß Art. 900). Auf die Kündigung der pfandgesicherten Forderung durch den Pfandgläubiger ist diesfalls Art. 831 analog anwendbar: die Kündigung muß gegenüber dem Schuldner der pfandgesicherten Forderung und dem Verpfänder erfolgen (gl. M. *Wieland* Art. 906 N 1 a vor lit. aa; dazu vorn Komm. Art. 884 N 393). — Näheres allgemein: Komm. Art. 884 N 385 ff.

126 Zu den bei einem Faustpfandrecht auftretenden Personen kommt bei der Verpfändung einer Forderung noch der Schuldner aus der verpfändeten Forderung. Er wird in Art. 900 II schlechthin als «Schuldner» bezeichnet; im Zweifel empfiehlt sich der Ausdruck « D r i t t s c h u l d n e r ». Statt des Drittschuldners sind bei den a n d e r e n verpfändeten Rechten (im Sinne von Art. 900 III) die jeweils durch diese Rechte belasteten Personen festzustellen.

127 Da man auch ein f r e m d e s R e c h t verpfänden kann (vorn Komm. Art. 884 N 12 und vorstehend N 22), können die Rolle des Verpfänders und diejenige des Inhabers des fraglichen Rechts (also z.B. des Gläubigers der verpfändeten Forderung) auseinanderfallen, während sie sonst in einer Person vereinigt sind. Auf dieses Auseinanderfallen wird in Art. 903 und 906 I Rücksicht genommen, indem vom «Gläubiger» der «verpfändeten Forderung» die Rede ist.

b) Entstehungsgrund

128 Darüber vorn Komm. Art. 884 N 77 ff. — Das Pfandrecht an Rechten beruht regelmäßig auf V e r t r a g , ausnahmsweise auf G e s e t z ; über das g e s e t z l i c h e P f a n d r e c h t vorn Syst. Teil N 46 ff.: ein beträchtlicher Teil der dort aufgezählten Fälle betrifft Pfandrechte an Rechten. Die Entstehung durch r i c h t e r l i c h e s U r t e i l ist dem schweizerischen Recht fremd.

Die E n t s t e h u n g der vertraglichen Pfandrechte s e l b e r ist in Art. 900—903 geregelt.

c) Pfandvertrag

Darüber vorn Komm. Art. 884 N 87 ff. — Wie jedes vertraglich begründete **129** Pfandrecht, so setzt das Pfandrecht an Rechten den Abschluß eines Pfandvertrags voraus. Für diesen ist in Art. 900 als Besonderheit die Schriftform vorgesehen. Beachtenswert ist der hinten Komm. Art. 900 N 13 erwähnte Sonderfall, wo der Pfandvertrag konstitutiv wirkt.

d) Pfandforderung

Darüber vorn Komm. Art. 884 N 115 ff. — Auch für das Pfandrecht an **130** Rechten gilt u. a., daß die Pfandforderung, d. h. die zu s i c h e r n d e F o r d e r u n g , eine bedingte oder erst künftig entstehende sein kann. Das Verhältnis zwischen dem Pfandrecht und der Pfandforderung ist vom Prinzip der Akzessorietät beherrscht.

e) Gültiger Rechtsgrund

Darüber vorn Komm. Art. 884 N 299: Die Verpfändung ist kausal gestaltet. **131**

f) Verfügungsbefugnis

Darüber vorn Komm. Art. 884 N 303 ff. — Die im Schutz des gutgläubigen **132** Erwerbs liegende Korrektur des Mangels an Verfügungsbefugnis kann nur soweit eingreifen, als beim Pfandrecht an Rechten ü b e r h a u p t ein Schutz des guten Glaubens besteht (vorstehend N 109 ff.). Der vorn Komm. Art. 884 N 315 erwähnte Vorgang der Konvaleszenz wird in BGE 41 II 49 ausdrücklich auf die Verpfändung von Rechten angewandt.

g) Auseinanderfallen der Berechtigung am verpfändeten Recht und der Schuldnerschaft (besonders Verpfändung für fremde Schuld)

Wie der Eigentümer der verpfändeten S a c h e nicht der Schuldner (hin- **133** sichtlich der pfandrechtlich gesicherten Forderung) zu sein braucht, so ist auch zulässig, daß das Pfandrecht an Rechten sich auf ein R e c h t bezieht, das nicht dem Schuldner, sondern einem D r i t t e n z u s t e h t . Der häufigste Fall ist die bereits vorstehend N 125 berührte Verpfändung für eine fremde Schuld. Es gelten sinngemäß die Ausführungen vorn Komm. Art. 884 N 385 ff. Insbesondere ist OR 110 Ziff. 1 (analog) anwendbar, obwohl diese Vorschrift nur von einer «verpfändeten Sache» spricht (Gottfried *Roos*, Über die Subrogation, Diss. Bern 1928, 65).

Art. 899

h) Rechtsstellung des Pfandgläubigers in obligatorischer und dinglicher Hinsicht; sein Schutz

134 Über diese R e c h t s s t e l l u n g vgl. die zum Teil sinngemäß anwendbaren Ausführungen vorn Komm. Art. 884 N 398 ff. — Die dort erwähnten, an den Besitz anknüpfenden Vorschriften können nur soweit beigezogen werden, als der Besitz in den Art. 900—902 überhaupt eine Rolle spielt (vorstehend N 108). So ist der Pfandgläubiger im Besitz der ihm allenfalls übertragenen Urkunde geschützt. Auf die Inhaberpapiere im besonderen bezieht sich Art. 935. Die Verpfändung einer Forderung bedarf nicht der Zustimmung des Drittschuldners. Entsprechendes gilt für andere verpfändete Rechte, doch bestehen Ausnahmen: so wenn die Vinkulierung von Namenaktien das Erfordernis der Genehmigung der Verpfändung durch die AG nach sich zieht (vorstehend N 34 a. E.).

135 Über das o b l i g a t o r i s c h e   R e c h t s v e r h ä l t n i s zwischen Pfandgläubiger und Verpfänder vgl. des näheren vorn Komm. Art. 890 N 4—6 und Art. 891 N 9 ff. (u. a. bezüglich der G e w ä h r l e i s t u n g); über die Maßnahmen bei K u r s e i n b u ß e n verpfändeter Wertpapiere Komm. Art. 891 N 16, Art. 884 N 108/109 (Pflicht zur Nachdeckung) und Art. 890 N 20—22. Über die — ungeachtet des Pfandrechts zulässige — Verfügung über das verpfändete Recht, vor allem durch A b t r e t u n g   d e r   v e r - p f ä n d e t e n   F o r d e r u n g seitens deren Gläubiger: hinten Komm. Art. 900 N 58.

i) Untergang

136 Es gelten, soweit für das Pfandrecht an Rechten überhaupt aktuell, die a l l g e m e i n e n   U n t e r g a n g s g r ü n d e laut den Darlegungen vorn Komm. Art. 888 N 4 ff. Namentlich führt auch hier der Untergang der pfandrechtlich gesicherten Forderung — der P f a n d f o r d e r u n g — zum Untergang des Pfandrechts (Art. 889 I, OR 114 I). Über den Untergang des v e r p f ä n d e t e n   R e c h t s, durch Erfüllung der verpfändeten Forderung, Art. 906.

137 Hinsichtlich der K o n f u s i o n — das ist das nachträgliche Zusammenfallen vorher getrennter Rollen der Beteiligten (des Pfandgläubigers, Drittschuldners oder Gläubigers der verpfändeten Forderung) in einer Person, besonders infolge Erbganges oder Zession — sind folgende T a t b e s t ä n d e zu erwähnen (*Wieland* Art. 899 N 6; ausführlich *Horber* 153 ff.):

138 1. Vereinigung der Eigenschaft des Gläubigers der verpfändeten Forderung mit der Eigenschaft des Pfandgläubigers; m. a. W. Vereinigung von verpfändeter Forderung und Pfandrecht. Der Fall entspricht dem vorn Komm. Art. 888 N 11 erwähnten, und die gleiche Lösung gilt: das Pfandrecht geht unter (mit dort N 12 besprochenen Ausnahmen).

2. Vereinigung der Eigenschaft des Gläubigers der verpfändeten Forderung **139** mit der Eigenschaft des Drittschuldners; m. a. W. Vereinigung von verpfändeter Forderung und zugehöriger Schuld: das Pfandrecht bleibt erhalten. Die Lösung fließt aus einer Interessenabwägung.

3. Vereinigung der Eigenschaft des Pfandgläubigers und des Drittschuld- **140** ners; m. a. W. Vereinigung von Pfandrecht und verpfändeter Schuld: das Pfandrecht bleibt nach allgemein vertretener Auffassung erhalten (*Wieland* Art. 899 N 6 c; *Leemann* N 37; *Horber* 153 ff.). — *Meyer* (zit. vorstehend N 72) 83 und *von Tuhr / Escher* § 77 bei N 12 machen Angaben über die Abwicklung eines solchen Pfandrechts. — In SJZ 19, 311 Nr. 263 wird für den ähnlichen Fall eines nicht auf Konfusion zurückgehenden, sondern von Anfang an an eigener Schuld errichteten Pfandrechts dem Pfandgläubiger-Drittschuldner erlaubt, die Zahlung der verpfändeten Schuld zu verweigern.

Von diesen Tatbeständen ist trotz Ähnlichkeit zu unterscheiden der vor- **141** stehend N 16 erwähnte Fall der Verpfändung einer Forderung gegen den Pfandgläubiger selber: hier sind Pfandgläubiger und Drittschuldner v o n   v o r n h e r e i n identisch; wiederum verschieden ist der Tatbestand N 18, wo Verpfänder und Drittschuldner von vornherein identisch sind.

Über den Untergang oder die Unwirksamkeit des Pfandrechts infolge **142** B e s i t z e s v e r l u s t e s (Art. 888): vorstehend N 116.

Als besonderer Fall des Unterganges eines Pfandrechts ist in BGE 52 II **143** 436/437 erwähnt: das verpfändete Recht ist an einer Zwangs v e r s t e i g e r u n g ohne Erwähnung des darauf haftenden Pfandrechts veräußert worden, so daß jenes ohne dieses auf den Erwerber übergegangen, das Pfandrecht somit erloschen ist.

k) Weitere Fragen

Vgl. die Darlegungen vorn im S y s t .   T e i l . **144**

Die Komm. Art. 884 N 136 erwähnte Innehabung eines Pfandgegenstandes durch einen T r e u h ä n d e r oder P f a n d h a l t e r ist hinsichtlich des Pfandrechts an Rechten zulässig.

Art. 900

Zur Verpfändung einer Forderung, für die keine Urkunde oder nur ein Schuldschein besteht, bedarf es der schriftlichen Abfassung des Pfandvertrages und gegebenenfalls der Übergabe des Schuldscheines.

Der Pfandgläubiger und der Verpfänder können den Schuldner von der Pfandbestellung benachrichtigen.

Zur Verpfändung anderer Rechte bedarf es neben einem schriftlichen Pfandvertrag der Beobachtung der Form, die für die Übertragung vorgesehen ist.

1   **Materialien:** aOR 215 — VE 879 — E 885 — Erl II 329 — Prot ExpKom III 123—125, 126—128 — Botsch 84/85 — StenBull NR 1906, 693—696 — StenBull StR 1906, 1427—1428.

    Ausländisches Recht: CC fr 2075 — CCom 91 III, V — CC it 2800/2801, 2806 — BGB 1274 I, 1280 (1278, 1279) — ABGB —.

    Lit.: C. *Horber*, Das Forderungspfandrecht (Diss. Zürich 1905) 46 ff. — *Plinio *Bolla*, La costituzione del pegno sui crediti ... (Diss. Lausanne 1921) 133 ff. (bes. 153—168, 181—184, 196—206) — Emil *Wieland*, Der Schuldschein und seine Bedeutung beim Forderungspfandrecht (Diss. Basel 1930. MaschSchr) — Hans Jakob *Meyer*, Die Verpfändung von Kundenguthaben (Diss. Zürich 1945) — *von Tuhr/Escher* § 98 II, 1a.

    Aus der Lit. zu VVG 73 vor allem *Jaeger*, Komm. zum Schweiz. BG über den Versicherungsvertrag III (Bern 1933) Art. 73 — Willy *Koenig*, Abtretung und Verpfändung von Personen-Versicherungsansprüchen (Diss. Bern 1924); derselbe, Schweiz. Privatversicherungsrecht (3. A. Bern 1967) § 15 III; weitere Angaben nachstehend N 81, 84.

Übersicht

I. Errichtung des Pfandrechts an Rechten: Allgemeiner Inhalt und Geltungsbereich der Vorschrift — Gliederung der von Art. 900 erfaßten Rechte

Art. 901 ordnet die Errichtung des Pfandrechts an W e r t p a p i e r e n; **2** für a l l e ü b r i g e n R e c h t e gilt Art. 900. Diese Abgrenzung der Art. 900 und 901 ist für die gesetzliche Ordnung grundlegend (E. *Huber* StenBull NR 1906, 693; *Hoffmann* StenBull StR 1906, 1427). Das Gesetz will für die Wertpapiere eine gegenüber Art. 900 erleichterte Form der Verpfändung zur Verfügung stellen. Somit ist im Zweifelsfall vorweg zu prüfen, ob man ein Wertpapier vor sich hat (darüber hinten Komm. Art. 901 N 8 ff.). Trifft dies nicht zu, dann darf keinesfalls Art. 901 angewandt, sondern muß auf Art. 900 gegriffen werden. Während somit überall, wo man es nicht mit Wertpapieren zu tun hat, unausweichlich Art. 900 gilt, ist es zulässig, Wertpapiere statt nach Art. 901 nach Art. 900 zu verpfänden (nachstehend N 42). Dadurch verliert der soeben hervorgehobene Gegensatz zwischen Wertpapieren und nicht in Wertpapieren verbrieften Rechten seine Schärfe.

3 Die von Art. 900 erfaßten Rechte werden vom Gesetz wie folgt g e g l i e ‑ d e r t : einerseits F o r d e r u n g e n (Al. I/II), die man im Gegensatz zu den in Wertpapieren gekleideten als «g e w ö h n l i c h e» Forderungen bezeichnen kann (so das franz. Marginale: créances ordinaires), anderseits «a n d e r e R e c h t e» als Forderungen (Al. III; z. B. solche aus Immaterial‑ güterrecht, oder Mitgliedschaftsrechte). Diese Einteilung entspricht der Ab‑ schnitts‑Überschrift vor Art. 899 (vgl. Komm. Art. 899 N 2), wird aber vom Gesetz insofern nicht durchgeführt, als das Marginale zu Art. 900 nur die Forderungen erwähnt und als Art. 903 vom Forderungspfandrecht statt vom Pfandrecht an Rechten spricht (gleich OR 496 II). Auch die Literatur hält sich gewöhnlich nicht an jene einleuchtende Gliederung, sondern bezeichnet ungenau jedes nach dieser Bestimmung zu verpfändende Recht als «Forderung».

4 Die Verpfändung ist teilweise der Z e s s i o n n a c h g e b i l d e t : man vgl. ZGB 900 mit OR 165 und 170 II, ZGB 906 II/III mit OR 167/168; einen direkten Hinweis auf die Übertragung eines Rechts enthält Al. III/ZGB 900 (s. auch BGB 1274 I). Demgemäß ist für den Pfandvertrag die Schriftform vorgesehen, zudem die Übergabe eines allfälligen Schuldscheins (Al. I/ Art. 900), was freilich bei der Zession nicht Gültigkeitserfordernis ist (OR 170 II). An die Stelle dieser Übergabe tritt bei den «andern Rechten» als den Forderungen die jeweils passende Übertragungshandlung (Al. III/Art. 900). Auch die — fakultative — Anzeige an den Drittschuldner (Al. II/Art. 900) hat ihre Parallele bei der Zession. Trotz dieser Ähnlichkeiten ist der vorn Komm. Art. 899 N 5—6 hervorgehobene, grundlegende Unterschied zu beachten: anders als die Zession verschafft die Verpfändung dem Gläubiger nur eine beschränkte Herrschaft über das verpfändete Recht. Will der Gläubiger die Stellung des Zessionars erreichen, so muß er die Sicherungszession verlangen: vorn Syst. Teil N 270 ff.

5 Die in Art. 900 aufgezählten E r f o r d e r n i s s e der Verpfändung und zusätzlichen Akte wollen das verpfändete Recht einigermaßen der Verfügung durch den Verpfänder oder sonstigen Inhaber des Rechts entziehen und zudem verhindern, daß Zahlungen seitens des Drittschuldners an jene erfolgen (Art. 900 II/906 II; BGE 23 I 698).

6 G e s e t z l i c h e P f a n d r e c h t e an Forderungen und andern Rechten unterstehen nicht den Erfordernissen des Art. 900 (vorn Syst. Teil N 46 ff., bes. 60; Komm. Art. 899 N 128). Art. 900 gilt auch dort nicht, wo s p e z i e l l e B e s t i m m u n g e n vorgehen (so VVG 73 I).

7 a O R 215 verlangte nicht nur einen schriftlichen Pfandvertrag und die Über‑ gabe des etwa vorhandenen Schuldscheins, sondern zwingend auch die Benach‑ richtigung des Drittschuldners. Die Vorschrift erwähnte lediglich die Forderun‑ gen, nicht auch «andere Rechte». Die E n t w ü r f e weichen unter sich und vom jetzigen Text ab. VE 879 II sprach von der Übergabe nicht der Schuld‑

scheine, sondern allgemeiner der Beweisurkunden, doch war jene fakultativ; E 885 I stellte neben den Schuldschein das Namenpapier und verlangte die Übergabe dieser Urkunden. Die Anzeige an den Drittschuldner ist weder nach VE 879 II, noch E 885 II oder ZGB 900 II Gültigkeitserfordernis, war aber in VE 879 II im Gegensatz zu den späteren Fassungen im Sinne einer nachträglich zu erfüllenden Pflicht vorgeschrieben (Prot ExpKom III 123).

Die a u s l ä n d i s c h e n Gesetze variieren die in ZGB 900 aufgezählten **8** Akte. BGB 1280 verlangt keine Übergabe des Schuldscheins, wohl aber die französische Praxis und CC it 2801; nach der letzteren Vorschrift handelt es sich aber nicht um ein Gültigkeitserfordernis. Die Anzeige an den Drittschuldner ist in CC it 2800 und BGB 1280 vorgeschrieben und wird von der französischen Praxis gestützt auf CC fr 2075/1690 gefordert.

II. Verpfändung gewöhnlicher Forderungen (Al. I und II/Art. 900) : Voraussetzungen

«G e w ö h n l i c h» sind die unter Art. 900 fallenden Forderungen im **9** Gegensatz zu den in Art. 901 geregelten, in Wertpapieren verkörperten Forderungen (vorstehend N 2, 3). Der Terminus «F o r d e r u n g e n» ist zunächst stricto sensu, als Gegensatz zu den in Al. III/Art. 900 erwähnten «andern Rechten» zu verstehen; doch wird sich zeigen, daß in Sonderfragen auch einzelne der zu den «andern» (Al. III) gehörenden Rechte den Al. I und II unterstellt werden müssen. — Die nachstehend in den Überschriften A bis E (N 10—61) formulierten V o r a u s s e t z u n g e n sind in Al. I und II/ Art. 900 nur zum Teil aufgezählt; zum andern Teil ergeben sie sich aus allgemeinen Überlegungen (vorn Komm. Art. 884 N 84, 85). Zusätzliches Erfordernis ist, daß das Recht überhaupt v e r p f ä n d b a r sein muß (Komm. Art. 899 N 9 ff.). Über den d i n g l i c h e n V e r t r a g Komm. Art. 884 N 300; wo der Pfandvertrag konstitutiv wirkt (nachstehend N 13), ist der dingliche Vertrag von vornherein gegenstandslos. Kein Gültigkeitserfordernis, sondern eine fakultative Maßnahme ist die in Al. II/Art. 900 (nachstehend lit. F, N 62) geordnete A n z e i g e an den Drittschuldner.

A. Pfandvertrag

a) Allgemeine Bedeutung

10 In allen von Art. 900 erfaßten Fällen ist der Pfandvertrag s c h r i f t l i c h abzuschließen (Al. I, III). Es bedeutet keine Eigentümlichkeit des Art. 900, daß ein Pfandvertrag erforderlich ist; sondern für jede überhaupt auf Vertrag beruhende Verpfändung gemäß Art. 884—915 ist ein solcher notwendig (vorn Komm. Art. 884 N 91). Der nachträgliche Untergang der Vertragsurkunde ist unerheblich für den Weiterbestand des Vertrags und die Geltendmachung des Pfandrechts (anders OR 965 hinsichtlich der Wertpapiere).

11 F u n k t i o n u n d T r a g w e i t e d e s P f a n d v e r t r a g s im Rahmen des Al. I / Art. 900 sind teilweise verschieden, je nachdem zusätzlich die Übergabe des etwa vorhandenen Schuldscheines in Betracht fällt oder nicht.

12 1. Wo ein S c h u l d s c h e i n z u ü b e r g e b e n (weil ein solcher vorhanden) ist, ist der Pfandvertrag, gleich wie bei Art. 884 (dort Komm. N 88/89), das Rechtsgeschäft, wodurch der Verpfänder sich verpflichtet, mittels der vom Gesetz verlangten Vollzugshandlung das Pfandrecht zu konstituieren. Konstitutive Vollzugshandlung ist die Übergabe des Schuldscheins; sie ist das Gegenstück zu der in Art. 884 I verlangten Übergabe der zu verpfändenden Sache. Auch die ratio legis der Übergabe ist die selbe (nachstehend N 31). Einzig die Schriftform unterscheidet den Pfandvertrag des Art. 900 von demjenigen des Art. 884. Gleich wie bei Art. 884 (dort Komm. N 95), liegt hier das pactum de pignore dando im Pfandvertrag und nicht im allfälligen Vorvertrag. — Die immer wieder geäußerte Behauptung, der Pfandvertrag wirke schlechthin konstitutiv, ist in dieser Allgemeinheit unrichtig: wenn «konstitutiv» bedeutet, daß der damit bezeichnete Akt l e t z t l i c h ein Recht entstehen läßt, so ist nicht der Pfandvertrag konstitutiv, sondern die Übergabe des Schuldscheins.

13 2. Wo k e i n S c h u l d s c h e i n z u ü b e r g e b e n (weil kein solcher vorhanden) ist, ist keine zusätzliche Vollzugshandlung möglich, die daher rührende Publizität und Sicherung des Pfandgläubigers fehlt, und der Pfandvertrag selber wirkt schon k o n s t i t u t i v : das Pfandrecht entsteht mit dem Abschluß des Pfandvertrags. Dieser hat dingliche Wirkung, enthält bereits die Verfügung über das zu verpfändende Recht. Es fehlt hier die Zweiteilung des Vorganges der Verpfändung in zwei Stadien: den obligatorischen Akt (Pfandvertrag) und den dinglichen Akt (Übertragung des Besitzes an der Sache, hier am Schuldschein, Komm. Art. 884 N 93). Die Zweiteilung fehlt, weil sie auf die Übertragung des Besitzes zugeschnitten ist; die Verpfändung eines Rechts kann nicht auf der Verschaffung des Besitzes an dem zu verpfändenden R e c h t beruhen. Der Pfandvertrag ist in diesem besonderen Fall ausnahmsweise Kausalgeschäft und Verfügung in einem, ähnlich wie gewöhnlich die Zession oder nach französischem Recht der obligatorische Vertrag bei der Eigentumsübertragung. Wenn indessen ein Vorvertrag abgeschlossen wird, ist dieser das Kausalgeschäft (vergleichbar dem pactum de cedendo, OR 165 II).

Die Literatur verzichtet meist auf eine genaue Erfassung des Wesens **14** des Pfandvertrags und hält sich statt dessen großenteils an die Ansichten der von andern gesetzlichen Grundlagen ausgehenden deutschen Autoren: man übersieht, daß das BGB nicht die Übergabe des Schuldscheins verlangt. — Da *Leemann* schon den Pfandvertrag im Sinne des Art. 884 unzutreffend charakterisiert (darüber vorn Komm. Art. 884 N 90), gelangt er auch für den Art. 900 (N 8, 10, 12) zu unrichtigen Schlüssen, indem er Pfandvertrag, dinglichen Vertrag und Vorvertrag nicht genügend auseinander hält und übersieht, daß die Verpfändung sich verschieden gestaltet, je nachdem die konstitutive Übergabe eines Schuldscheins in Betracht fällt oder nicht. Ähnliches gilt u.a. für die Diss. *Wieland* 78, die Diss. *Meyer* 28/29, 40/41 oder für *Trümpy* ZBJV 51, 494/495. Durchweg wird zu Unrecht das pactum de pignore dando schlechthin mit dem Vorvertrag identifiziert; so auch *Bolla* 145/146; anscheinend *Wieland* Komm. Art. 900 N 2a. Unpräzis BGE 27 II 531: der «Pfandbestellungsvertrag» wird schlechthin als «dinglicher Pfandvertrag» bezeichnet. Zum Teil abweichend *Jäggi* Art. 967 N 104, der vom Namenpapier handelt.

Je nachdem der vorstehend N 12 oder N 13 behandelte Sachverhalt vorliegt, **15** ist die «Zeit» der «Errichtung», die gemäß Art. 893 II (dort Komm. N 12) für den Rang der Pfandrechte maßgebend ist, der Augenblick der Übergabe des Schuldscheins oder — wo keine solche stattfindet — das Datum des Pfandvertrags.

b) Einzelfragen

Es kann auf Komm. Art. 884 N 88 ff. verwiesen werden, soweit die **16** dortigen Ausführungen nicht allein für das Faustpfandrecht gelten. Hier sei erwähnt:

Der Drittschuldner ist nicht Partei und braucht dem Vertrag **17** nicht zuzustimmen.

Der allfällige Vorvertrag, durch den sich der Verpfänder zum Ab- **18** schluß des Pfandvertrags verpflichtet, ist formfrei gültig; denn die Schriftform nach Art. 900 dient nicht dem Schutz der Parteien, sondern der Verkehrssicherheit (OR 22 II; vgl. auch OR 165 II) — andernfalls müßte auch für das Faustpfand sowie in Art. 901 Schriftlichkeit verlangt sein. Keinesfalls geht jedem Pfandvertrag ein Vorvertrag voraus, auch dort nicht, wo der Pfandvertrag konstitutiv wirkt (vorstehend N 13), sondern der Vorvertrag tritt höchst selten auf: gewöhnlich wird — im Fall des Art. 884 wie der Art. 900 oder 901 —

e i n Vertrag abgeschlossen, worin schlechthin die Verpfändung stipuliert ist[a]. In die dem Vertragsabschluß vorangehenden Besprechungen darf nicht ein pactum de contrahendo hineininterpretiert werden, wenn dort nicht w i r k l i c h die Verpflichtung eingegangen worden ist, lediglich den A b s c h l u ß des Pfandvertrags vorzunehmen (OR 22). Sobald die allfälligen Vollzugshandlungen ausdrücklich oder sinngemäß versprochen sind, hat man nicht einen Vorvertrag, sondern den Pfandvertrag selber vor sich, und das gilt um so mehr, wo der Pfandvertrag wegen Fehlens eines Schuldscheines konstitutiv ist.

19 Wird ein etwa vorhandener V o r v e r t r a g   n i c h t   e r f ü l l t , so tritt das die Pflicht zu seiner Erfüllung festsetzende Urteil an die Stelle des Hauptvertrags und gilt als genügende Grundlage für die Entstehung des Pfandrechts, zusammen mit der eventuellen Übergabe des Schuldscheins (so im wesentlichen ZBJV 72, 757 = SJZ 33, 74, im Einklang mit der von der Doktrin auf dem allgemeineren Boden des Problems der Verurteilung zur Abgabe einer Willenserklärung vertretenen Auffassung: u. a. *von Tuhr/Escher* § 67 III bei N 38; vgl. auch OR 166)[a].

20 Für die S c h r i f t f o r m sind die Art. 12 ff. OR maßgebend. Es braucht keine Urkunde ad hoc errichtet zu werden; Vertragsschluß durch Korrespondenz reicht aus (BGE 11, 382; 27 II 196), desgleichen ein Vermerk auf dem Schuldschein, sofern jener im übrigen den nachstehend zu nennenden Ansprüchen genügt (BlZR 22 Nr. 73 S. 141). Nicht aber taugt die bloße Anzeige an den Drittschuldner gemäß Al. II/Art. 900 (BGE 25 11 602/603 betr. Zession) oder die Aufforderung des Verpfänders, der Pfandgläubiger solle gegen den Drittschuldner vorgehen (HE 13, 81). Die Unterschrift des Verpfänders ist gemäß OR 13 I ausreichend (BGE 17, 510/511; 27 II 531/532; BlZR 17 Nr. 198 S. 366 betr. Zession). Das Akzept seitens des Gläubigers (OR 1) kann, als konkludente Handlung, in der Entgegennahme der vom Verpfänder ausgestellten Erklärung liegen (was BlZR 22 Nr. 73 S. 141 übersieht; zutreffend VAS 8, 687). In BlZR 18 Nr. 177 S. 358 wird ein Zessionsvermerk als genügend erachtet, was nur dann zutreffen kann, wenn die Auslegung ergibt, daß wirklich eine Verpfändung und nicht eine Zession gewollt ist: die falsche Bezeichnung ist diesfalls gemäß OR 18 I unerheblich (BGE 28 II 149; vgl. ferner die nachstehenden Ausführungen). — Die Nichtbefolgung der Formvorschrift bewirkt

---

[18]a Vielfach mit der Wendung: «Der Unterzeichnete verpfändet hiermit ...». — Einen Vorvertrag hat man dagegen im Fall BlZR 8 Nr. 10 S. 19 vor sich.

[19]a Im zit. Urteil ZBJV 72 wird beiläufig (S. 756 bzw. SJZ 33, 74), wie aus der dortigen Anführung *Wielands* hervorgeht, ein «Pfandbestellungsversprechen» auch im Sinne des Art. 900 als «formlos gültig» bezeichnet. Das wäre richtig, wenn es sich um den Vorvertrag handelte. Im beurteilten Fall trifft dies aber nicht zu, entgegen der vermutlichen Annahme des Gerichts, sondern jenes Versprechen ist der Pfandvertrag selber, und dieser ist nach Art. 900 schriftlich abzuschließen. Dieser Irrtum war jedoch ohne Einfluß auf den Entscheid.

die N i c h t i g k e i t des Pfandvertrags und damit das Scheitern der Verpfändung, weil deren eines Erfordernis, ein gültiger Pfandvertrag, fehlt.

Die V o l l m a c h t zum Abschluß des Pfandvertrags bedarf nach all- **21**
gemeiner Regel der Schriftform nicht (BGE 99 II 162), ebensowenig die
E r m ä c h t i g u n g   zur Verpfändung eines   f r e m d e n   R e c h t s   in
eigenem Namen (BGE 36 II 555/556; über diese Art der Verpfändung: Komm.
Art. 884 N 316).

Entgegen ZBJV 39, 767 ist bei nachträglicher E r h ö h u n g   der   g e - **22**
s i c h e r t e n   F o r d e r u n g   nicht ein neuer schriftlicher Pfandvertrag abzuschließen; die gesicherte Forderung braucht ohnehin nicht bestimmt zu sein
(Komm. Art. 884 N 138 ff.). Dagegen ist eine neue Beurkundung nötig, wenn
durch den gleichen Pfandgegenstand eine   a n d e r e   F o r d e r u n g   sichergestellt werden soll als bisher im Pfandvertrag vorgesehen (BlZR 7 Nr. 129
S. 288 ff.; vorn Komm. Art. 884 N 117).

Über den   I n h a l t   des Pfandvertrags Komm. Art. 884 N 97 ff. Auch **23**
hier gilt u. a., daß der (schriftlich niedergelegte, BlZR 16 Nr. 104 S. 164)
Konsens erfassen muß: die Errichtung eines Pfandrechts (BlZR 22 Nr. 73
S. 141), die Kennzeichnung der zu sichernden Forderung (BlZR 18 Nr. 177
S. 359) und den Pfandgegenstand; Einzelheiten Komm. Art. 884 a.a.O.

Daß Konsens hinsichtlich der Errichtung eines   P f a n d r e c h t s   bestehen **24**
soll, bedeutet namentlich, daß Verpfändung und   n i c h t   S i c h e r u n g s -
z e s s i o n   gewollt ist (über die Abgrenzung: Syst. Teil N 284 ff.), ferner nicht
Zession an   Z a h l u n g s   s t a t t   oder   Z a h l u n g s   h a l b e r   (BGE 28
II 145/146; 37 II 512), was nötigenfalls durch   A u s l e g u n g   abzuklären
ist. Die verwendeten Ausdrücke allein sind nicht entscheidend (OR 18 I; BGE 28
II 149; 38 II 317/318); die Geschäftssprache vermeidet gerne den etwa als
ominös empfundenen Ausdruck «Verpfändung». Die maßgebliche Parteiabsicht
ist anhand der Umstände zu ergründen; vor allem ist auf den wirtschaftlichen
Zweck des Geschäfts abzustellen, ausgenommen bei der Scheidung der Verpfändung von der Sicherungszession, wo dieses Kriterium versagt. Im Zweifel
wird Verpfändung und nicht Zession anzunehmen sein, als der den Schuldner
weniger belastende Vertragsinhalt; eine Faustregel, die freilich erst in letzter
Linie heranzuziehen ist und die im wichtigsten Zweifelsfall — bei der Abgrenzung von Sicherungszession und Verpfändung — nicht spielt (Syst. Teil
N 286). Nicht stets kann es gelingen,   ü b e r h a u p t   den Willen zu irgendeiner Sicherstellung schlüssig festzustellen, z. B. wenn in unklaren Wendungen
von «Deponieren» die Rede ist. Dazu BGE 27 II 532 und BlZR 16 Nr. 104
S. 164: die Notiz «inliegend die verlangten» Urkunden bedeutet nicht die
Äußerung des Verpfändungswillens. — Weitere Fälle der Auslegung aus der
Judikatur: BGE 23 I 703/704; 27 II 193 («Hinterlage»); 38 II 317/318 («céder
à titre de garantie»); 26 II 145 ff. («cession»); 37 II 511/512 («weitere

Deckung», Übergabe «zahlungshalber»); 38 II 159 («zum Inkasso»). — Einzelheiten bei *Horber* 48—49; *Bolla* 155 ff.; über die Auslegung im allgemeinen *Oftinger* ZSR 58, 178 ff. Zu streng *Jaeger* Art. 73 N 92, der eine d e u t l i c h e Bekundung des Verpfändungswillens verlangt, eine Auffassung, die im Gesetz keine Stütze findet.

25 Die g e n e r e l l e U m s c h r e i b u n g der zu verpfändenden Forderungen, ihre B e s t i m m b a r k e i t, ohne Angabe des Betrags (BGE 28 II 149), genügt: Komm. Art. 884 N 37; dazu BGE 69 II 290 ff. und die andern, vorn Komm. Art. 899 N 14 und 72 zit. Urteile, die die Verpfändung einer unbegrenzten Zahl künftiger Forderungen aus einem Geschäftsbetrieb zulassen, was deren genaue Bezeichnung ausschließt; das zurückhaltende Urteil BGE 25 II 333 ist überholt. Die Zusicherung, «dans quelque temps» eine «obligation hypothécaire de bonne valeur» zu verpfänden, ist dagegen auch im Lichte dieser neuen Judikatur nicht ausreichend (BGE 11, 382/383). Über das Moment der Bestimmtheit im übrigen des näheren Komm. Art. 899 N 14. — Wenn im Einzelfall die generelle Umschreibung der verpfändeten Forderungen auch deren Austausch oder spätere Ergänzung deckt, so braucht dannzumal kein neuer Vertrag errichtet zu werden (a. M. *Horber* 66 und dort N 5). Da die Frage nicht völlig abgeklärt ist, ist dem Gläubiger jedoch zur Vorsicht zu raten.

26 Die wesentlichen R e c h t s f o l g e n des Pfandvertrags (Komm. Art. 884 N 103) bestehen je nachdem in der Pflicht zur Übergabe des Schuldscheins, was zugleich E r f ü l l u n g des Vertrags ist (Komm. Art. 884 N 104), oder dann — wo kein Schuldschein besteht — in der unmittelbaren Entstehung des Pfandrechts, indem der Pfandvertrag diesfalls konstitutiv wirkt (vorstehend N 13 im Gegensatz zu N 12).

B. Pfandforderung

27 Über die für das Zustandekommen der Verpfändung unerläßliche (BlZR 18 Nr. 177 S. 358) Pfandforderung, d. h. die z u s i c h e r n d e F o r d e r u n g, die in der Literatur manchmal als Hauptforderung bezeichnet wird: vorn Komm. Art. 884 N 115 ff. und zusammenfassend Art. 899 N 130.

C. Übergabe des etwa vorhandenen Schuldscheins

a) Begriff des Schuldscheins und der zugehörigen Forderung

1. Nähere Bedeutung der Vorschrift Al. I / Art. 900
und daher rührende Probleme

Al. I / Art. 900 ist in den Entwürfen zum ZGB und noch im parlamentarischen **28** Verfahren wiederholt verändert worden. Die heutige Fassung deckt sich, soweit die Übergabe des Schuldscheins anlangend, mit dem Text des Art. 215 aOR. Trotz der wiederholten Umarbeitung der Vorschrift sind U n e b e n h e i t e n und U n k l a r h e i t e n geblieben. Zunächst verstößt der Text gegen die Sprachlogik. Er erwähnt an erster Stelle Forderungen, «für die k e i n e Urkunde», und an zweiter Stelle solche, für die «n u r ein Schuldschein besteht», was den Eindruck erweckt, «nur» einen Schuldschein aufzuweisen sei ein Minus im Vergleich zu den Forderungen, für die keine Urkunde besteht, während es sich umgekehrt verhält: ein Schuldschein ist das Plus. Die Stelle müßte, sofern man überhaupt die Forderungen ohne Schuldschein hervorheben will, ungefähr lauten: «Zur Verpfändung einer Forderung, gleichgültig, ob für sie ein Schuldschein besteht oder nicht, bedarf es ...» (kürzer und m. E. besser die Formel Prot ExpKom III 128, zu VE 879 Abs. I). Eine weitere Unebenheit besteht darin, daß die Texte der verschiedenen Sprachen sich sämtliche nicht decken. Besonders undeutlich ist der italienische, wo nicht nur zwei Ausdrücke wie in der deutschen Fassung — Urkunde und Schuldschein — verwendet sind, was schon zu Unklarheit führt, sondern drei: documento, riconoscimento scritto del debito und titolo (dazu *Bolla* 182 ff.).

Anhand des W o r t l a u t s lassen sich der Vorschrift folgende Aussagen **29** entnehmen: 1. Auch Forderungen sind verpfändbar, über die keine Urkunde besteht. — 2. Unter Art. 900 fallen namentlich Forderungen, über die «nur» ein Schuldschein besteht («nur» nicht im Gegensatz zu den Forderungen ohne jegliche Urkunde, sondern zu den Wertpapieren; dies ergibt sich aus dem Ziel der gesetzlichen Ordnung, die scharf die in Wertpapieren verkörperten Forderungen — Art. 901/902 — von den anderen — Art. 900 — trennen will, E. *Huber* StenBull NR 1906, 693 und *Hoffmann* StenBull StR 1906 1427). — 3. Der etwa vorhandene Schuldschein ist zu übergeben; ohne das entsteht kein Pfandrecht[*]. — 4. In allen Fällen ist Schriftform des Pfandvertrags erforderlich.

---

[*]Angesichts dieser Bedeutung ist — vom Privatrecht her gesehen — die Ununterschlagbarkeit einer Schuldanerkennung (BGE 103 IV 89) schwer zu verstehen. R. B.

30   Der Wortlaut läßt folgende F r a g e n offen: Sind auch Urkunden, die nicht stricto sensu Schuldscheine sind, zu übergeben? Erfordert die Verpfändung eines Rechts, das nicht stricto sensu eine Forderung, aber durch eine dem Schuldschein ähnliche Urkunde dokumentiert ist, die Übergabe der Urkunde gemäß Al. I / Art. 900, oder kann gemäß Al. III (wo von «andern Rechten» als Forderungen die Rede ist) darauf verzichtet werden? Die Beantwortung erheischt die F e s t l e g u n g   d e r   B e g r i f f e   d e s   S c h u l d s c h e i n s   u n d   d e r   z u g e h ö r i g e n   F o r d e r u n g . Die Judikatur ist spärlich. Die Literatur beschäftigt sich vorwiegend mit der zu Art. 901 aktuellen Frage der Abgrenzung des Schuldscheins (als einer Beweisurkunde) vom Wertpapier (so *Wieland* Diss. 25 und passim, in anderem Zusammenhang auch *Haab* Art. 714 N 10). Soweit die Autoren die obigen Fragen überhaupt berühren, beantworten sie sie uneinheitlich. Die Materialien enthalten keine Wegleitung.

2. *Lösungen*

31   Ausgangspunkt ist die r a t i o   l e g i s des Erfordernisses der Übergabe des Schuldscheins. Die Übergabe ist nach einer seit jeher und durchweg herrschenden Ansicht die Parallele zur Übertragung des Besitzes an der Pfandsache gemäß Art. 884 I. Der Schuldschein wird als repräsentativ für die Forderung betrachtet[a]. Somit ist die ratio legis die selbe wie für das Faustpfandprinzip (Komm. Art. 884 N 197 ff.); einerseits Publizität, anderseits Sicherung des Pfandgläubigers. Vor allem ist beachtlich, daß ein Dritter, der den Schuldschein bei dessen Gläubiger sieht, annehmen darf, die Forderung sei nicht verpfändet, und daß umgekehrt, wenn der Schuldschein ihm nicht vorgewiesen werden kann, Anlaß zum Verdacht bestehen mag, es existiere ein Pfandrecht. Freilich ist nicht zu übersehen, daß die erwähnten Zwecke der Übergabe beim Pfandrecht an Forderungen sich nur in bescheidenem Ausmaß erreichen lassen (was *Wieland* Diss. 113 ff. zu stark betont): Der Besitz eines Schuldscheins ist keine so auffällige Tatsache wie der Besitz von Sachen; und auch Forderungen ohne Schuldschein sind verpfändbar. Zudem ist die Sicherung des Pfandgläubigers insofern weniger dringlich, als er, anders als beim Faustpfandrecht, nicht durch den das Pfandrecht tilgenden Erwerb seitens gutgläubiger Dritter gefährdet ist (vielmehr erwirbt ein Zessionar die verpfändete Forderung belastet durch das Pfandrecht). Ungeachtet dieser Unterschiede kann die Motivierung des Erfordernisses der Übergabe des Schuldscheins nur in der erwähnten doppelten ratio legis liegen, wenn überhaupt die Vorschrift einen Sinn hat, und davon ist auszugehen.

[31a] *Bühlmann* Prot ExpKom III 126: «Im Volksbewußtsein» ist «die Schuld mit der Urkunde verbunden, sei diese nun Beweisurkunde oder Wertpapier.»

Daraus ergibt sich zweierlei: **32**

— 1. daß n u r U r k u n d e n zu übergeben sind, die im Sinne der ratio legis r e p r ä s e n t a t i v für die Forderungen sind. Dies trifft nur für die Schuldscheine stricto senu zu: für Urkunden, die ein e i n s e i t i g e s Schuldbekenntnis enthalten oder bei denen wenigstens der Verkehrsauffassung nach das Schuldbekenntnis der einen Partei der maßgebliche Bestandteil der Urkunde ist (wie bei Versicherungspolicen, BGE 45 II 261/262) ª. Das ist der in der Rechtssprache allgemein verwendete Begriff des Schuldscheins: OR 88, 90 I, 116 II, auch 170 II. Demnach sind Urkunden über zweiseitige Verträge regelmäßig keine Schuldscheine ᵇ ᶜ.

— 2. daß auch bei a n d e r n R e c h t e n , a l s F o r d e r u n g e n **33** stricto sensu, eine allfällige Urkunde zu übergeben ist, sofern diese im soeben besprochenen Sinn repräsentativ ist für das verpfändete Recht und wie ein einseitiges Schuldbekenntnis wirkt. Das betrifft vor allem die Verpfändung von Mitgliedschaftsrechten, wo Anteilscheine und dergl. bestehen (so BGE 27 II 531 betr. Genossenschaftsanteilschein). Diese Auslegung drängt sich anhand der ratio legis auf. Sie widerspricht dem Wortlaut des Gesetzes insofern, als dieses die Forderungen (Al. I / Art. 900) von den «andern Rechten» (Al. III) unterscheidet, und zu den letzteren gehören die Mitgliedschaftsrechte. Doch ist gerade hier die Terminologie des Gesetzes nicht streng; die «andern Rechte» werden vom Marginale des Art. 900: «Forderungen mit oder ohne Schuldschein», «créances ordinaires», mitumfaßt. Endlich darf noch aOR 215 herangezogen werden, wo wegen des zu engen Wortlauts zu den Forderungen stets auch «andere Rechte» gezählt werden mußten. Der Schluß ist um so unbedenklicher, als bei der Verpfändung von Mitgliedschaftsrechten ohnehin die mit den

---

³²ª Gleich im wesentlichen *Becker* Art. 88 N 16; vgl. auch *Jaeggi* Art. 965 N 54.

³²ᵇ So auch BGE 52 II 436 hinsichtlich eines Kaufvertrags, unter Betonung des in casu fehlenden einseitigen Charakters: Schuldurkunde sei «solo un riconoscimento esplicito di debito». Zustimmend *von Tuhr/Escher* § 98 N 26a; vgl. ferner BlZR 1 Nr. 255 S. 305: der Mietvertrag sei nicht ein Schuldschein. A. M. ist *Bolla* 183/184, der die Übergabe jeder auf die Forderung bezüglichen Urkunde verlangt.

³²ᶜ In VE 879 II war allgemeiner als in ZGB 900 von «Beweisurkunden» die Rede. Dies ist für die Auslegung des heutigen Textes belanglos, weil die Übergabe im VE fakultativ war und das Wort vor allem den Gegensatz zu den Wertpapieren ausdrücken sollte (E. *Huber*, Prot ExpKom III 124). E 885 I und Botsch 84/85 sprechen von der Übergabe der «Urkunde»; doch ist dieser — ebenfalls über den «Schuldschein» hinausgehende — Terminus hier verwendet, um neben dem Schuldschein das Namenpapier zu erfassen, das gemäß E 885 I der gleichen Ordnung unterstellt war wie die Forderung; dies im Gegensatz zur heutigen Fassung. Der Schluß der Bestimmung E 885 I zeigt zudem klar, daß nur der Schuldschein und das Namenpapier, nicht aber weitere Urkunden, zu übergeben sind.

Für die im Kontext vorgeschlagene Lösung spricht endlich auch der französische Wortlaut des Al. I/Art. 900, wo mit dem zu übergebenden «titre» allein der Fall der «reconnaissance de dette» visiert ist, obwohl «titre» sonst allgemein für «Urkunde» gebraucht wird.

korporativen Rechten verbundenen Guthaben von Geldzahlungen (Dividenden und dergl., Liquidationsanteil u. a. m.) im Vordergrund stehen (Komm. Art. 899 N 31, 32, 41, 43, 45; BGE 27 II 531). Die juristische Umgangssprache bezeichnet solche denn auch häufig als Forderungen.

34   Z u s a m m e n g e f a ß t gilt: Der Schuldschein verurkundet vorwiegend, aber nicht ausschließlich, einseitige, auf Forderungen gestützte Schuldbekenntnisse. In Grenzfällen wird der Richter den Begriff des Schuldscheins zwar auf Grund der ratio legis, aber doch zurückhaltend anwenden, schon angesichts des Wortlauts, und gemäß der Regel, daß Gültigkeitserfordernisse nicht extensiv zu interpretieren sind (gleich im Ergebnis E. *Huber* Prot ExpKom III 124). Für den Pfandgläubiger dagegen empfiehlt sich, im Zweifel die Übergabe der einschlägigen Urkunden zu verlangen.

3. Einzelfälle

35   Neben der einfachen S c h u l d a n e r k e n n u n g , in der A erklärt, dem B Fr. x z. B. aus Darlehen zu schulden, fallen als **Schuldscheine** u. a. in Betracht:

36   — 1. Q u i t t u n g einer Bank über einen bei ihr hinterlegten Geldbetrag (so BGE 23 I 703, auf Grund des besonderen Tatbestandes; zugehörige Forderung ist in casu diejenige auf Rückzahlung des Betrages).

37   — 2. S p a r h e f t e und dergl. (BGE 25 II 330, 333; Näheres nachstehend N 70 ff.).

38   — 3. V e r s i c h e r u n g s p o l i c e n aus dem Gebiete der Schadensversicherung; entsprechend lautete die ständige Praxis für die Lebensversicherung, solange diese aOR 215 (= ZGB 900 I) und nicht wie heute VVG 73 I unterstellt war (BGE 45 II 261/262; 53 II 121; Näheres nachstehend N 82).

39   — 4. A n t e i l s c h e i n e einer G m b H (OR 789 III). Wo solche Scheine bestehen, ist Al. I / Art. 900 anwendbar, und neben der Übergabe ist ein schriftlicher Pfandvertrag erforderlich. Besteht kein Anteilschein, so fällt die Verpfändung unter Al. III / Art. 900, und auf Grund des Art. 791 IV OR ist ein öffentlich beurkundeter Pfandvertrag nötig. Die Verschiedenheit der Form des Pfandvertrags in beiden Tatbeständen ist freilich auffallend. Der Verfasser ist indes der Meinung, daß ohne eindeutige gesetzliche Grundlage der Bereich der öffentlichen Beurkundung nicht ausgedehnt werden darf, zumal ja der Anteilschein zu übergeben ist und insofern Sicherheit geschaffen wird. Demgegenüber verlangen *Kaderli* 61 N 2, *Janggen / Becker*, Komm. Gesellsch. mit beschr. Haftung (Bern 1939) Art. 789 N 6 und *von Steiger*, Komm. Gesellsch. mit beschr. Haftung (Zürich 1965) Art. 791 N 32, für die Verpfändung mit oder ohne Anteilschein die öffentliche Beurkundung. Solange eine gefestigte Praxis fehlt, ist verständlich, wenn der Gläubiger den sichereren Weg einschlägt und

stets öffentliche Beurkundung vorkehrt. — Über die Verpfändbarkeit vorn Komm. Art. 899 N 41.

— 5. Genossenschafts-Anteilscheine (OR 852/853; BGE **40** 27 II 531; gl. M. Walter *Hensel*, Der Genossenschaftsanteil ..., Diss. Zürich 1947, 202). — Über die Verpfändbarkeit vorn Komm. Art. 899 N 43.

— 6. Kassenscheine deutschen Rechts, die auf den Namen **41** lauten und Legitimationspapiere sind (BlZR 22 Nr. 73 S. 140. Das Urteil ruft irrtümlicherweise Al. III / Art. 900 statt Al. I an; die Übergabe ist in casu jedoch erfolgt).

— 7. Wertpapiere. Für ihre Verpfändung fällt zwar zunächst Art. 901 **42** in Betracht; wie hinten Komm. Art. 901 N 146/147 zu zeigen, dürfen sie jedoch auch nach Art. 900 I verpfändet werden, und dann ist neben dem schriftlichen Pfandvertrag die Übergabe des Wertpapiers als des Schuldscheins nötig. — Über die Erscheinungsformen der Wertpapiere Komm. Art. 901 N 23 ff.

In BGE 61 II 333 wird — im Gegensatz zu dort S. 332 — bei der Ver- **43** pfändung von Aktien nach Art. 900 zu Unrecht in Frage gestellt (man beachte den Ausdruck «höchstens»), daß die Aktien zu übergeben sind. Das Gericht gelangt zu diesem Zweifel, weil es Al. III / Art. 900 statt Al. I anwendet; hiezu vorstehend N 33.

Wo ein vermeintliches Wertpapier sich als ein (gewöhnliches) Legi- **44** timationspapier oder eine andere, nicht zu den Wertpapieren gehörende Urkunde herausstellt, ist die Verpfändung nur die Verpfändung nur gültig, wenn sie den Erfordernissen des Art. 900 I genügt (statt vieler BGE 25 II 330/331; 68 II 97/98; BlZR 22 Nr. 73 S. 140). Über die Abgrenzung der Wertpapiere von solchen Urkunden hinten Komm. Art. 901 N 8 ff.

Keine Schuldscheine sind u. a.

— 1. Buchhaltungseinträge, in denen Forderungen aufgeführt **45** sind. Es braucht keine Abschrift übergeben zu werden. Eine solche ist aber für den Pfandgläubiger wünschbar und der Verpfänder darf sie ihm, wenn sie besteht, nicht verweigern (OR 170 II analog). Bei der Verpfändung von Kundenguthaben werden solche Abschriften in Gestalt der sog. Debitorenlisten übergeben (nachstehend N 86).

— 2. Urteile, auf die sich verpfändete Forderungen stützen, oder **46** Verlustscheine (vgl. auch BGE 73 II 107), obwohl die ratio legis der Übergabe auch hier einigermaßen zuträfe; ebensowenig Pfandausfall- scheine (SJZ 2, 293, Nr. 1323: kein Wertpapier).

b) Vollzug der Übergabe des Schuldscheins

1. Übertragung des Besitzes

47 «Übergabe des Schuldscheines» (Al. I / Art. 900 bedeutet Übertragung des B e s i t z e s am Schuldschein. Wie schon die ratio des Erfordernisses der Besitzübertragung die gleiche ist wie beim F a u s t p f a n d (vorstehend N 31), so richtet sich auch, gestützt auf Art. 899 II, die Übertragung selber nach den hierfür geltenden Grundsätzen: Art. 884 I/III und zugehörige Aus-führungen, Komm. N 178 ff. Darnach genügen statt der schlichten Übergabe an den Pfandgläubiger u. a. die Übergabe an einen Dritten (Komm. Art. 884 N 229; dazu Semjud 1937, 361), die Einräumung des Mitbesitzes (N 247) oder die Besitzanweisung (N 254), nicht aber das Besitzeskonstitut (N 274). Nicht alle für das Faustpfand bestehenden Regeln sind für den Schuldschein aktuell. Die Übertragung mag vor oder nach dem Abschluß des Pfandvertrags erfolgen. Solange sie fehlt, entsteht das Pfandrecht nicht (BGE 61 II 332). Es kommt auch nicht zustande, wenn der Verpfänder dem Pfandgläubiger das Vorhanden-sein eines Schuldscheins verschweigt oder abstreitet (gl. M. *Leemann* Art. 900 N 29; *Bolla* 206; *Wieland* Diss. 115); die Lösung ist die gleiche wie bei der vorn Komm. Art. 884 N 239 behandelten Verheimlichung von Schlüsseln. — Über die Frage der Anwendung von ZGB 2 (Treu und Glauben) bei Berufung auf fehlende Übertragung: BGE 77 II 167 ff.; SJZ 49, 11 f. (auf Zession einer Versicherungspolice bezüglich, VVG 73). Gegen diese Urteile mit Recht *Merz*, Komm. ZGB, Einleitung (Bern 1962) Art. 2 N 473.

48 Der Schuldschein ist auch zu übergeben, wo nur ein T e i l d e r F o r d e - r u n g v e r p f ä n d e t wird (z. B. einer Forderung aus Sparheft). Bei späterer Verpfändung eines weiteren Teils verbleibt der Schuldschein dem ersten Gläubiger, der den Besitz auch für den zweiten Gläubiger ausübt; die Lage ist analog derjenigen bei der Nachverpfändung (vorn Komm. Art. 886 N 3; gl. M. in einer verwandten Frage BGE 77 II 166). Auch die Übergabe an einen Dritten, der für die sämtlichen Gläubiger den Besitz auszuüben hat, ist zulässig.

49 Die Pflicht zur R ü c k g a b e des Schuldscheins richtet sich nach Art. 889 (Komm. Art. 899 N 117; BGE 23 I 698).

2. Besitzesverlust

50 Entsprechend der Regelung beim Faustpfandrecht, führt e n d g ü l t i g e r V e r l u s t d e s B e s i t z e s am Schuldschein zum Untergang des Pfand-rechts (Art. 888 I und dort Komm. N 21 ff.). Die gegenteilige Ansicht von *Leemann* Art. 900 N 35 (auch Art. 899 N 32) beruht auf der irrigen Auffassung, Art. 888 I gelte allein für den Fall des gutgläubigen Erwerbs des Pfandgegen-

standes durch einen Dritten, was freilich beim Pfandrecht an Rechten grundsätzlich außer Betracht fällt, aber gar nicht entscheidend ist (Näheres Komm.
Art. 888 N 21 ff.). Auch die Ansicht von *Wieland* Art. 899 N 7, a. E., ist nicht
schlüssig. *Jaeger* Art. 73 N 93 verwechselt Al. I und II des Art. 888. Unrichtig
Koenig, Diss. 167/168, der Art. 888 überhaupt nicht anwenden will.

Vorläufiger Besitzesverlust bewirkt die Unwirksamkeit des **51**
Pfandrechts (Art. 888 II und dort Komm. N 36 ff.).

Der Untergang der Urkunde, die den schriftlichen Pfand- **52**
vertrag enthält, oder der Verlust des Besitzes daran, ist für den Bestand
des Pfandrechts bedeutungslos, auch in den Fällen, wo kein Schuldschein zu
übergeben (weil nicht vorhanden) und keine andere Vollzugshandlung vorzunehmen ist (Al. I und III/Art. 900). Der nachträgliche Untergang
des Schuldscheins führt nicht zum Erlöschen des Pfandrechts, da der
Schein nicht der Pfandgegenstand ist; auch Forderungen ohne Schuldschein
können ja verpfändet werden. — Vgl. *Jäggi* OR 971/72 N 66.

c) Forderungen ohne Schuldschein

Al. I/Art. 900 erwähnt sie besonders. Jedoch ist diese Verpfändung selten, **53**
namentlich in der Bankpraxis. Da die Übergabe eines Schuldscheins wegfällt,
bleibt als einziges vom Gesetz erwähntes Erfordernis der schriftliche
Pfandvertrag (BGE 52 II 436). In ihm allein manifestiert sich die
Verpfändung, sofern nicht noch die Anzeige gemäß Al. II erfolgt. — Ob im
Einzelfall die Übergabe eines Schuldscheins wirklich außer Frage steht, hängt
gegebenenfalls von der Abgrenzung des Begriffs Schuldschein ab; darüber vorstehend N 28 ff. und Kasuistik N 35—46.

Durch Spezialgesetz mag eine abweichende oder ergänzende Ordnung ge- **54**
troffen sein. So wird die Verpfändung von Schuldbuchforderungen
im eidgenössischen Schuldbuch eingetragen. Der Antrag hiezu erfolgt schriftlich, auf Formular (Belege vorn Komm. Art. 899 N 82). Gemäß Art. 900 I ist
ein schriftlicher Pfandvertrag erforderlich.

Über die Verpfändung von Kundenguthaben nachstehend N 85 ff. **55**

D. Gültiger Rechtsgrund

Darüber vorn Komm. Art. 884 N 299: Die Verpfändung ist kausal gestaltet. **56**
Vgl. ferner vorstehend N 13.

E. Verfügungsbefugnis

57 Darüber vorn Komm. Art. 884 N 303 ff. und Art. 899 N 27, 132; ZBJV 73, 623 = SJZ 33, 300. — Der gute Glaube des Pfandgläubigers vermag im Fall des Art. 900 grundsätzlich nicht des Verpfänders Mangel an Verfügungsbefugnis zu heilen (nachstehend N 103 ff.). Die Maxime «nemo plus iuris ad alium transferre potest quam ipse habet» gilt.

58 Der Inhaber des Rechts ist ungeachtet des Pfandrechts befugt, ohne Zustimmung des Pfandgläubigers ü b e r d a s v e r p f ä n d e t e R e c h t a n d e r w e i t i g z u v e r f ü g e n, vor allem durch N a c h v e r p f ä n - d u n g (Art. 903) oder Z e s s i o n. Das bestehende Pfandrecht bleibt erhalten; der Zessionar erwirbt die Forderung, im Einklang mit obiger Maxime, belastet mit dem seinem eigenen Gläubigerrecht vorgehenden Pfandrecht. Entsprechendes gilt für «andere Rechte» als Forderungen (Al. III / Art. 900). Der gute Glaube des dritten Erwerbers ist auch hier belanglos, im Gegensatz zum Faustpfandrecht (Komm. Art. 884 N 401). Der mangelnde Schutz des guten Glaubens verhütet für gewöhnlich auch den Erfolg e i g e n m ä c h t i g e r V e r f ü g u n g e n d e s P f a n d g l ä u b i g e r s (Art. 887, 890 II), soweit diese dem Pfandgegenstand nach überhaupt denkbar sind (BGE 41 II 46—47; ZBJV 44, 292).

59 Über die K o n v a l e s z e n z vorn Komm. Art. 884 N 315 und den dort zit., auf das Pfandrecht an Forderungen bezüglichen BGE 41 II 49.

60 Über u n v e r p f ä n d b a r e F o r d e r u n g e n insbesondere Komm. Art. 899 N 26.

61 Weder die V o l l m a c h t zur Verpfändung in fremdem Namen noch die E r m ä c h t i g u n g zur Verpfändung einer fremden Forderung in eigenem Namen bedarf der Schriftform (vorstehend N 21). Über die Zulässigkeit der Verpfändung einer f r e m d e n F o r d e r u n g (bes. in eigenem Namen): Komm. Art. 899 N 22 mit Belegen und Art. 884 N 316.

F. Fakultative Anzeige an den Drittschuldner (Al. II/Art. 900)

62 Das ZGB hat auf das Obligatorium der Anzeige verzichtet, im Gegensatz zu VVG 73 I (wo «schriftliche Anzeige an den Versicherer» verlangt ist), zu aOR 215, CC it 2800 und BGB 1280. Der Drittschuldner k a n n von der Verpfändung benachrichtigt werden; die Anzeige ist aber n i c h t G ü l t i g - k e i t s e r f o r d e r n i s (BGE 47 II 474). Diese Ordnung steht im Einklang mit derjenigen für die Zession (OR 167) und wurde damit begründet, es bestehe kein genügender Anlaß, die Anzeige zu verlangen, wenn Pfandgläubiger und Verpfänder darauf verzichten wollen, zumal sie den Kredit des Verpfänders schädigen könne: Prot ExpKom III 123; Botsch 84/85; StenBull NR 1906, 693, 695.

Eine F o r m der allfälligen Anzeige ist nicht vorgeschrieben (BGE 23 I **63** 702; 27 II 197). Die Anzeige ist eine einseitige, sog. empfangsbedürftige Willenserklärung (*von Tuhr / Peter* § 22 V). Der Drittschuldner als Adressat braucht ihr nicht zuzustimmen. Sie kann vom P f a n d g l ä u b i g e r o d e r V e r p f ä n d e r ausgehen, auch vom dritten Gläubiger der Forderung, wenn dieser sein Recht dem Verpfänder zur Pfandbestellung überlassen hat. Stammt die Anzeige vom Verpfänder, so liegt darin eine Bestätigung des bereits im Pfandvertrag enthaltenen Willens zur Verpfändung. Bei S o l i d a r - s c h u l d ist die Verpfändung allen Schuldnern anzuzeigen, weil gegen jeden eine eigene Forderung besteht. Der I n h a l t der Anzeige besteht in der Mitteilung der Tatsache der Verpfändung (BGE 23 I 702; 27 II 197); wenn diese nicht völlig deutlich gemacht ist, so sollte der Drittschuldner wenigstens aus den Umständen schließen können, daß eine Verpfändung vorgenommen wurde (dazu BGE 27 II 197/198). Die Anzeige kann also auch durch konkludente Äußerung erfolgen (dazu Komm. Art. 884 N 263). Sogar die Mitteilung einer Zession genügt, weil auch sie dem Drittschuldner die Befugnis nimmt, dem Gläubiger der Forderung zu leisten (OR 167; *Bolla* 203). Dagegen reicht die Aufforderung, einen Rechnungsbetrag auf einer bestimmten Bank einzuzahlen, nicht aus (*Meyer* 42 N 3). Wo Zweifel möglich sind, muß mitgeteilt werden, welche Forderung verpfändet ist. Jedoch brauchen die Rechtsfolgen (Art. 906 II/III) nicht genannt zu werden (wenn sich dies auch praktischerweise empfiehlt); sie treten ohnehin von Gesetzes wegen ein (nachstehend N 65). Die Angabe der gesicherten Forderung ist unnötig (BGE 41 II 46).

Die Anzeige kann zu beliebigem Z e i t p u n k t erfolgen (BGE 47 II 476), **64** auch nach dem Tode des Pfandgläubigers. Das Pfandrecht entsteht unabhängig von der Anzeige; folglich ist die Anzeige noch wirksam, wenn mittlerweile der Verpfänder die Verfügungsbefugnis, auf Grund deren er das Pfandrecht errichtet hat, verlor, wie bei Dispositionsunfähigkeit infolge Pfändung, Konkurs oder Nachlaßvertrag (SchKG 96, 204 I, 298 I; dazu vorn Komm. Art. 884 N 313. Anders BGE 27 II 198 zu aOR 215, weil die Anzeige nach früherem Recht Gültigkeitserfordernis war). Vorausgesetzt ist dabei, daß vorher alle Gültigkeitserfordernisse erfüllt wurden. Der Zeitpunkt der Anzeige kann für die Frage der Priorität maßgebend sein: ist z. B. die Pfändung einer Forderung zwar vor deren, zugunsten eines gutgläubigen Pfandgläubigers erfolgten, V e r pfändung vorgenommen, dem Drittschuldner aber nach der in Art. 900 II vorgesehenen Anzeige mitgeteilt worden, so geht das Pfandrecht vor (*Jaeger* Art. 96 N 7, a. E.; Art. 99 N 5, a. A.).

65   Die R e c h t s f o l g e der Anzeige ergibt sich aus Art. 906 II/III (dort Komm. N 24 ff.) : Der Drittschuldner darf nicht mehr ohne weiteres an den Gläubiger der verpfändeten Forderung leisten (BGE 47 II 474). Dies ist eine so bedeutsame Wirkung, daß das I n t e r e s s e d e s P f a n d g l ä u b i g e r s gebieterisch die A n z e i g e v e r l a n g t (ausgenommen bei Wertpapieren, OR 965/966, 975), während freilich der Verpfänder die Schädigung seines Kredites befürchten wird. Nur die Anzeige, nicht der Pfandvertrag oder die Übergabe des Schuldscheins, vermag dem Gläubiger ausreichende Sicherheit seines Pfandrechts zu gewährleisten. Vor der Anzeige ist der Drittschuldner in seinen Maßnahmen frei: er kann, solange er gutgläubig ist, nicht nur mit befreiender Wirkung an den Gläubiger der Forderung leisten, sondern auch z. B. eine Gegenforderung gegen den Verpfänder zur Verrechnung benützen, selbst wenn er sie nach der Errichtung des Pfandrechts erworben hat (hinten Komm. Art. 906 N 32). Die Wirkung der Anzeige (Art. 906 II) tritt auch ein, wenn der Drittschuldner o h n e A n z e i g e a n d e r w e i t i g zweifelsfreie K e n n t n i s von der Verpfändung erlangt hat (so für einen Sonderfall BGE 17, 511). Denn entscheidend ist die Zerstörung des guten Glaubens des Drittschuldners (OR 167 analog) ; der gegenteiligen Stellungnahme des Drittschuldners stünde zudem die Einrede aus Treu und Glauben entgegen (ZGB 2).

66   E r l i s c h t d a s P f a n d r e c h t aus einem dem Drittschuldner nicht ohnehin bekannten Grunde, so soll, wie sich aus dem Grundgedanken des Art. 889 I ableiten läßt, der Pfandgläubiger oder der Verpfänder den Drittschuldner benachrichtigen (BGE 23 I 698).

67   Über die i n t e r n a t i o n a l p r i v a t r e c h t l i c h e Frage, nach welchem Rechte sich beurteilt, ob eine Anzeige erforderlich ist: VerwEntsch 9 Nr. 99 S. 111 ff.

68   Die Anzeige vermag die in Art. 906 II/III vorgesehene Wirkung auch zu erzielen, wenn nicht eine Forderung stricto sensu verpfändet ist, sondern ein «a n d e r e s R e c h t» im Sinne des Al. III / Art. 900, das zu Leistungen eines Dritten führt, die den Zahlungen eines Forderungsschuldners gleich zu achten sind, wie Dividendenzahlungen bei Verpfändung von Mitgliedschaftsrechten; dazu BGE 27 II 531 und vorstehend N 33; gl. M. *Janggen / Becker* (zit. vorstehend N 39) Art. 789 N 6 betr. GmbH; *Hensel* (zit. vorstehend N 40) 202 betr. Genossenschaft. Wenn der Pfandgegenstand ein Wertpapier ist, erübrigt sich die Anzeige (OR 965/966, 975). — Die Anzeige ist schon deshalb auf die «andern Rechte» anwendbar, weil sie, wie gezeigt, die Bedeutung hat, den guten Glauben des Dritten zu zerstören.

III. Verpfändung gewöhnlicher Forderungen (Al. I und II/Art. 900): Besondere Anwendungsfälle

A. Verpfändung von Wertpapieren gemäß Art. 900 I statt Art. 901

Darüber vorstehend N 42—44 und namentlich hinten Komm. Art. 901 **69** N 146—147.

B. Verpfändung von Sparheften und dergl.

Die R e c h t s n a t u r der Sparhefte (denen insoweit die Depositenhefte, **70** Einlagehefte gleichstehen) hat immer wieder zu Kontroversen Anlaß gegeben: in der Literatur, der Judikatur, in der Materialien zur Revision des Wertpapierrechts des OR und schon in denen zu ZGB 900 und 901. Sowohl die Ansicht, sie seien regelmäßig Wertpapiere (OR 965), wird vertreten (bereits E. *Huber*, Prot ExpKom III 124; jetzt *Jäggi* und andere Neuere, s. u.), wie auch diejenige, sie könnten überhaupt nicht Wertpapiere sein. So wird BGE 67 II 32—33 allgemein in Frage gestellt, daß Sparhefte als Wertpapiere auftreten können; in BGE 68 II 96 und 89 II 95 ist das Problem offen gelassen, in 72 III 77 negativ beurteilt (vgl. ferner BGE 76 III 11). Nicht schlüssig sind BGE 99 IV 144 und 100 II 155 ff. Entgegen der früheren Praxis (BGE 43 II 813) zeigen die Urteile BGE 67 II 35 und 68 II 96/97, daß das Bundesgericht es ablehnt, ohne zwingende Gründe ein auf den Inhaber ausgestelltes Sparheft als Inhaberpapier (OR 978 ff.) anzuerkennen. In der Literatur, namentlich der älteren, findet sich eher die Auffassung, die Sparhefte seien durch die Bankenreglemente gewöhnlich nicht als Wertpapiere ausgestaltet, sondern seien nur als Legitimationspapiere eingerichtete Beweisurkunden über die in ihnen aufgezeichneten Forderungen; sie könnten aber auch als Wertpapiere, selbst als Inhaberpapiere, auftreten. Vgl. statt vieler C. *Wieland*, Festg. f. Eugen Huber (Basel 1919) 17 ff.; Melchior *Villiger*, Das Sparheft (Diss. Zürich 1923) 87 ff.; Jean *Coigny*, De la nature juridique des livrets d'épargne (Diss. Lausanne 1933), Zusammenfassung 201 ff.; *Beeler* 273 ff.; *Bolla* Rep 1943, 49; Hanspeter O. *Bruderer*, Die Namenpapiere (Diss. Zürich 1944) 68 ff.; *Haab* Art. 714 N 12; René *Weber*, Die Legitimationspapiere ... (Diss. Zürich 1956) 43 ff.; Rolf Karl *Stahel*, Zur Rechtsübertragung (Diss. Zürich 1967) 92 ff.; *Umbricht-Maurer*,

Das Depotgeschäft (Zürich 1976) 81 f.; *Stark* Art. 933 N 20. Abweichend*
Jäggi Art. 965 N 263, 290 f., Art. 974 N 19, Art. 976 N 12, Art. 978 N 26 ff.;
Kaderli, Das schweiz. Bankgeschäft (2. A. Thun 1955) 107 ff. (gegen diesen
Zimmermann SJZ 55, 269 f.); *Boemle,* Wertpapiere (4. A. Zürich 1974)
157 f.; Fred *Glücksmann,* Die Rechtsnatur der Sparhefte (Diss. Zürich 1971)
bes. 113, 121. — In den weitaus meisten G e r i c h t s u r t e i l e n, gleich-
gültig, ob Verpfändung betreffend oder nicht, sind die jeweiligen Sparhefte bis
jetzt nicht als Wertpapiere aufgefaßt, sondern nur als Beweisurkunden und
Legitimationspapiere (über diese Begriffe hinten Komm. Art. 901 N 12 ff.).
Eine neuere Praxis fehlt indessen.

71 Die Frage, ob und inwieweit die Sparhefte Wertpapiere zu sein vermögen,
muß der wertpapierrechtlichen Literatur überlassen bleiben (vgl. immerhin
hinten Komm. Art. 901 N 10 ff.) und hängt im Einzelfall vom Bankreglement
ab (hierüber *Glücksmann* 95 ff.). S o v i e l s t e h t f e s t: Hat man in concreto sicher ein W e r t p a p i e r vor sich, so kann die Verpfändung gemäß
Art. 901 erfolgen, und zwar nach Al. I, falls das Sparheft wirklich ein Inhaberpapier sein sollte, sonst nach Al. II; in beiden Fällen ist die Übergabe des
Sparheftes erforderlich. Handelt es sich n i c h t um ein Wertpapier, so gilt
Al. I / Art. 900, und neben der Übergabe des Heftes als des Schuldscheins ist
ein schriftlicher Pfandvertrag abzuschließen. Aber auch ein als Wertpapier
aufzufassendes Sparheft k a n n gemäß Al. I / Art. 900 verpfändet werden
(vorstehend N 42); die häufigen Zweifel an der Rechtsnatur der Sparhefte
waren ein Argument dafür, daß man die Verpfändung der Wertpapiere auch
gemäß Art. 900 zugelassen hat (E. *Huber* StenBull NR 1906, 694). Angesichts

---

* In Anlehnung an die zitierten Stellen bei *Jäggi,* welcher sich auch mit den Gegengründen
auseinandersetzt, sei nur so viel angemerkt: Entscheidend ist, ob das Sparheft bzw. das Reglement eine Verpflichtung des Schuldners erkennen läßt, nicht ohne Vorlage des Heftes zu
leisten. Da dies mit letzter Klarheit selten der Fall ist (die Klauseln sind meist als nachdrück-
liche Mahnung, das Heft mitzubringen, formuliert — «die Vorlage ist unbedingt erforderlich» —, doch ohne deutlichen Ausdruck, daß anders nicht geleistet würde, außer allenfalls
auf Risiko der Bank aus reinen Kulanzgründen), nimmt *Jäggi* m. E. zu Recht die Verkehrsauffassung zu Hilfe: Das von der Bank honorierte Vertrauen der Sparheftkundschaft, daß bei
sorgfältiger Verwahrung des Hefts Sicherheit der Nichtauszahlung an Dritte bestehe. Diesfalls
ist die Präsentationsklausel eine qualifizierte, also eine Wertpapierklausel. Hinsichtlich der
Legitimation ist meist gesagt, die Bank behalte sich vor, dem Vorweiser ohne weitere Prüfung
seiner Berechtigung zu leisten, doch ohne diese Prüfung auszuschließen. Dies ist eine einfache
Inhaberlegitimationsklausel, und das so gestaltete Papier — wie mir scheint heute die Normal-
ausgestaltung — wäre insgesamt ein hinkendes Inhaberpapier (OR 976). Die Ausgestaltung
als Namenpapier oder als (echtes) Inhaberpapier ist ebenfalls möglich, doch wiederum nicht
einfach nur nach dem Wortlaut, sondern auch mittels der erwartbaren Handhabung zu entscheiden. Hingegen kommt das Sparheft als Ordrepapier m. W. nicht vor, weil die dafür praktisch allein in Betracht fallende technische Ordreklausel («Herrn X oder an ordre») fehlt.

R. B.

dieser Sachlage e m p f i e h l t sich im Zweifel das Vorgehen nach Art. 900 I. — Ist ein Sparheft Wertpapier, so ist es r e t i n i e r b a r , Komm. Art. 895 N 29.

Die G e r i c h t e prüfen, wenn der Wertpapier-Charakter eines verpfände-**72** ten Sparheftes behauptet wird, im Einklang mit den obigen Ausführungen anhand der jeweiligen Bankenreglemente, ob ein Wertpapier vorliegt. Wo nicht, beurteilen sie die Verpfändung nach Art. 900 (= früher aOR 215). Dies trifft zu in den Entscheiden BGE 25 II 331; 68 II 97/98; BGr in BlZR 16 Nr. 105 S. 169; Semjud 1937, 358; 1938, 629. Verpfändung gemäß Art. 901 wurde demgegenüber ohne nähere Begründung zugelassen in ZBJV 72, 756 = SJZ 33, 74.

Das Sparheft kann b e i d e r B a n k , v o n d e r e s s t a m m t , v e r p f ä n d e t werden; Pfandgläubiger und Drittschuldner sind dann iden-**73** tisch (vorn Komm. Art. 899 N 16; vgl. den Tatbestand BGE 67 II 30). Die Verwertung erfolgt durch Verrechnung (Komm. Art. 891 N 32).

Über technische E i n z e l h e i t e n in der Abwicklung des Pfandrechts: **74** *Kaderli* 141 ff.; über die V e r w e r t u n g mittels Einziehen des Spar-guthabens: hinten Komm. Art. 906 N 35 ff.

Statt Verpfändung kann der Übergabe eines Sparheftes eine, eventuell **75** fiduziarische, A b t r e t u n g oder (und) ein I n k a s s o a u f t r a g zu Grunde liegen, was gegebenenfalls Auslegungsfrage ist; darüber Komm. Art. 884 N 23. — Die Übergabe kann zur K a u t i o n dienen: vorn Syst. Teil N 332.

C. Verpfändung von Versicherungsansprüchen

a) Rechtsnatur der Police — Versicherungsanspruch als Pfandgegenstand

In Literatur und Judikatur herrscht mit Recht die Auffassung, daß V e r - **76** s i c h e r u n g s p o l i c e n (VVG 11/12) ihrer gewöhnlichen Zielsetzung nach n i c h t W e r t p a p i e r e , sondern Beweisurkunden sind und daß sie auch ganz überwiegend in Gestalt der letzteren auftreten. Dann ist, wo überhaupt eine Verpfändung praktisch in Betracht fällt, n i c h t d i e P o l i c e d e r P f a n d g e g e n s t a n d , sondern die in ihr verurkundeten Rechte gegen den Versicherer, und das sind im wesentlichen die F o r d e r u n g e n auf die Versicherungsleistungen, was man als V e r s i c h e r u n g s a n s p r u c h bezeichnet. Daneben kommen z. B. Rückkaufssummen in Betracht. Die Police ist Schuldschein im Sinne des Al. I / Art. 900. Die häufigen, zwar ein wertpapier-

ähnliches Moment aufweisenden E i n l ö s u n g s k l a u s e l n und I n -
h a b e r k l a u s e l n machen die Police nicht zum Wertpapier. Die erstere
knüpft die Zahlung des Versicherers an die Rückgabe der Police in der Weise,
daß der Versicherer b e f u g t ist, seine Leistung von der Aushändigung der
Police abhängig zu machen, aber auch ohne Aushändigung leisten d a r f
(dazu BGE 45 II 261) [a]. Die in der Lebensversicherung übliche Inhaberklausel
ermächtigt den Versicherer zur Zahlung an den Inhaber der Police (VVG 73 II).
Nach der maßgeblichen, auch vom Bundesgericht immer wieder ausgesprochenen Ansicht, macht diese Klausel die Police nicht zum Wertpapier, sondern nur
zum Legitimationspapier: BGE 27 II 195/196; 41 II 40 ff.; 53 II 121 u. a. m. [b].

77   Die in der Geschäftspraxis überaus seltene v e r s t ä r k t e E i n -
l ö s u n g s - oder P r ä s e n t a t i o n s k l a u s e l , wonach der Versicherer
nicht nur die Befugnis hat, bei der Zahlung die Rückgabe der Police zu verlangen (wie bei der gewöhnlichen Einlösungsklausel, N 76), sondern allein
gegen Rückgabe zahlen darf, macht die Police nach herrschender Ansicht zum
Namenpapier und mithin zum Wertpapier: *Koenig*, Diss. 19/20, 22, 30 f. (zit.
vorstehend N 1); ders., Schweiz. Privatversicherungsrecht § 8 II 1 b; *Jaeger*
Art. 73 N 6; *Keller / Roelli* 198 (diese nachstehend N 81 näher zit.).

78   Die namentlich in der Transportversicherung feststellbare O r d r e -
k l a u s e l bestimmt, daß die Zahlung des Versicherers an den in der Police
aufgeführten Gläubiger oder an den durch Indossament ausgewiesenen Erwerber
der Police erfolge. Es ist streitig, ob die Police hierdurch zum «unvollkommenen» Ordrepapier wird (*Wieland* in Festgabe *Huber* 22) oder zum Namenpapier (*Koenig* Diss. 22 N 1) oder gar nicht die Bedeutung besitze, die Police
zum Wertpapier zu machen (*Koenig*, Schweiz. Privatversicherungsrecht § 8 II
1 b; *Kaufmann* SJZ 42, 248; *Jäggi* N 293; *Roelli / Keller* 202 — Zitate nachstehend N 81 näher ausgeführt). Der letzteren Meinung ist beizustimmen. Endlich findet sich für die Schadensversicherung und die Unfallversicherung die
Ansicht, daß das Fehlen eines gegenwärtigen Wertes der Forderung deren
Wertpapiercharakter überhaupt ausschließe (*Bruderer* 77 [zit. nachstehend
N 81]; *Cudkowicz*, Wertpapierverlust, Zürich 1941, 84; beide ohne Belege).
Dies bleibe dahingestellt. — Die in der Transportversicherung verwendeten

[76]a Die Einlösungsklausel wird auch als P r ä s e n t a t i o n s k l a u s e l bezeichnet; ein
Teil der Literatur reserviert dagegen diesen Ausdruck für einen Sonderfall: die sog. verstärkte Einlösungsklausel, nachstehend N 77. Keine dieser Klauseln hat eine Bewandtnis mit
der ebenfalls als Einlösungsklausel bezeichneten Vereinbarung gemäß VVG 19 II.

Über die wertpapierrechtliche T e r m i n o l o g i e hinten Komm. Art. 901 N 14 ff.

[76]b Die drei ersten Bände der VAS enthalten zahlreiche weitere Urteile. — Die gegen-
teilige Auffassung von *Wieland* Art. 901 N 1, 4 ist überholt und von ihm selber aufgegeben:
Festgabe Eugen *Huber* (Basel 1919) 18. — Über den Begriff des Legitimationspapiers: hinten
Komm. Art. 901 N 14. — Sehr zurückhaltend mit der Annahme der Wertpapiernatur auch
Jäggi OR 965 N 292 ff.

V e r s i c h e r u n g s z e r t i f i k a t e sind pfandrechtlich wie die Policen zu beurteilen.

Von den als streitig bezeichneten Besonderheiten abgesehen, steht fest, daß **79** Versicherungspolicen zu N a m e n p a p i e r e n ausgestaltet werden k ö n - n e n und insoweit der Ordnung für W e r t p a p i e r e unterstehen. Doch scheint dies kaum vorzukommen. Als Inhaberpapiere können sie nach einhelliger Auffassung nicht auftreten. Für die Personenversicherung wäre der allfällige Wertpapiercharakter indessen hinsichtlich der V e r p f ä n d u n g (und Ab- tretung) gegenstandslos, weil die Verpfändung sich keinesfalls nach ZGB 901 (auch nicht 900) richtet, sondern spezialgesetzlich durch VVG 73 I geregelt ist. Vom Wertpapiercharakter hängt ab, ob ein R e t e n t i o n s r e c h t an der Police ausgeübt werden kann (Art. 895 I und dort Komm. N 29). — Über die Abgrenzung der Wertpapiere im allgemeinen: hinten Komm. Art. 901 N 8 ff.

Z u s a m m e n g e f a ß t gilt: Versicherungspolicen sind gewöhnlich keine **80** Wertpapiere, könnten aber in der Gestalt von Namenpapieren Wertpapier- charakter annehmen, jedoch nicht als Inhaberpapiere erscheinen. Im übrigen sind hinsichtlich der Verpfändung die S c h a d e n s v e r s i c h e r u n g und die P e r s o n e n v e r s i c h e r u n g a u s e i n a n d e r z u h a l t e n (nach- stehend N 82 und 83).

Lit.: Roelli/Keller, Komm. zum Schweiz. BG über den Versicherungsvertrag I (2. A. Bern **81** 1968) 194 ff. — *Jaeger*, III des gleichen Werkes (Bern 1933) Art. 73 N 1 ff. — *Koenig*, Schweiz. Privatversicherungsrecht (3. A. Bern 1967) § 8 II — *Haab* Art. 714 N 11 — *Jäggi* Art. 965 N 292 ff. — *Wieland* in Festgabe Eugen Huber (Basel 1919) 16 ff. — Willy *Koenig*, Diss. 17 ff. (zit. vorstehend N 1) — Georg *Hutmacher*, Die Inhaberklausel im Lebensversiche- rungsvertrag (Diss. Zürich 1941) bes. 106 — Hanspeter O. *Bruderer*, Die Namenpapiere (Diss. Zürich 1944) 76 ff. — *Kaufmann*, Die Rechtsnatur des Versicherungszertifikates bei der Transportversicherung, SJZ 42, 245 ff. — *Gaugler*, Lebensversicherungspolice und Retentions- recht, SVZ 30, 357 ff. *Weber* (zit. vorstehend N 70) 53 ff.

b) Schadensversicherung

Sollte die Police über einen Schadensversicherungs-Vertrag (VVG 48 ff.) **82** ganz ausnahmsweise W e r t p a p i e r sein, so kann sie als solches gemäß Art. 901 II verpfändet werden; je nachdem gelten die Regeln für die Ordre- papiere oder die Namenpapiere. Da nicht eine einhellige Meinung darüber besteht, sowohl ob der Wertpapiercharakter überhaupt in Betracht fällt, wie auch, ob Ordrepapiere vorkommen können oder nur Namenpapiere (vorstehend N 78), wird man, um sicher zu gehen, die Verpfändung gemäß Art. 900 I/II vornehmen (was stets auch für Wertpapiere zulässig ist, vorstehend N 42): durch schriftlichen Pfandvertrag und Übergabe der Police; die Anzeige an den Versicherer ist fakultativ, jedoch empfehlenswert. Diese Ordnung gilt von vorn- herein für die als g e w ö h n l i c h e F o r d e r u n g e n im Sinne des

Art. 900 anzusehenden Versicherungsansprüche, wo die Police schlechthin als Beweisurkunde auftritt, was die Regel ist. Die Police ist in allen diesen Fällen Schuldschein im Sinne des Art. 900 I (vorstehend N 38).

c) Personenversicherung

83 Gleichgültig, ob eine Police je Wertpapier sei oder (wie gewöhnlich) nicht, erfolgt die Verpfändung nie nach Art. 901 oder 900, sondern gemäß der a u s - s c h l i e ß l i c h g e l t e n d e n V o r s c h r i f t V V G 73 I (BGE 47 II 474; 61 II 42). Darnach kann «der Anspruch aus einem Personenversicherungs-vertrage» (VVG 73—96) «weder durch Indossierung, noch durch einfache Übergabe der Police» verpfändet werden. Es bedarf vielmehr eines schriftlichen Pfandvertrags, der Übergabe der Police an den Pfandgläubiger und der schrift-lichen Anzeige an den Versicherer. Dies sind die gleichen Erfordernisse, die Art. 900 I kennt, nur ist die Anzeige obligatorisch. Art. 73 ist anwendbar, gleich-gültig, ob die Verpfändung vor oder nach dem Versicherungsfall erfolgt (dazu BGE 77 II 164/165). Die Verpfändung von Ansprüchen aus der von Art. 73 miterfaßten Unfallversicherung kommt kaum vor, während sie bei der Lebens-versicherung sehr gebräuchlich ist: untechnisch sog. Verpfändung der Police. Die Verpfändung kann auch beim Versicherer selber vorgenommen werden: auf Grund des sog. Policendarlehens («Beleihung der Police»; VVG 95). Pfand-rechtliche Vorschriften finden sich weiter in VVG 80 und 86 II. Die Lebens-versicherungs-Police könnte als Namenpapier auftreten und wäre dann dem Retentionsrecht zugänglich (Art. 895 I), was aber, falls überhaupt, höchst selten vorkommt.

83a Über die Frage der Anwendung von ZGB 2 — T r e u u n d G l a u b e n — bei Berufung auf die fehlende Übergabe der Police: BGE 77 II 167 ff.; SJZ 49, 11 f. (auf Zession bezüglich). Gegen diese Urteile mit Recht *Merz*, Komm. ZGB, Einleitung (Bern 1962) Art. 2 N 473. — Die Verpfändung des Lebensversicherungsanspruchs geht der widerruflichen B e g ü n s t i g u n g (VVG 76 ff.) vor: BGE 34 II 398; 59 II 205 f.; *Jaeger* Art. 73 N 84, Art. 77 N 17; *Spiro* in Festgabe Gerwig (Basel 1960) 147 ff.; *Koenig*, Schweiz. Privat-versicherungsrecht § 42 II (Zitate näher vorstehend N 81).

84 Weiteres in der versicherungsrechtlichen **Lit.**: Von den vorstehend N 81 zit. Schriften bes. *Jaeger* zu Art. 73; *Koenig*, Diss. passim (zit. vorstehend N 1); ders., Schweiz. Privatversiche-rungsrecht § 15 III; ders. de lege ferenda ZSR 81 II 238 ff.; *Jäggi* Art. 965 N 294; Hans *Dreher*, Die Beleihung von Lebensversicherungen durch den Versicherer (Diss. Bern 1918); *Boßhard* SVZ 10, 161 ff. — Literatur und *Judikatur* zu VVG 73 I und ZGB 900 können gegen-seitig beigezogen werden, da die Probleme im wesentlichen dieselben sind. Die Judikatur zu VVG 73 ist in den VAS zusammengestellt, für allgemein-pfandrechtliche Fragen indes nicht ergiebig.

D. Verpfändung von Kundenguthaben (Buchforderungen)

Als Kundenguthaben bezeichnet man die einem Geschäftsinhaber gegen seine **85** Kunden zustehenden Forderungen. Solche, meist aus Kauf- und Werkverträgen stammenden Forderungen können zur Sicherstellung von Gläubigern des Geschäftsinhabers, besonders von Banken, dienen. Hiezu bedient die Geschäftspraxis sich jedoch fast ausschließlich der S i c h e r u n g s z e s s i o n (*Meyer* [zit. vorstehend N 1] 132 ff.), also der fiduziarischen Abtretung; hierüber vorn Syst. Teil 322 ff.

Greift man statt dessen zur V e r p f ä n d u n g, so entsteht je nachdem **86** ein Pfandrecht an bestehenden (so SJZ 37, 49/50) oder künftigen Forderungen. Die Verpfändung künftiger Forderungen ist grundsätzlich zulässig, auch wenn noch nicht bestimmt, sondern lediglich bestimmbar ist, auf welche Forderungen sich der Pfandvertrag bezieht (vorn Komm. Art. 899 N 14 und 72). Über die Technik der Verpfändung Näheres bei *Meyer* 72 ff. Es sind Forderungen ohne Schuldschein im Sinne des Al. I / Art. 900; ihr Bestand stützt sich auf die Einträge in der Buchhaltung ihres Gläubigers und auf die von ihm ausgestellten Rechnungen.

Im Zweifel ist durch Vertragsauslegung zu entscheiden, ob Sicherungszession **87** o d e r Verpfändung vorliegt; darüber vorn Syst. Teil N 284 ff. Die Judikatur ist nicht stets schlüssig; in BGE 69 II 286 ff. ist z. B. nicht klargelegt, warum das Gericht die von den Parteien als Zession bezeichnete Sicherung als Pfandvertrag auffaßt. Im Bankengewerbe ist es üblich, Kundenguthaben mittels Sicherungszession abzutreten und nicht zu verpfänden (BGr in BlZR 44 Nr. 173 S. 347; *Albisetti/Bodmer* u. a. 634 f.).

IV. Verpfändung «anderer Rechte» (Al. III/Art. 900): Voraussetzungen

A. Allgemeines

a) Tragweite der Vorschrift

Für die Verpfändung «anderer Rechte» verlangt Al. III / Art. 900 einen **88** s c h r i f t l i c h e n P f a n d v e r t r a g (wie schon Al. I), und zudem die «Beobachtung der Form», die allenfalls «für die Ü b e r t r a g u n g» des fraglichen Rechts vorgesehen ist. Somit ist von Fall zu Fall zu prüfen, ob die das fragliche Recht regelnden Vorschriften eine b e s o n d e r e F o r m der

Übertragung anordnen. Unter «Form» ist jedes zur Schriftlichkeit des Pfandvertrags hinzukommende oder diese übertreffende Gültigkeitserfordernis zu
verstehen (in diesem Sinn ist der Terminus — etwas frei — im Gesetz, in
Erl II 329 und Botsch 84/85 verwendet).

89 Wenn auch Al. III die allfällige Form der Ü b e r t r a g u n g des Rechts
auf die Verpfändung anwendet, so erhält doch der Pfandgläubiger nur die gewöhnliche, beschränkte Stellung eines solchen, und das R e c h t w i r d auf
ihn n i c h t ü b e r t r a g e n (vorn Komm. Art. 899 N 6).

b) Begriff der «andern Rechte»

90 Die von Al. III erfaßten « a n d e r n R e c h t e » sind der Gegensatz zu
den unter Al. I/II fallenden F o r d e r u n g e n . Wie vorstehend N 3 erwähnt,
läßt sich aber die Trennung nicht durchweg gemäß dem präzisen, technischen
Sprachgebrauch durchführen, wonach unter «Forderung» stricto sensu (nur)
die aktive Seite des als O b l i g a t i o n bezeichneten Rechtsverhältnisses,
m. a. W. das Gegenstück zur Schuld, verstanden wird. Der Forderung in diesem
Sinn stünden die dinglichen Rechte, die Mitgliedschaftsrechte, die Immaterialgüterrechte u. a. m. gegenüber. Statt dessen hat sich gezeigt, daß ausgewählte
Rechte gemäß Al. I / Art. 900 zu verpfänden sind, auch wenn sie nicht Forderungen stricto sensu darstellen: falls sie durch S c h u l d s c h e i n e repräsentiert werden. Diese letzteren sind auf Grund des schriftlichen Pfandvertrags zu
übergeben (vorstehend N 33). Ferner läßt sich die Verpfändung auch «anderer
Rechte» gegebenenfalls durch die A n z e i g e gemäß Al. II / Art. 900 verstärken (vorstehend N 68). Insoweit diese Grundsätze gelten, sind auf die betreffenden Rechte die Al. I und II und nicht Al. III / Art. 900 anwendbar, obwohl
sie nicht Forderungen stricto sensu sind. Was an verpfändbaren subjektiven
Rechten ü b r i g b l e i b t , fällt unter Al. III. Welche Rechte ü b e r h a u p t
v e r p f ä n d b a r sind, zeigt die (nicht vollständige) Kasuistik vorn Komm.
Art. 899 N 31 ff. Im übrigen nachstehend N 97 ff.

c) Überblick über die Voraussetzungen der Verpfändung

91 Von den in Hinsicht auf Al. I / Art. 900 (vgl. vorstehend N 9) dargestellten
Voraussetzungen gelten die folgenden: Abschluß eines s c h r i f t l i c h e n
P f a n d v e r t r a g s , Vorhandensein einer P f a n d f o r d e r u n g , gültiger
R e c h t s g r u n d , V e r f ü g u n g s b e f u g n i s (vorstehend N 10 ff., 27,
56, 57). D a z u ist gegebenenfalls die in Al. III erwähnte « F o r m , d i e
f ü r d i e Ü b e r t r a g u n g vorgesehen ist», zu beobachten (nachstehend
N 95 ff.). Je nachdem eine solche «Form» in Gestalt einer zusätzlichen Vollzugs-

handlung fehlt oder aber einzuhalten ist, ist der Pfandvertrag konstitutiv oder nicht (vorstehend N 13, 12).

Ob die Übergabe eines S c h u l d s c h e i n s, die A n z e i g e (vor- **92** stehend N 28 ff., 62 ff.), in Betracht fallen, hängt von der soeben N 90 behandelten Frage ab, ob man ein konkretes Recht zu den Forderungen lato sensu zu schlagen hat, so daß es unter Al. I und II / Art. 900 fällt.

Al. III / Art. 900 verlangt «neben» dem schriftlichen Pfandvertrag die für **93** die Übertragung des Rechts vorgeschriebene «Form», mithin als ein z u s ä t z - l i c h e s Erfordernis. Wo für die Übertragung die ö f f e n t l i c h e B e - u r k u n d u n g vorgeschrieben ist, scheint sich das befremdliche Resultat zu ergeben, daß sowohl ein schriftlicher Pfandvertrag als auch ein öffentlich beurkundeter Vertrag abzuschließen ist. Diese Unstimmigkeit ist nicht dahin zu beheben, daß man sich unter Berufung auf Al. III / Art. 900 auf den schriftlichen Pfandvertrag beschränkt, sondern daß der P f a n d v e r t r a g öffentlich zu beurkunden ist; ein zusätzlicher Akt erübrigt sich. Denn die Vorschrift Al. III will, was im Wortlaut nicht völlig klar gemacht ist, die für die Übertragung eines Rechts etwa angeordneten b e s o n d e r e n Voraussetzungen auf die Verpfändung ausdehnen, als eine Erschwerung, verglichen mit dem sonst ausreichenden Abschluß des schriftlichen Pfandvertrags. Dieser ratio legis trägt die an Stelle der Schriftlichkeit tretende öffentliche Beurkundung des Pfandvertrags Rechnung. Al. III erhält hierdurch die Tragweite, daß die Schriftform des Pfandvertrags das Mindesterfordernis ist, das überschritten wird, sobald für die Übertragung ein Mehreres verlangt ist, sei es für die Form des betreffenden Vertrags, sei es in Gestalt eines sonstigen zusätzlichen Erfordernisses.

Es ist ungewiß, ob ein ö f f e n t l i c h b e u r k u n d e t e r P f a n d - **94** v e r t r a g stets die U n t e r s c h r i f t d e s V e r p f ä n d e r s aufweisen muß, auch wo das für die Beurkundungsprozedur zuständige kantonale Recht (SchlT zum ZGB 55 I) auf die Unterschrift verzichtet. Nach der einen Ansicht wäre ohne diese Unterschrift (OR 13 I, 14 I, vorstehend N 20) der in der öffentlichen Urkunde enthaltene, gemäß Al. III / Art. 900 unerläßliche schriftliche Pfandvertrag nicht vorhanden (so *Leemann* Art. 900 N 53; *Oser / Schönenberger* Art. 11 N 27). Demgegenüber nehmen *von Tuhr / Siegwart* § 30 bei N 13 an, die öffentliche Beurkundung vermöge die Schriftform zu ersetzen. Die (hier nicht näher zu erörternde) Schwierigkeit läßt sich gegebenenfalls dadurch beheben, daß die unterzeichnende Urkundsperson als Vertreterin der nicht selber unterzeichnenden Partei angesehen werden darf. — Die Frage ist offen gelassen in BGE 81 II 505 f.

B. Insbesondere: Beobachtung der Form, die für die Übertragung des Rechts vorgesehen ist

95 Welche Rechte überhaupt v e r p f ä n d b a r sind, ergibt sich aus der Kasuistik vorn Komm. Art. 899 N 29 ff. Die in einzelnen Fällen bestehenden Erschwerungen der Verpfändbarkeit — etwa mittels des Erfordernisses der Z u s t i m m u n g e i n e s D r i t t e n — sind nicht «Formen» im Sinn des Al. III / Art. 900, sondern gehören in den Zusammenhang des Al. I / Art. 899 und sind dort Komm. N 29 ff. behandelt. Die Mitunterzeichnung des Pfandvertrags durch den erwähnten Dritten ist im Gesetz nicht vorgesehen, wie *Wieland* Art. 900 N 2a bezüglich der vinkulierten Aktien annimmt; sondern die Bedeutung der Vinkulierung oder des sonstigen Erfordernisses der Zustimmung ist von Fall zu Fall abzuklären. Näheres Komm. Art. 899 N 33 ff.; für das Verlagsrecht dort N 101. Jedoch hängt das Zustandekommen der Verpfändung gegebenenfalls von der Einhaltung auch dieser Voraussetzungen ab.

96 Von den in der zit. **Kasuistik** aufgeführten Rechten sind die folgenden zu erörtern, für die, soweit anschließend nichts anderes festgestellt, der schriftliche Pfandvertrag genügt:

97 **1. Aktien** fallen unter Al. I und II / Art. 900, sofern sie nicht als Wertpapiere verpfändet werden (Art. 901), desgleichen Interimsscheine, Genußscheine, Partizipationsscheine, Gründeranteilscheine (vorstehend N 33, 43, 68). Ein Eintrag im Aktienbuch erfolgt nicht (BGE 78 II 276). **Aktienrechte** o h n e A k t i e n oder sonstige als Schuldschein zu behandelnde Urkunden unterstehen Al. III / Art. 900; eine zusätzliche Form der Verpfändung besteht neben dem schriftlichen Pfandvertrag nicht (gleich *Bürgi*, Komm. Aktiengesellschaft, Zürich 1957, N 38 vor Art. 683). Werden später Zertifikate, Interimsscheine oder Aktien errichtet, so hat der Pfandgläubiger Anspruch auf deren Übergabe (Al. I / Art. 900); doch ist diese dann nicht Gültigkeitserfordernis, da das Pfandrecht schon vorher entstanden ist[a]. Dagegen ist das Pfandrecht für so lange, als die mittlerweile errichteten Urkunden noch beim Verpfänder liegen, gemäß Art. 888 II (analog) unwirksam geworden; vorher war es, solange kein Schuldschein bestand, wirksam (Al. III / Art. 900).

98 **2. Anteile an einer GmbH** werden, falls ein Anteilschein besteht, nach Al. I und II / Art. 900 verpfändet, solche o h n e A n t e i l s c h e i n nach Al. III. Im letzteren Fall ist ein öffentlich beurkundeter Pfandvertrag erforderlich (OR 791 IV; vorstehend N 39).

99 **3. Genossenschaftsanteile** mit Anteilschein fallen unter Al. I und II /

[97a] Mißverständlich BGE 61 II 332; das Urteil bezieht sich bei richtiger Auffassung auf den vom vorliegenden Tatbestand verschiedenen Fall der Verpfändung eines künftigen Rechts, vorn Komm. Art. 899 N 14.

Art. 900 (vorstehend N 40), o h n e A n t e i l s c h e i n unter Al. III.
Schriftlicher Pfandvertrag genügt, desgleichen für die verpfändbaren Rechte
aus der Mitgliedschaft in einem **Verein** (vorn Komm. Art. 899 N 31), einer
einfachen Gesellschaft, einer **Kollektiv-** oder einer **Kommanditgesellschaft,** einer **Familiengemeinderschaft.**

4. Zur Verpfändung eines a n g e f a l l e n e n **Erbanteils** genügt nach   **100**
Al. III/Art. 900 und Art. 635 der schriftliche Pfandvertrag selbst dort, wo ein
Grundstück zur unverteilten Erbschaft gehört. Denn Pfandgegenstand ist nicht
dieses, also eine Sache, sondern ein Recht: der Erbanteil. Vgl. vorn Komm. Art.
899 N 55 ff.; gl. M. *Haab* Art. 652/654 N 21, *Meier/Hayoz* Art. 653 N 10, sowie
(bezüglich der für die Form des Pfandvertrags präjudiziellen Frage der Form
des Abtretungsvertrags) *Volkart* ZBGR 5, 176/177, 189, im Gegensatz zum Entscheid dort 187 ff., der öffentliche Beurkundung verlangt; der letztern Auffassung sind auch *Tuor/Picenoni,* Komm. Erbrecht (2. A. Bern 1964) Art. 635 N 7
und *Escher,* Komm. Erbrecht II (3. A. Zürich 1960) Art. 635 N 33. — Falls im
Gegensatz zum bisherigen der Pfandvertrag den Sinn aufweist, die Verpfändung
der dem verpfändenden Erben künftig anfallenden G e g e n s t ä n d e als s o l -
c h e r zu erfassen (allein oder zusammen mit dem Erbanteil im Sinne eines
R e c h t s), braucht es diejenigen Vollzugshandlungen, die für die Verpfändung
der fraglichen Gegenstände nötig sind: gemäß Art. 884, 900, 901 oder (bei
Grundstücken) Art. 799; im letzteren Falle ist dann öffentliche Beurkundung
des Pfandvertrags erforderlich (Näheres Komm. Art. 899 N 56 ff.). — Die Verpfändung eines n o c h n i c h t a n g e f a l l e n e n E r b a n t e i l s (Komm.
Art. 899 N 61) erfolgt durch schriftlichen Pfandvertrag (Al. III/Art. 900).

5. Im Bereich des **Sachenrechts** (vorn Komm. Art. 899 N 64 ff.) genügt   **101**
der schriftliche Pfandvertrag für die Verpfändung einer p e r s ö n l i c h e n
D i e n s t b a r k e i t ; Eintrag ins Grundbuch wird nicht als nötig erachtet (Art.
781 II, 779 II, 780 II): *Leemann* Art. 779 N 48, Art. 780 N 25, Art. 781 N 53;
Homberger Art. 971 N 10; SJZ 27, 28. — Es ist streitig, ob für die Übertragung
einer P e r s o n a l g r u n d l a s t (Art. 782 I) öffentliche Beurkundung des
Vertrags und Eintrag im Grundbuch erforderlich ist[a] — die gleichen Erfordernisse würden für den Pfandvertrag gelten — oder aber: ob ein schriftlicher Ver-
trag ohne Grundbucheintrag genügt[b], was auch für den Pfandvertrag zuträfe.
Die Frage kann nicht hier, im Vorbeigehen, entschieden werden. Solange die
Kontroverse anhält, wird der Pfandgläubiger der Vorsicht halber auf öffentliche
Beurkundung des Pfandvertrags und Grundbucheintrag dringen. — Die Ver-
pfändung des Rechts aus E i g e n t u m s v o r b e h a l t erfolgt durch schrift-

---

[101a] So auf Grund von ZGB 783 III/656 I/657 I *Leemann* Art. 783 N 38 und Art. 900 N 53;
Wieland Art. 783 N 3a.

[101b] So *Ostertag,* Komm. Art. 971 N 7 und bes. *Liver* ZBGR 26, 66—67.

lichen Vertrag, ohne Vormerkung im Register der Eigentumsvorbehalte: BGE
41 III 208; 75 III 118; BlZR 15 Nr. 169 S. 278; SJZ 13, 365. — Die eine Forderung sichernde G r u n d p f a n d v e r s c h r e i b u n g wird von dem nach
Al. I und II/Art. 900 errichteten Pfandrecht an der F o r d e r u n g miterfaßt;
Eintragung in das Grundbuch ist nicht erforderlich (Art. 835 analog), wohl aber
kann sich der Pfandgläubiger in das besondere Gläubigerregister aufnehmen
lassen (Grundbuchverordnung von 1910 Art. 66; Näheres hinten Komm. Art.
901 N 127).

102   **6.** Im Gebiet des **Immaterialgüterrechts** (Komm. Art. 899 N 94 ff. und
die dort N 1 zit. Diss. von *Schenk* 31 ff.) ist neben dem schriftlichen Pfandvertrag kein Eintrag in das allfällige Register erforderlich: Patentgesetz vom
25. Juni 1954 Art. 33 III/IV; Muster- und Modellgesetz vom 30. März 1900
Art. 4 BGE 36 II 612; BlZR 14 Nr. 33 S. 81 = SJZ 12, 234. (Überholt BlZR 1
Nr. 158.) Auch die Übergabe der «Patenturkunde» oder die Anzeige an das zuständige Amt erübrigt sich (BlZR 14 Nr. 33 S. 81). Näher Hans-Peter *Landerer*,
Fragen des Schutzes des guten Glaubens im schweiz. Patentrecht (Diss. Zürich
1955) 48 ff.; *Troller* SJZ 46, 182 ff. — Das Urheberrechtsgesetz vom 7. Dez.
1922, Art. 9 I, sieht keine besondere Form vor. — Über die internationalprivatrechtliche Frage: vorn Syst. Teil N 110 und die dort zitierten, auf Patente bezüglichen Urteile SJZ 29, 332 und BlZR 11 Nr. 49 S. 89.

V. Gutgläubiger Erwerb des Pfandrechts

103   Anders als beim Faustpfandrecht (Art. 884 II), besteht beim Pfandrecht an
F o r d e r u n g e n (Al. I/Art. 900) grundsätzlich k e i n S c h u t z d e s g u t -
g l ä u b i g e n E r w e r b s d e s P f a n d r e c h t s : BGE 41 II 47; BlZR 9
Nr. 138 S. 250; 16 Nr. 70 S. 102 = SJZ 12, 268; ZBJV 44, 290; 73, 623 = SJZ
33, 300. Das gleiche gilt für die « a n d e r e n R e c h t e » im Sinne des Al. III/
Art. 900. Für die B e g r ü n d u n g vgl. vorn Komm. Art. 899 N 109. Die F o l -
g e r u n g e n sind dort N 112 erwähnt: Insbesondere stehen dem Pfandgläubiger alle E i n r e d e n entgegen, die gegen das verpfändete Recht erhoben werden können, namentlich die Einrede der fehlenden oder beschränkten V e r -
f ü g u n g s b e f u g n i s. Dies trifft auch auf Sparhefte zu, sofern sie nicht als
Wertpapiere dem Bereich des Art. 900 entzogen sind (BGE 67 II 35/36). Auch
für die Wertpapiere fehlt allgemein der Schutz des guten Glaubens von vornherein, wenn sie gemäß Art. 900 verpfändet werden, während ein solcher (ausgenommen im wesentlichen für Namenpapiere) eintritt, falls die Verpfändung
sich nach Art. 901 richtet (zustimmend BGE 81 II 115. Näher hinten Komm.
Art. 901 N 146/47).

Ausnahmsweise besteht ein Schutz des guten Glaubens bei gewöhn- **104**
lichen Forderungen und ihnen gleich zu stellenden Rechten kraft der Sonder-
vorschriften OR 18 II und 164 II, die nach durchweg vertretener Auffassung
auch auf die Verpfändung anwendbar sind: wenn eine s i m u l i e r t e F o r -
d e r u n g oder eine Forderung, die einem p a c t u m d e n o n c e d e n d o
unterworfen ist, verpfändet wird, und zwar letzteres je auf Grund eines schriftlichen «Schuldbekenntnisses», wobei aber dieses den Mangel der Forderung oder
der Verpfändbarkeit nicht erkennen läßt. Dann sind die Einreden der Simulation oder der Unverpfändbarkeit gegenüber dem gutgläubigen Pfandgläubiger
ausgeschlossen. Vgl. dazu vorn Komm. Art. 899 N 86 (über das pactum de non
cedendo, OR 164) und N 26 (Verallgemeinerung des Grundsatzes von OR 164
II). Über den guten Glauben hinsichtlich der Verpfändbarkeit überhaupt:
Komm. Art. 899 N 26 und dort N 27 zu SchKG 96 II u. a. m.; über den Schutz
des guten Glaubens mittels des Grundbuchs: Komm. Art. 899 N 110. — Einzelheiten über OR 18 II und 164 II bei Eugen *Bircher*, Gutgläubiger Erwerb des
Forderungspfandrechts (Diss. Bern 1946) 36—46 und in der obligationenrechtlichen Literatur.

VI. Weitere Fragen

Z u s a m m e n f a s s e n d sei erwähnt: Die w e i t e r e R e g e l u n g des **105**
Pfandrechts an den von Art. 900 erfaßten Rechten ergibt sich aus Art. 903—906,
ferner, auf Grund des Art. 899 II, aus Art. 887—891, 893, 894 (darüber Komm.
Art. 899 N 115 ff.), sowie aus den übrigen in Komm. Art. 899 N 124 ff. erwähnten Grundsätzen, und aus den Darlegungen im Syst. Teil dieses Kommentars.

Über die v e r p f ä n d b a r e n R e c h t e : Komm. Art. 899 N 9 ff.; über **106**
die G e w ä h r l e i s t u n g : Komm. Art. 891 N 12. — Über die R e a l i s i e -
r u n g des Pfandrechts durch E i n z i e h e n der Forderung, u. a. m.: Komm.
Art. 906 N 35 ff.; über die E i n r e d e n des Drittschuldners und seine Stellung
bei S t r e i t i g k e i t e n bezüglich des Pfandrechts oder der Person des Gläubigers: Komm. Art. 906 N 32 ff., 26/27, 30.

Die Verpfändung einer Forderung erstreckt sich auf das zu ihrer Sicherung **107**
dienende P f a n d r e c h t : Komm. Art. 904 N 23 und vorstehend N 101, a. E.
— Bei U n t e r g a n g d e s P f a n d r e c h t s soll der Pfandgläubiger die zu
seiner Sicherung geschaffenen Garantien aufheben (BGE 23 I 698; vorstehend
N 49, 66). — Über die Verpfändung der Rechte aus M ö b e l l e i h v e r t r a g :
Fritz *Ammann*, Die Verträge mit Eigentumsvorbehalt... (Diss. Bern 1939) 114 f.

Die H i n t e r l e g u n g e i n e s s t r e i t i g e n B e t r a g e s durch den **108**

Schuldner «auf Recht hin» zwecks Auszahlung an den Gläubiger, falls dieser im Prozeß obsiegt, will nicht ein Pfandrecht begründen, sondern ist eine bedingte antizipierte Zahlung; Näheres vorn Syst. Teil N 232.

VII. Sicherungszession

109 Statt zu einer Verpfändung, schreiten die Parteien gerne zu einer f i d u - z i a r i s c h e n   A b t r e t u n g der zur Sicherung des Gläubigers bestimmten Forderung. Dies ist zulässig. Darüber vorn Syst. Teil N 270 ff. Die Sicherungs- zession verdrängt in der geschäftlichen Praxis fast völlig die Verpfändung von Forderungen ohne Schuldschein.

Art. 901

II. Bei Wert-
papieren

Bei Inhaberpapieren genügt zur Verpfändung die Übertragung der Urkunde an den Pfandgläubiger.

Bei andern Wertpapieren bedarf es der Übergabe der Urkunde in Verbindung mit einem Indossament oder mit einer Abtretungserklärung.

1 Materialien: aOR 210 I, 214 — VE 880 — E 885 I, 886 — Erl II 329/330 — Prot ExpKom III 125—127 — Botsch 84/85 — StenBull NR 1906, 692—694, 695 — StenBull StR 1906, 1425—1427.

Ausländisches Recht: CC fr — — CCom 91 — CC it 2786, 1997, 2014, 2026 — BGB 1291—1293 (1278) — ABGB —.

Lit.: *Bolla 211 ff. — Jakob *Hiestand*, Lombardgeschäft und Lombardierung ... (Diss. Bern 1923) 76 ff. — Konrad *von Hospenthal*, Die Wirkungen des Indossamentes (Diss. Bern 1925) — Hans *Meyer*, Das vertragliche Pfandrecht an Wertpapieren (Diss. Basel 1927 MaschSchr) — Bernh. *Riggenbach*, Die Verpfändung von Ordrepapieren ... (Diss. Basel 1929 MaschSchr) — *Kaderli* 29 ff. — Rolf *Isler*, Das vertragliche Pfandrecht an Ordrepapieren (Diss. Basel 1942 MaschSchr) — Hanspeter O. *Bruderer*, Die Namenpapiere (Diss. Zürich 1944) 112 ff. — Eugen *Bircher*, Gutgläubiger Erwerb des Forderungspfandrechtes (Diss. Bern 1946) 47 ff. — *Beeler* 97 ff. — *Kaderli/Zimmermann* 547 ff. — *Arminjon/Carry*, La lettre de change et le billet à ordre (Paris 1938) 274 ff.

Ulmer, Das Recht der Wertpapiere (Stuttgart/Berlin 1938) § 23 IV, 25, 26 — Weitere Angaben nachstehend N 8, 131.

Übersicht

I. Errichtung des Pfandrechts an Wertpapieren: Allgemeiner Inhalt und Geltungsbereich der Vorschrift

2   Das Gesetz stellt in Art. 901 für die Wertpapiere einen gegenüber Art. 900 vereinfachten Weg der Verpfändung zur Verfügung: es bedarf (alles in allem) geringerer Voraussetzungen, um das Pfandrecht entstehen zu lassen, wenn das zu verpfändende Recht in einem Wertpapier verurkundet ist, statt in einem Schuldschein im Sinne des Art. 900. Der Art. 901 ist nur anwendbar, wenn w i r k - l i c h ein Wertpapier vorliegt, so daß in Zweifelsfällen der Abgrenzung der Wertpapiere Bedeutung zukommt. Jedoch verlangt Art. 901 nicht schlechthin Anwendung, derart daß Wertpapiere n u r nach dieser Vorschrift verpfändet werden könnten, was hinsichtlich des entsprechenden Art. 214 aOR die Auffassung war; vielmehr d a r f m a n W e r t p a p i e r e s t a t t n a c h A r t. 901 n a c h A r t. 900 v e r p f ä n d e n. Dies ist ungemein wichtig, weil die Parteien damit die Beantwortung der für sie oft zweifelhaften Frage, ob sie ein Wertpapier vor sich haben, zu vermeiden vermögen. Wird eine Verpfändung in der unrichtigen Meinung, eine Urkunde stelle ein Wertpapier dar, fälschlich nach Art. 901 statt nach Art. 900 vorgenommen, dann läßt sie sich nachträglich retten, wenn die gemäß Art. 901 durchgeführte Verpfändung faktisch auch die Erfordernisse des allein anwendbaren Art. 900 erfüllt. Vor allem muß diesfalls ein schriftlicher Pfandvertrag vorliegen. Vgl. im übrigen vorn Komm. Art. 900 N 2.

3   Mit der Verpfändung des Wertpapiers als einer S a c h e wird das durch sie verkörperte R e c h t (Forderung oder «anderes» Recht, Art. 899 I) verpfändet. Es entsteht ein P f a n d r e c h t a n R e c h t e n, das abgesehen von Art. 901, 902 und 905 den Art. 899 und 903, 904, 906 untersteht, ungeachtet dessen, daß in den letzteren drei Bestimmungen abkürzend nur vom Pfandrecht an «Forderungen» die Rede ist.

Al. I bestimmt für die I n h a b e r p a p i e r e , daß die «Übertragung der **4** Urkunde an den Pfandgläubiger» «genügt». Damit ist nach dem Vorbild des Sachpfandrechts das Faustpfandprinzip (Art. 884 I) schlechthin für anwendbar erklärt (vgl. aOR 210 I). Für O r d r e - und für N a m e n p a p i e r e muß gemäß Al. II ein Indossament oder eine «Abtretungserklärung» neben die Übertragung der Urkunde treten.

G e s e t z l i c h e P f a n d r e c h t e , von denen wenige auch Wertpapiere **5** betreffen können, entstehen ohne die Erfordernisse des Art. 901 (vorn Syst. Teil N 46 ff., bes. N 60).

Das f r ü h e r e R e c h t unterstellte die Verpfändung der Inhaberpapiere **6** der gleichen Vorschrift wie die der Sachen (aOR 210 I/II); von den andern Wertpapieren erwähnte es die Wechsel «und andere indossable Papiere» und verlangte die «Übergabe des indossierten Papiers» (Art. 214). Die E n t w ü r f e weichen von der heutigen Ordnung teilweise ab. E 886 erfaßte nur die Inhaber- und Ordrepapiere, während die Namenpapiere der gleichen Vorschrift unterstellt waren wie die gewöhnlichen Forderungen mit Schuldschein (Art. 885 I, heute ZGB 900). VE 880 hatte demgegenüber die Namenpapiere zusammen mit den Ordre- und Inhaberpapieren geregelt, also die Verpfändung sämtlicher Wertpapiere der Verpfändung der nicht in Wertpapieren verkörperten Rechte (VE 879) gegenübergestellt. Das Parlament kehrte mit der Schaffung der heutigen Art. 900 und 901 zu dieser Einteilung zurück (Komm. Art. 900 N 2). VE 880 II verlangte für die Namenpapiere «die Verpfändung der Forderung». Für die Ordrepapiere war in VE 880 III und E 886 II das Indossament vorgeschrieben; die jetzt in Art. 901 II für die Ordre- und Namenpapiere weiter vorgesehene «Abtretungserklärung» findet sich in den Entwürfen nicht.

Die a u s l ä n d i s c h e n R e c h t e behandeln gleich wie das schweizerische **7** Recht die Inhaberpapiere hinsichtlich der Verpfändung im wesentlichen als bewegliche Sachen. Bei allen Wertpapieren wird durchweg die Übergabe des Titels verlangt; für die Ordre- und Namenpapiere sind dazu die für diese typischen wertpapierrechtlichen Übertragungsformen vorgesehen. Die verschiedenen Arten des Indossaments mit ihren Wirkungen unterliegen heute einer einheitlichen Regelung, soweit die i n t e r n a t i o n a l e n G e n f e r A b k o m m e n vom 7. Juni 1930 und 19. März 1931 zur Vereinheitlichung des Wechsel- und Checkrechts ins Landesrecht überführt worden sind (so u.a. in Frankreich, Italien, Deutschland, Österreich).

II. Abgrenzung und Gliederung der Wertpapiere

8   Aus der neueren schweiz. **Lit.:** **Jäggi* Art. 965, bes. N 184 ff. (Literaturangaben S. 2—3) — ders. Allgemeines Wertpapierrecht, Basel 1977 — *Guhl/Merz/Kummer* § 103 — Beeler 1 ff. — *Boemle*, Wertpapiere des Zahlungs- und Kreditverkehrs sowie der Kapitalanlage (4. A. Zürich 1974) 13 ff. — *Haab* Art. 714 N 6 ff. — **C. Wieland*, Wertpapiere und Legitimationspapiere, Festgabe der Basler Juristenfakultät f. Eugen *Huber* (Basel 1919) 1 ff. — Hanspeter O. *Bruderer*, Die Namenpapiere (Diss. Zürich 1944) 4 ff., 88 ff. — Guy *Flattet*, Essai sur la nature juridique des titres nominatifs (Diss. Lausanne 1945) 13 ff. — Hugo *Dörig*, Die Mobilisierung von Schuldanerkennungen (Diss. Zürich 1947). — Riccardo *Zappia*, Die Namenpapiere im schweiz. und italien. Recht (Diss. Zürich 1958) 13 ff. — Hans *Ribi*, Von der Übertragung der Wertpapiere (Diss. Zürich 1958) 30 ff. — Rolf Karl *Stahel*, Zur Rechtsübertragung (Diss. Zürich 1967) 74 ff.

A. Abgrenzung

9   Art. 901 setzt die Abgrenzung der W e r t p a p i e r e von den durch Art. 900 erfaßten S c h u l d s c h e i n - F o r d e r u n g e n und sonstigen in Urkunden verbrieften Rechten voraus. Die Schwierigkeit der Scheidung wurde bei der Vorbereitung des ZGB beklagt (Prot ExpKom III 124 ff.; StenBull NR 1906, 694); sie ist heute noch nicht behoben[a]. Die exklusiven Tendenzen eines Teils der Wertpapierliteratur, die uneinheitliche Terminologie und die übertriebene Neigung nach Ausdehnung des Bereichs der Wertpapiere, der der Gesetzgeber nachgegeben hat, tragen zu diesen Unzukömmlichkeiten bei. Angesichts der Schwierigkeit der Abgrenzung, die im Einzelfall aktuell werden kann, ist ungemein w i c h t i g , d a ß   W e r t p a p i e r e ,   s t a t t   g e m ä ß   A r t . 901, a u c h n a c h A r t . 900 v e r p f ä n d e t w e r d e n   d ü r f e n (Näheres nachstehend N 146/147), was den Parteien erlaubt, die Entscheidung, ob sie ein Wertpapier vor sich haben, zu umgehen. Selbst hievon abgesehen, darf die p r a k t i s c h e B e d e u t u n g   d e r   G r e n z t a t b e s t ä n d e nicht überschätzt werden. Die Zweifelsfälle betrafen überwiegend die Sparhefte, früher auch die Lebensver-

[9a] Die Unsicherheit wird durch die Feststellung beleuchtet, daß ein so gewiegter Fachmann wie Carl *Wieland* im Jahre 1909 die Versicherungspolicen und Sparhefte schlechthin als Wertpapiere bezeichnet, 1919 für die Regel das Gegenteil annimmt, aber noch die Möglichkeit einräumt, sie zu Namenpapieren zu machen, und 1926 erklärt, «daß die Versicherungspolicen und die Sparkassahefte niemals Wertpapiere sein können». Vgl. *Wielands* Komm. Art. 895 N 6, Art. 901 N 1 und 4; ders. in der vorstehend N 8 zit. Festgabe Eugen *Huber* 18 ff. und im Prot ExpKom für das OR (1926) 772. Ferner *Jäggi* Art. 974 N 17 f.

sicherungs-Ansprüche, die aber jetzt den Art. 900 und 901 entzogen und VVG 73 unterstellt sind. Weitere problematische Fälle bei *Jäggi* OR 965 N 279—302.

Die Bereinigung des W e r t p a p i e r b e g r i f f s muß der Spezialliteratur **10** überlassen bleiben; vgl. die vorstehend N 8 zit. Schriften mit weiteren Literaturangaben; vor allem *Jäggi* zu Art. 965, ferner *Ulmer* 21, 72*. — Die in der

---

* Für das Folgende mag immerhin eine Übersicht von Nutzen sein, welche auf dem System im Kommentar *Jäggi* beruht (OR 965 N 169—246, Tabelle auf S. 97), es aber in mehr als einer Hinsicht vereinfacht. Dies vor allem, weil *Jäggi* Oberbegriffe über den beiden Aspekten von lit. b und c nachfolgend schafft (so die qualifizierte Wertpapierklausel), oder weil er erklärend die qualifizierte Legitimationsklausel durch eine einfache begleitet (was man «muß», «darf» man natürlich auch). Das vermöchte den Nichteingeweihten zu verwirren, so bewundernswert die gedankliche Durchdringung ist, welche *Jäggis* komplizierter Terminologie zugrunde liegt. Eine ausreichende Erfassung dürfte indessen nur die folgenden Einsichten erfordern:

a) Entscheidend ist der « K l a u s e l » - B e s t a n d eines Papiers hinsichtlich Vorlegungsbedürftigkeit (Präsentation) und Legitimationserfordernissen. Unter «Klausel» im Sinne der Wertpapierlehre ist aber nicht notwendig eine ausdrückliche Klausel zu verstehen. Auch was das Gesetz (bei sog. geborenen Wertpapieren), die Verkehrsauffassung und die Auslegung diesbezüglich ergeben, wird als «Klausel» bezeichnet; diese steht also für den I n h a l t.

b) Wertpapier ist eine Schuldurkunde (der alte Begriff des Einlösungspapiers ist in der Tat entbehrlich, siehe N 10), sofern der Schuldner v e r p f l i c h t e t ist, nur gegen Vorlage des Papiers zu leisten; oder anders: — wenn eine Leistung ohne Vorlage auf sein Risiko geht. Dieser q u a l i f i z i e r t e n P r ä s e n t a t i o n s k l a u s e l synonym ist W e r t p a p i e r - k l a u s e l. Die bloß e i n f a c h e Präsentationsklausel (der Schuldner d a r f Vorlegung verlangen) macht das Papier noch nicht zum Wertpapier.

c) Enthält ein Wertpapier gemäß lit. b keine «Klausel» über die L e g i t i m a t i o n, ist es Namenpapier; die Legitimation richtet sich nach Zessionsrecht. Enthält es dagegen die P f l i c h t des Schuldners, den Vorweiser als Berechtigten anzuerkennen (vorbehalten OR 966 II), ist es Inhaberpapier (q u a l i f i z i e r t e I n h a b e r l e g i t i m a t i o n s k l a u s e l). Ist seine P f l i c h t, den mittels lückenloser Indossamentenkette auf dem Papier Ausgewiesenen (vorbehalten OR 966 II) als Berechtigten anzuerkennen (bei nicht geborenen Wertpapieren meist einfach durch die technische Ordreklausel «oder an ordre» ausgedrückt), ist es Ordrepapier (q u a l i f i z i e r t e O r d r e l e g i t i m a t i o n s k l a u s e l).

d) Die Inhaber- und Ordrelegitimationsklauseln kommen auch als bloß e i n f a c h e vor (die zweite praktisch kaum) und bedeuten, der Schuldner d ü r f e nach Belieben auf die bloß formelle Legitimationsprüfung gemäß lit. c abstellen, befreie sich also, wenn diesfalls materiell dem Unrichtigen geleistet werde. Dann liegt entweder ein einfaches Legitimationspapier vor (nachfolgend N 14) oder — wenn zum Tatbestand von lit. b dazukommend — ein h i n k e n d e s W e r t p a p i e r. Zum praktisch allein wichtigen Fall des hinkenden Inhaberpapiers (Wertpapierklausel und einfache Inhaberlegitimationsklausel) vorne FN zu ZGB 900 N 70. Möglich wären auch andere Kombinationen einer Wertpapierart als Basis und einer einfachen Legitimationsklausel anderer Kategorie, doch einigermaßen sinnvoll wäre nur noch ein Ordrepapier mit einfacher Inhaberlegitimationsklausel. Wichtig für unseren Zusammenhang ist, daß die Verpfändung nach der Basis-Wertpapierart (also der voll verwirklichten) erfolgt, beim hinkenden Inhaberpapier gemäß OR 976 somit nach den Grundsätzen für Namenpapiere, denn es ist kraft der Wertpapierklausel ein Namenpapier. Die bloß einfache Inhaberlegitimationsklausel erhebt es nicht zum Inhaberpapier. R. B.

Literatur gewöhnlich als nicht ganz richtig befundene, g e s e t z l i c h e D e - f i n i t i o n des Wertpapiers (OR 965) lautet: «Wertpapier ist jede Urkunde, mit der ein Recht derart verknüpft ist, daß es ohne die Urkunde weder geltend gemacht noch auf andere übertragen werden kann.» Grundlegend sind weiter insbesondere OR 966 und 967: Mit der Vorschrift, daß der Schuldner nur gegen Aushändigung der Urkunde zu leisten verpflichtet sei, wird der Charakter des Wertpapiers als eines E i n l ö s u n g s p a p i e r s festgestellt (ausgenommen sind die Aktien); und die Bestimmung, daß für jede Übertragung des Wert- papiers zu Eigentum oder beschränktem dinglichem Recht die Ü b e r t r a - g u n g d e s B e s i t z e s a n d e r U r k u n d e erforderlich sei, nennt eine der wichtigsten Folgerungen des Wertpapierbegriffs (Art. 967/965, a. E.). Die Wertpapiere sind, wie sich aus Art. 965/966 (auch 975) weiter ableiten läßt, P r ä s e n t a t i o n s p a p i e r e, d. h. die Leistung des Schuldners ist an die Vorlegung der Urkunde gebunden. Deswegen ist, vom Interesse des Pfandgläu- bigers aus beurteilt, die in Art. 900 II vorgesehene Anzeige regelmäßig gegen- standslos. — Die Begriffe des Wertpapiers im allgemeinen und seiner einzelnen Arten sind in Art. 901 (wie auch in Art. 904 II, 895 I und 898 II) die selben wie in OR 965 ff. Die französische Bezeichnung lautet « p a p i e r s - v a l e u r s», die italienische in ZGB 901 « c a r t e - v a l o r i», in OR 965 ff. gleichbedeu- tend « t i t o l i d i c r e d i t o» (der ältere Ausdruck «cartavalore» ist in OR 965 in Klammern beigefügt). — (Im Gegensatz zu obigem lehnt *Jäggi* Art. 966 N 98 den Begriff des Einlösungspapiers ab.)

11   Aus dem Bereich des Art. 901 scheiden die folgenden Arten von Urkunden[a], weil **keine Wertpapiere,** aus (auf Grund traditioneller — sich überschneiden- der — Abgrenzungen, auf welche die Judikatur des Pfandrechts immer wieder zurückgreifen muß):

12   1. Die («schlichten») **Beweisurkunden.** Bei ihnen ist die Beweisfunktion, die Rolle der Urkunde als bloßes Beweismittel, maßgebend, während die Wert- papiere zwar auch Beweisurkunden sind, aber darüber hinaus die in OR 965 ff. umschriebenen Eigenschaften aufweisen: der «schlichten» Beweisurkunde fehlt die für das Wertpapier typische Verknüpfung mit dem in ihr verbrieften Recht, derart, daß das Recht «ohne die Urkunde weder geltend gemacht», «noch über- tragen werden» könnte.

13   Die S c h u l d s c h e i n e im Sinne des Art. 900 ZGB gehören zu den («schlichten») Beweisurkunden. Daraus leitet sich ab, daß die gesetzliche Zwei- teilung der Verpfändung von Rechten in den Sachverhalt des Art. 900 und den- jenigen des Art. 901 auf der Gegenüberstellung der («schlichten») Beweisurkun- den und der Wertpapiere beruht, weil sie auf den Gegensatz der in Schuld- scheinen verbrieften und der in Wertpapieren verkörperten Rechte hinaus-

---

[11a] Zum folgenden jetzt vor allem *Jäggi*, Allg. Wertpapierrecht, § 6—10.

kommt. In VE 879 II/880 I (auch Botsch 85) fand sich diese Gegenüberstellung deutlich ausgedrückt. OR 789 III und 853 III schreiben im Einklang damit vor, daß der A n t e i l s c h e i n einer GmbH oder Genossenschaft «nur als Beweisurkunde», nicht als Wertpapier errichtet werden kann [a]. Entsprechendes gilt von Gesetzes wegen für den G r u n d b u c h a u s z u g über eine G r u n d p f a n d - v e r s c h r e i b u n g (Art. 825 II) und die Bescheinigung über die Eintragung einer S c h u l d b u c h f o r d e r u n g (BG über das eidg. Schuldbuch vom 21. Sept. 1939 Art. 2 III). — Im Gegensatz zu den in Art. 900 erwähnten («gewöhnlichen», «einfachen») Schuldscheinen, welche («schlichte») Beweisurkunden darstellen, werden die Wertpapiere in der Literatur als «qualifizierte» Schuldscheine oder dergl. bezeichnet, weil sie neben der Eigentümlichkeit eines Schuldscheines noch die zusätzlichen, in OR 965 ff. umschriebenen Eigenschaften aufweisen (dazu *Jäggi* Art. 965 N 43; dort N 166—168 nähere Bestimmung und Kritik des Terminus Beweisurkunde).

14   **2.** Die («gewöhnlichen», «einfachen», «bloßen») **Legitimationspapiere.** Sie verleihen dem Schuldner die Berechtigung, nicht aber die Verpflichtung, jedem I n h a b e r des Papiers mit befreiender Wirkung zu leisten. Die diese Papiere charakterisierende L e g i t i m a t i o n s k l a u s e l erleichtert dem Schuldner die Abwicklung der Zahlung, indem er dem Vorweiser des Papiers leisten d a r f, aber nicht m u ß, sondern die Berechtigung des Vorweisers näher prüfen k a n n, hiezu jedoch n i c h t v e r p f l i c h t e t ist («Legitimationskraft zugunsten des Schuldners», nicht aber zugunsten des Gläubigers; *Wieland* in der vorstehend N 8 zit. Festg. *Huber* 14). Ungeachtet des in der Legitimationsklausel enthaltenen Hinweises auf den Inhaber sind solche Legitimationspapiere nicht Inhaberpapiere. Zu ihnen gehören nach verbreiteter (wenn auch bestrittener) Ansicht meistens die Sparhefte, die zwar auf einen Namen ausgestellt sind, für die sich die Bank aber vorbehält, dem Vorweiser zu leisten, dann die Versicherungspolicen mit sog. Inhaberklausel (Näheres vorn Komm. Art. 900 N 70, 76), weiter der Versatzschein im Fall des Art. 913 II. Vgl. aus der Judikatur statt vieler BGE 23 II 1650/1651; 51 II 320; aus der pfandrechtlichen im besonderen BGE 25 II 330; 67 II 31; BlZR 22 Nr. 73 S. 140; aus der Literatur *Wieland* in der in N 8 zit. Festg. *Huber* 14 ff.; René *Weber*, Die Legitimationspapiere ... (Diss. Zürich 1956); *Jäggi* Art. 976 N 1 ff. — Legitimationspapiere sind gleichzeitig B e w e i s u r k u n d e n in dem vorstehend N 12 besprochenen Sinn.

15   Das Legitimationspapier kann im Gegensatz zu seiner soeben dargestellten Erscheinungsform auch als N a m e n p a p i e r, somit als Wertpapier, ausge-

---

[13a] Dividendencoupons können als Wertpapiere errichtet werden, *Janggen/Becker*, Komm. Gesellsch. mit beschr. Haftung (Bern 1939) Art. 789 N 11. *Jäggi* Art. 965 N 283 und 284 sieht die Aufmachung der Anteilscheine als Namenpapiere für zulässig an.

staltet werden und fällt dann unter ZGB 901 II: h i n k e n d e s I n h a b e r -
p a p i e r (OR 976), auch etwa als hinkendes Namenpapier oder «qualifizier-
tes» Legitimationspapier bezeichnet. Es ist ein Namenpapier mit Legitimationsklausel (dazu *Ernst* SJZ 42, 183; *Jäggi* zu Art. 976). Der Ausdruck «hinkendes
Inhaberpapier» wird im Gegensatz hiezu in der älteren Literatur und Judikatur,
teilweise aber auch heute noch, gleichbedeutend mit «gewöhnlichem» («einfachem», «bloßem») Legitimationspapier verwendet, was zu beachten ist, um
Mißverständnisse zu vermeiden, zu denen die ungenau gehandhabte Terminologie leicht Anlaß gibt. Die auf Grund des G e s e t z e s zu bildende Ausdrucksweise muß dahin lauten, daß «hinkendes Inhaberpapier» allein die in OR 976
umschriebene W e r t p a p i e r - Art bezeichnet.

16   **3.** Die («gewöhnlichen», «einfachen») **Präsentationspapiere.** Hier ist die
Geltendmachung des verbrieften Rechts grundsätzlich an die V o r l e g u n g
der Urkunde gebunden, wie z. B. meistens bei den Sparheften oder auch bei Versicherungspolicen[a]. Die hierfür maßgebliche P r ä s e n t a t i o n s k l a u s e l
ist faktisch regelmäßig mit der Legitimationsklausel verquickt. Die Wertpapiere
sind ebenfalls Präsentationspapiere (OR 965/966, vorstehend N 10); den «gewöhnlichen» Präsentationspapieren fehlen aber die zusätzlichen Merkmale der
Wertpapiere, wobei freilich festzustellen ist, daß der Unterschied in der gesetzlichen Definition des Art. 965 OR nicht völlig klargelegt ist. Die «gewöhnlichen»
Präsentationspapiere sind gleichzeitig B e w e i s u r k u n d e n in dem vorstehend N 12 besprochenen Sinne, und E i n l ö s u n g s p a p i e r e dann, wenn
die Zahlung durch den Schuldner nicht nur die Vorlegung, sondern die Rückgabe der Urkunde voraussetzt. Die für das letztere maßgebliche E i n l ö s u n g s -
k l a u s e l ist auch den Wertpapieren eigen (OR 966, vorstehend N 10), macht
aber ein Papier allein noch nicht zum Wertpapier.

17   Die **Kasuistik** der erfahrungsgemäß im Bereich des Pfandrechts auftretenden Z w e i f e l s f ä l l e konzentriert sich auf die folgenden, zum Teil mehrfach
erwähnten Urkunden, von denen die beiden ersten Arten allein praktisch bedeutsam sind:

18   1. S p a r h e f t e : sie sind nach der bis jetzt überwiegenden, wenn auch be-
strittenen, Auffassung in der üblichen Ausgestaltung nicht Wertpapiere. Näheres
vorn Komm. Art. 900 N 70 ff.

19   2. V e r s i c h e r u n g s p o l i c e n : sie sind in der üblichen Ausgestaltung
ebenfalls nicht Wertpapiere. Zudem wurden die für die Verpfändung wichtigsten, die Lebensversicherungspolicen, den Art. 900/901 ZGB überhaupt entzogen
und spezialgesetzlich geregelt (VVG 73). Näheres vorn Komm. Art. 900 N 76 ff.

[16a] Es ist zu beachten, daß die Ausdrücke «Präsentationsklausel» und «Einlösungsklausel»
im V e r s i c h e r u n g s r e c h t zum Teil abweichend vom hier eingehaltenen Sprachgebrauch des W e r t p a p i e r r e c h t s verwendet werden, vorn Komm. Art. 900 N 76, 77.

3. Auch ein V e r s a t z s c h e i n ist kein Wertpapier (hinten Komm. Art. **20** 909 N 16). — Über die A n w e i s u n g im Sinne von OR 466 ff. vgl. die einschlägige Literatur, wie *Schönenberger* Art. 466 N 20, 21, Art. 471 N 2, 6 ff.; *Gautschi*, Komm. OR (Bern 1962) Art. 466 N 2a, 471 N 1 f.; *Wieland* in der vorstehend N 8 zit. Festg. *Huber* 23 ff. — D e p o t s c h e i n e der Banken («Eingangsanzeigen» oder dergl.) sind regelmäßig nur Beweisurkunden und enthalten gewöhnlich die Klausel, daß sie nicht übertragbar und verpfändbar sind: *Bruderer* 73/74; *Jäggi* Art. 965 N 295; *Boemle* (zit. vorstehend N 8) 162. — Über die (zur Zeit ungebräuchlichen) L i e f e r s c h e i n e der Banken, die A k t i e n z e r t i f i k a t e , I n t e r i m s s c h e i n e : *Bruderer* 74 ff.; *Jäggi* Art. 965, 279 f., 286; Max *Boemle*, Aktienzertifikate, Interims- und Lieferscheine (Diss. St. Gallen 1955); ders. SAG 32, 81; ders. (zit. vorstehend N 8) 136 ff., 138 f., 139; BGE 86 II 98 f.; 100 IV 31 f. — Die «K a r t e n u n d M a r k e n d e s t ä g l i c h e n V e r k e h r s» wie Bahnbillette, Garderobenmarken u.a.m., die die wertpapierrechtliche Literatur stark beschäftigen, sind für das Pfandrecht bedeutungslos.

B. Gliederung und Erscheinungsformen der Wertpapiere

Die Ordnung des Art. 901 beruht auf der für das Wertpapierrecht (OR 965 **21** ff.) grundlegenden Einteilung in I n h a b e r p a p i e r e , O r d r e p a p i e r e und N a m e n p a p i e r e . Die beiden letzteren Arten werden in Al. II/Art. 901 durch den Ausdruck «andere Wertpapiere» zusammengefaßt und den in Al. I genannten Inhaberpapieren gegenübergestellt.

Die immer wieder anzutreffende Formulierung, man habe beim Pfandrecht **22** an Wertpapieren eine besondere Ausprägung des Pfandrechts an F o r d e r u n - g e n vor sich, ist ungenau. Die Wertpapiere verkörpern nicht nur Forderungen, sondern auch M i t g l i e d s c h a f t s r e c h t e (hierher gehört das Pfandrecht an Aktien und Interimsscheinen) und d i n g l i c h e R e c h t e (hierher gehört das Pfandrecht an Grundpfandtiteln und an Warenpapieren, Art. 902). Der Oberbegriff ist der des P f a n d r e c h t s a n R e c h t e n (hier an solchen, die in Wertpapieren verbrieft sind); das Pfandrecht an Forderungen ist einer der Unterbegriffe, freilich der wichtigste (dazu vorn Komm. Art. 899 N 2). — Die BGE 61 II 333 geäußerten Zweifel daran, daß andere Wertpapiere als solche über Forderungen unter Art. 901 fallen, sind unbegründet.

Im einzelnen erscheinen (und seien hier im Rahmen einer Auswahl erwähnt):

1. A k t i e n je nach Ausgestaltung als Inhaberpapiere (Inhaberaktien, OR **23** 622 I), Ordrepapiere (so ungeachtet ihrer Bezeichnung in der Regel die Namen-

aktien, OR 622 I, 684 II; BGE 81 II 202; 83 II 304; 92 III 25) oder als Namenpapiere (wenn sich dies aus statutarischen Bestimmungen ergibt). Einzelheiten:
Siegwart, Komm. Aktiengesellschaft (Zürich 1945) Art. 622 N 64 ff. Über die
Vinkulierung der Namenaktien vorn Komm. Art. 899 N 33 ff. Über die im wesentlichen den Aktien gleichgestellten I n t e r i m s s c h e i n e, die G e n u ß -
s c h e i n e, P a r t i z i p a t i o n s s c h e i n e und die G r ü n d e r a n t e i l -
s c h e i n e, die alle als Wertpapiere auftreten, vgl. OR 688, 657, 627 Ziff. 9,
sowie die aktienrechtliche Literatur und *Jäggi* Art. 965 N 280 f.; *Boemle* (zit.
vorstehend N 8) 138 ff.; *Albisetti/Bodmer* u. a. 487; *Bär* ZBJV 101, 201 ff.;
Tassilo *Ernst*, Der Genußschein im deutschen und schweiz. Aktienrecht (Diss.
Zürich 1963) 126 ff.; Christoph *Hoffmann*, Der Partizipationsschein ... (Diss.
Zürich 1976) 5 ff. Partizipationsscheine treten meist als Inhaberpapiere auf. —
Über die Verpfändbarkeit vorn Komm. Art. 899 N 32.

> **Lit.** über die Verpfändung von Aktien (neben den späteren Ausführungen): *Bürgi*, Komm.
> Aktiengesellschaft (Zürich 1957) Art. 683 N 21 ff., Art. 684 N 22 ff.; Regula *Pestalozzi-
> Henggeler*, Die Namenaktie und ihre Vinkulierung (Diss. Zürich 1948) 78 ff.; Oskar *Glettig*,
> Die dinglichen Rechte an Aktien (Diss. St. Gallen 1953) 133 ff.; Jean *Sautaux*, L'engagement
> de l'action nominative liée (Diss. Fribourg 1958) 41 ff.; Hans R. *Forrer*, Die Mitgliedschaft
> und ihre Beurkundung (Diss. Zürich 1959) 338 ff.; René *Schweri*, Die Verpfändung von Na-
> menaktien (Diss. Zürich 1973).

24   2. K a s s e n o b l i g a t i o n e n der Banken (sog. B a n k o b l i g a t i o -
n e n), A n l e i h e n s o b l i g a t i o n e n (OR 1156, ZGB 875) der Gemein-
wesen und öffentlichen oder privaten Unternehmungen treten als Inhaberpapiere
auf, die Kassenobligationen gelegentlich auch als Namenpapiere. — Die K a s -
s e n s c h e i n e werden als Inhaberpapiere aufgemacht, aber selten ausgegeben
(*Albisetti/Bodmer* u. a. 368). — Über die Schatzanweisungen oder R e s k r i p -
t i o n e n *Albisetti/Bodmer* u. a. 517; *Boemle* (zit. vorstehend N 8) 51 f.; Hans
Weber, Die Schatzanweisung in der Schweiz (Diss. Bern 1943) 50 ff. — Die Zertifikate oder Anteilscheine der A n l a g e f o n d s (I n v e s t m e n t t r u s t s)
erscheinen in der Praxis als Inhaberpapiere; auf den Namen ausgestellte wären
von Gesetzes wegen Ordrepapiere (BG über die Anlagefonds vom 1. Juli 1966
Art. 20; *Boemle* a.a.O. 154).

25   3. D i v i d e n d e n - u n d Z i n s c o u p o n s sind regelmäßig längstens
nach ihrer Trennung vom Couponbogen Inhaberpapiere (OR 980, 981 I, 987 I;
ZGB 861 III; Pfandbriefgesetz von 1930 Art. 7 II).

26   4. G r u n d p f a n d t i t e l (S c h u l d b r i e f und G ü l t) sind, wenn auf
den Inhaber lautend, Inhaberpapiere, wenn auf den Namen ausgestellt, Ordrepapiere (ZGB 859, 869 II; 876; BGE 42 III 296; 43 II 768).

27   5. P f a n d b r i e f e, die (wie meistens) auf den Inhaber lauten, sind Inhaberpapiere, auf den Namen lautende sind Ordrepapiere (Pfandbriefgesetz von
1930 Art. 7; *Brühlmann*, BG über die Ausgabe von Pfandbriefen [Zürich 1931]
60 ff.).

6. W a r e n p a p i e r e können als Inhaber-, Ordre- oder Namenpapiere aus- **28** gestellt werden, treten aber regelmäßig als Ordrepapiere auf (ZGB 902, 925; OR 482 III, 1153 Ziff. 8; 1152 II).

7. Einen Überblick über diese und w e i t e r e E r s c h e i n u n g s f o r - **29** m e n der Wertpapiere gibt *Boemle* (zit. vorstehend N 8).

III. Gemeinsame Voraussetzungen der Verpfändung nach Al. I und II/Art. 901

Von den nachstehend in den Überschriften lit. A bis E (N 31—40) formu- **30** lierten V o r a u s s e t z u n g e n nennt das Gesetz allein die Übertragung des Besitzes an der Urkunde. Die weiteren ergeben sich aus allgemeinen Überlegungen. Es sind im wesentlichen die selben wie für das F a u s t p f a n d r e c h t (vorn Komm. Art. 884 N 84), und sie sind gemäß Art. 899 II auf das Pfandrecht an Rechten anwendbar (zustimmend BGE 96 II 382). Weitere, vorweg behandelte Voraussetzungen sind der W e r t p a p i e r c h a r a k t e r des Rechts (vorstehend N 8 ff.) und die V e r p f ä n d b a r k e i t (Komm. Art. 899 N 9 ff.); über die Verpfändung von Wertpapieren, deren S c h u l d n e r d e r V e r p f ä n d e r s e l b e r ist, dort N 18—20. Über den d i n g l i c h e n V e r t r a g Komm. Art. 884 N 300 ff.

A. Pfandvertrag

Hierüber vorn Komm. Art. 884 N 87 ff. — Im P f a n d v e r t r a g ver- **31** pflichtet sich der Verpfänder, mittels der in Art. 901 I/II verlangten Vollzugs-handlungen das Pfandrecht zu konstituieren, also in allen Fällen durch Übertragung des Besitzes an der Urkunde (nachstehend N 34; bei den Inhaberpapie-ren ist diese Vollzugshandlung ausreichend, Al. I/Art. 901) und bei den Ordre- und Namenpapieren dazu noch mittels des Indossaments, der «Abtretungserklä-rung» oder einer entsprechenden Verpfändungserklärung (Al. II/Art. 901). Der Vertrag ist f o r m f r e i (BGE 20, 924; 51 II 30), wird aber häufig in Gestalt der Unterzeichnung formularmäßiger Allgemeiner Geschäftsbedingungen schrift-lich abgeschlossen (vorn Komm. Art. 884 N 102). Über die Verweigerung der auf Grund des Al. II/Art. 901 erforderlichen Vollzugshandlungen nachstehend N 103, 111.

B. Pfandforderung

32   Darunter ist die z u   s i c h e r n d e   F o r d e r u n g zu verstehen. Hierüber Komm. Art. 884 N 115 ff.; das dort ausgebreitete Material betrifft vielfach das Pfandrecht an Wertpapieren.

C. Übergabe der Urkunde

a) Übertragung des Besitzes

33   «Zur Verpfändung von Wertpapieren ist in jedem Falle die Übertragung der Urkunde erforderlich.» Im Einklang mit diesem, auch für das ZGB gültigen Satz des VE (Art. 880 I) spricht Al. I/Art. 901 von « Ü b e r t r a g u n g   d e r   U r - k u n d e   a n   d e n   P f a n d g l ä u b i g e r », Al. II von Ü b e r g a b e. Beides meint das selbe: die Übertragung des B e s i t z e s. Man hat hier eine der Eigen- arten der Wertpapiere vor sich; daß die Verfügung über das verurkundete R e c h t   m i t t e l s der nach den Regeln des Besitzes (Art. 919 ff.) erfolgenden Verfügung über die Urkunde als einer S a c h e erfolgt, was allgemein in OR 967 I niedergelegt ist (ausführlich *Jäggi* N 28 ff. dazu). Darnach bedarf die Übertragung des Wertpapiers zu «. . . einem beschränkten dinglichen Recht» der «Übertragung des Besitzes an der Urkunde»; der gleiche Grundsatz ist für die Grundpfandtitel und Pfandbriefe wiederholt in ZGB 868 I/869 I und Pfand- briefgesetz von 1930 Art. 7 II. Dieses Abstellen auf den Besitz und damit die Anwendung   f a h r n i s - s a c h e n r e c h t l i c h e r   Regeln auf die Wert- papiere ist am ausgeprägtesten bei den Inhaberpapieren, wo das Gesetz die Über- gabe der Urkunde als einziges Erfordernis der Verpfändung erwähnt (Al. I/ Art. 901), gilt aber auch für die Ordre- und Namenpapiere, nur daß hier Al. II/ Art. 901 zusätzlich das Indossament oder die «Abtretungserklärung» verlangt.

34   Die   Ü b e r t r a g u n g   d e s   B e s i t z e s   w i r d   f ü r   a l l e   d r e i   A r t e n   v o n   W e r t p a p i e r e n (Al. I und II/Art. 901) nach den für das   F a u s t - p f a n d   geltenden Regeln vollzogen (Art. 884 I/III, gestützt auf Art. 899 II): Es muß eine zur Einräumung des   P f a n d b e s i t z e s   t a u g l i c h e   Ü b e r - g a b e   der Urkunde stattfinden (BGE 81 II 340f.; 93 II 87; Einzelheiten Komm. Art. 884 N 178 ff.). Demnach genügen u. a. die Übergabe an einen Drit- ten (z. B. eine Bank, die die Papiere für den Pfandgläubiger verwahrt, Komm. Art. 884 N 229), die Einräumung des Mitbesitzes (dort N 247 ff. mit Ausfüh- rungen über das Schrankfach) oder die Besitzanweisung (dort N 254 ff.). Manche der zu Art. 884 besprochenen Fragen sind gerade für die Wertpapiere besonders aktuell. Ungenügend ist das Besitzeskonstitut (Komm. Art. 884 N 273 ff.).

Der R a n g richtet sich nach dem Zeitpunkt der Besitzesübertragung, es sei **35** denn, das nach Al. II/Art. 901 erforderliche Indossament oder die «Abtretungserklärung» erfolgten später; dann ist dieser spätere Augenblick maßgebend (vorn Komm. Art. 893 N 12).

Die R ü c k g a b e des verpfändeten Papiers vollzieht sich gemäß Art. 889. **36**

b) Besitzesverlust

E n d g ü l t i g e r   V e r l u s t   d e s   B e s i t z e s führt zum Untergang des **37** Pfandrechts, v o r l ä u f i g e r   V e r l u s t zu seiner Unwirksamkeit, und zwar bei allen drei Wertpapierarten (Al. I und II/Art. 901): Art. 888 I bzw. II und dort Komm. N 21 ff. bzw. 36 ff.; dazu *Planck* § 1292 N 4 d.

Wird ein Wertpapier vermißt und a m o r t i s i e r t , so erlischt das Pfand- **38** recht nicht, sondern kann auch ohne Urkunde geltend gemacht werden (OR 971/ 972). Wird eine neue Urkunde ausgestellt, so ist das Pfandrecht gemäß Art. 888 II so lange unwirksam, als sie sich im Besitze des Verpfänders befindet. Vgl. auch Komm. Art. 884 N 377. Ohne Amortisation erlischt das Pfandrecht, wenn die Urkunde untergeht (OR 965; Komm. Art. 888 N 7; a. M. *Jäggi* Art. 971/72 N 66). — Das Einziehen des Wertpapiers durch dessen Aussteller zwecks U m - t a u s c h s läßt das Pfandrecht bestehen; es erfaßt nunmehr das neue Wertpapier. — Hievon abgesehen ist der Pfandgläubiger nicht verpflichtet, auf Wunsch des Verpfänders a n d e r e   W e r t p a p i e r e statt der ursprünglichen entgegenzunehmen (Art. 889 II), kann es aber freiwillig tun. Das Pfandrecht als solches bleibt auch hier bestehen (Komm. Art. 884 N 27, 58).

D. Gültiger Rechtsgrund

Darüber vorn Komm. Art. 884 N 299: Die Verpfändung ist kausal gestaltet. **39**

E. Verfügungsbefugnis

Darüber Komm. Art. 884 N 303 ff., Art. 899 N 27, 132. — Das Fehlen der **40** Verfügungsbefugnis wird durch den guten Glauben des Pfandgläubigers dort korrigiert, wo der gute Glaube geschützt ist: bei den Inhaber- und Ordrepapieren (nachstehend N 148 ff.). — Über die Befugnis des Verpfänders, über das verpfändete Recht anderweitig zu verfügen, vgl. die sinngemäß anwendbaren Darlegungen vorn Komm. Art. 884 N 399.

IV. Verpfändung von Inhaberpapieren (Al. I/Art. 901)

A. Wesen des Inhaberpapiers — Rechtsstellung des Pfandgläubigers

41   Gemäß OR 978 I ist ein Wertpapier dann ein I n h a b e r p a p i e r, «wenn aus dem Wortlaut oder der Form der Urkunde ersichtlich ist, daß der jeweilige Inhaber als Berechtigter anerkannt wird». Der Aussteller des Papiers k a n n nicht nur, sondern m u ß den I n h a b e r als B e r e c h t i g t e n anerkennen, es sei denn, daß ein gerichtliches oder polizeiliches Zahlungsverbot ergangen ist (Art. 978 II) oder daß die Vornahme der Zahlung als «Arglist oder grobe Fahrlässigkeit» zu bewerten wäre (Art. 966 II). Hierin unterscheidet sich das Inhaberpapier scharf von dem vorstehend N 14/15 besprochenen («gewöhnlichen») L e g i t i m a t i o n s p a p i e r und dem h i n k e n d e n I n h a b e r - p a p i e r (OR 976), die zwar auch auf den Inhaber lauten*, aber dem Aussteller des Papiers nur die B e f u g n i s zur Leistung an den Inhaber verschaffen, ohne ihn hiezu schlechthin zu v e r p f l i c h t e n. Anders als bei diesen Papieren, kann der Schuldner beim («echten», OR 978) Inhaberpapier keine Ausweise verlangen («Legitimationskraft zugunsten des Gläubigers»); *Wieland* in der vorstehend N 8 zit. Festg. *Huber* 14). — Für Einzelheiten vgl. die wertpapierrechtliche Literatur und Judikatur. Die gesetzliche Regelung findet sich in OR 978—989.

42   Über die E r s c h e i n u n g s f o r m e n des Inhaberpapiers vorstehend N 23 ff.: Inhaberaktien (BGE 88 III 142), Partizipationsscheine, die überaus häufigen Kassen- und Anleihensobligationen (OR 981 I), dann Coupons, Inhaberschuldbriefe, Zertifikate der Anlagefonds (Investmenttrusts) usw. Die Inhaberpapiere sind beliebte Pfandgegenstände.

43   Als Besitzer des ihm gemäß Al. I/Art. 901 übertragenen Inhaberpapiers steht der Pfandgläubiger nach außen w i e ein Eigentümer da (ZGB 930 I, OR 978 I) — ohne ein solcher zu sein —, so daß er, wie beim Sachpfandrecht, leicht in der Lage ist, u n e r l a u b t e V e r f ü g u n g e n über das Papier zu treffen (Art. 887, 890 II) und gutgläubigen Dritten Rechte zu verschaffen (Art. 933 ff., 714 II, 884 II), aber auch, vom Aussteller des Papiers, solange dieser gutgläubig ist, i l l e g i t i m e Z a h l u n g e n zu beanspruchen (OR 978 I/966 II). Hinsichtlich der letzteren ist nämlich ZGB 906 I/II maßgebend: Der Pfandgläubiger ist n i c h t berechtigt, den B e t r a g, auf den das verpfändete Inhaberpapier lautet, s e l b s t ä n d i g e i n z u z i e h e n[a]. Tut er es gleichwohl, so ist sein Vor-

---

[43a] Gegenteilig BGB 1294 und (im schweizerischen Recht) die Regelung bei den Ordrepapieren, wo der Pfandgläubiger kraft des Indossamentes zur Einziehung befugt ist, nachstehend N 66, 67.

* Das hinkende Inhaberpapier lautet auf einen Namen. Im übrigen vgl. vorne FN zu N 10.

R. B.

gehen eben illegitim. Indessen kann ihm das Recht zur Einziehung vertraglich übertragen werden, da Art. 906 nicht zwingend ist (dort Komm. N 35). — Nach dem Gesagten ist der Aussteller des Papiers, der weiß, daß der von ihm (illegitimerweise) Zahlung beanspruchende Pfandgläubiger zu seinem Vorgehen nicht berechtigt ist, befugt und verpflichtet, die Zahlung zu verweigern (OR 966 II). — Der Verpfänder kann sich durch Anzeige an den Aussteller des Papiers schützen (Art. 906 II), oder dadurch, daß er dem Pfandgläubiger das Papier nicht zu Alleinbesitz übergibt. — Gegenteilig *Jäggi* Art. 966 N 152, 978 N 65; dies ist eine Überspannung wertpapierrechtlicher Konzeption*.

44 Über das S t i m m r e c h t bei der Verpfändung von I n h a b e r a k t i e n : hinten Komm. Art. 905 N 7.

45 Statt Verpfändung kann man, gleich wie bei Sachen, S i c h e r u n g s - ü b e r e i g n u n g der Inhaberpapiere vornehmen. Darüber allgemein: vorn Syst. Teil N 234 ff.

B. Arten der Verpfändung

a) Gemäß Al. I/Art. 901

46 Nach dieser Vorschrift « g e n ü g t » die Ü b e r t r a g u n g d e s B e - s i t z e s an der Urkunde auf den Pfandgläubiger. Damit will das Gesetz nicht sagen, daß nicht auch die andern vorstehend N 31—40 aufgezählten V o r a u s - s e t z u n g e n erfüllt sein müssen; die Vorschrift soll nur hervorheben, daß k e i n e z u s ä t z l i c h e n V o l l z u g s h a n d l u n g e n erforderlich sind, wie sie Al. II/Art. 901 nennt, auch nicht Schriftform des Pfandvertrags, entgegen Art. 900 I/III. Somit gilt f ü r d i e I n h a b e r p a p i e r e s c h l e c h t h i n d a s F a u s t p f a n d p r i n z i p des Art. 884 I/III (gestützt neben Al. I/ Art. 901 auf Art. 899 II). Sie werden w i e b e w e g l i c h e (k ö r p e r - l i c h e) S a c h e n b e h a n d e l t : vgl. statt vieler BGE 19, 553; 35 II 629; 81 II 340/41; 93 II 87; BlZR 16 Nr. 55 S. 72; 39 Nr. 83 S. 165; ZBJV 51, 139. Das aOR, Art. 210 I, hatte deshalb von vornherein die Inhaberpapiere der glei-

---

* Man könnte noch erwägen (von beiden Autoren nicht diskutiert), die Einziehungsbefugnis analog zu OR 1009 (offenes Pfandindossament; hinten N 65 f.) zu bejahen (ohne Begründung verneint durch *Oftinger* in der Vorauflage, Art. 906 N 44). Die Frage wäre dann nicht, ob der Papierschuldner die Anzeige zu beachten hätte (was *Jäggi* grundsätzlich stört, sondern die ganz andere Frage, ob ein Dritterwerber sein Wissen zu beachten hätte, daß das Inhaberpapier nur zu Pfand gegeben worden sei, also nicht weiter übertragen werden sollte (wie auch aus OR 1009 für die Ordrepapiere folgt). Der Unterzeichnete wird in N 44 zu Art. 906 dazu Stellung nehmen. R. B.

chen Vorschrift unterstellt wie die Mobilien. — Über die B e s i t z ü b e r t r a -
g u n g : vorstehend N 33—36 und Art. 884 N 41 ff.; dort Ausführungen über
die Übergabe an einen Dritten, z. B. eine Bank (Komm. Art. 884 N 229), über
die Einräumung von Mitbesitz (N 247 ff. mit Ausführungen über das Schrankfach), über die Besitzanweisung (N 254 ff.). Mit Hilfe solcher, den Alleinbesitz
ersetzender Maßnahmen kann sich der Verpfänder gegen illegitime Verfügungen des Pfandgläubigers schützen.

47   Ungeachtet der Unterstellung unter Art. 884 sind für die Inhaberpapiere
hinsichtlich der in Art. 903—906 geregelten Fragen d i e s e Vorschriften maßgebend.

48   Ein S c h u t z d e s g u t e n G l a u b e n s ergibt sich in doppelter Hinsicht:

49   1. Nach s a c h e n r e c h t l i c h e n Grundsätzen ist der Pfandgläubiger im
E r w e r b d e s P f a n d r e c h t s am Inhaberpapier geschützt; die für das
Pfandrecht an körperlichen Sachen maßgebenden Vorschriften gelten (Art. 884
II, 933; vorn Komm. Art. 884 N 333). Ist das Pfandrecht an einem abhanden
gekommenen Inhaberpapier errichtet worden, so tritt der gegenüber andern
Gegenständen erhöhte Schutz gemäß Art. 935 ein (Komm. Art. 884 N 376). —
BGE 81 II 341 ff.

50   2. Nach w e r t p a p i e r r e c h t l i c h e n Grundsätzen besteht eine Beschränkung der E i n r e d e n , die der Aussteller des Inhaberpapiers dem
Pfandgläubiger entgegenhalten kann: im wesentlichen sind nur Einreden zulässig, die sich auf die Urkunde stützen können oder inter partes bestehen (OR
979). Einreden aus der Person der Vormänner sind ausgeschlossen. — *Jäggi*
Art. 978 N 97.

b) Andere Wege der Verpfändung

51   Al. I/Art. 901 bezeichnet den einfachen Weg der Einhaltung der bloßen
Faustpfandregeln als g e n ü g e n d . Damit ist auch gesagt, daß die Parteien
freiwillig eine a n d e r e , mit zusätzlichen Maßnahmen verbundene Art der
Verpfändung wählen k ö n n e n . Neben den daher rührenden Formen (nachstehend N 52—53) ist das pignus irregulare zulässig (nachstehend N 54).

52   **1. Verpfändung gemäß Art. 900 Al. I:** mittels schriftlichen Pfandvertrags und Übergabe der Urkunde; Näheres nachstehend N 146/147. Dieses
(nicht wertpapiermäßige, nicht «skripturrechtliche») Vorgehen ist dann sinnvoll,
wenn die Parteien hinsichtlich des Wertpapiercharakters der Urkunde unsicher
sind. Erfolgt die Verpfändung nach Art. 900, dann gelten, auch wenn man ein
Wertpapier vor sich hat, die für das Pfandrecht an gewöhnlichen Forderungen
und andern Rechten maßgebenden Regeln (entgegen vorstehend N 49/50): kein
Schutz des gutgläubigen Erwerbs des Pfandgläubigers (vorbehalten sind die

Ausnahmen gemäß N 104 zu Art. 900); dem Pfandgläubiger stehen alle Einreden entgegen, die dem verpfändeten Recht entgegengehalten werden können (Komm. Art. 900 N 103). Diese Folgerungen dürfen aber nur dann gezogen werden, wenn die Parteien e r k e n n b a r   n i c h t   das   W e r t p a p i e r , sondern die in ihm verurkundete   F o r d e r u n g   verpfänden wollten, was — von den eingangs dieser Note erwähnten Zweifelsfällen abgesehen — kaum vorkommen wird. Entscheidend ist somit, ob die   U r k u n d e , als Wertpapier, verpfändet wird, oder aber die   F o r d e r u n g   (was bei *Bircher* 58 und *Beeler* 104 ff. nicht klar zum Ausdruck kommt). Regelmäßig werden die Parteien aber einfach einen schriftlichen Pfandvertrag abschließen (z. B. in Gestalt eines Bankformulars) und die Urkunde übertragen. Handelt es sich wirklich um ein Wertpapier, dann spricht eine faktische Vermutung dafür, daß die Verpfändung die wertpapiermäßige des Art. 901 ist, und deren Wirkungen treten ein, namentlich der Schutz des gutgläubigen Erwerbs, denn dieser stützt sich auf den Besitzerwerb (Art. 933—936, 884 II). Hat man dagegen nicht ein Wertpapier vor sich, dann gilt von vornherein Art. 900. — Wie hier die herrschende Meinung; statt vieler *Stark* Art. 933 N 15 a. E. Begründung für die Zulässigkeit des nicht wertpapiermäßigen Vorgehens nachstehend N 100 ff. Den Unterschied zwischen diesem und dem wertpapiermäßigen Vorgehen lehnen ab *Jäggi* Art. 967 N 128 ff.*, 174; *Ribi* (zit. vorstehend N 8) 167 ff.

2. Auch die in **Al. II/Art. 901** für die Ordre- und Namenpapiere vorge- **53** sehenen Formen gelten als für die Inhaberpapiere zulässig: **Indossament** (OR 968/969) und «**Abtretungserklärung**»; *Beeler* 75/76, 106 ff. mit Einzelheiten; *Guhl/Merz/Kummer* § 107 IV; *Bolla* 212; *Bircher* 59 ª. Diese Wege erscheinen angesichts des überaus einfachen und wirksamen Vorgehens gemäß Al. I/ Art. 901, das in der Geschäftspraxis denn auch durchaus herrschend ist, als wenig sinnvoll, zumal sie nicht die vorstehend N 49/50 erwähnten wertpapiermäßigen («skripturrechtlichen») Folgen zu erzeugen vermögen: kein Schutz des gutgläubigen Erwerbs des Pfandgläubigers, keine Einredebeschränkung (vgl. Entw./OR von 1928 Art. 948 II; *Beeler* 75—76; nachstehend N 62/63); gegenteilig wiederum *Jäggi* Art. 967 N 128 ff.*. Das sind die gleichen negativen Wir-

---

⁵³ª Der Entw./OR von 1928 Art. 947 I erlaubte — wie ähnlich schon frühere Entwürfe — ausdrücklich für a l l e Wertpapiere die Übertragung zu beschränktem dinglichem Recht durch Übergabe und «schriftliche Erklärung», «die nicht auf das Wertpapier selbst gesetzt zu werden braucht»; vgl. die zugehörige Botschaft 109 und bereits Bericht Eugen *Huber* über die Revision ... des OR, von 1920, 182 ff.

* Nach *Jäggi* löst jede Form der Übertragung oder Verpfändung eines Inhaberpapiers, da stets dessen Besitzübergabe eingeschlossen ist, alle wertpapierrechtlichen Wirkungen für Inhaberpapiere aus. Pfandvertrag, Zession oder Indossament würden weder schaden noch nützen, was Legitimation, Einredeordnung, gutgläubigen Erwerb betrifft. Ich halte dies mit *Jäggi* und gegen *Oftinger* für richtig. Vgl. Syst. Teil FN zu N 332.   R. B.

kungen, welche die soeben N 52 erwähnte Verpfändung gemäß Art. 900 nach sich zieht, so daß es einfacher ist, wenn man schon nicht nach Al. I/Art. 901 vorgeht, Art. 900 anzuwenden und nicht Al. II/Art. 901. Jedenfalls gilt: Wer ein Inhaberpapier anders als nach Art. 901 I verpfändet, verzichtet auf Vorteile dieser Wertpapierart.

54 3. Statt eines richtigen Pfandrechts kann ein i r r e g u l ä r e s P f a n d - r e c h t errichtet werden. Dann fallen die Inhaberpapiere ins Eigentum des Pfandgläubigers, und dieser hat nach dem Untergang des Pfandrechts nicht die g l e i c h e n Stücke, sondern nur gleich v i e l Stücke der selben Art zurückzugeben. Bei Aktien gehen die Mitgliedschaftsrechte samt dem Stimmrecht, entgegen Art. 905, auf den Gläubiger über, und auch die vermögensrechtlichen Ansprüche des Aktionärs, abweichend von Art. 906. Näheres über das irreguläre Pfandrecht: vorn Syst. Teil N 182 ff.

V. Verpfändung von Ordrepapieren (Al. II/Art. 901)

A. Wesen des Ordrepapiers

55 Ein Wertpapier ist dann O r d r e p a p i e r , wenn es vom Gesetz zu einem solchen erklärt ist, oder «wenn es an Ordre lautet» (OR 1145), d. h. falls der Aussteller der Urkunde sich verpflichtet, nicht nur dem im Wertpapier mit Namen angegebenen Berechtigten zu leisten, sondern auch einer von diesem bezeichneten anderen Person. Diese wird durch einen besonderen, auf dem Wertpapier angebrachten Vermerk, das Indossament, bestimmt (OR 968/969, 1152). Die Übertragbarkeit durch I n d o s s a m e n t und die Ausstattung des Indossaments mit besonderen, w e r t p a p i e r m ä ß i g e n W i r k u n g e n macht das Wesen des Ordrepapiers aus. — Für Einzelheiten vgl. die wertpapierrechtliche Literatur und Judikatur; die gesetzliche Ordnung findet sich in OR 990— 1099 (Wechsel), 1100—1144 (Check), 1145—1152 (wechselähnliche und andere Ordrepapiere).

56 Über die E r s c h e i n u n g s f o r m e n des Ordrepapiers vorstehend N 23 ff.: zu ihnen gehören u. a. die auf den Namen lautenden Aktien, Schuldbriefe, Gülten, Pfandbriefe; an Ordre ausgestellte Warenpapiere; dann Wechsel und Check (OR 990 ff., 1001 I; 1100 ff., 1108 I), die zwar vom OR als die wichtigsten Ordrepapiere aufgefaßt, aber eher selten verpfändet werden. Über das Pfandrecht an Namenaktien: Näheres in der vorstehend N 23 zit. Literatur, und im besonderen die vinkulierten Namenaktien betreffend vorn Art. 899 N 33 ff.

B. Arten der Verpfändung

a) Vorbemerkungen

Das Gesetz ermöglicht v e r s c h i e d e n e W e g e der Verpfändung, zum **57** Teil noch mit Varianten — eine Überfülle. Nicht alle sind praktisch gleich bedeutsam. Den Wirkungen nach läßt sich eine w e r t p a p i e r m ä ß i g e («skrikturrechtliche») und eine n i c h t w e r t p a p i e r m ä ß i g e Verpfändung unterscheiden (nachstehend N 61/62), je nachdem sie in den Formen des Art. 901 Al. II oder aber des Art. 900 erfolgt. Für die heute maßgebliche Auffassung, daß das Gesetz für Wertpapiere auch eine nicht wertpapiermäßige Verpfändung zuläßt, ist BGE 42 III 296 ff. grundlegend (seither BGE 61 II 333; 81 II 115; Näheres nachstehend N 98 ff.).

Al. II / Art. 901 spricht kurz von der Verpfändung mittels I n d o s s a - **58** m e n t s und « A b t r e t u n g s e r k l ä r u n g ». Die Bedeutung dieser Formen und die im Gesetz nicht besonders erwähnten weiteren Formen ergeben sich aus allgemeinen, wertpapierrechtlichen und pfandrechtlichen, Überlegungen. Die G l i e d e r u n g der verschiedenen Wege der Verpfändung erfolgt nachstehend N 60 ff. nicht nach den Wirkungen der Verpfändung (soeben N 57), sondern kasuistisch: nach den der Verpfändung dienenden F o r m e n . — Ungeachtet des Bestehens einer spezialisierten wertpapierrechtlichen Literatur sind im folgenden Skizzen einschlägiger Rechtsinstitute erforderlich.

In a l l e n F ä l l e n müssen die vorstehend N 30—40 aufgezählten all- **59** gemeinen V o r a u s s e t z u n g e n erfüllt sein, namentlich ist die Ü b e r - t r a g u n g d e s B e s i t z e s an der Urkunde erforderlich (Art. 901 Al. II, 900 Al. I, OR 967 Al. I). Sie richtet sich nach Art. 884 I/III und ist vorstehend N 34 näher behandelt.

b) Verpfändung mittels Indossaments

1. Allgemeine Bedeutung des Indossaments; ein Überblick

Das I n d o s s a m e n t , auf das Al. II / Art. 901 hinweist (und welches **60** zum bessern Verständnis der spätern Darlegungen hier vorweg zu kennzeichnen ist), stellt den für die Ordrepapiere typischen, regelmäßig auf der Rückseite der Urkunde angebrachten Vermerk dar, vermittels dessen die Rechte aus dem Papier ü b e r t r a g e n werden. Seine Rechtsfolge besteht zunächst in der sog. Übertragungsfunktion (OR 1004 I; 967 II, 968 II, 969; 1143 Ziff. 4; 1152 I; ZGB 869 II): Das Indossament überträgt alle Rechte aus dem Wertpapier, womit zum Schutze des Erwerbers und zur Erhöhung der Zirkulationsfähigkeit eine charakteristische Einredebeschränkung verbunden ist (OR 1007,

1146; 1143 Ziff. 5; ZGB 865/866, 872). Bei Wechsel und Check und den jenem gleichgestellten Papieren besteht als weitere Folge die sog. Garantiefunktion, wonach der Indossant aus dem Papier haftet, ein Rückgriff besteht (OR 1005, 1033, 1044; 1143 Ziff. 4 und 12; 1147 ff.). Den übrigen Ordrepapieren fehlt die Garantiefunktion (OR 1152 II/III). Endlich besitzt das Indossament die sog. Legitimationswirkung: der Inhaber des Papiers wird durch eine ununterbrochene Reihe von Indossamenten ausgewiesen (OR 1006, 1152 II). Über die Form und weitere Modalitäten des Indossaments vgl. OR 1001 ff. (968 I, 1152 I).

61   Je nachdem die V e r p f ä n d u n g mittels I n d o s s a m e n t s (bzw. eines diesem gleich zu achtenden sonstigen Vermerks) erfolgt, ist sie eine w e r t p a p i e r m ä ß i g e oder nicht. Die Wertpapiermäßigkeit der Verpfändung ist eine Folge der wertpapiermäßigen («skripturrechtlichen», «skripturmäßigen») Wirkung des (sog. technischen) Indossaments. Damit wird insbesondere der Umstand bezeichnet, daß der gutgläubige Erwerber des Ordrepapiers (hier der Pfandgläubiger) die aus dem Wortlaut der Urkunde hervorgehenden Rechte unabhängig von den Rechten des Indossanten (hier des Verpfänders) als des Vormannes erwirbt; der Pfandgläubiger als Indossatar braucht also im Grundsatz keine E i n r e d e n zu beachten, die sich nicht auf die Urkunde selber stützen bzw. ihn nicht persönlich betreffen (Näheres OR 1007, 1009 II, 1146 und für die Grundpfandtitel ZGB 865/866, 872)[a]. Insofern ist der g u t e G l a u b e des Pfandgläubigers geschützt. Vgl. dazu BGE 42 III 277/278, 299; 43 II 768; 44 III 48; 50 II 340; 71 III 156; 81 II 115; ZBJV 79, 95; Semjud 1959, 396/97. Bei Verpfändung eines Eigenwechsels kann z. B. der Aussteller dem gutgläubigen Pfandgläubiger, auf den indossiert worden ist, nicht entgegenhalten, er schulde dem Remittenten nichts, oder die Forderung sei gestundet. — Ein Schutz des guten Glaubens besteht zudem in anderer Richtung, sofern die Verpfändung wertpapiermäßig, mittels Indossaments, erfolgt: der durch Indossament legitimierte E r w e r b e r des Papiers und damit des P f a n d r e c h t s wird auch aus einem «irgendwie abhanden gekommenen» Papier berechtigt (OR 1006, 1112; 1152 II). — Zur wertpapiermäßigen Wirkung des Indossaments gehört weiter auch bei der Verpfändung die G a r a n t i e f u n k t i o n, wo eine solche überhaupt gesetzlich vorgesehen ist (vorstehend N 60).

62   Erfolgt die Verpfändung nicht gemäß Art. 901 II mittels Indossaments, sondern gemäß Art. 900, also in n i c h t w e r t p a p i e r m ä ß i g e r Form (nachstehend N 95, 97, 98), so fehlen die entsprechenden, soeben geschilderten Wirkungen des Indossaments. Dies betrifft insbesondere den Schutz gemäß

---

[a] Gegenteilig ist die Regelung bei den gewöhnlichen Forderungen im Sinne des Art. 900 ZGB; dort Komm. N 103.

OR 1006/1112 und die Einredebeschränkung, beides ungeachtet des guten Glaubens des Pfandgläubigers. Dieser erhält diesfalls nur diejenigen Rechte aus dem Wertpapier, die schon der Verpfänder besitzt; folglich kann der Drittschuldner gegen den Pfandgläubiger alle gegenüber dem Verpfänder bestehenden Einreden erheben, vor allem sich auf Verrechnung berufen: BGE 42 III 278/279, 299; 44 III 48; 50 II 341; 81 II 115; *Wieland* Art. 901 N 3 c. — Die Rechtslage ist hier gleich wie bei der Verpfändung gewöhnlicher Forderungen (Komm. Art. 900 N 103 und 906 N 33). — Mangels Indossaments fehlt dem Pfandgläubiger ferner die Befugnis, die Forderung, auf die das Wertpapier lautet, bei dessen Fälligkeit einzuziehen; vielmehr gilt Art. 906, es sei denn, daß jene Befugnis dem Pfandgläubiger vertraglich verschafft wurde.

Das Indossament ist auch bei den I n h a b e r - und N a m e n p a p i e r e n **63** z u l ä s s i g und dient zur Übertragung der Rechte des Indossanten (OR 968/ 969); dagegen fehlen die soeben N 61 erwähnten, für die Ordrepapiere typischen, wertpapiermäßigen Wirkungen (vorstehend N 53, nachstehend N 113).

2. Arten des Indossaments

Das Indossament wird nicht nur für die Übertragung der Ordrepapiere zu **64** Eigentum verwendet, was seine Hauptaufgabe darstellt, sondern auch für die V e r p f ä n d u n g (Art. 901 II). Hierfür fallen folgende Arten des Indossaments in Betracht:

— **1. Offenes Pfandindossament** (OR 1009), das man vor sich hat, wenn **65** dem Indossament ein auf die Verpfändung hinweisender eigener Vermerk beigefügt wird: «Wert zur Sicherheit», «Wert zum Pfande» oder dergl. Es ist die der Verpfändung insofern am meisten entsprechende Art des Indossaments, als es, zum Unterschied vom anschließend behandelten Vollindossament oder Blankoindossament, deutlich den beschränkten Zweck der Indossierung erkennen läßt: nicht Eigentum, sondern ein P f a n d r e c h t zu übertragen. Deshalb aber ist es in der Geschäftspraxis nicht beliebt, weil diese vorzieht, daß ein Wertpapier nach dem Untergang des Pfandrechts kein Kennzeichen der früheren Verpfändung aufweist. Das offene Pfandindossament ist als eigenes Institut erst im Wechselrecht des OR von 1936 geregelt worden. Es verschafft dem Pfandgläubiger «alle Rechte aus dem Wechsel», ausgenommen daß er nicht durch Weiterindossierung schlechthin über das Papier verfügen kann, wie dies auf Grund eines Voll- oder eines Blankoindossaments geschehen mag: die Weiterindossierung durch den Pfandgläubiger hat nur die Wirkung eines Vollmachtsindossaments (OR 1009 I, a. E. und 1008).

Aus OR 1009 I (der Pfandgläubiger hat «alle Rechte» aus dem Wertpapier) **66** ergibt sich, daß der Pfandgläubiger, abweichend von ZGB 906 I/II, die Forderung aus dem Wertpapier s e l b s t ä n d i g g e l t e n d m a c h e n und den

Betrag einziehen darf (a.M. auf Grund der durch OR 1009 I überholten Rechtslage noch *Wieland* Art. 901 N 3 b; *Leemann* N 30; *von Hospenthal* 65). Hier gilt die gleiche Regelung wie für das Vollindossament (nachstehend N 77). Der Pfandgläubiger wird dadurch aber nicht zum Eigentümer des Wertpapiers, sondern hat nach wie vor nur Pfandrecht. Denn das Pfandindossament beschränkt seine Legitimation von vornherein auf die Kompetenzen eines Pfandgläubigers. Auch schließt das Pfandindossament den gutgläubigen Erwerb Dritter aus. — Es bewirkt eine wertpapiermäßige E i n r e d e b e s c h r ä n - k u n g (OR 1009 II) und insofern den Schutz des g u t g l ä u b i g e n P f a n d g l ä u b i g e r s , der im Erwerb des Pfandrechts zudem gemäß OR 1006 II geschützt ist (nachstehend N 79). Wenn man für das Vollindossament die w e c h s e l m ä ß i g e H a f t u n g des Verpfänders ablehnt (nachstehend N 82), so muß das gleiche um so mehr für das Pfandindossament gelten.

67   Es ist streitig, ob das Pfandindossament nur auf den W e c h s e l und die w e c h s e l ä h n l i c h e n P a p i e r e anwendbar ist (OR 1009, 1098, 1147, 1151) oder auch auf die a n d e r n O r d r e p a p i e r e im Sinn des Art. 1152. Das letztere ist zutreffend, weil das Pfandindossament im wesentlichen ein Minus im Verhältnis zum Vollindossament ist (a. M. *Beeler* 109).

68   Für weitere E i n z e l h e i t e n vgl. die wertpapierrechtliche Literatur.

69   — 2. **Vollindossament,** das durch die Vornahme der g e w ö h n - l i c h e n Indossierung entsteht, wie sie sonst für die Übertragung des Wertpapiers zu E i g e n t u m verwendet wird, also ohne einen auf die Verpfändung hinweisenden Vermerk (OR 1001 ff.). Hierdurch erscheint der Pfandgläubiger — als Indossatar — Dritten gegenüber w i e der Eigentümer des Wertpapiers und damit wie der Gläubiger aus letzterem, obwohl er nur Pfandrecht besitzt, nicht (fiduziarisches) Eigentum, und folglich nicht Gläubiger aus dem Wertpapier ist. So lautet denn auch die in der Schweiz herrschende Meinung: *Wieland* Art. 901 N 3 a; *Leemann* N 27; *Beeler* 108; *Bolla* 217; Hans *Meyer* 79 ff.; *Riggenbach* 46; *Isler* 92 ff.; *Bircher* 91; *Schweri* (zit. vorstehend N 23) 88 u. a. m. — Durch die mittels des Vollindossaments gewonnene weitreichende, formelle Legitimation wird die beschränkte Rechtsstellung des Pfandgläubigers verborgen (deshalb sog. v e r s t e c k t e s P f a n d i n d o s s a m e n t ; BGE 96 II 382). Auf Grund des Pfandvertrags ist aber der Indossatar verpflichtet, sich mit den Kompetenzen eines Pfandgläubigers zu begnügen; insofern steckt in der Indossierung ein fiduziarisches Moment.

70   Die im OR von 1936 getroffene gesetzliche Regelung des offenen Pfandindossaments (OR 1009, vorstehend N 65) hat die Verpfändung durch Vollindossament nicht ausgeschlossen.

71   Folgende K o n s e q u e n z e n ergeben sich aus der Verwendung des V o l l i n d o s s a m e n t s zur Verpfändung:

a) Die Rechtsstellung des Pfandgläubigers gegen innen **72**
ist von der gegen außen zu unterscheiden. Nach innen bleibt der Verpfänder Inhaber des im Wertpapier verurkundeten Rechts. Die Beziehungen
zwischen Verpfänder und Pfandgläubiger sind im wesentlichen von den gewöhnlichen Regeln des Pfandrechts — gemäß Pfandvertrag und ZGB 887 ff. sowie
899 ff. — beherrscht. Nach außen jedoch wird der Pfandgläubiger wie ein
Inhaber des Rechts (Eigentümer des Wertpapiers) legitimiert; er kann in
eigenem Namen handeln.

b) Folglich ist der Pfandgläubiger in der Lage, zugunsten gutgläubiger **73**
Dritter über das Wertpapier weiter zu verfügen, vor allem
mittels Indossaments, gleich wie ein Faustpfandgläubiger über die in seinem
Besitz befindliche Pfandsache zu verfügen vermag, aber nicht soll (ZGB 933).
Der gutgläubige Dritte erwirbt die ihm übertragenen Rechte. Eine solche Verfügung ist aber — was in der Literatur vielfach auffallend unklar gelassen
wird — illegitim, verletzt den Pfandvertrag, und macht den Pfandgläubiger zivil- und strafrechtlich haftbar: ZGB 887 (dort Komm. N 2) 890 II
(dort Komm. N 23), StGB 140 (Delikt der Veruntreuung; vgl. noch Syst. Teil
N 250). Der Verpfänder wird ungeachtet der Illegitimität der Weiterindossierung dem gutgläubigen dritten Erwerber aus dem Wertpapier haftbar (Botschaft OR 1928, 119; *Bolla* 218). Gegenüber dem bösgläubigen oder grob fahr-
lässigen Erwerber ist der Verpfänder zur Vindikation gemäß OR 1006 II / ZGB
641 II / 936 berechtigt. — Der Pfandgläubiger ist auch in der Lage, sich nach **74**
der Verpfändung von Namenaktien kraft des Indossaments als Aktionär
auszugeben und im Aktienbuch eintragen zu lassen, was ohne Zustimmung des
ursprünglichen Aktionärs ebenfalls illegitim ist. Solange die AG gutgläubig ist,
ist sie gedeckt. Näheres hinten Komm. Art. 905 N 7.

c) Der Verpfänder kann kraft des ihm verbliebenen Eigentums am Wert- **75**
papier bei Zwangsvollstreckung ins Vermögen des Pfandgläubigers Widerspruchsklage erheben und nach dem Untergang des Pfandrechts Aussonderung verlangen (SchKG 106 ff., 242).

d) Nach dem Untergang des Pfandrechts trifft den Pfandgläubiger die **76**
Rückgabepflicht gemäß Art. 889 (über den Vollzug im einzelnen
dort Komm. N 14).

e) Der Pfandgläubiger ist kraft des Indossaments berechtigt, die Forde- **77**
rung, auf die das Wertpapier lautet, bei dessen Fälligkeit selbständig,
in eigenem Namen, geltend zu machen und den Betrag
einzuziehen; dies abweichend von der Ordnung des Art. 906 I/II
(BGE 42 III 275; 44 III 48). Das gleiche gilt für Verwaltungsmaßnahmen im
Sinne dieser Vorschrift. Art. 906 (dort Komm. N 7 ff., 35 ff.), der dem Pfandgläubiger das Recht zur Einziehung und Verwaltung der verpfändeten Forderung versagt, ist nicht zwingend, vielmehr kann dieses Recht dem Pfandgläubiger

vertraglich übertragen werden. In der Stipulation der Verpfändung eines Ordrepapiers mit Vollindossament liegt eine solche vertragliche Übertragung. Es ist belanglos, ob der Drittschuldner weiß, daß der Indossatar nur Pfandgläubiger ist (unzutreffend *Beeler* 108 N 21; *Trümpy* ZBJV 51, 494). Während das Recht zur Einziehung der Forderung nach schweizerischem Recht dem Pfandgläubiger kraft Vertrags (und der Eigenart des Indossaments) verschafft wird, erhält er es nach CCom 91 VI und BGB 1294 von Gesetzes wegen. — Das Recht zur Einziehung besteht schon vor der Fälligkeit der Pfandforderung (das ist: der g e s i c h e r t e n Forderung); über das Schicksal des eingezogenen Betrags: hinten Komm. Art. 906 N 47 ff.

78   f) Ein S c h u t z   d e s   g u t e n   G l a u b e n s besteht in zwei Richtungen (und unter gesonderten Gesichtspunkten):

79   aa) Zunächst ist der E r w e r b   d e s   P f a n d r e c h t s als solchen dort geschützt, wo das Papier «einem früheren Inhaber irgendwie abhanden gekommen» ist (OR 1006 II, 1152 II). Unter diese Bestimmung fallen nicht nur Wertpapiere, die im Sinne des Art. 934 ZGB dem Eigentümer wider Willen a b h a n d e n gekommen sind, sondern auch solche, über die ein Anderer, dem sie vom Eigentümer a n v e r t r a u t wurden, illegitimerweise verfügt hat[a]. Somit besteht ein Schutz des gutgläubig erworbenen Pfandrechts, parallel demjenigen bei Inhaberpapieren, wo er aber nicht wie hier auf einer wertpapierrechtlichen, sondern auf sachenrechtlichen Vorschriften beruht (Art. 884 II, 933, 935, vorstehend N 49). Voraussetzung ist die Legitimation durch eine ununterbrochene Reihe von Indossamenten (OR 1006 I). Für den Check gelten OR 1110, 1112.

80   bb) Die Geltendmachung des Pfandrechts ist durch die für das Wertpapierrecht charakteristische E i n r e d e b e s c h r ä n k u n g geschützt: Der Pfandgläubiger braucht im Grundsatz keine Einreden zu beachten, die sich nicht auf die Urkunde selber stützen oder ihn persönlich betreffen (OR 1007, 1146; ZGB 865/866, 872; Belege vorstehend N 61). Einreden aus der Person der Vormänner sind folglich ausgeschlossen. Der Pfandgläubiger kann sich auf den Bestand des im Wertpapier verurkundeten Rechts verlassen.

81   Für E i n z e l h e i t e n hinsichtlich der Darlegungen soeben N 79 und 80 vgl. die wertpapierrechtliche Literatur; eingehend *Bircher* 76 ff. (dort 96 ff. Kasuistik der Einreden); *Ribi* (zit. vorstehend N 8) 178 ff.; ferner *Ulmer* § 25, 26.

82   g) Die w e c h s e l m ä ß i g e Haftung des V e r p f ä n d e r s als

---

[79a] *Ulmer* § 25 I. Die Auffassung ist bestritten. *Homberger* Art. 933 N 8 und offenbar *Haab* Art. 714 N 8 wollen hier ZGB 933 anwenden, was im wesentlichen zum selben Ergebnis führt. Wie im Kontext *Stark* Art. 933 N 17 mit weiteren Zitaten; *Jäggi* Art. 967 N 175.

Indossanten, die aus der Garantiefunktion des Indossaments fließen und dem Pfandgläubiger einen wechselmäßigen Regreß gegen den Verpfänder verschaffen würde (OR 1005 I usw.; vorstehend N 60), wird in der schweizerischen Literatur als über den Zweck der Verpfändung hinausgehend gewöhnlich abgelehnt: *Wieland* Art. 901 N 3 a, a. E.; *Bolla* 217/218; *Hiestand* 78/79; *Riggenbach* 48; *Isler* 105; *Beeler* 108; *Bircher* 95; a. M. *Arminjon/Carry* 217/218. — Dagegen besteht die wechselmäßige Haftung der f r ü h e r e n I n d o s s a n t e n, des A u s s t e l l e r s oder der anderen Wechselverpflichteten (OR 1033, 1044). Diejenige des Verpfänders kann vertraglich vorgesehen werden.

h) Der Verpfändung durch Vollindossament steht gleich, wenn der A u s - **83** s t e l l e r das Ordrepapier direkt a n d i e O r d r e d e s P f a n d g l ä u - b i g e r s errichtet (BGE 96 II 382; SJZ 34, 311).

i) S t a t t der Verpfändung, kann man mittels Vollindossaments eine **84** S i c h e r u n g s ü b e r e i g n u n g des Ordrepapiers vornehmen. Sie verschafft dem Erwerber nicht Pfandrecht, sondern fiduziarisches Eigentum am Papier. Die Geschäftspraxis verwendet sie selten. Über die Sicherungsübereignung allgemein: vorn Syst. Teil N 234 ff.

— **3. Blankoindossament,** das zum Unterschied vom Vollindossament **85** den Namen des Indossatars nicht angibt, sondern ihn ausläßt, somit nur die Unterschrift des Indossanten aufweist (OR 1003 II, 1004 II). Seine Zulässigkeit zwecks Verpfändung steht außer Zweifel: BGE 20, 924; 78 II 276; 81 II 202; BlZR 4 Nr. 139 S. 216; 22 Nr. 73 S. 141. — Statt daß der Verpfänder ad hoc in blanco indossiert, kann er auch ein bereits vorhandenes Blankoindossament, mittels dessen das Papier vorher auf ihn übergegangen ist, benützen (OR 1004 Ziff. 3). — Bei Verwendung eines Blankoindossaments beschränkt sich die Form der Verpfändung auf die Übergabe der Urkunde, wie beim Inhaberpapier (ZGB 901 I. BGE 78 II 276; 81 II 202). Die Bankpraxis verwendet das Blankoindossament mit Vorliebe. Seine p f a n d r e c h t l i c h e B e d e u t u n g ist die selbe wie beim Vollindossament (vorstehend N 69—83). Auch hier erhält der Erwerber ungeachtet seiner weitreichenden formellen Legitimation nicht die Stellung eines Eigentümers des Papiers, sondern nur Pfandrecht, solange nicht nachweisbar Sicherungsübereignung vorliegt, was in der Regel nicht zutreffen wird. — BGE 78 II 276 f. will den Schutz des guten Glaubens auf ZGB 884 II (und damit ipso facto auf Art. 933 und 935) stützen, weil das Blankoindossament das Ordrepapier einem Inhaberpapier gleichstelle. Dann gelten die nachstehend N 149 skizzierten Regeln. Demgegenüber will *Jäggi* Art. 967 N 175 auch hier den gutgläubigen Erwerb allein von OR 1006 II herleiten; gleich: *Stark* Art. 933 N 16 f. und vorstehend N 79.

Es ist streitig, ob und wieweit bei S c h u l d b r i e f, G ü l t und **86** N a m e n p f a n d b r i e f das Blankoindossament unzulässig sei (Art. 869 II;

Pfandbriefgesetz von 1930 Art. 7 II, a.E.). Über Einzelheiten: *Leemann* Art. 859 N 3, Art. 869 N 14 ff.; *Beeler* 253; *Weinberg* (zit. nachstehend N 154) 66 ff.; s. auch BGE 81 II 115/16; neustens *Zobl* ZBGR 59, 207 f. (gegen Zulässigkeit; mit Literaturübersicht).

87 — **4.** Das **Vollmachtsindossament (Prokuraindossament,** OR 1008) ist zur Verpfändung untauglich, es sei denn, die Auslegung des Pfandvertrags ergebe, daß die Parteien ungeachtet der Wahl dieser andern Zwecken dienenden Art von Indossament in Wirklichkeit d o c h eine Verpfändung wollten (OR 18; BGE 38 II 159; vorn Komm. Art. 900 N 24).

c) Verpfändung mittels «Abtretungserklärung»

1. Entstehungsgeschichte der Gesetzesstelle und Kritik

88 Nach Al. II / Art. 901 kann die Verpfändung statt mittels Indossaments auch durch «A b t r e t u n g s e r k l ä r u n g» vorgenommen werden (franz. Text «cession», ital. »dichiarazione di cessione»). Der Ausdruck erscheint verfehlt, die Tragweite der Stelle ist nicht klar. Denn nicht um Abtretung eines Rechts handelt es sich, sondern um Verpfändung, und die für Ordrepapiere charakteristische Verpfändung, wie auch die Abtretung, erfolgt mittels des in Al. II / Art. 901 vorweg erwähnten Indossaments, und nicht durch «Abtretungserklärung». — Zur Erläuterung muß man auf die Materialien greifen. VE 880 III und E 886 II erwähnten für die Verpfändung der Ordrepapiere einzig das Indossament. Die Kommission des Nationalrates fügte die «Abtretungserklärung» ein, weil das Bundesgericht in BGE 20, 922 ff. den Vermerk «Bon pour cession» als zur Verpfändung von Namenaktien untauglich erklärt hatte (StenBull StR 1906, 1427. Ähnlich wie das BGr das Zürcher Obergericht, BlZR 4 Nr. 139). Man wollte, wie die Bemerkungen des ständerätlichen Referenten zeigen, diese Gerichtspraxis für die Zukunft verhindern, indem das Gesetz einen Abtretungsvermerk ausdrücklich als genügende Erklärung des Verpfändungswillens bezeichnen sollte. Während der Referent des Nationalrates die «Abtretungserklärung» allein auf die Namenpapiere bezog, faßte sie der Referent des Ständerates als sowohl die Ordrepapiere wie die Namenpapiere erfassend auf; vgl. einerseits StenBull NR 1906, 693/694 (und offenbar im gleichen Sinne Erl II 330 N 1), anderseits StR 1906, 1427. Dem heutigen Wortlaut nach ist die letztere Ansicht zutreffend (BGE 42 III 296), wenn auch wenig sinnvoll. — Die Aufnahme der «Abtretungserklärung» in das Al. II / Art. 901 steht in Einklang mit der einst die Wertpapierliteratur beherrschenden, aber längst überwundenen Ansicht, daß ein Indossament grundsätzlich eine Ü b e r t r a g u n g der Ansprüche aus dem Wechsel zu v o l l e m Recht bedeute, also virtuell immer auf eine Abtretung hinauskomme (darüber *Stau-dinger* § 1292 N 2b).

Wie die geschilderten Motive zeigen, ist das Ziel des Passus «Abtretungs- **89** erklärung» einzig die A u s l e g u n g einschlägiger Willenserklärungen. Deren Interpretation im Sinne der Annahme des Verpfändungswillens soll ermöglicht werden. Dieses gesetzgeberische Motiv ist fragwürdig; denn die Auslegung von Einzelheiten der Willenserklärungen überläßt das Gesetz besser dem Richter. Dieser ist auf Grund der Art. 18 OR / 2 ZGB in der Lage, eine auf «Abtretung» lautende Erklärung als V e r p f ä n d u n g, namentlich als eine solche mittels Indossaments, aufzufassen, wenn dies den Umständen entspricht (gleich im Ergebnis schon Alf. *Wieland* in seiner auf aOR 214 und die zit. Urteile BGE 20, 922 ff. und BlZR 4 Nr. 139 bezüglichen Abhandlung in ZSR 25, 353 ff., bes. 361/362, 372).

Die Erwähnung allein des I n d o s s a m e n t s in Al. II / Art. 901 hätte **90** folglich g e n ü g t. Es wäre dann deutlicher als jetzt aus dem Gesetz hervorgegangen, daß der nicht wertpapiermäßigen Verpfändung nach Art. 900 die wertpapiermäßige gemäß Art. 901 gegenüber steht und damit eine verständliche Ordnung geschaffen worden. — Die geltende Regelung hat in der Literatur immer wieder Wirrnis hervorgerufen.

2. Bedeutung der Gesetzesstelle

Folgendes ist die Bedeutung des Passus «A b t r e t u n g s e r k l ä r u n g»:
— 1. V e r p f ä n d u n g hat man nicht nur vor sich, wenn der Verpfänder **91** in der üblichen Form ein sachgemäßes Indossament anbringt, sondern auch, wenn er einen Vermerk mit Ausdrücken wie «Abtretung», «Zession», «zediert an» oder dergl. verwendet, sofern die Auslegung auf Verpfändung und nicht auf Abtretung schließen läßt (OR 18; dazu vorn Komm. Art. 900 N 24). Auf diese A u s l e g u n g hinzuweisen ist, wie die eben dargelegte Entstehungsgeschichte zeigt, der einzige Zweck des Passus «Abtretungserklärung». Diese Auffassung drängt sich nicht nur auf Grund der Materialien auf, sondern ist rational befriedigend, was entscheidend ist.

— 2. Die «A b t r e t u n g s e r k l ä r u n g» erzeugt w e r t - **92** p a p i e r m ä ß i g e W i r k u n g e n (vorstehend N 61), weil sie, wenn a u f d a s W e r t p a p i e r s e l b e r g e s e t z t, als Indossament aufzufassen ist (OR 1001; Alf. *Wieland* ZSR 25, 372; *Jäggi* Art. 967 N 95; *Ribi* [zit. vorstehend N 8] 173 ff.). So im Ergebnis BGE 42 III 278, 298/299; 44 III 48; 50 II 341; a. M. *Beeler* 111/112 und derselbe SJZ 31, 241 ff., sowie gestützt auf ihn *Isler* 123 ff., *Bircher* 73 und schon vorher *Bolla* 220, *Hiestand* 82, Hans *Meyer* 74, *Riggenbach* 33. — *Beeler* schließt aus dem Umstand, daß das Gesetz das Indossament und die «Abtretungserklärung» nebeneinander erwähnt, die letztere habe nicht wertpapiermäßige Bedeutung, weil die Parteien, wenn sie schon nicht zum Indossament greifen, in der in ihrem Vermerk auf dem Wertpapier gebrauchten Wendung «Abtretung» deutlich die Absicht äußern, n i c h t eine wertpapiermäßige Verpfändung vorzunehmen. Diese Argumentation übersieht, daß der Sinn der gesetzlichen Erwähnung der «Abtretungserklärung» gerade und n u r der ist, eine «Abtretung» als Verpfändung zu interpretieren. Zudem ist fraglich, ob der Verpfänder, der seinen Vermerk nach Art der Indossierung a u f das Wertpapier setzt, tatsächlich dessen wertpapiermäßige Wirkung n i c h t will. Das ist zwar denkbar, müßte aber bewiesen sein; die faktische Vermutung geht jedenfalls in der umgekehrten Richtung. Die vom Verpfänder auf das Papier gesetzte «Abtretungserklärung» kann folglich, entgegen der Ansicht *Beelers*, a l l e i n noch nicht dartun, daß nicht die — wertpapiermäßige — Wirkung des Indossaments gewollt ist. Nur in diesem beschränkenden Sinn kann die «Abtretungserklärung» zur Beseitigung der wertpapiermässigen Wirkungen der Verpfändung führen. — Eugen *Huber*, Bericht/OR 1920, 184 faßt offenbar, wie soeben vorgeschlagen, Indossament und «Abtretungserklärung» als gleichbedeutend auf.

93 Die befürwortete Lösung steht im Einklang mit dem System des Gesetzes, das die Verpfändung der Wertpapiere (Art. 901) der Verpfändung der gewöhnlichen Forderungen (Art. 900) gegenüberstellt. Diese Einteilung hat, wie sich jetzt zeigt, zusätzlich die Tragweite, daß man mit der Verpfändung gemäß Art. 901 zugleich eine w e r t p a p i e r m ä ß i g e Verpfändung vor sich hat, so daß die nicht wertpapiermäßige ihren Sitz a l l e i n in Art. 900 hat. Ausgenommen sind von dieser Einteilung freilich die Namenpapiere, die zwar zu den Wertpapieren gehören und unter Art. 901 fallen, aber nicht an typisch wertpapiermäßigen Wirkungen teilhaben, wie die Inhaber- und die Ordrepapiere. Sie waren denn auch im bundesrätlichen Entwurf richtigerweise der Ordnung der gewöhnlichen Forderungen unterstellt (E Art. 885 I, der dem heutigen Art. 900 entspricht).

94 — 3. Wird die «Abtretungserklärung» als Indossament aufgefaßt, was für die Regel der Fall ist, so hat sie die Bedeutung eines V o l l i n d o s s a m e n t s (vorstehend N 69 ff.), weil sie wie dieses formell eine volle Übertragung des im Wertpapier verbrieften Rechts verurkundet, ohne freilich materiell diese Tragweite zu besitzen (N 69).

95 — 4. Eine «Abtretungserklärung» auf b e s o n d e r e r U r k u n d e, statt auf dem Wertpapier selber, hat nicht wertpapiermäßige Wirkungen (BGE 42 III 278, 298—299), sondern die Bedeutung des Vorgehens nach Art. 900 (nachstehend N 98) und muß die Voraussetzungen dieser Vorschrift erfüllen (gleich im Ergebnis *Jäggi* Art. 967 N 88, 90 ff.; *Ribi* [zit. N 8] 169 ff.). Sie führt aber nur dann zur Verpfändung, wenn die Auslegung die Annahme des Verpfändungswillens (statt des Zessionswillens) rechtfertigt. — Eine e i g e n e

Art der Verpfändung, wie *Isler* 131 und der ihm folgende *Bircher* 74 annehmen, ist dieser Weg nicht.

d) Verpfändung mittels Verpfändungserklärung

Wenn schon eine als «Abtretung» formulierte Erklärung nach der Vorschrift **96** des Al. II / Art. 901 zur Verpfändung genügt, so ist um so mehr anzunehmen, daß eine ausdrücklich von «V e r p f ä n d u n g» sprechende Erklärung zur Begründung eines Pfandrechts tauglich ist (BGE 42 III 296/297). Sie hat die gleiche Bedeutung wie die «Abtretungserklärung» (vorstehend N 92): w e r t - p a p i e r m ä ß i g e Wirkungen, wenn sie auf das Wertpapier selber gesetzt ist (BGE 42 III 298/299). Sie ist als o f f e n e s P f a n d i n d o s s a m e n t aufzufassen (vorstehend N 65 ff.), weil die Erklärung a u s d r ü c k l i c h auf die V e r p f ä n d u n g hinweist.

Einer Verpfändungserklärung auf b e s o n d e r e r U r k u n d e, statt auf **97** dem Wertpapier selber, fehlen die wertpapiermäßigen Wirkungen (BGE 42 III 278, 298—299); sie fällt unter Art. 900 (nachstehend N 98) und muß die Voraussetzungen dieser Vorschrift erfüllen. — Anders *Isler* 133/134 und *Bircher* 75/76, die hier eine weitere eigene Art der Verpfändung unterstellen, welche zwar derjenigen nach Art. 900 gleiche, aber andere Voraussetzungen kenne. Das Gesetz bietet hierfür keine Stütze. Es wäre auch bedenklich, die ohnehin undurchsichtige Ordnung des Gesetzes durch neue Varianten der Verpfändung mit eigenen Voraussetzungen zu komplizieren.

e) Verpfändung mittels gesonderten schriftlichen Pfandvertrags (Art. 900)

Statt nach Al. II / Art. 901 vorzugehen, können die Parteien einen g e - **98** s o n d e r t e n s c h r i f t l i c h e n P f a n d v e r t r a g gemäß Art. 900 abschließen. Das Wertpapier ist der Schuldschein im Sinne dieser Vorschrift und ist nach deren Al. I zu übergeben. Pfandgegenstand ist nicht das Wertpapier, sondern schlechthin die im Ordrepapier verurkundete F o r d e r u n g. Die Verpfändung erzeugt n i c h t w e r t p a p i e r m ä ß i g e W i r k u n g e n (BGE 42 III 298—299; 81 II 115; vorstehend N 61 ff.). Eine einseitige Erklärung des Verpfänders genügt, um den P f a n d v e r t r a g e n t s t e h e n zu lassen, sofern das Akzept des Pfandgläubigers konkludent erfolgt (vorn Komm. Art. 900 N 20). Es bedarf keines Indossaments oder sonstigen Vermerks auf dem Wertpapier selber (BGE 42 III 300)[a]. Vielmehr ist es ein Vorzug

---

[98a] Gl. M. *Bühlmann* ZBJV 49, 279; Eugen *Huber*, Bericht/OR 1920, 182; Botschaft OR 1928, 109 und zugehöriger Entwurf Art. 947 I; *Beeler* 112. A. M. noch *Trümpy* und *César* ZBJV 51, 495; 52, 14.

dieser Art Verpfändung, daß sie auf dem Wertpapier keine Spuren hinterläßt. Im Bankverkehr kommt sie häufig zur Anwendung auf Grund der üblichen Pfandklauseln, die der Bank zum voraus und generell das Pfandrecht an allen in ihren Besitz gelangenden Wertpapieren einräumen (vorn Komm. Art. 884 N 35, 183; BGE 42 III 300 Ziff. 5, a. E.): die Pfandklausel ist der Pfandvertrag im Sinne des Art. 900, das Pfandrecht entsteht mit dem Besitzerwerb durch die Bank. Nachteilig ist das Fehlen der wertpapiermäßigen Wirkungen, namentlich der Einredebeschränkung (vorstehend N 62).

99 Über die V e r p f ä n d u n g n a c h A r t. 900 vgl. im übrigen die Bemerkungen des Komm. zu dieser Bestimmung.

100 Die Z u l ä s s i g k e i t der nicht wertpapiermäßigen Verpfändung gemäß Art. 900 steht seit dem grundlegenden Urteil BGE 42 III 297 ff. fest (gleiche Auffassung schon vorher BGE 42 III 278 und seither 61 II 333; 81 II 115). Sie ist in der parlamentarischen Beratung in Aussicht genommen worden[a], als Neuerung gegenüber der bundesgerichtlichen Auffassung des Art. 214 aOR, wonach für Ordrepapiere a l l e i n die wertpapiermäßige Verpfändung zulässig sei: BGE 20, 927; wie dieses Urteil das Zürcher Obergericht BlZR 4 Nr. 139 S. 216; gegenteilig jedoch bereits HE 6, 127; *Horber* 56; *Wieland* Art. 901 N 3 c und de lege ferenda Alf. *Wieland* ZSR 25, 356. — Indessen fand auch n a c h dem Erlaß des *ZGB* die strengere Auffassung der ausschließlichen Anwendbarkeit des Art. 901 auf die Verpfändung von Wertpapieren ihre Befürworter: *Rothen* und *César* ZBJV 49, 398 ff. und 52, 10 ff.; *Rossel/Mentha* n° 1677. Für die Anwendbarkeit des Art. 900 sprachen sich hingegen aus: *Bühlmann* und *Trümpi* ZBJV 49, 275 ff. und 51, 489 ff.; Hans *Trümpi*, Der Gläubigerwechsel bei den Grundpfandtiteln (Diss. Bern 1915) 96 ff.; Eugen *Huber*, Bericht/OR 1920, 182 (unter Bezugnahme auf die Diskussion in der ZBJV); Botschaft OR 1928, 109. Der Entwurf OR 1928 Art. 947 I sah das Vorgehen gemäß ZGB 900 ausdrücklich vor. Gl. M. ist aus der kantonalen Judikatur SJZ 34, 15 und durchweg die neuere Literatur. Statt vieler seien angeführt: *Stark* Art. 933 N 17 a. E.; *Egger*, Ausgewählte Schriften und Abhandlungen II (Zürich 1957) 230 ff.; *Glettig* (zit. vorstehend N 23) 142/43; *Ribi* (zit. vorstehend N 8) 170; Fred *Glücksmann*, Die Rechtsnatur der Sparhefte (Diss. Zürich 1971) 73/74; *Schweri* (zit. vorstehend N 23) 82 ff.; *Zobl* ZBGR 59, 209; *Boemle* (zit. vorstehend N 8) 22; *Albisetti/Bodmer* u. a. 618. Der Sache nach auch *Jäggi* Art. 967 N 90 ff., 175 a. E. (s. bes. N 96, wo er ausdrücklich der hier vertretenen Auffassung zustimmt). — Die Kontroverse darf als durch die bundesgerichtliche Judikatur beseitigt gelten. Freilich ist nicht zu übersehen, daß die Zulässigkeit der Verpfändung gemäß Art. 900 im Gesetz keinen Ausdruck gefunden hat; gegenteils läßt die Formel des Al. II/Art. 901:

[100a] StenBull NR 1906, 694 und 695/696; StR 1906, 1427.

«... bedarf es ...» («ne peut avoir lieu que», «occorre») auf einen Zwang zum Vorgehen nach dieser Vorschrift schließen. In den Entwürfen zum ZGB und in den ursprünglichen Beschlüssen der eidgenössischen Räte stand dagegen (wie heute in Al. I/Art. 901), daß die wertpapiermäßige Form der Verpfändung «genügt». Es ist die Redaktionskommission, die unglücklicherweise das Wort «genügt» durch «bedarf es» ersetzt hat (darüber näher die zit. Aufsätze in der ZBJV). Das Bundesgericht hat angenommen, daß darin keine materielle Änderung des beabsichtigten Inhalts der Vorschrift liege (BGE 42 III 297/298).

Im deutschen und italienischen Recht gilt ebenfalls die Verpfändung von **101** W e r t p a p i e r e n in der Form der Verpfändung der g e w ö h n l i c h e n Forderungen als zulässig (*Staudinger* § 1292 N 3). Im französischen Recht ist diese Lösung dagegen nicht unbestritten.

Die Zulässigkeit des Vorgehens nach Art. 900 gilt auch für S c h u l d - **102** b r i e f und G ü l t, ungeachtet der Vorschrift Art. 869 II (BGE 42 III 299/300; 81 II 115), und neben den Ordrepapieren für die I n h a b e r - und N a m e n p a p i e r e.

f) Verweigerung der Vollzugshandlung seitens des Verpfänders

Die Verpfändung kommt gemäß Al. II/Art. 901 nur zustande, wenn der **103** Verpfänder den P f a n d v e r t r a g e r f ü l l t (Komm. Art. 884 N 88 ff.), was mittels der im Gesetz vorgeschriebenen V o l l z u g s h a n d l u n g e n geschieht: Übergabe der Urkunde und Vornahme des Indossaments, der «Abtretungserklärung» oder Verpfändungserklärung. Weigert sich der Verpfänder, diese letzteren Erklärungen abzugeben, so tritt das hierüber ergehende Urteil an die Stelle der fehlenden Willensäußerung und gilt als genügende Grundlage für die Entstehung des Pfandrechts: ZBJV 72, 757 = SJZ 33, 74; BGE 97 II 51 f.; Bundeszivilprozeß vom 4. Dez. 1947 Art. 78; *von Tuhr/Escher* § 67 III bei N 38 ff.; *Kummer* ZSR 73, 163 ff.; vgl. auch den Text des Art. 166 OR. Über den Ersatz der fehlenden Indossierung *Kummer* 192 f. — Das gleiche gilt bei der Verpfändung nach Art. 900: Wenn der Gläubiger auf Grund des ohne Indossament, «Abtretungserklärung» oder Verpfändungserklärung entstandenen Pfandrechts das Ordrepapier privat verwerten will, bedarf er zur Veräußerung an einen Dritten eines Indossaments oder einer sonstigen Erklärung des Verpfänders oder eines Ersatzes hiefür (s. soeben; *Kaderli* 30/31; *Albisetti/Bodmer* u. a. 618). — Solche Schwierigkeiten vermeidet namentlich die Verpfändung mittels Blankoindossaments. — Über den Vollzug der Übertragung des Besitzes an der Urkunde: vorn Komm. Art. 884 N 104/105. — Über die Verwertung weiter Art. 891 N 61.

VI. Verpfändung von Namenpapieren
(Rektapapieren; Al. II/Art. 901)

A. Wesen des Namenpapiers

104 «Ein Wertpapier gilt als N a m e n p a p i e r, wenn es auf einen bestimmten Namen lautet und weder an Ordre gestellt, noch gesetzlich als Ordrepapier
erklärt ist» (OR 974). Die Namenpapiere (früher gerne als Rektapapiere bezeichnet) stehen so sehr an der unteren Grenze der Wertpapiere, daß die bundesgerichtliche Praxis ihnen lange die heute gesetzlich anerkannte Wertpapiereigenschaft bestritten hat. Ihr sachenrechtlicher Einschlag ist gering. Die (volle)
Übertragung des Rechts bedarf neben der Übertragung der Urkunde einer
Zession; nimmt diese die äußere Gestalt eines Indossaments an, so fehlen
letzterem die für die Ordrepapiere typischen Wirkungen (OR 975; 967 I/II;
968/969; 1004 ff.; BGE 43 II 768; vorstehend N 60 ff.): die Einredebeschränkung und grundsätzlich der Schutz des guten Glaubens. Die Namenpapiere
werden deshalb als «nicht skripturrechtliche» oder «unvollkommene» Wertpapiere bezeichnet. — Für Einzelheiten vgl. die wertpapierrechtliche Literatur
(einige Angaben vorstehend N 8) und Judikatur; die gesetzliche Regelung findet
sich in OR 974—977, ergänzt durch 965—973. Anschauliche Skizze bei *Boemle*
(zit. N 8) 22 ff. Über die Abgrenzung von den Beweisurkunden und Legitima-
tionspapieren: vorstehend N 12 ff.; über die hinkenden Inhaberpapiere: OR 976
und vorstehend N 15.

105 Hinsichtlich der E r s c h e i n u n g s f o r m ist zu beachten, daß auf den
Namen lautende Wertpapiere dann nicht Namenpapiere sind, wenn sie zugleich
an Ordre ausgestellt oder von Gesetzes wegen als Ordrepapiere behandelt
werden, wie die Namenaktien, -schuldbriefe und -gülten (vorstehend N 56).
Namenpapiere sind u. a. der Rektawechsel und Rektacheck (OR 1001 II, 1108
II), vinkulierte Inhaber- und Ordrepapiere (OR 970 II; anders meist vinkulierte Aktien, Komm. Art. 899 N 33). Als Namenpapiere k ö n n e n auftreten
(was aber in der Geschäftspraxis selten ist) die demgemäß ausgestalteten
Kassenobligationen, Aktien (wenn die Statuten es vorsehen), Warenpapiere
u. a. m. In der Judikatur wurden ab und zu einzelne Ordrepapiere irrtümlich
als Namenpapiere behandelt (so Namenschuldbriefe in SJZ 17, 108; ZBJV 73,
45/46 = SJZ 34, 15; mißverständlich auch BGE 42 III 278). Über die Rekta-
klauseln der verschiedenen gesetzlichen Ordrepapiere, wodurch diese zu
Namenpapieren werden, *Jäggi* Art. 974 N 21 ff.; *Bruderer* 41 ff.; dort auch eine
Kasuistik der Namenpapiere überhaupt, desgleichen bei *Jäggi* Art. 974 N 17 ff.
und *Boemle* (zit. N 8) 22.

106 In der Geschäftspraxis werden Namenpapiere s e l t e n v e r p f ä n d e t.

B. Arten der Verpfändung

a) Gemeinsame Regeln

Die Verpfändung erfordert zunächst die Erfüllung der allgemeinen, vor- **107** stehend N 30—40 aufgezählten Voraussetzungen, darunter stets die Ü b e r - t r a g u n g   d e s   B e s i t z e s an der Urkunde (Art. 901 II, 900 I, OR 967 I). Die letztere richtet sich nach ZGB 884 I/III; darüber vorstehend N 34. Im übrigen gilt Al. II/Art. 901; statt dessen ist auch Art. 900 anwendbar.

Keiner der anschließend zu besprechenden Wege der Verpfändung zeitigt **108** wertpapiermäßige («skripturrechtliche») Wirkungen; e s   g i b t   f ü r   d i e N a m e n p a p i e r e   k e i n e   w e r t p a p i e r m ä ß i g e   V e r p f ä n - d u n g, gleichgültig, ob Art. 901 II oder Art. 900 angewandt werde. Das Gesetz sieht die besonderen wertpapiermäßigen Wirkungen, die die Verpfändung von Inhaber- und Ordrepapieren gegebenenfalls kraft ausdrücklicher Vorschriften zeitigt, bei den Namenpapieren nicht vor. Namentlich der Gegensatz zur Ordnung für die Ordrepapiere ist hervorzuheben (vorstehend N 57 ff.; BGE 43 II 768). Es tritt k e i n «spezifisch wertpapierrechtlicher», sachenrechtlicher, grundsätzlicher S c h u t z   d e s   g u t e n   G l a u b e n s ein, weder in Gestalt einer E i n r e d e b e s c h r ä n k u n g, noch in Form des Schutzes des g u t g l ä u b i g e n   E r w e r b s nach der Weise des Art. 884 II (*Jäggi* Art. 967 N 176 f; *Stark* Art. 933 N 18; *Ribi* [zit. N 8] 200 ff.). Vielmehr erhält der Pfandgläubiger insofern nur soviel Rechte, als der Verpfänder hat. Es gilt der Satz «nemo plus iuris ad alium transferre potest quam ipse habet». Die Rechtslage ist, selbst beim Vorgehen nach Al. II/Art. 901, grundsätzlich gleich wie bei der Verpfändung einer gewöhnlichen Forderung nach Art. 900 (dort Komm. N 103). (E 885 I hatte denn auch die Namenpapiere der selben Vorschrift unterstellt wie die gewöhnlichen Forderungen.) Aus der Person sämtlicher Vormänner können Einreden abgeleitet werden; ob solche sich auf den Wortlaut der Urkunde stützen, ob der Pfandgläubiger diesem vertraut hat, ist belanglos. Die L e g i t i m a t i o n   d e s   V e r - p f ä n d e r s muß aus einer lückenlosen Reihe von Zessionen hervorgehen. (So an sich zutreffend SJZ 17, 109, wo aber ein Namenschuldbrief zu Unrecht als Namenpapier behandelt wird.)

Ein wertpapiermäßiges Element ist immerhin in Gestalt einer L e g i t i m a - **109** t i o n s w i r k u n g in folgender Hinsicht vorhanden: wird die Verpfändung mittels gewöhnlichen Indossaments (d. h. ohne auf die V e r p f ä n d u n g hinweisenden Zusatz) oder mittels einer «Abtretungserklärung» vorgenommen (nachstehend N 113, 114), so ist der Pfandgläubiger durch den betreffenden Übertragungsakt und den Besitz des Namenpapiers Dritten gegenüber w i e ein Zessionar legitimiert. Er ist in der Lage, aber nicht berechtigt, die verpfändete Forderung bei Verfall, entgegen der Regelung des Art. 906, einzuziehen. Der gutgläubige Drittschuldner wird durch die Zahlung befreit (OR 975, 966 II). Der Verpfänder kann sich hiegegen schützen durch die Benützung einer der anschließend erwähnten, ausdrücklich die Verpfändung als solche offenbarenden Verpfändungsarten, ferner durch die Anzeige an den Drittschuldner Art. 906 II; abweichend *Bruderer* 117). Die Anzeige schützt auch den Pfandgläubiger gegen das Einziehen der Forderung allein durch den Verpfänder. Die gleiche Wirkung hat jedoch schon der Verlust des Besitzes am Namenpapier seitens des Verpfänders, der die Urkunde zwecks Verpfändung dem Pfandgläubiger übergeben muß; denn der Drittschuldner darf nur an den u. a. durch den B e s i t z ausgewiesenen Gläubiger leisten (OR 975). — Die Legitimationswirkung ist verstärkt bei den h i n k e n d e n I n h a b e r p a p i e r e n (OR 976; vorstehend N 15). — Es ist streitig, ob die Legitimationswirkung so weit geht, daß der durch gewöhnliches Indossament oder «Abtretungserklärung» sowie den Besitz der Urkunde formell w i e ein Zessionar ausgewiesene Pfandgläubiger einem g u t g l ä u b i g e n D r i t t e n (illegitimerweise) den Erwerb des Namenpapiers oder Pfandrecht daran verschaffen kann. Bejahend *Beeler* 115; *Bruderer* 114; *Bircher* 54; *Jäggi* Art. 967 N 177 a. E.; dagegen *Bolla* 215; Hans *Meyer* 104). Verneint man grundsätzlich den Schutz des gutgläubigen Erwerbs (vorstehend N 108), dann gilt dies auch hier.

110   B l a n k o indossament, «Abtretungserklärung in blanco, oder Indossament und «Abtretungserklärung» auf den I n h a b e r ausgestellt, gelten als zulässig: Eugen *Huber*, Bericht / OR 1920, 183; *Beeler* 88, 115 lit. e; *Bruderer* 6, 110; *Jäggi* Art. 967 N 100 ff.; *Zappia* (zit. vorstehend N 8) 39.

111   Über die V e r w e i g e r u n g d e r V o l l z u g s h a n d l u n g s e i - t e n s d e s V e r p f ä n d e r s (d. h. der Vornahme des Indossaments usw.): vorstehend N 103.

112   Die V e r p f ä n d u n g s a r t e n sind, wie Al. II / Art. 901 zeigt, die selben für die Namenpapiere wie für die Ordrepapiere; grundlegend ist auch hier BGE 42 III 298; ferner ZBJV 73, 46 = SJZ 34, 15/16 (wo indessen ein Namenschuldbrief irrtümlich als Namenpapier statt als Ordrepapier behandelt wird).

b) Verpfändung mittels Indossaments

113   Unter dem in Al. II / Art. 901 vorgesehenen Indossament ist ein die Übertragung von Rechten aus dem Namenpapier bezweckender Vermerk auf dem Papier selber zu verstehen. Seine Form richtet sich nach Wechselrecht (OR 968). Dagegen fehlt ihm gemäß dem vorstehend N 108 Gesagten jede der für die Ordrepapiere typischen wertpapiermäßigen Wirkungen (OR 969 im Gegensatz zu 1004 ff.; Eugen *Huber*, Bericht / OR 1920, 184). Ob das Indossament nach Art des offenen Pfandindossaments einen auf die Verpfändung hindeutenden

Zusatz enthält oder wie ein Vollindossament schlechthin die Übertragung verurkundet, ist unerheblich. Im letzteren Fall muß aber klargemacht sein, daß
Verpfändung und nicht Sicherungszession gewollt ist.

c) Verpfändung mittels «Abtretungserklärung»

Eine solche ist, wie für die Ordre-, so für die Namenpapiere in Al. II / **114**
Art. 901 vorgesehen; darüber näher vorstehend N 88, 91. Die «Abtretungserklärung» kann auf dem Namenpapier stehen oder auf einer besonderen Urkunde; im letzteren Fall hat man das Vorgehen gemäß Art. 900 vor sich, und
dessen Voraussetzungen müssen erfüllt sein (vorstehend N 95).

d) Verpfändung mittels Verpfändungserklärung

Sie hat die gleiche Tragweite wie die «Abtretungserklärung» (BGE 42 III **115**
296/297) und kann, wie soeben für diese erwähnt, auf dem Namenpapier stehen
oder auf besonderer Urkunde; im zweiten Fall bedeutet dies wiederum ein Vorgehen nach Art. 900 (vorstehend N 97).

e) Verpfändung mittels gesonderten schriftlichen Pfandvertrags (Art. 900)

Die Parteien können von vornherein von der Anwendung des Al. II / Art. 901 **116**
absehen und gemäß Art. 900 vorgehen: Abschluß eines b e s o n d e r e n
s c h r i f t l i c h e n P f a n d v e r t r a g s und Übergabe des Namenpapiers
als des Schuldscheins im Sinne des Al. I / Art. 900. Über die Zulässigkeit vorstehend N 100. Ein Indossament oder sonstiger Vermerk auf dem Wertpapier
selber ist nicht erforderlich (OR 967 II). Der Verpfandvertrag kann in der im
Bankverkehr üblichen Pfandklausel bestehen, wonach der Bank zum voraus und
generell das Pfandrecht an allen in ihren Besitz gelangenden Wertpapieren eingeräumt wird (vorn Komm. Art. 884 N 35, 183). Es bedarf dann nurmehr der
Übergabe der Urkunde.

Über die V e r p f ä n d u n g n a c h A r t. 900 vgl. im übrigen die Aus- **117**
führungen zu dieser Bestimmung.

VII. Besondere Anwendungsfälle

A. Verpfändung von Schuldbriefen und Gülten

a) Allgemeine Grundsätze — Verpfändung durch den Grundpfandgläubiger

118 Die beiden Arten von (Grund-) P f a n d t i t e l n — Schuldbrief und Gült — unterstehen als W e r t p a p i e r e der Verpfändung gemäß Art. 901 (in Verbindung mit Art. 968/969), dürfen aber auch nach Art. 900 verpfändet werden (vorstehend N 102). Pfandtitel (Art. 856 I, 859 I) auf den Inhaber sind I n h a b e r p a p i e r e, und auf sie ist Al. I / Art. 901 anwendbar; solche auf den Namen sind nicht Namenpapiere, sondern O r d r e p a p i e r e und fallen unter Al. II / Art. 901 (vorstehend N 26, 105 mit Belegen). Neben den einschlägigen w e r t p a p i e r r e c h t l i c h e n Vorschriften (OR 965 ff.) gelten diejenigen des Immobiliar - S a c h e n r e c h t s, namentlich über den Schutz des guten Glaubens und die Einredebeschränkung (ZGB 865—867, 872, 973; OR 973, 989). Die besonders bei Schuldbriefen beliebte V e r p f ä n d u n g, deren Z u l ä s s i g k e i t in Art. 868 I ausdrücklich erwähnt ist, begründet ein Pfandrecht einerseits am Wertpapier, anderseits an der in ihm verkörperten F o r d e r u n g. Mit letzterer ist auf die dem Schuldbrief und der Gült eigene Art ein G r u n d p f a n d r e c h t v e r b u n d e n, so daß sich das Fahrnispfandrecht auf dieses erstreckt, ohne daß aber der Fahrnispfandgläubiger die Stellung eines Grundpfandgläubigers erhält. Vielmehr verschafft diese Art der Verpfändung dem Gläubiger nur Anspruch auf Deckung aus dem Erlös des verpfändeten Grundpfand r e c h t s (BGE 68 II 90). — Die Bankpraxis spricht von indirektem Hypothekargeschäft oder -kredit.

119 Über Schuldbrief und Gült i m a l l g e m e i n e n: ZGB 842 ff.; über E i n z e l h e i t e n d e r V e r p f ä n d u n g als Inhaber- oder Ordrepapier: vorstehend N 41 ff. und N 55 ff.; dazu als Belege für die Behandlung dieser Titel als Wertpapiere: statt vieler BGE 42 III 296; 50 II 340; 48 III 138; 43 II 767; 93 II 87. Über das Blankoindossament im besonderen: vorstehend N 86.

120 Neben der Verpfändung der Pfandtitel d u r c h d e n G r u n d p f a n d - g l ä u b i g e r, dem sie übergeben worden sind (ZGB 856 I, 857 III, 868 I) — m. a. W. der Verpfändung von Titeln, die ein f r e m d e s G r u n d s t ü c k betreffen —, was als der Normalfall erscheint und woran in den anschließenden Ausführungen N 122—130 vorwiegend gedacht wird, ist auch die Verpfändung von E i g e n t ü m e r p f a n d t i t e l n zulässig; darüber N 131 ff.

121 Aus der **Lit.:** kurze Bemerkungen bei Paul H. *Geiger*, Die Rechtsbeziehungen im Hypothekarkreditgeschäft (Diss. Zürich 1939) 96 ff. und Rudolf *Obrecht*, Grundbucheintrag und Pfandtitel (Diss. Bern 1947) 55 ff.

Folgende Einzelheiten oder Besonderheiten sind h e r v o r z u h e b e n :

Der P f a n d v e r t r a g ist f o r m f r e i gültig (BGE 71 II 265/266), **122** und die Verpfändung des Pfandtitels bedarf k e i n e r E i n t r a g u n g im G r u n d b u c h. Wohl aber kann sich der Fahrnispfandgläubiger im G l ä u - b i g e r r e g i s t e r einschreiben lassen, mit der Wirkung, daß der Grundbuch- verwalter ihm die von Gesetz und Verordnung vorgeschriebenen Anzeigen zu- kommen läßt; GrundbuchV von 1910 Art. 66 und 108; ZGB 969 I, 834. Das Gläubigerregister dient auch zur Information der Betreibungs- und der Konkurs- ämter, zum Teil wieder zuhanden der Pfandgläubiger: SchKG 102 II, 139, 140, 226, 233; BGE 41 III 235/236. Einzelheiten über das Register bei *Leemann* Art. 835 N 3—5 und SJZ 10, 369 ff.; intertemporalrechtliche Ausführungen BGE 71 I 423; über die Formalitäten BGE 71 I 185.

Vor A u s s t e l l u n g d e s P f a n d t i t e l s ist die Verpfändung des **123** Rechts, auf welches Schuldbrief oder Gült hernach lauten werden, aus- geschlossen: Art. 868 I, 869 I; BGE 46 II 361; dazu *Leemann* SJZ 17, 161; *Morgenthaler* ZBJV 57, 548 ff. (anders BlZR 8 Nr. 10 S. 19; 14 Nr. 103 S. 225). Ein vor der Ausstellung des Titels vom Grundbuchamt errichteter «Interimsschein» ersetzt den Titel nicht. (Eine abweichende, aber nicht haltbare Lösung wird in BlZR 16 Nr. 70 S. 102 = SJZ 12, 268 versucht.) Eine Milderung der Auswirkungen dieses Grundsatzes ergibt sich bei der besonderen Konstella- tion laut BGE 93 II 87 f.

Über den U m f a n g d e r P f a n d h a f t : Art. 904 und dort Komm. **124** N 11.

Die R e a l i s i e r u n g des Pfandrechts am Pfandtitel erfolgt gleich, wie **125** diejenige anderer Wertpapiere: sie ist Realisierung des Fahrnispfandrechts (Art. 891 I), nicht des (verpfändeten) Grundpfandrechts (BGE 52 III 158; 78 III 95). Im übrigen ist hinsichtlich der Geltendmachung der im Pfandtitel verkörperten Forderung Art. 906 maßgebend: Es ist Sache des Grundpfand- gläubigers, seine Forderung gegebenenfalls zu k ü n d i g e n, das G r u n d - p f a n d zu realisieren und den Betrag e i n z u z i e h e n, wobei die Zahlung gemäß Al. II/III/Art. 906 erfolgt. Der Fahrnispfandgläubiger ist zu selb- ständigem Vorgehen nur berechtigt, wenn ihm dies vertraglich zugesichert worden ist (Komm. Art. 906 N 52 mit Belegen); nur dann darf e r das Grund- pfand realisieren und die Forderung einziehen.

Über die Behandlung des Fahrnispfandrechts am Pfandtitel in der von einem **126** D r i t t e n veranlaßten V e r w e r t u n g d e s G r u n d s t ü c k s BGE 44 III 62; 56 III 16; 64 III 65 ff.; 68 II 90; 99 III 68/69; BlZR 29 Nr. 158 S. 380. — Die G e w ä h r l e i s t u n g für die Beschaffenheit und den Wert des Pfandgegenstandes richtet sich nach allgemeinen Regeln: Komm. Art. 891 N 12 und SJZ 37, 186. — Über die Einwirkung des N a c h l a ß v e r f a h r e n s e i n e r B a n k auf die Verpfändung von Schuldbriefen durch dieselbe *Sieber*

SJZ 32, 369. — Betreffs der Verpfändung von Pfandtiteln des f r ü h e r e n
k a n t o n a l e n R e c h t s (SchlT zum ZGB 33/34): vorn Syst. Teil N 98.
— Die E n t k r ä f t u n g eines verpfändeten Titels (ZGB 864) bedarf der
Zustimmung des Fahrnispfandgläubigers oder aber eines gegen ihn erwirkten
Urteils (BGE 64 III 69).

126 a Unzulässig ist die Nachverpfändung der a m o r t i s i e r t e n Q u o t e
eines Schuldbriefs mittels der Errichtung eines Forderungspfandrechts (Verw-
Entsch 21 Nr. 63). Im Umfang der amortisierten Quote entsteht nicht ein
Eigentümerschuldbrief, der sich als solcher verpfänden ließe (nachstehend
N 133): BlZR 58 Nr. 3 S. 9.

127 Die G r u n d p f a n d v e r s c h r e i b u n g (Art. 824 ff.) erlaubt mangels
eines Pfandtitels keinen der Verpfändung von Schuldbrief und Gült entsprechenden Vorgang. Bei der Grundpfandverschreibung wird die grundpfänd-
lich gesicherte F o r d e r u n g verpfändet (Art. 900), und das Fahrnispfandrecht an dieser erstreckt sich auf das Grundpfand. Der Fahrnispfandgläubiger
kann die Eintragung in das vorstehend N 122 erwähnte Gläubigerregister verlangen (*Leemann* Art. 835 N 24—26). Die Realisierung ist auch hier jene des
Fahrnispfandrechts (BGE 78 III 95).

128 Von den Pfandtiteln sind scharf zu trennen die in einigen Kantonen, namentlich der französischen Schweiz, anzutreffenden Grundpfandverschreibungen,
mit denen Wertpapierforderungen gesichert werden sollen, vor allem solche auf
den Inhaber: sog. O b l i g a t i o n e n m i t G r u n d p f a n d v e r s c h r e i -
b u n g (H y p o t h e k a r o b l i g a t i o n e n a u f d e n I n h a b e r ,
obligations hypothécaires au porteur. Beispiel einer solchen Urkunde *Bonnard*
[nachstehend zit.] 27). Dies sind Inhaberpapiere, wenn deren wertpapierrechtliche Voraussetzungen erfüllt sind (OR 965, 978). Das Grundpfandrecht hat
indes nicht teil an der Wertpapiereigenschaft der von ihm gesicherten Forderung, sondern bleibt eine gewöhnliche Grundpfandverschreibung. Solche
Obligationen genießen nicht den gleichen öffentlichen Glauben, wie ihn Schuldbrief und Gült kennen (ZGB 685 ff.; *Tuor / Schnyder* § 103 III b). Der Besitz
einer dieser Obligationen bewirkt — wir folgen stets dem Bundesgericht —
keine Vermutung für den Bestand der Grundpfandverschreibung (BGE 77 II
364; 84 II 354; 93 II 85). Soweit sich die Obligationen wirklich als Wertpapiere
erweisen, fallen sie unter ZGB 901. Art. 875 Ziff. 1 sieht die Grundpfandverschreibung zur Sicherung von Anleihensobligationen vor (BGE 84 II 350 ff.).
— Dazu BGE 49 II 19 ff.; 77 II 364 f.; 78 III 94 f.; 93 II 85; 100 II 322;
102 II 93; SJZ 14, 380 ff.; 33, 296 Nr. 225; 69, 170; *Homberger* ZBJV 71,
560 ff.; *Kaderli* 64 N 1; *Guhl* in ZBJV 92, 3 f. (mit Angabe der Kantone, die
diese Rechtsfigur kennen); *Jäggi* Art. 965 N 285, Art. 978 N 25, Art. 979 N 71;
Rud. *Reutlinger*, Die Inhaberobligation mit Grundpfandverschreibung … (Diss.
Neuchâtel 1950); Alex. *Bonnard*, L'obligation hypothécaire au porteur (Diss.

Lausanne 1955); A. *Bolla*, La ipoteca al portatore è conforme al diritto federale? Rep. 1955, 349 ff. (der Verfasser verneint seine Frage für die Ausgestaltung im Tessin). — Vgl. auch vorn Komm. Art. 884 N 136.

Ähnlich wie bei der Grundpfandverschreibung, so wird auch bei dem (in **129** der Schweiz nach deutschem Recht zu beurteilenden) H y p o t h e k e n b r i e f d e s d e u t s c h e n R e c h t s nicht ein Wertpapier, sondern die verbriefte Forderung verpfändet (SJZ 33, 299/300 = ZBJV 73, 622/623).

Über die H y p o t h e k a r b ü r g s c h a f t siehe die bürgschaftsrechtliche **130** Literatur; so *Schönenberger*, Komm. OR, Sachregister (Zürich 1947) unter «Hypothekarbürgschaft».

b) Eigentümerpfandtitel

Neuere Lit. (mit Angaben früherer Schriften): *Tuor/Schnyder* § 95 III — *François* **131** *Guisan*, Le nantissement et la saisie des cédules hypothécaires et des lettres de rente appartenant au propriétaire même de l'immeuble grevé, JT 1926, Droit féd., 194 ff. (auch separat ersch.); derselbe JT 1931, Poursuite pour dettes, 72 ff. — Samuel *Schweizer*, Die Verpfändung von Eigentümergrundpfandforderungen (Diss. Basel 1926) MaschSchr.) — *Georg Gautschi*, Beitrag zur Theorie des Eigentümergrundpfandes (Diss. Zürich 1928) 201 ff. — Gilbert *Payot*, Le nantissement des cédules hypothécaires du propriétaire (Diss. Neuchâtel 1934) — *Kaderli* 64 ff. — André *Perret*, Des droits de gage du propriétaire immobilier sur sa propre chose (Diss. Bern 1952) 85 ff. — Christof *Schellenberg*, Die betreibungsrechtlichen Wirkungen des Eigentümergrundpfandes... (Diss. Zürich 1955). — Dieter *Zobl*, Probleme bei der Verpfändung von Eigentümerschuldbriefen, ZBGR 59, 193 ff. — Otto *Binder*, Die Verpfändung des Eigentümergrundpfandrechts im deutschen und schweiz. Recht (Diss. Basel 1965 MaschSchr).

Für die g r u n d p f a n d r e c h t l i c h e n und b e t r e i b u n g s - **132** r e c h t l i c h e n Seiten dieses Rechtsinstituts sowie für die früher stark diskutierten k o n s t r u k t i v e n Fragen (über letztere umfassend *Gautschi*) sei für Einzelheiten vorweg auf die einschlägige Literatur verwiesen: neben den zit. Schriften *Guhl* in Festgabe Eugen *Huber* (Bern 1919) 75 ff., bes. 85 ff.; *Leemann* Art. 859 N 8 ff.; Eduard *Weber*, Das System der festen Pfandstelle (Diss. Bern 1929) 52 ff.; *Jaeger/Daeniker* I Art. 151 N 2, 5; Art. 152 N 9; Art. 247 N 3; Art. 250 N 1; II S. 171, 191/192, 206, 230. — Eine Übersicht über die Entwicklung der Judikatur und die in der Literatur vertretenen Ansichten gibt *Payot* 10 ff., 37 ff.; Zusammenstellungen der Judikatur auch bei *Gautschi* 202 ff.; *Brodtbeck/Daeppen/Welti*, Bundesgerichtspraxis zum ZGB II (2. A. Zürich 1941) Art. 799, 815, 859, 863. Neueste Übersicht bei *Zobl*.

Art. 859 ZGB anerkennt die Zulässigkeit des E i g e n t ü m e r - G r u n d - **133** p f a n d r e c h t s für Schuldbrief und Gült. Diese Grundpfandrechte haben somit Bestand, auch wenn nicht ein Dritter als Berechtigter auftritt, sondern der Grundeigentümer selber. Grundpfandgläubiger einerseits und Schuldner bzw. belasteter Grundeigentümer anderseits sind die selbe Person. An Art. 859

(auch 863 sowie 873) und an die Praxis zur Zeit des kantonalen Rechts anknüpfend, hat das Bundesgericht in jahrzehntelanger Rechtsprechung, im Einklang mit einer Strömung in der Literatur, die Errichtung eines F a h r n i s p f a n d r e c h t s   a m   E i g e n t ü m e r p f a n d t i t e l   a l s   z u l ä s s i g erachtet: grundlegend BGE 41 III 236 ff., dann u. a. 44 II 251; 52 III 159 ff., dort zit. frühere und zahlreiche seitherige Urteile, so 93 II 85/86, Praxis 67 Nr. 156; eingehend auch bern. App.hof SJZ 10, 227 = ZBJV 50, 17. Die bundesgerichtliche Auffassung ist in Art. 76 der V über die Geschäftsführung der Konkursämter von 1911 und dann in Art. 35, 68 lit. a und 126 der V über die Zwangsverwertung von Grundstücken von 1920 (VZG) virtuell bestätigt worden und muß schon deshalb heute als gesetzlich sanktioniert, als positives Recht, gelten (s. auch BGE 93 II 86). — Das Pfandrecht an Eigentümerpfandtiteln bedeutet einen der Fälle der Verpfändung eines Rechts gegen den Wertpapierschuldner selber (BGE 52 III 159; vorn Komm. Art. 899 N 20, 18).

134   Die Z u l ä s s i g k e i t ist immer wieder mit dem Argument bekämpft worden, die Errichtung eines Fahrnispfandrechts am Eigentümerpfandtitel sei unmöglich, weil ein tauglicher Pfandgegenstand fehle, solange der Titel im Eigentum und in den Händen des belasteten Grundeigentümers steht (schon *Wieland* Art. 859 N 6 c/bb; später u. a. *Guisan* JT 1926, 231; *Payot* 63 ff., Zusammenstellung weiterer Autoren dort 48 ff.). Da eine Verpfändung aber d o c h erfolgt, so ist, wie man schließen muß, nicht der Pfandtitel (genauer: das in ihm verkörperte Recht), sondern das Grundstück selber das Pfandobjekt (*Gautschi* 216/217). — Es ist in der Tat nicht zu übersehen, daß es an einem Grundpfandgläubiger mangelt, dessen Recht als Fahrnis (Art. 899 I) verpfändet würde. Ist kein Grundpfand g l ä u b i g e r da, so fehlt — m a t e r i e l l betrachtet — auch ein Grundpfand r e c h t , das mittels Fahrnispfandrechts zu verpfänden wäre. Wenn durch die Verpfändung des Eigentümerpfandtitels gleichwohl ein Fahrnispfandrecht errichtet wird, so muß sein Gegenstand folgerichtig das Grundstück sein. Der scheinbare Widerspruch löst sich dahin auf, daß durch diesen Vorgang kraft b e s o n d e r e r Ordnung und auf einem Umweg ein G r u n d p f a n d , a b e r i n d e n **Formen** d e s F a h r n i s p f a n d r e c h t s , e r r i c h t e t wird: eine Exzentrizität, die sich die Rechtsordnung ebenso gut erlauben kann, wie sie sich die Freiheit nimmt, einzelne bewegliche Sachen — z. B. Schiffe — in den Formen des Grundpfandrechts statt des Fahrnispfandrechts verpfänden zu lassen (SchRG 38 ff.). — Für Zulässigkeit auch *Piotet* JT 1959, Droit féd., 466 ff., der sich indes zum Teil gegen die hier geäußerte Konzeption wendet.

135   Das als Bestandteil des geltenden Rechts zu betrachtende Institut der Verpfändung von Eigentümerpfandtiteln ist in der G e s c h ä f t s p r a x i s überaus verbreitet.

136   Der E i g e n t ü m e r p f a n d t i t e l e n t s t e h t gewöhnlich, indem man den Titel entweder von Anfang an auf den Namen des Grundeigentümers ausstellt (Art. 859 II), oder aber auf den Inhaber (Art. 859 I), und dann der Grundeigentümer den Titel zunächst in Händen behält, oder wenn der Grundeigentümer einen zurückbezahlten Titel unentkräftet aufbewahrt (Art. 863, 873). Nicht allein der auf den N a m e n des Grundeigentümers ausgestellte Titel, sondern auch der in seiner Hand befindliche I n h a b e r t i t e l ist ein Eigentümerpfandtitel, was in der von der Judikatur verwendeten Terminologie nicht immer klargestellt ist.

Es ist vorstehend behauptet worden, die Verpfändung des Eigentümerpfand- **137** titels bedeute m a t e r i e l l die Verpfändung eines Grundstücks, also die Errichtung eines Grundpfandrechts. F o r m e l l aber, und das ist für die nähere Regelung allein maßgebend, wird — nach dem Vorbild der Verpfändung eines bereits einem Dritten zu Grundpfand gegebenen Titels (vorstehend N 118 ff.) — ein F a h r n i s p f a n d r e c h t begründet. Sein G e g e n - s t a n d i s t d e r T i t e l als Wertpapier und damit die in diesem verkörperte F o r d e r u n g (zustimmend BGE 93 II 86) sowie das mit letzterer verbundene G r u n d p f a n d r e c h t (Schuldbrief oder Gült). Somit ist — immer formell betrachtet — nicht das Grundstück der Pfandgegenstand. Vielmehr hebt der Grundeigentümer eine «Wertquote» aus seinem «Immobiliarvermögen heraus» und macht sie zum Gegenstand einer Verfügung in den Formen des Mobiliarsachenrechts, wie BGE 41 III 266 bildhaft erklärt. Die Regelung des Pfandrechts untersteht folglich grundsätzlich den V o r s c h r i f - t e n d e r A r t. 899 ff. b z w. A r t. 884 ff. (letzteres gestützt auf Art. 899 II); vgl. BGE 52 II 346. — Nach Löschung des Grundpfandrechts wegen Verwertung des Grundstücks besteht das Fahrnispfandrecht an der Ausfallforderung weiter (BJM 1955, 23).

Die E r r i c h t u n g d e s P f a n d r e c h t s erfolgt gemäß Art. 901 **138** (und zwar nach Al. I, wenn ein Inhabertitel vorliegt, nach Al. II, wenn ein Namentitel) oder aber gemäß Art. 900: vorstehend N 118 ff., 98 ff. (dazu BlZR 16 Nr. 177 S. 295). Auch hier ist kein Eintrag im Grundbuch erforderlich (wohl aber für die Schaffung des P f a n d t i t e l s), ebensowenig öffentliche Beurkundung des Pfandvertrags (zustimmend BGE 93 II 86/87). Diese wird dagegen in BGE 71 II 265 gestützt auf Art. 799 II verlangt für die Verpflichtung des Grundeigentümers zur Verpfändung eines künftig zu errichtenden Pfandtitels. Der Fahrnispfandgläubiger kann sich im Gläubigerregister einschreiben lassen (vorstehend N 122). — Vgl. *Zobl* 203 ff.

Nach der Praxis des Bundesgerichts bedarf jede Verpfändung eines der **139** E h e f r a u gehörenden Eigentümerschuldbriefes zugunsten des Ehemannes oder durch diesen der Zustimmung der Vormundschaftsbehörde gemäß Art. 177 III: BGE 63 II 230; ferner 61 II 219 ff.; weniger weit ging noch 59 II 218/219 (ergänzende Angaben bei *Weiß*, Slg. eidg. und kant. Entscheidungen usw.,

II. Serie Bd. I Art. 177 Nr. 1688 ff.; *Lemp*, Komm. Familienrecht (3. A. Bern 1963) Art. 177 N 56; *Zobl* 210. — Die Zustimmung ist nicht erforderlich bei der Eigentümergült, weil hier keine persönliche Forderung entsteht (Art. 847 III im Gegensatz zu Art. 842; BGE 61 II 220/221).

140   Die Gerichtspraxis hat die H a n d h a b u n g   d e s   P f a n d r e c h t s am E i g e n t ü m e r p f a n d t i t e l als eines F a h r n i s pfandrechts n i c h t k o n s e q u e n t durchgeführt. Sondern man hat einzelne der für das Grundpfand geltenden Grundsätze übernommen und damit der Ansicht, daß das Pfandrecht letztlich das Grundstück erfasse, ihren Tribut gezollt (bes. kategorisch SJZ 33, 264 Nr. 191). Geht man hievon aus, so bedarf es auf Grund einer Interessenwürdigung der Abklärung von Fall zu Fall, ob einzelne der vom Gesetz dem G r u n d p f a n d g l ä u b i g e r   z u g e s t a n d e n e n b e s o n d e r e n   R e c h t e auch vom Fahrnispfandgläubiger geltend gemacht werden können. Für die R e g e l ist dies zu verneinen; wer sich mit dem Fahrnispfandrecht begnügt, muß sich mit der hierdurch verschafften Rechtslage bescheiden*. So lehnt es BGE 57 III 121 grundsätzlich ab, analog Art. 806

---

* Diesem Satz wird man rückhaltlos beitreten und die Anwendung von Vorschriften aus dem Grundpfandrecht ablehnen können, wenn das F a u s t p f a n d   a l s   s o l c h e s   v e r - w e r t e t wird. Diesfalls hat im übrigen der Faustpfandgläubiger die Chance, das Faustpfand (den Eigentümerpfandtitel) selber zu ersteigern, womit er Grundpfandgläubiger wird und dessen besondere Rechtsstellung erwirbt.

Zweifel an diesem Satz mögen dagegen erlaubt sein, wenn es zur G r u n d p f a n d v e r - w e r t u n g kommt (Konkurs des Grundeigentümers, Grundpfandbetreibung durch einen Dritten oder aber durch den Faustpfandgläubiger, welchem vertraglich das Kündigungs- und Einziehungsrecht eingeräumt ist, N 142 und Art. 906 N 35). Da die separate Verwertung des verpfändeten Eigentümerpfandtitels von KV 76 verboten wird, kommt es zur Verwertung des Grundpfands (vgl. auch VZG 126 und 35 II). Für diesen Fall ist bei Oftinger nicht ersichtlich, nach welchen K r i t e r i e n er die postulierte Interessenabwägung vornähme.

Als D r i t t i n t e r e s s e n kommen nur diejenigen der übrigen Grundpfandgläubiger (vor allem der nachrangigen) in Frage, im Falle von Art. 812 Abs. 2 auch der nachrangigen Dienstbarkeits- oder Grundlastberechtigten. Diese Dritten müssen jederzeit damit rechnen, daß der Eigentümer seinen Schuldbrief begibt und damit einen echten Grundpfandgläubiger einsetzt; auch damit, daß der Eigentümer die aus dem Gläubigerregister (nur fakultativ!) ersichtliche Faustverpfändung vorher ablöst. (Wenn nicht ausdrücklich so abgemacht, löst dieser Vorgang kein vertragliches Nachrückungsrecht aus.) Die nachgehenden Gläubiger werden somit in keiner berechtigten Erwartung enttäuscht, wenn bei Grundpfandverwertung so viel an Erlös für die Befriedigung des Faustpfandgläubigers reserviert wird, wie eben auf die (Eigentümerschuldbrief-)Pfandstelle entfällt (und an einen Grundpfandgläubiger fiele; so argumentiert auch BGE 41 III 236), einschließlich Schuldzinsen (Art. 818 I Ziff. 3), Mietzinsen (Art. 806), aber z. B. auch unter Beachtung von Art. 818 II, Art. 808 III, Art. 819. — Doch handelt es sich nur um einen M a x i m a l b e t r a g ; die Abrechnung der Faustpfandforderung bleibt vorbehalten (vgl. auch N 11 und N 26a zu Art. 904) und kann einen Überschuß ergeben, der dann den nachrangigen Gläubigern zufällt (Art. 815). Die darin liegende, möglicherweise grosse Differenz (nicht nur aus dem Unterschied von Art. 818 I Ziff. 3 und Art. 904) wird am die Pfandhaft zugunsten des Fahrnispfandgläubigers auf die Miet- und Pacht-zinse zu erstrecken[a]. Nach der vorhin aufgestellten Regel erscheint die in SJZ 33, 264 Nr. 191 vorgenommene Zubilligung der in Art. 808 ff. dem Grund-pfandgläubiger eingeräumten Sicherungsbefugnisse als fragwürdig (a. M. *Zobl* 228 f.). Über die (vom Bundesgericht bejahte) Mitverpfändung der Zinse des Schuldbriefs oder der Gült: Komm. Art. 904 N 11. — Weitere Fälle der An-wendung von Vorschriften über das Grundpfandrecht sind erwähnt bei *Guisan* JT 1926, 206 ff. und *Gautschi* 217 ff., die beide diese Tendenz befürworten. Auch Art. 76 der nachstehend N 143 zit. Verordnung von 1911 sowie Art. 35 und 126 VZG gehören in diesen Zusammenhang. — Betr. den Anspruch auf die Versicherungssumme: *Zobl* 227 f.

deutlichsten, wenn man sich vergegenwärtigt, daß die Faustverpfändung von Schuldbriefen u. a. zur Maximalsicherung variabler Forderungen verwendet werden kann wie eine Maximal-hypothek.

Die I n t e r e s s e n   d e r   P a r t e i e n der Faustverpfändung (Faustpfandgläubiger und Faustpfandschuldner = Grundeigentümer) verbieten ebenfalls nicht, den Faustpfandgläubiger zu behandeln wie den (hier fehlenden) Grundpfandgläubiger; jedenfalls wäre dies höchstens eine Frage der Vertragsauslegung, wobei die Normalinteressenlage eine faktische Vermutung auf gewollte Gleichstellung mit einem Grundpfand ergeben sollte.

Wenn sich die Rechtsordnung schon die «Exzentrizität» (*Oftinger* N 134) eines Grund-pfands in den Formen des Fahrnispfandrechts leistet, bleibt für den Gedanken, man habe mit den Vorteilen der gewählten Rechtsfigur auch deren Nachteile in Kauf zu nehmen (so auch BGE 57 III 121), nur Raum, wenn konkret begründbar ist, was der Gleichstellung mit der Immobiliarsicherheit im Wege steht; dieser Vorbehalt bleibt selbstverständlich für hier nicht bedachte Fragen aufrecht. Dabei muß man sich im Sinne der vorstehenden Ausführungen stets gegenwärtig halten, daß zwei «Schichten» zu unterscheiden sind: 1. das Ausmaß der dinglichen Sicherheit als Maximalziffer (wofür hier im Zweifel die Maßgeblichkeit des Grundpfandrechts postuliert wird); 2. die gesicherte Forderung und ihre Abrechnung; Näheres bei Art. 904.

Das hier Ausgeführte gilt auch für Nebenrechte, welche nicht das Ausmaß der Sicherung mitbestimmen. So ist nicht einzusehen, warum die Sicherungsbefugnisse von Art. 808 ff. versagt werden sollten, da der für «normale» Verpfändungen von Grundpfandtiteln notwendige Weg, den Faustpfandschuldner = Grundpfandgläubiger zu sichernden Vorkehren gegenüber seinem Schuldner = Grundeigentümer zu veranlassen (vgl. Art. 906), unmöglich ist, ein Schutz sich aber aufdrängt.

Es sei darauf hingewiesen, daß der eingehende und sorgfältige Aufsatz von *Zobl*, auf wel-chen hier für Einzelheiten verwiesen sei, Herrn Kollegen *Oftinger* nicht mehr bekannt ge-worden ist. Die darauf folgende Kontroverse zwischen *Huber* (ZBGR 60, 329 ff.) und *Zobl* (ZBGR 61, 129 ff.) konnte auch hier nicht mehr verarbeitet werden. (Ein Fragezeichen könnte zur Kollokationsordnung bei den im Grundsatz zutreffenden Ausführungen Zobls in ZBGR 61, 142 angebracht sein.) Vgl. neuestens BGE 106 III 67 ff.; dazu Art. 904 N 26a.   R. B.

[140a] Gegenteil mit ausführlicher Begründung BGE 41 III 234 ff.; dieser bekannte Ent-scheid ist in dem zit. Urteil in BGE 57 eigentümlicherweise gar nicht erwähnt. Der gleichen Auffassung wie der Entscheid BGE 41 ist auch durchweg die Literatur, zuletzt *Zobl* 223 ff. (auch für Baurechtzinsen). Vgl. ferner hinten Komm. Art. 904 N 26 mit neuester Judikatur.

141 Die R e a l i s i e r u n g des Pfandrechts erfolgt nach den für die Wertpapiere maßgebenden Regeln: als Verwertung des Fahrnispfandes (Art. 891), nicht eines Grundpfandes, also bei Zwangsverwertung mittels Betreibung auf Faustpfandverwertung; BGE 52 III 160 und dort zit. frühere Urteile; ZBJV 73, 296; SchKG 151 I. — Wer im Wege der Verwertung einen Pfandtitel zu Eigentum erwirbt, erlangt die Stellung eines gewöhnlichen Grundpfandgläubigers. Dies trifft auch für den Fahrnispfandgläubiger des Pfandtitels zu. Als nunmehriger Grundpfandgläubiger kann er nach erfolgter Kündigung wie irgendein Dritter die Grundpfandverwertung für den Nominalbetrag des Titels anstreben[a]. — Näher *Schellenberg* (zit. N 131), *Zobl* 210 ff.

142 Über die Geltendmachung und E i n z i e h u n g der v e r p f ä n d e t e n F o r d e r u n g vorstehend N 125 und hinten Komm. Art. 906 N 52 (mit Belegen): Da der Pfandgläubiger auch beim Eigentümerpfandtitel formell nicht zum Grundpfandgläubiger wird, ist er auch hier nicht befugt, den Titel zu kündigen oder die im Titel verkörperte Forderung einzuziehen. Beide Befugnisse können ihm aber vertraglich eingeräumt werden; in der ihm erteilten Befugnis zur Kündigung liegt gewöhnlich bereits die Befugnis zur Einziehung der Forderung. Ist dagegen der Titel dem Gläubiger f i d u z i a r i s c h übereignet, so erhält dieser die Stellung eines Grundpfandgläubigers; die gleiche Sachlage tritt ein, wo der Verpfänder dem Gläubiger die Befugnis einräumt, in Höhe der fahrnispfandrechtlich gesicherten Forderung Betreibung auf Grundpfandverwertung anzuheben. Praktische Bedürfnisse haben dazu geführt, dem Fahrnispfandgläubiger zuzugestehen, die Forderung bei der Grundpfandverwertung ins Lastenverzeichnis anzumelden und mittels Klage durchzusetzen: VZG 33 ff.; BlZR 23 Nr. 158 S. 272; vgl. auch BlZR 34 Nr. 24 S. 64/65.

143 Im übrigen vgl. für die Behandlung der Eigentümerpfandtitel im K o n - k u r s d e s V e r p f ä n d e r s und bei Z w a n g s v e r w e r t u n g seines Grundstückes: V über die Geschäftsführung der Konkursämter von 1911 Art. 76 sowie VZG 35 II, 68 lit. a und 126, ferner die zugehörige Judikatur (Angaben bei *Jaeger/Däniker* [zit. vorstehend N 132]; dazu ferner *Leemann* Art. 815 N 16 ff.); *Schellenberg* (zit. N 131) 51 ff.

144 Das bei Schuldbrief und Gült taugliche Geschäft der Verpfändung eines Eigentümerpfandrechts ist bei der G r u n d p f a n d v e r s c h r e i b u n g mangels eines Pfandtitels ausgeschlossen (BGE 60 II 96/97; *Guhl* ZBJV 71, 684/685).

[141a] Was ihm u. U. unangemessenen Gewinn einbringt; Näheres und Kritik u. a. bei *Gautschi* 232 ff. und *Guisan* JT 1926, 204/205; dazu BGE 52 III 160; 89 III 46; SJZ 51, 379. — Wenn schon ein Gewinn auch bei der Verwertung anderer Pfandgegenstände als Eigentümerpfandtitel möglich ist, was in der Natur dieser Vorgänge liegt, so können hier doch stoßende Verhältnisse entstehen, wie *Gautschi* a.a.O. und *Payot* 11 ff. dartun.

Aus der Ve r pfändbarkeit nicht begebener Eigentümerpfandtitel hat man **145**
deren P f ä n d b a r k e i t abgeleitet: BGE 41 III 266/267; 62 III 113 ff.;
65 III 35; 91 III 75/76; VZG 13; *Fritzsche* I 170 N 276; *Schellenberg* (zit.
N 131) 27 f.

BGE 93 II 86 wendet mit Recht Regeln über die Verpfändung der Eigen- **145 a**
tümerpfandtitel auf die vorstehend N 128 erwähnten H y p o t h e k a r -
o b l i g a t i o n e n a u f d e n I n h a b e r an.

B. Verpfändung von Wertpapieren gemäß Art. 900 I statt Art. 901

Wie wiederholt erwähnt, ist es z u l ä s s i g , Inhaber-, Ordre- und Namen- **146**
papiere statt in den Formen des Art. 901 in denjenigen des Art. 900 I zu verpfänden: mittels s c h r i f t l i c h e n P f a n d v e r t r a g s und Ü b e r -
g a b e d e s W e r t p a p i e r s , das die Bedeutung des Schuldscheins im
Sinne des Art. 900 hat. Über die Begründung für dieses Vorgehen vorstehend
N 52 und besonders N 100 ff.; über die Regelung im einzelnen vgl. die Ausführungen zu Art. 900.

Der Verpfändung gemäß Art. 900 f e h l t d i e w e r t p a p i e r m ä ß i g e **147**
W i r k u n g , die für die Inhaber- und Ordrepapiere typisch ist: der Schutz
des gutgläubigen Erwerbs des Pfandrechts und die charakteristische Einredebeschränkung. Der Pfandgläubiger erhält nur soviel Rechte, als der Verpfänder
schon besitzt. Darüber allgemein vorn Komm. Art. 900 N 103 und hinsichtlich
der I n h a b e r p a p i e r e vorstehend N 52, der O r d r e p a p i e r e N 62,
98. Bei den N a m e n p a p i e r e n fehlt die wertpapiermäßige Wirkung der
Verpfändung ohnehin, gleichgültig, ob man nach Art. 900 vorgehe oder nach
Art. 901 II (vorstehend N 108, 116).

VIII. Gutgläubiger Erwerb des Pfandrechts

Der S c h u t z d e s g u t e n G l a u b e n s ist bei den Wertpapieren **148**
u n e i n h e i t l i c h geordnet. Die Regeln sind vorstehend jeweils bei der Behandlung der verschiedenen Arten der Verpfändung mitgeteilt. Die folgenden
Angaben wollen eine für die Einzelheiten auf die früheren Ausführungen ver-
weisende Ü b e r s i c h t geben. Dazu *Homberger* Art. 933 N 6—9, 935
N 3—5; *Stark* Art. 933 N 14 ff.; *Jäggi* Art. 967 N 169 ff., 978 N 97, 979
N 54, 1145 N 74; *Bircher* 47 ff.; Paul *Vögeli*, Der gutgläubige Erwerb von

Wertpapieren (Diss. Zürich 1951) 55 ff.; *Piotet* in Recueil de travaux/Faculté Lausanne/Soc. suisse des juristes (Lausanne 1958) 33 ff.; *Ulmer* § 7 III.

149   1. **Inhaberpapiere** unterstehen hinsichtlich des gutgläubigen Erwerbs des Pfandrechts den gleichen Regeln wie die Sachen (Art. 884 II, 933), mit der wichtigen Ergänzung gemäß Art. 935. Näheres vorn Komm. Art. 884 N 333, 376/377; vorstehend N 49. Diese sachenrechtlichen Grundsätze werden durch die wertpapierrechtliche Beschränkung der Einreden ergänzt (OR 979; vorstehend N 50).

150   Weder der Schutz gemäß Art. 884 II/933/935, noch derjenige gemäß OR 979 ist wirksam, wenn das Inhaberpapier nicht in der w e r t p a p i e r - m ä ß i g e n Form, nach Al. I/Art. 901 (vorstehend N 46), verpfändet wird, sondern auf andere Art: gemäß Art. 900 I, oder mittels Indossaments (OR 968/969) oder «Abtretungserklärung» (Al. II/Art. 901); Näheres vorstehend N 52, 53.

151   2. **Ordrepapiere** kennen den Schutz des gutgläubigen Erwerbs des Pfandrechts am Papier gemäß OR 1006 II/1152 II (für den Check 1112). Er wird durch die Einredebeschränkung gemäß OR 1007, 1009 II, 1146, ZGB 865/866, 872 ergänzt. Näheres vorstehend N 61, 62, 66, 79, 80. Über das Blankoindossament N 85.

152   Greift jedoch die nicht w e r t p a p i e r m ä ß i g e Form der Verpfändung gemäß Art. 900 Platz, so fehlt der Schutz des guten Glaubens in beiden Richtungen. Näheres vorstehend N 62, 98.

153   3. **Namenpapiere** kennen im wesentlichen keinen Schutz des guten Glaubens nach Art der anderen Wertpapiere, gleichgültig in welcher Form sie verpfändet werden: vorstehend N 108 f.

154   4. **Schuldbrief** und **Gült** haben als Inhaber- oder Ordrepapiere teil am gewöhnlichen Schutz des guten Glaubens (soeben N 149 und 151; bezüglich der Einreden speziell ZGB 866, 872). Dazu kommt der besondere, vom Grundbuch hergeleitete Schutz (Art. 865, 867, 973; OR 973, 989). Darüber Sigbert *Weinberg*, Der Schutz des guten Glaubens im Grundpfandrecht (Diss. Zürich 1950) 64 ff., 124 ff. und passim. — BGE 68 II 88 f.

IX. Weitere Fragen

155   Z u s a m m e n f a s s e n d sei erwähnt: die f e r n e r e R e g e l u n g des Pfandrechts an Wertpapieren ist in Art. 903—906 getroffen, ferner sind auf Grund des Art. 899 II die Art. 884 und 887—891, 893, 894 anwendbar (darüber vorn Komm. Art. 899 N 107 ff.), sowie weitere dort N 124 ff. erwähnte Grundsätze, endlich die Darlegungen im Syst. Teil des Kommentars. — Über die v e r p f ä n d b a r e n R e c h t e : Komm. Art. 899 N 9 ff.; insbesondere über die V e r p f ä n d u n g e i n e s R e c h t s d u r c h d e n W e r t p a p i e r - s c h u l d n e r selber: Komm. Art. 899 N 18—20; über die Verpfändung eines bereits mit einer N u t z n i e ß u n g b e l a s t e t e n W e r t p a p i e r s : Komm. Art. 884 N 59. — Über die in den Pfandverträgen der Banken vorkommenden, besonders für die Wertpapiere aktuellen g e n e r e l l e n P f a n d k l a u s e l n : Komm. Art. 884 N 35—38. — Über die G e w ä h r - l e i s t u n g des Verpfänders: Komm. Art. 891 N 12. — Über die Wirkungen des F a l l e n s d e r W e r t p a p i e r k u r s e (Maßnahmen und Haftung des Gläubigers; Pflicht zur Nachdeckung): Komm. Art. 890 N 12, 20 ff.; Art. 891 N 16; Art. 884 N 108/109.

Über die R e a l i s i e r u n g des Pfandrechts durch E i n z i e h e n d e r **156** F o r d e r u n g u. a. m.: Komm. Art. 906 N 35 ff.

Eine u n g ü l t i g e V e r p f ä n d u n g kann nicht durch die Geltend- **157** machung eines R e t e n t i o n s r e c h t s ersetzt werden: Komm. Art. 895 N 99.

X. Sicherungsübereignung

Sie ist auch auf W e r t p a p i e r e anwendbar. Für einzelne einschlägige **158** Bemerkungen vgl. das Sachregister dieses Komm. unter «Sicherungsübereignung»; allgemeine Darstellung im Syst. Teil N 234 ff.

Anhang zu Art. 901:
Die Verpfändung von Wertpapieren in Sammelverwahrung
bei der SEGA Schweizerische Effekten-Giro AG

Literatur   **1**

a) **Zur Sammelverwahrung durch die SEGA:** *Albisetti, Bodmer* u. a., «SEGA», «Sammelverwahrung», «Effektengiroverkehr»; *Treyvaud* (zit. Syst. Teil N 158) 123 ff.; *Umbricht-Maurer* (zit. Syst. Teil N 158) 84 ff.; Egon *Grathwohl*, Die eigentumsrechtliche Organisation der Girosammelverwahrung im deutschen, französischen und schweizerischen Recht, Köln 1976; Peter *Liver*, Zwei unveröffentlichte Gutachten an die Schweizerische Bankiervereinigung betr. das Effekten-Giro-Sammeldepot-System vom 19. Juni 1963/15. Juli 1969; Daniel *Guggenheim*, Les contrats de la pratique bancaire suisse, Genf 1981, 86 ff.; Walter *Egger*, Rechtsprobleme im Zusammenhang mit der Sammelverwahrung, in: Bankwirtschaftliche Forschungen, Bd. 36,

Bern 1976, 109 ff.; Hans *Bollmann*, Institution und Funktion der SEGA, unveröffentlichtes Referat an der Informations- und Arbeitstagung des Institutes für Schweizerisches Bankwesen der Universität Zürich und des Institutes für Bankwirtschaft an der Hochschule St. Gallen, Zürich, 7. Oktober 1976; Y. *Ménestrier*, Le problème juridique de la représentation à l'assemblée générale des actions en copropriété: le cas de la SEGA, Diss. Genève 1977; *Etter*, Ubi rem meam invenio — ibi eam vindico, SJZ 74, 101 ff.; *Dallèves*, Le séquestre des titres déposés à la SEGA, SJZ 74, 85 ff.; *Bärlocher* SPR VII/1 685 ff.; *Liver* SPR V/1 386 f.; *Haab/Zobl*, Zürcher Kommentar, ZGB 727 N 94a—e.

b) Zur Sammelverwahrung nur allgemein oder zur Haussammelverwahrung durch die Banken: Eva *Hirschfeld*, Die Einführung des Sammeldepots in der Schweiz, Diss. Basel 1934; Salome *Zimmermann*, Die Sammelverwahrung von Edelmetallen, Bankwirtschaftliche Forschungen, Bd. 67, Bern 1981, 37 ff.; Rico *Jenny*, Privatrechtsverhältnisse der Vermengung von Wertpapieren im Verwaltungsdepot der Bank (die Haussammelverwahrung), Diss. Zürich 1969; Wilfred *Kühne*, Der Eigentumserwerb durch Verbindung, Vermischung und Verarbeitung beweglicher Sachen im Schweizerischen Recht, Diss. Bern 1956, 47 ff.; Pierre *Engel*, Quelques problèmes relatifs au contrat de dépôt bancaire, in: 8e Journée Juridique, Genève 1969, 14 ff.; *Gautschi*, Berner Kommentar, Vorbemerkungen zum Hinterlegungsvertrag N 5d.

c) Zum deutschen Recht: Herbert *Schönle*, Bank- und Börsenrecht, 2. Auflage, München 1976, 294 ff. und die Literaturangaben S. 281; *Heinsius/Horn/Than*, Depotgesetz (Kommentar), Berlin 1975.

2   Der **Effektengiroverkehr** bezweckt, die Banken bei der Sammelverwahrung von Wertschriften zu entlasten und bei Verfügungen über Wertschriften die effektive Bewegung der Stücke durch Belastungen und Gutschriften auf den der Zentrale eingelieferten Beständen zu ersetzen («buchmäßige, stückelose Lieferung», *Schönle* 297). Im Ausland längst bekannt (zu Deutschland und Frankreich siehe *Grathwohl*), ist der Effektengiroverkehr in der Schweiz 1970 durch Gründung der SEGA Schweizerische Effekten-Giro AG eingeführt worden. Für Einzelheiten des Verfahrens und besondere Probleme (z. B. Dividenden- und Zinsinkasso, Auslosung, Bezugsrechte) siehe die Allgemeinen Geschäftsbedingungen der SEGA und aus der oben verzeichneten Literatur vor allem *Bollmann*. Hier sei nur hervorgehoben: Die Zentrale tritt nicht in Beziehungen zu Bankkunden. Einlieferung und Wiederauslösung von Papieren, Last- und Gutschriften bei Übertragungen spielen sich nur zwischen SEGA und ihren «T e i l - n e h m e r n» (Banken) und auf deren Namen ab und haben zum Gegenstand nicht die nummernmäßig individualisierten, ursprünglichen Titel, sondern nur Titel der gleichen Art (z. B. Inhaberaktien Nestlé). Die SEGA führt dementsprechend keine Konten auf Namen von Bankkunden, sondern nur von Teilnehmern und pro Papierart. Effektengirofähig wären grundsätzlich alle Papiere, bei denen es für Übertragung und Geltendmachung (mindestens einstweilen) auf keine Individualisierung ankommt, die also vertretbar sind: Inhaberpapiere (Anleihensobligationen, Partizipationsscheine, Inhaber-Anlagefondsanteile, Inhaberaktien) oder blankoindossierte oder blankozedierte Papiere auf den Namen. Die von der SEGA jeweils angenommenen Papiere kann man z. B. dem Kursblatt der Zürcher Effektenbörse entnehmen. Namenaktien gehören zur Zeit (1981) in keiner Modalität dazu. — Daneben führen die Banken noch immer Haussammeldepots, u. a. für Kunden, welche nicht SEGA-verwahrte Papiere wollen, obwohl die dingliche Sicherung dieselbe ist, wie nun auszuführen.

3   **Dingliche Berechtigung am SEGA-Sammeldepot.** Mit den Allgemeinen Depotbedingungen der Banken ermächtigt der Kunde die Bank in der Regel zur Sammelverwahrung sowohl im Hausdepot als auch bei einer Sammeldepot-Zentralstelle, was u. a. auch Verzicht des Kunden auf Rückgabe der identischen Stücke bedeutet. In diesen Bedingungen wie in den AGB der SEGA (§ 19) ist Miteigentum der Bankkunden am SEGA-Depot zugesichert. Entscheidend ist dies indessen nicht, sondern der sachenrechtliche Vorgang:

a) Hat der Kunde zur Sammelverwahrung **ermächtigt,** erhält er unstrittig sog. **labiles Miteigentum** kraft oder analog OR 484 (*Haab/Zobl* ZGB 727 N 94b mit zahlreichen weiteren Nachweisen aus dem Verzeichnis oben N 1 lit. a und aus der Judikatur; zu ergänzen *Grathwohl* 119 ff., *Liver*, Gutachten I S. 7 f., *Zimmermann* 60 ff.). «Labil» wird dieses Miteigentum genannt, weil die Ausscheidung des proportionalen Anteils in natura (nicht nur als ideelle Quote) und seine Auslieferung weder Auflösung eines Gemeinschaftsverhältnisses der Miteigentümer noch deren Mitwirkung bedingt, sondern das Begehren des Miteigentümers genügt.

b) Hat der Kunde dagegen **keine Ermächtigung** erteilt, ist die Lösung umstrittener. Die herrschende Meinung nimmt gleichwohl stets Miteigentum analog ZGB 727 an (direkte Anwendung falle ausser Betracht, da die Vermischung keine «neue» Sache hervorbringe, sondern ein Gemengsel gleicher Art und Güte): *Liver* SPR V/1 385, *Treyvaud* 143, *Baerlocher* SPR VII/1 688, *Guggenheim* 93, *Zimmermann* 56 ff., *Jenny* 93, *Egger* 114, *Haab/Zobl* ZGB 727 N 90 mit weiteren Zitaten; für direkte Anwendung *Lemp* ZSR 61, 328. *Wieland*, Zürcher Kommentar, ZGB 727 N 6, und *Leemann*, Berner Kommentar, ZGB 727 N 20, dagegen nehmen Alleineigentum mit Vindizierbarkeit an, so lange das deponierte Papier noch identifizierbar ist (z. B. durch Nachweis der Nummer der Inhaberaktie), andernfalls allerdings ebenfalls Miteigentum; ähnlich BlZR 36 Nr. 118. *Liver*, Gutachten I S. 4 ff., kritisiert das zwar, bezeichnet aber die Möglichkeit, mit noch so großem Aufwand in einem Sammeldepot das individuelle Papier zu finden, als die «crux» der Miteigentumskonstruktion allein aus ZGB 727 und empfiehlt daher das Einholen der Ermächtigung und damit die Lösung von oben a. — Gegen eine weitere Auffassung, es sei eine rei vindicatio partis möglich (*Kühne* 54 ff.), zutreffend *Liver* SPR V/1 382: Bei Verminderung des Depots und unveränderter Beteiligung besteht Miteigentum nicht im Maße der eingelieferten Anzahl, sondern der Beteiligungsquote.

Zusammenfassend weist also die dingliche Berechtigung nach weit überwiegender Ansicht keine Besonderheit gegenüber der Haussammelverwahrung der Banken auf, außer daß der Besitz doppelt gestuft ist.

Etter, SJZ 74, 103 ff., hat gegen die Ermächtigung kraft AGB der Banken eingewandt, die **4** AGB würden in der Regel dem Kunden bloß übergeben, und die Ermächtigung sei — obwohl eine dem Kunden abträgliche Regel — nicht besonders hervorgehoben (etwa durch Fettdruck), wie zufolge der Bundesgerichtspraxis (z. B. BGE 93 I 328, 87 I 51, 104 Ia 280) für Gerichtsstandsklauseln üblich. Zur sog. **Ungewöhnlichkeitsregel,** wonach in AGB nur zur Kenntnis genommene und offenbar gewollte Klauseln gelten, wenn sie inhaltlich «aus dem zu erwartenden Rahmen fallen»: u. a. *Merz* in Festschrift Schönenberger, Freiburg 1968, 148 (Zitat), *Forstmoser*, Zitat wie oben *Egger*, 19 f., *Bauer*, Der Schutz vor unbilligen Allgemeinen Geschäftsbedingungen, Diss. Zürich 1977, 44 ff., je mit einiger Judikatur. Dieses Bedenken ist nicht von der Hand zu weisen, aber sehr streng, da die Sammelverwahrung an sich bekannt und normalerweise ohne Nachteile ist, und da diejenige bei der SEGA dem nichts dazufügt, sofern die h. M. (N 3) Recht hat. Vermöchte sich *Etters* Bedenken dagegen durchzusetzen, würde in N 3 die Variante a (Ermächtigung) hinfällig und damit die «crux» von Variante b aufleben. — Dazu kommt ein gewisser Zweifel, ob nicht zu dem in N 6 zu besprechenden Art. 479 OR entschieden werden könnte, die dort genannte Vindikation (hier: ein direktes Vorgehen des Bankkunden aus dinglichem Recht gegen die SEGA) sei nach der Natur der SEGA-Verwahrung nicht möglich. Dann könnte sich die Frage erheben, wie überhaupt der Bankkunde noch jenen

Rest von «u n m i t t e l b a r e r   S a c h h e r r s c h a f t» als Kennzeichen jeden dinglichen Rechts habe (*Liver*, Zürcher Kommentar, Einl. N 2 f. vor ZGB 730/92), der auch für Miteigentum unerläßlich ist (vgl. auch *Bär* ZbJV 1962 292). — Diese Bedenken können hier nicht näher untersucht werden, führen aber aus Vorsicht in N 7 zu einem praktischen Ratschlag zur Verpfändung.

5 Vorne Art. 884 N 48 hat *Oftinger* ohne nähere Begründung — und ohne den Fall der Wertpapiere zu erwähnen — offenbar die Regel aufgestellt, die Verpfändung von Miteigentumsanteilen folge der **Verpfändungsart des Pfandobjekts** (auch Art. 899 N 66 meint offensichtlich nicht, jede Art von Miteigentumsanteilen werde wie eine Sache verpfändet, sondern der Miteigentumsanteil an einer Sache werde nach Art. 884, nicht Art. 900, verpfändet). *Oftingers* Hinweis in Art. 884 N 49 auf *Baerlocher* und *Etter* für den Fall der Sammelverwahrung ergibt nur für diese, nicht aber für die Verpfändung etwas. Da Gegenstand von Sammeldepots meist Inhaberpapiere sind und für diese Art. 901 I keine andere Regelung enthält als Art. 884 für das Faustpfand (formloser Pfandvertrag und Tradition), resultiert daraus die Feststellung der herrschenden Literatur, es sei das Faustpfandrecht anwendbar: *Liver*, Gutachten I S. 10, *Egger* 117, *Hirschfeld* 46, *Grathwohl* 141. Weil aber u. U. auch andere als Inhaberpapiere sammelverwahrungsfähig werden können, ist es richtiger, die Parallelität zur Verpfändungsart des Pfandobjekts (neben *Oftinger* auch *Meier-Hayoz*, Berner Kommentar, ZGB 646 N 69, *Liver*, Gutachten I S. 10, *Zimmermann* 110) hervorzuheben, somit A n w e n d b a r k e i t   v o n   A r t. 9 0 1. Nun sind aber bereits bei Einlieferung ins Sammeldepot die Übertragungserfordernisse von Art. 901 erfüllt (Übertragungserklärungen blanko), so daß nur noch zu erfüllen bleibt: F o r m - l o s e r   P f a n d v e r t r a g   und   T r a d i t i o n s s u r r o g a t; wobei Besitzanweisung die Anzeige an den unmittelbaren Besitzer wegen des Faustpfandprinzips konstitutiv erfordert (vorne Art. 884 N 261, *Stark* ZGB 924 N 32).

6 Hinsichtlich der **Traditionssurrogate** ist zu unterscheiden:

a) **Verpfändet eine Bank** (als Teilnehmerin der SEGA) eigene SEGA-verwahrte Papiere, ist die Anzeige von der Besitzanweisung an die SEGA zu richten (*Liver*, Gutachten I S. 12, doch entgegen diesem Autor nicht nur, wenn auch der Pfandgläubiger SEGA-Teilnehmer ist).

b) Nimmt der Teilnehmer **SEGA-verwahrte Papiere seiner Kunden** zu Pfand, stellt sich die Frage, ob eine Anzeige an die SEGA gerichtet werden müsse, oder ob das Besitzessurrogat bereits in der Einigung über eine brevi manu traditio Kunde - Bank liege (vorne Art. 884 N 251, *Stark* ZGB 924 N 80), d. h. wie bei Haussammelverwahrung. Das hängt von OR 479 ab, wonach der Verwahrer nur dem Hinterleger herausgeben darf (selbst wenn jener weiß, daß ein Dritter Anspruch erhebt: BGE 100 II 214 f., 96 II 150 ff.), außer wenn die Sache gerichtlich mit Beschlag belegt oder eine Eigentumsklage gegen den Verwahrer anhängig ist. Der Hauptgrundsatz wahrt allerdings das Faustpfandprinzip, ungewiß aber die Ausnahmen. Die erste davon interessiert weniger, weil die gerichtliche Beschlagnahme am ehesten eine vorläufige Maßnahme im Streit zwischen Kunden und Bank ist, wo letztere ihr Pfandrecht geltend machen kann. Die zweite Ausnahme aber ruft Bedenken. Sie ist möglich als Vindikation der Miteigentumsquote (vgl. *Gautschi* N 5d vor OR 472 ff.; erleichtert durch das bloß labile Miteigentum, vorne N 3; vgl. auch die zutreffenden Ausführungen *Baerlochers*, SPR VII/1 694, zur ähnlichen Situation der Zwangsvollstreckung). Da zum Beweis des Rechts des der SEGA unbekannten Bankkunden indessen die Beweishilfe (Edition) der Teilnehmerbank des Verpfänders nötig wird, dürfte schon hier der Hinweis auf die Verpfändung erfolgen, und soweit der Beitritt des Pfandgläubigers als Partei vom anwendbaren Prozeßrecht ermöglicht wird, könnte man die Entbehrlichkeit der Anzeige an die SEGA bejahen (so *Liver*, Gutachten I S. 11, doch nur unter Berufung auf die Vertragsbeziehung der SEGA bloß mit dem Teilnehmer).

Solange hier die Klärung der Rechtsfragen noch nicht weiter gediehen ist, empfiehlt sich die Anzeige an die SEGA. (Jedenfalls entfällt die Anzeige nicht deshalb, weil die Bank Fiduziarin ihres Kunden wäre, vgl. *Gautschi* OR 479 N 16, weshalb niemand sonst vindizieren könnte. Meines Erachtens trifft dies auf die SEGA-Verwahrung nicht zu. *Guggenheim* 90 bestreitet zu Unrecht, daß der Bankkunde Dritter im Sinne von OR 479 sein könne.)

c) Entsprechendes gilt vom Fall, daß der **Kunde** die Papiere e i n e m D r i t t e n v e r -p f ä n d e t , also einer andern Person als s e i n e r Teilnehmerbank. Entgegen *Liver* l. c., der die Anzeige nur an die Teilnehmerbank richten würde, was zweifellos notwendig ist, müßte zur Vorsicht auch hier die Anzeige ebenfalls an die SEGA gerichtet werden. Inhalt dieser Anzeige (auch für lit. b) wäre, für den Fall, daß Herr X direkt gegen die SEGA vorgehen sollte, sei zu beachten, daß (Zahl) Papiere der Gattung Y verpfändet seien. Da ein solcher Fall für die SEGA völlig singulär wäre, dürfte die Beachtungspflicht den schematisierten ordentlichen Betrieb der SEGA nicht stören und durchführbar sein; weit besser als im Falle lit. a, wo aber unentbehrlich. — *Grathwohl* 142 geht von der Anzeige an die SEGA als Regel aus, doch ohne nähere Begründung.

Statt der Verpfändung der Miteigentumsquote wäre m. E. auch der **Herausgabeanspruch** **7** gegenüber Teilnehmerbank bzw. SEGA verpfändbar, was sich nach Art. 900 I/II richten würde (schriftlicher Pfandvertrag; Benachrichtigung des Schuldners nicht konstitutiv, was aus dem Zessionsrecht stammt, obwohl das Faustpfandprinzip störend, vgl. Art. 900 N 4, 5, 7, 62; anders BGB 1280). Nicht ganz klar ist, ob *Umbricht-Maurer* 88 und *Haab/Zobl* ZGB 727 N 94e darin die einzige Verpfändungsart sehen wollen, also von der h. M. — N 5 — abweichend. Solange aber Miteigentum angenommen werden darf (N 3), wäre das indessen abzulehnen (auch BlZR 16 Nr. 55). Der Hinweis auf BGE 102 III 97 ff. steht dem nicht entgegen: Wenn die schweizerische Bank des betriebenen Schuldners für letzteren Papiere in einem ausländischen Sammeldepot verwahren läßt, ist in der Schweiz zum vornherein nur der Herausgabeanspruch pfändbar (dazu näher *Baerlocher* SPR VII/1 695 f. mit weiterer Literatur, sowie *Dallèves* l.c.). — Solange aber zur Verpfändung der Miteigentumsquote einige Punkte offen sind (N 4, 6), empfiehlt sich ein s c h r i f t l i c h e r P f a n d v e r t r a g (wie bei Verpfändung an Banken ohnehin üblich), damit notfalls die K o n v e r s i o n in eine Verpfändung des Herausgabeanspruchs vorgenommen werden kann. Ist die Form dieser minderen Version erfüllt, dürfte der Konversion (Umdeutung) nichts mehr im Wege stehen (dazu allgemein *von Tuhr/Peter* S. 229, *Schönenberger/Jäggi* OR 11 N 82 ff.).

Für dingliche Rechte an im **Ausland** verwahrten Papieren gilt deren Lagerecht (vgl. *Egger* **8** 121 f.).   R. B.

Art. 902

Bestehen für Waren Wertpapiere, die sie vertreten, so wird durch Verpfändung der Wertpapiere ein Pfandrecht an der Ware bestellt. Besteht neben einem Warenpapier noch ein besonderer Pfandschein (Warrant), so genügt zur Pfandbestellung die Verpfändung des Pfandscheines, sobald auf dem Warenpapier selbst die Verpfändung mit Forderungsbetrag und Verfalltag eingetragen ist.

1 **Materialien:** aOR 212 (209 II) — VE 881 — E 887 — Erl II 330 — Prot ExpKom III 128 — Botsch — — StenBull NR 1906, 694, 696 — StenBull StR —.

Ausländisches Recht: CC fr — — CCom 92 II — CC it 1684, 1691, 1790 ff., 1996/97, 2786 — BGB — — ABGB — — HGB 424, 450, rev650 (363 II). — Spezialerlasse.

Lit.: Zu den Warenpapieren enthalten die Vorauflage sowie *Jäggi*, vor OR 1153 ff., ein ausführliches Literaturverzeichnis mit weitgehend älteren Monographien, welche zu eingehenden Studien beizuziehen sind, sich aber vorwiegend mit den Arten der Warenpapiere beschäftigen und die Verpfändung allenfalls am Rande behandeln. Einschlägig und noch immer wertvoll ist *Trachsel*, Die Warenverpfändung zur Sicherung des Bankkredits, Diss. Bern 1949. — Einige weitere Monographien sind im Text zitiert.

Warenpapiere in der schweizerischen Standardliteratur: Kommentare von **Jäggi* (zu OR 1153 ff.), *ders.*, Allgemeines Wertpapierrecht, Basel 1977, S. 73 ff., **Stark* (zu ZGB 925), *Homburger* (zu ZGB 925), **Gautschi* (N 7 vor OR 439 ff., OR 443 N 22 ff., zu OR 482), *Hinderling* SPR V/1 § 75 V, *Baerlocher* SPR VII/1 § 116 III, *Boemle*, Wertpapiere und Dokumente, 5. A., Zürich 1978.

Ausländische Literatur: Die wertpapierrechtlichen Vorschriften über die Warenpapiere lehnen sich an das HGB an (Eugen *Huber*, Bericht zum OR-Entwurf 1919, 199); die deutsche Literatur ist daher von Interesse, doch mit den Vorbehalten von hinten N 20 und Fußnote 20a, wo auch eine Auswahl zitiert ist. Vor allem *Canaris*, Großkommentar HGB III/2 (1978) zu § 363. — Zu Frankreich *Hamel / Lagarde / Jauffret* Nr. 1299 ff., 1505 ff., *Ripert / Roblot* Nr. 2384 ff., 2588 ff. — Zu Italien die Literatur zu den oben zitierten, bemerkenswerten Artikeln des Codice Civile.

Übersicht

I. Die Warenpapiere und ihre Verpfändung

A. Übersicht

Im schweizerischen Recht sind die Warenpapiere an verschiedenen Stellen **2** geregelt: a) Im 7. Abschnitt der 5. Abteilung des OR, «Die Wertpapiere», sind «D i e   W a r e n p a p i e r e» hinsichtlich der Form und des von ihr mitumfaßten Minimalinhalts geordnet (Art. 1153—1155 OR). b) Als lex specialis dazu und eingehender werden Begriff, Form und Wirkungen des K o n n o s s e - m e n t s in Art. 112ff. des Bundesgesetzes über die Seeschiffahrt unter Schweizerflagge vom 23. 9. 53 (mehrfach geändert; siehe SR 743.30; SSG) im Zusammenhang mit dem Seefrachtvertrag (Art. 101ff.) normiert. Art. 101 II SSG verweist zudem auf das Internationale Übereinkommen vom 25. 8. 24 / 23. 2. 68 zur einheitlichen Feststellung einzelner Regeln über die Konnossemente (AS 1954 758, 1977 1077; vgl. BGE 99 II 101). c) Art. 482/486 II OR, im Rahmen der Unterart «Lagergeschäft» des Hinterlegungsvertrags, statuiert die Voraussetzungen zur Ausstellung von «Warenpapieren» durch einen Lagerhalter (in der Lehre «L a g e r s c h e i n e» genannt), ergänzt durch Art. 1155 II OR, ferner die Wertpapiernatur, hier in Überschneidung mit Art. 1153 OR. d) Art. 925 ZGB ordnet die Traditionswirkung der Warenpapiere und den Schutz des gutgläubigen Erwerbers der Ware gegenüber dem Papierinhaber, e) Art. 902 ZGB endlich die Wirkung der Verpfändung von Warenpapieren. — Zu kommentieren ist hier nur die Verpfändung, doch muß in wichtigen Punkten auf die Warenpapiere überhaupt eingegangen werden.

Das   f r ü h e r e   R e c h t   (aOR 212) und Art. 887 des bundesrätlichen E n t w u r f s   enthielten im wesentlichen gleiche Vorschriften wie ZGB 902. VE 881 hatte auf das heutige Al. I/Art. 902 verzichtet, weil sein Inhalt als selbstverständlich erschien (Erl II 330).

B. Die Warenpapiere

Begriff. Das Gesetz spricht in Art. 902 I und 925 I ZGB von Wertpapieren, **3** welche die Ware «vertreten», und benützt damit ein ähnliches Bild wie Art. 965 OR zum Wertpapier überhaupt (Recht mit Urkunde «verknüpft»). Es besagt aber weder im ZGB noch im OR, unter welchen Voraussetzungen ein Wertpapier die Ware vertrete und damit ein Warenpapier sei. Hingegen hat Art. 112 SSG das Konnossement definiert, und zwar in Übereinstimmung mit der vorbestehenden Doktrin und mit einzelnen Wendungen in OR 1153: «Das Konnossement ist eine Urkunde, in welcher der Seefrachtführer anerkennt, bestimmte Güter an Bord eines Seeschiffes empfangen zu haben, und sich gleichzeitig verpflichtet, diese Güter an den vereinbarten Bestimmungsort zu befördern und daselbst dem berechtigten Inhaber der Urkunde auszuliefern.»

4   Warenpapier ist somit nicht jedes Wertpapier, welches als Leistungsgegenstand Sachen nennt (*Jäggi* OR 1152 N 5, N 5 vor OR 1153), sondern nur eine wertpapiermäßige E m p f a n g s b e s t ä t i g u n g   f ü r   e r h a l t e n e, f r e m d e   S a c h e n,   m i t   V e r p f l i c h t u n g,   d i e   S a c h e n   n u r d e m   l e g i t i m i e r t e n   P a p i e r i n h a b e r   w i e d e r   h e r a u s - z u g e b e n (Legitimation je nach Papierart). Vgl. OR 1153 Ziff. 4 und 8. Darum nennt OR 1153 im Ingreß bloß Vertragstypen, in welchen Ware ohne Eigentumserwerb zur Wiederherausgabe empfangen wird, nämlich Frachtvertrag (zur Wiederherausgabe nach Transport) und Lagervertrag (zur Wiederherausgabe nach Verwahrung). — Der Lagerhalter (dazu noch Anm. 5a) bedarf einer Konzession (OR 482 I), doch nicht im Sinne eines Konstitutiverfordernisses (OR 1155 II). Offensichtlich wollte das Gesetz die Gefahr unsachgemäßer Ausstellung von Warenpapieren bannen. Daß dies nicht auch beim Frachtführer geschieht, erklärt sich nur ungenügend aus anderweitigen Bewilligungspflichten; jedenfalls dann, wenn im Straßentransport Konnossemente üblich werden sollten (vgl. N 10).

5   Der Grund für das Merkmal des E m p f a n g s   z u r   W i e d e r h e r a u s - g a b e   f r e m d e r   W a r e besteht darin, daß das Warenpapier dem Papierinhaber bereits das Eigentum an der Ware verschaffen soll (N 19 ff.). Das ist aber in der Regel nur durchführbar, wenn ein D r i t t e r die Waren empfängt, welcher keine Eigentumsansprüche daran stellt, sondern bloß den unmittelbaren Besitz ausübt. Wo hingegen jemand wertpapiermäßig eine durch ihn selber aufzubringende Sachleistung verspricht (N 4 a. A.), ist der Papierberechtigte bloß obligatorisch berechtigt. Das liegt aber außerhalb der vom Warenpapierrecht geregelten Situation[a].

[5a] Jedoch stellt sich die Frage, ob ein Warenpapier von irgend einem Verwahrer ausgestellt werden könnte; sogar z. B. von einem Verkäufer, der abmachungsgemäß die Ware zu lagern hat und sie mit constitutum possessorium übereignet. Die Frage wäre zu verneinen, wenn die dinglichen Wirkungen aus Warenpapieren gemäß OR 1153 ff. nur kraft besonderer Anordnungen des Wertpapierrechts — im Widerspruch zum Mobiliarsachenrecht — erzielbar wären; dann müßte OR 1153 Ingreß als limitativ aufgefaßt werden. Das ist jedoch nicht der Fall, wie in N 19 ff. noch zu zeigen sein wird. Meines Erachtens kann jeder Verwahrer kraft Privatautonomie (zum m. E. fälschlich so genannten «numerus clausus der Ordrepapiere»: *Jäggi* OR 1145 N 33) für eine hinterlegte Ware dem Hinterleger ein Wertpapier mit allen nötigen Angaben (auch OR 1153, 1155 I) und Klauseln ausstellen, so daß nur der Papierberechtigte legitimiert ist und sich bei Übereignung und Verpfändung die Besitzanweisung an den Verwahrer — wegen der Papier-Präsentationspflicht — erübrigt. A. M. *Gautschi* OR 482 N 6a,

Anderseits liegt ein Warenpapier nur vor, wenn es a l s W e r t p a p i e r **6** a u s g e s t e l l t ist; die Empfangsbestätigung eines Lagerhalters oder Fracht- führers ist nicht gesetzliches Wertpapier[a]. Es muß irgendwie die V e r - p f l i c h t u n g ersichtlich sein, daß n u r g e g e n d a s P a p i e r wieder herausgegeben werde (qualifizierte Präsentationsklausel = Wertpapierklausel). Wenn aber gemäß OR 1153 Ziff. 8 als Verfügungsberechtigter der Papierinhaber genannt ist, bzw. neben dem Namen eine technische Ordreklausel steht, dürfte sich nach Verkehrsauffassung daraus auch die Wertpapierklausel ergeben (nicht nur die einfache Präsentationsklausel, nämlich dem Lagerhalter oder Frachtführer sei freigestellt, an den mit dem Papier Ausgewiesenen zu leisten). Nach Art. 116 SSG ist dagegen das formgerechte Konnossement ein gesetzliches Wertpapier.

Die A r t des Wertpapiers (Namen-, Ordre- oder Inhaberpapier) ist gesetz- lich nicht festgelegt, sondern mittels Legitimationsklauseln zu bestimmen (OR 1153 Ziff. 8, SSG 114 II lit. b). *Jäggi* N 40 f., 43 f., 46 vor OR 1153, OR 1153 N 3.

Über die Klauseln der Wertpapiere als allgemeine Übersicht: Fußnote zu Art. 901 N 10.

Zur F o r m sei auf OR 1153, 1155 I und SSG 114 sowie auf *Jäggis* **7** Kommentierung von OR 1153 und 1155 I verwiesen; insbesondere darauf, daß OR 1153 Ziff. 6 keine Gültigkeitsvorschrift für das Wertpapier sein kann, sondern nur erforderlich ist, wenn besondere Vereinbarungen dem Papier- erwerber entgegengehalten werden sollen (auch *Jäggi* OR 1155 N 3); Ent- sprechendes gilt m. E. zu Ziff. 5, vgl. SSG 110. Ferner sei hervorgehoben die für die Sicherheit des Papiererwerbers und Pfandnehmers wichtige, hier nicht im einzelnen abzuhandelnde Problematik, daß der Einlagerer bzw. Frachtführer nur die äußere Beschaffenheit des Gutes zu bekunden vermag, gegebenenfalls bloß die Packung und ihre Zeichen, und weitergehende Angaben des Ein-

auch *Weber*, Das Publizitätsprinzip, Diss. Basel 1963, der S. 75 ff. die kategorielle Vertrauens- würdigkeit der Lagerhalter und Frachtführer als legislatorische Rechtfertigung ansieht. — Die sich dann weiter stellende Frage, an wen sich die Strafdrohung von OR 1154 II bei Miß- achtung der Konzessionsbedürftigkeit richtet, wäre zu beantworten: nur an Lagerhalter, welche eine diesem Gewerbe auferlegte Pflicht verletzt haben; d. h. an Personen, welche po- tentiell jedermann Lagermöglichkeiten (ohne bloße Raummiete) für «Waren» (Mobilien ohne Geld und Wertpapiere; umstritten für Tiere) entgeltlich zur Verfügung stellen. (Zur im ein- zelnen umstrittenen, nur aus dem landläufigen Sinne von «Lagerhalter» zu erzielenden Ab- grenzung von der übrigen Hinterlegung vgl. *Gautschi* OR 482 N 5 f., *Baerlocher* SPR VII/1 § 116 II, *Oser-Schönenberger* OR 482 N 2 ff., *Becker* OR 482 N 2 ff.)

[6a] Also z. B. nicht Gepäckscheine, Depotscheine der Banken, bloße Lagerempfangsscheine, Frachtbriefdoppel (vgl. aber N 31), auch wenn einzelne von ihnen einfache Legitimations- klauseln enthalten sollten. *Jäggi* N 30 ff. vor OR 1153, OR 965 N 295, 298. Zum Versatzschein Art. 909 N 16. Zur Rechtsnatur des Spediteurempfangsscheins *Isler*, BJM 1978 113 ff.

lieferers als solche kennzeichnen sollte. Vgl. OR 1153 Ziff. 4 mit der deut-
licheren Fassung von SSG 114 II lit. e und III, sowie Art. 115 I/III und den
Art. 3 §§ 3 ff. des in N 2 lit. b zitierten Konnossements-Abkommens. Vgl. dazu
und zu den Haftungen *Jäggi* N 52 ff. vor OR 1153, *Gautschi* OR 482 N 11,
486 N 4, OR 443 N 24 a/b, OR 446 N 3 und zu OR 447—452, *Aißlinger*, Die
Haftung des Straßenfrachtführers, Diss. Zürich 1975, *Dietrich*, Die Haftung des
Reeders, Diss. Zürich 1969, *Edis*, Die Haftung des Frachtführers, Diss. Bern
1975.

Das Objekt des Warenpapiers — auch bei Verpfändung — ist also die
äußerlich bezeichnete Ware, nicht deren innere Qualität. Haftungen für
Qualitätsmängel sind (z. B.) kaufrechtlich oder pfandvertragsrechtlich (vgl.
Art. 899 N 135, Art. 891 N 10 ff.) zu liquidieren. Einzig die Haftung des Lagerhalters oder Frachtführers für verantwortbare Verschlechterung hat insoweit
mit dem Warenpapier zu tun, als dieses die Rechtsbeziehung zwischen Aussteller
und Papiererwerber vermittelt (*Gautschi* OR 443 N 23 b, 24 b Ziff. 6, OR 446
N 3, OR 447 N 15 e, OR 486 N 4 b/d; *Jäggi* N 61 vor OR 1153 ff.).

8   Unter diesen Vorbehalten kann die «Ware» in unvertretbaren oder vertret-
baren Sachen bestehen, stets aber im Sinne einer S p e z i e s s c h u l d an den
eingelieferten Sachen. Doch reicht eine S a m m e l v e r w a h r u n g durch
den Lagerhalter bzw. Frachtführer mit labilem Miteigentum der Einlieferer aus
(*Jäggi* N 9 vor OR 1153 ff., *Stark* ZGB 925 N 15, *Gautschi* OR 484 N 3 c,
OR 443 N 24 b; vgl. allgemein OR 484, 481 II, *Liver* SPR V/1 § 63, *Baerlocher*
SPR VII/1 §§ 113, 116 V, *von Tuhr / Peter* § 8 I). Hingegen ist irreguläres
Depot als Basis von Warenpapieren untauglich (*Stark* l. c. N 16 mit weiteren
Nachweisen; *Jäggi* l. c. diesbezüglich unklar).

9   **Keine Warenpapiere** sind also die nicht als Wertpapiere ausgestellten
Empfangsbestätigungen (N 6). Das ist von besonderer Bedeutung für die Warenpapiere des Frachtverkehrs, wo für ganze Transportarten Konnossemente nicht
vorkommen. Bei den öffentlichen Transportanstalten B a h n und P o s t sowie im F l u g v e r k e h r sind sie in den Transportreglementen und dgl.
(N 34) nicht vorgesehen, doch lassen sich mit den Frachtbriefdoppeln ähnliche
Resultate erzielen, wie mit Konnossementen (N 31). Im S t r a ß e n v e r k e h r
wären Konnossemente denkbar, da diese keine Konzession voraussetzen, doch
scheinen sie in der Schweiz nicht vorzukommen (vgl. *Tapernoux* SJZ 45 340).
Häufig sind dagegen die Konnossemente in der S e e - (d. h. Meer-) und
R h e i n s c h i f f a h r t (letztere steht partiell unter SSG, Art. 125 I, 127 II).
Man unterscheidet mehrere Arten, je nach Zeitpunkt bzw. Person der Ausstellung
und benützte Transportmittel (Bord-, Übernahme-; See-, Durch-; Spediteur-
oder Haus-; Rheinkonnossemente). Einzelheiten bei *Jäggi* N 14 ff. vor OR 1153,
Gautschi OR 443 N 26, 28. Besonders wichtig ist das Durchkonnossement; dar-
über namentlich *Heini*, Diss. Freiburg i. Ü. 1957, ferner *Helm*, Großkommentar

HGB V (1979) § 444 Anm. 8f zu den Formularverträgen und Richtlinien der FIATA (1970) und IHK (1975).

Praktische Bedeutung. a) L a g e r s c h e i n e wären für die Verpfändung **10** eingelagerter Ware sehr tauglich, doch scheinen schweizerische Lagerhalter kaum Lagerscheine auszugeben und auch der Entgegennahme von Besitzanweisungen (Warenverpfändung mittels Besitzanweisung an den unmittelbar besitzenden Dritten) zu widerstreben (vorne Art. 884 N 255). Der Weg der Praxis ist demnach die Sicherungsübereignung an den Kreditgeber (Syst. Teil N 234ff., 257). Dazu ausführlich *Trachsel* 80 ff., *Albisetti, Bodmer* u. a. «Warenverpfändung». Überhaupt ungebräuchlich ist das Zweischeinsystem: Verpfändung eines Pfandscheins (W a r r a n t), dessen Existenz auf dem Hauptpapier vermerkt ist; letzteres erlaubt die Weiterverfügung über die Ware, doch das Pfandrecht bleibt vorbehalten (Art. 902 II ZGB, Art. 1154 OR; *Trachsel* 85 ff., *Jäggi* OR 1154 N 4; hinten N 16).

b) Das K o n n o s s e m e n t ist dagegen häufig, weil es das wichtigste **11** Dokument für die Abwicklung des D o k u m e n t e n - A k k r e d i t i v s darstellt, der im Überseeverkehr beliebten Bezahlung verschiffter Ware an Ort und Stelle durch eine vom Käufer bzw. seiner Bank beauftragte Bank (Geld gegen Konnossement und weitere Dokumente). Über diese, für die Kommentierung von Art. 902 nicht weiter interessierende Figur: Einheitliche Richtlinien und Gebräuche für Dokumentenakkreditive (Internationale Handelskammer; Fassung 1974; Art. 19 ff. zum Konnossement); *Albisetti, Bodmer* u. a. «Dokumentarakkreditiv», *Gautschi* OR 407 N 8, *Hofstetter* SPR VII/2 118 ff., *Eisemann/ Ebert*, Das Dokumenten-Akkreditiv im Internationalen Handelsverkehr, 2. A., Heidelberg 1979, *Schärrer*, Die Rechtsstellung des Begünstigten im Dokumentenakkreditiv, Diss. Bern 1980, mit weiterer Literatur. — Die V e r p f ä n d u n g «schwimmender Ware» mittels des Konnossements kommt vor (*Albisetti, Bodmer* u. a. «Warenverpfändung» a. E.), dürfte jedoch selten sein, weil jedenfalls im Rahmen des Dokumenten-Akkreditivs das Konnossement auf dem Weg von der zahlenden Bank zuerst in die Hände der beauftragten Bank des Käufers gelangt, welcher es ohne weiteres als Sicherheit dient (je nach Bezeichnung des Berechtigten im Papier: als Berechtigter oder über das Retentionsrecht; vgl. Art. 895 N 30), wenn der Kredit nicht ohnehin gesichert oder gedeckt ist. Für eine anderweitige Kreditaufnahme mittels Verpfändung des Konnossements dürfte dann oft das Bedürfnis oder die Zeit fehlen.

C. Die Verpfändung der Warenpapiere

Al. I verweist auf die V e r p f ä n d u n g v o n W e r t p a p i e r e n, somit **12** auf Art. 901, wobei es auf die Wertpapierart des konkreten Warenpapiers ankommt (N 6). Dafür kann auf die Kommentierung von Art. 901 verwiesen werden.

13 Es ist kein Grund ersichtlich[a], warum nicht auch bei Warenpapieren statt dessen die V e r p f ä n d u n g g e m ä ß A r t. 900 I zulässig sein sollte, wobei dem schriftlichen Pfandvertrag das Warenpapier beizugeben ist. Dafür wie insbesondere für die wertpapierrechtlichen Abweichungen einer derartigen Verpfändung eines Inhaber- oder Ordrepapiers sei ebenfalls auf die Kommentierung von Art. 901, besonders N 146 f., verwiesen.

14 In beiden Fällen (N 12/13) müssen gegebenenfalls a l l e A u s f e r t i - g u n g e n des Warenpapiers dem Pfandgläubiger übergeben werden, da sonst dessen Anspruch auf die Ware vor dem Verpfänder nicht gesichert (vgl. SSG 116 II/III) und damit das Faustpfandprinzip nicht gewahrt ist (*Oftinger* in der Vorauflage N 23; zur Anwendung auf Wertpapiere allgemein: Art. 899 N 108, 116, Art. 901 N 37). — Zum «Zweischeinsystem» N 16.

15 Möglich ist auch die S i c h e r u n g s ü b e r e i g n u n g des Warenpapiers. Art. 901 N 158 mit Weiterverweisung. Zu beachten ist aber bei Inhaber- und Ordrepapieren der Unterschied zur bloß versteckten Verpfändung: Art. 906 Fußnote 45 a.

16 Verpfändung beim sog. «Z w e i s c h e i n s y s t e m»: Nebeneinander von Hauptpapier und P f a n d s c h e i n (W a r r a n t). Al. II, vorne N 10 a. E. Der Pfandschein muß als Waren(wert)papier ausgestellt sein (OR 1154 I). Dann genügt die Verpfändung des Pfandscheins, «sobald auf dem Warenpapier selbst die Verpfändung mit Forderungsbetrag und Verfalltag eingetragen ist» (Text von Al. II; Eintragspflicht auch in OR 1154 II). Ist dies der Fall, kann zwar über das Hauptpapier (Wareneigentum) weiterverfügt werden, doch geht das Pfandrecht vor, d. h. der Lagerhalter oder Frachtführer darf das Hauptpapier nicht honorieren. Ist der Warrant nicht verpfändet, muß er daher bei Verfügung über das Hauptpapier mit diesem zusammen übertragen werden.

17 Ist der Eintrag dagegen unterblieben, erfolgt eine Verfügung über das vermerklose Hauptpapier unbelastet, sofern der Erwerber gutgläubig ist (*Oftinger* in der Vorauflage N 30, der keineswegs die Verpfändung des Warrant für ungültig hält). Das Wort «sobald» wäre demnach nicht als Ausdruck eines Konstitutiverfordernisses aufzufassen, und das Pfandrecht würde bestehen, solange der Verpfänder das Hauptpapier hat bzw. ein Bösgläubiger. Diese Auffassung scheint indessen in Widerspruch zu stehen zum Faustpfandprinzip (Art. 884 III), und das Ergebnis, die Verpfändung des Warrant wäre gültig, solange der Verpfänder das vermerklose Hauptpapier in Händen habe, in Widerspruch zu Art. 888 (wo N 22 eine solche Lösung gerade abgelehnt wird), wie auch zu vorn

---

[13a] Entgegen seiner Gepflogenheit, die alternativen Möglichkeiten stets zu erwähnen, sagt *Oftinger* in der Vorauflage zu Art. 902 kein Wort darüber.

N 14; zumal die Verpfändung des Warrant ein Pfandrecht an der W a r e verschafft (Al. I). Angesichts der Seltenheit eines solchen Fehlers des Lagerhalters oder Spediteurs wie aber auch des Zweischeinsystems lohnt sich indessen nicht, die doppelte ratio legis des Faustpfandprinzips (Art. 884 N 197 ff.) auf Ansätze zu einer Milderung in der erörterten Situation zu untersuchen. — Vgl. noch *Jäggi* zu OR 1154, *Trachsel* 85 ff.

G u t g l ä u b i g e r E r w e r b des Pfandrechts[a] ist möglich für Inhaber- **18** und Ordrepapiere (ZGB 935, OR 1006 II / 1152 II), im Prinzip dagegen nicht für Namenpapiere oder bei Verpfändung nach Art. 900 I (vorne Art. 901 N 148 ff. mit Weiterverweisungen), soweit nicht die umstrittene Abstraktion vom Grundgeschäft früherer Zessionen hilft (*Jäggi* OR 967 N 161 f., 176 f., *Moecke*, Kausale Zession und gutgläubiger Forderungserwerb, Diss. Freiburg i. Ü. 1962, *Bucher* Allg. Teil OR 501 ff., bes. 505). Vgl. aber N 22 und 25/26.

II. Die dinglichen Verhältnisse an der Ware

Das Gesetz sagt nirgends ausdrücklich, der Warenpapierberechtigte habe **19** Eigentum an der Ware, sondern nur, das Warenpapier «vertrete» die Ware (ZGB 902 I, 925 I); und deutlicher, die Verpfändung des Papiers schaffe das Pfandrecht an der Ware (ZGB 902 I), die Übertragung des Papiers gelte als Übertragung der Ware (ZGB 925 I). Daß sich der eingangs formulierte Satz im Gesetz nicht findet, hat seinen guten Sinn, weil das Warenpapier zwar E i g e n - t u m a n d e r W a r e v e r s c h a f f e n k a n n (*Stark* ZGB 925 N 1, 21, 33, *Jäggi* N 63 f. vor OR 1153 ff., OR 967 N 18, *Gautschi* OR 443 N 23 c, 22 b, OR 486 N 4 f.), doch nur, wenn es im konkreten Fall i m E i n k l a n g m i t d e m M o b i l i a r s a c h e n r e c h t geschieht. Das Verhältnis zum Mobiliarsachenrecht ist das Hauptproblem der Warenpapiere: Die Ware existiert bereits vor Ausstellung des Warenpapiers und steht in dinglichen Rechten. Nach Ausstellung des Warenpapiers führt die Ware weiterhin eine gesonderte Existenz; man sieht ihr die Verbindung mit einem Warenpapier nicht an. Das Interesse

---

[18a] Die Regelung von SchKG 203 (Rücknahmerecht des Verkäufers) ist bei Normalverwendung des Konnossements im Rahmen eines Dokumenten-Akkreditivs gegenstandslos, weil dann die Ware im Auftrag bezahlt ist. Im übrigen betrifft A b s . 2 (kein Rücknahmerecht, wo ein g u t g l ä u b i g e r D r i t t e r die Ware auf Grund eines Frachtbriefes, Konnossements oder Ladescheines zu Eigentum o d e r P f a n d erworben hat) m. E. nicht primär den gutgläubigen Erwerb nach Wertpapierrecht, sondern den guten Glauben, dass kein Konkurs eröffnet worden ist. BGE 59 III 101 f. nimmt das Retentionsrecht von Abs. 2 aus (anders noch BGE 38 II 203, 40 II 210).

des Verkehrs verlangt daher, daß die auf der Publizität des Besitzes beruhenden Regeln des Mobiliarsachenrechts nicht unversehens von einem Warenpapier durchkreuzt werden. ZGB 925 II regelt in diesem Sinne den wichtigsten Fall des Stadiums nach Ausstellung des Papiers: «Steht jedoch dem gutgläubigen Empfänger des Warenpapiers ein gutgläubiger Empfänger der Ware gegenüber, geht dieser jenem vor.» Tatbeständlich eine Ausnahme (weil die Treue des Frachtführers bzw. Verwahrers und seiner Hilfspersonen i. w. S. diesen Tatbestand nicht eintreten läßt), ist diese Norm jedoch Ausdruck des P r i m a t s d e s M o b i l i a r s a c h e n r e c h t s und ihr Gedanke auf andere Konfliktsituationen dieses Musters auszudehnen.

20 Die Konstruktion der dinglichen Verhältnisse an einer Ware, für welche ein Warenpapier ausgestellt ist, hat davon auszugehen, 1. daß Konstruktionen nicht ohne Not vom zivilistischen System abweichen sollten, 2. daß dem Warenpapierberechtigten eine möglichst starke dingliche Stellung zur Ware verschafft werden sollte, 3. daß das Mobiliarsachenrecht nicht aus den Angeln gehoben werden darf. — In der deutschen Doktrin bestehen mehrere Theorien über die Funktion des Warenpapiers (absolute, relative und Repräsentations-Theorie), auf welche auch in der schweizerischen Doktrin oft Bezug genommen wird. Doch versuchen diese Theorien, einer eigentümlichen, unkoordinierten Gesetzeslage (Verhältnis zwischen den ältern Bestimmungen HGB 424, 450 und 650 zu den neueren Bestimmungen BGB 931, 934, 1205 II) [a] Herr zu werden, wogegen das schweizerische Recht zwar einiges offen läßt, doch m. E. keine Widersprüche enthält (auch *Jäggi* N 24 ff. vor OR 1153 ff.). Es empfiehlt sich daher nicht, sich zu solchen Theorien zu bekennen, sondern unbelastet davon vorzugehen. — Es sind zwei Phasen zu unterscheiden: 1. bis zur Übergabe des Warenpapiers an den ersten Erwerber (N 21 ff.), 2. nachfolgende Vorgänge bis zur Einlösung (N 24 ff.).

21 **a) Bis zur Übergabe des Warenpapiers an den ersten Erwerber:** Die Ausstellung des Warenpapiers, als wertpapiermäßig ausgestaltete Empfangsbescheinigung (N 4), ändert nichts an der sachenrechtlichen Situation der Ware

---

[20]a Vgl. vor allem die besonders ausführliche Darstellung von *Canaris*, Großkommentar HGB III/2 (1978) § 363 Anm. 75 ff. — Unser Text, welcher die Koordination mit dem Mobiliarsachenrecht in den Vordergrund stellt, steht der deutschen relativen Theorie nahe, wogegen sich *Stark* auf die Repräsentationstheorie beruft (hinten N 26), von der aber *Canaris* Anm. 81 überzeugend sagt, sie stehe «der relativen Theorie weitaus näher, als ihre Anhänger wahr haben wollen». Gute neuere Darstellungen des deutschen Rechts ferner: *Rehfeldt/Zöllner*, Wertpapierrecht, 12. A., München 1978, § 25 V; *Schmidt*, Handelsrecht, Köln 1980, § 23 III; *Koller*, Großkommentar HGB V/1 (1980) zu § 424; *Helm*, Großkommentar HGB V/Lieferung 4 (1979) zu §§ 444 ff.; *Schlegelberger/Liesecke*, Seehandelsrecht, Berlin 1959, zu HGB 642 ff.; *Abraham*, Das Seerecht, Berlin 1969, §§ 20/21; *Wüstendörfer*, Neuzeitliches Seehandelsrecht, Hamburg 1947, § 23.

(vgl. BGE 93 II 377 E 1 a. E.), außer daß der Aussteller (Lagerhalter oder Frachtführer) unmittelbaren und unselbständigen Besitz an der Ware erlangt hat. Überträgt der erste Nehmer (Einlieferer der Ware) das Wertpapier an den ersten Erwerber, erwirbt dieser das Eigentum an der Ware nur, sofern die Voraussetzungen des Mobiliarsachenrechts erfüllt sind, nämlich (abgesehen von der causa, N 23), wenn der Veräußerer entweder Eigentümer oder verfügungsberechtigt ist oder aber, wenn der Erwerber gutgläubig ist und die Ware dem Veräußerer anvertraut war (ZGB 933) [a]. Der Erwerb des Eigentums erfolgt nicht wertpapiermäßig erleichtert, d. h. gestützt auf guten Glauben in den Papierbesitz (ZGB 935) bzw. in die ordrepapiermäßige Legitimation des Veräußerers (OR 1006 II). Hingegen übt das Warenpapier insofern einen Einfluß auf die sachenrechtlichen Verhältnisse aus, als seine Übergabe als Besitzanweisung auf den Lagerhalter bzw. Frachtführer aufzufassen ist (*Stark* ZGB 925 N 3, 19, *Jäggi* N 63 f. vor OR 1153 ff., *Hinderling* 441, *Gautschi* OR 443 N 23 c) und damit die Sach-Tradition ersetzt (ZGB 924 I; die Anzeige an den Dritten, ZGB 924 II, erübrigt sich, weil dieser ohnehin nur gegen das Papier dem Legitimierten herauszugeben sich verpflichtet hat). Das Wertpapier — seit Übergabe vom Aussteller an den ersten Nehmer als exklusives Legitimationsmittel gedacht — ist aber solange nicht exklusiv, als ein Dritter aus vorbestehenden sachenrechtlichen Verhältnissen zu vindizieren vermag.

Die Einrede, der Papiererwerber habe kein Eigentum erworben, fällt nicht **22** unter die wertpapierrechtliche Einredenordnung von OR 979 oder 1146, sondern ist eine Einrede aus übergeordneter Rechtsordnung [a], also auch bei Inhaber- und Ordrepapieren nicht ausgeschlossen. Ebenso nützt der gutgläubige Erwerb gemäß Wertpapierrecht (N 18) nichts. — M. a. W.: Die Art des Wertpapiers ist belanglos, bis die Berechtigung an der Sache gemäß Sachenrecht mit der Berechtigung am Papier zusammenfällt, sozusagen übergeleitet ist. Erst wenn dies der Fall ist, wird der Papierberechtigte Eigentümer der Sache. Für die Darstellung der beiden Phasen a/b (N 21—26) gehen wir vom Normalfall aus, dies treffe spätestens beim ersten Papiererwerber zu [b].

[21a] Vgl. auch *Oftinger*, Vorauflage N 32: Abhanden gekommene Sachen unterliegen ungeachtet gutgläubigen Papiererwerbs der Vindikation (ZGB 934). Ferner *Becker* OR 482 N 10 f.

[22a] Diese Erscheinung ist nicht singulär, so etwa der Vorbehalt der jeweiligen Statuten gegen ein Mitgliedschaftspapier, selbst gegen dessen Skriptur (hinten Art. 904 Fußnote 17b, Art. 905 N 14b). — Ebenso im Fall von Art. 925 II (N 25). *Homberger* ZGB 925 N 6 spricht dort von «dinglichen Einreden».

[22b] Ist die Bereinigung beim ersten Papiererwerber noch nicht erfolgt, stellen sich die selben Fragen bei späteren Papiererwerbern (guter Glaube, vgl. *Stark* ZGB 933 N 72; bei abhanden gekommenen Sachen, ZGB 934, ist die Bereinigung nicht möglich, allenfalls unter ZGB 934 II). Grundidee ist eben: So lange ein aus Sachenrecht Verfolgungsberechtigter bleibt, kann ihm Ausstellung und Weiterbegebung eines Warenpapiers den Weg nicht verstellen. — Entsprechend wäre es mit einem vorbestehenden P f a n d r e c h t an der Ware zu halten,

23   Im übrigen allerdings geht die Übertragung des Warenpapiers von Anfang an nach Wertpapierrecht; so, wenn die Übertragungscausa zwischen erstem Nehmer des Papiers (Einlieferer der Ware) und erstem Papiererwerber mangelhaft ist. Dieser Mangel — inter partes stets einzureden — würde nach Weiterübertragung des Papiers gemäß OR 979 oder 1146 abgeschnitten, bei Namenpapieren kraft sog. Abstraktion (vgl. N 18). Hier fehlt es an der Kollision mit einem am Wertpapierverhältnis unbeteiligten, aus Mobiliarsachenrecht Besserberechtigten, auf welche in N 21 f. zunächst der Blick zu richten war.

24   **b) Bis zur Einlösung des Warenpapiers.** Wir setzen voraus (N 22 a. E.), in der Hand des ersten Papiererwerbers (oder schon des ersten Nehmers) seien Papier und Wareneigentum vereinigt. Nun erfüllt das Warenpapier die ihm zugedachten Funktionen: Exklusives Legitimationsmittel, Übertragung oder Verpfändung der Ware (und des mittelbaren Besitzes an ihr) n u r mittels Papier, dessen Übertragung auch als Besitzanweisung aufzufassen ist, ohne daß eine Anzeige an den unmittelbaren Warenbesitzer nötig würde (N 21). Letzterer hat durch Ausstellung eines Warenpapiers implicite erklärt, für jeden Papiererwerber besitzen zu wollen (*Stark* ZGB 925 N 19) und keine andern Besitzanweisungen zu beachten, was der Einlieferer durch Entgegennahme des Papiers akzeptiert hat.

25   Mobiliarsachenrechtliche Drittinteressen kommen nur ins Spiel, wenn der Lagerhalter oder Frachtführer entweder treulos über die Ware verfügt oder sie ihm abhanden kommt. Den ersten Fall ordnet ZGB 925 II (zitiert N 19): Der gutgläubige Warenerwerber geht vor, wobei der Gesetzestext mit dem «gutgläubigen Empfänger des Wertpapiers» offenbar meint, es müsse nach Warenveräußerung auch das Wertpapier die Hand gewechselt haben (*Stark* ZGB 925 N 35). Das ist indessen unnötig; jedem Papierberechtigten kann das Wareneigentum derart unter den Füßen weggezogen werden[a]. Anderseits kann sich ZGB 925 II nur auf die Situation von ZGB 933 beziehen (*Homberger* ZGB 925 N 7, *Stark* ZGB 925 N 35); die Ware ist in der Tat dem Lagerhalter bzw. Frachtführer anvertraut, doch wird der gute Glaube in die Verfügungsmacht besonders eines Frachtführers nicht häufig zu bejahen sein. Nicht aber kann er sich beziehen auf abhandengekommene Sachen (vgl. ZGB 934[b]); jedenfalls ist

---

sofern es nicht schon wegen des Faustpfandprinzips verloren ist oder der gutgläubige Erwerb der Sache nicht lastenfreien Erwerb bedeutet (vorne Art. 888 N 9).

[25a] Wenn an der Ware nur ein Pfandrecht gutgläubig erworben worden ist, geht das Eigentum des Papierberechtigten nicht unter, wird aber belastet (*Oftinger*, Vorauflage N 32, auch vorne Art. 888 N 362).

[25b] Dann ist auch kein Pfandrecht gültig zu erwerben (vorne Art. 884 N 367 ff.). — Wohl aber gilt allenfalls die Entschädigungspflicht von ZGB 934 II.

kein Grund zu sehen, warum das Warenpapier eine Verschlechterung der normalen Eigentümerstellung bewirken sollte. Aus Lagerhaus oder Schiff abhandengekommene (z. B. gestohlene) Ware kann nicht gültig erworben werden. Der Besitzesschutz steht nicht nur dem unmittelbaren Besitzer zu, sondern auch dem mittelbaren; diesem auch dann, wenn es gegenüber dem unmittelbaren an verbotener Eigenmacht (ZGB 927 I) gefehlt haben sollte (*Stark* N 51 vor ZGB 926ff.). Das Verfolgungsrecht des Papierinhabers erstreckt sich also nicht nur auf abhandengekommene Ware, sondern auch auf bösgläubige Erwerber vom Lagerhalter oder Frachtführer. Das gilt auch vom Besitzesrechtsschutz (vgl. *Stark* N 39, 44 vor ZGB 930ff., ZGB 934 N 8) und von der Eigentumsklage. Vgl. noch N 26 Mitte.

Davon ist zu unterscheiden, ob die Weiterübertragung des Warenpapiers noch **26** immer die notwendige Besitzanweisungs-Wirkung habe, wenn der Lagerhalter oder Frachtführer den unmittelbaren Besitz (freiwillig oder unfreiwillig) verloren hat. Das ist allerdings zu verneinen (auch der gutgläubige Papiererwerb nützt nichts), da die Besitzübertragung von einem mittelbaren auf einen andern mittelbaren Besitzer ein Besitzmittlungsverhältnis zu einem unmittelbaren Besitzer voraussetzt, welcher f ü r   s i e   den unmittelbaren Besitz ausübt. Das ist aber weder beim bösgläubigen Erwerber noch beim Dieb der Fall (*Stark* ZGB 920 N 17, 71f., ZGB 924 N 8f.). So auch für die Warenpapiere unter Berufung auf die deutsche Repräsentationstheorie (Warenpapier repräsentiert den mittelbaren Besitz der Ware) *Stark* ZGB 925 N 18 a mit weiteren Zitaten; der Sache nach auch *Jäggi* N 64 vor OR 1153 ff.; *Hinderling* 442 nur für den Fall von ZGB 925 II. — Sollte indessen die Repräsentationstheorie weitergehend dahin verstanden werden, daß mit Besitzesverlust des Papierausstellers auch die in N 25 erörterten Verfolgungsrechte des mittelbaren Besitzers abgeschnitten würden (so, wenn *Stark*, ZGB 925 N 34, den Abs. 2 von ZGB 925, u. a. derart erklärt, oder wenn *Jäggi* l. c. über ZGB 925 II hinaus vom Erwerb gestohlener und derart «in den Verkehr gelangter» Ware spricht), dann wäre dem entschieden zu widersprechen. Wenn man einerseits betonen muß, die Ausstellung und Übertragung eines Warenpapiers könne die mobiliarsachenrechtlichen Verhältnisse nicht durchkreuzen (weshalb die deutsche sog. absolute Theorie für die Schweiz abgelehnt werden muß; auch *Jäggi* l. c.), fehlt anderseits jede Notwendigkeit, dem Gedanken der Repräsentation der Ware durch das Papier eine vom Mobiliarsachenrecht nicht geforderte Deutung zu geben, so daß man am Ende sagen müßte, es wäre besser gewesen, man hätte die schwimmende Ware mittels notifizierter Besitzanweisung ohne Warenpapier übertragen. — Im übrigen wäre zum Problem eingangs dieser Note noch zu erwägen, ob in der Übertragung des Papiers nach (allenfalls noch unbekanntem) Besitzesverlust des Lagerhalters oder Frachtführers nicht die sog. Vindikationszession (im schweizerischen Recht indessen umstritten: Vorne Art. 884 N 266,

Meier-Hayoz ZGB 641 N 49 mit weiteren Nachweisen) mitenthalten wäre, welche allerdings erst im Erfolgsfalle zum Warenbesitz führt.

27 **Verpfändung** des Warenpapiers ergibt Verpfändung der Ware (Al. I). Wiederum handelt es sich um eine Besitzanweisung an Lagerhalter oder Frachtführer, die nicht notifiziert zu werden braucht, weil die Wertpapierklausel die Einlösbarkeit durch den Verpfänder in Widerspruch zum Faustpfandprinzip verhindert. Im übrigen gilt, was in N 19—26 zum Eigentum ausgeführt: 1. Erst vom Moment an, in welchem Wareneigentum und Papierberechtigung zusammengeführt sind, kann die Papierverpfändung das Pfandrecht an der Ware verschaffen. Dann gilt auch der gutgläubige Erwerb des Papiers (N 18). 2. Geht das Eigentum verloren, hört auch das Pfandrecht auf, denn der gutgläubige Warenerwerber erwirbt unbelastet (vgl. *Stark* ZGB 925 N 33, *Oftinger* Vorauflage N 32), wie das auch bei ZGB 933 der Fall ist (vorne Art. 888 N 9, *Stark* ZGB 933 N 63 a, 89); zum gutgläubigen Erwerb eines Pfandrechts vorne Art. 884 N 363.

III. Wirkungen der Verpfändung

28 Durch Verpfändung des Warenpapiers wird ein Pfandrecht an der Ware bestellt (Al. I). O b j e k t d e r V e r w e r t u n g ist also nicht das verpfändete Papier, sondern die Ware, zu welcher das Papier den Pfandgläubiger legitimiert. Für die P r i v a t v e r w e r t u n g durch Einziehung und Sachverwertung durch den Pfandgläubiger (doch mit Abrechnung und Herausgabe des Überschusses wegen des Verbots des Verfallpfands, Art. 894) gilt hinsichtlich Befugnis und Legitimation, was in Art. 906 N 35 ff. (bes. N 44 zu den Inhaber- und Ordrepapieren) ausgeführt; hinsichtlich Verwertung, was in Art. 891 N 48 ff. Für die (hier wohl sehr seltene) Privatverwertung durch Veräußerung des Warenpapiers (nicht der Ware) an einen Dritten gilt Art. 906 N 44 a. Die in Art. 906 N 51 angedeutete Konstruktion des Pfandrechts an einer privat eingelösten Sache zufolge Pfandrechts an einer Sachforderung ist beim Warenpapier nicht nötig.

29 Für die E i n r e d e n o r d n u n g ist nicht nur die Papierart und die Verpfändungsart zu berücksichtigen (Kommentierung von Art. 901, je bei der entsprechenden Variante, bes. N 52, 62/63, 98, 108, 116, 147, und Art. 900 N 103), sondern auch (wie schon bei der entsprechenden Frage des gutgläubigen Erwerbs hervorgehoben, N 18) die möglichen ursprünglichen, unbehobenen und die nachträglich eingetretenen Kollisionen mit Besserberechtigten aus Mobiliarsachenrecht (N 19 ff., bes. N 22, 23, 25 mit Fußnote a, 26, 27).

Für weitere Fragen gelten neben Art. 901 die Art. 903 und 906, **30**
ferner auf Grund von Art. 899 II (dort bes. N 107 ff.) die Art. 884, 887—894ᵃ,
endlich der Systematische Teil. Da zwar ein Wertpapier verpfändet ist, doch das
Pfandrecht direkt an Ware begründet wird, muß bei jeder einzelnen Rechtsfrage
überlegt werden, ob die Regeln über die Verpfändung von Wertpapieren oder
von beweglichen Sachen anzuwenden sind. Dazu kommen die in N 19 ff. besprochenen Kollisionsmöglichkeiten mit direkt aus Mobiliarsachenrecht begründeten dinglichen Rechten.

IV. (Exkurs)
Ähnliche Wirkungen mit Hilfe von Empfangsscheinen (Frachtbriefdoppeln)

In einem Frachtvertrag ohne Ausgabe eines Warenpapiers behält der Ab- **31**
sender das Recht, über das reisende Gut durch Rückzug zu verfügen, bis dem
Empfänger (Adressaten) entweder die Ankunft des Gutes avisiert oder der
Frachtbrief durch den Frachtführer zugestellt ist oder der Empfänger nach
Ankunft des Gutes die Ablieferung verlangt hat (OR 443 I Ziff. 1, 3, 4). Hat
sich aber der Absender vom Frachtführer einen « E m p f a n g s s c h e i n »
geben lassen (so das OR; nach Eisenbahntransportgesetz 41 II: Hat sich der
Absender vom Frachtführer das Frachtbriefdoppel bestätigen lassen), bleibt ihm
dieses Verfügungsrecht nur, so lange er den Empfangsschein vorweisen kann
(OR 443 I Ziff. 2). Der Adressat seinerseits darf gegenüber dem Frachtführer
bereits vor Ankunft des Gutes über dieses verfügen, sofern er den Empfangsschein in Händen hat (OR 443 II). Dazu im einzelnen *Gautschi* OR 443
N 10 ff.

Ein solcher Empfangsschein ist kein Wertpapier. Der Adressat erhält die **32**
Sendung auch, wenn er ihn nicht vorweist (*Gautschi* OR 443 N 12 e, *Hofstetter*
SPR VII/2 S. 173, *Jäggi* N 32 f. vor OR 1153 ff.). Hingegen verliert der Ab-
sender das Verfügungsrecht, wenn er ihn weggegeben hat. Darauf beruht die
Ähnlichkeit mit dem Konnossement (*Jäggi* l. c.) und die Verwendbarkeit als
Sicherung des Käufers im Rahmen eines Dokumenten-Akkreditivs (N 11;
Albisetti, Bodmer u. a. «Dokumentarakkreditiv»; Art. 24 der in N 11 zitierten

---

³⁰ᵃ *Oftinger* hat in der Vorauflage N 35 den Art. 892 nicht zitiert, wohl aber den hier weg-
gelassenen Art. 904. Doch beim Pfandgegenstand von Warenpapieren (vgl. Fußnote 5a) sind
Zinsen u. dgl. (Art. 904) kaum denkbar, wohl aber — selten — «Früchte» (Art. 892) oder
Nebenrechte, die in Art. 904 nicht geregelt, doch dort kommentiert sind (N 21 ff.), namentlich
aber V e r s i c h e r u n g s l e i s t u n g e n (Art. 892 N 17; Art. 904 N 27 gilt nicht).

Einheitlichen Richtlinien). Was die Vermittlung dinglicher Rechte an der Ware anbelangt, bin ich mit *Jäggi* N 33 vor OR 1153 ff. (entgegen *Gautschi* OR 443 N 22 a, welcher erst mit Waren-Tradition den Besitz übergehen läßt) der Meinung, die Übergabe des Empfangsscheines durch den Absender an den Adressaten bedeute implicite Besitzanweisung und damit Eigentumsübergang an der Ware.

33 Sobald es sich aber um Verfügungen über die Ware an D r i t t p e r s o n e n handelt (auch V e r p f ä n d u n g), zeigt sich der Nachteil gegenüber dem Konnossement, daß der Adressat auch ohne Empfangsschein beliefert wird. Letzterer wird nur noch benötigt, um die Sendung auf Kosten des Verfügenden (Absender oder Adressat) zum Dritten oder seinem Verwahrer umzudisponieren (zur Sach-Tradition) [a], worauf die Übergabe eines neuen Frachtbriefdoppels dem Dritten als Sicherheit gegen weiteres Umdisponieren dient und im Sinne von Art. 884 III erforderlich ist. Hingegen kann z. B. der Adressat die an ihn abgegangene Ware nicht einfach mittels des inzwischen erhaltenen Empfangs-scheines verpfänden, da der Frachtführer gleichwohl ihn beliefert und damit der Faustpfandnexus verfehlt wird. Die Verpfändung ist daher nur möglich auf dem Wege des vorletzten Satzes (auch *Trachsel* 59 f.). An sich wäre noch ein zweiter Weg denkbar, die Besitzanweisung an den Frachtführer (Art. 884 N 254 ff.). Doch dieser wird schwerlich bereit sein [b], das temporäre Transport-verhältnis dadurch zu komplizieren, daß er den Besitz für einen Pfandgläubiger ausübt.

34 Im übrigen hat der Adressat nicht bei allen spezialgesetzlich oder staats-vertraglich geordneten Frachtverhältnissen ein Weisungsrecht, welches ihm die Verpfändung der noch reisenden Ware erlauben würde (vgl. *Gautschi* OR 443 N 3 d, ferner OR 440 N 1 zum Verhältnis OR-Spezialregelungen). Zur Zeit sind folgende Erlasse und Staatsverträge zu beachten (Gütertransport, nicht Gepäck-transport); die zitierten Bestimmungen betreffen die Dokumente und Weisungs-rechte, welche für N 31—34 wichtig sind:

BG über den Transport auf Eisenbahnen und Schiffen vom 11. März 1948 (AS 1949, 563) Art. 41 II, 45, 46 I—III; Reglement über den Transport auf Eisenbahnen und Schiffen vom

[33a] Was wir der Einfachheit halber «umdisponieren» nennen, läßt offen, was noch Weisung im ursprünglichen Frachtvertrag ist (darüber *Gautschi* OR 443 N 4 ff., 17 ff.), was ein neuer Frachtvertrag.

[33b] Die Besitzanweisung bedarf prinzipiell zwar nicht der Zustimmung des unmittelbaren Besitzers (Art. 884 N 255, 262), doch einmal darf er sich nicht als selbständiger Besitzer ver-stehen (vorne N 26; trifft beim Frachtführer nicht zu), oder er kann das Rechtsverhältnis, aus welchem sein unselbständiger, unmittelbarer Besitz folgt, beenden und die Sache zurückgeben (Art. 884 N 262; nach *Stark* ZGB 924 N 33 schadet dem Pfandbesitz bereits die Weigerung). Ohne dies näher auszuführen, würde ich angesichts mannigfacher Schwierigkeiten die Ent-scheidung nicht für abwegig halten, ein Frachtführer habe auf Besitzanweisungen überhaupt nicht einzugehen, und es sei auf den Weg der Umdisponierung des Frachtgutes verwiesen.

2. Oktober 1967 / 16. Mai 1977 (AS 1967, 1325 / 1977, 855) Art. 143 V, 164 I, 169; Internationales Übereinkommen über den Eisenbahnfrachtverkehr (CIM) vom 7. Februar 1970 (AS 1975, 189) Art. 6 § 6 lit. h, Art. 8 § 5, Art. 16, Art. 21 § 2 Abs. 2 und § 4, Art. 22; Lufttransportreglement vom 3. Oktober 1952 / 1. Juni 1962 (AS 1952, 1060 / 1963, 679) Art. 5 III, 17 I; Abkommen zur Vereinheitlichung von Regeln über die Beförderung im internationalen Luftverkehr vom 12. Oktober 1929 / 28. September 1955 (Warschauer Abkommen; BS 13, 653, AS 1963, 665) Art. 6, 12, 13, 15 Ziff. 3; Postverkehrsgesetz vom 2. Oktober 1924 (vielfach geändert, siehe SR 783.0) Art. 28; Verordnung I zum Postverkehrsgesetz vom 1. September 1967 (vielfach geändert, siehe SR 783.01) Art. 33a; Weltpostvertrag vom 5. Juli 1974 (AS 1976, 266) Art. 5; Postpaketabkommen vom 5. Juli 1974 (AS 1976, 328) Art. 22; Übereinkommen über den Beförderungsvertrag im internationalen Straßengüterverkehr (CMR) vom 19. Mai 1956 (AS 1970, 851) Art. 5 Ziff. 1, Art. 12, 13.

V. Internationales Privatrecht

Neuere schweizerische Literatur: *Stark* ZGB 925 N 36 ff., *Jäggi* N 20 ff. vor OR 965 ff., **35** N 67 ff. vor OR 1153 ff., *Vischer* SPR I S. 652 ff., *ders.*, Internationales Vertragsrecht, Bern 1962, 176 ff., *Meier-Hayoz*, Syst. Teil vor ZGB 641 ff. N 761 ff., besonders N 842 ff., *Gautschi* N 9 vor OR 439 ff., *Schnitzer*, Handbuch des Internationalen Handels-, Wechsel- und Checkrechts, Zürich 1938, *ders.*, Handbuch des Internationalen Privatrechts, 4. A., Basel 1958; vorne Syst. Teil N 101 ff. — *von Nayhauß*, Die Warenwertpapiere im Internationalen Privatrecht der Schweiz, insbesondere beim Lagervertrag, Diss. Zürich 1977 (auch zum deutschen, österreichischen, französischen und italienischen IPR), *Karrer*, Der Fahrniserwerb kraft Guten Glaubens im Internationalen Privatrecht, Diss. Zürich 1968. — Für das deutsche IPR u. a. *Reithmann*, Internationales Vertragsrecht, 3. A., Köln 1980, besonders S. 390 ff., *Staudinger/Firsching*, Einführungsgesetz BGB, Bd. 2b (1978) Anm. 559 ff. vor Art. 12.

Die vorstehend dargelegten materiellrechtlichen Zusammenhänge stehen zwar **36** bei Lagerscheinen häufig integral unter schweizerischem Recht, bei Konnossementen dagegen kaum. Die Anknüpfungen der verschiedenen Teilfragen und deren Abgrenzungen sind sehr umstritten, sowohl in der Lehre ein und desselben Staates, als auch verschieden in den Lehren verschiedener Staaten (weshalb dem Gerichtsort, der das Kollisionsrecht bestimmt, und damit einer Gerichtsstandsklausel große Bedeutung zukommt). Die Dissertation von *Nayhauß* weist die äußerst kontroversen Meinungen (u. a.) für die Schweiz nach; auf sie sei verwiesen. — Im Rahmen dieser Kommentierung muß es bei einer Skizze der Problematik und der Meinung des Verfassers bleiben.

Lagervertrag und Frachtvertrag stehen nach der seit BGE 78 II 78 geltenden **37** Vertragstypenformel unstreitig unter dem Sitzrecht des Lagerhalters (BGE 100 II 208) oder Frachtführers (BGE 85 II 269), sofern die Parteien das Recht nicht gewählt haben. Das auf den das Warenpapier begründenden Vertrag anwendbare Recht bestimmt indessen nicht unmittelbar auch das Statut des

Warenpapiers[a]. — Diesbezüglich liegt das Problem im Nebeneinander von Papier- und Warenexistenz (entsprechend N 19 ff.) und im Bestreben nach verkehrssicheren, deutlich sichtbaren Anknüpfungstatsachen, welche aber nicht ständig (z. B. nach der jeweiligen Lage der Urkunde; sog. lex cartae sitae) wechseln und die Rechtslage auseinanderreißen sollten. Ferner dürften veraltete materiellrechtliche Vorstellungen über das Verhältnis Wertpapier/Sache hineinspielen (dagegen auch die Tendenz des Kommentars von *Jäggi*, siehe bes. OR 965 N 304), welche früher manche Autoren dazu geführt haben, die Wertpapiere wie die Sachen der jeweiligen lex rei sitae zu unterwerfen[b]. Endlich kommen am Rande zwei Paradebeispiele internationalprivatrechtlicher Kontroversen dazu: Die Qualifikation und die Behandlung der res in transitu.

38   Wenn man vorweg den unbestrittenen Einfluß der l e x   r e i   s i t a e   d e r   W a r e   eingrenzt, ist einiges gewonnen: Sie bestimmt, was wir N 22 als «Überleitung» des Wareneigentums in die Berechtigung aus dem Papier bezeichnet haben (mit den etwa von *Vischer* SPR S. 655 ff. behandelten Fragen der Weitergeltung einmal erworbener dinglicher Rechte — vgl. BGE 74 II 228 — und der res in transitu, für welche ich allerdings mit der heute h. M. das Recht des Bestimmungsorts postuliere), ferner für die Frage des gutgläubigen Erwerbs der Ware (N 24; auch des Verfolgungsrechts); d. h. alles, was als reines Mobiliarsachenrecht qualifiziert werden muß. Zu diesen Tatbeständen eingehend *Meier-Hayoz* und *Karrer*.

39   Für das   W a r e n p a p i e r   u n d   d i e   R e c h t e   a u s   i h m[a] sollte dagegen die lex rei sitae der Ware keine weitere Bedeutung haben. Zunächst sollte Rechtswahl zulässig sein (von BGE 99 II 101 in einem allerdings nicht kritischen Fall offensichtlich positiv zur Kenntnis genommen), andernfalls bieten sich Ausstellungsort oder Sitzrecht des Lagerhalters oder Frachtführers an, wobei ich letzterem den Vorrang gäbe (m. E. ist dies auch die Vorstellung des

---

[37a] Selbstverständlich auch nicht das Statut der ersten causa für die Güterbewegung, z. B. des Kaufvertrags. Das Haager Übereinkommen betreffend das auf internationale Kaufverträge über bewegliche körperliche Sachen anzuwendende Recht vom 15. Juni 1955 (AS 1972, 1882) gilt zwar auch für «Verkäufe durch Übergabe von Warenpapieren» (Art. 1 II), regelt diese aber nicht, wie überhaupt nicht den Eigentumsübergang (Art. 5 Ziff. 3).

[37b] Aus der selben Quelle stammt auch die oft mißverständliche scharfe Unterscheidung zwischen Recht «am» und «aus dem» Papier, welche sich in der Literatur zum vorliegenden Thema ebenfalls bemerkbar macht. Es handelt sich um die einheitliche Frage einer qualifizierten Schuldurkunde und der Sachlegitimation dazu; das «Papier» ist völlig sekundär.

[39a] Die   Q u a l i f i k a t i o n   ist prinzipiell nach lex fori, doch internationalprivatrechtsautonom derart vorzunehmen, daß jedesmal, wenn sich die Frage stellt, ob ein Papier vorliege, welches die Ware «vertritt», das im Text genannte Warenpapierstatut befragt wird, ob es sich so verhalte; wenn ja, wird es anwendbar. Der Gegenstand der ersten Frage ist m. E. der Verweisungsbegriff des schweizerischen IPR. Mehr an spezifisch schweizerischem Warenpapierrecht ist nicht einzubeziehen (nur scheinbar weiter geht BGE 80 II 84 f. betr. Check).

SSG, wenn es sich schweizdomizilierte Schiffseigner und Reeder unterwirft, Art. 1 f., 19 ff., 45 f.; für sie ist wohl die Ordnung des Frachtvertrags und des Konnossements bestimmt, Art. 101 ff.). Dieses W a r e n p a p i e r s t a t u t müßte auch für V e r f ü g u n g e n über das Papier maßgebend bleiben, nicht die jeweilige lex cartae sitae; unter Vorbehalt nur der allgemein anerkannten a l t e r n a t i v e n O r t s f o r m für Übertragungsformalien (d. h. Wahl von Ortsform oder Statut-Form). Die analoge Übernahme der wechselrechtlichen Kollisionsnormen OR 1087/1090, bes. II, drängt sich nicht auf. Denn die mit der Ortsform und -wirkung nach lex loci actus erzielte optimale Sicherheit, welche Folgen einer Wechselerklärung zukommen, ist mangels Garantiefunktion bei Warenpapieren entbehrlich (die Übertragungscausa und die Haftungen daraus werden gesondert angeknüpft; nur der P f a n d v e r t r a g untersteht m. E. ebenfalls dem Papierstatut).

Die jeweilige Lage der Ware ist bei all dem nicht von Bedeutung; das **40** Problem der res in transitu stellt sich nicht mehr. Wenn man endlich überlegt, daß die Essenz des Warenpapiers in der Erfüllung durch den Papieraussteller an den Papier-Legitimierten besteht, kann es auch nicht darauf ankommen, ob bei Zwischenverfügungen über das Papier (z. B. Verpfändung) die momentane lex rei sitae die in der Papierübergabe liegende Besitzanweisung ohne Notifikation an den Frachtführer anerkennt. Diese Frage stellt sich erst, wenn am Bestimmungsort mangels freiwilliger Erfüllung vindiziert werden muß: Kann das Mobiliarsachenrecht des Bestimmungsortes die dingliche Berechtigung (Eigentum, Pfandrecht, Besitz; aber auch das Retentionsrecht) anerkennen? Da es aber nur darum geht, daß keine unaufgebbaren Grundsätze des Mobiliarsachenrechts verletzt sind [a], nicht dieses schlechthin verwirklicht ist, wird von Einfluß sein, ob das Recht des Bestimmungsortes ein Warenpapierrecht besitzt, welches — ohne direkt anwendbar zu sein — Entsprechendes erlaubte. Solche Kollisionen dürften daher selten sein.

[40a] Vgl. Syst. Teil N 103 und Fußnote zu N 113; z. B. Verletzungen des Faustpfandprinzips oder des Verfallklauselverbots.

Art. 903

Ein nachgehendes Forderungspfandrecht ist nur gültig, wenn der vorgehende Pfandgläubiger vom Gläubiger der Forderung oder vom nachgehenden Pfandgläubiger von der Nachverpfändung schriftlich benachrichtigt wird.

1 **Materialien:** aOR 217 — VE — — E — — Erl II 330 — Prot ExpKom III — — Botsch — — StenBull NR 1907, 341, 342 — StenBull StR 1906, 1425 (Art. 887bis), 1427.
Ausländisches Recht: CC fr, CCom, CC it, BGB, ABGB keine Bestimmungen.
Lit.: C. *Horber*, Das Forderungspfandrecht (Diss. Zürich 1905) 67—71, 121—126 — **Bolla* 225 ff. — Hans Jakob *Meyer*, Die Verpfändung von Kundenguthaben (Diss. Zürich 1945) 47 ff. — *Beeler* 122.

Übersicht

I. Nachverpfändung:
Allgemeiner Inhalt der Vorschrift

2 Unter dem bei Art. 900 stehenden zusammenfassenden Marginale «Errichtung» des Pfandrechts an Rechten ordnet *Art. 903* als Ziff. IV die N a c h v e r p f ä n - d u n g. Die Vorschrift ist das Gegenstück zu dem auf das Sachpfandrecht bezüglichen Art. 886. Die Entwürfe begnügten sich mit der letzteren Bestimmung (VE 866, E 871), die auf Grund der allgemeinen Verweisung in ZGB 899 II auch die Nachverpfändung von Rechten erfaßt hätte (Erl II 330). Der Ständerat hielt eine eigene Bestimmung für erforderlich (E 887bis), deren Wortlaut später von der Redaktionskommission nicht unwesentlich geändert wurde (BGE 72 II 355). Die heutige Vorschrift deckt sich im Hauptpunkt mit Art. 886, indem sie die schriftliche Anzeige an den vorgehenden Pfandgläubiger verlangt, nur ist dies in Art. 903 stärker ausgedrückt («ist nur gültig»), als in Art. 886. Das frühere Recht (aOR 217) regelte die Nachverpfändung von Sachen und Forderungen zusammen.

Der Geltungsbereich der Vorschrift ist derjenige der Art. 899 ff.: **3** Forderungen und andere Rechte, einschließlich der Wertpapiere. Die Inhaberpapiere unterstehen somit dem Art. 903 und nicht Art. 886: BGE 72 II 353/354; 66 II 23/24 = BlZR 39 Nr. 83 S. 170/171, entgegen dem Zürcher Obergericht, dort 166. Der Wortlaut des Art. 903, der nur von den Forderungen spricht, ist zu eng. — Soweit in Art. 903 Sachen betroffen werden (Urkunden mit oder ohne Wertpapiercharakter), liegt im Pfandvertrag, zusammen mit der Anzeige, eine Besitzanweisung (Art. 886 N 3). Für nachstehend nicht behandelte Fragen (insbesondere die Anforderungen an den Besitz des Verpfänders, den gutgläubigen Erwerb, den Inhalt und die Form der Anzeige) sei vorweg auf die Kommentierung von Art. 886 (insbesondere N 8—16) verwiesen.

II. Voraussetzungen der Nachverpfändung

A. Allgemein. — Die Nachverpfändung läßt ein gewöhnliches Pfandrecht **4** entstehen; abgesehen von der Nachrangigkeit und der dadurch erforderlich werdenden Anzeige an den vorgehenden Pfandgläubiger. Deshalb gelten im übrigen die Voraussetzungen der Art. 900 und 901; siehe im einzelnen dort. — Demnach ist insbesondere für die Nachverpfändung einer gewöhnlichen Forderung auf Grund des Art. 900 I die Schriftlichkeit des Pfandvertrags nötig (BGr in BlZR 7 Nr. 129 S. 288). Das selbe gilt für die «anderen Rechte» im Sinne des Al. III/Art. 900; gegebenenfalls ist zusätzlich die dort erwähnte «Form, die für die Übertragung vorgesehen ist», einzuhalten. Die Übergabe des Schuldscheins oder des Wertpapiers (Art. 900 I, 901) entfällt jedoch; der vorgehende Pfandgläubiger übt den (unmittelbaren) Besitz an der Urkunde für den nachgehenden Pfandgläubiger aus. Für die Anzeige an den Drittschuldner gilt Art. 900 II: sie ist fakultativ, aber empfehlenswert, weil sonst der Drittschuldner nach dem Untergang des vorgehenden Pfandrechts sich durch Zahlung an den Gläubiger der verpfändeten Forderung befreien kann (Art. 906 II).

Hinsichtlich der Nachverpfändung von Wertpapieren (wertpapier- **4a** mäßig nach Art. 901, nicht wertpapiermäßig nach Art. 900 I) gelten N 30—117 zu Art. 901, wozu stets die schriftliche Anzeige kommt. Während das Inhaber- und das Namenpapier hinsichtlich der Nachverpfändung keine besonderen Probleme bieten (das Legitimierungsmittel wird dem nachgehenden Gläubiger vom vorgehenden Gläubiger mit Herausgabe des Papiers verschafft, und beim Namenpapier kann der Verpfänder dem nachgehenden Gläubiger die Zession in gesonderter Urkunde von Anfang an direkt übergeben), verhält es sich beim O r d r e p a p i e r anders: Unproblematisch ist hier bloß die v e r s t e c k t e Verpfändung und Nachverpfändung (zu externem Vollrecht) mittels Blankoindossament oder Vollindossament an den vorgehenden Pfandgläubiger (Art. 901 N 69—86); im letztern Fall wird der vorgehende Pfandgläubiger anläßlich der Herausgabe des Papiers an den nachgehenden Pfandgläubiger wiederum voll indossieren. Eine o f f e n e Nachverpfändung nach offener Verpfändung (Art. 901 N 65—68) ist dagegen ordrepapiermäßig im Gesetz nicht vorgesehen; darüber wird nachfolgend N 5 a im Zusammenhang mit der Herausgabe des Papiers gehandelt. Nicht wertpapiermäßig ist dagegen die offene Nachverpfändung eines Ordrepapiers mittels Art. 900 I in Verbindung mit Art. 903 möglich: schriftlicher Pfandvertrag und schriftliche Anzeige (Einzelheiten bei *Bolla* 227, vgl. noch *Sautaux* 62 f.).

5   **B. Anzeige. Weitergabe des Pfandgegenstandes an den nachgehenden Gläubiger.** — Der v o r g e h e n d e P f a n d g l ä u b i g e r muß s c h r i f t l i c h von der Nachverpfändung b e n a c h r i c h t i g t werden. Diese A n z e i g e ist ein konstitutives Erfordernis. Entgegen Art. 886 spricht Art. 903 nicht von der Anweisung an den vorgehenden Gläubiger, die ihm gemäß Art. 900 I oder 901 übergebene Urkunde nach seiner Befriedigung dem nachfolgenden Gläubiger a u s z u h ä n d i g e n. Die Pflicht zu dieser Aushändigung läßt sich jedoch aus Art. 889 I ableiten: der Pfandgläubiger hat den Pfandgegenstand nach dem Untergang seiner Forderung dem «Berechtigten» zur Verfügung zu stellen, und das ist hier der nachgehende Gläubiger. Ihm ist die Schuldurkunde oder das Wertpapier zu übergeben (vgl. auch BlZR 7 Nr. 129 S. 289). Zu den Übertragungsformen vgl. sinngemäß Art. 889 N 14. Bei Inhaberpapieren und blanko indossierten Ordrepapieren genügt die Übergabe, während die durch Vollindossament übertragenen Ordrepapiere vom vorgehenden auf den nachgehenden Gläubiger zu indossieren sind, wobei der Indossant gemäß OR 1005 I die Haftung bei Papieren mit Garantiefunktion (Regreß) durch die Klausel «ohne obligo» oder dergl. ablehnen wird (*Hafner* Art. 217 N 2). Auch die Streichung des auf den vorgehenden Pfandgläubiger ausgestellten Indossamentes mit nachheriger Indossierung durch den letzten verbleibenden Indossanten ist tauglich (OR 1006 I; *Hafner* a.a.O.).

5a   Bei offener Pfandindossierung eines Ordrepapiers an den vorgehenden Gläubiger kommt eine solche Weiterindossierung dagegen nicht in Frage, weil nach OR 1009 ein Pfandindossament nur zum Inkasso, allenfalls über ein Vollmachtindossament, berechtigt, nicht aber zur Weiterübertragung. Eine Ausstreichung des Pfandindossaments mit nachfolgendem neuem Pfandindossament auf den nachgehenden Pfandgläubiger, ausgestellt durch den nach Ausstreichung letzten Indossatar (in der Regel: durch den Verpfänder), ist ein gangbarer Weg

(OR 1006 I, 2. Satz). Er setzt indessen den guten Willen dieses Indossatars voraus und ist umständlich. Der vorgehende Pfandgläubiger ist dem nachgehenden aber für die Herausgabe verantwortlich (Art. 886 N 17). Schon allein darum (abgesehen von den wichtigern Motiven der Diskretion und allenfalls der Privatverwertung durch Weiterübertragung) rechtfertigt sich die Beliebtheit der versteckten Verpfändung mit Voll- oder Blankoindossament. Doch müßte es einen Weg geben, Ordrepapiere w e r t p a p i e r m ä ß i g und o f f e n nachzuverpfänden. Ein o f f e n e s N a c h v e r p f ä n d u n g s i n d o s s a m e n t («an X als Nachverpfändung» u. dgl.) scheint in der Literatur nicht vorzukommen, doch besteht jedenfalls wertpapierrechtlich kein Hindernis für eine Lückenfüllung: Setzt der befriedigte vorgehende Pfandgläubiger ein Nachverpfändungsindossament aufs Papier, könnte er allerdings versuchen, mißbräuchlich eine eigene Schuld zu sichern; Mißbrauchsvermeidung ist aber die ratio der Folgen in OR 1009 I. Doch da im offenen Pfandindossament keine Privatverwertung durch Weiterindossierung eingeschlossen ist, wird der Erfolg jedenfalls dann ausbleiben, wenn dem Papierschuldner gemäß Art. 900 II die empfehlenswerte Mitteilung gemacht worden ist (N 4), was dem Verpfänder zumutbar ist, da die Tatsache (der «Makel») der Verpfändung aus dem Papier ohnehin ersichtlich ist und bleibt. Daher überwiegt das Bedürfnis, dem vorgehenden Pfandgläubiger den Vollzug seiner Herausgabepflicht zu erleichtern. Eine derartige Lückenfüllung sollte auch erlauben, daß der Verpfänder X dem offenen Pfandindossament an den vorgehenden Gläubiger Y mit dessen Einverständnis oder von Anfang an ein offenes Nachverpfändungsindossament an Z anfügt; also: «an Y zu Pfand, sig. X», und darunter: «an Z als Nachverpfändung, sig. X». Der befriedigte Y würde das Papier unter Ausstreichung des Pfandindossaments an Z herausgeben. Man müßte sich mit einer — ausreichend ersichtlichen — Ausnahme von der Regel der Legitimation des letzten Indossatars abfinden, denn der vorgehende Pfandgläubiger bliebe legitimiert (auch zu einem Vollmachtindossament), solange das erste Pfandindossament nicht gestrichen ist. Nach Streichung unterläge das Nachverpfändungsindossament den Regeln von OR 1009, wäre also ein Pfandindossament. — So lange die Rechtsbeständigkeit einer solchen Lösung allerdings nicht gesichert ist, wird sich die Praxis zur offenen Verpfändung von Ordrepapieren des schriftlichen Pfandvertrags und schriftlicher Benachrichtigung bedienen (*Albisetti/Gsell*, Bankgeschäfte, Zürich 1979, 63, für alle Wertpapierarten; *Albisetti, Bodmer* u. a., Artikel «Faustpfand» und «Wertpapierverpfändung»), worauf der vorgehende Pfandgläubiger das Papier unindossiert herausgeben und meist das Pfandindossament ausstreichen wird. Die Legitimation zur Verwertung folgt dann entweder aus nachträglicher Indossierung seitens des Verpfänders oder aus der im schriftlichen Pfandvertrag liegenden Abtretung, also in den Wirkungen wie beim Namenpapier. Ob die Nachverpfändung von Ordrepapieren spezifisch ordrepapierrechtlich geschieht (mit Auswirkungen bei der Legitimation und der Einredenordnung sowie beim gutgläubigen Erwerb; vgl. Art. 901 N 60 ff.), mag in den meisten Fällen unwichtig sein. Gleichwohl war hier zu versuchen, die m. E. grundlose Lücke im wertpapierrechtlichen Arsenal zu schließen.

6   Die Schriftform der Anzeige ist Gültigkeitserfordernis (BGE 72 II 355/356). Vgl. N 11 und 13 zu Art. 886.

7   Die Anzeige kann vom Gläubiger der verpfändeten Forderung, d. h. regelmäßig dem V e r p f ä n d e r, oder vom n a c h g e h e n d e n G l ä u b i g e r erstattet werden (anders aOR 217: BlZR 3 Nr. 187 S. 321/322). Es ist zweifelhaft, ob sich der diesbezügliche Unterschied zu Art. 886 (dort N 14) rechtfertigt; jedenfalls dort, wo die Besitzverschaffung an einem Papier Verpfändungsvoraussetzung ist. Hier müßte die Besitzanweisung ebenfalls vom Verpfänder ausgehen, wie dies von der h. M. zum insofern unbestimmten Text von Art. 886 postuliert wird (l. c.). Doch löst sich der Unterschied weitgehend auf, wenn zu Art. 886 häufig geschlossen wird, im Pfandvertrag liege die Vollmacht. Immerhin wird sich der vorgehende Pfandgläubiger vergewissern müssen, ob hinter der Anzeige eines angeblich nachgehenden Pfandgläubigers eine Realität stehe.

8   Weitere E i n z e l h e i t e n zur Anzeige: Art. 886 N 11—16.

III. Stellung des vor- und des nachgehenden Pfandgläubigers

9   Vgl. darüber die sinngemäß verwendbaren Ausführungen vorn Komm. Art. 886 N 17—21. Was dort unter Berufung auf Art. 888 von der Rückgabe der Sache an den Verpfänder gesagt wird, gilt im Bereich des Art. 903 vom Schuldschein und vom Wertpapier (dazu Art. 900 N 50/51, Art. 901 N 37/38). Über die Verwaltung und Einziehung der verpfändeten Forderung vgl. Art. 906 und dort N 64.

IV. Besondere Fälle

10   Über die Nachverpfändung i n d o s s i e r t e r W e r t p a p i e r e: vorstehend N 4a, 5, 5a.

11   Art. 903 gilt auch für die Nachverpfändung von V e r s i c h e r u n g s - a n s p r ü c h e n, und zwar sowohl bei Schadens- wie Personenversicherung (dazu allgemein Art. 900 N 76 ff.). Bei der Personenversicherung ist gemäß

VVG 73 I und abweichend von ZGB 900 II die Nachverpfändung dem V e r - s i c h e r e r schriftlich a n z u z e i g e n. Dazu kommt die schriftliche Anzeige an den vorgehenden P f a n d g l ä u b i g e r nach Art. 903. Die Police bleibt im Besitz des vorgehenden Pfandgläubigers (BGE 61 II 43). Die Schriftlichkeit des Pfandvertrags ist in VVG 73 I übereinstimmend mit ZGB 900 I vorgesehen. Hiezu des näheren ZBJV 58, 125 = SJZ 18, 213; BlZR 7 Nr. 129 S. 288/289; Willy *Koenig*, SPR VII, 12, 564, 723; Schweiz. Privatversicherungsrecht, Bern 1967, 152 ff.; A. *Maurer*, Einführung in das schweiz. Privatversicherungsrecht, Bern 1976, 296.

V. Andere Arten mehrfacher Verpfändung

Darüber Art. 886 N 22 ff. — Neben den dort erwähnten Wegen ist der Mit- **12** besitz eines Wertpapiers durch mehrere Pfandgläubiger denkbar, gegebenenfalls verbunden mit einem auf sie gemeinsam lautenden oder blank vorgenommenen Indossament (*Horber* 71).

Günstiger für die späteren Gläubiger als die Nachverpfändung ist die Ver- **13** pfändung von T e i l f o r d e r u n g e n an verschiedene Gläubiger, soweit mit der Natur der Forderung vereinbar (Art. 899 N 10); jeder Gläubiger erhält hierdurch ein Pfandrecht im ersten Rang.

Art. 903 ist sinngemäß anwendbar, wenn ein r e t i n i e r t e s Wertpapier **14** verpfändet wird (Art. 895 und dort N 145).

Art. 904

Beim Pfandrecht an einer verzinslichen Forderung oder an einer C. Wirkung. **Forderung mit andern zeitlich wiederkehrenden Nebenleistungen, wie** I. Umfang der Pfandhaft **Dividenden, gilt, wenn es nicht anders vereinbart ist, nur der laufende Anspruch als mitverpfändet, und der Gläubiger hat keinen Anspruch auf die verfallenen Leistungen.**

Bestehen jedoch besondere Papiere für solche Nebenrechte, so gelten diese, wenn es nicht anders vereinbart ist, insoweit für mitverpfändet, als das Pfandrecht an ihnen formrichtig bestellt ist.

Art. 904

1   **Materialien:** aOR 216 — VE 882 — E 888 – Erl II 330/331 — Prot ExpKom III 128—130 — Botsch — — StenBull NR 1906, 694, 696; 1907, 341, 342 — StenBull StR 1906, 1427.

    Ausländisches Recht: CC fr 2081 — CCom — — CC it 2802 — BGB 1289, 1296 — ABGB (457).

    Lit.: C. *Horber,* Das Forderungspfandrecht (Diss. Zürich 1905) 77 ff. — *Bolla* 117—129 — Hans Jakob *Meyer,* Die Verpfändung von Kundenguthaben (Diss. Zürich 1945) 66 ff. — *Beeler* 104, 124 ff. — Regula *Pestalozzi-Henggeler,* Die Namenaktie und ihre Vinkulierung (Diss. Zürich 1948) 79 ff. — *Wieland,* Komm. Art. 904.

Übersicht

I. Umfang der Pfandhaft: Allgemeiner Inhalt der Vorschrift

2   Mit «Umfang der P f a n d h a f t» bezeichnet das Gesetz, *was* alles dem dinglichen Recht des Gläubigers — dem Pfandrecht — unterliegt; die Bestimmung umschreibt den objektiven Umfang des Pfandrechts. Der Art. 904 beruht auf dem im Gesetz nicht direkt ausgesprochenen G r u n d s a t z, daß das Pfandrecht den P f a n d g e g e n s t a n d in seinem vollen Bestande erfaßt: das verpfändete Recht samt den allfällig damit verbundenen Nebenrechten. Dieses Prinzip wird jedoch vom Art. 904 stark eingeschränkt. *Al. I* der Bestimmung sieht vor, daß die Pfandhaft sich auf die mit dem verpfändeten Recht (besonders einer verzinslichen Forderung) verbundenen p e r i o d i s c h e n N e b e n l e i s t u n g e n erstreckt, aber nur auf den l a u f e n d e n Anspruch, nicht auf verfallene Leistungen. Anders gemäß *Al. II*/Art. 904, wenn für die Nebenleistungen «besondere Papiere» (Coupons) bestehen: dann sind sie insoweit mitverpfändet, «als das Pfandrecht an ihnen formrichtig bestellt ist». — Was zum verpfändeten S t a m m r e c h t, namentlich dem K a p i t a l betrag der Forderung gehört, ein Teil von ihm ist, fällt nicht unter die besonderen Bestimmungen des Art. 904, sondern wird von v o r n h e r e i n von der Pfandhaft erfaßt.

3   Der dem Art. 904 zugrunde liegende, soeben eingangs N 2 erwähnte Grundsatz läßt sich aus der Analogie zu OR 170 I und *ZGB 892* gewinnen. Die letztere Vorschrift ist jedoch nicht (über Art. 899 II) unmittelbar anwendbar, weil sie einzig das Sachpfandrecht betrifft; Nebenrechte wie Zinsen und Dividenden sind n i c h t B e s t a n d t e i l e oder Z u g e h ö r im Sinne des schweizerischen Rechts (vgl. ZGB 642/643, 644 II).

Was immer der Pfandhaft unterliegt, wird von der V e r w e r t u n g (Art. 891 **4** I) und den übrigen W i r k u n g e n des Pfandrechts erfaßt (Art. 891 N 8). Wer anläßlich der Verwertung eine verpfändete Forderung erwirbt, erhält sie mitsamt den von der Pfandhaft erfaßten Zinsen (dazu SJZ 9, 356 Nr. 326). — Auf f ä l l i g g e w o r d e n e Z a h l u n g e n ist *Art. 906* anwendbar (vgl. die dortigen Bemerkungen, bes. N 53).

A n d e r e N e b e n r e c h t e als die periodischen erwähnt das Gesetz nicht; **5** darüber Näheres nachstehend N 21 ff. — Über den P f a n d g e g e n s t a n d im allgemeinen: Art. 899 N 9 ff.

Das f r ü h e r e R e c h t und die E n t w ü r f e enthielten im wesentlichen **6** gleichlautende Vorschriften wie das heutige Gesetz (aOR 216, VE 882, E 888); ein Unterschied zwischen ZGB 904 II und aOR 216 III besteht insofern, als nach der letzteren, widerspruchsvollen, Vorschrift die mitübergebenen Coupons zwar verpfändet, aber, sobald verfallen, dem Schuldner herauszugeben waren, während sie nach jetzigem Recht dem Gläubiger verhaftet bleiben (StenBull NR 1906, 694; StR 1906, 1427). — Die a u s l ä n d i s c h e n R e c h t e erstrecken die Pfandhaft ebenfalls auf die periodischen Nebenleistungen. Nach CC fr kann der Pfandgläubiger diese einziehen; er rechnet sie auf die Zinsen der gesicherten Forderung an, eventuell auf das Kapital; das Pfandrecht ist somit grundsätzlich Antichrese. In der Hauptsache gleich ist die Lösung des CC it. Nach BGB 1289 sichert sich der Pfandgläubiger die Einziehung der Zinsen einer Forderung mittels Anzeige an den Drittschuldner; für die Regelung bei Wertpapieren mit Coupons war aOR 216 III das Vorbild (BGB 1296). Im österreichischen Recht wird der die natürlichen Früchte betreffende § 457 ABGB sinngemäß auf die Zinse und dergl. angewendet.

Die gläubigerischen B a n k e n schreiben die von ihnen eingezogenen Neben- **7** leistungen gewöhnlich dem Verpfänder gut.

II. Nebenrechte ohne Coupons (Al. I)

Art. 904 stellt die in C o u p o n s verkörperten Nebenrechte denen ohne **8** Coupons gegenüber (Al. II im Gegensatz zu Al. I). Die in aOR 216 III als Coupons bezeichneten Urkunden umschreibt Al. II/Art. 904 mit dem Ausdruck «besondere Papiere». In beiden Fällen (Al. I wie Al. II/Art. 904) hat man p e r i o d i s c h e («zeitlich wiederkehrende») Nebenleistungen vor sich, wie

Z i n s e von Forderungen, G e w i n n a n t e i l e u. a. m. Die in Al. I erwähnten D i v i d e n d e n fallen unter diesen Absatz lediglich, wenn keine Coupons bestehen, andernfalls unter Al. II.

9 Ohne gegenteilige Vereinbarung erfaßt die Pfandhaft *nur* den l a u f e n d e n A n s p r u c h. Unter diesem nicht ohne weiteres klaren Ausdruck ist der im Z e i t p u n k t d e r P f a n d v e r w e r t u n g laufende und später fällig werdende Zins (oder entsprechende Anspruch) zu verstehen, m. a. W. der zur Zeit der Pfandverwertung noch nicht fällig gewordene Anspruch; so auf Grund des in Art. 892 III enthaltenen Prinzips BGE 41 III 455 ff. und schon der französische Referent des Nationalrates, StenBull NR 1906, 496; ferner BGE 42 III 273; 71 III 157; 98 Ia 506 E. 12; 102 III 93; 104 III 35; ZBGR 26 (1945) 296; 28 (1947) 298; SJZ 40, 158; D. *Zobl*, ZBGR 59 (1978) 218; *v. Tuhr/ Escher* § 98 II 3 (überholt ist BlZR 1 Nr. 128 S. 167). — Der in dieser Weise mitverpfändete Anspruch geht bei der Verwertung auf den Erwerber des verpfändeten Rechts über. Die vor dem Zeitpunkt der Verwertung fällig gewordenen, auch die rückständigen, Ansprüche[a] fallen an den Verpfänder (Art. 904 I, a. E.); er darf sie «einkassieren» (Erl II 331). Das gilt auch im Konkurs: der Pfandgläubiger kann nicht etwa die nach der Konkurseröffnung fällig werdenden Zinse beanspruchen; BGE 41 III 459 ff.; 42 III 273; ZBJV 52, 151; a. M. *Beck*, SJZ 11, 165 ff.; vgl. auch SJZ 9, 356 Nr. 326. — Der Ausschluß der jeweils verfallenden Ansprüche von der Pfandhaft erklärt sich damit, daß das Pfandrecht im Grundsatz kein Nutzungspfandrecht, im besonderen keine Antichrese ist, daß somit die Erträgnisse dem Verpfänder zufallen sollen (BGE 41 III 457).

10 Da Al. I/Art. 904 dispositiven Rechts ist, kann die P f a n d h a f t v e r - t r a g l i c h e r w e i t e r t werden, z. B. auf sämtliche verfallenden Zinse (dazu BGE 51 II 153; 102 III 93 E. 3a; 104 III 35 f.; D. *Zobl*, ZBGR 59 [1978] 219 f.). Das muß im Pfandvertrag in der durch Art. 900 vorgeschriebenen Form ausdrücklich erwähnt werden. Für Zinszahlungen gilt dann Art. 906, für die Anzeige an den Drittschuldner Art. 900 II.

11 Al. I/Art. 904 ist auch anwendbar auf G r u n d p f a n d t i t e l, die gemäß Art. 901 (oder 900) verpfändet werden, sofern sie, wie gewöhnlich, nicht mit Coupons versehen sind. Bei der Verpfändung von E i g e n t ü m e r s c h u l d - b r i e f e n u n d - g ü l t e n wird sogar die vertragliche Erstreckung der Pfandhaft auf die Zinsen als zulässig betrachtet, die vor der Verpfändung (als der Titel sich noch in Händen des Eigentümers befand) fällig geworden wären; um so mehr gilt die Zulässigkeit der Erstreckung auf die nach der Verpfändung fällig werdenden Zinsen. Zum Schutz der im Range nachfolgenden Grundpfandgläubiger bleibt Art. 818 I Ziff. 3 vorbehalten (BGE 44 II 252 ff.; ferner 51 II 152; 104 III 35 f.). — Im Sinne der bei Art. 901 N 140, Fußnote, besproche-

---

[a] Franz. Text: «échus antérieurement».

nen Problematik sei noch verdeutlicht: Die Ausführungen in dieser Note 11 bis zum vorletzten Satz bezogen sich auf die Frage, wie weit die Pfandhaft bei Faustpfandbestellung an Grundpfandtiteln hinsichtlich der Zinsen aus der Grundpfandforderung faustpfandvertraglich erstreckt werden dürfe: Die Parteien sind in ihren Abmachungen frei; schweigt der Pfandvertrag, gilt Art. 904 I a. E., nicht etwa Art. 818 I Ziff. 3 (vgl. BGE 102 III 93; 104 III 35). Kommt es zur Grundpfandverwertung, kann indessen quantitativ nicht mehr aus Zinsen befriedigt werden, als Art. 818 I Ziff. 3 zuläßt. Das gilt für die Verpfändung eines Grundpfandtitels durch einen Grundpfandgläubiger wie durch den Grundeigentümer. Ebenso D. *Zobl*, ZBGR 59 (1978) 219f. mit weiteren Angaben. — Im Falle der Faustpfandverwertung ist die besprochene Frage ohne Belang. — Im übrigen gilt auch hier die Schlußbemerkung in N 26 a.

A b z a h l u n g e n (Amortisationen) fallen nicht unter Art. 904, sondern **12** Art. 906 (BGE 71 III 157): sie sind nicht periodische Nebenleistungen, sondern Tilgung des Kapitals und werden mit diesem von der Pfandhaft erfaßt. Wo A n n u i t ä t e n der Schuldner von Pfandtiteln (Art. 862, 874 III) sowohl Abzahlungen wie Zinszahlungen umfassen, untersteht nur der auf die letzteren entfallende Teil dem Art. 904; die der Tilgung des Kapitals dienende Quote fällt ohne weiteres unter die Pfandhaft. — Über den Begriff der Annuitäten als solcher vgl. BGE 55 II 175.

III. Nebenrechte mit Coupons (Al. II)

Für die in Al. II/Art. 904 geregelten «b e s o n d e r e n   P a p i e r e» («titres **13** particuliers»), die die periodischen Nebenrechte repräsentieren, d. h. die Z i n s - u n d   D i v i d e n d e n c o u p o n s (Couponsbogen), gilt eine andere Ordnung, weil hier die Nebenrechte in eigenen Papieren verkörpert sind, weshalb die Lösung aus deren äußerlich sichtbaren Behandlung durch die Parteien gewonnen werden kann (darüber N 15). Ist Al. II a. E. erfüllt, werden die Nebenrechte von der P f a n d h a f t   e r f a ß t, gleichgültig, in welchem Zeitpunkt sie fällig werden. Also sind sowohl die früher   v e r f a l l e n e n (rückständigen), wie die nach der Verpfändung fällig werdenden Coupons mitverpfändet (BGE 41 III 459). Während der Dauer des Pfandrechts fällig werdende Ansprüche stehen somit, anders als nach Al. I/Art. 904 und aOR 216 III, nicht dem Verpfänder zu, können nicht von ihm einkassiert werden; der Pfandgläubiger muß ihm die Coupons nicht herausgeben (unzutreffend Erl II 331; zutreffend die vorstehend in N 1 zit. Ausführungen im StenBull, bes. NR 1906, 694).

14   Voraussetzung für diese Erstreckung der Pfandhaft ist die Einhaltung der für die Verpfändung erforderlichen «Form» (Al. II, a. E.). Da die Coupons nach allgemein verbreiteter Auffassung gewöhnlich Inhaberpapiere darstellen, auch wenn das Stammpapier kein solches ist, genügt ihre Übergabe gemäß Art. 901 I.

15   Al. II/Art. 904 spricht sich nicht darüber aus, *ob* bei der Verpfändung des Stammpapiers die Coupons mitzuübergeben und dadurch *mitzu*verpfänden sind, sondern stellt nur die Erstreckung der Pfandhaft auf die Coupons fest, f a l l s die «Form» erfüllt, also die Coupons ohne Präzisierung des Parteiwillens übergeben worden s i n d. Eine gesetzliche P f l i c h t   z u   i h r e r   M i t - v e r p f ä n d u n g besteht folglich n i c h t. Das Gesetz geht davon aus, daß im Falle von Al. II die periodischen Nebenleistungen im Prinzip n i c h t mitverpfändet seien, variiert also seine (verglichen mit Art. 818 I Ziff. 3) restriktive Tendenz von Al. I. In den Materialien ist jedoch bereits davon die Rede, üblicherweise würden Coupons ohne weiteres mit ausgehändigt (StenBull NR 1906, 694). Für diesen Fall hilft das Gesetz mit einer Vermutung hinsichtlich des Pfandvertrags: Die Mitverpfändung ist konkludent in die causa eingeschlossen, «wenn es nicht anders vereinbart ist»; das schlüssige Verhalten ist die formrichtige Übertragung der Coupons. Und da Zinscoupons regelmäßig Inhaberpapiere sind (vgl. N 16), werden die Vollzugsvoraussetzungen mit blosser Übergabe erfüllt. Somit wird das äußere Resultat als pfandvertraglich gewollt vermutet. Irrig ist StenBull NR 1906, 696, Sp. II: Es bedürfe einer ausdrücklichen Widmung zu Pfand. — Die Bedeutung der Vermutung von Al. II bleibt im Bankverkehr gering, weil Banken als Pfandgläubiger die Mitverpfändung von Coupons ausbedingen bzw. mit einer Klausel, wonach der Gläubiger (entgegen Art. 906) zum Einzug der Coupons berechtigt werde, die Mitverpfändung einschließen. Doch verzichten Banken oft auf das Pfandrecht an den Erträgnissen, solange der Kreditnehmer anstandslos erfüllt (*Albisetti, Bodmer* u. a., Artikel Wertpapierverpfändung; *Albisetti/Gsell*, Bankgeschäfte, Zürich 1979, 63; *Umbricht-Maurer*, Das Depotgeschäft, Zürich 1976, 78). — Trifft die Vermutung von Al. II nicht zu, ist also nur der sog. Stamm ohne Coupons verpfändet, kann der Verpfänder die Coupons auch gesondert verpfänden, da sie als selbständige Wertpapiere betrachtet werden; vgl. *von Tuhr/Peter* § 10 II 4 a. E.

16   Hat ein Coupon ausnahmsweise Ordre-, Namen- oder Nichtwertpapiercharakter, erfolgt die Verpfändung nach den entsprechenden Formen von Art. 900/901, andernfalls die Vermutung (N 15) gegenstandslos ist. Doch scheinen auf den Namen lautende Coupons ungebräuchlich zu sein (deren Daseinsberechtigung liegt in der technischen Vereinfachung massenhaften Einzugs, was nur beim Inhabercoupon verwirklicht wird), und ein nicht auf einen Namen lautender Coupon zu einem verkehrsüblichen Papier (auch wenn dieses z. B. als Namenaktie Ordrepapier ist) wird von der Verkehrsauffassung zum

Inhaberwertpapier gestempelt. Vgl. *Jäggi*, OR 965 N 282 zu den Dividenden-coupons.

Der T a l o n ª unterliegt ebenfalls dem Al. II. Ist er (oder der letzte Coupon, **17** der oft die selbe Funktion erhält) mitübertragen worden — auch der Talon pflegt ein Inhaberwertpapier zu sein (*Jäggi*, OR 980 N 5) —, kann sich der Pfandgläubiger durch Einlösung des Bezugsrechts die Fortsetzung seiner Pfandrechte an den periodischen Leistungen sichern ᵇ. Jedenfalls gilt dies, wenn der Talon mit den Coupons übertragen wird, was normal ist, weil der Talon Teil des Couponsbogens zu sein pflegt. Sollte ausnahmsweise der Verpfändung des Stamms nur der Talon mitgegeben worden sein, obwohl zunächst noch laufende Coupons vorhanden wären, dürfte die faktische Vorstellung hinter der gesetzlichen Vermutung fehlen und ein Versehen naheliegen. Die Frage wäre dann anhand der individuellen Auslegung des Pfandvertrags zu lösen, mit einer faktischen Vermutung sogar eher für das Gegenteil: völlig anormal, also viel für blosses Versehen sprechend. Sind umgekehrt die Coupons ohne Talon übergeben worden, gilt die Vermutung von Al. II ebenfalls: Bei Erschöpfung des Couponsbogens unter Fortdauer des Pfandrechts am Stamm hört die Mitverpfändung der Erträge auf. Sache der Vertragsauslegung wäre, ob der Verpfänder verpflichtet sei, den Talon bzw. den neuen Couponsbogen zu übertragen (a. M. *Forrer*, Die Mitgliedschaft und ihre Beurkundung, Diss. Zürich 1960, S. 344, der ohne weiteres eine solche Verpflichtung annimmt).

Die rein wertpapierrechtliche Frage, ob der W e r t p a p i e r s c h u l d n e r **17a** den vorweisenden Pfandgläubiger als l e g i t i m i e r t betrachten dürfe, ist damit nicht beschieden; die obigen Ausführungen betreffen nur das Verhältnis zwischen Verpfänder und Pfandgläubiger. — Derselbe Vorbehalt gilt a l l - g e m e i n zum Al. II, das offensichtlich davon ausgeht, es könnten Coupons übergeben (die Legitimation also hergestellt), doch die Mitverpfändung weg-bedungen sein.

[17a] Das ist die dem Wertpapier beigefügte Urkunde auf Belieferung mit neuen Coupons; sog. Bezugsschein, OR 981, oder Erneuerungsschein. Vgl. *Jäggi* OR 980 N 5.

[17b] *Oftinger*, der in der Vorauflage nur schreibt, «der Talon braucht nicht mitübergeben zu werden», meinte vermutlich nichts anderes. — Wenn er weiterführt, «er gilt nicht als selbständig verpfändbar (*Beeler* 286)», ist dies keine Frage von Art. 904, sondern von Art. 899/901 (vgl. Art. 895 N 29). Da auch bestimmbare künftige Rechte — wie Dividenden, N 15 — verpfändbar sind (Art. 899 N 14), ist diese Aussage rechtlich nicht zwingend. Zweifelhaft ist auch, was *Jäggi* OR 980 N 5 über die Mitwirkung durch den Inhaber des Stamms ausführt. Ein a l l g e m e i n e r V o r b e h a l t zur Verpfändung von Talons wie für Coupons besteht dagegen g e s e l l s c h a f t s r e c h t l i c h, indem für Papiere über Mitgliedschaftsrechte die gesellschaftsrechtlichen Grundlagen (vor allem der momentane Statuteninhalt) vorbehalten sind, was m. E. sogar für einzelne Coupons und Talons gilt und vom Papierschuldner eingeredet werden darf; vgl. *Bär* ZSR 1966 II 355 ff., 366 ff., 357 Anm. 46 weitere Literatur, worunter besonders *Jäggi* OR 965 N 224, OR 974 N 25, 27, OR 979 N 80.

18   Die Erstreckung der Pfandhaft bedeutet insbesondere, daß fällig gewordene Coupons gemäß *Art. 906* zu behandeln sind, wenn nicht der Gläubiger vertraglich zum Einzug befugt ist (hiezu hinten Komm. Art. 906 N 44 und 35 ff.). Berechtigt ein Dividendencoupon zur Inempfangnahme einer zusätzlichen Gewinnausschüttung («Bonus»), so umfaßt die Pfandhaft auch diese.

19   Ohne Einhaltung der in Al. II/Art. 904 verlangten «Form» entsteht k e i n P f a n d r e c h t an irgendeinem der in den Coupons verkörperten Ansprüche, auch nicht an dem in Al. I geregelten laufenden Anspruch. Durch V e r e i n - b a r u n g können Coupons, die dem Gläubiger übergeben worden sind, von der Pfandhaft ausgenommen werden (Al. II/Art. 904 Mitte); sie sind dann bei Fälligkeit dem Verpfänder herauszugeben. Im Konkurs des Pfandgläubigers kann der Verpfänder die Aussonderung verlangen, bei Pfändung die Wider- spruchsklage erheben (SchKG 242, 106 ff.).

20   Über das W e s e n der Coupons und Talons an sich: *Beeler* 59 ff., 281 ff.; derselbe in SJZ 30, 37; *Jäggi* Komm. zu OR 980; *Albisetti, Bodmer* u. a., Artikel Coupon, Couponsbogen, Talon.

IV. Pfandhaft an anderen Nebenrechten
als den periodischen
Fälle fehlender Pfandhaft

21   Von andern Nebenrechten als denen auf periodische Leistungen spricht Art. 904 nicht. Ihre Unterstellung unter die P f a n d h a f t fließt jedoch aus dem vorstehend N 2 erwähnten Grundsatz, daß mit dem verpfändeten Recht die mit diesem verbundenen N e b e n r e c h t e vom Pfandrecht erfaßt werden. Das betrifft insbesondere:

22   1. **Bürgschaften** zur Sicherung der verpfändeten Forderung. — Die Pfand- haft erfaßt die Forderung gegen den Bürgen. Es empfiehlt sich, diesem analog Art. 900 II das Pfandrecht anzuzeigen. Die Rechtsstellung des Pfandgläubigers ergibt sich aus Art. 891 I (Verwertung der verpfändeten Forderung mitsamt der Bürgschaft) und aus Art. 906 (Geltendmachung der Bürgschaft nach oder anstelle der verpfändeten Forderung nach Maßgabe dieser Bestimmung).

23   2. **Pfandrechte** zur Sicherung der verpfändeten Forderung (BGE 41 III 234), wodurch ein sog. Subpignus entsteht (ein Pfandrecht am Pfandrecht, vorn Art. 899 N 67). — Der Vorgang ist aktuell für die Grundpfandverschreibung und das Fahrnispfandrecht, nicht aber für den Schuldbrief und die Gült, weil hier Forderung und Pfandrecht unlösbar verbunden sind (Art. 842, 847 I), so daß sie v o n v o r n h e r e i n nur gemeinsam verpfändet werden können: mittels Verpfändung des Pfandtitels. — Die Verpfändung einer Forderung erstreckt sich nach dem Gesagten ipso iure auf die zugehörige G r u n d p f a n d - v e r s c h r e i b u n g , ohne daß eine Eintragung im Grundbuch erforderlich wäre (Näheres vorn Art. 900 N 101, a. E. und Art. 901 N 127). Auch die Erstreckung auf ein zur verpfändeten Forderung gehöriges F a h r n i s p f a n d - r e c h t erfolgt ohne Einhaltung der jeweiligen besonderen Voraussetzungen gemäß den Art. 884 I, 885, 886, 900, 901 und 903, also namentlich ohne Besitzübertragung (VerwEntsch 9, 113/114). Die in Art. 887 vorgesehene Zustimmung des ursprünglichen Verpfänders ist nicht erforderlich: *Bolla* 177; *Leemann* Art. 887 N 4; *Brühlmann* (zit. Syst. Teil N 41) Art. 17 N 2; *Rossy/Reimann* (zit. Syst. Teil N 41) 44; a. M. *Horber* 77. Denn die Bestimmung Art. 887 ist auf die direkte Weiterverpfändung eines Gegenstandes zugeschnitten, nicht auf die mittels Verpfändung der zugehörigen Forderung erfolgende indirekte.

Die R e c h t s s t e l l u n g d e s P f a n d g l ä u b i g e r s im Fall der soeben eingangs N 23 visierten Erstreckung der Pfandhaft auf ein Pfandrecht fließt aus Art. 891 I (Verwertung der verpfändeten Forderung m i t s a m t dem diese sichernden Pfandrecht) und aus Art. 906 (Realisierung des die verpfändete Forderung sichernden P f a n d r e c h t s). **24**

Ein gesetzlich vorgesehener Tatbestand der zusätzlichen grundpfändlichen Sicherung einer verpfändeten Forderung findet sich in Art. 875 Ziff. 2. **24 a**

Abgesehen von den Fällen des Art. 904, unterstehen E r t r ä g n i s s e **25** (Nutzungen) des verpfändeten Rechts **nicht** der **Pfandhaft;** z. B. Erträgnisse eines Immaterialgüterrechts. Denn ohne besondere Vereinbarung ist das Fahrnispfandrecht nicht ein Nutzungspfandrecht (Art. 892 II analog; BGE 41 III 457). Wie dieses, so ist indessen auch die v e r t r a g l i c h vorgesehene Antichresis z u l ä s s i g . Dazu Erl II 331; vorn Art. 890 N 17; *Wieland* Art. 890 N 6 b; *Riezler* in Ehrenbergs Hdb. des ges. Handelsrechts V 2 (Leipzig 1915) 71; *Gorla* Art. 2806 S. 365.

Oftinger in der Vorauflage, aber auch erneut vorne Art. 901 N 140, lehnt die **26** Erstreckung der Pfandhaft auf die M i e t - u n d P a c h t z i n s e n einer Liegenschaft im Falle der Verpfändung eines auf dieser errichteten Schuldbriefes oder einer Gült ab; Art. 806 sei — entgegen der herrschenden Auffassung in der Literatur — nicht anwendbar, sowohl bei Verpfändung eines Grundpfandtitels durch den Grundpfandgläubiger als auch bei Verpfändung eines Eigentümerpfandtitels. — Vgl. die Zitate in Art. 901 N 140, jetzt besonders *Zobl* 223 ff. mit weiteren Angaben, BGE 41 III 233 ff. (analoge Anwendung von Art. 806), BGE 57 III 121 (gegenteilig aus Behaftung des Faustpfandgläubigers bei dieser Eigenschaft). — Der Zweitbearbeiter verweist auf seine in der Fußnote zu N 140 l. c. grundsätzlich begründete abweichende Meinung, welche für die vorliegende besondere Frage zu verdeutlichen ist.

26a Sie ist — wie bei den Kapitalzinsen (N 11) — von Belang, wenn es zur Grundpfandverwertung kommt. Allerdings nur, wenn deren Grund entweder der Konkurs oder aber eine Kündigung durch den Faustpfandgläubiger des Grundpfandtitels kraft pfandvertraglicher Ermächtigung ist (Art. 901 N 142, Art. 906 N 35; *Zobl* 225), kann der Pfandgläubiger den Art. 806 analog für sich beanspruchen. Anderseits setzt dies — anders als bei den Kapitalzinsen — keine Erstreckungsvereinbarung im Faustpfandvertrag voraus. — Wie stets, wenn es um die Frage der Relevanz grundpfandrechtlicher Vorschriften für die Faustverpfändung von Grundpfandtiteln geht, ist quantitativ die gegenseitige Abhängigkeit zu beachten: Aus der Grundpfandverwertung darf für das Faustpfand nicht mehr resultieren, als nach Grundpfandrecht auf das Grundpfand entfällt; und diese Quote kommt dem Fahrnispfandgläubiger nur so weit zu, als seine gesicherte Forderung ausmacht.

27 Die Pfandhaft erfaßt auch nicht den V e r s i c h e r u n g s a n s p r u c h oder die aus der Versicherungsleistung angeschafften Ersatzstücke, wenn verpfändete Wertpapiere von einem Schadensfall betroffen worden sind. VVG 57 (darüber vorn Art. 892 N 16 ff.) spricht nur von verpfändeten Sachen und ist auf das Pfandrecht an Rechten nicht anwendbar (*Jaeger*, Komm. VVG II [Bern 1932] Art. 57 N 10). Auch sonst fehlt die d i n g l i c h e S u r r o g a t i o n, gleich wie beim Sachpfandrecht (vorn Art. 892 N 21 ff.). Es besteht dazu auch nicht das selbe Bedürfnis wie bei Sachschaden an verpfändeten Sachen: Forderungen gehen nicht unter, und Wertpapiere sind amortisierbar (Art. 901 N 38). Hingegen ist im Sinne der Überlegungen in Fußnote zu Art. 901 N 140 sowie von vorne N 11 (vgl. auch soeben N 26/26 a) die analoge Anwendung von Art. 822 auf die Verpfändung von E i g e n t ü m e r g r u n d p f a n d t i t e l n zu bejahen (auch *Zobl*, zit. N 11, 227 f.; *Jaeger*, Komm. VVG II Art. 57 N 17; *Koenig*, Schweiz. Privatversicherungsrecht, Bern 1967, S. 252 Anm. 2). Selbst bei Anerkennung des Grundsatzes, daß die dingliche Surrogation kein allgemeines Prinzip darstellt (vorn Art. 892 N 21), wäre es grundlos, den dem Grundpfandgläubiger zustehenden Versicherungsanspruch zu versagen, zumal dadurch die rechtssichere Stellung weder des Versicherers noch der nachrangigen Grundpfandgläubiger tangiert wird. — Ferner erstreckt sich das Pfandrecht auf die Genußscheine, die an die Stelle verpfändeter, dann abgeschriebener Aktien getreten sind. Umgetauschte Aktien und andere Wertpapiere treten an den Platz der ursprünglich verpfändeten (Art. 901 N 38; *Staudinger/Spreng* § 1293 N 2 b).

28 Den V e r z u g s z i n s e n fehlt die von Art. 904 geforderte Periodizität; sie werden zwar nach BGB 1289 von der Pfandhaft erfaßt, nicht aber auch gemäß schweizerischem Recht, wie *Wieland* Art. 904 N 2 und *Curti* N 1 zu Unrecht annehmen.

B e z u g s r e c h t e für neue Aktien (OR 652) sind keine periodischen Er- **29** träge und fallen nicht in die Pfandhaft. Der Pfandgläubiger muß dem Verpfänder das Bezugsrecht ermöglichen, wenn es dazu der Vorlage eines Papiers (meist eines Coupons) im Besitz des Pfandgläubigers bedarf. Das gleiche gilt für G r a t i s a k t i e n. — Diese schon in der Vorauflage von *Oftinger* vertretenen Auffassungen sind zu bestätigen und im folgenden näher auszuführen.

Literatur: Oskar *Glettig*, Die dinglichen Rechte an Aktien, Diss. St. Gallen 1953; Edward Emil *Ott*, Das Bezugsrecht der Aktionäre, Diss. Zürich 1962; Fritz *von Steiger*, Fragen betreffend das Bezugsrecht bei nutznießungsbelasteten und verpfändeten Aktien, in: Lebendiges Aktienrecht, Festschrift W. F. Bürgi, Zürich 1971; W. F. *Bürgi*, Kommentar zu OR 683 N 25; Kurt *Kolb*, Die Gratisaktie, Diss. Bern 1943; Jean *Sautaux*, L'engagement de l'action nominative liée, Diss. Fribourg 1958.

B e z u g s r e c h t e stehen dem A k t i o n ä r (in der Regel = Verpfänder) **29 a** zu (*Glettig* 164; F. *von Steiger* 383; *Kolb* 18 ff., 23; *Bürgi*, Komm. zu OR 683 N 25; *Staudinger/Spreng* § 1293 N 3 a; ebenfalls *Ott* 120 ff., doch mit einem andern Lösungsweg; a. M. *Sautaux* 68, welcher der Dividende gleichsetzt). BGE 46 II 475 ff. spricht den gleichen Satz hinsichtlich der Nutznießung aus (ZGB 757): Das Bezugsrecht ist weder periodisch, noch nach wirtschaftlicher Zweckbestimmung ein Erträgnis («zu Verbrauch und Genuß»); vielmehr ist es «la compensation d'une perte pécuniaire et d'une perte d'influence éventuelle» (BGE 82 II 493 zum ehelichen Güterrecht, wo weiter ausgesprochen ist: «L'action gratuite est également une partie du droit primitif de l'actionnaire»). Dies auch dann, wenn der Aktionär die Bezugsrechte nicht als solche benützt, sondern durch Verkauf verwertet. A n d e r s, wenn im Pfandvertrag der Einbezug im Sinne eines bestimmbaren künftigen Pfandgegenstands (vgl. Art. 884 N 34, 35, 37, Art. 899 N 14) v e r e i n b a r t ist und dem Pfandgläubiger das nötige Legitimationsmittel (meist ein Coupon) verschafft wird oder er es bereits in Händen hat (darüber und zur Verwertung im einzelnen *Ott* 126 ff.). Doch erstreckt sich die Pfandhaft n i c h t w e g e n A l. II auf Bezugsrechte aus Coupons in Händen des Pfandgläubigers. — Übt der Pfandgläubiger nach diesen Grundsätzen o h n e R e c h t das Bezugsrecht aus, indem er den Coupon verkauft oder zum Bezug von Aktien benützt (was nicht nur bei Inhaberaktien oder unvinkulierten Namenaktien zum Erfolg führen kann, sondern auch, wenn der Pfandgläubiger den Vinkulierungsrichtlinien der AG konform ist), wird er herausgabe- und ersatzpflichtig, obwohl er die wertpapierrechtliche Legitimation besessen hat.

G r a t i s a k t i e n, d. h. Aktien aus einer Kapitalerhöhung aus Gesellschafts- **29 b** mitteln, schmälern den Substanzwert der verpfändeten Aktien. Ob sie «als Gewinn ausgeteilt werden» (*Oftinger* in der Vorauflage, N 29), ist irrelevant; der aus

Gesellschaftsmitteln liberierte Betrag stammt jedenfalls aus Reserven, welche als Gewinn hätten ausgeschüttet werden können. Gleichwohl tritt der neue Titel nicht durch Subrogation in die Pfandhaft (*Glettig* 164; *Ott* 120 ff.; *Bürgi* OR 683 N 25 mit unzutreffendem Vorbehalt). Dem steht das Prinzip der S p e - z i a l i t ä t des Pfandgegenstands entgegen (Art. 884 N 18, 21, Art. 899 N 10, 14); nur das bezeichnete und formrichtig verpfändete Objekt ist Pfandgegenstand; eine Vereinbarung im Pfandvertrag über künftige Gratisaktien vorbehalten (wie N 29 a). Es liegt hier nicht der Fall von N 27 vor, wo das Pfandobjekt vollständig durch ein anderes Papier ersetzt wird (vgl. Art. 884 N 58). — Anderer Meinung F. *von Steiger* 386, welcher die Gratisaktien stets als «eo ipso» mitverpfändet betrachtet; ebenso *Sautaux* 69; *Staudinger/Spreng* § 1293 N 3 b. Durchführbar wäre dies übrigens bloß, wenn die Gratisaktien 1 : 1 ausgegeben werden oder in einem Verhältnis, welches den Erwerb mindestens einer vollen Gratisaktie mit Bezugsrechten der verpfändeten Aktien erlaubte. Doch ist die Subrogation auch in diesem Fall grundsätzlich abzulehnen.

29c   Damit ist noch nichts darüber ausgesagt, ob der Pfandgläubiger zufolge Substanzverlusts eine N a c h d e c k u n g verlangen könne. Nach den in diesem Kommentar vertretenen Grundsätzen (Art. 884 N 108/109, Art. 891 N 15/16) trägt der Pfandgläubiger das Risiko von Wertverminderungen, z. B. von Kursverlusten; das Gegenteil, die Nachdeckungspflicht durch den Verpfänder, müßte pfandvertraglich niedergelegt sein, wie in den Formularverträgen der Banken üblich. Doch nicht nur eine ausdrückliche Klausel wäre tauglich. Maßgeblich ist die Vertragsauslegung, welche sich aber wegen des oben erwähnten Prinzips Zurückhaltung aufzulegen hat. Sie könnte im vorliegenden Fall indessen nicht selten zur Bejahung der Nachdeckung führen, da — anders als bei schlechtem Geschäftsgang oder anders motivierten Kursausschlägen — die Substanzminderung auf eine rein finanztechnische Maßnahme der AG ohne Schädigung des Aktionärs zurückgeht (ähnlich *Ott* 125 f.); vorbehalten, daß damit bei Pfandvertrags-Abschluß sehr konkret zu rechnen gewesen und eine ausdrückliche Nachdeckungsklausel gleichwohl unterblieben wäre. Anderseits braucht eine Gratisaktienausgabe, wenn sie in einem wesentlich anderen Verhältnis als 1 : 1 erfolgt, noch keine unzumutbare Verschlechterung der Sicherheit aus den verpfändeten Aktien zu bedeuten. — Diese Überlegung bestätigt, daß es besser ist, das Problem der Gratisaktien nicht über eine generelle Subrogation zu lösen, sondern über das subtilere, den Einzelfall betrachtende Mittel der Nachdeckung, welches allenfalls zu einer V e r p f l i c h t u n g zu weiteren formrichtigen Verpfändungen führt, womit auch dem Prinzip der P u b l i z i t ä t, der äußeren Erkennbarkeit für Dritte, Genüge getan ist (vgl. Art. 884 N 198). — Auch diesbezüglich unterscheidet sich dieser Fall vom Umtausch des verpfändeten Titels (N 27): Dort ist der Stamm zum Umtausch einzureichen, der die Besitz- bzw. Skripturzeichen der Verpfändung trägt oder zur weiteren Legitimation mit

Pfandvertrag oder Abtretung zwingt, während hier das Legitimationsmittel nur ein Coupon zu sein pflegt, dessen Besitz über den Grund nichts aussagt und in seiner vielfältigen Verwendbarkeit (Dividende, neue Couponbogen, Bezugsrecht, andere Leistungen) erst durch Beschluß der AG konkretisiert wird. Der Besitz eines blossen Coupons ist eine sozusagen verdächtige Legitimation (außer zum Bezug von Dividende wegen Al. II), ohne aber im Sinne von OR 966 II verdächtig zu sein.

N 29 a—c gelten auch für die Ausgabe neuer Aktien, welche zwar nicht gratis **29 d** erfolgt, doch zu einem A u s g a b e p r e i s , w e l c h e r d e n i n n e r e n W e r t n i c h t e r r e i c h t , somit ebenfalls eine gewisse Verwässerung der alten Aktien bedeutet. Der Ausgleich über den Wert des Bezugsrechts kommt auch hier nicht dem Pfandgläubiger zu. Es handelt sich also um den sehr häufigen Fall einer entgeltlichen, «günstigen» Kapitalerhöhung, meist mit Agio, welches jedoch den Substanzwert nicht voll ausgleicht.

In der Literatur stärker diskutiert wird das benachbarte Problem der Er- **29 e** streckung der N u t z n i e ß u n g bei Kapitalerhöhungen. Dazu teils auch die oben zitierte Literatur (*Ott*, *F. von Steiger*, *Glettig*, ferner speziell *Brunner*, SAG 1978, 116 ff.; *Koeferli*, Die Nutznießung an Wertpapieren, Diss. Zürich 1954; *André*, De l'usufruit des actions, Diss. Lausanne 1940; *Bürgi*, Komm. zu OR 690 N 27 ff.; *Baumann*, Praktische Probleme der Nutznießung an Aktien ..., Zürich 1980; *Veit*, BJM 1959, 204 f.). In ihr werden zumeist differenziertere Lösungen vertreten, doch sind diese nicht auf den Fall der Verpfändung direkt zu übertragen, weil das Problem nicht wesentlich gleich, sondern nur ähnlich ist. So stellt sich bei der Nutzießung zwar auch die Frage nach dem Objekt der dinglichen Berechtigung, doch praktisch nicht mit der gleichen Schärfe wie die für das Pfandrecht primäre Frage, welches Pfandobjekt (und zwar nicht nur in Coupons verkörperte Nutzung) gegebenenfalls durch Zwangs- oder Privatverwertung veräußert werden könnte. Darum mußte in N 29 b/c streng geschieden werden zwischen dinglicher Pfandhaft und Nachdeckungsverpflichtung, wogegen sich die Literatur zur Nutznießung auf die Diskussion weit subtilerer Ordnungen einlassen darf, wie das Maß einer Nutznießung möglichst gleichbleibend gestaltet werden könnte; so nicht nur bei Gratisaktien, sondern auch bei zu günstigem Entgelt ausgegebenen Aktien. Der Unterschied zeigt sich im führenden BGE 46 II 475 ff. zur Nutznießung, der mangels direkter Judikatur immer wieder auch zur Verpfändung zitiert wird: Das Bezugsrecht und die Gratisaktien weist er — mit einer auch auf das Pfandrecht zutreffenden Argumentation (oben N 29 a) — dem Eigentümer zu, die Nutznießung aus Gratisaktien aber dem Nutznießer (wie heute h. M.), weil (S. 481) Objekt der Nutznießung die Beteiligung sei und die Gratisaktie nur eine «Erweiterung des alten Aktienrechts». Diese Überlegung ist für das Pfandrecht nicht tauglich (N 29 b).

29f Als eine Konsequenz der Überlegungen in N 29 b — diesmal zum Vorteil des Pfandgläubigers — ergibt sich, daß die Aktie voll mit ihrem Mehrwert und gegebenenfalls den höheren Dividenden (vgl. OR 661) in Pfandhaft bleibt, wenn der Aktionär auf nicht voll einbezahlten Aktien während der Pfandrechtsdauer das «n o n v e r s é» leistet (OR 687). Ebenso bei der N o m i n a l w e r t - e r h ö h u n g aus Gesellschaftsmitteln.

30 Über die A b z a h l u n g e n einschließlich der A n n u i t ä t e n vgl. vorstehend N 12; über die Ansprüche auf Ü b e r s c h u ß b e t e i l i g u n g, die besonders in der L e b e n s v e r s i c h e r u n g häufig sind, vgl. Willy *Koenig*, Abtretung und Verpfändung von Personen-Versicherungsansprüchen (Diss. Bern 1924) 104 ff.; Peter *Alther*, Die Überschußbeteiligung im Versicherungsvertrag (Diss. Zürich 1947) 87 ff.; *Roelli*, Komm. VVG III (Bern 1933) Art. 73 N 36: Die Frage ist differenziert zu beantworten; erfolgt die Ausschüttung der Überschußbeteiligung durch Verrechnung mit der Prämie, so fällt sie nicht unter die Pfandhaft. (Heute ist die Policenbeleihung durch die Versicherungsgesellschaft üblich; vgl. *Maurer*, Einführung in das schweizerische Privatversicherungsrecht, Bern 1976, 343 f.; *König*, SPR VII/2, 714 f.)

Art. 905

Verpfändete Aktien werden in der Generalversammlung durch die Aktionäre und nicht durch die Pfandgläubiger vertreten.

1 **Materialien:** aOR, VE, E, Erl II, Prot ExpKom II, Botsch: alle —. — StenBull NR 1907, 341, 343; StenBull StR 1906, 1425 (Art. 888bis), 1427/1428.

Ausländisches Recht: CC fr, CCom, CC it, BGB, ABGB: keine Bestimmung.

Lit.: Giacomo *Mariotti*, Il diritto di voto nel pegno e nell'usufrutto di azioni (Diss. Zürich 1938; behandelt vorwiegend das ausländische Recht) — *Kaderli* 51 ff. — Die Kommentare zu OR 689. Literatur zur Verpfändung von Aktien: Art. 899 N 35, Art. 904 N 29.

Übersicht

I. Vertretung verpfändeter Aktien: Bedeutung der Vorschrift

Art. 905 spricht das Recht zur V e r t r e t u n g e i n e r v e r p f ä n d e t e n **2**
A k t i e in der Generalversammlung der AG dem A k t i o n ä r zu, also dem
Verpfänder oder dritten Eigentümer der Aktie, n i c h t d e m P f a n d -
g l ä u b i g e r. Die Bestimmung findet sich weder im aOR noch in den Entwürfen, sondern ist vom Ständerat eingeführt worden, um anscheinend vorhandenen Zweifeln zu begegnen. Die B e g r ü n d u n g der getroffenen Ordnung
liegt in der Überlegung, daß die Verpfändung einer Aktie nicht zur Übertragung der Rechtsstellung des verpfändenden Aktionärs auf den Gläubiger
führt, diesem nicht die Verwaltung verschafft (Art. 906), und überhaupt nur
Vermögensrechte, nicht die Mitverwaltungsrechte des Aktionärs betrifft (vgl.
BGE 78 II 275; vorn Art. 899 N 32). Der Art. 905 ist nach der Äußerung des
ständerätlichen Referenten «so selbstverständlich», «daß er gar nicht in das
Gesetz hätte aufgenommen werden müssen». Er regelt zudem eigentlich eine
Frage des A k t i e n r e c h t s, wie schon in der parlamentarischen Beratung
betont worden ist; OR 689 V Ziff. 1 (lt. der Revision von 1936) hat denn auch
die Bestimmung wenigstens für die Inhaberaktien wiederholt (der Grund dafür
wird aus N 6/7 nachfolgend ersichtlich). ZGB 905 gilt aber für alle Aktienarten,
auch für die Namenaktien (vgl. N 5a). — Für die aktienrechtlichen Einzelheiten
sei vorweg auf die einschlägige Literatur verwiesen.

Im a u s l ä n d i s c h e n R e c h t wird ohne besondere Vorschriften meist **3**
die gleiche Lösung vertreten wie in ZGB 905. Vgl. etwa *Staudinger/Spreng*,
11. Aufl., Berlin 1963, § 1293 N 3; *Soergel/Augustin*, Stuttgart 1978, § 1293 N 4;
A. *Baumbach*/A. und G. *Hueck*, Kurz-Kommentar Aktiengesetz, 13. Aufl., München 1968, § 134 N 4; W. *Zöllner*, Kölner Kommentar zum AktG, Bd. I, 5. Lieferung, Köln et al. 1973, § 134 N 14; C. H. *Barz*, Großkommentar Aktiengesetz,
3. Aufl., Berlin 1973, § 134 Anm. 5; *Ripert/Roblot*, Traité élémentaire de droit
commercial, 7. Aufl., Paris 1968, Nr. 2096.

Aus Art. 905 ergibt sich die pfandvertragliche Nebenpflicht, daß der Pfand- **4**
gläubiger dem A k t i o n ä r die A u s ü b u n g d e s S t i m m r e c h t s z u
e r m ö g l i c h e n hat, z. B. mittels Vorweisung der Aktien für den Aktionär,

Hinterlegung von Inhaberaktien bei einem Dritten, oder was immer an anderen Vorkehrungen zur Erlangung des Stimmrechtsausweises verlangt wird (OR 689 IV; 689 I, 692 I). Dagegen kann der Verpfänder in Rücksicht auf ZGB 888 II nicht die vorübergehende Rückgabe der Aktien fordern.

5   Anders als nach Art. 905 lautet die Regelung für die in N u t z n i e ß u n g stehenden Aktien (ZGB 755, OR 690 II; vgl. auch OR 1167 I, Fassung lt. BG vom 1. April 1949). Der Nutznießer ist stimmberechtigt, nicht aber zu sonstigen Mitverwaltungsrechten legitimiert. Die V e r s c h i e d e n h e i t d e r L ö - s u n g e n f ü r V e r p f ä n d u n g u n d N u t z n i e ß u n g ist nicht etwa dogmatisch begründbar, sondern Ausdruck der Macht eines Gesetzgebers, bei nur graduellen Unterschieden irgendwo eine Grenze zu ziehen, wie Alexander den Gordischen Knoten durchhauen hat. Dogmatisch müßte in beiden Fällen das Stimmrecht beim Aktionär bleiben. Doch bei der N u t z n i e ß u n g hat der Gesetzgeber die Gefahr für relevant gehalten, daß der Aktionär (real allerdings nur bei großer Stimmkraft, was aber z. B. bei erbrechtlichen Nutzungen an den hinterlassenen Aktien eines Unternehmers nicht selten ist) während der Dauer der Nutznießung sein Stimmrecht gegen Ausschüttungen und für möglichst starke Reserven (also für Anreicherung des Substanzwerts der Aktien) einsetzte. In- dessen ruft das Stimmrecht des Nutznießers sogleich der Regelung von OR 690 II a. E. (Interessenwahrung a u c h für den Aktionär). Bei der V e r p f ä n d u n g ist die Interessendivergenz umgekehrt: Der Aktionär könnte versucht sein, seine Stimmkraft für möglichst viel Ausschüttung einzusetzen. Doch sind Dividenden oft mitverpfändet (Art. 904 N 15), und wo dies nicht der Fall ist, erschwert die schweizerische Aktienpraxis jedenfalls die «Abmagerung» der Substanz mittels exzessiver Ausschüttung (was hier nicht näher ausgeführt werden kann). End- lich bleibt der Aktionär (sofern er auch Pfandschuldner ist) die Pfandsumme ohnehin schuldig; die Pfandverwertung dient deren Tilgung. Eher fraudulöse besondere Motivationen können allerdings vorkommen. G r a d u e l l ist also der stimmrechtlose Pfandgläubiger weniger gefährdet, als es der stimmrechtlose Nutznießer eines großen Aktienpakets wäre. Sollte indessen der Aktionär durch die Art, wie er seine Mitverwaltungsrechte ausübt, die Substanz der verpfändeten Aktien in völlig unüblichem Maße schwächen, müßte an eine pfandvertrags- ergänzende N a c h d e c k u n g s p f l i c h t gedacht werden, da der Gedanke, die Wertschwankungen der Pfandsache seien grundsätzlich Risiko des Pfand- gläubigers (vgl. einen ähnlichen Fall: Art. 904 N 29 c mit weiterer Verweisung), hier aussetzen muß. Daneben stellt sich die dem Art. 690 II a. E. OR analoge Frage der V e r a n t w o r t l i c h k e i t d e s S t i m m e n d e n für die Wah- rung der Interessen des Andern n i c h t ; dieses Problem ist einzig über die Nachdeckungspflicht zu lösen. (Anders aber hinten N 10 ff. in den Fällen, wo das Stimmrecht aus besonderen Gründen durch den Pfandgläubiger ausgeübt wird.)

Über die Verpfändung von Aktien allgemein vorne **5a**
Art. 899 N 32 ff. (zu ergänzen: *Bürgi* OR 683 N 21 ff., OR 684 N 22 ff.), 901
N 23, 41 ff., 55 ff., 105; über die Erstreckung der Pfandhaft auf Dividenden
Art. 904 N 15—17; zum Ausschluß von Bezugsrechten und neuen
Aktien von der Pfandhaft Art. 904 N 29—29 f. — Die Verpfändung von
Namenaktien kann im Aktienbuch angemerkt werden (*Bürgi* OR 684 N 23 mit
weiteren Zitaten).

Aktien, welche der Gesellschaft selber gehören (sog. eigene Aktien), **5b**
sind — ob nach OR 659 erlaubt oder unerlaubt erworben — verpfändbar, weil
verwertbar (wieder gleichgültig, ob letzteres «mit tunlicher Beschleunigung»
geschieht, OR 659 III; Sanktion der Pflichtverletzungen ist nur [a] die Verantwortlichkeit der Verwaltung, nicht die Ungültigkeit der Rechtsgeschäfte, BGE 60
II 315 ff., 96 II 22, implicite auch 88 II 100 ff.). Doch dürfen die Stimmen überhaupt nicht vertreten werden (OR 659 V); OR 1167 II a. E. ist nicht übertragbar.
Die Fragen von nachfolgend N 6 ff. stellen sich somit nicht, da die Gesellschaft
die Tatsache der blossen Verpfändung kennt, auch wenn die Verpfändungsart
einen falschen Schein schafft. Nach ratio legis kommt in diesem Fall auch kein
Stimmrecht aus Sicherungsübereignung in Frage, selbstverständlich keine Bevollmächtigung; also stellen sich auch die Fragen von nachfolgend N 9 ff. nicht,
ebensowenig die Sonderfragen für vinkulierte Aktien, N 14a ff. — Die selben
Konsequenzen hat es, wenn in übertragener Anwendung der Art. 659 OR auf
die Aktien einer Muttergesellschaft ausgedehnt wird, welche die beherrschte
Tochtergesellschaft hält (BGE 72 II 284 ff.); auch sie sind verpfändbar, doch in keiner Weise vertretbar. — Vgl. neben der Literatur zu OR 659
(auch *Bürgi* OR 691 N 6 ff.) aus der konzernrechtlichen Literatur: *Zweifel*,
Holdinggesellschaft und Konzern, Diss. Zürich 1973, 112 ff.; *Dallèves*, Les parti-
cipations réciproques entre sociétés anonymes, Genf 1970; *Zulauf*, Die wechsel-
seitige Beteiligung im schweizerischen Aktienrecht, Diss. St. Gallen 1974, 51 ff.,
82 ff.

II. Legitimation gegenüber der AG

ZGB 905 (wie auch OR 689 V) betrifft das interne Verhältnis **6**
zwischen Aktionär und Pfandgläubiger. Diese Bestimmungen regeln die Frage:

[5a] Läuft allerdings der Erwerb durch die Gesellschaft auf einen Verstoß gegen OR 680 II
hinaus (weil bilanziell der Erwerbspreis das Aktienkapital oder die gesetzlichen Reserven
tangiert; Näheres *Zulauf* 52 ff.), wird in der Literatur — gegen BGE 60 II 319 — Nichtigkeit
vertreten. Das ist hier belanglos, soweit der Pfandgläubiger das Pfandrecht an der Inhaber-
oder Namenaktie gutgläubig erworben hat (vorne Art. 901 N 146—153).

Wer d a r f das Stimmrecht ausüben ? — Davon ist zu unterscheiden das e x t e r n e V e r h ä l t n i s zur Aktiengesellschaft: Wen darf die Gesellschaft zur Ausübung des Stimmrechts für l e g i t i m i e r t halten ? — Diese Unterscheidung ist von geringer Bedeutung für die normale, offene Verpfändung der Namenaktie, denn sie erfolgt mit offenem Pfandindossament (Art. 901 N 65), ergibt also für die Gesellschaft deutlich — sofern ihr die Verpfändung überhaupt bekannt und allenfalls im Aktienbuch angemerkt wird (N 5 a) — keine Veränderung der mitverwaltungsrechtlichen Lage; es bleibt der im Aktienbuch eingetragene Aktionär legitimiert (nachfolgend N 7). — Die Unterscheidung wird aber fundamental bei Verpfändungen, welche einen äußeren Schein schaffen, welcher der internen Lage nicht entspricht: bei Besitz der Inhaberaktie durch den Pfandgläubiger und bei versteckter Verpfändung der Namenaktie mit Vollindossament (Art. 901 N 69; nicht dagegen bei Blankoindossament, N 85, denn so lange dieses nicht ausgefüllt ist, braucht die Gesellschaft keinen neuen Aktionär anzuerkennen). OR 689 enthält die Unterscheidung in der Gegenüberstellung der Absätze IV und V für Inhaberaktien, woraus sich (auch für die Namenaktie mit Vollindossament) allgemein ergibt: Ist die AG nicht bösgläubig im Sinne von OR 966 II, darf und muß sie den Inhaber bzw. Vollindossatar (hier Vinkulierung vorbehalten, OR 686, hinten N 14a ff.) zu Generalversammlung und Stimmausübung zulassen (vgl. *Bürgi* OR 689 N 33, 70; *Glettig* 168, 170; *Haefliger*, Die Durchführung der Generalversammlung der AG, Diss. Bern 1978, 39 ff., 48 f.). Ist dies im Sinne der internen Regelung zu Unrecht geschehen, ändert sich daran nichts[6a]. Vgl. aber N 8 nachfolgend. — Zur Situation bei der Sicherungsübereignung von Aktien hinten N 13.

7 Einzeln: Bei I n h a b e r a k t i e n verschafft der Alleinbesitz dem Pfandgläubiger eine genügende Legitimation (OR 689 IV). Die Gesellschaft braucht nicht nach der in OR 689 V Ziff. 2 erwähnten Vollmacht zu forschen. Bloßer Mitbesitz des Pfandgläubigers genügt dagegen nicht zur Legitimation. — Völlig verschieden ist die Rechtslage bei den N a m e n a k t i e n : hier wird nur die im Aktienbuch eingetragene Person als Aktionär und damit als stimmberechtigt betrachtet (OR 685 IV, 689 I, 692 I). Der Besitz der Aktie, verbunden mit dem zwecks Verpfändung vorgenommenen Indossament (ZGB 901 II) oder gar dem Pfandvertrag (Art. 900 I), legitimiert also allein den Pfandgläubiger nicht;

[6a] Der Aktionär wäre auch nicht zur Anfechtung der Beschlüsse der Generalversammlung nach OR 691 III, 706 (Grund: Teilnahme Unberechtigter mit Einfluß auf das Abstimmungsergebnis) berechtigt. Ob aber die Klage durch andere Aktionäre oder durch die Verwaltung nicht doch möglich wäre, darf hier als bloße Frage angemerkt werden. — Zum Fall, daß die Voll-Legitimation des Pfandgläubigers (auch des Fiduziars, N 13) dazu dient, eine Stimmrechtsbeschränkung, welche sonst den Verpfänder getroffen hätte, zu umgehen: statt vieler *Bürgi* OR 691 N 34; zum Fall der Sicherungsübereignung und versteckten Verpfändung von vinkulierten Namenaktien: hinten N 14e.

sondern ungeachtet der Verpfändung ist nur der Aktionär als stimmberechtigt legitimiert. Der Pfandgläubiger kann indessen auf Grund eines Voll- oder eines Blankoindossaments (vorn Art. 901 N 69 ff.) ohne Willen des Verpfänders — unberechtigterweise — die Eintragung im Aktienbuch erwirken und ist dann der AG gegenüber zur Ausübung des Stimmrechts legitimiert. Das offene Pfandindossament (vorn Art. 901 N 65) verhütet ein solches Vorgehen. — Von diesen Fällen abgesehen, kann der Pfandgläubiger das Stimmrecht als V e r t r e t e r des Aktionärs ausüben (nachstehend N 10).

Die A n m a ß u n g des S t i m m r e c h t s durch den Pfandgläubiger **8** macht diesen gegenüber dem Aktionär s c h a d e n e r s a t z p f l i c h t i g wegen Verletzung des Pfandvertrags (OR 97 I).

Während in N 6—8 erörtert worden ist, welche Möglichkeiten der Pfand- **8a** gläubiger hätte, (intern) pfandvertragswidrig das Stimmrecht mit (externem) Erfolg auszuüben — und damit das Prüfungsthema der AG —, ist in Wiederaufnahme der Andeutungen in der einleitenden N 4 weiter zu zeigen, wie der Pfandgläubiger p f a n d v e r t r a g s t r e u d e m A k t i o n ä r d a s S t i m m r e c h t a u s z u ü b e n e r m ö g l i c h t : Kein Problem entsteht bei der N a m e n a k t i e , weil hier das Aktienbuch dem Aktionär die Legitimation schafft (N 7) und sich der pfandvertragstreue Pfandgläubiger trotz Vollindossament nicht hat eintragen lassen (vgl. aber N 13 mit Fußnote). Daß Publikumsaktiengesellschaften zur Sicherung klarer Stimmrechtsverhältnisse für einige Tage vor der Generalversammlung eine Aktienbuchsperre zu verfügen pflegen, berührt diese Situation nicht. — Bei der I n h a b e r a k t i e dagegen hat der Pfandgläubiger als Titelbesitzer dem Aktionär die Legitimation jedesmal zu ermöglichen. Diese erfolgt nach klassischer Vorstellungsweise durch Präsentation der Titel eingangs der Generalversammlung. Will er das Pfandrecht nicht verlieren (Art. 888 II), darf der Pfandgläubiger die Titel dem Aktionär nicht aushändigen, sondern muß diesen entweder selbst oder durch einen Beauftragten begleiten und dann mehr oder minder deutlich erklären (lassen), Aktionär sei trotz seines (Pfand-) Besitzes Herr X. Praktisch geschieht es allerdings anders: Die Gesellschaft teilt bei Ankündigung der Generalversammlung mit, als Inhaberaktionär werde anerkannt, wer seine Aktien spätestens bis … (kurz vor der Versammlung) entweder bei der Gesellschaft deponiere oder bei einer Bank hinterlegt habe und deren Bescheinigung vorweise. Der Pfandgläubiger hat dafür zu sorgen, daß dies geschieht, und zwar für Herrn X. Ob Herr X wirklich der Aktionär ist, kann und darf die Gesellschaft nicht prüfen, andernfalls sie keine Inhaberaktien hätte ausgeben sollen.

Dieselben Fragen und Lösungen wie für Aktien gelten für verpfändete **8b** A k t i e n z e r t i f i k a t e und I n t e r i m s s c h e i n e , wobei die oben abgehandelten Probleme wiederum nur beim Inhaberpapier entstehen, was Volleinzahlung erfordert (OR 644 I). Keine Fragen stellen sich für bloße L i e f e r -

s c h e i n e, welche nicht die Mitgliedschaft verurkunden, sondern nur den Anspruch auf den Titel. Über diese Papiere insbesondere *Boemle*, Aktienzertifikate,
Interims- und Lieferscheine, Diss. St. Gallen 1955. — Über n i c h t v e r -
b r i e f t e A k t i e n r e c h t e und ihre Übertragung vorne Art. 899 N 39,
Bürgi N 19 ff. vor OR 683—687 (N 38 zur Verpfändung), *Ribi*, Die Mitgliedschaft und ihre Beurkundung, Diss. Zürich 1960, 222 f., 257 ff., 346 f. (Verpfändung), worauf für die vom Obigen abweichenden Legitimationsfragen verwiesen sei. Art. 905 gilt auch hier, da seine ratio legis nicht von einer Urkunden-
existenz abhängt.

III. Fälle zulässiger Vertretung der Aktien durch den Pfandgläubiger

9   Art. 905 ist dispositiven Rechts. Abweichende V e r e i n b a r u n g e n sind
zulässig. Diesfalls erhält der Pfandgläubiger auch im i n t e r n e n Verhältnis
(vorstehend N 6) die Berechtigung zur Ausübung des Stimmrechts; auch *Glettig*
154, *Bürgi* OR 689 N 71, OR 683 N 28.

10   **A. Bevollmächtigung.** — Der Aktionär kann dem Pfandgläubiger die
Ausübung des Stimmrechts ermöglichen, indem er ihn zu seiner V e r t r e t u n g
bevollmächtigt (OR 689 II). Bei Inhaberaktien ist die Erteilung der Vollmacht
«in einer besonderen Urkunde» vorgeschrieben (OR 689 V Ziff. 2), eine Bestimmung, die gegen Mißbräuche des sog. Depotstimmrechts der Banken gerichtet ist[a]; bei den Namenaktien verlangt das Gesetz schriftliche Vollmacht
(OR 689 III). Die Statuten können vorschreiben, daß einzig ein anderer Aktionär
als Vertreter auftreten dürfe (OR 627 Ziff. 10/689 II). Vgl. darüber die aktienrechtliche Literatur, ferner hinten N 14 e.

11   Wie vorstehend N 6 auseinandergesetzt, ist die (externe) Legitimation des
Pfandgläubigers gegenüber der Gesellschaft von der (internen) Vollmacht unabhängig, sofern der Pfandgläubiger der Gesellschaft schon sonst als legitimiert
erscheinen darf.

12   **B. Irreguläres Pfandrecht.** — Sobald die irregulär verpfändeten Inhaberaktien ins Eigentum des Pfandgläubigers übergegangen sind, hat dieser die

---

[10a] Die Schweizerische Bankiervereinigung hat am 17. Mai 1967 Richtlinien über die Aus-
übung des Depotstimmrechts erlassen. 1980 sind sie revidiert worden. — *Gautschi*, in: Berner
Tage für die juristische Praxis 1972, 123 ff.; *Schaad*, Das Depotstimmrecht der Banken, Diss.
Zürich 1972.

Stellung eines Aktionärs erlangt und besitzt intern wie extern das Stimmrecht (*Staudinger/Spreng* § 1293 N 3 a. E.), und zwar kann er es im eigenen Interesse ausüben. Das folgt notwendig aus der Vereinbarung dieser Art von Pfandrecht. — Über das irreguläre Pfandrecht allgemein: Syst. Teil N 182 ff. und Art. 901 N 54.

C. Sicherungsübereignung. — Hier fehlt im Zweifel die Berechtigung des **13** Fiduziars (Gläubigers) zur Ausübung des Stimmrechts im eigenen Interesse, weil sie vom Zweck der Aktienübertragung auf ihn nicht verlangt wird; sondern die fiduziarische Übertragung will materiell dem Gläubiger nur die von Art. 905 umschriebene Stellung einräumen. Extern ist der Fiduziar zwar legitimiert, muß sich aber auf Grund des internen Verhältnisses zwischen ihm und dem Fiduzianten an die Weisungen des letzteren halten[a].

IV. Andere Mitgliedschaftsrechte als das Stimmrecht des Aktionärs

Andere Mitgliedschaftsrechte des Aktionärs, wie Bezugsrechte oder Kontroll- **14** rechte, gehen ebensowenig auf den Pfandgläubiger über wie das Stimmrecht (auch etwa *Glettig* 162). Jedoch kann er gegebenenfalls extern gemäß den Ausführungen vorstehend N 6 ff. zu ihrer (intern unstatthaften) Ausübung legitimiert sein. — Ebensowenig kann der Pfandgläubiger die Verantwortlichkeitsklage anstelle des Aktionärs erheben (OR 752 ff.; BGE 49 II 243/244). — Über die von der vorliegenden verschiedene Frage der Pfandhaft: Art. 904.

[13a] N 13 ist in der Fassung der Vorauflage übernommen worden, weil — richtig verstanden — zutreffend, bedarf aber der Erläuterung: Nicht nur ist der Fiduziar legitimiert, sondern er ist a u c h i n t e r n b e f u g t, das Stimmrecht auszuüben. Die Betonung liegt in N 13 darauf, daß der Fiduziar das Stimmrecht i m I n t e r e s s e d e s F i d u z i a n t e n auszuüben und daher auch W e i s u n g e n entgegenzunehmen und zu befolgen habe, soweit der Sicherungszweck oder die vertragliche Abrede keine Abweichung ergeben. Hier zeigt sich die auftragsrechtliche Komponente der Sicherungsübereignung, welche alles, was nicht den Sicherungszweck betrifft (daher kein Widerspruch zu Syst. Teil N 242a), nicht zum eigenen Interesse des Fiduziars werden läßt. Hingegen hat die AG, selbst wenn bösgläubig, eine weisungswidrige Stimmausübung entgegenzunehmen. (Hier wird man einen Unterschied zu *Oftingers* Minderheitsmeinung hinsichtlich des Nichterwerbs durch bösgläubige Dritte machen dürfen, Syst. Teil N 251.) — Zu unterscheiden davon wäre eine bloß v e r s t e c k t e V e r p f ä n - d u n g mittels Vollindossament; hier kann der Pfandgläubiger, darf aber nicht das Stimmrecht ausüben; bei Namenaktien ersichtlich unzweckmäßig. Ob das eine oder andere gewollt war, ist eine Auslegungsfrage im Einzelfall. Vgl. dazu noch Art. 906 Fußnote 45a. — Besonders liegt der Fall bei vinkulierten Namenaktien: hinten N 14e, ferner bei der Umgehung von Stimmrechtsbeschränkungen: vorne Fußnote 6a.

V. Besonderheiten bei vinkulierten Namenaktien

14a   Dieser komplexe Fragenkreis (vgl. vorne Art. 899 N 33 ff. mit Literatur, welcher noch anzufügen wäre: *Schluep*, SAG 48, 1976, 122 ff. mit weiterer Literatur; ferner *Bär*, ZSR 1966 II 342 ff., insbesondere zur sog. Spaltung) betrifft die Verpfändung — weil diese im Prinzip die Mitverwaltungsrechte nicht berührt — nur an drei Stellen: Bei der Verpfändbarkeit (N 14 b und 14 d), bei der Pfandverwertung (N 14 c) und bei der Sicherungsübereignung sowie der versteckten Verpfändung und der Bevollmächtigung (N 14 e).

14b   Wie *Oftinger* Art. 899 N 33 (auch *Sautaux* 43) richtig bemerkt, macht die sehr seltene t o t a l e   V i n k u l i e r u n g (statutarische Unübertragbarkeit, OR 684 I) die Aktien   u n v e r p f ä n d b a r, weil unverwertbar (Art. 899 I). Unrichtig ist aber, daß dies (analog OR 164 II) nur gelte, wenn die Vinkulierung aus dem Aktientitel ersichtlich sei (richtig jedoch *Sautaux* 44). Bei M i t g l i e d s c h a f t s p a p i e r e n gilt vielmehr der Satz, daß der j e - w e i l i g e   S t a t u t e n i n h a l t jedem Aktienerwerber entgegengehalten werden kann (Art. 904 Fußnote 17 b). Die Skripturrechtlichkeit liegt in der Kennzeichnung des Papiers   a l s   A k t i e; sie genügt als Hinweis, daß der Inhalt des verbrieften Rechts dem Gesetz und den Statuten entnommen werden muß. Das gilt unabhängig davon, ob der Erwerber die Statuten kennt (oder leicht hätte zur Kenntnis nehmen können) oder nicht (also keine Frage des guten Glaubens wie bei *Oftinger* l. c.), und zudem selbst dann, wenn der Aktie die Statuten aufgedruckt, diese aber inzwischen geändert worden sein sollten. (Auch *Jäggi*, OR 979 N 80. — Die Gesellschaft besitzt kein Zwangsmittel zu einem Titelumtausch, was sich auch bei Kapitalherabsetzung, Split, Änderung der Aktienart u. dgl. unliebsam bemerkbar macht; Amortisation ist nicht möglich.) Dieser Fundamentalsatz des Rechts der Mitgliedschaftspapiere ist unentbehrlich, da die Gesellschaft ihre Statuten an veränderte Verhältnisse anpassen können muß. — Dies alles gilt nicht nur für die totale Vinkulierung, sondern auch für die üblicheren Vinkulierungen aus statutarisch bestimmten Gründen, aus wichtigem Grund oder «ohne Angabe von Gründen» (OR 686 I/II), ferner bei nachträglicher Vinkulierung mit oder ohne Änderung der Aktienart. Was auf dem Titel auf den Inhaber lautet, kann inzwischen unangefochten eine vinkulierte Namenaktie geworden sein. Allerdings sollte nicht gefolgert werden, die Verpfändung einer (scheinbaren) Inhaberaktie in der Form von Art. 901 I wäre ungültig. Hingegen zeigt sich die zwischenzeitliche Verwandlung, sobald sich der Inhaber der Gesellschaft präsentiert und die Ausübung von Mitgliedschaftsrechten beansprucht. Nur wenn er gemäß den Vinkulierungsbestimmungen im Aktienbuch eingetragen werden kann, wird er z. B. zur Generalversammlung zugelassen. Bei dieser Gelegenheit wird dann auch der Titelumtausch vorgenommen. — Zum statutarischen Verpfändungsverbot N 14 d.

Daraus folgt, daß auch bei der P f a n d v e r w e r t u n g nur die jeweils **14 c** gültige Rechtsstellung übertragen wird. Allerdings gilt bei Z w a n g s verwertung die zwingende Erleichterung der Vinkulierung gemäß OR 686 IV: Entweder wird der Erwerber eingetragen, oder die Gesellschaft hat dafür zu sorgen, daß eine eintragungsfähige Person die Aktien «zum wirklichen Wert» abnimmt. — Der Erwerber kann sich auch nicht darauf verlassen, daß das Bundesgericht die Stellung des wegen Vinkulierung nichteingetragenen Namenaktionärs erleichtert hat, indem es die einzelnen Vermögensansprüche auch dem nichteingetragenen Titelinhaber zuspricht (sog. S p a l t u n g des Rechts aus der Aktie; Nachweise Art. 899 N 35). Dieser Judikatur[a] (grundlegend BGE 83 II 302 ff.) kann zwar nicht deutlich entnommen werden, ob sie zwingend gemeint sei, doch ist richtigerweise anzunehmen, daß von den in der Geschäftspraxis zur A b w e h r der unerwünschten Spaltung inzwischen eingebürgerten drei Maßnahmen (statutarische Erstreckung der Vinkulierung ausdrücklich auch auf die Vermögensrechte und alle Ansprüche daraus; statutarische Rektaklausel; Verzicht auf Coupons) jedenfalls die erste vollauf genügt und zulässig ist. Auch dann bleibt die Aktie verpfändbar und verwertbar, doch die private Verwertung wird erschwert, weil erst ein eintragungsfähiger Erwerber gesucht werden muß. Bei Verkauf an der B ö r s e gilt die Regel, daß das Risiko des Nichteintrags der Verkäufer trage, d. h. auf sein Kursrisiko noch einmal verkauft wird, wenn die Gesellschaft den Erstkäufer ablehnt. Diese Ordnung läßt es gar nicht erst zur Spaltung kommen (Börsenreglement Zürich § 17, Basel § 18; Näheres über die Abwicklung des Börsenhandels mit vinkulierten Namenaktien unter Einbezug der Empfehlungen der Schweiz. Bankiervereinigung vom 6. April 1961 und der den Banken bekannten Vinkulierungsrichtlinien der Gesellschaften: *Bär*, Die Abwehr der Überfremdung nach schweizerischem Aktienrecht, Zeitschrift für Unternehmens- und Gesellschaftsrecht 1976, 62 ff., bes. 67 ff.; *Schluep* l. c. 127).

Vor allem in stark personenbezogenen Aktiengesellschaften wird nicht allzu **14 d** selten die V e r p f ä n d u n g der vinkulierten Namenaktien statutarisch v e r b o t e n o d e r d e r G e n e h m i g u n g d u r c h d i e G e s e l l s c h a f t u n t e r s t e l l t ; Motive sind Abwehr unkontrollierbarer Einflüsse durch den Pfandgläubiger auf den Aktionär, Vollständigkeitsbestreben bei der Abwehr der Spaltung oder Bedenken ob der Notwendigkeit, gemäß OR 686 IV einen eintragungsfähigen Abnehmer zu finden (vgl. N 14 c). Wenn das Übertragungsverbot gesetzlich erlaubt und die Spaltung nicht zwingend ist, muß auch dies zulässig sein (vorne Art. 899 N 34; *Sautaux* 46; *Jäggi*, OR 967 N 150

[14a] Sie ist völlig unhaltbar (ausführliche Kritik: *Bär* l. c.), doch ist hier nicht darauf einzutreten.

mit weiteren Zitaten; der dort aufgeführte BGE 78 II 276 ist m. E. falsch gedeutet, weil er sich nicht mit einer statutarischen Erstreckung auf Verpfändung befaßt). — Ohne solche Statutenbestimmung unterliegt die Verpfändung der vinkulierten Namenaktie nicht der Zustimmung der Gesellschaft (auch *Sautaux* 44 ff.; *Pestalozzi-Henggeler* 155 ff.; anders offenbar *Bürgi*, OR 684 N 23); vorbehalten N 14 b a. A.

14e Das Bundesgericht hat in BGE 81 II 539 f. ausgesprochen, «die Vinkulierung soll verhindern, daß gegen den Willen des Verwaltungsrates Dritte auf die Gesellschaft Einfluß nehmen oder Aktionäre ihre bisherige Stellung verstärken», und gefolgert, die Stimmabgabe durch den eingetragenen Veräußerer auf Weisung des nichteingetragenen Erwerbers wäre eine Umgehung (was auf das Verhältnis Pfandgläubiger—Verpfänder übertragen werden kann). Wenig verständlich hat es im gleichen Urteil keinen Anstoß genommen an der Stimmausübung durch den eingetragenen F i d u z i a r auf Weisung seines Fiduzianten[b]. Diese Kritik (ausführlicher in ZSR 1966 II 392 ff.; zustimmend *Vischer/Rapp*, Zur Neugestaltung des schweizerischen Aktienrechts, Bern 1968, 89) bezieht sich auch auf die S i c h e r u n g s ü b e r e i g n u n g (und die v e r s t e c k t e V e r p f ä n d u n g mit Vollindossament), sofern sich der Fiduziar (bzw. der Indossatar) eintragen läßt, denn ihr Kennzeichen ist der Überschuß des externen Könnens über den internen Sicherungszweck; daher auch die Folgerung in Fußnote 13 a hinsichtlich des Weisungsrechts, doch eben für u n vinkulierte Aktien. Sanktion der Umgehung ist nicht die Ungültigkeit der Sicherungsübereignung, sondern das Recht der Gesellschaft, den Fiduziar trotz Eintrags nicht mehr als Aktionär anzuerkennen[c]. Die Verwertung bleibt — ungeachtet ob Spaltung oder nicht — möglich; wie N 14 c, Mitte. — Ähnliche, in der aktienrechtlichen Literatur noch offene Fragen ergeben sich bei der o f f e n e n S t e l l v e r t r e t u n g (oben N 10) von vinkulierten Namenaktien (kurz *Bär*, ZSR 1966 II 397 ff.); hier, weil keineswegs gesichert ist, daß der Stellvertreter nicht nur auf Weisung des eingetragenen Vertretenen handelt.

[14b] Entgegen einer Andeutung des Bundesgerichts sollte es nicht darauf ankommen, ob der Fiduziant eintragungsfähig gewesen wäre, auch nicht darauf (*Bürgi* OR 685 N 14), ob er von der Gesellschaft abgewiesen ist und nun einen «Strohmann» gefunden hat.

[14c] Ebenso für den Fall der Umgehung von Stimmrechtsbeschränkungen (vorne FN 6a) *Pestalozzi-Henggeler* 85, *Glettig* 21. — In den Eintragungsgesuchsformularen verschiedener Gesellschaften muß etwa unterschrieben werden: «Ich erkläre, die Aktie auf eigene Rechnung und zu meinem rechtlichen und wirtschaftlichen Eigentum zu erwerben und sie nicht fiduziarisch oder sonstwie für Dritte zu halten.» In der Folge der in N 14c zitierten Empfehlungen der Bankiervereinigung müssen sich Banken beim Beitritt zur Vereinbarung mit den Gesellschaften, welche vinkulierte Namenaktien kotiert halten, u. a. verpflichten, vinkulierte Namenaktien weder selber, noch durch Abhängige fiduziarisch eintragen zu lassen, sofern nicht die Gesellschaft zustimmt.

VI. Andere Vereinigungen als Aktiengesellschaften

Der dem Art. 905 zugrunde liegende Gedanke — von Gesetzes wegen keine **15** Übertragung der Rechtsstellung des Verpfänders auf den Pfandgläubiger, namentlich k e i n Ü b e r g a n g v o n M i t v e r w a l t u n g s r e c h t e n — gilt auch für die übrigen Vereinigungen mit verpfändbaren Anteilen, handle es sich um das Stimmrecht oder um andere Rechte, welche den Mitgliedern zustehen (W. *v. Steiger*, OR 791 N 31, 34; *Janggen/Becker*, OR 789 N 6; *Forstmoser*, OR 849 N 50, 56; W. *v. Steiger*, Die Personengesellschaften, SPR VIII/1, 1976, 386). Zu den vorne N 9 ff. besprochenen Möglichkeiten, dem Pfandgläubiger das Stimmrecht in der AG zu verschaffen, ist zu berücksichtigen, daß die Beteiligungen an GmbH, Genossenschaft und Personengesellschaften meist höchstpersönlich und — teils zwingend, teils dispositiv — gesetzlich vinkuliert sind (OR 542, 557, 598, 791/92, 839/41, 849). Zunächst wird die S i c h e r u n g s z e s s i o n auf mehr Schwierigkeiten stoßen als bei der AG (für die GmbH grundsätzlich bejaht von W. *v. Steiger*, OR 791 N 29), und man darf sich auch die soeben in N 14 e angedeutete Frage stellen. Nicht unproblematisch ist ferner die S t e l l v e r t r e t u n g (auch dazu vgl. N 14 e); sie ist in OR 886 für die Genossenschaft sehr restriktiv geordnet und für die GmbH durch W. *v. Steiger* — offenbar als Zweifelsregel mangels Gesetzes- und Statutenvorschrift — bejaht (OR 808 N 4 a). Da diese Fragen bei der Verpfändung von andern Gesellschaftsanteilen als Aktien wohl seltener akut werden und überhaupt diese Anteile als Pfandobjekte — wegen erschwerter Verwertung — nicht sehr häufig vorkommen dürften, mag es hier bei einer Problemskizze bleiben. Die irreguläre Verpfändung (vorne N 12) kommt mangels Inhaberpapieren nicht in Frage. — Zur Verpfändung dieser Gesellschaftsanteile allgemein Art. 899 N 31, 41—49.

VII. Vertretung von Anleihensobligationen, Partizipationsscheinen, Anlagefondsanteilscheinen, Genußscheinen; Vertretung bei sonstigen Sanierungen und im Konkurs

Das Stimmrecht in der Gläubigerversammlung im Rahmen der G l ä u b i - **16** g e r g e m e i n s c h a f t bei Anleihensobligationen steht nicht dem Pfandgläubiger, sondern dem Eigentümer der verpfändeten Obligationen zu. Das ergibt sich nunmehr aus OR 1167 I/III (Fassung lt. BG vom 1. April 1949), läßt sich aber schon aus ZGB 905 und 906 — a fortiori — ableiten: BGE 45 III 198; gl. M. *Ziegler*, Komm. Anleihensobligationen (Bern 1950), Art. 1167 N 8, a. E.; *Kaderli* 56; a. M. BGE 47 III 174 und gestützt darauf *Leemann* Art. 905 N 5 sowie *Beeler* 192. — Anders lautet die Lösung, wenn Obligationen verpfändet sind, die dem Anleihensschuldner selber gehören: dann steht das Stimmrecht dem Pfandgläubiger zu (OR 1167 II Satz 2, Fassung lt. BG vom 1. April 1949). Auch bei S a n i e r u n g e n gemäß den andern einschlägigen Gesetzen fällt das Stimmrecht nicht dem Pfandgläubiger zu; das Entsprechende gilt im K o n k u r s und bezüglich verpfändeter G e n u ß - s c h e i n e (OR 657 IV, Fassung lt. BG vom 1. April 1949). Der Pfandgläubiger kann aber in allen Fällen zur Vertretung des Eigentümers der verpfändeten Obligationen bevollmächtigt werden (so OR 1167 I, 1168, beides lt. dem zit. BG von 1949; BGE 45 III 198).

17 Ähnlich der Sachlage bei verpfändeten Aktien (vorstehend N 6 ff.), kann auch hier die e x t e r n e L e g i t i m a t i o n über die interne Berechtigung hinausgehen, so daß vor allem der Pfandgläubiger, dem eine Inhaberobligation verpfändet ist, durch deren Vorlegung die Zulassung zur Gläubigerversammlung erwirken kann, wenn auch unstatthafterweise (Näheres *Ziegler* a. a. O. N 10).

18 Über die Frage der Z u s t i m m u n g d e s P f a n d g l ä u b i g e r s zu den Erklärungen des Eigentümers der Obligationen im Sanierungsverfahren: hinten Art. 906 N 17; dort auch Bemerkungen über die analoge Frage der Zustimmung des Verpfänders anläßlich des in revOR 1167 II Satz 2 geordneten Sachverhalts.

19 P a r t i z i p a t i o n s s c h e i n e geben dem Partizipanten kein Stimmrecht. Daß aus allgemeinen Erwägungen zu einer erfolgsabhängigen Beteiligung postuliert werden muß, der Partizipant habe Rechte, welche im Ergebnis dem Auskunfts- und Anfechtungsrecht des Aktionärs nahe kommen (*Bär*, Der Kapitalbeschaffungsgenußschein [«Partizipationsschein»], ZBJV 101, 1966, 201 ff.; ders., Aktuelle Probleme des Aktienrechts, ZSR 1966 II 410 ff.), hätte auf die Stellung des Pfandgläubigers keinen Einfluß. Da die Partizipationsscheine meist auf den Inhaber lauten, entstehen allerdings dieselben Probleme der Befugnisüberschreitung durch den Pfandgläubiger, wie bei der Inhaberaktie, doch nicht hinsichtlich des Stimmrechts. Die komplexe Frage, ob der Partizipant an Statutenänderungen irgendwie mitzuwirken habe, welche ihn indirekt oder direkt betreffen (im letztern Fall die Frage der Anwendbarkeit von OR 1157 ff., oben N 16, über OR 657 V), kann hier nicht behandelt werden. Wo immer aber solche Mitwirkungsrechte zu bejahen wären, stehen sie dem Partizipanten zu, nicht dem Pfandgläubiger[a].

[19a] Literatur zum Partizipationsschein ist verzeichnet bei *Bär*, Partizipationsscheine, SAG

Die Verpfändung von A n t e i l s c h e i n e n v o n A n l a g e f o n d s **20**
(BG vom 1. Juli 1966) bietet keine Probleme wie in Art. 905, da hier im
Prinzip keine Mitwirkung des Anteilhabers vorgesehen ist. Immerhin steht das
Recht zu Einwendungen gegen eine Reglementsänderung (Art. 11 I) dem
Anleger, nicht dem Pfandgläubiger, zu. Bei der Aussonderung im Konkurs der
Fondsleitung (Art. 17) muß das Pfandrecht durch den Sachwalter (Voll-
ziehungsverordnung vom 20. Februar 1967, Art. 43) gewahrt werden. Bei
Inhaber- und vollindossierten Namenscheinen (BG Art. 20 II) entstehen wieder-
um Mißbrauchsmöglichkeiten.

Art. 906

Erfordert die sorgfältige Verwaltung die Kündigung und Ein- III. Ver-
ziehung der verpfändeten Forderung, so darf deren Gläubiger sie waltung und
vornehmen und der Pfandgläubiger verlangen, daß sie vorgenommen Abzahlung
werde.

Zahlungen darf der Schuldner, sobald er von der Verpfändung
benachrichtigt ist, an den einen nur mit Einwilligung des andern
entrichten.

Wo diese fehlt, hat er den geschuldeten Betrag zu hinterlegen.

Materialien: aOR — — VE 883 — E 889 — Erl II 331/332 — Prot ExpKom III 130. **1**
138 — Botsch 85 — StenBull NR 1906, 692 (Art. 889 Al. III), 695, 696/697; 1907, 341, 343 —
StenBull StR 1906, 1428.

Ausländisches Recht: CC fr (2081) — CCom 91 VI — CC it 2803 (2804/2805) — BGB
1281, 1286 (1275—1277, 1279, 1282—1285, 1287—1288, 1290, 1293, 1294—1295) — ABGB —.

Lit.: C. *Horber,* Das Forderungspfandrecht (Diss. Zürich 1905) 84 ff., 135 ff., bes. 168 ff.
— Hans Jakob *Meyer,* Die Verpfändung von Kundenguthaben (Diss. Zürich 1945) 50 ff., 69 ff..
78 ff., 87—101 — *von Tuhr/Siegwart* § 98 II Ziff. 4—7 — *Beeler* 128 ff.

Übersicht

48, 1976, 107 (Aufsatz im übrigen de lege ferenda), ferner *Hoffmann,* Der Partizipationsschein
oder die stimmrechtslose Aktie, Diss. Zürich 1976; *Schlieper,* Partizipant und stimmrechtsloser
Vorzugsaktionär, Diss. Bern 1976.

I. Verwaltung und Abzahlung der verpfändeten Forderung : Allgemeiner Inhalt der Vorschrift

2 Art. 906 gehört zusammen mit Art. 900 und 901 zu den wichtigsten Vorschriften des Pfandrechts an Rechten. Er ordnet zwei scharf zu trennende
Fragen. Einmal diejenige der K o m p e t e n z   z u r   V e r w a l t u n g einschließlich Einziehung der verpfändeten Forderung. Sie wird dem Gläubiger der
verpfändeten Forderung, der gewöhnlich mit dem Verpfänder identisch ist[a],
zugesprochen, und nicht dem Pfandgläubiger (Al. I). Die Lösung erklärt sich
damit, daß das Gesetz dem Pfandgläubiger nur gerade so viel an Rechten ver-

---

[2a] Der Anschaulichkeit und Kürze halber wird im folgenden meist der Ausdruck « V e r -
p f ä n d e r » gebraucht. Bei Verpfändung einer f r e m d e n Forderung sind jedoch Verpfänder und Gläubiger der verpfändeten Forderung nicht identisch (vorn Komm. Art. 899
N 127).

schaffen will, als zur Gewährleistung seiner Befugnis, sich durch Verwertung zu befriedigen, notwendig ist. Folglich steht die Geltendmachung der Forderung *deren* Gläubiger und nicht dem Pfandgläubiger zu. Die Ordnung des Al. I weicht ab von der für die Nutznießung getroffenen: gemäß Art. 773 II/III erfolgt die Verwaltung einer Forderung durch deren Gläubiger und den Nutznießer gemeinsam.

Die zweite in Art. 906 geregelte Frage ist diejenige nach dem Verhältnis **3** zwischen dem Drittschuldner einerseits und dem Verpfänder sowie dem Pfandgläubiger anderseits: wem soll der D r i t t s c h u l d n e r seine fällig gewordene Leistung erbringen? Zunächst ist scheinbar der Verpfänder gemäß Al. I zur Einziehung berechtigt: als Gläubiger der verpfändeten Forderung. Damit wird aber die Sicherheit des Pfandgläubigers gefährdet, und dieser hat es deshalb in der Hand, durch die Vornahme der in Art. 900 II vorgesehenen A n z e i g e a n d e n D r i t t s c h u l d n e r die vorbehaltslose Auszahlung an den Verpfänder zu verhindern und damit dessen Verfügungsmacht zu beschränken (*von Tuhr/Peter* § 28 II); der Drittschuldner darf nunmehr «an den einen nur mit Einwilligung des andern» leisten *(Al. II)*. Kommt es zu keiner Einigung zwischen dem Pfandgläubiger und dem Verpfänder darüber, an wen der Drittschuldner zahlen soll, dann h i n t e r l e g t dieser seine Leistung (Al. III).

Art. 906 ist dipositiven Rechts. A b w e i c h e n d e V e r e i n b a r u n g e n **4** sind zulässig und namentlich in der Bankpraxis die Regel, indem dem P f a n d - g l ä u b i g e r die Befugnis eingeräumt wird zur selbständigen E i n z i e h u n g der fällig gewordenen verpfändeten Forderung und der Nebenleistungen (wie Zinsen und Dividenden) und zur Vornahme allfälliger vorgängiger Kündigungen. Damit ist nicht nur die Ordnung des Art. 906 ausgeschaltet, sondern dem Pfandgläubiger namentlich ein eigener Weg zur Verfügung gestellt, sich für *seine* Forderung Zahlung zu verschaffen.

Der Art. 906 spricht von verpfändeten F o r d e r u n g e n. Die Vorschrift **5** erfaßt aber auch Leistungen Dritter, die auf Grund verpfändeter a n d e r e r R e c h t e (im Sinne von Art. 900 II) erbracht werden; so wenn Gewinnanteile aus einer Gesellschaft verpfändet sind. Über die W e r t p a p i e r e vgl. nachstehend N 29, 44.

Das f r ü h e r e R e c h t (aOR) enthielt keine dem Art. 906 entsprechende **6** Vorschrift, doch wurden im wesentlichen auch damals die heute geltenden Regeln befolgt. Die Fassungen in den E n t w ü r f e n sind materiell der heutigen Bestimmung des ZGB gleich. — Das a u s l ä n d i s c h e R e c h t weicht stark vom schweizerischen ab. Der *CC fr* weist keine einschlägige Bestimmung auf, wenn man von dem auf die Einziehung der Zinsen bezüglichen Art. 2081 absieht. Die Geschäftspraxis behilft sich mit der vertraglichen Einräumung der Einziehungsbefugnis an den Pfandgläubiger. *CCom* 91 VI gibt sie ihm bei Wertpapieren. Nach *italienischem* Recht hat der Pfandgläubiger Recht und Pflicht zur Einziehung. Auf Begehren des Verpfänders erfolgt die Hinterlegung des eingezogenen Betrags; ist die pfandgesicherte Forderung jedoch fällig, so befriedigt sich der Pfandgläubiger aus dem eingezogenen Betrag. Zusammen mit weiteren auf die Befriedigung und Stellung des Pfandgläubigers bezüglichen Bestimmungen (Art. 2804/2805) ergibt die fragliche Vorschrift des CC it (Art. 2803) eine klare und einfache Lösung, während das ZGB sich zu knapp hält. Nach *BGB* 1281 leistet der Drittschuldner vor der Fälligkeit der pfandgesicherten Forderung an den Verpfänder und den Pfandgläubiger gemeinsam; nach der Fälligkeit hat der Pfandgläubiger die selbständige Befugnis zur Einziehung (§ 1282). Bei Inhaber- und Ordrepapieren besteht diese Befugnis unabhängig von jener Fälligkeit (§ 1294). Das deutsche Recht regelt den gesamten Komplex der Behandlung einschließlich Verwertung der verpfändeten Forderung in 16 Paragraphen überaus detailliert. Die schweizerische Literatur hat zu oft ohne nähere Prüfung daraus Regeln entlehnt, auch wo das einheimische Recht eine genügende Grundlage für angemessene Lösungen bietet.

II. Verwaltung, einschließlich Kündigung und Geltendmachung der verpfändeten Forderung durch deren Gläubiger (Al. I)

A. Grundsatz

7   Der Pfandgläubiger besitzt von Gesetzes wegen keinerlei Gläubigerbefugnisse hinsichtlich der verpfändeten Forderung (dazu BGE 28 II 148; 64 II 417/418). Diese stehen, wie Al. I zeigt, ungeachtet der Verpfändung dem Gläubiger der verpfändeten Forderung zu (der, wie bereits erwähnt, gewöhnlich der Verpfänder ist). Die Ausübung der Gläubigerbefugnisse bezeichnet das Gesetz als Verwaltung der Forderung. Sie umfaßt alles, was zur Erhaltung und Geltendmachung der Forderung nötig ist. Hiezu ist keine Zustimmung des Pfandgläubigers erforderlich, wohl aber zu Maßnahmen des Verpfänders, die über die Verwaltung hinausgehen: nachstehend N 15.

8   Über den Sonderfall, da der Verpfänder (als Gläubiger der verpfändeten Forderung) auf diese verzichtet hat, der Pfandgläubiger aber (im Konkurs des Verpfänders) auf Grund gutgläubigen Erwerbs des Pfandrechts auf dessen Geltendmachung beharrt: BGE 71 III 157.

B. Die einzelnen Verwaltungsmaßnahmen

Das Gesetz erwähnt «die Kündigung und Einziehung der verpfändeten For- **9** derung», will aber damit keine abschließende Aufzählung der in Betracht fallenden Maßnahmen geben. Die beiden Begriffe «Kündigung und Einziehung» umfassen zwar praktisch alle Handlungen zur Eintreibung der Forderung, nicht aber weitere, nachstehend N 12 erwähnte Verwaltungsmaßnahmen.

Die K ü n d i g u n g bleibt Sache des Verpfänders. Wird sie vom Pfand- **10** gläubiger eigenmächtig vorgenommen, ist sie wirkungslos; da diesem die Verfügungsmacht fehlt, tritt Fälligkeit nicht ein (vgl. *von Tuhr/Escher* § 62 II 2; *Spiro* 264). Unter der in Al. I genannten und dem Verpfänder ebenfalls überlassenen E i n z i e h u n g der Forderung ist deren G e l t e n d - m a c h u n g zu verstehen: mittels Mahnung, Betreibung[a], Eingabe im Konkurs, Anmeldung ins Lastenverzeichnis, gerichtlicher Klage; ferner gehört dazu die Geltendmachung zugehöriger Bürgschaften oder Pfandrechte, u. a. m. (vgl. hiezu ZBJV 43, 330; 73, 46 = SJZ 34, 16; vorn Komm. Art. 904 N 22, 24). Durch den Pfandvertrag ist es dem Verpfänder jedoch verboten, die L e i s t u n g d e s D r i t t s c h u l d n e r s e i n z u k a s s i e r e n, weil er das Pfandrecht illusorisch machen würde[b]. Deshalb sollte ein anderer Weg der Tilgung eingeschlagen werden: Hinterlegung des Betrags (analog Al. III); oder aber der Verpfänder verlangt Leistung an den Pfandgläubiger (ZBJV 43, 331; 73, 46 = SJZ 34, 16). Anders, wenn der Pfandgläubiger der Leistung an den Verpfänder zustimmt (analog Al. II). Diese Vorkehrungen erübrigen sich, wenn (was zu empfehlen ist) der Pfandgläubiger oder Verpfänder die in Art. 900 II vorgesehene Anzeige erstattet: dann darf der Drittschuldner von Gesetzes wegen und von vornherein ohne die Zustimmung des Pfandgläubigers nicht mehr an den Verpfänder zahlen (Al. II).

Der Verpfänder darf die Kündigung und Einziehung *nur* in die Wege leiten, **11** wenn die «s o r g f ä l t i g e» V e r w a l t u n g dies erfordert (roman. Texte: «intérêt d'une bonne gestion», «diligente amministrazione»). Die Entwürfe und die Beschlüsse der eidgenössischen Räte lauteten ursprünglich auf «ordentliche» Verwaltung. Die von der Redaktionskommission geschaffene[a] Nuance des heutigen Wortlauts hat den Sinn, daß die Geltendmachung der verpfändeten Forderung einzig dann erfolgen solle, wenn das Interesse der Werterhaltung sie gebietet, namentlich die Sicherheit gefährdet ist (so ausdrücklich BGB 1286). Wird jedoch eine Forderung ohne Kündigung seitens ihres Gläubigers fällig,

---

[10a] Vgl. SJZ 53, 237 ff. zum Fall der Betreibung für einen verpfändeten Inhaberschuldbrief durch den Gläubiger/Pfandschuldner, mit Zahlungsbegehren an sich selber; Einfluß der Notifikation nach Al. II und der Wertpapiernatur; Behandlung der Zinsen.

[10b] Insofern ist das Wort «Einziehung» in Al. I/Art. 906 i r r e f ü h r e n d.

[11a] und von den Räten genehmigte

dann ist das Inkasso eine selbstverständliche Pflicht. Eine nicht durch die «sorgfältige» Verwaltung gebotene Kündigung und Einziehung kann den Verpfänder schadenersatzpflichtig machen wegen pfandvertragswidriger Verminderung der Sicherheit. Das gleiche gilt, wenn der Verpfänder die von der «sorgfältigen» Verwaltung gebotene Kündigung und Einziehung u n t e r l ä ß t (gl. M. *Wieland* Art. 906 N 1 S. 479, wenn auch mit unzutreffender Begründung). Die zuletzt erwähnte Schadenersatzpflicht beruht auf einer stillschweigenden pfandvertraglichen Nebenpflicht des Verpfänders, für die Erhaltung des Pfandgegenstandes zu sorgen; ihr widerspricht nicht, daß der Gläubiger die fraglichen Maßnahmen v e r l a n g e n darf (Al. I a. E.); darüber nachstehend N 14.

12   Abgesehen von der Kompetenzabgrenzung bezüglich der Kündigung und Einziehung, läßt sich aus Art. 906 und dem Sinn des Pfandvertrags ableiten, daß die S o r g e f ü r d i e E r h a l t u n g d e s v e r p f ä n d e t e n R e c h t s die Aufgabe des Verpfänders ist (*Zimmermann-Locher*, SJZ 24, 59—60; vgl. aber auch vorn Komm. Art. 890 N 12, 21/22). Die B a n k e n erklären sich in ihren Pfandverträgen für berechtigt, nicht aber verpflichtet, die Kündigung und die Einziehung verpfändeter Wertpapiere, Forderungen, Zinsen, Dividenden usw. vorzunehmen (hinten N 35 ff.). Damit lassen sie die Verantwortung für die Verwaltung entsprechend der gesetzlichen Lösung beim Verpfänder[a]; sie verpflichten sich m. a. W. nicht zur Betreuung der fraglichen Werte wie beim offenen Depot, führen aber die erforderlichen Maßnahmen gewöhnlich freiwillig aus. Neben den erwähnten Maßnahmen gilt das gleiche für den Umtausch von Aktien, die Überwachung der Kündigung, Konversion, oder Rückzahlung von Titeln, u. a. m. (vgl. *Zimmermann-Locher* a.a.O.; *Kaderli/Zimmermann* 549 Sp. I; *Albisetti/Bodmer* u. a., Artikel Wertpapierverpfändung, lit. c; *Umbricht-Maurer*, Das Depotgeschäft, Zürich 1976, 75). — Über die Lage bei K u r s v e r l u s t und in anderen Fällen drohenden Schadens: vorn Art. 890 N 12, 20 ff.; Art. 891 N 16, 27.

12a   Da die Verpfändung gewöhnlicher Forderungen im Bankverkehr durch die

---

[12a] Vgl. aber noch N 42. Wie weit diese F r e i z e i c h n u n g haltbar ist, läßt sich nur im Einzelfall an der konkreten, nun beidseits versäumten Verwaltungshandlung entscheiden, wobei das allenfalls erweckte Vertrauen und die praktischen Möglichkeiten für den Verpfänder ins Gewicht fallen. Als berechtigt erscheint indessen die Freizeichnung, insofern sie die Bank der Verantwortlichkeit für den richtigen Verwertungszeitpunkt von Pfändern mit starken Wertausschlägen (meist Wertpapieren) enthebt; vgl. *Albisetti* et al., wie in N 12 zitiert. — Ist dem Pfandgläubiger nur das Recht, nicht auch die Pflicht zu Verwaltung und Einziehung eingeräumt, behält der Verpfänder k o n k u r r i e r e n d e R e c h t e (Anwendungsfall in SJZ 53, 238), was Probleme im Innenverhältnis (z. B. Nachdeckung) wie im Verhältnis zum Schuldner (Wortlaut einer Notifikation?) schaffen kann. Für diesen ist maßgebend, wer sich zuerst 1. fehlerlos legitimiert und 2. mit einer an sich rechtlich wirksamen Maßnahme (Kündigung, Zahlungsaufforderung usw.) an ihn wendet.

Sicherungszession (Syst. Teil N 270 ff.) weitgehend verdrängt ist (Art. 900 N 109, 85; *Albisetti/Gsell*, Bankgeschäfte, Zürich 1979, 62), gelten die Ausführungen in N 12, soweit sie die Banken betreffen, mehr für die Verpfändung der Wertpapiere. — Bei der Sicherungszession stehen Verwaltung, Kündigung und Einzug dem (fiduziarischen) Zessionaren zu (Syst. Teil N 292), was umgekehrt die Frage stellt, wie weit der Zedent (fiduziarische Verpfänder), welcher dem Geschäft näher zu stehen pflegt, aus welchem die sicherungsabgetretene Forderung stammt, dem Zessionar vertraglich zu Überwachung und Hinweisen verpflichtet sei; meist wird er es allerdings schon aus eigenem Interesse tun. Bei der «stillen Zession» (ohne Notifikation an den Schuldner gemäß OR 167; Syst. Teil N 303) bleibt der Zedent dagegen zu externem Handeln legitimiert, also wie bei der (von Art. 906 erfaßten) offenen Forderungsverpfändung mit oder ohne Notifikation (Art. 900 II).

Der Gläubiger der verpfändeten Forderung darf diese ungeachtet der Ver- **13** pfändung z e d i e r e n (vorn Komm. Art. 900 N 58). Die in Al. I vorgesehenen Befugnisse gehen dann auf den Zessionaren über; das gleiche gilt auf Grund einer Interessenabwägung für die vorhin erwähnte P f l i c h t, durch die erforderlichen Verwaltungsmaßnahmen für die Erhaltung des Pfandgegenstandes zu sorgen: *Wieland* Art. 906 N 1 b; a. M. *Horber* 170 auf Grund des vom Wortlaut des Al. I abweichenden Textes von E 889 I; unentschieden *von Tuhr/Escher* § 98 N 36.

C. Stellung des Pfandgläubigers
Seine allfällige Zustimmung zu Maßnahmen des Verpfänders

Die Vornahme der von Al. I/Art. 906 erfaßten Verwaltungsmaßnahmen **14** ist zwar Sache des Verpfänders (vorstehend N 7); aber der P f a n d g l ä u b i - g e r k a n n v e r l a n g e n, daß sie ausgeführt werden, und sich bei ungerechtfertigter Weigerung richterlich ermächtigen lassen, die zur Kündigung und Einziehung erforderlichen Handlungen selber vorzunehmen (OR 98 I; vgl. auch den franz. Text des Al. I/Art. 906: «contraindre»). Auch eine Klage auf Verurteilung des Verpfänders zur Durchführung der Maßnahmen ist denkbar (so anscheinend BGE 64 II 418 oben), aber unpraktisch. Das Verlangen des Pfandgläubigers setzt voraus, daß die «sorgfältige» Verwaltung (vorstehend N 11) die geforderte Maßnahme erheischt. Es genügt nicht, daß die Kapitalanlage unvorteilhaft ist (*Staudinger/Spreng* § 1286 N 1).

Die gemäß Al. I/Art. 906 dem Verpfänder überlassenen Verwaltungsmaß- **15** nahmen bedürfen nicht der Z u s t i m m u n g des Pfandgläubigers. Anders V e r f ü g u n g e n, die die S u b s t a n z des verpfändeten Rechts betreffen, wie der völlige oder teilweise Erlaß der Forderung (BGE 40 II 595/596), die

Stundung, Novation, Verrechnung, Herabsetzung des Zinsfußes, Entlassung eines Mitschuldners oder Bürgen, der Verzicht auf ein die verpfändete Forderung sicherndes Pfandrecht, u. a. m.[a]. Dies fließt aus der pfandrechtlichen Verpflichtung des Verpfänders, die Sicherheit des Pfandgläubigers nicht zu vermindern (gesetzlich geregelt in BGB 1276).

16   Hinsichtlich der F o l g e n einer ohne Zustimmung vorgenommenen Verfügung gilt soviel: Für Nichtigkeit schlechthin (befürwortet von *Beeler* 128) fehlt die gesetzliche Grundlage, desgleichen für Unwirksamkeit bloß dem Pfandgläubiger gegenüber (postuliert von *Horber* 131); die letztere Lösung führt zudem zu unerwünscht verwickelten Verhältnissen. Aus der Analogie zu Al. II läßt sich die Lösung gewinnen, daß die Verfügung dann nichtig ist, wenn der Drittschuldner vom Pfandrecht Kenntnis hatte; ohne diese Kenntnis ist sie gültig. Gleich im Ergebnis entscheiden *Curti* Art. 906 N 5; *Leemann* N 13; *von Tuhr/Escher* § 98 II 6; *Meyer* 53; anscheinend auch *Wieland* N 1 a; *Rossel/Mentha* n⁰ 1683; vgl. auch ZBJV 22, 83 = *Schneider/Fick* Art. 215 N 12. — Der Verpfänder wird diesfalls aber schadenersatzpflichtig. — Die Vorschriften des Grundbuchrechts zum Schutze gutgläubiger Dritter (Art. 973) gehen vor; folglich kann der Pfandgläubiger, dessen Pfandrecht sich auf die mit der verpfändeten Forderung verbundene Grundpfandverschreibung erstreckt (vorn Art. 904 N 23), dieses letztere Grundpfandrecht gegenüber dem gutgläubigen Erwerber des Grundstückes nicht geltend machen, nachdem die Grundpfandverschreibung infolge Verzichts des Verpfänders gelöscht worden ist — alles dies unter der Voraussetzung, daß der Fahrnispfandgläubiger sich nicht in das in der Grundbuchverordnung von 1910 Art. 66 vorgesehene Gläubigerregister hat einschreiben lassen (*Leemann* Art. 906 N 14; vgl. auch vorn Komm. Art. 901 N 127).

17   Bei S a n i e r u n g e n, im N a c h l a ß v e r t r a g und dergl., wo die Vertretung der verpfändeten Forderung deren Gläubiger obliegt (also dem Verpfänder, vorn Komm. Art. 905 N 16), bedarf dieser ebenfalls der Zustimmung des Pfandgläubigers, da man einen Anwendungsfall der vorstehend N 15 erwähnten Eingriffe in die Substanz des verpfändeten Rechts vor sich hat; vgl. z. B. OR 1170 (Fassung lt. BG vom 1. April 1949); a. M. *Kaderli* 56 N 3 und *Leemann* Art. 906 N 15 (der irrtümlich den Pfandgläubiger als befugt zur Vertretung der Forderung ansieht und Zustimmung des Verpfänders verlangt). Wo gemäß OR 1167 II Satz 2 (Fassung lt. dem gleichen BG) bei der Verpfändung von Obligationen, die dem Anleihensschuldner selber gehören, das

---

[15a] Die aufgezählten Verfügungen bedürfen, wie erwähnt, der Z u s t i m m u n g des Pfandgläubigers. Dagegen besteht im schweizerischen Recht keine Vorschrift, die *ipso iure* den Untergang einer verpfändeten Forderung ausschließt, wie dies einzelne Autoren annehmen. Sie wenden offenbar BGB 1256 I Satz 2 an, uneingedenk der anders lautenden Vorschrift BGB 1276 (unzutreffend deshalb *Wieland* Art. 889 N 2b; *Leemann* N 3; *Meyer* 81).

Stimmrecht in einer Sanierung ausnahmsweise dem Pfandgläubiger zusteht, erübrigt sich die Zustimmung des Verpfänders, weil er ja durch die Sanierung von vornherein die Erleichterung seiner Verpflichtungen anstrebt (BGE 47 III 174/175).

Über den Ersatz von Verwendungen des Pfandgläubigers vorne Art. 890 **17a** N 15; ZBGR 28, 319 betr. Zahlung von Prämien der verpfändeten Versicherungs-ansprüche.

D. Stellung des Drittschuldners

Sie wird im wesentlichen von Al. II und III umschrieben; darüber nach- **18** stehend N 19—31. — Die K ü n d i g u n g seitens des Drittschuldners braucht einzig gegenüber dem Gläubiger der verpfändeten Forderung zu erfolgen, gemäß dem allgemeinen Grundsatz, daß die Forderung ungeachtet der Verpfändung allein diesem zusteht (Art. 773 II ist nicht analog anwendbar. Anders BGB 1283 II).

III. Benachrichtigung des Drittschuldners und ihre Folgen (Al. II)

A. Allgemeines

Gemäß dem mißverständlich gefaßten Al. I scheint der Verpfänder als **19** Gläubiger der verpfändeten Forderung zur Inempfangnahme der Leistung des Drittschuldners befugt zu sein. Nach richtiger Auffassung ist ihm jedoch schon auf Grund des Pfandvertrags verwehrt, die Leistung des Drittschuldners ein-zukassieren (vorstehend N 10). In Al. II schafft das Gesetz zusätzlich den Weg, ein v e r t r a g s w i d r i g e s I n k a s s o z u v e r h ü t e n : mittels der in Art. 900 II fakultativ vorgesehenen Anzeige (zwingend in VVG 73 I), die sowohl der Pfandgläubiger wie der Verpfänder dem Drittschuldner erstatten können. Ist die Anzeige ergangen, dann darf der Drittschuldner an den Ver-pfänder nur mit Einwilligung des Pfandgläubigers zahlen, aber auch an den Pfandgläubiger nur mit Einwilligung des Verpfänders. Fehlt die Einwilligung, dann gilt Al. III: Hinterlegung des geschuldeten Betrags. — Al. I wird nicht durch Al. II «erheblich modifiziert», wie *Horber* 169 und *Leemann* Art. 906 N 6 schreiben, und die beiden Bestimmungen stehen nur scheinbar «in einem gewissen Widerspruch» (so ZBJV 73, 46 = SJZ 34, 16), sondern Al. II e r g ä n z t Al. I, was freilich aus dem Wortlaut nicht sofort ersichtlich ist. Al. II sichert vor allem den Pfandgläubiger gegen den Verpfänder und den Drittschuldner, aber auch den Verpfänder gegen den Pfandgläubiger, da diesem nur mit Zustimmung des Verpfänders gezahlt werden darf. Das ist freilich praktisch insofern häufig gegenstandslos, als der Pfandgläubiger im Pfandvertrag von vornherein zur Einziehung der Forderung berechtigt wird (nachstehend N 35).

20   Von der gerade erwähnten Möglichkeit abgesehen, ergibt sich im Rahmen des Art. 906 für das k o n k r e t e V o r g e h e n d e s P f a n d g l ä u b i g e r s nach der Benachrichtigung des Drittschuldners z u s a m m e n g e f a ß t folgendes: Er verlangt (falls nötig) vom Verpfänder die Einziehung der Forderung im Sinne des Al. I. Der Verpfänder beansprucht hierauf vom Drittschuldner Zahlung: geschieht dies ohne nähere Angabe, an wen — Pfandgläubiger oder Verpfänder — zu zahlen sei, dann muß der Drittschuldner sich gemäß Al. II verhalten, d. h. den Beweis der Einwilligung des Einen zur Leistung an den Anderen verlangen; bleibt dieser Beweis aus, so hinterlegt er (Al. III). Der Verpfänder kann aber auch von vornherein entsprechend den Ausführungen vorstehend N 10 vorgehen und Zahlung an den Pfandgläubiger oder Hinterlegung verlangen. Mit dem letzteren Begehren gibt er kund, daß er mit der Zahlung an den Pfandgläubiger nicht einverstanden ist. Stimmt der Pfandgläubiger ausnahmsweise der Zahlung an den Verpfänder von Anfang an zu, dann kann dieser Leistung an sich verlangen; der Drittschuldner wird auch hier gemäß Al. II den Beweis dieser Einwilligung fordern.

21   Die Anzeige erzielt ihre Wirkungen n i c h t n u r b e i F o r d e r u n g e n stricto sensu, sondern auch bei der Verpfändung « a n d e r e r R e c h t e » im Sinn des Art. 900 III, z. B. von Dividendenansprüchen (Näheres vorn Komm. Art. 900 N 68). Eine AG mit N a m e n a k t i e n ist nicht verpflichtet, die Verpfändung im Aktienbuch einzutragen (OR 685), hat aber wie jeder Drittschuldner eine Anzeige gemäß den Art. 900 II und 906 II zu beachten. Zur Anzeige bei der Verpfändung eines Erbteils BGE 87 II 229.

22   Es ist ungenau, wenn in Judikatur und Literatur immer wieder die (offenbar aus ZGB 774 I oder eher BGB 1281 entlehnte) Formel gebraucht wird, der Drittschuldner habe an Verpfänder und Pfandgläubiger g e m e i n s a m zu zahlen. Er zahlt, wie Al. II deutlich erklärt, nur an den E i n e n, aber mit Einwilligung des Anderen.

B. Die Anzeige als solche. Anderweitige Kenntnis des Schuldners

23   Die B e n a c h r i c h t i g u n g d e s D r i t t s c h u l d n e r s erfolgt gemäß Art. 900 II durch den Pfandgläubiger oder den Verpfänder; Näheres

Komm. Art. 900 N 62 ff. — Bei der Verpfändung von K u n d e n g u t h a b e n wird von den Pfandgläubigern (gewöhnlich Banken) aus Gründen der Kulanz üblicherweise auf die Anzeige verzichtet und die Einziehung der Forderungen dem Verpfänder überlassen, in der Meinung, daß die eingegangenen Beträge sofort dem Gläubiger abgeliefert werden oder dieser dem Schuldner als Zahlstelle bezeichnet wird (vgl. SJZ 37, 49 und über diese Art Verpfändung allgemein: vorn Art. 900 N 85 ff.; zu ergänzen: *Kleyling*, Zession, unter besonderer Berücksichtigung der Globalzession und Forderungsverpfändung ..., Diss. Basel 1979, MaschSch, 82 f.).

Wie schon in Art. 900 N 65 ausgeführt, tritt die Rechtsfolge von Al. II/III **23 a** auch ein, wenn der Drittschuldner o h n e   A n z e i g e eine z w e i f e l s f r e i e   K e n n t n i s von der Verpfändung erlangt hat, denn entscheidend ist die Zerstörung des guten Glaubens (OR 167 analog). — Da OR 167 von «g u t e m   G l a u b e n» spricht und dieser Begriff (ZGB 3 II) als Abwesenheit jeden Verdachtsgrundes bei gebotener Aufmerksamkeit verstanden zu werden pflegt (so auch vorne zu Art. 884 II: N 355 ff.), ist diese starke Einschränkung n ä h e r   z u   b e g r ü n d e n[a]: Vergröbernde Anforderungen an den (ihm schädlichen) bösen Glauben eines Dritten beruhen meist auf Gründen e r h ö h t e n Verkehrsschutzes, nämlich auf dem Gedanken, der Fluß des Rechts- oder Geschäftsverkehrs dürfe im betreffenden Bereich für Dritte möglichst wenig gehemmt werden; so befreit sich der Wertpapierschuldner nach OR 966 II durch Leistung an den formell legitimierten, doch materiell unberechtigten Wertpapiereinlöser nicht, wenn er letzteren Umstand k e n n t oder g r o b fahrlässig über Verdachtsgründe hinweggeht, was von *Jäggi*, OR 966 N 150, für Ordre- und Inhaberpapiere mit Recht weiter dahin eingeschränkt wird, der Schuldner brauche die Zahlung nur zu verweigern, wenn er sehr kurzfristig in der Lage wäre, den Beweis der Nichtberechtigung zu leisten und damit sein Verzugsrisiko zu beschränken; ebenfalls im Bereiche der Wertpapiere öffentlichen Glaubens die sog. Arglisteinrede in OR 979 II, 1007 a. E., 1143 I Ziff. 5, 1146 II: nur W i s s e n des Präsentanten um eine Einrede des Schuldners gegenüber einem früheren Inhaber schadet (BGE 56 II 293, *Jäggi* OR 979 N 88 ff., N 94: keine Erkundigungspflicht); und als letztes Beispiel OR 933 II mit der Idee, die Einrichtung des Handelsregisters sollte Dritten just ersparen, Erkundigungen einzuziehen, um aufgetauchte Zweifel an der Richtigkeit des Eintrags zu beseitigen (BGE 65 II 88; *Bär*, Der öffentliche Glaube des Handelsregisters, Berner Festgabe zum Schweizerischen Juristentag 1979, bes.

[23a] *Oftinger* hat keine Begründung angedeutet, auch nicht mit dem in Art. 900 N 65 zitierten einzigen Beleg BGE 17, 511. Es ist dort auf diese Frage nicht angekommen, und zudem hatte der Schuldner rein faktisch allerdings denkbar zuverlässige Kunde, war er doch der Vermittler des Pfandgeschäfts! Selbst wenn es darauf angekommen wäre, lag also kein kritischer Fall vor.

146 ff.) : nur K e n n t n i s der Unrichtigkeit des Eintrags schadet dem Dritten. — Besondere Gründe solcher Art für eine Vergröberung des bösen Glaubens fehlen im hier besprochenen Fall, wie auch im Fall von OR 167 (Befreiende Zahlung an den Zedenten bei «gutem Glauben» des Schuldners in die Fortdauer der Gläubigerschaft) ; beides sollte wegen identischer Interessenlage gleich gelöst werden. Der tragende Gedanke der Zession, dem Schuldner, dessen Zustimmung nicht erforderlich ist, dürfe kein Nachteil erwachsen (was sich vor allem bei der Einredenordnung auswirkt), ist auch auf die Forderungsverpfändung auszudehnen (N 32), bringt aber für unsere Frage nicht viel, weil der Schuldner Nachweise verlangen (N 25, 38) und bei Unsicherheit hinterlegen darf. Hingegen sprechen zwei Überlegungen für die Beschränkung auf zuverlässiges Wissen, welche *Bucher* (Schweizerisches Obligationenrecht, Allgemeiner Teil, Zürich 1979, 511) zur Zession angestellt hat: Da die Notifikation möglich wäre — im Gegensatz zu vielen anderen Fällen des Drittschutzes ist hier der Adressat individualisiert und leicht erreichbar —, darf sich der Schuldner im Zweifel auf die Unterlassung einer Notifikation verlassen (vgl. auch *Jäggi*, Berner Kommentar, ZGB 3 N 57: falscher Schein vom Geschützten geschaffen) ; zudem darf er sich im Zweifel auch damit beruhigen, diese Unterlassung könnte auf einer Übereinkunft zwischen Zessionar und Zedent (bzw. zwischen Pfandgläubiger und Verpfänder) auf Verdeckung der Zession (bzw. der Verpfändung) oder auf Inkasso durch den Zedenten (bzw. Verpfänder) beruhen.

23b Es b e s t ä t i g t sich also, daß nur zweifelfreie Kenntnis von der Verpfändung eine Notifikation in den Wirkungen ersetzt. Ebenso [b] *von Tuhr/Escher* § 98 II 6 N 44, welche in § 96 I (zur Zession) dem gleichsetzen, daß der Schuldner solche K e n n t n i s bei nötiger Aufmerksamkeit h ä t t e h a b e n k ö n n e n. Dem ist zuzustimmen, da es sich hier nur um die im Zivilrecht übliche O b j e k t i v i e r u n g der Sorgfalt handelt: Hätte der Schuldner zur Kenntnis genommen, was man von ihm erwarten darf und muß, hätte er g e w u ß t, nicht aber nur einen Zweifel geschöpft.

C. Rechtsfolge der Anzeige

24 *Vor* der Anzeige k a n n der Drittschuldner mit befreiender Wirkung seinem Gläubiger, dem Verpfänder, bezahlen (ZBJV 22, 83; *von Tuhr/Escher* § 98 II 6). Das gilt zum Schutz des Schuldners (analog OR 167) und daher un-

---

[23b] Die übrige Standardliteratur zu OR 167 befaßt sich nicht oder zu wenig deutlich mit unserem Problem (*Guhl/Merz/Kummer; von Büren; Oser-Schönenberger; Becker; Engel*). Vor Bundesgericht scheint es noch nie kritisch geworden zu sein.

abhängig von der Feststellung, daß der Verpfänder, wie vorstehend N 10 gezeigt, die Zahlung nicht einkassieren s o l l t e. *Nach* der Anzeige befreit die Zahlung den Drittschuldner nur, wenn der Pfandgläubiger der Leistung an den Verpfänder zustimmt oder der Verpfänder der Leistung an den Pfandgläubiger. Zahlt der Drittschuldner o h n e eine solche Z u s t i m m u n g an den Verpfänder (um nur diese Alternative hervorzuheben), dann kann der Pfandgläubiger nochmalige Geltendmachung der (weil ungetilgt gebliebenen) Forderung beanspruchen[a], sei es gemäß Al. I (Geltendmachung durch den Verpfänder), sei es, daß er — wenn er dazu vertraglich die Befugnis erhalten hat — selber die Einziehung vornimmt, sei es endlich, indem er das Pfandrecht an der Forderung realisiert, wo dies der Sachlage entspricht (HE 8, 47—48). Im letzteren Fall kann nach vollzogener Verwertung der Erwerber der verpfändeten Forderung diese ungeachtet der zu Unrecht erfolgten Zahlung gegen den Drittschuldner geltend machen. Wenn, wie erwähnt, bei der nochmaligen Geltendmachung der Forderung gemäß Al. I vorgegangen wird, dann kann der Pfandgläubiger vom Verpfänder die (neuerliche) Einziehung der Forderung verlangen, und der Drittschuldner wird sich jetzt gemäß Al. II, eventuell Al. III verhalten. Der Verpfänder, der die Forderung entgegen Al. II einkassiert hat, muß den Betrag dem Drittschuldner zurückgeben (OR 62)[b].

25 Um sich zu decken, muß der Drittschuldner den B e w e i s d e r E i n · w i l l i g u n g des Verpfänders oder Pfandgläubigers verlangen. Über das Gesetz hinausgehend, spricht ihm BGE 45 II 254/255 das Recht zu, die Übergabe der schriftlichen Erklärung zu verlangen. Die Einwilligung kann schon vor der Einziehung der Forderung erfolgen, etwa im Pfandvertrag. Wo der Pfandgläubiger überhaupt zur Einziehung berechtigt ist (nachstehend N 35), hat der Verpfänder von vornherein der Leistung an ihn zugestimmt.

26 Der Drittschuldner muß sich gemäß Al. II und III verhalten, auch wenn die Gültigkeit des P f a n d r e c h t s v o m V e r p f ä n d e r b e s t r i t t e n wird (BGE 42 III 272). Erfolgt keine rechtzeitige Abklärung, so hat er zu hinterlegen (analog OR 168).

[24a] BGE 45 III 6; ZBJV 57, 235/236; *von Tuhr/Peter* § 28 VI 5b.

[24b] Vorausgesetzt ist allerdings, daß auch OR 63 I (Irrtum über die Schuldpflicht bei nicht erzwungener Leistung) zutrifft, was nach einer Notifikation gemäß Al. II selten sein wird, obwohl auch unentschuldbarer Irrtum (auch Rechtsirrtum) und u. U. sogar Zweifel über die Leistungspflicht relevant sind (*Bucher*, Schweizerisches Obligationenrecht, Allgemeiner Teil, Zürich 1979, 613 f.). Jedenfalls ist die personelle Voraussetzung einer befreienden Leistung gemäß Al. II zu den Voraussetzungen der «Schuldpflicht» zu zählen. Eher wird die Kondiktion eine Chance haben, wenn das Wissensollen der Notifikation gleichgesetzt wird (N 23a, b). — Diese Differenzierungen fehlen bei *von Tuhr/Peter* l. c., welche aber richtig anfügen, die Leistung an den Gläubiger konvalesziere, wenn das Pfandrecht (ohne Inanspruchnahme) wegfalle. Das gleiche muß gelten, wenn der Pfandgläubiger der Leistung an den Verpfänder nachträglich zustimmt.

27   Der Drittschuldner macht das Fehlen der Einwilligung des Pfandgläubigers in der vom Verpfänder angehobenen Betreibung durch R e c h t s v o r s c h l a g geltend, um die durch die Zwangsvollstreckung erzwungene vorbehaltslose Zahlung an den Verpfänder zu verhüten (BGE 42 III 273). Das Entsprechende gilt für die Betreibung durch den Pfandgläubiger. Vgl. noch das Urteil in Fußnote 10 a.

28   Im K o n k u r s des Verpfänders bedarf es der Einwilligung des Pfandgläubigers nicht mehr: nachstehend N 60; vgl. auch die dortigen Bemerkungen über die Stellung des B e t r e i b u n g s a m t e s.

29   Bei der Verpfändung von W e r t p a p i e r e n erübrigt sich die Anzeige, soweit sie den Schutz des Pfandgläubigers erstrebt. Denn nach Wertpapierrecht ist als Gläubiger nur ausgewiesen, wer das Wertpapier vorweisen kann (OR 965/966, 975), und das trifft für den Verpfänder n i c h t zu, weil das Papier dem Pfandgläubiger übergeben worden ist (ZGB 901, 900 I). Dem Drittschuldner ist deshalb auch ohne Anzeige verwehrt, an den das Wertpapier nicht besitzenden Verpfänder zu zahlen. Vgl. noch N 44.

IV. Hinterlegung des geschuldeten Betrags (Al. III)

30   Kann dem Drittschuldner der Beweis für die in Al. II verlangte Einwilligung des Verpfänders oder Pfandgläubigers zur Zahlung an den jeweils Andern nicht erbracht werden, so ist der Drittschuldner nicht berechtigt, an den ihn Belangenden oder den ihm als der Befugtere Erscheinenden zu leisten (ZBJV 57, 236). Er muß statt dessen den geschuldeten Betrag hinterlegen. Wie Al. III deutlich zeigt («hat ... zu»), besteht eine P f l i c h t und nicht bloß ein Recht zur Hinterlegung (so ausdrücklich VE 883 II; gl. M. ZBJV 73, 46/47 = SJZ 34, 16; a. M. BGE 45 II 256/257). Der Gläubiger der verpfändeten Forderung befindet sich im Gläubigerverzug (Annahmeverzug, OR 91; vgl. den ähnlichen Tatbestand OR 96). Doch sind die Folgen abweichend von OR 92 geregelt, eben durch die P f l i c h t   z u r   H i n t e r l e g u n g [a]. Ohne Annahme einer solchen Pflicht wäre der Pfandgläubiger zu seinem Nachteil der Gefahr ausgesetzt, daß der Verpfänder durch die Verweigerung der Einwilligung (Al. II) das dem Pfandgläubiger erwünschte rechtzeitige Ausscheiden des für die Zahlung bestimmten Betrags aus dem Bereich des Drittschuldners verhindert.

[30a] Gl. M. *Roelli*, Komm. VVG I (Bern 1914) Art. 41 N 4 S. 503; Willy *Koenig*, Abtretung und Verpfändung von Personen-Versicherungsansprüchen (Diss. Bern 1924) 232 und der dessen Ausführungen wörtlich übernehmende *Leemann* Art. 906 N 23/24; *Meyer* 96. Abweichend Jakob R. *Biedermann*, Die Hinterlegung als Erfüllungssurrogat (Diss. Zürich 1944) 76/77.

Die Pflicht zur Hinterlegung ist die Ergänzung der in Al. I dem Pfandgläubiger eingeräumten Befugnis, die Einziehung der Forderung zu v e r l a n g e n. Bejaht man das Vorliegen einer Pflicht, so können beim Eintreffen der Voraussetzungen des Al. III sowohl der Verpfänder wie der Pfandgläubiger die Hinterlegung fordern. Die Pflicht zur Hinterlegung wird in Al. III als Surrogat der Pflicht zur Zahlung aufgefaßt. Unterbleibt die Hinterlegung, dann sind konsequenterweise gemäß OR 102/104 Verzugszinse zu bezahlen. Der Gläubigerverzug schließt im Fall des Art. 906 nicht, wie bei OR 91, den Schuldnerverzug aus [b, c].

Die M o d a l i t ä t e n der Hinterlegung richten sich nach OR 92; hier- **31** über vgl. die einschlägige obligationenrechtliche Literatur (eingehend der in Fußnote [30a] zit. *Biedermann*, passim); *Bucher*, zit. N 23 a, 288 f.; *von Tuhr/ Escher* § 66 I.

V. Verrechnung und andere Einreden des Drittschuldners

Die Lage des Drittschuldners soll durch die Verpfändung nicht verschlechtert **32** werden. Deshalb bleiben ihm die gegen die Geltendmachung der verpfändeten Forderung bestehenden E i n r e d e n erhalten (vgl. CC it 2805), gleichgültig, ob ihn der Verpfänder oder der Pfandgläubiger belangt. Die Gerichtspraxis wendet die Vorschrift OR 169 I, aus dem Z e s s i o n s r e c h t, analog und sinngemäß an (BGE 38 II 532; 63 II 238; BlZR 9 Nr. 115 S. 216): «Einreden, die der Forderung des Abtretenden [sc. Verpfänders] entgegenstanden, kann der [Dritt-] Schuldner auch gegen den Erwerber [Pfandgläubiger] geltend machen, wenn sie schon zu der Zeit vorhanden waren, als er von der Abtretung [Verpfändung] Kenntnis erhielt.» Das ist namentlich für die Verrechnung bedeutsam (OR 120 ff.), für die weiter OR 169 II gilt: «Ist eine Gegenforderung

[30b] A. M. BGE 45 II 256/257 und die in FN 30a zit. *Koenig* und *Leemann*; diese mit der künstlichen Begründung, der Verzug beziehe sich nur auf die Hinterlegung als solche und nicht auf die Zahlung, weswegen keine Verzugszinse geschuldet seien, da diese eine Geldleistung voraussetzten, die Hinterlegung aber keine solche darstelle.

[30c] Ob die erwähnten besonderen Gründe für eine Sonderstellung von Art. 906 III gegenüber OR 91 ff., 96, 168 ausreichen, was die P f l i c h t zur Hinterlegung betrifft, erscheint dem Unterzeichneten — trotz der klaren Gesetzeswortlaute — nicht als zweifelsfrei. Doch stände das Interesse an dieser Frage in keinem Verhältnis zum notwendig werdenden Ausholen in den Vergleich zwischen den erwähnten Fällen und auch zur Reinterpretation der zitierten Literatur. Darum ist die Fassung der Vorauflage stehen geblieben. R. B.

des [Dritt-] Schuldners in diesem Zeitpunkt noch nicht fällig gewesen, so kann er sie dennoch zur Verrechnung bringen, wenn sie nicht später als die abgetretene [verpfändete] Forderung fällig geworden ist.» Die Verrechnung entfällt somit u. a., wenn dem Drittschuldner beim Erwerb seiner Gegenforderung die Verpfändung bereits angezeigt war (BGE 38 II 532; ZBJV 50, 595). Dagegen ist die Verrechnung zulässig, wenn der Drittschuldner die Gegenforderung zwar nach der Verpfändung, jedoch vor dem Zeitpunkt der Anzeige erworben hat. Der gute Glaube des Pfandgläubigers ist den Einreden gegenüber belanglos (dazu BGE 42 III 277/278). Wenn der Pfandgläubiger die Forderung einzieht, so kann eine Schuld desselben an den Drittschuldner mit der verpfändeten Forderung verrechnet werden. – Einzelheiten bei *Bucher*, zit. N 23a, 515 ff.; *Spiro* S. 264; *Affolter* ZBJV 25, 1 ff.; *Horber* 144 ff.; *Meyer* 97 ff.

33 Bei der Verpfändung von W e r t p a p i e r e n unterstehen die Einreden, was die Ordre- und Inhaberpapiere angeht, den besonderen, einschneidenden, wertpapierrechtlichen Beschränkungen (OR 979, 1009 II, 1146); anders, wenn die Verpfändung nach Art. 900 statt 901 erfolgt, also nicht «wertpapiermäßig»: dann sind die Einreden und damit die Verrechnung im Rahmen von OR 169 zulässig. Ferner gilt bei Namenpapieren die Einredenordnung des Zessionsrechts. Vgl. die Ausführungen vorn Komm. Art. 901 N 50 ff. über die verschiedenen Arten der Wertpapierverpfändung, bes. N 62 mit Belegen.

34 Über den S o n d e r f a l l der Verrechnung mit einer Gegenforderung des Mieters einer Liegenschaft, deren M i e t z i n s e gemäß Art. 806 vom G r u n d p f a n d r e c h t erfaßt werden (nachstehend N 63): BGE 63 II 238/239; BlZR 9 Nr. 115 S. 216. – Über die vom vorliegenden Sachverhalt verschiedene V e r r e c h n u g anstelle der V e r w e r t u n g, namentlich im Interesse des Pfandgläubigers: vorn Komm. Art. 891 N 32.

VI. Einziehungsbefugnis des Pfandgläubigers

A. Vereinbarung

35 Im Gegensatz zu ausländischen Gesetzen (wie CC it 2803, BGB 1282) gibt das ZGB dem Pfandgläubiger keinerlei Befugnis zur Einziehung der verpfändeten Forderung; sie ist vielmehr gemäß Al. I dem Verpfänder überlassen. Dagegen kann diese Befugnis d e m P f a n d g l ä u b i g e r v e r t r a g l i c h eingeräumt werden, bereits im Pfandvertrag oder später[a]. Die Zulässigkeit

[35a] Vgl. dazu noch Art. 891 N 48 ff., bes. N 52 und die FN zu N 48, sowie hinten N 44a.

dieses Vorgehens wird seit jeher von der Gerichtspraxis anerkannt (BGE 25 II 334; 64 II 418/419; HE 13, 82; Sem. jud. 90, 1968, 190; *Zobl* ZBGR 59, 1978, 213; *von Tuhr/Escher* § 98 II 4). Die Pfandverträge der Banken enthalten durchweg eine entsprechende Klausel. Die Einräumung der Befugnis kann nach der Auffassung des Bundesgerichts schon darin liegen, daß dem Pfandgläubiger die Kompetenz zur Kündigung (abweichend von Al. I) eingeräumt wird (BGE 64 II 419); und sie findet sich in der Wendung, daß der Pfandgläubiger die «Einkassierung auf dem Rechtswege» vornehmen könne (ZBJV 73, 45/46). Die Bankenformulare brauchen vielfach die Formel, der Pfandgläubiger sei «zum Einzug» des verpfändeten Titels, der Zinsen, Dividenden usw. berechtigt, aber nicht verpflichtet. Vgl. vorne N 12 mit Fußnote.

Die Einziehungsbefugnis des Pfandgläubigers führt zu einer eigenen Art von **36** R e a l i s i e r u n g   d e s   P f a n d e s   durch   p r i v a t e   V e r w e r t u n g mittels Inkasso statt Veräußerung des Pfandgegenstandes (vorn Komm. Art. 891 N 52). Der Pfandgläubiger erhält das dem Gemeinen Recht geläufige *ius exigendi*, aber zum Unterschied von der damaligen Auffassung nicht von Rechts wegen, sondern kraft Vertrags.

Die   R e c h t s s t e l l u n g   d e s   P f a n d g l ä u b i g e r s   beruht in einer **37** erweiterten Ausübung des Pfandrechts, die einen Charakter sui generis besitzt und sich keinesfalls auf eine Bevollmächtigung seitens des Verpfänders stützt; des Pfandgläubigers Kompetenz ist folglich nicht frei widerruflich (BGE 38 II 530/531; *von Tuhr/Escher* § 98 II 7). Er kann in eigenem Namen vorgehen (BGE 64 II 418, unten), auch auf dem Prozeßweg (BGE 38 II 530/531). Damit ist der Sachverhalt, soweit praktisch bedeutsam, im wesentlichen umschrieben, und die in der Literatur diskutierte Frage der Konstruktion vorwiegend ein Problem der Terminologie. Darüber vgl. besonders *Dessauges* (zit. vorn Komm. Art. 891 N 1) 77 ff.; dann *Meyer* 92 ff. Der Entscheid BGE 38 II 530 nennt den Pfandgläubiger, nicht zutreffend, «procurator in rem suam». Mit dem gerade zit. Urteil (entgegen BGE 63 II 237 und *von Tuhr/Escher* § 98 II 7 a. E.) ist die Annahme einer fiduziarischen Zession abzulehnen (vgl. *Spiro*, Festgabe Gerwig, Basel 1960, 163); man hat noch immer ein Pfandrecht vor sich, wie schon die eine gesetzliche Einziehungsbefugnis anordnenden ausländischen Rechte zeigen. Die fiduziarische Sicherungszession kennzeichnet sich dadurch, daß extern die volle Gläubigerlegitimation hergestellt wird; hier aber kommt zu einer offenen Verpfändung eine besondere Einziehungsbefugnis, zu welcher sich der Pfandgläubiger besonders legitimieren muß.

Der Pfandgläubiger wird sich beim Drittschuldner durch die Vorlegung der **38** Urkunde (z. B. des Pfandvertrags), in der ihm die Einziehungsbefugnis eingeräumt wird,   l e g i t i m i e r e n.   Um vorweg die Auszahlung an den Verpfänder zu verhüten, empfiehlt sich für den Pfandgläubiger, die   A n z e i g e gemäß Art. 900 II/906 II vorzunehmen.

39 Der Pfandgläubiger kann im Zweifel die F o r d e r u n g i m v o l l e n U m f a n g e i n z i e h e n , auch wenn seine eigene (die pfandgesicherte) Forderung kleiner ist; das ZGB kennt keine gegenteilige Vorschrift wie BGB 1282 (auch *Zobl* ZBGR 59, 213). Er muß dann aber den Ü b e r s c h u ß über seine Ansprüche dem Verpfänder (oder dritten Gläubiger der verpfändeten Forderung) herausgeben; das Verbot der V e r f a l l k l a u s e l wirkt sich auch hier aus (Art. 894; BGE 64 II 418/419). Für ein dingliches Recht auf den Überschuß, das der vorstehend N 1 zit. *Meyer* 93 als begriffswesentlich ansieht, fehlt die gesetzliche Grundlage.

40 Ohne gegenteilige Präzisierung in der von den Parteien getroffenen Vereinbarung ist der Pfandgläubiger zur Einziehung befugt, gleichgültig, ob die p f a n d g e s i c h e r t e F o r d e r u n g f ä l l i g ist oder nicht (so auch CC it 2803 und BGB 1294 für Inhaber- und Ordrepapiere; anders allgemein: BGB 1281/1282). Über das Schicksal des eingezogenen Betrags vgl. nachstehend N 48.

41 Der Pfandgläubiger besitzt alle K o m p e t e n z e n , die zur Einziehung erforderlich und zu ihrer Durchführung geeignet sind: zur Kündigung (auch ohne ausdrückliche Erwähnung in der Vereinbarung), Mahnung, Betreibung, Eingabe im Konkurs, Anmeldung ins Lastenverzeichnis, Klage (er ist selber Partei, BGE 38 II 530/531), Geltendmachung zugehöriger Bürgschaften oder Pfandrechte u. a. m. (*Staudinger/Spreng* § 1282 N 2 b), Verrechnung mit einer Gegenforderung des Drittschuldners an den Pfandgläubiger.

42 Aus der die Einziehungsbefugnis einräumenden Vereinbarung läßt sich im Interesse des Verpfänders die P f l i c h t d e s P f a n d g l ä u b i g e r s zu sorgfältigem Vorgehen ableiten. Gegebenenfalls empfiehlt sich Streitverkündung. Der Pfandgläubiger kann bei Verletzung jener Pflicht ersatzpflichtig werden (Art. 890 I analog).

43 Abweichend von der bisherigen Sachlage k a n n der Verpfänder dem Pfandgläubiger eine a n d e r e R e c h t s s t e l l u n g einräumen, z. B. kraft eines Auftrags mit Vollmacht (OR 394 ff.). Denn die Parteien sind grundsätzlich frei, den Weg zur Befriedigung des Pfandgläubigers zu bestimmen (BGE 64 II 418).

43a Zur Privatverwertung durch Weiterübertragung an einen Dritten N 44 a.

B. Wertpapiere

44 Die Verpfändung eines O r d r e p a p i e r s verschafft dem Pfandgläubiger die E i n z i e h u n g s b e f u g n i s : beim offenen Pfandindossament wegen OR 1009 I, beim Vollindossament, weil aus diesem Vorgehen eine entsprechende

Vereinbarung abzulesen ist (vorne Art. 901 N 66 bzw. 77). — Beim I n -
h a b e r p a p i e r , das n i c h t a n d e r s als in einer Form (Besitzübertragung am Papier) verpfändet werden kann, welche dem Pfandgläubiger das
Legitimationsmittel zum Inkasso verschafft, kann diese Verpfändungsform nicht
in gleicher Weise als Vereinbarungsindiz gelten, denn beim Ordrepapier könnte
man auch a n d e r s (mit «Abtretungserklärung» nicht auf dem Papier, also
ohne Indossament: Art. 901 N 95). Offenbar deshalb lehnt *Oftinger* an dieser
Stelle in der Vorauflage sowie in der vorliegenden Auflage in Art. 901 N 43
die Einziehungsbefugnis (außer wenn ausdrücklich) ab und bezeichnet eine
befugnislose Ausnützung der formellen Legitimation des Inhabers als illegitim.
Er kritisiert die gegenteilige Auffassung von *Jäggi* (OR 966 N 152, 978 N 65;
nicht ganz konsequent OR 976 N 46), wonach die i n d e r q u a l i f i z i e r -
t e n I n h a b e r l e g i t i m a t i o n s k l a u s e l inbegriffene e i n -
f a c h e (Befugnis des Schuldners, schlechtweg den Präsentanten als Berechtigten zu nehmen; vgl. FN zu N 10 Art. 901) die Pflicht zur Beachtung von
Verpfändungsanzeigen ausschließe, als überspannt wertpapierrechtlich. — Bei
dieser Kontroverse geht es somit zunächst nicht um die stillschweigende Einziehungsbefugnis, sondern um eine Gegenüberstellung des Interesses an
Art. 906 II (Schutz des Verpfänders vor Mißbräuchen) und des Interesses an
der einfachen Inhaberlegitimationsklausel (Einfachheit und Risikoarmut der
Einlösung für den Wertpapierschuldner bei meist massenweise ausgegebenen
Papieren). Diese Abwägung würde ich im letzteren Sinne (wie *Jäggi*) bescheiden: Der Wertpapierschuldner handelt n i c h t pflichtwidrig, wenn er
die Verpfändungsmitteilung n i c h t beachtet. Hingegen d a r f er sie beachten; zwar hat er sich mit der q u a l i f i z i e r t e n Inhaberlegitimationsklausel v e r p f l i c h t e t , den Inhaber für den Berechtigten zu nehmen, doch
hier steht auf der Gläubigerseite ein spezielles Verhältnis (Verpfändung ohne
Einziehungsbefugnis), welches den Pfandgläubiger nicht legitimieren kann, auf
diesem Versprechen zu bestehen, wenn der Papierschuldner willens ist, die Mitteilung zu beachten. — Bleibt die Frage, ob im Zweifel nicht doch in der Verpfändung des Inhaberpapiers eine E i n z u g s e r m ä c h t i g u n g zu er-
blicken wäre, was die soeben dargelegte Unsicherheit in den meisten Fällen
gegenstandslos machte (nämlich immer dann, wenn im Pfandvertrag die Einziehungsbefugnis nicht wegbedungen wäre); abgesehen davon, daß sich Kreditinstitute ohnehin die Einzugsermächtigung geben lassen. Diese somit nicht allzu
häufig akute Frage neige ich, mit *Oftinger* aus jenen eingangs angedeuteten
Gründen zu v e r n e i n e n , welche eine Analogie zur Ordnung wertpapiermäßig verpfändeter Ordrepapiere nicht gestatten. Daß der Pfandgläubiger das
Legitimationsmittel (unbefugt) zu benützen in der Lage ist, wenn der Papierschuldner dazu Hand bietet, ist kein Argument gegen den Schutz des Verpfänders
in Art. 906, wenn dieser die Einziehungsbefugnis n i c h t e r t e i l t hat; ein

Schutz, welchen er wohl gerade dann nötig hat, wenn keine Bank Pfandgläubiger ist. N i c h t b e h e b b a r ist dagegen die Unebenheit aus mangelnder Beachtungspflicht des Papierschuldners. Allenfalls könnte man bei Nicht-Masseninhaberpapieren an eine Korrektur aus R e c h t s m i ß b r a u c h (allzu interessenarme Berufung auf die mangelnde Beachtungspflicht) denken.

44a Zur Ergänzung der N 44 und der N 35 ff. sei angemerkt: Die P r i v a t -
v e r w e r t u n g durch den Pfandgläubiger mittels Verkauf an einen
D r i t t e n (nicht Inkasso der Forderung bei deren Schuldner) fällt nicht unter Art. 906 und bedarf auch bei Forderungen und Wertpapieren nach allgemeinem Grundsatz stets der Ermächtigung durch den Verpfänder (Art. 891 N 48 ff. mit Fußnote zu N 48, bes. N 52, Art. 899 N 119). Von den Banken wird sie regelmäßig ausbedungen und ist vor allem bei handelbaren Wertpapieren sinnvoll (vgl. noch Fußnote 12 a). – Hier gelten die Differenzierungen der N 44 nicht: Beim Ordrepapier ergibt sich das ausdrücklich aus OR 1009 I. Beim Inhaberpapier wäre die Weiterübertragung wertpapierrechtlich zwar möglich[a], doch bleibt sie gegenüber dem Verpfänder widerrechtlich, wenn eine Privatverwertungsvereinbarung fehlt.

C. Andere Fälle

45 Es ergibt sich von selbst, daß die S i c h e r u n g s z e s s i o n einer Forderung oder die S i c h e r u n g s ü b e r e i g n u n g eines Wertpapiers[a] dem

---

[44a] Hier stellt sich die Frage (Fußnote zu N 43 von Art. 901), ob Dritterwerber ihr Wissen über die bloße Verpfändung und insbesondere einen ausnahmsweise auf das Papier gesetzten Vermerk diesen Inhalts zu beachten haben, d. h. mit der Folge ihrer Bösgläubigkeit im Sinne von ZGB 935. Das ist zu bejahen und an dieser Stelle hervorzuheben, weil die Argumente in N 44 hinsichtlich des Einlösers (keine Beachtungspflicht) für den Erwerber nicht gelten (auch *Jäggi* OR 967 N 174).

[45a] Im Hinblick auf die Ausführungen in N 44 zu den Inhaber- und Ordrepapieren ist hervorzuheben, daß *Oftinger* die versteckte Verpfändung nicht etwa der Sicherungsübereignung gleichsetzt, wie sich wohl am deutlichsten aus Art. 901 N 73 und 85 sowie Syst. Teil N 248 ergibt. Dem ist zuzustimmen. Eine versteckte Verpfändung eines Ordrepapiers mittels Voll- oder Blankoindossament (Art. 901 N 69 ff.) ist somit noch keine Sicherungsübereignung; letzteres könnte sich erst aus dem Eigentumsverschaffungswillen im Grundgeschäft ergeben, nicht aber schon aus dem insofern neutralen Sicherungszweck (Syst. Teil N 285). Das praktische Abgrenzungsproblem ist von *Oftinger* im Syst. Teil zur Sicherungsübereignung nicht behandelt worden, wohl aber zur Sicherungszession (N 284 ff.). Er entscheidet sich dort entgegen anderen Autoren für eine faktische Vermutung zugunsten der Sicherungszession, und zwar wegen der eindeutig höheren Üblichkeit gegenüber der Forderungsverpfändung. Dieses Kriterium scheint mir hinsichtlich der Sicherungsübereignung von Wertpapieren im Stiche zu lassen. Ich würde hier eine faktische Vermutung eher zugunsten echter (obwohl versteckter) Verpfändung

Gläubiger (Fiduziaren) extern und intern die Einziehungsbefugnis verschafft (Syst. Teil N 308 ff.). — Über die V e r r e c h n u n g statt Einziehung oder Verwertung einer Forderung vgl. vorn Komm. Art. 891 N 32.

Völlig verschieden von der vorstehend N 35 ff. behandelten Sachlage, die eine **46** eigene Art der privaten Verwertung betrifft, ist das Vorgehen nach *SchKG 131* (gestützt auf Art. 156 des gleichen Gesetzes): ist B e t r e i b u n g auf Pfand-verwertung durchgeführt worden, so kann im Verwertungsstadium die ver-pfändete Forderung dem Pfandgläubiger an Zahlungsstatt oder zur Eintreibung überwiesen werden (*Jaeger* Art. 156 N 1; *Jaeger*, Komm. VVG III [Bern 1933] Art. 73 N 106, 109).

VII. Rechtsverhältnisse bezüglich der vom Drittschuldner erbrachten Leistung

Das ZGB läßt die Frage offen, was mit der vom Drittschuldner erbrachten **47** Leistung geschieht, sei es daß sie der Verpfänder oder Pfandgläubiger gemäß Al. I oder II einzieht, sei es daß der Pfandgläubiger von vornherein die Ein-ziehungsbefugnis kraft vertraglicher Einräumung besitzt (vorstehend N 35 ff.). Die Literatur übernimmt großenteils ohne weitere Argumentation die Lösung von BGB 1287/1288, wonach ein Geldbetrag von den Parteien anzulegen und dem Pfandgläubiger ein Pfandrecht (z. B. an der Forderung auf Rückzahlung durch den Depositaren) zu bestellen ist; bei anderen Leistungen entsteht nach deut-schem Recht ein gesetzliches Pfandrecht. Vgl. statt vieler *Wieland* Art. 906 N 3; *Leemann* N 27; *Rossel/Mentha* n° 1683; *von Tuhr/Escher* § 98 II 4; *Beeler* 124, 130; *Meyer* 69 ff. mit weiteren Zitaten. — Das ZGB sieht indessen ein solches gesetzliches Pfandrecht nicht vor; es kann nicht ohne Umschweife mittels Interpretation eingeführt werden, solange andere Lösungen zu finden sind. Auch der von den schweizerischen Autoren gelegentlich neben dem BGB angerufene Art. 774 II/III ZGB, wonach das zurückbezahlte Kapital weiterhin der Nutz-nießung unterliegt und zinstragend anzulegen ist, genügt als Grundlage nicht. Die Lösungen müssen und können anhand der bestehenden e i n h e i m i - s c h e n, p f a n d r e c h t l i c h e n Regeln gefunden werden. Auch für das

aufstellen, und zwar aus der Überlegung, daß der Verpfänder im Zweifel den Verlust des Aus-sonderungsrechts nicht will (darüber Syst. Teil N 252, 297, Art. 901 N 75; OR 401 versagt hier ebenfalls: BGE 102 II 106). Selbstverständlich behält die Vollzugsart eine gewisse Indizien-wirkung für das Grundgeschäft (jedenfalls das Voll- und Blankoindossament, kaum aber — wie sich aus N 44 ergibt — die Besitzübertragung am Inhaberpapier), wie auch — doch keines-wegs entscheidend — die Privatverwertungsbefugnis (N 44a, Syst. Teil N 289).

Gemeine Recht wurden nicht durchweg die später ins BGB aufgenommenen Grundsätze vertreten: vgl. *Dernburg* Pand. I § 292 N 8. Einfach und klar ist die Ordnung des CC it 2803/2804. — Folgende Überlegungen drängen sich auf:

48 Fast ausnahmslos besteht die Leistung des Drittschuldners in G e l d. Ermächtigt ihn der Pfandgläubiger zur Z a h l u n g a n d e n V e r p f ä n d e r (Al. II), so verzichtet jener damit auf seine Pfandsicherheit. Anhand des Pfandvertrags ist zu beurteilen, ob anderweitige Sicherheit zu leisten ist. Erfolgt die Z a h l u n g a n d e n P f a n d g l ä u b i g e r — gemäß Al. II oder gestützt auf die ihm eingeräumte Einziehungsbefugnis (vorstehend N 35 ff.) —, dann hat dieser das Recht, das einkassierte Geld in sein Eigentum überzuführen, und er erhält kraft des Pfandvertrags daran ein irreguläres Pfandrecht[a]; letzteres jedoch nur, wenn seine eigene (die pfandgesicherte) Forderung noch nicht f ä l l i g ist. Ist sie fällig, so kann er den eingenommenen Betrag mit seiner Forderung verrechnen, und den Überschuß muß er dem Verpfänder herausgeben (Art. 894; vorstehend N 39; gleiche Lösung CC it 2803 Satz 2 und BGB 1282 I Satz 2/1288). Dient die verpfändete Forderung der Sicherung eines Kontokorrentkredits, dann besteht die Möglichkeit, daß der vom Pfandgläubiger eingezogene Betrag dem Kontokorrentschuldner sofort gutgeschrieben wird (*Zimmermann* SJZ 24, 60 N 5). Auch sonst werden die Parteien häufig die eingezogene Summe zur Tilgung der pfandgesicherten Forderung benützen, statt ein irreguläres Pfandrecht entstehen zu lassen (vgl. auch OR 81). Wo nach den obigen Darlegungen ein i r r e g u l ä r e s P f a n d r e c h t anzunehmen ist, wird der Pfandgläubiger bei Fälligkeit seiner Forderung durch den eingezogenen (nunmehr irregulär verpfändeten) Betrag befriedigt (Syst. Teil N 198); die Entgegennahme des Geldes durch den Pfandgläubiger kommt aber schon im Augenblick der Zahlung des Drittschuldners wirtschaftlich auf eine antizipierte Tilgung der pfandgesicherten Forderung heraus.

[48a] Es ist hier die Fassung der Vorauflage stehen geblieben, weil in einer gewissen Übereinstimmung mit der Fassung von Syst. Teil N 183 ff. durch *Oftinger* in der vorliegenden Auflage. Siehe aber dort die Fußnote des Unterzeichneten zu N 186. Gemäß den grundsätzlichen Erörterungen von *Liver* (SPR V/1, 1977, § 63, besonders IV) ist bei Vermischung von Geld M i t e i g e n t u m anzunehmen, was den Vorteil hat, nicht bloß obligatorische Ersatzansprüche übrig zu lassen (vgl. Syst. Teil N 197). Auf unser Problem bezogen — somit unter Mitberücksichtigung der Pfandabrede (darüber nichts bei *Liver*) — wäre das so zu verstehen: Mit Zustimmung des Verpfänders kassiert der Pfandgläubiger das Geld, verwaltet den Betrag in Miteigentum und wird nach Fälligkeit der gesicherten Forderung abrechnungspflichtig. Soweit der eingezogene Betrag mit Gewißheit dafür nicht beansprucht werden kann, darf der Verpfänder sogleich die Herausgabe verlangen. Ob auch das in Syst. Teil N 183 ff. behandelte, von Anfang an an verbrauchbaren Sachen bestellte irreguläre Pfandrecht in der rechtlichen Behandlung modifiziert werden muß (deutlich vereinbart ist es natürlich möglich), ist damit nicht entschieden und auch nicht ganz dasselbe. Für die vorliegende, sekundäre Situation ist dagegen die hier entwickelte, für den Verpfänder schonende und für den Pfandgläubiger ausreichende Lösung zu postulieren.   R. B.

Wenn der P f a n d g l ä u b i g e r eine F o r d e r u n g   g e g e n   s i c h **49**
s e l b e r zu Pfand nimmt[a], so zahlt er (als «Drittschuldner») den Betrag der
verpfändeten Forderung bei deren Fälligkeit nicht dem Verpfänder (und Gläubiger der verpfändeten Forderung) aus, sondern behält den Betrag als irreguläres
Pfand zurück, falls die pfandgesicherte Forderung nicht fällig ist (abweichend
von Tuhr/Escher § 77 bei N 12, welche Hinterlegung verlangen). Ist dagegen
die pfandgesicherte Forderung fällig, so verrechnet er (vorn Art. 891 N 32).

Ist gemäß Al. III die H i n t e r l e g u n g des Geldbetrages erfolgt, so **50**
bleiben die Verhältnisse in der Schwebe bis abgeklärt ist, an wen (Verpfänder
oder Pfandgläubiger) der hinterlegte Betrag fallen soll. Nach dessen Auszahlung an den Verpfänder oder Pfandgläubiger treten die obigen Lösungen in
Kraft.

Diese gelten auch bei a n d e r e n als G e l d l e i s t u n g e n (die ver- **51**
pfändete Forderung geht z. B. auf Lieferung einer beweglichen Sache). Kann
– um nur diesen Fall zu erwähnen – der P f a n d g l ä u b i g e r eine solche
Sachleistung einziehen, so erlangt er kraft seines Besitzes an der Sache ein
Pfandrecht im Sinne des Art. 884. Dies (auch im Fall des vorstehend N 48
behandelten irregulären Pfandrechts[a]) auf Grund einer vom Pfandvertrag
gedeckten Surrogation; sie erlaubt (ähnlich wie bei verpfändeten Mobilien oder
Wertpapieren, vorn Art. 884 N 27, Art. 901 N 38) den Austausch der Pfandgegenstände.

VIII. Besondere Anwendungsfälle

A. Grundpfandtitel

Auch bei der Verpfändung von Grundpfandtiteln einschließlich der Eigen- **52**
tümerschuldbriefe und -gülten fehlt dem Fahrnispfandgläubiger gemäß Al. I
die Befugnis zur K ü n d i g u n g des Titels und zur E i n z i e h u n g der
darin verbrieften Forderung: BGE 64 II 417/418; 97 III 120; Sem. jud. 90,
1968, 180; BlZR 10 Nr. 129 S. 220; ZBJV 41, 262. Wer ein Fahrnispfandrecht
am Titel hat, erhält prinzipiell nicht die Befugnisse des Grundpfandgläubigers.
Nicht der Fahrnispfandgläubiger, sondern der Titelgläubiger als Grundpfand-

---

[49a] Vorn Art. 899 N 16: «Pfandrecht an eigener Schuld».

[51a] Was dort in Fußnote 48a abweichend davon ausgeführt ist, wäre auf diesen Fall nur
dann zu übertragen, wenn es zu einer Vermischung kommt, was vom Leistungsgegenstand abhängt.

gläubiger kann das Grundpfand geltend machen und realisieren; vgl. SJZ 53, 1957, 239. – Auch beim Eigentümerpfandtitel wird der Fahrnispfandgläubiger nicht zum Grundpfandgläubiger; es ändert daran nichts, daß hier die in Al. I vorgesehene Möglichkeit entfällt, wonach der Fahrnispfandgläubiger vom Verpfänder die Vornahme der Kündigung verlangen kann, weil ein vom Verpfänder verschiedener Titelschuldner fehlt (BGE 64 II 418). – Der Fahrnispfandgläubiger ist jedoch dann zu s e l b s t ä n d i g e m V o r g e h e n durch Kündigung an den Titelschuldner, Realisierung des Grundpfandes und Einziehung der Forderung befugt, wenn ihm dieses Recht vertraglich eingeräumt worden ist (vorstehend N 35 ff.; BGE 64 II 418/419; ZBJV 73, 46 = SJZ 34, 16). Das trifft gleichfalls für den Eigentümerpfandtitel zu; *Zobl* ZBGR 59, 1978, 213. – Vgl. im übrigen vorn Art. 901 N 125, 142, auch allgemein N 140 mit Fußnote dazu.

B. Zinsen, Dividenden und dergleichen

53   Art. 906 gilt auch für die in Art. 904 erwähnten p e r i o d i s c h e n N e b e n l e i s t u n g e n wie Zinsen und Dividenden. Die gesetzliche oder vertragliche Erstreckung der Pfandhaft auf sie berechtigt den Pfandgläubiger (intern, im Verhältnis zum Verpfänder) nicht schon zur Einziehung der fällig werdenden Leistungen, sondern hiezu bedarf es der Einwilligung des Verpfänders im Sinne des Al. II oder der besonderen Einräumung der Einziehungsbefugnis gemäß den Darlegungen vorstehend N 35 ff. Da mitverpfändete Coupons (Art. 904 II) gewöhnlich Inhaberpapiere darstellen, gelten für sie die Ausführungen vorstehend N 44.

C. Versicherung

54   Ist der Versicherungsanspruch verpfändet (darüber vorn Art. 900 N 76 ff.), so ist auf die Einziehung und Auszahlung der V e r s i c h e r u n g s l e i s t u n g Art. 906 anwendbar (so auch BGE 45 II 254 für die Personenversicherung; *König*, Privatversicherungsrecht, 155, 253; *Maurer*, Einführung in das schweizerische Privatversicherungsrecht, Bern 1976, 202 f.). Demnach muß sich der P f a n d g l ä u b i g e r, wenn er den Betrag e i n z i e h e n will, die Befugnis dazu vertraglich einräumen lassen, was in der Bankpraxis stets zutrifft (Näheres vorstehend N 35 ff.). Die herrschende Meinung in der Schweiz nimmt an, daß der Versicherungsnehmer bei der L e b e n s v e r s i c h e r u n g, ungeachtet der Verpfändung, ohne Zustimmung des Pfandgläubigers den R ü c k t r i t t erklären, die U m w a n d l u n g in eine prämienfreie Versicherung oder den R ü c k k a u f verlangen könne (VVG 89, 90): *Jaeger*, Komm. VVG III (Bern 1933) Art. 73 N 86; Willy *Koenig*, Abtretung und Verpfändung von Personen-Versicherungsansprüchen, Diss. Bern 1924, 206/207, 212, 243; ders., SPR VII/2, 638. In der Bankpraxis wird jedoch das Recht, den Rückkauf zu begehren und die Rückkaufssumme einzuziehen, im Pfandvertrag dem Pfandgläubiger eingeräumt; auch dadurch tritt eine Art der Realisierung des Pfandrechts gemäß den Darlegungen vorstehend N 35 ff. ein.

Anders ist die Lage, wenn die verpfändete Police gemäß VVG 73 II eine **54 a** einfache Inhaberlegitimationsklausel enthält (vgl. *Jäggi* OR 976 N 13, 16, OR 978 N 24; *König*, Privatversicherungsrecht 156).

Zu den gewöhnlichen E i n r e d e n, die dem Versicherer als Drittschuldner **55** zustehen (vorstehend N 32 ff.), kommen die besonderen versicherungsrechtlichen (Näheres *Koenig*, Diss., zit. N 54, 233 ff.).

Die Pfandverträge der Banken auferlegen dem Verpfänder die sonst nicht **56** kraft Pfandrechts bestehende Pflicht zur P r ä m i e n z a h l u n g. Wenn jedoch der Pfandgläubiger die Prämien bezahlt, so kann er hierfür keine pfandrechtliche Sicherung verlangen; das Pfandrecht deckt gemäß Art. 891 II solche Verwendungen nicht (*Koenig*, Diss., zit. N 54, 223 ff.; *Jaeger* a.a.O. Art. 73 N 90; vorn Komm. Art. 890 N 15; Art. 891 N 72).

Für weitere E i n z e l h e i t e n sei auf die versicherungsrechtliche Literatur **57** verwiesen; so neben den schon zit. Stellen auf *Koenig* 211 ff. (Pflicht zur Prämienzahlung), 215 ff. (Prämienzahlung durch den Pfandgläubiger); auf *Jaeger* Art. 73 N 84 (Begünstigung), N 88 ff. (Prämienzahlung), N 102 ff. (Verwertung); ferner auf *Kaderli* 123 ff. Formulare für Pfandverträge finden sich abgedruckt bei *Koenig* 269; *Kaderli/Zimmermann* 361.

Beim P o l i c e n d a r l e h e n (VVG 95) – der Lebensversicherungs- **58** anspruch wird beim Versicherer selber verpfändet – erfolgt die Befriedigung des Pfandgläubigers durch Verrechnung mit dem Rückkaufswert (vorn Komm. Art. 891 N 32).

Die H a f t p f l i c h t v e r s i c h e r u n g verschafft dem geschädigten **59** Dritten ein gesetzliches Pfandrecht am Versicherungsanspruch des versicherten Haftpflichtigen. Der Versicherer ist berechtigt, die Versicherungsleistung dem geschädigten Dritten direkt zu zahlen (VVG 60), abweichend von der Regelung in ZGB 906 II/III; an den versicherten Haftpflichtigen darf er nur mit Einwilligung des geschädigten Dritten leisten (SJZ 26, 360).

D. Stellung des Konkurs- und des Betreibungsamtes

60 Der beim Verpfänder ausgebrochene K o n k u r s ändert an der von Al. I umschriebenen Befugnis zur Einziehung der Forderung nur soviel, daß die letztere jetzt von der Konkursverwaltung zuhanden der Konkursmasse geltend gemacht wird (SchKG 240; BGE 45 III 6). Denn die verpfändete Forderung fällt von Gesetzes wegen in die Masse (SchKG 198), und die Konkursverwaltung sorgt nach dem Einzug der Forderung für die privilegierte Befriedigung des Pfandgläubigers (SchKG 219 I). Folglich bedarf es der in Al. II/Art. 906 ZGB vorgesehenen Einwilligung zur Einziehung durch die Konkursverwaltung nicht (BGE 42 III 273/274). Vgl. im übrigen Syst. Teil N 134/135. — Die Konkursverwaltung kann in Sonderfällen den Pfandgläubiger zur Einziehung ermächtigen (Al. II; dazu BGE 71 III 157/158).

61 In der G r u n d p f a n d v e r w e r t u n g handelt das Betreibungsamt anstelle des Drittschuldners (= Grundpfandschuldners) aus einem verpfändeten Grundpfandtitel; auch es darf nicht ohne die in Al. II vorgesehene Einwilligung des Verpfänders an den Pfandgläubiger Zahlungen entrichten (BGE 56 III 16).

62 Über einen S o n d e r f a l l, in dem das Betreibungsamt nach der Versteigerung von Sachen, an denen ein Pfandgläubiger ein Pfandrecht behauptet, als Drittschuldner im Sinne des Al. II aufgefaßt wird, vgl. BGE 72 III 17/18: eine Forderung des Pfandeigentümers gegen das Betreibungsamt auf einen Teil des Steigerungserlöses gilt als dem Pfandgläubiger infolge Surrogation anstelle der versteigerten Sachen verpfändet (ähnlich BGE 72 II 372).

63 Die Erstreckung des G r u n d p f a n d r e c h t s auf M i e t - u n d P a c h t z i n s e gemäß Art. 806 begründet ein gesetzliches Forderungspfandrecht. Die Einziehung der Zinse untersteht dem Art. 906 und wird vom Betreibungsamt in die Wege geleitet (VZG 94; BGE 63 II 236/237).

E. Mehrfache Verpfändung, besonders Nachverpfändung

64 Über diese Tatbestände und ihre Folgen im allgemeinen vgl. die Bemerkungen zu Art. 903. — Art. 906 ist der Sachlage entsprechend anzuwenden. Der *nach*gehende Pfandgläubiger kann vom Verpfänder gemäß Al. I die Vornahme der erforderlichen Maßnahmen (Kündigung und Einziehung) verlangen, wenn der *vor*gehende Pfandgläubiger es unterläßt, das fragliche Begehren an den Verpfänder zu richten. Zur Zahlung an den Verpfänder (Al. II) bedarf der von den verschiedenen Pfandrechten benachrichtigte Drittschuldner der Einwilligung a l l e r Pfandgläubiger. Nicht aber ist für die vom Verpfänder zugestandene Zahlung an den vorgehenden Pfandgläubiger die Zustimmung des nachgehenden

Pfandgläubigers erforderlich (a. M. *Wieland* Art. 903 N c; *Meyer* 78); denn diese Zahlung dient der sofortigen oder späteren Befriedigung (vorstehend N 48) des vorgehenden Pfandgläubigers, und auf diese hat er vorweg einen selbständigen Anspruch. Der vorgehende Gläubiger hat nach seiner Befriedigung dem nachgehenden den Überschuß abzuliefern (vorn Art. 886 N 18; vorstehend N 48). Ist dem vorgehenden Pfandgläubiger vertraglich die Einziehungsbefugnis eingeräumt worden (vorstehend N 35 ff.), so kann er sie ungeachtet der nachgehenden Pfandrechte ausüben; auch hier ist der Überschuß, wie soeben bemerkt, abzuliefern. — Eine Mehrheit im gleichen Rang stehender Pfandgläubiger ist unter sich gleichberechtigt.

Das Versatzpfand

Vorbemerkungen zum 3. Abschnitt,
Art. 907–915

1   **Materialien** zu Art. 907—915: aOR — — VE 890—901 — E 896—907 — Erl II 322, 339—343 — Prot ExpKom III 145—148, 152—155 — Botsch 86—87 — StenBull NR 1906, 717—721 — StenBull StR 1906, 1429—1430.

    Lit.: *Adolf *Ziegler*, Das Versatzpfand (Diss. Leipzig, ersch. Lichtensteig 1913) — *Haffter* 107 ff. — Hans *Vetterli*, Die rechtliche Behandlung des konsumtiven Kleinkredits in der Schweiz (Diss. Zürich 1948) 50 ff. — *Rossel/Mentha* n⁰ 1684 ff. — *Tuor/Schnyder* § 110 IV — *Kaderli/Zimmermann* 526 — Vgl. ferner nachstehend N 6.

2   Das im 3. Abschnitt des 23. Titels des ZGB (Art. 907—915) geregelte V e r s a t z p f a n d ist das Pfandrecht zur Sicherung der von den Versatzanstalten (Pfandleihanstalten) gegebenen Darlehen (franz. prêt sur gages, ital. prestito a pegno). Die Anstalten bezeichnen sich selber auch als Pfandleihkassen, Mobiliarleihkassen, früher Monts de piété, Monti di pietà, in den romanischen Texten des ZGB prêteurs sur gage, istituti di prestiti a pegno. Dieses Pfandrecht gehört — zusammen mit dem Faustpfandrecht (einschließlich der Viehverpfändung sowie des Retentionsrechts) und dem Pfandrecht an Forderungen und andern Rechten (1. und 2. Abschnitt des 23. Titels) — zu den drei heute im ZGB geregelten A r t e n   d e s   F a h r n i s p f a n d -
r e c h t s. Das Versatzpfand ist ein Besitzpfandrecht (Art. 909) und untersteht als solches der Ordnung des F a u s t p f a n d r e c h t s (Art. 884—894), auch ohne ausdrückliche Verweisung des Gesetzes (wie in Art. 899 II enthalten), jedoch mit dem V o r b e h a l t   a b w e i c h e n d e r   e i g e n e r   R e g e -
l u n g. Eine solche besteht insbesondere hinsichtlich der Person des Gläubigers (Art. 907/908), des Erfordernisses der Ausstellung eines Versatzscheines bei der Errichtung des Pfandrechts (Art. 909), der Verwertung des Pfandgegen-

Lenzen, Das deutsche Pfandleihrecht (Berlin/Leipzig 1929; umfassende Darstellung des Gebietes).

standes (Art. 910 I) und des Fehlens der persönlichen Haftung des Schuldners (Art. 910 II). — Über die in der Geschäftspraxis klare, aber mit theoretischen Schwierigkeiten verbundene Abgrenzung des Versatzpfandrechts von der als Lombardierung bezeichneten bankmäßigen Verpfändung vgl. Jakob *Hiestand,* Lombardgeschäft und Lombardierung (Diss. Bern 1923) 51 ff.; *Vetterli* 51/52; eingehend *Lenzen* 52 ff.

Das Versatzpfandrecht bedarf neben der privatrechtlichen der p o l i z e i - **3** r e c h t l i c h e n Ordnung (Art. 907/908, 915), weshalb in der Experten- kommission für das ZGB eine ansehnliche Minderheit die Streichung des ganzen Abschnittes und die Überweisung des Gegenstandes an das kantonale Recht befürwortete.

Sowohl die privatrechtlichen wie die polizeirechtlichen Vorschriften b e - **4** z w e c k e n vornehmlich den S c h u t z d e s S c h u l d n e r s vor wuche- rischer Ausbeutung.

Das Versatzpfandrecht fand sich nicht im *aOR* geregelt, sondern war dem **5** k a n t o n a l e n R e c h t überlassen, das jedoch großenteils auf eine Regelung verzichtet hatte. Über die Situation unmittelbar vor dem ZGB: *Springer* bei Reichesberg, Handwörterbuch der Schweizerischen Volkswirtschaft, Bd. III/2, Bern 1911, Artikel «Pfandleihanstalten».

Seit Inkrafttreten des ZGB kennen die meisten Kantone ergänzende Vor- **5 a** schriften im Sinne von Art. 907/908 und 915 [a].

Zürich: EGzZGB vom 2. April 1911, §§ 202—214 b; Verordnung betreffend die Pfandleiher und Feilträger vom 28. November 1911; Gesetz über die Zürcher Kantonalbank vom 28. Mai

---

[5a] Die folgende Liste beruht auf einer Umfrage bei den Kantonen per 1. 1. 1979. Die älteren Texte sind abgedruckt bei *Schönenberger,* Die kantonalen Erlasse zum ZGB und OR (Zürcher Kommentar), 3 Bde., Zürich 1939—1941. — Mit dem selben Stichtag haben Pfand- leihanstalten nur noch bestanden in Zürich, Luzern, St. Gallen und Genf, nämlich:
— Pfandleihkasse der Zürcher Kantonalbank, Zürich
— Pfandleihanstalt Luzern, Luzern
— Städtische Mobiliar-Leihkasse, St. Gallen
— Caisse publique de prêts sur gages de Genève, Genf

1969 sind die Pfandleihanstalten von Bern (Mobiliarleihkasse und Kaufhaus zum Erker AG, Bern) und Basel aufgehoben worden. Die meisten Kantone scheinen solche Institutionen nie gehabt zu haben. Trotz Recherchen diverser Staatsarchive sind nur die folgenden bekannt: In Basel waren es früher immerhin zwei staatliche Pfandleihanstalten. In der Waadt verzichtete 1976 die letzte Bewilligungsinhaberin, die SA Les prêts sur gages du Mont de Piété, aus Ren- tabilitätsgründen auf ihre Bewilligung. Die Caisse neuchâteloise de prêts sur gages, La Chaux- de-Fonds, hat ihre Geschäftstätigkeit Ende 1973 eingestellt. Im Kanton Tessin hingegen scheint das Bedürfnis nach einer Pfandleihanstalt zu bestehen. Der Regierungsrat hat jedenfalls 1979 nach einer Interpellation Justiz- und Finanzdepartement zur Abklärung der entsprechenden Probleme mit der Banca dello Stato angewiesen.

	1978, § 7 Abs. 2; Geschäftsreglement der Zürcher Kantonalbank vom 3. November 1977, § 32; Reglement für die Pfandleihkasse der Zürcher Kantonalbank vom 5. Februar 1976.
Bern:	EGzZGB vom 28. Mai 1911, § 115; Gesetz über Handel, Gewerbe und Industrie (Gewerbegesetz) vom 4. Mai 1969, Art. 61—63; Vollziehungsverordnung zum Gesetz betreffend den Gewerbebetrieb der Gelddarleiher, Darlehensvermittler, Pfandleiher und Trödler vom 26. Februar 1888 (auf Grund von Art. 83 Abs. 2 Gewerbegesetz noch in Kraft).
Luzern:	EGzZGB vom 21. März 1911 / 1. Februar 1978, § 111; Gesetz betreffend die Handelspolizei vom 30. Januar 1912 / 1. Juli 1978, §§ 69—76.
Uri:	EGzZGB vom 7. Mai 1911, Art. 148 und 149.
Nidwalden:	EGzZGB vom 30. April 1911, § 24; Gesetz über Handel, Gewerbe und Industrie (Gewerbegesetz) vom 25. April 1976, insbesondere Art. 9 und 10 (noch nicht in Kraft).
Glarus:	EGzZGB vom 7. Mai 1911, Art. 233.
Zug:	EGzZGB vom 17. August 1911, § 146.
Freiburg:	EGzZGB vom 28. November 1911, Art. 340 und 341.
Solothurn:	EGzZGB vom 4. April 1954, § 295.
Basel-Stadt:	EGzZGB vom 27. April 1911, § 202; Gesetz über das Hausierwesen, die Wanderlager, den zeitweiligen Gewerbebetrieb, die öffentlichen Aufführungen und Schaustellungen sowie das Trödel- und Pfandleihgewerbe, vom 7. Dezember 1933, §§ 26—41 (Fassung vom 5. Juli 1968).
Basel-Landschaft:	EGzZGB vom 30. Mai 1911, §§ 107—109.
Schaffhausen:	EGzZGB vom 27. Juni 1911, Art. 127; Verordnung betreffend die Pfand-, Leih- und Rückkaufsanstalten vom 23. August 1879.
Appenzell A.-Rh.:	EGzZGB vom 27. April 1969, Art. 246.
Appenzell I.-Rh.:	EGzZGB vom 30. April 1911, Art. 179.
St. Gallen:	Gesetz über das Pfandleihgewerbe vom 1. Juli 1912.
Graubünden:	EGzZGB vom 5. März 1944, Art. 165—174.
Aargau:	EGzZGB vom 27. März 1911, § 134.
Thurgau:	EGzZGB vom 25. April 1911, § 108; Gesetz betreffend die Pfandleihanstalten vom 24. Januar 1886; Vollziehungsverordnung betreffend das Gesetz über Pfandleihanstalten vom

	19. Februar 1886. (Ersatzlose Aufhebung von Gesetz und Verordnung geplant.)
Tessin:	EGzZGB vom 18. April 1911, Art. 187 und 188.
Waadt:	EGzZGB vom 30. November 1910, Art. 195; Loi du 19 mai 1920 sur l'exercice des professions de prêteur sur gage et de marchand fripier; Règlement d'exécution de la loi du 19 mai 1920 sur l'exercice des professions de prêteur sur gage et de marchand fripier du 11 mai 1956.
Wallis:	EGzZGB vom 15. Mai 1912, Art. 44 Ziff. 8, 232 und 233.
Neuenburg:	EGzZGB vom 22. März 1910, Art. 17 und 103; Loi sur les prêteurs sur gage et les fripiers, du 15 février 1883.
Genf:	EGzZGB vom 3. Mai 1911, Art. 14 lit. f; Loi sur la caisse publique de prêts sur gages du 22 juin 1929; Loi sur les prêteurs professionnels, les prêts d'argent et l'octroi de crédits du 5 juillet 1958; Règlement concernant les abus en matière d'intérêt conventionnel ainsi que les prêteurs professionnel, les prêts d'argent et l'octroi de crédits du 20 août 1958.
Jura:	Loi de 26 octobre 1978 sur le commerce, l'artisanat et l'industrie, Art. 63—65; Ordonnance sur l'exercice des professions de prêteur d'argent, d'entremetteur de prêt, de prêteur sur gages et de fripier du 6 décembre 1978.

Schwyz und Obwalden haben keine Vorschriften erlassen.

Der heutige Text des ZGB weist gegenüber den E n t w ü r f e n einige **6** Änderungen auf, und zahlreiche Streichungen sind erfolgt. Botsch 86 nennt als Vorbilder die «Pfandleihordnungen von Zürich, Basel, Lausanne u. a.»; die große Ähnlichkeit zahlreicher Vorschriften mit dem preußischen Gesetz betr. das Pfandleihgewerbe vom 17. März 1881 legt die Annahme nahe, daß auch dieser Erlaß direkt oder indirekt auf die Entwürfe des ZGB eingewirkt hat. — A u s l ä n d i s c h e Gesetzbücher überlassen die Regelung dem Partikularrecht oder den Spezialgesetzen. Vgl. EG zum BGB Art. 94, CC fr 2084; dazu *Gierke* II § 170 XVI S. 997 ff.; *Enneccerus/Wolff* III 174; *Planck* Ziff. V vor § 1204 S. 1400; *Lenzen* passim; *Planiol/Ripert/Becqué* n° 134; *Soergel/Augustin*, N 10 Einl. vor § 1204; *Baur* § 55 A II 1, S. 535.

Das Versatzpfand entfaltet sich in einem eigenen wirtschaftlichen, sozio- **7** logischen und psychologischen Klima[a]. Die Verpfänder schreiten gewöhnlich

---

[7a] Die die Vorauflage ergänzenden Angaben stützen sich auf die vom Zweitbearbeiter bei den Kantonen durchgeführte Umfrage über Umfang und Bedeutung des Pfandleihgewerbes; die Angaben, welche schon in der Vorauflage enthalten waren, auf Auskünfte des Leiters einer großen Versatzanstalt.

aus Geldverlegenheit oder Not zu dieser Art von Kreditaufnahme und -sicherung. Doch sind die Motive oft völlig andere; es läßt sich feststellen, daß im Frühling jeweils in ansehnlicher Zahl Damen-Pelzmäntel versetzt werden, weil die Aufnahme eines Darlehens bei der Pfandleihanstalt billiger zu stehen kommt als die Aufbewahrung der Gegenstände im Pelzkühlhaus. Oder kleine Geschäftsleute benützen die Versatzanstalt, um unverkäufliche Ware abzustoßen. In St. Gallen versetzen auffallend viele alte Leute ihre Wertsachen, wenn die AHV-Auszahlung aus irgend einem Grunde verzögert wird. Recht häufig kommt es dort auch vor, daß Kranke das beim Spitaleintritt zu erlegende Depot so flüssig machen. — Die Darlehensbeträge sind meist gering; im Jahre 1978 gingen 85 % der von der Versatzanstalt der Zürcher Kantonalbank kreditierten Summen nicht über 1000 Fr. hinaus und waren damit zum vornherein defizitär. In St. Gallen lag der Durchschnitt der ausbezahlten Summen im selben Jahr bei etwa 100 Fr., wobei eintägige Versetzungen gegen 10 Fr. oder 20 Fr. nicht selten waren. Genf weist Pfandsummen bis 100 Fr. im Jahresbericht 1978 sogar als «prêts sociaux» gesondert aus und betont, solche defizitären Operationen würden von einer gewinnstrebigen Unternehmung gar nicht praktiziert. Diese «prêts sociaux» machten in Genf 1978 etwa 43 % aller neuen Geschäfte aus. Der Durchschnitt der Luzerner Geschäfte liegt bei einer Pfandsumme von rund 193 Fr. (1978). Indessen ist die Annahme, nur der «kleine Mann» wende sich an die Versatzanstalt, völlig unzutreffend. Deren Kundschaft stammt vielmehr aus allen Kreisen, auch aus sehr begüterten. Wer Wertschriften besitzt, kann diese bei jeder Bank belehnen lassen; wer Sachwerte hat, geht aber zur Pfandleihanstalt. Bei der Mobiliar-Leihkasse St. Gallen machen auch Vorarlberger und Bayern davon Gebrauch. Die Kunden der Pfandleihanstalten stammen zudem aus allen Altersschichten. Öfters ziehen Kaufleute eine kurzfristige Kreditaufnahme bei der Versatzanstalt derjenigen bei der Bank vor, weil sie sofort und ohne umständliche Präliminarien das gewünschte Geld erhalten. Es werden Darlehen ausbezahlt, die in viele Zehntausende gehen; Schmuckstücke im Wert von 100 000 Franken werden versetzt oder auch Goldbarren. In Genf versetzen die Bijouteriefabrikanten kurzfristig ihre Erzeugnisse. — Die Kredite sind als vorübergehende gedacht, doch sind Erneuerungen häufig; man kennt Fälle, in denen einzelne Stücke 20 Jahre versetzt bleiben. Erneuerungen und Verlängerungen machten in Genf 1978 etwa 37 % aller Geschäfte aus, summenmäßig sogar rund 60 %. In Zürich überstieg 1978 die Zahl der Erneuerungen mit 7804 die Zahl der neuen Geschäfte um rund 1000. — Der Darleiher kann nur auf den Wert des Pfandgegenstandes, nicht auf die persönliche Kreditwürdigkeit des Schuldners abstellen (Art. 910 II). Angesichts der Risiken und der großen administrativen Umtriebe der Versatzanstalt wird ihre Belehnungsgrenze verhältnismäßig niedrig, der Zins (die «Leihgebühr»), verglichen mit gewöhnlichen bankmäßigen Darlehen, hoch sein. Die Zinsen enthalten nicht nur die

Vergütung für die Überlassung eines Kapitals, sondern auch das Entgelt für die Unkosten, Risiken, Arbeitsleistungen und die Verwahrung des Pfandgegenstandes. Zu den Zinsen kommen u. U. Entschädigungen für die Barauslagen der Anstalt, etwa für die Aufbewahrung sperriger Gegenstände, für besondere Bemühungen. Die Versatzanstalt des Kantons Zürich (Pfandleihkasse der Zürcher Kantonalbank) verlangt gemäß Reglement vom 5. Februar 1976 wie vor 25 Jahren einen Zins von 1 % im Monat, erleidet aber trotzdem bei einem Umsatz von etwa 15 Millionen Fr. einen jährlichen Verlust von 50 000 Fr. bis 100 000 Fr. Genf verlangt (1978) 8½ % Jahreszins sowie 6 % Gebühr für Aufbewahrung, Administration, Schätzung usw. Für Darlehen bis zu 100 Fr. wird kein Zins erhoben.

Der heutige schweizerische Pfandverleiher ist weit entfernt von der klassischen Wuchererfigur: die ganz überwiegende Zahl der Versatzanstalten wird **gemeinnützig** betrieben. Ihnen erscheinen deshalb die durchweg **gegen die Interessen der Pfandleiher gerichteten Vorschriften** des Privat- und des Polizeirechts als zu rigoros. — Die bedeutenden Umsätze der großen Versatzanstalten beweisen, daß ein Bedürfnis nach dieser Art von Kreditaufnahme und damit nach dem Rechtsinstitut des Versatzpfandes besteht. Zürich hatte 1978 ein Register von etwa 16 000 Kunden und einen Jahresumsatz von gut 15 Millionen Fr. Täglich wurden etwa 115 Geschäfte abgeschlossen. Genf schloß im gleichen Jahr 4511 Verträge (inkl. Erneuerungen/Verlängerungen) mit einer Totalsumme von 3 Millionen Fr. St. Gallen ging täglich etwa 15 Verträge ein, und Luzern kam bei jährlich nur 465 Geschäften auf eine Pfandsumme von rund 90 000 Fr. Auch andere Kantone weisen ein Bedürfnis nach einer Pfandleihanstalt auf. In Bern versuchten deshalb 1969 verschiedene Behörden, anläßlich der Schließung der Mobiliarleihkasse eine Neugründung zu veranlaßen, doch ohne Erfolg. Andere Kantone vermuten, daß ihre Bürger in den Nachbarkanton zur Pfandleihanstalt gehen, nicht zuletzt aus Angst davor, der Nachbar erfahre sonst davon. Im Kanton Tessin laufen Abklärungen zur Aufnahme des Versatzpfandgeschäfts. Bei den bestehenden Pfandleihanstalten zeigen Vertragsabschlüsse und Umsatzvolumen ab 1974 ein teilweise markantes Ansteigen, ab etwa 1977 dann wieder einen Rückgang. Der Einbruch der Rezession ist demnach deutlich erkennbar. In Zürich z. B. verdoppelte sich die Totalsumme der neuen Darlehen von 1974 auf 1975! Im ganzen aber ist der Umfang des Versatzgeschäftes stark zurückgegangen. In Bern wurden 1964 noch 11 000 Pfänder versetzt, 1968 nur noch 3000. Luzern hatte 1978 gerade noch einen Viertel des Vertragsbestandes von 1966 mit etwa der Hälfte der Totalpfandsumme. Zürich ging 1884 10 500 neue Verträge ein, erreichte 1920 mit 15 600 den Höhepunkt, fiel 1940 unter 10 000 und stieg bis 1950 wieder auf 15 500. Seither fiel die Zahl der neuen Verträge (mit Ausnahme von 1972, 1974 und 1975) stetig bis unter 7000. Die Genfer

Umsatzstatistik der Jahre 1954—1978 beginnt mit 5400 neuen Verträgen und ist heute bei 2800, mit Zunahmen 1958, 1962, 1966/67 und 1974—1976. Die Gründe dieser Entwicklung sind in der immer leichteren Erhältlichkeit von Kleinkrediten zu suchen. Dank dem Institut der Lohnzession hat der Geldgeber eine ähnlich sichere Stellung wie der Pfandnehmer. Dies gilt aber nicht mehr, wenn Arbeitsplätze gefährdet sind; dann nimmt das Versatzpfandgeschäft wieder zu. Ebenso ist dies der Fall, wenn die Aufnahme von Kleinkrediten erschwert wird (z. B. Konjunkturbeschlüsse von 1972). Eine Rolle für die stete Abnahme scheinen auch die versetzbaren Gegenstände zu spielen: Zum einen fassen immer mehr Leute z. B. das Auto oder das Fernsehgerät als unentbehrlich und damit nicht versetzbar auf; andere Gegenstände sind wegen der reichlichen Marktversorgung mit neuen und billigen Artikeln (vor allem Elektronik und Optik) gebraucht fast unverkäuflich geworden und damit als Pfand nur mehr wenig geeignet. Auf der andern Seite bietet die Verwahrung der Pfänder den Pfandleihanstalten große Probleme. Pelzmäntel werden nicht mehr von allen Anstalten angenommen; auch sperrige Gegenstände sind schwer zu lagern (Autos! Genf hat 1978 immerhin einige kurzfristig als Pfand akzeptiert). Schließlich fallen alle unter Eigentumsvorbehalt gekauften Gegenstände als Pfänder außer Betracht. — Als Beispiel für die B e t r i e b s w e i s e einer Versatzanstalt vgl. das Reglement für die Pfandleihkasse der Zürcher Kantonalbank vom 5. Februar 1976; weitere Angaben und Zahlen finden sich in den Geschäftsberichten der betreffenden Banken und Pfandleihanstalten.

9   Über den sog. H a n d e l   m i t   V e r s a t z s c h e i n e n, der sich u. U. als Umgehung der polizei- und privatrechtlichen Vorschriften über das Pfandleihgewerbe darstellt (namentlich der Bewilligungspflicht, Art. 907/908), vgl. hinten Art. 914 N 9 und 12 sowie *Boesch*, Zentralbl. 43 (1942) 385 ff.; *Vetterli* 62 ff.; ferner das soeben N 8, a. E., zit. Reglement vom 5. Februar 1976, Art. 2 II Ziff. 4 des Waadtländer Gesetzes von 1920, Art. 10 des Genfer Gesetzes von 1929 (zit. N 5 a der Vorbem.). Der Versatzscheinhandel ist eine unerwünschte Begleiterscheinung des Pfandleihgeschäfts: da die Anstalten nur bis zur einer bestimmten Grenze belehnen, z. B. bis zu zwei Drittel des Gesamtwertes des versetzten Gegenstandes, und den Wert zuverlässig schätzen, finden sich dritte Darleiher bereit, die versetzten Sachen zusätzlich zu belehnen, aber zu übermäßigem Zins.

Art. 907

Wer das Pfandleihgewerbe betreiben will, bedarf hiezu einer Bewilligung der kantonalen Regierung.

Die Kantone können bestimmen, daß diese Bewilligung nur an öffentliche Anstalten des Kantons oder der Gemeinden, sowie an gemeinnützige Unternehmungen erteilt werden soll.

Die Kantone können von den Anstalten Gebühren erheben.

A. Versatzanstalt.

I. Erteilung der Gewerbebefugnis

Art. 908

Die Bewilligung wird an private Anstalten nur auf eine bestimmte Zeit erteilt, kann aber erneuert werden.

Sie kann jederzeit widerrufen werden, wenn die Anstalt die Bestimmungen, denen ihr Betrieb unterstellt ist, nicht beobachtet.

II. Dauer

Materialien: VE 890, 891, 893 — E 896, 897, 899 — Erl II 339/340 — Prot ExpKom III 146 — Botsch 86 — StenBull NR 1906, 720/721 — StenBull StR 1906, 1430. **1**

Lit.: Vgl. die Vorbemerkungen, N 1 vor Art. 907/908.

Übersicht

I. Versatzanstalt; Erteilung der Gewerbebefugnis und deren Dauer: 2 Allgemeines. — *Art. 907* bestimmt, *wer* beim Versatzpfandrecht im Sinne der Art. 909 ff. als G l ä u b i g e r auftreten darf: nur eine V e r s a t z a n s t a l t (Pfandleihanstalt), d. h. ein Unternehmen, das gewerbsmäßig Darlehen auf versetzte Gegenstände erteilt und das die hierfür erforderliche B e w i l l i - g u n g der kantonalen Regierung erlangt hat. Der *Art. 908* sieht vor, daß die Bewilligung privaten Anstalten nicht auf unbestimmte Z e i t erteilt wird und daß sie w i d e r r u f l i c h ist, sobald hierfür sachliche Gründe bestehen. Die in einzelnen Kantonen stark ausgebaute R e g e l u n g d e s P f a n d l e i h - g e w e r b e s (vgl. Art. 915 N 3) bezweckt, einen zuverlässigen Geschäftsbetrieb zu gewährleisten und namentlich die Schuldner vor wucherischer Aus-

beutung zu schützen, was überhaupt das Ziel der ganzen, privat- und polizeirechtlichen Ordnung der Materie darstellt. Die g e w e r b e p o l i z e i l i c h e
Seite ist vorweg eine Aufgabe des kantonalen Verwaltungsrechts, die das ZGB
nicht beschränkt (Erl II 339/340).

3 Nur in einer kleinen M i n d e r h e i t   d e r   K a n t o n e bestehen Versatzanstalten; 1950 waren es ihrer acht, 1979 noch vier (Fußnote 5 a der Vorbemerkungen).

Folgende E i n z e l h e i t e n sind hervorzuheben:

4 **II. Bewilligung zum Betrieb des Pfandleihgewerbes.** — Der Besitz
der Bewilligung ist eine G ü l t i g k e i t s v o r a u s s e t z u n g für die Entstehung eines Versatzpfandrechts (parallel dem Sachverhalt vom Art. 885
N 15). Die ohne die Bewilligung erfolgte Entgegennahme eines Pfandgegenstandes
kann nicht zur Entstehung eines Versatzpfandrechts im Sinne der Art. 909 ff.
führen, sondern an seiner Stelle zu einem Faustpfandrecht im Sinne der
Art. 884—894, sofern dessen Voraussetzungen erfüllt sind; die Verwertung
richtet sich diesfalls nach Art. 891 I und nicht nach Art. 910.

5 Die Bewilligung stellt, verwaltungsrechtlich gesprochen, eine Polizeierlaubnis
dar, des genaueren eine gewerbepolizeiliche Bewilligung, keine Konzession
(*Fleiner*, Institutionen des Deutschen Verwaltungsrechts [8. A. Neudruck Zürich
1939] § 25; Th. *Fleiner-Gerster*, Grundzüge des allgemeinen und schweizerischen Verwaltungsrechts, 2. A. Zürich 1980, S. 163; M. *Imboden*/R. A. *Rhinow*,
Schweiz. Verwaltungsrechtsprechung, Basel 1976, Nr. 132 B VII a S. 982). Ihre
Ordnung ist Sache des k a n t o n a l e n   R e c h t s (über dessen Quellen N 5 a
vor Art. 907/908). Dieses kann insbesondere die persönlichen und sachlichen
Voraussetzungen der Erteilung der Bewilligung umschreiben oder sie vom Bedürfnis abhängig machen. Einzelheiten finden sich bei *Ziegler* 16 ff.; *Vetterli*
57 ff. (z. T. abweichend von den soeben im Kontext gemachten Bemerkungen).
Bei V e r w e i g e r u n g der Bewilligung gelten die Rechtsmittel des kantonalen Verwaltungsrechts.

6 Neben ö f f e n t l i c h e n und g e m e i n n ü t z i g e n Anstalten können
auch p r i v a t e Betriebe zugelassen werden, sogar Einzelpersonen, wenn nicht
das kantonale Recht die Bewilligung den ersteren vorbehält (Al. II/Art. 907).
Der Kanton Genf behält in Art. 7 der Loi sur la caisse publique de prêts sur
gages die Ausübung des Pfandleihgeschäfts ausdrücklich der bestehenden
öffentlich-rechtlichen Caisse vor. Im Tessin hat der Regierungsrat die Absicht,
an Private keine Bewilligungen zu erteilen. Einen Vorbehalt, so wie in Art. 907
II vorgesehen, haben nur die Kantone Luzern, Uri, Glarus und Aargau angebracht. Im Kanton Zürich ist der Regierungsrat ermächtigt, in Zukunft den
Vorbehalt anzuwenden. Freiburg und Wallis haben den Vorbehalt mit dem
Zusatz versehen, die Bewilligung dürfe nur erteilt werden, wenn die Eröffnung

einer Pfandleihanstalt einem wirklichen Bedürfnis entspreche. Zürich, Bern, Basel-Stadt, beide Appenzell, St. Gallen, Thurgau, Waadt und Jura verlangen mit verschiedenen Formulierungen, daß die Bewilligung nur an vertrauenswürdige Personen erteilt werde, welche Gewähr für einwandfreie Geschäftsführung bieten. Alle andern Kantone kennen keinen Vorbehalt.

III. Widerruf der Bewilligung. — Nach verwaltungsrechtlichen Grund- **7** sätzen ergibt sich von selbst, daß die Bewilligung w i d e r r u f e n werden kann, sobald eine Versatzanstalt die für sie gültigen Bestimmungen verletzt (Art. 908 II). Ein Widerruf nach freiem Belieben ist jedoch unzulässig; die Voraussetzungen müssen gesetzlich umschrieben und im konkreten Fall erfüllt sein (Th. *Fleiner-Gerster*, S. 298). Nicht nur die Verletzung der polizeirechtlichen Vorschriften, sondern auch der privatrechtlichen (Art. 909 ff.) ist maßgebend: die Anstalt stellt z. B. keine Versatzscheine aus (Art. 909) oder schreitet vorzeitig zur Verwertung und nimmt einen privaten statt amtlichen Verkauf vor (Art. 910), oder sie verweigert die Auslösung der Pfandgegenstände (Art. 912) [a].

Art. 909

Das Versatzpfand wird dadurch begründet, daß der Pfandgegen- B. Versatz-
stand der Anstalt übergeben und hiefür ein Versatzschein ausgestellt pfandrecht.
wird. I. Errichtung

Materialien: VE 894 — E 900 — Erl II 340/341 — Prot ExpKom III 146 — Botsch — — **1**
StenBull NR 1906, 720, 721 — StenBull StR 1906, 1430.
Lit.: Vgl. die Vorbemerkungen, N 1 vor Art. 907/908.

Übersicht

[7a] Nach unseren Recherchen mußte in keinem Kanton ein Widerruf ausgesprochen werden.

2   **I. Errichtung des Versatzpfandrechts: Allgemeines.** — Das Versatzpfand ist ein Besitzpfand, das im Verhältnis der Akzessorietät zu der mit ihm zu sichernden Forderung steht. Folglich gelten für es die vorn Komm. Art. 884 N 84 aufgezählten Voraussetzungen der Begründung des F a u s t p f a n d - r e c h t s. Dazu kommt gemäß Art. 909 als Besonderheit die Ausstellung eines V e r s a t z s c h e i n s. Nicht alle das Faustpfandrecht betreffenden Darlegungen sind jedoch für das Versatzpfand praktisch bedeutsam. — Im einzelnen sind folgende V o r a u s s e t z u n g e n zu erwähnen (nachstehend N 3—20):

3   **II. Geeigneter Pfandgegenstand.** — Alles, was zu F a u s t p f a n d gegeben werden kann, kann auch versetzt werden; Einzelheiten vorn Art. 884 N 15 ff. Praktisch wichtiger als die r e c h t l i c h e Eignung ist die f a k - t i s c h e Tauglichkeit der Gegenstände vom Gesichtspunkt der Versatzanstalt aus: für sie ist die Verkaufsmöglichkeit entscheidend (Art. 910). Sie wird Gebrauchsgegenstände aller Art, Möbel, Teppiche, Bilder, Stoffe, Kleider und Bettzeug bevorzugen. Besonders häufig versetzte Sachen sind u. a. Fahrräder, Photographenapparate, Schreibmaschinen, Nähmaschinen, Musikinstrumente. Bei gewissen Versatzanstalten stehen statt dessen Schmuckstücke und Uhren im Vordergrund, bei andern Kleidungsstücke; einzelne nehmen auch Automobile entgegen. In Zürich sind heute 90 % aller Pfandgegenstände Gold, Brillanten, Schmuck und Uhren. Zürich nimmt auch nach wie vor Pelzwaren an, während andere Pfandleihanstalten dies aus räumlichen Gründen nicht mehr tun können. Genf nimmt noch Pelze, doch überwiegen weitaus die Schmuckwaren (Bijoutiers!). Sie machen wertmäßig etwa das Fünffache aller andern Pfänder aus, nach Anzahl Verträgen etwa das Vierfache. Kompetenzstücke können versetzt werden (vorn Komm. Art. 884 N 68), auch Vieh (ungeachtet Art. 885; wobei Genf 1978 für Milchvieh weniger Zins verlangte als für Schlachtvieh), ferner Wertpapiere (einschließlich der Warenpapiere, Art. 902, 925), weil deren sachenrechtlicher Einschlag (OR 967 I, ZGB 901) die Angleichung an die verpfändbaren Sachen erlaubt; für gewöhnliche Forderungen und «andere Rechte» im Sinne des Art. 900 gilt dies nicht. Doch kommen Wertpapiere in der Geschäftspraxis anscheinend nicht vor. Das kantonale Recht kann bestimmte

Gegenstände vom Versatzpfandrecht ausschließen[a] (Art. 915 und Art. 6). Ohne eine solche Vorschrift sind nicht, wie *Ziegler* 17 und 32 annimmt, «Edelmetalle, Münzen oder Kaufmannswaren» unangängige Pfandgegenstände.

III. Abschluß eines Pfandvertrags. — Gleich wie die Errichtung des **4** Faustpfandrechts (und des Pfandrechts an Rechten), setzt die Begründung eines Versatzpfandrechts den Abschluß eines P f a n d v e r t r a g s voraus, welcher im Verhältnis zu der in Art. 909 geforderten Besitzübertragung den Rechtsgrund — das K a u s a l g e s c h ä f t — darstellt; Einzelheiten vorn Art. 884 N 87 ff. Im Pfandvertrag verpflichten sich der Verpfänder und die Versatzanstalt (ausdrücklich oder konkludent, OR 1 II), das Pfandrecht zu konstituieren, und zwar der Verpfänder mittels der Übertragung des Besitzes an einem geeigneten Gegenstande zu Versatzpfand, die Versatzanstalt mittels Ausstellung des Versatzscheines. Wie jeder Pfandvertrag, ist auch der vorliegende ein K o n s e n s u a l v e r t r a g und nicht ein Realvertrag; das Gesetz sieht nichts anderes vor (a. M., aber unter sich abweichend, Erl II 340 und *Wieland* Art. 909 N 1). Die E r f ü l l u n g des Pfandvertrags erfolgt durch die erwähnte Übertragung des Besitzes bzw. Ausstellung des Versatzscheins. Es besteht kein Kontrahierungszwang zu Lasten der Anstalt. Nach kantonalem Recht entscheidet sich, ob sie verpflichtet ist, auf Begehren des Verpfänders mit der H ö h e d e s D a r l e h e n s auf eine vorgeschriebene Quote des Schätzungswertes des Pfandgegenstandes zu gehen.

IV. Pfandforderung. — Das Versatzpfand dient der Sicherung einer **5** Forderung der Versatzanstalt gegen den Verpfänder (Schuldner); das Verhältnis des Pfandrechts zur Forderung ist das der A k z e s s o r i e t ä t. Für Einzelheiten vgl. vorn Art. 884 bes. N 116 und 158 ff. Gemäß dem Wesen des Pfandleihgeschäfts kann die (in Art. 911 II ausdrücklich erwähnte) Forderung nur eine solche auf Rückzahlung des von der Anstalt gewährten Darlehens sein, wozu noch die Nebenposten gemäß Art. 891 II kommen. Das Darlehen kann jederzeit zurückgezahlt werden, aber der Zins darf gleichwohl für den ganzen laufenden Monat gefordert werden (Art. 912 I, 913 I). Der Darlehensvertrag ist b e d i n g t durch die Entstehung und den Bestand eines gültigen Pfandrechts. Ist z. B. eine dem früheren Besitzer abhanden gekommene Sache bei der Anstalt versetzt worden, und muß sie sie gemäß Art. 934 herausgeben, dann kann sie den Darlehensbetrag mittels einer Bereicherungsklage (OR 62) zurückverlangen, weil das Pfandrecht nachträglich an der Abforderung der Sache scheitert (*Ziegler* 34/35).

[3a] § 11 I der Vollziehungsverordnung des Kantons Bern und Art. 11 I der Ordonnance des Kantons Jura (zit. Vorbem. N 5a) verbieten die Verpfändung von gesetzlichen Zahlungsmitteln (vgl. vorne Art. 884 N 47 allgemein zur Verpfändung von Geld).

5a An den Ausführungen in N 5 ändert nichts, daß gemäß Art. 910 II die Anstalt «eine persönliche Forderung ... nicht geltend machen» kann. Das bedeutet nur, die Anstalt dürfe weder einen Verwertungsausfall geltend machen (abgesehen von Art. 911 II), noch gegen den Verpfänder vorgehen und Rückzahlung gegen Pfanderstattung fordern. Mit andern Worten fehlt eine persönliche Haftbarkeit mit weiterem Vermögen als dem Pfandgegenstand (Art. 910 N 17/18); entsprechend Grundlast und Gült (Art. 791 I, 847 III). Die Annahme einer Darlehensforderung, zu welcher das Pfandrecht akzessorisch ist, bleibt konstruktiv unentbehrlich.

6 Mit Recht wird angenommen, daß die A b t r e t u n g der Forderung seitens der Versatzanstalt durch die «Natur des Rechtsverhältnisses» (OR 164 I), nämlich des Pfandleihgeschäftes, ausgeschlossen sei (*Ziegler* 38 ff.; *Leemann* Art. 907/908 N 15; *Lenzen* 140. Vgl. auch vorn Art. 885 N 15).

7 **V. Übertragung des Besitzes.** — Der Pfandgegenstand ist der Versatzanstalt zu ü b e r g e b e n (Art. 909; *Hinderling*, SPR V/1, § 66 II 4). An sich wären alle für das Faustpfandrecht tauglichen Übertragungsarten zulässig (vorn Komm. Art. 884 N 179 ff.). Praktisch fällt nur die eigentliche Tradition zu Alleinbesitz der Anstalt in Betracht. Das Besitzeskonstitut ist ungenügend (Art. 884 III und dort Komm. N 273 ff.). Die Wirkungen des endgültigen und des vorläufigen B e s i t z e s v e r l u s t e s richten sich nach Art. 888 Al. I und II.

8 Das Versetzen von W e r t p a p i e r e n erfordert, wenn man Ordre- oder Namenpapiere vor sich hat, neben der Übergabe der Urkunde noch das Indossament oder die «Abtretungserklärung» gemäß Art. 901 II; Inhaberpapiere werden dagegen wie Sachen behandelt, so daß die Übergabe genügt (Art. 901 I, 909).

9 **VI. Verfügungsbefugnis des Verpfänders (oder gutgläubiger Erwerb des Pfandrechts).** — Gleich wie beim Faustpfandrecht, so bedarf auch beim Versatzpfandrecht der Verpfänder der Verfügungsbefugnis; Einzelheiten vorn Art. 884 N 303 ff. und vor allem nachstehend N 12. Wo diese Befugnis fehlt, führt der gute Glaube in den Fällen der Art. 884 II/933 und 935 zum Erwerb des Pfandrechts durch die Versatzanstalt: vorn Art. 884 N 323 ff.; Semjud 1915, 222; SJZ 13, 248 Nr. 211. — Sind a b h a n d e n g e k o m m e n e Sachen versetzt worden, so unterliegt die Versatzanstalt der Vindikation seitens des früheren Besitzers gemäß Art. 934 (ausgenommen im Fall des Art. 935: Inhaberpapiere); vgl. vorn Art. 884 N 367 ff. Die Versatzanstalt muß, wo nicht der Sondertatbestand des Al. II/Art. 934 vorliegt, die abhanden gekommene Sache dem Kläger ohne Vergütung herausgeben (Al. I/Art. 934; Semjud 1893, 107). Das kantonale Recht kann diese Vorschrift nicht zugunsten öffentlicher oder gemeinnütziger Anstalten dahin abändern, daß einem solchen Pfandgläubiger stets ein Anspruch auf Rückzahlung seines Darlehens eingeräumt wird.

Da eine gewisse Gefahr besteht, daß die den Pfandleihern angebotenen **10**
Gegenstände zweifelhafter Herkunft sind, müssen die Versatzanstalten, wo
immer Verdacht geboten ist, eine angemessene Prüfung vornehmen, wenn sie den
Vorwurf der B ö s g l ä u b i g k e i t vermeiden wollen (Art. 936; vorn
Art. 884 N 355 ff., 378 ff.; SJZ 13, 248 Nr. 211). Einzelne kantonale Erlasse
suchen der Gefahr dadurch zu begegnen, daß den Anstalten die Entgegennahme
bestimmter Sachen oder von bestimmten Personen verboten wird[a]. Oder die
Anstalten werden verpflichtet, die polizeilichen Anzeigen verlorener und gestohlener Sachen zu verfolgen und bei Verdacht die Polizei zu benachrichtigen.
— Auch zugunsten der Versatzanstalten gelten im übrigen die Vermutungen des
guten Glaubens und des Eigentums (Art. 3, 930).

Gutgläubiger Erwerb des V e r s a t z s c h e i n s als s o l c h e n ist aus- **11**
geschlossen, weil er kein Inhaber- oder Ordrepapier ist (nachstehend N 16,
16 a und bes. Fußnote 16 c).

Die V e r f ü g u n g s b e f u g n i s d e r E h e f r a u bedarf gegebenen- **12**
falls der Aufmerksamkeit (dazu vorn Komm. Art. 884 N 309 ff., 344 ff.). Die
in Güterverbindung lebende Frau braucht zur Verpfändung von Sachen, die zu
ihrem eingebrachten Gut gehören, die Zustimmung des Ehemannes (*Egger*,
Komm. Familienrecht [2. A. Zürich 1936] Art. 203 N 3 ff.; *Lenzen* 110). Über
die Frage, ob der gute Glaube der Versatzanstalt den Mangel der Zustimmung
heilt: vorn Art. 884 N 345. — Ohne eine solche Zustimmung kann die Ehefrau
im Rahmen ihrer Schlüsselgewalt Gegenstände versetzen, die zum ehelichen
Vermögen gehören, mit Einschluß von Sachen, die im Eigentum des Mannes
stehen (Art. 203, 163, 166), ferner ihr Sondergut (Art. 190 ff.). Sie bleibt im
Bereich ihrer Schlüsselgewalt, wenn sie durch die Verpfändung sich Geld für
die laufenden Bedürfnisse des Haushalts beschafft (*Lenzen* 112) und nur
Gegenstände versetzt, für die man sie nach allgemeiner Regel als verfügungsberechtigt ansehen darf, also im wesentlichen die üblichen Haushaltsachen und

---

[10a] So Neuenburg im Loi sur les prêteurs sur gage et les fripiers, Art. 13; Waadt, Loi sur
l'exercice des professions de prêteur sur gage et de marchand fripier, Art. 16 und 25. Danach
ist die Belehnung von nicht fertiggestellten Waren verboten, wobei als Beispiele Uhrengehäuse
ohne Werk, Uhrwerke ohne Gehäuse, Bijouterie-, Gold- oder Silberschmiedwaren genannt
sind. Das Verbot gilt nicht, wenn der Fabrikant selbst die Waren verpfändet oder wenn verdächtige Personen eine schriftliche Ermächtigung ihres Vorgesetzten vorlegen. Verdächtig
sind nach den selben Bestimmungen Minderjährige, Bevormundete, Lehrlinge, «commissio-
naires» und die Dienerschaft sowie alle Arbeitnehmer, wenn Sachen von der Art des vorge-
legten Pfandes auch im Gewerbe des Arbeitgebers Verwendung finden. Die meisten Kantone
allerdings, wenn sie überhaupt eine Vorschrift haben, begnügen sich mit der Regel, daß die
Pfandleihanstalt verdächtige Gegenstände (und Personen) sofort der Polizei zu melden habe
(z. B. Basel-Landschaft, EGzZGB § 109 Abs. 3). Art. 11 des genannten waadtländischen Gesetzes verpflichtet die Pfandleiher zu besonderer Vorsicht, wenn Gegenstände, die üblicherweise
unter Eigentumsvorbehalt auf Abzahlung verkauft werden, als Pfand offeriert werden.

ähnlichen Inventarstücke (dazu *Lemp*, Kommentar Familienrecht, 3.A., Bern 1968, Art. 163 N 6—11). Schuldner des der Frau ausbezahlten Darlehens wird diesfalls der Ehemann (Art. 163 II). Wenn für die Versatzanstalt erkennbar ist, daß sie eine Ehefrau vor sich hat, so darf sie nicht ohne weiteres deren Verfügungsbefugnis voraussetzen (vorn Art. 884 N 356, a. E., mit Belegen), sondern sie muß prüfen, ob die Frau z. B. in Ausübung der Schlüsselgewalt zu handeln vermag.

VII. Ausstellung eines Versatzscheines

13 A. F u n k t i o n   d e s   V e r s a t z s c h e i n e s. — Gemäß Art. 909 ist die Ausstellung eines Versatzscheines durch die Versatzanstalt eine der V o r - a u s s e t z u n g e n für die Entstehung des Pfandrechts. Die Ausstellung bedeutet nicht die Beurkundung des Pfandvertrags, sondern ist ein der E r - f ü l l u n g   d e s   P f a n d v e r t r a g s (seitens der Anstalt) dienender Akt, der auf der gleichen Stufe steht wie die ebenfalls der Erfüllung dienende Übergabe des Pfandgegenstandes durch den Verpfänder (vorstehend N 4). O h n e A u s s t e l l u n g (und Aushändigung) des Versatzscheines entsteht kein Versatzpfandrecht, aber auch kein Faustpfandrecht im Sinne des Art. 884, es sei denn, der Wille beider Parteien sei auf das letztere gerichtet (abweichend, aber widerspruchsvoll, *Ziegler* 52 ff. und *Leemann* Art. 909 N 9: es entstehe ein gewöhnliches Faustpfandrecht, aber die für das Versatzpfandrecht typische Vorschrift Art. 910 II — Ausschluß der persönlichen Forderung — sei gleichwohl anwendbar).

14 W e i t e r e   V o r s c h r i f t e n über den Versatzschein enthalten Art. 912 und 913 II, wo seine Funktion bei der Auslösung des Pfandgegenstandes geregelt ist.

15 B. W e s e n ,   A u s g e s t a l t u n g   u n d   W i r k u n g e n   d e s   V e r - s a t z s c h e i n e s ;   a u f   i h n   b e z ü g l i c h e   R e c h t s g e s c h ä f t e. — Der Versatzschein (Pfandschein, franz. Text «reçu», ital. «polizza») ist eine Bescheinigung des zwischen den Parteien bestehenden Verhältnisses, also namentlich eine Quittung für den Erhalt des Pfandgegenstandes durch die Versatzanstalt. Die seinen Inhalt genau vorschreibenden Bestimmungen VE 895 und E 901 sind nicht Gesetz geworden. Sie sahen namentlich vor: die Bezeichnung des Gegenstandes, die Angabe des Schatzungsbetrages, des Auslösungstermins, der Pfandsumme, des Zinsfußes. Die Verletzung von kantonalrechtlichen Vorschriften dazu berührt die Gültigkeit des Pfandrechts nicht; dem Schein muß nur zu entnehmen sein, daß ein bestimmter Gegenstand versetzt worden ist.

16 Der Versatzschein ist k e i n   W a r e n p a p i e r im Sinne von OR 1153 und ZGB 925; es fehlt an den dort aufgeführten Voraussetzungen. Ob er überhaupt ein W e r t p a p i e r sei, ist umstritten; dagegen StenBull StR 1906 1430; BlZR 22 Nr.18 S.39; *Ziegler* 106ff.; *Oftinger* in der Vorauflage; *Tuor/Schnyder* § 110 IVb; dafür im Sinne der Namenpapiernatur *Wieland* Art.912 N 2b; *Curti* Art.912 N 4; *Jäggi* OR 965 N 296 (wegen Art.912 II/III «stark abgeschwächt»). — Aus Art.912 II ergibt sich e contrario, daß die Anstalt bis zur Fälligkeit n u r gegen das Papier das Pfand auslösen lassen und sich befreien darf, die Präsentation also verlangen m u ß. Das ist eine gesetzlich q u a l i f i z i e r t e Präsentations-«Klausel» (= Wertpapier-klausel); sie macht das Papier zum W e r t p a p i e r (wogegen Art.912 I dies nicht deutlich genug besagt, doch nicht widerspricht). Enthält das Papier die Präsentationsklausel a u s d r ü c k l i c h, gilt diese Regelung v e r l ä n g e r t (bis sechs Monate nach Fälligkeit; Art.912 III; dieser Absatz erklärt sich nicht aus der ausdrücklichen Klausel, sondern als punktueller Schutz eines allfälligen Papiererwerbers, spricht also nicht e contrario gegen den entscheidenden Schluß aus Abs.II). — Nach Ablauf dieser Fristen wird das Papier nicht etwa zum Präsentationspapier mit bloß einfacher Präsentationsklausel (was hieße: der Schuldner d a r f auf Präsentation abstellen, er d a r f a b e r a u c h anderweitige Beweise verlangen); sondern: Wer das Papier präsentiert, m u ß anerkannt werden, ohne daß anderweitige Nachweise verlangt werden dürfen. Gleichwohl ist damit nicht gesagt, das Papier behalte gleiche Qualität als Wertpapier, denn nun kann ohne Papier der «Berechtigte» sein Recht auch anderweitig nachweisen, worauf ihm erfüllt werden m u ß (Art.912 II/III). Damit entfällt der wichtigste Zweck, welchen eine qualifizierte Präsentations-klausel haben kann (die sog. Sicherungsfunktion), nämlich die Sicherheit des Erwerbers des einzigen Papierexemplars, daß weder der Erstberechtigte (hier: wer versetzt hat) den Anspruch geltend machen kann, noch ein anderer Zessionar; alles ohne Papier. Es bleibt nur die gesicherte Bequemlichkeit für den Erstberechtigten, mit dem Papier reibungslos einlösen zu können; was aber n u r dem E r s t berechtigten einen gesicherten Vorteil aus dem Papier bringt, verwirklicht nur noch dürftig den Sinn der Figur Wertpapier (ähnlich *Jäggi* OR 965 N 256, 297 a.E.). Da der Versatzschein indessen noch immer a u s r e i c h e n d e s Einlösungsmittel ist, trifft *Jäggis* Verlegenheitsformel eines (irregulär) «stark abgeschwächten» Wertpapiers das Richtige. Als Alter-native könnte man daran denken, von einem Wertpapier mit stark vereinfachter Amortisation zu sprechen, doch eine Amortisationsmöglichkeit ohne den gering-sten Drittschutz (darüber *Jäggi* OR 965 N 179f.), mit blossem Nachweis des Grundgeschäfts, schwächt die Wertpapiernatur. — Bis hierher war nur von der Präsentation die Rede, nicht auch von der Legitimation, denn nur erstere be-stimmt die Wertpapiernatur[a]. Doch für die nachfolgende N 16a über die

[16a] Vgl. über hier verwendete Begriffe vorn Art. 901 N 10 ff. mit Fußnote R. B.

Legitimation, und damit über die Wertpapier a r t, ist festzuhalten, daß die
dargestellte gesetzliche Ordnung nur vertretbar ist aus der Vorstellung, die
Weiterübertragung des Versatzscheins sei zwar möglich, doch nicht normal;
andernfalls die Dritten besser geschützt werden müßten.

16a P a p i e r a r t ; Legitimation. — Lautet der Versatzschein auf den Namen,
ist er ein N a m e n p a p i e r ; Ordreklauseln dürften hier nicht vorkommen [b].
— Ist der Versatzschein dagegen u n b e n a n n t, bedeutet dies — entgegen
Jäggi OR 965 N 296 — nicht, die Anstalt sei v e r p f l i c h t e t, jeden Vorweiser als berechtigte Person anzuerkennen, was bedeuten würde (bei *Jäggi*
unklar gelassen), es liege ein Inhaberpapier vor. Dies selbst dann nicht, wenn
der Versatzschein eine Inhaberlegitimationsklausel ausdrücklich enthielte, ohne
aber mit letzter Deutlichkeit zu besagen, die Anstalt müsse den Vorweiser
schlechthin als Berechtigten anerkennen (qualifizierte Inhaberlegitimationsklausel). Eine Inhaberlegitimationsklausel ist sowohl nach dem Wortlaut von
Art. 913 II («vorbehalten») als auch allgemein eher als eine einfache aufzufassen, weil sie (wie bei vielen solchen Klauseln von Banken) den Interessen
des Papierschuldners, der auch das Papier formuliert hat, genügt: Dieser
d a r f sich mit der Inhaberlegitimation (befreiend) begnügen. Die Erweiterung
einer im Wortlaut zweifelhaften Inhaberlegitimationsklausel zu einer im Interesse
des Gläubigers liegenden, q u a l i f i z i e r t e n ist nur angezeigt, wenn der
Papiergläubiger (nach sog. Vertrauensprinzip) die berechtigte, dem Schuldner
erkennbare Erwartung haben darf, ein vollkommen verkehrsgängiges Papier zu
erhalten, was — wenn nicht eine eigentliche Verkehrsauffassung sich heraus-
gebildet hat, wie z. B. bei unbenannten Kassen- und Anleihensobligationen oder
Genußscheinen — davon abhängt, ob es sich um einen wesentlich unpersön-
lichen, verkehrsgängigen Leistungsinhalt handelt, was bei versetzten Sachen
typischerweise nicht zutrifft. Kontrollüberlegung: Es müßten die Rechtsfolgen
des echten Inhaberpapiers passen (gutgläubiger Erwerb vom Nichtberechtigten;
Ausschluß von Einreden des Schuldners, z. B. derjenigen von oben N 5), was

---

[16b] *Oftinger* in der Vorauflage geht richtigerweise davon aus, der Versatzschein k ö n n t e
(ausdrücklich) auch a n o r d r e gestellt sein (Art. 909 N 11, 20, Art. 913 N 6), verneint aber
die Wertpapiernatur (Art. 909 N 11, 16). Das ist insofern widersprüchlich, als es kaum einen
Sinn haben kann, ein bloßes Ausweispapier (auf dessen Präsentation der Schuldner also nicht
abstellen m u ß), der wertpapiertechnischen Finesse des Ordrelegitimationsverfahrens zu
unterstellen. Darum werden Ordreklauseln im Zweifel als qualifizierte angesehen, was gleich
auch die Wertpapiernatur nach sich zieht (denn wenn man auf die Indossamentenkette auf
dem Papier abstellen m u ß, muß man Präsentation verlangen). Sollte indessen ein auf den
Namen lautender Versatzschein doch einmal die Ordreklausel enthalten, wäre es eine (hier
nicht weiter ausgeführte) Auslegungsfrage, ob ein e c h t e s O r d r e p a p i e r geschaffen
werden sollte (dazu noch Fußnote 16c) oder ob man — im Sinne der Überlegungen in N 16a
— doch nur ein N a m e n p a p i e r (N 16) m i t e i n f a c h e r O r d r e l e g i t i m a t i o n s -
k l a u s e l annehmen wollte.

hier augenscheinlich nicht gewollt sein kann[c]. — Als Ergebnis handelt es sich beim unbenannten Versatzschein um ein (im Sinne von N 16 eingeschränktes) h i n k e n d e s   W e r t p a p i e r, wobei die Anstalt — wenn sie von der Inhaberlegitimation des Präsentanten keinen Gebrauch machen will, beim unbenannten Versatzschein den Nachweis der Berechtigung entsprechend Art. 912 II verlangen müßte (Näheres Art. 912 N 9). — Ist ein   b e n a n n t e r   Versatzschein   m i t   e i n e r   I n h a b e r l e g i t i m a t i o n s k l a u s e l   versehen worden, läge nach den gleichen Überlegungen ein   h i n k e n d e s   I n h a b e r p a p i e r   vor (OR 976; einziges im Gesetz genanntes, aber nicht einzigmögliches hinkendes Papier). Zur Legitimation: Art. 912 N 14.

Die   Ü b e r t r a g u n g   d e s   V e r s a t z s c h e i n s   mit Zession und **17** Papierübergabe bedeutet Übertragung der Ansprüche des Verpfänders gegenüber der Anstalt; über die Eigentumsverhältnisse an der versetzten Sache bei Vollübertragung N 18 nachfolgend. — Sie kann auch die Wirkung einer N a c h v e r p f ä n d u n g   der versetzten Sachen haben, ohne daß aber die Vorschriften über die Nachverpfändung zur Anwendung kämen. Vielmehr wird — rechtlich gesehen — der Herausgabeanspruch gegen die Anstalt im ersten Rang verpfändet: Daß bereits der Herausgabeanspruch kraft eines Pfandrechtsverhältnisses besteht, ändert nichts. Mußte die Anstalt zur Verwertung schreiten, erhält der legitimierte Vorweiser den allfälligen Überschuß (Art. 911 I); alles ohne eine Anzeige nach Art. 886 oder 903. Hingegen empfiehlt sich eine fakultative Anzeige aus den Gründen in Art. 912 N 9 a/9 b. — Eine offene Verpfändung des Versatzscheins (Art. 901 II, auch 900; siehe dort) oder eine (echte) Nachverpfändung der versetzten Sache unter Anzeige gemäß Art. 886 sind möglich, aber vermutlich sehr selten. — Bei der wohl häufigsten versteckten Verpfändung des Versatzscheins durch Vollübertragung bleiben das Verbot des Verfallpfands (Art. 894) und das Recht auf den Überschuß (nicht denjenigen von Art. 911!) gewahrt (Art. 894 N 20 ff.). Auslegungsfrage ist, ob statt dessen ein echter Verkauf vorliege, m. a. W. ob der Geschäftszweck Sicherstellung oder Umsatz ist. — Anders *Oftinger* in der Vorauflage N 17 und 22 (unter Hinweis auf BlZR 19 Nr. 104, 22 Nr. 18), der die sog. Belehnung des Versatzscheins als Begründung eines Nachpfandrechts an der versetzten Sache gemäß Art. 886 oder 903 (je nach versetztem Objekt) auffaßt, wohl ausgehend davon, daß der Versatzschein weder Warenpapier noch überhaupt Wertpapier

---

[16c] Ob es auch z u l ä s s i g   w ä r e, den Versatzschein als e c h t e s   I n h a b e r -   o d e r   O r d r e p a p i e r   zu schaffen (bei restlos klaren qualifizierten Klauseln), hängt davon ab, ob sich die Ordnung von Art. 912 II/III mit der Natur eines eigentlichen Verkehrspapiers vertrüge, oder aber, ob Art. 912 II/III zwingend sind (wenn nein, würde echte Amortisation an Stelle dieser Vorschriften treten). Diese Fragen noch zu prüfen, lohnt sich vollends nicht mehr, da sich die Anstalt mit einer solchen Gestaltung bloß den Nachteil der Einredenbeschränkung einhandeln würde, ohne mit ihrem Angebot wesentlich attraktiver zu werden.

sei. Ein Warenpapier im Sinne des Gesetzes (oben N 16) ist er allerdings nicht, aber die Verpfändung eines Herausgabeanspruchs wirkt ähnlich.

18 Der «Verkauf» eines Versatzscheins kann den Sinn aufweisen, den «Käufer» zur Einlösung des Pfandgegenstandes zu ermächtigen, in der Meinung, daß er erst mit der Inempfangnahme des von der Versatzanstalt herausgegebenen Gegenstandes Eigentümer der Sache wird. Gewöhnlich wird aber die Absicht die sein, daß der Käufer schon mit der Übergabe des Versatzscheines kraft Besitzanweisung (Art. 924) Eigentum an der Sache erwirbt. — Gleich im Ergebnis entscheiden *Ziegler* 102/103; *Lenzen* 201/202; *Staudinger/Spreng* § 1205 N 5 *a*; *Planck* § 1204 N 2a ε S. 1410; vgl. auch *Boesch* Zentralbl 43, 386. — Die Pfandleihkasse der Zürcher Kantonalbank verlangt laut Reglement vom 5. Februar 1976 § 18 eine schriftliche Anzeige und den Vermerk der Veräußerung des Pfandgegenstandes auf dem Versatzschein, dazu den Vermerk, es sei kein Rückkaufsrecht eingeräumt worden. Die Bestimmung hat lediglich die Tragweite einer Ordnungsvorschrift und berührt die Gültigkeit des Eigentumsüberganges nicht.

19 Die Verpfändung des vindikatorischen Anspruchs des Verpfänders auf Herausgabe der Sache ist denkbar, aber irreal: vorn Komm. Art. 899 N 69.

Welche unter den soeben erörterten Alternativen die Parteien im konkreten Fall beabsichtigen, ist wo nötig mittels Auslegung zu bestimmen (OR 18). — Über die polizeirechtliche Seite des Handels mit Versatzscheinen vgl. die Angaben in N 9 vor Art. 907/908.

20 Der Versatzschein kann auf den Namen, den Inhaber oder auch an Ordre ausgestellt werden (vgl. aber vorstehend N 16/16 a). Die Zulässigkeit des Inhaberscheins war in VE 895 I und E 901 I ausdrücklich vorgesehen und läßt sich heute aus Art. 913 II ableiten. Die Ausstellung auf den Inhaber oder der Zusatz einer Inhaberlegitimationsklausel (Art. 913 II) vereinfachen der Versatzanstalt die Abwicklung ihres Geschäftes und erleichtern ihren Kunden die Förmlichkeiten (Erl II 340/341), erleichtern aber auch den sog. Versatzscheinkäufern ihre nicht immer wünschenswerten, weil häufig wucherischen Operationen. — Ohne die Legitimationsklausel von Art. 913 II ist die Anstalt verpflichtet, die Berechtigung des Vorweisers angemessen zu prüfen (hinten Art. 912 N 14, 9). — Das kantonale Recht kann die Inhaberscheine ausschließen (Art. 915). Die Versatzscheine der Genfer Pfandleihanstalt, die als einzige das Pfandleihgeschäft betreiben darf, sind auf den Namen ausgestellt und nur mit Bewilligung der Pfandleihanstalt abtretbar (Art. 10 Loi sur la caisse publique de prêts sur gages).

21 **VIII. Polizeirechtliche Vorschriften.** — In einzelnen kantonalen Erlassen finden sich gestützt auf Art. 915 zusätzliche Vorschriften über die

Errichtung des Pfandrechts: vor allem wird der Eintrag in ein Register (Pfand-leihbuch) verlangt. Diese Bestimmungen sind ohne Bedeutung für die Gültigkeit des Pfandrechts.

IX. Nachverpfändung. Dazu vorne N 17.   **22**

X. Beteiligte Personen. — Regelmäßig sind Verpfänder, Schuldner und **23** Pfandeigentümer die selbe Person. Jedoch ist auch zulässig, daß der V e r - p f ä n d e r nicht zugleich S c h u l d n e r der Darlehensforderung ist; sondern ein Dritter kann seine Sache zugunsten des Schuldners versetzen (vorn Art. 884 N 11). Häufiger wird freilich der Schuldner, wo er nicht selbst Pfand-eigentümer ist, die Ermächtigung besitzen, eine ihm von einem Dritten über-lassene Sache in eigenem Namen zu verpfänden (vorn Art. 884 N 316); oder dann versetzt er sie unbefugterweise, und es erhebt sich die Frage des gut-gläubigen Erwerbs der Versatzanstalt (Art. 884 II/933; vorstehend N 9).

Art. 910

Ist das Pfand auf den vereinbarten Termin nicht ausgelöst worden, so kann die Anstalt nach vorgängiger öffentlicher Aufforderung zur Einlösung den Pfandgegenstand amtlich verkaufen lassen.
II. Wirkung.
1. Verkauf
des Pfandes

Eine persönliche Forderung kann die Anstalt nicht geltend machen.

Materialien: VE 897 — E 903 — Erl II 341/342 — Prot ExpKom III 152/153 — Botsch **1** 86 — StenBull NR 1906, 720, 721 — StenBull StR 1906, 1430.
Lit.: Vgl. die Vorbemerkungen, N 1 vor Art. 907/908.

Übersicht

I. Wirkungen des Versatzpfandrechts: Allgemeines. — Das Gesetz **2** nennt als W i r k u n g vorweg die Befugnis der Versatzanstalt zur V e r -

w e r t u n g des Pfandgegenstandes (*Al. I*). Ergänzend spricht *Al. II* der Anstalt jede p e r s ö n l i c h e F o r d e r u n g gegen den Schuldner ab, und in Art. 911 wird als weitere Wirkung dem Berechtigten der Anspruch auf den bei der Verwertung erzielten Überschuß gewahrt.

3 A n d e r e W i r k u n g e n ergeben sich nach Maßgabe der Regelung des Faustpfandrechts aus den Art. 889 (Rückgabepflicht) — 890 (Haftung des Gläubigers; über die Pflicht zu sorgfältiger Aufbewahrung vgl. dort N 9 ff.) — 891 II (Umfang der Sicherung) — 892 (Umfang der Pfandhaft) — 893 (Rang) — 894 (Verfallsvertrag); für die Einzelheiten vgl. die Bemerkungen des Komm. zu diesen Bestimmungen. — Dazu kommen die im Gesetz nirgends besonders erwähnten Folgen der Rechtsstellung des Pfandgläubigers, wie z. B. das Recht auf Besitz und der Schutz hierin (Näheres vorn Art. 884 N 398 ff.), dann die Folgen aus dem obligatorischen Rechtsverhältnis zwischen Gläubiger und Verpfänder, wie die Pflicht zum Ersatz von Verwendungen des Gläubigers (Art. 890 N 15) oder zur Gewährleistung durch den Verpfänder (Art. 891 N 10). Über die Lage bei drohendem Schaden vgl. Art. 890 N 12, 21/22; Art. 891 N 16, 27 und *Ziegler* 70. Zur dogmatischen Würdigung dieser Grundsätze im allgemeinen vgl. noch Art. 890 N 4/5 und Art. 891 N 8. Nur ein kleiner Teil der angeführten Regeln wird freilich beim Versatzpfand praktische Bedeutung erlangen.

4 Das k a n t o n a l e R e c h t (Art. 915) auferlegt gelegentlich dem Gläubiger polizeirechtlich zusätzliche Pflichten, z. B. zur Versicherung der versetzten Gegenstände.

II. Verkauf des Pfandgegenstandes (Al. I)

5 A. W e s e n d i e s e r b e s o n d e r e n V e r w e r t u n g s a r t. — Bei den übrigen Erscheinungsformen des Fahrnispfandrechts erfolgt die Verwertung (Art. 891 I) gewöhnlich entweder mittels Zwangsvollstreckung (und hier in der Regel durch Betreibung auf Pfandverwertung) oder im Rahmen privater Verwertung (und dann vor allem durch freihändigen Verkauf). Demgegenüber erlaubt Al. I (auch SchKG 45) beim Versatzpfand ein abweichendes, eigenes Vorgehen: den a m t l i c h e n V e r k a u f. Er unterscheidet sich vom vorhin erwähnten freihändigen Verkauf durch die Mitwirkung eines amtlichen Funktionärs und von der Zwangsvollstreckung dadurch, daß keinerlei Verfahren gemäß dem Betreibungsrecht durchgeführt wird, namentlich keine Betreibung einschließlich eventueller Beseitigung des Rechtsvorschlags (SchKG 151 ff.; 74 ff., 79 ff.). Dieses besondere, das Versatzpfand privilegierende Vorgehen dient der Vereinfachung und Kostenersparnis und damit dem Vorteil beider Parteien.

6 B. V o r a u s s e t z u n g e n d e s V e r k a u f s. — Das Gesetz sieht

ihrer zwei vor, bei deren Fehlen die Veräußerung als eine eigenmächtige aufzufassen ist; die Versatzanstalt würde diesfalls nach Art. 890 II s c h a d e n -
e r s a t z p f l i c h t i g .

1. F e h l e n d e   A u s l ö s u n g   d e s   P f a n d g e g e n s t a n d e s auf **7**
den vereinbarten T e r m i n , m. a. W. die Nichtbefriedigung des Gläubigers
(Art. 891 I) infolge Nichtrückzahlung des dem Verpfänder gewährten Darlehens
im Zeitpunkt der Fälligkeit, zuzüglich der hinten Art. 911 N 3 aufgezählten
Nebenposten. — Der erwähnte Zeitpunkt kann sich statt aus der Vereinbarung
eines Termins (Art. 910 I) auch gemäß OR 318 bestimmen, oder das kantonale
Recht mag einen einheitlichen Fälligkeitstermin vorschreiben (z. B. sechs Monate seit der Hingabe des Darlehens). Die Auslösung darf bis zum Augenblicke
des Verkaufs erfolgen (Art. 912 I); doch muß die ganze, soeben umschriebene
Forderung der Versatzanstalt getilgt werden, einschließlich der für die Vorbereitung des Verkaufs bereits erwachsenen Kosten. Das kantonale Recht kann
auch vorsehen, daß die Auslösung am Tag des amtlichen Verkaufs und am
Vortag nur noch zum Ausrufpreis zulässig sei (so Reglement für die Pfandleihkasse der Zürcher Kantonalbank vom 5. Februar 1976 § 14). — Hat die Anstalt
von Art. 912 III Gebrauch gemacht, darf sie nicht vor Ablauf von 6 Monaten seit
Fälligkeit zur Verwertung schreiten. Diese Vorschrift ist so zu verstehen, daß bis
zu diesem Zeitpunkt die Möglichkeit der Auslösung mittels des Papiers nicht
durch Verwertung durchkreuzt werden darf (vgl. Art. 909 N 16).

2. V o r g ä n g i g e   ö f f e n t l i c h e   A u f f o r d e r u n g   z u r   A u s - **8**
l ö s u n g   d e s   P f a n d g e g e n s t a n d e s . — Daraus ergibt sich, daß die
Gewährung einer angemessenen Frist (sog. Karenzfrist) erforderlich ist. Das
kantonale Recht kann die Einzelheiten regeln, auch die Dauer dieser Frist bestimmen. Statt des Namens des Verpfänders genügt für die fragliche Publikation
die Angabe der Nummer des Versatzscheins oder der Periode, in der der Schein
ausgestellt wurde. Eine vor Eintritt der Fälligkeit ergehende Aufforderung ist
unbeachtlich.

C. V o r g e h e n   i m   e i n z e l n e n . — Das Verfahren wird vom k a n - **9**
t o n a l e n   R e c h t   geregelt. Dieses mag z. B. öffentliche Versteigerung
durch das Betreibungsamt vorschreiben, oder des näheren dem Verpfänder die
Befugnis einräumen, die Reihenfolge zu bestimmen, in der die verschiedenen,
von ihm für das nämliche Darlehen versetzten Gegenstände zu veräußern sind
(so zürcherisches EG zum ZGB § 209 I). — Die Maßnahmen des allenfalls in
Tätigkeit tretenden Betreibungsamtes unterliegen nicht der Beschwerde an das
Bundesgericht (SchKG 17 ff.; BGE 63 III 113).

Die Mitwirkung eines vom kantonalen Recht zu bestimmenden a m t l i c h e n **10**
F u n k t i o n ä r s ist unerläßlich (franz. Text: «faire vendre ... par les soins
de l'autorité compétente»). Ohne diese wäre die Veräußerung eine eigenmächtige

im Sinne des Art. 890 II und würde zu der dort geregelten Schadenersatzpflicht führen.

11 Der Verkauf selber ist ein p r i v a t r e c h t l i c h e r (OR 184 ff.); bei öffentlicher Versteigerung gelten die Bestimmungen OR 229 II ff. Die amtliche Mitwirkung macht die Veräußerung nicht zu einem öffentlichrechtlichen Akt; das Gesetz nötigt nicht zum gegenteiligen Schluß. Die Versatzanstalt tritt als Verkäuferin einer fremden Sache in eigenem Namen auf und wird dabei durch den amtlichen Funktionär vertreten. Die Verfügungsbefugnis der Anstalt ergibt sich sowohl aus dem Pfandvertrag wie aus dem Gesetz.

12 Sind die nach Art. 910 I verkauften Sachen einem früheren Besitzer a b - h a n d e n g e k o m m e n , so unterliegt der dritte Erwerber der Vindikation nach Art. 934 Al. I oder Al. II. Die Ausnahmebestimmung SchKG 108, wonach auch der freihändige Verkauf durch das Betreibungsamt, gleich wie die öffentliche Versteigerung, zum Anspruch auf eine Vergütung gemäß ZGB 934 II führt, ist unanwendbar, weil man im Falle des Art. 910 I ZGB keine Zwangsvollstreckung vor sich hat (gl. M. *Ziegler* 75; a. M. *Leemann* Art. 910 N 13). Die Versatzanstalt ist auch nicht «Kaufmann» im Sinne des Art. 934 II, so daß dem Erwerber nur im Falle einer öffentlichen V e r s t e i g e r u n g die erwähnte Vergütung zu zahlen ist.

13 Das Vorgehen nach Art. 910 I wird nicht dadurch ausgeschlossen, daß der Verpfänder (Pfandeigentümer) in den K o n k u r s gerät. SchKG 198, 232 Ziff. 4 und 219 I sind unanwendbar. Dagegen soll der Konkursverwaltung Anzeige erstattet werden, damit sie entweder den Pfandgegenstand auslösen (ZGB 912) oder den bei der Verwertung resultierenden Überschuß (Art. 911) zuhanden der Konkursmasse einziehen kann (*Ziegler* 92 ff.).

14 E i n r e d e n gegen den Bestand des Pfandrechts, der Forderung oder gegen die Vornahme der Verwertung muß der Verpfänder durch gerichtliche Klage geltend machen; er wird im summarischen Verfahren zunächst ein vorläufiges Verbot der Verwertung erwirken (vorn Art. 891 N 24). Das kantonale Recht kann ein besonderes Verfahren vorsehen (so Basel-Stadt, Gesetz vom 7. Dezember 1933 § 38).

15 Über den U m f a n g d e r S i c h e r u n g , m. a. W. die Frage, welche Forderungen der Versatzanstalt durch den Verkaufserlös gedeckt werden (entsprechend Art. 891 II), vgl. hinten Art. 911 N 3, 5.

16 ᵃ

17 **III. Keine persönliche Forderung gegen den Schuldner (Al. II).** — Wenn der Verkaufserlös (Al. I) nicht ausreicht, die Forderung der Versatzanstalt zu befriedigen, so folgt nicht, wie bei den anderen Arten des Fahrnis-

---

¹⁶ᵃ Die Ausführungen der Vorauflage an dieser Stelle sind gegenstandslos geworden.

pfandrechts, eine Haftbarkeit des Schuldners mit seinem ganzen Vermögen in Höhe des Ausfalls. Vielmehr besitzt die Versatzanstalt k e i n e p e r s ö n - l i c h e F o r d e r u n g auf Deckung des Ausfalls (Al. II; vgl. Art. 909 N 5a). Sie wird diesem Sachverhalt bei der Festsetzung der Belehnungshöhe Rechnung tragen. Die gesetzliche Lösung ist eines der auffallendsten Merkmale des Versatzpfandes. Die Beziehungen der Parteien sollen sich nach der Absicht des Gesetzes im wesentlichen in der Übergabe des Pfandgegenstandes gegen Auszahlung des Darlehens und, wenn keine Verwertung eintritt, in der Auslösung des Pfandes erschöpfen. Der Darlehensnehmer soll sich nicht zusätzlich verschulden (so auch P. V. im Jahresbericht 1978 der Genfer Caisse). Abreden, mit denen zusätzlich zum Versatzpfand eine persönliche Schuld für den Ausfall stipuliert wird, müssen deshalb als unzulässig gelten.

Die Ausfallforderung kann auch nicht mittels V e r r e c h n u n g gedeckt **18** werden, wohl aber kann sich im Rahmen des Art. 911 II unter Umständen eine Befriedigung der Anstalt ergeben: Wenn später der gleiche Schuldner einen a n d e r n G e g e n s t a n d versetzt, dieser verwertet wird und dabei ein größerer Betrag herausschaut, als zur Tilgung der zugehörigen Pfandsumme nötig ist; dann darf der bei der früheren Verwertung entstandene Ausfall vorweg gedeckt werden. Erst der hernach verbleibende Rest stellt den dem Verpfänder gemäß Art. 911 I abzuliefernden Überschuß dar (hinten Art. 911 N 9ff.). Unter Berücksichtigung dieser Regelung kann gesagt werden, daß sich nach Al. II Schuld und Haftung nicht decken.

Fehlt ein gültiges Pfandrecht, so besitzt die Versatzanstalt ungeachtet des **19** Al. II eine Forderung aus u n g e r e c h t f e r t i g t e r B e r e i c h e r u n g auf Rückzahlung des Darlehens (OR 62; vorn Art. 909 N 5).

Aus Al. II ist zu schließen, daß nach dem unverschuldeten U n t e r g a n g **20** d e s P f a n d g e g e n s t a n d e s keine persönliche Forderung gegen den Schuldner geltend gemacht werden darf. Die Anstalt kann aber auch hier gemäß Art. 911 II Deckung aus späteren Überschüssen erlangen.

Art. 911

2. Recht auf den
Überschuß

Ergibt sich aus dem Kauferlös ein Überschuß über die Pfandsumme, so hat der Berechtigte Anspruch auf dessen Herausgabe.

Mehrere Forderungen gegen denselben Schuldner dürfen bei Berechnung des Überschusses als ein Ganzes behandelt werden.

Der Anspruch auf den Überschuß verjährt in fünf Jahren nach dem Verkauf der Sache.

1 **Materialien:** VE 898 — E 904 — Erl II 341/342 — Prot Exp Kom III 153 — Botsch 86 — StenBull NR 1906, 720, 721 — — StenBull StR 1906, 1430.

Lit.: Vgl. die Vorbemerkungen, N 1 vor Art. 907/908.

Übersicht

2 **I. Recht des Verpfänders auf den Überschuß: Grundsatz und Durchführung (Al. I/III).** — Wird bei der V e r w e r t u n g des Pfandgegenstandes mittels des in Art. 910 I geregelten amtlichen Verkaufs ein Ü b e r s c h u ß über die Forderung der Versatzanstalt erzielt, so darf nicht die Anstalt ihn behalten, sondern er ist dem «Berechtigten» h e r a u s z u g e b e n (*Al. I*). Das selbe ergibt sich schon aus Art. 891 I (dort N 21) und indirekt aus Art. 894 (dort N 3). Wie der Verfall des Überschusses, ist — um so mehr — die Vereinbarung des Verfalls des Pfandgegenstandes, also der eigentliche V e r f a l l s v e r t r a g im Sinne des Art. 894, unzulässig. — Im einzelnen stellen sich folgende Fragen:

3 1. U m f a n g d e r S i c h e r u n g. — Gemäß Art. 891 II deckt das Versatzpfand den Kapitalbetrag der Darlehensforderung, die Vertragszinse, die Kosten der Verwertung mittels amtlichen Verkaufs (Art. 910 I) [a], die Verzugszinse. Das Gesetz bezeichnet alle diese Posten als P f a n d s u m m e (Erl II 341/342). Ein dem Berechtigten herauszugebender Ü b e r s c h u ß liegt erst vor, wenn der Erlös den Gesamtbetrag der aufgezählten Posten übersteigt. M. a. W.: Die Versatzanstalt kann den Erlös in Höhe dieser Posten für sich beanspruchen. — Für Einzelheiten vgl. vorn Art. 891 N 64 ff.

4 Das kantonale Recht kann für die Z i n s e Maximalansätze vorsehen (so

---

[a] Diese Kosten treten an die Stelle der in Art. 891 II erwähnten Betreibungskosten.

ausdrücklich VE 896 II, E 902 und bes. OR 73 II) [a]. Die Versatzanstalt mag die Zinse in der Weise bestimmen, daß der Schuldner verpflichtet wird, einen höheren Kapitalbetrag zurückzuzahlen, als er als Darlehen empfangen hat. Für die Verzugszinse gilt OR 104 II.

W e i t e r e als die aufgezählten Posten sind nicht gedeckt, z. B. eine Ein- **5** schreibegebühr oder eine Vergütung für die Aufbewahrung des Pfandgegenstandes. Eine besonders geartete Ausdehnung des Umfanges der Sicherung ergibt sich dagegen aus Al. II (nachstehend N 9 ff.).

2. P e r s o n d e s « B e r e c h t i g t e n ». — Der Überschuß gebührt **6** dem Pfandeigentümer, der gewöhnlich mit dem Verpfänder und Schuldner identisch ist [a]. Er legitimiert sich mit dem Versatzschein gemäß Art. 912 I bzw. 913 II oder ohne ihn gemäß Art. 912 II/III. Ist eine N a c h v e r p f ä n d u n g vorgenommen worden (vorn Art. 909 N 17), so ist der Überschuß dem nachgehenden Gläubiger zuzuweisen (vorn Art. 891 N 21; Art. 893).

3. D u r c h f ü h r u n g d e r H e r a u s g a b e. — Die Schuld der **7** Versatzanstalt auf Herausgabe des Überschusses ist eine H o l s c h u l d. Die Bestimmung OR 74 II Ziff. 1 ist angesichts der Sachlage unanwendbar (*Lenzen* 133, 229).

4. V e r j ä h r u n g d e s A n s p r u c h s a u f d e n Ü b e r s c h u ß. **8** — *Al. III* bestimmt statt der in OR 127 vorgesehenen zehnjährigen eine fünfjährige Verjährungsfrist, laufend vom Tage des Verkaufs (Art. 910 I) des Pfandgegenstandes an (vgl. *Spiro* § 327). — Das zürcherische EG zum ZGB

[4a] Die vier bestehenden Pfandleihanstalten dürfen maximal folgende Zinse berechnen: Zürich 1 % für den Monat (§ 203 EGzZGB); St. Gallen 1½ % per Monat bei Darlehen bis Fr. 50.—, bei größern Darlehen ebenfalls maximal 1 % per Monat (Gesetz über das Pfandleihgewerbe, Art. 9); Luzern 1 Rp. per Franken und per Monat für Darlehen bis Fr. 100.—, bei größern Darlehen 6 % Zins per Jahr und 1 % Provision (Gesetz betreffend die Handelspolizei, § 72); Genf kennt keine Maximalzinsen, da die Zinsfestsetzung der Genehmigung durch den Staatsrat unterliegt (Loi sur la caisse publique de prêts sur gages, Art. 17 Abs. 2 lit. c). Zu beachten ist auch das Interkantonale Konkordat über Maßnahmen zur Bekämpfung von Mißbräuchen im Zinswesen vom 8. Oktober 1957 (SR 221.121.1), das am 1. 1. 1979 in den Kantonen Bern, Zug, Freiburg, Schaffhausen, Waadt (mit Vorbehalt), Wallis, Neuenburg, Genf und Jura (Nachfolge) galt. Es behält in Art. 18 strengere kantonale Vorschriften — nach Konkordat wären maximal 1,5 %/Monat zulässig inkl. Kosten — und kantonale Vorschriften zum Faustpfandrecht vor. Genf stützt seine Loi sur les prêteurs professionnels, les prêts d'argent et l'octroi de crédits und das Règlement dazu u. a. auf dieses Konkordat ab.

[6a] Wie der Fortgang der Note schließen läßt, denkt *Oftinger* an den Fall, daß der Pfandgläubiger zugunsten des Darlehensschuldners versetzt und damit Vertragspartner der Anstalt wird (vorne Art. 910 N 23 a.A.). Dem ist zuzustimmen; nicht aber, wenn das ausgedehnt würde auf den Fall der Versetzung einer fremden Sache, doch im Namen des Darlehensschuldners (vorne Art. 910 N 23 gegen Ende), selbst wenn die Anstalt davon Kenntnis hätte. «Berechtigter» im Sinne von Al. I (wie auch von Art. 912) ist der Vertragspartner der Anstalt bzw. der legitimierte Papiervorweiser.   R. B.

210 weist den nicht herausverlangten Betrag nach Ablauf der Verjährungsfrist dem Armengut der Gemeinde zu, was nicht bundesrechtswidrig ist, weil die Kantone nach Art. 915 auch zivilrechtliche Vorschriften erlassen dürfen (a. M. *Ziegler* 87). — Ohne solche Vorschrift verbleibt der Überschuß der Versatzanstalt.

9   **II. Berechnung des Überschusses gemäß Al. II.** — Art. 910 II zeitigt für die Versatzanstalt die Gefahr von Verlusten, weil sie keine aus der Verwertung resultierende persönliche Ausfallforderung geltend machen kann. Al. II will hierfür aus Billigkeitsgründen einen Ausgleich schaffen, falls später n e u e r l i c h   e i n e   V e r w e r t u n g   eintritt: Zu der g e g e n w ä r t i g e n (bei der jetzigen Verwertung zu veranschlagenden) Forderung auf Tilgung der P f a n d s u m m e[a] dürfen die ungedeckt gebliebenen A u s f a l l f o r d e - r u n g e n   a u s   f r ü h e r e n   V e r w e r t u n g e n[b] hinzugezählt werden (franz. Text: «additionnées pour le calcul de l'excédent»). Erst wenn h e r - n a c h   noch ein   Ü b e r s c h u ß   bleibt, muß er gemäß Al. I herausgegeben werden. Die Bestimmung fand sich in den Entwürfen noch nicht (StenBull NR 1906, 718 und 720 sowie 721; StR 1906, 1430). — Die frühere Ausfallforderung kann bis zu ihrer Verjährung (OR 127/128) herangezogen werden.

10   Al. II ist in erster Linie anwendbar, wenn der Schuldner aus den verschiedenen Darlehen der   g l e i c h e   ist. Ist ein   D r i t t e r   E i g e n t ü m e r   d e s P f a n d e s , welches einen Überschuß gebracht hat, findet eine Zusammenrechnung mit früheren Ausfällen beim gleichen Darlehensschuldner nur statt, wenn letzterer in eigenem Namen verpfändet hat, nicht aber, wenn der Pfandeigentümer gegenüber der Anstalt zugunsten des Dritten (Darlehensempfänger) abgeschlossen hat. A. M. *Oftinger* in der Vorauflage, welcher dem mit dem Darlehensnehmer nicht identischen Pfandeigentümer offenbar auch den ersten Fall nicht zumuten will (vgl. noch Fußnote 6 a). M. E. ist der erste Fall eine rein interne Angelegenheit zwischen dem verpfändenden Darlehensnehmer und dem Pfandeigentümer. — Dagegen muß ein   n a c h g e h e n d e r   P f a n d - g l ä u b i g e r   (Art. 886, 903; vorn Komm. Art. 909 N 22) die Inanspruchnahme des Pfandwerts gemäß Al. II dulden.

11   Die Vorschrift Al. II gibt der Versatzanstalt nicht das Recht, wenn der Verpfänder den   P f a n d g e g e n s t a n d   a u s l ö s e n   will (Art. 912), wegen früherer ungedeckter Ausfallforderungen die   R ü c k g a b e   z u   v e r -

---

[9a] Begriff: vorstehend N 3.

[9b] Der Wortlaut von Al. II spräche eher für Gleichzeitigkeit mehrerer Geschäfte. Ob das Kriterium die Gleichzeitigkeit der Verwertungen wäre, bleibe offen; sie wäre von der Anstalt mangels vorgeschriebenen Endtermins der Verwertung weitgehend manipulierbar. Soll das Al. II einen einigermaßen ins Gewicht fallenden Effekt zeigen, muss als sein guter Sinn gelten, was im Text ausgeführt.

w e i g e r n. Sondern die Bestimmung bezieht sich lediglich auf den Erlös, ist also nur anwendbar, wo eine V e r w e r t u n g durchgeführt worden ist. Ein R e t e n t i o n s r e c h t steht der Anstalt mangels einer mit dieser Art von Pfandrecht zu sichernden Forderung und wegen Fehlens der Konnexität nicht zu (Art. 910 II/895 I).

Die Anwendung des Al. II erfordert in praxi, daß der Versatzanstalt die **12** I d e n t i t ä t d e s K u n d e n, der mehrmals bei ihr Gegenstände versetzt, bekannt geworden und in Erinnerung geblieben ist (dazu *Rossel* n° 1691).

Art. 912

Das Pfand kann von dem Berechtigten gegen Rückgabe des Ver- III. Auslösung
satzscheines ausgelöst werden, solange der Verkauf nicht statt- des Pfandes
gefunden hat. 1. Recht auf
Auslösung

Kann er den Schein nicht beibringen, so ist er nach Eintritt der Fälligkeit zur Auslösung des Pfandes befugt, wenn er sich über sein Recht ausweist.

Diese Befugnis steht dem Berechtigten nach Ablauf von sechs Monaten seit der Fälligkeit auch dann zu, wenn die Anstalt sich ausdrücklich vorbehalten hat, das Pfand nur gegen Rückgabe des Scheines auszulösen.

Materialien: VE 899 — E 905 — Erl II 342 — Prot ExpKom III 154 — Botsch 86 — **1** StenBull NR 1906, 720, 721 — StenBull StR 1906, 1430.

Lit.: Vgl. die Vorbemerkungen, N 1 vor Art. 907/908.

Übersicht

I. Auslösung des Pfandgegenstandes: Grundsätzliche Befugnis des 2 Verpfänders (Al. I). — Die Vorschrift Al. I gibt «dem Berechtigten» die wichtige Befugnis, j e d e r z e i t (E 905 I) die S c h u l d gegenüber der Versatzanstalt z u t i l g e n und den P f a n d g e g e n s t a n d h e r a u s - z u v e r l a n g e n, solange der Verkauf (Art. 910 I) nicht vollzogen ist. Der vereinbarte Fälligkeitstermin (oder der sich aus gesetzlicher Vorschrift ergebende, vgl. vorn Art. 910 N 7) braucht somit nicht abgewartet zu werden, obwohl die Versatzanstalt hieran wegen des Zinsenlaufs ein Interesse hätte. Mit dem Zugeständnis der jederzeitigen Rückzahlung weicht die Vorschrift Al. I ab von derjenigen des Art. 81 I OR, welche angesichts der Zinspflicht des Verpfänders die vorzeitige Rückzahlung versagen würde. Als kleine Korrektur kann die Anstalt gemäß Art. 913 I den Zins für den ganzen laufenden Monat verlangen (vgl. noch *Spiro* § 327, bes. N 2).

3 A u s l ö s u n g des Pfandgegenstandes bedeutet die Geltendmachung des Anspruchs auf Rückgabe (Art. 889) gegen Bezahlung der Pfandsumme, d. h. der sämtlichen vorn Art. 911 N 3 aufgezählten Posten: Kapitalbetrag, Vertrags- und Verzugszins, Kosten für die Vorbereitung des amtlichen Verkaufs. Mittels der Auslösung läßt sich die V e r w e r t u n g durch amtlichen Verkauf vermeiden (Art. 910 I). Die Pflicht zur Rückgabe ist eine H o l s c h u l d. Die Versatzanstalt kann nicht wegen der Ansprüche aus anderen Versatzpfändern ein R e t e n t i o n s r e c h t ausüben (vorn Art. 911 N 11).

4 Die Auslösung der Pfandgegenstände erfolgt, verglichen mit der Verwertung (Art. 910 I), durchaus nicht selten[a].

5 Nicht nur der Schuldner, sondern auch ein D r i t t e r k a n n d i e R ü c k - z a h l u n g vornehmen, z. B. ein vom Schuldner verschiedener Pfandeigentümer oder ein nachgehender Pfandgläubiger (OR 68, vgl. OR 110). Die Berechtigung zur Inempfangnahme des Gegenstandes hängt von den besondern, nachstehend N 7 ff. angestellten Überlegungen ab.

6 Aus der Gegenüberstellung der Al. I und II läßt sich ableiten, daß die Herausgabe des Pfandgegenstandes *vor* der F ä l l i g k e i t die Rückgabe des V e r s a t z s c h e i n s voraussetzt (vorne Art. 909 N 16). *Nach* der Fälligkeit kann die Herausgabe nach Maßgabe der Al. II und III auch ohne Versatzschein erwirkt werden (vgl. die nachstehenden Bemerkungen). Darnach und auf Grund der eventuell noch zu prüfenden materiellen Berechtigung entscheidet sich, wer «B e r e c h t i g t e r» im Sinne des Al. I ist und als solcher den Pfandgegenstand in Empfang nehmen darf (darüber nachstehend N 14).

7 **II. Legitimation des Auslösenden (Al. II und III). —** Während Al. I vor allem den Grundsatz der jederzeitigen Auslösung bzw. Rückgabepflicht

---

[4a] So standen 1978 13 817 Rückzahlungen mit einem Totelbetrag von rund 7,3 Mio. Franken nur 878 Versteigerungen mit einer Totalsumme von gut 300 000 Franken gegenüber. In Luzern war 1978 die Summe der Wiedereinlösungen in Franken gut 9mal so groß wie die der Verwertungen. In Genf standen 2400 Rückzahlungen von total 1,1 Mio. Franken nur 368 Verwertungen mit 175 000 Franken Erlös (bei einer zu deckenden Darlehenssumme von nur 76 000 Franken!) gegenüber. Die Genfer Statistik zeigt auch die Aufgliederung nach Darlehenssumme: gut 35 % aller verwerteten Pfänder deckten Darlehen bis zu 50 Franken, weitere 20 % solche bis zu 100 Franken, 33 % solche zwischen 101 und 500 Franken und fast 10 % solche bis 5000 Franken. Nur ein Pfand mußte über 5000 Franken einbringen, nämlich 6500 Franken.

festlegt, regeln die *Al. II* und *III* die F r a g e ,   w i e   der die Auslösung An-
strebende seine L e g i t i m a t i o n   z u r   I n e m p f a n g n a h m e   d e s
P f a n d g e g e n s t a n d e s   darzutun habe, und welches hierbei die R o l l e
d e s   V e r s a t z s c h e i n s   sei. Drei Fälle sind zu unterscheiden:

1. *Vor* Eintritt der F ä l l i g k e i t   ist die Vorlegung und Rückgabe des **8**
V e r s a t z s c h e i n s   unerläßlich (Al. II in Verbindung mit Al. I); vorstehend N 6.

2. *Nach* Eintritt der Fälligkeit kann derjenige, der die Pfandsumme bezahlt, **9**
oder für den sie bezahlt wird, die Herausgabe auch o h n e   B e i b r i n g u n g
d e s   V e r s a t z s c h e i n s   erwirken, «wenn er sich [sonst] über sein Recht
ausweist» (Al. II). Diesen Ausweis erbringt er mit den üblichen Mitteln: Vorlage
der Vertragsurkunde oder der Quittung über den seinerzeitigen Ankauf der versetzten Sache, Zeugen u. a. m. Doch genügt schon die Berufung auf den Eintrag
im Register der Versatzanstalt (Pfandleihbuch; so *Wieland* zu Art. 912). Nach
erfolgter Zession des Herausgabeanspruchs des Verpfänders hat der Zessionar
die entsprechenden Unterlagen vorzuzeigen (OR 165 I, 170 II). Ist die Zession
der Versatzanstalt nicht angezeigt worden, so läuft der Zessionar Gefahr, daß
sie gutgläubig dem Zedenten den Pfandgegenstand herausgibt, bevor er selber
die Herausgabe verlangt (OR 167; *Ziegler* 105/106).

Der Erstberechtigte oder ein ausgewiesener Zessionar brauchen nicht den **9a**
Beweis zu leisten, daß sie den Anspruch n i c h t   w e i t e r z e d i e r t   haben;
ein Beweis, der unmöglich ist, wenn man als Sinn des Gesetzes weiter annehmen
muß, es brauchten keine glaubhaften Angaben gemacht zu werden, warum das
Papier nicht beigebracht werde. (Bei einem ungeschwächten Namenpapier bedeutet das Nichtvorweisenkönnen unwiderleglich die Nichtberechtigung;
Amortisation vorbehalten; vgl. Art. 909 N 16.) Ein Verdacht der Anstalt, so
muß aus der ganzen Ordnung geschlossen werden, würde einen im übrigen
gelungenen Nachweis (und damit die Befreiung der Anstalt) nicht verhindern;
auch nicht bei einem triftigen Verdacht. Das Gesetz geht davon aus, die Weiterverfügung über die Rechte des Verpfänders sei zwar möglich, doch nicht besonders zu schützen (bloß die Frist von Al. II mit kurzer Verlängerung bei
ausdrücklicher Wertpapierklausel gemäß Al. III schützt prekär den Erwerber).
Höher als Sicherheit des Verkehrs wird gewertet, daß das Versetzen typischerweise ein Geschäft des «kleinen Mannes» ist, bei dem der Papierverlust eher auf
Unsorgfalt als auf Weiterverfügung hindeutet, und der darauf angewiesen ist,
ohne komplizierte Verfahren wieder auslösen zu können. Anders nur, wenn die
Anstalt sichere Kenntnis der Weiterverfügung — somit auch des Zessionars —
hat; dann ist dies einer Notifikation gleichzusetzen (vgl. Art. 906 N 23 a), und
es liegt Fall 3 der nachfolgenden N 9 b vor. — Dem Erwerber eines Versatzscheins ist daher eine Notifikation an die Anstalt dringend zu empfehlen, sofern
er nicht vor Ablauf der Fristen von Al. II/III auszulösen beabsichtigt.

9 b Die eigentümliche gesetzliche Ordnung wirft weiter die Frage des R a n g s der beiden Legitimationsmöglichkeiten auf. So viel ist allerdings sicher: 1. Wird der Versatzschein vorgewiesen, befreit sich die Anstalt, soweit hinten N 14 zutrifft; dies zu jeder Zeit. 2. Kann sich nach Ablauf der Fristen von Al. II/III ein «Berechtigter» ausweisen, wird die Anstalt ebenfalls befreit, wenn soeben N 9/9 a zutreffen. Das Gesetz läßt dagegen unklar, wie es zu halten sei, 3. wenn nach Ablauf der Fristen von Al. II/III doch v o r Befreiung s o w o h l ein Papierinhaber auftritt (oder eine Notifikation nach OR 167 oder ZGB 900 II, allenfalls 903, eingetroffen ist) a l s a u c h ein «Berechtigter» einen den Grundsätzen von N 9/9a genügenden Nachweis leistet. Hier geht der Erstere vor, wenn seine Legitimation als einwandfrei erscheint. Bei ernsthaften Zweifeln im Sinne von OR 966 II hat die Anstalt die Leistung beiden Prätendenten zu verweigern und deren Streit abzuwarten, allenfalls zu hinterlegen (OR 168). Dies insbesondere, wenn der «papierlose Berechtigte» den gültigen Erwerb durch den Papiervorweiser bestreitet. Entsprechend ist mit dem Papiervorweiser zu verfahren, wenn der Verpfänder der Anstalt den Papierverlust angezeigt hat (Art. 913 N 8). — In diesen Fällen, in welchen stets ein Dritter das Papier vorweisen kann, endet die in N 9 a geschilderte ratio legis.

10 Wird der Versatzschein vorgewiesen, erfolgt die Auslösung nur gegen die Rückgabe des Scheines (Art. 912 I).

11 3. Als eine Besonderheit des Tatbestandes von Al. II sieht Al. III folgendes vor: Hat die Versatzanstalt sich bei der Verpfändung ausdrücklich — mittels einer entsprechenden Vertragsklausel — v o r b e h a l t e n, das P f a n d n u r g e g e n R ü c k g a b e d e s V e r s a t z s c h e i n s auszuhändigen, so muß sie während sechs Monaten, von der Fälligkeit an gerechnet, die Auslieferung des Gegenstandes verweigern, wenn der Schein nicht beigebracht wird. Hernach muß sie das Pfand ungeachtet ihres Vorbehalts herausgeben, sofern der in Al. II verlangte Beweis der Berechtigung erbracht wird. Dazu vorn Art. 909 N 16. Al. III will dem Berechtigten das ihm in Al. II verliehene Recht auf Auslieferung des Pfandgegenstandes ohne Rückgabe des Versatzscheines selbst dort wahren, wo eine Präsentationsklausel ins Papier aufgenommen worden ist. Das Gesetz rechnet damit, daß die Versatzscheine häufig verlorengehen und will der Versatzanstalt die Möglichkeit nehmen, die Herausgabe der Pfandgegenstände dauernd zu verweigern (*Rossel* n° 1693) oder eine zeitraubende Amortisation zu verlangen.

12 K a n n jedoch der Versatzschein beigebracht werden, muß er ungeachtet der Vorschrift Al. III eingelöst werden (Al. I).

13 Al. III ist u n r i c h t i g r e d i g i e r t: das letzte Wort sollte «herauszugeben» statt «auszulösen» heißen, oder — unter Beibehalten der Vorstellung, es werde mittels Papierpräsentation ausgelöst — weniger schön: «auslösen zu lassen».

Die Präsentation des Versatzscheins («... gegen Rück- **14** gabe des Versatzscheines ...») weist die Berechtigung allein nicht aus. Wie in Art. 909 N 16/16 a ausgeführt, ist der Versatzschein zwar ein Wertpapier[a], doch ein Namenpapier. Daher gilt für die Legitimation keine spezifisch wertpapierrechtliche, sondern die allgemein obligationenrechtliche (insbesondere zessionsrechtliche) Ordnung, doch vereinfacht durch die Präsentation: Weist die im Papier genannte Person (wenn unbenannt: die in den Büchern der Anstalt vermerkte Person) das Papier vor, darf die Anstalt die (noch bestehende) Berechtigung annehmen; desgleichen, wenn jemand das Papier, begleitet von einer bis zu ihm reichenden Zessionenkette, vorweist; vorbehalten grobe Fahrlässigkeit der Anstalt (OR 966 II). Vgl. im einzelnen *Jäggi* OR 966 N 74 ff. — Die Einlösung ohne Versatzschein nach Ablauf der Fristen von Al. II bzw. III geschieht ohne diesen Beweisvorteil aus der Papierpräsentation (vorne N 9), und die Anstalt untersteht hinsichtlich ihres guten Glaubens dem Art. 167 OR (vgl. aber vorne N 9 a/9 b). Daß die Anstalt sich derart befreien kann, obwohl der Versatzschein noch in Händen eines Berechtigten sein könnte (vgl. vorne N 9 a), ist die in Art. 909 N 16 hervorgehobene, wertpapierrechtliche Schwäche des Versatzscheins. — Weist der Versatzschein die einfache Inhaberlegitimationsklausel auf (Art. 913 II; Art. 909 N 16 a), darf die Anstalt den Vorweiser schlechthin als Berechtigten anerkennen; vorbehalten wiederum böser Glaube (Art. 913 II a. E.; darüber Art. 913 N 7: ist OR 966 II zu assimilieren). Andernfalls gilt, was oben zum Fall der Vorweisung eines Namenpapiers gesagt.

Al. II will die Amortisation des Versatzscheins vermeiden (StenBull NR 1906, **15** 721, StR 1906, 1430; *Lenzen* 197); vgl. vorne N 9 a. Die Anstalt darf nicht statt dessen die Amortisation verlangen (wohl auch *Jäggi* OR 965 N 296: «an die Stelle»; a. M. *Oftinger* in der Vorauflage, unter Hinweis auf OR 90, weil er die Wertpapiernatur ablehnt; nach der hier, Art. 909 N 16, vertretenen Wertpapiernatur wird OR 977 ersetzt). Dasselbe gilt im Falle von Al. III sowie bei Versatzscheinen mit einfachen Inhaberlegitimationsklauseln (Art. 913 II)[a].

Die gleichen Regeln, die nach Art. 912 für die Rolle des Versatzscheins **16** (bzw. für sein Fehlen, Al. II/III) bei der Herausgabe des Pfandgegenstandes gelten, treffen auch zu auf die Herausgabe des Überschusses, der bei der Verwertung erzielt worden ist (Art. 911 I und dort N 6 mit Fußnote). Das selbe gilt für die Rückgabe von Gegenständen, die frei werden, weil ihr Verkauf zur Deckung der Pfandsumme nicht erforderlich war.

[14a] Anders der Ausgangspunkt von Oftinger in der Vorauflage.
[15a] Betreffend Inhaber- und Ordrepapiere vorne Art. 909 FN 16c.

Art. 913

Die Anstalt ist berechtigt, bei jeder Auslösung den Zins für den ganzen laufenden Monat zu verlangen.

Hat die Anstalt sich ausdrücklich vorbehalten, das Pfand gegen Rückgabe des Scheines an jedermann herauszugeben, so ist sie zu dieser Herausgabe befugt, solange sie nicht weiß oder wissen sollte, daß der Inhaber auf unredliche Weise in den Besitz des Scheines gelangt ist.

1   **Materialien:** VE 900 — E 906 — Erl II 342/343 — Prot ExpKom III 154 — Botsch 86 — StenBull NR 1906, 720, 721 — StenBull StR 1906, 1430.

   Lit.: Vgl. die Vorbemerkungen, N 1 vor Art. 907/908.

Übersicht

2   **I. Rechte der Versatzanstalt bei der Auslösung des Pfandgegenstandes: Zinsberechnung (Al. I).** — Die Versatzanstalt darf den Z i n s für ihr Darlehen jeweils f ü r d e n g a n z e n l a u f e n d e n M o n a t veranschlagen, auch wenn die Auslösung bereits im Verlaufe des fraglichen Monats erfolgt. Das gilt, gleichgültig, ob sich die Auslösung vor oder nach der Fälligkeit vollzieht (Art. 912 I/II); tritt sie vorher ein, dann liegt in der Erlaubnis, den Zins für den ganzen Monat zu verlangen, ein gewisser Ausgleich für den der Anstalt zugefügten Zinsverlust (vorn Art. 912 N 2; *von Tuhr/Peter* § 10 N 18). Entgegen *Ziegler* 37 und *Leemann* Art. 913 N 1 ist anzunehmen, daß die Vorschrift nur die Vertragszinse, nicht die Verzugszinse erfaßt. Doch ist die Frage dann gegenstandslos, wenn dem Verpfänder, dem die Rückzahlung nicht möglich ist, das Darlehen in der Praxis oft erneuert wird. Damit läuft der vertragliche Zins weiter. Ferner scheinen die Anstalten das Risiko des Verzugs als durch den Vertragszins zum voraus gedeckt zu betrachten, worauf sie keinen besonderen Verzugszins verlangen[2a].

3   Der «l a u f e n d e M o n a t» dauert nicht bis zu seinem kalendarischen Ende, sondern es ist der «Darlehensmonat» gemeint, und er berechnet sich gemäß folgendem Beispiel: Begründung des Versatzpfandes am 15. Juni; Aus-

[2a] Das Reglement für die Pfandleihkasse der Zürcher Kantonalbank vom 5. Februar 1976 sieht hingegen für Erneuerung oder Rückzahlung nach Verfall die Verrechnung von Gebühren vor (§ 10 II, 16).

lösung am 10. August; Zinsberechnung bis zum 15. August (vgl. OR 77 I Ziff. 3). — Die Erstreckung des Zinses auf den ganzen laufenden Monat ist eine hergebrachte Eigentümlichkeit des Pfandleihgewerbes, wie überhaupt die Festsetzung der Zinse nach Monaten, statt nach einem Jahressatz.

Über die Z i n s m a x i m a vgl. vorn Art. 911 N 4.   4

II. Legitimationsklausel (Al. II). — Die Vorschrift *Al. II* erlaubt[a] der 5
Versatzanstalt, in Gestalt eines a u s d r ü c k l i c h e n V o r b e h a l t s in den Pfandvertrag eine einfache Inhaberlegitimationsklausel aufzunehmen: Das ist die Einräumung der B e f u g n i s, den Pfandgegenstand jedem Inhaber (Vorweiser) des Versatzscheins mit befreiender Wirkung herauszugeben. Vgl. im einzelnen Art. 909 N 16/16a, Art. 912 N 14. Die Klausel vereinfacht die Geschäftsabwicklung der Anstalt und vermindert erheblich die Gefahr, daß sie wegen der Aushändigung des Pfandgegenstandes an einen Unberechtigten schadenersatzpflichtig wird. Aus der Legitimationsklausel ergibt sich ferner, daß der Rechtsnachfolger des Verpfänders die Übertragung des Rechts auf ihn nicht darzutun braucht, wenn dies von der Anstalt nicht verlangt wird.

Diese Klausel kann mit gleicher Wirkung dem Namenversatzschein wie dem 6

[5a] Folgende Erlasse verlangen die N e n n u n g d e s N a m e n s d e s V e r p f ä n d e r s :
— Luzern, Gesetz betreffend die Handelspolizei vom 30. Januar 1912, §§ 71 und 73.
— Basel-Stadt, Gesetz über das Hausierwesen ... vom 7. Dezember 1933, §§ 31 und 33.
— Schaffhausen, Verordnung betreffend die Pfand-, Leih- und Rückkaufsanstalten vom 23. August 1879, Art. 5.
— Thurgau, Gesetz betreffend die Pfandleihanstalten vom 24. Januar 1886, §§ 3 und 5.
— Neuenburg, Loi sur les prêteurs sur gage et les fripiers vom 15. Februar 1883, Art. 8.
— Genf, Loi sur la caisse publique de prêts sur gages vom 22. Juni 1929, Art. 10: «Les reconnaissances sont nominatives».

Weitergehende Regelungen:
— *Zürich*, Reglement für die Pfandleihkasse der Zürcher Kantonalbank vom 5. Februar 1976, § 12: «Die Auslieferung der Pfandgegenstände erfolgt gegen Rückgabe des Versatzscheines. Die Pfandleihkasse ist berechtigt, den Vorweiser eines Versatzscheines als zur Auslösung von Pfandgegenständen legitimiert zu betrachten. Sie ist berechtigt, aber nicht verpflichtet, zu prüfen, ob der Vorweiser in rechtmäßigem Besitz des Versatzscheines sei.»
— *Basel-Stadt:* Gesetz über das Hausierwesen ... vom 7. Dezember 1933, § 33: (Abs. 2) «Die Einlösung des Pfandes geschieht gegen Abgabe dieses Scheines.»
  (Abs. 3) «Zur Ausübung der Rechte des Verpfänders ist dem Pfandleiher und Dritten gegenüber der Inhaber des Pfandscheines berechtigt, sofern jene Personen nicht wissen oder wissen sollten, daß der Inhaber auf unredliche Weise in den Besitz des Scheines gelangt ist.»
— *Waadt:* Loi du 19 mai 1920 sur l'exercice des professions de prêteur sur gage et de marchand fripier, Art. 14 Ziff. 10: im Geschäftsregister muß, le cas échéant, vermerkt werden «le fait, que la reconnaissance vaut comme titre à ordre ou au porteur». Art. 15: verlangt die Namensangabe im Versatzschein nicht, aber (s'il y a lieu) die Ordre- oder Inhaberklausel; Abs. 2 lautet dann: «Elle peut être créée à ordre ou au porteur.»

unbenannten Versatzschein angefügt werden. Macht die Anstalt von ihr keinen Gebrauch, wenn ihr der Schein vorgewiesen wird, gilt dasselbe wie für einen Versatzschein ohne solche Klausel (Art. 909 N 16 a, Art. 912 N 14). — Wie *Oftinger* in der Vorauflage richtig ergänzt, könnte die Klausel auch einem Ordre-Versatzschein beigegeben werden; vgl. dazu aber die Fußnoten 16 b/16 c zu Art. 909.

7 Die Anstalt befreit sich auf Grund der einfachen Inhaberlegitimationsklausel bloß, «solange sie nicht weiß oder wissen sollte, daß der Inhaber auf unredliche Weise[a] in den Besitz des Scheines gelangt ist» (Al. II a. E.). *Oftinger* in der Vorauflage verweist auf ZGB 3, will daraus aber nicht die Relevanz auch geringen Verschuldens ableiten. Er betont vielmehr, man dürfe die Sorgfaltspflicht nicht überspannen, ansonst die Klausel wenig nütze, und zitiert Erl II 343, wonach nur «grobe Nachlässigkeit» schade. Dem ist um so mehr beizustimmen, wenn in dieser Auflage von der Wertpapiernatur des Versatzscheins ausgegangen wird (Art. 909 N 16). Für alle Wertpapiere gilt die Beschränkung auf «Arglist oder grobe Fahrlässigkeit» in der jüngeren Vorschrift OR 966 II[b], und richtigerweise muß auch die Formel «in gutem Glauben» in OR 976 (für den genau gleichen Tatbestand wie den hier vorliegenden, vgl. Art. 909 N 16 a a. E.) so verstanden werden (*Jäggi* OR 976 N 48).

8 Auch ein Versatzschein mit Legitimationsklausel untersteht den Vorschriften des Art. 912 Al. II und III: nach der dort umschriebenen Maßgabe kann der «Berechtigte» die H e r a u s g a b e d e s P f a n d g e g e n s t a n d e s o h n e V o r l e g u n g d e s S c h e i n s erwirken. Doch besteht die Gefahr, daß die Anstalt schon vorher einem (unbefugten) Vorweiser des Scheins gemäß Al. II den Gegenstand ausgeliefert hat; sie ist befreit, sofern sie dabei gutgläubig war. Näheres Art. 912 N 9, 9 a, 9 b. Ihr guter Glaube wird zerstört und die Herausgabe an einen Unberechtigten verhütet, wenn der Berechtigte den V e r l u s t oder das sonstige Abhandenkommen des Scheins der Anstalt a n z e i g t (Art. 912 N 9 b a. E.)[a]. Einzelne Anstalten verfügen über eigene Formulare für solche Verlustanzeigen.

[7a] Franz. Text: «d'une manière illicite».

[7b] Nicht zu übertragen ist hingegen die bei *Jäggi* OR 966 N 150 erwähnte Einschränkung auf liquide Einwendungen gegen die Berechtigung des Vorweisers. Dies rechtfertigt sich nur beim (vollen) Inhaber- und Ordrepapier, wo der Wertpapieraussteller v e r s p r o c h e n hat, auf die formelle Legitimation abzustellen, nicht bei der einfachen (als Befugnis v o r b e h a l t e n e n) einfachen Inhaberlegitimationsklausel.

[8a] Vgl. § 13 Al. I und V des Reglementes für die Pfandleihkasse der Zürcher Kantonalbank vom 5. Februar 1976: «Ist dem Verpfänder der Versatzschein abhanden gekommen, so hat er der Pfandleihkasse hievon sofort schriftlich Kenntnis zu geben. Diese sperrt die Pfänder und händigt einen Verlustschein aus.» — «Wird der als vermißt gemeldete Versatzschein von dritter Seite vorgewiesen, so ist die Pfandleihkasse berechtigt, die Herausgabe der Pfänder während zehn Tagen zu verweigern, um dem Entlehner die Möglichkeit zu verschaffen, eine gerichtliche Sperre zu erwirken.»

Art. 914

Der gewerbsmäßige Kauf auf Rückkauf wird dem Versatzpfande gleichgestellt.

Materialien: VE 901 — E 907 — Erl II 343 — Prot ExpKom III 154/155 — Botsch 87 — **1**
StenBull NR 1906, 720 — StenBull StR —.
Lit.: Vgl. die Vorbemerkungen, N 1 vor Art. 907/908.

Übersicht

I. Kauf auf Rückkauf als versteckte Pfandleihe: Allgemeines. — 2

Ein Kauf auf Rückkauf (pacte de réméré) ist geeignet, wirtschaftlich das Ziel eines Versatzpfandes zu erreichen: Der Pfandleiher «kauft» seinem geldbedürftigen Kunden einen Gegenstand ab; die Zahlung des «Kaufpreises» vertritt die Auszahlung der Darlehenssumme; der von Anfang an vorbehaltene «Rückkauf» durch den Darlehensnehmer führt zur Rückzahlung des Darlehens, wobei der jetzige «Preis» erheblich höher sein wird als der vom Pfandleiher bezahlte «Kaufpreis», weil der Zins dazugeschlagen ist. Der Kauf auf Rückkauf ist der schon im Mittelalter beschrittene und auch von der Gesetzgebung anderer Länder verpönte Weg zur Verschleierung des Pfandleihgeschäftes (*Lenzen* 6/7, 62). Vgl. noch *Liver* SPR V 1, § 31 IV 1 und 4; *Spiro* § 391 N 22.

II. Anwendung auf die Versatzanstalten. — Tätigt eine Versatz- 3

anstalt mit Bewilligung (Art. 907 I) gewerbsmäßig den Kauf auf Rückkauf, so begeht sie eine unzulässige (und je nach dem kantonalen Recht polizeirechtlich verbotene) Umgehung der Bestimmungen über das Versatzpfand; und im Einklang mit der allgemeinen Regel, wonach die *in fraudem legis* umgangene Vorschrift anzuwenden sei, ordnet Art. 914 an, daß das Geschäft den Vorschriften über das Versatzpfand untersteht: Der Kauf auf Rückkauf als solcher ist nichtig, und die Bestimmungen über das Versatzpfand gelten an seiner Stelle als «zwingend-ergänzendes Recht»[a]. Da-

[a] Hierüber allgemein: *Lautner*, Die kriegswirtschaftliche Preiskontrolle in der Schweiz (Zürich 1950) 91.

durch wird namentlich verhütet, daß der Gläubiger den Pfandgegenstand privat veräußern darf, statt ihn gemäß Art. 910 I amtlich zu verkaufen, oder daß er ihn für verfallen behandelt (entgegen Art. 894), oder den Erlös ganz für sich behält (abweichend von Art. 911 I).

4   **III. Sonstiger Anwendungsbereich der Vorschrift.** — Soweit die Versatzanstalten anlangend (soeben N 3), ist der Sinn des Art. 914 gewiß; im übrigen aber erscheint seine Tragweite unklar[a]:

5   1. Ist die Bestimmung l e d i g l i c h auf die mit einer Bewilligung gemäß Art. 907 I versehenen V e r s a t z a n s t a l t e n anwendbar? So entscheiden *Ziegler* 96 und *Leemann* Art. 914 N 2; nicht schlüssig Erl II 343. — Diesfalls blieben die Käufe auf Rückkauf anderer als gewerbsmäßiger Darleiher zivilrechtlich gültig, selbst wenn sie polizeirechtlich verboten wären.

6   2. Oder: ist die Bestimmung auch auf a n d e r e D a r l e i h e r anwendbar, die gewerbsmäßig den Kauf auf Rückkauf betreiben? Das ist nach folgender Maßgabe der Fall: Der g e w e r b s m ä ß i g e Kauf auf Rückkauf a l s s o l c h e r ist u n z u l ä s s i g, auch wenn er durch einen nicht gemäß Art. 907 I zum Pfandleihgewerbe ermächtigten Darleiher betrieben wird, gleichgültig, ob das kantonale Polizeirecht das Geschäft verbietet. Die Vorschriften über das Versatzpfand sind jedoch (im Gegensatz zum Sachverhalt soeben N 3) nicht anwendbar, weil ihre Geltung voraussetzt, daß der Gläubiger zu den Versatzanstalten im Sinne des Art. 907 I gehört, also die dort vorgesehene Bewilligung besitzt (vorn Art. 907/908 N 4).

7   Diese, aus Art. 914 abgeleitete Unzulässigkeit bedeutet N i c h t i g k e i t des Kaufs auf Rückkauf als solchen; im Sinne einer Konversion tritt an seine Stelle eine Faustpfandbestellung, s o f e r n deren Voraussetzungen (Art. 884) erfüllt sind. — Gleich im Ergebnis urteilen *Rossel/Mentha* n⁰ 1695 ch. 2 und offenbar, wenigstens vom polizeirechtlichen Standpunkt aus, § 8 der zürcherischen Verordnung betr. die Pfandleiher und Feilträger vom 28. November 1911: «Bei gewerbsmäßigem Ankauf beweglicher Sachen mit Gewährung des Rückkaufrechtes gilt die Zahlung des Kaufpreises als Hingabe des Darlehens, der Unterschied zwischen dem Kaufpreis und dem verabredeten Rückkaufpreise als bedungener Zins und die Übergabe der Sache als Verpfändung für das Darlehen.»

Das baselstädtische Gesetz über das Hausierwesen ... Pfandleihgewerbe vom 7. Dezember 1933 § 27 III verbietet den «gewerbsmäßigen Betrieb eines Rückkaufsgeschäftes», das entsprechende waadtländische Gesetz vom 19. Mai 1920 § 2 stellt ihn dem Pfandleihgewerbe gleich (vgl. auch seinen Art. 16

[4a] Noch undeutlicher als der deutsche ist der französische Text, *Rossel/Mentha* n⁰ 1695.

Ziff. 3)ᵃ. Für Unzulässigkeit des Geschäfts in den erwähnten Fällen tritt ebenfalls *Vetterli* 56/57 ein. — Es ist auch denkbar, daß man S i m u l a t i o n
vor sich hat (OR 18); das Resultat ist dann das selbe.

Der gewerbsmässige «K a u f» v o n V e r s a t z s c h e i n e n wird eben- **8**
falls von Art. 914 erfaßt, wenn mit dem «Kauf» ein «Rückkauf» des Scheines
verbunden ist; denn beide Geschäfte beziehen sich bei richtiger Auffassung
nicht auf den Versatzschein, sondern wollen dem Käufer Eigentum an den versetzten Sachen verschaffen (vorn Komm. Art. 909 N 18). Dazu *Boesch*, Zentralbl. 43, 385 ff.; *Vetterli* 63; vgl. ferner *Burckhardt,* Schweiz. Bundesrecht III
(Frauenfeld 1930) Nr. 1503 I.

Bei der Behandlung der Zahlung des «Rückkaufpreises» als Rückzahlung des **9**
Darlehens zuzüglich Zins ist zu prüfen, ob dessen Höhe nicht auf einen Verstoß
gegen das k a n t o n a l e Z i n s m a x i m u m hinausläuft.

IV. Von der Vorschrift nicht erfaßte Geschäfte. — Auf n i c h t **10**
g e w e r b s m ä ß i g e Käufe auf Rückkauf erstreckt sich der Art. 914 keinesfalls, ebensowenig auf Geschäfte, die der B e v o r s c h u s s u n g v o n
W a r e n dienen, die zum V e r k a u f a n D r i t t e bestimmt sindᵃ. Das
letztere ist schlechtweg Verpfändung im Sinne des Art. 884.

B a n k e n mäßige Geschäfte, die Käufe mit Rückkauf zum Gegenstande **11**
haben, fallen auf Grund der ratio legis von vorneherein nicht unter Art. 914.

Gewerbsmäßiger «K a u f» v o n V e r s a t z s c h e i n e n *ohne* «Rück- **12**
kaufsrecht» wird von den privatrechtlichen Vorschriften über das Pfandleihgewerbe nicht erfaßt. — Die gewerbsmäßige «B e l e h n u n g» v o n V e r -
s a t z s c h e i n e n durch nicht gemäß Art. 907/908 autorisierte Darleiher mag
nach kantonalem Recht polizeilich verboten sein (so die zürcherische Praxis,
Boesch a.a.O.); zivilrechtlich siehe vorn Art. 909 N 17; Art. 914 ist nicht
anwendbar.

---

⁷ᵃ Die angeführten Gesetze sind abgedruckt bei *Schönenberger* (zit. vorn, N 5 vor dem
Komm. zu Art. 907/908) III 820, I 342, III 604.

¹⁰ᵃ Prot ExpKom III 154/155; als Beispiel vgl. Reglement für die Gewerbehalle der Zürcher Kantonalbank vom 9. März 1914, bes. § 17 (Offiz. Gesetzesslg. 30, 70).

Art. 915

D. Ordnung
des Gewerbes

Die Kantone können zur Ordnung des Pfandleihgewerbes weitere Vorschriften aufstellen.

Diese Vorschriften bedürfen zu ihrer Gültigkeit der Genehmigung des Bundesrates.

1   **Materialien:** VE 892 III — E 898 III, 902 — Erl II 339/340, 341 — Prot ExpKom III 145 — Botsch 86 — StenBull NR 1906, 720, 721 — StenBull StR 1906 —.
   Lit.: Vgl. die Vorbemerkungen, N 1 vor Art. 907/908.

2   **Ergänzende Vorschriften des kantonalen Rechts.** — Nach der allgemeinen bundesstaatlichen Kompetenzabgrenzung, die in ZGB 6 Ausdruck gefunden hat, ist es Sache der Kantone, ö f f e n t l i c h r e c h t l i c h e, im besonderen p o l i z e i r e c h t l i c h e V o r s c h r i f t e n über das Pfandleihgewerbe aufzustellen (siehe die Quellen vorn N 5 a vor Art. 907/908). Sie betreffen vor allem, aber durchaus nicht ausschließlich, die Bewilligung zum Gewerbebetrieb und deren Voraussetzungen (Art. 907 und 908 und zugehöriger Komm.). Gemäß einer durchweg vertretenen Auffassung dürfen die Kantone indessen auch p r i v a t r e c h t l i c h e V o r s c h r i f t e n über das Versatzpfand erlassen (ZGB 5 I). Im Hinblick auf das damals bestehende oder zu erwartende kantonale Recht wurden eine Reihe von Vorschriften der Entwürfe gestrichen: so namentlich über die Pflicht der Versatzanstalten zur Führung eines Registers der Pfandgegenstände, über die Gestalt und den Inhalt des Versatzscheines, die Vornahme einer Schatzung, das Zinsmaximum (VE 892, 895, 896; E 898, 901, 902; Erl II 341; StenBull NR 1906, 721). — Es ist verständlich, daß im kantonalen Recht vielfach entsprechende Bestimmungen erscheinen.

3   Kantonale Ordnungen im Sinne von Art. 915 (nicht nur 907/908) finden sich in den Kantonen Zürich, Luzern, Basel-Stadt, St. Gallen, Thurgau, Waadt, Neuenburg und Genf; weniger eingehend in den Kantonen Bern, Basel-Landschaft, Schaffhausen, Graubünden und Jura. Siehe die Zitate in N 5 a der Vorbemerkungen, ferner dort Fußnote 5 a über die Existenz von Pfandleihinstitutionen.

4   Die im Rahmen einer polizeirechtlichen Regelung verbleibenden kantonalrechtlichen Vorschriften verletzen *an sich* nicht den Grundsatz der H a n d e l s - u n d G e w e r b e f r e i h e i t (BV 31; *Burckhardt*, Schweiz. Bundesrecht II [Frauenfeld 1930], N. 441 I; *Imboden/Rhinow*, Verwaltungsrechtsprechung, Nr. 131 (= BGE 97 I 499 ff.).

5   Weder die öffentlichrechtlichen, noch die privatrechtlichen Vorschriften dürfen die Bestimmungen der Art. 907—914 a b ä n d e r n, sondern nur

e r g ä n z e n. Sie dürfen also dem Sinn des Bundesrechts nicht zuwiderlaufen (vgl. z.B. BGE 98 I a 491).

Vgl. des weiteren die H i n w e i s e auf das kantonale Recht, die jeweils in **6** den Bemerkungen zu den einzelnen Artikeln zu finden sind (Art. 907—914).

Vierter Abschnitt:

Die Pfandbriefe

Art. 916

Die von der zuständigen kantonalen Behörde bezeichneten Anstalten für den Grundpfandverkehr können Pfandbriefe ausgeben mit Pfandrecht an den ihnen gehörenden Grundpfandtiteln und an andern ihrem ordentlichen Geschäftskreis entspringenden Forderungen, ohne daß ein besonderer Verpfändungvertrag und die Übergabe der Pfandtitel und Urkunden notwendig ist.

Art. 917

Die Pfandbriefe sind für den Gläubiger unkündbar.

Sie werden auf den Inhaber oder auf den Namen ausgestellt und mit Zinscoupons versehen, die auf den Inhaber lauten.

Art. 918

Die Anstalten, die Pfandbriefe ausgeben wollen, bedürfen hiezu einer besondern Ermächtigung der zuständigen Behörde.

Die Bundesgesetzgebung wird die Bedingungen, unter denen die Ausgabe von Pfandbriefen erfolgen darf, festsetzen und über die Einrichtung der Anstalten nähere Vorschriften aufstellen.

Bis zum Inkrafttreten der bundesrechtlichen Ordnung steht die Befugnis zu dieser Regelung den Kantonen zu.

Die Art. 916—918 sind aufgehoben und ersetzt worden durch das 1
BG über die Ausgabe von Pfandbriefen vom 25. Juni 1930, in Kraft seit
dem 1. Februar 1931, revidiert am 5. Oktober 1967 und am 22. März 1974
(BG über das Verwaltungsstrafrecht) (SR 211.423.4), ergänzt durch die V o l l -
z i e h u n g s v e r o r d n u n g vom 23. Januar 1931, revidiert am 2. Juli 1948,
3. Juni 1949 und 31. Januar 1968 (SR 211.423.41). — Hierüber *Brühlmann*,
Bundesgesetz über die Ausgabe von Pfandbriefen ..., Textausgabe mit Einleitung,
Erläuterungen und Sachregister (Zürich 1931); Bibliographie dort 144 ff.
Seither: *Werner Scherrer*, Der Pfandbrief nach Schweizer Recht (Diss. Basel
1932 MaschSchr); *Tuor/Schnyder* § 110 V; *Beeler* 238 ff.; *Kellenberger*, in
Hdb. der schweiz. Volkswirtschaft II (Bern 1939) 226 ff., mit Literaturangaben;
Kaderli/Zimmermann 435 und 436 ff., von *Wolf*, mit Literaturangaben; *Emile*
Duperrex, Pfandbrief, Schweiz. Jurist. Kartothek Karte 653 (1970, mit Literatur-
angaben); *Albisetti/Bodmer* u. a., Artikel «Pfandbrief» und «Pfandbrief-
zentralen»; *Albisetti/Gsell*, Bankgeschäfte, Zürich 1979, 22 ff.

Der Pfandbrief stellt ein eigentümliches, aus den Bedürfnissen der K r e - 2
d i t w i r t s c h a f t herausgewachsenes Institut dar, ohne enge Beziehung zu
den übrigen Arten des F a h r n i s p f a n d r e c h t s. Seine f i n a n z -
t e c h n i s c h e Seite ist wichtiger als der juristische Vorgang der Sicherstellung von Anleihen mittels der Verpfändung von Grundpfandtiteln und
anderen Forderungen. Die Ordnung wurde deshalb füglich einem bereits vom
ZGB (Art. 918 II) in Aussicht gestellten Spezialgesetz überlassen.

SACHREGISTER

Der Inhalt des Buches erschließt sich

a) *hauptsächlich* durch Herausgreifen des passenden *Gesetzesartikels* und Einsichtnahme in die seiner Kommentierung vorangestellte ausführliche *Übersicht;*

b) durch das eingangs des Buches (S. IX) wiedergegebene *Inhaltsverzeichnis des Systematischen Teils;*

c) durch das nachstehend abgedruckte, als *ergänzend* gedachte alphabetische *Sachregister.* Dieses stellt kein Wortregister dar, sondern enthält vornehmlich Begriffe, die sich bei den Nachforschungen gemäß lit. a und b nicht ohne weiteres ergeben.

Wer z. B. erfahren will, ob Personenphotographien retiniert werden können, findet kein Stichwort «Photographie» im Sachregister, sondern stößt in der Übersicht zu Art. 896 (S. 384) auf die Abteilung II A = N 4—6 und entdeckt beim Durchgehen des entsprechenden Textes die passende Stelle N 5 auf S. 386.

Im anschließenden Register verweist eine *Stelle wie* «**Barkaution 47 ff.**» auf die Seiten 47 und folgende; «**3—4**» besagt Seiten 3 bis 4; «**182 N 251**» bedeutet Seite 182 Randnote 251.

Allfällige *Hauptstellen* sind fett gedruckt.

ä wird wie a eingereiht, ö wie o, ü wie u.

s.　= *siehe*

s. a.　= siehe auch

A

abhanden gekommene Sachen s. a. Besitzesrechtsklage, gutgläubiger Erwerb
— Begriff 208 N 368
— Erwerb oder Nichterwerb des Pfandrechts 192 N 325, 207 N 366, **218** ff.
— Inhaberpapier 486 N 49
— Klage des Pfandgläubigers 208 N 368a
— Klage gegen Pfandgläubiger 209 N 369 ff.
— Lösungsanspruch 210 N 372—375
— Ordrepapier 490 N 61, **494 N 79**
— Retentionsrecht 360 N 101, 371 N 140, 373 N 151, 377 N 177
— Untergang oder Unwirksamkeit des Pfandrechts 262 N 32, 264 N 37, 266 N 47
— Versatzpfand 609 N 5, 610 N 9, 620 N 12
— Vindikation 194 N 328, 208 ff.
— Warenpapier 535 N 32
Abkommen s. Genfer Abkommen
Ablösung des Pfandrechts nach OR 110 Ziff. 1 s. ius offerendi
Abstraktheit 131 N 121, 142 N 156, **157,** s. a. abstrakt oder kausal; Akzessorietät
Abtretbarkeit 413 N 11, **425 N 70** ff.
Abtretungserklärung gemäß Art. 901 II, allgemeine Darstellung 496 ff.
— Inhaberpapier 487 N 53
— Namenpapier 505 N 114
— Ordrepapier 496 ff.
Abzahlung 290 N 11, 292 N 18, 549 N 12, **571** ff.
actio negatoria s. Schutz des Pfandgläubigers, ferner 284 N 36

C

D

N

O

P

651

652